U0936704

珍藏本·增订本

纪念版

汉译世界学术名著丛书

法兰西的特性

〔法〕费尔南·布罗代尔 著

顾良 张泽乾 译

商务印书馆
SINCE 1897
The Commercial Press

Fernand Braudel

L'IDENTITÉ DE LA FRANCE

ESPACE ET HISTOIRE

LES HOMMES ET LES CHOSES

根据法国巴黎弗拉马里翁出版社 1990 年版译出

汉译世界学术名著丛书
（120年纪念版·珍藏本）
增订本出版说明

2017年10月，为纪念商务印书馆创立120周年，本馆推出“汉译世界学术名著丛书”（120年纪念版·珍藏本），计七百种。近五六年来，仰赖学界同人倾力支持，订正旧译，增补新译，拓展新著，积累日多。为满足读者需要，本馆在七百种的基础上，继续推出“汉译世界学术名著丛书”（120年纪念版·珍藏本·增订本）三百种。至此，“汉译世界学术名著丛书”累计出版已达千种。

今后，本馆将继续推进丛书的翻译出版工作，在积累单本名著的基础上陆续分辑刊行，汇印出版。为促进中外文明互鉴、推动我国学术发展，使“汉译世界学术名著丛书”这项对我国学术文化有基本建设意义的重大工程发挥更大作用，诚望海内外学术界、翻译界继续给予支持，帮助我们把这套丛书出得更好。

商务印书馆编辑部

2024年2月

汉译世界学术名著丛书
（120 年纪念版·珍藏本）
出 版 说 明

2017 年 2 月 11 日，商务印书馆迎来 120 岁的生日。120 年前，商务印书馆前贤怀揣文化救国的理想，抱持“昌明教育，开启民智”的使命，立足本土，放眼寰宇，以出版为津梁，沟通中西，为中国、为世界提供最富智慧的思想文化成果。无论世事白云苍狗，潮流左右激荡，甚至战火硝烟弥漫，始终践行学术报国之志，无改初心。

逡译世界各国学术名著，即其一端。早在 20 世纪初年便出版《原富》《天演论》等影响至今的代表性著作，1950 年代后更致力于外国哲学和社会科学经典的译介，及至 1980 年代，辑为“汉译世界学术名著丛书”，汇涓为流，蔚为大观。丛书自 1981 年开始出版，历时三十余年，迄今已推出七百种，是我国现代出版史上规模最大、最为重要的学术翻译工程。

丛书所选之书，立场观点不囿于一派，学科领域不限于一门，皆为文明开启以来，各时代、各国家、各民族的思想与文化精粹，代表着人类已经到达过的精神境界。丛书系统译介世界学术经典，引领时代思想，为本土原创学术的发展提供丰富的文化滋养，为推动中国现代学术和现代化进程做出了突出的贡献。

为纪念商务印书馆成立120周年，我们整体推出“汉译世界学术名著丛书”120年纪念版的珍藏本，寄望既利于文化积累，又便于研读查考，同时向长期支持丛书出版的译者、编者和读者致以敬意。

两甲子后的今天，商务印书馆又站在了一个新的历史时间节点上。我们不仅要铭记先辈的身影和足迹，更须让我们的步伐充满新的时代精神。这是商务人代代相传的事业，更是与国家和民族的命运始终紧密相连的事业。我们责无旁贷，必须做好我们这代人的传承与创造，让我们的努力和成果不仅凝聚成民族文化的记忆，还能成为后来人可以接续的事业。唯此，才能不负前贤，无愧来者。

商务印书馆编辑部

2017年10月

布罗代尔与年鉴派
——译者代序

法国国立图书馆馆长埃马纽埃尔·勒华拉杜里声称:“总有一天,当我们的同胞在总结20世纪的知识、科学和技术时,他们会发现自己在军事技术、尖端工业或原子物理等领域内,并不始终处于领先地位。这些浅薄的法国人或许能够聊以自慰的是,他们毕竟在1930至1965年间,全靠‘年鉴派’的努力,产生了世界上最好的历史学家。”①明眼人立即就会懂得,这里所说的“最好的历史学家”指的是吕西安·费弗尔、马克·布洛赫和费尔南·布罗代尔三人。

有鉴于我国史学研究的滞后和公众对历史的冷淡,一位人微言轻的翻译匠决心把法国人引以为傲的“年鉴派”及其第二代宗师布罗代尔的著作介绍给我国的历史研究工作者和一切怀有求知愿望的读者。就这样,我在近十多年来,首先与挚友施康强先生合译了《十五至十八世纪的物质文明、经济和资本主义》(简称《物质文明》);接着应商务印书馆之请,对《地中海与菲利普二世时代的地中海世界》(简称《地中海》)上卷的译文从事通读校订;最后与张泽

① 埃马纽埃尔·勒华拉杜里:《新史学的斗士们》,见法国《新观察家》周刊第791期,1980年1月7—13日。

乾先生联手，完成了《法兰西的特性》一书的翻译工作。

时至今日，《物质文明》已于1993年由三联书店出版，《地中海》上卷正在印刷中，《法兰西的特性》即将全部交稿。为了便于读者理解这三部被一般法国人视为难懂的“天书”，我想利用这个机会，客观地讲述一点背景材料。对于一位非马克思主义的外国历史学家，我既不赞成持“拿来主义”的态度，又讨厌那种“戴帽穿靴”式的政治标签。因此，我将着重在自认为值得借鉴的地方落笔，而不在批判方面多费口舌。相信读者会比译者高明，不但能发现这位史学巨匠闪烁着思想火花的真知灼见，而且会对他匆忙作出的某些结论进行独立思考。

一　新史学的崛起

法国是个具有光辉史学传统的国家。面对咄咄逼人的美国，一些法国历史学家往往骄傲地声称：在美国还没有摆脱殖民统治时，法国已培育出开一代风气之先的历史学派。确实，早在17和18世纪，法国的历史学界堪称人才辈出。首先是以记叙亲身经历为主的“人文派”，他们撰写的“回忆录”不但是脍炙人口的文学篇章，而且为后人留下了珍贵的历史素材。著名的空想社会主义者圣西门的伯父圣西门伯爵即以其《回忆录》传诸后世。其次是精确记述事实的“博学派”，其特点表现为比“人文派”更加严谨，对社会现象不作渲染，这派历史学家尤以教士居多。最后是以伏尔泰为代表的“哲学派”，他的《路易十四时代》一书至今仍被奉为史学经典论著，而《关于历史的新认识》今天还被尊崇为“新史学的蓝本”[①]。我们几乎可以说，光辉灿烂的“启蒙时代”在法国不仅是哲学的时代，而且是历史学的时代。

通过大革命和拿破仑战争，法国经历了一场翻天覆地的变革。时代要求人们对刚刚结束的社会动乱进行深刻的反思，并展望今后的发展方向。许多历史学家和历史巨著随之脱颖而出。这些历史学家往往也是活跃政坛的头面人物，他们的著作实际上反映了当时流行的各种社会思潮，如拉马丁、基佐、梯也尔、米什莱、路易·勃朗等。恩格斯曾经指出，早在马克思以前，复辟时期的历史学家，从梯叶里到基佐、米涅和梯也尔，已经意识到阶级斗争的存在，并指出这一事实是理解中世纪以来法国历史的钥匙[②]。不仅如此，法国新史学派还把夏多布里昂、基佐、米什莱等人视为自己的“祖先”和“预言者”。[③]

建立在经验主义、实证主义基础之上的兰克学派，强调历史的科学性和客观性，对开展文献档案的考证，冲淡法国史学的浪漫色彩，曾经产生过积极的影响，从而把以激励民族精神、垂训说教为宗旨的旧史学推进了一大步。但这种史学研究在其后期逐渐偏向于对个别轰动一时的历史事件和少数杰出人物的身世言行进行不厌其烦的考证，其题材就局限在政治、军事和外交的范围之内。在

① 雅克·勒高夫:《新史学》，载《史学理论》创刊号第 50 页，1987 年 3 月 15 日。

② 弗·恩格斯:《路德维希·费尔巴哈和德国古典哲学的终结》，见《马克思恩格斯选集》1972 年中文版，第四卷，第 245—246 页。

③ 雅克·勒高夫:《新史学》，载《史学理论》创刊号，第 50—52 页，1987 年 3 月 15 日。

夏尔-维克多·朗格多瓦的《菲利普三世的统治时期》一书中,人们所能接触到的几乎只是 13 世纪法国的政治制度。

第一次世界大战后,实证史学更走进了繁琐考证的死胡同,法国的一些有识之士便开始倡导挣脱纯政治因素的羁绊,务求冲出重大历史事件的框框,从经济、社会、思想、文化等方面拓展研究领域。在法国新史学的这个萌芽时期,为幼苗浇水施肥的园丁主要是涂尔干的《社会学年报》和昂利·贝尔的《历史综合评论》。作为兼通多门学科、知识渊博的社会学家,涂尔干率先发难,对统治法国高等教育、以政治史为中心的传统史学发动了攻击,主张通过对典型史实的考察,认识社会的结构和运动,用我们的话来说,就是"解剖一只麻雀"。昂利·贝尔则反对满足于史料的堆砌,强调通过分析比较,作出综合的解释,而对历史事实的"分析"和"综合",又有赖于全面运用社会科学各门类的知识。

此外,对新史学的诞生曾起过有益影响的还有:弗朗索瓦·西米安的以价格运动、工资升降为内容的经济史,以维达尔·德·拉布拉什为代表的法国地理学派,马克思的历史观和经济思想。应该看到,新史学的一些杰出代表,包括马克·布洛赫和费尔南·布罗代尔在内,对马克思主义并不陌生,甚至怀有某些好感。[1] 雅克·勒高夫公开承认马克思主义对新史学的影响,强调"新史学和

---

[1] 参看安德烈·比尔基埃尔的《历史科学辞典》,法国大学出版社 1986 年版,第 90 页。在一次谈话中,当有人问到他同马克思的关系时,布罗代尔说:"其实,与同马克斯·韦伯的关系相比,我的观点与马克思更加接近",以马克思的跨学科研究精神,他认为可派马克思担任社会科学高等研究院除院长之外的任何一项职务。谈话全文见法国《世界报》1979 年 12 月 4 日,第 23 版。

马克思主义并非互不相容”，“在许多方面，如带着问题研究历史、跨学科、长时段和整体观察等，马克思是新史学的大师之一”。[①]

新史学派正式问世的日期要从1929年算起，也就是从吕西安·费弗尔(1878—1956)和马克·布洛赫(1886—1944)创办《经济和社会史年鉴》那天算起。这份杂志的名称“年鉴”立即就成为新史学的代名词：“年鉴派”至今仍与“新史学派”相混同。这个刊名的两个修饰语，特别是“社会”一词，是刊物的两位创始人考虑到历史的无所不包而特地选定的。费弗尔说：“我们完全知道，在眼下，‘社会’作为一个形容词，由于含义太广而最后变得几乎毫无意义……我们一致认为，正因为该词的‘模糊’，它才根据历史的旨意被创造出来，用以充当一种自命不受任何框框约束的刊物的名称……所谓经济史和社会史其实并不存在，只存在作为整体的历史。就其定义而言，整个历史就是社会的历史。”[②]

年鉴杂志虽在巴黎由阿尔芒·科兰出版社出版，但其编辑中心却设在位于法国北部边境的斯特拉斯堡。布洛赫和费弗尔两人于1919年——第一次世界大战刚刚结束——应聘担任斯特拉斯堡大学的历史教授，他们不仅把在该校共事的其他任课教师团结在自己的周围(其中不乏出类拔萃的学者，如社会学家莫里斯·霍尔巴赫、经济学家安德烈·齐格弗里特、历史学家乔治·勒费弗尔等)，而且在校外乃至国外争取广泛的支持，费弗尔和布洛赫甚至曾考虑请他们极其佩服的比利时历史学家昂利·皮雷纳担任年鉴杂志的主编。

① 雅克·勒高夫：《新史学》，载《史学理论》创刊号第57页，1987年3月15日。

② 吕西安·费弗尔：《为历史而战》，阿尔芒·科兰出版社1953年版，第19—20页。

从创刊的第一年开始，为杂志撰稿的作者分属英、意、西、比、德以及美国、匈牙利、丹麦、瑞典、捷克、希腊等国家。文章的内容除历史外，还涉及经济学、人口学、地理学、社会学等广阔领域。

年鉴杂志的两位创办人配合默契，但又各有专长。马克·布洛赫主要是欧洲中世纪史和经济史的专家，他把涂尔干的社会学的比较方法移植到历史研究中来，完成了他的两部代表作：《法国乡村史的特点》（中译本作《法国农村史》）和《封建社会》。两部巨著打破了改朝换代、帝王将相这些纯政治因素的框框，对法国当时的社会经济结构进行了解剖，展示出千百万基层群众和成千上万优秀人物的风采。《法国乡村史的特点》是把社会实体的主要组成成分，即大多数农民，复活成栩栩如生的真人；《封建社会》则生动地刻画了高雅的名门贵族和粗俗的暴发户新贵，以及这两股势力在乡村中组成的附庸体系。

吕西安·费弗尔也是中世纪史的专家，但他的研究侧重在思想、文化和精神状态方面。无怪乎今天在法国流行的“精神状态史”即奉他为鼻祖。费弗尔十分重视地理环境对人文氛围的影响。他的博士论文《菲利普二世与法朗什-孔泰》堪称是法国地方史的楷模，其特点是把一个省的地理因素融合到前工业化时代的社会演变中去。《大地与人类进化》写于 1922 年，在法国史学史上具有重要价值；保罗·夏吕为该书作序时写道：该书为今后的历史学家在如何处理社会学、地理学和历史学的关系问题上树立了“样板”。[①] 费弗尔的《拉伯雷的宗教》和《马丁·路德的命运》绝非简

① 《大地与人类进化》，法国阿尔本·米歇尔出版社，1970 年版，第 7 页。

单的人物传记，而是透过这两位典型人物，“重现”历史时代的精神风貌，并把它们同当前的精神面貌进行比较。

但是，以上介绍的几部代表作其实还并不真正代表布洛赫和费弗尔两人的业绩。他们不单是知识渊博、擅长考证的学者，而且更多是精力充沛、能言善辩的论战家。他们的主要作战阵地就是年鉴杂志。在新史学或年鉴派的草创时期，以索邦大学为代表的传统史学在法国据有稳固的地位。这份外省刊物虽然足以打破笼罩着史学界的沉闷空气，但要清扫史学研究中的陈腐气息和动摇权力集团的统治，又是谈何容易。因此，两人必须身先士卒，投入战斗。他们在年鉴杂志开辟了《争论和战斗》专栏，亲自撰写大量书评和论文。安德烈·比尔基埃尔在纪念《年鉴》创刊一百周年的文章中指出，马克·布洛赫在刊物的每一期上都有书评发表，“最多的一年竟达 200 篇”①。至于吕西安·费弗尔，因担任主编职务比布洛赫时间更长（布洛赫于 1939 年主动参军，法军战败后又投入地下抵抗运动，于 1944 年被德国盖世太保逮捕，同年英勇就义），他在年鉴杂志发表的书评和文章数量更多，据国立图书馆的统计，共有 1400 多篇，约占刊物篇幅的四分之一。②

这些短小精悍、有的放矢的篇章都是犀利的匕首，锋芒直指外交史、政治史、事件史的要害。费弗尔和布洛赫针对埃米尔·布尔茹瓦的《外交史教程》展开了猛烈的抨击，指出这是用历史舞台上串演的悲喜剧掩盖在幕后进行的真实历史运动。费弗尔断言，历

① 见《年鉴杂志的诞生》，载《经济、社会、文明年鉴》1979 年第 6 期第 1350 页。

② 法国国立图书馆为纪念年鉴杂志创刊一百周年举办的“吕西安·费弗尔生平事业展”：《展品简介》第 38—39 页。

史真实的内在的动因并不在于大人物的脾气和心血来潮，也不在于敌对双方外交官的纵横捭阖，而在于“地理因素、经济因素、社会因素，以及群众的知识、信仰和心理等因素”[①]。另一方面，费弗尔1930年为弗朗索瓦·西米安的《政治经济学教程》撰写的书评，马克·布洛赫在年鉴杂志第三期为莫里斯·霍尔巴赫的《自杀：一种社会病兆》撰写的书评，对开展比较研究、跨学科研究以及对史实概念的再认识提供了振聋发聩、启迪智慧的独到见解。他们批评那种筑起高墙、精心种植各自的葡萄园的狭隘观念，鼓励历史学家把目光移向邻居，使互不相认的兄弟进行对话。

年鉴杂志在“二战”期间，因德军占领等原因，几经更改刊名，自1946年起，称作《经济、社会、文明年鉴》。这既反映着刊物的视野进一步扩大，也标志着在费尔南·布罗代尔加入了编辑部以后，特别是在1956年费弗尔去世以后，新史学派从此进入了一个新时期，即布罗代尔的时期。

二 布罗代尔的早期经历

费尔南·布罗代尔于1902年8月24日出生在法国东部默兹省的卢内维尔村，在这个居民不到200人的小村庄，他跟随祖父母度过了难忘的童年和少年时代。长期的乡村生活使他对当地的一草一木了如指掌。因此，他在撰写《法兰西的特性》一书有关耕作制度、畜牧活动和工匠行业等篇章时，得以娓娓道来，如数家珍。

① 吕西安·费弗尔：《为历史而战》，第63页。

他的大学毕业论文《法国革命头三年期间的巴勒迪克》也恰巧建立在对家乡的调查基础之上。他曾多次酝酿为自己的家乡卢内维尔村写一部历史，这个愿望可惜未能实现。

他的父亲是位小学的算术教师，在巴黎远郊梅里埃镇上任职。父子二人共同生活的时间既短，性情又不尽投合，在生活中往往意见相左。尤其在1920年，小布罗代尔在伏尔泰中学行将毕业，一心指望报考医科，却遭父亲的断然阻止。迫于父命，他索然无味地进了巴黎大学的历史系。全靠天赋的记忆力，他居然顺利完成了学业，并于21岁那年通过国家会考，取得中学历史和地理教师的资格。这位年轻的历史教师于1922年被派往阿尔及利亚的君士坦丁中学、阿尔及尔中学任教，在地中海彼岸工作达9年之久（除1925—1926年服兵役外，直到1932年为止）。布罗代尔自己承认，他当时从事的历史教学，为参加1928年的国际历史年会发表的《西班牙人在北非》一文，以及从1922年起就着手准备的题为《菲利普二世的地中海政策》的博士论文，仍然停留在政治史和外交史的范围。

但是，长住北非给予布罗代尔“全面认识”地中海的地理景观和历史作用一个绝妙的机会。对地中海的观察，由南眺改为北望，使他产生了耳目一新的感觉。不仅如此，这位不倦的旅行家利用假期，遍游除埃及以外的地中海各国，而他最感兴趣的地方无疑是沿海城市的各档案馆和图书馆。犹如哥伦布发现新大陆一样，他走访巴勒莫市立图书馆，本想了解有关西西里贵族的历史文献，却偏偏找到了关于该岛甘蔗种植的大批档案。阅读和抄录档案是项颇费时间的工作，他从一位美国电影摄影师处买下一架旧摄影机，自制缩微胶卷(图书馆正式制作缩微胶卷还是第二次世界大战后的发明)。随着研究工作的展开,他的史学眼光变得更加宽广,对西班牙国王菲利普二世个人的兴趣逐渐淡薄,而对地中海的兴趣变得越来越浓。他于1927年与创导新史学的旗手吕西安·费弗尔取得了直接的联系,后者在一封信中向他指出:“认识柏柏尔人的地中海比对认识菲利普二世更加令人振奋”。这句话据说拨正了布罗代尔的研究方向。此外,同年在阿尔及尔举行的国际历史年会上,聆听昂利·贝尔和昂利·皮雷纳的学术报告,也为布罗代尔走上新史学道路提供了有益的启迪。他后来说:“在1927至1933年间,我正不慌不忙地埋头于收集档案资料,虽然论文题目尚未最后选定,但我已经过深思熟虑,决心选择地中海。”①

布罗代尔于1932年返回巴黎,先后在巴士德中学、孔多塞中学和亨利四世中学任教,接着在1935年动身去巴西圣保罗大学担任历史教授。巴西之行对布罗代尔是“一生中重要的时期”,他说,“正是巴西才使我对地中海的历史得出一种崭新的认识”②,“远离故土产生的新奇感是认识的重要手段,它能帮助你更加全面地理解周围的事物,距离太近反而看不清楚”③。正是在巴西,他有充足的时间,把在锡曼卡斯、拉古萨(杜布罗夫尼克)、威尼斯等档案馆拍下的长达几公里的胶卷仔细读完;在这“工作和思考的天堂”,他还与正在圣保罗大学文学系授课的克劳德·列维-斯特劳斯就

① 费尔南·布罗代尔:《史学文集》第二卷,法国阿尔托出版社,1990年,第13页。

② 《地中海与巴西的撞击》,见法国《世界报》1985年11月30日第8版。

③ 《长时段》,载《史学理论》第4期,第111页。

社会学和历史学的关系等问题交换看法，两人各持己见，争论不休，但友谊甚笃。直到两人分别成为历史学和社会人类学的“一代宗师”时，他们始终像是一对“欢喜冤家”，总是把对方当作唇枪舌剑的论战对手。1937 年 10 月，在从巴西返回巴黎的途中，布罗代尔与吕西安·费弗尔不期而遇，两人在横渡大西洋的轮船上作了 20 多天的促膝长谈。这次巧遇在布罗代尔的史学生涯中无疑是个转折点。在这以前，他虽然曾与费弗尔有过谋面的机会，但还停留于一般的社交关系。20 多天的共同生活使两人达到了“意气相投”、“无话不谈”、“亲如一家”的程度①。费弗尔对这位比他年轻 24 岁的后辈十分赏识，不久便推荐他担任高等实验研究院历史系的指导教师，介绍他与年鉴杂志的另一位主编马克·布洛赫认识。从那时起，布罗代尔在思想上和行动上都已成为新史学派的积极成员，虽然还是默默无闻、初出茅庐的一名小兵。

1938 年，在第二次世界大战迫在眉睫之际，布罗代尔应征入伍，在莱茵河边界服役。法国的马其诺防线于 1940 年崩溃后，布罗代尔在战场被俘，关押在德国美因兹、吕贝克等地的战俘营里，为时达五年之久。监禁生活是教人懂得耐心的学校，而最能排遣孤寂和烦闷的，对布罗代尔来说，正是他的《地中海》。就像“过电影”一样，在囚徒的记忆中，浮现着浩瀚的内海波澜壮阔、层出不穷的历史画面。他就这样在“练习本”上写成了考证精确、卷帙浩繁、内容庞杂的一篇博士论文。练习本通过各种渠道，陆续寄到了留在巴黎的吕西安·费弗尔的手里。在 1947 年，即在布罗代尔获释

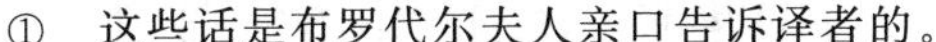

① 这些话是布罗代尔夫人亲口告诉译者的。

后不到两年，这篇长达1375印刷页（译成中文接近150万字）和广征博引的论文成功地通过了答辩，在法国历史学界，布罗代尔的这一壮举是前所未见、独一无二的。

法国的“解放”为新史学派和布罗代尔个人事业的发展开辟了广阔的前景。布罗代尔于1946年加入了年鉴杂志的编辑部，同年与吕西安·费弗尔一起创办了高等实验研究院第六系（经济和社会科学系），任该系的历史研究中心主任。新史学派从此声势大振，并逐渐由“在野派”上升到“当权派”的地位。毫不夸张地说，由布罗代尔领袖群伦的第二个时期也正是新史学派繁荣兴旺的鼎盛时期。

三　布罗代尔的著作

当费尔南·布罗代尔的《地中海与菲利普二世时代的地中海世界》于1949年由阿尔芒·科兰出版社正式出版时，吕西安·费弗尔亲自撰写了题为《走向另一种历史》的书评，在《形而上学和伦理学评论》发表。费弗尔指出，费尔南·布罗代尔的博士论文“为我们开辟了新的视野，它在这个意义上具有革命的性质。布罗代尔断然把西班牙的大政方针纳入到历史和自然地理的范围中去，首先研究了使人们的意志不知不觉地受其影响和左右的经常性力量，他对这种起着引导、阻碍、遏制、推动、促进作用的力量所作的分析是前无古人的，这种摆布人的命运的力量，轻描淡写地用一个词来说，就叫‘地中海’。在第二部分里，他列举了各种特殊的、但有一定恒在性的力量，这些无名的集体力量能够用年月日标出其存在的时间，也就是说，它们是在16世纪下半叶，即在西班牙国王菲利普二世在位期间，曾经起过作用的和可被捉摸到的力量。第三部分叙述历史事件：一大堆杂乱的、沸腾的和犬牙交错的事实。这些事实往往被第一部分研究的经常性力量所摆布，受第二部分列举的恒在力量的影响，但偶然性也在发挥作用，在总趋势的画面上绣出最引人瞩目和最出人意外的图样。”[①]

以上这段引文对全书的内容和重点作了精辟而简要的概括。我们这里只要对历史的三个层次（结构、形势和事件）或三个时段（长时段、中时段和短时段）再加以补充和解释就够了。首先，《地中海》一书在研究深度上明显地超过了第一代新史学家的成果，更加精确地揭示了长时段结构因素（地理、气候、动植物和文化）对短时段政治事件的隐蔽的决定作用。费弗尔和布洛赫确实强调了跨学科研究的重要性，想以咄咄逼人的“总体史学”吞并各种社会科学，但布罗代尔则把历史的“时期和空间”上升到一个新的高度。根据布罗代尔的时空观，观察和分析缓慢流逝的、有时几乎静止不动的历史，与社会学对现时的摄影相比，可以更加真实地显示社会的结构，更形象地说，社会学的调查尽管翔实可靠，但它们所反映的社会“层面”却像剃须刀那么薄[②]，而历史学对总体形象的粗线条勾勒，却能展示社会发展的趋向。这种趋向表现为“经济态势”或经济学家所说的“周期”。可供选择的“中时段”长达10年、25

① 转引自雅克·勒高夫：《新史学》，载《史学理论》创刊号第49—50页，1987年3月15日。

② 《一生为了历史》，布罗代尔采访记录，载《文学杂志》第212期，第22页，1984年11月。

年、50年(孔德拉季耶夫周期)乃至100年(即所谓"百年周期"),例如1791—1817年欧洲物价趋向上升,1817—1852年逐渐下跌。这种循环周期甚至在世界范围内也同样适用。至于事件,在布罗代尔看来,它们只是茫茫黑夜中萤火虫的闪光,或者夜幕笼罩下燃放的烟花,虽然光彩夺目,但却转瞬即逝。因此,对历史学家来说,接受长时段意味着改变作风、立场和思想方法,用崭新的观点去认识社会。[①]

这部著作出版后很快成为"总体历史"和"比较历史"的经典名著,但在1966年再版时,作者不顾朋友的劝告,对全书进行了大刀阔斧的增删,约三分之一的篇幅彻底重写。1979年再版时又有新的增补。最后,在他的晚年,当有人问及《地中海》时,他声称这已不是自己的著作,而是"别人的著作",也就是说,随着时间的流逝和最新研究成果的出现,他对这个历史总体的认识不再停留在原有的水平上。因此,我们可以说,作为继承了注重考证优良传统的历史学家,布罗代尔同时也努力超越自己,力戒制造固定的框框或模式,限制历史学家观察昨天的眼界。

《十五至十八世纪的物质文明、经济和资本主义》是布罗代尔的第二部名著。该书的写作计划是在1952年开始酝酿的。当时,吕西安·费弗尔建议与布罗代尔合写一部前工业化时期的世界史,题为《世界之命运》,由布罗代尔撰写物质文明部分,自己则负责精神文明部分。费弗尔于1956年去世,未能完成他的任务,留下布罗代尔单枪匹马,花去与《地中海》几乎同样长的时间,撰写成

① 参看《长时段》,载《史学理论》第4期第105—107页。

《物质文明》这部杰作。之所以称为杰作，一方面该书的出版标志着布罗代尔个人事业达到了巅峰，另方面他在该书中使用的关于物质文明、市场经济和资本主义三层分立的形象，对经济学家认识市场经济的实质开辟了一条新路。在这以前，不少经济学家以为，社会主义国家实行计划经济，资本主义国家实行市场经济，从而把市场经济与资本主义等同起来。布罗代尔在《物质文明》一书的结论中断然指出："我认为，形形色色的资本主义与市场经济之间存在着毋庸置疑的区别"[①]。他还揭示了混淆二者在政治上可能带来的严重后果：在社会主义国家，为消灭资本主义而压制市场经济是导致商品生产萎缩、比例关系失调和供求矛盾尖锐化的根本原因。如果我国的经济学家能及时读到这部著作，说不定也就没有必要于1991年再对市场经济姓"社"姓"资"的问题进行争论了。

应该承认，布罗代尔对经济生活的三个层次作了巧妙的、独具匠心的安排。他把衣、食、住、行等最基本的物质生活统称为"物质文明"。这个由他发明、创造的新名词在西方国家的语言中容易引起误解：由于文明（或文化）本身属于精神的范畴，从构词学的观点看，"精神文明"几乎是同义反复，"物质文明"则是自相矛盾。实质上，物质文明包括着自给自足、以货易货、直接劳务交换以及家务劳动和"修配不求人"等准经济领域。这些被排斥在市场之外的活动，即使在今天的工业化国家中，据说至少要占国民产值的30%至40%。这些"日常生活"构成社会经济的基础。建立在基础之

① 费尔南·布罗代尔：《15至18世纪的物质文明、经济和资本主义》，第三卷，三联书店1993年中译本第732页。

上的塔身，即生产与交换的正常机制，与农村活动、摊贩、店铺、作坊、交易会、交易所紧密联系，这就是作者所说的以竞争为基本法则的“市场经济”。具有欺诈和独占性质的，并由少数大商人包揽的不平等交换构成宝塔顶，占着居高临下的地位，根据布罗代尔的定义，这就是资本主义。它的本质表现为：1. 始终建立在开发国际资源基础之上，其存在具有世界规模，其势力向世界各地伸展；2. 始终致力于巩固和扩大其法律上或事实上的垄断；3. 始终未能并且永不可能统辖整个经济或全部劳动。这就是说，没有塔基（物质文明）和塔身（市场经济）的支撑，资本主义也就丧失了立足之地。资本主义对市场经济的排挤，在某种程度上，正是挖了自己的墙脚。在这个问题上，布罗代尔承认与马克思关于“剥夺剩余价值”的分析不同，他认为马克思的观点“完全建立在对工业资本主义观察的基础之上”，“假如马克思能接触到摆在我面前的所有资料，我相信他或许会改变他的一些观点。无论如何，他用长时段观点考察历史实在的方法只能使我为之高兴”[①]。更重要的是，布罗代尔从来不是历史唯物主义者。他不喜欢历史哲学，不相信人压迫人、人剥削人的社会会有结束的一天；在他看来，不平等既是社会的普遍规律，人就注定要生活在蜂巢、蚁穴一般的等级制度之下。

布罗代尔在接近 70 岁高龄时，才下决心撰写一部法国史。用他自己的话来说，这是他“留待晚年享用的一块白面包”，因为历史

① 引自布罗代尔的学术秘书玛丽-泰雷兹·拉比涅特小姐保存的一份“访谈记录”，采访者姓名和日期不详。

学家从来只是在叙述本国的历史时，才能真正做到得心应手。写作计划极其庞大，全书共分三大部分：《法兰西的特性》,《法兰西的诞生》和《法兰西的命运》。而第一部分包括三个篇章：空间与历史；人和物；国家、文化、社会。阿尔托出版社于1986年出版的三卷书只容纳了第一部分的前两个篇章。写作计划是在1970年开始付诸实施的。当时，他一边把《物质文明》的手稿陆续发排，一边又在法兰西公学、社会科学高等研究院讲授法国史，留下的讲稿经修改、充实后即付梓成书。译者有幸在这位历史学家的工作室里生活了九个月；见到作者为撰写该书收集的几十箱卡片、几十集剪报和成千册参考书，翻阅经作者夫人打字整理的几厚本讲稿，不由对这种勤奋、诚实的治学作风肃然起敬。

可是，到了1985年，当该书第一部分行将出版时，布罗代尔只来得及在1985年10月20日专门为他组织的夏托瓦隆学术讨论会上介绍了撰写该书的原由。一个月后，他于11月27—28日晚间告别人世，使《法兰西的特性》成为一部遗著。其余的部分，即有关“法兰西的诞生”和“法兰西的命运”两大部分的手稿，至今留在他的工作室里，根据作者的遗愿，将不再公开发表。

除以上三部巨著外，我们还要提到由布罗代尔和厄内斯特·拉布鲁斯共同主编的《法国经济和社会史》(1982年法国大学出版社出版)，这部八卷本的历史著作具有兼收并蓄的特点，同时囊括了传统史学和新史学的研究成果，甚至参与编写工作的史学家也分属不同的政治倾向，具有广泛的代表性。由此或许可以表明，布罗代尔关于自己“既不属于左派，又不属于右派”、“不喜欢参与党派的政治斗争"[①]的说法并非纯属自我标榜。

布罗代尔还留下两部《史学文集》(分别于 1969 和 1990 年由阿尔托-弗拉马里翁出版社出版)和一册《文明史纲》。史学文集的内容比较广泛,除开历史与其他社会科学的联系、过去与现时的辩证关系、历史研究在当今社会中的地位等题材外,还包括作者的自传和他为《剑桥经济史》就欧洲价格史问题撰写的一篇文章。《文明史纲》是这位历史"教皇"专门为中学毕业班编写的一部教科书。布罗代尔毕生为"总体史学"而奋斗,但他从不忘记中学历史教学和青少年的特点,要求教师首先"为孩子们讲生动有趣的故事"。直到他去世前一个月,利用夏托瓦隆学术讨论会开会前的余暇,他还特地抽出时间,为土伦的中学生开了一堂课,讲述 1707 年土伦攻防战的经过。

四　历史后浪赶前浪

1945—1973 年间,法国经历了经济飞速增长的时期,大体上也正是布罗代尔个人事业飞黄腾达的时期。在这"光荣的 30 年",布罗代尔在著书立说、培育后进、建立机构等方面都取得辉煌的成就。

首先,他被授予一系列显要职务和荣誉称号:1949 年接替吕西安·费弗尔,在法兰西公学主持"近代文明史"讲座,直到 1972

---

① 布罗代尔接受加拿大蒙特利尔《时事》杂志记者采访的谈话记录,载《时事》月刊 1986 年第 2 期第 119 页。

年为止；1956—1972年出任社会科学高等研究院院长；1962年创办人文科学之家，主持行政领导工作，直到1985年去世为止；1956—1972年任国家历史和地理教师资格会考评审会主任；先后获得20多所外国大学颁发的“荣誉博士”称号，受任十多个国家科学院的通讯院士，并于1984年当选为法兰西学士院院士。1976年，纽约州立大学成立了布罗代尔研究中心。

布罗代尔的著作，特别是《地中海》和《物质文明》，在世界享有很高的声誉，两书现已被译成英、德、俄、西、葡、意、日、阿拉伯、土耳其、瑞典等十几种文字。1977年，《物质文明》三卷本尚未出齐，布罗代尔即应美国约翰·霍普金斯大学的邀请，在该校作了三次演讲，介绍了该书的梗概。于1984年由纽约哈珀和罗出版社出版的英译本，第一版印数达4万册，创1950年后美国严肃历史著作发行量的最高纪录。北伊利诺伊大学教授萨姆·金瑟指出：布罗代尔“是在美国最受欢迎的法国历史学家，三十年来，人文科学的任何一位大人物都没有取得类似的成功”①。

他主持的社会科学高等研究院成为开展跨学科研究和比较研究的重要阵地，本着“兼收并蓄”的方针，这所与正规大学相竞争并以不拘一格培育人材为宗旨的高等学府（学生自由听课，选择指导老师，确定研究课题，不受任何限制）接纳了雷蒙·阿隆、克劳德·列维-斯特劳斯、米歇尔·福柯、夏尔·贝特兰、阿兰·图兰纳等社会科学各门类的头面人物，发动众人共同推进“文明史”和“文化

① 萨姆·金瑟：《布罗代尔在美国》，载法国《文学杂志》第212期第38页，1984年11月。

场”的研究。人文科学之家更侧重于发展国际学术交流，资助外国学者到巴黎参加小型学术会议，借以扩大新史学在国外的影响。布罗代尔对后辈的培育和提携使许多青年历史学家得以脱颖而出：今天业已成为史学名家的乔治·杜比、埃马纽埃尔·勒华拉杜里和雅克·勒高夫等人，在认识布罗代尔以前，还都是默默无闻的小人物。年鉴杂志在费弗尔和布洛赫苦心经营的时代，读者不过三四百人，其影响局限在“知识精英”的小圈子内。到了1968年，当布罗代尔把刊物的编辑重任交给由勒高夫、勒华拉杜里、费罗、勒维尔等人组成的班子时，法国所有历史学家要从“默默无闻”转到“崭露头角”，几乎都必须先在这份杂志上发表文章。毫无疑问，刊物在法国乃至世界的社会科学界自然也确立了某种权威地位。

布罗代尔在达到权势的巅峰以后，有感于法国五月风暴所表现的后生可畏，陆续把拥有实权的几个重要职务付托给他的门生。除年鉴杂志编辑部改组外，他于1972年又辞去社会科学高等研究院院长的职务。从此，法国新史学派进入了第三个时期。

在名义上，直到布罗代尔去世为止，他仍被尊奉为新史学的“国王”“教皇”“开明君主”或“老板”，但在暗中却逐渐出现了一些与王权挑战的独立领地。首先，人们看到社会科学高等研究院与人文科学之家（两个机构合占一幢楼房）间或出现摩擦。在勒高夫和孚雷担任院长职务（由选举产生）期间，研究院有时就不听“老板”的招呼；而在布罗代尔去世以后，当选院长的竟是人类学家马克·奥热，而对这位建院元勋的遗孀简直拒之千里之外。至于年鉴杂志，在1979年纪念创刊50周年的长达12页的文章里，安德烈·比尔基埃尔甚至连布罗代尔的名字也没有提到。在1985年10月夏托瓦隆讨论会出席者的名单上，只见到杂志6位主编中的两位：勒华拉杜里和费罗。这些当然都不是偶然的疏忽。

在布罗代尔方面，他对年鉴杂志和第三代新史学家也有诸多抱怨。他曾哀叹"在精神上感到孤独"[①]，又说，"在吕西安·费弗尔去世后(1956年)，我甚至想停办年鉴杂志。当我于1970年撒手时，杂志已不再符合布洛赫、费弗尔或我自己的思想"，究其原因，他补充说，"年鉴本应是份无法无天的刊物，但在1968年的剧变后，它已变成极其正统的、为一些人成名成家充当阶梯的大型历史刊物"[②]。在夏托瓦隆，他故意把自己的历史观与第三代新史学区分开来，称后者为"新新史学"，"因为门生们没有遵循我的教导……我与我的后继人之间存在着巨大的鸿沟"[③]。

我们或许可以认为这是两代人之间的一条"代沟"。法国《新观察家》周刊为回顾1975至1985年法国思想界演变过程而组织的一次座谈会打出了"大扫除"的旗号，公然声称"思想宗师寿终正寝，精神领袖影踪全无，意识形态被唾弃，思想体系遭贬斥……新的一代迫切要求翻过历史的一页"[④]。值得指出的是，座谈会的主

① 《一生为了历史》，布罗代尔采访记录，载《文学杂志》第212期第24页，1984年11月。

② 《史学"教皇"八十岁》，布罗代尔采访记录，载《历史》月刊第48期第75页，1982年9月。

③ 《费尔南·布罗代尔的一堂课》，法国阿尔托出版社，1986年，第162页。

④ 《法国思想界十年回顾》，见《当代西方思潮》，社会科学文献出版社，1988年，第103页。

持人弗朗索瓦·孚雷正是新史学派第三代巨头之一,他的以上宣言难道不就针对着布罗代尔的吗?这一代新人对他们的宗师的批评表现得如此辛辣和尖刻,使人不能不产生他们尊重作品而不尊重作者的感觉。年鉴杂志编辑部在布罗代尔逝世时发表的社论说得更加透彻:"不必掩盖,15 年前,当费尔南·布罗代尔卸职时,他对刊物持有许多不同意见,并逐渐与刊物相疏远。他讲述了何以有所保留和有所批评的理由。他不否认刊物变得多样化了……但他责备刊物分散了兴趣焦点,以至有时不分主次。他的计划是发展兼容人类科学各项成果的总体史学。我们则致力于一些局部性实验,希望更加明确地推行业已付诸实施的科学手段,通过对相关学科的比较,更加注意衡量学科实践的相互促进。"[1]总体史学还是"七零八碎"的历史[2],这大概是布罗代尔与他的学生们的主要分歧所在。此外,由于在当今法国社会中历史研究日益明显的商品化,历史著述越来越被人们当作经商谋利的工具。一些新史学家对商业利益的兴趣超过了刻苦的求知治学。弗朗索瓦·道斯曾画了三张图,展示新史学巨头们在大众传媒部门的众多兼职[3]。要求他们再像布罗代尔那样煞费苦心地花 20 多年时间完成一部"言前人所未言"的著作,自然是不可能的了。人们注意到,由新史学四巨头(乔治·杜比、埃马纽埃尔·勒华拉杜里、弗朗索瓦·孚

① 《经济、社会、文明年鉴》,1986 年 1—2 月,第 6 页。

② 参见弗朗索瓦·道斯:《七零八碎的历史》,法国发现出版社,1987 年版。皮埃尔·诺拉在《史学创作》(加利马尔出版社,1976 年版)一书中开宗明义指出:"我们生活在历史学四分五裂的时代。"

③ 参见《阅读布罗代尔》,发现出版社,1988 年版,第 163、168、169 页。

雷和莫里斯·阿古龙）于1992年在加利马尔出版社推出的一部法国史，以其可读性和趣味性在公众中激起了一片叫好声，但布罗代尔的风格在书中却已荡然无存。能不能认为这四位作者还是布罗代尔遗产的继承人，确实成了问题。

历史从来都是后浪赶前浪。第三代新史学家的“车轮打滑”，偏离布罗代尔的轨道，究竟对史学研究的纵深发展是好是坏，年鉴派将往哪里去，我们且拭目以待。

附言：本书中译本的图表翻译、译名统一由张慧君同志完成，她还作为第一读者，通读全书并对译文提出了不少中肯的意见。在此谨向她表示敬意。

顾　良

1993年11月

献给我童年时代的光明——

我的祖母埃米利·科尔诺

目　　录

第二编　人与物

图 表 目 录

导　言 i-9

历史自成而不自知

——让-保罗·萨特[1]

一言以蔽之，我怀着与儒勒·米什莱同样苛刻、同样复杂的一片真情热爱着法兰西，不论是它的美德还是缺陷，也不论是我乐于接受的还是不易接受的东西。但是，这种感情不大会流露于本书的字里行间，我将小心翼翼地不使它见诸笔端。感情可能会给我设下圈套，也可能会对我突然袭击，我要时时对它严加防范。在撰写本书过程中，我或许还会表现出对他的偏爱。因此，我竭力要像介绍另一个国家、另一个民族那样来介绍法国，就当它不是我的祖国。夏尔·佩吉曾经说过："观察法国，就要置身于法国之外。"[2] 此外，历史学的演变正越来越迫使我们这些历史学家变得冷酷无情。否则，离不开其他人文科学的历史学就不会像其他人文科学一样， i-10
发展成一门科学，即令是并不十分完善的科学。

历史学家作为尽可能超脱的"观察家"，应该强制自己保持沉默。我以往从事的著述工作对我作出这样一种努力或许会有所裨益。在我撰写的关于地中海和资本主义[3] 的两部著作中，我只是从远处，有时甚至从异常遥远的地方，瞭望法国，把它当作许多现实中的一个，并且与其他现实同等看待。正因为如此，我很晚才回到这个近在咫尺的圈子，而且显然感到高兴。事实上，历史学家只有研究本国的历史才能真正得心应手，他几乎可以本能地了解它的

迂回曲折、独特品格和薄弱环节。对于异国他乡，无论他怎样博学，也永远不会拥有这些王牌。因此，我没有先挑可口的白面包吃，而留着在晚年享用。

所谓摒弃个人的感情，也就是超脱我们的存在，我们的社会地位，我们的经验，我们的激忿或留恋，我们的“本能反应”，我们的毕生经历以及时代给予我们的种种影响。这正是伊波利特·泰纳在他的《现代法国的起源》一书中想做而未能做到的事，用他的说法，这种观察就像是昆虫脱壳[4]；亚历克西·德·托克维尔那部令人刮目相看的著作《旧制度与大革命》①在很大程度上做到了这一点[5]。至于我自己，但愿也能够做得差强人意。

可是，法国历史丛书已多不胜数，额外再加上一部是否明智？乔治·科罗泽于 1583 年去世，1615 年出版的他的遗著《法国历史的瑰宝》未免令人失望。但在 15 世纪末，罗贝尔·加甘不是早已把他的文集称之为《法国历史的明镜和编年史的大海》吗？到了今天，更应该说是大洋了。所有这些唾手可得的历史著述都很不错，有的甚至相当出色。米什莱的作品可谓无与伦比[6]，拉维斯的鸿篇
i-11 巨著为历史学家所必读[7]，至今一版再版[8]。罗贝尔·菲利普的著述[9] 则是绝好的知识宝库。对我来说，即使一些提纲挈领的简史也各具价值。我将不时援引它们，从中汲取教益。同样，我为雅克·马多尔[10] 在《法国历史》中持论公正所倾倒；吕西安·罗米耶[11]、尼古拉·约尔加[12]、欧内斯特·居尔迪斯[13]、欧仁·卡芬雅克[14] 的论

① 该书中译本已于 1992 年由商务印书馆出版，译者冯棠，校者桂裕芳、张芝联。——译者

著也不例外;还有于连·邦达1932年发表的《法兰西民族形成史概论》;还有吕西安·费弗尔未正式出版的《光荣与祖国》书稿,原系1946年和1947年在法兰西公学的教材,我手头保存着他于1956年8月完成的手稿。我能利用这份手稿,实属幸运。近十年来,有关我国往昔的论文、书籍、专著和文章更是不计其数,使我们的历史知识大有拓展,对此无需赘述。

此外,我还腾出时间,阅读了不少在考证方面颇有争议的其他作品,大部分论著都有助于进行长视角的透视,把我们从“历史事件”无穷无尽的片段中解放出来。出于偏爱也好,是种癖好也罢(对此姑且不加评判),我甚至还收集了一定数量的论战性文章和有悖常规的论著,它们有助于我们跳出确信和习惯的圈子,激励我们展开争论,提出有益的疑问。即使它们并不能彻底推翻我们的见解,但它们至少可以改变我们认识问题的角度,或对我们的见解作出细微的修正。

让我们还是重复一遍提出的问题:在这不计其数的论著中,是否有必要再另加上一部新著?其实,30年前,吕西安·费弗尔就计划撰写一部《法国史》,但可惜没有时间认真去做;我深知此事困难甚大,但出于与吕西安·费弗尔相同的理由,终于经受不住诱惑。近半个世纪以来,历史学家的职业发生了极其深刻的变化,历史的形象和问题也已彻底改观。这些问题不可避免地会重新提出,但将改变方式。此外,我们还应该弄清楚我们今天所面临的问题。尤其因为,前事既是后事之师,又是现时生活的重要组成部分;确定法国历史的特性也就意味着确定法国人在其自身生活中 i-12
的地位。史学界一位朋友对我说:“许多历史学家把历史封闭起来，我们的任务却要让历史走出高墙。”[15] 我想更为恰当的说法应该是摆脱牢笼。

这一革命性的突破首先是防御薄弱的历史学领域遭受各种人文科学侵入的结果，即地理学、政治经济学、人口统计学、政治学、人类学、人种学、社会心理学、文化研究、社会学等等侵入的结果。历史学就这样受到多种多样观点的冲击；它同时也接纳一系列新问题。困难恰恰在于历史对任何学科都不能拒之门外（历史学家并不始终意识到这一困难）。实际上，我们任何人都不可能有这种本事，但我们又不得不谈论整体性，谈论“历史的无所不包”[16]，断言“无所不包的历史才是真正的历史”[17]，或如米什莱已然指出的那样：“一切事物都是互相联系、互为呼应的。”[18]

但是，如果说法国的过去应该从人文科学的各个领域全面地加以考察，那么历史学家注定要被迫走到他们并不十分熟悉的道路上去。从未用过的或并不恰当的提问方式会把历史学家引向上帝才知道的地方去，其结果有可能使抱住已知定论不放的人感到惊讶、沮丧和恼火。在我们看来，法兰西统一（当然并不是说统一的历史）的真正标志既不是圣女贞德，也不完全是法国大革命，而可能是很晚才出现的、当时让人觉得十分神奇的铁路联系，还可能是初等教育的发展。这个朴实无华的论断与其说令人心悦诚服，不如说令人感到愤慨。然而，事实就是如此！祖国这一近代概念在 16 世纪时才刚出现，随着大革命的爆发，才出现了法兰西民族的雏形，“民族主义”这个字眼很晚才在巴尔扎克的笔下问世[19]……可见一切的一切在当时都还没有真正确定下来。

i-13 显然，正在建构或重新建构的民族不是个普通的人，并不是米什莱用诗一般的语言所说的“个人”[20]。民族包容着众多的现实和活生生的人，这是逐日、逐周、逐年记录的编年史很难把握得住的。正如雅克·布洛赫-莫朗日[21]所说，叙述史学的毛病就在于它局限于一个短时限，它不过是“法国历史的连载故事”而已。早在童年时代，我们就不无激动地通过马莱-伊萨克[22]写下的令人难忘的篇章，把这些故事牢记在心。然而，对已经成年的人来说，纳入到长时段之中的另一种形式的历史，能使他们认清往昔岁月令人难以置信的积淀、掺杂以及惊人的重复，进而推导出几千年历史所承担的巨大责任。历史这一庞然大物肩负着始终具有活力而又常常意识不到的遗产。深层的历史正是如同心理分析学前不久揭示出无意识暗流一样，发现了这个庞然大物。阿诺德·汤因比不无夸张地写道：继哥伦布和瓦斯科·达·伽马之后的“四五个世纪在时间长河中只是弹指一挥间”[23]。他确实有些夸大其辞，但也正因为如此，他绝不会荒唐地用短尺去丈量历史。有鉴于此，我毫无保留地欣然赞同今天的历史学家放手拓宽他们的历史时间尺度，一心追逐“人类生活中许多不被重视的、鲜为人知的方面”（这是我从马林诺夫斯基[24]那里借用的表述），并且像皮埃尔·博诺一样津津乐道地谈论“源流的重力”。但是，要做到这一点，就必须拥有丰富的原料，也就是必须拥有充裕的历史时间。长时段强制我们要花费力气。

我在上面刚刚提到了伊波利特·泰纳的《现代法国的起源》和亚历克西·德·托克维尔的《旧制度与大革命》。对于这两部我所欣赏的作品，恕我冒昧直言，它们的通病正是认为法国孕育于18世纪的“启蒙时代”，并且在法国大革命的风暴中经受悲壮的考验 i-14

而终于诞生。用大写字母 R 开头的革命不久前依然被奉若《圣经》,依然是一项政治承诺或意识形态信仰。显然,我反对这种虔诚,正如反对其他形式的盲从或将往昔理想化一样。但是,我更反对由此而缩小历史空间:旧制度、法国大革命,这些都是很近的事件,几乎可以算是现代的事件……只要伸出手,我们就能够触摸到它们。有待我们扎扎实实地去研究的应是从罗马征服高卢前直到今日的法兰西的厚重的全部过去。毫无疑问,路易十六治下的法国已是一位年迈的老"人"。在此顺便提一句,泰奥多尔·泽尔丹的鸿篇巨著《法国情爱史》[25] 竟从 1848 年写起,这实在令人遗憾。难道我们真是如此年轻吗?难道我们以及我们的情爱是刚刚诞生的吗?我们同样不能容忍,像罗贝尔·福沙尔这样一位才华横溢的社会学家和经济学家,竟把法国的过去当作手风琴一样随意压挤。他写道:"如同上帝羔羊一般神秘的高卢与我们的国家几乎没有关系,我国没有经历洪荒时代,它在历史过程中诞生。"[26]

6

依他之见,仿佛历史不可追溯到洪荒时代;仿佛史前史和历史不是单一的过程;仿佛我们的村庄并非从公元前 3000 年开始在我们的土地上扎根;仿佛高卢没有预先勾画出法兰西将要成长的空间草图;仿佛那些日耳曼人,那些远离高卢的和不受其魔力影响的小群体,那些因而有幸保存自己语言的小部落,他们五世纪时越过莱茵河大举迁徙,在经过若干世纪的沧桑之后,竟没有在现代留下明显的烙印(例如,我们可以看到,今天的比利时就分为两个语言地区);仿佛在我们的血液中和生活里,历史血缘学[27] 没有显示出
i-15 遥远的"蛮族入侵"的任何标记;仿佛信仰和语言并不从极其遥远的蒙昧时代逐步演变至今……然而,确切地讲,本书的目标正是在

可能的条件下揭示这一潜在的、深层的、长命百岁的历史。

同样地,目前法国的地域,即“六边形”的国土,并不是应予参照的唯一尺度:在它下面还有一些较为细小的尺度:地区、省份以及长久以来曾经保持并且现在依然拥有某种自主性的“地方”;在它的上面有欧洲,欧洲之上还有世界。马克·布洛赫断言:“没有法国史,只有欧洲史。”[28] 但是,如果再想起他的另一句名言:“唯有世界史才是真正的历史”[29],我们可以补充说:“没有欧洲史,只有世界史。”保尔·莫朗写道:“我只能设想镶嵌在地球仪上的六边形。”[30]

事实上,欧洲、世界都曾参与了我国的历史活动:它们把我们推来推去,一有机会就把我们碾得粉碎。可是,难道我们对欧洲和对世界就清白无辜了吗？埃德加·基内下面的话,从他 1827 年写下以来,其含义变得愈加模糊:“近代人类的一项殊荣便是他们构想了万国史。”[31] 但是,不言而喻,对任何民族来说,不得不与世界进行越来越多的对话并不意味着其自身的历史就此消失。只有混合,没有融合。泰奥多尔·泽尔丹问道:“难道法国出现的最根本的变化,竟是法国人失去了对自己命运的控制吗?”[32] 绝非如此。因法国历史与欧洲和世界的命运犬牙交错而在局部的表层和内涵造成的混淆,在我构思这部著作之前,曾经使我大伤脑筋。——其实,这大可不必。因为,在撰写过程中,我发现法国史本身就是一个极好的范例,通过它的切身经历,可以揭示出欧洲和世界的进程。

因此,长时段(首先是它,尤其是它)、六边形、欧洲、世界,这些才是我将探究的时空范围。这些范围使我能通过时空进行必要的 i-16

比较，从事某些“实验”。我说的是，依据一项事先准备好的计划，通过变换有待审视的成分，可以随意反复进行的实验。这样，我们就像置身于一个实验室中，对往昔的法兰西进行“跨时空”[33]的比较和实验，这些比较将使我们得以瞻前顾后地统观全局，找出带有倾向性的规律（我说的不是法则），正是多次反复的规律性现象才使深层的历史成为一种追溯性的同时也是对整个人文科学不可或缺的社会学。让-保罗·萨特斩钉截铁地说：“辩证法和人类实践正是通过历史而臻于完善。社会学本身不过是历史整体的瞬间而已。”[34]艾米尔·涂尔干也曾预言：“总有那么一天，历史学精神与社会学精神之间将只存在细微的差别。”[35]我们还没有达到那一步。然而，要想使二者会合，唯一的出路就是建立旨在寻找相似点的比较史学，任何社会科学舍此也就无从谈起。

因此，我试图从不同人文科学的角度，来分别考察法兰西的全部历史。让我们再次按顺序排列：地理学、人类学、人口统计学、政治经济学、政治学或政治科学、文化和心态研究（是否可以称为文化学呢？）、社会学、国际关系（法国在国外的活动）……

当然，这并不是一项顺理成章的计划，而是需要冒点风险的一种选择。每门人文科学各有其自身的领域，都有它需要解释的一系列问题。然而，每门科学都势必与整个社会现实有牵连，也就是说与一切其他人文科学的实质内容相联系。每门科学既由自身所决定，又受到外部的制约，它所阐明的领域也会涉及其他领域。从蒙巴纳斯塔楼和巴黎圣母院的高处鸟瞰巴黎，并不是为了发现地
i-17 平线，而是为了展望城市的全貌。实际上，观察的每一个局部——对真实的每一种探索都具有整体性，正如罗贝尔·福沙尔所说，它

必定牵涉到社会整体[36]。因此，说到底，不存在不具有汇总能力的人文科学。那么，既然由所有社会科学针对现时提出的问题，要单独由历史针对过去提出，历史学怎么能不比任何社会科学更具有整体性呢？

这一选择使我们处于既有利又有弊的地位。事实上，每当我们阐述某个特定领域时，我们都面对法国的全部历史，都冲破预先划定的框框。因此，各章之间不免有此重复、累赘，即使已经讲过的话在重说一遍时都从不完全照搬；即使在以不同的方式重新陈述相同的过程时，观察都前进一步。但到头来，我不得不直截了当地说出我所看到的东西，以及在看到以后我自以为理解的东西。比如，在谈到地理学时，我怎么能不涉及经济、社会、政治、人类学或其他相关领域呢？可以观察到的一切形成一个整体，一个必须耐心地、反复地予以阐明的整体。为此，我没有过多犹豫，专心致志地去进行观察和抒发直感，而不考虑这样做是否符合我们的科学范畴，因为无论如何，科学范畴也都是人凭空制造出来的。

另一个难点，对于读者来说尤其如此，就是我的阐述不断把远古和近古、过去和现在混杂在一起。虽然过去和现在被丘陵、山脉、断裂和差异等障碍物所隔开，但过去终究经由大道、小路乃至通过渗透而与现在相会合：陌生而又似曾相识的过去在我们周围飘浮，我们也就莫名其妙地被它粘住了。一位社会学家写道："它像潮水一般向我们涌来，一旦离开了它，任何现象也就变得不可思议。"[37] 我试图搜索和追踪的正是这些潮水，这些来自法国历史深层的涌泉，
进而判断它们怎样像江河汇入大海一样汇合到现时中来。 i-18

一部著作的标题从来就不是完全中性的。那么，我有没有理

由将本书称之为《法兰西的特性》呢？这个书名对我具有诱惑力，但它也使我伤了几年脑筋。书名本身从侧面提出了我刚讲到的那些问题，另外又加上其他一些问题。其模棱两可性是显而易见的：这是一系列的质询，你刚回答完其中的一个问题，新的提问就接踵而至，而且永无止境。

那么，法兰西的特性究竟意味着什么？这是一种至高无上的品性，是事关全局的核心，是法国自己掌握自己的命运，是绵延不绝的往昔慢慢累积而成的结果，正如不见天日的海洋冲积层在年深日久以后形成了地壳坚硬的外表。如果不是如此，又该是怎样呢？总之，这是残存、交混、添加、混合的过程，是旨在求得永存的针对自身而进行的一场战斗。战斗一旦中止，一切也就随之坍塌。一个民族为求得存在，只能对自身进行无穷无尽的探寻，朝着合乎逻辑的演变方向实行自我变革；坚持不懈地与其他民族对抗；认同本民族最优秀的和最基本的品质；从而在高贵的形象前，在仅为局内人（杰出人物也好，国家的全体民众也好，尽管后者并不总在此列）所知的暗语中看出自己的特性，在成百上千种验证中，在各种信仰、言词、借口、默契、汪洋大海般的无意识暗流中，乃至在意识形态、神话和幻想中认出自己的特性。此外，任何民族特性势必以具有一定程度的民族统一为条件，后者可谓前者的反映、位移和前提。

上述见解事先就要求谨防任何简单化的表述：把法国仅仅归结为一种表述、一则方程、一个公式、一种形象、一个神话，肯定是徒劳无益的。例如，雷蒙·吕多尔夫那部令人失望的著作就犯有以上的毛病，它把我们的国家说得很坏，却没有说出究竟坏在什么地方。[38]

的确，身为法国人的我们，在过去和在此时此刻，有谁不向自 i-19
己提出有关这个国家的许多问题？更不用说我国在其前进途中不断经受灾厄的悲惨时刻。对我们来说，每一次灾难都是巨大的历史裂口，就像今天我们乘坐飞机旅行时，在厚厚的云层中突然出现的那些光洞和光井，在它们下面，我们发现了陆地。我们的历史充满了沉重的灾难、深渊以及阴郁的光井：不用上溯到很远，就有1815年、1871年、1914年……而在1940年，丧钟再次在色当四郊敲响，敦刻尔克的悲剧以前所未闻的大溃退而告终……确实，这些极其深重的创伤随着岁月流逝逐渐愈合了，消失了，遗忘了——这是任何集体生活无法抗拒的规则：一个民族并非某一个体，也不是某一个“人”。

我曾亲身经历过那次大溃退，因此，我同许多其他人一样，曾在1940年夏季思考过上面的问题。命运是多么作弄人！就在那年夏天，到处都是阳光明媚、百花竞艳、生机勃勃的景象……我们这些不幸被俘而遭监禁的战败者，我们代表着战败的法国，犹如一处沙堆上被狂风扬起的尘土。真正的法国，幸存的法国，深层的法国还在我们的身后，它九死一生，总算还是活了下来。假如人们在明天不滥用其魔鬼般的摧毁力量，法国将比我们的焦虑、比我们的个人生命、比我们经历的充满曲折事变的历史寿命更长。而在这部历史中，每天出现的危险像火焰一样在我们眼前闪闪发光，让人揪心，然而转瞬即逝……从那个已经变得遥远的时期开始，我就没有停止过对埋藏在深处的法国的思考，它不顾一切地依据自身历史的倾向性规律继续前进。本书模糊的标题便由这种迷恋而产生，而我慢慢也就觉得习惯了。

有个例证伴随着我的整个写作过程。西班牙(读者也许知道,
i-20 它在我的生活中有着多么巨大的影响)也同样历尽沧桑、九死一生。1898 年对美国进行的非正义战争给了它异常猛烈的打击:战争使它重振帝国威风的打算顿时化为乌有,使它不再用励精图治的托词硬撑门面。正是在这样的氛围中,被称为“1898 年的一代”的知识分子,猛然面对国家的命运,作出了强烈的反应。米盖尔·德·乌拿穆诺的回答便是他的《西班牙的本质》[39] 一书;昂热尔·加尼维则在他的《理想的西班牙》[40] 中寻找象牙之塔;奥尔特加·伊·加塞特后来更把西班牙视为“无脊椎”动物,这个悲观的形象显然是站不住脚的[41]。

在精神上,我乐于与这批卓越的文人为伍,赞同他们作出的反应。然而,我决不想拜他们为师。再说一遍,我不相信法国有一种本质可言(西班牙也不例外),我不相信任何简单的公式,也不相信过时的词语和概念的价值。我只想陆续登上几个已知的观测所,进行一番合情合理的和不带任何先入之见的调查,为的是弄清法兰西悠久历史的深层结构,研究法国和世界的发展趋向。我将不在其中夹带过多的个人感情……

《法兰西的特性》共分四大部分(出版者注:在这四大部分中,作者只完成了我们以三卷形式出版的前两部分):第一编《空间和历史》(以地理学为主);第二编《人和物》(人口统计学和政治经济学);第三编《国家、文化、社会》(涉及政治学、文化研究、社会学);第四编《法国在国外》,这最后一编将突破国际关系史的惯常范围,并将作为本书的结论。

鉴于以上的顺序排列，别想在本书中找到过分合乎逻辑的思 i-21
路。然而，本书的计划将同书名一样，不可能保持真正中立的立场。难道人们可以像传统几何学中的循环排列那样，不受惩罚地移动历史成分吗？乔治·古尔维奇认为，任何研究所遵循的或应该遵循的途径，都是从易到难，从不言自明的东西过渡到慢慢才能领悟的东西[42]，换句话说，也就是从简单到复杂，从表层到深层……

在研究法兰西的特性时，我是否有意无意地使用了以上的方法呢？地理学是最具体的一种观察手段：张开眼睛，从人们看到的、每个人都能看到的事物出发，一般而言，这毕竟不是件天大的难事。人口学是一门新兴学科，有其自身关注的问题，但也不难被人弄懂。经济学在人文科学领域具有最强的科学性，它的一大套规律也是好学的历史学家完全能够学会的。说到国家，事情就复杂化了。关于文明以及无所不在的文化渗透和扩散，麻烦显然更多，至于社会，我们人文科学家抓不住摸不透的社会，面临的考验更要严重得多。不过，到了本书的最后部分《法国在国外》，我的脚跟不又可以站稳了吗？这个题材不是早就被传统史学家挖掘一空了吗？一点不错，但是今天，我们不能再用往日的眼光来看待事物了。就我本人而言，我甚至逐渐意识到法国的命运首先是世界命运的一部分。这种情况不仅在今天是如此——今天，不论我们是否乐意，世界力量正在我们的身边聚合和凝固，并且把我们紧紧捆住——，而且在昨天已然是如此。请想一想被罗马帝国征服的高卢，照斐迪南·洛特的说法，那是“我们历史上最大的灾难”[43]；想一想和欧洲一道投入十字军东征的法国；想一想为资本主义经

济——它于16世纪前已在欧洲立足生根——所席卷、所改造和所奴役的法国；再想一想在风雨飘摇的当代世界中破浪前进的法兰西航船……

i-22 就这样，过去和现在成了一对分不开、拆不散的伴侣。还应加上未来。于连·格拉克写道："历史本质上是以未来的名义对当代提出的警告。"[44] 用让-保罗·萨特的话来讲："如果时间不具有辩证的特性，即是说，如果人们不准未来对现时施加影响，那么，以现实运动出现的辩证法也就随即垮台。"[45] 简而言之，当我们跨过"今日的大门"[46] 时，现时只有在能向明日延续的条件下才是稳固可靠的。

因此，我们就请历史不再四平八稳地追溯往昔，而去"展望风云变幻的未来"。恰如约瑟夫·夏佩伊所说："从有形的历史向无形的历史"[47] 过渡（无形的历史即未来的历史），难道不正是历史沉思的必然运动吗？当我首先通过观察法国深层的历史来研究法国的特性时，我为之困扰、进行思忖的难道不是法国的未来吗？昨日和现今矛盾着的力量彼此交织，不断地生发演化，成为一部深刻的历史，法兰西正是它的衍生物。这些力量明天仍会存在，一切将在其中建构，或出于不测，一切也可能在其中毁灭。对于这种前景，人们很难推断真正的原因，更不用说预测其发生的准确时刻了。

值得庆幸的是，计划撰写的两部续卷——《法兰西的诞生》和《法兰西的命运》并不要求预先作出解释或评价。在这两部著作中，我将按照历史的顺序，重新论证所有史学前辈已经阐述过的那些问题，即使我的回答将与他们的回答并不完全相同。但是，游戏规则不正是如此么？无论如何，对我来说，这将是利用各种法国史积累起来的“财富”的一种方式。我将为之付出心血。我将竭尽全力完成这部鸿篇巨著的基本篇章。因为，倘若法兰西的特性——我们的研究将通过它而展开——至少能在一定程度上解释法国的命运的话，倘若它能够构成这一命运真正的基石的话，那么，我也就胜券在握或几乎稳操胜券了，而我为之奋斗的准则至少也就得 i-23
到了确证。

1981 年 10 月 2 日

于篷蒂约（上萨瓦）

在撰写一部书的前言时，作者对读者要讲的话真是没完没了。这难道是为了把书留在身边更长一些时间？让-克洛德·布兰基耶为准备作一次长时间的电视采访（1984 年 8 月），向我提出了一些友善而执着的问题。我不得不承认，我着手撰写这部法国史，不仅是出于上面列举的那些理由，也是为了向自己证明，我所倡导的史学形态能根据一个为广大公众所接受的实例而证明其正确。只有正确的或至少是合理的问题体系仍然是不够的，还必须让它接受事实的考验。正如一位年轻的史学家所说“系统论者对经验论者退避三舍”[48]，在我看来，这种表述方式是一清二楚的。照这样去做，我或许可能从两方面把我的意图交代清楚：一方面是通史和理论史，另方面是法国史，我将努力同时兼顾这两个方面。

1985 年 7 月 11 日

于塔耶

第 一 编

空间和历史

i-27 《法兰西的特性》第一编由三章组成，它们所论证的其实是同一个问题。在着手论证前，我想先向读者说明本编的指导思想。事实上，我力图解释的乃是法国的历史与领土之间多种多样、错综复杂、难以把握的关系；领土容纳着和承载着历史，并且以一定的方式解释历史，尽管还远不可能对历史作出完美的解释。

地理研究显然存在着多种途径。人们可以根据地理自身的问题或根据它与其他人文科学或自然科学之间的交融关系去研究地理，关注现时问题的地理学家正是这样做的。但是，对我们来说，地理将主要是重新理解、重新衡量、重新阐明法国的过去的一种方式，这当然是就我们自己关注的问题而言。何况，地理学也无保留地愿意为我们帮忙。自然景观和地理空间不单是活生生的现实，而且在很大程度上还是过去的延续。不复存在的地平线展示在我们面前，并通过崭新的场景再现出来：土地像皮肤一样注定要保存各种旧伤的瘢痕。

此外，只要略加注意或稍富想象，环境就会在我们眼前重新展现昔日的风采，在这方面，一些城市要比其他城市保存得好些，如在韦泽莱，在奥坦……在今日世界尚未加以完全改观的许多农村，如福雷兹[1]、比戈尔地区[2]、卢埃格[3]、普瓦图的加蒂纳[4]、塞纳河畔巴尔地区[5]以及上百处其他地方，历史的陈迹仍顽强地显示着生命
i-28 力……请大家且把今天忘却：以往的莱茵河和罗讷河不像今天那么听话和驯服，而是充满了野性，在这两条航行不便的水道，无畏的船夫拼力逆流而上。请在思想上暂且离开现时……

然而，本书的宗旨不仅是对往昔的追溯，而且还是在古今之间进行反复的比较。事实上，地理观察的价值恰恰在于堆积起来的

历史现实的深厚、久远和丰富。我们必须加以分辨，然后进行比较。地理将向我们展示昨日和今日之间的联系，提供必要的解释。“土地”、“人文氛围”、“自然环境”、“生态系统”，这许多词无不确指地理学对历史学的贡献，地理比较给予我们的教益完全可以同最丰富的历史档案相提并论。

以下三章将有助于我们加深对这些问题的认识。

首先，我们将要考察法兰西的多样性：组成法兰西的一系列独立地区酷似镶嵌画上那些色彩和形状各异的玻璃。我在第一章中力图要“显现”的正是这种多样性。

不过，这些玻璃已由水泥牢固地黏合在一起；出自迫不得已或填空补缺的需要，随着交换和道路的发展，地区和地方、村庄和集镇、集镇和城市、行省和国家终于被缝合成一个整体。这也正是第二章《人口分布格局：村庄、乡镇和城市》所要解释或开始解释的内容。透过城市和乡村的景色，我们将寻求它们之间的联系，从而展现几个大小不等的相当严密的整体形象。

这是一些在未来的民族国家中具有相对独立性的整体。因为，统一的法兰西，总体的图像，毕竟已经形成，并且历时已久……空间和环境对法国的统一甚至起了促进的作用。这个法国在自己的地域范围内建立了起来，屹立于欧洲和世界的一角。因此，我给 i-29
最后一章所取的标题便是“地理是否创造了法兰西？”。

用我学生时代的“教育学”术语来说，比较空间、人、历史三者之间的关系将成为统帅本编各章的一条主线。请读者原谅，我在阐述过程中未能做到径情直遂，而是绕了好多的弯，举了好多的例子，力求使交响乐的所有音符能够同时被人听到。

可是，谁又能抗御得住这样的诱惑呢？

i-31

第一章

法兰西以多样性命名

作为开始，介绍事物的最简单的办法，就是把自己一眼看到的东西如实地讲出来。但刚要从事这种最初的观察，我们立即就发现法兰西的统一躲了起来。人们原以为一把就能把它抓住，可它偏偏溜之大吉。无论在远近的过去或是在今天，都有成百上千个法兰西的存在。我们且接受以上的事实，承认它们大量地、顽固地存在着，这对我们并不是件不愉快的事，甚至对我们也并无太多的危险可言。

i-32

一　首先是描述、观察和展示

法兰西的千姿百态说来已是老生常谈。同样还可以说，它的地域"斑驳陆离为世所罕见"[1]，顽强地显示其令人惊叹的"乡土特性"[2]，犹如一幅"风景镶嵌画，其复杂多变竟是绝无仅有"[3]。"远行人足迹所至……景色始终在变化。"[4] 每座村庄，每个山谷，每个"地区"，莫不如此。"地区"是个范围不大的地理单位，如布赖地区和科城地区等。其名称由高卢时代的 pagus（"地方"）一词演变而来。每座城市、每个区域、每个省份更各有其鲜明的特征：不仅是别具一格的自然风光，不仅是人打下的各种烙印，而且也是一种文化习俗，“一种生活方式，以及确定基本人际关系的一整套准则：父母和子女的关系，男女之间的关系，朋友之间和邻居之间的关系”[5]。所有这些差异在昨天比在今天更加明显：名目繁多的地方特权、俚语方言、地方风情、传统民舍（石块、砖瓦、灰土和木材）、地方服饰在昨天不是还原封未动保存着吗？用我们今天的眼光看，度量单位之多更达到离奇的程度。据拉瓦锡（1787 年）说，仅佩罗讷财政区一隅之地，“就有 17 种不同的‘弓丈’，每种‘弓丈’的丈量单位和跨度各不相同”[6]。

五花八门的度量单位曾经使行政当局大感头痛。以葡萄酒桶为例，是否能定出一个相同的容量呢？有人于 1684 年向普瓦图巡按使提出这个问题。他回答说，这种想法实在荒唐，并立即举出一连串令人头晕目眩的“酒桶”，它们从名称到容量全都因地而异，并 i-33
且竞相使用。这里还不算在普瓦图市场上出现的来自贝里、利穆赞、波尔多等地区的酒桶。可以说，统一度量单位简直就像化圆为方一样极不现实[7]。

我们可以想到，即使要提供一份同一地区的谷物价目表，也会复杂到何等程度；这要把在不同城市或集镇出售小麦、黑麦、燕麦使用的计量单位一一列出，然后“折算成重量”这个唯一可比的单位。这些根据事先印好的表格每两月登记一次的“谷物价目表”，有的至今还保存在档案馆里。

同样，即使在相距不远的地区，人们的穿着也各有特色。以布列塔尼人为例，科努瓦耶地区喜欢红色；莱昂地区偏爱蓝色；在特雷戈尔，紫色备受青睐[8]。在距今一个世纪的1878年，莫尔旺地区“一成不变的”穿着是：“无论是年轻姑娘还是老年妇女，全都身披一块宽条纹的粗呢，脚上穿着清一色的白色毛织长袜和鞋头包着一块方羊皮的木屐，头上戴的是又宽又厚的印花布帽，头发在帽后盘成发髻。”[9]

民居也随各地的传统而异。在汝拉山区，用一句至今还说的老话来讲，“每个山头各造其自己的房屋”，意思是指房屋各具特色[10]。

当然，一切都已发生了变化，或正在发生变化。但差异还远远没有彻底清除。吕斯蒂格大主教（原任奥尔良主教，现任巴黎大主教）谈道：“我一用奥尔良教区（即现今的卢瓦雷省）这个词，加蒂纳的人就对我说，我们可不是奥尔良人。”[11]

吕西安·费弗尔反复说：“法兰西以多样性命名”[12]，这句话值得我们加以重复。我甚至喜欢说得更明确：“多样性就是法兰西”，尽管这个说法显得比较平淡。因为多样性不仅是一个表面现象，
i-34 一种称谓，而且更重要的是一个具体的现实，是多、杂、异、别诸特性的鲜明体现。严格地说，英国、德国、意大利或西班牙也都可以冠以多样性的称号，但它们的多样性就不如法国那么强烈和鲜明。一位名叫欧根·韦伯的外国历史学家于1900年考察法国时发现，“她的多样性是如此错综复杂，使人在形形色色的法兰西之间无所适从，它们可以随时互相分离，不会为互不相认而抱憾”[13]。

人们可以先验地想象，所有这些如同绊脚草般根深蒂固的对立，已被雅各宾派宣布的统一和不可分割的法兰西[14]所冲淡和消除。雅各宾派憧憬的这个法兰西迄今已存在了几乎两个世纪——

这是多么不寻常的两个世纪啊！——且不算在这以前的家长式的君主制统治也小心翼翼地推行了中央集权的政策。尤其随着交通运输的飞速发展和法语的广泛传播和居主导地位——法兰西岛的方言从公元1000年起已开始取代其他方言——随着19世纪工业的勃兴以及1945至1975这“光荣的30年”[15]的空前繁荣，人们似乎可以顺理成章地认为，这些巨大的力量即使未能消除一切差异，至少也在由成百上千块彩色玻璃拼成的镶嵌画上盖上了厚厚的一层油彩。然而，事情几乎丝毫也不是如人们的想象。埃尔韦·勒布拉和埃马纽艾尔·托德于1981年正确指出，“工业社会没有根除法兰西的多样性。这可通过几百种指示数据和图解分析所证实［两位作者出色地进行了图解分析］，分析涉及许多方面：从家庭结构到自杀，从私生子出生率到离婚率，从结婚的平均年龄到酗酒的恶果”[16]，甚至还包括精神错乱造成的伤害……其他指示数据，甚至是普通的文字描述，也使人得出相同的结论：多样性淹没并吞噬着单一性。伊夫·弗洛雷纳得出的结论滑稽有趣，他说法兰西是“统一而又可分”[17]的国家。吉奥诺声称，他只能描绘“处在四周景色包围中”的农民，我们对此完全可以相信，因为他们同这些各具 i-35
一格的、熟悉的景色已融为一体。无论是在普罗旺斯的上阿尔卑斯山区，还是在卡马格的平川地带，这些农民都“依靠树木、野蜂、砂砾、牛羊、马匹……勉强维持生计（包括爱情）”[18]。那么，是否应该相信，那些振振有词地声称法国境内各种社会即将归于一统的预言家，同司汤达一样作出了错误的判断呢？司汤达早在1838年就已认定：“在法国，各种细微的差异将逐渐消失。过50年后，可能再也没有普罗旺斯人，也不存在普罗旺斯方言了。”[19]这一回，司

汤达大错特错了。

但是，即使地理学家、历史学家、经济学家、社会学家、评论家、人类学家和政治学家一致确认法国的多样性，即使他们对此津津乐道，那也只是说过就忘，转身就只对统一的法国产生兴趣，就像在看过次要的、初级的东西以后，便把目光转向基本的东西去一样，似乎基本的东西不是多样性而是统一性，不是现实物而是理想物，不是与巴黎格格不入、甚至敌对的力量，而是终究已被纳入民族统一轨道的法兰西历史。两位青年历史学者妙趣横生地写道："我们的国家以其多样性著称于世：法国的景观、精神、种族、屋顶乃至奶酪，其门类之多令人叹为观止。"[20] 这个头开得不错，虽说开列的清单并不完整。但是，扇面刚打开很快就合上，接下去所讲的法国历史又重新在其习惯的轨道上行进。一位评论家向法兰西致敬说："祖国的统一和不可分割正是因为它多种多样和绚丽多彩。在过去的那些世纪里，法国吸引了与其迥异的许多因素，这是她创造的奇迹。她善于把它们融为一体，同时又使这些因素依然保持各自的特性。"[21] 我不否认祖国渴望实现统一并且取得了成功。但是，阻碍实现统一的因素和力量不仅仅是外国移民（任何国家都通过同化移民实现统一），而且更在于一向多样、却必须保持完整的
i-36 法兰西自身。如果说必须把几个各不相同的法兰西"融为一体"，那肯定是言过其实了。

无论如何，在多样性和单一性的对立中，回避前一个方面显然是不可能的。假如不能恢复多样性的本来面目，我们将永远不能抓住我国民族形成的根本问题，不能看到各种潜在的分裂、对抗、紧张局面、互不理解或相辅相存（这种情况同样存在），以及各种纷

争、积怨和嘲弄。埋下的火种随时可能将房屋烧成灰烬。宁静的历史学家马克·费罗甚至断言：也许唯有打内战才是法国的拿手好戏。

省份——地区和“地方”的集合体

实际上，又有哪个法国人会不喜欢千姿百态、不落窠臼的法国景色呢？每隔 20、30 或 40 公里，生活方式、自然条件、聚居类型乃至形象和色彩全都发生变化。尤其，我们每个人都对某个地块格外依恋。在我们的心目中，不仅对个人出生的省份的偏爱超过了其他省，而且在这个省份内，我们又有自己最喜爱的地区……这至少是我们自身特性的一个组成部分。那么，是否应该替那些并非来自外省，而是在巴黎土生土长的人感到惋惜呢？这就很难说了。这不仅因为昔日的巴黎市区和郊区就是村庄、乡镇的混合物（至今仍留有某些痕迹），而且因为巴黎内部有着阶级的划分，无论是工人阶级、知识分子和资产阶级都各有自己的传统。达尼埃尔·罗什在题为《巴黎的人民》一书中写道：“我是巴黎人，再往前追溯，已有五代人的历史。”[22] 他这样说也就意味着他仍有属于某个外省的资格。

这些地域特性渗透到平民百姓的心坎里去，并且如我前面所说，始终保存下来，每一个地区都力求标新立异，使自己不与邻近 i-37
地区相混同。现今的地理区划令人惊异地证明了这一点：随着日新月异的普遍进步，每个地区发生的变化都有别于邻近的其他地区，或者变化的方式各具特点，从而造成了界限分明的新差异。七零八碎的地区分割终于从遥远的过去一直保存至

今，或者其痕迹依稀可辨。对于我比较熟悉的某些“地区”，如默兹河流域的奥恩地区，萨瓦的福西尼地区，鲁西永的瓦勒斯比尔，位于维桑堡和阿格诺森林之间的北阿尔萨斯，每当它们的形象出现在我的眼前，每当我想起阿格诺森林中的那些小河缓缓向东流去，汇合成莱茵河的洪流，我觉得它们向我展示的正是极好的历史见证。通过这些景观，我对现时的全部生活得以一览无遗。由于眼界较近，我不难把各项活动全部考察一遍，借以认识一切（或几乎一切）和理解一切（或几乎一切）。现时的景物也为自身以外的东西充当见证，使我们联想起往昔的状况，帮助我们得出对过去的全面了解，并且使旅行家留下的片言只语有了充实的含义；不论他们是否名闻遐迩，旅行家在我们之前，已看到了几乎相同的东西。
i-38 正是这些似同又不同的细微差异使我们还要埋头研究从前的生活。

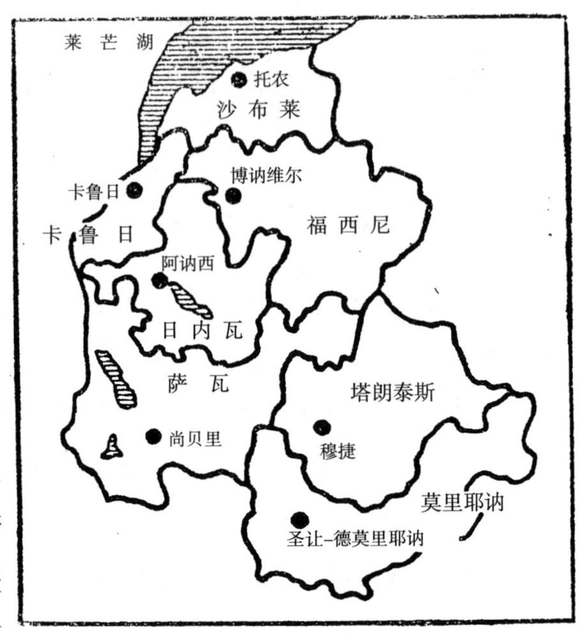

一个行省包括几个“地区”：18世纪的萨瓦省

任何行省均可分为若干个相当稳定的行政单位，这些单位大多数仍保留至今。

原图见保尔·吉肖纳：《萨瓦史》。转引自费·布罗代尔：《物质文明、经济和资本主义》第3卷第242页。

呈现在我们面前的是一个五光十色的法国，撰写任何一部“诚实的”法国史都应该从这里下笔。潜在的“多样性”将不断与统一性相对抗，后者控制和限制着前者，并且利用传统史学对自己的偏爱，试图抹煞地方的特性。实际上，法兰西不是只有一个，而有几个。正如吉奥诺所说，布列塔尼不是有一个，而是有几个；普罗旺斯不是只有一个，而是有几个；勃艮第、洛林、法朗什-孔泰、阿尔萨斯也全都有好几个。

我对法朗什-孔泰地区相当熟悉。1926 年，我与三位一起服役的战友结伴同行（其中一位地理学家今天已经作古）[23]，曾首次步行和骑自行车穿越了这个地区。我们从位于贝桑松城后面的瓦尔达翁兵营启程，这次长途旅行的路线是从格朗维尔的故乡奥尔南出发，沿卢河河谷向上游前进，然后穿过狭长的楠蒂阿横谷，抵达瓦尔瑟里纳河，并在贝尔格拉德见识了罗讷河“断流”的奇景。接着，我们还在热克斯地区游览，可以毫不夸张地说，它的秀丽景色足以和阿尔萨斯相媲美。最后我们缓缓地向着镰刀山口攀登，向东眺望，日内瓦城尽收眼底。

后来，我几乎每年都要从不同方向穿越汝拉山，并且每次重新见到它，心里总是激动得久久不能平静。在阿尔布瓦，在沙隆堡，在蓬塔利耶，在圣克洛德，在圣阿穆尔，在莱鲁斯，在圣普安湖和小小的西朗湖……到处都留下了我的足迹。我甚至相信单凭草的颜色就可以认出汝拉山来。这里的牧草浅蓝色中夹杂着刺眼的深绿色，而在附近的阿尔卑斯山，草场因绿中泛黄，色彩显得较为柔和……当然，地理学家又进一步把这里划分为：索恩河平原，呈平顶状的汝拉山西段，呈褶裥状的、带有葱绿的坡地和长廊般的牧场 i-39

的汝拉山东段(请想一想景色秀丽的安河河谷),等等。在上述区划范围内,由于土壤、气候、物产、居民分布状况的不同,还必须划分出更小的地区。以杜河上游和安河上游地区为例,就有罗梅谷地、米茹谷地、米埃日谷地……这些规模较小的地区互不相同,但又互为补充,有时还互相依存[24]。

普罗旺斯也不是统一的和不可分割的。如果就气候、天空、耐旱的树木和植物以及无人的旷野而言,普罗旺斯当然具有共同性,这是人所共知的事!但它在地理上又被分为地中海沿岸、罗讷河流域和阿尔卑斯山区,往北向阿尔卑斯山区伸展的内陆竟占全省地域的一半以上。

普罗旺斯内陆由相同的成分所组成:石灰质的山梁和山塬(一种又厚又硬的石灰岩),尚未完全被风化的岩石岗岭,相当狭窄的河谷和平原,以及在古老的双重山脉莫尔山和埃斯泰雷勒山周围的凹陷洼地。但是,这些成分受到变化莫测的地形的干扰,它们随心所欲地构成了彼此迥异的景色。大体上说,这个地区又可粗略地分为两部分:一方面是资源贫瘠的山区,另方面则是大小平原、盆地、河谷等从事农业耕作的地带。

山区覆盖着原始森林(橡树和松树)、灌木林和名为"咖里哥"①的地中海植被;有的灌木林已因人力开发而遭破坏,后来,"因再度撂荒,沦为草木稀疏的荒原;在这些土地上,大戟科植物和阿福花淹没了低矮的禾本科植物"[25]。然而,在普罗旺斯以往的经济生活中,山区曾起过不容忽视的作用,当地的林木一再遭到毁坏

① 原文为 garrigue,系指法国南部灌木丛生的石灰质荒地。——译者

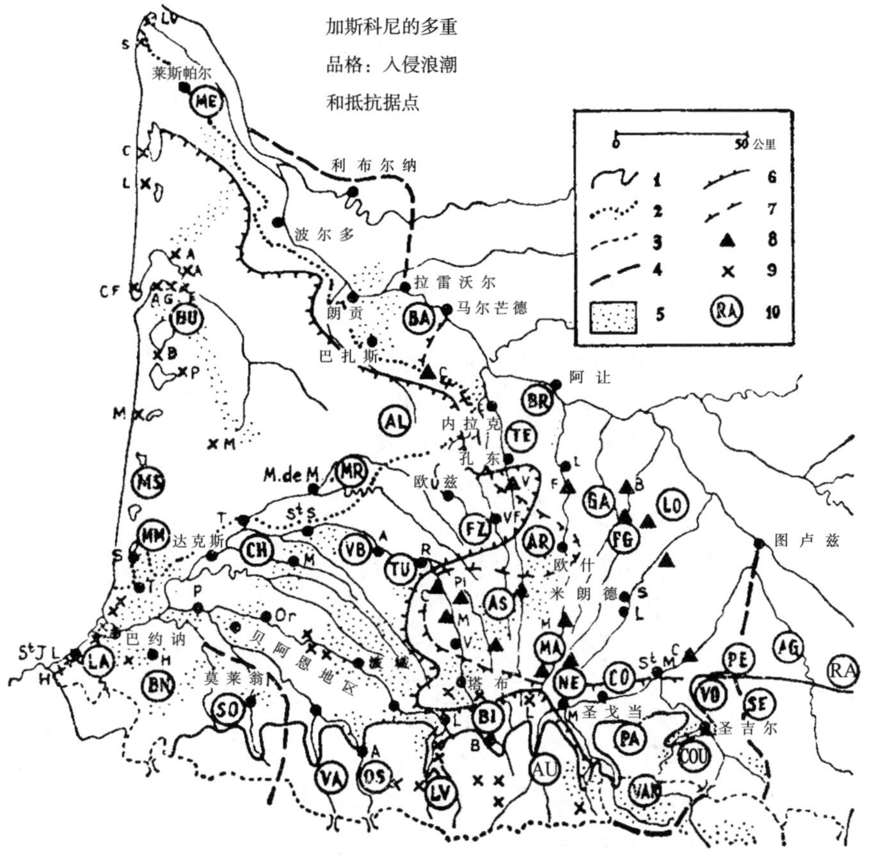

加斯科尼的多重品格

从地理学、历史学、人种学和地名学等方面举例说明“地区”的起源。

本图摘自皮埃尔·博诺：《土地与语言》，第2卷第364页。

图解：

1. 比利牛斯山的边缘
2. 生长有林木的荒原的界限
3. 国界
4. 与国界或与加隆河界不相吻合的加斯科尼省界
5. 以“os”和“ein”结尾的地名主要分布区
6. 以“ac”或“an”结尾的地名密集区的界限
7. 中世纪初期大小城堡和其他封建城镇密集区的界线

8. 构成城镇网的大小城堡

9. 今日的城市、乡镇及各种中心(工业、旅游点……)

10. 缩写字母所代表的地区名称:

AG:阿加纳格	AL:阿尔布雷
AR:阿马尼亚克	AS:阿斯塔拉克
AU:欧尔河谷	BA:巴扎岱
BI:比戈尔	BN:下纳瓦尔
BR:布卢依瓦	BU:比什地区
CH:沙洛斯	CO:科明热
COU:库塞朗	FG:费赞萨盖
FZ:费赞萨克	GA:戈尔
LA:拉布尔	LO:洛马涅
LV:拉韦当	MA:马涅克
ME:美多克	MM:马雷纳
MR:马尔桑	MS:马朗桑
NE:内布赞	OS:奥索河谷
PA:阿斯普地区	PE:佩达盖斯
RA:拉泽斯	SE:塞卢纳斯
SO:苏尔	TE:特纳雷兹
TU:图尔桑	VA:阿斯普河谷
VAR:阿兰谷地	VB:维克比尔
VO:沃日韦斯特尔	

上面这张地图列举加斯科尼省37个“地区”的名称(至于对有关的各项细节,读者请参见皮埃尔·博诺的著作)。正因为它相当的复杂,这张地图才有其意义。它不仅显示出地理的区划(纵横交错的高山深谷隔开各山地,使之互不融合:切断内地与大海之间的联系的荒原:阿基坦平原),而且还显示出由历史留下的区分人种和语言的印记:“阿基坦人种独具一格的特性”曾受到了一系列“来自北方和东方的压力”:高卢的渗透,罗马的入侵,伊比利亚难民的涌入,中世纪时代以图卢兹为中心的“封建社会的同化作用”,以及后来“法兰西体系的经济投资”。因此,加斯科尼省各地区就同它们的史前时期联系了起来,而它们的多样性正是“众多的内因和外因水乳交融的结果。”

就是一个证据。直到 1938 年，一位地理学家在描述这一地区的面
貌时曾这样写道："在圣维克托瓦山以北，桑布克地区的青橡树和 i-40
白橡树丛林每到春天便呈现出一片生机，由山林经营者雇佣的一
队队工人便忙碌不停。他们有着明确的分工：伐木工砍伐树木，清
理工收集零星枝杈，供面包炉和石灰窑使用，手执小槌子的妇女敲 i-42
敲打打，剥去主枝的树皮，由烧炭工锯断烧制木炭，赶车人把木炭
和树皮装车运往容克或佩罗勒的鞣料磨坊。"[26] 目前正日趋消亡的这种古老的经营方式，证实了皮埃尔·古卢对普罗旺斯地区山村所做的异乎寻常的解释：这些村庄远非如人们一直所说的那样位于山顶上，而是选择在半山腰：山下是作物种植区，山上是林木生长区[27]。由于对尚存的森林停止采伐，村庄陆续向山下延伸，告别栖山而居的方式。个别村庄则处于适宜在山坡地上生长的葡萄园和地势较低的粮食作物种植地带之间[28]。

普罗旺斯以往的经济像整个地中海沿岸地区的经济一样，以种植小麦、栽种灌木作物（橄榄树、巴旦杏树、葡萄等）和饲养小牲畜（特别是绵羊）为主，它们构成了当地经济的三大支柱。这些灌木作物性喜松软、多石和干燥的土壤；春雨有利于小麦的生长，秋雨则对荒原的禾本科植物有益，从而"为小牲畜提供饲料"[29]……总之，每个地区大体上可以自给自足，而这正是古代普罗旺斯各地区之间互相分隔的状况所要求的。

但是，从 18 世纪开始，普罗旺斯的这种地区分隔逐渐消失，转而出现以单一经营为主的经济，如阿尔克盆地以小麦种植为主，阿尔勒地区以畜牧业为主，而在从卡西斯到土伦的地区，则不断扩大葡萄种植。

就以普罗旺斯邻近拉哈涅的阿尔卑斯山区为例，让·吉奥诺非常喜爱这个位于吕尔的万图和西斯特隆之间的奇特的地方，他讴歌它，游历了它的每个角落。作为现时代的象征，专业分工也起着作用。吉奥诺写道：“人们或许会感到惊异，当地的农民不再经常手握犁柄，这是因为他们以畜牧为生。他们被排除在机械化的 i-43 历史进程之外，毕竟人们现在尚未发明牧羊的机器……他们仅为养家活口才种植必不可少的小麦、大麦、土豆和蔬菜，正因为如此，许多农民过着独身的生活：他们所需要的东西极少，因而在一年里只用一个月的时间同土地打交道。”[30] 牧羊是未开化地区对外开放的典型特征。

同样，诺曼底也不是只有一个，至少可以说有两个：面向鲁昂和大海的上诺曼底，由卡昂城及其富庶乡村组成的下诺曼底。此外，奥日地区的富饶牧场，塞纳河曲的森林，奥恩河和维罗瓦河流域的“篱村”，科唐坦的荒原，科城地区和韦克桑地区的麦田也各具特色[31]。这是弗雷德里克·戈桑在评论阿尔芒·弗雷蒙所著的不同凡响的著作《诺曼底的农民》(1981 年)时发表的见解。我们立即就会想到十几个地区的名称：小科地区、布雷地区、博韦地区、马德利、纳布尔、卢默瓦、乌什、贝桑、乌尔姆、塞乌阿、阿朗松平原、法莱斯平原、希埃莫瓦、帕赛、卡昂平原、阿夫朗欣、波托瓦、科尔洛瓦……弗雷德里克·戈桑说得好：诺曼底的每个地区“都产生一种特殊类型的人和一种独特的生活方式，都要求撰写一部自身的历史”[32]。这种论断颠倒过来说同样也能成立，这是因为每一个地区的历史都造就出一种特定类型的人和一种独特的景色，从而也保证了一个地区的实际存在。今天，日新月异的城市建设正使昔日的某些地区差异显得模糊，但这常常并不意味着有多少实质的变化。

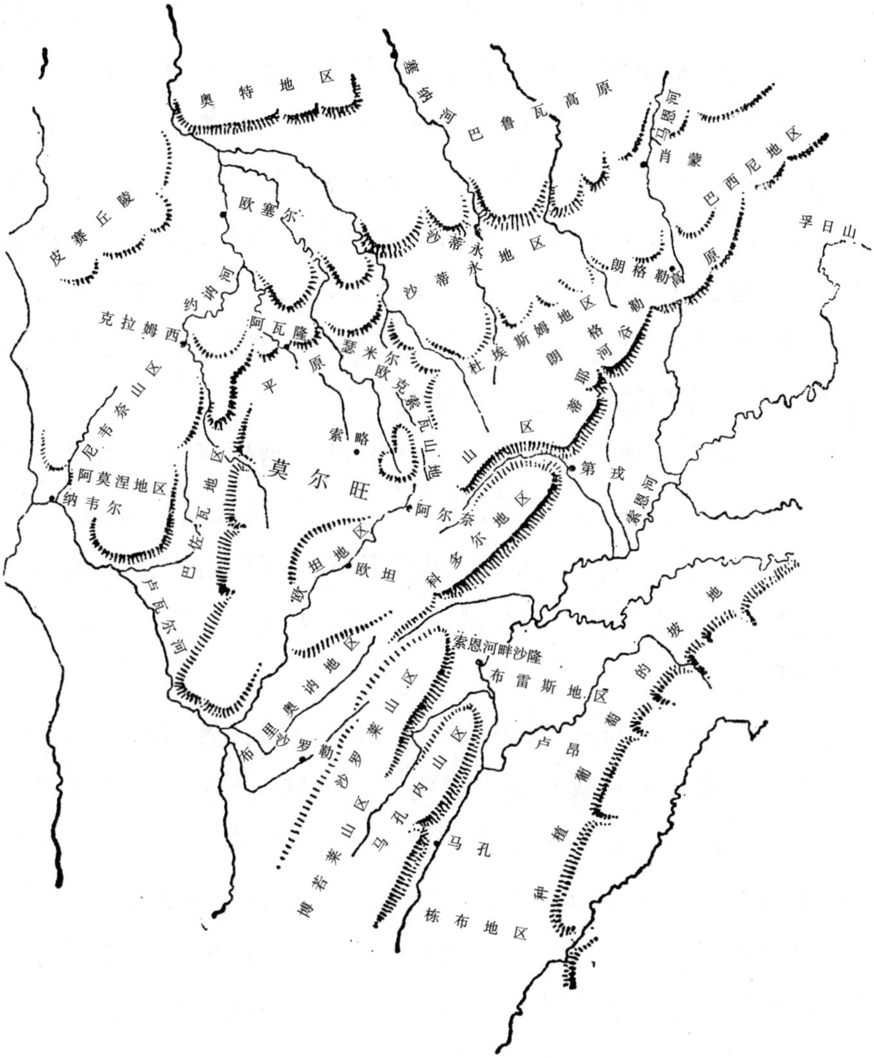

勃艮第的“地区”布局

（雅克·贝尔坦绘制）

如果我们想计算每个省份究竟由多少“地区”构成，那么，除了加斯科尼以外，有资格排在前位的恐怕就是香巴尼省了。香巴尼省内的各地区布局紧凑，呈珊瑚状，其总数不少于 30 个。正如埃尔韦·费利帕蒂所说：“虽然某些地区还保留着人所共知的名称和地界（如波尔西安、佩尔托瓦、雷姆瓦、塞诺奈或巴西涅），而其他地
i-44 区则再也不能被视为各具特色的、有活力的实体了。今天又有谁还会提到阿尔塞、布里艾诺瓦或阿特诺瓦”[33]，以及普罗维奈或瓦拉日这些地区呢？难道像一些已被遗弃的村庄一样，也存在着一些被遗弃的“地区”吗？如果确实是如此，我们就必须确定它们的
i-45 地域范围，并立即进行认真的调查。

那么，最小的地区是否还可以再分呢？当然可以。珀河流域的山区盆地拉维当地区位于比利牛斯山主脉及其前山地带，由七个不同的“地方”组成。它们是：巴雷日河谷、科特雷河谷、阿赞谷地、萨尔的阿斯特雷姆、巴特絮盖尔、达旺台格和卡斯特鲁邦[34]……

因此，不要过于轻信那些急于得出结论的作者，在他们看来，从前的省区的协调一致性是不成问题的。亨利·弗西翁在谈及罗马式艺术时指出，“在一个半世纪的历史中，勃艮第既是一个又是三个地区”[35]。从罗曼式教堂的风格来看，说勃艮第有三个地区，这是可以讲得过去的。但是，这种观点无论是从地理的还是历史的角度看都是错误的。勃艮第可分为许多各具特性的地区，这在亨利·旺斯诺设计的草图（见前页图）中可以看出[36]。如果要说勃艮第的统一性，那只是与法国的统一性相对而言才有意义。勃艮第和法兰西都是多层次结构的建筑：统一性位于建筑的顶端，多样

性则是建筑的基础。因此，我认为有必要再次强调指出："不要忘记法国的多样性"，正如安德烈·西格弗里德对他的学生反复重申："不要忘记英国是一个岛国"。

去实地亲眼观察法兰西的多样性

在理论上侈谈法兰西的多样性无济于事，必须进行实地考察，亲眼看到这种多样性的色调，闻到它的味道，用手触摸到它的存在，甚至还要在货真价实的乡村小店里咀嚼它、品尝它，以便深得其中三昧。用罗兰·巴尔特[37] 的话来讲，米什莱吃得津津有味的东西不仅是法国的历史，而且是法兰西本身。米什莱在落笔撰写他的著作前，不断在法国各地游历，从未停止过咀嚼和吸取营养，i-46
吕西安·费弗尔同样也乐此不疲。我曾分享到费弗尔的这种热情，当然是用自己的方式。

今天，汽车——姑且不说在万里高空翱翔的飞机——为人们周游各地提供了方便，但其前提是不能过分迷恋在高速公路上急驰。即使在高速公路的两侧，也可看到优美秀丽的景色。例如，从日内瓦前往安纳马斯，经福西尼到博讷维尔，然后在高山的陡坡悬空盘旋，抵达勃朗峰的沙莫尼山谷和峰下的隧道……可是，总的说来，与其在高速公路上行车，不如去光顾二等公路：这些精心修筑的小路，蜿蜒曲折，美不胜收，充分显示出地形地貌的千变万化。

不要走马观花，要经常驻足停留。如果我们意趣相投，我们尤其应对那些突变，也就是对边界地带具有敏锐感：留意观察什么时候民宅屋顶变了形状或材料，什么时候水井换了模样，水井是很少为人注意的民俗沿革的见证。还须辨认那些驱邪的镇物，它们保佑房舍免遭厄运(或者并不具有这种含意):在阿尔萨斯,这些镇物几乎到处悬挂。还要揣摩为什么在香巴尼地区,房顶上竖着那么多奇形怪状的风向标,而在洛林,风向标则意味着房宅主人不是贵族就是富绅——在我的家乡,当时只有一处风向标。在香巴尼,风向标是否表示小农庄主和小手工业者的一种姗姗来迟的报复行为,抑或是在显示其职业特征的同时,昭示社会平等的一种方式?那么,它们为什么大量出现在香巴尼,而在其他地区又颇为罕见呢?

因此,我的建议是:探寻地区间的差异、反差、突变和边界。因为如果说"就小型地区而言,边界概念对我们已然(变得)陌生,并且这一概念看来似乎十分牵强……可是,在乡下人的心目中,概念不但依然存在,而且毫不含糊。农夫们终日劳作在田野上,正是依据周围的景物变化,他们能够确定不同地区的分界线:例如,在小河的对岸,穿过小树林,到了山坡下方,就是另一个地区了"[38]。以上援引的是埃尔韦·费利培蒂的一段话。他写的那部讲述农民房舍的著作图文并茂,堪称再现古代法国风貌的佳作。因为,作者在
i-47 其中揭示了不同地区的边界,或者更确切地说,不同地区的外貌。今日法国农村的景色依然显现这样的外貌。作者把房舍同当地的环境、土壤、气候和唾手可得的材料,以及同村镇的社会结构和农产品的种类联系在一起。这是一种真正的起死回生术。

当你告别汝拉山区黝黑的松林、坡地的牧场和蜿蜒曲折的公路再往西去,你看到的便是布雷斯地区低洼平坦的田野:放眼望去,但见芳草萋萋,池塘罗列,树木成行。与此同时,汝拉山区低矮结实的平房,高大的石墙和有着宽阔的拱形门柜的粮仓也就让位

于布雷斯农庄特有的砖房；木质的梁柱突出在墙体之外，屋顶铺瓦，屋檐上翘，一串串玉米棒悬挂在屋檐下。蓦然间，你已经进入了另一个世界。

如果你从巴黎前往奥尔良，在过了埃唐普以后，你便离开了郁郁葱葱的瑞讷河谷（瑞讷河昔日可通航运，沿途磨坊林立），再往前去，博斯地区辽阔的地平线将出现在你的眼前。这里，精耕细作的麦田和绛红色的三叶草牧场交相辉映。难道这是世界上最美的景色吗？或许是的。然而，博斯的村庄“闭塞、破败，（如今）人烟稀少”[39]，紧紧地围在钟楼的四周，它们肯定算不上是法国最美丽的村庄。

有时候，只要驱车行驶十几分钟，眼前的景色也就全部改观，时间之短就像剧场的幕间休息。作为一名士兵，你也许同许多其他士兵一起，或者随他们之后，曾在位于贫瘠的香巴尼境内的玛依兵营生活过，甚至十分熟悉那里的生活。你曾在那里行军和操练。每当淫雨时节，没有植被覆盖的白垩土便变成一片奶白色的泥浆，踩在上面一步就是一个脚印。此刻，我不禁回想起当年我们所穿的旧军靴以及靴钉在泥地上留下的灰白色的痕迹……在这上香巴尼地区，从18世纪[40]起，旅行的人已经注意到，在“一望无际的原野上”，既没有树木，也没有或很少有清泉。直到今天，依然可以看 i-48
到往日的景色。来自香巴尼葡萄之乡（位于西部，在法兰西岛地区索姆河谷的陡壁边缘）的人对此感触尤深。连绵不绝的白垩土简直像是“一片沙漠”；身临此境，人们怎能不为之“神伤”[41]？可是，在这贫瘠的香巴尼地区，仍有几个河谷贯穿其间。河谷中的村落或与涧水为邻，或与水井相伴，或与土质松软的冲积土相傍依，或

以白垩地带的野草为倚托。在这些遗世独立的村落中，阴郁的房屋排列成行，它们或是木架结构，或以土坯垒墙。这里的生活过去十分艰苦，但是，在昔日的法兰西，哪里的生活又不困难？农民缺少烧柴，他们“在收割后的小麦地和黑麦地（当时用短柄镰收割）捡拾茎秆，用以烘烤面包；或者精打细算地从布里地区或篱村地区买回二三十捆木柴；最穷的农民不得不以‘秸叶’、苜蓿根、蓟叶、荞麦叶和萝卜茎……取暖。老一辈人还记得，他们蜷缩在贮藏室和牲口棚里宿夜避寒的情景”[42]。过去几乎不值一文的荒草地，如今已砍掉了在 19 和 20 世纪种植的低矮瘦弱的松树，经过反复改良土壤、施肥、机械翻耕，终于被改造成肥沃的麦田[43]。

然而，香巴尼依然是一个呈现强烈反差的地区。只要离开这片单调的白垩土带，向东迈出几步，你就来到该地区的黏土带，或称潮湿的下香巴尼地区。这里有葱绿的牧场和树林，众多的河流及其河岸，终年积水的大片沼泽，足以证实潮湿二字名不虚传。为了防潮，这里的房屋通常以奇形怪状的木条和木片覆盖墙面，或者采用屋檐外伸的大屋顶。如果再往前走，阿戈纳地区就在眼前。这里林木茂密，遮天蔽日，只能看到低矮的林中小屋，俨然是保护
法兰西的一道屏障。但这只不过是表面现象而已：保护法兰西的
i-49 温泉关今天早已不复存在！但是，为了寻觅急剧的变化，你可以朝
北走到阿登高原；或者向南直达奥特森林。或者朝巴黎方向前行，
i-50 到达布里地区的边沿，即我在前面提及的、被称为法兰西岛的河谷
地带。这里是素负盛名的葡萄产地，丘陵起伏，景色优美，村落中房屋成群，而且都用石料建造。

从渺无人烟的、空旷的白垩土高地（放眼远望，间或可见一棵

孤树)来到河谷地带,你一路上将目不暇接,惊叹不已。史前时期的人类曾选择这片河谷作为他们最初的栖息地。在这一条条巨大的绿色长廊里,林木纵横,死水淤积。在很长的历史时期中,法兰西就是以索姆河流域这一片片沼泽地作为疆界的。然而,要实行闭关锁国,这条边界是太脆弱了!1557 年,西班牙人夺取了法国将军科利尼困守的圣康坦城。1596 年,西班牙人又偷袭亚眠,翌年,亨利四世费了九牛二虎之力终将该城收复。1636 年(三十年战争开始后的第二年),西班牙占领了科尔比城。告急警报如火药的导火索,一直传递到巴黎[44]……的确,在当时,那里只有一些微不足道的要塞,一阵炮轰,一次突击,一场猛攻,就能使防线顷刻间土崩瓦解。敌方的炮弹甚至能落入城市广场的中心。事实上,防守边界的不过是一些哨兵,他们充其量只能守上几天,其作用不外是发出报警信号而已。

我最近作了一次旅行,从博斯前往韦兹莱,途经奥坦,穿过莫尔旺国家公园,一路上从容不迫。就我所知,博斯坡地是世界上最美的葡萄园,它们不仅使人赏心悦目,还能提供其他乐趣。刚刚接近诺莱(那里有一座古老的市场、一座教堂以及 16 世纪建造的一些房屋),中央高原就展现在面前。那里又是另一个天地:葡萄园渐渐稀少,有的是辽阔的牧场。一排排树木和篱笆把牧场分隔成片,成群的沙罗莱白种牛在牧场上吃草,这里的生活仍保留着古朴的风情,奥坦悠闲安适的旧城区更是显得古色古香。在我离开奥坦前往塞通湖后,当地居民的坦率和富庶给我留下了深刻的印象,使我久久不能忘怀。在库尔河上人工兴建的塞通湖过去曾是把大批木排顺流漂送巴黎的发送站……即使在十月金秋的晴朗季节,

i-51 进入莫尔旺国家公园，人们便在浓荫密布的森林世界中穿行，成片的针叶林随时打破阔叶林的一统天下……寂静无声的森林，人迹罕见的道路，时至9月已呈现绛红色的路旁蕨草，这一切是否表明林区尚未得到开发呢？我没有见到伐木工人，只是在堆积如山的木柴垛旁发现一台停着的机械设备。在一些开阔地带，一些山冈脚下，不时会出现几片耕地，几块屋旁园地。每块园地的附近都有一座小村落，居住着三四户人家。越往北走，农舍的屋顶越来越多地以石板代替了瓦片。除了几个不大的村庄以及几块麦田、荞麦田和土豆地以外，满目所见只是牧场连着牧场，一排排灌木树篱构成了它们的边界。的确，整个景色同法国西部为来自大西洋的雨水所浸润的无数“篱村”如出一辙。这里没有经济重镇，可能发挥作用的一些城市，如奥坦和阿瓦隆，都把目光转向外部，而对莫尔旺腹地几乎不屑一顾。无怪乎雅克琳·博纳穆尔[45]在她撰写的有关该地区的精彩论文中提出这样一个问题：不幸的莫尔旺难道竟是个“横遭天谴的地区”？在这篇论文发表前的半个世纪，也有一篇同样精彩的论文[46]触及这个问题。这样，我们就有了论述莫尔旺两种状况的文章，可以考察这个地区最近出现的人口急剧下降的过程。当地的居民多半已经外流，如今似乎只有大自然依旧安之若素。维达尔·德·拉布拉什曾认为，唯有站在韦兹莱山丘（它是许多位于莫尔旺地区边缘地带的石灰岩山丘中的一个）上登高远望，莫尔旺山的真相便不言自明：它虽然具有山的形态，但实际上却不是一座山（顶峰的高度仅海拔902米）。但是，如果你在冬末翻越莫尔旺山，就会看到皑皑白雪和霏霏雾凇。而在那时的奥坦和韦兹莱，果树已是繁花满枝了。

N

0　100　200 km

	弧形瓦		茅、草芦苇，染料木树枝
	平　瓦		薄石片
	平方瓦		厚石片
	鱼鳞瓦		岩质片
	波尔多型瓦		灰质片

法国屋顶建材分布图

引自让-罗伯尔·比特所著《法兰西风景史》第1卷，并参见《法兰西农村探秘》一书。

当然，我一时所见的奇景不能取代由地理观察得出的规律。但是，亲眼所见毕竟是使人清醒而又深刻地感受到我国国土多样 i-52

性的一种方法。就连欧内斯特·勒南也不能摒弃这种方法，尽管他肯定不是一名天生的地理学家。1852 年 9 月，他为躲开自然条件恶劣的地中海沿岸，离别了塞特，来到图卢兹和加隆河流域。他写道："野外芳草又绿，这里的河流一年四季可以灌溉田地，而在普罗旺斯，冬季洪水猛涨，夏季河床干涸。橄榄树在这里逐渐消失；当普罗旺斯的葡萄架依然果实累累时，这里的葡萄树竟与北部地区一样开始枯萎。"[47]

对于不久前的两次新奇体验，我只能简略提及。第一次是去年在鲁西永地区孔弗朗山的泰特河谷的经历。经过数公里长的地中海干旱地带之后，我穿越长满低矮树丛的乱石山岗，那里辟出了一方方葡萄园。转过一道山路，上萨瓦省的景色突然展现在眼前，树篱围隔的大片牧场和稠密的田野伸向远方……第二次体验是从让·吉奥诺所写的某些精彩章节中读到的。作家描写的是卡马格低地的南部风光。那是一处蛮荒之地。我们从阿尔勒市驱车出发，由于车速过快，我们看不清外面的景色，有时几乎什么也看不到。然而，这是一个充斥着昆虫、爬行动物和来自世界各地的鸟类的世界；这里有大片的积水，广袤的沙地，还有众多的野兽和成群的牛马。最后还应该说，这是野蛮人或者被看作尚不开化的人生活的世界，整齐的矮小房屋呈四方形，看去像是洁白的"方块糖"[48]。说实在的，我的好奇心更多地被卡马格低地的原始景色所吸引，因而对新近引种的甜瓜地或葱绿的稻田熟视无睹；当地的水稻种植正迅速衰退，成群的红鹳不断前来骚扰，破坏稻田的收成。

让我们就此搁笔，尽管还远没有漫游整个法国：布列塔尼、卢瓦尔河沿岸地区、普瓦图、吉耶纳都还根本没有提到……其实，即使谈到这些地方，也只会挂一漏万。此外，读者肯定会有自己的亲身经历和奇异感受。读者的记忆大概不会因我的记忆而成为多余，恰恰相反，只会充实我的记述。我只是想提供问题的一般情况。可是，我是否充分做到了这一点呢？

二　力所能及地解释法兰西的多样性 i-53

我们下一步的任务将是解释法兰西的多样性——大小不等的割裂，急剧的突变，以及七零八碎的隔阂……这项任务十分艰巨，因为只有在把一系列因素全部搞清之后，解释才能得以成立：这里包括地理因素，文化因素等。然而，所有的人文科学都同时涉及好几个领域，每一门具体的人文科学又都最多只能把握住现实的一个局部。无论如何，我们暂且将仅限于进行一次初步尝试：充其量只能找到基本问题，提出初步的、言之成理的解释。真正的答案——如果能够获得的话——还有待在通读全书过程中加以求证。

千姿百态的欧洲，千姿百态的法兰西

法兰西位于欧洲的一端。欧洲是法兰西的外围，法兰西是欧洲的延续，二者在地理上融为一体。介于北海和地中海、黑海之间的欧洲大陆在东欧和中欧一带地域十分辽阔，地理空间的差异在这里渐次产生，但又因距离遥远而渐趋淡化。抵达法兰西这块土地时，欧洲大陆变得格外狭窄，各种对立的密集使反差显得更加强烈。

例如，阿登山脉、孚日山脉、中央高原和阿摩里卡丘陵便是欧
i-54 洲古老高地板块向我国的延伸，形成一系列陡峭的峰峦和一望无际的高原台地。这些高原过去海拔很高，经过千万年的风化作用，"不断冲刷"，沦为"准平原"状态。这里的土地饱经沧桑，缺少肥力，自然条件相当恶劣。随后，在第三纪"新生代"地壳运动的强烈挤压下，这些高原出现了众多的断层、凹陷和隆起，形成了一些高山深谷，富饶的冲积平原以及在奥弗涅和沃莱地区的火山口。"不妨说，几乎整个中央高原都是火的杰作。"[49] 沃莱火山大概在公元580 年依然喷发过。在拥有深厚冲积层的广大三角洲地带，十分肥沃的巴黎盆地就是这种地层的典型（这块盆地面积达 14 万平方公里，占全国土地面积的四分之一以上）。

在这些古老的台地中，最重要的是中央高原（总面积为 8.5 万平方公里），"几乎位于法国的正中央"[50]，不仅是各条河流的分水岭，也是道路和人群的集散地，在涉及法国的形成、防御等问题时，我们也许应更经常地提到中央高原，虽然历史学家通常对此有所忽略。中央高原在以往曾把法国分隔成不同的地区，但与此同时，它又以大量的移民充实这些地区，把它们联结在一起。让·昂格拉特在谈到这块高地时深有感触地指出："不错，它确实是移民的古堡。外流的人群有赶驴骑骡的，有坐车的，有在阿列河（或卢瓦尔河）上搭杉木船的，有在洛特河上搭货船的……但是，人们主要还是靠坐'十一号车'，即用两条腿走路。"[51] 总之，出乎我们的想象，正是由于中央高原的存在，法兰西才成其为法兰西。同样地，由于高地的障碍，法国才出现了被分割、被封锁和受保护的局面[52]。百年战争的最后阶段，查理七世国王在绝望中退守中央高

原。这个例子难道不是十分说明问题的吗？

第三纪最后一次地壳褶皱活动不但改变了这些古老高原的地形，并且还波及整个欧洲，从而在我国的边境线上耸立起汝拉山 i-55
脉、阿尔卑斯山脉和比利牛斯山脉等高大的屏障。然而，经济生活具有强大的渗透力，贸易早就克服重重阻隔，横跨屏障的两侧。这些高山既不让人望而生畏，山区的生活环境也并不十分艰难，也许横贯意大利半岛的荒凉，贫瘠的亚平宁山是个例外，但那是在法兰西的境外。我国在第三纪时形成的这些山脉无疑是地球上最富人情味的山区。阿尔卑斯山尤其如此，那里的雪橇，驮畜和驿村，不但没有延缓反而加速了山区的交流活动。我曾在智利的圣地亚哥，一次乘坐火车，三次乘坐飞机，越过终年积雷的安第斯山脉。我曾在法海罗讷亲眼见到阿尔卑斯山冬季滑雪站的欢乐情景，也曾领略了安第斯山的皑皑白雪和莽莽黑岩以及那寸草不生、荒无人烟的荒漠景象；后者给我留下的伤感的回忆，更使我对生机盎然的阿尔卑斯风光倍感亲切。

由此可见，法国具有三种地形类型，漫坡起伏的古老高原；冲积平原；阿尔卑斯型的崇山峻岭。但是，这种初步的分类只能勾勒出我们的问题的轮廓。把法国划分为三种地形类型显然是不够的。

气候的多样性丰富了地形的多样性。法国东部同德国一样属于大陆性气候，濒临大西洋的西部则与英国相同，属于海洋性气候；群山环绕的法国东南部地区属于地中海气候。众多的复杂性和形形色色的差异性正是由此产生。我们可以设想，气候、土壤、地形三者合一，不仅决定着农业、住房类型、食物、生活方式、道路、

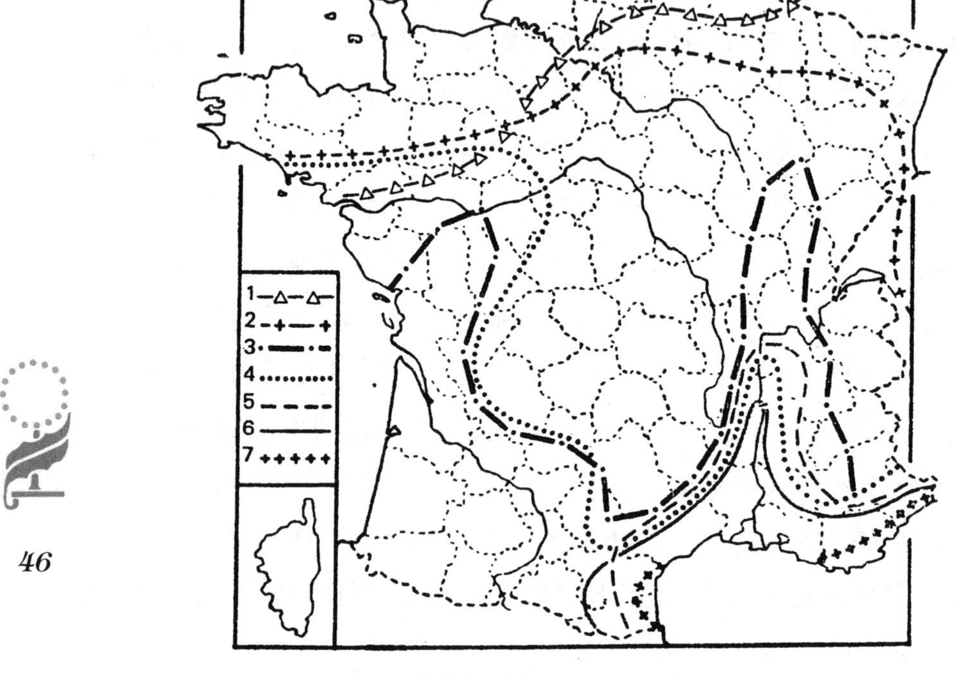

几种南方植物在北方的种植极限

1. 葡萄 2. 栗树 3. 玉米(非杂产品种) 4. 绿橡树 5. 桑树 6. 橄榄树 7. 柑橘树

引自皮·班什迈尔:《法国的自然环境、人口与政治》。

能源,并且决定着一切。皮埃尔·德封丹说得好:法兰西是“气候同各种植物交战”的产物[53]。在保持其语言风格的情况下,如果把这句话变通一下,还可以说法兰西也是地形、土壤,外加历史事实和切身经历对垒的产儿。

i-56 一谈到气候,每个法国人立即会想到北方和南方的截然不同。这种人所共知的基本差别鲜明地表现在典型的南方作物所不可逾越的北方极限，葡萄、橄榄、栗树和桑树是如此，从美洲引进的玉米也是如此，只是它在法国落户较晚而已。从史前时期起就在法国 i-57 安家的小麦这里不说，因为它有充分的时间适应气候，可以在各种土地上生长。

罗马人于公元前 120 至前 100 年夺取了纳尔榜南锡斯，自那时起，葡萄的栽种就奇迹般地向北迁移。人们嗜酒的需求，富人追求奢华的愿望，高级神职人员的怂恿——不应忘记连做弥撒也要用葡萄酒，都促进了葡萄种植的推广。就这样，种植葡萄的地区最远一直伸展到索姆河沿线[54]。罗马商人早就鼓励高卢人喝酒。当时，一瓮葡萄酒可以换一名奴隶。一位历史学家为此戏称：葡萄酒为罗马军团打通了征服高卢之路。正如英国人和法国人后来用烧酒和朗姆酒[55]恣意支配可怜的美洲印第安人一样。

其他的南方植物因不适应北方的自然条件而未能取得同样的成功。没有一种作物(新培育的杂交玉米当属例外)能在我国全部领土上生长。但这岂不更好？倘若一个北方人朝着地中海方向前行，当他到达罗讷河边缘的瓦朗斯南部[56]，沿着阿尔卑斯山某个河谷尽情向上攀缘，并发现第一棵橄榄树向他表示欢迎时，他怎能按捺得住当时的惊喜之情？这棵橄榄树所预示的乃是层层梯田，香气袭人的植物，用金黄色石块砌筑并且盖有平屋顶的南方农舍和阳光灿烂的天空。无论如何，这些景观的出现总是令我心潮难平。

但是，时至今日，北方人依旧很少能立即适应南方的生活，这与他们所熟悉的一切有着多大的不同。1787 年 5 月，一位大名鼎鼎的英国人阿瑟·扬来到蒙特利马尔，除了橄榄树外，他还谈到了南方其他树种。他说道："你会第一次看到石榴树、紫荆树、棕榈

树、无花果树、绿橡树，此外还有讨厌的蚊虫。当我穿越奥弗涅、沃莱和维瓦赖山区时，我在普拉代勒和蒂埃之间同时发现了桑树和
i-58 苍蝇。这里所说的苍蝇，我指的是南方气候条件下大量繁殖的令人深恶痛绝的昆虫。在西班牙和意大利，在法国的橄榄之乡，这些种类繁多的昆虫是最折磨人的了。撇开咬人、叮人或伤人不说，最烦人的是它们在你面前嗡嗡作响，密密麻麻地落在你的嘴巴、眼睛、耳朵和鼻子上，聚集在菜肴、水果、糖块和牛奶上。它们攻击所有的东西，其数量多得惊人。如果没有人不停地驱赶，你就根本无法进餐。”[57] 在这以前一个世纪，1662 年，让·拉辛对南方同样没有好感可言。那时，他远离瓦卢瓦的家乡，在于泽斯城等待教会给予的一份赏赐，但最终没有得到。不错，他发现明眸皓齿的朗格多克姑娘长得都很漂亮。但她们所说的朗格多克方言却与下布列塔尼方言一样，带着浓重的“外国”腔，听起来极少有“法语”味。拉辛担心，如果长期耽在这里，他的写作风格和表述方式会因此而走样。此外，他又怎能忍受炎炎夏日的煎熬？他在给一位朋友的信中写道：“您在这里将会看到一群群收割庄稼的农夫，他们在酷日熏烤下像魔鬼一样干活。累得喘不过气来时，他们顾不得烈日当空，倒地睡上一觉，然后爬起身来再去干活。我只是从窗户里看到这些情景。因为哪怕在室外耽上一会儿我也受不了。蒸人的暑气和炙人的炉火简直没有区别。”[58] 拉辛惊愕之余，无论对那里的三伏天或者蝉鸣都不适应，甚至对“被酷日晒得黝黑、穿着木屐在打谷场上为小麦脱粒的庄稼汉，以翩翩起舞的姿态向人致意的礼节”[59] 也看不顺眼。

微观气候，微观环境

以上的气候分类过于笼统，不足以使读者了解全部情形。只说生活在阿尔卑斯山或中央高原，而不确切指出生活在其中的哪个区域，这样做并没有多大的意义。经过马克西米利安·索尔的反复强调以后，我国的地理学家开始谈论微观气候，认为“这是一个大有裨益、最切合实际的概念之一”。马克西米利安·索尔解释 i-59
道，说到气候，“每个地方都有其独特的个性，甚至与最邻近的地区的气候个性也不能混为一谈。海拔高度的微小差别，同一山丘两个背向的坡面，平地向高原的过渡，日照时间的长短，气流的干扰，温度，雨量，这种种因素无不使气候发生变化。与此同时，植物景观以及我们自身机体的反应……也随之发生改变。地方性气候是气象学的基本现实和唯一可靠的第一手资料”[60]。

在这个问题上，每个人都有自己的切身体验。我只谈自己经历过的情形：在阿尔卑斯山的上福西尼地区，或者说在该地区的蒙茹瓦河谷。博南河穿越并造就了这一河谷，两侧的米亚日山和阿尔布瓦山隔河相望，这是在群山环抱中形成一块隆起的台地。结果是高山地区的干旱与山脉西麓平地的多雨形成鲜明对照。事实上，这一狭窄的地区具有排泄雨水的特殊功能。雨过天晴，土地可以“重新翻耕”，道路迅速变干。得天独厚的微观气候的另一个例证是我所住的瓦莱斯皮尔山村，该村位于阿斯普勒境内，与塞雷和比利牛斯山遥遥相望。从地图上看，它属于地中海的北风区。大家知道，每当刮地中海北风的天气，风在屋顶上呼啸，在院墙旁盘旋，把橡树吹得瑟瑟发抖（橡树想要留住被秋色染红的最后几片树叶，但也纯属徒劳），折断过分纤弱的树枝……然而，在我的住地却是另一番景象，地中海北风已近强弩之末，平息了狂怒。在离山村不远的塞雷小镇，情况也是如此，由于得天独厚的自然条件，地中海北风成了当地好天气的预兆。

无独有偶，在普罗旺斯，山丘和河谷均足以使一座村庄或一片河滩受益，免受地中海季风的肆虐。而在很短的距离内，绕过一条公路，往往依然是狂风劲吹，其威力与风暴无异。在阿尔萨斯北
i-60 部，春天转瞬间突然降临大地：这一美妙时光的提前到来曾使歌德惊喜不已。作为居住在法兰克福的莱茵人，他的故乡近在咫尺[61]。此情此景岂不让人不可思议？

然而，可惜的是，微观气候的现实"及其产生的一系列后果很少为地理学家所接受"。我们还感到遗憾的是，微观气候的概念至今没有得到推广，学者们尚未想到根据地域的划分，把微观气候和微观环境结合起来，从而对当地的微观生物学进行研究。

土地也具有生命力，即使在某个狭窄的地域范围内，从一处到另一处，地表和地下的土质很少完全相同。如果是石灰质土壤——这种土质在巴黎盆地屡见不鲜——经过犁、锄多次翻耕的表土始终保持疏松状态，雨水不断渗入深土层，地面的积水很快被排泄，土地翻耕几乎不受影响。遇到干旱天气，植物的根系就会发生作用，地下的水分会沿着毛细管升到表层。这与黏土地带有着多大的不同！黏土板结瓷实，耕地的犁一陷进去便动弹不得。积水的淤泥带更构成重重难关，使人畜不可逾越。你若是从科城（该地属白垩土带）往北稍走几步，布雷地区就会出现在眼前。地理学家们把这一地区称为"狭长地带"。这里是江湖密布、黏土遍地和

草木茂盛的水乡泽国。每到春天，苹果树和梨树枝叶茁壮，繁花盛开[62]。

不同的地表、地层和微观气候犹如一幅彩色镶嵌画，显示出法兰西景色的千姿百态。毫无疑问，这些菜地、田野、果园、村庄从来都不是千篇一律的，人是它们的创造者和经营者。在这些舞台上，人既是演员又是导演，但人的演出局部地受到外界环境的制约，环境为人提供演出的场地和各种方便的条件。

作为鲜明的对照，我不禁想起北欧许多地区的景色竟是何等的单调。在那里，皑皑白雪铺天盖地，大地像是被涂上了一层永不褪色的白颜料。我还不禁想起马达加斯加和巴西热带地区的景 i-61
观，想起那里的红土带，粉末状红土把一切都最大限度地染成红色。连树木也不例外。如果你在那儿旅行，你的衣服、脸庞和头发同样也会被染红。在阿根廷的潘帕斯草原坐火车旅行，你会觉得十分乏味，火车一连几小时行驶在同一景色中，使人享受不到因景色变化而激起的惊喜之情……相比之下，你就决不会不认为地理对我们有所偏爱了。

地方经济怎样维护法国的多样性

在工业革命前，法国境内的每一块地方无不是关起门来过自己的小日子。经济的多样性使地区的多样性更趋加剧。在一定程度上，前者适应并说明后者。

显而易见，整个法兰西地域是经济潮流大显身手的舞台；这些突发的洪水泛滥，这些波涛滚滚的浪潮，它们的所作所为都在通史所热衷光顾的高层次展开。但在这里，我只想考察趋向于自给自足的、活动范围十分有限的地方经济。每个地方经济好歹都要维持当地居民的生计，其数量时多时少，并不稳定；这些地方经济同时随着可供支配的资源的状况，随着农业收成和市场价格的变化而上下浮动。

之所以如此，是因为这里有一个生活水平（衣、食、住）的问题，低于这一水平，任何个人便无法继续生存。很明显，保持这种水平乃是关键所在，无论如何，必须努力做到这一点。如果我们把某些明显的例外撇开，在法兰西地域范围内，基本生活水准过去很少发生变化。如果生存平衡得以维持——或者虽然失去平衡，但或迟或早又能恢复——，即使某个不大的地区也能养活其居民，保存其习俗，维护其稳定。不过，一旦出现严峻的考验，必须百折不挠地
i-62 奋起抗争，这时，人们有可能寻求多种出路，许多办法常常是不得已而采取的：因此，当人口呈现增长时，就要着手开垦荒地，相应扩大种植面积，或引进新的作物品种（荞麦、玉米、土豆），这些措施可以改善农业生产，并可使居民人数逐步增加；我们还能设想，可能扩大高收益的作物的种植，例如葡萄，尽管官方明令禁止扩大种植面积，但其占地始终有增无减；或者种植染料作物；或者转而经营某种效益较高的饲养业。

总之，所有上述措施都与利用天然资源有关，但是，有时也可就地利用人力资源，诸如商业、运输业和工业。就以贸易而言，一些交换为日常生活所不可缺乏，另一些交换则使人有利可图，并创造剩余价值。车辆运输使农民兼营货运或充当流动商贩。至于工业，由于邻近的城市可以从中获益，对农村具有经常的刺激作用。这种乡村工业，不论是原始的制造业或是初级的手工业，都是在贫

穷的驱使和逼迫下产生的。在北方,诺曼底的篱村地区曾出现了维勒迪约-莱波埃勒这个早期的锅炉制造中心[63]。在南方,地处中央高原中央的热沃唐地区道路崎岖,交通阻隔,当地曾制造一种名叫加迪布的粗绒布,其价格十分低廉[64]……类似的例子我们可以举出成千上万。成千上万个偏僻“地方”,不正是依靠纺纱织布和辛勤劳作才维持生存的吗?也有一些地区的居民主动适应恶劣的自然条件,通过晚婚限制人口增长,从而保障生的权利。

所有这些措施都挽救了和维护了过去的微观经济,进而使不同“地方”顽强地保持各自的多样化。因为这些地方从来没有真正地对外敞开门户;它们只是从外部获得必不可少的东西,却竭力保留着各自的特性。

但是,每当危机旷日持久或周而复始,每当人口出现过剩,几 i-63
乎所有的地方都不得不求助于对外移民,无论是永久性的,临时性的,或仅仅是季节性的。正因为人口外流的必要性与地方经济的封闭性背道而驰,后者在前者的烘托下显得更加突出。起初,人口外流只是涓涓细流,逐渐变成潺潺小溪,后来几乎汇成滔滔江河。从总体上看,人口迁徙就像一个完整的“水文”系统遍布整个法兰西。多少世纪以来,这个体系始终存在着:中世纪行将结束时,它在我们眼中变得清晰起来。但是,它的形成无疑可追溯到更远的过去。无论如何,随着时光的流逝,人口外流的趋势愈益明显,规模越来越大,成为波及整个国土的普遍运动。19 世纪时,迁徙的浪潮更达到了最高峰,铁路出现前后的那些年代成了真正的“动荡”时代。只是在 20 世纪 70 年代以后,法国国内人口流动的势头才有所收敛,才失去了往昔的规律性,其流动路线和原因也变得与

以往大不相同。

过去，需要主宰一切，贫困左右一切。移民的潮流来自不同地区，各地移民规模可以依其人数递减顺序排列如下：中央高原，阿尔卑斯山区，比利牛斯山区，汝拉山区，巴黎盆地的某些外围地区，其实还应该加上它们的周边地带，即今天仍可被称为“贫困的法兰西”的地区。

回顾往日的人口运动，考察移民当年如何涌向建设中的或重建中的城市工地，了解移民如何涌向富饶的农业平原，在那里收获庄稼，采摘葡萄，从事运输活动或为谷物脱粒，这一切都毫无困难，但我们这里所关心的并不完全是人口的流动路线及其抵达地点，而是这种人口流动对维系贫穷地区的平衡所作出的贡献。离开那里的移民终究还会返回故里。恰如一则谚语所说的那样：“圣诞节回家过年，复活节出门求生。”人口的流出和回归对于家乡的作用就像给气球充气：流出是为了减少吃饭的嘴，回归是要带回节余的钱。无论是纳税、购买生活必需品或推动小型农业活动的开展，这笔收入都是不可缺少的。

人口外流并不始终是个万全之策。它有时成败参半，有时只
i-64 是权宜之计。我认为，很早就向西班牙移民，而且长期坚持这一传统的上奥弗涅的奥里亚克取得了真正的成功。事实胜于雄辩。由于移民，上奥弗涅的山村由于较向广阔的世界开放[65]，比下奥弗涅的农村生活更加富裕，尽管后者的自然条件要比前者优越得多。在上萨瓦地区，移民取得了成功或一半成功，特别在福西尼的最偏僻的地区——蒙茹瓦山谷。从 14 世纪开始，圣热尔韦、圣尼古拉·德维罗斯和莱孔塔米纳三个市镇不断向阿尔萨斯和德国南部

移民。一些萨瓦人后来仍经常前往这些天主教地区，有的甚至在那里发了大财。再往后，从摄政时期（1715—1723 年）开始，成群的移民涌向巴黎。但这一次，移民们充当脚夫和佣人，或为居民搬家、擦地板和清扫烟囱。他们吃苦耐劳，拼命攒钱，并且结成团体。移民生活虽然清贫，但给家乡带回大笔积蓄，据 1758 年的统计，总额高达 15250 金法郎[66]。

但是，其他地区的移民并不一定都有这种好运。位于利穆赞和奥弗涅接壤处的于塞勒地区，“峡谷（由河流冲刷而成）和荆棘丛生的大片荒原并存”，当地的生活相当艰苦。直到 1830 年左右，“里昂-波尔多公路方才开通，成了一棵摇钱树……”[67]。在这以前，年轻人曾纷纷涌向锯木厂和建筑工地，但这种人口流动（从圣米歇尔到圣让），无论是永久性的还是临时性的，却不一定带来富裕[68]。据 1789 年三级会议陈情表记载，留在当地的居民一日三餐“只有汤和面包可吃”[69]。位于上利穆赞地区的圣帕尔杜-拉克洛瓦西耶村的村民于 1762 年向他们的巡按使杜尔哥递交了一份报告，语调也十分凄凉。报告称：“老爷，在我们的大部分堂区，每年都有许多人因缺衣少食和迫于贫困，不得不离乡背井，去富庶的地区做工。例如，西班牙就从我们这里招走了许多人；而其他人则在国内的不同省区，长年累月地当泥瓦工、盖房工和锯木工。人们指 i-65
望他们会挣些钱回来。但是，在十名回乡的工人中，只有两人能达到目的。疾病、旅行和挥霍把他们的钱财吞噬一空。即使有一些现金能从外地带回本省，难道这抵偿得了人口外流对农业进步所造成的损失吗？”[70]

实际上，离家外出从来都不是以同一种方式进行的。更何况，

很多外出活动几乎属于某种行业的习惯，并不单纯为了摆脱穷困而临时采取的救急措施。马格朗地区的一名萨瓦人经过长途跋涉，在德国南部兜售手表，这是因为他的父亲、祖父生前都做这种生意[71]。归根到底一句话，无论其性质、动机和路线如何，人口迁徙都使法国的不同地区得以恢复平衡，并使这种多样性始终延续下去。

这里的原因显然是，居高临下地主宰一切的普遍经济，无论是否愿意，都对人口迁徙负有不可推卸的责任。今天的情况不是几乎依然如此么？不过，今天主要是大批的外国移民在填补我国经济的巨大空洞，其中有北非人、葡萄牙人、西班牙人以及来自黑非洲的劳动大军(这些人随处可见)。当然，只有在我国的经济和社会容许的前提下，甚至是在对他们发出召唤的情况下，他们才能在我国发挥作用。在过去，人口迁徙势必受一般经济条件的制约。当这些条件在20世纪初不复存在时，旧的人口运动必然会中断。事实上，这种运动确实也停止了。

但是，人口流动远没有因此而完全停止。实际上，其他需求接踵而至，使我们不能不正视它们。其中最主要的是，自1950年以后，原有城市的巨大扩展无限制地加快了步伐，从而导致了法国农村人口的锐减，以致到70年代，人们已开始习惯于把巴黎和荒芜的法国加以对照，将“图尔市和荒芜的图尔地区……克莱蒙费朗市和荒芜的奥弗涅地区”[72]相对照。在我国某些农村地区，很早就出
i-66 现了人力资源枯竭的现象，这是城市无计划地吸收劳动力造成的恶果，有关的实例数量之多令人触目惊心……例如，“在克勒索周围的勃艮第农村，在冶金工厂四周的洛林农村，在特鲁瓦周围的香

巴尼农村……无一不是同类景象。在吸收农村劳动力方面，任何城市都无法同巴黎一争高下。巴黎居民来自法国的各个省区：自19世纪中叶起，三分之二的巴黎市民并不出生于巴黎。”[73] 在这以后，形势更加朝有利于城市的方向倾斜。城市今天对劳动力的需求与昔日相比，有过之而无不及。而且农村劳动力一旦进城，再也不想重新回去。

尽管如此，这股强大的人流并未像有人所想的那样，神奇地抹去我国根深蒂固的多样性。恰恰相反，留在农村的居民，包括新来者在内，虽然人数比过去有所减少，但分享着既存的财富。他们甚至拥有更多的条件，加快发展当地的经济。1981年，在巴斯克地区的艾斯普莱特村，“一方面农业人口急剧减少，另方面农业的经营规模取得了进展，经营质量有了明显改善，以致劳动生产率……大幅度增长”，300多公顷荒地得到了开垦，耕地面积增加了40%。当然，这要归功于拖拉机的购置[74]。与此相反，位于大城市附近的郊区则出现了放弃农业耕作的现象，在机械化难于应用或根本无法推行的地方也莫不如此。在高山地区，畜牧业也经常被弃之不顾。尽管现代经济深刻地改变了法国农村的面貌，但它那古老的、犹如镶嵌画一般的布局在总体上还是保存了下来，其多样性依然一目了然，甚至显得相当突出。

国家和社会容忍多样性和混杂性继续存在

理应达到完全统一的国家“权力”居然也没有实现统一。国家
政权的任何机构都未能把具有充沛生命力的多样性统一起来。多 i-67
样性能抗拒任何冲击，政治、社会和文化制度所强加的统一充其量

只是一种表面现象。

在革命前的“旧制度”下，为了实现王国的统一，国王曾力图强化政治和行政机器。他在沿着这条道路前进时，遇到了多少困难、障碍、抵制和反抗！“旧制度”是世袭的产物。在漫长的几百年间，法国始终陷于组织涣散、机构混乱和政出多门的状态，行政机构的不协调往往伴随着国家的软弱无力。法兰西社会当时还远没有被
i-68 置于国家的严格控制之下。阿兰·图雷纳说得有理：当今的法兰西社会不过是“其主人的喉舌”[75]。但在“旧制度”下，任何人都不会这么说的。即使在今天，我们所面对的社会仍然不是一个“整体”[76]，用乔治·古尔维奇的话来讲，一个受许多相似的规则、约定俗成和政治机构所支配的和聚合的社会，或者至少是朝这个方向发展的社会。只是自从法兰西民族在近代形成以后，我国社会才走上统一的道路，才使我们对统一的现实怀有巨大热情。

由此可见，无论从“纵向”观察（就像人们通常所做的那样）或是从“横向”观察（旨在突出社会根深蒂固的异质性），法国社会都并非只有一个，而是有好几个。

人们或许可以夸张一点说，任何领土区划在过去同时也是社会区划，因为规模不等的每一个小社会都在一块领土上栖身，都有自己的边界和存在的理由，并且首先依赖自身的内在联系而生存。这些领土区划便是村庄、集镇、城市和省区。无论如何，各种社会的明显标记就是它们的等级制。任何社会都不是平等的，都以金字塔的形状而出现。统治阶级高踞在每个金字塔的顶端，并与当地特殊的下层社会相联系。下层社会支撑着统治阶级，前者说明后者，并为后者所说明。

村庄是最基本的社会单位，规模最小，历史也最悠久。村庄的出现要比教会和封建制度早得多。一个村庄作为一个单位，拥有一片土地和一些集体产业（公产受到精心的照管和保护）。村庄几乎全靠自给自足。它有自己的习俗、节庆和歌谣。甚至方言也未必与邻村相同。村庄设置村民大会，选举名称不尽相同的村长、理事、执事等人员，并具有独立的法人资格。雷蒂夫·德·拉布雷托纳在谈到位于勃艮第地区的萨西小村时说："村庄的治理犹如治

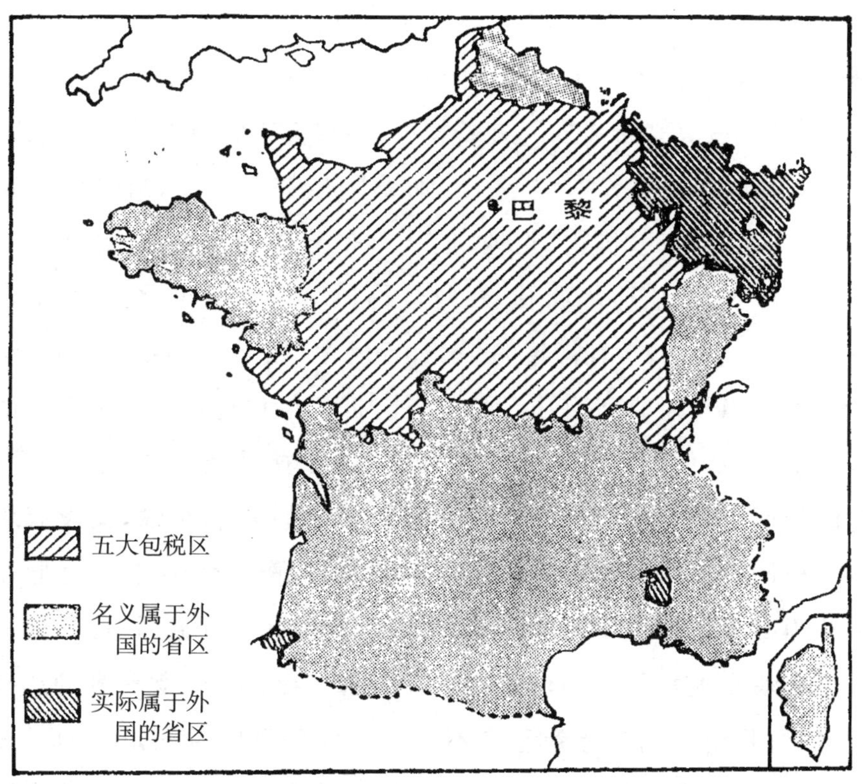

五大包税区

法国大革命前，除去柯尔贝尔于 1664 年建立的实行统一税收制的五大包税区外，法国始终被其内部的各种税卡所分割。

i-69 家”[77]。村庄受领主管辖，神甫在村内也享有一定的威望。伊波利特·泰纳写道：“人们可以想象出以下的情景：在一平方公里的范围内（“旧制度”下的法兰西），大约在 1000 名居民中，总有一家贵族及其插着风向标的宅邸；在每一座村庄，住有一位神甫，建有一处教堂；每隔七八里路，就有一所男修道院或女修道院[78]。”

除了地位举足轻重的领主以外，村庄内部还存在着一定的等级阶梯。村庄的日常生活和季节性生产便是依据这种等级制进行组织的：一边是富裕的农民，有时还是教区的“首户”[79]；另一边则是穷苦的农民。大约至 1789 年时，家境优裕的农民在巴黎盆地和法国东部被称为“自耕农”，在普罗旺斯则被称为“庄主”，有时也被人用讥讽的口吻称作“有产者”。所谓“自耕农”有时也向“殷实富家或有权势的宗教机构”租地，但从不是分成制佃农，而是独立经营的农庄主，他们通常拥有“好几套马拉车或牛拉车，至少有十来头奶牛、50 来只羊，有带轮的犁铧、钉齿耙、磙子、长柄镰刀和铁轴手推车”，当然还有雇工、女佣。此外，据一位也许过于夸大其词的历史学家说，他们拥有 10 公顷，有时 20 公顷，甚至更多的土地[80]。与此相反，小农仅拥有一小块土地，既没有牲口和车辆，又没有犁铧。他们必要时向富有农户借用大型农具；作为交换，他们在收获季节为富有农户提供劳力。直到 1914 年，在法国东部地区，这种联系小农和大户的互助形式仍然存在着。当我回忆起家乡的这种情景时，我至今仍然感到忿忿不平。互助关系的意义是显而易见的：小农和富户的数量比例准确无误地显示出乡村社会是处于紧
i-70 张还是平衡状态。例如，1790 年，在默兹省[81]，二者的比例为 1∶1，这就等于说，一家富户雇有一名小工，一名雇工为一家富户

干活。但在 1768 年的梅斯周围[82]，比例却是 2∶1，两名雇工为一家富户干活，这使人想到，梅斯乡村明显地比默兹南部地区富裕，财产更加集中，因而社会关系也更加紧张[83]。

但是，我们万不可将上述情形过于简单化。法国拥有成千上万个村庄，它们从来都不是一副模样。由于时间和地点不同，这些小社会有的和睦稳定（我想说的是经济繁荣），有的矛盾重重；村民的生活水平和相互关系各不相同。农村常常处于领主制的重压之下。在贫穷地区，领主制更顽固地保留着自己的统治。就以热沃唐地区为例，芒德的主教也是当地的领主，其权势"几乎与国王无异"[84]。但是，那里的村社组织仍然存在，有权审议地方事务并作出决定。相反，有的地区演变较快，经济比较富庶，同大城市几乎没有太大区别。例如，在博斯或布里地区，资本主义势力很早开始抬头，并取得节节胜利。我们还要考虑到各省法律制度的不同（法国南部使用成文法，北部使用习惯法）。最后还有经济活动的多样性。

城市的情况尽管更为复杂，但结论与农村社会并无不同。

依据 1787 年的官方统计，法国共有大小城市 1000 多座，确切地说，是 1099 座，它们程度不同地摆脱了领主制的羁绊（领主制在 11 和 12 世纪遍布法国各地）。城市的解放与遍及全欧洲的"市镇运动"齐头并进。这一运动的进程无论在时间上和空间上都十分复杂，并无规律可循。即使在进展十分顺利的城市，如卡昂或阿拉斯，人们所能看到的更多地是运动的结果，而不是发展的进程。这并不等于说，这些城市一劳永逸地摆脱了领主制的长期束缚，因为与领主相比，城市的力量毕竟太弱小了。

i-71 指出城市在“建立市镇”以后依旧保存着领主制的残余，这似乎并不困难，大家对此也不会感兴趣。领主制到处留下了痕迹，有时甚至留下了桎梏。罗阿讷城不得不迁就其公爵——拉菲亚德公爵——的种种要求，而在拉瓦勒城，市政当局及其终身市长，还有我们称之为公职人员的其他官员，曾长期依据拉瓦勒的领主——拉特雷穆瓦依公爵——制定的规章行事。当该城于1722年提出市政会议有权选举市长时（许多其他城市已根据惯例或宪章享有这项特权），这项要求于1729年被王国大臣会议的决定所驳回。幸而，领主后来慷慨允诺，赋予拉瓦勒人此前曾拒绝给予他们的这一权利[85]……但他继续在城市各区行使封建权：征收现金或实物杂税和财产转移税，强制城市居民必须在由他指定的烤炉烤面包，这些烤炉由他交面包商承包经营，如此等等[86]。

城市挣脱领主的束缚，从长远来看，还算比较容易，然而，要想躲开国王的控制，可又另当别论了。王国税收制度不断地钳制和约束城市，迫使城市就范。王国政府始终入不敷出，因而对城市的财富和资金自然垂涎三尺。挂一漏万，请看以下的例子：1647年12月21日，政府宣布把城市的货物入市税增加一倍，增收部分全归政府所得；1771年，又决定恢复市政官职的捐纳制，城市为保留其选举市政官吏的自由，被迫对这些官职实行赎买。

尽管如此，王权有时却不得不向领主特权退让。国王反对领主征收各种通行税，但始终无济于事。早在1437年，查理七世就取消了滥设的各种通行税，即由河流两岸的地主擅自开征的过境税。然而，同一问题于1669年、1677年和1789年又多次提出，要求征收通行税的地主出示他们的权利凭证。正如1789年的一份报告所解释的那样，这场斗争之所以异常艰巨，是因为“附属于领主权的通行税使领地身价倍增”。这里涉及“当地领主的地产”和 i-72
收益[87]。另一场斗争同属徒劳：1683 年春，普瓦图巡按使拉穆瓦尼翁·德·巴费尔准备在普瓦蒂埃市内开征“住房税”。经过估算后，巡按使为岁入超过 7000 里佛的这笔税金而深感庆幸：“这是一笔不小的款项，假如市内将近一半的住房不属圣伊莱尔、蒙斯提埃纳夫、昂基塔尔等历来为国王承认的小封地的范围之内，税金收益还将更加可观。任何人也别想触动既得利益[88]！”昂古莱姆 1695 年发生的事肯定更加离奇：问题不在于谁将取得收益，而是谁承担支出！市内的城堡已破败不堪，必须立即“维修”，可是，“人们不知道此事应由谁处理：是去找国王，还是去找吉兹夫人”[89]……

有多少城市，就有多少社会方程式

以上例证为城市状况提供了初步概念。在巡按使、领主、税吏以及与领主裁判权并行不悖的国王司法机构的监视下，城市成为多种权力之间进行争斗的舞台：正在衰落但仍由许多特权维护着的领主权；正在上升但不得不与古老的传统、习俗和豁免权相妥协的王权；由有财有势的资产阶级所代表的市镇权力。市镇权力的发展有时一帆风顺，有时遇到挫折。人们往往认为城市的自治从一开始便受到民主运动的支持，这种看法未免过分简单，因为城市政权很早就已为几个强大的家族所操纵。这种政权无疑由选举产生，但这只是掩人耳目而已。几个沆瀣一气的大家族不断支配着马赛、里昂及几乎所有城市的命运。巴黎的选举程式确实是一部 i-73
编写得很好的电影脚本，知道其底细的人随后无不为之捧腹大笑。

特权阶层在选举中稳操胜券，他们的地位始终十分牢靠。等级制无处不在，凌驾于没有专长的劳动大众之上，凌驾于行会组织之上；地方上以各种形式出现的出类拔萃之辈，也就是这一等级制中的顶尖人物。

因此，如果认为这批精英分子不掌握权力，不对城市的日常生活起支配作用，那显然是错误的。从路易十五当政开始，拉瓦勒的富商和产业主不惜耗费巨资，修缮他们的住宅，通常是重修门面和增开窗户。但是，即使要进行这么一点工程，他们也必须获得本地市政当局的许可。尽管你也为今天领取建筑许可证而大伤脑筋和叫苦不迭（并非没有理由），但请你不要忘记：法国人碰到的这些烦心事历时已久[90]！我这样说并非夸大其词！1689年12月1日，巡按使德·贝卢尔在一封信函中——这是揭露里昂大贵族仗势欺人的最有力的文件——为我们提供了以下的细节："昨天，一位市民前来告状，说他住所的大门侧柱在关门时坍塌，请人前来修理门柱，派来为他加固房屋的人结果却要拆除大门的侧柱，因为他事先没有取得城市官员的准许。"在这种场合，就连巡按使也是爱莫能助[91]！

城市可以有相似之处，但是，一般地讲，有多少座城市，就有多少种格局，有多少个"社会方程式"。在盛产毛料的蒙托邦城，兼营制造业的大批发商（原系新教徒）起着举足轻重的作用。他们拥有豪华的宅邸、卓越的文学沙龙、狩猎场和乡村别业，并且给当地画家提供资助和保护，大摆阔气。雷恩首先是个省城，是行政机构和高等法院的所在地。图卢兹既是行政中心，也是富庶的农村地区的心脏。卡昂四周的乡村十分繁荣，财富主要来自地租收入。巨

大的港口城市鲁昂、南特、波尔多、马赛，作为兴旺的贸易中心，将 i-74
触角伸向大海，尽可能远离中央政权的控制。敦刻尔克享有自由贸易港的特权，当地免征人头税、盐税、印花税，发号施令的是十几户富有的家族[92]。至于巴黎以及受巴黎遥控和限制的另一个首都——里昂，又该作何评价呢？总之，我们所观察的这些城市的情况表明：每座城市都各有其特定的社会地位，独立的品格和特殊的命运。

各省的地方特权

由于城市分布在各省，各省强烈的地方主义使城市的特性变得更加复杂。在王国实现统一——这种统一是持续不断的征服、联姻、继承、裁决的产物——的漫长历史过程中，无论是否愿意，君主在他所兼并的领土上，都以正式或非正式的方式，同他的臣民达成一系列“历史的妥协”。因此，各省在并入法兰西后远没有形成统一的体制和结束各自的割据局面。每个省都保持各自的特权、传统和“自由”（也可以说是自卫手段）以及历史遗留下来的地方主义。

君主制没有铲平各省之间的差异，这是合于逻辑的结论。国王曲意迁就，相机周旋，借以实现必须达到的目的：谋求国内和平，维护法制，取得粮食供应，建立税收制度（虽然想尽了办法，但始终遇到抵制），不断设置并出售公职。君主制已习惯于——例外恰好证实规律——尽可能尊重特权，不破坏约定俗成的传统和必须遵循的体制：至少从柯尔贝尔时期开始，甚至在这以前，旧传统和旧体制对君主或对百姓造成的显而易见的危害，国王自己也往往十

分明白。但是，用刀去捅这个伤口不但无益，而且要冒风险。简单
i-75 的办法就是让既有的体制原封不动，听任它们自生自灭，就像诺曼底（1655 年）或奥弗涅（1651 年）的省三级会议一样。此外，为了同中央政权作斗争，各省采取了许多相当精明的自卫手段，或互相结盟，或轮番作战。多勒地区审计院玩弄的权术，贝桑松高等法院使用的手腕，无不反映了他们在按法律程序行事时所表现的狡猾和机智，我承认我对这类表现深感钦佩。

外省各树一帜，与中央对抗：某些省保留了三级会议及其财政权和应征税款的分配权。在纳税人和国王之间的这一实力较量中，始终存在着讨价还价的可能。更加咄咄逼人的高等法院扮演本省地方利益捍卫者的角色。既然国王让古老的制度原封不动，我们不能忽视一些处于半昏睡状态的制度重新苏醒，甚至开始行动和互相对抗：保留选举三级会议的省区，各级司法区（高级司法区，中级司法区和初级司法区）以及由胥吏组成的几十个小团体。胥吏既然用钱买下了自己的职位，便一心维护自身的利益和职位；这些小团体几乎自行其是，为王权所不能左右。

在 17 世纪的危机期间，国王决定任命巡按使为国王的直接代表，原则上，他们拥有几乎无限的权力：他们的官衔"司法、警察和财政总管"不是很能说明问题的吗？约翰·劳声称，当时是 30 位巡按使治理着法兰西："没有高等法院，没有三级会议，没有省督，我几乎可以说没有国王和大臣，各省的兴衰完全取决于 30 位划省而治的通政大员。"[93] 不过，一般地说，他们都为国家尽忠效力，虽然人们对他们建立的勋业没有给予充分的评价。尤其在 1750 年后，当经济繁荣带动整个法兰西广泛的现代化运动，并开始兴建许

多公共工程时，这些巡按使越来越与他们所在的省区采取相同的 i-76
立场，并且成为与凡尔赛宫分庭抗礼的代言人，这不能不使我们格外感到惊异。但是，他们舍此能有其他的选择吗？1703 年，布列塔尼的巡按使贝沙迈依·德·诺安代尔大声疾呼：注意，“该省的民心与它省不同，不能采用相同的治理措施”[94]。当时，埃斯特雷元帅决定对在省三级会议上猛烈抨击政府的两名贵族予以严惩，布列塔尼的巡按使指出元帅的这一举措实属愚蠢。同样，1708 年，梅斯巡按使认为有必要提醒凡尔赛宫：梅斯城“并未忘记它只是在签署明斯特和约时才失去了自己的主权”[95]。言下之意是说，尽管亨利二世于 1552 年占据了梅斯，该城并入法国的日期却在 1648 年。

这一切并不妨碍在 18 世纪，在处于活跃演革之中的法国，地方的既得权利随着时间的推移早已失去任何意义，而抱住这种权利不放只会产生显然荒谬的后果。革命时期的中央集权之所以破除了政出多门的陋习，这肯定是因为在大革命前，行政机构的庞杂早已引起了普遍的不安。1782 年，一份奇怪的报告以相当长的篇幅解释了“小法兰克”不可思议的特权是怎么回事。“小法兰克”位于里昂以北的小城特雷沃沿索恩河两侧的一块狭长地带。备忘录的匿名作者经过思考得出结论说：“倘若……人们只考虑政府的普遍原则，秩序和统一理应成为任何良好的行政管理的基础；在此条件下，人们理应认为，同一个国家的臣民应该遵循相同的法律，应该享有相同的权利，承担相同的负担；设想在王国的腹心之地，居然有一个方圆不超过二里半的领土却获得了独立封地的特权，这种情形毕竟是十分罕见的，这只能激起邻近教区的嫉妒……造成

接二连三的纠纷，甚至依靠当局的铁腕力量，也未必能够加以防范。”[96]

i-77 人们将会承认，这是一种极为罕见的情形。但是，人们不禁会问：为什么各省会对一件可能推动普遍进步的事如此抵触？我们应把某种地方民族主义的因素考虑在内，因为在法兰西“民族”尚未形成的情况下，各省便成了法兰西的替身，从而助长了今天我们称之为地方分裂主义的倾向，这种感情在大革命前夕十分强烈，法国大革命毫不迟疑地结束了这一奇异的冲动。但是，对“旧制度”末年王国政府对各省的控制，我们究竟应该作何评价呢？是否应赞同托克维尔以及一些十分熟悉情况的历史学家们的意见，认为中央集权当时业已取得了某些进展？

确实，行省很久以来已不再是官方确认的行政区划了。“作为政治实体”，它已被由巡按使管辖的“财政区所取代”[97]。因此，在原有的行政区划之上，又增加了一个新的区划，这一过程使我们不能不想起后来制宪会议为表明与过去一刀两断而作出的划分新省的决定。然而，硬要把这两个过程作一比较也许不尽恰当。我们不如认为，随着 1750 年以后法兰西的飞跃发展，君权有所加强，但与此同时，各省的特性也有所发展。这是因为，每个省区都继续促使一批人数不多、实力雄厚并占有统治地位和各种特权的社会精英汇集到本省的首府，他们以全省普遍利益的名义捍卫着自己的特权。如果没有相应的社会组织伴随着它和支撑着它，地域组织也就不可能存在，这难道不是一条普遍规律吗？

勃艮第的情形就是一个极其鲜明的例证。如果不存在第戎高等法院这个特权阶层，勃艮第怎么可能保留自己的地方特权和利益？为了保住自己至高无上的地位，高等法院不免要与审计院、省三级会议发生权力斗争，尤其省三级会议的权欲有时使高等法院十分恼火。但在另一方面，它与威权显赫的省督却和睦相处，双方的合作关系要比人们通常所说的好得多，尤其在1754年至1789年间，省督一职由孔代亲王担任。只要稍加留意，高等法院对辅佐 i-78
省督治省的地方驻军司令的所作所为便了如指掌。最后，高等法院与巡按使没有严重的或是不可调和的冲突。为了巩固自己的地位，高等法院的法官实际上完全依靠自身的力量、声望和财富；他们拥有的产业——土地、森林、葡萄园、不动产、炼铁炉、年金——几乎遍布勃艮第各地。他们通过合伙和联姻，维系着一个由家族王朝组成的、对外封闭的关系网，并防止发了横财的商人和市民挤进他们的行列。这些法官过去原是市民出身，他们早就顺利地越过了界线，成为所谓“长袍贵族”。他们中间也有些人出身名门世家，如著名的德·布罗斯院长(1709—1777年)，祖上就是在1495年弗尔努之战阵亡的一名贵族。

因此，存在着一个特权阶层：“法官们不仅把他们的官职传给自己的儿子，而且把自己的兄弟、姻兄、女婿和侄子……拉进这个团体。”这是家族集团的胜利。这些对外封闭的家族集团在其内部长期相安无事。他们利用一切机会碰头见面，频繁地通信联络，积极地交换看法：“舞会、音乐会、演出、游艺活动、大摆排场的节庆、百人宴席”，对他们来说都是进行接触、协调一致的大好时机。1785年3月30日，为了庆祝诺曼底公爵即未来的路易十七的诞生，大教堂的钟敲得震天价响：约利·德贝维院长举行了有110人出席的盛大晚宴，在灯火辉煌的官邸前，“他设了两个葡萄酒池，招待当地居民”[98]。

这些统治集团首先捍卫的是自身的特权，同时也注意维护各省的地方特权。为了测出它们的脉搏，我们本可以去雷恩、图卢兹、格勒诺布尔和波尔多等地考察。对于格勒诺布尔，我们似乎应给予更多的关注。这也许因为该“省”地处王国边缘，较为完整地保存着它的特权和习惯。格勒诺布尔的高等法院是个格外注意维
i-79 护自身特殊利益的团体，它把本市的市政厅以及本省城乡的市镇机构置于自己的控制之下。1679 年，德·艾尔比尼巡按使写道：“每天我都想着要（在格勒诺布尔）设立一名治安法官，以使高等法院对市政厅的活动不再进行干预。这是王国中抱团最紧的集团，其目的在于相互支持，确保他们在省内的一切权威。当这伙人中有一个人对某件事情发生兴趣时，他所袒护的那件事就决不会吃亏。”[99] 就拿德·泰赛元帅的遭遇来看，巡按使关于格勒诺布尔高等法院的专制独裁所讲的话并不过分。在 1707 年西班牙王位继承战争期间，这位元帅指挥的法国军队在都灵遭到败绩后艰难地撤回法国本土。国王决定任命他为东南方面军司令，凡尔赛宫通知元帅，任命书应由格勒诺布尔高等法院登记生效。当他直接从宫廷抵达该市时，他的表现大概不够谦逊。因此，他立刻遇到高等法院德·格拉蒙院长的刁难，后者对他出言不恭，指责他想凌驾于高等法院之上。元帅在他的信函中不无惊异和愤慨地陈述了事情的原委。但是，在他出发对萨瓦驻军进行三天巡视返回原地时，高等法院认为他的权力太大，决定削减他的权力范围。他获悉后怒不可遏。无论如何，他的权力是得到国王确认的，任何人也不能削减这些权力。他要求国王“主持公道”，国王后来作出了对他有利

的裁决，德·格拉蒙院长不得不为此向他赔礼道歉。尽管如此，这场荒唐的礼仪战确实令人回味[100]。

在波尔多，强大的、傲视一切的高等法院把当地阔绰的富豪聚集在一起，他们掌握着传统的收益来源：波尔多葡萄园。1608 年，亨利四世直言不讳地指出了这个手段高超的特权阶层的所作所为，他所说的话至今使我们为之神往。他说："你们说我的百姓受到了践踏。然而，除了你们以及你们的同伙，又有谁在践踏百姓？……在波尔多，如果不是腰缠万贯的人，谁又能打赢官司？…… 农民种植的葡萄园不是都属于高等法院的院长或参议 i-80
的吗？可怜的乡居贵族哪有什么土地？只要一当上参议，立刻就可以发财。"[101] 在里昂，1558 年时，教会人士指责只有 30 来人才是城市的主宰，他们"几乎是清一色的商人"。在蒙彼利埃，人们在成功的阶梯上又登上了一层，因为朗格多克的金融商在路易十五时代已经进军巴黎。在那里，他们把包税所几乎据为己有[102]，换句话说，他们把法国相当一部分财富装进了腰包。多么了不起的本领！

奥克语和奥依语

法兰西在地理、经济、社会等方面不够统一，它在文化方面是否具有统一的方便条件呢？或许有吧。毋庸置疑，人们事先已经知道，虽然在最上层存在着统一的、群英毕集的法兰西"文明"，它力争囊括一切，统治一切和约束一切，在各方面达到光辉灿烂的巅峰，但也不能不看到，在我国领土上，若干世纪以来，至少存在着两种互为对抗的、各有其语言王国的潜在文明形态——奥依语文明和奥克语文明：前者赢得了胜利，后者由命运所决定，大体上处在近于殖民地的地位。北方以其物质生产的成就压倒了南方。

鉴于我同样热爱这两种文明，尽可能去理解它们，尽可能以不偏不倚的态度去看待它们，我将作为民族统一的拥护者而出现，虽然在追溯历史时，我试图不夹杂这方面的主观因素。

因此，在北方和南方之间，在长长的语音边界两侧，存在着裂缝和敞开的伤口。这条语言分界线的走向是从加隆河畔的拉雷奥尔直到瓦尔河流域，穿越中央高原和阿尔卑斯山脉的一大部分。
i-81 历史地理学不久前对地名学和方言学素材提供了新的解释，如果采纳它所提出的检验标准，接受它的估测，我们或许可以把具有决定性作用的文化分界线甚至上移到比这条语言裂缝更往北的地带。皮埃尔·博诺认为，介于奥依语地区和奥克语地区之间的这条线并不是一劳永逸地划定的。这里有一个中界区，一个界线可变的古罗曼语中界区，无论是向北或是向南，都存在着众多的伤口瘢痕，而最明显的结果便是从奥克语地区挖出了一大块地方作为中间地带，即人们通常认可的利穆赞、奥弗涅和多菲内（参阅本书第 87 页的地图）。

不过，让我们还是把这个问题搁置一旁。毫无疑问，法国的历史总是在这个中界区的两侧一分为二的。北方发生的事通常并不以相同的方式在南部出现，反之亦然：文明方式（生老病死、婚丧嫁娶、嬉笑怒骂、思想信仰、衣食住行、待人接物乃至划分田地等各种行事方式）在奥依语地区和奥克语地区几乎从来都不相同[103]。南方过去、现在和将来始终都存在“另一个”法国。

北方人不断地发现另一个法国的存在，不停地为此大叫大嚷，简直毫无顾忌，甚至多次莫名其妙地大发脾气。这可是咎由自取！

拉辛——我们已提及他在于泽斯时的那些非难之词——从他过了瓦朗斯后再往南去，因听不懂周围的人所说的一切而大为恼火。不过，上帝知道，在当时的法国，哪个地方讲的不是方言俚语！当然可以相信，一个北方人在进入奥克语地区前，对各种方言大致还能听懂。拉辛在给拉封登的信中写道："我向您发誓，我在这里需要有一名翻译，就像莫斯科人在巴黎需要翻译一样……昨天，我想要一些平头小钉……便打发叔父的仆人进城，嘱咐他去买二三百枚钉子；他立刻给我送来了三把火柴！请想一想，这类误会简直让我生气。""我听不懂这个地方的法语，当地人也听不懂我的法语。"[104]

这是名副其实的两个不同的世界。卡米扎尔起义的一位赞颂 i-82
者于 1707 年在伦敦出版了《上帝奇迹新说》。他在书中提到，他在塞文山区看到的"上帝附身之人"是些质朴、"诚实的人"。他们"在上帝附身时"竟能用法语宣讲"神谕"。这可真是一个奇迹，因为"对这一地区的农民来说，用法语讲话就像一个法国人刚到英国时用英语讲话一样困难"[105]。但是，这个奇迹可以得到解释，因为在塞文山区，人们读的是法文版《圣经》，唱的是马罗用法语撰写的赞美诗。

普罗斯佩·梅里美是个原籍在诺曼底的巴黎人，也是目光敏锐、智慧过人的观察家。我们对他事先就可寄予信任。当他于 1846 年乘坐小火轮，沿着湍急的罗讷河顺流而下，在阿维尼翁登岸时，开口便说他觉得自己简直就是到了外国[106]。其实这也并不妨碍他后来重返这里，并于 1870 年在戛纳与世长辞。他之所以这样做，如果说有什么理由的话，那就是他把地中海的女儿科西嘉岛融入了法兰西文学：他的名作《高龙巴》于1840年问世。

吕西安·费弗尔1878年生于南锡，但就其家庭出身和个人情感而言，他应是孔泰人，在他穿越西南部的一次旅行中，曾感受到一次冲击——另一种文明的冲击。1938年7月20日，他在给我的一封信中写道："我取近道来到了这里（指他要去接受治疗的科特雷城），走的路线是利摩日—佩里格—阿冉—穆瓦萨克—欧什—卢尔德。这条路线穿越了法兰西许多景色秀丽的地区。但是能对它们冠以'法兰西'的称号么？在我们这些来自北部和东部的人的眼里，这些地方该是多么遥远，多么富有异国情调！……到了佩里格，圣·索菲大教堂猛然映入眼帘，它出现在法国最迷人、最雅致的景观之中，简直就是库尔贝画笔下伊斯尔地区周围的汝拉山脉景色的再现；葡萄之乡穆瓦萨克竟为一筐葡萄，不惜出卖了自己的灵魂，环境的平庸令人失望，圣彼得大教堂的雕塑和钟楼均已破败和废弃；对欧什这样一个城市，人们可猜到它那非同凡响的灵
i-83 魂——今日缄默无语的石砌堡垒显然曾被狭隘的宗教狂热所吞噬，曾是动辄以兵戎相见的战场。所有这一切都使你困惑迷惘，使你产生生活在异国他乡的感觉。"至于利奥泰元帅这位"洛林亲王"[107]，他言简意赅地说："我在贝齐耶感到很不自在。"[108]

一代接着一代，惊愕接着惊愕，始终延绵不绝。1872年，登台亮相的是恩斯特·勒南，但他的表演令人作呕。他大言不惭地说："我不知自己是否搞错，但我越来越确信有一种历史人种学的观点。我越来越清楚地看到，英国与法国北部具有许多相似之处。我们性格中的鲁莽轻率来自南方。如果法国没有把朗格多克和普

罗旺斯拖进自己的怀抱中来，我们今天或许会成为踏实肯干、彬彬有礼的新教徒。”[109] 多少美德因此而丧失！多少大胆的假设因此而得以成立：既然大家知道巴黎和布列塔尼由于地处北方而在 16 世纪拯救了天主教事业，人们对尼姆和塞文山区又该作何解释？尽管勒南聪颖过人，甚至正是由于这种过人的聪颖，他的这篇文章才令人讨厌，如果说不是令人惋惜。

但是，北方人往往厚颜无耻地夺人所爱，贪天之功为己有。他们所依靠的与其说是自身的美德，不如说是政治和经济的优越性，他们的领先地位是历史造成的，唯有历史赋予了法国北方这一优越的地位。

作为补偿，能否举出一些更为热情的见证呢？人们想到司汤达，他曾高兴地说：“我让自己变成了南方人，事实上，这对我来说毫不困难。”[110] 不过，你或许会说，司汤达出生在格勒诺布尔（1783 年），他从呱呱落地那天起，至少已具备了一半南方人的资格。格勒诺布尔确实不属于北方，何况司汤达就是司汤达，他对于另一个艳丽的南方——意大利——又是那么迷恋。法国南方“与意大利有着十分紧密的联系”[111]。

人们是否能以梵高为例呢？回答既是肯定的，又是否定的。在巴黎过了两年穷困潦倒的生活后，这个地道的北方人于 1888 年 2 月来到了阿尔勒。立刻呈现在他眼前的是令人眩晕的大自然和 i-84
它的万般色彩：“硕大无朋的岩石，葱绿的花园，玫瑰花丛中的小路，蔚蓝色的天空……”他在给自己的兄弟的信中写道：“我毫不怀疑我会永远喜爱这里的自然风光。直至目前，我并不特别感到孤独，强烈的阳光及其对自然界的作用给了我无穷的乐趣……啊，不对这里的阳光崇敬的人，真是大逆不道……”甚至“猛烈的西北风”，刮得让人如此难受，也是“值得观赏的”。此外还有那些当地人以及他们纯情的天性。“不会讲普罗旺斯土话实在使我受害不浅……我在交往方面至今几乎毫无进展……多少天过去了，可我无论吃晚饭或者喝咖啡都不能对任何人说一句话。从一开始起就是这种状况。”透过字里行间，我们所看到的不仅是画家本人将会发生精神错乱的可悲迹象，而且还有他真正感到无所适从的蛛丝马迹。1888 年 3 月，在他到南方后不久，他写道：“我还要诚实地告诉你，看到那些朱阿夫兵和妓女，看到初领圣体的、可爱的当地女孩，身穿白色长袍的活像一头危险犀牛的牧师和狂饮苦艾酒的酒徒……我觉得他们像是来自另一个世界的生物。”[112]

有人或许会用南方的嘲笑、批评或讥讽同“北方人”的谩骂、失望和偏见作对照，这是完全合理的。人们会对此拍手称快。但是应该承认，在这方面——虽然我请教过几位熟悉奥克语的行家——我们的收效甚微：除了戏剧中的一句名言、一个谚语，或者某种嘲弄以外……我们几乎找不到比较突出的例子。丝毫听不到 16 世纪时代旅居尼德兰或英国的西班牙人的快言快语。这些西班牙人以强烈的民族优越感发泄不满，咒骂用奶油制作的菜肴，带着惶恐的心情和恶劣的心绪喝啤酒[113]，或者跟当地人赌气，例如天主教国王派驻伦敦的大使竟因讨厌与当地人打交道而闭门不出。1673 年，热那亚共和国的一位官员在谈到这位大使时曾经写
i-85 道：“他对英国的习俗格格不入，始终过着与世隔绝的生活，一点也不喜欢和他人交往……”[114] 事情固然如此，但西班牙毕竟是个典型的南方国家，而伦敦地处北方，而且在所有北方城市中具有最鲜

明的特点。

至于我国的南方，难道它能习惯、忍受和坦然接受这些语言差异吗？说奥克语文化今天正在苏醒、长出新芽，或许是言过其实。那么，难道南方人因他们在北方土地上早已取得了成就，因他们在知识、政治、行政和商业等领域建立了功业，而不再对此斤斤计较了吗？更为可能的是，南方充分地意识到北方的地位与首都的声威有着密切的联系，从而使南北之间的对话改变了性质。当马里·拉丰这位捍卫奥克语文化传统的鼻祖于1842年发表《法国南方的政治、宗教、文学史》一书时，他并不嘲笑“法国人”，就是说不嘲笑卢瓦尔河以北地区的居民。但是，他向中世纪时崇尚礼仪、酷爱自由的南方人揭露了“卢瓦尔河另一侧的骑士们”的“野蛮暴行”[115]，这些骑士依靠劫掠、残暴和狂热取得胜利，就像“山岳派”用恐怖战胜了“真正的革命者”吉伦特派一样，后者与南方有着千丝万缕的联系。马里·拉丰只是提出了控诉，进行了揭露。但要嘲弄战胜者，那又谈何容易。南方人对“法国人”的怨恨，即土伦人所说的对“法国佬”的怨恨，也许在很大程度上是对外来占领者的怨恨。

只是在司汤达的笔下，才有对自命不凡、拘谨和刻板的法国北方恰如其分的嘲讽。“幸福好像随着南方口音一起消逝了，”他不无感慨地说。当他沿着罗讷河顺流而下时，他高兴得情不自禁：“纯朴、天真……在瓦朗斯……展现得一览无遗。我们完全是在南方。我无法抑制这种欣喜之情。这儿的一切与巴黎的拘泥虚礼截然相反，它首先要你在同别人讲话时既尊重自己，也尊重别人。”这里每个人在讲话时“只想抒发他的情感”，丝毫不考虑“在对方的心 i-86

目中树立崇高的形象，更不因对方的社会地位表现低三下四。这种情况恰如德·塔列朗先生所说：‘在法国，人们对一切都无需尊重！’”

司汤达继续旅行，在博凯尔交易会停留三天，置身于欢乐人群之中。他说：“在博凯尔，很少听得见巴黎的那种一本正经的说话腔调……很少看得到在里昂或日内瓦的大街上（常见的）……那种生硬、呆板和怀疑的脸色。其原因也许是集市上川流不息的人群主要是南方人。”[116]

传统的差异今天并没有消失殆尽。就在几年前，朗格多克地区的一个小镇阿尔米桑的镇长就曾对我的一位历史学家朋友说：“洛热尼先生，自您踏进诺鲁兹门槛之日起，您完全可以对自己讲，您离开了法兰西。您是在讲奥克语的土地上，您已不再是在法国了。”当然，今天在我们国家，从南到北人们讲的都是法语。不过，我刚才在电视上（1985 年 7 月 31 日）还是听到了一句刺耳的话。米歇尔·奥迪阿尔声称在他编写的许多电影脚本的对话中从未用过俚语，他所使用的只是“巴黎人”常用的通俗语言。他的对话者当即提醒他，有人在谈到他的影片时曾经说过：“别忘了为卢瓦尔河以南的观众在影片上加字幕！”在北方和南方的通俗语言之间，难道还存在这么大的差距吗？

不计其数的方言（18 世纪）

问题显然远不是那么简单。法国的南方和北方地域十分辽阔，它们本身又各自暴露出众多的文化差异。如果更进一步进行
i-87 观察，那么，形形色色的地方主义就会呈现在人们的面前，其数量

之多会令人目瞪口呆。大家知道，在相当短的距离内，习俗、民情、衣着、谚语，甚至财产继承方式（尽管成文法对此有各种规定），就像彩虹一样异彩纷呈。尽管如此，1790 年，格雷古瓦教士曾对各省的方言状况作了一番调查，而调查的结果竟完全出人意外。巴雷尔看来完全有理由认为，这些方言构成了当时传播革命思想和“公众意识”的一项障碍。调查报告用大量确凿的实例证明，在法国不仅有一种奥克语和一种奥依语（还要加上王国周围人们所讲的几乎是外来语言的巴斯克语、布列塔尼语、北部的佛兰德语和东部的德语），而且无论是在卢瓦尔河以北或以南，各省方言还有自己的特殊体系，它们还可以几乎无穷尽地分门别类，因而格雷古瓦教士在致国民公会的报告中对其调查材料作了归纳，指出法国当时存在 30 种不同的方言[117]。在这些方言内部，从一个集镇到另一个集镇，从一座村庄到另一座村庄，每种方言又分别因地而异。为此，科雷兹省省政府于 1792 年 12 月 1 日对是否有必要把政治文书译成方言表示怀疑：“家住瑞雅克乡的译者尚且抓不住邻近各乡的人讲话中的细微语气差异，而这些差异在七八里路之外就变得相当大了。”[118] 原在波尔多高等法院担任律师的皮埃尔·贝尔纳居然自命不凡地写信告诉格雷古瓦教士：“以我对周围乡村情形的熟悉，我想可以用一种介于各乡俚语之间的中性语言来翻译神圣的《人权宣言》……”[119] 这种中性语言岂不是一种尚未问世的世界语！

不妨举些确切的例子：科斯加尼方言（包括吉耶纳和科斯加尼地区）与朗格多克和普罗旺斯的方言有着明显的差异。但它本身又被加隆河一分为二，河流两岸分别使用“两种截然不同的方 i-88

言”[120]。再往下，每个县都有自己的方言，从欧什到图卢兹或到蒙托邦，人际交往会遇到困难。一位行家说，在波尔多县境内，“方言大体上可分为两种”。细微的差别这里姑且不谈！在朗德省，“从一个教区到另一个教区，人们经常难以互相沟通”[121]，方言差异之大，由此可见一斑。

在北方，情况是否有所不同呢？勃艮第地区特有的方言家族，从第戎到博讷、夏隆、布雷斯、莫尔旺……，也有千差万别的变化。在马科奈，“无论是语调、发音还是词尾，从一村到另一村都各不相同”[122]。在萨兰四周，每个村庄的差异之大“几乎难以辨认”，而“更加奇特的现象”是，“在长不过半里的萨兰城本身，两个城区的用语和习俗竟是泾渭分明”[123]。我们切莫以为，布列塔尼语无论在乡村还是城市都以统一的民族语言形式而出现。然而，特雷吉耶的布列塔尼语与莱昂的布列塔尼语大不相同。适用于前一地区的语法规则却在后一地区不再适用。发音方法尤其变化多端。即使对本地人来说，“不费一番功夫，就别想听懂离家乡 20 里远地方的人所讲的布列塔尼语”[124]。

在昔日的法兰西各地继续进行这项乏味的语言考察实在没有必要。可以肯定，法语当时尚未在全国占统治地位，正如《百科全书》所说：“各省几乎普遍使用方言……只是在首都才讲规范的语言，”[125] 此外，方言因地而异，而且层出不穷。1708 年，拉谢塔尔迪[126] 在谈到宗教教育时曾说道：“有多少个堂区和学校，就有多少种不同的教义书。”[127] 然而，在卢瓦尔河以北和以南，差别十分重大：在河流的北岸，除布列塔尼、佛兰德和东部地区外，即使有人不
i-90 说法语，至少也能听懂法语；契约文书，乡村神甫的布道以及学校

1. 完全讲法语的省区
2. 绝大部分讲法语的省区，但某些地方依然保留着自己的方言

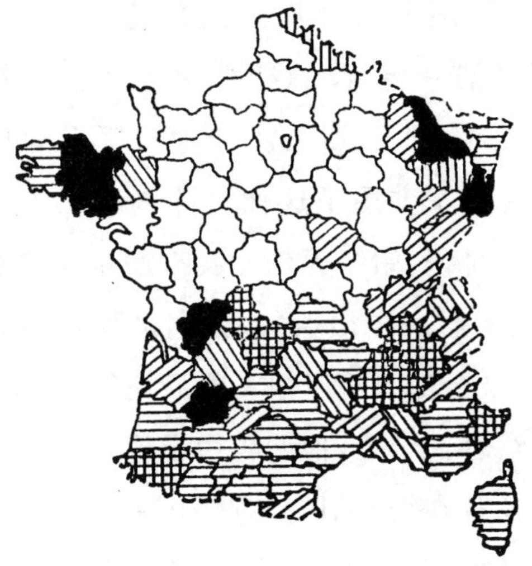

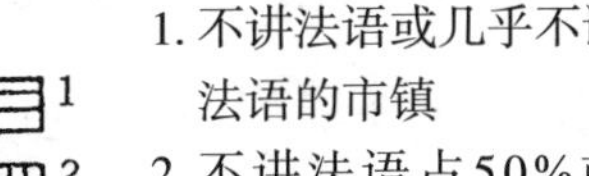

1. 不讲法语或几乎不讲法语的市镇
2. 不讲法语占50%或50%以上的市镇
3. 不讲法语占重要比重的市镇
4. 不讲法语的市镇
5. 明显讲当地方言的市镇
6. 不确定的地区

方言的缓慢退却

法语于 1835 年已在从前的奥依语地区立足生根。1863 年，根据国民教育部所作的一项正式调查，在相当大一部分国土上，人们仍讲方言。

上图：1835 年使用法语的省区。资料来源：阿贝尔·雨果《景色如画的法兰西》(巴黎，1835 年版)第 1 卷，第 16 页。

下图：1863 年讲方言的市镇。资料来源：国家档案馆的卷宗，编号为 7^{17} 3160，摘自国民教育部的《各地情况统计》。

地图均引自欧根·韦伯：《乡土情趣的结束》，1983 年版。

教学(尽管学校还很简陋)也都使用法语。北部地区的方言只是农民和城市平民的日常语言。并且,正是在这个讲奥依语的法国,方言消失得最快(参阅前一页附图)。相反,在几乎所有讲奥克语的地区,方言仍大行其道。无论是在乡村还是城镇,不分社会阶层,人们所讲的都是当地方言。阿韦龙省的一名作者[128] 进一步说,"就连学者和富人也不例外"。虽然有钱有势的上层市民和受过良好教育的人也讲法语,但普通百姓大多对法语一窍不通。在科斯加尼地区,欧什的一位无名作者写道,"习惯法以及契约文书几乎都使用拉丁口语"[129]。

上面提到那位作者认为,由于法语在当时还没有成为交流的工具,人们从欧什前往蒙托邦,"遇到语言障碍"[130] 乃是十分自然的事。语言障碍可以造成十分滑稽可笑的误会。出生于阿尔卑斯山南麓的一位名叫阿尔贝的教士就讲述了这样一件事:"几年以前,在奥弗涅的利马涅地区旅行时,我始终无法让我沿途碰到的农民听懂自己所说的话。我先跟他们讲法语,再跟他们讲阿尔卑斯方言,然后又跟他们讲拉丁语,可全都无济于事。最后说得口干舌燥,还是不能让他们明白我的意思。于是,他们再用当地方言跟我讲话,而我自然也听不懂他们究竟在说些什么。"[131] 因此,15 世纪时,南部阿尔地区或塔拉斯贡地区每当教会指派一名出生在布列塔尼或马恩河畔的夏隆的教士前来担任本堂神甫或主教时,教民们发出的愤怒抗议也就不值得大惊小怪了。因为他们根本听不懂星期日的布道词[132]!

不过,人口混杂对法语的渗透起了促进作用。例如,仍是在 15 世纪,北方的移民越来越多地来到阿尔城,尽管开始时他们不

懂当地的方言。由于他们的出现，法语便同时通过杰出人物和普
通民众在这里生根。“因此，阿尔城之所以能在 1503 年，即远在维
莱科特雷敕令（1539 年）颁布之前，已成为普罗旺斯地区第一个用 i-91
法语记录市镇会议决定的城市，这绝非事出偶然。”[133]

总之，到 18 世纪末，由于人口的混杂，大量的法语短语已经渗入并改造了各地的方言。向格雷古瓦教士提供信息的所有调查人员从全国各地寄来的材料无不证明了这一点。此外，在城市中，由于受贸易的推动，讲法语已逐渐蔚然成风。波尔多的商人过去都讲科斯加尼语，“如今，方言只出现在鱼贩、搬运夫和女仆的嘴里”。甚至连工匠也都讲的是法语[134]。

对这一缓慢完成的变革，大多数观察家认为它大约需要 50 年时间，其他人则认为 30 年足够。所有人都把这种变化与贸易的发展以及大规模的筑路工程联系在一起。道路建设至少彻底改变了城市与乡镇之间的交通状况，但是，我国公路和桥梁建筑工程师引以为傲的这些 18 世纪道路工程，若与下个世纪的工程相比，那又算得了什么？创办各种学校对法语的普及，其作用远胜于公路甚至铁路。然而，乡村的“法语化”并不是一蹴而就的。皮埃尔·博诺指出：“直到 1850 年前后，在奥克语区，农民的法语水平还很低下。”[135] 脍炙人口的小说《金银岛》的作者罗伯特·路易斯·史蒂文森于 1878 年“骑驴”在上卢瓦尔地区旅行，与当地人聊天并无多大困难，这并不意味着人们已不再使用方言。同年 8 月，他到达离勒皮城 40 公里远的大镇勒莫纳斯捷，他碰到一些制花边女工，她们向这位外国游客打听有关英国的情形。“‘英国人使用方言吗？’一次有人这样问我。由于我作了否定回答，她们便说：‘那么，是讲法

语了?'‘不是的,不讲法语。'我回答说,‘那么',她们得出了结论,‘那里的人自然是讲方言了。'”[136]

在某些地区,使用法语的时间更要晚些。1902年时,许多布
i-92 列塔尼教士置巴黎的命令于不顾,拒绝用国语布道。在卢西永地区,加泰罗尼亚语至今还很流行:当地人即便并不全用加泰罗尼亚语讲话,但都能听懂这种语言。1983年,在接受让·洛热尼的采访时,葡萄种植协会的前领导人安德烈·卡斯特拉认为朗格多克方言的消失只是20世纪50年代末的事情。他并不把这种感情上的“裂痕”归罪于小学教师历史悠久的教学活动,却说这是电视等大众传播媒介推波助澜的结果,还有就是当地人希望提高自己的社会地位,因而力求获得作为城里人和有产者的显著标志。

为史前地理学服务的方言学和地名学

方言(或不如说,地方性的俚语)不仅反映着18和19世纪的现实。方言学、地名学作为语言学研究的分支为考察我国久远的历史提供了大量的知识源泉。对于这一宝藏,传统的地理学和最新的历史学都还没有进行勘查。年轻的地理学家皮埃尔·博诺的功绩就在于,他为把这些丰富的资料纳入到地理学和历史学的解释范围中来作了初步的、严肃的尝试。

因为方言(或者剩存的俚语)和地名,作为语言的地方变种(这种变异不但清晰可见,而且可以充当见证),都是历史的方位标。它们的确难以驾驭,很难恢复原来的位置,但它们除说明法语的普及进程外,还有助于我们搞清许多在近期出现的现实,从而使我们得以进一步认识我国最遥远的深层的历史。

皮埃尔·博诺的研究方法确实非同凡响，需要付出耐心，取得众多相关学科的配合。他首先把古今以来的一些零散资料加以收集和整理：某一地名早于另一地名，某一方言区沿某一狭长地带划 i-93
界，如此等等。但是，这么多的信息不会自动地在同一个坐标上排列得整整齐齐。林木专家用类似的方法研究树木的年轮，他们也拥有确切的地点以及一系列相对的日期（不是绝对的日期）。他们先把这些地名和日期纳入历史年表，甚至纳入史前期的年表，然后，根据取得的结果，对历史的形象作出必要的、不同程度的修正。皮埃尔·博诺耐心的工作同样是要透过众多的语言符号找出“种族”的起源。这些异常古老的“基本细胞”，从最初占有土地那天起，便分别成为一个大小不等的“领土单位”，并同时在自然景观和深层文化两方面打上不可磨灭的烙印。无论它们后来经受多少波折，“它们的核心都将在狂风暴雨过后获得重生”。这就是我国经久的多样性的关键所在。尽管国家以巴黎盆地为基础，不断利用民族语言对多样性进行侵蚀，力求实现其缓慢的兼并和统一使命[137]，而这些多样性却依然是人所共见的事实。

皮埃尔·博诺的研究，使我们就像通过 X 射线进行透视一样，加深了对多样性的认识。首先呈现在我们眼前的是建立在土地基础上的农村的历史。我们在长达几百年乃至几千年的时间跨度上，满怀激情地倾听着人和环境永无休止的对话。为了更好地利用这一研究成果，我们势必要掂量人和环境的辩证关系。这是因为，不论是否遇到环境的抵抗，既存的社会经济结构总是在不断发生变化，决定变化的各种因素也随之处于反复的变化之中。在经过千百年之久的颠沛流离以后，人群终于实行定居，并坚持不懈

i-94 地在土地上进行劳动，“人征服地域”的深远渊源从此可以被追根究底。

但是，如果认为人征服地域是件一劳永逸的事，那就大错特错了。在土地上“安居”的人并不就此不再“思迁”，他不断与环境作斗争，顺从自然界的要求和生产的需要，否则便不能适应生存环境。

直到加洛林王朝时代，直到最后的“蛮族大规模入侵”时期，法兰西地域很可能仍有相当一部分居民处在半游荡状态；由史前期来自中欧的移民在我国开垦的耕地开始种植粮食作物，并于后来取得决定性的成就；广大地区依然以游牧活动为主，而在平原和山麓的交接地带，则以季节迁徙为主。

换句话说，法兰西的多样性——我国自然景色的“镶嵌画”——虽然是在几乎静止不动的时间中改变形态和结构的，但它毕竟是在变化着。皮埃尔·博诺说：“现在的居住网再不具原来的形态，任何地方概不例外。”[138] 遥远的过去把形态各异的法兰西强加给我们。这个说法就作为基础细胞的“地方”而言是正确的。对于由不同的“地方”组合而成的“地区”来说，这也同样是正确的。但在结合的牢固程度不尽相同的各大地区的边缘，也还存在五花八门的地方差异。在皮埃尔·博诺的著作中，地处法国中心的利穆赞和奥弗涅完全以与众不同的面目而出现。我已经说过，这两个地区自西向东构成了独具一格的法兰西中界区。它们不完全属于讲奥克语的法国——尽管人们过去一再肯定当地讲奥克语——但同时又与北部奥依语地区的侵犯相抗衡。罗伯特·斯佩克
i-95 兰[139] 在南北法国之间不可思议地划出了一个分界区：在罗马帝国

时代乃至在罗马帝国以前设有防御工事的这个界区，西起普瓦图海湾，东接日内瓦湖，在奥弗涅北部拦腰切断了今日法国的领土，它在某种意义上对奥依语的渗透起到了阻隔作用。我真想知道皮埃尔·博诺对这个台阶状的界区作何解释。

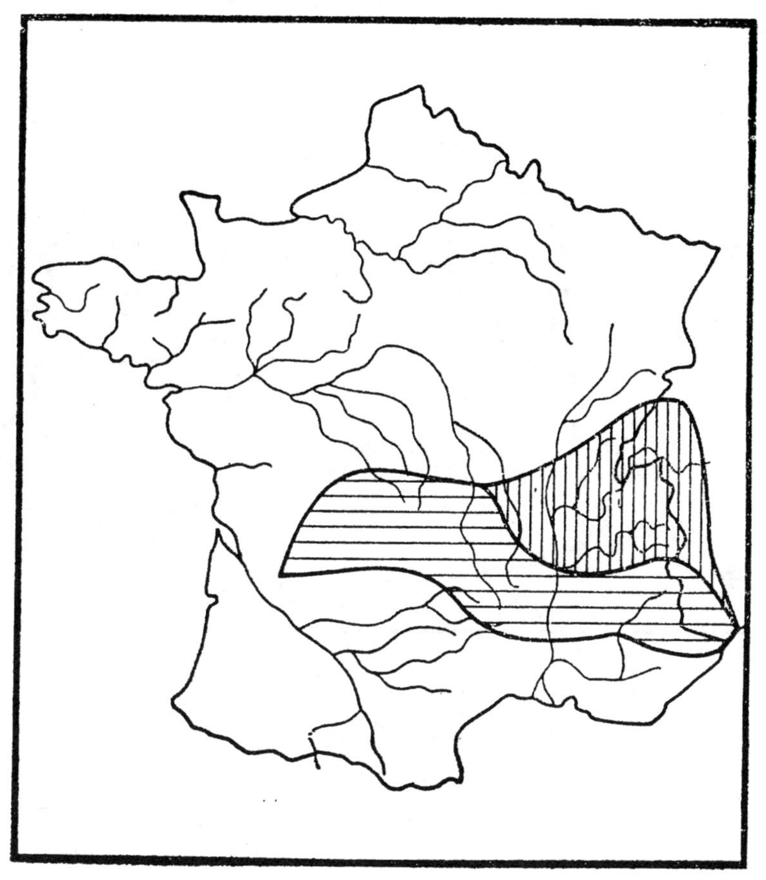

南罗曼语中界区

引出皮埃尔·博诺前书第二卷第118页。

横向条纹区是博诺从“奥克语区”内划出的一块“南罗曼语中界区”，即利穆赞、奥弗涅和多菲内。它的上沿线也就是奥依语地区和奥克语地区的通用分界线。竖向条纹区是法语与普罗旺斯语的交汇区。

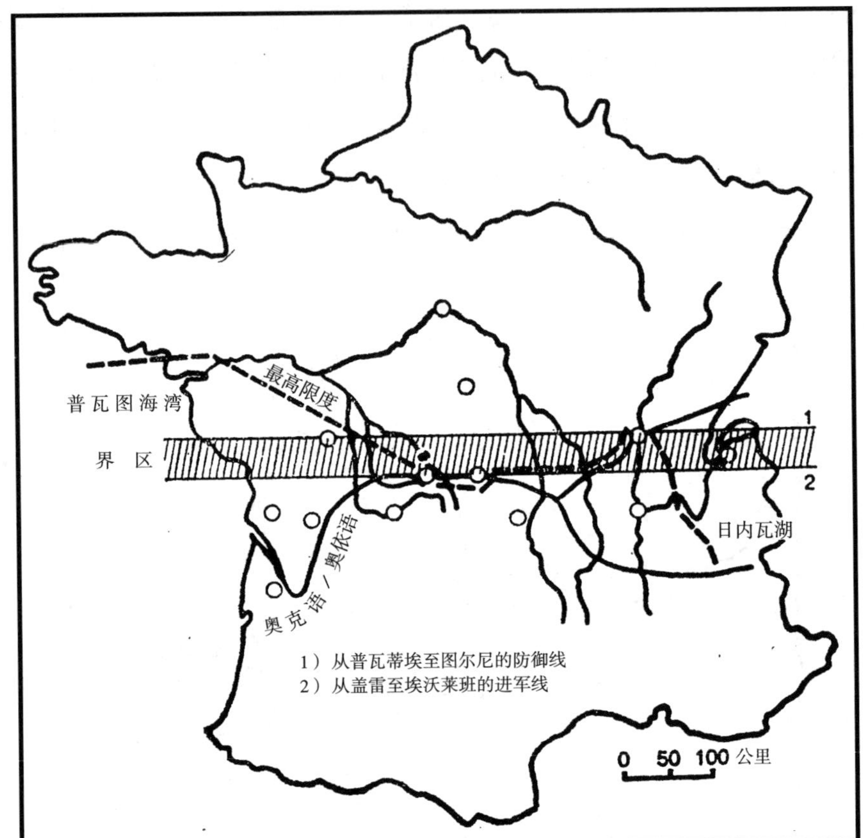

公元 400 年前后高卢中部的古罗马防线

引自罗伯特·斯佩克兰绘制的《地图集》，1982 年版。

利用地名研究、历史和考古资料以及航空摄影，罗伯特·斯佩克兰在地图上绘制了宽 50 余公里，横贯高卢的古罗马防区。罗马人于公元四世纪在这里构筑了防御工事，使用萨尔马特人进行防守。后来，到公元六至七世纪时，这条防线成了法兰克人南进的跳板。

当然，皮埃尔·博诺的眼光并不局限于这一具有典型意义的例证，在他看来，整个法兰西都可作出相应的修正。因此，我将有机会把他这部杰作中许多构思新颖、栩栩如生的形象移入到我的

《法国史》里来。

皮埃尔·博诺随后借助我国史前史学家的研究成果对多样性作出详尽的解释：史前期的“法兰西”同时受到中欧和地中海的两大浪潮的冲击。前一股浪潮的传播是由于东方因谷物种植推广较早较快而具有经济优势：在皮埃尔·博诺看来，在中石器时代，中欧应是典型的“农民大陆”，耕作技术以及掌握这些技术的农民纷纷从中欧向西扩展。至于发生得更早的地中海浪潮，则是穿越呈现在自己面前的无人区，向法国北方送去兼顾采集和零星耕作的畜牧业。

至今为我们熟知的法国南北两大部分，可见早在迈进历史门槛之前就已经存在了很长时间。皮埃尔·博诺仔细加以划界绘图的那些古老的“基础细胞”也同样早已存在。弗朗索瓦·西戈写道，“据国家统计和经济研究院的统计，在今日法国的国土上，存在着 473 个‘农业区’(昨天的‘农业区’也许为数更多)……从波旁内到鲁西永，从欧尼斯到博日，昔日法兰西拥有的耕作制当不少于 100 余种(请注意这一断言，我将在下文另行阐述)……因此，只要我们还没有找到确认这种多样性的科学手段、观念和方法……我们的概括将永远是无效的。”[140] 与那些不畏艰险、想方设法实现王国统一的国王一样，我们的努力也将纯属徒劳！

文化人类学研究 i-96

我们对法兰西多样性的考察至此仍不能告一段落。这尤其因为由文化根源产生的多样性像难以数计的斑点布满了法国的脸 i-97
庞。法国怎么可能在这种四分五裂的状态下生存呢？

为了追溯古老的文化根源，近年来十分风行的人类学可给我们很大的帮助。这当然不是指从前旨在测量颅骨和研究“血统”的
i-98 体质人类学，而是最近已成为中青年历史学家关注热点之一的所谓文化人类学。

他们家庭有了新的发现。恰如让-路易·弗朗德兰所指出的那样，当今社会的演变正使家庭生活处于生死存亡的紧要关头，这种演变可能也促使人们加强了对家庭的重视，因为在任何社会中，家庭都是充满痛苦的基本单位。[141] 社会的一切都以家庭为出发点，几乎一切社会问题都可通过家庭获得解释。在一个秩序井然的蜂巢里，如果工蜂寻找配偶和繁殖后代，那还有什么秩序可言么？历史学家们明白这个道理，而且先于人类学家，先于精神分析学家。但在今天，由于人类学家的研究成果，我们比过去认识得更清楚了。结果，我们成了他们的俘虏，即使并不完全心悦诚服，但也不得不接受他们从现今的统计数字和图表出发而对遥远的过去进行的追溯性调查。

为了了解这种研究方法，即埃尔韦·勒布拉和埃马纽艾尔·托德在《法兰西的构想》一书中使用的方法，我们还必须先确认几方面的事实，然后再定出几条规则。

在西方，家庭至今可分为三大类：一种仅由父母和未婚子女组成的小家庭，即人们通常所说的“胞核型家庭”，再加两种不同类型的大家庭。在世系制家庭中，父、子、孙几代人共同生活在一起，这是专制式的家庭，所有的成员都对家长唯命是从。在这种类型的家庭里，结婚受到限制，并且往往较晚，每一代都只有一名子女在婚后继承遗产，其他子女则只能独守终身或者另谋生财之道。第

二种类型是宗法制家庭。这种家庭朝横向发展，所有的子女不论结婚与否都留在长辈的身边，他们陆续结婚后组成一个由同胞手足相结合的家庭群体。这种家庭结构的扩展，甚至可“促成一个真实的部落或村社的诞生”。在这两种类型的大家庭之间，最突出的区别是婚姻的平均年龄：第一类家庭实行晚婚，独身率也较高；而 i-99
在第二类家庭中，结婚较早也较容易，独身率则相当低。因此，“在人类学领域，婚配作为家庭体系中繁衍后代的活跃因素，也是一个基本的社会事件……与马克思主义理论中的阶级斗争学说几乎有同等的地位”[142]。这个不足挂齿的发现说来不免会惹人讥笑。

上述三种家庭组织形式把欧洲区分为几个相对鲜明的地区：胞核型家庭遍及整个英国；世系制家庭统治着德意志世界；宗法制家庭是意大利社会的支柱。唯有法国广泛地包容了这三种家庭形态。事实再一次表明，法国是欧洲的缩影和集中体现。在邻国作为民族特征而存在的东西，在法国则演化为各省间的对立。大体上说，南部法国盛行大家庭，而北方却是胞核型家庭，布列塔尼、阿尔萨斯和佛兰德外围地区的情况另当别论（参见第 92 页图）。南方的大家庭通常属于宗法制的类型，阿尔萨斯和布列塔尼的大家庭则属于世系制。

值得注意的是，很久以来，上述家庭类型始终占据着同一地理空间，处于相对固定的状态，人类学家在这里遇到的乃是稳定性和“刻板性”，是文化现实的长时段。尽管如此，在这些相对稳定的地区的边缘，往往随着市政建设的加速发展或工业文明的推广，而成为解构活动的天然舞台。一旦出现这类解构现象，介于几种文化类型之间的社会将受到严重的损害，人们因此感到悲观失望，沉沦

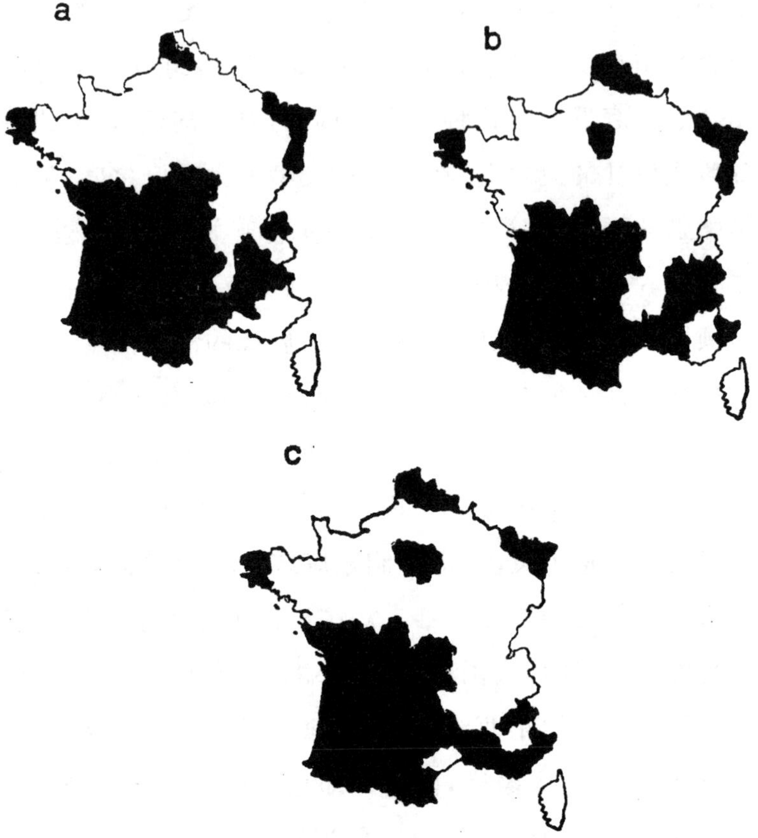

多种家庭形态并存的 45 个省(1975 年)

a) 图:农民　b)图:乡村　c)图:城市

大家庭地区与小家庭地区的分界至今仍清晰可见,它大体上与我国历史上可以辨认的一系列对立相吻合,这些对立表现在语言、扫盲程度、生活水平、所有制形态和城市建设、宗教和政治倾向等方面。

引自埃尔韦·勒布拉和埃马纽艾尔·托德:《法兰西的构想》,1981 年版。

在迷茫彷徨之中,甚至抑郁消沉,精神错乱,造成自杀和酗酒流行。由于人们寻求安全和解脱,天主教在 19 世纪再次成为人们的精神
i-101 寄托,并在"制造独身者"的世系制家庭中找到狂热的信徒。同样,

共产党也在盛行宗法制家庭的社会阶层中得以发展。共产党不同于其他政党之处，正在于它具有高度的宗法制结构，因而把那些迷茫彷徨的人接纳到它的行列中去[143]。然而，令人感到惊异的是，凡在家庭体系出现崩溃或至少发生动摇的地方，取代家庭观念的宗教或社会信念却始终保持着既往的多样性而顽强存在。在旧伤平复以后，又出现新的裂口，如此反复，乃至无穷。

问题是具有不同家庭形态的这些地区又产生出众多的相辅相成的关系。我刚才谈到，天主教和共产党因与特定的家庭组织形式相适应而欣欣向荣。更加令人惊奇的是，1974 年的选举结果以及 1978 年或 1981 年的选举结果却显示出这样的相互关系。在原则上，宗法制家庭盛行的地区支持左派，而世系制家庭盛行的地区则支持右派。至于胞核型家庭——弗雷德里克·勒普莱坚持称之为“不稳定的家庭”，则在二者之间游移不定，有时倒向一方，有时又倒向另一方[144]。

当然，我国“家庭”的区域界线并不仅仅由选举结果所揭示。人们可以根据许多因素在地图上标出这些区域的位置，尽管各种因素施加的影响有大小的不同。这些因素包括性别配比，移民倾向，对老年人和残疾人的态度，儿童数量，宗教信仰，卖淫状况，土地轮作，耕种制度，继承方式，建筑特征，自 16 世纪末兴起的巫术，甚至文盲的多少，等等。所有这一切构成了我国历史千差万别的基础，法国正是在这一基础之上塑造自己的形象，并且每一次都在专注的观察前显示其潜在的结构。在北方，在富饶的巴黎盆地，在
利穆赞和普瓦图，村庄组织只是徒具形式，几乎不起任何作用，而 i-102
往南去，在多菲内和奥弗涅，村庄所起的作用就比较显著，更不用

说在吉耶纳、加斯科尼、朗格多克和普罗旺斯，村庄组织简直就像遍地开花[145]。看到这一切，历史学家怎能不感到惊奇呢？

事实再一次证明，法兰西的四分五裂是由其历史所决定的。这对不断变化中的历史时间来说既是挑战，又是攻击。埃尔韦·勒布拉和埃马纽艾尔·托德在惊异和赞叹之余，对此感到饶有兴趣。他们认为至少在公元500年前后，在克洛维时代，随着蛮族的入侵和若干“种族地区”的形成[146]，法兰西的这种四分五裂已经清晰可见。但是否应该相信他们呢？

如果文化人类学立足于今天，以充分的资料为依据，上溯千百年来的悠悠岁月，它就能够为我们历史学家提供帮助。在这方面，我以为有一系列研究成果值得我们借鉴。就以巴黎盆地为例：从一张当今的地图上看，这是典型的胞核型家庭的聚集区，而米什莉娜·博朗却发现，在16、17和18世纪，在位于上述地区心脏地带的莫城四周，也已经存在胞核型家庭；在谈到这座城市周围的农村情况时，她甚至使用了“七零八碎的家庭”[147]的说法（这是一种时髦的表达方式，源出乔治·弗里德曼轰动一时的书名《七零八碎的劳动》）。这种家庭的脆弱性和“不稳定性”在完全不注意社会保护的世界中暴露无遗。家庭在一方丧偶时便立即崩溃，随之出现的乃是空虚、孤独、破产、悲剧和无法继续生活下去。米什莉娜·博朗提醒人们注意鳏夫和寡妇匆忙再婚的高频率，仿佛男人或女人从中可以寻得必不可少的拯救。“尼古拉·皮卡尔分别于1739年6月、1741年8月、1744年5月生了第八、第九和第十个孩子；〔在这期间〕她曾两次寡居，又两次再婚。”[148]

如果再往前追溯，我们也许将一直追溯到中世纪。在这种情

况下，人们就要重新考虑：说胞核型家庭是近代经济和社会变革的 i-103
结果，这个结论是否真有道理？我们不妨以英国为例做番尝试。彼得·拉斯赖特十几年前曾经指出：从 16 世纪起，英国的家庭基本上属于胞核型家庭[149]。阿兰·马克·法尔拉纳不久前则证明，中世纪时代的英国不存在大家庭。由此可见，英国千百年来始终都盛行“胞核型”家庭[150]。

如果在 11 和 12 世纪巴黎周围的情形与英国相似，我们对卢瓦尔河、塞纳河和索姆河之间的地区封建制为什么早熟，就会有更好的了解。封建制在当时发展迅猛，大概是由于家庭体系业已分解，便于控制，不会产生太大的阻力。封建制的起源不能仅仅归结为土地的使用；土地确实被当作货币和报酬而一再使用，但是还不能忘记人，不能忽视习俗和文化的作用。

相反，在卢瓦尔河以南，大家庭（无论其产生的原因或以什么形式出现）却顽强地存在着，保持着内部关系的亲密无间。在维护个人所有制（“自由地”）的同时，在捍卫城市和村庄的自由的同时，大家庭阻碍了“封建主义”的成长。在这方面，卢瓦尔河南北之间的情况也还有着明显的差异。这些差异产生了巨大的后果，因为“不稳定的”、代代更新的胞核型家庭本质上较少依附于传统，较易接受“现代化”的变革。北方因此较早出现变革，并且在与国家敌对的实力较量中，抵挡不住国家的冲击，因为国家和家庭历来就是竞争的对手[151]。从这一观点出发，是否应该把英国家庭结构小型化看成是黑斯廷斯战役（1066）和诺曼底人武力征服英格兰的结果呢？

把胞核型家庭的特征归结为脆弱性与开放性，这个观点似乎

i-104 言之成理，但只是一种假设。美国社会学家理查德·塞纳不是持相反的见解，认为它是社会变动的重大障碍吗[152]？乔治·杜比则认为，"资本主义的发展促成了传统家庭的破裂，其原因恰恰正是为了解放生产力。"[153] 这就意味着胞核型家庭出现较晚。由此可见，在对习俗惯例和对大量公证文书进行抽查从而取得证据以前，人们对这个命题不能作出任何定论。兰斯城的一位市民 1632 年在日记中写道："祖父要我完婚。我回答他说：要结婚的是我，而不是我的祖父。"[154] 难道这是 17 世纪的一名男子的"新派"言语，或者只是因为他出生在香巴尼地区，根据传统对家庭享有一定的独立性？这个问题还有待作出答复。

值得指出的是，这些人类学研究从一开始就已经说明，过去与现时为敌，几乎无所不用其极。面对法兰西这些古老而强有力的分裂倾向，埃尔韦·勒布拉和埃马纽艾尔·托德惊呼："法兰西还算不上是个客观存在"，必须先把性质各异的人群和文明拼凑在一起，然后才能"创造法兰西"[155]。我完全可以理解他们两人的感叹。实际上，法兰西不得不克服重重障碍，消除各种分裂倾向，带着沉重的历史包袱和难以解脱的矛盾，步履维艰地沿着统一的道路前进。

i-105

三　距离：可变的度量单位

在此之前，我一直把地域当作一个不变量来看待。然而，它显然在变化着，既然测量距离真正的单位是人迁移的速度。昨天，人的迁移十分缓慢，地域便成了阻隔和牢笼。用今天的尺度来衡量，

“六边形”的法国只是个很小的地域单位，但在过去却是个广阔的空间，道路之长永无尽头，障碍之多层出不穷。

小普林尼在《图拉真颂》一文中曾谈到“几乎无边无际的高卢”[156]。直到路易十一时代，情况依然如此：当时人们穿越大胆查理统治下的勃艮第，要比1982年周游法国多花十倍、二十倍的工夫！

因此，对百年战争任何时候都没有在全国蔓延，对延续30多年之久的宗教战争（1562—1598年）同样未能笼罩整个法国，我们并不感到惊异。距离本身就是阻隔、防卫、保护和禁锢。查理五世皇帝曾经有过切身的经验，因为他在这个无形敌人的面前两次碰壁：一次是1536年7月，他入侵普罗旺斯，由于长途行军，联系中断，部队疲惫不堪，在马赛城下吃了败仗[157]；另一次是1544年，他一举攻克了圣迪齐耶的小要塞[158]，在打通了马恩河的陆路以后，他沿河进军，直达莫城，将该城储存的物资劫掠一空。由于精疲力竭，他不得不就此偃旗息鼓，赶紧缔结克雷皮和约[159]……他的儿子菲利普二世经历了相同的遭遇：在圣康坦一战（1557年8月10日）[160]击败蒙莫朗西元帅以后，敌军望风披靡，巴黎大门洞开；就 i-108
在这时，留守西班牙于斯特的老皇帝却为他的儿子担心，不知他是否会乘胜进军巴黎：难道他不明白这几乎是不可能的事吗？这支获胜的军队后来果然留在原地，不再前进。

两个半世纪之后，距离的逻辑仍未发生什么变化：如果不是距离起了作用，拿破仑率领的重建军队1814年在法兰西战役中就不会有出色的表现。当时，反法联军沿着巴黎外围的河谷慢慢向前推进。拿破仑利用这一间歇，率部从埃纳河谷以急行军赶往马恩河谷或奥布河谷，由于他的行动比敌人迅速，他在这一空间中得以出敌不意，脱离接触和保全部队……后来，敌人潮水般的推进才迫使他退往巴黎。塔列朗事先就看出了这个策略的弱点。据拉都尔·杜班侯爵夫人的记述，当她问起拿破仑时，“塔列朗回答：‘噢，别再对我提起您的皇帝了，这个人完了。’‘怎么？完了?！您说的是什么意思?’我追问。他答道：‘我是说这个人只好躲到床底下去了!’……我向他提了无数问题，他的回答只有一句话：‘他丢失了全部装备，他已回天乏术，仅此而已。’”[161] 至于他的装备，那就是大炮、辎重、军需和车辆。当然还有他的部队。

1870 年，普鲁士大军利用铁路这一了不起的新发明。然而，在思考这场战争失败的悲剧时，曾经参加过战斗、当时只是年轻军官的福煦元帅后来一再固执地说，如果那时他是统帅，他会选择一直打到比利牛斯山区的作战方略，以便最大限度地利用法国的空间。1914 年的情况仍不例外，由于运动战当时是以步兵的行军速度展开的，法国军队也就有可能在马恩河战役之前实行远距离的撤退。而在 1940 年 5 月至 6 月间，德国的摩托化部队则能在几周时间内把我国打败。

在我们看来，从前的法国是一块难以驾驭的空间，因为它过分辽阔，不易穿越其全境，不易监视其动向。对此，重大的历史事件，
i-109 各种社会新闻和小插曲甚至平淡的日常生活，都可以提供可靠的证据。我不妨给您讲述波旁元帅仓皇出逃的经过。1523 年，由于国王派人四处追捕，波旁元帅落荒而逃，并克服困难，躲开监视，终于渡过了罗讷河。另一个故事较少戏剧色彩，但似乎更能说明问题，它说的是德·埃佩尔农公爵 1619 年的一次冒险行动。这位公

爵早在年轻时就很不安分，经常挑拨离间，制造事端，曾是亨利三世手下的一名宠臣。进入老年以后（他生于 1554 年），他担任梅斯军政长官的职务，但仍不甘寂寞。国王勒令他不得擅离该城，而他居然敢于犯上抗命。1619 年 1 月 22 日，他带领 50 名贵族和 40 名武装侍卫于拂晓时分上路。“几名厨师和仆役骑马随行，最后是 15 匹满载行李的驮骡”。他们这次远行的目的是要把被囚禁在布洛瓦城堡的玛丽·德·梅迪契王太后解救出来。他们为此必须从东到西横穿法国，但是，我们这里感兴趣的并不是政治策划本身，而是旅行的进展居然相当迅速。当时正值严冬，道路坑洼不平，驮骡行进不快；他们途中还要休息，穿过难以逾越的河流，同时必须绕开像第戎这样的大城市，因为打那里经过必然会惊动吕伊纳和路易十三。即令如此，他们每天的行程仍然平均不少于 40 余公里。奇迹在于这支不小的队伍竟然能不被人发现，在长达一个月的时间里消失在王国广阔的大地上，就像一根针掉进了柴草垛一样。他们在罗阿讷和德西兹之间涉水渡过了卢瓦尔河，在维希从桥上穿过了阿列河。2 月 21 日至 22 日深夜，王太后终于翻窗而出，越狱成功。[162]

我承认这类情节就像直接出现在眼前的日常生活场景一样使我着迷。路易十四派往马德里的特使尼古拉·梅纳热于 1708 年春匆匆赶赴西班牙，他的情况又是如何呢？他写道：“经过九天的 i-110
奔波，我于 30 日晚抵达巴约讷；道路的恶劣和驿站的混乱是缓慢的原因。我还要前往马德里，由于在个别驿站找不到骡子，此行尚需 12 天。”[163] 一位公路督察于 1800 年出外巡视，他的马车在 500 公里内翻了 6 次，修理费了很长时间。他有 11 次陷进泥坑，只有

找牛来拖才能摆脱窘境。[164]

我完全相信再没有比骑马长途旅行更累人的事了。[165] 但是，坐车旅行是否比这舒适些呢？农业委员会一位倒霉的官员 1794 年外出征集储备粮。他写道："我真是出门不吉，驿车的车轴在桑利附近折断。为了不误事，我只好步行到贡比涅，再从那里搭另一辆车去努瓦永。"[166]

内河航行又是另一种磨难。1799 年，马尔博将军前往意大利军团出任师长。离开巴黎后，他在里昂与波拿巴交臂而过。后者刚从埃及回国，到处受到民众的热烈欢迎，正春风得意地前往首都。马尔博将军和他的儿子则一起乘船沿罗讷河下航，开始了灾难性的旅程。他们几乎因此丧命，被迫在阿维尼翁上岸；在过了埃克斯昂普罗旺斯之后，又在涨水的杜朗斯河前驻足停留：乘渡船过河是不可能的……他们只好耐心等待，白白浪费宝贵的时间。[167] 在卢瓦尔河上航行总是险情迭出，船只在沙滩或沙洲搁浅在当时十分常见。1675 年 9 月，塞维尼夫人"在奥尔良乘坐木船"（这是那时的一种时尚）去南特。她在漫长的旅途中写信给女儿说："啊！真是荒唐！水位低极了，我的船经常搁浅，我对没有跟自己的车马随从一起走后悔不迭，他们根本用不着停留，可以顺利地前进。"一天晚上，她跟同船的旅客在河畔的一间小板屋的草秸上睡了一宿。150 年后，1838 年，司汤达在图尔登上新发明的小火轮去南特。他在记载这次旅行时写道：十分钟以后，"我们便在卢瓦尔河
i-111 的一处沙洲前束手无策地停了下来"。他们在浓雾和严寒中动弹不得，差一点与另一艘船相撞，"那艘大船正由一溜小跑的八匹快马拖着逆卢瓦尔河而上"[168]。1842 年，在阿列河上，一艘处于同样

惨境的蒸汽轮，也是让 12 头牛拖着走的[169]……

自 1750 年以后，道路建设在法国各地取得了巨大的进展，可是，在我们眼里，这些进步又算得了什么？以描述精确著称的司汤达就曾记载，1838 年，他从巴黎到波尔多共用了 71 小时又 3 刻钟。[170] 两年以后，“从巴黎到马赛，送信人仍需 14 天的时间”。[171] 直到 1854 年，由于巴黎至马赛间的铁路尚未竣工，被派往参加克里米亚战争的部队必须在里昂下车，再步行到瓦朗斯后，才能重新乘坐火车。[172] 然而，谁又能相信，1917 年，当同盟国的军队在科巴里德惨遭失败，法国增派援军开赴意大利时，就碰到了铁路运力不足的困难：部分援军只能徒步翻越阿尔卑斯山[173]，竟然和查理八世、弗朗索瓦一世或波拿巴时代没有区别！

上述情节果真值得引起我们的注意吗？难道应该以数字为依据，说明 1765 年至 1780 年间“道路建设的剧变”使穿越法国的距离有时缩短了一半？依我之见，各种社会新闻再好不过地说明，旅行的缓慢和困难影响到人们的全部日常生活。它们让人不由得注意一些限度，这些可能的最大限度只能首先被铁路，然后被汽车、卡车、高速公路、飞机……以革命的方式打破。

法国的四分五裂终于得到说明

我所要达到的目的至此已一目了然：在往昔的历史空间中，村庄、乡镇、城市、“地方”、地区、省区、制度、文化、语言乃至许多历时 i-112
已久的特性，几乎互不干扰地各守其成和各司其职。它们都有条不紊地发展成长，即使最小的单位也都奇迹般地被保存了下来。这尤其因为，君主制国家为通衢大道的建立和大动脉的畅通提供帮助，而对乡间小道则置之不顾。它能不这样做吗？因此，“我们称之为乡间小道的农村道路”[174] 十有八九将长期处于破败不堪的境地。位于德拉吉尼昂附近的双堡村是普罗旺斯地区的一座小村庄，该村在 1789 年的陈情书中曾表示希望：“应允许远离要道的任何乡镇和村落，分别在各自的地界内修筑道路，并互相连接，使商业贸易臻于繁荣！”[175] 至于比乡间小路高一级的中等道路，即所谓区间道路，照 1787 年法兰西岛省三级会议一位议员的说法，路况也强不了多少。他解释道：“在雨季里，就是说，至少在一年之中一半的时间里，向城市市场运送食品的车夫或农夫不得不使用多一倍的驮畜或力畜，这就不但增加消费者必须承担的运输成本，而且又减少销售者或生产者的实际收益。”[176]

1792 年，在科雷兹地区，30 多公里（即七八古法里）就足以构成村际联系的巨大障碍。一旦超过这个距离，语言的差异就会变得相当突出。当然，除了路程本身以外，更严重的是人际交往发生了困难。一位历史学家于 1783 年曾就昂布兰地区的居民状况发表了一部人类学著作，他直言不讳地指出：如果说在平原地区几古里就可以“看出语言和衣着的某些差异”，“那么，在这里〔上阿尔卑斯山区〕，只要走出一个小山谷，再进入另一个小山谷，就能够发现”，两地的语言和习俗“有着天渊之别”，“这大概是因为在崇山峻
i-113 岭的阻隔下……山谷中的居民较少与其他地区居民进行交往”[177]。同样地，布列塔尼是一个几乎不对法语开放的针插不进、水泼不进的禁区。当地的教士用布列塔尼语布道，甚至在城市也经常如此；在那里的乡间学校里——如果有学校的话——只用布列塔尼语教学生读书识字（很少教书写），间或也教一点拉丁语。

然而，除了住在城市四周的人以外，还有些乡下人也“会用法语讲话”。有人可能会问，这大概是指昂茹的边界一带吧？不是的。这是指“沿海一带”[178]。大家知道，布列塔尼的大小船只很早便从事活跃的贸易活动，他们一直远航到西班牙和地中海。只讲布列塔尼语又怎么能够经商呢？

上萨瓦地区的情形与布列塔尼地区大同小异。18世纪时，在最难到达的那些地区，在福西尼、沙布莱、莫列讷、塔朗泰斯等偏僻山区，旅行家们偏偏会意外地听到当地人讲法语，并因此而感到惊异万分。尤其自1720年开始，学校在当地日渐普及，有时甚至深入穷乡僻壤。追根溯源，这是一种新时尚的产物：乐善好施之人的捐赠不再以慈善事业为对象，而是为萨瓦的儿童提供教室和教师。为了让孩子学会用法语读书讲话，父母每月只需缴纳六苏或八苏，要学会用法语写字，再付四个苏也就行了……孩子上学十分踊跃：每个班级约有四五十名学生……出现这种热情并非不可思议：大部分来自山区高地的移民懂得，要想在里昂或巴黎、甚至在德国找到合意的工作，学会说法语是十分必要的，因为“几乎在世界上任何地方”，人们都讲这种语言。博福尔附近的普拉村1750年提交的报告对此作出了解释。[179]

总之，萨瓦人因需要出外谋生而愿意多学会一种交流的工具。方言俚语只能在与世隔绝的状态下经久不衰。法国大革命时期，革命派希望把法语“变成共和国的通用语言”；下普瓦图当局为摧 i-114
毁各地方言主张首先采取什么措施呢？“必须贯通乡间小路，使村庄与村庄、乡镇与乡镇、城市与城市加强联系。”[180] 还有什么能比这说得更透彻的呢？但是，请不要忘记，直到1947年，在比利牛斯

山的阿斯普尔河谷，在拉斯坎附近的莱尔村，人们还要“用绳索把死者捆绑在骡背上”，再下山到阿库斯公墓去安葬。那里没有任何公路。[181]

在这种情况下，任何人也就不会感到惊奇，当他看到法国几百年间始终处于“四分五裂的状态……只是细胞的简单堆砌，而几乎不构成有机的整体”[182]；是个“在物质匮乏的条件下能够自给自足的微型世界的集合”[183]；是“由许多村庄、城市、‘地方’拼凑而成的一幅镶嵌画；它们即使同属一个政治和宗教体系，仍各自拥有一定的独立性……每个文化群体的相对独立，对保证群体的结构严密，使每个人对世界取得大体一致认识，从而武装起来迎接生活的挑战，是不可或缺的”[184]。

在这个狭窄的小天地里，人与人的社会联系势必十分密切。雅克·杜帕基耶说得对：“从前的法国人，在绝大多数情况下，能从脸上一眼认出对方是什么人；他们自己同样也为别人所认识，也被对方所一眼认出，他们在教堂里共做祈祷，在喜庆婚礼上同声喧闹。他们既互相帮助又互相监视。由姻亲、戚谊、友情、仇隙所结成的关系网紧束着村庄。法国乡村可能成为许多遗世独立的分散个体，只是迫于以下三个原因，村民们才把眼光转到比钟楼更远的地方：他们必须取得用以缴纳税款和地租的现金；为剩余劳动力找到工作；不在姑表近亲间嫁娶。教会对近亲结婚严加管束，轻易不予特许。[185] 总之，留在村里，就是同自己熟悉的人打交道，不管是你喜欢的人，可以容忍的人，甚至讨厌的人。雷蒂夫·德·拉布雷
i-115 托纳神父是个地地道道的乡下佬，他到巴黎后感到茫然不知所措，他的反应很能说明问题。“喝！这里人可真多！”他说，“多得叫人

谁也不认识谁，即使住在附近，住在同一所房屋里，也不例外！”[186]

整个欧洲的情形与法国大同小异。无论是在瑞士各州还是在西班牙，是在英国还是在德国，您都可能发现类似的地区分割。比萨的乡村是个典型的多样性地区。[187] 历史学家乔万尼·泽尔丹向我们介绍的加尔达湖四周的一系列小地区也具有多样性，这位史学家对被威尼斯的光辉历史所淹没的地区性生活作了仔细的考察。[188] 他顺便还谈到了“纵向的历史”。他认为在历史的厚层中还有一些鲜为人知的深井，对史学家来说，重要的是下到井底去看个究竟。

多样性与历史

多样性是距离的直接产物，是辽阔地域的直接产物，正是由于地域的辽阔，积年累月形成的地方特性才得以保存。但是，这种长时段的多样性反过来又成为历史的一股动力。我坚定不移地相信，古老的“地方割据”和闭塞状态有利于形形色色的统治尝试，无论是地方性的还是全国性的。居统治地位的上层结构之所以迅速扩展，这是因为它碰不到实力相当的对手，决定性的障碍以及组织完善的抵抗。在君主制实现了领土兼并后，至多只是一个省，甚至只是一省的部分地区起来反抗；它们只是单枪匹马、星星点点地进行战斗……同样，大革命时期吉伦特派的反叛（1793 年）虽然波及不少省份，但只是浮在表面，没有深入民心。北部和东部因有军队驻守，也就毫无动静。不论在法国的什么地方，给政治、社会和宗教冲突火上浇油的，并不是群众的借题发挥，反而是他们的无动于衷和麻木不仁。

i-116 任何民族都是四分五裂的，并且都靠分裂过日子。法国称得上是这条规律的最佳范例。范例在法国层出不穷：基督教对天主教；冉森派对耶稣会；蓝党对红党；共和派对保皇派；右派对左派；德雷福斯派对反德雷福斯派；法奸对抵抗战士……分裂在法兰西大厦根深蒂固，统一却只是一个躯壳，一种上层结构，一项赌注。法国的多样性必然导致凝聚力的不足。直到今天，一位随笔作家最近写道，“法兰西不是个步调一致的国家”，“它在行进中像是四蹄不按同一节拍移动的一匹马”[189]。我很喜欢这个极而言之的形象，它既不全对也不全错。不幸的是所有这些分裂因素——地理的、文化的、宗教的、政治的、经济的、社会的——加在一起，便造成了互不理解、敌对、不和、猜疑、争执和内战。内战停歇后，一有机会又死灰复燃。一位历史学家指出，“与其说法国会打仗，不如说它擅长打内战。除1914年外，法国从未经历过一场长期的、真正的爱国主义战争……这个最以武功自诩的民族历次进行的战争几乎无一不夹杂着内战的成分。1939—1945年的战争显然是如此，大革命和帝国时代，圣女贞德的抗英斗争和勃艮第的战乱，亨利四世登基、‘神圣同盟’和黎塞留掌权，也都同样是如此。甚至在1870年，也还有过一个秘密地或公开地希望本国统治者失败的派别”[190]。因此，我们应该接受米什莱作出的极其深刻的判断：“法兰西犹如一盘散沙，爱闹不团结和内部不和？”[191] 于连·邦达的话说得尖刻，但也不无道理。他指出，从许多方面看，“德雷福斯事件自始至终地”[192] 贯穿于法国历史的全过程。是否可以说，法国打内战的本领胜过打外战，因而国土和人民迟迟不能统一？这正是让·盖雷诺的见解；有天晚上，他为此同我争得面红耳赤，而我却

竭力为佩吉在 1914 年的投笔从戎进行辩护。让·盖雷诺后来写道:“这场战争(1914—1918 年)不是我的事情。”命运把他投入到 i-117
战争中去,但他从未能够“在内心深处完全相信”这场战争“的确是他自己的事情”[193]。我承认,我的切身经历使我对这一看法难以理解。我不懂内战。原因可能是,作为布列塔尼人,让·盖雷诺把“故乡”的地位置于“民族”之上,而我则相反,站在东部地区人的立场上进行思考,东部地区以统一的法兰西为后盾,它的自由取决于国家的统一以及由此要求的警觉。我并不为自己的立场辩解,我只是指出,两人的分歧在很大程度上是历史环境和个人经历不同的结果。

这些经验无疑还说明,我在引述下面一大段文字时为什么会感到十分激动,为什么每当我重读它们时会感到心酸。这段文字是在 16 世纪由弗朗索瓦·德拉努这位感情十分丰富的新教徒写下的。

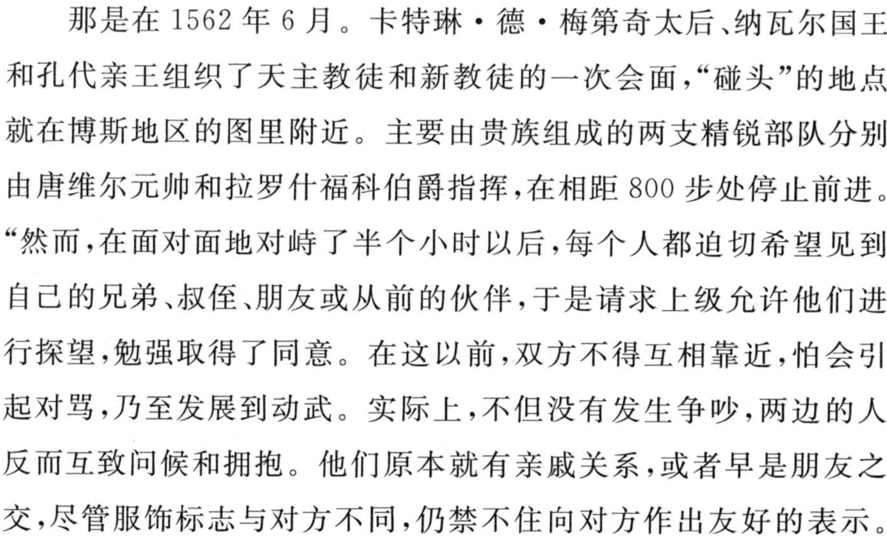

那是在 1562 年 6 月。卡特琳·德·梅第奇太后、纳瓦尔国王和孔代亲王组织了天主教徒和新教徒的一次会面,“碰头”的地点就在博斯地区的图里附近。主要由贵族组成的两支精锐部队分别由唐维尔元帅和拉罗什福科伯爵指挥,在相距 800 步处停止前进。“然而,在面对面地对峙了半个小时以后,每个人都迫切希望见到自己的兄弟、叔侄、朋友或从前的伙伴,于是请求上级允许他们进行探望,勉强取得了同意。在这以前,双方不得互相靠近,怕会引起对骂,乃至发展到动武。实际上,不但没有发生争吵,两边的人反而互致问候和拥抱。他们原本就有亲戚关系,或者早是朋友之交,尽管服饰标志与对方不同,仍禁不住向对方作出友好的表示。

当时，陪伴纳瓦尔国王的队伍[194]穿深红色丝绒制作的外套，佩戴
i-118 红绶带，而孔代亲王的队伍则是白外套、白绶带。天主教徒们认为新教大势已去，告诫对手要替自己着想，不要再固执地卷入这场迫使亲友互相残杀的可悲战争；新教徒则回答说，虽然他们同样憎恨这场战争，但是他们确信，如果不进行自卫，他们就会像一些地方的异教徒那样惨遭杀戮。总之，每一方都规劝对方实现和平，鼓励对方说服大人物听取忠告。他们扪心自问，无不明白这些公开的冲突将遗患无穷，因而深感哀叹。一旦上级下令投入战斗，他们之间的一切亲热便会化为腥风血雨，他们将重新戴好头盔，突然降临的愤怒将蒙住他们的双眼，兄弟间将不再互相原谅，想到这里，他们的眼泪不禁夺眶而出。我当时居于新教一方，再说我在对方的营垒中就有十来个情同手足的朋友，他们对我也怀有同样的爱心。”[195]六个月以后，德勒战役于12月19日打响。敌对双方狭路相逢。弗朗索瓦·德拉努接着写道：“双方都严阵以待，但在内心深处却想到，迎面冲来的敌人不是西班牙人、英国人或意大利人，而是法国人，甚至是最英勇无畏的法国人，其中就有自己的伙伴、亲戚和朋友，并且再过一个小时以后，他们必须互相厮杀。他们顿时对作战产生某种本能的反感，虽然他们的勇气并不因此稍减。就这样对垒了一段时间过后，两军终于兵戎相见，拼个你死我活。”[196]

这篇饱含悲剧色彩的文章，人们难道不可以轻而易举地把它套用到别的地方去吗？它对我国历史中充满同样苦难的其他许多场景难道不是也适用的吗？今天的现实姑且不论，一位老贵族的
i-119 话语在我的脑海里重新浮现。眼看大革命即将爆发，他对玛丽-安

托瓦内特王后从前的侍从亚历山大·德·蒂伊伯爵预言悲剧必将来临。由于后者听了不予置信，他便说："先生，我们是个注定要同悲剧打交道的民族。"[197]

今日的情形如何？

辽阔无际、四分五裂的昔日法兰西已被空前快速的进步压缩、禁锢、幽居在日渐变小的"六边形"框架内。建立欧洲"共同市场"的目标至今尚未完全达到。随着殖民帝国的瓦解(1962 年)，法兰西失去了一大块空间。我国的战略家们由此产生了怀旧之情，他们对法国飞机不能随心所欲地在乍得的土地上，在辽阔的非洲大陆的心脏着陆深感惋惜。

一切还在继续发生急剧的变化：飞机用一个半小时时间可从巴黎抵达阿尔及利亚的白宫机场；在 50 年前，我曾乘一架小型飞机在那里降落，当时的机场规模还不大；飞机的航速每小时为 200 公里，降落时灵巧地利用机翼向左右缓缓滑翔……从巴黎到日内瓦，如今不用一小时时间，飞机已把汝拉山脉置诸身后，波光粼粼的莱蒙湖以及湖畔的阿尔卑斯山和勃朗峰随即迎你而来。从巴黎到佩皮尼昂，只需 1 小时 10 分钟，就可以感受到另一块大陆的气息……也许正是由于感到法国空间狭窄，在第二次世界大战前不爱出门的法国人今天才几乎倾巢而出，疯狂地四处周游世界。

正当我在案头写下以上的文字时，法兰西文化电台传来了一篇关于洛泽尔山区的牧羊人及其羊群的广播报道(1981 年 2 月 8 日)。凑巧的是，这篇报道与我以上所说的情形完全相反：系在羊脖上的小铃叮当作响，护羊犬在吠叫，牧羊人在大声吆喝，在奇妙

的音乐声中，羊群缓缓前进，终于消失在静寂之中。所有这一切都
i-120 是以昔日的时光速度进行的。法兰西依然存在——至少暂且存
在——从慢速到快速，从较快速到最快速的几个不同的发展层次。
不论最快速如何光彩夺目和咄咄逼人，今日的法兰西仍不是它的
一统天下。确实，独自在山坡漫步，倾听洛泽尔山区牧羊人的吆
喝，亲身体验昨日的时间和空间，那该是件何等惬意的事呀！

第 二 章 i-121

人口分布格局:村庄、集镇和城市

法兰西自过去至今依旧在多样性和单一性之间摇摆:它的多样性具有野草般的生命力,它的单一性不仅是力求统一的倾向,而且也是自发的本能和深思熟虑的决心。如同任何其他国家一样,法兰西在这左拉右扯之中无所适从,因而它的大多数弹簧都绷得太紧。

历史学家不得不同时看到法兰西的双重形象,不得不防止产生片面的认识。埃尔韦・勒布拉和埃马纽埃尔・托德故意逗趣说,法兰西还算不上是个客观存在,它有待我们去创造。可是,法 i-122
兰西毕竟存在已久,它绝不是虚无飘渺的神话,而是早已建成的国家。让-保罗・萨特灵机一动,居然声称法兰西是“不可统一的”[1],这话说得既对又不对:虽然它的确很难统一,但它从不甘心陷于支离破碎的境地,过去是如此,将来恐怕也是如此。至于政治和文化的统一,法国在欧洲即使不是率先实现,也是最早实现的国家之一。成千上万种力量,性质不明的和无意识的力量,可能对此起了推动作用,甚至历史也未必都能分辨清楚。

就连我自己也乐于承认,我本想从一开始便指出,法兰西的名字叫作多样性。这是法兰西最优美的面貌，我所喜爱的面貌，只要我一眼看到这种美丽的面貌，所有可能产生的忧伤也就全部打消。

但从这第二章起，应该是从多样性转到单一性的时候了。我们就来观察法兰西的另外一面，趋向统一的一面，如果可能的话，深入到法兰西的现实和力量中去探索这种统一性。因为，法兰西不仅是“40位国王千年兴邦立国”的业绩。国王诚然声名卓著，但创建法兰西的伟大事业不能完全归功于他们40个人。

在一定程度上，法兰西几乎是自动形成的。地域的分割不断产生出互为补充的需求；在产粮区和畜牧区之间，在谷物生产者和葡萄酒生产者之间，联系几乎是不可或缺的，因此可以说，割裂也是促成统一的因素。同样，当“不同的人群在语言、文化、物质文明、技术水平等方面”[2] 展现出文化差异时，这种差异带有爆炸性，并能冲破各种阻力。总之，各种人群，不论他们有多大的差别，甚至互相敌对，都从不真正像蜗牛一样困守自己的小天地。完全的自给自足实际上是从来没有的。为着求得生存，必须对外开放，哪怕开上一个小缝。

i-123 根据1721年8月的一份公告，由于从马赛传来了鼠疫，“在整个普罗旺斯地区，只剩下十个村庄，疫病尚未侵入……但因无从取得食品供应，村内的居民忍饥挨饿，苦不堪言，村外的路口均〔由部队〕严加看守，禁止行人出入，违者处死”[3]。然而，鼠疫（这是法国最后一次鼠疫流行）仍四处蔓延，并于当年夏天传染到普罗旺斯以外的多菲内和朗格多克地区。法国军队全部出动，为同这一顽固、狡诈的敌人作斗争，几乎疲于奔命。抵御的唯一办法，就是设立防线和路障，限制疫病的扩展。于是，村庄、城市乃至整个地区的正常生活都受到威胁。1721 年夏季，多菲内地区怨声载道：防疫路障切断了与外部的联系，经济生活简直一蹶不振。[4] 几个月后，当贝尔维克公爵接到宫廷的命令[5]，要在上朗格多克和下朗格多克之间设立防线，把两个地区隔离开来时，全省居民叫苦连天；省三级会议出面干预，以两个地区将“无可挽救地”出现饥荒相威胁，终于使这项措施得以撤消。

上述事实足以提出我们的问题，我的这个想法难道没有道理吗？法兰西为维持其日常生活，必须对外开放，与外界取得联系。法兰西悠久的历史，也贯穿着这些静悄悄的、连续不断的运动。实际上，这些有规律的运动不受任何外力的支配，它们自动穿过地域，把法兰西的各个部分黏合成一个整体。

村庄和集镇的基层居民点是一切经济活动的基础。在法兰西各地，根据一个几乎不变的模式，这些集合体不断繁殖，乃至无穷。在一个集镇的四周，中间相隔一定的距离，团团围着几个村庄，就像一些小行星环绕在太阳四周一样。集镇和村庄加在一起，通常同我们现今的一个“区”差不多大小。作为集中居住的基本单位，i-124
这些“区”又环绕在一个相当活跃的城市的四周：由此形成的面积不大的整体，我们随吕西安·加卢瓦时代的地理学家的说法，称之为“地方”[6]。这些“地方”又分别纳入到一个区域。一个省的范围之内，其成功和顺利的程度取决于中心城市是否有足够的向心力（中心城市并不始终胜任其职）。建筑的构架逐渐趋向完善，最终形成统一的民族和统一的民族市场。

这个民族市场还必须拥有一个财力雄厚。环境适宜的大城市。巴黎因其宏大规模很早便成为城市的巨人；但它未能立即带动整个法国。发动机尚能胜任其使命，而车辆在前进中却左摇右晃。抚今追昔，法兰西的历史难道不正是这样一个反复无穷的过程吗？

i-125

一　从村庄出发

在确认了法兰西具有一个严密的构造体系以后，首先要做的事显然是对体系的各个部件分别进行论述。然后，再撇开我在第一章所作的初步介绍，试图恢复体系的运动，进而观察它怎样把法兰西的不同特性汇集起来。我说的不是抹去这些特性。我们预先就能断言，这个体系将不会完全取得成功：很多的线或者太短，或者太脆。绷得太紧，就会出现断裂。

超越村庄的多样性

人们说不出典型的法国村庄该是什么样子。显然，村庄的类型很多：在这里，多样性仍然适用。

这有成千上万种理由。首先，村庄随其主要生产活动的不同而不同，或从事畜牧业，或种植小麦，或栽培葡萄树、橄榄树、桑树、栗树和苹果树，或经营小工业，如此等等。随便举个例子，葡萄种植者的村庄难道不是一眼便可认出的吗？“为节省昂贵的土地，村庄尽量压缩建筑用地，哪怕挤进阴冷的地窖，也在所不惜。相反，
i-127 谷物种植者的村庄则在平原上随意铺展。”[7] 此外，织匠、鞋匠或皮匠人家的门户都面对他们的作坊……还有建筑传统的多种多样（整幢的房屋，由院子围起的房屋），使用材料的各不相同，以及为

适应气候条件、为取水方便等原因而产生的地方特点。普罗旺斯的村庄居高临下，村内的街道都很狭窄，以免风吹日晒；在洛林的村庄里，房屋沿一条宽阔的街道紧挨着排列成行，街道也就成了饲养家禽的农家院落；与此相反，布列塔尼村庄的布局显得分散，孤零零的房屋在村里各据一方。类似的例子不胜枚举。

最后两个例子——布列塔尼的村庄，洛林的村庄——提出了房屋布局集中和分散的问题。这个问题虽然经常被涉及，其实是很模糊的，甚至是不可解决的，我想说的是，我们对其大部分根源弄不清楚。这里要请广义的历史为我们作尽可能全面的介绍。

“散居”和“集居”，安德烈·德莱阿热宁可称之为“远居”和“近居”[8]。卡尔·兰普雷茨（1878 年）在谈到撒利克法典的古代时，使用“村庄体系”与“农庄体系”相对立[9] 的说法。根据我的理解[10]，既然二者各成体系，它们势必早在撒利克法兰克人在埃斯科河以南地区立足前已经出现[11]。最含糊的和最难捉摸的词是介于村庄和农庄之间的“村落”，那里至少有几间房屋，不论是否聚在一起。在某些土地贫瘠的山区，“村落”也许是掌握可耕地的一个基本途径，农庄或农舍则是适应只有分散的小块土地可资利用的山区的要求，我所居住的鲁西永的阿斯普勒山区正是这样。据 1891 年的统计，法国共有市镇（大小不等的城市、集镇或村庄）36 144 个，而“人口分散的地理单位”，分属不同市镇的“零星村落”，却为数达 491 800 个。可见，在集居的市镇周围，平均约有 13 个偏僻的村落。[12] 这个平均数本身没有意义，因为在各地，散居的人口分布很 i-128
不均衡。关于这个问题，我们隔一会再谈（参见第 117 页的地图）。

首先应该说明，分散与集中的对立并不始终鲜明地表现为这

样一个形象：一方面是以教堂为中心的密集的建筑群，另方面是许多孤零零的农庄，二者各有自己的领域。分散至少有两种类型（只多不少）：第一种是在一个村庄之外有几个分散的小村落（主要是农庄）；第二种是农庄和村落呈星云状分布，居中心地位的村庄也可能很小。

即使像洛林地区那种居住相对集中的村庄，也包括若干偏僻村落，至少有几个农庄，间或还有一个小屯。从 15 世纪起，在法国东部地区，居乡贵族备受货币贬值之苦（领地的杂税因按现金计征，他们的收益大大减少），有的村庄便在本村土地范围外寻找并找到了补偿。一些新地块于是得到了开发，例如领主的“保留地”，村庄之间的无主空地，以及某些撂荒地。

香巴尼的贝里一带就这样“开垦了百年战争期间已被撂荒的土地”[13]。后来，到了 19 世纪，由于农业人口在该世纪上半叶急剧增长，农村出现了劳动力过剩，应运而生的资本主义农庄也纷纷开垦荒地，从而在第二帝国期间使法国一些地区的乡村生活和农业经营达到繁荣的顶峰。在庇卡底的西部，诺曼底的某些地区和“普瓦图平原”，由于相同的原因及其他原因，也开垦了大量荒地。那
i-129 里的村庄规模相当大，派生出一些农庄以及“中间村庄”[14]。

其他村庄的情况各不相同：有的村庄简直像是集镇，四周的农庄与中心保持相当距离，形成一个几乎连续的花环。位于罗讷河下游的普罗旺斯滨海地区的情形就是如此（深入阿尔卑斯山区的上普罗旺斯地区的情形放过不谈，那里只是在巴斯洛内特高原，分散居住才显得比较突出[15]）。在下普罗旺斯地区，“场屋”、“农舍”和“草棚”这三个不同的词其实具有相同的含义：一块耕地团团围

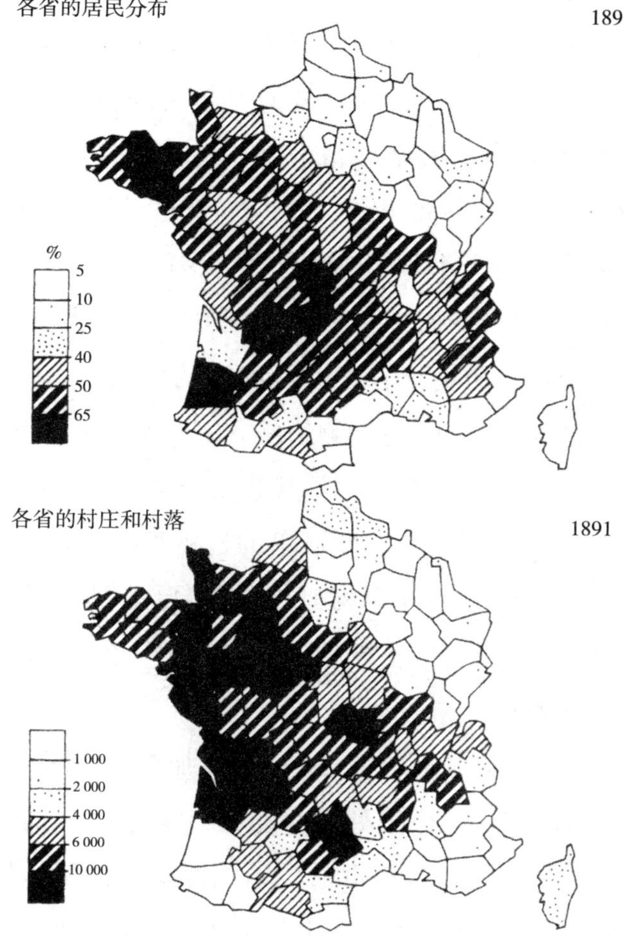

1891年各省乡村(村落、村庄及“市镇组成部分”)分散的人口布局

上图:按百分比计算　　下图:按绝对数字计算

材料来源:1891年法国人口调查的结果。图表由弗朗斯瓦兹·韦尼奥制作。

着一家农户,户主往往就住在附近,这同托斯卡纳的分成制租地或同遥远的新大陆的种植园都不无相似之处。

《普罗旺斯历史地图集》以罗涅为例作了很好的说明，这个大村庄位于埃克斯以北迪朗斯河左岸的下方，“几乎紧贴吕贝龙山光秃秃的山岗”[16]。罗涅村于1954年总共还有居民973人，其中610人集中住在村内，363人则四散分布。在过去，那里的人口较多（1575年有1652人，1855年有1561人，1952年有1052人），因而在法国东部可算是个集镇（即便不起集镇的作用，也具集镇的规模），其面积之大足以为证（8166公顷）……集镇也罢，大村也罢，这并不重要！重要的是沿着下普罗旺斯的“山峦”，一些土岗从东到西排列成行，而在土冈的下侧边缘，逐渐新建了一系列“农舍”：1485年有5个，1500年有15个，其数量后来还在陆续增加。由此产生的“资本主义”演变使住在城里的地主得益匪浅；13世纪佛罗伦萨四郊发生的事与这颇为相似，但规模更大；据我们猜想，别处也曾发生过类似的演变，至少在梅尔勒博士不久前仔细考察的普瓦图地区的加蒂内一带是如此。[17]

i-130 另一个见证，仍然在普罗旺斯地区，加雷乌也是一个大村，位于布里尼奥勒以南15公里处。我们拥有关于该村的一份非凡的考察报告。[18] 在16世纪，加雷乌村才刚开始“外迁”，就是说，开始向村外扩建农舍。通过这个活生生的见证，我们能否从头开始观察村庄的扩展过程？我们能否从这个例子出发举一反三？农舍和草棚是村庄分解的产物，是村民开垦荒地、向外扩展的结果；它们往往设在与村庄相邻的荒野或附近有牧草的草场。因此，扩展活动显然与养羊的村民有关，他们也往往对此最感兴趣。不论情况如何，这些分散的居民点从来都不完全脱离村庄。与农舍、草棚这些小居民点相比，村庄毕竟是个庞然大物。事实足以证明，为兴建一个孤立的农庄，总是要有附近的城市提供资金，这在加雷乌村是如此，在其他村庄往往也是如此。此外，农庄还必须从村庄和集镇吸收剩余劳动力，才能维持下去。每到夏季，住在村里或镇上的劳动者清晨就等着附近的农庄主或地主前来挑选雇工。由此出现了一个明显的反常现象：农业工人几乎在城镇的环境中生活，受到城市文化的熏陶，而在普罗旺斯的相当一部分地区，地主却反而过着乡村的生活。总之，农舍井然有序地排列在村庄的周围；普罗旺斯的这种情形难道不是特别容易理解的吗？

在其他地区，居住的分散有时使中心村几乎不复存在，只剩下呈星云状分布的、孤零零的村落或农庄。中央高原的广大地区就是这样。1703 年 3 月 29 日，正值卡米扎尔战争期间，一位军官奉蒙特勒凡尔元帅的命令，“捉拿米奥莱市镇的全体居民，该市镇共有 7 个树落，包括教堂所在地在内”[19]。阿尔摩尼克高原或下利穆赞的所谓“篱村地区”也属上述情形。

阿尔摩尼克高原有许多“由树木围隔的耕地”，它们的面积有 i-131
大有小，地埂上种着树木，正中间是几间孤独的房屋。这些最基本的经营单位以自给自足为主；不久前，那里的农民不仅自己制造农具，而且连衣服、鞋子等物品也靠自己供给。与此同时，在几个村落的中心，有一个村庄或集镇。但在法国各地，“集镇”一词（“村庄”也是如此）的含义不尽相同。

这个中心历来是教堂的所在地（又称“堂区”），住在这里的少数几家人家通常属于特权阶层。赶上每周举行的集市，镇上就变得热闹和活跃起来。举行交易会时，更是喧哗嘈杂。在集镇的特权阶层和零星村落的农民之间，势必存在重大的社会分化。1790

年 2 月 26 日，法乌新堡（菲尼斯泰尔省）有人写信检举，说让目不识丁、“远居城外的农民”[20] 出任镇长，此事很不妥当。同一时期的另一文书指出，布列塔尼的“农民生活在穷乡僻壤，使用很少人能听懂的方言，这将长期阻碍他们提高知识和文明程度”[21]。

至少在曼恩地区，由树木隔围的“篱村”是否构成一个典型的体系？罗贝尔·拉图什[22] 告诉我们说，篱村体系在 16 世纪随着欧洲人口的普遍增长而形成。但是，在阿尔摩尼克西部同巴黎盆地北部和东部的产粮平原之间，却有着巨大的差异：一方面是乡村世界的联系相当松散，中心村镇长期局促于一隅之地，农民的房屋离中心村镇往往很远；而另一方面，房屋密集的大村庄则矗立在一马平川的田野上。原因究竟何在？

罗贝尔·拉图什认为，典型的篱村地区早先曾是森林密布的
i-132 所谓“无人区”[23]。在这荒凉的土地上，罗马统治下的高卢建立的大庄园（菲斯特尔·德·库朗日特别喜欢研究的大庄园）简直屈指可数。因此，领主和教会机构很晚才在那里开辟领地，而且是从无到有，白手起家[24]。他们起码也要遇到重重的困难。

确实，西部篱村地区的自然条件往往十分恶劣，光是板结的黏土就阻碍农民形成相对集中的大居民点。“潮湿的洼地上小路密布，把耕地分成小块”，由于修不成大路，行走都很困难，黏土地又不便于使用农具，这些原因都最大限度地限制了“农民在其住地四周的活动范围”[25]。更何况，布列塔尼的道路路面下凹，车辆很难通行。“到了 19 世纪中期……在科努瓦耶地区的许多村镇，偏远的农户赶集，如果碰上坏天气，往返需走一天时间，路上坑坑洼洼，极其耽误工夫。”[26] 如果不慎掉进深坑，还有淹死的危险。“在 19

世纪，经过疏导排水和建造石路，黏土地的这些不便已大有改善……但乡村中适应当地自然条件而形成的居住状况却早已固定了下来。”[27]

总之，空旷荒野的大量存在说明了布列塔尼地区各堂区占地面积的巨大（法国的平均数为 12 至 13 平方公里，布列塔尼的平均数为 25 平方公里）。根据我们的计算，拥有 2000 至 5000 名居民的村镇有时可不甚恰当地挤进城市的行列。克罗宗于 17 世纪约有居民 5000 至 6000 人，分散在 100 平方公里的土地上[28]：这显然不是一种“城市型”结构。

下利穆赞地区——与现今的科雷兹省大体相当——具有类似的特点。由于土地贫瘠，这里的居民点势必相隔甚远。自然条件 i-133
虽然相同，但适应这些条件的办法却别具一格。市镇或“堂区”的形状像是小型的群岛，一些小岛不规则地分布在本身很小的镇区的四周。“乡村组织的细胞”[29] 与其说是集镇（或大村庄），不如说是分散的小村庄。阿兰·科尔班解释说，有的小村庄由 10 至 20 所房屋组成，“房屋布局分散，朝向各异，四周均有院子环绕，又有泥泞小路可通；有的则由四五个农庄组成，面对面地排在十字路口或路边”。个别村落“规模可超过市镇，但不具有市镇的职能；市镇机构、学校和教堂有时分设在组成该市镇的不同村落”[30]。

这种奇怪的布局，是一种独特的乡村文明残存的真正见证，而这种乡村文明又是“小村落”（用以往人口统计使用的术语来说，即“市镇组成部分”）特有的产物。每座农舍都是一个各自为政的宗法制家庭，而村落却还保留某种集体生活方式，因为各村都拥有一些集体财产（但不能说是市镇公有财产）。这些财产通常是不可分割的贫瘠地，可供放养畜群和短期开荒之用；此外也包括一些公用设施：洗衣池、鱼塘、面包炉、粉碎黑麦（农民的主食）的磨坊……在这个环境里，古老的文化及其特点长期得到延存，例如每年 9 月半的安息日，直到 1914 年乃至第二次世界大战前夕，仍然隆重举行
i-134 守夜庆典。守夜庆典持续 3 小时之久，只是当主人“把未烧尽的木柴塞在火灰下”时，客人才陆续离开。[31]

已被久远的时间所淹没了的往昔岁月，就这样由一些见证流传至今。正因为如此，要想追根究底，那是很困难的。历史学只能从后来的和稀少的现象中进行发掘，那也是谈何容易。村庄、村落、集镇以及孤立的农庄早已由广义的历史（即在历史自身的期限外，再加上长达几千几百年的史前史）创造出来了。这一必要的回顾不能使我们真正达到目的。我们只是停留在假设的阶段。

我赞成皮埃尔·博诺的设想，认为乡村的人在实现定居前，曾经历了千百年的游荡或半游荡生活；在法国的某些地区，这种人口流动直到公元八、九世纪左右方告停歇。此外，他们还曾在几百年内经受过程度不同的群体生活的束缚，这种束缚在某些地区一直延续到 20 世纪。

埃马纽艾尔·勒鲁瓦·拉杜里和安德烈·齐斯贝尔不久前发表的文章指出[32]，由厄镇至日内瓦的直线或由圣马洛至日内瓦的直线所划定的接合线具有双重意义。它把一个居住不太分散的区域同孤立村落众多的另一个区域截然分开（参见第 117 页的地图）。这条直线具有分界线的作用，任何人都不会对此感到惊奇。法兰西的全部历史都沿着这条界线一分为二，1891 年的人口普查已对这种人口分布状况作了记录。在法国的东北部和东部，以圣

徒命名的村庄几乎凤毛麟角，而在其他地区，这类村庄却比比皆是；人们会问：这究竟是为什么？其实，以圣徒命名的村庄出现较晚，约在八、九世纪左右，但在公元1000年后，随着近代欧洲的诞生，逐渐变得多了起来。法国北部和东部的村庄不以圣徒命名，显然与其历史悠久、起步较早有关。

我们由此可以说明今天的史前史学家的一个中心论点——与 i-135
皮埃尔·博诺的方言学研究殊途同归——就是说，早在公元前4000年，巴黎盆地的广大地区已被来自中欧的农民所开发利用。他们率先引进了以谷物种植为主体的先进农业，考古发掘业已证明，他们保持了发源地的居住模式：房屋集中、居民多达50至200人的大村庄。法国南方的地中海地区，农业虽然出现很早，却丝毫也见不到以上的情形，那里的农业没有使当地居民迅速改变半游牧的生活习俗。[33]

可见，乡村中存在多种多样的居住方式，其原因主要是广义的历史不但发展曲折，并且有早有晚。居住点的布局是为适应环境而逐渐形成的，但环境本身也在变化，因而任何居住形态一旦在确定以后，必要时还会出现演变和变迁。

村庄的一个模式

如果撇开村庄的形态不谈，而只考虑它的作用，各种差异便渐趋淡化，一个模式也就应运而生：不论是集中的或分散的村庄，是大村庄或小村落，甚至是独处一隅的农户这种小单位，我们的模式大体上全都可以适用。

任何村庄都占有一块地域，皮埃尔·德·圣雅各布说过，它是

"耕种的林间空地"[34]。村庄是"开垦土地、从事生产的生物细胞"[35]。这块土地，这块"乡土"或这块"可耕地"，实际上比成群的房屋更加重要。房屋可能会倒塌，而土地却不会因此而消失；在这情况下，留下的土地便为邻近的居民点（城市或乡村）所兼并。[36]

i-136 一个村庄的土地往往约在 1000 公顷左右，像是屠能设想的"孤立国"[37]：这个遗世独立的世界处在距离的束缚下，出外费力、费时又费钱，形成一圈又一圈的同心圆式的生产地带。耕地随距离房屋的远近而不同，农民每日往返，历尽辛苦。"耕作区的边缘离中心越远，就越有必要让最贫瘠、最不费工的田地留在外圈。"[38]保尔·杜富尔耐在谈到一个萨瓦村庄时说："由于厩肥不多，路况恶劣，车辆破旧，役畜很少，精耕细作的土地总是位于村庄的附近，轮作的周期也比较短。"[39]

耕作最勤的田地沿村庄围成一圈，像是紧贴房屋的"一条腰带"；在这个区域里，有菜地、麻田、果园，间或还有篱笆。每当春季来临，洛林的村庄被杏树的"团团白花"所簇拥。[40]巴黎四周的乡村也是如此，村里的果树沿着墙根排列成行，并在野地的树木开花前，花朵早已覆盖了村内的房屋。此事于 1787 年 3 月中旬在阿尔克伊和卡尚曾有记载。[41]

无论何地，人们对菜地和果园总是不辞辛劳地精心照料。一有空闲，打开大门多送一车厩肥，用树剪整枝，挥小锄松土。园圃总是试种新作物的天然场所。来自海外的玉米、土豆、菜豆等都首先在园圃发芽生长，然后再去大田推广种植，形成作物的革命。

i-137 园圃的外围是一个相当宽广的地域，拥有全部可耕地，即我所说的"乡土"，构成整个村庄的区划。

在法国的东部和北部，可耕地不久前还把村庄围成一个圆圈，而圆圈又分割为三“轮”或三“季”，按三季轮作制的节奏，轮番进行更替：一轮小麦（或黑麦），一轮燕麦或大麦[42]，一轮休闲。在洛林地区，休闲又称“休耕”，是让土地休养生息，不事生产。第二年，圆圈自行转动，休耕地种植小麦，小麦地改种燕麦，燕麦地实行休闲。在旧耕作制出现故障前，每当夏秋之交，从远处望去，轮作地分别呈现三种颜色：金黄的小麦、翠绿的燕麦，休耕地上留下犁耕的痕迹，准备于10月和11月播种小麦。所以，有时候，休耕地被形象地称之为“色泽深沉的土地”。

在实行两季轮作制的广大地区，“乡土”仅分为粮食种植区和休耕区，两个互为交替的部分各占可用锄镐耕作的土地面积的一半。

但在过去，耕地总是不断蚕食四周的荒地和树林；看到这些荒郊野地，旅行家和经济学家莫不黯然神伤。昂热·戈达尔每当想到国土的一半沦于荒芜，深感痛心。[43] 这个区域构成第三个、往往也是最大的圆圈。人们在那里只开垦少量的土地，每隔10年、20年乃至30年耕种一次。

总的说来，荒地也就是“野地”（saltus），该词从拉丁农学家那里借用而来，与“耕地”（ager）相对立。历史学家已经养成了习惯，用这两个词叙述历时已达千百年之久的这种对立。至于英国人，他们则用“远离宅地的田地（outfield）”和“宅边田地（infield）”作出区分。

“野地”一词兼有上百种含义：荆棘丛生的荒原，野草葱茏的土 i-138
岗；已被撂荒的葡萄园，两行葡萄藤之间通常长着几棵果树，有时还结果实；几排原来的篱笆，如今早已荒废，杂乱纷呈，枝叶疯长，高度竟与东欧要道两侧的经过精心整修的树木不相上下……此外还有成片的灌木林，“低矮的树丛中杂草盛长”[44]；最后，尤其还指森林。

这种荒野显然随着土地和气候的不同而不同。在古罗马以后不久的中古时代，野地“同时包括荒地、大小树林、沼泽、江河湖泊和沿海的潮间带”[45]。在罗讷河流域的萨瓦地区，荒地至今“包括山岩、峭壁、坑塘、砂岩、灰瓦岩、寸草不生的火成岩、牧草地和荆棘地”[46]。当然还有森林或其他野地。奥弗涅地区的荒地像是个硕大无朋的光轮，“在人们的心目中，所谓‘野地’（saltus）是由大片荆棘丛生的荒野包围的‘山峦’，是野兽横行的和令人恐惧的山林地带，而‘耕地’则意味着平原和安全”[47]。

市镇在过去并不特别关心为位于市镇之间的空地划定界线。例如，只是在1789年秋季，博内（默兹省的大村庄）的居民才要求在奥尔南河谷附近丈量土地，“确定博内村和沃修道院之间的树林的地界”[48]，这一要求得到了满足。就在大革命的初年，各地几乎普遍进行了这类划界。至少，在卢瓦尔河上游，确定市镇区划于1790年已成为势在必行之事。[49]

实际上，“野地”与其说是相邻村庄之间的界限，不如说是一个
i-139 村庄内部的耕地与非耕地之间的界限。每当形势所迫，作物往往就侵犯这条内部的边界。村民便开垦荒地。例如，在1500至1640年这个时期，尽管收成相当好，朗格多克地区把部分灌木林改造成为村边的耕地，种植葡萄。[50] 又如，在经过冬季的冰冻以后，普罗旺斯地区1709年灾情严重，庄稼遭到毁坏，饥馑随之蔓延，农

民于10月就不断开荒和播种。难道这是人的本能反应吗？巡按使勒勃雷写道："我甚至认为，今年的播种面积会比往年多，可以肯定的是，在去冬被冻死的松树林里，人们已开荒播种，虽然那里碎石众多，土质极差。"[51]

相反的情形也经常可以看到，尤其在今天。"野地"自动扩大。吕西安·加松在谈到奥弗涅高原[53]时说，荒地"就像麻风病一样扩展"[52]，而且举目可见。荒地的扩展"是乡村破产的见证。场院失修，磨坊坍塌，几乎比比皆是，不再兴建新的房屋"。随着土地荒废，村民外流，这些地区便被荒草野木所覆盖。对度假的孩子来说，这是他们追奇猎胜的好去处。那里有绵羊，山羊，蜂巢，榛树丛，扩展中的森林外围，有在暗处藏身和闻风而逃的野物，还有蜷伏着的蝰蛇……

但在过去，"野地"却是村庄唾手可得的后备资源，长期同野地打交道已使村民学会了使用这些资源。埃斯康多格[54]是个狭小的火山岩山冈，位于拉尔扎克以南，濒临洛德沃河，那里可供采集的东西之多令人惊叹：铺填畜厩所用的草茎和枝条，山羊和绵羊吃的草料，喂猪的橡栗，还有榛子、巴旦杏、山茱萸、甜樱桃、毛榉果、花楸、草莓、蘑菇、蜂蜜，再加上许多野菜和调味品：蒲公英、花椰菜、 i-140
野菊苣、香叶芹、牛舌草、金花菜、荠菜、芦笋、鸦葱、野葱等。我们且不要忘记各种猎物：烤野兔是一道传统菜肴，烤叉架在"榛树枝上，用一个空心的圆锥形铁器烧烫后在肉上浇热猪油……食用时添加由血、肝泥和大量蒜汁配制的调料"[55]。

总之，以往的荒地尽管表面上似乎满目疮痍，但并非完全不被利用（森林的情形自不待言）；采集活动不断进行渗透，畜群在部分荒地就食；橡树林和山毛榉林中经常放猪，牛、羊、马等各种牲畜在休耕地以及荒原和林区自由放牧，几乎处于野生状态，为时达数月之久。例如，在普瓦图的沼泽地和布列塔尼地区，马匹无人看管，任其自生自灭！每到冬季，当冰雪覆盖大地时，它们就用蹄子刨开吃草。公马与母马混合放养，繁殖任其自由。马群在公马的保护下密集行动，防止狼群的侵袭。这些牲畜如此无拘无束，简直就像野生动物一样。古贝尔维尔先生（1556 年 5 月 17 日）在其日记中谈到，为在梅尼-昂瓦尔（瑟堡附近）的树林中找回他所需要的马匹，他约了几个朋友组织一次搜捕活动，这在当时似乎是件习以为常的事。他说："我们逮住了一头黑色马驹，交希莫内和卡托兹带回家中，但德鲁埃却让他的母马跑了。这头母马朝着文圣特·帕里猛冲过去，擦着他的肚皮一溜烟地往远处飞奔。"[56]

这种生活方式是否由畜群所创造？孚日地区的山顶上没有树木（受自然条件的限制或因人为的砍伐），但茅草生长茂密，4 月至 10 月期间，成群的牛羊前来这里聚集，一般都由牛倌或羊倌看管，其中以瑞士人居多。然而，据 1698 年的一份见证材料说，"牛群也能在春季自己上山吃草，于 10 月自己返回"[57]。那么，季节迁徙难
i-141 道不是由人，而是由牲畜首先创造的吗？还是让·昂格拉德在谈到中央高原时说得对："究竟是人或是牲畜首先到达中央高原，此事没有人能够知道！"[58]

鹿、麕、狼等真正的野兽滋生繁殖（狼害直到 19 世纪中叶乃至以后仍时有发生），只能通过捕猎来保护庄稼。例如在巴黎四郊，唯独国王和大领主才有权打猎（不幸的是，他们有时却忘记行使这一权利），太多的野兽在平原四出骚扰。巴黎巡按使费利波多次指

出，在该省的森林里，“野兽充斥”，泛滥成灾，牝鹿结群活动，多达三四十头[59]。农民为守护土地所支出的费用，“比向国王缴纳的什一税更多”[60]。还是在首都附近，在阿尔让松侯爵的住地色格雷（埃索纳省，阿尔帕戎县），“人们把野物视为大害，尤其是野兔，不但毁坏葡萄树，而且啮食谷物以及各种可供采集的野生果实”（1750 年 3 月 25 日）[61]。1787 年 3 月，在芒特附近的利曼，由于布荣公爵已多年不事狩猎，当地村民对野兔患害曾有同样的抱怨。[62]马索尔先生的处境值得我们同情，他在阿歇尔、加莱恩和弗隆维尔拥有几块地产，夹在塞纳河和圣日耳曼森林之间；这位不幸的地产主说：“近几年来进入这里的野兽（bêtes fauves）竟大量繁殖……毁坏我的土地。”由于庄稼失收，佃户都要一走了事。正当他束手无策之际，国王发了慈悲，把他的土地买下！（我们顺便指出，在上一段引语里，修饰语“野”字（fauve）也作“褐色”讲，“野兽”一词指的是“褐色兽”，与野猪等“黑色兽”，狐狸等“棕色兽”相对照。）

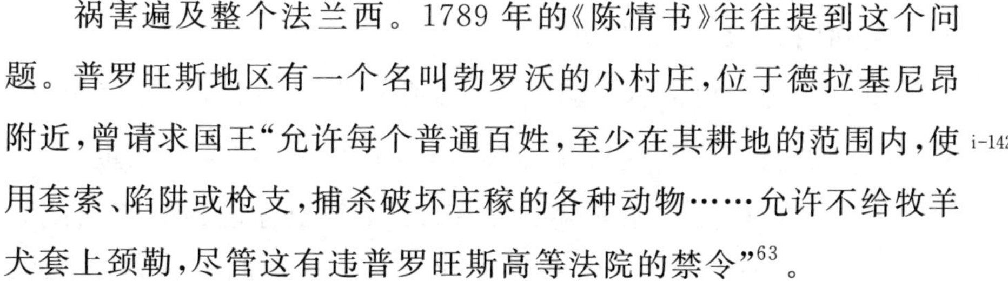

祸害遍及整个法兰西。1789 年的《陈情书》往往提到这个问题。普罗旺斯地区有一个名叫勃罗沃的小村庄，位于德拉基尼昂
附近，曾请求国王“允许每个普通百姓，至少在其耕地的范围内，使 i-142
用套索、陷阱或枪支，捕杀破坏庄稼的各种动物……允许不给牧羊犬套上颈勒，尽管这有违普罗旺斯高等法院的禁令”[63]。

当然，准许也罢，不准许也罢，农民总是在捕捉猎物。但在过去的法兰西，偷猎是个要受严厉惩罚的罪行。农民把护林员看作死对头，诺曼底的一份《陈情书》斥之为“游手好闲，因而行为卑劣”[64]。

森林是“宝中之宝”[65]

我们今天往往容易忘记森林在过去的经济价值。我曾讲到森林可供放牧。同样，人们也去森林采集树叶，橡树叶、榆树叶在草料不足时可喂养牲畜，山毛榉叶可填塞垫褥，枯树叶、黄杨叶可充当肥料……森林还提供家庭做饭和取暖的燃料。工业消耗（冶金业、铸造业、酿造业、精炼业、玻璃制造业）更是个无底洞。树木又是制造日用器材、犁耙、车辆、闸瓦等许多工具的原料，房屋、船舶以及压榨机、抽水机、卷扬机等机器也都离不开木材。

农民都兼顾樵柴，每到秋季，村里的闲空劳力纷纷出动去砍伐树木。1900 年前后，在勃艮第山区，土豆刚刚收完，一年的农活到此结束，“人们天不亮就出门，花半小时抄近路爬山，争先恐后地来到采伐区。向右喊一声‘喂！奥古斯特！’或向左喊一声‘喂，德
i-143 尼！’奥古斯特或德尼也以‘喂’声相应。接着，砍木断节所发出的低沉或清脆的斧声此起彼落地响个不停”。与此同时，炭火上正煮着一大锅“猪油炖土豆和菜豆”[66]。

由于大批农民的砍伐和开荒，木柴急剧减少，价格不断上涨。从 16 世纪起，柴价已变得相当昂贵，森林更成为“宝中之宝”。出身于商人世家的皮埃尔·塞吉埃于 1554 年出任巴黎高等法院院长，这位为扩大本家地产而作出了毕生努力的精明人，对购买森林更有特别的偏爱。从他的账目足以看出，林木收益何等可观！有谁还会对此感到惊奇？[67] 1715 年以后，木柴价格加速上涨，在旧制度的最后 20 年内几乎直线上升。巴黎仅取暖用柴一项，当时每年平均消耗 200 万吨。[68]

可见，森林处在人的支配之下，人对森林的渗透过去比今天更加深入。许多人在考察过去时，认为森林是取之不尽、用之不竭的天赐资源。这种看法只有一半正确。从路易十四时代至今，林区边缘的相对固定性很可能让人上当受骗。因为，任何事物都不是经久不变的。更何况，“地图上的一些地名有助于我们确认，林木茂密地区〔以往〕的景观与我们〔在学校〕学到的简单概念大不相同”[69]。人对森林施加沉重的压力。密林之所以作为密林而存在，只是因为它们与人的需要和活动相一致。阿尔戈纳森林保存至今，靠的是地下埋着泡状硅质岩。此说固然不假，但人们所以没有像对奥尔良森林那样滥施砍伐，原因还在于“地形艰险、交通不便和运输困难，砍下的树木除了供当地消费，别无他用”。阿尔戈纳因此出现了许多玻璃制造厂。[70] 最后，我们不要忘记，林区周围的村庄经常滥伐树木，国家则试图阻止这类行为的发生。 i-144

森林是法外之地

森林也是法外之地，是盗贼等不逞之徒的天堂。巴黎附近著名的蓬迪森林——萨德侯爵讲述的关于朱斯蒂娜的故事就在这里发生[71]——只是在第二帝国期间才被大量砍伐。在暗无天日的阿登森林，“盗匪出没无常”，“色当至布永之间的过往行人”于1715年1月仍心惊胆战，“随时有遭抢劫的危险”[72]。位于梅斯和圣默努尔德之间的森林同样阴森可怕，杀人越货之事经常发生[73]；据说，在诺曼底的这些王家森林，由于“行人常遭抢劫和杀害”[74]，人们经再三考虑，决定于1712年开辟几条大路。诺曼底当时还是王国境内治安状况最好的省份之一！伊厄-勒沙代尔是皮蒂维耶附近的一个设卡小村，据当地的一位刑事警官说（1694 年），即使在离巴黎较近的地区，也是同样情形。他为此深感哀伤，“除了他在枫丹白露和奥尔良的森林中业已捕获的许多杀人犯和拦路抢劫犯以外，还有大批罪犯依旧逍遥法外”。那么，就让他放手办事去罢，但令人哭笑不得的是，他“不得不以偷盗和行为不轨的罪名，把手下的某些差役也监禁起来”[75]！

邻近村庄的森林是罪犯的好去处，也历来是私盐贩的藏身地；私盐贩往往原系逃兵，与农民相勾结，借用农民的马匹，在森林的保护下悄悄活动，迅速从一地向另一地转移。一旦被发现，他们只是为了逃命，才使用武器。

i-145 然而，也有些私盐贩大胆妄为，例如在 1706 年，一帮私盐贩分成几伙，推着满载盐包的小车前进，强迫村庄和小城市的居民买盐，并以焚烧房屋相威胁。一位包税人（他一直追到塞纳河畔的诺让附近）于 1706 年 7 月写道：“他们如此放心大胆，竟不再躲进树林，而是沿着道路迤逦前进，甚至逼近城市的门口。”[76]

森林是避难所

每当战争发生，事情就颠倒过来：森林充当弱者的避难所。我们可以想到旺代地区的朱安党人以及上次战争期间韦科尔地区的抗德战士。1814 年，当哥萨克来到法国东部，挥刀砍断圣女贞德故居的房梁时，村民们就像他们的祖先在三十年战争时期那样，逃到森林里去躲避无休止的抢劫。在洛林地区，由于三十年战争的灾难旷日持久，长期离家出走的农民变得粗鲁野蛮，成为“林中之狼”。他们肆无忌惮地劫夺为国王服役的军官和士兵的财物。为了根绝这些劫掠行为，费尔丹-塞恩泰尔元帅于1643年[77]组织了清乡围剿，许多农民因此被处决。

另一种类型的避难者是穷人、乞丐和游民；他们无家可归，就在村庄边缘的“公有”林带落脚；他们拖儿带女，挤在用树枝、草茎和泥土盖起的棚屋里。村里的人通常容许他们这样“借宿”[78]。其中，也有少数人通过开荒而发家。随着砖木房的兴建，定居的农民便开始渍有烦言，甚至提出诉讼和施加威胁。昂热地区卢瓦尔河流域的滩地和“沼泽地”过去曾是一片森林，后来也因不宜耕种而 i-146
被撂荒，这块荒地在18世纪就曾引起很多争执。“在200年前偷偷盖起的这些小屋群，如今已改造成为相当像样的村落，如果它们不是沿用旧时的名称，人们不会想到它们原来的穷困。这些村落有的就以‘木屋’〔在18世纪，‘木屋’一词是指樵夫或烧炭工在森林中搭的棚子〕命名，有的名称带着殖民地的色彩，如‘新大陆’、‘加拿大’、‘密西西比’、‘卡宴’等。”[79]这些微型的美洲实际上就是新开发的垦区！

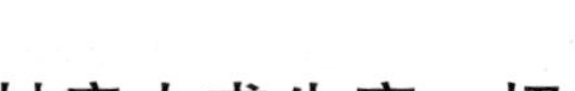

村庄力求生产一切

村庄力求生产自己所需的一切。在人口密集的村庄（居民超过500人），单靠当地的未婚男女青年已足以维持世代繁衍。不然，邻近的村庄便互通婚嫁以弥补不足，在个别情况下，还可接纳外来的移民。总的说来，是以独力支撑为主：例如位于巴黎近郊、种植葡萄的罗曼维尔村在18世纪仍受内婚制的影响。[80]

村庄趋向于“遗世独立”[81]，各有其机构、领主、村规民约、集体产业、人际交往、习俗、方言、民间故事，歌曲舞蹈、谚语以及对邻村的讥讽。我们还可以看到，科多尔省城乡居民被冠以一系列颇为不恭的绰号："小羊羔"，"青蛙"，"猪"，"狼"，"空口袋"、"草包"；后两个绰号送给蒂耶河畔伊镇的人。[82] 挖苦讽刺、嘲弄逗趣乃至结怨成仇促使村庄之间没完没了地打官司，有关的证据至今还留下一小部分，其中也同样有种种夸张及恶毒的不实之词。"酒铺里动辄
i-147 闹事"的年轻人每年总要打上几次群架，甚至造成流血事件。1780 至 1790 年间，上利文哈克和弗拉尼亚克两村的居民竟不顾罗德兹主教的一再干预，斗殴达 10 年之久。在阿韦龙省，这类争斗直到 1890 年仍未绝迹。[83]

村庄受仇恨或恶意所驱使，势必标新立异，以示与众不同。因此，为了博得好名声，它们互不相让，争着比哪个村庄的钟塔最高，教堂最漂亮，祭台的装饰最美。[84] 每个村庄全都渴望独立自主，都要自力更生，自给自足。无论是建造房屋和谷场，抽干池塘捕鱼，或为车轮装铁箍，本村的人都互相帮助。烧得火红的铁箍套在木轮外面，扔进水里后，因冷却而急速收紧。[85]

力争自主还有赖某些不可忽视的条件：村庄往往拥有草地、森林等公产，有粉碎粮食的磨坊，烤面包的烘炉（有时由居民向领主赎买），以及根据不同地点用以压榨橄榄、葡萄、核桃的榨坊。为保证本村的服务，村内经营五花八门的副业，名目之多远非人们凭空所能想象。约瑟夫·克雷索在一本书里回忆起他家乡（朗格勒附近的一个小村庄，当时还种植葡萄）1900 年前后的工匠。他写道："工匠名目之多绝非十指可数：磨坊工、缩绒工、锯木工；鞋匠、车匠、马蹄铁匠、粗细木匠、泥瓦匠、榨油匠、织匠、制桶匠……甚至还有以'接骨疗伤'闻名的庸医。"[86] 所有的工匠勤恳劳作，经验丰富：

泥瓦匠“对盖房的各道工序，从在采石场选配石料直到房顶铺瓦，全都得心应手”[87]。尽管如此，工匠仍有自己的田地、菜园以及几头牲畜；否则，他们又怎能维持生活？

这里还要单独说一说铁匠的作用：大概从 12 世纪起，铁匠因 i-148
其地位凌驾于所有工匠之上，往往扮演坏头头的角色；他们佩戴铅耳环，以示高人一等[88]。面包师傅出现较晚（19 世纪前十分少见），宣告白面包终于取得了决定性的胜利。小酒铺主是促进民间文化和传播消息的活动家，是集体娱乐的组织者，有时也放债收取高利贷；“小酒铺是村里人通常的聚会场所”[89]，地位几乎与教堂相当。

人们的确觉得，这些“活动分子”保障着村庄的独立地位，似乎独立地位必须大力加以维护。在下利穆赞的村落中，同样的努力也举目可见。一些有点专长的人，除从事他们的日常劳作外，还为村里人帮忙出力，如杀猪，诊治猪丹毒，剃头，或当土方郎中，用草药治病。[90]

一个村庄里工匠或所谓工匠的人数，有谁能够搞得清楚？我们只好以其数量级为依据。在 18 世纪，距蓬图瓦兹 17 公里远的埃尔蒙村[91] 的居民，大部分是耕地的农民和葡萄种植者，以及“季节工”和“零工”（后两种人系指家仆，别处又称“佣人”），村里除住着几名箍桶匠外，还有一名铁匠，一名屠夫，几家肉铺、杂货铺和小酒铺，几名“代书”（村庄的公证人），一名接生婆，一名教师……门类这么齐全，人们几乎可说埃尔蒙是个集镇；居民达 500 人，其中不但有商人，还有在当地拥有地产的几名巴黎市民。埃尔蒙至少也称得上是个大村庄了。

莫尔旺省阿鲁河畔的圣迪迪耶也属同样的情形[92]，但我们对此还有点犹豫。圣迪迪耶耕地面积达3000公顷，按每人占地3至4公顷计算，这个小集镇的居民理应在700和1000之间，但实际
i-149 上，1865年仅有950人，1975年为353人。在20世纪初，镇上却有50多名工匠，数目似乎不小。这是否表明圣迪迪耶具有集镇的职能呢？圣迪迪耶确实有四五个附属的村落。但在进行深入的考察前，我们怎么能下定论？从北向南穿越莫尔旺高原的阿鲁河谷是条重要的通道，但圣迪迪耶夹在欧坦（往南约20公里）和阿鲁河畔土伦（往南约15公里）之间；欧坦是个大城市，土伦是个大集镇，它们控制着近在咫尺的圣迪迪耶。在这个地区，饲养业十分发达，牲畜交易会接连不断；如果考虑到以上的地理位置，无疑可以认为圣迪迪耶是个村庄。欧坦于1813年举办过13次交易会，其中有一次从7月31日开始，历时达一月之久。土伦同年曾举办7次，但圣迪迪耶仅有2次。显然，除了这些热闹嘈杂的交易会外，平时仍照常进行贸易，但成交额很小。到了后来，即在1874年，圣迪迪耶创设了定期的家畜交易会。无论如何，圣迪迪耶当时毕竟是个普通的村庄，并且比较孤立和被迫自给自足，事情难道不正是这样的吗？

必不可少的开放

任何村庄都力求自给自足，却又永远不可能真正做到。它必须向邻近的集市出售其“剩余产品”，哪怕只是为了取得缴纳领主税和国税以及“购买食盐”所必需的现金；在旧制度下，仅仅“购买食盐”一项就是外力对乡村经济强行打开的一个缺口。一份回忆

录在谈到利穆赞省（18 世纪）的畜牧业[93] 时说，为了“凑齐税款”，人们在赶集的日子把黄油、蔬菜、鸡蛋、家畜、活牲畜、羊毛、木柴等物送往集镇或城市。行人和小车成群结队。镇上面包铺里的面 i-150
包，肉铺里零售的肉，也供人们选购。直到 18 世纪，莫尔济纳（在今天上萨瓦省的阿尔卑斯山区）的山民竟不辞艰辛，前往瓦莱省的马蒂尼堡赶集买肉。集镇上还可买到调味品、纺织品、工具和小五金；高利贷者在集镇放债，虽然他们的地位在 19 世纪逐渐被各村的乡绅和旅店主所取代。[94]

在因产品过少不能从事这些交换的农村，最好的出路多半是根据城市或集镇的包买商的定货，从事家庭劳动。这种加工方式于 18 世纪在乡村广为发展，如制造呢绒，或如在福雷平原的圣于连莫兰-莫莱特那样，利用泰尔奈小河的水流，为榨油、磨面、磨刀、粉碎铅矿石或缫丝等机械提供动力。[95]

另一个门路是从事运输。地里的农活一停，农民便带着牲口和车辆出门跑运输。这些往返活动渐趋正规化和专业化：巴鲁瓦（直属法兰西国王的领地）有个名叫朗贝库尔-奥波的村庄，毁于 1914 年战争初期，华丽的教堂令人想起往昔的繁荣；该村的“小货车”早在 16 世纪已参与尼德兰至意大利的国际运输活动。[96] 同样，矗立在汝拉高原的奥热莱古城堡，以其教堂而闻名遐迩，当地人驾着马拉货车走遍整个法兰西。上比利牛斯地区锡约塔和奥桑的居民专门把康庞山谷的奶制品运往图卢兹等地。萨勃、伯兰和桑吉内的牛车把阿卡雄湾的鲜鱼送到波尔多。[97]

还有些人专门从事短途运输。例如下科雷兹地区的“采办”，“牵驴或推车进城，每周一至二次，代客采购各种用品”[98]。又如兼 i-151

营代购代销业务的萨瓦农民，又称“车把式”，不久前还把黄油、奶酪、家禽、牛羊等农产品集中运往邻近小城市每周的集市，返回前负责完成客户的各项“委托”：用绒线团换取羊毛、咖啡、糖、煤油等。只是到了最近，每周一班的公共汽车建立了山村间的联系，这些活动才彻底停止。[99]

农民的车辆仍被当局所征用，经常为部队运送物资。不能以任何理由违抗下达的命令，哪怕收割十分紧迫。1695 年，1400 辆马车从凡尔登启程，把必要的小麦和燕麦运交阿尔萨斯军团。[100] 1709 年夏季，为保证北方军团的供应，农民运输队冒险出动[101]，“不顾淫雨连绵和道路泥泞”，向朗德勒西进发。“好几匹马因此丧生，其他的马也都疲于奔命。据说，农民被迫把物资一直运到瓦朗谢纳，这使他们在返回后不能再运第二次。”1744 年前后，多菲内和普罗旺斯地区的农民应征充当挑夫，为阿尔卑斯军团输送给养。[102]

十分自然，离大城市不远的村庄容易放弃自给自足。它们专门生产奶制品或种植蔬菜和果木，并因此富裕起来。在 18 世纪，巴黎菜场清早就摆满了来自近郊乡村的成车蔬菜。大城市附近的土地分成小块，农民在菜地用锄镐劳作，犁铧则仅在大田使用。还有其他的谋利途径：沃苏勒附近的昂德拉尔村以采石致富[103]；我
i-152 刚谈到的埃尔蒙村同巴黎近郊的其他村庄一样，村民专门在首都当保姆，照管尚未受洗而极易不幸夭折的初生婴儿。

阿尔芒格河谷的阿让特奈、莱济讷，帕西、维罗等村庄，位于托内尔东南方 10 公里处，自 16 世纪起已与巴黎有直接联系，村民出外当保姆、园丁、家仆、女佣，或赶车运葡萄酒，有的就在首都成家

立业,开办小酒铺。在巴黎或在托内尔举行的洗礼或婚礼上,经常可以看到他们的身影。[104]

人 口 流 动

在村庄,集镇和城市之间,也存在人员的交流。流动人口不计其数。在普罗旺斯出门旅行、"游历"或外逃的人员中,工匠多于农民,男子多于女子,穷人多于乡绅。流浪者有时在途中停下,就地定居和婚娶。这就在村庄体系中注入了新鲜的血液和空气。我曾在香巴尼和巴鲁瓦之间的一个小村中度过了童年,就在我经常要谈到的这个村子里,1914 年间约有居民 200 人,工匠 9 人,其中 4 人不在本村出生,即木匠、铁匠、马具皮件匠和面包师傅,5 人是本村人,即车匠、磨坊主、旅店主以及 2 名杂货商。至于真正的农民,外来者都先当雇工,据我所知,至少有 2 名雇工在当地扎根落户。

朝相反的方向,流动商贩和工匠纷纷拥向农村。1914 至 1920 年间,默兹省的一个村庄有 2 名屠户在广场设摊招揽顾客,一人在星期六上午开业,另一人则在星期天上午,人们实际上仅在这两天 i-153
吃肉。哪怕只买一小块肉,男女顾客都耐心挑拣,讨价还价,全然不顾自己的身份:买肉本身不就是生活宽裕的表现吗?此外,还有磨刀匠、补锅匠也都走村串乡,且不说收购时鲜蔬菜、鸡蛋、牛奶的商人,以及喜欢唠叨、到处打听消息的兔皮收购商;最后一类商贩比其他商贩与乡村生活结合得更加紧密,在 20 世纪初的奥尔南河畔雷维尼,他们也收购"破铜烂铁,旧垫褥,废弃的破锅旧炉、散架的壁炉台、折断的钳子、脱底的炉灶和碎成两片的锹锄"[105]。

无论在哪个地区,到处都是相同的景象。第二帝国期间,在迪瓦山的诺尼埃耶村，“刀叉都用白铁皮制成，铁皮很快发暗。锡匠定期来到村里，在公共烘炉前摆下小炭炉，炉上有一只装满熔锡的锅子，从锅中取出的刀叉重新变得锃光闪亮，这种变化让村里的孩子看得目瞪口呆”[106]。我的一位朋友 1914 年曾在莫尔旺的一个山村中度过了童年，锡匠给他留下了回忆：“身材的高大像是伏尔甘神，皮肤的漆黑和多毛又像是一头大熊……他总是穿着那几件衣服，厚厚的，杂七杂八的，布满了补丁和窟窿，被炉火烫破的地方比磨破的更多……大家知道他很少喝酒，从不洗濯，衣服只在穿破后方才脱下，比公山羊还更膻臭，但为人十分正直。他一边拿着去掉污垢的刀叉给我看，一边在说：‘瞧它们怎样变得漂亮起来，比银质刀叉更加漂亮。’”[107]

在昔日的法朗什-孔泰地区，还有什么工匠能比梳麻工流动更
i-154 广呢？经“浸沤”、“切碎”后的粗麻先送往河边，由水动杵槌击打，最后才交给梳麻工进行整理；这些“苦汉子往往是萨瓦人，他们一路进村，备受孩子的嘲弄和居民的不信任。他们三五成群，挨门逐户地加工火麻，赶上小村庄，三人就足以应付活计……工钱算得很抠；1812 年，如果管饭，加工每公斤苎麻付 15 生丁，不管饭则给 20 生丁。村里的麻在几天内梳理完毕，他们便把工具扛上肩头，前往邻近的村庄”[108]。其他的流动服务有设伏捕捉鼹鼠或擒杀蝰蛇。[109] 不久前，在阿尔卑斯、比利牛斯、中央高原等山区，还有流动商贩的“货车”携带少量商品上门服务。这种景象如今是否已绝迹了呢？今天，在利穆赞省南部佩里戈尔林区的一个小村庄里：“每天早晨汽车喇叭一响，是收牛奶的人来了。军号声响总在星期一午后 4 时，是光顾食品杂货商的时间；猎号声响则在星期三午后 3

时，应该赶紧去买面包……”[110]

我不准备在这里一一列举在大忙季节帮助割草备草、收割庄稼、采摘葡萄或冬季脱粒的各种临时工。例如，上阿尔卑斯省的“自由伙伴”每年都去普罗旺斯平原打工（早已学会了喝葡萄酒，并且以此为乐）。又如迪瓦山区的收割者，又称“麦客”，利用因纬度造成的收获期差异，从一个地区赶往另一地区：“他们深夜赶路，争取在黎明时好找一份新工作”，一面穿过沉睡的村庄，一面放声歌唱。[111] 维里是今天上萨瓦省的一个小村庄，据当地的本堂神甫介绍，1845 年还有“成帮结队”的零工在收获季节赶来，每“帮”都有一人走在前面，“全队所有的镰刀捆成一捆，由他扛在肩上”，大家照例不停地唱着喜庆收获的歌曲。在收获季节，“小酒铺整日开门，不顾教会和国家的禁令”。社会风化因此被肆意践踏！[112] 自古 i-155
以来，中央高原的山民每年都去盛产谷物和葡萄的朗格多克地区打工，朗格多克总是焦急地等待他们的到来。没有这些零工补充劳力，奥利维尔·德·赛尔（1539—1619）怎么可能收割维瓦赖地 i-156
区普拉台尔领地的庄稼？他写道：“至高无上的上帝无所不能，无所不忘……上帝让无数山民从高寒地区〔中央高原〕来到炎热的平原收割小麦……这些可怜的人……由于本地活计不够，难以养家糊口，便出门挣钱谋生，求得冬季的温饱……”[113] 再举最后一个例子：直到 19 世纪，莫尔旺的“牛倌”每年都驾牛车出门，于 3 月抵达邻近地区，于 11 月返回。今天的某些传统节日可再现昔日“牛倌”出门时的风采：“蓝大褂，木屐和圆帽”，在手摇弦琴演奏的乐曲声中，人们翩翩起舞，跳当地的民间舞蹈。[114]

还有更加令人惊奇的事：在布里昂松（上阿尔卑斯省）的外流

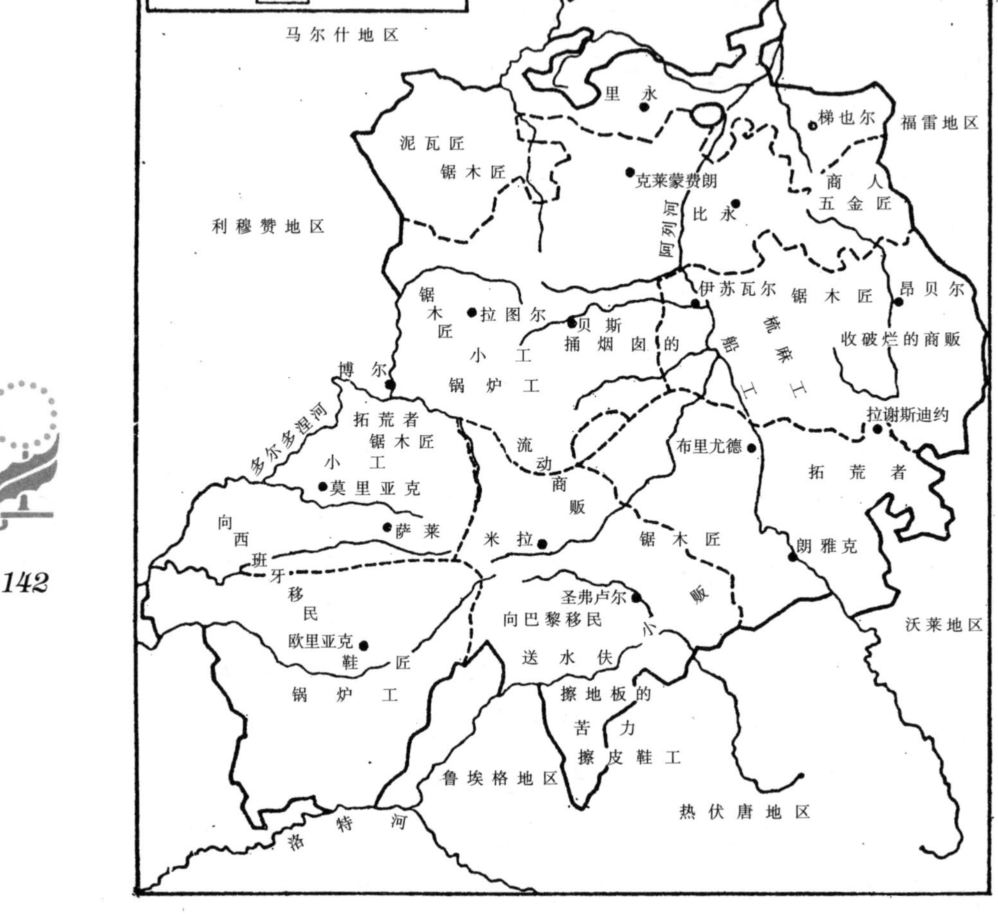

旧时代末年奥弗涅地区的季节性人口外流：地区分布和职业状况

引自 A. 普瓦特里诺的文章，见《近现代历史杂志》1962 年第 9 期。

人员中竟有小学教师，他们跟着下山，“写字的笔插在帽檐上”，或短期出外，或永远离开。[115] 我还丝毫没有谈到吉卜赛人、“波希米亚人”或茨岗人的流动帐篷，关于这些流浪者，耳闻之事往往胜过目睹。

所有的村庄都势必要对外开放。1787 和 1788 年间，一位旅行家在下奥弗涅地区作了长期的逗留。[116] 在梯也尔附近，他除了见到几个普通村庄外，还发现几个奇怪的村落，村民“由同一家族的不同旁系所组成”。他们互相通婚，共同享用财产，并有自己的法律和习俗。他们实行某种共和政体，以一人为领袖。所有的个人一律平等。皮农村据说成立于 12 世纪，村内住着 4 户人家，共 19 人。由村民共同选出的村长(又称“男主人”)管理货物买卖、金钱出纳等一应事项……另又选出“女主人”一名，掌管妇女事务。“女主人”的人选从不与“男主人”是一家人。财产从不平分。村落总共有“3 对公牛，30 头母牛和 80 头绵羊”。家具、衣服、鞋和其他 i-157
日用品都由本村制造。唯有盐和铁必须购买。可是，即使像皮农村这样一个自给自足的绝妙例子，也并非完全与世隔绝；不管它对外开放的程度是多么低，它毕竟还要缴纳盐税和其他税收。更何况，为了买到本村缺少的盐和铁，它必须仰求他人。[117]

二　解释体系中的集镇 i-158

从村庄出发，集镇(取其广义，即从大村庄到小城市全都包括在内)是通向真正的城市道路上的第一级台阶。对乡村社会来说，集镇单独往往就代表着整个外在世界：行政、司法、贸易……毫无疑问，大型贸易正是通过这些“小动脉或小静脉的末梢”向偏僻的乡村渗透，但集镇“所起的推动和促进作用远不是与其很小的货物周转量成比例的”[118]。

集镇的由来已有很长的历史。乔治·杜比[119]写道，从十世纪起，集镇与村庄（及其附属村落）的区别已可辨认：马孔内"最低级的司法区又是低级的行政管理区（Vicaria）……它在中心镇（Vicus）方圆一法里的范围内，集合十五六个村落，中心镇一般位于大路或小河的旁边；每个村落花半天工夫可去管理区所在地对簿公堂，并于当天返回。这个管理区是个地理单位，以江河湖泊、野林荒地等天然屏障为界；最初也是个人口分布单位（考古发掘表明，中心镇是最古老的居住中心）和宗教单位（教堂所在地）。"但是，如果没有交换和集市，即使在遥远的过去，在货币尚未出现、集市贸易尚不发达的情况下，这个单位是不可想象的。

i-159

集镇的模式

确实，集镇的存在只是因为四周的大小村庄利用其规模不一的集市，使之成为服务和聚会的中心。集镇既是村庄不可或缺的补充，它又"从交流活动中吸取财富〔以及它的存在理由〕，并因此而兴旺发达起来。集镇通常设在十字路口，设在河谷的出入口，始终〔或几乎总是〕位于两个不同的生产地区的交界处，附近的居民前来集镇交换各自的劳动果实。归根到底，集镇的职能在于它是当地各个村庄共同的'市场'。在两次集市之间，集镇的活动多半停歇。集镇的中心有一个广场，周围有许多旅馆，在固定的集日，旅客往来盈门，热闹非常。一些店铺主和法律界人士也在镇上住着"。[120]此外，还有开小酒铺的，放高利贷的，以及善于弄虚作假的中间商……

集镇或小城市也是举行重大民间节庆活动的场所。1583年5

月，塞纳河畔巴尔一带久旱成灾，四围各村庄为求雨而组织的游行队伍纷纷向城市进发。结果照例闹出了乱子。据当时的人记载："我坦率地说，这些白衣女士〔刚参加游行的〕大多是仆佣，到傍晚时简直如痴如醉，天黑后就在麦地里与人接吻拥抱，干尽各种伤风败俗的苟且之事。"[121] 大型集市的庆祝活动也往往这样结束。

集镇居高临下地支配着整个管理区的乡村，乡村需要集镇的服务，但集镇又赖乡村为生；没有乡村，集镇便不能存在。集镇以控制乡村为其基本特征。在方圆 5 至 10 公里的范围内，各村庄如众星捧月，簇拥在集镇的四周；最大的距离可以说在事先已经确定，即农民从村庄到集镇，又从集镇到村庄，在一天内可以往返一 i-160
次所走的路程（步行、骑马或坐车）。共和五年（1797 年）风月一日，刚设立建制不久的卢瓦尔省就以这种方式进行人口统计。圣桑福里安这个小镇"12 岁以上的居民"共有 1936 人；周围的四个村庄：纳乌（462 人）；富尔诺（445 人）；旺德朗日（275 人）；圣普列斯特-拉罗什（323 人）。[122] 1850 年前后，上迪瓦省的首府沙蒂永城是个阿尔卑斯山区的小城市，6600 名居民分散在周围的十个集镇：博讷瓦勒、布尔克、沙蒂永、克雷耶、格期达日、吕斯-拉克鲁瓦欧特、芒格隆、勒韦埃费里耶、圣罗芒、特雷什努。小小的省城中有邮政所、税务所、宪兵队、治安裁判所，有几名公证人，一名医生，有每周一集的小集市，每年举办多次的大集市；一年一度的主保瞻礼节更吸引各方商人和工匠的云集；"此外还有杂货铺、面包铺、咖啡店、肉铺，一名车匠，一名制桶匠和几名裁缝……"[123] 安茹地区的迪尔塔勒与七个村庄的关系也大致相同。1962 年的人口数字可为当时的人口水平提供进行对比的筹码：迪尔塔勒 3102 人；巴拉

赛 420 人；多默赖 1106 人；埃特里歇 887 人；乌依雅 526 人；蒙蒂尼埃 397 人；莫拉讷 1694 人；莱赖里 810 人。[124]

集镇和村庄之间的这种依附关系，可举的范例真是成千上万。集镇一方面在社会和经济方面表现为高于村庄，另方面却是地方当局的最低梯级：在旧制度下，基层的司法机构，至少是低级管理区，以及屡经改组的骑警队，都设在镇上。到了城市一级，司法机构就变得庞杂和臃肿起来，律师、检察官、法官等法律界人士的人数大大超过合理的限度。至于在村庄里，领主行使治安裁判权。有时在同一个区内，令出多门也会引出种种矛盾和扯皮。

i-161 每个集镇各自控制一块势力范围，并随着当地具体情况的变化而有所变化。在阿尔萨斯的孚日山区，坦恩的领主在中世纪扩大了领地，于 1344 年兼并了老坦恩、埃本海姆、下阿斯帕克和上阿斯帕克等村庄，1361 年又兼并了罗德朗、拉梅新马特、奥岑维勒和莱姆巴赫等村庄；1497 年，更取得了在塞尔奈、斯坦巴克、维特尔塞姆、卢特巴赫、雷南格、施韦格豪兹、埃亨维勒、米歇尔巴克、比奇维莱等滩地牧羊的权利；这一扩张损害了贝尔福、劳夫、桑坦、格文海姆、瑟温的利益；坦恩因此除掉了两个潜在的对手：圣阿马兰和达讷马里。所有这些成就有力地促进了坦恩的繁荣。其表现一方面是大兴土木：1518 年兴建大教堂和贫民收容所，1519 年兴建菜市场，1550 年兴建市政厅；另方面则是大事奢华：举办火枪射击比赛，优胜者可获巨奖。[125] 但是，坦恩当时是否已越过了集镇的界限，上升为城市呢？尽管历史文书都断言城市不同于集镇，但真要把二者区分开来，却往往遇到困难。因此，费康和埃尔伯夫竟被称为集镇。[126] 罗阿讷也是如此。[127]

在多数情况下，一篇文章、一种暗示或一个细节足以使集镇的作用自动暴露。默朗看来是个集镇，因为它扼守位于巴黎下方的塞纳河大桥；格雷是个集镇，它位于索恩河上，从格雷开始，索恩河真正可通航运；离洛里昂约 30 公里的欧赖是个景色优美、古风犹存的集镇，过去曾是“下辖 19 个堂区的大司法区”的首府；至于奥布河畔巴尔，据一封官方信件（1720 年 3 月 6 日）[128] 说，“尽管这个城市本身规模不大，它却是香巴尼财政区中最大的司法区之一……附近的农民都来这里零售谷物和其他食品”（虽说贸易十分兴旺，但同昔日香巴尼交易会的盛况相比，无疑相去甚远，奥布河 i-162
畔巴尔曾在香巴尼交易会中占一席之地）。在圣阿弗里克（今阿韦龙省）及其四周的十来个市镇，18 世纪那时，新教的商人和工人虽已离乡它去，但粗呢制造工业仍得以保存。

集镇的地位不难辨认，人们只要看那里是否能找到医生或公证人，是否存在农民所光顾的集市。直到 20 世纪初，在汝拉省的鲁日蒙，赶集仍是一件大事。黎明时分，流动商贩的货车同当地的肉食商（在当地的商人中，只有肉食商才在露天营业）一起，陆续来到广场摆摊，与此同时，“种类繁多的各色车辆——敞篷车、大板车、双轮轻便马车、四轮货运马车等——以及提着篮筐步行的农妇纷纷向集镇汇聚”。村姑们“身穿黑色衣服……头戴白帽，站在椴树下出售鸡蛋、黄油、子鸡、家兔、蔬菜等农副产品”。在打着五颜六色的布篷的货摊前，在广场周围的店铺里，顾客往来不断，出售的货物应有尽有：长柄叉，耧耙，镰刀，家用器皿，锅碗瓢盆，衣料服饰，糖果点心，香肠火腿，等等。集市上还可见到接骨疗伤、拔牙、兜售真假成药的江湖郎中。[129]

时至今日，集市仍是集镇的基本属性，虽然人口的“杠线”(关于这个大问题，我在下文再谈)已提高到一二万人[130]；在中世纪，一二万人就是个大城市了。这里试以阿普特为例。该地共有居民11 612人，与卡瓦永(居民为21 530人，离阿普特31公里)和卡庞特拉(居民为25 463人，离阿普特48公里)两城市相邻，它仍行使过去集镇的各种职能。我们可从大村庄佩拉讷动身，在该村的一位历史学家的陪同下，前往阿普特赶集；集市在每星期六上午举
i-163 行，沿袭至今已有400年的历史。请听历史学家的介绍：“市内所有的广场都被商人的摊位所占。街道上和店铺里摩肩击毂，简直可以说，四郊的人在那天全都出动……候诊室内挤满了人……药房生意兴隆。如要买药，必须排成长队，等在15至20人的后面。律师事务所顾客盈门。公证人和委托人在咖啡馆会面，市长和市府秘书也常光顾咖啡馆。每家咖啡馆都为几个特定职业阶层充当聚会场所。”在广场上，“农民们出售野兔、斑鸫、薰衣草香精、蜂蜜和蜂蜡”，还有块菰、水果和蔬菜。毫无疑问，这样的景象，从前是如此，今天仍然是如此。[131]

1790年的贡德勒库尔(默兹省)及其村庄

我们已考察了集镇的体系，下面再通过一个具体的例子，利用相当丰富的文献资料，对集镇的现实从容不迫地进行深入的研究。由于凡·肖皮对卢河上游地区的可贵考察，我一度曾想举卢河河谷为例：这一河谷夹在汝拉高地的峭壁之间，沿着贝桑松至蓬塔利耶的直线伸展，并以奥尔南这一景色秀美的小城市为中心。但是，卢河河谷盛产葡萄，工业发达，运输繁忙(特别是食盐)，贸易十分

兴旺(1800 年后,奥尔南每年有 24 个集市,于每月第一个和第三十星期二举行),它的情况比较特殊;关于这个问题,我在后面再谈。我也曾考虑以欧克索讷为例;索恩河畔的这一小镇是个军事要塞,位于勃艮第公爵领地和伯爵领地之间的一个独立地区的中央。这个微不足道的地区长期享有特权,至少国王的税吏在当地不得强征暴敛。欧克索讷镇坚持不懈地维护其免税权,为了摆脱 i-164
税吏的纠缠,又以"土地贫瘠"作为新的理由。[132] 这恰恰使它离我们的标准又太远了一点。我还想到过热克斯镇,但那里的地产主多系日内瓦人,这使经济和社会状况变得比较复杂。我最后选了一个平淡无奇的,因而也更容易普遍推广的例子:默兹省的贡德勒库尔。在 1790 年那时,默兹建省不久,我们可以看到,贡德勒库尔区所辖的奥尔努瓦村、布卢瓦村、伏依特村、沃村、瓦拉日村、巴西尼村都是些各居一方的小村庄,虽然相互之间没有明确的分界线。

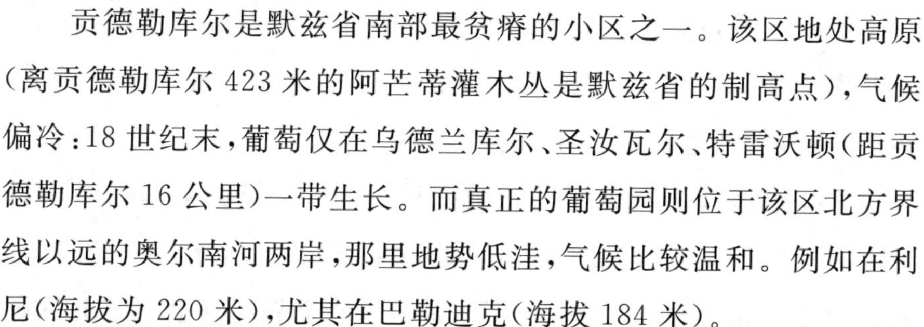

贡德勒库尔是默兹省南部最贫瘠的小区之一。该区地处高原(离贡德勒库尔 423 米的阿芒蒂灌木丛是默兹省的制高点),气候偏冷:18 世纪末,葡萄仅在乌德兰库尔、圣汝瓦尔、特雷沃顿(距贡德勒库尔 16 公里)一带生长。而真正的葡萄园则位于该区北方界线以远的奥尔南河两岸,那里地势低洼,气候比较温和。例如在利尼(海拔为 220 米),尤其在巴勒迪克(海拔 184 米)。

这个很不起眼的小区位于两个不同土质的石灰岩高原的交接处:东部是默兹高原(又称默兹坡地);北部和西部是巴鲁瓦高原(又称巴尔坡地)。两块高原的接合并不完全严丝合缝,中间留下一块黏土质的或泥灰质的洼地。包括贡德勒库尔在内的各个村庄就设在这里,从厚厚的灰土层中渗出的地下水在这里汇合成为水井、小溪和河流。经过筑坝拦水，小溪可为水磨提供动力，卢梅维尔昂奥尔诺瓦的水磨于 1261 年业已存在。[133] 这里还有无数石灰岩采石场；因此，这些村庄都由石料建成。来自邻近的香巴尼地区
i-165 的人见后总会感到惊奇。在 18 世纪初，潮湿的香巴尼地区的房屋依旧是土木结构，屋顶用茅草铺盖。[134]

在这石灰岩高原，几乎到处都是不大的丘陵。土岗的顶端长着成片的山毛榉、千金榆和栎树，但在森林之下并不形成真正的灌木丛，西面的树木也不如东面的密集（朝着默兹河方向，默兹高原的地势逐渐上升，树木几乎遮天蔽日；人们今天还会在森林中迷路）。位于树林和低洼地区之间的多石坡地往往适于种植作物：耕地时犁铧翻出地面的石子，其数量之多简直呈现一片白色。据说，一架犁要用 4 匹、6 匹乃至 10 匹马牵引。清除石子纯属徒劳，下一次犁耕还会翻出其他石子。结果十分明显：放牧的草地位于村庄的相同水平，而生产谷物的农田则分布在居高临下的山坡上。每当收获季节，满载小麦或燕麦捆的四轮马车往往紧刹车闸，勒住马套，吱嘎作响地朝着村庄驶去。

这些土地并不特别富庶。按面积为 100 公顷计算，耕地（全部实行三季轮作制）至多占一半，荒地占十分之一，林木占三分之一，剩下的是菜园和草场。1730 年以后，真是全靠上帝保佑，土豆种植在当地以及在邻近的洛林地区开始得到了推广。

总的说来，当地人的生活十分艰难，但也还能过得下去。全区的居民数从 1796 年的 6903 人，1803 年的 8263 人，达到 1851 年的 11 668 人；人口随后有所下降。1796 年的人口普查（曾提到有 253 人从军，133 人战死）还指出了人口分布状况（成年男子 1605

人，成年女子 1629 人，男孩 1589 人，女孩 1515 人）以及牲畜的数量（公牛、母牛和小牛共 3680 头，各种马 1633 匹，绵羊 7181 头，山羊 625 头，猪 939 头，没有驴或骡）。牧畜都不属优良品种：马和牛 i-168
的体格不大，母牛套犁耕地，绵羊瘦小，但羊肉还算可口，猪则是在集市上从商人那里购买的。根据我的计算，小麦产量平均每人约在 3 公担左右。

与默兹省的其他地区一样，贡德勒库尔区拥有冶金工业、矿山、高炉（18 世纪时，高约 6 至 7 米）、锻铁炉以及粉碎矿石的水磨。由于不停工作的高炉消耗燃料过多，由于夏季的劳动力和水动力相对不足，冶金工业不能常年开工。如果把水位提到不正常的高度，试图把冶金活动延长到冬季以后，农作物就会有受淹的危险。铁矿石并不缺少，木柴（燃料是冶金业的大问题，每炼 100 公斤铁需消耗 100 立方米木柴）幸而充足有余（但还必须运输）。树木可在巴鲁瓦高原（贡德勒库尔以西）采伐，尤其还在贡德勒库尔以东面对默兹河的高原采伐。上武东林区深处的居民专以“伐木”为业。高炉和锻铁炉势必要利用水磨的动力，因而设在接合两块高原的低洼处，即在奥尔南河及其小支流的沿岸。

总之，这个森林众多的地方，如同典型的洛林地区一样，有着独具一格的方言和村庄。在低矮、宽敞的搭接式木屋（谷仓、畜厩、住所）的背后，有狭窄的小门与菜园相通；在房屋的正面，可通车马的谷仓大门面对大街开着，两侧则杂乱地堆着车辆、犁耙和肥料。屋顶上盖的是圆形瓦片，俗称罗马瓦，虽然人们今天不再认为这种瓦片是古罗马时代的遗物。

贡德勒库尔 1803 年有居民 1139 人，1851 年有 1602 人。该 i-169

镇势力范围内的各村庄也受其他集镇或小城市的影响，有时甚至比贡德勒库尔的影响更加强烈。在西北部，有利尼昂巴鲁瓦（1803年和1851年的人口分别为2800人和3234人）；在北部，有沃伊（人口与贡德勒库尔大致相同，过去曾是默兹河附近的水陆码头）、沃库勒尔（也位于默兹河岸，人口与利尼昂巴鲁瓦相当）：讷沙托（1788年有居民3380人，也在默兹河畔），因而默兹河谷几乎完全

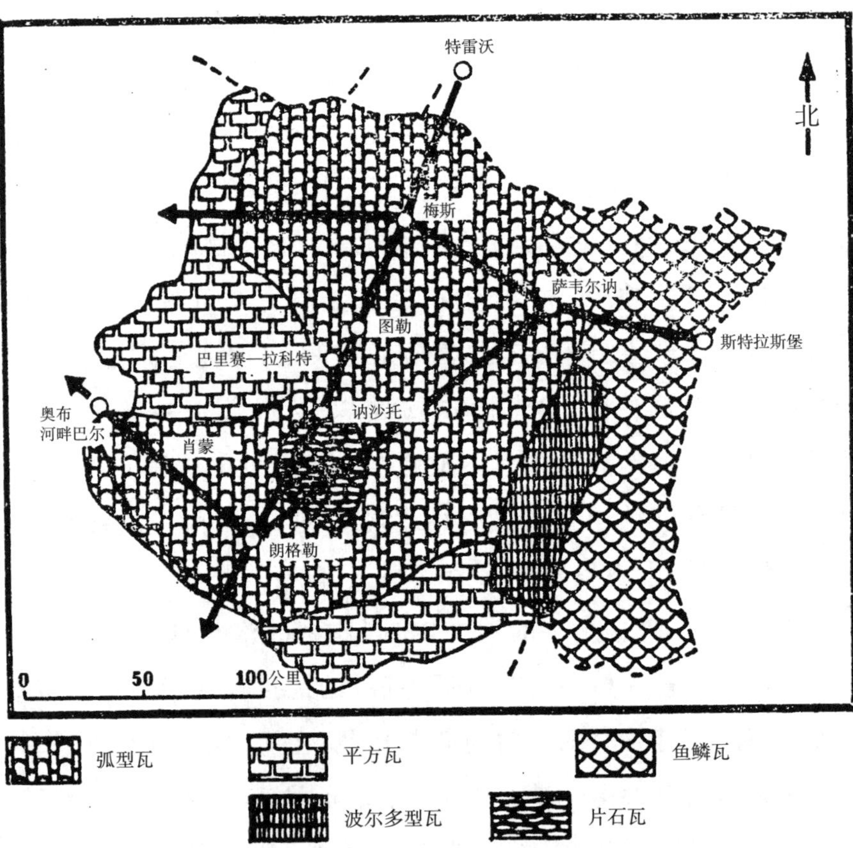

洛林地区的罗马大道

在贡德勒库尔区这一弹丸之地，历来使用地中海瓦铺盖屋顶。

资料来源：J. R. 皮特。

不受贡德勒库尔的影响，后者的控制范围最远可达上武东或莱鲁依斯。

朝西和朝南的方向，还要提到蒙捷（1803 年有居民 1257 人，位于索河河畔，小河深陷在山谷之中，地势比奥尔南河更加陡峭）、茹尔维尔（位于马恩河畔，1788 年有居民 2210 人）以及昂德洛（位 i-170
于马恩河支流罗尼翁河畔）。这里提到昂德洛，仅仅因为贡德勒库尔区的部分土地在旧制度末年曾划归昂德洛管理区管辖，并在更大的范围内受肖蒙司法区的辖治。

1803 年前后，贡德勒库尔曾是默兹省境内面积最大的一个区（341 平方公里），也是人口密度最低的一个区（每平方公里 24 人）。在邻近的沃伊区和蒙捷区，面积分别为 274 和 199 平方公里，人口密度每平方公里则分别为 37 人和 29 人。由此证实了一条规律，即人口密度越低，集镇和村庄体系所占的地域越广。正因为贡德勒库尔区的地域广阔，博内、特雷沃赖和德芒日欧索等村庄也存在小型集市。如果我没有搞错，这些集市无疑弥补了贡德勒库尔每年四次大型集市的不足。

作为乡村经济生活的发动机，集镇能力的大小首先自然要看集镇的人口多少以及集镇与周围各村人口保持怎样的比例。按集镇的人口为 1 计算，在 1803 年前后，巴勒迪克区的村镇比例系数最低，仅 1.37，当维耶的系数最高，达 11.47。按顺序排列，贡德勒库尔区的系数（6.95）低于当维耶，还落后于维尼厄勒-莱萨通沙泰勒（11）、默兹河畔代恩（9.44）、苏伊（8.34）、沃伊（8.32）和蒙福孔-昂阿戈讷（7.8）。尽管这些数字还有待解释（区是个简便的区划单位，但按区计算并不理想），它们毕竟也能说明一定的问题。如果比例数字很小，这就意味着中心和边缘之间存在着某种紧密的分工合作，同时也证明，集镇的影响超出了本区的范围，从而上升到城市的地位。巴勒迪克(1.3)、凡尔登(1.45)和圣米耶勒(2.75)的情形就是如此。如果比例数字很高，这就说明集镇深陷于乡村生活之中，本身只是个规模较大的村庄，其优势地位纯属错觉。当维耶或维尼厄勒-莱萨通沙泰勒都属后一种情形。

i-171 贡德勒库尔的比例系数(6.96)最终不算太低，集镇人口和村庄人口的社会职业配比也同样证明了这一事实。以上材料是由各市镇根据制宪议会的命令[135] 于 1790 年 5 月编制的积极公民名单向我们提供的。凡年龄在 25 岁以上的有职业的男子都被列入这些名单，虽然从原则上讲，只有以地产主或佃户的身份，纳税 3 里佛税款——等于 3 个劳动日的价值——的男子才被认为是积极公民，即初级选民。但是，不但 3 里佛这个数字很低，而且有的市镇竟完全忘记了这项指令；名单中包括了乞丐的姓名，甚至还提到几名寡妇。总的说来，这些数字显然还算和谐：在全区 8263 名居民中(1803 年前数字)，列入 1790 年积极公民名单的有 1715 人，约占总人口的 20.7%，这个数字同户数与人口数的惯常比例(1 比 4 或 1 比 5)十分接近。

通过这些人口统计表，可以了解到很多事情。例如，贡德勒库尔全区只有一家面包铺，并且照例设在集镇上；这难道不值得人们惊奇吗？村民们自己制作面包，1789 年后，家家户户都有烤炉，和面用的木箱是件普通的家具。另一件令人惊奇的事，甚至在贡德勒库尔镇上都没有肉铺。除了在莫瓦日这个过往频繁的村庄有家肉铺外，人们买肉都必须前往利尼昂巴鲁瓦或巴勒迪克(前者有 5

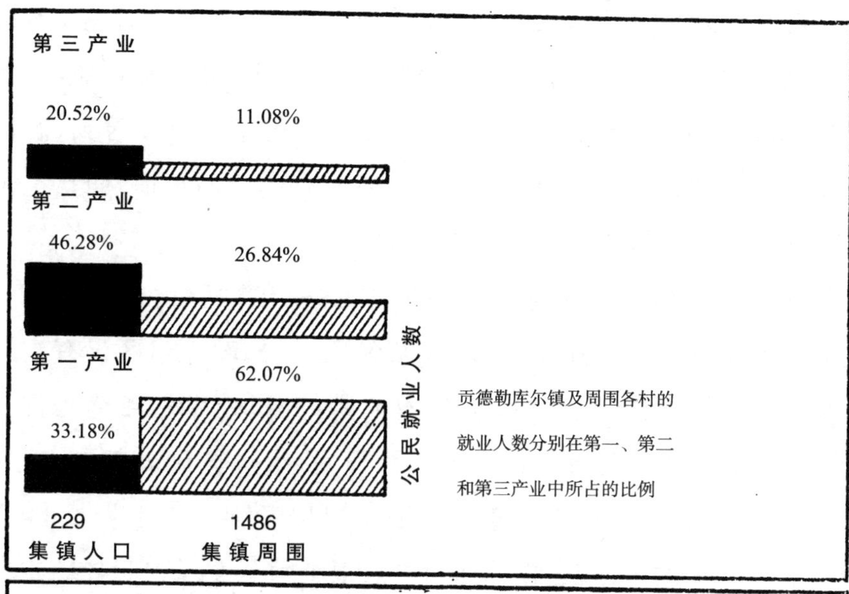

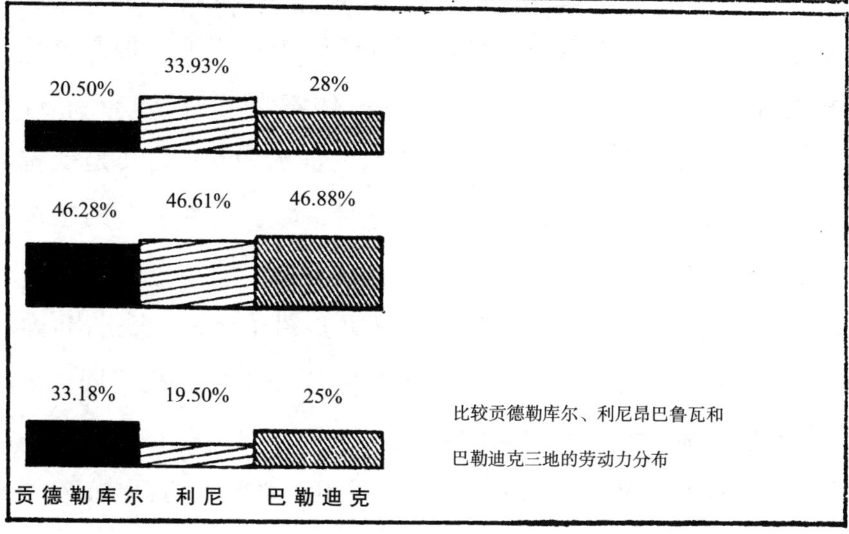

贡德勒库尔区的人口状况:第一、第二和第三产业的劳动力分布

家肉铺,后者有 14 家)。小酒铺和小旅馆算在一起,也为数不多,总共才有 18 家,而且在 24 个村镇中,只是 7 个村镇有酒铺或旅

馆。贡德勒库尔有 2 家旅馆；博内的旅馆和酒铺各有 1 家；当维尔-奥福日有 3 家酒铺，德芒日欧索有 1 家旅馆和 3 家酒铺，罗西
i-173 耶尔-昂布卢瓦有 3 家酒铺……从 151 页前的地图可以看到，酒铺都设在边缘的村庄。由此可见，当地还没有喝酒的习惯，而且也不经常吃肉。全区没有一家食品杂货铺。

没有一名医生。看病必须前往利尼昂巴鲁瓦（内外科医生各 2 名）或巴勒迪克（内科 3 名，外科 4 名）。贡德勒库尔区仅有剃须匠兼治外伤，而且人数甚少，总共才 7 名：贡德勒库尔和莫瓦日各 2 名，沙赛、博内和上武东各 1 名。然而，接生婆则到处都有，这在统计表上并未说明，但在民事登记册上可以看到。

学校教师的人数说来还真不少，24 个村镇共有 11 名。兼职授课的教士没有计算在内。扫除文盲的活动在当地开展甚早。在卢梅维尔这个小村庄，我们注意到一位教师于 1689 年举行婚礼。[136] 到了 18 世纪，当民事文书必须由证人具名（尤其是受洗儿童的教父和教母）时，男子几乎都会签字，女子能签字者则是凤毛麟角。[137]

关于“资产者”，我们就不想去着重介绍了；统计表指出，全区共有 11 人以食利为生，其中 5 人住在贡德勒库尔。我们同样还注意到圣路易骑士团 5 名成员的姓名，其中 4 人住在贡德勒库尔。

绝大多数居民介于自耕农（富裕农民）和雇农之间，雇农又称“零工”，有时也拥有小片土地：在全区 1715 名积极公民中，491 人为自耕农，478 人为雇农。两个阶层的人数几乎相等；依我之见，这表明富农地位的相对低下（在梅斯四郊[138]，雇农和自耕农的比
i-174 例为 2 比 1）。然而，社会经济地位依然各有高低，尽管差异并不

大。同城市一样，农村社会也存在不平等。每个村庄都有“首户”。

衡量农村社会的另一个办法是计算三大部类的比重：第一产业（以农业为主）；第二产业（手工业）；第三产业（包括不从事体力劳动的律师、商人、教师、神甫、食利者）。

在贡德勒库尔镇，第一产业占人口的 33.18%（农业活动在集镇也占相当比重）；第二产业占 46.28%；第三产业占 20.52%。就贡德勒库尔全区各村庄的情形来看，第一产业为 62.07%，第二产业为 26.84%，第三产业为 11.08%；相比之下，这些数字十分说明问题。不过，最后一个数字有点牵强，因为我把少数身份不明的人统统列入第三产业。关键的问题显然是，同各村庄相比，集镇在农业活动方面只占相当小的比重；相反，集镇的手工业活动不断膨胀，第三产业的分量也比较重。我由此得出结论：地理布局本身造成了不平等和等级。马克思认为，城乡对立是阶级斗争最古老的表现形式，这的确是个天才的见解。

如果从集镇上升到大小城市的水平，这种对垒只会显得更加突出。作为比较，我根据贡德勒库尔区的数字图解，对利尼昂巴鲁瓦和巴勒迪克的社会面貌作一概括：在利尼昂巴鲁瓦，三大产业所占的百分比分别为 19.44%、46.61% 和 33.93%；在巴勒迪克，则分别为 25.06%、46.88% 和 28.05%。乍看起来，人们不禁感到惊奇，巴勒迪克第一产业的分量竟然超过利尼昂巴鲁瓦。原因在于巴勒迪克有 343 名葡萄种植者，他们大概就在城市附近的坡地劳作，这些坡地今天已被撂荒。

我还特别注意到，总的说来，手工业实力雄厚，旨在满足当地 i-175
需要的活动占很大比重。贡德勒库尔、利尼昂巴鲁瓦和巴勒迪克几乎都有一半居民以手工业为生。更令人惊讶的是，村庄中四分之一的村民从事手工业(但也耕种小片土地)。手工业门类之齐全使我击节生叹：鞋匠、车匠、泥水匠、石匠、织布或织呢工匠、马具皮件匠[139]，车夫以及骑马或步行的“驿差”……

至于贡德勒库尔自身的历史，我这里姑且割爱，不加铺陈，因为与我的论题关系不大。这个形同村庄的小城市利用了大路(巴塞尔至兰斯；肖蒙至凡尔登)交错的有利条件。该镇虽有堡垒可资守卫，但于14和15世纪两度失陷，而且每次都遭焚毁。贡德勒库尔不幸位于几条边境线的交界处，随时有遭入侵的危险：从1285年起，香巴尼的边界就是法兰西王国的边界；巴尔公国的边界(仅巴鲁瓦一侧自1302年后归属法兰西国王)；洛林公国的边界。因此，几个主子都想要贡德勒库尔纳贡称臣，都要在当地征收捐税。法国在朗格勒设置的税收机构尤其令人望而生畏。然而，这种混乱局面也有某些好处。例如，从贵族封爵的观点看，贡德勒库尔照例按香巴尼的规矩办事，“子随母贵”，因而如果父亲为平民而母亲为贵族，生下的儿子就有权要求巴尔公爵同意晋封贵族；假如证据确凿，甚至不要求你拥有非贵族父亲的遗产的三分之一(这是巴尔财政区的通例，贡德勒库尔的土地在这方面属于例外)[140]。

作为一个破落的堡垒城市，贡德勒库尔由上城和下城所组成，前者被城墙和敌楼团团围住，后者比较热闹，取水便利，周五的小集市以及每年几次的大集市为在下城居住的商人提供赚钱的机
i-176 会，他们赶着牛羊去草地放牧也比较方便，上城的农民和地主出城时要受城门的看守严密盘查。贡德勒库尔堡垒林立，但它还算不上是个要塞，至多可被认为是个瞭望哨所，在远处的森林地带，外

敌可畅行无阻,不被发现。1635年[141],黎塞留与奥地利王室交战,驻守巴鲁瓦的法军司令昂古莱姆公爵特意派一支小分队在贡德勒库尔布防,“因为这里是四通八达之地”。路易十四为简化边界防务,下令拆除了堡垒(今天,除剩下“尖顶塔楼”[142]和徒具虚名的贡德勒库尔城堡外,已一无所有);军事地位的下降将不妨碍该镇发展其生产活动和服务活动,贡德勒库尔将不断扩大其影响。一份历史文献[143]指出,这个初级司法区辖有29个村庄。此外,贡德勒库尔教区(下属于图勒主教区的利尼大教区)包括25个堂区。[144]遥远的过去给贡德勒库尔城留下一座罗马式即哥特式的教堂,教堂内存放着几位名人的棺椁,特别是一位曾随弗朗索瓦一世远征帕维亚(1525年)和围攻那不勒斯(1528年)的战士;直到1790年,在设置市镇和县的行政体制时(贡德勒库尔一度成为县城),当地还有一所方济各修道院……但尽管存在以上迹象及其他迹象(有一所破落的麻风病院和一所济贫院,还有在1700年仍在生产高档哔叽的织造业),这个小城市始终碌碌无为,只是与穷苦的乡村相比才显出其优越,它对乡村并不过分加以压制,反而在一定程度上促进乡村经济的活跃。

三 解释体系中的城市 i-177

城市位于体系的最后一级。我们不要以为,到了城市一级,整个人口布局会变得豁然开朗,似乎登高可望全景。实际上,除了城市以外,还有许多居民点也起着城市的作用。而大量的小城市,它们同集镇又几乎没有什么区别。直到工业革命乃至很久以后,许多小城市同集镇一样被乡村生活所淹没，人们的经济活动绝大多数仍与乡村生活有关。

为了正确地考察城市的类型，首先要把城市和非城市作出区分。对 17 世纪的法国人来说，事情十分简单。先看符尔蒂埃怎么说吧，在他编写的《辞典》（1690 年）中指出：凡被城墙团团围住的地方，才称得上是城市。城市是个自成一统的小天地，不同于旷野。城市之独具一格，其标志和证据就在这里。可是，有些真正的城市并没有城墙，有些被墙围着的居民点却很难称之为城市。1672 年间，有人在旅行途中经过因洪水泛滥而闻名的勃艮第城市尼伊，觉得用以上的标准衡量城市未免牵强，他写道："尼伊可被称作城市，因为城墙、壕沟、吊桥以及司法机构在这里一应俱全；其实，城内只有一条比较像样的大街，街道两旁住的都是制桶匠，因为市郊采摘的葡萄可酿制大量葡萄酒。"[145] 此外，这个小城市一直等到 19 世纪，居民才勉强超过 2000 人，《科多尔统计资料》指出，该城当时周长仅"400 米"[146] 而已！

i-178 另一方面，任何人都不会把许多有墙篱围着的村庄称之为城市，例如纳博讷地区的卡内、圣纳泽尔、圣瓦利耶（设有两道围墙，外加一条宽堑壕）等村镇就是如此。还是在纳博讷地区，日内斯塔的情形也同样如此，原来的城壕最后成了供马饮水的小沟。[147] 以橡树林闻名的鲁夫赖，实际上是个小村庄，但在 16 世纪前，却被高墙深壕所包围，这一情形也是无可争议的事实。[148]

统计学家根据聚居的人口数把各居民点分别纳入城市和非城市范围，居民在 2000 人以上者为城市，低于这个标准的就是集镇或村庄。这个办法说来真是简单，标准也很清晰明了，但未免过分直截了当，尤其因为人口限度势必随着时代的不同而变更。关于这个大问题，我在后面再谈。[149]

什么是城市？

与其用城墙和人口数字作标准，不如说，城市最鲜明的特征表现于它在尽可能狭窄的地域内集中了最大量的经济活动，那里的人口因而十分密集。昂热·古达尔于18世纪[150]已经说过："在这么小的地块上集中那么多的人！"地面之小逼迫人们在往往不通车辆的街巷中行走，促使他们建造的房屋向高处（唯一自由的空间）发展，尤其是在城墙保护和遏制其扩展的时候。

城墙当然可以挪动，它们确实也像舞台布景一样可以搬迁。城市因此而呼吸舒畅。在新并入城区的土地上，甚至有菜园、果园和耕地，后来还有射击场。街道和房屋逐渐布满所有的空地。即使在城墙完全拆除的情况下，例如像18世纪时的利摩日（此事应归功于杜尔哥）、卡昂、雷恩等地，城区仍然是密集的和拥挤的。为 i-179
交通和办事方便起见，最好不要过分远离市中心。结果是，任何城市势必要受地域狭窄的束缚，这也是确保其效能的起码条件。城市必须使其店铺、市场、房屋、工匠、居民等等紧紧地聚集在一起。

但是，城市的任务首先是要进行统治。确定和衡量城市的重要因素，正是它实施其统治的能力以及它所控制的地域的大小。

例如，共和四年雨月，卡庞特拉力争要沃克吕兹省把民事和刑事法庭设在该地，而不设在阿维尼翁，从而一跃而上升到城市的地位；卡庞特拉提出的理由是该地道路众多，"从阿维尼翁、阿普特、奥朗日、瓦尔雷阿斯等地到卡庞特拉的各条大道全年畅通无阻〔着重号系作者所加〕”。其次，卡庞特拉位于沃克吕兹省的中央，而“阿维尼翁、阿普特和奥朗日却不能提供”这一有利条件。为此，卡庞特拉“因其位置优越，每七天有定期集市，影响波及远地，可成为本省其他市镇乃至邻近各省居民的集会地点”[151]。

卡庞特拉的威望或优势自然并不仅仅由其地理位置所决定。在巴黎东北部，靠近芒特拉若利的博尼耶尔是个仅有六七百居民的村庄，1738 年新建的巴黎至鲁昂的车道穿过该村，几年以后，于 1753 年建造的巴黎至卡昂的大路又经过这里。位居交通要冲的博尼耶尔从此成为商业中心。但它肯定不是城市。[152] 城市必定有纵横交错的道路，但除此以外，还必须增加许多其他条件，才能算是一个名副其实的城市。

确实，真正属于城市范畴的任何地方，都有程度不同地受它控
i-180 制的许多集镇在它四周围成一圈，每个集镇又使城市间接地与一些小村庄联系起来。由此形成一个简单的几何图形，这类图形可惜并不始终一致，特别在涉及高级城市的时候，情形更要复杂得多。

此外，每个城市不论大小，四周都有一个土地肥沃的区域，城市至少要靠它供应不宜保存的食品。每个城市都有其市场，就像“土伦的市场”一样，“就近接受蔬菜和水果，果农和菜农牵着骡或驴，走上一二个小时的路程，每天前来赶集”[153]。在 14 世纪末，塔拉斯孔四周的食品产区位于一块完全由人力开发出来的土地上，显得尤其突出。[154] 这个小城市幸而位于罗讷河畔，但在河堤的保护下，北面依傍小山，南面贴近阿尔皮耶山，得以免受洪水泛滥的威胁。塔拉斯孔地区共分两个部分：位于河堤之间的低洼地紧靠城墙，是些小块的菜园和果园；河堤外面则是成片的草地和田野；最后是山冈的坡地，种着密密麻麻的葡萄。

正是对这些近郊乡村，城市最容易甚至无意中施加其影响：城市决定着乡村经济活动的方向，乡村居民为生活所迫，往往要去城市谋生。流入城市的农民有时不再返回乡村，进而成为城市生活的一分子。在阿尔萨斯地区的科尔马、盖布维莱尔[155]等城市的周围，于14世纪业已破败的一圈村庄逐渐被并入城市，同样的情形在别处也可遇到，例如在艾克斯昂普罗旺斯的四周[156]，由此可见，一些村庄可无伤大雅地被城市所吞食。

但是，紧贴城墙、专门种植蔬菜或水果的农业区只构成城市外围的第一个圆圈，只是城市进行某种殖民扩张而跨出的第一步而已。城市的胃口极大，它的食物供应区和势力范围不是一个区域， i-181
而是一连串呈同心圆形状的区域：牛奶和蔬菜产区，谷物产区，葡萄产区，畜牧区，森林区，还有远程贸易区。一些起着中间站作用的集市和城市就分布在这一系列同心圆的不同地点。我们不由得想起厄卡尔·施莱姆的至理名言："在城市的市场上，不仅进行城乡之间的交换，城市与城市也有交换。"[157] 关于这个问题，鲁道夫·哈普克很久以前在谈到15世纪（布鲁日的鼎盛时代）尼德兰城市网的时候，曾使用了"城市列岛"的形象用语。[158]

城市的扩张和统治不仅表现在经济方面，而且还表现在政治、行政、宗教、文化等方面。在法兰西王国，城市曾同领主作斗争，反对（或拥戴）国王，以取得特惠和自由。城市逐步夺取了部分领主权或王权，接受了建立参政议政机构的恩赐：根据不同城市的机遇、实力或好斗程度，分别成立了初等法院、中等法院、高等法院等机构。请想一想城市在设置了主教府、教士会、修道院、大学等宗教机构后所享有的好处。我们顺便再用三言两语回顾有关罗芒（罗芒系多菲内地区的一个小城市，位于伊泽尔河畔，离瓦朗斯不过几公里）的一段历史：“瓦朗斯设有大学，格勒诺布尔是多菲内的高等法院、审计院、巡按使及省级官府的所在地，维埃纳是大主教和助税院的驻地，吸引着许多人来这里进行诉讼、求职和求学，而与此同时，罗芒则相形见绌，竭力发展其工商业。实际上……当地官员曾多次想要求把亨伯特二世设在圣马塞兰的下维埃纳中等法院迁到罗芒，但从未取得成功。”[159] 机构格局的变动只是个别现
i-182 象。这对罗芒来说委实可惜！因为司法或行政机构不会出现失业，是能帮助城市生存的一个生财之道。丧失其中的一个机构，对城市几乎是场灾难。举南锡为例，在法国占领期间（1670 至 1697 年），它被剥夺了中等法院。居民们说，南锡当时“陷入极大的苦难之中……资产者全都逃离该城，很少有人能免受这一不幸的打击”[160]。

城市影响所及之处，不论远近，首先都向城市补充人力。确实，“人是世界上最无孔不入的生物”[161]，并且历来最喜见异思迁。城市就像是偷猎者设置的暗灯，在茫茫黑夜里吸引猎物自投罗网。它对四周的农民有着迷人的魅力。下面的几张草图极其说明问题，人们据此可以看出城市中的外乡人的原籍。不增加这些新鲜血液，城市将逐渐衰落，新出生的人口始终不足以弥补死亡留下的空缺。直到 18 世纪末为止，所有的城市，不论大小，统统都是“死亡营”。

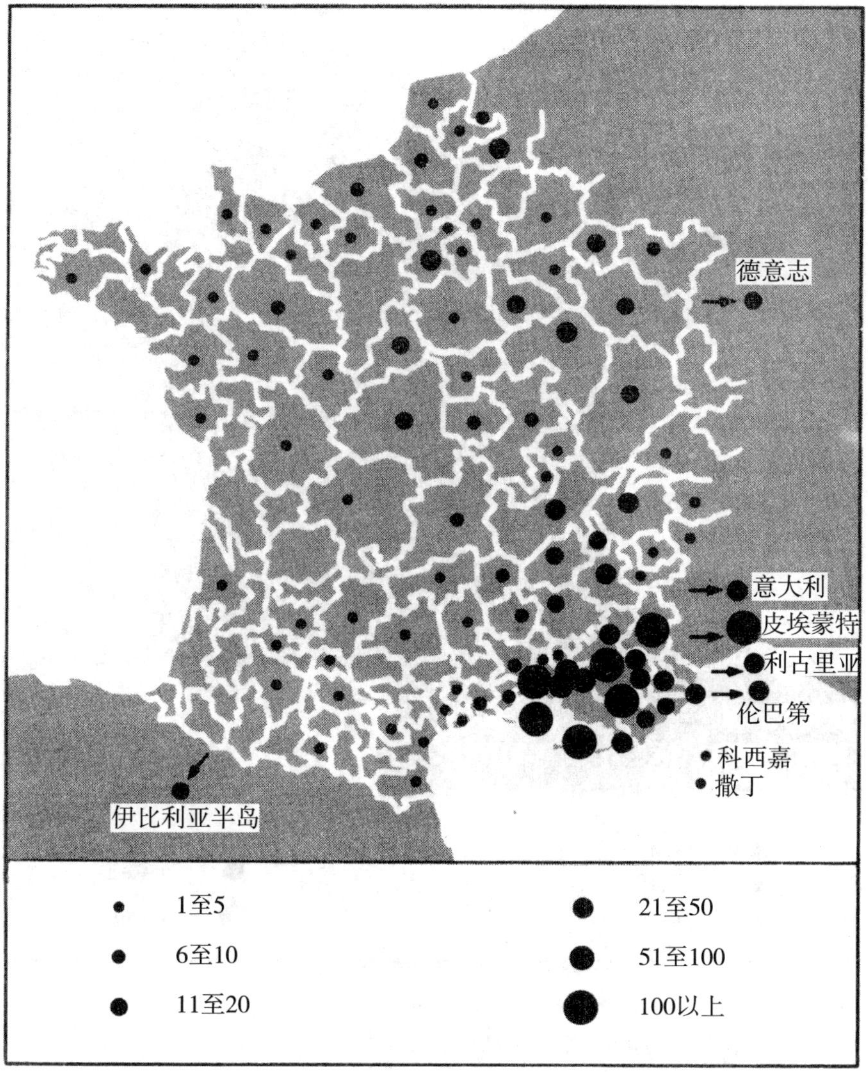

德意志
意大利
皮埃蒙特
利古里亚
伦巴第
科西嘉
撒丁
伊比利亚半岛

1至5
6至10
11至20
21至50
51至100
100以上

18世纪移居艾克斯昂普罗旺斯的外乡人

参见乔治·杜比主编的《法兰西乡村史》第3卷。

从他们的原籍可以看出，进城的乡民来自城市周围十分广阔的区域。例如，18世纪移居艾克斯昂普罗旺斯城的外乡人（埃克

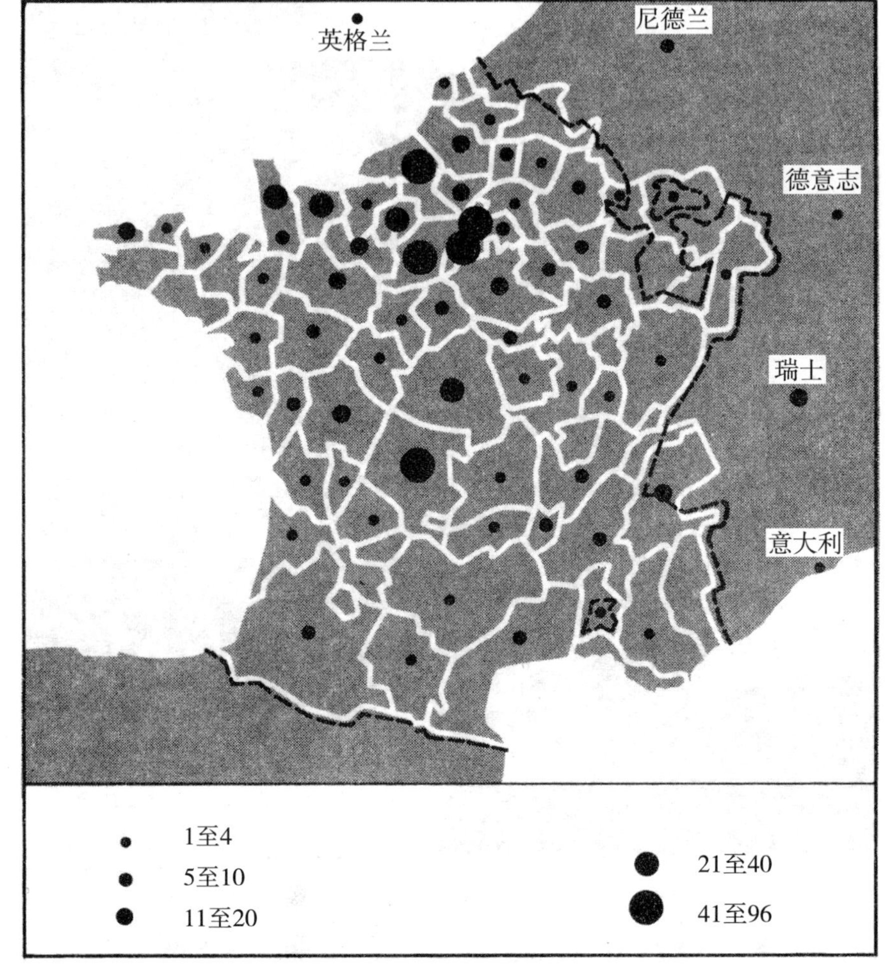

凡尔赛已婚男子的籍贯(1682 至 1689 年)

适应庞大建筑计划的要求,城市的工地从外地招收工人。参见乔治·杜比主编的《法兰西乡村史》第 3 卷。

斯当时只是一个中等城市)涉及法国的很大一部分地区。移民以工匠居多,奇怪的是,他们的专长有时随各自的出生地为转移,以至“在劳动力市场上实施真正的垄断”:“图卢兹和佩里格的挖土工

几乎全部来自布列塔尼……罗讷河沿岸城市的船夫多半出生于罗讷河上游地区，至于面包师傅和屠宰匠，多数分别是布雷斯人和奥弗涅人。”[162] 在 18 世纪的巴黎，盖房的木匠来自诺曼底，泥水匠来自利穆赞，保姆来自勃艮第，刷扫烟囱的来自萨瓦，送水的来自奥 i–183
弗涅，如此等等。每个居民点，即使不大的居民点，都会在不同程度上对这个问题提供相同的答案：博讷维尔（原系福西尼省的首府，今属上萨瓦省）是个城市，也可算是集镇，18 世纪时城里就有外来的移民；医生是第戎人；在两名警官中，一名是波旁地区的人，另一名是尼韦内人；面包商是诺曼底人；鞋匠是多菲内人；零工来 i–184
自卡尔卡松、佩里戈尔以及萨瓦的乡村……难道还有什么能比这些事例更说明问题的吗？[163]

然而，据我们所知，城市除招募工匠或零工外，还吸收高质量的移民，他们往往携带自己的财产，怀有一番抱负，前来城市经商， i–185
因而是城市中未来的资产者。在 13 世纪的梅斯城，人们就可以见到这种上等移民迁居城市的景象。[164]

商业活动十分兴旺的城市——或用安德烈·皮亚蒂埃的话说，城市中的城市——向四周伸展的贸易区范围更大，这些贸易区在法国国土上分布甚广，并沿着大宗贸易的路线向远方延伸，直到东地中海地区、波罗的海、非洲和新大陆，15 世纪末的地理大发现更开辟了通往远东的道路。本书和 166—167 页间的草图显示出，18 世纪的鲁昂和马赛与法国许多地区有着贸易联系。读者顺便可注意到，这些商业扩张不论多广，但都没有包容法兰西的全部国土。民族市场迟迟未能形成，法兰西的国土尚缺少凝聚力和经济整体性。广阔的地域妨碍着商业一体化的实现，虽说运输在发展，集市在增多，为数众多的交易会几乎可取代城市或集镇的地位；城市定期举办的交易会显然促进了城市经济活动的成倍增长。尽管如此，甚至那些大型交易会——13 世纪的香巴尼交易会，吉勃累交易会，博凯尔交易会——都只抓住部分国土。无论是法兰西国家，或是法国最先进城市的资本主义，都对法国过于庞大的国土，不能实施完全的统治。更何况，这些先进城市又简直与法兰西王国格格不入，我在下文还有机会详加论述。

举几个尽可能简单的例子

与其对城市的共同点和不同点各执一词地争论不休，最好还
i-187 是先着重考察几个具体的例子。就从最简单的例子开始，即以规模和影响较小的城市为例。要说一眼就能让人明白的简单例子，我想恐怕是不存在的。任何城市生活势必都要力求达到收支平衡，始终要从收支的不平衡达到新的平衡。一个城市对外部的依赖以及为与外部相结合和控制外部而进行的内在变革，从不是简单的事，其中的奥秘通常还有待破译。

举例说明的好处正是可以验证我们的理论框架，后者则只是作出初步说明的一种模式。然而，仅仅有了模式还是不够的，必须让它经受现实的考验。如果它站得住脚，其意义当然十分重大：如

果垮了下来，一切就要重新开始。

问题的关键无疑是要确定，一个城市在非城市（集镇、村庄）中占什么位置，与其他城市相比又处什么地位，进而揭示各城市在地方关系、地区关系和国际关系中特有的"逻辑"。在国际关系中，世界历史进程不断对城市施加影响，改变它们的地位，甚至使某些城市一落千丈；此城市超过了彼城市，而在城市自身的命运中，却没有丝毫迹象让人看到这一变化的即将发生。

以上理论框架一经确定，我们再来进行验证（和使之复杂化）；我们的侧重点将不从城墙内部去考察城市，而要展示城市统治的全貌，即根据市内和市外的不同关系，同时从内外两方面着手；确定这一关系的性质并不始终是件容易的事，进行定量分析更要困难得多。

贝桑松以及地区首府的问题

从第一眼看，很少有别的城市能比贝桑松这个例子更加鲜明，更加恰当。各种条件，无论好坏，这个城市全都具备；地理决定论在这里绝不是泛泛的空谈。

杜河令人称奇的曲折河道包围和保护着城市，但并没有完全 i-189
围住，因为河曲留有一道缝隙，一个缺口，因而不能构成四面由河水防卫的岛屿。但从第 171 页的简图可以看到，这个缺口又被高出河曲 100 多米的一座山峦（海拔约 360 米）所封住。在这个制高点上，高卢时代曾留下一道围墙，另外还筑有堡垒（沃邦后来进行

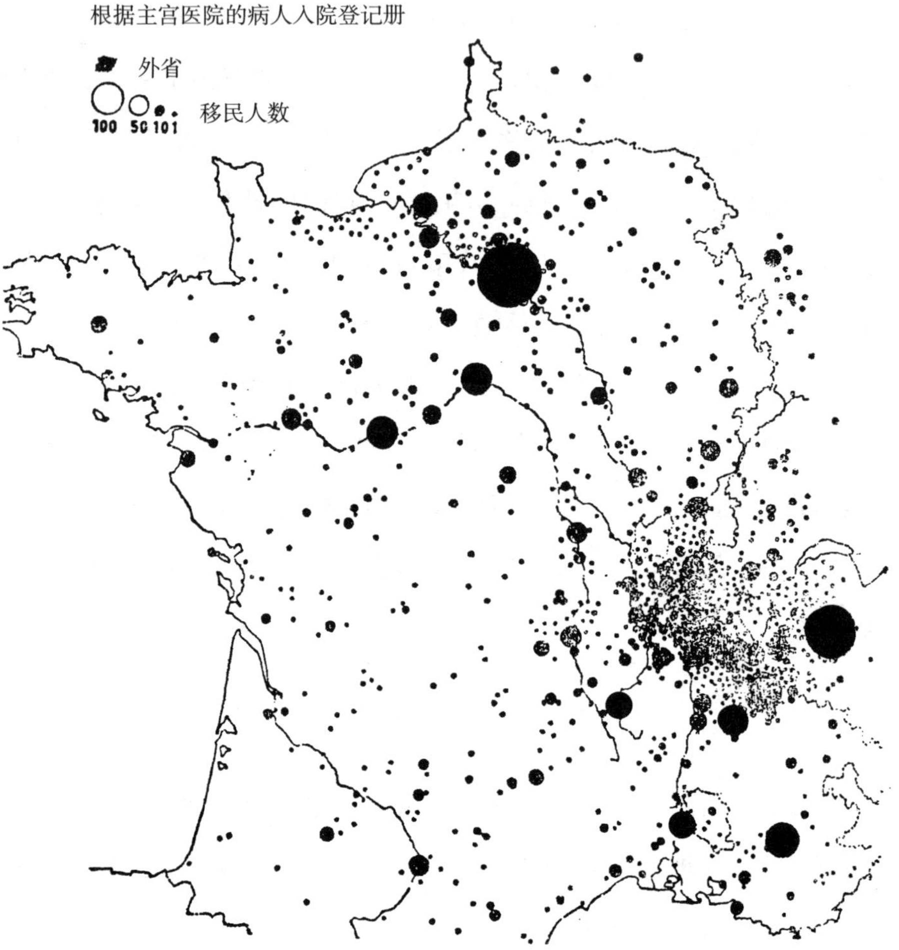

根据主宫医院的病人入院登记册

外省

100 50 10 1　移民人数

里昂的外来移民(1529 至 1563 年)

本图引自皮埃尔·肖努和里夏尔·加斯贡:《法兰西经济和社会史》第 1 卷第 1 分册,1977 年版。作为当时欧洲的金融都会,里昂的移民不仅来自整个法国,而且来自包括那不勒斯在内的意大利以及日内瓦、伯尔尼、科隆、慕尼黑乃至尼德兰和伊比利亚的某些城市。

巴当门
夏蒙门
圣灵
圣洛朗
圣马德雷娜
圣彼得
圣安东尼
主教磨坊
圣莫里斯
圣布里奇特
圣康坦
圣让-巴蒂斯塔
黑门
圣约翰
杜河
圣艾蒂安门
城墙
门
街道
石灰窑
0
500米
北

贝桑松市及其位置

引自克洛德·福伦：《贝桑松的历史》。

了彻底的改造)，加强天险的防御能力。在上新世时代，莱茵河一度流经今天的杜河河谷，直到孚日—黑森林高原沿中线出现塌陷，才使莱茵河放弃其在汝拉地区的河段，并改变了流向。莱茵河的水流比杜河强劲得多，它改变了贝桑松地区的地势，并像锯齿一样把汝拉山的边缘截成几段。贝桑松的城堡正是位于其中一个断面的顶部，夹在南北向的里沃特和塔拉格诺兹两个峡谷之间。

在这个巧得天险的地点很早建立城市，不会使人感到奇怪。贝桑松曾是独立高卢重要部落之一塞卡尼人的首府，塞卡尼人与据守汝拉山另一侧的海尔维第人以及与在杜河和索恩河隔岸对峙的敌人埃杜维人时有冲突。恺撒在其《高卢战记》中指出了贝桑松位置的险要。

到了古罗马时代，维松提奥(贝桑松旧称)曾是位于十字路口的一座重要都城，第一条路(通往洛桑和莱蒙湖)经卢河河谷和细长的蓬塔利耶峡谷穿越汝拉山；第二条从索恩河畔的沙隆出发，沿汝拉山边缘向贝桑松伸展，再经过蒙贝利亚尔、贝尔福、莱茵河及其支流，抵达美因兹。为罗马军团使用的这第二条路[165]是仅次于
i-190 里昂—沙隆—朗格勒—特雷沃干线的最重要的路线。维松提奥无疑是个重要的商业城市。那里的葡萄酒来自坎帕尼亚和拉丁姆地区[166]：考古学家曾在杜河河曲发掘出双耳尖底瓮的许多碎片……但是，除了若干竞技场、集市广场、黑门和贯通南北的大路(相当于今天贝桑松市的“大街”，街道两旁的店铺鳞次栉比，顾客盈门，热闹异常)以外，我们对古罗马时代的维松提奥了解甚少。我们甚至
i-191 不知道基督教怎样自公元二世纪“由流动的奴隶、古罗马军团的士兵和行商”传到这里以及高卢的其他地方。[167]

关于贝桑松市怎样经历蛮族入侵的黑暗岁月以及随后的墨洛温时代和加洛林时代，我们知道的东西也不多。城市相当富有，因而很早便出现集市；教堂遍布全城，有的建于七世纪（圣艾蒂安教堂、圣莫里斯教堂、圣保罗教堂、圣彼得教堂），其他的建于11世纪（圣安德烈教堂、汝萨穆蒂埃圣母院、圣文森特教堂）。大兴土木更巩固和提高了贝桑松的地位，使该市成为大主教的驻地，具体日期不详。这一事件具有重大意义，因为贝桑松大主教作为全省的宗教领袖，于1041年获皇帝的许可，在市内行使民事权力。

贝桑松市在主教的统治下，天高皇帝远，参与了促进西方于11至13世纪朝着现代化方向迈出第一步的普遍运动。成千上万个新兴城市当时拔地而起，许多旧城市各展异彩。也许正由于这种普遍繁荣，贝桑松市几经周折，终于在1290年摆脱了大主教的绝大部分控制，并成功地建立起市镇机构。鲁道夫一世同年发布的宪章实际上使贝桑松成为帝国的一个自由城市，几乎是一个共和制城邦，大主教对城市事务的干预日渐减少，城市有权征税、维持治安、依法判决乃至缔结联盟条约，并从1534年开始轧制印有市徽的货币。

然而，这些成就后来将出现反复：贝桑松虽然仍是孔泰地区的宗教首府，但在政治上和行政上与该省相脱离，因而在省内显得格格不入，用1574年弗鲁瓦萨尔·德·勃鲁瓦西亚院长的话来说，“像是掉进眼里的一根毫毛”[168]。结果是让多勒成了法朗什-孔泰的首府，并享有由此带来的种种好处。多勒与贝桑松势均力敌，人口比贝桑松少些，交通条件较为有利，但位置偏离全省的中心。省 i-192
高等法院于1422年迁往多勒，随后还有一所大学。多勒因此发展

了起来。16 世纪的一位名叫洛伊·戈吕的历史学家说得好，多勒“拥有最美的桥和最美的塔……最美的钟楼，最美的长矛，最杰出的知识青年，文人学士数量之多在全省高居榜首”[169]。多勒人对勃艮第所怀有的乡土感情大概比孔泰其他地方的人更深。[170] 贝桑松正是缺少以上有利条件，因而拼力守住既得的城市特权。

贝桑松却是孔泰地区人口最多的城市。1300 至 1350 年间，该市连同“郊区”在内约有居民 8000 至 9000 人。这在当时已是一个相当大的城市了。但市民们又以什么为生呢？教会的产业无疑是依附主教府的教士和法官的经常性收入来源。资产者在城市附近拥有土地。他们全都过着某种早熟的并将持续下去的不劳而获的寄生生活。

纺纱工、织布工、木匠、鞋匠、鞍具匠、马具匠，制瓦匠、锁匠等工匠人数众多。但是，除了生产的白布于 15 世纪向阿维尼翁和马赛出口外，工匠们主要为当地顾客服务。面包商、屠宰商和酒店主参与城市的交易活动，货源充足的零售店在通往巴当的大桥两侧排列成行，巴当是贝桑松在杜河右岸设立的附属街区。在 13 世纪，城市就近利用了香巴尼交易会的国际活动，并通过卢河河谷和茹涅税卡在香巴尼和意大利之间充当中转站。那时候，贝桑松拥有自己的批发商和钱币兑换商，甚至还有外国商人在市内定居。但是，随着香巴尼交易会从 14 世纪头十年起渐趋衰落，这种繁荣景象也未能维持下去。

i-193 贝桑松在丧失这种外力推动后，又于 1349 年 8 月和 9 月遭受黑死病的打击，从此黯然失色。城市的生计当时就靠城门外四周的土地所维持，这一区域确实很大，并且处在城市严格的控制之下，就像某个村庄服从其领主的权威一样。14 世纪的一位历史学家告诉我们，这些土地多属石灰质丘陵，“是一片多石的土地，连绵不断的岩石深埋地下，除有少量泥土覆盖外，岩石的顶部暴露在外”[171]。在这块贫瘠的土地上，只宜种植葡萄。当地生产几种优质葡萄酒，根据其葡萄产自“高坡、中坡或低畈”而分门别类。从葡萄园再往外，有几块麦地，例如在北部的圣费尔热和蒂耶鲁瓦；最后是一块不大的牧区以及一望无际的夏龙兹森林；森林由城市当局管辖，砍伐的树木经杜河漂送城市。

贝桑松的唯一富源，“城市的真正养料”[172]，就是葡萄酒。每年，在当局选定日期宣布葡萄收获季节开始后，盛装新酒的木桶在嘈杂声中运抵当地便成为众所注目的大事。即使在杜河河曲的环形部分，市内还有大片土地种植蔬菜、水果和葡萄，其中尤以葡萄居多。寺院的“庙产”[173] 至少占环形部分全部土地的三分之二，由杜河推动的水力磨坊，除一座外，都归教会所有。

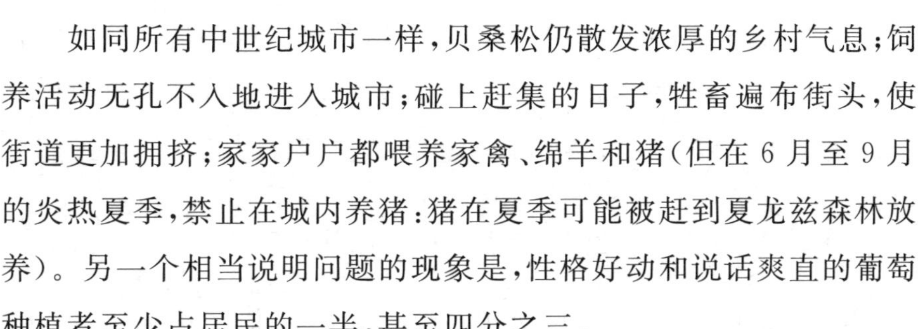

如同所有中世纪城市一样，贝桑松仍散发浓厚的乡村气息；饲养活动无孔不入地进入城市；碰上赶集的日子，牲畜遍布街头，使街道更加拥挤；家家户户都喂养家禽、绵羊和猪（但在 6 月至 9 月的炎热夏季，禁止在城内养猪：猪在夏季可能被赶到夏龙兹森林放养）。另一个相当说明问题的现象是，性格好动和说话爽直的葡萄种植者至少占居民的一半，甚至四分之三。

结果，城市在其周围得不到足够的粮食和肉。贝桑松依靠上 i-194
汝拉省源源不断地提供肉食。至于粮食，问题就比较复杂，有时还更费周折。每当格雷地区粮食紧缺——或因经索恩河运往里昂的粮食过多，或因瑞士各州在新粮上市前收购过多——贝桑松断了惯常的粮食来源，它就必须去阿尔萨斯甚至更远的地区购粮。1513年建立的谷仓对预防饥荒将是一个通常行之有效的保障。[174]

总之，人们可以清楚地看到，在1300年左右，贝桑松的控制几乎仅限于自身的辖地范围之内。辖地内仅有几个村庄及零星的农舍，人们不会为此而大惊小怪。所有的城市，无论是巴黎，或是城墙四周由葡萄架守卫的图卢兹，都属于这种情形。城市的郊区就像是那些把村庄团团围住的菜园和果园，除开大小不成比例以外，又有什么不同？郊区近在咫尺，城市伸手可及，不需要集镇在其中撮合，郊区的土地往往直接就在身居城市的地主的眼皮底下。

相反，令人惊奇的是，在离贝桑松较远的外圈，却没有能把中心城市的影响传往远处的中转集镇和卫星城。贝桑松与多勒、格雷、沃苏勒、萨兰、蓬塔利耶、隆勒索涅等地实际上只有松散的联系。周围的道路穿越汝拉境内的崇山峻岭，让人望而生畏，别处的道路也因维修不善，到处坑坑洼洼，路况甚差。朝南的方向，陆路交通在绍村大森林的“瓶颈”处阻塞。这是法国东部占地最广的林带；直到19世纪，每年还有五六万头牲畜进入无边无际的橡树丛和榆树林中放养。这片森林就在过去莱茵河穿越布雷斯低地时留下的砂砾堆上生长。最后，杜河河浅水少，不宜通航，只供小木船、小帆船和漂送木柴使用。

i-195 贝桑松水路交通不便，又几乎没有良好的陆路，因而不利于它向外部世界广开大门。尤其，立足于本地，贝桑松的日子已经相当好过；对它来说，这就够了。

贝桑松后来将经历许多次波折起伏，但始终没有摆脱这些不利结构的束缚和制约。在15世纪，偏居一隅的贝桑松处境维艰。

16 世纪将给城市带来解放，带来出人意外的兴旺。城市张开双臂迎接进步时代的到来。勃艮第公国的遗产于 1477 年分为两块领地，公爵领地划归法兰西国王，伯爵领地最后由哈布斯堡家族所继承（1506 年）。孔泰人为其新主子（于 1519 年称帝的查理五世，还有他的儿子即于 1555 年接任西班牙国王的菲利普二世）出力效劳，并争得了光荣和利益，因而用夸张一点的话来说，孔泰简直变成了“西班牙的一部分”。两位孔泰人——佩勒诺·德·格朗韦尔及其儿子格朗韦尔主教——曾以这些威望卓著的主人的名义，除统治孔泰外，还在“日不落帝国”* 执掌政柄。

贝桑松在 16 世纪的崛起，更要归因于一个出人意外的条件，即热那亚的商人兼银行家于 1535 年在城里落脚。[175] 他们刚刚经受了一系列不幸遭遇：1528 年被法兰西国王赶出里昂，在逃到萨瓦境内的尚贝里后，又遭萨瓦公爵的驱逐，被迫在隆勒索涅举行了主显节交易会，他们终于取得皇帝和贝桑松市的准许，于 1535 年来到该市定居。热那亚人在贝桑松可以通过中间人继续暗中经商。我还认为，1560 至 1570 年里昂的衰落使他们获得了更大的活动余地。总之，在他们与城市当局发生纠纷，于 1568 年离开贝
桑松后，他们先后在波利尼和尚贝里暂住；从 1579 年起，他们的交 i-196
易会一跃而成为欧洲的金融和信贷中心，其地点虽设在意大利的皮亚琴察，但仍以“贝桑松交易会”命名。

出于多项条件的凑合，贝桑松一度为 16 世纪最具实力的金融家充当掩蔽所。此事对贝桑松并非没有好处：城市的面貌顷刻间

* 指西班牙帝国。——译者

发生了变化。市内陆续建起了格朗韦尔宫、市政厅、蒙马兰府邸、蓬瓦洛府邸等建筑。一些富人从蒙彼利埃、丰特努瓦昂孚日、吕克瑟伊、隆勒索涅等地举家迁来这里。[176]

可是，到了下个世纪，“灾难深重的”17 世纪，不幸又再次降临。战争、瘟疫、饥荒在贝桑松周围游荡。气尽财穷的西班牙竟把孔泰省和贝桑松抛弃不顾，任其自生自灭。这为法兰西征服该省事先提供了方便：战事于 1668 年挑起，同年即以缔结亚琛和约而告停止；法军仓促撤退，抛弃了他们在当地的同党，留下了许多难解的怨怼和仇恨。但在六年以后，征服行动再次开始，虽然困难，但终究达到了目的。1674 年 5 月，路易十四御驾亲征，调集恩吉安公爵的军队围攻贝桑松城，法军发射二万枚炮弹制伏了抵抗。5 月 15 日，为避免横遭洗劫，城市终于宣布投降。[177]

一个自由城市或几乎自由的城市在现代国家的面前屈膝投降，这种事件虽然屡见不鲜，但也动人心弦：在欧洲各地，有多少城邦就这样被吞噬！几年以后，斯特拉斯堡同样被路易十四所占领（1681 年 9 月 29 日），可说是另一个例子。在贝桑松，法国占领孔泰和建立政权只意味着真戏刚刚开场。法方审慎从事，一再让步，但收效甚微；农民开展了游击战；公众怀着希望和恐惧，等待西班
i-197 牙人卷土重来。特别在 1675 年，帝国军队暂时占领了阿尔萨斯以后，市民们更是群情振奋。法国当局有条不紊地在市内建立政权，甚至不惜使用暴力。路易十四的君主政体在当时是一台十分完善的统治机器。[178]

我们这里所关心的显然是贝桑松从此取得的新的平衡。这个城市的被兼并确实具有双重意义：它无疑被并入了法国的版图，但

它从此也成为法郎什-孔泰的组成部分，而在这以前，它与后者总是有点格格不入。在 1664 年，经帝国政府的同意，西班牙虽然曾把贝桑松市划归孔泰省，并让该市在四周扩大其辖地（共 100 个村庄），但除扩大辖地外，以上措施仍是一纸空文。1678 年奈梅亨和约正式宣布贝桑松并入法国后，情形就完全不同了。

路易十四的政府首先确立了贝桑松的省城地位，把原来设在多勒的高等法院迁往该市，并创设了一个初等法院、一个中等法院和一系列非常法庭（货币，水面和森林，商事裁判）。城市还接纳了一所大学，迎来了巡按使和军事总督，最后还有一支强大的驻军。法国当局为恢复全省秩序而决定把省城设在贝桑松，原因在于贝桑松是全省人口最多和最富有的城市，特别是最强大和最利防守的城市。城市的地理位置又一次决定了城市的命运。

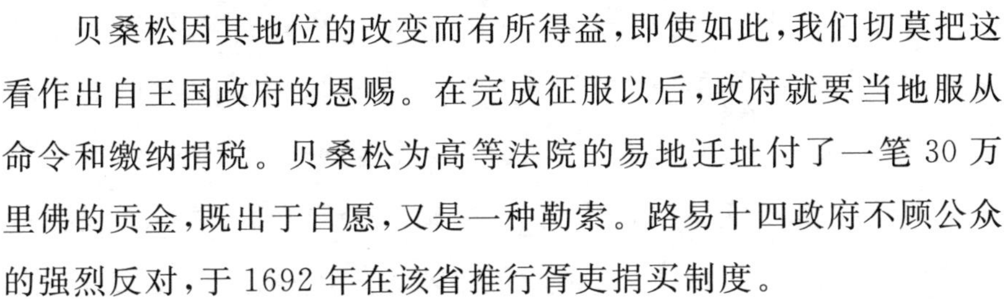

贝桑松因其地位的改变而有所得益，即使如此，我们切莫把这看作出自王国政府的恩赐。在完成征服以后，政府就要当地服从命令和缴纳捐税。贝桑松为高等法院的易地迁址付了一笔 30 万里佛的贡金，既出于自愿，又是一种勒索。路易十四政府不顾公众的强烈反对，于 1692 年在该省推行胥吏捐买制度。

法国占领后不久出现的真正的新变化，恰巧是各种官吏涌入 i-198
贝桑松古城；官吏总数约在 500 人左右，连同家属可能达 2000 人：“市内唯有葡萄种植者可自夸人数更多。”[179] 力求维护其特权的食利者阶级纷纷想在高等法院谋得一官半职，借此平步青云，既然孔泰省三级会议不再举行，高等法院便被认为是全省的代表机构，他们也就把自己的特权与全省的特权和利益相混同。这一切势必助长了城市中那种悠闲懒散，浑噩寄生的风尚。

然而，这在贝桑松的历史上是首次成为本地区的都城。省城的地位意味着，贝桑松从此既要利用与其自身的生活紧密结合的周围一圈集镇和小城市，同时又要为它们服务。这一演变过程相当缓慢。几项见证可以显示过程的不同阶段。1735 年，有人说："贝桑松不是个殷实的商业城市……贸易很不发达，仅限于衣着食物和家庭日用消费品。居民向本省商人购买这些货物"，间或也光顾集市的流动摊贩。1747 年听到的反应与上相同。萨瓦里的《贸易辞典》1765 年指出，位于索恩河通航段起点的格雷是孔泰省最活跃的商埠。到了 1785 年，似乎一切都已发生了变化。一份回忆录提到，贝桑松当时以经商为业者"人数甚多：有 25 家商号的名称可被举出"，另有两三家商号专做批发生意，"从王国境内运来大宗货物，转卖给各小城市的零售商"。贝桑松至此终于成了四周小城镇的货物集散中心。再补充一个证据：贝桑松也已变成了一个活跃的汇兑中心，"几乎全省所需的汇票，都直接地或间接地与它有联系"[180]。在全欧范围内，贝桑松的金融活动虽说微不足道，但它
i-199 已与斯特拉斯堡、巴塞尔、法兰克福、荷兰乃至英国建立了银行业务联系。最后，贝桑松在工业方面初试锋芒，特别是新建的针织业颇见成效。

对于这些进步，应该作何解释？这要归功于 18 世纪的经济增长和普遍富裕。尤其，全省陆路交通的改善，无疑是王国政府送给孔泰最好的礼物。1740 年 8 月 8 日的一封官方信件使我们得知，"路况完好的道路长达 75 000 托瓦兹，因而如今在省内可疾步快行，四通八达，而在筑路以前，人们通过山区和沼泽，总是担惊受怕，而且一年仅有几个月时间可从事旅行"。[181] 18 世纪中期，定期

邮车每天在贝桑松和第戎之间往返，邮件经第戎可转发巴黎。每周各有一班邮车，分赴南锡、贝尔福、斯特拉斯堡和巴塞尔。

另一个十分特殊的情形也必须注意到，就是说，法郎什-孔泰“向以外国著称”，领土的四周关卡林立，无论面对王国的其他地区或面对瑞士各州，都莫不如此。总之，离心倾向表现在各个方面。这给该省带来某种不便，甚至造成商业乏力，“但在另一方面，却在贝桑松周围产生趋极现象”[182]，从而使贝桑松成为某种小型民族市场的中心。

这的确是个相当狭小的市场：1710 年左右，在 15 000 平方公里的土地上，居民仅有 340 720 人，其中贝桑松 11 520 人；萨兰 5663 人；多勒 4115 人；格雷 3982 人；阿尔布瓦 3340 人；波利尼 3320 人；蒙贝利亚尔 2540 人；蓬塔利耶 2664 人；沃苏勒 2225 人；隆勒索涅 1922 人；圣克洛德 1745 人；奥尔南 1632 人；博姆莱达姆 990 人；奥热莱 532 人；坎热 470 人。[183] 如果以 2000 名居民为起点计算，城市人口在法郎什-孔泰总人口中的比例特别低，勉强占 11.5％。总之，该省不是一个朝气蓬勃的经济区。但在 18 世纪末，城市人口将达到 450 000 人，增长率为 32％，贝桑松市的增长率则为 75.6％（1788 年共有居民 20 228 人）。孔泰地区其他城市的居
民同年分别是，萨兰 6630 人；多勒 7774 人；格雷 4784 人；阿尔布 i-200
瓦 5902 人；蓬塔利耶 3042 人；隆勒索涅 6500 人；圣克洛德 3640 人；沃苏勒 5200 人；博姆达莱姆 2080 人；奥热莱 1274 人；坎热 1846 人[184]。至于蒙贝利亚尔、波尔尼和奥尔南等地的人口数字，文献资料没有作出记载，但肯定也有所增长。尤其，贝桑松不论如何演变，它对其他城市的影响并不平衡。如同过去一样，它在汝拉

省中部的影响比在汝拉省北部更加根深蒂固;高等法院的法官和贝桑松的商人在汝拉省中部拥有土地、锻铁工场、高炉、造纸工场等。位于萨兰至蓬塔利耶一线以南的汝拉省南部地区则几乎完全不受贝桑松的控制。

贝桑松晚至18世纪末才在本地区逐渐扩展影响,这里多少有一点人为的因素;人们可以认为,这一发展很少是自发的,而是由外力推动的,因为贝桑松的优势地位为期十分短暂。大革命对它是个致命的打击,贝桑松一下丧失了高等法院、巡按使以及各个宗教团体……

尽管瑞士工匠于1793年传来了钟表制造业(最初困难重重,很久以后才逐渐兴旺起来);尽管经济活动在1810年后有所复苏,尽管在七月王朝期间修建了新的道路和开凿了罗讷河至莱茵河的运河,从而使贸易重现生机(但输入法国南方的葡萄酒将逐渐扼杀本省的葡萄种植),尽管重兵驻境带来了虚假的繁荣,贝桑松同法国其他城市相比却是显得无精打采,不断在走下坡路。在法国的城市排名中,贝桑松从1801年的第18位降到1851年的第25位。用圣贝夫的话来说,“城里挤满了公务员,显得死气沉沉”[185]。巴尔扎克“用三言两语”对此作出了解释:“没有一个城市像贝桑松那样不声不响地在暗中抵制进步。”[186]

其实,贝桑松真是打错了算盘。它的主要不利条件——陆路交通困难——本可以通过发展铁路而消除。从1840年起,贝桑松
i-201 才想到抓住这张王牌。但经过多次努力,仍告失败。它被第戎和多勒所排挤,以瓦洛布和辛普朗的干线为轴心的铁路网把巴黎同瑞士、意大利和巴尔干连接了起来,而贝桑松却被排除在铁路交通

之外,丧失了对外大批输送货物的可能。直到 1960 年,贝桑松和巴黎之间每天只有一班直达火车。

这一创巨痛深的失败是贝桑松市停滞不前的重要原因。尽管该市在第二次世界大战后曾出现了急剧和空前的发展(人口于 1960 年达到 10 万),它始终未能变成一个重要的商业都会。除了铁路运输不便,公路曲折崎岖(车辆不能迅速通行,至今没有高速 i-202
公路)等不利条件外,另一个更重要的因素是南锡、米卢斯、第戎、里昂等邻近城市早已向四周扩展影响。贝桑松下属的行政辖区甚至也受到这些邻近城市的争夺,1956 至 1958 年间为该地区绘制的一张电话联系图足以为证。[187] 尽管距离不远,又有行政联系,而在实际上,“贝桑松同多勒或格雷的关系似乎不比第戎更加亲近,同圣克洛德的关系不比里昂更加亲近,同吕克瑟伊的关系不比南锡更加亲近,如此等等”。贝桑松原是军事隘口,一系列偶然机遇使它享有丰厚的息金,再加上当地的葡萄种植长期给它提供可靠的收益,它势必一贯以小康生活为满足,没有过高的雄心壮志。

贝桑松的历史究竟有没有意义?是否具有“举一反三”的价值?它告诉我们一个普通的、基本的道理:一个城市就像某种大型集镇那样,能够依靠自身及其辖地而存在,不论是否受命运所迫。尤其,只是在外界条件的协助下,贝桑松才脱离了蜗居生活,这种脱离多少是人为的,绝不是一劳永逸的。

位于十字路口的罗阿讷平原

从贝桑松出发,先穿过索恩地区,后经由里昂,只要再走上 86 公里,过了塔拉尔,即可到达罗阿讷,这里已是中央高原的中部,各

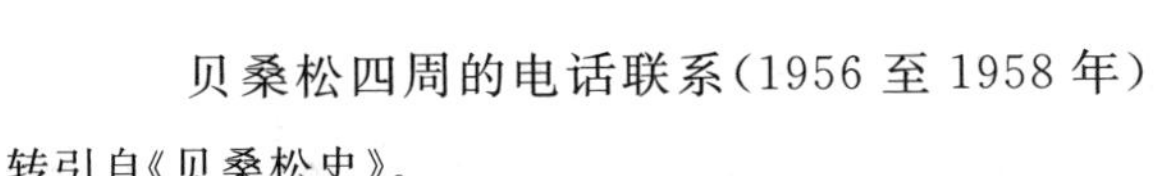

贝桑松四周的电话联系(1956 至 1958 年)

转引自《贝桑松史》。

方面的环境都与杜河流域和汝拉地区不同。这个小城市将为我们充当第二个例子,生动有趣的例子;它也相当复杂,足以提出好几个问题,但同前一个例子相比,毕竟比较简单。实际上,只是晚至 15 世纪末,罗阿讷才变成一个名副其实的城市,它的福运主要与卢瓦尔河的航运有关。在这里,外在条件,外部因素,曾起了主导作用。

罗阿讷平原位于福雷地区的北部,这类自成气候的小天地在

法国该有几百个之多。当地出生的人或从外地迁来的人对这块福 i-203
地无不交口赞誉；奥诺雷·杜尔菲以罗阿讷平原为背景，写下了他的小说《阿斯特雷》(1610—1627 年)，把当地的环境描写为某种人间天堂。热情的赞美未免言过其实。这就像过去有人断言，沿卢瓦尔河和利尼翁河逆流而上的鲑鱼在遥远的上游沿岸每天都可钓到一样。

罗阿讷地区是块宽 30 公里、长 50 公里的小平原，过去是个瘴疠流行、“死水一潭”的沼泽地，奥诺雷·杜尔菲也曾承认，到处布满了“深不可测的大水坑”[188]。天然的或人工的鱼塘[189]占地面积达几千公顷，鱼塘主日夜警惕，常备不懈，而偷捕鱼者则寻找机会打开闸门，放干池水，借以捕捞大批鱼货，或只是对鱼塘主泄愤。[190]此外还有大江、小溪以及水流湍急，动辄泛滥成灾的卢瓦尔河；在炎热的夏季，卢瓦尔河“几乎到处都可涉水而过”[191]，但洪水一到，就迅速没过河岸，洪峰的水位比枯水期高出 2 至 3 米，有时达到 5 米，1790 年 11 月 12 日甚至达到 7 米[192]。河流的主航道、沙滩、岛屿以及有时移动位置的河汊在平原上形成一道开阔的缺口，其宽度从不少于 1.5 公里；建在河中一座岛屿上的德西兹市，宽达 5 公里[193]。除开这些自然条件以外，还要看到人的因素。人们在收割后总是挖掘排水沟，把挖出的泥土堆在田埂上；更何况，耕犁也把泥土带到地边，接着又被抛上田埂，各块田地全都成了积水的水盆。[194]

罗阿讷长期是个“背靠教堂”和城堡的村庄，位于卢瓦尔河的左岸；民房坐落在一块古老的河成阶地之上，高出危险的河水 10 至 15 米。卢瓦尔河的洪水极其危险，冲垮河上陆续架起的木桥，

i-204 简直易如反掌：罗阿讷于 1854 年[195] 才有一座坚固的石桥，德西兹和讷韦尔却比它早走了一步[196]。但在 1687 年，德西兹的两座桥，“法国最美的两座桥”，一座倒塌后被危险的渡船所替代，另一座不久前刚塌了一个桥拱[197]。卢瓦尔河的河水真可谓反复无常，尤其因为河道经常可以涉水而过。罗阿讷中级法院的官员断断续续地、千篇一律地记录溺水死亡事故，尸体被冲上河岸，个别的被人认出——如赶着羊群过卢瓦尔河时突然遇到洪水袭击的这位羊倌——多数仍身份不明。[198]

在水网交织的平原地区，陆路交通势必十分困难：数量甚少的车辆，而且如同在奥弗涅一样，用牛套车；驮重的牲畜；“肩扛背负”的人……

由于粮食生产（小麦、黑麦、大麦、燕麦）不够当地的消费，罗阿讷平原始终处于不平衡状态。[199] 大地主自动搬到小城市附近居住，依赖辛苦劳作的佃农为生[200]，但由于土地贫瘠，收效甚微[201]。除少数近期冲积层外，平原由沙土地或黏土地所组成，二者除充当制砖原料外，往往别无用处。唯独草地生长茂盛，那也并不容易！一句古谚提醒人们注意：“如果地上生长的草已能使你养家糊口，你千万不可辜负它的养育之恩而再去耕耘。”[202]

此外，这块平原上瘴疠蔓延，死亡率很高。人口稀少是乡村的严重缺点，从 4 月到秋季，“乡村里的热病流行，农民很少能得以幸免”[203]。18 世纪末，人们把这归罪于“空气污浊”，而污浊又由定期抽干池塘，进行耕作，三年后重新灌水所造成；事情是否果真如此，
i-205 我们姑且存疑。但可以肯定的是，疟疾在当地猖獗为害，到了炎热的夏季，富人纷纷去附近的山地避暑。

罗阿讷平原三面与海拔甚高的地区相接壤：东侧的博若莱山高 1012 米，西侧的马德莱娜山高 1165 米，南侧的讷利斯高地则在海拔 500 至 600 米之间。卢瓦尔河在穿过高地时，河身下陷，夹在两侧的峭壁之间，呈现一道深达 200 米的狭长峡谷（最近决定在这里建造水坝，以制服该河的突发性洪水）[204]。讷利斯高地在弗尔和蒙布里松呈脊状隆起，成为罗阿讷平原和福雷平原的天然界线。当你坐车过了弗尔后再往北行，路面出现陡坡，路标（用几国文字写成）赶紧告诉你注意踩住刹车。在北面，罗阿讷平原仅在伊格朗德和圣博内-德克雷与沙罗莱-布里奥莱丘陵“擦肩而过”[205]，顺畅地与波旁地区的平原连成一片。

罗阿讷平原东侧和西侧的两块山区具有与众不同的特点。那里的人口长期过剩，可为平原经济补充劳动力的不足（每到冬季，他们前来平原打短工，协助分成制农庄的长工挖沟）。但在山上，这些壮汉却作为小自耕农，各行其是地独立生活。他们在大革命期间狂热地拥戴神甫，在帝国期间则坚决反对大举征兵。高山为顽固派神甫和逃避兵役的农民提供“可靠的藏身之地”[206]，有谁会去山里把他们捉拿归案呢？

这里还要在马德莱娜山和博若莱山之间作一区分。博若莱山在罗阿讷一侧不种葡萄。博若莱的葡萄树位于索恩河上方的相当陡峭的东侧坡地，而在逐级下降的罗阿讷一侧坡地，则以大片森林 i-206
为主，另有四周被枝叶茂盛的山楂树围住的草场。在这里向罗阿讷方向望去，几乎看不见制高点，特别在云雾缭绕的天气。在这一侧山坡，畜牧业的发展胜过种植业，历来展现树篱成行、草地成片的景色，总的说来，土地相当肥沃。也许正因为如此，纺织工业于

19 世纪在库尔至昂普勒皮和帕尼西耶尔一带取得了广泛的发展。当地与里昂联系比较方便，可能也是一个原因。

马德莱娜山的情形十分不同，险峻的山峰屹立在西边的地平线上。山坡相当陡峭，朝平原方向倾注湍急的水流，奔腾澎湃、夹带泥沙的急流无疑把卢瓦尔河推向博若莱山：罗阿讷平原在河流两边因而显得有点不对称，城市后来将选择向卢瓦尔河西岸发展。这些短促的水流在马德莱娜山穿过狭窄的峡谷，给过路行人造成不少困难。这里过去曾是“剪径贼”[207] 拦路抢劫的天然场所。

然而，在海拔 400 米左右的斜坡上，阳光充足，土质适宜，密密麻麻地种着一排又一排葡萄树。一些大村庄由此应运而生，它们的产品信誉尚佳：例如勒奈松、圣罗曼·拉莫特、圣日耳曼-莱斯皮纳斯、圣福尔曼等地的葡萄酒；诺阿耶的葡萄酒又称“加朗波酒”，“色泽光亮如覆盆子”，普伊莱诺南的白葡萄酒“口味浓郁，兼有水果的醇香”……这些细节是我在 17 世纪的一位神甫那里借鉴得来的。[208] 如果要从这些葡萄酒里选出最好的一种，他说，“那就要让在巴黎和里昂之间往返赶车的信使和驿差作出评断〔这条大路显然经过罗阿讷〕，他们嗜酒如命，是品酒的行家里手”，对品评各种葡萄酒的优劣当然是求之不得的事。

i-207 到了 18 世纪，勒奈松的大集镇已成为罗阿讷葡萄酒的重要市场，货物大批运销巴黎，“在巴黎以阿尔梅松酒而著称”。据一份官方报告说，“阿尔梅松酒色泽红润，被用来为安茹等地的白葡萄酒上色。酒的品质不高，如果调配得当，也还可算是一种不错的普通葡萄酒”[209]。确实，在巴黎人眼里，同 1720 年开始大批上市的博若莱酒相比，罗阿讷的葡萄酒低了一个档次。[210] 葡萄酒出口毕竟使罗阿讷的贸易收支恢复平衡，葡萄生产直到19世纪中叶仍有所发展：1809年的葡萄酒产量达到26万公升[211]。如同在贝桑松等地一样，“铁路的出现导致了衰落”，因为不可能抗拒南方葡萄酒的竞争。[212] 葡萄种植虽然从此减少，但至今也还没有完全消失。

“罗阿讷山坡”的葡萄不超过一定的海拔高度。在葡萄园上方，到处是成群的橡树、山毛榉和栗树，这些树种今天越来越受到“以高收益著称”的松属树种的竞争，在更高的山顶上，森林被“茅蒿丛生、死水淤积”的辽阔草地所取代，就像孚日地区的高山牧场一样，“湿生植被四处可见，牛不慎陷进泥坑，深可及膝”[213]。

今天，用山毛榉木制成的木屐已被废弃，泥炭也逐渐不再使用，当地的葡萄种植多半已经衰落，农业人口普遍下降，这一切都是对山区的沉重打击，造成了山区居民不断外流。现代的农业和活跃的工业使平原价值倍增，平原的地位从此超过了山区。这块平原至今为过往行人展现一片“水草丰盛、牲畜肥壮”的美丽景色，沟渠纵横，绿树成荫，使环境变得更加整洁，高大的房屋，屋顶呈四个斜面下垂，一色的土墙，门窗都用当地的黄色石条为框架……

不用多说，无论过去和现在，对罗阿讷平原的评价不能着眼于 i-208
它本身，还要看到法国各地之间的交流，这种交流慢慢提高了罗阿讷平原的价值，并终于使罗阿讷交了好运。就在卢瓦尔河的两侧，并列着互为补充的两个世界：法国北方和法国南方。罗阿讷平原恰巧就位于这个接合部位，因而奥依方言和奥克方言竟各据该平原的北部（其中包括罗阿讷城）和南部！

法国的这两大部分在货物、人员、文化财富等方面互相交流。两条大路很早为这些交流提供了条件：第一条路取道罗讷河—索恩河沿线，经由阿尔、阿维尼翁、奥朗日到里昂，在建于1190年以前的拉吉约蒂埃桥越过罗讷河，再从索恩河谷朝莱茵地区、香巴尼和巴黎方向前进；第二条路取道阿列河谷：商人们从艾格莫尔特或蒙彼利埃启程，到达尼姆、阿莱斯、勒皮、蒙费朗后，继续向北进发。

后来，在14世纪，开始出现第三条道路，该路也从勒皮出发，沿卢瓦尔河上游抵达福雷地区，经圣日耳曼-拉瓦勒（绕过罗阿讷），与讷韦尔相会合……

一系列横向支线与这些贯穿南北的大动脉相连接，支线往西伸向奥弗涅地区，往东抵达索恩河谷。

道路与城市是互为补充的一个整体。随着陆路运输于14世纪日趋活跃，罗阿讷平原陆续出现了一些新兴城市，而在这以前，当地只有一座贵族城堡，难得能见到一座修道院，条件相当不利。新兴城市顺利地取得了免税特权。不论有无城墙，它们陆续开办集市，分别聚集居民1000至3000人，这在当时为数已相当可观；它们是维勒雷、圣昂勒沙泰勒、圣日耳曼-拉瓦勒（交通枢纽）、塞尔维埃尔、圣瑞斯特-昂舍瓦莱、勒克罗泽、内龙德和沙尔略；在所有这些新兴城市中，位于卢瓦尔河右岸的沙尔略起步最早，经济也最
i-209 活跃，是里昂通往巴黎的“法兰西大道”同与贝尔维尔并排的横向大路连接卢瓦尔河和索恩河的交叉点。紧贴布里奥内地区（境内有不少罗马式教堂）的这个小城市至今保存着往昔荣华的见证，例如建于12世纪的教堂前廊是早已被破坏的一座修道院留下的遗物。

罗阿讷或运输的胜利

直到14世纪,罗阿讷同周围的这些小城市相比,还只是一个人口不足400人的村庄。到了15世纪末,即百年战争的前夕,它才出现第一次突飞猛进。它是否掌握了什么重要的王牌?在罗阿讷境内,冲出维勒雷峡谷和穿越讷利斯高原的卢瓦尔河可通航运,开始“顺水行船”[214]。查理七世的财政总监雅克·科尔(1395—1456年)一眼发现了这一有利条件:在他晋升为领主以后,雅克·科尔对罗阿讷平原的铁矿、铜矿和铅银矿发生兴趣。由于矿砂需运往贝里、奥尔良、图尔等地区的冶炼工场,他怎么会不被位于卢瓦尔河畔的罗阿讷所吸引呢?他特意从贝里地区派遣造船工人去罗阿讷,此外还派去了船夫:有人认为,这些船夫是后来在罗阿讷历史上占有重要地位的、喜欢闹事、争吵乃至斗殴的那群水手的祖先[215]。但是,雅克·科尔的干预为时甚短,不宜夸大他的作用。

罗阿讷的“起飞”实际上将在晚些时候方才出现,这里有两条很明显的理由。

第一条也是主要的理由,里昂与巴黎的远程联系,即罗讷河,卢瓦尔河和塞纳河的联系,发展十分缓慢。罗阿讷则随着这种联系的发展逐渐成长壮大。在法兰西经济生活中,巴黎几个世纪以来始终是个权力的磁极和富有号召力的中心;里昂从路易十一于 i-212
1463年允许它开办交易会的那天起,一跃而上升到现代化大城市的地位。当然,两极之间的联系并非必须等200年以后布里亚尔运河开通时才达到相对的完善:这条运河将在卢瓦尔河和塞纳河之间改变那种把货物卸下船只、改用车运的旧办法。

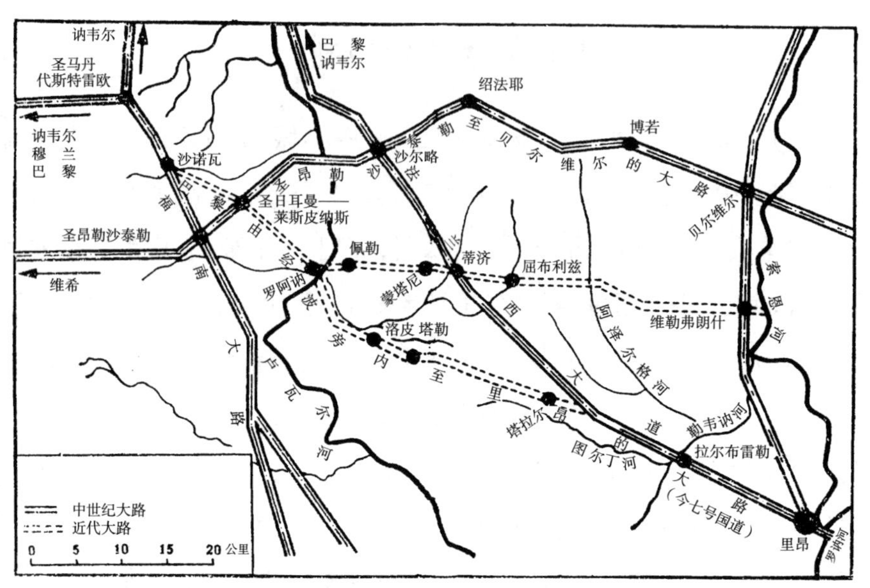

沙尔略的货运被罗阿讷夺走

第二条理由是索恩河和卢瓦尔河在博若莱山区开辟了一条有利于罗阿讷的联系通道(其原因与罗阿讷的意愿没有丝毫关系)。直到 15 世纪为止,两河之间的联系以贝尔维尔为起点(贝尔维尔是博若在索恩河畔的港口),经山间栈道前往沙尔略(我们已讲过这个交叉路口的作用)。但在 15 世纪,维勒弗朗什正逐渐取代博若作为博若莱地区的中心地位,在变成了索恩河和卢瓦尔河之间的桥头堡以后,维勒弗朗什开始优先使用通往罗阿讷的另一条山间栈道。过后不久,里昂的货物将不再走直接通往纳韦尔和巴黎的“法兰西大道”,而是通过修筑新路,经塔拉尔运到罗阿讷的装卸码头。此事将于 1449 年完成。[216](见本页图)

今天在七号国家高速公路驾车飞驰的人很难想象往昔陆路交通的困难。在当时,几乎沿着同一条路线,人们沿着莱茵河谷和图

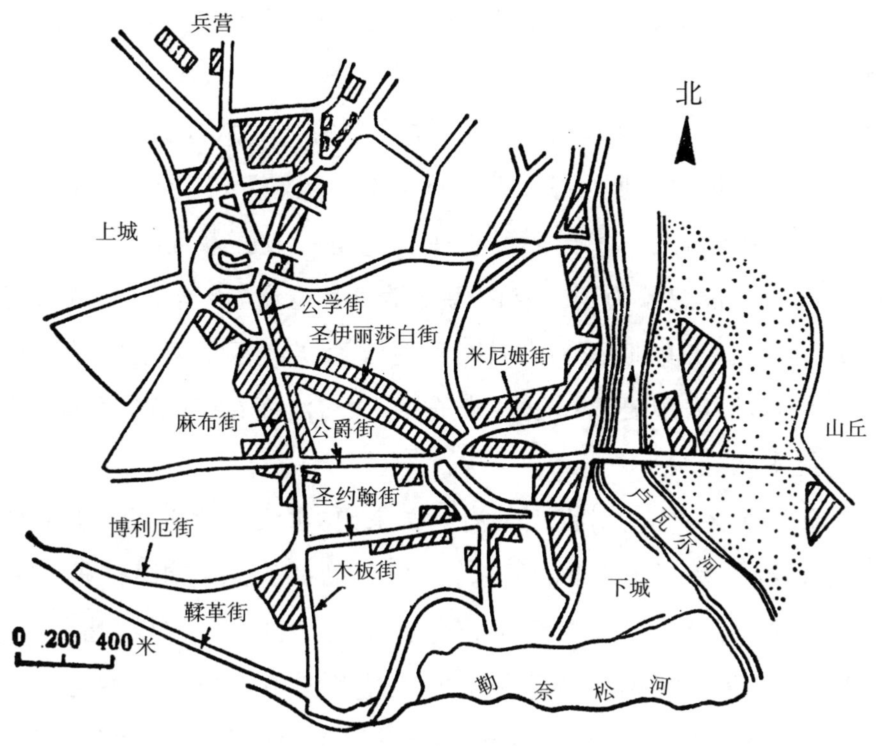

18 世纪中叶的罗阿讷市

尔丁河谷前进，穿过野人山口，后者屹立在卢瓦尔河和罗讷河之间的分水岭上[217]。艾利·勃拉肯豪费讲述说：这条山路过去“十分难走，实际上并非因为山高，而是因为路途崎岖曲折，时而顺坡直下，时而向上攀登”；我们掌握着 17 世纪斯特拉斯堡的这位旅行家的旅行日记。法国驻罗马大使丰泰恩侯爵与他一起乘坐“一辆装有玻璃窗的四轮马车”，拉车的 6 匹白马很快沾得满身都是黄泥，在过了塔拉尔以后，不得不“改用 8 头黄牛套车，以利行车的方便”。这是在 1644 年发生的事。但是，直到大革命前夕，尽管 18 世纪的道路有了许多进步，人们为翻越塔拉尔山，仍用黄牛拖拉驿 i-213

车！[218] 当时在罗讷河和卢瓦尔河之间运输货物该有多少困难，由此也就可想而知。几乎应该说是一大壮举。

卢瓦尔河上的航运不是也同样困难的吗？从今天的情形看，卢瓦尔河已被河堤所驯服，两岸分布着沙滩、草木、浮动的残骸以及各种冲积物，人们怎会怀疑它往日竟是一条狂暴而又布满小船的河流！一位想象力很丰富的历史学家甚至说，卢瓦尔河“从未真正通航”[219]。弗朗斯瓦·比亚库瓦则认为：“卢瓦尔河上船舶运输的生命力，原因主要不在于自然条件的配合，而在于人的意愿。”这话说得多么好啊！

此事关系重大：对卢瓦尔河上游来说，再没有比确保一大部分南北水陆贸易更重要的事了。五金用品、武器、纺织品（棉、毛、
i-214 丝）、服饰用品以及杏仁、榛子、食油、无花果、橄榄、柠檬、葡萄、软木瓶塞、成桶的奶酪等成千种南方产品源源不断地从罗讷河谷运来。此外还要加上包括棉花在内的东地中海产品或意大利产品。以里昂为转运中心运出的货物更是多种多样。人们看到，亚眠的呢料有时就经索恩河运到罗阿讷，然后再同其他商品一起，运销卢瓦尔河沿岸各地。[220] 还有奥弗涅地区的产品，经阿列河运往外地：阿普勒蒙或沃尔维克的石料；梯也尔和昂贝尔的磨石、砖瓦和纸张（于 17 世纪经由南特远销西班牙）；波旁地区的秸秆、葡萄酒、木梁、水果、木炭、泥炭；甚至还有 17 世纪以来深受巴黎人青睐的维希矿泉水。[221]

朝另一个方向，逆流而上的货运量较少，而且货物往往较轻；茜草、木炭、桶装鲱鱼、织物、美洲的糖和咖啡……但大西洋的盐也逆水运往上游地区，有时甚至利用阿列河的部分河段。作为重货

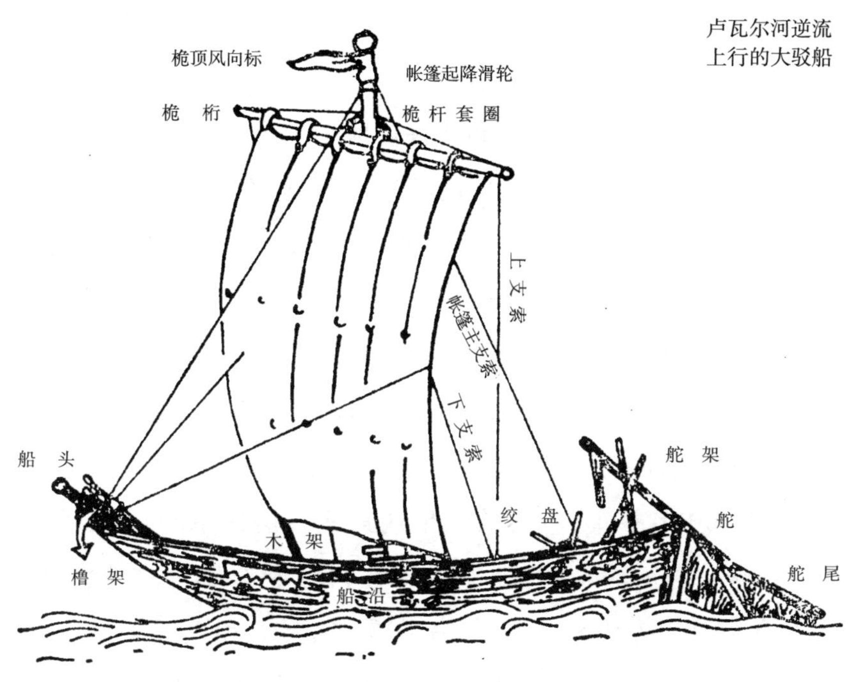

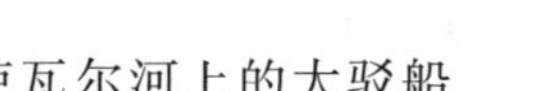
卢瓦尔河上的大驳船

驳船装有帆、舵、橹架（齿状木块，固定在船身前方和后方的两侧，可插入一根木棍，加快船只的航速）和绞盘（可起降桅杆的船篷）。参见G. 比东：《卢瓦尔河的船只》1972至1976年版。

的小麦，每当谷物歉收，也必定用船运输。由于谷物在罗阿讷平原每年供不应求，有时就靠卢瓦尔河流域通往普瓦图、博斯、奥弗涅的陆路供应，甚至通过大西洋的港口。例如，1562年的收成很糟，但“因卢瓦尔河1653年1月已经化冻，满载小麦、黑麦、豌豆、蚕豆、梨、果酱等货物的许多船只，开到卢瓦尔河从奥尔良到罗阿讷的所有港口，向居民提供食品；有的〔指的是谷物，当然不是船〕据说来自波兰王国”[222]。1529、1531和1543年，里昂出现饥馑，博斯地区的小麦用船运到罗阿讷，再用两轮货车转运里昂。[223]1709年，各地普遍缺粮;人们在同一些道路上看到成队的运粮船从奥尔良启航,供应多菲内部队的军需。[224]

i-215 在另一个方面,在马赛卸船的东地中海谷物有时先运到罗阿讷,然后再转送巴黎。1710 年的情形正是这样。我们正好可乘机估算里昂和罗阿讷之间的陆路运输量。[225] 最好的办法是列举历史文献向我们提供的具体数据,但这就要我们像小学生一样,把很久前学过的那些容易让人上当的基本算术题仔细地重新叙述一遍。与此同时,我将用方括号和着重号穿插作必要的说明。

“里昂四郊的堂区〔指的是村庄〕,在靠山的一侧〔即西侧〕,通
i-216 常可提供 600 名牛车夫,每人每星期只能去塔拉尔〔即占全程的三分之一〕跑一趟运输,因为他们无论在里昂装车和前往塔拉尔,或在塔拉尔卸车〔这里可以看到,货物需要转运〕和返回里昂,都用 6 天时间,第 7 天为星期天,牛车夫不工作。因此,里昂每天有 100 名牛车夫装车〔装 100 辆车〕,每车各载重 8 公担。[226] 100 名牛车夫就运 800 公担,按每塞蒂埃重 230 斤计算,折合 374 塞蒂埃小麦。从塔拉尔到圣西福里安以及从圣西福里安到罗阿讷,每天也都有 600 名牛车夫从事运输〔原文如此〕。每星期因此都有 2244 塞蒂埃小麦从里昂运到罗阿讷,折合 187 姆伊。在贝尔维尔到卢瓦尔河畔普伊的路上〔原文如此〕,每天的车运量为 150 塞蒂埃小麦。每星期就运 900 塞蒂埃,折合 75 姆伊。总计〔187＋75〕262 姆伊。由于节庆日同星期天一样,牛车夫都不赶车,估计可把总数减低到 250 姆伊。”

读者如果有耐心逐字逐句地读完以上材料,就会发现这是农民利用剩余劳动力从事的定期运输活动:1800 辆牛车慢吞吞地列

队前进（每天行程约 14 公里），每隔 7 公里为一站，也就是说，在每公里路上，都有 20 辆车在上坡或下坡，车与车的平均间隔仅 50 米！我们今天开汽车外出，往往为路上有太多的卡车需要超车或会车而抱怨。当时坐四轮马车旅行的人或驾驿车赶路的人又该作何感想呢？

至于运输的小麦数量，如按巴黎的度量单位计算，里昂和罗阿讷之间每星期为 187 姆伊。根据文献申述的理由，再减少一点，就算 180 姆伊，我们可得出每年 9360 姆伊的数字；按每姆伊折合 1800 公升计算，就是 16 848 000 公升，约等于 140 400 公担或 14 000 吨，这是充分利用陆路所能达到的最大运输量。文献在一开头就指出，有 3200 姆伊的谷物储存在法国南方，需要用几个月 i-217
时间才能运到那年急等粮食解救饥荒的首都。可惜的是，里昂沿卢瓦尔河的陆路运输“极其困难，限制着每星期运到巴黎的谷物数量”[227]，尽管在平行的两条路上兼程行进，运量仅 250 姆伊而已。

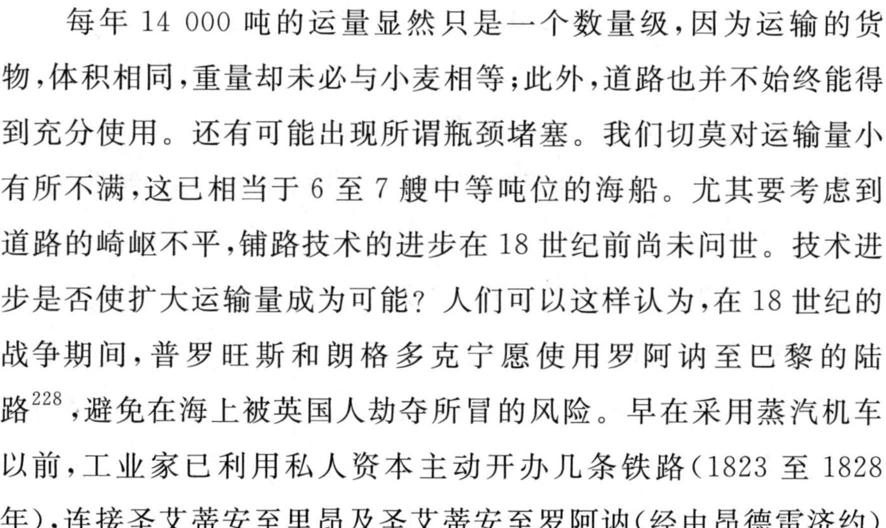

每年 14 000 吨的运量显然只是一个数量级，因为运输的货物，体积相同，重量却未必与小麦相等；此外，道路也并不始终能得到充分使用。还有可能出现所谓瓶颈堵塞。我们切莫对运输量小有所不满，这已相当于 6 至 7 艘中等吨位的海船。尤其要考虑到道路的崎岖不平，铺路技术的进步在 18 世纪前尚未问世。技术进步是否使扩大运输量成为可能？人们可以这样认为，在 18 世纪的战争期间，普罗旺斯和朗格多克宁愿使用罗阿讷至巴黎的陆路[228]，避免在海上被英国人劫夺所冒的风险。早在采用蒸汽机车以前，工业家已利用私人资本主动开办几条铁路（1823 至 1828 年），连接圣艾蒂安至里昂及圣艾蒂安至罗阿讷（经由昂德雷济约）

的交通。这难道是偶然的吗？1826年，人们对这第一条铁路的股东们说，这是“终于实现期待已久的连接卢瓦尔河和罗讷河交通这件善事的可靠手段”[229]。

用今天的眼光看过去，我们对卢瓦尔河的运输，就会看得清楚得多。几千条木船在河上航行，一律都是平底，以免“搁浅”，这一危险时刻困扰着所有的船夫，搁浅的原因如果不是撞着埋在河床上的礁石或树木，便是陷进浅水沙滩。即使设置航标也保证不了
i-218 安全：每次涨水都使河床改变模样，航标的位置也要不断改变。在河面开阔的某些地段，河网交叉，岛屿密布，卢瓦尔河“既无处不在，又难寻踪迹”[230]。一条平底小船在前面领航，沿途插上细长的榛树枝或忍冬树枝，必要时高声警告。

卢瓦尔河的船只用松木制造(通称松木船，在卢瓦尔河上游的造船中心圣朗贝尔，又称“拼板船”，如来自阿列河，又称奥弗涅船)，多数仅供顺流下航之用：船员下船后步行返回罗阿讷，船只往往就地“拆散”，当作木柴出售。《1809年卢瓦尔地区统计年鉴》说，船只“出售后或被劈成木柴，或改充梁架”。若要逆水上行，每条船的成本约在300至500里佛之间，在启航地花300至500里佛买下，再在巴黎以100里佛卖出。这些船并不牢固，制造仓促，“往往论打出售”。它们经不起几次航行。相反，兼备顺流和逆流航行能力的船只，则用橡木精心制造，寿命长达10年之久。这些古老的货船，又称趸船、拖船或艄船，至18世纪末才定名为驳船。驳船船身细狭，约有9至15米长，张挂一篷大帆，往往三五成群地连成一队逆卢瓦尔河上行。领头的第一艘船使用船舵，帆篷挂得很高，其他的船陆续放低篷帆，以利风力推动。一串约5至6米长

的平底拖船跟在后面。整个队伍就这样浩浩荡荡地前进。[232] 1709年9月14日，突然狂风刮起，船队最后的两条船“撞在前一条船的尾部，致使船沉水底”[233]。

这种航运充满着不测事故，冬季河水骤涨，行船危险，夏季水位过低，使船不能通行。即使顺水下航也要花几星期时间。无论 i-219
在卢瓦尔河或在阿列河，船员必须不断划桨，过着苦役犯一般的生活，且不说挤在船上睡觉。[234] 身下就铺一点草秸。只是当天黑前靠岸时，才有登陆休整的机会。旅程结束后，在步行返回的途中，他们倍觉轻松愉快，发疯般花钱。

卢瓦尔河的船只以顺水下航为主，但逆水上航也达几百次之多。每年约有50米条船从卢瓦尔河下游来到罗阿讷，而从该河上游和阿列河开出的船却有几千条。勤奋的地理学家J.-A.杜洛尔[235] 1789年在罗阿讷看到，扬着巨帆的船只“满载货物从南特或卢瓦尔河其他沿岸城市开来，货物随后经陆路转运里昂”。除帆篷外，这些航船还用人力拉纤；但航行仍极其缓慢，甚至往往停船等待顺风，以致这些敞篷船“逆行百里所费的时间经常比殖民地产品从美洲漂洋过海来到法国的时间更长”。奥尔良有一位名叫桑松的人断言，运送的货物很可能在途中腐烂变质，他主张用兽力代替在卢瓦尔河和罗阿讷河岸边的人力拉纤。一份长篇报告在答复中说：桑松的意见完全不可能实现。马匹沿卢瓦尔河岸行走将困难重重：高耸直立的堤坝几乎遍布河边，有时达五六米之高。护堤坡既少，又不够宽：人可在坡上冒险前进，而马匹则不行。[236]

正是卢瓦尔河两岸的农民，一到冬季，受雇充当纤夫。其中一些人也充当替补船员，但真正的船员结成一个抱得很紧的封闭性

团体，就像旧制度下的小帮会那样。他们对这些乡巴佬、“牛粪团”、“稻草人”、“泥腿子”动辄破口大骂。受辱者则以“孬种”、“尿包”、“臭水鬼”反唇相讥。[237] 这是一场阶级斗争，还是一场粗鲁的对骂？

i-220

总之，船上的人脾气都很火爆，在罗阿讷中级法院投诉控告的数量之多[238] 足以为证。涉及的固然都是些小事（骂人、打人或伤人），但船民在其中占了太多的比例。他们也可能起而反抗官府，正如较晚的一份文书[239] 所说：“用武力对付武力”。据说他们还“弄虚作假，不守信用，诳言骗人和敷衍塞责”，这也有此可能。有人特意提醒斯特拉斯堡的旅行家艾利·勃拉肯豪费：对那些争先恐后地上前坑骗旅客的船民，最好还是把饭食、饮酒、沿河的停靠地点以及船主留在船上等一切事宜预先讲明，抱定宗旨要等到旅程结束方才付款……结果，艾利·勃拉肯豪费根据罗阿讷一家商行的推荐，租用了路易十三从前坐过的那条船；他最后承认：“我们没有察觉船夫有何过错，他们肯守规矩，态度也还诚恳。”[240]

此外，旅客纷纷前来罗阿讷，显然不是为了早日到达巴黎（这种希望恐怕会落空，从里昂到巴黎乘坐驿车只费 5 天时间，而乘“舱船”，单是罗阿讷到奥尔良这段水路，赶上晴天也要花 3 天时间）[241]，而更多地是要少受车马劳累之苦。他们觉得舱船比较舒适，这种专门为客运而建造的轻型船只因在甲板上设有“舱房”，故名“舱船”。当时的权贵们对这种运输方式倒也并不轻视。1447 年，勒内一世[242] 从昂热上溯卢瓦尔河至罗阿讷，前往普罗旺斯公爵领地，“随行的船队舱内张挂帷幔，舱外饰以旗帜，船上或乘坐王公宠臣，或载运壁毯、碗盏及其他器皿”。1481 年，“国王的尸体又

秘密地从原路返回，经罗阿讷到蓬德赛，最后抵达昂热城”[243]。其 i-221
他名人也留下了他们的足迹：路易十一于1476年从勒皮来到罗阿讷；弗朗斯瓦·德·保尔、查理八世和路易十二分别于1482年、1490年和1498年到此一游[244]，萨卢斯侯爵于1539年启程时随带“一群小提琴手”，为旅途生活增添情趣[245]；亨利三世和卡特琳娜·德·梅第奇于1584年夏亲临该地；萨瓦的夏尔-埃玛尼努尔于1599年来到这里[246]；亨利四世于1601年1月放弃对萨瓦的战争行动后返回巴黎。此外还有路易十三、黎塞留以及塞维尼夫人……

客运和货运在18世纪全都有所进展。一方面，巴黎为满足其需求，要从罗阿讷“山坡”和博若莱取得葡萄酒，两地每年的输出量分别为300万和500万公升。这些酒桶并不全都经由罗阿讷运出：博若莱和勃艮第的葡萄酒在普伊苏沙略、德西兹、迪关以及卢瓦尔河沿岸的各村镇装船，这些村镇都有“港口”，其实是些普通的码头。但罗阿讷在葡萄酒运输中所占的比重最大，遥居领先地位。

第二股推动力，具有决定作用的推动力，是罗阿讷的航运自1728年起一直伸展到上游的圣朗贝尔，使穿越讷利斯平原的卢瓦尔河峡谷终于通航。这项酝酿已久的计划最早始于1572年。整个工程由皮埃尔·德·拉加台特主持进行，旨在修正河道的流向，所需的巨额资金由一家公司提供：买下卡住河流咽喉的一座磨坊；通过协商使十二三座其他磨坊让开通道；清除埋在水底的危险礁石和树木……总的说来，工程相当困难，而且旷日持久，要冒风险。大臣会议于1702年5月2日决定批准正式开工，“直到1725年才真正完工”[247]。在原则上，中标人本应把圣朗贝尔上游的疏浚工 i-222

程延伸到莫尼斯特罗尔。但皮埃尔·德·拉加台特提出种种理由，声称此事不可能实现，最后始终没有履行这部分承诺。由此引起了商人们的抗议乃至攻击，也有的商人表示愿意出力帮助。圣朗贝尔的一些木材商人愤怒之余，决定在莫尼斯特罗尔建造两条船，其中一条被洪水冲走，另一条于1756年顺利到达圣朗贝尔，借以表明在河上航行完全是可能的；尽管他们的行动纯属徒劳，但我对此十分欣赏。

回过头来再谈正题。把罗阿讷上游的航行延长到圣朗贝尔至少要达到两个目的。首先是开发圣朗贝尔周围尚未砍伐的森林，这就可能使不久将几乎垄断整个卢瓦尔河流域造船业的木材商人在这个小港口集中。当时，每年建造的木船至少有100条，后来更多：如果我的计算不错，大革命前夕达1500条；据一位名叫德尼·卢伊亚的青年历史学家说，1822年可能达2800条[248]。这些船开到罗阿讷，有时空载，有时装着木材或泥炭。载运泥炭的船逐渐增多，泥炭产自圣艾蒂安盆地，先用车辆或驮畜运到圣朗贝尔桥下方的小港圣茹斯特，再从这里装船起运。无论空载或实载，这些船只进入罗阿讷时都必须缴纳40里佛通行税，河道疏浚公司在河道中央插着一排木桩，再加一条铁链，拦住船只的过往通道。

至多可装运15吨煤的“松木船”在抵达罗阿讷后又额外装货，达到20吨之多。这项转运更巩固了罗阿讷的有利地位。用当时
i-223 的尺度来衡量，2000多条船约运货4万吨，其中酒和煤各占一半，为数相当可观[249]：煤主要供应塞夫尔手工工场，经布里亚尔运河运到巴黎。

资本主义和封建主义

我们不要就此以为罗阿讷在18世纪或19世纪初经历惊人的繁荣。它依旧是个小城市(1800年仅有居民6992人，另外再加上其直属镇帕里尼的居民810人)[250]。J.-A.杜洛尔[251]于1789年指出，由于没有城墙(这是一个迹象，即使不应认为是一个决定性的迹象)，罗阿讷“不具城市的名号，人们至今称它是集镇，虽说是法国最了不起的集镇”。

可以肯定，位居水陆要冲的罗阿讷不是重要的商业中心。如同任何其他城市一样，罗阿讷市区的行业门类十分齐全，有律师、医生、各式各样的商人。甚至还有批发商(在他们死后进行的财产清点足以显示其数额之大)以及十来名经销商(1700年前后，接受里昂各家公司发送的货物，通常再转运巴黎)[252]。最后，罗阿讷还有一些出任荣誉职务的大人物，但他们与当地的生活有点格格不入。对国王于1657年在地方行政长官之外设置的“长官助理”的职位(职位实行捐买)，富人毫不动心。城市治理不善，或毫无秩序可言，泥泞遍地，铺路的石块残缺不全，这也许与上述情形有关。但更大的可能是，在这方面，当时的城市大多与罗阿讷十分相似。

历史学家在回顾往事时，自然而然地把注意力放在运输方面。从道理上讲，罗阿讷的则富以及资本主义的新生事物难道不该集中在运输部门吗？可是，就在城市活动的这个中心，并没有取得令 i-225
人瞩目的成就。运输的高涨给木材业和造船业带来了生机。资本主义迈出了蹒跚学步阶段的最初几步。运输商同船主逐渐分家，后者率领几名帮手在船上工作，前者拥有好几艘船，委托代理人和

船工驾驶。随着18世纪的加速发展。一些小资本家纷纷成立运输公司，借以赚钱谋利：贝里-拉巴尔因事业成功而发家，就是个相

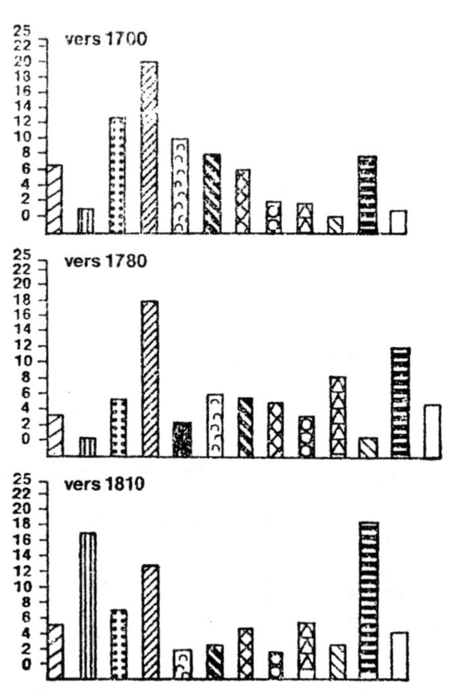

法律界人士自由职业者
资产者、食利者、地主
商人
食品行业
纺织行业（包括织布和染色）
皮革行业
其他行业

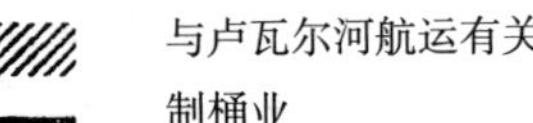
与卢瓦尔河航运有关的行业
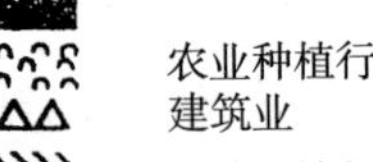
制桶业
农业种植行业
建筑业
陆路运输行业
零工

罗阿讷社会职业状况的演变

请注意，在经济增长的一般环境下：第三产业和资产阶级大幅度上升；农业人口急剧下降；船员人数相对减少（即略有减少）；陆路运输逐渐增加；工匠人数（包括建筑业在内）明显增多；最后，零工大量增加，零工于1810年已成为最大的社会集团，这表明平民阶层面对财富增长而趋向两极分化。

当典型的事例。这个家族同时拥有船只和造船工场。1765 年，皮埃尔·贝里-拉巴尔以及几名批发商“几乎垄断了”圣朗贝尔和罗阿讷之间的贸易。[253] 这里所说的贸易究竟是指煤炭的买卖，或是仅仅指主要在这一河段上从事的运输呢？

无论在哪种情况下，垄断都事关重大。在官方文书中提到的一张汇票恰好来自这家富商，恐怕不是事出偶然。1752 年 9 月 25 日，几名船工截住公司的几艘运煤船，居然自作主张就把船开到巴黎。事情虽小，却很说明问题。[254] 贝里-拉巴尔家族行动并不自由，遇到的对手相当厉害。再说，尽管没有数字作依据，在人们的印象里，总觉得由船运发家的财主都是小资本家。旧制度下的运输业实际上从不是个能赚大钱的部门。[255] 发横财的人虽说也有，那就要到另一个社会阶层中去寻找了。

与以上的造船主相比，皮埃尔·德·拉加台特更称得上是真正的资本家。对他的情况，我们不很熟悉。他的企业成立之初就以巨额资本为后盾，一笔 50 万里佛的巨款由许多放款人（1792 年 i-226 清账时了解到，共 40 人）共同提供。此外，河流的维护（设置必要的航标）费用每年都在 4000 里佛以上，还必须使用相当多的人手收纳通行税。税额每年为 5 万里佛左右；人们认为，这笔收入同几年工程期间的非生产性投资相比显得微不足道。如果作一粗略计算，收入不会超过支出的 8%。此事看来涉及许多具体细节，我们对其中的“奥秘”并不全都清楚。在查阅历史文献时，我们偶然得知，1765 年 11 月出任“里昂巡按使代表”的维尔农先生是开辟“新航线”的出资人之一，或者说是其中的一名股东。另有一个更宝贵的细节，皮埃尔·德·拉加台特不单从通行税收益中提取息金，并且还在圣艾蒂安城外购买煤炭，装船运往罗阿讷——他因此违背了关于该市四周方圆二里范围内生产的煤炭只准供圣艾蒂安使用的规定。[256]

总之，开辟所谓“新航线”所涉及的方面要比人们一眼所能看到的更广，不但保证有利可图，而且赚钱的花样也多，拉加台特及其合伙者之所以对开通莫尼斯特罗尔至圣朗贝尔一段河道的工程不计代价，敢冒风险，我们也就可以明白了。他们财大势大，最好的证据也许莫过于他们在同皮埃尔·德·里瓦[257]对簿公堂时取得了胜诉，此人也非等闲之辈，恰恰在航运问题上同他们有了矛盾。里瓦原是布列塔尼煤矿（产量已大大降低）的股东，自从在菲尔米尼定居后，想把在莫尼斯特罗尔开采的煤炭装船运往外地。于是同新航线公司发生了冲突。里瓦对大臣会议提出申诉，控告该公司借故爽约。为此进行了一系列专家调查，提出的报告显然

i-227 偏袒拉加台特一方。里瓦的理由是，扩大开发莫尼斯特罗尔四郊的煤矿和重要森林资源不但能使造船主取得替代的木材（圣朗贝尔森林经过 50 年的大量砍伐，资源已经枯竭），而且还能向国王的海军提供大树（将沿河漂送至南特），但他的意见没有被人采纳。尽管他一再坚持，尽管他怀有强烈的事业心，最终还是失败。他在菲尔米尼被淹的矿井中装设了一种机器，并以此为自豪，这种机器其实就是根据英国纽科门的样式[258]加以简化的蒸汽抽水机。这在 1759 年是项了不起的成就！

至于罗阿讷至南特和巴黎的马拉驳船，能否算是大企业呢？这项运输活动由拉菲亚德公爵于 1679 年[259]创办，并几乎立即由他承包经营。马拉驳船不享有任何垄断，但强者往往欺压弱者，当

它每星期两次从罗阿讷开船时，总是广事招揽，力求装满旅客和货物，其手段之恶劣使一般运输者不可能与之抗衡。然而，受害者的恼怒和对立终于迫使马拉驳船在1697年停止营运。但在1736年，亚历山大·伊冯再次接受承包，利用他拥有布里亚尔运河的产权，同蒙塔日和内穆尔的马拉驳船相竞争。布里亚尔运河、奥尔良运河和卢万运河之间的这场争夺战与我们这里讨论的问题关系较远，但它可以表明亚历山大·伊冯的经营范围之广，顺便指出，伊冯不是罗阿讷人。

总的来讲，在18世纪，罗阿讷及其附近地区远没有经受近代资本主义的侵扰，近代资本主义当时才刚起步。罗阿讷人仍深受旧时代的束缚，这从拉菲亚德公爵的行为中可以看得一清二楚。拉菲亚德公爵于1666年被封为罗阿讷公爵，并因此获得一系列新的产业、税收和特权；雄心勃勃的公爵立即动手，彻底加以开发利用。他不仅成功地维护了既得利益，而且还有所开拓，恢复了某些早已废弃的特权，严格按老规矩办事，这一事实的确值得人们回味 i-228
深思。就在罗阿讷当地，他在卢瓦尔河征收港口税和通行税（包税额可达5350里佛），对在城市货栈出售的小麦征收“谷物税”，甚至还征收拘押税，在堂区的什一税中提成四分之一；他有权比别人早一个月在市内出售葡萄酒，有权强制居民去他的磨坊磨面……他在离罗阿讷一里远的地方拥有布瓦齐城堡，还有土地，分成制庄园以及七八个鱼塘。再加上几处收费的榨坊，村庄中的葡萄农必须去那里压榨葡萄。这类封建权的数量之多不胜枚举，以上仅罗列主要几项；公爵及其下人乘机要挟、找碴、勒索的情形更比比皆是。1705至1706年间，他们同城市的经销商打了一场官司，又建造和

买下几座磨坊，企图恢复征收磨面费的特权。这些仗势欺人之事可鲜明地显示罗阿讷当时的真实情景。封建主义在罗阿讷难道能与资本主义和睦相处吗？[260]

市 内 状 况

这里恰好[261] 有一份调查材料提供了有关旧制度末年罗阿讷的社会职业状况(见第 204 页的图表)，其中的许多问题有待我们进行深入的思考。如把这个小城市的人口按三大产业(第三产业，第二产业，第一产业)划分，大体上可分别得出以下数字：13.5％；54％；20.5％；总数达不到百分之百，由此说明调查还不可能十分完整。但这些数字暴露出一种奇怪的结构：

一、在“第三产业”中存在一个地位显赫的官吏和法律界人士的阶级；商人和旅馆老板仅占总数的 7％。

二、工匠人数众多，占 54％(其中 19％是船工)。

i-229 三、第一产业的人数因我们把零工计算在内而有所扩大，农民和葡萄种植者实际上只占 7％。这就证明，罗阿讷似乎同周围的农业活动有点脱节，甚至保持相当距离。重要的问题是，这究竟由于城市起步较晚，或者因为水陆运输部门不断在招收劳动力？拥有地产的特权阶级控制着城市四周的一大部分土地。罗阿讷与米卢斯等其他城市不同，并未停止在邻近的乡村进行投资。

四、最后一点，在大革命前夕，罗阿讷的居民区有明显的专门化趋向：工匠和零工主要住在北部的“兵营区”、下城的南部和西部边沿，以及港口附近；特权者分布在上城和下城的交界地带；商人、经销人和船工集中于罗阿讷的岛上。城市布局尽量适应分工的要求。[262]

在 19 世纪和 20 世纪

以上的简短考察对罗阿讷及整个罗阿讷地区过去的经济活动还有许多方面没有谈到,特别是关于城乡间的平衡问题。大量的学术著作,尚待发掘的历史资料,当能允许我们作更深入的研究。但就我们这里解释的范围而言,难道还有此必要吗?

为了最终确定罗阿讷的独特地位,最好还是看一看在原有的船运业消失后[263],也就是说自从 1838 年后(在卢瓦尔河一侧建造的运河于 1838 年完工,该运河将长期为罗阿讷服务,其活动今天正不断地急剧下降),或者自从 1858 年后(一座铁路桥使罗阿讷 i-230
与全国铁路网相连接[264]),这个城市及其附近地区变成了什么样子。

从整体上看,这些事件没有葬送罗阿讷的繁荣。城市仍是重要的交通枢纽,正如在开凿了连接圣艾蒂安盆地至罗讷河的日沃尔运河(1761 年)和从迪关到索恩河的中央运河(1784 —1790 年)以后的情形一样。今天,就在已有了很大扩展的市区范围内,罗阿讷共有居民十几万人,等于 1800 年人口的 10 倍以上。更何况,城市对周围地区的控制也有所加强。它的辖地面积十分有限,在四周方圆 60 公里的范围内,就有下列城市同它接壤,同它竞争:圣艾蒂安、里昂、马孔、穆兰、维希、克莱蒙费朗;即便要挪动一块界石,也殊非易事。罗阿讷地区面积既小,土地又贫瘠;但在 19 世纪,乡村作坊却成倍增加。当地的廉价劳动力足以满足发展棉织和丝织工业的里昂资本家以及罗阿讷的小企业家的需要。此外,这是些手艺高超的劳动力:如同法国的许多村庄一样,乡村中的大麻加工已有几百年的历史。每当夏季来临，平原上“臭气熏蒸”，正是“浸沤和翻晒大麻的时候”[265]。麻织向棉织的过渡从 18 世纪开始，到 19 世纪更趋加剧；这还不是一次真正的突变，熟练的纺织技艺早已存在。

罗阿讷的纺织业是一种陈旧的工业形式，同佛罗伦萨和托斯卡纳 13 世纪的毛织业相去不远[266]。但这种原始工业或“前工业”寿命很长。食品市场和乡村作坊近在咫尺，便于这种工业的均衡和健康发展。老板们因城市工人的骚动而惶惶不可终日，对工业
i-231 的集中和机械化并不起劲。电力的出现给他们帮了大忙，使动力和工场的分散布局成为可能。工业的现代化因此姗姗来迟。经济形势又为罗阿讷的兴旺发达助了一臂之力。随着米卢斯于 1871 年被德国吞并，罗阿讷成了色彩艳丽的“维希棉布”的首要制造中心。因此，1870 至 1890 年间，罗阿讷的纺织工业将处于鼎盛时期。它后来还抗拒了 1929 年的经济衰退。“镂空挑绣”的针织业出现后，罗阿讷在法国迅速取得了第二位，紧随特鲁瓦之后。

相当出人意外的是，罗阿讷仅在 1955 年才出现了结构性危机。旧经济的土崩瓦解顿时使人们惊慌失措。然而，罗阿讷利用其行政职能，依靠正在发展的第三产业以及在市内或附近地区新建的冶金工业，仍然成功地顶住了这场危机。到了今天，席卷法国和世界的普遍危机——经济危机、社会危机、政治危机、心态危机——在罗阿讷也同样表现出来。至于前途如何，现在谁也预见不了。但有几个问题可以看出。

其中之一关系到通道的职能，这个永恒的问题在 14 世纪已发挥作用，如今又一次被重新提了出来：三条南北通道正互争高低；

经由克莱蒙费朗的阿列河通道，经由罗阿讷和塔拉尔前往里昂的波旁地区通道（即卢瓦尔河通道），最后还有索恩河和罗讷河通道（该通道于20世纪已超过另两条通道，并不断扩大其领先地位）。此外还有南特至里昂、波尔多经克莱蒙费朗至里昂的横向通道之间胜败未卜的较量以及高级城市之间的竞争。我们对今后的事态发展尚不清楚，很难进行预测，但对罗阿讷市和罗阿讷地区的活力，我们是否要再次寄予信任？

拉瓦勒兼得工业和远程贸易之利 i-232

罗阿讷的情况说过不谈；我曾经打算在位于中央高原另一侧的布里夫拉盖亚尔德稍作逗留，顺便再谈到蒂勒和于塞勒：布里夫像是楼房的底层，林木丛生的蒂勒可比作一般的楼层，靠近米勒瓦什高原的于塞勒则是顶层。我终于放弃了这个打算，无疑是为了缩短路程，但也因为布里夫拉盖亚尔德（意即“逍遥自在的布里夫”）是个坚实的、几乎安闲自得的城市，我想说的是物阜民康、安居乐业的城市：两道城墙可保安全；道路四通八达，交易会远近闻名（在18世纪，一次可聚集5000头牲畜），城市可坐享其成；由于土地肥沃，贵族和资产者享有可靠的地租收入；最后，当地的百姓循规蹈矩，各守其业。

因此，我比预期更早地到达拉瓦勒。拉瓦勒市地处崎岖不平的下曼恩地区，位于马耶纳河高耸的右岸，在横跨该河的“老桥”[267]下，与旧城堡和新城堡遥遥相对。在这个古老的城市中，有着许多名胜古迹，其来历的复杂似乎存心要捉弄历史学家，硬逼他们在参观时回想起有关中世纪艺术和近代艺术的全部概念，却不管他们是否真正懂得这些概念。总之，拉瓦勒是个不折不扣的法国城市。意大利的城市往往景色更美，甚至更加令人心醉神迷。但我国的城市全都拼命地扎根在各具特色的乡村之中；乡村包围城市，抬高城市的地位，并部分地说明城市的成长。尤其在昔日的法国，城市首先以乡村的面目而出现。

拉瓦勒在 17 世纪将近有一万名居民[268]，屹立在一个狭窄的盆地的中央，比四周地区略为富裕些，或者说，不像四周地区那么穷，有几块灰质土可资利用，很早就在那里建起了几座石灰窑。

i-233 拉瓦勒位于布列塔尼的边沿，原是免纳盐税的地区，因而贩运私盐几百年来在这一带相当兴旺，“野地里草木丛生，树林和池塘掺杂其间”，“冬青和染料木等矮生树丛长得密密层层，一人在其中藏身，离几步远就无从寻觅，地上铺满草苔……压低脚步的声响”。在旺代战争期间，这个以往的“私盐贩”的天下也就成了朱安党人的天然活动场所。朗迪维小村的本堂神甫[269] 指出，这个地区“夹在诺曼底和号称外邦的布列塔尼之间”，几乎构成一个“半岛”，怎么可能没有走私活动呢？拉瓦勒与私盐贩等不法之徒[270] 确实并无通同作弊之嫌，但作为边境城市，当地往往有部队驻防，而驻防部队则几乎毫无例外地为走私活动提供后备补充。部队的士兵，甚至颇有体面的军官，往往被私盐贩的利益所引诱。尽管国王一再颁发禁令，对违禁者处以重刑（如在 1682 年判罚苦役）[271]，他们依旧几乎明目张胆地进行走私。1693 年有 12 份判决书表明，一些私盐团伙，分别以 20 至 70 人结队活动，全副武装地骑在马上，犹如“王家卫队的骑兵，掳掠农民的马匹去布列塔尼贩运私盐，肆意袭击盐税局的火枪手……甚至冒充盐税吏，欺凌过往行人”[272]。

即便他们不事骚扰,驻军的存在也因营房和物资供应等问题而增添无穷的麻烦。1693 年 5 月,6 连骑兵的到达给拉瓦勒及附近各乡带来一片惊恐。这支人马大量消耗面包、草料和燕麦,怎么可能让人供养得起?巡按使米罗梅尼尔担心激起民变,要求国王出资供应马匹的一部分食料,减免向各堂区的摊派,如果仍有困难,则考虑“从卢瓦尔河下游”运来燕麦。至于小麦,居民尚嫌不 i-234
足;更让人“胆战心惊”的是,在附近已有 9 营驻军,每月都要吃掉 1000 袋面粉。巡按使最后说,看来必须“打开城市和乡村的谷仓,通过合理的可能途径,设法防止出现任何事故”。但几天过后,事故仍然发生,巡按使不得不下令实行粮食征购。[273]

因粮食供应问题激起群众愤慨,本是自然的事:在这个辽阔的地区,江河纵横,水流湍急,岗坡遍布,崎岖不平,土质多属寒性,不利植物生长。“许多土地 12 年内勉强仅获四五次收成:在长达 7 年之久的休耕期间,只长据说可供提高土地肥力的染料木。小麦产量很低:整理土地十分费劲,而产量仅是种子的 3 至 5 倍。人们因此宁愿种植荞麦,收成可达种子的 30 倍、60 倍乃至 100 倍。小麦和黑麦〔种植后者多于前者〕的价格总是过高,荞麦供缺粮的平民食用”。[274] 向救国委员会呈送的一份报告还提到:“在平常年份,我们只在三分之一或四分之一的土地上播麦,现今劳力短缺,往往就到不了四分之一。”[275] 当然还有栗子可供食用,但这种资源难道是取之不尽的吗?另外的办法就是经由卢瓦尔河、曼恩河和马耶讷河从南特运来小麦。葡萄种植不值一提,这在拉瓦勒地区十分少见。自 15 世纪后,当地生产的苹果被用于酿造苹果酒,并不仅仅供穷人饮用。1741 年苹果歉收[276],使苹果酒的价格几乎赶上葡萄酒，因而主宫医院宁愿向穷人普遍供应葡萄酒（应该承认，是掺加了水的酒），不再提供苹果酒。当然，真正的葡萄酒从附近的安茹以及奥尔良地区运到拉瓦勒来，数量每年达2000皮普（容量单
i-235 位，每皮普约在四五百升左右），总消费量竟达80万至100万公升，这对以饮用苹果酒和水为主的整个城市来说，就是个不小的平均数，10000居民消费100万公升，为数相当可观。

至于畜牧业，当地几乎没有绵羊，但有大量的牛和矮种马：平均每套犁可分摊4头牛或4匹马。野兔、红山鹑、野鸽、秧鸡、鹌鹑、山鹬等猎物极其丰富。

这种乡村景象直到18世纪仍无明显改观。共和三年前后，据一份报告说，土豆“仍处在摇篮阶段，因为它仅在菜园、好地上试种成功，或者必须施肥，开支很大。土豆还很稀少，不足以供人食用”。人工草场也刚刚起步，虽在最后的20年内，面积增加了两倍，但又因缺少肥料，只建立在当时“用铁锄翻耕的”好地上。唯独亚麻和树木的资源极其丰富。报告最后说“苹果〔用于酿酒〕和梨是我们的两大副业收入。”[277]

总的说来，农业状况尚属低下。农民只可能是分成制佃户：“我们的土地大部分采用租佃制，也就是说，农民辛勤劳作，可得产品的一半，另一半则交给地主”[278]，地主几乎总是住在城里。

由此可见，拉瓦勒不能靠土地求得繁荣。当地的道路纵横交错，通往雷恩、昂热、勒芒（向前延伸，可达巴黎或奥尔良）、马耶讷、卡昂以及阿朗松（经由险峻的佩尔什丘陵），难道这能确保拉瓦勒的繁荣吗？不能，因为其中没有任何一条道路路况良好。勒芒—拉瓦勒—雷恩的大路于1772年开始通车。而地方性道路，即使从

一庄园至另一庄园的道路，全都糟糕透顶：“过去，在法国西部，再没有别的地方能像下曼恩地区那样处于完全孤立的境地。”[279] 1772 年前，旅行者宁愿经昂热和南特绕行，塞维尼夫人就曾这么 i-236
做过。“运输全靠马驮，有时还用人背。”[280] 马耶讷河可通航运，直到拉瓦勒为止或更远的地点。但在拉瓦勒下游的河段，分布着 22 座船闸和许多磨坊：磨坊顽固地制造障碍，船闸则陆续被损坏。[281]

还要补充的是，这里同罗阿讷一样，如果从城市出发，画一个约 70 公里长的圆圈，就会遇到一些城市的竞争和排挤：昂热（相距 73 公里，据最近的人口统计，居民达 143 000 人）；勒芒（相距 75 公里，居民达 155 000 人）；雷恩（相距 72 公里，居民达 205 000 人），而拉瓦勒至今仅有居民 54 500 人。

总的说来，人们对拉瓦勒当今的重要性并不会大惊小怪（它作为一个省城，拥有多种工业，经过改良的土地使当地成为相当好的畜牧区，这些都是它可使用的王牌）；但是，对于该城早在 19 世纪取得的成就，有谁会不感到吃惊呢？

这些较早取得的成就，原因究竟是什么？首先因为拉瓦勒四周是个贫苦、顺从的乡村，从 17 世纪起，拉瓦勒每周 3 次吸引乡民前来赶集：星期二、星期四和星期六，再加上 5 次交易会。此外，在与拉瓦勒相关的财政区范围内，还有 21 次交易会[282]（4 次在布莱镇举行，2 次在格雷昂布瓦尔，3 次在苏热，8 次在蒙泰素尔，4 次在科塞）。19 世纪初的拉瓦勒地区同原来的财政区大小相同，但那里举行的交易会也有 67 次之多[283]。显然，拉瓦勒正是通过这些“牲口交易会”出售当地畜养的牛马。这项商业活动推动着当地贸易的健康发展；拉瓦勒市在同一时期还扩展了交易会的场地，经取得中央政府的批准[284]，把“原属本笃会修道院”的土地和房屋收归城市所有。总之，拉瓦勒不能不侵占周围的地区。以下数字足以
i-237 为证：拉瓦勒市 1831 年共有居民 15 830 人，其郊区共有 24 669 人，整个拉瓦勒地区共有 114 577 人（城市人口占地区人口的 13.8%）。

然而，拉瓦勒的繁荣，首先还在于当地的工业与远程贸易相联系，并且与周围乡村的贫穷相得益彰。据一位历史学家[285]说：“正是乡村的贫困支撑着拉瓦勒的手工工场：穷人迫于生计，为城市提供它所需要的廉价劳动力。”在我国的许多地区，乡村的家庭工业可补充农民收入的不足。

织布工场的建立可能由来已久（根据传说，建于 1298 年，这一确定的日期并不十分可信），最初由跟随居伊·德·拉瓦勒九代传孙的妻子贝阿特里克斯·德·格拉夫前来城市定居的佛兰德工匠所创办[286]。这与当地的条件恰相适应：下曼恩地区历来盛产亚麻和大麻，而羊毛则量少质次，只能制造粗呢。

拉瓦勒的织布工业其实要等到 17 世纪才真正繁荣起来。起飞过程十分迅猛，几千名织匠投入生产，商人很快发财致富。西属美洲和安的列斯群岛的市场为欧洲工业打开了销路，从而加速了这一工业的发展。甚至拉瓦勒向特鲁瓦、博韦、卡昂、里昂、鲁昂出售的坯布，在以上城市漂白后，也大多转销新大陆。拉瓦勒的批发商还利用小商贩向美洲运销麻布，布匹由小商贩送达圣马洛或南特，再发往美洲船队的启航港加的斯。小商贩返程时随车带回铁、厚薄木板和其他木材：下曼恩地区当时设有一些铁匠炉和高炉。布匹贸易又推动了拉瓦勒炼铁业的发展。

到了 18 世纪中叶，“拉瓦勒各商场每年出售约 2 万至 2.5 万 i-238
匹麻布，全系现金交易。每匹麻布的长度不少于 100 尺，无论是可供漂白的坯布，或是用以缝制上衣或作衬里的灰布。坯布售价每尺为 26 苏至 100 苏……灰布为 20 苏至 50 苏。拉瓦勒约有 25 家商店从事这项贸易。近来还生产麻纱和棉纱手绢，比绍莱制造的质量更佳”[287]。按今天的度量单位折算，拉瓦勒的产量约在 200 万至 250 万米上下，按每米 3 里佛计算，价值 600 万至 700 万里佛。同勒芒的平纹呢等法国其他纺织工业相反，拉瓦勒的织布业直到法国革命为止仍不断在增长。[288]

织布业促进了拉瓦勒市及其邻近村镇的兴旺发达，1732 年在加斯特河畔新建的商场正是这种兴旺发达的表现。织匠们每星期六肩扛着布匹前来商场；顾客站在板凳上展开布匹，仔细察看，成交后把货物请人“漂白”。在市郊的马耶讷河左岸或茹阿讷河沿岸，草场附近设有许多洗漂作坊，经这里加工的布均“洁白美观”[289]。洗漂作坊的主人往往兼营商业；他们自己也收购布匹，经漂白后，转手出售。他们还为法国其他城市的商人充当经纪人，提取 6％或 8％的佣金[290]。

承接产品的精加工是商人控制市场的一个手段，通过这最后一道工序，商品不但因产品增值而获得最大利益，而且还享有转手出售的优厚利润。拉瓦勒的批发商同法国各大城市的批发商均有业务往来；他们敢冒各种风险，谋取海外贸易的高额利润。他们甚 i-239
至派遣兄弟子侄去巴约讷、加的斯、圣玛丽港、里斯本（该城于 1755 年毁于地震，拉瓦勒商人因此损失 30 万里佛）[291] 等地联系业务，更远的还去加拿大、马提尼克、圣多明各和几内亚[292]。西班牙

王位继承战争期间，几家批发商曾合伙冒险派船从圣马洛出发，运送货物和现金去美洲各岛或南海进行贸易；1711 年，他们又派船随同杜盖-特罗安远征里约热内卢[293]。他们还购买法属印度公司的股票，随后又参与密西西比公司的疯狂投机。其间虽曾导致几次破产，但损失不算太大，他们尽管敢冒风险，处事却又相当审慎。

我们这里也许不必再长篇大论地去介绍这些批发商了。他们同法国和欧洲的许多其他批发商一样，高居资本主义生活和社会生活的顶峰。他们必定声势显赫，生活起居无不令人侧目而视：或高车骏马，娇妻相随，前往乡间别墅，或在赶集的日子，等着佃农来城里侍候和提供食物。他们的仓库和贮藏室装满了小麦、黑麦、荞麦、咸肉、果品和木柴……他们很早就捐买官职，购置领地，而且不计代价。[294] 金钱既可打开所有的大门，他们的子女遂逐渐挤进了贵族的行列。

但拉瓦勒与其他城市也有截然相反的地方，那就是所有的特权者，不论是否业已晋升贵族，几乎都继续经商。勒克莱尔、马莱斯特、吉泰、贝尔赛、德拉波尔特、皮松、杜什曼、勒努松、皮旭等家
i-240 族均以其领地而闻名于世（格拉夫里的皮旭，乌勒里的吉泰，库佩利埃尔的贝尔赛），但他们过着相当简朴的生活。家族成员之间的关系十分密切，依旧带着宗法制的色彩（不仅在发生破产时，互相提供保障，以挽救家族的荣誉）。他们建在旧城中心的房屋于 18 世纪按“现代方式”进行了美化和改造，变得更加舒适，但他们的衣着仍然朴素，家中的仆人也很少。[295] 18 世纪末来到拉瓦勒定居的一名医生指出，富人和穷人的饮食均十分省俭，他们往往喝汤，而且喝得很多，喝的是白菜大葱汤，少许有一点肉；工人饮用白水，

“难得有苹果酒”，富人通常以苹果酒佐餐。葡萄酒和佳肴仅供“盛宴”之用。[296]

批发商人数不多，却无不身居要位。通过组织城乡劳动，他们已成为社会大厦的顶梁柱，自然也就身价百倍。据 17 世纪末的一位观察家说[297]，拉瓦勒的贸易“依靠三种人的推动”：30 名从事大宗贸易的批发商；500 名收购纱线和交人加工的织匠师傅；还有 5000 多名织工，“即使最富的帮工，全部家产也不超过 100 里佛”。这种分类实际上还适用于许多其他行业。在拉瓦勒，织匠师傅和织工的人数原则上不受任何行会法规的限制；任何人都可把他加工的产品送到商场自由出售，但也确实存在一种依附体系。富有的织匠师博拥有几台织机，甚至还有一所洗漂作坊，他们用现金购进原料，然后出售雇工生产的产品；但也有一些织匠师傅除雇佣一二名帮工外，亲自在作坊劳动，他们因需要购买原料，急于出售产品，往往受纱线商人的摆布。一些织工条件较好，自己拥有工具，同妻儿一起参加劳动，几乎同小作坊主相仿佛，但另一些织工完全 i-241
靠出卖劳动为生，或在更多情况下，半天务农，半天在家织布。曼恩地区所有的村庄和农户全都以织布作为家庭副业。由于对批发商的这种依附，织匠师傅和织工的抗议行动也就事先注定不能成功：1732 年，当新商场建成时，他们曾试图改变传统的销售条件，但终究落空。拉瓦勒的以上情形在别处也普遍存在：面对少数城市商人，前工业时期的工匠四散分布在广大的乡村或郊区（就拉瓦勒而言，则在科考尼埃区）。这在兰斯和鲁昂是如此，在亚眠和勒芒也是如此；勒芒离拉瓦勒很近，17 世纪末，那里建立了平纹呢工业。

位于贫困乡村包围之中的拉瓦勒，其经济的兴衰完全随远程贸易而转移，这种结构具有一定的代表性。是谁向织工提供必要的资金，让他们在克朗市场上购买亚麻（克朗出售的麻纱质量最佳）[298]？是谁提供必要的贷款，以应付远程贸易造成的资金回收期限过长？是谁为建造漂洗作坊进行投资？假如产品出现滞销——这类情形时有发生——整个体系便告卡壳，但蒙受打击最重的还是陷于失业之中的织工。

拉瓦勒的工业繁荣一直持续到18世纪末年为止。从那时开始，来自远方的竞争使它处境维艰：西里西亚用波兰的优质亚麻织成的麻布很有竞争力，那里的劳动者地位低下，备受剥削，报酬甚至比下曼恩地区更差。随着法国革命的到来，新大陆的市场几乎完全关闭，且不说旺代战争的灾难……织布工业的状况更一落千丈。拉瓦勒交上的第一次好运至此告一段落：幸运随远程贸易而兴，也随远程贸易而亡。

i-242

卡昂是城市的典型，更是可供参照的实例

卡昂诚然地位重要，但只是个二等城市。巴黎、鲁昂、南特、波尔多、马赛、里昂、里尔、斯特拉斯堡、图卢兹和几个其他城市早已把它甩在后面。卡昂于1695年共有居民26 500人（数目已相当可观）；1753年有32 000人（三年前不得不拆毁城墙，让城市变得宽敞些）；1775年有40 858人；但在大革命最初几年，人口有所下降，1793年仅34 996人。[299]

总的说来，卡昂地处肥沃田野的中心，养育着众多的工匠，地方工业也远近闻名；城市在奥恩河畔拥有一个港口，离这条沿海小河的出海处约 15 公里,这里恰好又是奥恩河同另一条小河奥登河的汇合点,并且还受到潮汐的影响。由于奥恩河在 17 世纪的泥沙淤积,卡昂的航海活动一度几乎陷于停顿,载重为 200 吨的海船仅在每年春分和秋分的涨潮期间光顾城市。港口平时只接纳 30 至 50 吨的平底驳船,这些小驳船有时前往塞纳河下游[300]。直到 1857 年在奥恩河一侧开凿了运河以后,卡昂城才恢复了航海活动。[301]

卡昂尽管规模不大,或者正因为如此,它可充当城市的典型。让-克洛德·佩罗的鸿篇巨著[302]就此问题作了详尽的介绍,为一般城市史开辟了极其广阔的前景。他所选定的时期——18 世纪——有一个好处,那就是沿着一条分界线进行观察,因为在当时,卡昂城既没有完全摆脱以往几个世纪的陈迹,却又已经置于新选择的束缚之下。另一个好处是城市发展缓慢,这就同时便于当时的人和我们进行观察。根据以上理由,我把本段的标题定为:卡昂是城市的典型,更是可供参照的实例。

大家都会毫不惊奇地看到,卡昂照例在其周围画出几个屠能式的同心圆,或一系列光圈般的经济区。城市外围之所以被划成 i-243
许多圈,原因是一系列经济区应满足城市的消费需求,而在当时运输缓慢的困难条件下,它们必须靠近城市。当然,卡昂的胃口不像巴黎那样大得出奇。但它的食量基本上也足以说明,为什么有几个圆圈紧贴在下诺曼底的首府的四周。[303]

第一道圈,"蔬菜种植区",以园地为主,也包括市内的草场。蔬菜种植在市区的宅地间见缝插针,又在距城市不到一里半远的十几个村镇全面铺开,占地达 5000 公顷以上。这个区域因紧靠城市的市场而价值倍增，土地被分成小块种植，经营者生活尚好。第一道圈内自然还有相当多的土地种麦。每天的蔬菜消费实际上很少，仅5000公斤；牛奶消费也不过2000公升，通常充当副食或供药用。作为主食出现的小麦因而挤进这个区域，虽说根据屠能的理论，第一道圈仅仅提供蔬菜和牛奶。

相比之下，第二道圈显得庞大得多（66 700公顷），这里是卡昂辽阔田野上肥沃的冲积层土地，几乎完全种植小麦，西接瑟勒河，东靠迪沃河，北临英吉利海峡，南近桑格莱森林。这块小麦种植区实行三年轮作制，用马匹套犁耕地；仅在西南方向，例如敦弗隆泰一带的树围地，大麦、黑麦和荞麦的种植超过小麦。

更远和更广的一圈是饲养牲畜和生长小树林的区域。

综上所述，卡昂的小麦供应充足有余。即使赶上坏年景，小麦
i-244 也几乎不虞匮乏，因而卡昂城从不考虑建造积谷义仓，而在当时的欧洲，各城市当局总是让谷仓装满粮食。1771年，每人每天平均消费约535克，可说是一份不错的口粮，城市每年的消费量总共达81 000公担。11个乡村集市每星期在财政区（共包括131个村镇）的各个集镇轮流举行，每天都有手推车和四轮马车源源不断地把粮食运往城市。粮食供应很少出现故障；但在1725年、1752年、1789年和1790年却曾发生过[305]。每当粮食供应不足，当局就向
i-245 外地采购，这也毫无困难；只要向勒阿弗尔提出要求，荷兰或英国的小麦随时都可经英吉利海峡来这里卸船。可见，粮食供求平衡，居民生计确有保障，而且情况只能越变越好，因为到了18世纪，谷物的质量普遍提高。就以卡昂为例，1740至1775年间，小麦籽粒重增加了10％。与此同时，随着市内的7座磨坊（提供城市消费

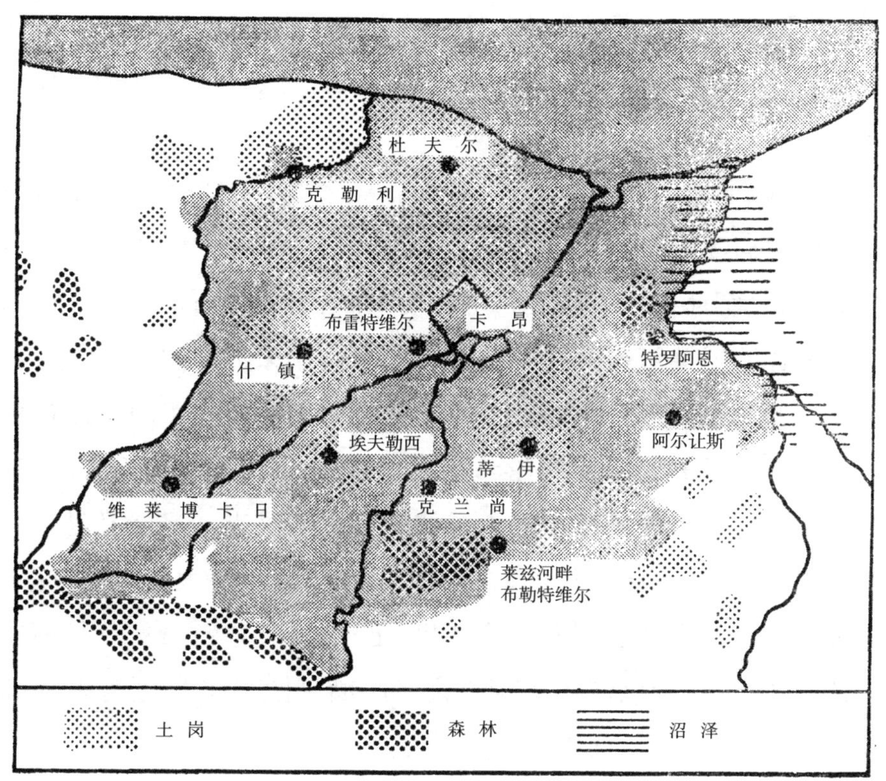

卡昂的辖区

卡昂地处英吉利海峡、瑟勒河和迪沃河之间。大部分土地种植小麦；西南部为树围地；奥恩河以南和以东为森林。让-克洛德·佩罗：《一个近代城市的诞生——18 世纪的卡昂》。

量的一半）使用经济磨具，磨面的质量也大有改善。既然面包总有供应（当然并不是所有人都吃白面包），每个人的生活基本上也就有了着落。

甚至其余的食品，即所谓“可有可无”的食品，供应也同样充裕。卡昂的乡村几乎仅仅生产粮食（迪沃河潮湿的沿岸一带除外），由它直接提供的鱼和肉不能满足城市的需求（每人每年吃 30

公斤肉），但在离城不远的林木区，向有外销牛、羊、猪的传统，尽管数量有限，却也不无小补。此外，大海近在咫尺，可以供应海鱼，奥恩河又盛产鲑鱼、鲱鱼和鳗鱼。

还有，本地不产葡萄（阿尔让斯丘陵上“大胆试种的小片葡萄树长得病病萎萎”，也许不值一提）[306]，但盛产苹果酒。后者可替代葡萄酒，而且在18世纪前，也曾使啤酒、梨酒在当地绝迹。1733年城市各酒铺共订购普通葡萄酒1005坛，苹果酒42 916坛，后者达前者的40多倍[307]。如此巨大的消费量势必造成以下的结果：满载苹果酒桶的四轮或两轮马车在城市的街道上排成长队；车载沉重，往来频繁，使崎岖不平的道路变得更加难走。运费又是如此昂贵，因而欧日地区竟将苹果酒提炼成酒精运出。大概于1703年出现的卡尔瓦多斯酒因其价格昂贵，足以承担运费，虽然苹果酒使用牲畜驮运，运费比使用车辆更高。酗酒现象在卡昂迅速发展到惊人的地步，无疑与此大有关系。

i-246 正如葡萄酒产量和小麦的价格在别处呈相反方向摇摆一样，苹果酒产量和小麦的价格在卡昂也是此涨彼落。据卡昂巡按使说，1772年的苹果歉收“势必将影响谷物消费，因为平民喝酒少了，也就多吃粮食”。同样，在1778年，“酒类短缺将促使粮价坚挺”[309]。1779年和1781年，价格运动呈相反的趋势。

有关食物和饮料之间的消长关系，我们这里不必再多噜苏。同罗阿讷、拉瓦勒等许多其他城市相比，卡昂享有的安定生活令人羡慕。

如同任何城市一样，卡昂当然也维持许多工匠和店铺主的存在，以满足城市的日常需要。其中，一些工匠参加行会，另一些实行自由经营；一些工匠承接普通的活计，另一些则猎奇弄巧，为富人制造“豪华和奢侈”：一旦时尚发生变化，他们便濒于破产的边缘。

但最值得重视的是，工业（也可以说，前工业或原始工业）已在城市中立足生根。优质和中等呢绒业、针织业、织布业和花边业在18世纪曾经接连出现了四次工业浪潮。我用了“浪潮”一词，是想说这些接连出现的工业并不是互相补充的，而是按先后顺序取代的。每种工业轮流上升，萎缩，然后终告垮台，这可能属于工业发展的一般趋势。但在卡昂，是否有什么特殊原因在起作用，阻碍着手工工场的广泛发展呢？

当年创建任何一项工业都必须适应两个可能的条件。第一个条件是工业必定朝食物过剩的地区发展，粮食过剩的地区对工人具有几乎不可抗拒的吸引力。让-克洛德·佩罗[310]写道：“在某种程度上，往昔的工业必须设在食物丰富的地区，其原因同工业化时代的工厂必须集中在矿产丰富的地区一样。”第二个条件几乎倒了过来：工业必定在食物资源相对不足的地区发展，过剩的人口在当 i-247
地提供廉价劳动力：罗阿讷、拉瓦勒或诺曼底林带地区的工业，特别是维勒迪约-莱波埃勒的铜器加工中心[311]，都足以为例。

卡昂应列入第一类。但这对工业发展是否最有利呢？总的看来，卡昂的工业根基还很差，而这与国家无关，原因并不是税收负担过重（别处时有这种情形），也不是因为行会控制太死，或因当地资金不足。如果说有障碍，毛病可能出在邻近乡村的富庶以及由此产生的社会和经济后果。让-克洛德·佩罗正确指出，“卡昂乡村的富庶的确在许多方面导致了诺曼底的农业不愿为工业服务”[312]。

首先，农业拒绝供应城市充足和廉价的原料。亚麻和大麻种得很少，而且质量欠佳(用于制作花边的麻线将从荷兰或庇卡底输入)。羊毛也质次价昂，因而向英国求助。整个下诺曼底都原料不足，而与此相反，上诺曼底土地不甚肥沃的乡村却甘愿适应鲁昂及邻近的其他工业中心的要求。

另一方面，虽然卡昂周围的地区人口众多(每平方公里约 70 至 80 人，甚至达 100 人)，虽然乡村总有些人迁居城市，但乡村的人吃得饱肚皮，又有不少事干，往往宁可留在家里。因此，城市的劳动力市场仍然狭窄，很少有扩展的余地，至少从路易十四统治末期起是如此。手工工场的一名督察于 1764 年惊呼：“假如能得到期待已久的充足的劳动力”[313]，我们还有什么事情不能办到！至于家庭副业，农民的日子相当好过，对此不太起劲，必须付出高价
i-248 才肯接受。1715 至 1724 年间，王家手工工场的织机有四分之三停工待料。1766 年，村妇们对加工纱线再三推辞，“除非肯付比以往高得多的工钱”[314]。

农村富裕造成的另一项后果是占用了城市的投资。资金的投放对象主要是土地(约占 40%)、房产和息金(尤其是土地息金)；很少捐买官职，几乎不办两合公司或实行商业借贷(占 0.5%)。工商业主平均只把其祖产的 40%投入流通渠道，其余的则购置不动产或坐收息金。每当出现困难，在可能的情况下，他们总是首先牺牲息金收入，而不放弃地产。[315]

以上的原因只是部分地与经济有关。在这些百物丰登的乡村，土地和地租当然是生财之道，而在创业之初，工业却从不是获

取高利润的部门。工业家必须兼营批发才能致富，如在拉瓦勒那样；他们把产品投入到有利可图、但也冒点风险的远程贸易中去。然而，仰仗土地安居乐业使人养成一种反对任何冒险的心理，对尚无把握和带有风险的投资充满疑虑。

卡昂正属于这种情形。地主纷纷拥入城市，支配城市的一切，并使城市昏昏入睡。让-克洛德·佩罗甚至说，“整个地区陷于冬眠”[316]，这个说法未免过分尖锐，但相当形象。卡昂难以接受新事物或新诱惑。当地有个别投机者出资开发矿产。少数律师和高级官吏曾对经济学的新观念发生兴趣。但都没有激起多大的反响。即使直接影响其生产的纺织部门也是如此。卡昂对技术革新表现冷淡，而在1750年后，技术革新在法国各地普遍得到鼓励。鲁昂
始终密切注视着英国的技术革命，甚至不惜窃取工业情报，相比之 i-249
下，卡昂总要落后50年左右。卡昂的商人只是通过卡昂和吉布雷的大型交易会才与外界有所往来。他们在法国的活动范围间或超过布列塔尼、诺曼底和巴黎地区，对法国东部和南部则置之度外。只有极少数人偶然投资创办海运两合公司：席卷法国的远程贸易热潮仅在18世纪末才波及卡昂。早年曾从事黑奴贩运的船长、卡昂的市民勒瓦尼埃于1781年发表了关于“海上贸易之利益”的一篇短文，他就卡昂唯一的商业银行“戈蒂埃银行”1775年的破产发表评论说：为什么这家银行对利率为4%的借款和存款竟没有很好利用？“如此无所作为，真正使我弄不明白”，他愤然作色地指出，难道这笔款子还不够装备10至12艘船吗？[317]

确实，对于一个因循守旧、“坐收息金”、安享太平的城市，怎么可能推动得了？[318] 卡昂满足于本地的乡土生活，眼界之狭窄只看

得到老圣艾蒂安城堡的塔尖或男女修道院华美的屋顶，并且以重农学派的贤明通达而自鸣得意。对其势力范围达不到迪沃河彼岸，它也毫不在乎。在这条小河的另一侧，鲁昂的影响起着决定性作用。鲁昂名胜众多，财富殷实，又面对大海和外部世界，才是真正的大都会。

总之，家庭条件过分优裕，很少受到困难的追逐，见不到面前的挑战，不幸也就随之降临。

大城市的地位

根据巡按使的调查[319]，1787 至 1789 年间，法国城市人口可得
i-250 出以下的统计数字。按高居榜首的 12 个城市的顺序排列：1. 巴黎，524 186 人（数字大概估计过低）；2. 里昂，138 684 人；3. 波尔多，82 602 人；4. 马赛，76 222 人；5. 南特，64 994 人；6. 鲁昂，64 922 人；7. 里尔，62 818 人；8. 图卢兹，55 068 人；9. 尼姆，48 360 人；10. 梅斯，46 332 人；11. 凡尔赛，44 200 人；12. 斯特拉斯堡，41 602 人。居民超过 3 万人的城市还有：奥尔良，35 594 人；布雷斯特，33 852 人；蒙彼利埃，33 202 人；图尔，31 772 人；特鲁瓦，30 706 人；兰斯，30 602 人……读者顺便已注意到，波尔多当时正值鼎盛时期，其位置排在马赛的前面。但这仅是一个细节。

如果把以上数字同法国的总人口（可能为 2900 万）作一对照，人们可以看出，与英国或荷兰相比，法国的城市人口显得太少。巴黎约占总数的五十分之一到六十分之一。12 个大城市的人口加在一起，共 1 249 890 人，占法国人口的二十三分之一。今天，巴黎及其市郊将近占我国人口的五分之一。

因此，这些大城市过去曾给数以百计的次等城市和集镇留有滋生繁衍的广阔余地，这显然证明昔日法国的城市结构尚未完善。

这 12 个非同寻常的城市，或用安德烈·皮亚蒂埃的说法，这些“出类拔萃的城市”，或不如说，这些超级城市，它们在我国狭窄的地域上又怎样分布的呢？其中有 4 个城市是港口：鲁昂、南特、波尔多、马赛。另外 4 个位于陆地边境：里昂、斯特拉斯堡、梅斯和里尔。尼姆姑且撇开不谈，这个城市靠近大海，但又并不经常参与海上活动。剩下 3 个内陆城市：巴黎、图卢兹和凡尔赛。凡尔赛也可不算，我们有权把它同巴黎并在一起。凡尔赛像是城市的附庸，那里发生的一切事情，甚至出租马车不停的奔驰，凡尔赛路上玩命地策马飞奔的“狂人”，都与首都有关。

总的算起来，在 12 个大城市中，以地处边沿（海边和陆地边 i-251
境）的城市居多，9 个城市占着 12 个城市总人口的半数（626 436 人）。这些边沿城市一脚留在法国境内，一脚跨出法国境外；鲁昂、南特和波尔多与波罗的海、北海、英吉利海、大西洋、美洲（加拿大、安的列斯群岛、葡属和西属美洲）、远东相联系；尼姆位于朗格多克的边缘，而朗格多克本身也越出自身的界线；马赛被称作柏柏尔和勒旺的城市，更正确地说，它是个地中海城市；里昂把德意志和瑞士各州的交易吸引了过来，它的鸿运高照主要因为它长期是个意大利城市，是个“不在意大利国内的米兰”；里尔与佛兰德、荷兰和英国相联系。也就是说，与从 17 世纪开始成为欧洲最进步的地区相联系。斯特拉斯堡之所以相形见绌，排在末位，这是因为，在路易十四于 1681 年对这个国际城市实行武力兼并后，斯特拉斯堡便变成了在它以前已被并入法国的阿尔萨斯地区的首府。另外的原

因还在于，德意志转过身去，开始朝阿姆斯特丹、里昂和意大利的方向发展贸易，而不再同斯特拉斯堡打交道。德意志经济因而使斯特拉斯堡的期望落空，正如也让巴塞尔的期望落空一样。最后再看梅斯的情形（关于梅斯，我后面还会谈到）[320]，这个与德意志和尼德兰交往频繁的城市首先是个“军事重镇”，法国通过梅斯窥测莱茵河地区的动向：莱茵河地区战云密布，不断使法国担惊受怕。

除巴黎以外，图卢兹是内地唯一的大城市。尽管两个城市的分量相差悬殊（过去或现在），仔细想来，把它们相提并论似乎也还合乎情理：它们难道不正是法国两大冲积盆地（巴黎盆地和阿基坦盆地）的引力中心吗？图卢兹具有优越的地理位置，与中央高原、地中海、比利牛斯山、西班牙和大西洋均有道路可通。附近地区盛

i-252 产粮食，资源丰富，生活稳定。加隆河可与塞纳河相比，尽管到头来总还不如塞纳河。在几个世纪内，图卢兹城也曾在人物荟萃、文化渊源深远的朗格多克地区占有统治地位。假如历史给予厚待，图卢兹的语言本可以像法兰西岛的语言那样，征服辽阔的地域，向东越过莱茵河，向西直抵大西洋。图卢兹如果成功，不就是另一个巴黎吗？今天，拥有 60 万人口和众多工业的图卢兹会不会重整旗鼓呢？

以上见解未免显得唐突。但是，它们同两个法兰西并存（奥依语的法兰西和奥克语的法兰西）的基本认识再次不谋而合。难道不正是巴黎降服了并逐渐扼杀了蝴蝶花的城市，正如它把奥尔良或兰斯收拾得服服帖帖一样？奥尔良和兰斯曾是巴黎的北方劲敌，假若没有历史从中作梗，它们很可能成为法国的引力中心。

但是，除了北方和南方以外，其他两个法兰西——内地和边境，二者不断发生冲突，至少互相敌对——难道就不存在吗？内陆城市和边远城市的反复较量并不是法国特有的现象：莫斯科和圣彼得堡，马德里和塞维利亚或加的斯，柏林和汉堡，维也纳和的里雅斯特都可以作为例子。这类边远城市较少受到干扰，往往听由自身的命运和世界的命运的摆布。

法国沿海地带一度曾有严重的离异倾向。马赛的表现尤其突出，这是人所共知的事：马赛是个历史十分悠久的城市，依靠自身的活力繁荣了城市，争得了各种自由，并固守其既得利益，因而很晚才在法国这台机器上运转合拍。马赛甚至长期拒绝承认是法国的城市。鲁昂和南特是比较顺从的城市，甚至波尔多也是如此（投石党时期及吉伦特党当政期间除外）。但它们毕竟是些各据一方的城市，它们的利益、兴趣、爱好和生存空间与首都和法国内地几乎完全不同。

巴黎在边远地带的唯一对手是里昂，而里昂却很少意识到这 i-253
一点。里昂的市政长官（1706 年 2 月 10 日）[321] 曾说过，里昂是“王国的第二大城市……可能成为最重要的城市”，交易会、现金和信贷吸引着阿尔卑斯山彼侧、莱茵河彼岸和瑞士的客商。这里商贾云集，长期是王国的金融中心和资本集散地，而且距巴黎较远，可不受太多的刁难和挑剔。但在 18 世纪末，巴黎随着交易所的创办而日趋繁荣，“营业额”的增长不像约翰·劳时期那么疯狂，却更加扎实，从而已恢复或即将恢复对法国资金的控制。但归根到底，里昂同巴黎的较量，还只是陆地与陆地的竞争。在巴黎和鲁昂、巴黎和南特之间，却没有发生陆地与大海的抗争，这对法国来说（或对

历史学家来说，他们事后观察历史，不免提出一些离奇的苛求）真是多么不幸！奇怪的是历史没有给法国提供这个机遇。

巴黎与其他城市相同吗？

不管经济学家、地理学家、一般评论家作何定论或作何预测，我相信“超级城市”即使在今天也永不脱离其立足点，永不背离中等城市的常规和命运。超级城市仅在表面上走出“城市、集镇、村庄”的习惯格局，尽管它比其他城市更多地，而且越来越多地参与大城市对大城市的协商一致。今天，每个超级城市都直接面向世界，倾听世界的呼声，追随世界的潮流，但它们至今还不能脱离自己扎根的基地，不能放任自流地生活。只要看到过去的巴黎（巴黎在以往的不同时代始终是个硕大无朋的城市）怎样遵守城市建设的一般规律，人们也许会更加容易懂得以上的道理。陆路交错，江河纵横，赋予了巴黎优越的地理位置；这在最普通的地图上一眼就可以看到：约讷河上满载木桶的船只和木排鱼贯而行；马恩河水流
i-254 湍急，变幻莫测（船只在过桥时不免会撞上桥墩）；瓦兹河水流平稳；塞纳河逶迤曲折，缓缓而行，终究流入大海……不管人们怎么说，我无论如何不能相信，罗讷河和索恩河给里昂提供的有利条件堪与巴黎相比。

如同所有的城市一样，巴黎是从一个交叉路口逐渐建设起来的：一条南北通道（过去是圣雅克街，再加上圣马塞尔街）、一条东西通道（圣奥诺雷街，位于塞纳河右岸）。后来，又开辟了两条新干线，与原来的通道相平行：一方面是圣米歇尔林荫道和塞瓦斯托波尔林荫道，另方面是于 1800 年开始铺设的里沃利街，与以上林荫

道垂直相交。巴黎的古建筑今天仍然位于这些新旧通道的交汇点附近。它们是昔日巴黎宏伟壮丽的见证。

国家犹如精益求精的工匠，乐善好施的仙女，创造一切，推动一切，顺应着巴黎的命运。因其地位的特殊，条件的优越，金钱在巴黎汇聚和积累起来，被重新使用，或被挥霍浪费。正是法兰西王国的全部资金，特别是政治资金，同时培育了巴黎的进取心和寄生性。欧洲的汇兑商全都知道，向巴黎发出的汇票容易得到兑现，正如启蒙时代向威尼斯签发的汇票一样[322]。

资金的充裕，寄生的繁衍，自然以巴黎在整个法国首屈一指。当然，所有的城市都必定财大气粗，城市生活总是比别处更加昂贵。1800 年前后，即使像沙托鲁这样的小城市，其生活水准在邻近地区中也高居榜首[323]。

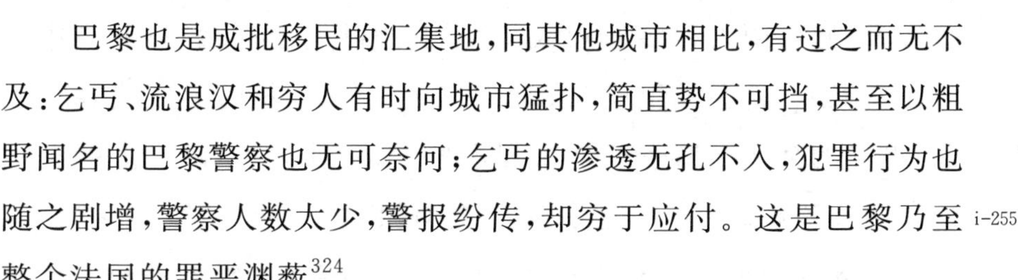

巴黎也是成批移民的汇集地，同其他城市相比，有过之而无不及：乞丐、流浪汉和穷人有时向城市猛扑，简直势不可挡，甚至以粗野闻名的巴黎警察也无可奈何；乞丐的渗透无孔不入，犯罪行为也随之剧增，警察人数太少，警报纷传，却穷于应付。这是巴黎乃至 i-255
整个法国的罪恶渊薮[324]。

同所有的城市一样，巴黎为其自身的问题所困扰，最明显的结果就是街区的专门化。巴黎的空间存在等级化的倾向，手工业以及贫民的棚屋拥挤在圣马塞尔和圣安托尼关厢（直到第二帝国末年，圣安托尼关厢仍保留着受老式商业资本家控制的陈旧过时的手工业）[325]。与此同时，由于城市必定要跟上国家的步调而畸形扩张，由于 18 世纪的“大兴土木”，巴黎的街区布局出现了巨大的变动。重力中心逐渐向西移动，同时又在塞纳河右岸和塞纳河以南为富人建立“空旷宽阔”的新街区。“1737 至 1740 年后，大下水道（污水使塞纳河臭气熏天）加盖工程的完成使城区朝西北部的鲁勒河和蒙索方向发展。金融家纷纷在林荫道的外侧进行投资，接连开通了普罗旺斯街、阿图瓦街、肖沙街、泰布街、拉博特街。在塞纳河左岸，河滨路、荣军院和军事学校的兴建为向大石区和格勒内尔一带扩展提供了据点……”[326]

随着贵族向巴黎西部推进，东部的贫民区也日渐扩大，以容纳不断涌来的外乡人。这些移民初来乍到，便根据各自的原籍，分省分区集中，形成一个又一个小社会。以圣马塞尔关厢为例：“勃艮第人住在圣维克多街、奥尔良街和河滨路。那里也还有些洛林人、香巴尼人和诺曼底人。利穆赞人往往选择圣雅克街和莫贝尔广场一带，奥弗涅人在穆夫塔尔街和卢兴街安顿，这两条街上还住着庇卡底人、佛兰德人和多菲内人。”[327] 由此可见，街区像是城市中的
i-256 村庄；“老乡”就在那里碰头。在 1960 至 1970 年的大规模建设以前，巴黎的某些街道也还是布列塔尼人、奥弗涅人、萨瓦人的聚居地。这些陈迹即使至今也并未完全消除。

近郊和远郊的乡村也逃不出大城市的手掌，邻近土地的大幅度增值与巴黎有关。蒙特勒伊的土地和果园身价百倍，罗曼维尔、苏雷纳和伊弗里坡地上的葡萄树茂盛兴隆，都是这个原因。1704 年 2 月的一个夜晚，20 来名荷枪实弹的士兵硬闯圣马塞尔区的税卡，每人背着一“背筐”葡萄酒（每个背筐装一只小酒桶）。据违警文书记载，“圣马塞尔和圣雅克关厢的酒铺主晚上把维勒瑞夫生产的葡萄酒大量私运进城，恰恰也走这一条路”[328]。只要土壤和地势适宜，哪怕只是一半适宜，巴黎周围还有什么地方不种葡萄？市

郊的葡萄种植大概居法国的首位,至少每公顷提供的收益肯定最

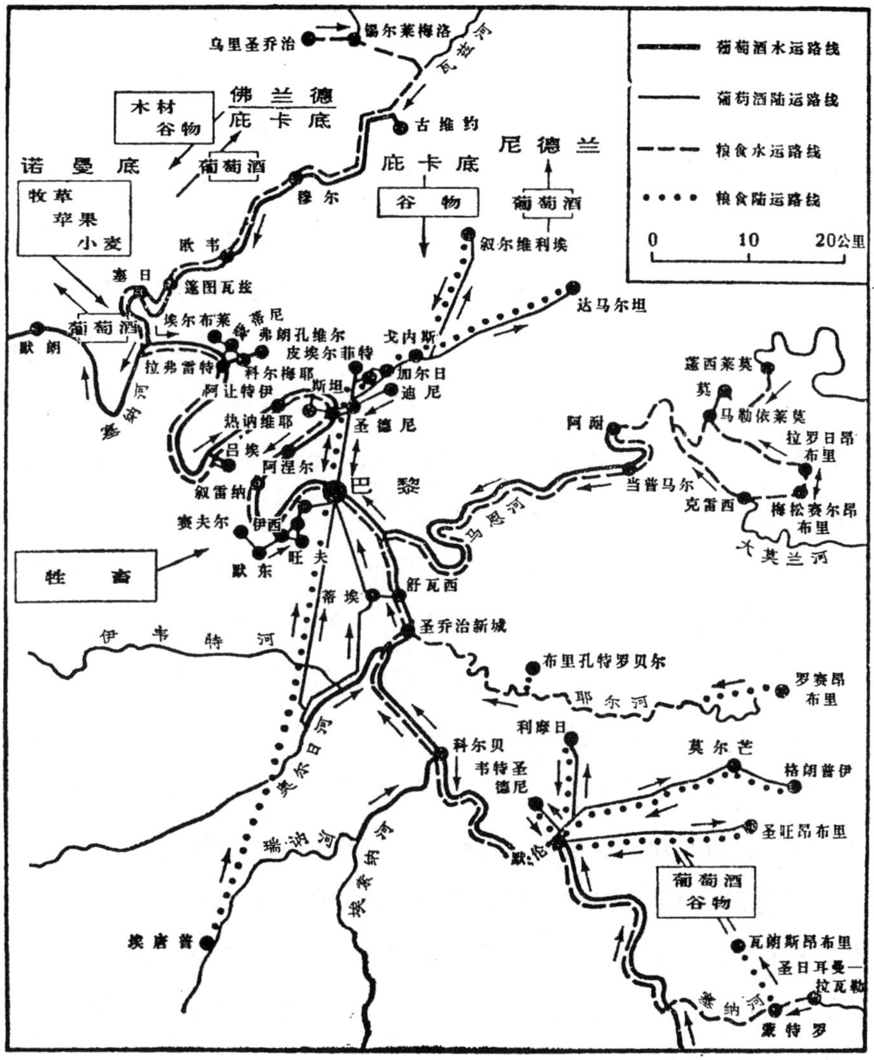

中世纪末巴黎的食物供应路线

这张地图突出地反映出,河流及其港口在巴黎的葡萄酒和粮食(重货)供应中起着至关重要的作用。陆路均就近与水路会合。地图引自 R. 福西埃:《中世纪》,第 3 卷,1981 年版。

高，据1817年的一项统计，超过勃艮第、香巴尼或波尔多的优质葡萄酒产区。关于这个问题，我在下一章里再谈。正是巴黎造成了市郊的畸形发展，任何劣质葡萄酒在市郊的小酒铺都能畅销不衰，由于不过城门，不付入市税，葡萄酒的售价低廉。

凡去巴黎旅行的人都必定注意到周围的景色在逐渐变化。例如，1656年12月，两名荷兰人刚从瓦兹河畔的博蒙启程。他们说："走出这个小城市后，我们猛然发觉离巴黎已经不远，我们看到许多漂亮的房屋分布在田野，路旁经过的村庄也比以往所见规模
i-257 更大，建筑也更加讲究。人们称这些郊区村庄是巴黎的乳房，说得确有道理，因为巴黎正是在这里吸取最好的营养。"[329] 这番话为屠能的公式作了绝妙的衬托。同样，1790至1792年间，一名妇女在革命巴黎的四郊行走，不免有点心慌意乱，却在拉维耶特前面看出了神，"靠近城门的栅栏路口，名义上只算是个村庄……这个地方却比外省的大多数三流城市更加热闹，居民人数也更多"[330]。

所有这一切，都要归结为巴黎的胃口太大。为了吃饭，为了生存，首都不得不牢牢控制乡村。居伊·符尔干[331] 写道："在方圆40至50公里的范围内，相当于骑马一天的路程，巴黎在百年战争前一个世纪已实现了对这个地区的经济统治"；不但很早就扩展了各教会的地产，而且分散建造了一些城堡和乡间别墅。此外还要加上资产者的投资，而土地又是他们名利双收的源泉。在17世纪，这些土地投资为在巴黎周围建立大农庄起了促进作用。毫无疑问，所有的城市都莫不如此。

巴黎的与众不同之处在于，宫廷的奢侈令人炫目，市民纷起效仿，造成社会需求的畸形膨胀。1700年间，巴黎已不再满足于唾

手可得的大量葡萄酒和蔬菜，而且还要生产“无花果、石榴、柑橘和柠檬……药草及各种花卉……郊区的菜农自有办法把别处只在夏天才能买到的芦笋、朝鲜蓟、莴苣等等保存过冬”[332]。暖房已经推广。采用防冻设施的菜地生产时鲜蔬菜。例如，马雷在17世纪被改造为贵族居住区以前，就是一片这样的菜地。

只要走出巴黎的各个“栅栏路口”，田野、耕地、果园、村庄、农民便展现在人们的眼前。1830年7月29日，起义者攻占杜伊勒里宫的消息一经传出，奥尔良公爵、未来的国王路易·菲利普也许为了 i-258
躲避，“同经人介绍认识不久的耶迈斯一起，从讷伊落荒出逃”[333]，曾 i-259
于当晚到达雷希”。第二天早晨，前来请他接掌政权的议员们在讷伊没有找到他，于是只能去雷希请他回来[334]。让-巴蒂斯特·萨伊或米什莱常越过栅栏路口外出游览，几乎到达野外，途中遇到的都是真正的农民。1815年5月，联军逼近巴黎，关厢的居民纷纷逃往城里，难民全都是真正的农民。布瓦涅伯爵夫人及其母亲坐车出城，但见围城林荫道上“挤满了巴黎市郊的人”。“拥挤的人群赶着牛羊，带着包裹行李，杂乱无章地前进……随时准备对比他们更走运的人发泄怒火。人们只能一步一步地紧挨着走；我们的四轮马车不免招人辱骂。”[335] 几乎让人难以置信的是，同样的情形于1870年再次发生。阿歇尔教授（是位医生）在他的回忆录中写道：“当德军逼近时，城里的许多家庭离开巴黎，而市郊的居民却携带车辆和牲畜涌进城来。这些乡下佬就在新筑大道两侧的空楼房里住下。”[336] 霍斯曼男爵肯定没有预见到竟会发生这样的事！

通过以上的叙述，我们不难看出屠能所画的第一道圆圈，这里的集市向城市提供日常食品。圆圈的范围相当宽广，与城市的大

小恰成比例。

这是个硕大无朋的城市，谷物、肉食、森林等其他圆圈又怎么画呢？依我说，就同其他城市一样，只是构成圆圈的集镇在这里是一系列城市。

一份未曾发表的文献资料[337]表明，在18世纪，巴黎的周边线之一经由蓬图瓦兹、芒特、蒙福尔、德勒、默伦、内穆尔、莫城、罗赛
i-260 昂布里、库洛米耶、普罗万、诺让、蒙特罗、桑斯、茹瓦尼、圣弗洛朗坦等地。在这条线上，每个城市程度不同地各司其职，向巴黎输送木柴、草料、活牲畜、木炭、燕麦或劳动力，其中尤其以小麦居多。为了达到巴黎地区的极限范围，还必须更往远去，触及一系列大中城市：奥尔良、特鲁瓦、马恩河畔的沙隆（或不如说维特里-勒弗朗索瓦，来自巴鲁瓦和洛林的小麦在这里集中装船，经马恩河运往巴黎）、兰斯、贡比涅、亚眠、鲁昂、沙特尔。巴黎的影响在或近或远的不同地点有时逐渐减弱，甚至完全消灭（极限范围也随之变化）。但是，力畜和肉用牲畜属于例外，因为这种商品不必使用运输工具，可以自己转移地点。

巴黎与这些周边城市之间存在着此长彼消的相互关系，我们这里有现成的证据：宗教战争末年巴黎被围期间（1562至1598年），首都苦难深重，经济陷于瘫痪，这些“次等”城市乘机收容了外逃的失业工匠、商人和资产者。在另方面，巴黎不也正是从这一系列周边城市吸引大部分移民，特别是招募其大部分仆役吗？在通往首都的途中，有两个城市充当中转站，西面是凡尔赛，东面是特鲁瓦（从勃艮第、香巴尼远道而来的移民都在特鲁瓦中转）。

但请注意，巴黎对物质供应的主宰大体上仅限于夹在英吉利

海峡和卢瓦尔河之间的巴黎盆地，包括庇卡底、洛林和诺曼底，勉强还可算上阿尔摩里克的边沿地带。巴黎把这块辽阔的地域完全控制起来，使这里的城市不能自由发展，始终停留在一定的水平之下……

当然，这不等于说巴黎的影响仅限于完全受其控制的地域之内。这里是巴黎物质生活的基地。但首都在政治和文化方面的许 i-261
多影响，其范围之广，不断超出这些地域的界限。几百年来，巴黎也对整个法兰西的兴亡盛衰起着举足轻重的作用。

村庄、集镇、城市的结构模式的现状

通过对昔日的法国进行以上的初步观察，我觉得已足以说明，在村庄、集镇和城市之间，存在着某些基本的、千丝万缕的联系，否则法兰西的躯体——或欧洲任何其他民族国家的躯体——就不会有严密而牢固的结构。请看，这一构造体系经历了罗马帝国的垮台，特别是渡过了百年战争的难关，并且安然无恙。依我之见，它还经受了我国历史上最奇特的考验：1939 年后半个世纪的风云变幻，以及让·符拉斯蒂埃所说的“光荣的 30 年”（1945 至 1975 年）的突飞猛进。

我想借用安德烈·皮亚蒂埃主持完成的研究成果为例证。安德烈·皮亚蒂埃在考察当今法国的“领土结构”时，把一省的地域——以卢瓦雷省为例——切割成几个城市引力区，具体地说，划分为奥尔良、蒙塔日、皮蒂维耶、吉安等城市的势力范围，每个城市分别把各自的产品、服务、中间环节、商人、商店、公证人、律师、医生等强加于它的势力范围。值得注意的是，这些势力范围互有局部的重合，城市与城市在边缘地带经常发生冲突，因而“根据城市与当地关系的紧密程度，可以排列先后顺序”，同时还根据不同的“交换体系”（奥尔良以城市为主，皮蒂维耶以乡村为主），区分各城市的“功能等级”。[338]

城市与城市的这些冲突并不同我所描绘的模式相矛盾：冲突能移动模式的位置，调整模式的布局，输送新的活力，但模式体系
i-262 却颠扑不破。今日巴黎的逐渐扩大，难道不正是说明这一切的极好例子吗？对距离甚远的周边城市，巴黎有所偏袒，为扶持图尔和勒芒，不惜遏制奥尔良和昂热。[339] 势力范围因此可能发生改变，而城市的网络依旧不变。

体系的结构原封不动，但在每个层次却有变化，不仅在城市一级，而且在基层的乡村：近几年来，法国乡村蒙受了严重的摧残。1945 至 1975 年间法国农民经历的演变比路易十四至普恩加来期间更大。我那故乡的村庄（成千个其他村庄同它一样）转眼间已变得面目全非；不再有马匹，但有拖拉机；几乎不再种麦，到处都是牧场；听任富裕农场主摆布的小农已再也见不到了。最后，人口猛然减少了一半。尽管如此，城乡的联系依然存在，只是网眼有所扩大而已。一个范围更广但又结构相似的联系网正在形成。

在这个问题上，昂利·芒德拉恰好为我提供了一个不容置辩的依据。在 1980 年出版的《智慧与混乱》这部集体著作中，他试图展示“法兰西的乐观形象”，国家的和谐、稳定和公平，要比人们想象的更加完美，对自身地位、存在问题和必要变革的认识也更加清楚：英国人彼得·威尔斯的名言值得牢记：“法国其实比它自己所想的更公平些”[340]。但是，我借鉴这部重要的著作，却并非由于以

上的判断（尽管我也赞同以上判断）。这是因为我在一位惯于研究现实问题的社会学家的笔下，为我自己的立场找到了佐证。的确，在我看来，不论法国发生什么变革（在各个方面的实际变革），法国的乡村依然存在，它有力地保卫自己，并成功地适应现时的需要。自 1945 至 1980 年，法国人口由 4200 万上升到 5300 万，新增的人口首先有利于城市，这是不容否认的事实。“不要用上个世纪的老眼光去看待当今的社会。”[341] 说得明白些，我们不能再把过去的标准当作铁定的界线：人口在 2000 以上的居民点为城市，低于这个水平的则是集镇和村庄。更何况，早在 18 世纪和 19 世纪，这条界 i-263
线已经过时。

今天，人口界线需要大大提高，应该定在 1 万至 1.5 万人左右，甚至更高的水平。在法国总人口中，居民在 1.5 万人以上的城市 1946 年占 56 %；1975 年占 58%；而乡村人口（低于 1.5 万人的水平）则分别占 44%和 42%（但人口的绝对数字仍有所增加）。昂利·芒德拉由此得出结论说：“所谓‘法兰西的沙漠’[342] 只是徒具虚名，其实从不存在。在 20 世纪末的今天，乡村人口仍停留在 2200 万左右，与 18 世纪末期相差无几，尽管 19 世纪的人口有了急剧增长。以小城市为中心的‘地区’网状布局基本保持不变……而且几乎到处都是如此……村庄中的农业人口有所减少，但小城市〔新型集镇〕的人口则相应增多。”[343] 剩下的村庄继续种地，拖拉机代替了农业工人或牵犁的马匹，种地也往往比过去种得更好了。

可见，法兰西有着稳定的地域结构，正如米歇尔·罗什福尔所说，“地区作为一个特定的单位，并不始终取决于城市，而要由城市所属的整体组织所决定”[344]。中间层次的膨胀，集镇分量的加重，

“这是因为工业〔必须说明，这里应包括大工业和现代农业〕反过来又孕育了崭新的第三产业”[345]，也就是说，比以往更加充实有力的第三产业。无论过去或现在，村庄都与城镇结成某种合作关系，集镇在其中“承担每个村庄单独行使不了的职能”[346]，“而第三产业，不论是商业或服务业(住房、医疗卫生、金融、交通、行政等)，都为这种结合起着凝聚作用”[347]。

安德烈·皮亚蒂埃走得更远。他写道：“第三产业早在第二产业(工业)很久以前业已存在，正是它缔造了城市。无论在多么久
i-264 远的过去，城市始终是商贾云集、交易兴旺的中心。它的出现为附近地区的居民提供了联络和合作的据点……”[348] 我们且记住，第三产业由来已久，远在现代以前早已诞生。这个观点同我以上所说的正是不谋而合。说到第三产业，人们怎能不联想到等级？第三产业既是城市的工具，又是城市居高临下的根本原因。很早以前，集镇已拥有活跃的第三产业。现实是对历史的充实和丰富。一切都十分符合逻辑：除非在自给自足的阶段，生活不能没有第三产业，即使在那时，也总有一些人发号施令，另一些人服从命令。

第 三 章 i-265

地理是否创造了法兰西?

这个问题提得突然,但它毕竟是维达尔·德·拉布拉什提出过的老问题。拉布拉什问道:“法兰西难道是个地理存在吗?”[1] 更加可以肯定的是,它还牵涉到地理决定论的模糊命题。不管人们怎么说,我以为由这个问题引起的论争还有待澄清。

地理学家诚然早已宣布地理决定论不能成立。在他们看来,决定的因素不是土地、自然界或环境,而是历史,是人:人类始终不
能超脱自身,它接过祖先从事的事业,继承以往的传统和技术,并 i-266
在一系列历史条件的决定下开创未来,虽然人类对这些决定性因素很少意识到。

就我个人而言,我始终对历史渊源的沉重负担深信不疑,并且为之惊恐不安。历史把我们压得简直透不过气来。但这不等于说,在法兰西复杂的成长过程中,应把一切归之于过去。否则,那就会使法兰西悬在空中,头不着天,脚不沾地。那当然是愚蠢的。法兰西确实是奇迹般的历史积累的产物,但这是历史在特定地点的积累。法国在欧洲接合部占有特殊的地位,法国处在欧洲的包围之中,这一切全都起了作用。维达尔·德·拉布拉什针对法国的一句话说得有理："一国的历史不可同国人居住的地域相脱离。"他接着又说："因此必须认为，地域像是一个储能库，自然界在这里蓄积了能源，但如何使用则取决于人。"[2]

这番话可被列入"可能论"的范畴；"可能论"是吕西安·费弗尔为概括维达尔·德·拉布拉什的思想而创造的一个词[3]。一个"可能的"法兰西，几个"可能的"法兰西，我对这些提法倒也并不觉得讨厌。但我们能否抓住它们的含意呢？不得已求其次，我终究只能赞同今天的地理学家的见解，认为唯有历史才能说明法兰西作为一个地理整体的成长过程。有鉴于此，我选择了三个命题，以便深入进行探索。也许不必说，这是从几十个论题中筛选出来的三个命题。

i-267　一　不要夸大法兰西地峡的作用

这里必须先就法兰西地峡的问题作一番交代。如果我没有弄错，"地峡"是法国地理学家创造的一个术语，至少是他们常用的术语，特别是在过去。欧洲陆地之狭窄，简直称不上是一块大陆，也许应被视为庞大亚洲的海角或顶端；越往西伸展，夹在北方诸海和一系列海洋盆地之间的欧洲越加狭窄；地中海位于海洋盆地的正南方。几个与经线平行的地峡把无论是历史或者是气候全都互相排斥的、恰成鲜明对照的两个世界连接在一起：从北海到波罗的海的俄罗斯地峡；从亚得里亚海或热那亚海湾到汉堡或尼德兰的德意志地峡；最后是法兰西地峡，这个地峡实际上有两条通道，除了地中海顺着南方运河（于 1666 至 1681 年开凿）的走向，经由诺鲁兹山口与大西洋取得的联系外，还可加上从罗讷河到索恩河，然后再到塞纳河或莱茵河的一条路线。法兰西地峡的跨度最短：俄罗斯地峡长1200公里；德意志地峡长1000公里，并且必须翻越阿尔卑斯山；至于法兰西地峡，“从塞纳河口到罗讷河三角洲长约700公里，从加斯科尼湾到利翁湾仅长400公里，而且两条通道沿线都没有山”[4]。恩斯特·库尔提乌斯的一句话说得巧妙：“北方人可在法国满足其情怀地中海的宿愿”，因为法国“与德意志不同，前往地中海沿岸不必翻越阿尔卑斯山”[5]。

地峡的收缩（或用莫里斯·勒拉诺不无风趣的说法：“地峡夹
紧钳口”[6]）使北方和南方、大西洋和地中海在法国境内互相靠拢， i-268
这对法国十分有利。这大概也是法兰西地域的基本特征之一。

在法兰西地峡的两条通道中，只有一条堪当欧洲地峡的称号。经由诺鲁兹山口的陆路在古罗马时代已往来十分频繁，加上加隆河水道，连接起地中海至大西洋的交通，但这条路线仅在16世纪的短时间内才是重要的国际交通线；在16世纪，英国的羊毛抄这条近路（还有拉罗歇尔经由卡奥尔到尼姆的罗马古道）[7]运往地中海和佛罗伦萨；此外也许还有图卢兹生产的菘蓝（但我不能十分肯定），这种风行一时的染料后来将被海外的靛蓝所取代。

罗讷河的通道之所以占了上风，原因并不在于它更加方便（罗讷河的通道更长），而是因为它从地中海一直延伸到北欧各国，地中海在这里遇到自己的对立面，反方向也是同样的情形：北方与南方在这里狭路相逢。这种状况从史前时期早已开始，并且延续至今。随着欧洲经济区在中世纪首次建立，北意大利与尼德兰这两极接通了，两极之间的联系更趋扩大。两极之间通电进一步提高了这条经线通道的价值，这就再次显示了它的许多有利条件：罗讷河与索恩河、卢瓦尔河、塞纳河（及其支流约讷河、奥布河、马恩河、瓦兹河）、摩泽尔河和莱茵河等航道全都连接在一起。

在没有水路可通的地方，车辆和驮畜进行必要的补充：从里昂出发，经由中央高原的边缘，抵达卢瓦尔河；在第戎以远，经科多尔省，在索恩河和塞纳河之间建立联系；由索恩河经勃艮第出境前往莱茵河。水陆道路共同汇成一个庞大的交通网，进而征服和利用
i-269 法兰西的全部地域。罗马帝国为对高卢进行“殖民”开发而兴建的大道促使整个水陆交通更趋活跃。罗马军团把交通网的东段置于首位，一方面朝莱茵边界的方向，抵达与日耳曼地区隔界相望的特里尔或科隆，另方面则经由布洛涅地区朝英格兰方向伸展，该岛自公元 85 年后逐渐被罗马所征服。

保尔·维达尔·德·拉布拉什率先强调了贯穿法国全境的这条河道的重大意义。他写道：“地中海与北海的靠拢很早就对我国国土的形成产生了影响。这一影响在地理方面表现为远距离联系的建立，而远距离联系的建立又进一步加强了这一影响。以普罗旺斯为起点并以英格兰和佛兰德为终点的法兰西贸易干线，其稳定性的确令人刮目相看。中世纪时代的主要交易会——博凯尔、里昂、沙隆[8]、特鲁瓦、巴黎、阿拉斯、图鲁[9]和布鲁日——正是沿着这个方向陆续向前延伸的。这条流通渠道对政治统一的确立可能产生的影响几乎是不可捉摸的，但我们有不少实例可加以说明：只是在阿庇亚大道和弗拉米尼亚大道连通了南北两端以后，意大利才以政治区域的面目而出现。在大不列颠的交通网络中，伦敦通往塞文峡的路线——华特灵大道——曾是英格兰的要道。”[10]

从以上的寥寥数语可以看出，罗讷河、索恩河和塞纳河（或莱茵河）的联系干线是法兰西实现统一的原因之一，甚至是主要的或根本的原因。有鉴于此，应该传讯到庭作证的第一位证人就是罗讷河。我将从罗讷河着手，开始寻找“可能的法兰西”。

1850 年以前的罗讷河

证人显然是昨日的罗讷河，这条河水流湍急，恣意妄为，“变幻无常”[11]，沃邦称它“无可救药”。但这一切都已成为往事，技术的 i-270
进步、经济的需要以及才刚完成的一项大型工程已使河流改变了面貌，一下变得驯服和顺从起来。

昨天，由于阿尔卑斯山的冰川和雪水的下泻，河水奔腾澎湃，夹带大量泥沙和石块；这些滚动的石子如今在乡间的小路上，在罗讷河流域城市的街道上比比皆是，使过路的牲畜和行人磕磕绊绊。道路和桥梁工程师夏尔·朗代里克于 1892 年告诉我们说：“泛舟河上的人，只要注意观察，不难看到或至少听到水下石子的滚动，并且分辨出河面的汩汩流水声和水下成千上万块石子前推后拥的撞击声。”[12]

罗讷河的水土冲刷极其严重，任何人都不会对此感到惊讶：河身曲曲弯弯，在凹进的岸旁冲出深水区[13]，又在凸出的岸边留下浅滩。因此，在浅水区和深水区之间，就有几道沙洲和石礁呈脊状隆起，横置河中；这些障碍物还会流动，船只过河随时有搁浅的危险。每逢河流的枯水期，沙洲和石礁便暴露在水面上，每年约有 70 天不通航运。相反，赶上河水上涨，船只随着水流急速直下。例如，从图尔农至圣灵桥这段长 90 公里的狭窄河道上，船只犹如射出的飞箭，圣灵桥的桥洞过于狭窄，通行尤其危险，总要让人胆战心惊。流速过急还阻碍逆水航行。后来出现的蒸汽机船并未完全解决问题：由于以上困难，罗讷河上不能使用一般的拖船，必须配备专门的拖曳装置[14]。另一个困难是狭窄的河谷中风力强劲，其中包括可怕的密史特拉风。每当狂风刮起，又该如何办呢？幸而河中岛
i-271 屿众多，可供船只避风，不然就得把船牢牢地系在岸边，等待暴风停息……

可是，几百年来，这条充满危险的河流却是往来舟楫如织。早在罗马时代（可能还要更早），满载货物的船只在罗讷河上往来不绝。从一些铭文可以看出，罗讷河有着无数的船运组织，尤其该河支流甚多，除索恩河外，还有阿尔代什河、迪朗斯河和伊泽尔河；几百年来，每条支流各有其内河航运业。

木船运输一直维持到19世纪中叶，几乎直到今天，没有发生多少根本性变化。木船甚至成功地抗御了蒸汽机船的竞争，后者于1829年崭露头角。因此，直到1850年为止，罗讷河上始终展现着木船往返繁忙的生动景象，这些传统木船平底，体大，名称各异：平板船（供运马用），塞塞勒船（因在塞塞勒制造而得名），松木船或萨瓦船（船身长达70米），橡木船（在索恩河沿岸制造，通常用于谷物运输）。同卢瓦尔河的船只相比，这些船只堪称庞然大物……此外再加上专门从事客运的马拉驳船，即长约15米的“水上马车”：驳船舱内设有长条板凳，供旅客就座，就像马车车厢一样。有的驳船较小，又名“快船”，必要时划桨前进，而大型驳船则“随波逐流”……小驳船也称“小木船”，载重可达250公担；它们逆水航行，从阿尔勒到里昂“约需7至8天，从阿维尼翁到里昂需6天”，而通

常在罗讷河运货的大木船在阿尔勒装船和逆行到里昂分别“历时一月之久”。船只顺水航行,速度大大加快,自里昂至阿维尼翁仅需 2 天时间,顺水下航的时间随冬季和夏季的不同还有很大差别。[15]

顺水航行比逆水航行更迅速,但也更危险。旅行者无不视为 i-272
畏途。1320 年,佩特拉克坐船前往里昂,因罗讷河被赶赴博凯尔交易会的商船所堵塞,便先去富菲埃尔教堂恳求圣母的保佑。

船行迅速自然是件好事。一名旅客于 1704 年 5 月坐船从里昂前往阿维尼翁,他后来说:“船只沿罗讷河顺水下行,速度极快,这对坐船去朗格多克和普罗旺斯的人来说十分方便”[16],去意大利当然也很方便。但航行事故也真不少:塞维尼夫人 1673 年因船只失事遇险;英国人克劳杜克夫人 1784 年在冬季枯水期旅行,船只在沙滩搁浅;她“好不容易”方才脱身,并花了不止一天的时间,从里昂前往维埃纳:硬是使用 32 匹马总算把船从沙滩拖出[17]。1799 年秋季,马尔博将军坐船去意大利军团赴任,尽管罗讷河当时水位较低,途中躲过了不少浅滩,但在接近圣灵桥时,突然刮起密史特拉风。随父同行的将军的儿子写道:“船夫们没法让船靠岸。他们六神无主,索性不再工作,祈求上帝保佑;就在那时,狂风急浪把船推向桥去!眼看就要撞上桥墩,父亲和大家一道举起带钩的船篙,及时向前猛扑,抵住桥墩,避免发生直接撞击。船篙的反作用力之大,一下把我们撞倒在长凳上,但这一撞却使船改变了方向,奇迹般地从桥拱下顺利通过……”[18]

“逆流而上”的航行不会产生以上危险。但又要费多大的劲呀!“船工行业的辛苦说来真是一言难尽!”[19] 船只行进时排成一

列长队，通常为四五艘，有时更多；第一艘船像是海军中的旗舰，船
i-273 身光滑细巧，船尾设置一舱，船员集中在舱内睡觉、做饭、吃饭……然而，往往沿着河流的左岸，约有50来匹马聚在纤道上拉纤，其中28匹拉前边的纤杆，另外20多匹拉后边的纤杆。一位作家热情地赞扬说："多么出色的马匹！如此高大有力的马恐怕今天是再也见不到了。"[20] 19世纪初，罗讷河两岸共有马6000匹之多。到达里昂后，马匹便交给莫拉蒂埃尔[21]的马厩喂养，然后经这个转运站，用平板船（名副其实的水上马厩）运回南方，再次在纤道上劳作。

留在纤道上的所谓"陆上水手"十分辛苦。他们要照顾牲畜（动身前进行检查，必要时重钉马掌，每4匹马为一组，分别用"套索"把它们同纤绳连接起来，再根据第一条船传达的船主命令，牵马前进），绷紧系在大船桅杆上的长麻绳，当纤绳与岸边"茂密的柳树"缠绕在一起时，设法解开缠住的结口……在某些纤道上，纤绳及"套索"的伸展距离可长达一公里。例如，在栋泽尔（即船工们所说的"猴山"），纤队在高出河面60米的岸边爬坡，船队则缓慢地鱼贯而行。还有另一个困难：当一岸的纤道中断时，必须把拉纤的马匹运往另一岸。马匹挤在专用的船只上，渡河前往彼岸继续拉纤。在这种情况下，船队显然要自己过河。1764年5月2日，一艘满载谷物的"橡木船"顺流而下，与正在易岸拉纤的船队不慎相撞，造成船身破裂，沉落河底。[22] 有时候，船队遇到急流巨浪的冲击：必须赶紧砍断绳缆，否则马匹会有落水的危险。

i-274 罗讷河上的船工几乎从不离开船只：他们不像卢瓦尔河或阿列河上的船工那样徒步返回原地，虽然船只在到达罗讷河下游的港口后有时被拆毁和卖掉。他们的人数总的说来并不很多，1811

年约在 3000 至 3500 人上下[23]，全都来自沿河的几个地方（沿河有几个专门的船民村庄，正如沿海地区有传统的渔村一样）。日沃尔、孔德里约悬岩、塞里耶尔、昂当斯和圣昂代奥勒镇一带是“历来以河为家、子承父业的粗犷汉们的一统天下”[24]。这些横眉竖目、敢作敢为的人抱成严密的团体，往往在亲戚之间凑齐足够的资金，买下一艘或几艘船。他们的打扮与众不同：佩戴金耳环，长发编成“几个小辫”；他们使用特殊的行话，与沿河居民的语言毫无共同之处；他们还有自己的节日，即 12 月 6 日的圣尼古拉节。甚至菜肴也有其独到之处：例如，把各种河鱼——种类既多，味道又好——切块放置锅内，浇上当地生产的红葡萄酒，再像制作潘趣酒一样点火引燃，这就是所谓“水手煮鱼”的烹饪法。最后，船工在沿河地带还有他们经常光顾的旅店，这些旅店的顾客几乎全都是船工[25]。

此外，围绕着这些船工，还有我前面谈到过的“陆上水手”（人数同真正的水手不相上下），还有装卸工、搬运工等苦力，最后还有塞塞勒、里昂、韦内松、日沃尔、维埃纳、孔德里约、昂当斯等地的造船工人。这里且不算索恩河畔“橡木船”的造船工人。从阿尔沃河、伊泽尔河或迪朗斯河驾着大型木排（约 60 至 80 米长，14 至 15 米宽）而来的“护排工”还不算在内，他们的情形十分独特。在水流过急的这些河道上，放送的木排并不完全是随波逐流、随流漂移的。[26]

由以上这一切形成的宽广的河运体系能够承担起巨大的任务，虽说运输途中不免要遇到各种困难。

然而，与塞纳河或卢瓦尔河的情形不同，罗讷河的交通很少朝 i-275
其支流的方向伸展。这些支流或者不宜航行，或者不能使用与罗讷河相同类型的船只。

唯独索恩河勉强是个例外。可是，索恩河每年都发生洪水泛滥，淹没沿岸的辽阔草地；漂流的浮冰有时使索恩河变得极其凶暴，毁坏桥梁，撞沉或撞破船只，甚至冲走岸边的房屋[27]。尽管如此，在索恩港以下的河段，河水充裕而平缓，可得舟楫之利。在罗讷河和索恩河之间建立联系却并不容易。为此往往必须更换船只。不仅如此，由于里昂的房屋一直建到岸边的河面上，没有纤道，牵引船只也就成了问题。里昂有一批船工，专门从桥上拉拽紧绷的缆绳，帮助船只逆流航行（纤夫此时站在船上观望）。这些船工横凶霸道，胡搅蛮缠，因为在法兰西地峡的这个最敏感的地点，他们拥有极大的权势。人们迫于无奈，只得委曲求全，听凭船工们敲诈勒索。

用以往的尺度来衡量，索恩河和罗讷河的运输量十分可观（罗讷河的运量可能达卢瓦尔河的 4 倍；可与莱茵河比拟，简直像是“双胞胎兄弟”）[28]。但是，这两条河流（罗讷河和索恩河）位于南北向的同一条直线上，因而不能构成完整的航运系统。在里昂上方笔直向东、朝日内瓦方面伸展的罗讷河上游，通航河段只到塞塞勒为止。当然，通过某些陆路转运，罗讷河仍可与迪朗斯河和伊泽尔河的船运业保持一定的联系。我们应该想到还有其他的运输手段：一些陆路运输队，一些驮畜，一些货车从罗讷河沿岸出发，分赴中央高原、朗格多克、普罗旺斯、多菲内、萨瓦和里昂地区，甚至深
i-276 入汝拉山区。车把式们“一手牵缰绳，另一手举鞭子，上身穿蓝大褂，下身是天鹅绒短裤，头戴五颜六色的帽子，另外还有羊皮披风和羊皮绑腿”[29]，他们补充了罗讷河流域运输手段的不足，并使船

运业与内地取得了联系。

整个运输体系于19世纪上半叶达到了最高的水平。顺水和逆水加在一起,货运量可能达40万[30]至50万[31]吨,逆水运输量大体上约小于顺水的4倍。就按每艘船平均运输40吨计算,每年的航运船次将达1万次或者更多。据瓦朗斯水运局的计算,“从1809年4月1日起到1810年3月30日止,顺水驶往下游的货船为2250艘,空载为150艘;逆水航行的货船共1468艘,也有少量空船”[32]。任何计算都带有随机性。至于陆路运输,大概只相当于水上运输的一小部分,但这也不过是估测而已[33]。

罗讷河上的往返运输活动蓬勃兴旺。北方各省在博凯尔交易会上购买的各种商品都经由罗讷河运输。满载地中海产品的海船在阿尔勒被罗讷河的内河运输所取代。这些船只陆续在沿途装载罗讷河流域各城市的许多分量轻、价格高的货物。其实,罗讷河的船几乎什么东西都装,包括最出人意外的东西,例如准备立在贝尔库尔广场上的路易十四的雕像(为了顺利抵达里昂,雕像先从巴黎经由勒阿弗尔和直布罗陀海峡运到地中海[34],结果在米拉蒂埃尔出了沉船事故,雕像事后从河中被重新打捞出来),又如双西西里国王的女儿玛丽亚-卡洛琳娜1816年嫁给贝里公爵时陪送的嫁妆。

内河航运自然以运输重货为主:铁、石料、砖瓦以及自中世纪以来成为重要商品的小麦、葡萄酒和盐。小麦船沿着罗讷河有时驶往上游,有时驶往下游,这要看各地收成和消费的反复变化而定。罗讷河流域同其他各地一样,小麦消费主要依赖当地的收成, i-277
但邻近地区之间也常互相调剂。只是在出现普遍的危机时,才从

远处运来外地小麦。大家都知道，这类危机时有发生。至于葡萄酒，各城市长期满足于邻近乡村的产品。但到18世纪，随着消费的增加，葡萄酒交易（首先是优质葡萄酒）开始变得重要起来。食盐作为人们生活的必需品，同时受到国家和资本家（各大运输公司和销售公司）的关注。成群结队的木船前往宽广的贝盖盐场或圣玛丽盐场，把盐运往沿河的各个盐仓。一些盐船可上溯到罗讷河通航河段的终点塞塞勒。罗讷河把塞塞勒一分为二：属于法国的一侧是个使用松木板制造"塞塞勒船"的村庄，关于这种壮观的船只，我在上文已经说到过；属于萨瓦的另一侧设有关卡和一座大仓库，成车的盐从这里运往日内瓦在莱芒湖的港口勒贡弗尔。

食盐贸易不断促进运输业的发展。1701年7月，一些实业家考虑在里昂和塞塞勒之间开办客运业务，每星期开三班，但他们力求要避免让船只"空着驶往上游，付出大笔开支，却得不到任何收益"[35]。他们究竟想得到什么？那就是准许他们"把七八千米诺①的平价盐从贝该运往塞塞勒"。[36]

运输、交换、中转、仓储等活动促使了罗讷河两岸的一系列城市应运而生，这些城市尽可能避开洪水的威胁，每当赶上有利的机遇，往往展示令人炫目的光彩。阿尔勒长期保存着罗马统治高卢时代的灿烂光辉；阿维尼翁长期作为基督世界的中心，闪耀着夺目的光芒。即使作为二等城市，它们风采不凡，蜚声远近。但在大革命前夕，有两个城市后来居上。南面是博凯尔：博凯尔举办交易会的历史至少可追溯到1315年，每逢这样的盛会，城市聚集的商人、

① 米诺系重量单位，约等于250公斤。——译者

顾客和参观者达10万人之多，其嘈杂、喧哗也就可以想见。北面 i-278
是里昂：城市每年举行几次大型交易会；作为信贷和贸易中心，里昂试图驾驭整个法兰西王国（但未成功），甚至想在欧洲经济中充任乐队指挥。

地峡及法兰西的统一

我们且回过头来重谈正题。索恩河—罗讷河流域对法兰西的生活起着重大的推动作用：城市、活跃的经济区和名胜古迹沿河排列成行。亨利·范司盖[37]写道："人们常问：为什么在勃艮第有那么多的修道院、隐修院和其他寺院，而且都久享盛名？历史和地理显然在其中起了一定的作用，或许还应加上优美的自然环境。"此外，正如在法朗什-孔泰、里昂地区、多菲内、朗格多克、普罗旺斯等地区一样，交通方便显然也是一个有利条件。历史从来就是在道路的两旁生根发芽的。

然而，难道我们赞同维达尔·德·拉布拉什的见解，认为索恩河—罗讷河的这些集散运动，不论是急速的顺流而下还是缓慢的逆流而上，不论是从北往南还是从南往北，都对法兰西的文化统一和政治统一起着决定性的推动作用？人们往往先验地等待着得出以上的结论。但在这个问题上，历史是最好的法官，我们且看它作何判决吧！

在古罗马时代，地峡无疑曾是一条得天独厚的轴线，是生死攸关的脐带，但它却只为罗马帝国及其在摩泽尔河—莱茵河地区开辟的大道和繁荣的城乡服务。地峡似乎甘愿置身于高卢的范围之外。作为罗马帝国的交通枢纽，里昂分别与山南高卢、地中海、西部和北部高卢相连接，是罗马军团开赴莱茵河边界的必经之地。当时的里昂难道不就像是殖民地的首府或是从事戍边屯垦的边境城市吗?[38]

i-279 到了12至13世纪的香巴尼和布里交易会期间，以上情形显得更加突出。罗讷河航线既可通大海(例如在艾格莫尔特乘坐威尼斯的“帆桨商船”)，也可与阿斯蒂运输者使用的阿尔卑斯山路相连接，但还只具备有利条件的一半，因为它位于王国的边境。在当时，埃斯科河、默兹河、索恩河和罗讷河这“四条河流”从法国边界向东流去。在船工们看来，罗讷河的右岸是法兰西王国的河岸；左岸则是帝国的河岸，德意志帝国的势力在很久以前已经抵达河边。[39] 对法兰西来说，它在罗讷河的左岸却没有建立起巩固的根据地，这真正是个奇迹。

实际上，只是在我国的边界慢慢地、困难地向南和向东移动以后，随着朗格多克(1271年)、里昂(美男子菲利普于1311年3月13日进占该城)[40]、多菲内(1349年)、普罗旺斯和马赛(1481至1483年)、布雷斯中部地区(1601年)、阿尔萨斯(1648年)、法朗什-孔泰(1678年)、洛林(1766年)、阿维尼翁(1790年)、蒙贝利亚尔(1793年)、萨瓦和尼斯(1860年)陆续被并入法国的版图后，罗讷河才参与了法兰西的生活。

1481至1483年间，法兰西国王兼并了普罗旺斯和马赛，在地中海边取得了安稳的立足之地；这一扩张行动具有决定的意义。在这以前，圣路易曾想在艾格莫尔特建立据点，甚至在该市打开面对地中海的一个窗口(他于1248年在艾格莫尔特登船前往埃及，后于1270年向现名突尼斯的地方进发)；从长时间看，这个窗口的

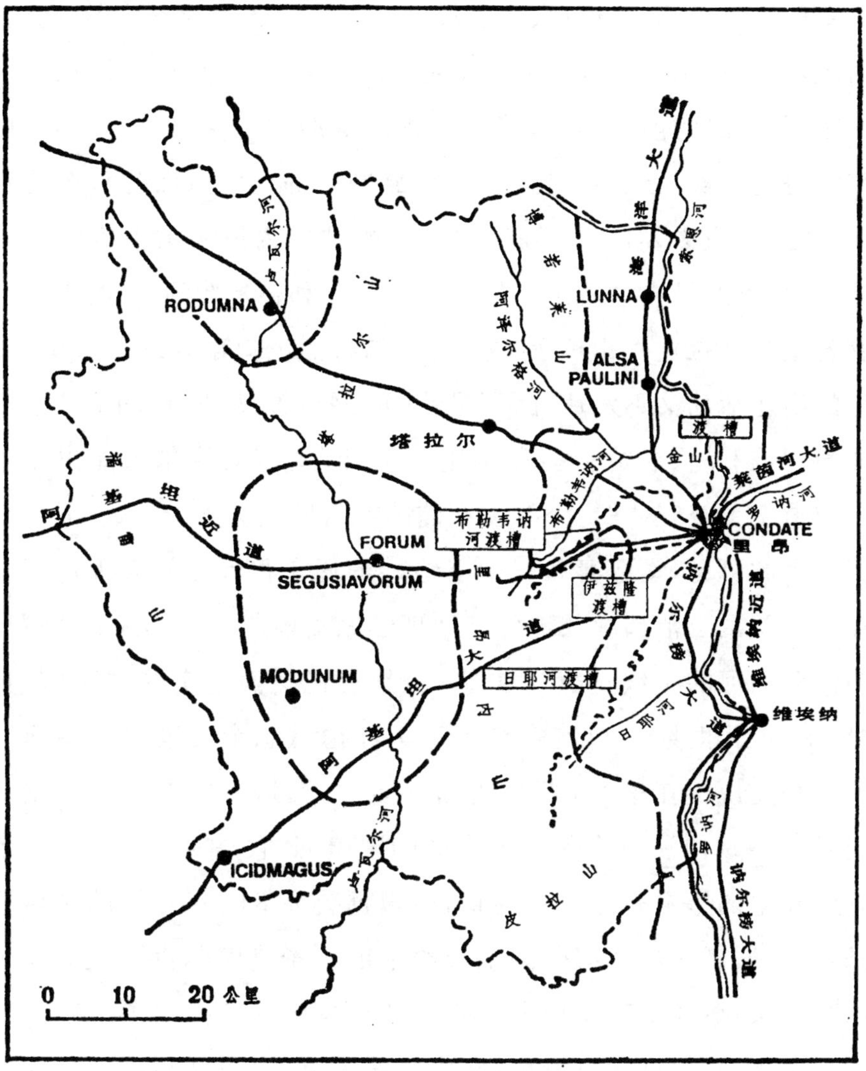

里昂附近的罗马道路系统

里昂是罗马大路的枢纽,这些大路为罗马帝国的贸易和政治服务,分别通往莱茵河、南部高卢、地中海以及西部和北部高卢。

地图摘引自安德烈·拉特雷伊主编的《里昂和里昂地区的历史》,1975年版。

重要性远远比不上彼得大帝在波罗的海沿岸建立的圣彼得堡。更何况，艾格莫尔特不是良港。早在 1248 年，即在远征埃及（第六次十字军东征）的前夕，当圣路易率领船队浩浩荡荡出发时，小城市与大海之间被几道沙丘所隔开，紧靠城市的辽阔海面几乎像是几个内海，船只必须沿着航道行驶，才能驶出内海。至于雄伟的城
i-280 墙，那是圣路易去世后由他的儿子大胆菲利普建造的，当时大胆菲利普正与阿拉贡人相抗争。艾格莫尔特的港口出入既不方便，当地的商业活动又不发达，因而尽管国王作了努力，城市的地位也不
i-281 能与蒙彼利埃、尼姆和马赛相比。1248 年，茹安维尔可能出于谨慎或迫于无奈，从马赛坐船去塞浦路斯与国王会师。[41]

由此可见，索恩河和罗讷河绝妙的通道很晚才彻底确定了它在法兰西国土范围中的地位。地理学家皮埃尔·古鲁认为，“索恩河和罗讷河的干线尽管历史悠久，具有优美而坚实的文明（勃艮第、里昂、瓦朗斯），却被洛泰尔王国和德意志帝国吸尽了脂血”。他又补充说：“在这里，没有地理方面的原因，一切仅仅取决于历史。”[42] 请顺便注意这个毫不含糊的限定词，它是对一千多年以前确曾发生的历史事件进行的指责：根据公元 843 年签订的凡尔登条约，虔诚者路易把部分国土分给他的长子洛泰尔，单独建立“帝国”；后来，奥托王朝又把帝国的边界扩展到莱茵河。

说到底，关键的事实是，在中世纪的欧洲，罗讷河早已成为一条边界。既然罗讷河在几个世纪期间几乎位于法兰西的国境之外，所谓法兰西地峡能不能负起民族的使命呢？请看，在 14 世纪，作为教皇的驻地，阿维尼翁是何等地荣华。作为新兴的人文主义的中心，城市的光芒如果不是普照全球，至少也是遍及欧洲，而绝

不仅仅限于法国。同样,在其交易会于十六世纪达到鼎盛的时期,里昂首先是意大利商人的附庸,是个全欧性的城市。

因此,人们可以说,罗讷河没有承担起统一法兰西的使命,或者不如说,法兰西没有及早抓住和充分利用罗讷河的通道。

另一个因素也起了作用。正如大家所知道的,法兰西地峡并不是欧洲唯一可以利用的地峡,甚至并不始终是往来最频繁的地峡,古罗马时代也许属于例外,香巴尼交易会期间也属例外。从13世纪末开始,欧洲贸易无疑已取道德意志地峡。沿途经过的城 i-282
市:南部是热那亚、米兰、佛罗伦萨、威尼斯;中部是奥格斯堡、巴塞尔、斯特拉斯堡、纽伦堡、法兰克福、科隆以及在德意志采矿业(铜矿和银矿)推动下兴旺的其他城市;此外,在北海沿岸,还有布鲁日、安特卫普、汉堡,甚至还有伦敦。在阿尔卑斯山区,村民冬季驾着雪橇积极参加运输;高山不但不是障碍,还往往加速交换的发展。[43]

所以,面对历史悠久、古迹众多、初生的资本主义茁壮成长的热那亚,面对勒旺贸易的中心并与德意志有阿尔卑斯山路可通的威尼斯,即使像马赛这样一个朝气勃勃的城市显然也不可能同它们相匹敌。

我们不妨想一想意大利、德意志、尼德兰和英格兰的那些强大的城市,它们携手合作,共同组成所谓“欧洲的经济脊梁”;在前资本主义或资本主义的这一欧洲核心区域,道路纵横密布,交织如网。意大利和德意志之所以迟迟不能在政治上实现民族统一,正是因为一些早熟的、富有的城市在国内各据一方,各行其是。法兰西之所以没有跟上欧洲的经济高涨,原因是法兰西地峡单靠马赛、朗格多克诸城市或普罗旺斯各港口还是不能大显身手，它不能不迁就意大利城市的意愿和利害，意大利城市当时是有效地展开一切经济活动的起点。

由于以上种种因素，一方面是德意志地峡上升为主要贸易通道，另方面是13世纪末（1298年）和14世纪初在地中海和北海之间开辟的经由直布罗陀海峡的定期海路联系[44]，终于把法兰西排斥在兴旺的商业活动之外，使法兰西得不到正在蹒跚学步的近代
i-283 资本主义所可能带来的各种好处。关于这个问题，我们后面还要重新谈到，尤其因为历史学家通常很少说明其中的道理。然而，这难道不是一个极其重要的事实吗？尽管法国生性好动，从不安于现状（也许这正是由于它的失败），它未能挤进欧洲资本主义的有利地理区域之内。难道这是它的过错？难道是它“生来”就不适合？或者是欧洲资本主义（且不说国际资本主义）出于疏忽，竟在无意中把我国排斥在外？

罗讷河边界

罗讷河一度成为边界，成为分离、切割和阻隔的界线，达尼埃尔·富歇[45]甚至说它是“祸害”。这不但因为罗讷河水流湍急，行船危险，经常泛滥成灾，而且还有人为的原因以及历史的偶然性。在一般情况下，河流与其说是阻隔，不如说是联系的纽带；河流使人可以根据自己的利益，随心所欲地从此岸前往彼岸。罗讷河的情形并非如此。

罗讷河当然可被渡过，甚至每天都有渡船往来。但在隔岸相望的姐妹城市之间，必须采取协商一致的行动，共同维修桥梁、渡

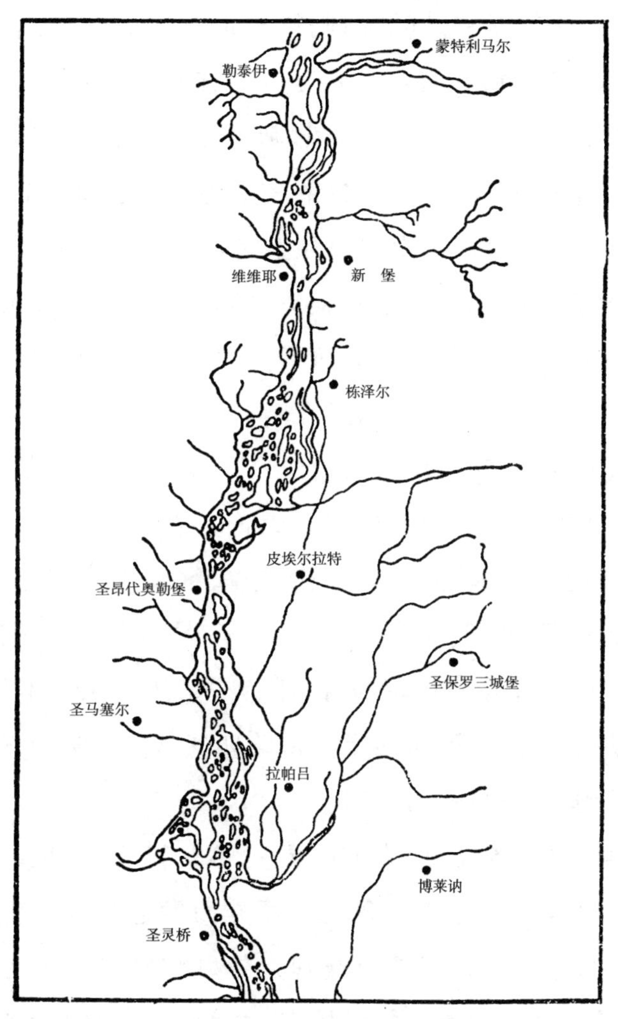

罗讷河的岛屿

在18世纪末卡西尼的地图上看出，从蒙特利马尔到圣灵桥的罗讷河段有无数岛屿，成为船舶航行的众多障碍之一。

船和溜索。[46] 在18世纪卡西尼的地图上，日内瓦和地中海之间共有15座桥。分别位于大桥两端的姐妹城市为数甚多，它们是：日沃尔和沙斯；维埃纳和圣科隆布；昂当斯和昂当赛特；图尔农和坦莱尔米塔日；瓦朗斯和圣帕雷；阿维尼翁和阿维尼翁新城；塔拉斯孔和博凯尔；阿尔勒和特兰克塔伊[47]。有时是右岸的（王国的）城市压倒左岸的（帝国的）城市；有时则是相反。这些姐妹城市的出现取决于经济的要求，它们的数量之多使人不由得想到，对两岸的居民和商人来说，前往对岸比前往上游或下游更加要紧。

i-284 但国家的政策并无以上的偏爱。显然，国家的政策或普通的
i-285 行政管理可以横跨某些河流的两岸。如果说塞纳河和卢瓦尔河都把两岸连成一片（就以卢瓦尔河为例，尼韦奈、奥尔良、图尔、安茹、布列塔尼等省区都地跨该河的两岸）[48]，但有些河流，如莱茵河、罗讷河和索恩河，却是天然的屏障。无论是普罗旺斯、孔塔-佛奈桑或小小的奥伦治公国，无论是朗格多克、维瓦雷或里昂地区，实际上都并不地跨罗讷河两岸。萨瓦——至少当萨瓦公国拥有的热克斯、比热和布雷斯等地区尚未根据里昂条约（1601 年）划归法国时——也并不横跨索恩河两岸。道路四通八达的勃艮第勉强可以说是越过了水流缓慢的索恩河。

1707 年，德·台赛元帅于都灵一战失利后（请见下文），在多菲内集结残部，曾担心敌人会从萨瓦方面发起进攻。但他安慰自己说，朗格多克无论如何不会遭到入侵，因为“敌人不可能偷渡罗讷河”[49]。实际上，尽管两岸贸易兴旺，罗讷河却像一条“天然的”边界，一道裂缝，一个要塞的堑沟，排除了国家或准国家的国土横跨两岸的可能。普罗旺斯王国虽然一度夺取了右岸的维瓦雷地区，但这种联系为期甚短。更何况，河流的两岸地区之间几乎没有任何相似之处。我甚至敢说，直到今天，从阿尔卑斯山经圣灵桥至中央高原，我在多次往返途中几乎始终摆脱不了以上的印象。尽

管河流两岸都种着葡萄，但一路过来，那确实是经历了两个世界。

甚至当法兰西国王成了两岸的主人，把所谓“伤口的两侧”[50]缝合起来以后，差异和对立仍经久不衰。分处两岸的居民和省份互相结怨成仇，不能和平共处。即使隔岸相望的村庄或城市之间的争斗时有“间歇”[51]，即使也有个别几对城市相处融洽，但总的说来，纠纷、仇恨和诉讼却是常例。

至于河流本身的归属，不可能也不应该存有争议。法兰西国 i-286
王很久以前就已宣布自己是罗讷河及其一切资源的主人。早在兼任普罗旺斯伯爵前，法兰西国王于 1380 年声称，“鉴于国王的权力至高无上，罗讷河及朗格多克其他河流的全部岛屿均归国王所有”[52]。路易十一于 1474 年（即继承普罗旺斯领地前几年）所说的话也同样斩钉截铁。他在诏书中声称：“罗讷河所经之处，包括其港湾岛屿在内，全部归国王所有。”[53]

既然河流的归属在法律上业已确定，王国政府坚定地行使权力。据说，在 1734 年，“当阿维尼翁城〔教皇的领地〕的罪犯逃到罗讷河的船上去了以后，教皇的官员就不再有权捉拿他们”。甚至，“每当罗讷河涨水进入阿维尼翁市区直入甫斯特里街时，港口总监便接到命令，要他去那里插设国王的徽饰，以表示河流是国王的产业”[54]。

尽管如此，河流两岸却有 80 个路卡，分别由在岸边拥有土地的私人所设立：同安德烈·阿利克斯所说的相反[55]，罗讷河即使在自由贸易的条件下，也不是中立的。

罗讷河甚至还造成省与省之间的纠纷。请看，直到 1760 年前后，朗格多克和普罗旺斯仍然各执一词，互不相让；对于这一争执的历史缘由和法律缘由，甚至历史学家也茫无头绪[56]。这场官司最后交大臣会议作出裁决，但有一个问题值得我们注意，两省派出代表所争夺的东西其实都是国王的财产。具体地说，是罗讷河不断冲积而成的大小岛屿以及“各种滩、涂、淤、淀”，是“像木排一样
i-287 随水移动的浮岛……或是无主的木船”[57]。争执的要害究竟是什么？双方争夺的这些土地，有的固然十分贫瘠，但有的也极其肥沃，小麦产量可达种子的10至15倍。[58]尤其，在这些照例有人居住的土地上，究竟该由普罗旺斯还是朗格多克的包税人征收税金；我发现这份冗长的诉状只在一处提到“渡河”，就是说，唯独阿维尼翁新城的船工有权在阿维尼翁的渡口从一岸前往另一岸。

大臣会议判决朗格多克胜诉，准许它将其辖区扩展到罗讷河左岸，至少到帝国境内淤泥地的边缘。此事本身并不重要。国王大概考虑到这个事实，朗格多克被并入法国比普罗旺斯约早两个多世纪，先来后到嘛。因此，在有关罗讷河及其沿岸地区和岛屿的历次诉讼中，图卢兹高等法院总是受到某些照顾和享有某些特权。

另一次争端——几乎是国家与国家的争端——更加重要，有关的文件连篇累牍，我们这里就来看其中的《德·沃邦先生之奏折》(1686年3月22日，国立档案馆藏品)[59]。作者通过以下的图例说明了他的计划。确切地说，他建议让罗讷河航线改道，使船只紧贴阿维尼翁新城一侧峭壁林立的河曲行进，不再经过对面的阿维尼翁港(阿维尼翁当时归教皇管辖，是与法国对立的外国港口)。然而，改变河流的航道殊非易事，这一企图最终归于失败。沃邦对此似乎早有先见之明。他写道：“圣安德烈山冈应是纤夫的必经之地，而在山冈的脚下，却还没有真正动工”，这里显然是指紧靠新城

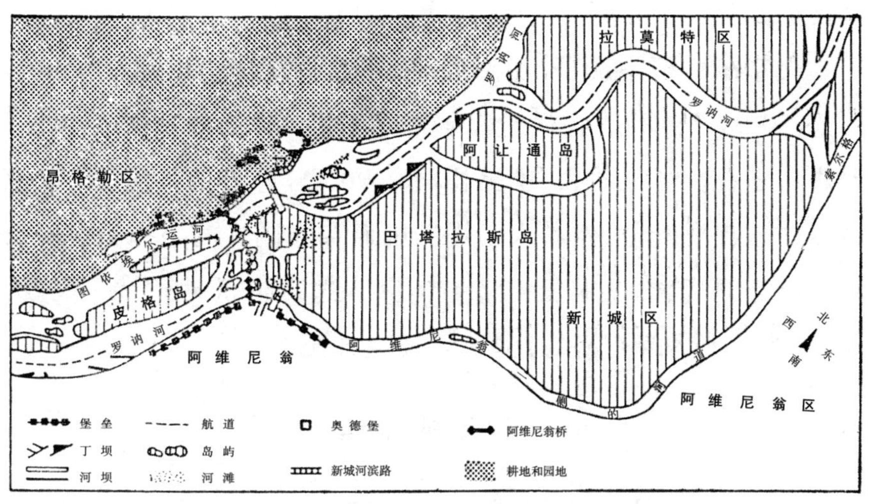

罗讷河航道疏浚工程计划（沃邦奏折1686年的附本）

船只遵循的航线用虚线表示。工程的目的是要让航道走向从教皇管辖的左岸（阿维尼翁）转移到法国管辖的右岸（新城）。为此必须做到：

1. 改变水流方向。具体办法是修建 a/b、c/d 和 e/f 三条河堤；建造丁坝，使河水向右岸流去；加宽圣皮埃尔运河和图依埃尔运河。工程才刚开始，便出现重重的困难和产生意外的结果：河岸遭到冲刷，在河中形成沙滩。

2. 在新城一侧的河岸修筑一条纤道。阿维尼翁桥和奥德堡（城堡过去直接建在河上）之间的纤道业已修成。留下一个大难题：在支撑圣安德烈要塞的山冈下开凿至少五米宽的纤道。这项工程本身十分困难，此外还必须拆毁“要塞的一角”，使围墙退后 20 来米。

至于王国当局对“岛屿”一词究竟赋予什么含义，人们或许会提出疑问：巴塔拉斯岛显然紧贴阿维尼翁的领土。

的方面。人们已经建造了一系列丁坝，促使尽可能多的河水流向新城一侧和进入运河。奏折又说：“既然罗讷河及其岛屿都归国王 i-290
所有，既然丁坝与孔塔的河岸不相接触，教皇的人对此将无话可说，罗讷河也就完全可以把航道移到阿维尼翁新城一侧。”[60] 这句引人注目的话重申：河流和岛屿属于国王，只剩孔塔一侧的河岸留

给教皇。

沃邦在奏折中顺便介绍了有关阿维尼翁桥的某些情况："12尺宽，500丈长，不适宜通行车辆和负载重物，此乃这类工程的最大缺陷之一。"更往北去，圣灵桥"长400丈，宽14尺……桥面一石拱中央已有裂缝，虽然尚未断塌"，因而存在同样的毛病：货车过桥时只能卸下货物，交搬运工装上渡船，送往河的对岸[61]。也就是说，罗讷河上尽管有桥，过河还是很不方便。

里昂的命运

里昂的命运并不比罗讷河的命运简单。一切城市无疑都是复杂的存在。特别是里昂，它的财富，它的剧变，它的新奇乃至古怪，更使历史学家为之惊叹。过了一个世纪的时间，里昂已不再是原来的模样，它不断追新猎奇，被迫多于自愿。里昂本身就是法国历史上的一个难题，也许是个关键的问题，肯定是关键的指针。

里昂是个顽强的、生气勃勃的但又令人捉摸不透的城市。它在环境的包围下似乎施展不开；它间接地受到历史的打击；它经历的骚动和遵循的节奏均十分独特。[62] 里昂自从被法兰西夺得以后，便真心实意地同这个辽阔的国家休戚与共。作为罗讷河沿岸的城市，里昂受到远近相邻地区的拉扯，来自四边八方的各种势力恰好
i-291 汇聚在这里。因此，里昂有时倒向一方，有时又倒向另一方。今天有一位地理学家认为，里昂在中央高原的影响反而"比在罗讷河流域要大得多"[63]。确实，由于历史的和现时的许多原因，皮埃尔·埃斯蒂安低估了索恩河和罗讷河轴线对里昂的重要性。关于这个问题，我过一会儿再谈。

里昂的古怪确实使观察者感到惊讶、犹豫和无奈，不论他怎样进行认真观察，均无法摸清里昂的真相，甚至很难画出它的轮廓，因而不得不随时改变观察的视野和色彩。当然，人们可以根据习惯的程式，根据当地的、地区的或民族的“逻辑”，对里昂的古怪情形作出解释。但每一次，刚说开了头，便再也说不下去，否则就是越解释越复杂。

里昂市的日常生活仰仗四周的里昂地区就近供应，这是显而易见的事；城市资产者在里昂地区拥有土地、葡萄园和住房。但里昂地区之小与城市之大不成比例：乡村背离城市，阻碍城市的发展。在里昂地区和图卢兹乡村之间，在里昂地区和法兰西岛之间，差异之大不可能作任何比较！

地区的“逻辑”也让人感到困惑；它肯定提供不了谜底。毫无疑问，里昂自16世纪的经济复兴以后，始终是个坚实有力、健康发展的地区性首府。随着其势力的扩展，里昂市的影响今天已远达罗阿讷、第戎、索恩河畔沙隆、贝桑松、日内瓦（里昂的宿敌）、格勒诺布尔、圣艾蒂安以及昨天的维埃纳和今日的瓦朗斯等一大批城市。但是，为了弄清这个问题，还必须像我们在上一章谈到的安德烈·皮亚蒂埃那样，就有关问题进行确切的考证，必须对里昂与这些城市（同时是里昂的助手和对手）的商业往来和金融往来的规模展开调查。

至于民族的逻辑，我认为这方面以消极的、敌对的因素居多；即使有例外，例外也正好证实规律。法国在扩展其政治和经济影 i-292
响的同时，始终未能或不愿支持里昂成为强大的中心。

总之，法国经济促使索恩河和罗讷河地峡的轴线偏向巴黎，通过波旁古道(今天的七号国道)扩大巴黎与里昂的直接联系。尤其,从巴黎来到里昂的货物不再取道罗讷河,而是直接朝意大利(都灵、米兰)方向运输:在经过尚贝里以后,来到莫里讷河谷;由于海拔为 2100 米的塞尼山便于通行。这是翻越阿尔卑斯山的唯一通道。总之,这条对角线虽然经过里昂,但与罗讷河轴线只是交叉而过。此外,在全国范围内,无疑也不能容许两个指挥所的并存,不能容许两大城市同时高居榜首。巴黎之所以压倒了里昂,原因十分简单,因为巴黎过去和现在都是首都,势必是全国资源的天然汇集场所;国家的财政收益也在巴黎汇聚,不断使巴黎有充裕的货币可供支配。

然而,在经济方面,里昂曾长期压倒首都。由于各种交易会的繁荣,这座罗讷河畔的城市曾大大超过其自身的力量。在 16 世纪,巴黎及其零售商业同里昂的批发商业和银行活动相比显得暗淡无光。但一到 17 世纪,法国经济放慢了脚步,交易会的光芒渐趋消失。而当 18 世纪的复兴到来时,交易会已如明日黄花,经济起飞促使巴黎走在前面;首都逐渐取代里昂的金融职能。在启蒙时代末期,这一取代过程业已完成。巴黎用正当或不正当手段攫取的钱财堪与里昂相匹敌。在 19 世纪,两大城市的争斗继续进行,并日趋加剧。今天,里昂的资本已被贪得无厌的首都抢夺一空。里昂交易所自 1983 年在本省和在巴黎开辟“第二市场”以来开始反击,若干新企业的股票在里昂上市,这些反扑行动最终能不
i-293 能改变力量对比呢?现在回答问题尚为时过早。里昂工业家似乎还心存疑虑。至于在金融领域,全部问题还要看非集中化是否行之有效。[64]

据我认为，只是到了这里，人们才开始懂得和看清里昂的命运。它的悲剧在于，城市的经济地位和兴旺发达取决于国际的条件，取决于广大地域范围内的“逻辑”，必须得到外力的协助。给里昂降恩赐福的仙女身在外国。

当罗马征服高卢和兴建里昂城的时候，就是这种情形。周围的部落极其弱小，无力与征服者相抗衡，建立在中立地带的新兴城市便代表阿尔卑斯山两侧的统治者的利益，成为对高卢的国土进行“殖民”开发的中心。[65]

历史决不会原封不动地、分毫不差地重演。但 15 世纪末至 16 世纪期间里昂交易会异乎寻常的繁荣却显然是同一过程的产物。虽说里昂交易会自 1420 年起业已存在，但它真正发挥其国际影响却就在那个时期，这是因为路易十一偏爱里昂，推行了破坏日内瓦交易会（1462—1464 年）的政策[66]。梅第奇家族于 1467 年在里昂开设商行，到 16 世纪更取得越来越大的成就。里昂交易会因此成了欧洲经济的主要中心，正如几个世纪以前著名的香巴尼交易会一样。但是，推动这种兴旺繁荣并从中获取利益的人却是佛罗伦萨、卢卡、热那亚等地的意大利银行家。他们从里昂向法国扩大经营活动，进而不断攫取贸易盈余。这种经营活动同几个世纪前罗马对高卢的开发，竟是何等地相似！里夏尔·加斯贡写道：“外国人居高临下，以势压人。他们包办一切，只让法国人充任经纪人的低级职务……随着银行机构的发展，经纪人的职能又不断 i-294
缩小。”[67] 路易·布尔茹瓦就 16 世纪上半叶（1491 至 1551 年）的里昂写了一部文笔生动的著作，他为其中的一章所定的标题是：“国中之国：佛罗伦萨人”[68]。当时，欧洲的富商巨贾云集里昂，其中的

瓜达尼家族是佛罗伦萨人，这个姓氏已经法国化，变成了加达尼。意大利人组成一个高高在上的小团体，总共不过 80 个家族单独生活在一起，子女间相互通婚，避免与本地人联姻。历代资本主义的这种常规通例在这里表现得十分典型。

里昂引人瞩目的财富——不论属于里昂人或外来客商——使法兰西及其国王心醉神迷。我们不禁会认为，在 16 世纪，这座罗讷河畔城市真是前程无量，甚至可能变成王国的首都。法国的政策当时正热衷于翻越阿尔卑斯山，却在意大利战争中损兵丧师，里昂照例是人员、物资、大炮、信贷……的集合地。里昂全力支持进行这场给它带来众多利益的持久战。既然一切都有联系，里昂也经历了文艺复兴的辉煌岁月，它完全可能成为与巴黎一样光彩耀目的文化都城。的确，一切都是可能的。即使在弗朗索瓦一世当政时，也是如此。弗朗索瓦一世是我国最重视意大利事务和最偏爱里昂的一位国王。1538 年，当他顺罗讷河下航，抵达艾格莫尔特，与查理五世皇帝举行著名的会谈时，他是否想到建都里昂呢？可以肯定的是，他在经过里昂时，这个城市又一次使他动心。可惜，太子在一场网球赛后因着凉突然病倒。去南方的旅行继续进行，但不得不让这位王子在图尔农上岸治疗，王子于 8 月 10 日在图尔农去世。勃朗托姆说："年轻的王子就此一命归天。"[69]

里昂没有取得非它莫属的桂冠，难道是由于以上的不幸事件吗？我看很难说。建都里昂不可能出自随心所欲的决定，而要取
i-295 决于城市是否在事实上占有领先地位。里昂命运不济，终告失败，明显地由另一个原因所造成：欧洲于 16 世纪中叶开始把重心转向北方和大西洋，从而使地中海和意大利被抛在一边。随着意大利

战争以卡托-康布雷齐条约(1559 年)而告终，里昂的地位便一落千丈。这项条约使法国在阿尔卑斯山另一侧的优势丧失殆尽，法国贵族为此大动肝火。亨利二世放弃了皮埃蒙特和萨瓦(法国于1536 年占领了这两个地区，并在那里开始站稳脚跟)。法国的边界因此退回到里昂附近，东边被割掉了一大块地域。假定法国在意大利战争中取胜，从而占领都灵甚至米兰，里昂作为整个欧洲财富中心的地位将会进一步巩固。只要瓦卢瓦王朝和哈布斯堡王朝在阿尔卑斯山另一侧的战事中胜败未定，里昂的荣华就会长久地持续下去。

里昂的衰退早有迹象可见，1557 年的信用破产已是一起突然的大暴露。然而，该城参与金融和信贷活动历时已久，不可能在朝夕之间被排斥在外。在全欧的地位固然逐渐在丧失，但法国国内的业务却依然保存。在 17 世纪各国经济普遍萧条期间，里昂仍控制着我国一部分尚未确定投资方向的游资。这部分资金转来里昂，用以取得交易会延期交割的贴息——每期 3 个月，息率为 2%，并有黄金承兑的保证：任何汇票必须用“金埃居”兑付。我们记得，单纯的有息借贷在当时是遭到禁止的；里昂的批发商正是利用这一系列延期交割维持资金周转，并通过简单的账面往来结清他们的交易活动。这是交易会的一种常规，一种变相的有息借贷。

但里昂也是一个商品集散地，是个在工业方面十分活跃并有所创造而引人注目的中心，这也许是对城市金融作用下降的补偿。
总之，里昂的工业活动使它在整个欧洲市场上依旧占有一席之地。i-296
里昂很早致力于发展丝织工业，而作为奢侈品的丝绸照例销往外地。随着丝织工业的壮大，里昂不得不招募新工人，而不断招收织机所需的劳动力，包括技术工人和普通工人在内，实际上便成为决定里昂命运的一个根本保证。因此，为了进一步说明里昂的命运，就必须进一步弄清这一工业活动的实质。[70] 里昂附近的贫困地区，即阿尔卑斯山区和中央高原，是否源源不断地向里昂提供足够的人力？

里昂丝织业的惊人发展旨在迎合法国和外国的贵族阶层的需求。丝织业想方设法地向顾客提供华丽和新颖的绸料，推出欧洲的时新款式，并且一年一变。为了保证丝绸出口，一些外国商人常年住在里昂；他们此外还有别的事情可做：参加交易会，向城市供应日用必需品，进口生丝，经营汇兑业务或从事贵金属和货币投机。他们的所作所为以及他们同国外的勾结在从里昂寄出的信件中有所反映。里昂的工业家始终都在窥测动向：眼看都灵开始织绸，苏黎世制造绉纹绸，意大利人利用样品对里昂的丝绸模仿得尽善尽美，里昂的工业家感到十分担忧。唯一可行的对策便是迅速更新式样，以使模仿的产品在抵达市场时已经过时。为此，里昂丝织业常年保持专门的图案设计班子。[71] 1705 年 5 月，勃艮第公爵的儿子去世后，宫廷发布了 6 个月的国丧期，这在里昂造成了一片恐慌：绸布存货将因此卖不出去。“这批货物留在那里，将使他们大
i-297 蚀其本，因为 6 个月的丧期过后，他们的绸布也就不再时兴。”若在平时，他们完全可以把货物销往国外。但又恰好赶上战争，也就别想再打这个主意！与外国人联系既不方便，“更何况外国人又在新教徒的帮助下模仿我国的部分产品”[72]。1706 年，当法国军队准备攻打都灵时（攻城战并未成功），市内的商人要求关闭雇有里昂工人的丝织工场。

综上所述,里昂多半还要到法国境外去谋生存,还要仰赖外国。经济、形势和机遇都迫使它不得不这样做。后来,曾经出现过极其有利的机遇。第一帝国和大陆封锁期间,里昂将恢复其欧洲陆路交通中心的地位,大大扩展其势力范围,重新成为欧洲各条道路的汇合点。通往阿尔卑斯山和地中海的各条道路,与莱茵河、瑞士各州、德意志乃至荷兰的各种联系,统统置于里昂的控制之下。但随着帝国的垮台(1814 至 1815 年),这个局面便立即结束,里昂又重新沦为仰人鼻息的附庸。到了 19 世纪的 30 年代,由于蒸汽轮船率先在莱茵河得到推广,德意志的陆路运输又夺走了里昂的部分职能。

关于里昂极其重要的历史,我势必还会重新谈到,这里暂搁下,以便先回到本章的正题上来:法兰西的成长过程。

但我认为,以上的阐述即使没有完全说明里昂的历史,至少也指出了里昂同时开展的几个不同活动方面。里昂的命运,必然的和由它选择的命运,正是要在这些不同的活动之间下赌注。如果我没有搞错,若要使里昂充分发挥作用,它就必须登上更高一级的台阶,而法国又不可能给它提供这样的方便,人口众多、物产丰富和交通便利的罗讷河流域也不准备让它达到这样的地位。幸而,规模巨大、充满生机的工业使里昂能够维持现状和继续等待。里昂在过去曾经等待。难道它今天不也正是处在等待之中吗? 这是 i-298
让·拉巴斯于 1982 年提出的见解[73]。在他看来,里昂要重新成为国际城市——它目前不是——取决于以下的条件:走出罗讷河至阿尔卑斯山的一隅之地;摆脱巴黎强加给它的二等城市或接力城市的地位。不过,这难道是可能的吗?

罗讷河至莱茵河地区的现状

我们今天正处在彻底改造罗讷河通道的前夕，这次改造将同上个世纪使用蒸汽一样，成为一场革命。1980 年 3 月 19 日沃格里大坝开闸放水标志着里昂至地中海之间的罗讷河整修工程的完成；从那时起，各种报刊纷纷以显著地位庆贺罗讷河的被驯服。

这项工程从热尼西亚大坝交付使用算起（1948 年）已经历了 32 年时间。总共建造了 18 条拦水坝，13 个电站，13 座船闸，64 个涡轮发电机组。这些卓越的成就，同丧失昔日真正的罗讷河相比，当然尚不能使我们有所慰藉。但我们要诚实地承认，就工程本身而言，它们毕竟完成得十分出色。

在长达 300 公里的水路上，极其现代化的航运业开始建立起来：动力达 3000 匹马力的拖船，长 80 米、载重 2000 吨、吃水深度达 3 米以上的平底大驳船，且不算直接来自外海的小船。以上还只是罗讷河改造工程的第一个阶段。预计将在里昂至日内瓦之间
i-299 的罗讷河上游建立水电站。此外还计划把水流平稳的索恩河利用起来（这一任务相当简单，只需拆除几个障碍，如马孔的圣洛朗桥，船只在涨水期间不能通过桥洞，但马孔市对该桥依依难舍），然后再彻底重修罗讷河至莱茵河的运河（从圣桑福里安开始的河段由于河道狭窄，船闸过多，至今几乎不能使用），从而打通马赛与德国莱茵地区的联系。

总的来说，这是一项宏伟的计划：如果付诸实施，马赛将成为瑞士和南德意志地区的出海口之一，即使不能与汉堡、鹿特丹、安特卫普、鲁昂、勒阿弗尔等北方大港完全平起平坐，至少也能列入

同一个档次。此外,还可合乎逻辑地对罗讷河腹地的工业发展寄予期望。说到底,这在当地将产生连锁反应。罗讷河上兴建水电站,发电量可达1300亿千瓦之多。

然而,还有不少细节必须作出保留:

1. 罗讷河在里昂和富尔克(距阿尔勒4公里)之间有280公里的河道今天可通航运。在往来频繁的这段河道上,过往船只1979年为7356艘,乍眼看来,数字相当可观,但平均载重量仅463吨(逆水行船载重较多,为589吨,顺水行船载重较少,为243吨,总运输量达3 402 014吨,其中1 879 174吨为石油产品)。1980年的总吨位略有增加,达到3 554 527吨。1981年(根据前三个季度的结果计算第四季度),总数可望超过400万吨:有所增长,但增长不大。我们再看鹿特丹的情形,大家知道,这是世界的第一大港;1979年的运输量为3亿吨,1981年为2.5亿吨;每年到港的内河船只为25万艘。“在这2.5亿中,1.227亿吨由平底或尖底的驳船装卸。”[74]

为什么罗讷河的货运量相比之下显得这样微不足道?难道是由于输油管(从福斯至巴塞尔,输送5000万吨石油)、公路和铁路
等其他运输手段的竞争吗?巴黎—里昂—地中海的铁路达到创记 i-300
录的速度,高速火车从巴黎到蒙彼利埃只需5小时。地中海同首
都的距离变得越来越近。而罗讷河水路却不能把这一成功算在自 i-301
己的账上。罗讷河之所以相形见绌,这是因为货物在这里运输有诸多不便,马赛(运输量将达1亿吨)几乎从不使用罗讷河,里昂惯于通过公路和铁路输出货物,尤其因为德国的工业品输出被鹿特丹一口独吞,罗讷河谷甚至分不到一点余羹。

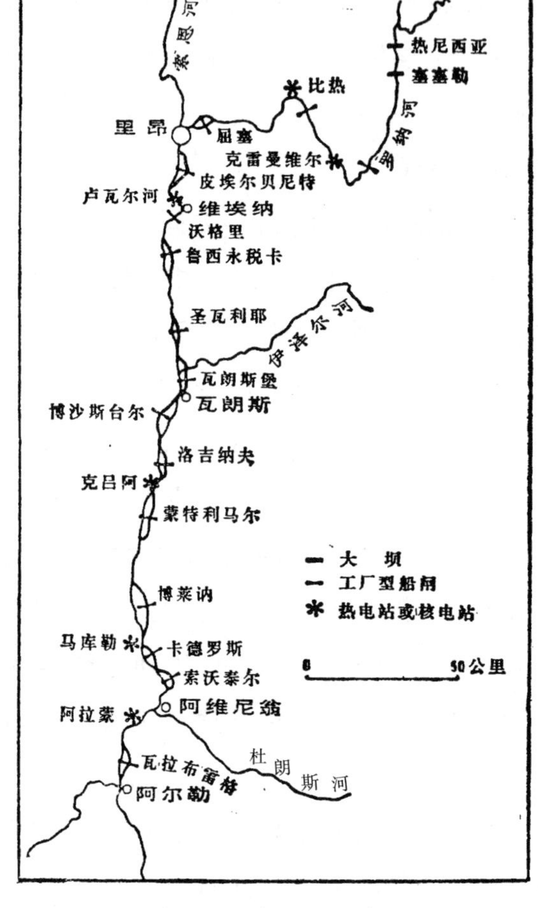

罗纳河20世纪的整治工程

实际上，罗纳河目前400万吨的运输量并不全都属于大规模的直线航运，相当一部分属于零星的短程航运，虽然后者对沿河两岸也很有用。但是，使用这样的技术手段，而又不从事大规模的远程运输，这就谈不上有什么效益。难道应该认为，效益将在全部工程结束后方才出现？难道罗纳河运输到那时将突然脱离童年时期？我们还不如说，这只会要求追加投资，而并无实效。

2. 无论是在罗纳河上游兴建水电站，或者是在罗纳河和莱茵河之间扩大联系[75]，这些宏伟计划至今还远没有完成。假定所有这些计划都已完成，在我看来，如能整治罗纳河系的几条支流（这一设想目前尚未作出任何安排），如能通过勃艮第运河或古老的中央运河和布里亚尔运河把索恩河和塞纳河联成一个水网（这一计划似乎业已搁浅），这将具有至关重要的意义。看来，把我国最现代化的内河航运网扩大到巴黎，将是合乎逻辑的。

否则，罗讷河水道就有再次“偏离法国领土”的危险；它将成为一条欧洲的通道，却不优先促进我国经济的全面发展。我国的某些高速公路也为英国人、德国人、比利时人和荷兰人前往西班牙或意大利提供过境方便，但它们毕竟主要是为本国的需要服务。我主张让罗讷河水道也充当法兰西心脏的主动脉，这难道是错的吗？我并非想要不惜一切代价地挽救法国的中央集权，也并非讨厌看到 i-302
法国对欧洲的全面开放。但由我国领土提供的欧洲交通干线不能仅仅满足于在我国过境，它还应该派生许多支线。我国制订计划的人却并不持这样的观点。根本的原因在于成本，这将耗费极其巨大的投资。当然也还因为，处于严重危机之中的内河航运业在法国正日趋萎缩。

罗讷河业已经过整治，但目前的运输量却令人失望。难道这不正是因为运输的覆盖面还不够广吗？水运协会主席雅克·弗莱歇 1982 年 9 月访问鹿特丹时断然声称：“必须使法国的内河同欧洲的水网相衔接。莱茵河上和摩泽尔河上的法国港口泊位不敷使用。塞纳河和罗讷河应与欧洲联成一片：马赛、勒阿弗尔、鲁昂、巴黎和敦刻尔克在内河航运方面不应停留在本地区的范围之内，它们应该成为欧洲的港口，拥有与北欧竞争者同样优越的条件，也就是说：深入内陆几千公里，并适应 20 世纪规模的整齐划一的河道。”[76] 由此可见，在谈到罗讷河、里昂、马赛的运输问题时，不能把塞纳河、巴黎、鲁昂、勒阿弗尔等置之度外，持以上想法的人肯定不只是我一个。

3. 我提出以上的见解，正是期待着罗讷河能取得成功，希望它能出现奇迹。鉴于目前危机四伏，成功和奇迹更将姗姗来迟。

地理学家以悲观论者居多，对改造罗讷河工程颇多微词。皮埃尔·埃斯蒂安对“法兰西地峡”只字不提，却说罗讷河和莱茵河之间的轴线、通道、过道和走廊“是一条时断时续的大裂缝”。我们在这里远不是要像维达尔·德·拉布拉什那样，心存疑虑，而处之泰然。这种悲观论可为我的论断充当佐证：以边界出现的罗讷河轴线，在法兰西形成过程中，几乎置身局外。皮埃尔·埃斯蒂安走得
i-303 更远，他直截了当地指出：“是否应该认为，把罗讷河和莱茵河连成一片的主张纯属妄想，要在罗讷河和莱茵河之间用运河接通也是强人所难？”[77] 他的结论是否正确呢？我希望是他错了，但愿未来将证明事实恰恰相反。

i-304 二　确定巴黎、法兰西岛和巴黎盆地的地位

我并不否认法兰西地峡具有多种重要性，特别是从史前期起，这条通道在文化传播中曾起过巨大的作用。它至今仍是法国最大的交通干线。我只是想指出，在法兰西的统一过程中，它并不如人们过去所说的那样，起着决定性的作用。

简单地说，最好的证据莫过于法兰西统一的诞生地不在法兰西地峡，而在别处，位于索姆河和卢瓦尔河之间以巴黎为圆心的一个圆圈内；这个以巴黎至奥尔良或以巴黎至鲁昂为半径的圆圈，除了法兰西岛和奥尔良地区以外，还包括香巴尼、庇卡底、诺曼底的一部分。这是一个特殊的法兰西。毫无疑问，这个中心或核心正是一切的出发点，实现法兰西统一要“从一个中心出发，不断向四周辐射”。米什莱在他的《日记》中写道：“因此，法兰西的中心，即

最不起眼的一部分国土，陆续侵占了其他部分国土。中心部分在最大程度上代表着法兰西的本性。当地的种族比别处更加混杂，土地比较平坦，自然景色更令人烦闷；这三项条件最终促成了社会精神。法兰西岛占有法国；法国则将占有世界。”[78] 在 1789 年前，“只是巴黎周围的几个古老省区才具有法兰西的特性”[79]，国王在由柯尔贝尔于 1664 年统一的五大包税区比在别处享有更多的行动自由。虽说如此，但我却并不认为，对国王的顺从竟是所谓“社会精神”的产物。我也不认为，瓦兹河沿岸地区或卢瓦尔地区的景色竟是令人烦闷。这远不符合事实。

无论如何，巴黎、法兰西岛和巴黎盆地毕竟创建了法国，这是 i-305
千真万确的事。弗朗西·于雷形象地指出：“如果把法兰西岛当作一个硕大无朋的细胞，巴黎则是其雄性细胞核；它们拥有旺盛的食欲，不顾一切地去完成一项遗传工程，终于导致了‘国土呈六边形’的法国。”[80] 正如大家所知道的，由此造成的结果是强烈的结构不对称。

我们不要把这样一项工程完全当真：整个发展并不如人们想象的那么简单。偶然因素、潜在力量都曾起了作用。但结果却摆在这里：11 世纪初，当巴黎圣母院奠基时（1072 年），促使巴黎大踏步前进的各种因素已经或即将完全具备，城市的规模已经极其庞大，并且不久将成为欧洲人口最多的城市。

有一个问题拦在我们的路上，必须首先加以解决。我们要知道的是：在这宏大的向心运动中，究竟是从中心城市或是从中心地区开始起动，或是从两处同时起动？我们姑且先认定从中心地区，即从巴黎盆地开始起动。

巴黎盆地的优胜地位

巴黎盆地占有今天法国四分之一以上的领土，是法国最广阔、最富庶，也许还是最多样化的平原地区。尽管米什莱在谈到巴黎盆地时说过，“香巴尼和法兰西岛千篇一律的乡村……遍布着石灰石建筑和木结构建筑的城市，令人望而生厌”[81]，但他当时所想到的只是自然景色，并不是确指经济。

巴黎盆地的大部分土地属于巴黎财政区管辖；在 17 世纪，人们众口一词地认为，“境内的土地都有一定的用处：不长小麦或其他谷物的地区生产葡萄酒；小麦和葡萄酒全不生产的地区提供水果、牧场、薪柴、树林和核桃”[82]。达维蒂于 1625 年说：“巴黎周围
i-306 的乡村既不缺谷物，又不缺葡萄酒、奶制品、干草、水果和蔬菜，河流遍布，水源充足，因而巴黎生活的舒适简直叫人拍案叫绝。”[83] 诸如此类的例子简直举不胜举。

地理学家将会乐意继续唱这类赞歌；他们对卢瓦尔河以南至中央高原这个自然条件较差的地区还有重大的保留意见，但他们特别强调巴黎四周的石灰质台地具有非同寻常的有利条件：在这些土地上，雨水自然渗进土层，作物不致受到积水的危害，当干旱出现时，渗入土层的水又通过毛细管作用重新上升到地表，并使作物免于死亡。此外，这些台地（博斯、布里、苏瓦松地区等）在地表保留着一层松软易耕的冲积土，因而早在史前时期，就从欧洲各地吸引了最早的一批农民。[84]

以上的论据说来似乎都有道理。但是，它们并不能为我们的问题作出最后的解答。巴黎盆地聚焦的居民，在整个法兰西的范

围内,确实显得异常稠密。人口过剩固然可以作为解释问题的一个重要理由,但这个理由本身却还有待说明。我们看到的是事情的结果,而不是其原因。

当罗马统治下的高卢分崩离析时,巴黎已经存在着人口过剩,也许正是这个原因,罗马在法兰西岛的统治比在其他地区持续更久,直到西亚格利乌斯被克洛维击败为止(公元 487 年)。以上因素大概确曾起了作用:罗马在这里的统治比别处长一个多世纪,此事未可等闲视之。[85]

由于人口众多,人力资源丰富,法兰西岛及其邻近地区后来成为加洛林王朝建立“多民族”国家的据点。在很长时间内,加洛林王朝始终注意维护位于其领地中心的这个地区的统一,并把该地区的统一视为其力量的源泉。雅克·栋特则进一步认为,该地区于公元 837 年的分裂竟使加洛林王朝的生命力陷于枯竭。这一认识显然言过其实了。

相比这下,爱德华·福克斯的眼界更加开阔,他的论点也更加 i-307
引人注目和值得推敲。他赞同某些历史学家的见解,认为阿拉伯入侵虽然随着普瓦蒂埃之战失利而一蹶不振(公元 732 年),但入侵行动毕竟是被法兰克人在查理·马特时代创建的重骑兵所挡住的。正是在这个时期,有轮子而无犁壁的重型犁车终于问世并开始普及,随后又出现了三季轮作制(小麦、荞麦、休耕),从而使土质板结的北方地区的土地得以充分耕种;正是在这个时期,为重骑兵所不可缺少的马镫也逐渐推广。因此,“加洛林王朝突然获得了互为补充的两项有利条件:马镫和荞麦,荞麦种植可使战马的数量空前增多”[86]。“由于兵强马壮,法兰克国王的骑兵纵横驰驱,从而在

战略上使罗马军队不可望其项背。”[87]

考虑到以上这些理由，加洛林王朝只会朝着盛产荞麦和马匹的北方地区发展。因此，昂利·皮雷纳过去作出的片面解释应予推翻！并不是伊斯兰把西方势力一度逐出了地中海，而是西方势力自动朝北方转移，以寻求“西欧土层最深，土质最肥沃的土地，直到今天，这里每公顷土地的产量几乎为世界任何地区所不及”。所有这一切，最终都由“新型犁铧开垦的塞纳河盆地和泰晤士河盆地的土地”所决定[88]。

上述论据全都不容忽视。谁又会否认重骑兵的重要性呢？重骑兵为欧洲军事史开辟了一个持续时间很长的新时期。手持长矛、纵马飞驰的骑兵冲锋陷阵，势如破竹，威廉·麦克尼尔曾把他们比作“1940 年的重型坦克”，“一队骑兵，即使人数有限，也能决定战役的胜负”[89]。

i-308 但是，如果回过头来再考察位于卢瓦尔河、塞纳河和索姆河之间的这个区域，势必就要查看以上演变的大概日期，特别是要注意到，北方地区的农业实践肯定早在查理·马特时代以前已经开始。

解释又一次回到了原来的老问题上来了。人们认定这里具有先进的农业组织，而农民人口众多则是农业组织先进的必然后果；至于这一切如何形成，仍然没有作出说明。

然而，在法国这样一个古老的国家里，如果不从历史的长时段去考察，人口问题就不可能被弄清楚，这里的长时段仍然停留在传统历史的范围之内。实际上，所有的变化是在几千年内完成的，史前史不久前取得的进步已使我们对这几千年历史开始有了初步的了解。

法国今天所处的地域，远在史前时期，曾被两群人所穿越，一群来自地中海，另一群来自中欧腹地。我们暂且只考察第二群，即从中欧向巴黎盆地——未来的法兰西奥依语地区——的决定性人口迁移。史前时期中欧的辽阔大地曾是典型的“农民大陆”，农民所经之处，“从叶尼塞河到费尼斯泰尔”[90]，都留下了语言的痕迹。在这宽广的地区，各个不同的部落波浪般地向西涌来，移民浪潮或与被征服的居民相结合，或在途中带动后者一起迁移。他们带来了养牛和种植谷物等生产活动。公元前 4000 年，他们在巴黎盆地各集居村落的周围卓有成效地建立起农业基地（在这以前，巴黎盆地因当地居民滥施砍伐而陷于部分荒芜）。这些平原土地开阔，自然条件优越，便于人口的迅速繁殖。随着东部移民的源源而来，人口数量更不断增多，终于在公元前 1000 年间促成了凯尔特人的扩 i-309
张。一望无边的开阔地在那时随之出现，并预示着“中世纪开田制”[91] 的即将到来。以上简要介绍了高卢的形成过程，也可以说，介绍了法兰西最初的形成过程。

我们因此可以从史前史得知第一次统一，而这第一次统一的基地将为实现第二次统一做好准备。读者或许会认为以上的解释未免过分简单了。

巴黎为什么成为中心？

可是，法兰西统一的中心为什么最终建在位于塞纳河特定河段的巴黎“城岛”？为什么不选在位于塞纳河另一河段的默伦？默伦也有自己的岛屿，而且处在一个同样肥沃的地区的中心。为什么又不选在桑利、兰斯或奥尔良？正在孕育中的法兰西似乎曾经想把其政治中心设在奥尔良。卢瓦尔河对实现法兰西统一所起的作用与塞纳河相同。卢瓦尔河顺水可通航运(原因不言自明),逆水依靠西风相助也可行船。但奥尔良北有森林,南有索洛涅地区的积水,夹在二者的中间。

为什么鲁昂不能成为中心?米什莱认为,“巴黎、鲁昂、勒阿弗尔(众所周知,该城由弗朗斯瓦一世于 1517 年建立)三者合一,构成同一城市,塞纳河则是该城市的一条大街”[92]。假如我们凭借想象来重写历史,我们完全可能设想法兰西的中心朝英吉利海峡方向移动,并在鲁昂固定下来,从而使城市的规模大大扩展;鲁昂很早就是个十分繁荣的城市,只是后来才因在河边发展余地不大而遇到了障碍。位于泰晤士河出海口的伦敦成为英国的首都,可算是同一类型的胜利。总之“巴黎之成为巴黎”并不是“必然的”[93]。

如果说巴黎成为法兰西的中心,“并非出自有意识的选择,而是凑巧赶上了机遇”[94],人们岂不可以心安理得地认为,在这场结果未可预知的竞赛中,任何其他城市均可有幸成为法兰西的中心?
i-310 巴黎确实具有优越的地理位置,塞纳河及其支流约讷河、马恩河和瓦兹河近在咫尺:小麦,木材,成桶的葡萄酒,满载草料的船只,随水漂送的木排,都可顺利地从上游直达这个大城市的码头。

然而,法国首都也有其不利条件。城市地处内陆,不能不产生严重的后果:首都拖着法国向内陆发展;要不然就是法国在几经犹豫终于作出这一选择的同时,心甘情愿成为一个内陆国家。

面对决定近代世界命运的海洋,法国自有其决胜的手段,它拥有港口、水手以及无所不为的穷苦人。皮埃尔·博诺正确地指出:“法国为进行大规模殖民征服所能拥有的机动条件之多远远超过英国。人们切莫以为法国人对外出移民不感兴趣：自愿外出移民的人很多，王国政府又不惜采用拉夫、流放等强制手段，‘输送’国人前往海外。”[95] 不过，王国政府的注意力仍在陆地。

为法兰西设想另一种命运，正是试图搞清楚历史赋予它的命运。米什莱差不多正是这样做的，但他没有完全披露自己的想法。他于 1831 年 8 月在《日记》中写道：“勒阿弗尔……地处北方前沿。大洋〔原文如此〕一平如镜，海岸不算险峻；放眼望去，下诺曼底清晰可见。每当潮水下落，大洋属于英国。这块壮丽的自由天地竟归别的国家所有，转念及此，我感到心忧神伤……不管我国的港口是多么缺少活力，但从诺曼底多不胜数的教堂来看，法国的活动中心当时显然偏向西方。英格兰在 11 至 13 世纪曾多次遭到入侵，法国当时似乎拥有海上优势。”[96] 对于以上的见解，我个人表示怀疑。我很难相信大洋竟是自由的天地；大洋是富源，因而也是不平

衡。但真正的问题不在这里。如果希望出现另一个法兰西，那就 i-311
必须设想，作为法兰西的样板地区，巴黎盆地把注意力转向北方和西方，并把其雄心勃勃的中心设在鲁昂，而不在巴黎或奥尔良。法兰西的这一初见端倪即被葬送的海上使命，已成为我国历史上的千古之谜。沃邦曾经提问：巴黎这个“无底洞”是否应对此负责？回答既是肯定的，也是否定的，因为巴黎既是结果，又是原因。

可以肯定的是，奥依语地区的优势给我国打上了扭曲的、不对称的烙印，这种不对称对法国几乎可以说是一场灾难。但是，假定法国竟以鲁昂、里昂或图卢兹为中心，情况是否会有所变化呢？民族统一在任何情况下都是上层建筑，是向情形各异的几个地区撒开的一张网。网终究要向一个得天独厚的中心集中，即撒网人的

手。不平衡于是就自动产生。依我之见，恐怕在世界上没有一个民族国家是真正对称的。

还有一个问题需要知道：各个地区是否可能撇开统一的国家而自行其是？我以为是不可能的。独立的地区确实曾经存在，甚至一度居统治地位，后来又合乎逻辑地停止存在。我相信民族国家的形成具有某种必然性。

i-312

三　边界：至关重要的验证

栖息是生存的开端。法兰西早在正式存在前已有了边界，已有其栖息地。这些世代相传、几经争夺的边界所划定的一块地域，用过去交通缓慢的尺度来衡量，大得简直骇人。从这个观点看，法兰西长期是个“庞然大物”，一块独立的“大陆”，一个超等国家，其政治覆盖之广堪与帝国相比拟[97]；为把几个地区粘在一起实在很不容易，它既要应付内部的威胁，又要防范外来的危险。这一切迫使它保持警惕和耐心，所要调动的军队数量之多令人难以置信。昂热·古达尔在谈到路易十四的战争时说：“攻城略地已使法国境内要塞遍布，为此必须保持大批驻防部队：王国的边界延长了，需要扼守的要冲也增多了。从此，和平与战争已不再有任何区别；新征服的区域越大，守土的责任越重，保留同等数量的士兵也就成为势在必行。”[98]

边界问题贯穿于法国的全部历史，为此消耗着大量的人力、物力和“财力”[99]。就在 1756 年，眼看七年战争业已开始，昂热·古达尔正确地指出：“我国正规部队的数量之多为欧洲任何国家所不及。军费开支已成为国家难以承受的负担。荷兰和英国的陆军加在一起，不过4万人而已。我国的陆军即使在和平时期也在15万人以上，比以上两个国家多11万名士兵。”[100] 这个数字看来并未夸大，当路易十四于1661年即位时，法国单是步兵就达“21.8万 i-313
人，其中留守部队共2.6万人”[101]。当然，士兵的人数随时有所波动。除正规军以外，还应加上临时征集的农民以及民伕和民兵，且不说负责采购和运送粮食马匹的军需商，往往粗暴地强征新兵入伍的募兵官（新兵几乎总是伺机脱逃，因而征集新兵十分困难）。我们还不要忘记把必要时招募雇佣军的费用以及购买武器、军马、大炮等装备的费用列入军事开支。

荷兰（即尼德兰）和英国军费开支较小，这是因为英国受到大海的保护，荷兰则因国土较小，边境上又是炮台密布[102]。法国不仅辽阔无边，而且其领土贪欲简直像是农民的肚皮，永远也填不满。

边界由来已久

“边界”（frontière）一词原系形容词（而且从不以阳性形式出现）（frontier，frontière），意即“面对面”。该词很早即开始使用，“在弗雷德里克·戈德弗鲁瓦（1881至1901年）的《古法语辞典》中，可读到居亚尔（14世纪初）的一段话：Li navré vuident les frontières，意思是说，受伤者撤离前线，来到后方。”[103] 在变成名词后，“边界”表示在一条分界线的两侧面对面地相持不下的敌对双方[104]。在这一含义上，该词长期与bornes（界）、termes（沿）、limitations（边）等一系列其他用语相竞争。它最终取代了这些用语，

i-314 从此主要确指每个领土国家的外部界线。

实际上，国家的行事方式与个人相同。每个人都竭力要划定自己的生活场所，正如任何自由的动物都坚守自己的地盘一样。沃邦于 1673 年[105] 致信卢瓦侯爵，要他劝告国王专心致意地沿着北方边界开拓疆土，法国在北方刚夺得的几个城市当时还是处在西班牙领土包围之中的“飞地”。“如果您相信我，大人，请您务必坚持扩展疆土，而放弃不切实际的计划；真正能拿到手的东西才是有用的好东西。”划定边界，确定地盘，保护边界安全，各国对此无不孜孜以求。各种国家，无论是崭露头角的新国家，或是阅历丰富的旧国家，全都羡慕、向往着中国的长城。我国的长城——马其诺防线——命乖运蹇，每当我们抚今忆昔，心里莫不感到十分沉重。这条防线搅乱了我们的解释的思路。

修建防御工事不单是恐惧、忧虑和明智的反应，而且也是国家富强的证明。有些堡垒甚至威名远扬。在实现统一的进程中，这些工事是法兰西国势增强的见证。早在沃邦以前，卡佩王朝建造了卢浮宫的主塔，埃普特河谷或塞纳河谷的城堡，还有与加亚尔城堡遥遥相对的拉罗什-古伊永城堡。

一切行政区划的界线，尤其是政治边界，一旦正式划定以后，便趋向长期固定下来，甚至永久不变，似乎就像一道永不消失的伤疤。例如在法国，许多教区界线沿用了罗马统治下高卢各邦的区划；它们从加洛林王朝以前开始，直到 1789 年革命为止，几乎原封不动地予以保留。

至于国家之间的边界，其寿命之长更为众目所见。马德里或
i-315 里斯本对美洲殖民地领土划分所作出的决定，事先为 20 世纪的独

立国家确定了各自的版图:总之,这些独立国家在诞生以前已有了边界,一些对它们并不始终合适的并且往往不合常理的边界。同样,就在眼下,独立了的非洲也在过去殖民地的边界内安置新国家,不管这些边界对它们是否合适。边界对一些国家不利,对另一些国家有利,引发了种种冲突。独立后的阿尔及利亚因边界而获益匪浅,它保留了殖民地时期建立的与非洲各地的联系,还获得了撒哈拉及其石油……

可见,历史趋向于边界的固定化,似乎边界的起因纯属偶然,但一旦与地域结合后,便扎下根子,很难移动。

然则,这些边界事先必须有足够的时间与土地相结合。我在萨瓦的住所四周曾栽插了一些加拿大杨树枝条。30 年过后,树木生长茂盛,几乎围成一道篱墙。但 30 年时间对一条边界的形成和确立还远远不够。雅尔塔协定在欧洲躯体上所划下的界线至今已有 30 多年时间。恐怕过 100 年以后,才能确定这条边界能否得到巩固。

凡尔登条约(843 年)

神圣不可侵犯的凡尔登条约(843 年 8 月)的主要特点,无疑是这个条约的各项规定持续了几个世纪,并且在时间的盲目帮助下得到巩固。

就在 1000 多年以前,宽厚者路易把他的大而无当的帝国交给三个儿子平分:路易分得东法兰克,即日耳曼地区;秃头查理分得西法兰克(归初的法兰西由此产生);介于二者之间的洛泰尔地区归其长子洛泰尔(罗退尔)所有,后者在承继帝位的同时,取得两个

首都——北方的艾克斯拉沙佩勒和南方的罗马——以及连接两地
i-316 的一块200公里宽、1500公里长的带状领土。

这条“地峡般”的带子穿越阿尔卑斯山，一直延伸到贝内文托以南的意大利。凡尔登条约的谈判人，或如罗歇·迪永所说的“专家”[106]，为了维持帝国的门面，作了以上荒唐的划分。他们之所以把美因兹和莱茵河左岸的一块土地划归日耳曼路易，竟是为他就近享用葡萄酒。真是一份绝妙的礼物！

不用说，以上这些随机性理由（根本不可靠的理由）说明不了凡尔登条约令人难以置信的长寿的原因。法国将在几个世纪期间始终以罗讷河、索恩河、默兹河和埃斯科河为东部边界，尽管它与这四条河流（埃斯科河除外）事实上只有部分接触或根本没有接触。摇摆欲坠的洛泰尔帝国其实仅维持了不到一个世纪；这个地区于936年被日耳曼人吞并，不久建立了日耳曼人的神圣罗马帝国，当时其气势之盛胜过加洛林王朝晚期和卡佩王朝的法国。因此，法国正是在四条河流的沿线遇到了“日耳曼的”边界。

当然，只要法国君主在大西洋和英吉利海峡方面尚未腾出手来（对付英国的入侵），日耳曼边界还相对平静。特别是在这条边界沿线两侧，封地的七零八碎滋生了小封建主的割据。但这并不等于说东部边界就此便不存在。尽管封建主之间的冲突、战争、袭击、争端和诉讼接连不断，或正因为有这些事端，逆来顺受的当地居民对边界的走向竟是一清二楚。例如，流经阿戈讷地区的比耶姆河是条微不足道的小河，除了沿岸建立的玻璃工场外，人们很少说起它。可是，在缔结凡尔登条约时，它有幸被选中充当法兰克王
i-317 国和洛泰尔帝国之间的一小段边界，从而也就成了凡尔登教区和

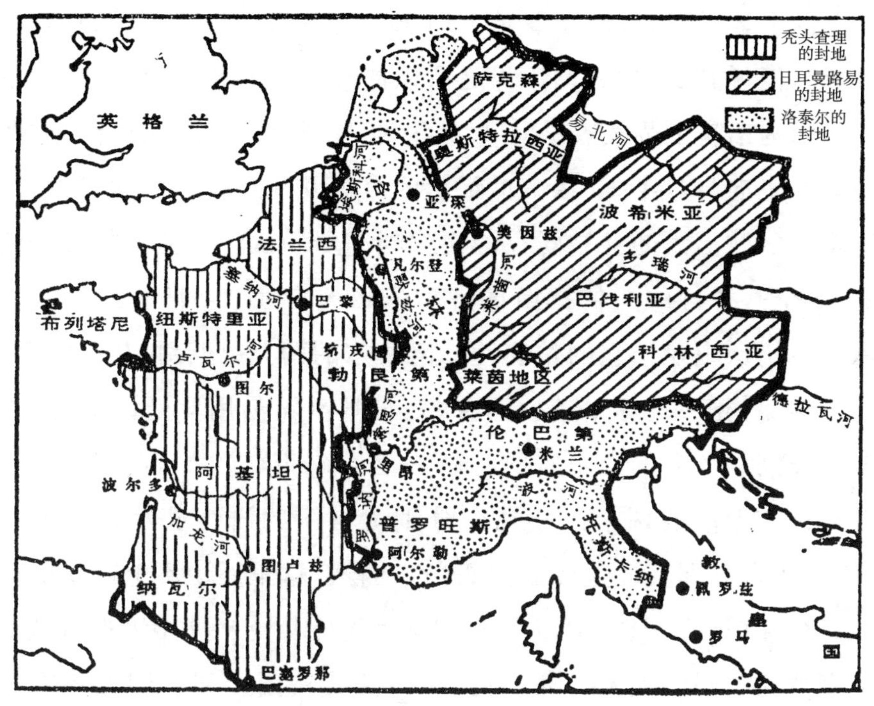

公元 843 年凡尔登条约对查理大帝帝国的划分

引自贝蒂埃·德·苏维尼的《法国史》

马恩河畔沙隆教区的界线。当地居民于 1288 年被问到时，对“哪里是帝国，哪里是王国”[107]，都能分辨清楚。这就证明，对经常越界的附近居民来说，王国的边界是确实存在的。直到今天，比耶姆河仍是马恩省和默兹省的省界，由于每个省相当于一个主教区，它也是凡尔登教区和沙隆教区的界河。

以上叙述确认了边界长寿的事实，却并未说明其原因。有人说，凡尔登条约“是虔诚者路易的三个儿子互相争夺而达成的一项妥协。他们最关心的事是平均分配，每人一份。他们利用河流，即 i–318
单纯的地理分界线，充当国界”，这样比较方便。[108] 对于加斯东·

泽勒的上述见解，或对于罗歇·迪永的见解（也属地理范围），我都赞成。但说到底，划分的边界之所以能够存在和长期保持，难道不正是因为语言的界线在公元9世纪和10世纪时已经确定？这些界线的走向与过了10多个世纪后的今天几乎相同。由此可见，这里发生的政治演变已被既存的文化现实所确认。对在凡尔登条约前18个月举行的斯特拉斯堡宣誓（842年2月14日），我们必须承认传统历史赋予它的重要性。洛泰尔的两兄弟面对双方的部队宣誓结盟，秃头查理用条顿语宣誓，日耳曼路易用罗曼语宣誓，部众也分别以各自的语言宣誓。就在洛泰尔带状领土的两侧，我们看到正在形成的两个民族社会分别以自己的语言显示自己的存在，宣布自己即将诞生和崭露头角。当然，这里还谈不上确切的语言界线和民族。但塞纳河在其发源地圣日耳曼·拉弗伊难道就已是塞纳河了吗？无论如何，直到1914年，法国人和德国人还在打仗，争夺原来洛泰尔的那块地盘。

四个关键的年份：1212、1213、1214和1216年

边界的走向要由缓慢流逝的历史所决定；伊夫·勒努阿尔[109]在论述随后时期的文章中指出了这一点。在他看来，西欧的政治地图是在1212、1213、1214和1216这四个关键年份一劳永逸地确定的。四年将最终确定缓慢发展的局势和力量对比。

就在13世纪初，四个超级国家企图扩展各自的边界：阿尔摩
i-319 哈德王朝的西班牙在北非和西班牙大部实现了伊斯兰的统一后，
逐渐向北方推进；金雀花的安茹王朝把爱尔兰的一部分以及法国的很长一段海岸线（从布雷勒河的出海口到比达索阿河的出海口）

并入英国；图卢兹、萨拉戈萨和巴塞罗那正酝酿成立强大的奥克西坦帝国，并怀有侵吞罗讷河彼岸的普罗旺斯的野心；菲利普·奥古斯特在攻陷加亚尔城堡后，于 1204 年 6 月 24 日兵不血刃地进入了鲁昂，这一胜利促使法国成为潜在的超级强国。但胜利者是否将向海上发展呢？

然而，这些野心勃勃的超级国家陆续遭到了失败；它们被古老的国界线缠住了脚，就像赛跑运动员被横在路中间的绳索绊倒一样。跟斗摔得很猛。西班牙的阿尔摩哈德王朝在拉斯纳瓦斯-德托洛萨被基督教联军击溃（1212 年）。1213 年，西蒙·德·蒙福尔在米雷一举战胜图卢兹伯爵和阿拉贡的彼尔二世。1214 年，菲利普·奥古斯特在布汶决战中击败了无地王约翰组建的反法同盟。这在法国历史上是个辉煌的时刻：无地王约翰陷入困境之中；英国的反叛贵族迫使他作出让步，签署了《自由大宪章》（1215 年）；贵族们于翌年更召请菲利普·奥古斯特的儿子、未来的狮王路易八世前来英国。但是，这一雄心勃勃的计划再次受挫：无地王约翰死后，英国贵族拥戴其儿子亨利三世接位，狮王路易被迫返回法国。

以上插曲都以相同的方式而告终。古老的边界经受了考验，而且将保持下去。这无疑因为，在 13 世纪初或更早一些时间，欧洲已是一个结构严密的整体，一个由许多政治个体组成的整体。政治个体之间互相遏制，这种相互制约使它们全都动弹不得。瓦尔特·肯纳斯特[110] 说得对，很早以前就有某种“欧洲均势”的存 i-320
在，而且早于该词出现以前，均势打破一切旨在建立“世界王朝”的称霸企图，尽管“世界王朝”的说法是在后来，即在 16 世纪方才提出。

这种动弹不得实际上揭示了某种内在的力量对比。

先看1212年的拉斯纳瓦斯-德托洛萨战役：在半岛上坚守阵地的基督教文明（即使在穆斯林统治下，西班牙仍有基督徒的存在[111]）击退了已是强弩之末的伊斯兰文明的冲击。

至于英国和法国的情形，也不容任何犹豫。在黑斯廷斯战役（1066年）和占领诺曼底以后，英国已不再是个岛国。只是到1558年，当弗朗斯瓦·德·吉斯收复加来后，英国才有幸——虽然还不太情愿——恢复其岛国的地位（英国人如果出于明智，理应为强盛的英国的这位缔造者建立丰碑）。法国和英国（至少两国的统治阶层）在中世纪有着相同的经历：金雀花家族原系法国的王公，这从他们的名称可以看出。虽然如此，但透过王公间的明争暗斗以及阿基坦公爵之女埃莱阿诺尔的再婚，透过狮心王理查的愤怒和孤注一掷，透过无地王约翰的错误和软弱，透过菲利普·奥古斯特的审慎、狡诈和机遇，我们可以看到英法两国的形成过程。菲利普·奥古斯特夺取了鲁昂，从而把依傍大海的金雀花王朝的领地拦腰切成两块。英国抛弃路易（未来的法国国王路易八世），也就成功地把法国的势力赶回英吉利海峡的彼岸。海峡两侧从此一刀两断，预示着具有民族特性的实体即将诞生；民族实体既是文化的产物，需要经过一个缓慢的成熟过程，但也肯定具有远大的前程。

阿尔比派的十字军东征与以往几次十字军东征不同，它的目的并非针对国外的异端，而是在基督教世界内部扔了一颗炸弹。由此便出现了类似的、更加复杂的问题。事情的经过相当清楚。
i-321 在表面上，一切都恢复秩序：异端遭到了镇压，朗格多克于1271年由法王继承，并入法国的版图。但在这场文明与文明的战争结束

后，奥克语地区虽然有所扩展，但原来的边界依然存在；这道长长的伤口将不会愈合。我国历史留下的这个重大问题没有找到，并且也不可能找到完美的答案。

“天然的”边界

以上叙述有助于我们提出所谓“天然边界”这个棘手的、也许是虚假的问题。古代高卢的边界，法兰西的最早框架和雏形，由莱茵河、阿尔卑斯山、地中海、比利牛斯山、大西洋、英吉利海峡和北海所构成。随着高卢被罗马征服，这些边界进一步得到巩固。到了墨洛温王朝和加洛林王朝统治期间，高卢继续在这块辽阔的领土上生活，维护了国土的完整：朝南和朝比利牛斯山的方向，远征西班牙使边界更加巩固；朝阿尔卑斯山和意大利方向，查理大帝征服了意大利的伦巴第；朝莱茵河沿岸的方向和沿着漫长的海岸线，诺曼底海盗从公元 9 世纪起肆意抢掠，但终于逐渐消失，并不始终如历史学家所说，成为莫大的灾难。总之，高卢在长达几个世纪的时期内，几乎完整地保存着它赖以生存的地域，时间之长足以使地域同命运合而为一，使种族和文明各不相同的居民学会共同生活。

昂利·马丹在其《法国史》一书中毫不迟疑地写道：“崭新的法兰西，古老的法兰西，都奉高卢为唯一的法人代表。”[112] 虽然我决不会使用“法人”一词，但我们不必对此过分挑剔；有一点可以明显地看到：一系列现实自始至终地贯穿于整个发展过程，互相替代，又互相制约。

但我们不要以为，古代高卢的征城略地，直达我国的所谓“天然边界”，竟是法兰西扩张的指导原则，竟是一项遗传工程，而我国 i–322

的领导人根据这项工程的指令，清醒地认识到有一块领土尚待收复。法国历代国王推行的政策，或因势利导，或随机应变，或碰碰运气。他们取得的一切成功都有一定的原因，但原因与原因从不相同，每次成功又产生了新的欲望。

第一条理由，这是因为古代高卢长期被我国历史学家置之度外，几乎被彻底遗忘。中世纪的历史学家和编年史家把王公们的一大堆传闻轶事当作法国历史来介绍，而且谬误百出。就以尼古拉·吉伊于1492年发表的直到1621年仍多次再版的《高卢历国纷争中基督徒和调停者建功立业之详尽年表》一书为例，虽然该书的标题提到了“高卢历国”，但其内容却并不涉及高卢和高卢人，而只谈法兰西国王及其起源，把法兰克人的祖先同神话故事中的普里阿摩斯、赫克托尔、弗朗西翁等特洛伊英雄硬扯在一起！

在当时的法国，“高卢人是我们的祖先”这个口号尚不存在。费迪南·洛特说：“我国的历史随着法兰克人的到来而开始”，而弗朗西翁则是法兰克人的首领。“中世纪的法国人甚至不问，在法兰克人到来前，是谁在高卢居住……或者他们回答，那里住的是罗马人。”[113] 埃斯蒂安·帕斯基埃首先想到(1560年)，通过对恺撒的研究，或许能对高卢及其居民有真实的认识。我们可以不太夸张地说，高卢人从此才进入了法兰西的“历史”。我们应归功于埃斯蒂安·帕斯基埃及其同时代的人，特别是令人瞩目的拉伯普利尼埃尔，他们首创了文献考证，不再把武功歌谣和神话传说当作历史。[114] 不幸的是，由法兰西人文主义产生的这种新型历史诞生不久即告夭折；17世纪的反动与新型历史开创的模式“背道而
i-323 驰”[115]，重新制造了重重烟幕。“直到1714年，博学的尼古拉·弗

列莱因想证明法兰克人原系日耳曼人,竟被送进巴士底狱关押!”尤其,他还是在法兰西铭文和文学学士院发表意见时获罪的[116]……

既然人们无视高卢的存在,怎么还会注意到高卢的边界恰好正是天然边界?在法国大革命以前,几乎从未明确提到过天然边界,人们所能收集到的暗示不足以充当见证。数量之少可谓凤毛麟角。

就在1444年,对英战争尚未结束,查理七世及其儿子未来的路易九世率军出征阿尔萨斯和洛林,经过精心策划和几次交战,进占巴塞尔城;他们暗中期望乘机扫除法国境内的游兵散勇,同时也遏制勃艮第公爵好人菲利普的扩张野心,后者当时企图根据凡尔登条约的划界,重建洛泰尔王国。查理七世当时声称,法兰西王国被剥夺其直达莱茵河沿线的天然边界迭经多年时间,现在时机已到,应该收复国土和恢复主权,莱茵河西侧的领土“从来就属于法兰西历代国王所有”[117]。在当时的历史背景下,所谓“历代国王”指的是克洛维等法兰克君主,特别是查理大帝,中世纪传说和武功歌中的这位英雄被我国国王称作“先祖”。路易十一在其晚年更崇奉查理大帝为圣人,规定1月28日为法国各城市举行祭庆活动的节日。就在15世纪,开始出现一项奇怪的仪式:“法国新任国王举行加冕典礼时,应将前任国王葬礼上使用的棺罩送往艾克斯拉沙佩勒,加盖在查理大帝的墓上。”[118] 这项仪式直到路易十五1774年去世时依然使用。加斯帕尔·德·苏尔在其《回忆录》[119] 中对亨利二世1552年出兵莱茵河结果只夺得三块主教领地而感到遗 i-324
憾。他的意思不言自明:为什么不夺取阿尔萨斯和洛林?他说,

“这本是恢复奥斯特拉西亚的一个机会”，奥斯特拉西亚王国曾是克洛维的一个儿子留下的遗产，后来曾多次并入法兰西王国。因此，当法兰西国王为争夺继承权而寻找根据时，他们引证的理由与其说是古高卢的天然边界，不如说是法兰克国王和查理大帝的伟功勋业。

有关天然边界的历史素材确实很少，我们这里要补充1558年的一个暗示和1642年的一个明确提示。

暗示来自一位默默无名的洛林王公，人称“好人约翰”，他写道：“巴黎畅饮莱茵河水之日，将是高卢〔即法兰西〕功业圆满之时。”[120] 所谓功业圆满，也就是说，收复全部国土。

明确提示出自黎塞留的遗嘱。人们借这位大主教之口声称：“本人执掌政柄期间，致力于恢复自然赋予法兰西之界限……务必使法兰西与高卢恰相一致，并在旧高卢的基础上，振兴新高卢。”以上的话不可能再有任何含混。但大家知道，这份遗嘱是伪托的，而且又是从拉丁文翻译过来的。考虑到文章毕竟是由黎塞留的亲信所撰写，人们至少可以部分地相信，天然边界的提法是在法兰西的政治中枢诞生的。这种推测也许有理。不过，在1642年以前，从未有过类似的说法，而在1642年以后，则一直要等到大革命开始，才在革命文告中重新见到伪托黎塞留说过的话。

既然君主时代的法兰西实际上并未使用天然边界这一方便的论据，并且又曾吞并了一些地盘，它又怎样为吞并行为进行辩解的呢？在大多数情况下，它满足于征城略地，进行兼并，而听由别人去说三道四。即使出现例外，也恰恰正是证实规律。

法国于1601年从萨瓦公国夺得比热、热克斯和布雷斯等地

区。亨利四世对他的新臣民们说："既然你们历来都讲法语，你们 i-325
理应是法兰西国王的臣民。使用西班牙语或德语的地方，我赞成分别留给西班牙和德国，但使用法语的地方应归我所有。"[121]

这番话虽然说来也还顺理成章(我不认为此话说得正确或者真有道理)，但法国国王事到临头，却并不说话算话；就以法朗什-孔泰为例，该地区于 1674 年首次被法国国王占领(派驻一支瑞士雇佣军)，于 1678 年再次被征服，并根据奈梅亨和约并入法兰西王国。又如，1766 年斯坦尼斯拉·莱津斯基去世后，洛林也遭兼并。对于法国 1648 年占领使用日耳曼方言的阿尔萨斯，又该作何解释？对这项武力行动，法国并未提出任何理由，舆论界当时也几乎不感兴趣。1659 年缔结的比利牛斯和约使法国除兼并鲁西永和塞尔达尼亚两地区外，还从加泰罗尼亚取得了一块割地。当时居然还曾简要地回顾了古老的边界："比利牛斯山早年曾是高卢与西班牙的分界线，今后也将成为两个王国的分界线。"[122] 但这里提到高卢纯属偶然。在为确定边界走向而随后举行的谈判中(前一次于 1660 年 4 月至 5 月间在塞雷举行，后一次于 1660 年 11 月在柳维亚举行，并达成协议)，双方只是陈述法律论据而已。既不涉及地形，又不谈到高卢[123]。一个世纪后，即在 1752 年，当博米侯爵巡视鲁西永的边界时，他在报告中回顾说：那时候(即在 1659 年)，"曾经决定以比利牛斯山的顶峰和朝向划界，面对鲁西永内地一侧的山坡属于法国，面对西班牙各省一侧的山坡属于西班牙王国，并根据阿尔卑斯山的划界方式，遵守分水线的规则"[124]。这样做显然对今后比较省事。

天然边界的理论根据只是在大革命时期才终于取得胜利。

i-326 “天然”二字难道不是在启蒙时代十分风行吗？论据是不容置辩的。格雷古瓦教士于1792年声称：“法兰西是个自给自足的整体，既然自然界到处给它设置的障碍使它不必进行扩张，我们的利益与我们的原则恰相吻合。”1793年1月31日，在吞并比利时后不久，丹东也说：“法国的边界由自然界所划定。我们将朝四个方向抵达边界：大西洋、莱茵河、阿尔卑斯山和比利牛斯山。”[125]

对于莱茵河边界，德国人只是在较晚的时候才向我们提出异议。弗里德里希二世曾讲过一句奇怪的话（至少听来不太顺耳）：“只要手里拿上一张地图，就可以清楚地看到，法兰西王国的天然界限似乎一直伸展到莱茵河，这条河流好像生来就是为了把法国与德国隔开。”[126] 直到1813年，德国的反应才在恩斯特·摩里茨·阿伦特的《颂歌》中得到表现：“莱茵河是德国的大河，而不是德意志的边界。”[127]

我因此认为，寻求天然边界并不是法国政策的指导路线。我们暂且把官方的宣言、论据和说法撇开不谈：法国的扩张继续在进行，不断引起欧洲的忧虑，这毕竟是事实。奥古斯丹·梯叶里、昂利·马丹和阿尔贝·索布尔十分重视这一政策的连续性；我并不认为他们错了：法国革命与其说败坏了，不如说继承了旧制度的政策。自从亨利二世远征莱茵河以后（1552年），法国处心积虑地要把开向东欧的门户关闭起来和上闩落锁。

从未征服的大海

研究边界问题的专著很少谈及大海。陆地的名声之盛杳无边
i-327 际，对陆地的迷信远胜一切！然而，边界毕竟是地域的断裂，当人

们离开加来或到达杜夫尔时，有谁会不相信，这是离开或到达边界？维达尔·德·拉布拉什断言："人是陆地的动物。"[128] 英国杰出的旅行家查尔斯·达尔文于 1831 年乘坐"贝格尔"号船作了环球旅行后说："人们进行航海，原是迫不得已的事。"[129] 虽说如此，大海、海岸、海员和船队毕竟都是客观的存在，海洋无疑是天然的边界。根本的问题是要知道，在长达几个世纪的法国历史的范围内，人或历史究竟对漫长的海岸有何作为。

法国在海上曾屡建奇勋，可是，除了这些插曲以外，其扩张成果与在陆上从事的冒险却不可同日而语。二者甚至很不相称。我在前面已经说过，夹在大海和大陆之间的法兰西偏向陆地的一边。菲利普·奥古斯特于 1204 年夺取富饶的诺曼底沿海地区，从而打开了被金雀花王朝封闭了的通向大海的门户。他伤心地声称："法国人不懂得向海外发展。"就在同一年，"似乎为了印证国王所说不虚"，法国人在第四次十字军东征攻打君士坦丁堡时，"承认自己在海上作战不如在陆上那样得心应手"。此话出自若弗鲁瓦·德·维尔哈杜安之口。[130]

确实，必须等到 1246 年，法国才在地中海拥有艾格莫尔特这个港口或"窗口"。当时，除诺曼底地区外，法国的水手人数不多。也许由于这个原因，法国在斯勒伊斯海战（1340 年 6 月 24 日）中一触即败，从而丧失了宝贵的制海权；这次失利导致了英国军队于百年战争初期顺利在法国登陆。此外，海上战局于 1369 年出现转
机，这也不是查理五世或杜盖斯克兰的功劳，而是因为卡斯蒂利亚 i-328
国王亨利·德·特拉斯塔马尔派遣了帆桨战船前来援救杜盖斯克兰；帆桨战船使用射石炮（一种新发明）进行轰击，在拉罗歇尔的港

湾中消灭了英国舰队。这次胜利便于法国“夺回普瓦图、圣通日和昂古穆瓦等三地区”[131]。同年12月，查理五世任命让·德·维埃纳为法国海军司令。在让·德·维埃纳的努力下，建立了一支“现代化的”海军部队，并在布列塔尼和英国沿海一带多次作战获胜，致使伦敦惊恐万状。当时，法国海军在卡斯蒂利亚和葡萄牙的船只协助下，攻击有力，屡战屡胜。但这一局面不久又迅速恶化，让·德·维埃纳离职后被派往遥远的尼科波利斯战场，在1396年与土耳其军队作战中阵亡。

法国在收复失地后，又于1481至1482年夺得了普罗旺斯和马赛，从而在地中海站稳了脚跟(朗格多克于1271年被并入王国的版图)。但它随即遇到了困难，因为它的海岸线从此分布在两大海域：一方面是大西洋、英吉利海峡和北海，这个战场今后将是圆头壳船的天下；另方面是商业活跃的地中海地区，这里使用的细长形帆桨战船自16世纪末年后(除个别例外)，不再在大西洋起重要作用。

法国因此需要拥有两支船队。或者是将船只数量增加一倍，或者是将一支船队分作两支使用，舍此没有别的选择。西班牙也遇到相同的问题，但它可通过直布罗陀海峡把地中海和大西洋连接在一起；除了这项有利条件外，西班牙不久(1617年)又采纳了那不勒斯总督奥苏纳公爵的计划，同时在大西洋和地中海使用大型帆桨船[132]。后来，作为长条船和圆头船的妥协，战列舰在各地
i-329 得到了普遍推广。但法国的困难却依然存在，海军当局又总是优柔寡断，举棋不定，很难集中使用兵力。因此，法国于1692年拉乌格海战中惨遭失利，“假如土伦舰队能与布列斯特舰队会师，托尔

维尔将可支配 80 多艘战舰，鉴于法国战舰船坚炮利，足以击溃英国和荷兰的 99 艘战船”[133]。1805 年袭击布洛兵营期间，悲剧再次重演。海军兵力不足因而是法国的痼疾。国家必须作出坚持不懈的努力，方能克服这一顽固的弱点，而执政者却偏偏缺少坚强的毅力。黎塞留和柯尔贝尔曾卓有成效地致力于重建海军，但路易十四、摄政王和路易十五并没有意识到海军的重要（摄政王竟取消了战舰和商船）。确实，从乌得勒支条约（1713 年）到巴黎和约（1763 年）这长达 50 年的期间，“法国的海船只出现在韦尔内的图画上”[134]。路易十六想要更弦易辙，可惜已为时太晚（据阿兰·吉约姆说，路易十六的真正爱好不是制锁，而是造船）。

法国地处欧洲的中心，利于进行大陆战争；至于它的海上活动，却因其地理位置而受累不浅。法国未能充分发挥自然和历史赋予它的有利条件。关于有利的自然条件，皮埃尔·古鲁写道：“欧洲没有任何别的国家能有如此壮丽漫长、曲折多变和条件优越的海岸。源远流长的大江在入海口显得格外宽阔，四周更有良港环列！”[135] 历史对法国的青睐非同一般：法国在夺得诺曼底、布列塔尼、阿基坦、朗格多克和普罗旺斯等地区的同时，便拥有大批航海世家。让·德·维埃纳的海船与卡斯蒂利亚和葡萄牙的舰队并肩作战，而且与巴斯克海盗相勾结……布列塔尼并入法国版图（1532 年）使法国一跃而成为欧洲水手人数最多的国家。然而，这些天赐的便利至少有一半未被利用。

原因当然不仅仅在于法国地跨两大海域，为了设计和推行面 i-330
向大海的伟大政策，法国必须具备一项先决条件，即要从持续不断的陆地战争中脱身，并如同英国一样，专心致意地从事海战，把全部军费用于建造船只。而要作出这个选择，不仅要求头脑清醒、机遇凑集和坚持不懈，而且还要可能抗拒贵族在欧洲各地挑起战事的企图。艾米尔·布尔茹瓦[136] 在《对外政策历史教科书》中讲述的历史始终引人入胜：法国在海洋和陆地之间举棋不定，几经曲折，终究作出错误的选择。年高德昭的弗勒里大主教在其晚年（1740 年）仍坚持己见，竭力反对参加即将爆发的奥地利王位继承战争。但对法国来说，不在陆上打仗，也就不再有其存在的意义。更何况，欧洲恐怕也不容它置身事外。

因此，法国海上扩张的潜力往往未被充分使用，甚至往往被遏制。我国的海员在国内难以谋生，纷纷到缺少水手的外国船上去就业。一旦法国航海业有所复兴，他们便脱离西班牙、马耳他、英国或荷兰，返回本国效力，“长期四海漂泊实非所愿，十分希望以有生之年为国王出力”。他们感谢上帝让法国在长期的无所作为以后，终于获得了航运的复兴。[137] 柯尔贝尔发展造船业据说曾使 3 万名法国水手回国服务。法国驻海牙大使提供的这一数字大概有所夸大，但无论如何，确有大批水手回到了法国。

以上情形不能完全归罪于陆地战争的需要。皮埃尔·维克多·马鲁埃[138] 在出任三级会议和制宪议会议员前，曾长期在海军部门工作（他于 1781 年 11 月 1 日就任土伦海军巡按使，任期 7
i-331 年）。他揭示了法国政策所从未克服的基本障碍：“柯尔贝尔诚然才智过人，但他在建立强大的海军时未免过于匆忙，基础未稳便想立见成效；他比别人更加明白，只有通过大规模的出口贸易，才能组建一支海军。他不遗余力地鼓励和发展制造厂，即足以为证。但是，商船队才刚建立不久，就被他改作军用；一度迅猛发展的造

船业终因缺乏后劲而渐趋衰落。至于我们的对手,他们为建立海军所作的准备比我们要早两个世纪,因而后劲充足,可以不断扩大。"可见,法国的落后应归罪于经济的不发达,甚至归罪于"资本主义"的不发达。马鲁埃还补充说:"在专制政体下,几乎永不间断的战争和日益增长的奢侈使税收负担渐趋加重,使海外贸易不可能繁荣起来。必须设法开放商业投机,才能形成富有的资本家阶级;否则,就不可能通过贸易活动扩展国内产品的对外输出。可是,无论在政府机构中或民间习俗中,我们至今还没有见到过为创建和保持强大的商船队所必不可少的创业精神和节俭精神,而强大的商船队是强大海军的唯一坚实的基础。"[139]

以上的话确有道理,虽然略为显得牵强。我们尤其应该进一步看到:在相当长的时间内,法国始终未能成为欧洲的第一经济大国,未能成为欧洲的"经济中心"。欧洲财富的中心从未在法国立足,香巴尼交易会的"大陆"时代或许可算是个例外,那也未必尽然。法国财运不佳,虽说并非一切都差,但它缺少的却是最基本的条件:充足的经济实力,高度发达的信贷,活跃的商业往来,积累的资金,大量的海运,总之,支持长期繁荣的手段和实力。昂热·古 i-332
达尔在谈到黎塞留的海上业绩时正确地写道:"为使法国成为一个海上强国,应该作出整整一个世纪的努力。"[140]

土伦的一位见证人于 1761 年 10 月 26 日清醒地写道:"法国如果不掌握制海权,就决不能成为受到邻国敬畏的强大国家……一支 2 万人的海军比一支 2 万人的陆军将给法国带来更多的光荣和利益。总之,谁控制着海洋,谁就拥有一切。"[141] 法国从未能够充分扮演海上强国的角色。

i-333 四　搞些抽样调查是否有益？

在从事艰难的历史研究时，开展抽样调查可为我们提供解决问题的一条出路。这使我们减少无穷无尽的考证。我们研究的边界问题也许就属于这种情形：边界问题包含法国的全部历史，涉及的重大事实的数量之多，是任何一名历史学家单独所不可能完全掌握的。在这样的情况下，哪怕进行有限的、不尽可靠的抽样调查，恐怕也会受到欢迎。正如大家事先可以猜到的，抽样调查不能完全解决问题，但这样做至少将使我们可以详尽地看到我国边界的历史。我们将从中得到教益。

为了避免过分冗长的认证和叙述，我将仅限于作两次旅行。第一次去陆上的梅斯；第二次去滨海的土伦。我们肯定会学到任何人都不能完全弄懂的事情。治理法国和防卫边界是项繁重、复杂和棘手的任务，更何况在执行过程中往往两眼漆黑。意外和失望不断在未来出现。

东北部和东部边界

为什么选择了梅斯？

法国的大部分边界——海洋，比利牛斯山，阿尔卑斯山，汝拉山——几乎都可顺理成章地被称为“天然边界”，这些天然屏障减轻了部队的防御任务。1940 年，在法国的空前溃退中，阿尔卑斯山边界竟得以守住。[142]

i-334 从北海到莱茵河的一段法国边界是人为的和不安定的边界，

是由政客、军人、工程师凭空制造的,是由众多的历史偶然促成的。面向东北方的莱茵河给人留下十分完美的印象,却与英吉利海峡毫无任何共同之处。其保护作用徒具虚名而已。更何况,法国政治只是从 1648 年起才进抵阿尔萨斯地区;在整个莱茵河沿线(从巴塞尔近郊到海边),法军及其盟军占领左岸地区也时断时续:1795 至 1814 年,1919 至 1930 年。[143]

东北部和东部的这条边界是脆弱的和动荡不定的边界:强邻咄咄逼人,危险丛生,警报频传。邻国早已得知,必须从这里进攻,才有打开法国大门的希望。查理五世皇帝于 1544 年进行了第一次演习:他从卢森堡出兵,攻克圣迪齐埃后,沿马恩河向莫城推进,直逼巴黎城下。接着,在 1557 年、1596 年、1636 年、1708 年、1814 年、1870 年、1914 年和 1940 年,旧戏一再重演。人们常说,由其本质所决定,历史是不可逆转的进程,历史事件永远不会重复发生。我谨奉劝先生们,此话最好少说为妙。历史缺乏想象力,往往按老习惯办事。

这条边界与 19 世纪以前的所有边界相似。切莫把它当作一条现代的界线。正如厄内斯特·拉维斯[144] 所说,设置两排海关检查口的"笔直"的边界线只是在不久前才有的事。"直到路易十五……的条约里,'直线边界'的概念尚未真正出现,国家与国家之间可以看到有大量的'飞地'穿插在一起。"[145] 1771 年,我国的两名地理工程师沙萨尔和若利受命在格朗普累将军的指导下,负责绘制阿尔萨斯北部从敦刻尔克到兰道的边界地图。他们测量的边界地带竟达三四里宽。[146]

边界可见总是一道粗线,往往并未划定。其后果也就可想而 i-335

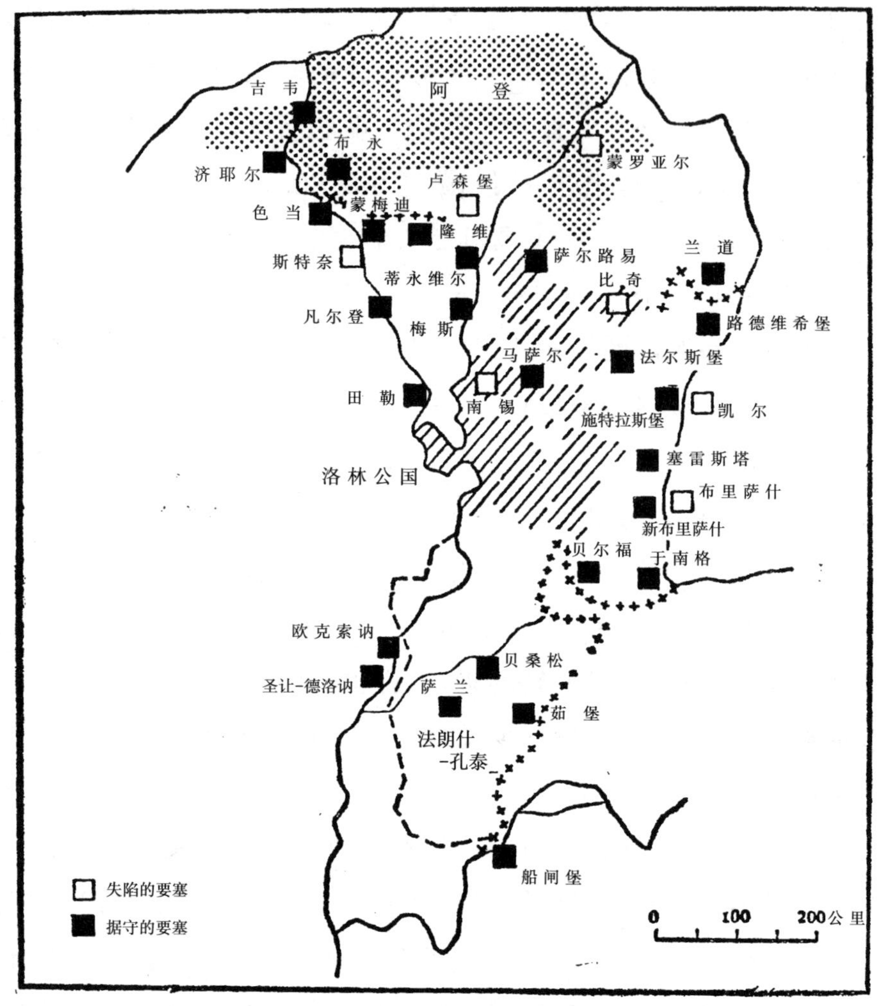

东部的要塞

在阿登、阿尔萨斯、洛林和法朗什-孔泰的"敏感的"边界上，由于17和18世纪连绵不断的战争，要塞有的已失陷(白方块)，有的仍坚守(黑方块)。参见罗科尔上校:《法国防御工事的2000年》,1973年版。

知。相互穿插的"飞地"可以是几个村庄，也可以是几群村庄和集
i-336 镇，甚至包括几个小城市：在敌国领土上建立的要塞是始终打开

的、通向敌国的一个门户。显然,飞地只是在敌对双方实行自由贸易的条件下,才能维持日常生活;奈梅亨和约(1678 年)第 16 条就对法国和西属尼德兰的边界作出了以上的明确规定。由此也势必产生冲突、纠纷以至小规模的战争。国王在佛兰德的包税人本想禁止法国边境村民“光顾邻近的西班牙村庄〔原文如此〕的小酒铺,据说那里出售的酒比国王辖地一侧的小酒铺便宜,村民常去西班牙村庄的小酒铺,使国王的税收损失颇大”[147]。巡按使德马特里据理反驳,声称这符合奈梅亨和约的规定。在这同时,战争又重新开始,西班牙于 1689 年决定禁止边境村民的自由通行。巡按使于是说:这也没有什么关系,只要国王下达命令,我们这边同样可以禁止通行。[148]

人们或许会想,如果按照后来所做的那样,硬是把边界拉成一条笔直的直线,岂不就能改变以上的局面?不,这里有习惯势力在起作用。东北部和东部边界的动荡不定,各国之间的明争暗斗也是一个原因,法国君主在这方面的表现尤其突出。他们在边界沿线利用各种借口,制造和挑动纠纷:或因边界走向不清,或因监护权与臣服权相混淆,或因措辞不当而产生的模棱两可;归根到底,还是因为我国的司法家们特别爱打官司。他们怎么可能放过这么好的机会?于是,他们打着司法公正的招牌,使用各种狡诈和奸计,花样不断翻新,硬是要把无理说成有理。一位名叫奈利·吉拉尔·达尔比森的女历史学家说,法国当局“不愿签订任何边界条 i-337
约,因为条约用白纸黑字写成,很难进行抵赖,他们宁可采用在领主会议时代盛行的所谓调解政策,这使他们在法律上有无穷的伸缩余地”[149]。奈梅亨和约(1678年)签字后不久召开的历次领主会

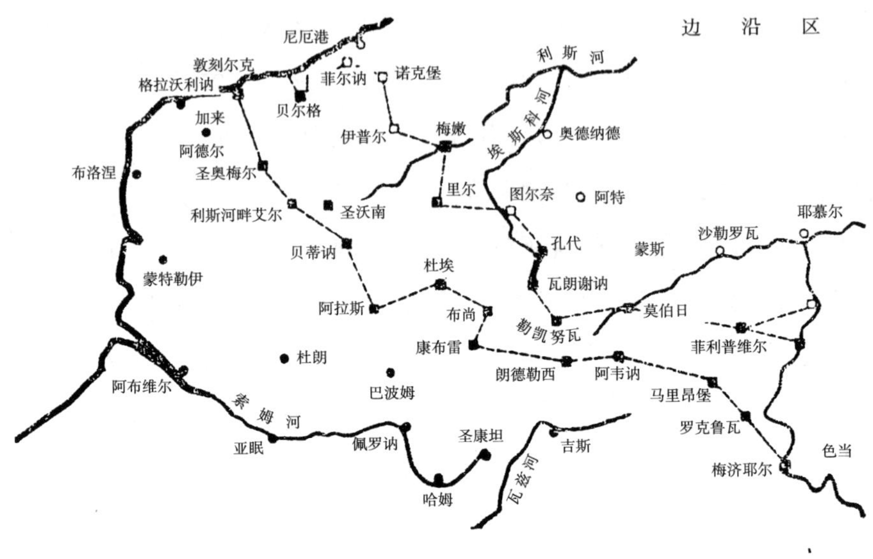

边沿区

参见罗科尔上校:《法国防御工事的 2000 年》。

议,特别是斯特拉斯堡会议(1681 年),恰恰反映出法国国力的蒸蒸日上。神圣罗马帝国在 1675 年和 1676 年两次没有取得自由通过斯特拉斯堡桥的许可,因而两次从背后包抄杜兰纳的部队。

不论边界是否业已妥善划定,如何组织防御始终是个问题,这项任务不但耗资巨大,而且总还留下隐患。意大利工程师在 16 世纪初期提倡的近代防御工事逐渐在欧洲各地推广,要塞的基本设
i-338 施开始朝地下发展;方型堡、半月型堡、骑兵、交叉射击已屡见不鲜。沃邦(1633 至 1707 年)的时代早在这位元帅诞生以前已经开始。

北海至莱茵河的边界可分为两大区段。

首先,从敦刻尔克到默兹河(吉韦、梅济耶尔),是人们常说的“铁的边界”,这里的防御工事大部分由沃邦设计建造,罗科尔上校

为纪念这位元帅，称之为“边沿区”[150]。其实，这项大型工程的主要负责人正是国王本人。从上面的地图可以看到，那里的要塞呈两行排列[151]。更往南去，第三行要塞由索姆河沿岸原有的工事所组成，就是法兰西王国早先的边界。这些工事已经过时，本身不足以胜任防御任务。但在德南战役前夕（1712 年），路易十四在把法国剩下的最后一支部队交给维拉尔时，特地交代后者，万一战争失败，便把部队撤往索姆河后面。国王说：“据我所知，这条河流很难强渡；河边没有要塞，我打算亲临佩罗讷或圣康坦收集残部同你一起作最后的努力，拼死拯救国家；我决不容许敌人逼近首都。”[152]

可见，这些防御工事构成一个宽广的整体，并不像罗马防线、中国长城或马其诺防线那样连成一条长线；密密层层的据点步步为营，旨在把入侵的敌人拖住，使他们不得安宁，进而分化瓦解。

另方面，从默兹河到莱茵河一线，即从梅济耶尔到兰道，就没有这样密集的防御体系。这里的情形同法国在 1940 年的经历恰好相反：我国在蒙梅迪和莱茵河之间建立了“第二防区”，而在沃邦的“边沿区”不设巩固防线。法国将为此受累不浅。

在沃邦时期，还有一项重大的有利条件，足以保护默兹河和莱 i-339
茵河之间的边界（南段除外，这在政治上和战略上历来是法国的薄弱环节）。阿登高原在吉韦和比奇之间形成一道天然屏障；高原的岩石经长年的风化冲刷，土壤贫瘠，沼泽众多，到处布满了低矮、密集的树丛，难得有几块林中空地，城市（卢森堡、阿尔隆）中生活贫苦[153]，更不用说乡村。从梅济耶尔和吉韦到卢森堡，森林曾是通过这一高原地带的重要障碍：19 和 20 世纪的大量砍伐树木仍未真正损害当地广大的森林覆盖。我们这里顺便指出，茹尔丹于

1794 年 5 月从阿尔隆出发，穿过了阿登高原南部，与北方军团会师，从而于 6 月 26 日取得了弗勒吕斯战役的决定性胜利。可见，虽然存在障碍，却并非不能克服。

默兹河和摩泽尔河在高原形成两个狭窄的空隙，从这里越过障碍更要容易得多（与横贯页岩高原的莱茵河相似，阿登高原位于页岩高原的西部）。凡尔登、斯特奈（于 1689 年被夷为平地）、梅济耶尔、布永、默兹河畔吉韦、梅斯、蒂永维尔[154]、摩泽尔河畔蒙罗亚尔等要塞城市全都建在两个缺口的沿线。此外，在摩泽尔河的支流希耶河和萨尔河沿岸，还分布着一系列据点；因而从萨尔路易或比奇到莱茵河（实际上直到兰道），只剩一个极小的区域可以通行。法国在 1792 年和 1814 年遇到的两次外敌入侵，都从这个缺口突破。

法国东部边界的这些据点，不论强弱，都始终处于严密的戒备状态，这是因为在偏南方向，洛林地区不断受外部势力所操纵，标榜独立，与法国作对，造成法国后方不稳。在这辽阔的政治地域中——该地域介于香巴尼、勃艮第、法朗什-孔泰、阿尔萨斯、特雷沃主教领地和卢森堡之间——梅斯、图勒和凡尔登这三个主教区
i-340（或者说梅斯财政区）的领土像是大海中的几个岛屿。梅斯市地方官员于 1707 年 5 月 3 日再次向国王诉说：“我们四面被洛林所包围……当地的产品不够供居民三月之需。建筑所用的全部木材、小麦以及日用必需品，都靠洛林供给。”[155] 因此，对洛林这位邻居，必须曲意迁就。洛林既是取用不绝的谷仓，也是潜在的危险：一不当心，敌人可直扑南锡和夺取这个城市。面对入侵威胁，最好的办法还是法国抢先占领洛林地区：部队在占领区就食，夺取各要塞，

取代公爵征收揖税并开征新税，出卖官职，每年收取一次胥吏捐纳金，如此等等。洛林在91年中曾有57年被占领：1633至1661年，1670至1697年，1702至1714年。偏南方向存在的危险虽然没有完全消失，但至少不再制造麻烦。

梅斯的地位为什么重要？

梅斯具有重要的战略地位，因为它处在边界的一个相对薄弱的部位，也是一个要害的部位。人们以为路易十四总是待在卢浮宫和凡尔赛宫，其实不然，他曾六次在梅斯逗留。沃邦对他说："王国的其他要塞城市分别掩护各省，唯独梅斯掩护全国"[156]，也就是说，梅斯是整个法兰西的屏藩。沃邦又说："为加速完成要塞的工事建筑，每个有良心的法国人都应送来一筐石子和泥土。"杜兰纳也直截了当地说："只要保住梅斯，法国就有活路，即使连打几个败仗，它还能收集残部援救邻近地区和保护后方的运输。根据以上情况，唯独梅斯要塞才能挡住帝国部队的联合进攻"[157]。这里显然是指德意志神圣罗马帝国，它在一天之间就能派出大批军队取 i-341
道帕拉丁和卢森堡向阿尔萨斯和洛林进攻。

据我看来，从荷兰战争开始（1672年）到西班牙王位继承战争结束（1714年）这个阶段适宜于进行抽象调查；梅斯在此期间没有发生直接的敌对行动。这种相对稳定既是审慎措施的产物，也是偶发事件的产物：例如1684年法国占领了卢森堡等战略要地。又如在1688年和1689年法军对帕拉丁地区的城市和乡村推行焦土政策，虽然犯下了残酷的罪行，但并未取得预期的军事成果。随后爆发的西班牙王位继承战争（1702—1714年）是路易十四时代最引人注目的战争，梅斯战线当时仍处于次要地位。作战的主战场位于尼德兰境内和沃邦的“边沿区”一带，在巴伐利亚的莱茵河右岸和多瑙河沿岸，在意大利和西班牙等地。梅斯置于重大的军事行动之外。经常在平原地区活动的帝国轻骑兵间或进行突然袭击，抵达梅斯附近的村庄，甚至经洛林密探的指引，逼近离城二三公里处；只是在这种情况下，梅斯才进入警戒状态。

那么，与其介绍梅斯，我们为什么不选择伊普尔或里尔作为调查的实例？梅斯城警报频传，到头来却像《鞑靼沙漠》中的主角那样，总是站在远处观战；里尔城于1668年并入法国版图后，根据沃邦的计划修筑了防御工事，却于1708年10月23日被欧仁王子所攻克，并被荷兰军队所占领。[158] 但在后来，联军又被“边沿区”的据点所缠住，因而在马尔普拉盖战役后（1709年9月11日），联军后方还留有一支强大的部队，不能放心大胆地向巴黎推进；更何况，1712年7月12日，法军在德南一举将联军击溃。总之，里尔经历了复杂多变的局面，并且亲眼见到法军的顽强抵抗和最后胜利。正因为如此，里尔当时处在战争所强加的特殊条件下（与第二次抽样调查中谈到的土伦的情形相似）。调查梅斯的好处在于，它显示
i-342 出边界为不断保持戒备而作出的日常的、单调的和普通的努力：修筑工事，补充给养，调动作战部队和留守部队，侦察活动。至少，在我看来，梅斯会比里尔让我们懂得更多的东西。

慢吞吞的战争

梅斯“是个始发点和仓储站”[159]，用我们的行话来说，是个兼有起点、终点和仓库三项职能的铁路枢纽。物资、食品、马匹、车

辆、经费和人员不断向这里汇集……其中又以人员往来和部队调动占首要地位。过去的梅斯地区眼看着城里城外不断有部队往来或驻扎，这批人肯定都很不安分。当地一位律师[160] 在《日记》里说："当时〔1683 年 11 月，还在开战以前〕，每逢有部队开到，梅斯便开始发出警报；为使大家知道部队从哪个城门进入，在警报发出后敲钟，一响表示部队进圣蒂埃博门，二响表示进马泽尔门，三响进德意志门，四响进蓬蒂弗鲁瓦门，五响进死亡门，大教堂的钟楼上悬挂一面小旗，白旗表示进城的部队是步兵，红旗则是骑兵。"据我所知，用于发警报的大钟名叫"拉穆特"[161]，从 1605 年起就被装在梅斯城的钟塔上。

在这些部队中，有的只是"过路"，准备朝佛兰德或阿尔萨斯方向开拔，根据情况的紧急程度，有时被派往很远的地方。对当地来讲，自然宁愿部队"过路"，而不要"驻扎"；每年的"冬季整训"时期一到，梅斯地区就逃不过一番大折腾。无论在战争或和平期间，城里总是挤满了步兵、骑兵和马匹，每人都在寻找住房。

出于特权者可免于接纳军人，他们的住所撇开不算，市内可供 i-343
征用的房屋不过 2400 所，而且多系狭窄低矮，仅 40 所属于一层楼房。梅斯的景况之糟显然与其他驻军城市相同，"部队蜂拥而来，……住所却十分有限"[162]。除了硬塞硬挤，又有什么别的办法？

1693 年 5 月的一份报告说："今年整个冬天，梅斯和凡尔登几乎所有居民的家里都住有 6 名骑兵或步兵，最穷的人家也至少住有 3 名士兵。"[163]

请设想让3名士兵住进一家狭窄的工匠铺子里，该有多么拥

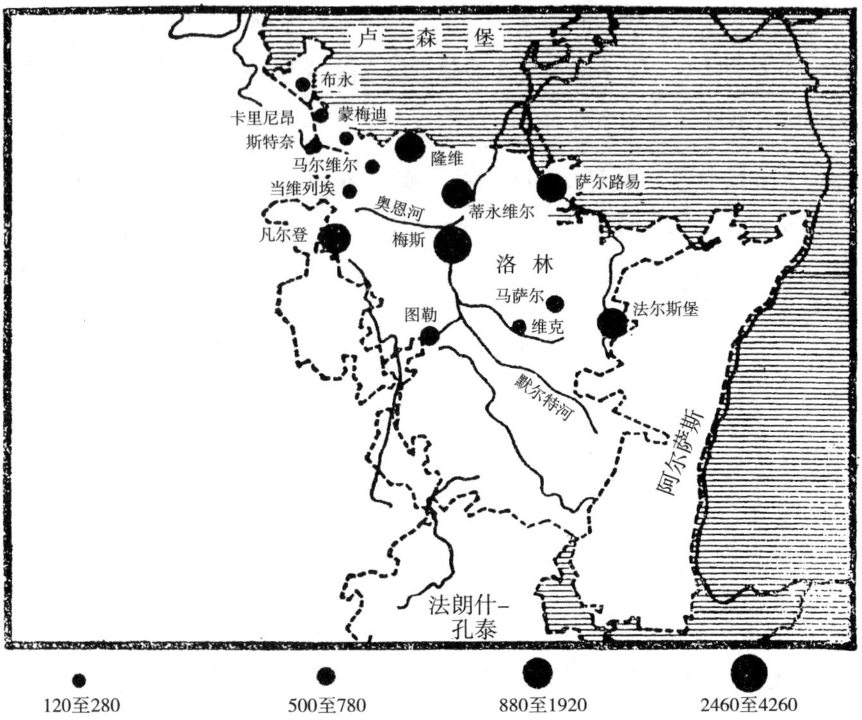

120至280　500至780　880至1920　2460至4260

梅斯省驻军状况

根据每天就餐人数计算,圆圈的大小与每个城市驻军人数成正比。

(参见乔治·杜比的《历史地图集》)

挤!1691年,梅斯圣克鲁瓦教区的掘墓人(最穷的穷人)绝望地说:“我们每人只住一间小屋,赶上有军队路过,还得让给士兵使用。”[164]

显然,住在居民家里的士兵表现不免放肆无礼和横行霸道。由于饷金微薄,他们往往铤而走险,小偷小摸更是见多不怪。他们有时倒卖房票[165],私卖烟草,参与贩运私盐[166],以致流弊全国而不可遏制。部队力图约束军纪,必要时进行惩罚,却并不十分理直气壮,因为士兵有其表示不满的理由:首先是饷金不得预支,伙食量

少质次。1710 年,向梅斯要塞驻军供应的面包“售价极高”,其成 i-344
分却是“一半大麦,一半燕麦”[167]。

不满情绪引发骚动也屡见不鲜:1712 年 1 月 14 日,梅斯巡按使圣孔台斯特正就晚餐,突然有“300 名驻军士兵”在街上出现,并且冲进他的院子。巡按使当即予以训斥,却获悉他们因欠饷不发,“已在那天上午抢劫了集市和几家店铺”。他们居然对巡按使出言不逊,“手执刀剑……乱扔石子和冰块,阻止我的仆人出门”。事件最终得到妥善处理:“驻军的几名军官听到吵闹声后急忙赶来,大打出手,把抗命士兵驱散。”[168]

在一般情况下,城市秩序相对稳定,市政当局和警务部门维护
治安,实施宵禁。但乡村的情形便大相径庭,在与敌人交战的战场 i-345
附近则尤其严重。士兵几乎为所欲为。梅斯的同一位巡按使对士兵在平原地区的胡作非为深感担忧。他指出:“边境村庄常遭焚烧和抢掠,并且屡禁不止。”受害者别无出路,只得支付一笔额外的贡奉。圣孔台斯特又说:“对于征收额外的贡奉,我曾明令予以禁止,但我相信,在本财政区内,贡奉不但过去已在私下缴纳,今后还会照此办理。甚至一些有地位的人向我坦然承认:我们实在没有别的办法,与其让人抢劫烧杀,还不如缴纳额外的贡奉。”[169]

当然,无论在本国或别国的领土上,国王部队的行为并没有什么不同。士兵与农民的对立简直是一场永无休止的阶级斗争。士兵一般稳操胜券,但农民有时也施加报复。在洛林地区,孚日山区农民的残暴性格究竟是出诸先天,或者是由后天养成?一份明显地带有偏见的历史文献告诉我们说,这群无赖“想尽办法袭击国王的部队以及在冬季往来于途中的军官,当局已经对其中的几名坏

蛋处于车轮刑，但在后来，由于他们人数很多，不得不赦免其他罪犯”[170]。这份报告没有说明，这些农民为什么离家出走去干袭击士兵的勾当。他们的境况与1688至1689年间备受法军蹂躏的帕拉丁地区又有什么不同？在帕拉丁地区，“一些破产农民……在唐纳山一带[171]出没，伺机袭击行人，这座高山位于埃伯斯堡[172]和凯泽贝尔[173]之间，长约七八里，宽约三四里，山上树木密布，只有小路可通，农民在这里拦路抢劫，竟收获颇丰；平原居民闻讯后纷纷
i-346 带着牛羊外逃。一无所有之人，总共四五百人上下，往往七八成群，前往邻近村庄谋生”[174]。

常备不懈的梅斯城显然不会像普通村庄那样，直接受暴乱的威胁，但也不能放松警惕。必须定期检查驻军状况，每当发现士兵缺衣少鞋，武器不足，或军官过于年轻，或某个营队调动不灵，便及时采取补救措施。[175]1702年8月25日，人们正准备把梅斯的驻军鲁埃格营派往洛林地区的马尔萨勒要塞，却发现“只有200名士兵带着武器，该营被迫仍留原地”。第二天又发现驻守梅斯的福雷营也有问题：“许多士兵身材过矮，该营可被抽调的士兵不足150人”[176]。

防御工事是另一件让人操心的事：它们随时都需要进行修补。人们急匆匆地竖起栅栏，扫清炮台外围，以使射界开阔，因此，菜地、果园以及好端端的果树全遭破坏。大批农民应征充当劳工，工钱简直少得可怜，每天仅得5苏[177]（一匹马每天的租金也要25苏）[178]，他们或者在城里城外用锹锄挖土，或者抢割青苗[179]，不让敌人在收获季节获得粮食，或者在穿越森林的大路两旁砍伐树木，以免敌人就近设置埋伏。

此外还要征集新兵,制作军装,训练民兵,关心伤兵和管理俘虏。且不说还有军需物资的调运、仓储以及种种有关的组织和管理工作,付款更是让人伤透脑筋的事。总之,每天都有一大堆繁杂而又紧急的具体事务需要处理。必须不断计算和充实各项库存物资:火枪的引信,造桥使用的大量绳索、炮弹、火药(硝土来自卢森 i-347
堡),还有必要的包装用品(运输铅弹所需的木桶)。单靠当地的财力物力,怎么可能解决这些问题?当地生产的绳索数量有限,怎么可能满足需求?鞋子的供应没有太多困难。至于钢铁,梅斯于1706年建造了一座高炉和一个锻造工场。办法虽好,但打铁的噪音之大引起了居民的抗议。因此,必须立即考虑迁往别处。[180]

梅斯地区具备一项有利条件:军队大量使用的马匹,不论是坐骑或驮马,就近即可取得;洛林和阿尔萨斯是王国产马最多的省份。人们根据军事的需要从梅斯向意大利输送马匹。剩下一个大难题:粮草供应;对于留守部队和过境部队的军马,必须提供足够的草料。梅斯巡按使于1702年5月18日写道:“我现在赶紧就去征购燕麦,此事不宜声张,而且尽可能要做到收购的燕麦数量多和价格低。”[181] 可是,他接着又问,粮食究竟应该运往默兹河(即佛兰德军团驻地)或是摩泽尔河(即德意志军团驻地)呢?驻守梅斯的骑兵也要求得到大量草料,必须给牲畜留下过冬的草料,正如要为士兵准备过冬的食粮一样。

保证士兵不饿肚皮显然是最大的问题,虽然减少马匹的食料并不比减少人员的粮食配给更容易。一切供应都有困难。由于四郊集市较少,肉要从法朗什-孔泰、洛林和瑞士运来[182]。赶上丰收年景(例如1699年[183]),粮食采购可保顺利,但同其他地区一样,

梅斯地区丰年很少，即使在肥沃的默兹河谷也是如此。1698 年小
i-348 麦歉收，从秋天起，库存已捉襟见肘。梅斯的犹太商人，以赛尔·莱维和亚伯拉罕·斯旭为首[184]，在法兰克福买下了 17000 袋小麦，建议梅斯巡按使杜尔哥（著名经济学家、法国财务总监杜尔哥的祖父）拍板成交。购粮合同规定，运抵梅斯的小麦价格每袋为 22 里佛，交易额共达 37400 里佛。巡按使为此犹豫再三：情况是那么紧迫，他是否应该便宜行事，不等凡尔赛的命令？他终于下决心签订了这项合同。1698 年 10 月 9 日[185]，他恳请财务总监"向国王申述，为臣如此大胆行事，实在迫不得已，目的是要使百姓和部队免受饥馑之苦"。大家记得，巡按使历来小心谨慎，处处推卸责任，这样的例子可数以百计；我们这里就能看出杜尔哥的敢作敢为，以及当时梅斯省的粮食紧缺。当然，如同别处一样，梅斯省也有粮商囤积居奇，他们往往是国王手下的官吏，而且备受保护，因为蒙受损害的主要还是消费者，而不是地方当局。[186]

为组织粮食供应，必须随时准备大批运输工具：在摩泽尔河和默兹河，从伏瓦、科梅尔西或凡尔登开出的船只络绎不绝。默兹河的使用率比摩泽尔河更高，可惜沿途设有太多的磨坊；船只在通过这些障碍时不免把载运的货物弄湿，因而在那慕尔[187] 或列日，用船运输的小麦磨成的面粉往往口味不正[188]。在凡尔登或梅斯地区征集的洛林四轮货车是运输的主力军，其运输量超过船舶。只要一声令下，村庄就能征集几百辆车。1675 年 7 月，梅斯地区派出 1500 辆车，把 750 塞提埃小麦送往萨韦尔讷。20 年过后，800 辆满载香巴尼小麦的四轮货车从凡尔登前往梅斯。[189] 下一年，又有 1500 辆车向萨韦尔讷驶去，每车装载 12 袋燕麦。[190] 波恩一度

被法军占领，军需品由 70 艘船运输（梅斯和波恩往返一次付运费 i-349
500 里佛）；这些船于 1702 年 1 月 6 日从梅斯启程，于 11 日向驻军送交火药、铅、工具、4000 条麻袋以及用于制造“法国口径”的火枪弹的模具。第二批船几天后在特雷沃附近的梅尔吞停靠，“所载的货物转交 350 辆车运输”[191]。

这一切当然都要花钱，而且开支颇大。成车的现金落入“发战争财”的人的腰包。从我们掌握的一份历史文献看出，其中有一车装着“40 口袋一埃居和半埃居的全新银币，价值 1000 里佛，8 口袋面值 4 苏的改铸钱币，每口袋价值 500 里佛”[192]，另外 10 至 20 口袋的情形不详。梅斯铸币所自 1663 年起原已不再铸造仅限本地使用的货币，而只造全国通行的铸币，如今却把许多供士兵使用的小面值货币投放市场。因此，不断有西班牙银币（作为原料）送抵斯特拉斯堡或梅斯的铸币所。决定铸造小面值硬币的目的是要阻止小面值的外国硬币充斥市场，尤其是荷兰或西属佛兰德的一先令和半先令硬币。由于边境地区的渗透，根据劣币驱逐良币的规律，王国的金币纷纷向德意志和联合省流失。圣孔台斯特为此于 1706 年主张在梅斯铸造 500 万荷兰先令。[193] 当然，除了这些硬币以外，还有大量纸币流通，即国家向军需商或放款人支付的“指券”。军需商或放款人则要自行设法将指券换成真正的货币，此事总是颇费周折……军费开支是个永远也填不满的窟窿。

在军费开支刻不容缓的情况下，梅斯的犹太商人（1712 年有 800 多户[194]，1697 年约有四五千人[195]）给巡按使帮了大忙。他们的代表人物毫无例外地都十分精明能干，对采购小麦或牲畜、提供 i-350
贷款和情报更起着无与伦比的作用。他们在梅斯发了大财，巅峰

时期堪与德国的宫廷犹太人相媲美。[196] 他们向巡按使提出的条件之一是要取得通常拒绝发给他们的护照，以便能够前往巴黎或凡尔赛；他们的目的是要在以上两地找到经办汇票业务的代理商，取得信贷，以及设法拉拢财务总监。他们关系广，路道粗，同时可向里昂、阿姆斯特丹或法兰克福签发汇票。但是，犹太商人越来越多也使城市当局感到不安；一些修女院声称已被犹太人的房屋所包围[197]。于是，1702 年 1 月，有人要求圣孔台斯特巡按使及时采取措施，“今后不准犹太人再在该省的乡村定居”[198]。巡按使回答说：“依我之见，目前不宜驱逐任何犹太人……当地银根已经很紧，采取驱逐措施将使局势变得益发不可收拾。但小心提防当不失为明智之举，我以为今后可阻止犹太人迁来这里，因为他们的人数已经太多。”[199]

战争时期又该如何？

我早已告诉大家，战争不在梅斯进行，这里地处后方。间或也曾发生过轻骑兵的突袭，邻近的村庄遭到烧杀抢掠。当地有时也实行警戒，调动部队，甚至举行军事演习。某种紧张气氛始终存在，事实上，不虞之祸也随时可能出现。德·克雷基元帅率部援救被敌军包围在特雷沃城内的法国军队。由于驻防部队的出卖，城市于 1675 年 8 月 11 日向德国和洛林联军投降。五天过后，8 月 16 日，仓皇溃逃的士兵已在梅斯出现：“衣不蔽体的士兵陆续逃回
i-351 城来，农民已在士兵躲藏的树林里解除了他们的武装。”[200] 随后，城市业已投降，撤回梅斯的人群也全是这么一副可怜相。得胜的德国和洛林联军没有信守投降协议；按照规定，投降的士兵在交出

武器和马匹后可自由离城。“然而,他们于9月9日星期一回到这里时,全都是可怜至极的样子,大多数衣着不整,鞋帽不齐,有的身上只用草秸、纸袋或破布围着,还有的在内衣外面用干草披盖,以便防寒避雨。他们到达后就住在城墙或其他接待站搭起的马厩里。[201] 既然敌方破坏了特雷沃投降协议,该城的驻军当然也不必遵守这项协议,他们便留在梅斯,不再前往维特里[202],待补充衣帽鞋等物后,重新组成作战部队。”

整个事件并不以上述的可笑结果而告终。幸被收容的残部在装备一新后于9月18日接受检阅,其中就有曾在特雷沃开城迎敌的士兵。“40名龙骑兵经甄别后被责令抽签,抽得黑签的五名龙骑兵当场被处以绞刑。”[203]

以上细节今天看来似乎残忍,但在当时却很平常,特别是在梅斯。城市居然还专门接受由军事法庭送来的死刑未决犯。据圣克鲁瓦教区掘墓人的回忆,“该市的王家监狱总是挤满了逃兵、苦役犯和其他军人,阿尔萨斯、莱茵地区以及桑布尔河、默兹河和摩泽尔河等地的犯人全都送到这里关押”[204]。掘墓人抱怨说,这些犯 i-352
人因监狱环境恶劣,“多数死于传染病”,掘墓人埋葬他们的尸体,还得不到报酬。监狱阴暗寒冷,囚犯双脚受冻,提取井水十分不便(直到1691年设置“水池”后才有所改善)[205]。1695年3月的一天,装满麦秸的顶楼突然起火,究竟事出不慎或有意报复,也就无从查考。[206] 这些犯人出狱的唯一希望便是被送往国王的帆桨船服役。1691年2月2日[207],一条“链索”把60名犯人带往帆桨船服苦役,他们都很年轻,体格壮实,“身材魁梧”,据说大多因临阵脱逃而被判终身苦役。他们来自法国各地,为首的五名罪犯被割掉耳

朵，砍了鼻梁，身上还刺着百合花图形……

是否应对梅斯城寄予同情？

梅斯城的居民生活很不正常，日子的确相当难过；士兵不时滋事骚扰，委实可恶可恨，让人防不胜防；边界近在咫尺，责任既重，麻烦又多。城市总是入不敷出，开支按粗略计算，高达 10 万里佛[208]，为此负债累累。但在当时，又有哪个法国城市能不负债？大笔的开支毕竟能养活大批的劳动力，即使为维修工事和确保城市治安，开支都所费不赀。

此外，王国政府的巨额行政开支在当地也都成为商人、工匠、企业家和放款人的天赐财源。各行各业全都繁荣兴旺，肉铺生意兴隆，鞋匠也无苦可叹。市内已有 8 家书店，居然尚嫌不够[209]；当地的书商和地方当局自然并不这么认为，当局生怕书店数量增多：

i-353 禁书的销售会有扩大的危险，尤其因为“梅斯城地处边境，居民信奉新教[210]，比别的城市更便于禁书私下流传”。交易活跃的另一个不容置疑的迹象是：8 名王国公证人和 28 名地方公证人在梅斯开业任职[211]。城市相当富有，吸引来大批瑞士移民。[212] 确实，梅斯的日子还能过得下去，而且过得不错。

梅斯也有特权阶层，特别是一批高级军官以及于 1632 年创建的高等法院的成员。资产者及滑吏讼棍从附近乡村的葡萄园获利颇丰。城里设立的葡萄酒市场专门出售近郊的产品，甚至对某些远郊村庄也予以排斥。[213] 为此居然还振振有词地讲出一番道理：“梅斯市郊是个沙土质的丘陵地区，除收获葡萄外，不生产别的东西。大部分居民的唯一财产就是几块种植葡萄的分成制租地。担任公职的大富翁拥有的地产最多……当地生产的葡萄酒口味不佳，只是受到生产者的称赞。除色泽和质量低下外，这种葡萄酒口感辛辣，带有当地的土味，因而不易对外推销。”这番道理正好用来反驳勃艮第酒业公会的抗议，后者对梅斯公共市场不接受勃艮第葡萄酒表示愤慨。可是，若是对物美价廉的勃艮第葡萄酒开放市场，梅斯地区的葡萄种植者就会破产。难道梅斯就没有权利像波尔多、博讷、马孔、维特里-勒弗朗索瓦、圣迪济耶那样[214]，保护自己的葡萄酒市场吗？更何况，士兵和骑兵对酒的品味要求并不高。全靠他们，梅斯附近及洛林地区的葡萄酒酿造业取得了巨大的进步。[215] 在路易十四统治末年，又有哪个军事要塞能够少得了酒？

梅斯理所当然也有穷人：每逢小麦短缺，价格上涨，梅斯的小 i-354
民百姓同别处一样困苦不堪。据统计，城市在 1699 年“共有 4225 名穷人，其中不少人竟衣食无着”[216]。但在路易十四时代的法国，哪个城市又没有生活贫苦乃至衣食无着的穷人？这还不算从外地涌来的大批乞丐。从 1676 年起，梅斯对乞丐采取了防范措施，决定从此“不准穷人以乞食为生”。“本城和当地出生的乞丐”将由圣尼古拉济贫院收容，“集中在一起吃饭”[217]。至于“外来的穷人”，他们在接受布施后，将被“赶出城外，不得再回来乞讨，市民若予包庇或怂恿者将处以挞刑和 500 里佛的罚款”。这些措施几乎已是司空见惯，是否有效，也还值得怀疑。乞丐在 17 世纪泛滥成灾，城市无论采用多么周密或严厉的措施，都不能保证完全没有乞丐。

战争对梅斯来说几乎成了家常便饭，不免会产生麻烦，但也带来某些好处，特别是真正的战争一般离城很远，野外的危险比城里更大。在旧制度下的欧洲，贸易不因战争而中断，甚至包括同敌人的贸易。因此，梅斯不论在和平或战争时期，生活总是千篇一律的老样子。到了路易十五执政期间，情况也还没有变化，梅斯城在贝利勒元帅的“开明”统治下，经济繁荣发达，进行了现代化的改造，增加了许多新建筑，建造了一些通风的要塞。城市得到了美化，付出的代价当然更高。不过，就在路易十四的晚年，城市开支已经十分高昂！

第二次旅行：前往土伦

有三个滨海城市可供选择：布列斯特是法国在布列塔尼和面对大西洋的据点；由沃邦“苦心经营”的敦刻尔克是朝北海打开的

i-355 窗户[218]；土伦是法国海军在地中海的唯一集结地。我终于选择了土伦，就在土伦历史上独一无二的紧要关头，确切地说，是在1707年的夏季[219]。那时候，土伦被以耶尔群岛为基地的英荷舰队所封锁，而萨瓦大公的军队则正向无险可守的要塞猛扑过来，确信能不费一枪一弹进占城市。土伦因而受到海陆两面的威胁。这一次，我将不排除是场戏剧，甚至就像在古典主义剧本中那样，谈到地点整一性（被包围的土伦要塞）和时间整一性（1707年夏季的几天时间，从7月26日到8月24日）。实际情形当然更要复杂得多：土伦正是一项大规模进攻计划的突破口，这项在伦敦、海牙、维也纳、都灵等地设计的计划，其攻击目标不仅指向普罗旺斯，而且指向整个法国。

自然条件对土伦起着重大作用：该市拥有两个港湾，大的一个位于塞佩角和勃伦角之间，通向外海，水面开阔，像是房屋的前厅或舞台的前台；小的一个紧挨城市及其船厂，拥有两个港口，两个用墙围着的船槽,另外在城东的莫里永海沟边上还有一个小港,船只历来都去那里油漆。

由于王国的海军经常使用这个港口,土伦的人口有所膨胀,城市本身却依然故我,局促于一隅之地,被城墙卡住了脖子。1543年,弗朗索瓦一世事先撤走了居民,把一座空城拱手交给了红胡子海盗(约有一百多艘帆桨战船,无数的辅助船只,几千名士兵,自1543年9月29日至1544年3月末占领土伦[220]),城内当时不过几百所房屋和5000名居民[221]:旧城墙已把城市闷得透不过气来,并且已不再保护它了。

1589年后,这一枷锁终于被拆除了。城市从此将能自由呼吸了吗?只是不长的时间而已。最初几年,在新城墙的脚下,还有一些树木和几块空地,但房屋迅速从市中心向五六个关厢区发展,填 i-356
补了空白,使关厢区变得同样拥挤。根据沃邦的建议,后来曾对城墙的走向稍加修改,但这丝毫改变不了土伦的先天性缺陷。到18世纪初,土伦市依旧是一系列弯弯曲曲的狭窄小巷,有的还是暗藏杀机的死胡同,街巷里到处垃圾成堆,臭气熏天……房屋之小令人难以置信(每层楼只有一间屋),挤得像蜡烛一样向高处伸展,屋身由外支撑,柱顶则由架在街巷和行人上方的横梁连接。除了人称“战场”的一个广场外,城里没有任何可供部队集中的地点。7月15日,正当敌人抵达土伦时,“海岸驻军统领德·沃斯侯爵与帆桨战船副将德·格里马迪骑士在广场决斗身亡,一人被刺中心脏,另一人躯干被剑穿透。他们原是姑表兄弟。”[222] 他们在别处恐怕很难能找得到决斗的场所。

城市居民1589年有1万人,1688年为2万人,大革命前夕竟达 3 万人，这真是一个奇迹。1707 年夏季，城市的三营驻军因没有兵营，住在居民家里；据一封信件说，城市人口可能达 6 万人，该信并不完全可信[223]。居民中有许多妇女（喜欢争吵，但很容易惊慌失措）、儿童、士兵、卖身女郎以及遭到城市“明令驱逐”但又始终赶不走的穷光蛋。此外还有海员和在陆上的水兵，他们动辄斗殴，拔出腰边佩带的匕首就拼个你死我活；他们不听命令，滋事寻衅，宿娼聚赌，无所不为，有时拼起命来，其勇气倒也让人称赞。

在城市四周，乡村之美令旅行者眼花缭乱：田园、花朵一望无际，橄榄树、柑橘树、棕榈树、葡萄架、村庄、麦地琳琅满目……一句

i-357 话，真是人世间的“天堂”。当然也还有山，在灼热的阳光下，一些“光秃秃的”山头，沃邦写道，“紧紧地把城市围住”[224]。1707 年 7 月和 8 月，天气炎热无比，从拉加泉引来城里的饮水远不能满足人畜的需要。参加土伦保卫战的一名战士写道：“我以为只要战胜敌人和保证粮食供应[225]，就能万事大吉，却没有想到还有缺水这第三个仗要打。“城内虽有若干水井，但因海水渗透，井水带有盐分，具催泻作用。井边必须“设置岗哨，阻止人畜饮用”[226]。总的说来，野外景色优美，但物产并不十分丰富，难以养活众多的军人，更何况一声不吭的农民心里对法兰西国王毫无热情。每逢他们前来为守城效力，“两天过后即行逃亡，应召充当民兵的人亦然如此，民兵向来不携带武器”[227]。

确实，在土伦，一般从北方前来任职的军官并不都有让属下服从命令的本事。有一名军官显然就是如此，他于 7 月 20 日写道：“当地百姓的刁顽，我在别处从未见过。指挥官对他们下达命令，简直白费口舌，服从的还不到四分之一。”[228] 可是，普罗旺斯副军

事长官格里尼昂伯爵因系当地人,与土伦百姓相处便毫无困难。

这是因为同其他边境地区一样,普罗旺斯是个地位独特的省份。法国在这里根基还浅。国王于 1481 至 1483 年间以遗产形式承袭了这块领地,但在过了两个世纪以后,尚且立足未稳。各个城市,特别是马赛,还有阿尔勒和艾克斯,都有自己的特权和保留。1707 年 7 月,当萨瓦公爵率军攻入普罗旺斯时,当地并没有出现通敌情形,更没有像敌人预期的那样,爆发新教徒叛乱。全省百姓保持中立和观望,显得无动于衷;大贵族安然不动;教士也不动;农 i-358
民则静以等待……但是,早在开战以前,当法军司令德·台赛元帅还留在多菲内时,已经警告国王不要对普罗旺斯的居民“寄予希望”,即使他们忠于国王,他们也没有枪支和火药[229]。

1706 年期间,对土伦的进攻尚未开始,普罗旺斯已给人一种局势不稳的印象。马赛牢骚满腹地诉说,勒旺贸易所需的皮阿斯特银币不再从海上直接运到本地,“从巴约讷和奥莱龙经由波尔多和图卢兹运出的银币,到了利翁,就全被截下”[230]。这难道意味着,自从在西班牙沿海发生海战后,地中海的航路已变得危险了吗?对普罗旺斯地区来说,真正的灾难还是冬季大雨引起的洪水泛滥。罗讷河堤大片决口,塔拉斯孔和阿尔勒被淹,造成了巨大的破坏。阿尔勒大诉其苦,但应给予救济的城市并不就它一个,尤其它还享有种种特权,“免纳人头税和盐税,不接纳军人住宿”[231]。实际上,这个地区普遍受灾:“该省没有一个教区不受损失”。洪水冲走了“播下的种子,甚至耕地的表土,在表土未被冲走的地方,又有泥沙淤积”[232]。

1706 年对路易十四的军队也是灾难深重的一年。西班牙王位继承战争使法国在欧洲各地兵力分散，在接连吃了几个败仗以后，法军退守本国的边界：1704 年赫希施泰特一战失败，巴伐利亚随即陷落，法军退回到莱茵河左岸；1705 年，英国护送菲利普五世的对头查理大公在巴塞罗那登陆，加泰罗尼亚地区群起响应；马尔伯勒在拉米伊取胜后(1706 年 5 月 23 日)，夺得了比利时——西
i-359 属尼德兰，并进逼铁的边界，准备攻打里尔和敦刻尔克；德·拉费亚德元帅不久在都灵城下战败(1706 年 9 月 7 日)，法军驻守的米兰地区已摇摇欲坠，皮埃蒙特不久也予放弃。在西班牙，收复马德里(1706 年 8 月 3 日)和贝里克元帅的军事胜利挽救了战局，但形势仍十分困难。

路易十四已不再所向无敌，部队“吃败仗和匆忙溃退已司空见惯”。1707 年初，就在战局出现转机的前夕，米歇尔·德·沙米亚尔(1699 年任财务总监，1701 年任国防大臣)“承认自己无力组织正在展开的战役”[233]。

然而，从意大利撤出的部队踞守着从萨瓦(仍被法军占领)到尼斯(法军于 1703 年 4 月夺得该城，于 1704 年 1 月攻陷中心堡垒)、维尔弗朗什和昂蒂布的阿尔卑斯山沿线：面对唐德山口的整个尼斯伯爵领地仍在法军控制之下。

1707 年 1 月 31 日[234]，国王下令德·台赛元帅出任阿尔卑斯军团司令，尽管后者刚打了两次败仗——直布罗陀攻防战(1705 年)和巴塞罗那攻防战(1706 年)，声名狼藉。元帅自格勒诺布尔启程，于 2 月 28 日抵达布里扬松，在当地设立了指挥所。

德·台塞元帅将在下面讲述的故事中扮演主角。据圣西门的描绘，此人性格怪诞，狂妄自大，其信件常使国王哑然失笑。情形

究竟怎样呢?怎么了解元帅的为人?圣西门从不知道宽厚待人?皮埃尔·杜布瓦曾阅读过元帅的大量信件,他把元帅描绘成另一个样子,当然说不上是名伟大的军人,却是位幽默、稳健、精明的外交家;元帅抵达土伦不久,就设法缓和了因城防司令圣帕坦脾气暴躁和乱下命令造成的冲突。

确实,在他到达布里扬松时,阿尔卑斯山沿线防务缺少一个明 i-360
确的、系统的军事方略:法军的"营队"或骑兵随着敌军的进退而转移,双方在玩捉迷藏的游戏。德·台赛元帅不能对此负责。

德·台赛元帅推卸责任还有另一项理由:由他率领的部队,加上从米兰地区撤回的士兵(1707年3月23日,在与皇帝签订了都灵协议后,敌人同意法国从米兰地区撤军),总共不过三四万人。尤其,士兵潜逃接连不断,有的团队竟有一半缺额。德·台赛的副手之一德·布罗伊主张严加惩处,以儆效尤。他于1707年7月2日写道:"30多名逃兵已被砍了脑袋[235]。这一及时而无情的措施完全取得成功:据我所知,半月以来再也没有发现士兵潜逃。"办法虽好,但又怎能持久?在所有的部队里,开小差是个常见的现象,甚至还存在一套惯行程序:先逃往瑞士,再返回家乡,在当地领取津贴,报名加入民兵,然后重新潜逃。总之,军队待遇低,伙食差,又缺衣少鞋。

在战线的另一侧,萨瓦公爵维克多-阿梅代二世在欧仁亲王率领的帝国军队的支援下,拥有众多的兵力,其中包括在都灵战败后被强征入伍的4000名法国士兵。他组建了三个兵营:第一个设在伊夫雷亚,位于奥斯塔河谷、小圣伯纳德山口和上塔朗泰斯的中间;第二个与法军在皮埃蒙特的阿尔卑斯山脚下占有的皮涅罗尔

和苏瑟两个要塞遥遥相望；第三个位于科尼附近，负责监视通往巴斯洛内塔的各条道路以及通往尼斯和普罗旺斯的唐德山口。

德·台赛元帅需要同时关注萨瓦、多菲内、普罗旺斯等几个战区。敌军的积极备战表明进攻即将开始。但攻击点将在哪里？就在 4 月底，据意大利情报人员的报告，攻击点可能选在普罗旺斯。元帅不太相信，便把消息通报宫廷。宫廷在答复中斥责元帅愚蠢，
i-361 要他对萨瓦方面严加防范。在南部战线已经打响后，当土伦催促他带领阿尔卑斯军团前往援救时，元帅直犯嘀咕："在普罗旺斯、朗格多克、多菲内和萨瓦，并不只是土伦一地必须守住！"他又说："我敢向你们保证……你们与国王的想法完全不同。"[236] 此话也许不假。凡尔赛当时可能还在为萨瓦担心。

就在这 1707 年的夏季，法国又有谁不为萨瓦担心？敌方认为法军的抵抗即将结束。路易十四接连不断地进行卓有成效的秘密谈判，更使人们相信以上的判断非假。实际上，法国仍在坚持抵抗。例如，在北海和英吉利海峡，敦刻尔克的海盗不畏强敌，给予英国和荷兰船只以重创。马尔伯勒对是否进攻里尔或敦刻尔克尚在犹豫之中。因此，敌人为图便利，才计划在远处的普罗旺斯实行快速包抄，对着法国防御的软肚皮狠加打击；法军在这里的防御肯定组织不善，难以守住土伦、马赛、艾克斯以及整个朗格多克地区；敌人还想在朗格多克的塞文山区再次挑起一场卡米扎尔起义，新教徒的这一武装反抗于 1704 年和 1705 年才刚被维拉尔和贝里克镇压了下去。向起义者输送的武器在博凯尔被扣押，起义农民的首领卡瓦利埃随萨瓦军队行动，并且是萨瓦公爵餐桌上的宾客。

经过长期的策划，整整一套计划终于制订完毕；今天，在伦敦、

海牙、维也纳和都灵的档案馆里[237]，人们还可找到一些蛛丝马迹。萨瓦公爵将在欧仁亲王的部队的掩护下，负责陆地作战。野心勃勃的维克多-阿梅代详细和秘密地完成了一切准备。但欧仁亲王和公爵的部队调动却不能逃过他人的眼睛；台赛在阿尔卑斯山上登高望远，虽说不能始终观察清楚，而各种消息不胫而走，经由圣雷莫[238]和热那亚传往法国。有关进攻普罗旺斯和土伦的计划不久到处流传，由于从马赛或土伦到凡尔赛，消息传得很快，不过 4 至 8 天时间，宫廷于 6 月 15 日终于获悉，敌人正准备入侵普罗旺 i-362
斯[239]。于是，赶紧派遣当时正在凡尔赛的德·沃弗累和朗日龙侯爵（土伦的两名海军指挥官）返任就职。他们于 6 月 23 日方才抵达普罗旺斯。

萨瓦的前锋部队——每大队 4000 人，随后跟着大批骡车，每批达 5000 头牲畜——于 7 月初终于通过唐德山口，普罗旺斯全省告警。与此同时，尼斯卫戍司令德·萨伊侯爵于 7 月 2 日撤离城市，率领 5 营部队和一些民兵在刚刚决口的瓦尔河沿岸布防。但敌军仍于 11 日渡过这条小河（许多士兵被洪水冲走，损失不小），并于 12 日架起浮桥，供炮兵通过。

然而，维克多-阿梅代在进入尼斯后，却迟至 13 日方才动身。为什么耽搁这么长的时间？因为英荷联合舰队已开进了尼斯港。圣西门在其《回忆录》[240]中说："萨瓦公爵去舰队进行拜访，并索取已向他许诺的军费。英国人害怕自己不够开支，花了一整天时间讨价还价，结果使舰队误了行期。最后，看到公爵已打定主意，不付款便不动身，英国人交付了 100 万[241]，由公爵亲手收下。这一天拖延正好救了土伦乃至整个法国的命：在此期间，21 营援军及时赶到土伦。”

以上解释说来似乎颇有道理，但并不完全符合事实。入侵的敌军于 7 月 11 日后继续向前推进，不论有无军官率队。前进途中几乎很少遇到法军阻挡。然而，行军十分艰苦——夏季炎热，饮水和食物全都短缺，部队又必须小心行事，生怕骚扰普罗旺斯居民。
i-363 公爵竭力要以解民于水火的解放者形象出现。他与各个城市协商一致，仅在戛纳、圣特罗佩、弗雷瑞斯、格拉斯等地要求供应粮食草料。这一要求在各地未遭拒绝。弗雷瑞斯的接待不但友好，而且相当离奇。主教在欢迎时表现出过度的热情：为在主教府接见公爵，他“身穿法衣，在大教堂门口摆香桌，赐圣水，唱感恩曲，赞美公爵占领城市”。读者或许会问：这有什么离奇？原因相当简单：弗雷瑞斯的这位主教后来将出任弗勒里主教，当上路易十五的蒙师，并依仗其学生的宠信，于 1726 至 1740 年间执掌法国的政柄。这个被圣西门称之为“自欺欺人的可怜虫”[242] 后来卸掉“通敌”的恶名，好像不算过分费劲。

这一切都让胜利者花费了时间。台赛写道：“萨瓦公爵就在他所占领的普罗旺斯部分地区发号施令，让当地对他宣誓尽忠和提供食物，各项布置井井有条，甚至比国王的巡按使治理得更好……百姓没有武器和火药，赤手空拳；他们忠心未变，只是逆来顺受，缴纳粮食而不提供现金，萨瓦公爵则至今装模作样，似乎不想要拿现金。”[243] 萨瓦部队陆续向土伦开拔；直到 7 月 21 日，第一支小分队终于抵达距城三里的最后宿站——屈埃尔。土伦海军摸黑进行的一次小规模偷袭，竟使已经熟睡的几名萨瓦士兵措手不及[244]。萨瓦部队只是在 24 日才直逼城下。他们花 14 天时间走完了 150 公里路程:不是创纪录的速度[245]。

在土伦方面,台赛派出的援军也一批又一批地开到:21日有11营,共4000人;22日有8营;23日9营;25日有13或14营[246]。从瓦尔河沿岸撤退的萨伊侯爵的部队也于22日抵达,在城外的橄榄树下扎营。8月7日,德·姆达维伯爵带领6营步兵和42连骑 i-364
兵和龙骑兵从萨瓦赶到[247],被派在圣马克西曼驻扎,以便骚扰萨瓦部队及其军需供应。法军因此在这场赛跑中占了上风。德·台赛元帅身不离鞍、马不停蹄地往返于锡斯特龙、土伦和艾克斯之间,并在锡斯特龙因飞马狂奔而让自己吃尽了苦头。

早在援军赶到以前,土伦对有关进攻普罗旺斯的传闻远比凡尔赛更加重视,并且自动加强了海陆两方面的防务。陆军和海军历来总是配合较差,但双方对修筑工事却都十分起劲。他们在开战前剩下的三星期时间内拼命抢修,竟使要塞的面目为之一新。格里尼昂伯爵在其中扮演了重要的角色。他在土伦和周围村庄深得民心,民兵和志愿兵都竭尽全力为加强城市防御出力。在城防工事前方的开阔地上,妨碍视野的民房一概拆毁;紧贴城墙的掩蔽通路修整完工;200门炮从军械库中拉出,进入阵地布防。其实,这些铁炮即使少装火药,也有爆炸的危险。果然,后来铁炮爆炸给防卫者造成的损失竟比敌人的炮弹更大。最重要的工程是在城北圣安娜小教堂周围,位于城墙和法隆山之间的高地上,临时构筑一座强固堡垒,并配以大炮。只要堡垒掌握在守卫者手里,敌军的炮火和进攻就不能靠近城市。

在这些工事建成前,"土伦几乎无险可守"[248]。换句话说,城市的防御仅仅针对海上,几乎完全不顾陆上;萨瓦公爵对此早已了

解清楚。因此，当他发现要塞守军众多，四周炮台林立，火枪、投石器、刺刀和火药等武器供应十分充足，另有强大海军支援时，不禁
i-365 感到气馁，几乎立即丧失勇气[249]。无论面包、咸肉、鲜肉（仅供军官食用）或葡萄酒，城里全都应有尽有。唯独缺少的是鞋子，但在普罗旺斯的炎热夏季，人们可以不用穿鞋。总之，守城的士兵吃得很饱[250]；由于葡萄酒的售价在城里为每坛2苏，士兵们更加心情舒畅；一名鼓手改吹竖笛[251]，每天晚上为舞会伴奏。军官见状也信心十足，志在必胜。台赛断言将把萨瓦公爵逐回卢瓦尔河对岸。

公爵的军队不断来到土伦城下，直到8月2日上午才夺取圣卡特琳娜小教堂所在的高地。[252] 当时重炮尚未架设完毕。实际上，他们只是围而不攻，在东线则尚未完全合围。

然而，英荷联合舰队却走在前面，于7月10日在耶尔群岛进入阵地。等到萨瓦部队开到，舰队即卸下粮食辎重，供应萨瓦部队；猛烈的北风接连刮了几天，使舰队不能进入土伦水域。

土伦海军面对强敌，处处谨慎小心。它害怕的正是敌军海陆会师。一旦陆上炮兵开火，而敌人的舰队又拦住出海口，停在港内的船舶又该怎样保护？如果让它们冲出港湾，那就必须给船只装备武器，这将是一件费钱费时的事。其次，怎样保护军械库中存放的大批物资？海军的主管军官朗日龙侯爵敢作敢为，精明善断，甚至不惜推翻其他负责人的意见；他有时嘟嘟囔囔，有时声色俱厉，到处埋怨怪罪，大发特发其坏脾气。其实，从他6月23日到达土
i-367 伦那天起，他不相信城市能够守住。他首先关心的事因此就是尽可能快地把铸铁炮、臼炮、桅具、船帆、绳索等部分物资从城里撤走：这批物资用72条木船赶紧送往阿尔勒。一些大炮和缆绳被沉

入水下，必要时再捞出使用；守卫港湾的炮台全都整装待命；卸下樯桅的船只在敌人逼近土伦时也沉到海底，以免被敌人炮火击中起火或更糟糕地落入敌手。从意大利沿海返回的 7 艘帆桨战船，不顾其指挥官德·罗伊侯爵的抗议，被勒令驶往马赛。否则，在土伦港湾内，这些战船会是极易击中的目标。可是，由于这项决定，土伦失去了可以调动的防卫手段：装在战船船首的大炮火力甚强，尤其船上的苦役犯本是可以利用的人力。这些措施引起了众多的争议，实际上也是利害参半，但毕竟是有益的和明智的。关于这个问题，我隔一会再谈。其中的一项措施是巧妙地使用了分别装有 90 门炮的两艘头等大船。[253] 搁浅在一片滩涂上的“雷鸣”号与莫里永隔水相望，四周由故意沉在海岸边上的旧船保护，可用猛烈炮火把城市同从东边的尼斯大路推进的敌军隔开。这条大船的船身已用硬木加固，使劲牵引绳缆，可使船体在原地转身：左舷发炮后，利用再装弹药的时间，转身从右舷发炮。漂浮水面的“圣菲利普”号位于偏西的卡斯蒂尼亚克一线，必要时可朝莫里永方向移动。该船在海战过程中果真移动了位置。

读者如果在图上查找到土伦的海岸防御工事——在大港湾的入口，有位于南面塞班角的炮兵阵地，有位于北面勃伦角的圣马格丽特和圣路易堡垒，将能了解敌人的强大舰队进行的第一场小规模战斗的经过。敌人此次作战满足于夺取外围阵地。他们首先攻下了塞班角的炮台，随后因毫无用处而放弃。接着，他们又向勃伦 i-369
角进攻。8 月 16 日占领了圣马格丽特城堡（守军共 48 人）；约有 100 人防守的圣路易堡垒经长时间的轰击后，守军于 18 日从海上撤出，停止了抵抗。以上战果其实很小：圣马格丽特城堡的守军因

缺水而投降[254]。要攻进位于要塞中央的小港湾，舰队就必须攻克大塔堡（这个旧炮楼已经翻修一新，并配置了大炮），以及南面的巴拉基埃堡和莱基耶特堡，但因萨瓦军队的陆上进攻过早失败，舰队也就丧失勇气，并知难而退。

萨瓦军队在南面的马尔格山和北面的圣卡特琳娜高地之间占领了两条平行的直线，从而切断了土伦通往尼斯的大路。8 月的最初几天，由于没完没了地挖掘工事，双方的战斗仅限于打上几枪或开上几炮。攻城一方的士兵尽管受督战队严密监视，却因伙食过差和劳务过累而不断出现临阵脱逃，不少士兵甚至跑到法国防线的一边。投降过来的这些所谓“降兵”总共达几千人之多，他们的衣着相当整齐，长得也很精神，只是诉说吃不饱饭。他们受到热情的收容和仔细的盘问，在接受一埃居的奖励后，便被送往马赛。公爵的军队由于耽搁了时间和错过了机会，终于不战自败。正是在以上情况下，8 月 15 日“黎明时分”，守城部队的一次出击在位于拉克鲁瓦-法隆和圣卡特琳娜之间的第一条战线上把敌人打得溃不成军，打死、打伤或俘虏敌军达 1000 多人。法方的损失相反却很小，约在 40 人左右。攻占的阵地于 14 小时后立即撤出。可见这至多只算是给敌军一个小小的教训。但在萨瓦方面，却受了很重的打击，丢失的阵地也不重新占领。第二天，萨瓦炮兵纯粹为
i-370 了报复对城市大肆轰炸：8 所房屋被夷为平地，“主教大人当晚差一点被压死在床上”。居民惊恐万状，几乎全跑光了。

实际上，战争已接近尾声：从 19 日开始，根据围城部队的建议，双方交换了战俘。代表法方的军官应邀与欧仁亲王一起进餐；

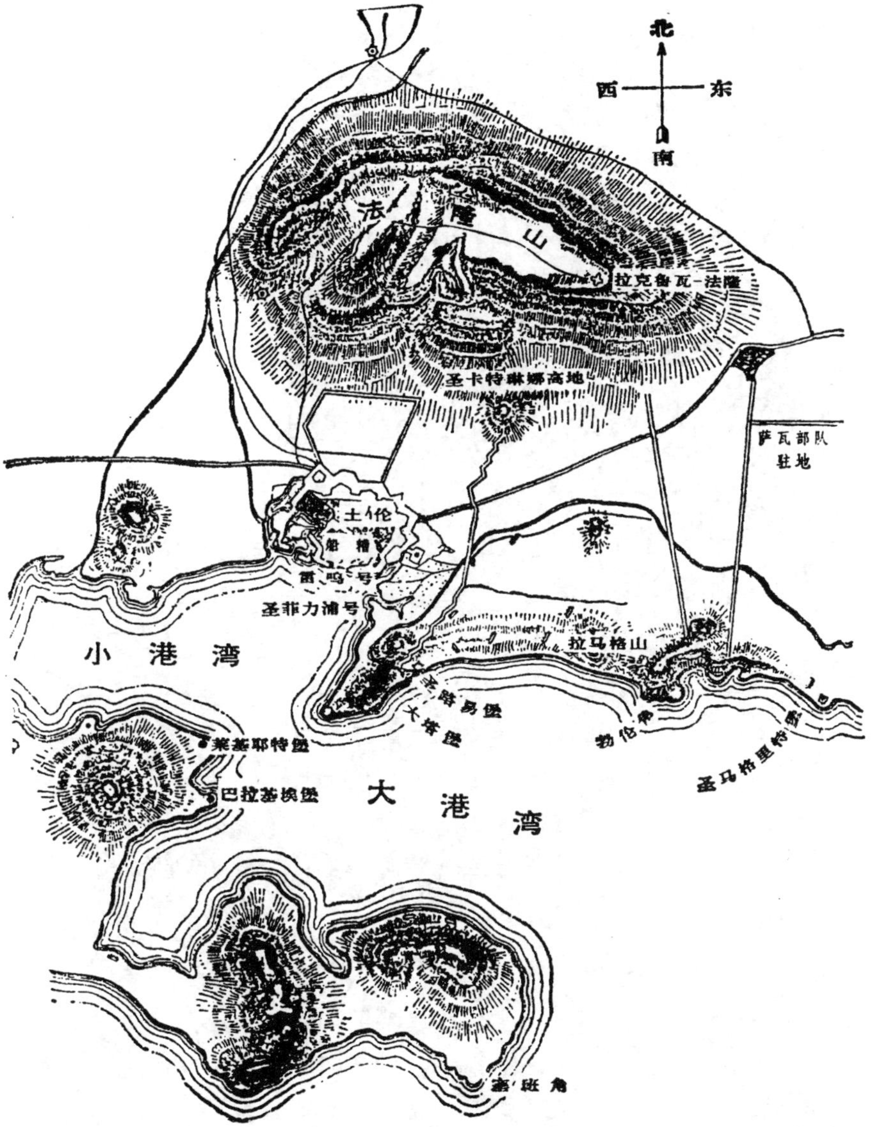

1707 年的土伦市及其防御

Camp
de l'Armée
du Roy
3
4
5
basin pour les vaisseaux
du Roi
Marchands
PORT DE TOULON
Vaisseau St
Philippe
entrée du
Port
la Estacade
Pointe de
Pipadier
la
mitre
la
Seyne
Plage de la
Coudoulière
l'Hopital de
St Louis
Plage du
Puy

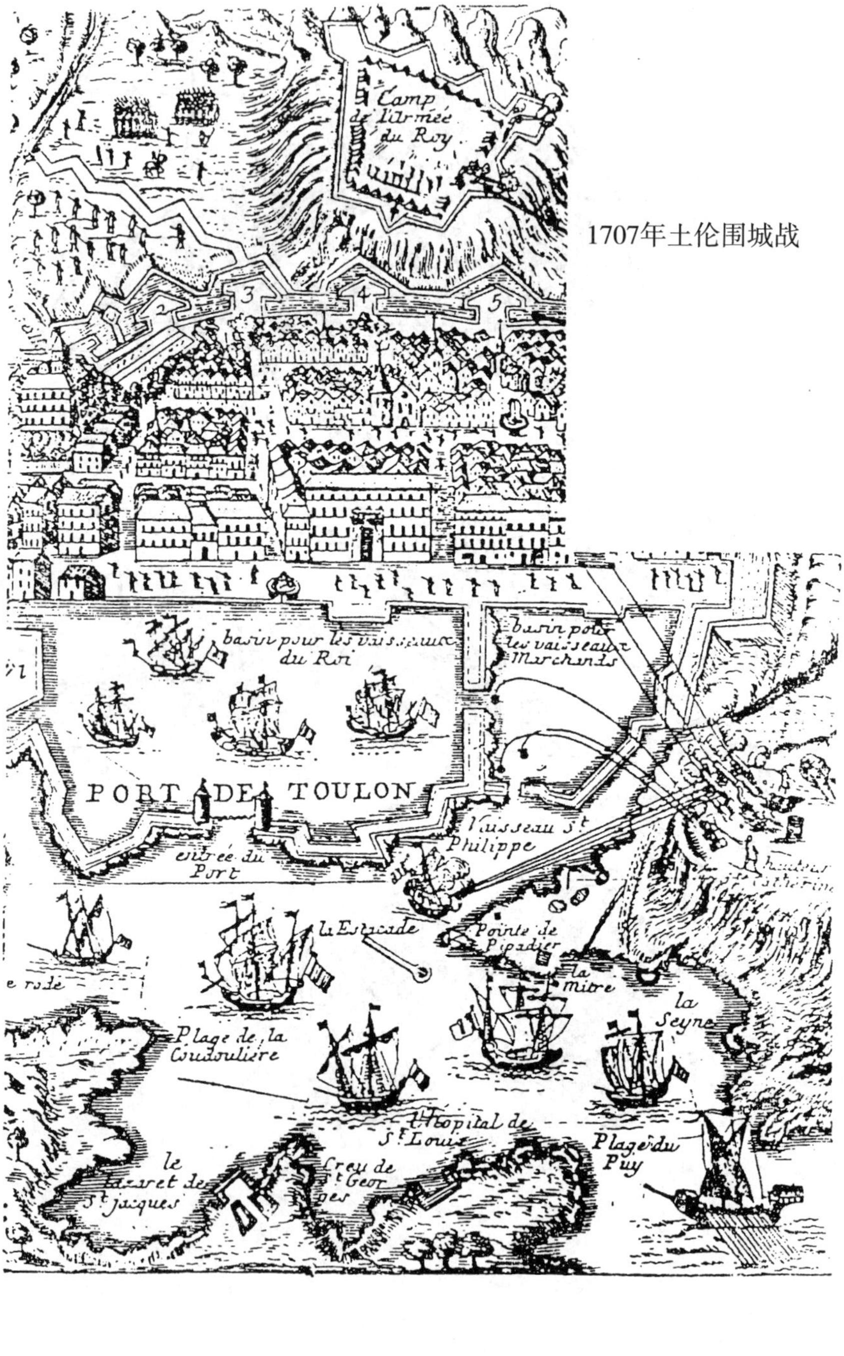

1707年土伦围城战

萨瓦公爵"彬彬有礼地"接见了他们，并设宴款待。席间谈到了前几天的战斗以及"雷鸣"号和"圣菲利普"两艘"旧船"，但历史文献并未说明这样命名的原因。公爵取出他的香巴尼葡萄酒待客，并谦虚地说，与以精于饮食闻名的土伦驻军司令德·沃弗累的酒相比，他的酒还稍逊一筹。[255] 可见，在作战之余，军官们仍保持着娴雅的风度。两天过后，萨瓦军队业已决定撤兵，为了减轻负担，便把辎重、大炮和伤兵交托联合舰队运输。

敌人的海军还将演出一场压轴戏，但终究也未能挽回面子。21 日夜晚，5 艘圆头帆船炮轰土伦，直到 22 日晨 5 时，然后与在当晚扬帆启程的舰队会合。这次炮轰造成的损害远比陆上发射的炮弹严重得多，因为圆头帆船一直深入到圣路易堡的小海湾内。两艘旧船被炮弹击中起火，当即被拖到船槽之中，以免引燃其他船只，但火光却为敌人的射击提供了极好的目标。两艘三桅战舰接着受创，一发炮弹在"钻石"号引起的火灾幸而及时扑灭。"许多房屋也被炸塌，不过三分之二的炮弹并未爆炸或在空中爆炸；不然的话，损失将更加可观。"

与此同时，萨瓦公爵在把大炮和伤兵扔下以后，沿着入侵普罗旺斯的原路仓促后退。在这"慌忙的"撤退途中，一些村庄被抢掠和焚毁，一些城市受逼犒劳，甚至被劫掠一空。德·台赛元帅在后 i-371
尾随，但不能追得太紧，约比溃军落后七八个小时。他所缺少的并不是部队，而是车辆和马匹，敌军后撤途中又不留下丝毫的粮食和草料。反而是从四面八方涌来的农民，在贵族、民兵乃至本堂神甫的组织下，对从事抢劫的溃兵进行围堵拦截，"以至到处都有埋伏，不断受到攻击，随时听到枪声；敌人花了整整一天一夜的时间，翻

越莱斯特莱尔高地，遭到六七千名民兵的伏击，死伤甚众。民兵方面也并非没有损失，敌人把抓住的民兵全都挂在树上吊死，但这既吓不倒其他人，也阻止不了民兵的袭击”[256]。敌军在入侵普罗旺斯期间损失了一半兵员。接着，他们又抢掠了公爵属下的尼斯伯爵领地，其野蛮程度与在普罗旺斯一模一样，最后经唐德山口退到皮埃蒙特地区。萨瓦公爵于 8 月 26 日喟然长叹：“我干了多么可笑的蠢事。”

有何教训？

土伦攻防战是法国的胜利吗？这样说未免夸张。入侵已经挫败，但损失相当可观。据说，萨瓦公爵不过抢走了 20 万里佛，但他在占领区却制造了极大的破坏。毫无疑问，在恢复和平以后，普罗旺斯照例将弥合战争的创伤，生活将逐渐转入正常。第二年，当省三级会议通过议案，决定向国王缴纳 100 万税收时，居民们心甘情愿地予以接受，或如普罗旺斯驻军司令德·格里尼昂伯爵所说，对
i-372 国王表示“一片忠心”。1709 年冬季的寒潮肯定要比 1707 年的抢掠在当地造成更加严重的破坏，单是被冻死的橄榄树就成千上万。

另方面，敌人在土伦战败后又卷土重来。德·台赛的军队取道阿尔卑斯山返回到在多菲内和萨瓦早先放弃了的阵地，但它行动十分缓慢。这一次却是敌军行动更加迅速。欧仁亲王以皮埃蒙特为基地偷袭了法军在阿尔卑斯山东侧占领的苏塞。经过长时间的抵抗后，堡垒于 10 月 3 日陷落。法国因此丧失了自由进入皮埃蒙特地区的一道方便的门户（虽然仍占有皮内罗洛和费内斯特雷莱）。由于这次失败，也许还因为遭人告发——陆军不断出现内

讧，德·台赛元帅终于失宠，并被解除军职。

苏塞的失陷毕竟是件小事。更重要的也是更难判断的问题还是土伦攻防战对海军造成的后果。人们照例对土伦的海军指挥官滥加指责，甚至把德·朗日龙侯爵当作嘲弄的对象。我却不打算这么做，因为路易十四的海军并不因土伦攻防战而一蹶不振。

在敌人的围困解除以后，我愿承认，土伦港真是满目疮痍。"港口原先引以为骄傲的那些漂亮船只如今断了桅杆，或左歪右斜，或前倾后倒，不禁让人怀疑它们是否还能组成一支舰队。"船只出水后，发现"它们损伤极其严重；由于船位倾斜，接缝处出现脱卸，渗水的裂口难以修复，从而加速了船只各部位的腐蚀"[257]。

朗日龙侯爵牺牲这些船只，难道没有必要吗？但谁又会预见到围城战竟如此短暂，如此令人可笑？根据他的设想，土伦将进行 i-373 一场真正的围城战，城市将长期被封锁，港湾将对敌军敞开门户，陆上的炮火将随意射击集中在船槽中的船舶。在这种可预见的情况下，他采取的措施也就完全合乎经验得出的常规。其道理与土伦在即将被围困时把市内街道的铺路石挖除，以免出现飞石伤人的事故，没有任何不同。船舶在清除了压舱物以后（为加快作业，压舱物在原地抛弃）将被水淹没，而并非真正凿沉。等到敌人撤退后，可让船重新浮上水面。德·朗日龙在他的信中把这些打捞行动说成是伟大的成功；读者或许会认为，这是他的自我辩解。

1707 年 8 月 30 日，他给蓬夏特兰写信说："我今晨开始为'霹雳'号抽水，这是你从马赛方面获悉的所谓惨不忍睹的几艘船中的一艘；该船在中午前已经浮出水面。"[258]

9 月 6 日：一些心怀叵测之人"散布流言，说他〔指朗日龙〕把国王的大船凿沉”[259]。这是无稽之谈，“他只是在大炮开火后才向大船中灌水。他虽然不得不凿沉了一条大船，但他将在四天内让该船浮上水面”。

9 月 15 日：“‘霹雳’号、‘太阳王’号、‘胜利’号和‘神奇’号已把积水抽得点滴不剩”……“狂暴”号和“勇士”号即将浮上水面……至于为攻防战立下了大功的“圣菲利普”号和“雷鸣”号，前者并未凿沉，后者业已浮起，“国王的这两艘船已腐烂不堪，因而我不能保证它们可以参加夏季战役”[260]。10 月 9 日，终于“大功告成”，欢庆胜利[261]。

这不等于说，一支壮观的舰队竟失而复得。问题在于土伦在围城战以前是否拥有一支壮观的舰队。8 月 11 日[262]，在围困尚未解除前，阿尔努写给蓬夏特兰的一封信使人对此有所怀疑。他写
i-374 道：“诚如大人所说，若派 30 至 40 条船前来援救土伦，效果或许会比派遣地面部队更好。因为只要萨瓦公爵看到海上将有 20 条战船拦截为他的部队输送给养、弹药和大炮的船只，他就不会制订进攻土伦的计划。可惜的是，我们不能不为海军所处的现状感到悲叹，更何况海军目前离全军覆没仅一步之差。”阿尔努曾以“巡视员”的身份整顿了布列斯特港的秩序；他当时正在土伦，尽管不在海军任职，却扮演督察的角色，但不直接参与有关防务的决策。此人聪明、细心，但不太宽容。他的见解与其说针对着土伦的海军，其实是对凡尔赛政府的总体政策提出异议，这个政府因重视陆军而牺牲海军，自从 1692 年拉乌格之战以后，把赌注押在海盗战上，几乎放弃了昂贵的舰队战。国王难道迫不得已才作此选择？可能是的，因为唯有弱者才在海上采取私掠行动。可见，无论人员（水

手或造船工人）和物资（包括又粗又长的桅杆），土伦都不虞匮乏；桅杆木排可从伊泽尔河和罗讷河上游顺水漂送土伦。真正缺少的是钱，是经费；船只的整修和装备都因缺少资金而不能进行。[263]

在围城战后，土伦的财政困难更显而易见；市内百业萧条。由苦役犯夜以继日地抽水而浮上水面的船舶又搁浅在港湾的泥滩上。这无疑是把它们送往坟地，准备拆毁后回收作烧火的木柴。当然，在欧洲的所有港口，都有一些旧船在死水一潭的港湾中等待毙命。在大革命和帝国期间运送法国俘虏的英国运输船不正是这些已经报废了的船只吗？但在土伦，兵工厂的活计日渐减少，工人 i-375
纷纷失业，景况岌岌可危。新船还在陆续制造，用以保护法国的东地中海沿岸地区贸易，或在北非运载粮食。土伦此外也装备一些海盗船，由国家租给私人使用，装备费由私人承担。用我们今天的话来说，这是国有经济向私有经济的过渡。例如，3 艘主力舰、3 艘护卫舰和 2 艘战列舰于 1712 年 3 月底从土伦启航，指挥官卡萨尔是法国最干练的海军军官之一，但执行军纪极其严格，因而为船员所深恶痛绝。舰队出直布罗陀海峡，抵达佛得角群岛，攻占和劫掠葡属圣地亚哥小岛。接着又前往马提尼克，袭击荷兰的殖民地苏里南、埃塞奎博和伯比斯，勒索巨额赎金；随后转而进攻英属蒙塞拉特岛和圣克里斯托弗岛，两地被洗劫一空。舰队最后回到了土伦。

我们不要因此造成错觉；这种海盗行径有时干得确实漂亮，却并不始终有利可图。正是在 1708 年，英国人从西班牙手里夺得了梅诺卡和马翁港。自从 1707 年在巴塞罗那登陆后，英国人一直窥伺着地中海上这个最可靠的冬季避风港，马翁港之得以巍然屹立，恰恰就靠法国人从土伦为它提供军需补给。英国舰队在马翁港建立基地后，从此就能在地中海过冬，甚至于1711年劫掠了塞特岛。相比之下，法国的海军却无所作为。

这里有一份调查材料，为我们提供了证据。调查的日期是1713年3月11日，在乌得勒支和约签字（1713年4月11日）前一个月，材料列举了当时停在土伦港内的船舶名单：共有分属四个等级的大船32艘，装有大炮2318门，火力相当强大，可惜都是些旧船。最老的“海马”号建于1664年，已近50岁的高龄；如果中间不
i-376 在布列斯特经过大修，恐怕早就不能再航行了。另有22艘，船龄在20至29年之间；8艘在5至19年之间。唯有“征服者”号在土伦围城战后，于1712年经过大修，还是一艘二等船（设炮74门）。6条船已宣布退役，准备拆毁，可偏偏载重吨位较大。它们平均已有20年船龄。而在当时，船舶越大，损坏便越快。例如，“路易王”号[264]是当时舰队设备最好的一条船，装有110门炮，于1704年一度退役。这条大船建于1692年，12年后进行过大修。[265]

根据1713年的文件提供的“情况”，如果我没有搞错，当时仅有7艘船还在海上游弋。[266]

撇开这些军舰不谈，真正的问题还在于当时法国经济的整体实力。说到底，经济决定一切。就在18世纪初，法国经济状况难道正如某些历史学家所说，竟是十分虚弱？在我看来，到了西班牙王位继承战争的末年，法国内地的经济其实比人们所说的要更加活跃。在地中海方面，马赛及普罗旺斯其他港口的贸易仍照常进行，东地中海沿岸地区的棉花、小麦和皮革，北非的谷物和皮革正源源不断地穿过这一海域。那么，法国没有大力发展海军，难道只

是主观意志起了作用？路易十四的法国大体上有这个能力，却不继续向海上发展，而是希望仅仅依靠陆军取胜（土伦围城战便是如此），这难道不是作出了错误的选择？

五　空间和历史：本卷结束语

i-377

在结束土伦之行后，我们对法国地理的历史考察也告一段落。通过以上考察，我们可以画出法国历史的基本框架，显现其多样性（第一章），展示不同地域之间的联络系统（第二章），看到地理环境为法兰西统一提供的条件，以及边界——边界把法国的各个部分黏合在一起，但并不使法国陷于孤立——所起的作用（第三章）。我为此一再重申了多样性和单一性之间的永恒对立。所谓单一性，是指有待慢慢建设起来的法兰西统一，但法兰西又必定要在其领土的边沿地带显现、展示自己的力量。法国在获得这些边缘省区后，难道就不要加以消化和驯化，并经过长期的训练，使它们终于俯首帖耳吗？难道在漫长的边界沿线，法国不要据守、监视和向前挺进吗？它作出了巨大的努力，在陆上和在海上向外扩张。

我们顺便指出，这些努力本身就是实现统一的手段，它在一定程度上调动了全国的力量，并不仅限于边境地带。

我强调了我国海上活动的缺陷，指出这一缺陷原是应该的。但向海上扩张是件复杂的事，往往受到可能条件的限制，法国在这方面毕竟作出了巨大而不懈的努力。重要的江河无不运输或漂送海船所需的木材和桅杆。兵工厂无不为海军供应火炮或炮弹。军港无不制造战舰：在柯尔贝尔时代，法国舰队的实力已与欧洲最出

i-378 色的英国舰队不相上下。荷兰造船业的辉煌时代终告结束！而为建设法国海军，显然必须在诺曼底、布列塔尼、朗格多克、普罗旺斯等沿海地区不断招募水手……由于招募遇到困难，黎塞留于1632年实行了“拉夫制”[267]，但船上的海员仍然不敷使用。无论英国或荷兰，单靠本国都不可能有充足的海军兵源，因而有时便强征外国水手服役。法国自然也无从招募到足够数量的船员。被强征入伍的海员利用看守不严而潜逃。[268] 路易十六统治期间，又征集内河水手充数。至于苦役犯，他们一旦被解送土伦，也就等于进了地狱。人们或许认为这不失为处理犯人的一个办法，但苦役犯并不增强海军的实力，由他们充任桨手的帆桨战船即使在地中海也已经过时了。

兵员不足的问题在陆军方面却并不存在。法国人口众多，兵源和军需历来相当充裕。在旧制度下，即使贝里、利穆赞、奥弗涅、沃莱、波旁等边远省份也无不征兵纳粮，保证部队的需求。各省每年都有部队调防，过境兵马总为宿营而使居民不胜其烦，冬季整训更令人心惊胆战。

集结部队并不是为了应付国内的危险，镇压一般骚乱很少动用部队。不论在任何城市或省份，只要部队一开到，秩序便立即恢复平静；即使如此，巡按使也总是顾虑重重。这样做往往会带来副作用：有可能捣乱分子见到士兵固然赶紧溜走，而当地却因部队开
i-379 到而要冒民穷则尽的危险。所以，调动和留驻部队必须谨慎小心。法国同欧洲其他国家一样，为了日后演变成为民族国家，注定要保持笨重的战争机器。

法国为此不得不使用其本土的人力物力。各支部队都随省份

命名，如布雷斯团、昂古穆瓦团等等。但是，团队很快与各自的同名省份失去一切实际联系，招收的新兵来自全国各地，由于实行混合编制，势必使操不同方言的人共同生活，并打破乡土的格局[269]。

除了王国的行政机构以外，军队已成为促进法兰西统一的重要工具。据19世纪初的粗略计算，法国各地的流动人口，包括杂工和季节工在内，约在15万人上下，他们也对人口混杂起着推动作用。但是，以1709至1713年间为例，军队调动则在50万到100万人之间。[270] 西班牙王位继承战争将以法国失败而告终，但这场战争在法国产生的影响堪与共和二年的大举征兵相比拟。在19世纪和20世纪的民族战争中，法国军人的胃口之大更超出了一切限度。

可见，互相掺杂在一起的各种历史因素，包括社会、经济、国家、文化乃至法语（产生于法兰西岛，充当统一政令的行政工具）在内，在法兰西统一过程中都助了一臂之力。我们将在随后的章节中着重考察它们的实际作用，以正确认识法国由来已久的、漫长的和规模巨大的统一进程。

注　释

导言

1. Jean-Paul SARTRE, *Critique de la raison dialectique*, I, p. 29.
2. Charles PÉGUY, *Avertissement* aux «Petites garnisons. La France vue de Laval», *in*: *Cahiers de la Quinzaine*, 12e cahier, 5e série, 1904, p. 9, cité par Eugen WEBER, *Peasants into Frenchmen. The Modernization of rural France, 1870-1914*, 1977, p. 3; publié en français sous le titre: *La Fin des terroirs: la modernisation de la France rurale, 1870-1914*, 1983.
3. Fernand BRAUDEL, *La Méditerranée et le monde méditerranéen à l'époque de Philippe II*, 1949, 1966, 1979; *Civilisation matérielle et capitalisme*, 1967; *Civilisation matérielle, économie et capitalisme.*, XVe-XVIIIe s., 1979, 3 vol.
4. Hippolyte TAINE, *Les Origines de la France contemporaine*, 1875, rééd. 1972, p. 6: «J'étais devant mon sujet comme devant la métamorphose d'un insecte.»
5. Alexis de TOCQUEVILLE, *L'Ancien Régime et la Révolution Française*, Ire éd. 1856, 1952-1953, rééd. 1960, 1963.
6. Jules MICHELET, *Histoire de France*, 1833-1867, 17 vol.; rééd. Flammarion, 1893-1898, 40 vol.
7. Ernest LAVISSE, *Histoire de France depuis les origines jusqu'à la Révolution*, 9 tomes en 18 vol., 1903-1911.
8. Ernest LAVISSE, *Louis XIV*, Tallandier, 1978, 2 vol.
9. *Histoire de la France*, Collection dirigée par Robert PHILIPPE, 1970-1973.
10. Jacques MADAULE, *Histoire de France*, 3 vol., 1943, 1945, 1966.
11. Lucien ROMIER, *L'Ancienne France, des origines à la Révolution*, 1948; *Explication de notre temps*, 1925.
12. Nicolas IORGA, *Histoire du peuple français*, éd. en roumain, 1919.
13. Ernst Robert CURTIUS, *Essai sur la France*, traduction française, 1941.
14. Eugène CAVAIGNAC, *Esquisse d'une histoire de France*, 1910.
15. Claude-Frédéric LÉVY, lettre du 14 septembre 1981.
16. Jean-Paul SARTRE, *Les Temps modernes*, oct. 1957, p. 681.
17. Pierre GOUBERT, *Beauvais et le Beauvaisis de 1600 à 1730*, 1960, p. 359.
18. Paul LEUILLIOT, *L'Alsace au début du XIXe siècle*, III, 1960, p. 340.
19. Jean LESTOCQUOY, *Histoire du patriotisme français des origines à nos jours*, 1968, p. 14. Sur la tardive apparition du concept de nation, voir Eugen

WEBER, *La Fin des terroirs* éd. française, chapitres VII et XVIII.

20. Jules MICHELET, *Œuvres complètes*, rééd. , *op. cit.*, IV, 1974, p. 383.
21. Jacques BLOCH-MORHANGE, *in Informations et conjoncture*; Henri MENDRAS éCRIT, POUR SON COMPTE: «Les éléments de la saga nationale apprise à l'école primaire. » (*In*: *La Sagesse et le désordre*, *France 1980*, 1980, p. 35.)
22. MALET et ISAAC, réédité sous le titre *L'Histoire*, Marabout, 1980, 4 vol.
23. Arnold TOYNBEE, *La Civilisation à l'épreuve*, 3e éd. , 1951, p. 75.
24. Cité par Roger BASTIDE, *Sociologie et psychanalyse*, 1972, p. 162.
25. Théodore ZELDIN, *Histoire des passions françaises, 1848-1945*, 5 vol. , traduction française, 1978-1979.
26. Robert FOSSAERT, *La Société*, II. *Les Structures économiques*, 1977, p. 447.
27. M. BORDEAUX, 《Voies ouvertes à l'histoire des coutumes par l'hématologie géographique》, *in*: *Annales E. S. C.*, nov. déc. 1969, pp. 1275-1286.
28. Marc BLOCH, *Apologie pour l'histoire ou Métier d'historien*, 1949.
29. Cité par Emile CALLOT, *Ambiguïtés et antinomies de l'histoire et de sa philosophie*, 1962, p. 121.
30. Paul MORAND, *Venises*, 1971, p. 101.
31. Edgar QUINET, Introduction à Johann G. von HERDER, *Idées sur la philosophie de l'histoire de l'humanité*, I, 1827, p. 7.
32. Théodore ZELDIN, «Français, vous êtes comme ça!» *Paris-Match*, 30 mai 1980.
33. D. LANDES et C. FOHLEN, «Formation du capital dans les premières étapes de l'industrialisation», Introduction, *in*: *Deuxième Conférence internationale d'histoire écnomique*, 1962, p. 565.
34. Jean-Paul SARTRE, *Critique de la raison dialeclique*, *op. cit.*, II. *Du groupe à l'histoire*, 1960, pp. 557, 755, cité par Georges GURVITCH, *Dialectique et sociologie*, 1962, p. 163.
35. Emile DURKHEIM, «Sociologie et sciences sociales», *in*: *De la méthode dans les sciences*, Paris, 1909, republié par Jean-Claude FILLOUX, *La Science sociale et l'action*, 1970, p. 157, note 1.
36. Robert FOSSAERT, *La société*. I. *Une théorie générale*, 1977, p. 32.
37. Fernand DUMONT, *Anthropologie*, 1981, p. 17.
38. Raymond RUDORFF, *Le Mythe de la France*, 1971.
39. Miguel de UNAMUNO, *L'Essence de l'Espagne*, trad. par Mareel BATAILLON, 1923.
40. Angel GANIVET GARCIA *Obras completas*, I, *Granada la Bella*, *I dearium español*, 1943.
41. José ORTEGA y GASSET, España invertebrada, 1934.
42. Georges GURVITCH, *La Vocation actuelle de la sociologie*, 1963, I, pp. 73 *ss*.
43. Ferdinand LOT, *La Gaule*, 1947, p. 170.
44. Julien GRACQ, *Lettrines*, 1974, II, p. 71.
45. Jean-Paul SARTRE, in: *Temps modernes*, sept, 1957, p. 403, note 3.

46. J'ai emprunté cette belle expression à Michel Laran, sympathique et remarquable spécialiste de la Russie ancienne et moderne, disparu trop tôt … mais je ne retrouve pas la référence de cette expression dans son oeuvre.
47. Joseph CHAPPEY, *Histoire de la civilisation en Occident*. I. *La Crise de l'histoire et la mort de l'diée de civilisation*, 1958, p. 38.
48. Peter KRIEDTE, Hans MEDICK, Jürgen SCHLUMBOHM, *Industrialisierung vor der Industrialisierung*. 1977, p. 21.

第一编

1. Marguerite GONON, *Les Institutions et la société en Forez au XIVe siècle d'après les testaments*, 1960; *La vie familiale en Forez au XIVe siècle et son vocabulaire d'après les testaments*, 1961.
2. Maurice BERTHE, *Le Comté de Bigorre, un milieu rural au bas Moyen Age*, 1976.
3. Roger BÉTEILLE, *La Vie quotidienne en Rouergue au XIXe siècle*, 1973.
4. Louis MERLE, *La Métairie et l'évolution agraire de la Gâtine poitevine*, 1958.
5. Michel BELOTTE, *La Région de Bar-sur-Seine á la fin du Moyen Age, du début du* XIIIe *siècle au milieu du* XVIe *siècle*, 1973.
6. Lucien FEBVRE, «Que la France se nomme diversité. A propos de quelques études jurassiennes», *in*: *Annales E. S. C.*, 1946, pp. 271-274.

第一章

1. René MUSSET, «La géographie de l'histoire», *in*: *Histoire de France*, p. p. Marcel REINHARD, 1954, I, p. 36.
2. Pierre GASCAR, *La France*, 1971, p. 11.
3. Jean-Robert PITTE, *Histoire du paysage français*, 1983, I, p. 14.
4. *Ibid.*, p. 13.
5. Hervé LE BRAS, Emmanuel TODD, *L'Invention de la France*, 1981, p. 17.
6. A. N., F^{10}. 1c.
7. A. N., G^{7} 449, Poitiers, 23 novembre 1684.
8. Alain CROIX, *La Bretagne aux XVIe et XVIIe siècles*, I, 1981, p, 33.
9. E. BOGROS, *A travers le Morvan*, 1878, p. 108.
10. G. DUHEM, «Un petit village du Haut-Jura, Lamoura» in: *A travers les villes du Jura*, 1963, p. 541.
11. Mgr LUSFIGER, *in*: *Paris-Match*, 24 avril 1981: p. 9.
12. L. FEBVRE, art. cit.
13. E. WEBER, *op. cit.*, *passim* et pp. 689 *sq*.

14. Dans le décret du 21 septembre 1792, il s'agit de la République une et indivisible, on peut avec un peu d'excès parler de la France une et indivisible.
15. Selon l'expression de Jean FOURASTIÉ, *Les Trente Glorieuses ou la Révolution invisible de 1946 à 1975*, 1979.
16. H. LE BRAS et E. TODD, *op. cit.*, p. 7.
17. Yves FLORENNE, *Le Monde*, 9 avril 1981.
18. Jean GIONO, *Ennemonde et autres caractères*, 1968, p. 8.
19. Henry DEBRAYE, *Avec Stendhal sur les bords du Rhône*, 1944, p. 86.
20. Pierre AUMOINE et Charles DANGEAU, *La France a cent ans … Sommes-nous nés en 1865*? 1965, p. 297.
21. Henri SPADE, *Et pourquoi pas la patrie*?, 1974, p. 107.
22. Daniel ROCHE, *Le Peuple de Paris*, 1981, p. 6.
23. André MAREZ, professeur au lycée de Perpignan, mort en 1978.
24. Lucien FEBVRE, *Philippe II et La Franche-Comté*, 1970, p. 29.
25. Ernest BÉNÉVENT, « La vieille économie provençale», *in*: *Revue de géographie alpine*, 1938, p. 533.
26. *Ibid.*, p. 535.
27. Pierre GOUROU, lettre du 27 juin 1978.
28. J. CHAPELOT, R. FOSSIER, *Le Village et la maison au Moyen Age*, 1980, p. 161; à propos du village de Pélissane (Bouches-du- Rhône).
29. E. BÉNÉVENT, art. cit., p. 542.
30. J. GIONO, *Ennemonde*, *op. cit.*, p. 14.
31. Frédéric GAUSSEN rend compte du livre d'Armand FRÉMONT, *Paysans de Normandie*, 1981, *in*: *Le Monde*, 4 octobre 1981.
32. F. GAUSSEN, *ibid*.
33. Hervé FILLIPETTI, *Maisons paysannes de l'ancienne France*, 1979, p. 79.
34. M. BERTHE, *op. cit.*, p. 43.
35. Cité par Pierre FRANCASTEL, *L'Humanisme roman*, 1942, p. 26.
36. Ces pays décrits avec attention par Henri VINCENOT, *La Vie quotidienne des paysans bourguignons au temps de Lamartine*, 1976.
37. Roland BARTHES, *Michelet par lui-meme*, 1re éd. 1954, 2e éd. 1965.
38. H. FILLIPETTI, *op. cit.*, p. 10.
39. J. GRACQ, *Lettrines*, *op. cit.*, II, p. 35.
40. Henry de ROUVIÈRE, *Voyage du tour de la France*, 1713, pp. 11-12.
41. H. FILLIPETTI, *op. cit.*, p. 84.
42. E. MEILLET, 1963, p. 157, cité par Muriel JEAN-BRUHNES DELAMARRE, *Le Berger dans la France des villages*, 1970, p. 213.
43. *Savart*, *Savaret*, noms donnés dans les Ardennes et dans la Champagre pouilleuse aux terres élevées et incultes réservées presque exclusivement au pâturage des moutons et ne fournissant, surtout par suite du manque d'humidité, qu'une herbe peu abondante.

Holée: criée. Certaines ventes ou locations annuelles de terres incultes se faisaient «à la criée», la limite de la portée de la voix servant de mesure du sol (G. CROUVEZIER, *Petit Vocabulaire du langage champenois*, 1975).

Sur la transformation de la Champagne pouilleuse, le «miracle champenois», *cf.* l'ouvrage de Joseph GARNOTEL, *L'Ascension d'une grande agriculture-Champagne pouilleuse-Champagne crayeuse*, 1985.

44. Marcel POÈTE, *Une première manifestation d'union sacrée. Paris devant la menace étrangère en* 1636, 1916.
45. Jacqueline BONNAMOUR, *Le Morvan, la terre et les hommes. Essai de géographie agricole*, 1966, p. 243.
46. Jacques LEVAINVILLE, *Le Morvan, étude de géographie humaine*, 1909.
47. Ernest RENAN, *Œuvres complètes*, 1960, IX, p. 1344.
48. J. GIONO, *Ennemonde* …, *op. cit.*, p. 127.
49. Jean ANGLADE, *L'Auvergne et le Massif Central d'hier et de demain*, 1981, p. 16.
50. L. GACHON, *La Vie rurale en France*, 3e éd. 1976, p. 11.
51. Jean ANGLADE, *La Vie quotidienne dans le Massif Central*, 1971. p. 37 (la sapinière est un bateau qui descend la Loire et l'Allier). Lvoir *infra*, chapitre Ⅱ.
52. A. LEROUX, *Le Massif Central*, I, 1898, p. XV.
53. Pierre DEFFONTAINES, et Jean-François GRAVIER, «La France», *in*: *Géographie universelle Larousse*, p. p. Pierre Deffontaines et Muriel Jean-Brunhes Delamarre, I, 1959, p. 129.
54. Albert DEMANGEON, *La France économique et humaine*, 1946, I, pp. 81-107.
55. Désiré PASQUET, *Histoire politique et sociale du peuple américain*. I, *Des origines à 1825*, 1924, p. 74.
56. A Soyons, rive droite du Rhône. Daniel FAUCHER, *L'Homme et le Rhône*, 1969, carte de la p. 49.
57. Arthur YOUNG, *Voyages en France*, 1937, II, p. 529. Le *paliurus* est un buisson épineux de Méditerrannée, de la famile des rhamnacées.
58. Jean RACINE, *Lettres d'Uzès*, éd. de 1929, p. 57.
59. J. -C. MASANELLI, *Gaujac à l'époque de Louis XIV*, 1981, p. 83.
60. Maximilien SORRE, *Les Fondements biologiques de ta géographie humaine*, 1943, I, p. 14.
61. Paul VIDAL DE LA BLACHE, *Tableau de la géographie de la France*, 1913, rééd. 1979, p. 226.
62. P. VIDAL DE LA BLACHE, *ibid.*, p. 131.
63. Marie-Hélène JOUAN, «Les originalités démographiques d'un bourg artisanal normand au XXIIIe siècle: Villedieu-les-Poêles (1711-1790)», *in*: *Annales de démographie historique*, 1969, pp. 87-124.
64. F. BRAUDEL, *Civilisation matérielle*, *op cit.*, II, p. 278.
65. Abel POITRINEAU, *La Vie rurale en Basse-Auvergne au* XVIIIe *siècle (1726-1789)*, 1965, rééd. 1979.
66. Henri BAUD, Jean-Yves MARIOTTE, *Histoire des communes savoyardes*. II. *Le Faucigny*, 1980, pp. 392-393.
67. Nicole LEMAITRE, «Ussel ou la difficulté de vivre: familles urbaines et rurales aux XVIIe et XVIIIe siècles», *in*: *Entre faim et loup… Les problèmes de la vie et de l'émigration sur les hautes terres francaises au* XVIIIe *siècle*, 1976, pp. II et 16.
68. Nicole LEMAITRE, *Un horizon bloqué*,

Ussel et la montagne limousine aux XVIIe *et* XVIIIe siècles, 1978, pp. 86 *sq*.

69. Abel CHATELAIN, *Les Migrants temporaires en France de 1800 à 1914*, 1976, p. 73.
70. Gustave SCHEILE, *Œuvres de Turgot et documents le concernant*, II, 1914, pp. 4-5.
71. Fonds du docteur MORAND, Bonne-sur-Ménoge (Haute-Savoie).
72. Alain REYNAUD, Georges CAZES, *Les Mutations récentes de l' économie française. De la croissance à l' aménagement*, 1973, p. 9.
73. A. DEMANGEON, *La France économique et humaine*, *op. cit.*, I, p. 40.
74. Paul ETCHEMENDY, *Les Paysans d' Espelette (Pays Basque) du* XIXe *siècle à nos jours*, 1981, p. 21.
75. *Le Quotidien de Paris*, 3 février 1982.
76. Georges GURVITCH, *Déterminismes sociaux et liberté humaine. Vers l' étude sociologique des cheminements de la liberté*, 1955, *passim*.
77. Nicolas-Edme RÉTIF DE LA BRETONNE, *La Vie de mon père*, 1779, rééd. 1963, p. 143.
78. H. TAINE, *Les Origines de la France contemporaine*, *op. cit.*, p. 11.
79. A. N., G^7 101; Murat, 26 mai 1683.
80. Pierre GOUBET, *L' Ancien Régime*, 1969, I, p. 110.
81. Voir *infra*, deuxième chapitre, le développement sur Gondrecourt.
82. A. N., H 1515; Metz, 21 avril 1768: état indicatif du nombre de laboureurs et de manoeuvres qu'il y a dans les différents bourgs et villages du département des Trois Evêchés:

Subdélégation	Laboureurs	Manouvriers
Metz	789	3750
Toul	1921	1924
Verdun	1395	2679
Sedan	429	1787
Montmédy	836	1767
Longwy	145	442
Thionville	954	2706
Sarrelouis	452	729
Vic	1192	2707
Sarrebourg	448	1177
Phalsbourg	91	236
	—	—
	8652	19904

83. Paul VIDAL DE LA BLACHE, *La France de l' Est*, 1917, p. 18: «Les diverses statistiques tentées aux XVIIe et XVIIIe siècles s' accordent à reconnaitre qu' il [le nombre des manouvriers par rapport à celui des laboureurs] dépasse de beaucoup, de plus de la moitié certainement, celui des laboureurs fixés au sol.»
84. H. TAINE, *op. cit.*, p. 16.
85. Jules-Marie RICHARD, *La Vie privée dans une province de l' Ouest. Laval aux* XVIIe *et* XVIIIe siècles, 1922, pp. 355 *sq*.
86. *Ibid.*, pp. 4-5.
87. A. N., H 2933; *Mémoire sus les péages*, pp. 9-20.
88. A. N., G^7 449; 29 mai 1683.
89. A. N., G^7 347, 29; 6 août 1695.
90. J.-M. RICHARD, *op. cit.*, pp. 3-4.
91. A. N., G^7 356.
92. Jacques TENEUR, «Les commerçants dunkerquois à la fin du XVIIIe siècle et les problèmes économiques de leur temps», *in*: *Revue du Nord*, 1966,

pp. 18 *sq*.

93. Cité par Marcel MARION, *Dictionnaire des institutions de la France aux* XVIIe *et* XVIIIe *siècles*, 1923, rééd. 1976, p. 296.

94. Henri FRÉVILLE, *L'Intendance de Bretagne (1689-1790), essai sur l'histoire d'une intendance en pays d'états au* XVIIIe *siècle*, 1953, I, p. 95.

95. A. N., G[7] 382; Metz, 29 août 1708.

96. A. N., F[14] 158. Navigation du Rhône.

97. A. POITRINEAU, *op. cit.*, p. 38.

98. Jean SIGMANN, *La Révolution de Maupeou en Bourgogne, 1771-1775*, D. E. S Dijon, 1935 dactyl., notamment p. 30.

99. A. N., G[7] 239; Grenoble, 31 juillet 1679.

100. Pierre DUBOIS, *Histoire de la campagne de 1707 dans le Sud-Est de la France, dactyl.*, pp. 28-29.

356

101. M. MARION., *op, cit.*, p. 429.

102. Pour Lyon, F. BRAUDEL, *Civ. mat.*, *op. cit.* II p. 418. Pour Montpellier: Guy CHAUSSINAND-NOGARET, *Les Financiers du Languedoc au* XVIIIe *siècle*, 1970, pp. 235 *sq*.

103. Dans toutes les grandes phases, une opposition se décèle: ainsi à propos des guerres de Religion, voir J. HURSTFIELD et H. G. KOENIGSBERGER *in*: *The New Cambridge Modern History*, III, *The counter-Reformation and Price Revolution, 1559-1610*, 1968, pp. 131 et 290.

104. J. RACINE, *Lettres d'Uzès*, *op. cit.*, p. 3; lettre à La Fontaine, 11 novembre 1661. *Ibid.*, p. 7, lettre à M. Vitart, 15 novembre 1661.

105. *Documents de l'histoire du Languedoc*, 1969, p. 239.

106. T. ZELDIN, *op. cit.* II, *Orgueil et intelligence*, 1978, p. 52.

107. Allusion au livre d'Albert THIBAUDET, *Les Princes lorrains*, 1924.

108. Alain KIMMEL, Jacques POUJOL, *Certaines idées de la France*, 1982. p. 67.

109. Ernest RENAN, *La Réforme intellectuelle et morale*, *in*: *Œuvres complètes*. I, 1947, p. 349.

110. STENDHAL, *Mémoires d'un touriste*, 1838, rééd. 1927. I, p. 185.

111. H. DEBRAYE, *op. cit.*, p. V.

112. Vincent VAN GOGH, *Lettres à son frère Théo*, 1956, pp. 364, 374, 394, 403, 412, 393-394, 368; Eric DARRAGON, «Van Gogh, Tartarin et la diligence de Tarascon», *in*: *Critique, janvier* 1982, pp. 42-60.

113. F. BRAUDEL, *Méditerranée* …, I, p. 217.

114. A. d. S. Gênes, *Lettere Consoli*, 28; 20 juin-10 juillet 1673.

115. Philippe MARTEL, «Les Occitans face à leur histoire: Mary-Lafon, le grand ancêtre», *in*: *Amiras/Repères occitans*, I, janvier 1982, p. 10.

116. H. DEBRAYE, *op. cit.*, pp. 39,76, 77, 79; les italiques sont dans le texte.

117. Augustin GAZIER, *Lettres à Grégoire sur les patois de la France (1790-1794)*…, 1880, p. 292.

118. Michel de CERTEAU, Dominique JULIA, Jacques REVEL, *Une politique de la langue. La Révolution Française et les patois: l'enquête de Grégoire*, 1975, p. 162.

119. A. GAZIER, *op. cit.*, p. 128.

120. *Ibid.*, p. 107.

121. *Ibid.*, pp. 137-139.

122. *Ibid.*, p. 222.
123. *Ibid.*, pp. 213 et 224.
124. *Ibid.*, pp. 282. et 287.
125. *L' Encyclopédie*, article «Patois», XII, 1755, p. 174.
126. Joachim TROTTÉ de la CHÉTARDIE, 1636-1714, auteur d'un Catéchisme de Bourges, 1708.
127. M. de CERTEAU, D. JULIA, J. REVEL, *op. cit.*, p. 163.
128. A. GAZIER, *op. cit.*, p. 57.
129. *Ibid.*, p. 91.
130. *Ibid.*, p. 90.
131. Abbé Antoine ALBERT, *Histoire géographique, naturelle, ecclésiastique et civile du diocèse d' Embrun*, 1783. I, p. 93.
132. Louis STOUFF, *in*: *Habiter la ville*, p. p. Maurice GARDEN et Yves LEQUIN, 1984, p. 11.
133. *Ibid.*
134. A. GAZIER, *op. cit.*, p. 137.
135. Pierre BONNAUD, *Terres et langages. Peuples et régions*, I, 1981, p. 44.
136. Robert Louis STEVENSON, *Voyage avec un âne dans les Cévennes*, 1879. rééd. 1978, p. 205.
137. P. BONNAUD, *op. cit.*, pp. 2-4, 8, et 408 *sq*.
138. *Ibid.*, p. 63.
139. Robert SPECKLIN, «Etudes sur les origines», *in*: *Acta geographica*, 1982.
140. François SIGAUT, «Fermes et évolution des techniques», multigr., 70 p. (Rapport au Congrès d' Histoire Economique de Budapest, arrêt 1982, section «grand domaine et petite exploitation»), p. 63.
141. Jean-Louis FLANDRIN, *Familles, Parenté, maison, sexualité dans l' ancienne société*, 1976, p. 7.
142. H. LE BRAS, E. TODD, *op. cit.*, pp. 23-28.
143. *Ibid.*, pp. 40-45.
144. *Ibid.*, pp. 53-54.
145. Jean-Pierre GUTTON, *Villages du Lyonnais sous la monarchie* XVIe-XVIIIe *siècles*, 1978, p. 9.
146. H. LE BRAS, E., *op. cit.*, pp. 107-108.
147. Micheline BAULANT, «La famille en miettes: sur un aspect de la démographie du XVIIe siècle», *in*: *Annales E. S. C.*, 1972, pp. 959-968.
148. *ibid.*, p. 967.
149. Peler LASLETT, *Un monde que nous avons perdu. Les structures sociales préindustrielles*, 1969, pp. 26-27.
150. Alan MACFARLANE, *The Origins of English Individualism. The Family Property and social Transition*, 1978, pp. 138 *sq*.
151. Ce que souligne fortement le dernier livre, encore manuscrit, d'Hervé Le Bras, *Les Trois France*. La grande famille patriarcale y est présentée comme la force essentielle opposée par le Midi à la puissance unificatrice du pouvoir central.
152. et 153. *Le Monde*, 24 mai 1981.
154. *Mémoires de Jean* MAILLEFER, *marchand bourgeois de Reims (1611-1668)*, 1890, p. 15.
155. H. LE BRAS, E. TODD, *op. cit.*, p. 76.
156. Peau-Marie DUVAL, «Archéologie et histoire de la Gaule», *in*: *Annuaire du Collège de France*, 1967, p. 453.
157. Karl BRANDI, *Kaiser Karl V*, 1937, p. 326.
158. *Ibid.*, pp. 443-444.
159. Le 18 septembre 1544.

160. K. BRANDI, *op. cit.*, p. 448.
161. Marquise de la TOUR DU PIN, *Journal d'une femme de cinquante ans*, II, *1778-1815*, 1923, p. 339.
162. Léo MOUTON, *Le Duc et le Roi: d'Epernon, Henri IV, Louis XIII*, 1924, pp. 133 *sq*.
163. A. N., G^7 1691, 85.
164. René HÉRON DE VILLEFOSSE, *Histoire des grandes routes de France*, 1975, p. 185.
165. Marcellin de MARBOT, *Mémoires*.
166. A. N., F^{10} 226, 23 ventôse an II.
167. M. DE MARBOT, *op. cit.*, I, 1891, pp. 45-56.
168. François LEBRUN, *op. cit.*, I, p. 163 et II pp. 143-144.
169. Henriette DUSSOURD, *Les Hommes de la Loire*, 1985, p. 89.
170. STENDHAL, *Journal de voyage de Bordeaux à Valence en 1838*, rééd. 1927, p. 3.
171. R. HÉRON DE VILLEFOSSE, *op. cit.*, p. 230.
172. Pierre de la GORCE, *Histoire du Second Empire*, I, 1894, p. 223.
173. Francesco FADINI, *Caporetto dalla parte del vincitore*, 1974, p. 449.
174. Roger DION, «La part de la géographie et celle de l'histoire dans l'explication de l'habitat rural du Bassin Parisien», *in*: *Publications de la Société de géographies de Lille*, 1946, p. 32.
175. François MIREUR, *Etats Généraux de 1789. Cahiers des doléances des communautés de la sénéchaussée de Draguignan*, 1889, p. 118.
176. *Assemblée provinciale de l'Ile-de-France*, 1787, p. 212.
177. Abbé A. ALBERT, *oop.*, *cit.*, pp. 91-92.
178. A. GAZIER, *op. cit.*, p. 287.
179. Jean et Renée NICOLAS, *La Vie quotidienne en Savoie aux XVIIe et XVIIIe siècles*, 1979, pp. 313-315.
180. A. GAZIER, *op. cit.*, p. 287.
181. A. DEMANGEON, *op. cit.*, p. 398.
182. Robert MUCHEMBLED, *Culture populaire et culture des élites dans la France moderne* (XVe-XVIIIe *siècles*), 1978, p. 54.
183. Robert PHILIPPE, tome III, citation non retrouvée.
184. R. MUCHEMBLED, *op. cit.*, p. 22.
185. Jacques DUPAQUIER, *La Population rurale du Bassin Parisien à l'époque de Louis XIV*, 1979, p. 204.
186. Nicolas-Edme RÉTIF DE LA BRETONNE, *Monsieur Nicolas*, éd. 1959, pp. 179-180.
187. Elena FASANO GUARINI, «Città soggette e contadi nel dominio fiorentino tra Quattro e Cinquecento: il caso pisano», *in*: *Ricerche di storia moderna*, I, 1976, pp. 1-94.
188. Giovanni ZELDIN, référence égarée.
189. Sanche DE GRAMONT, *Les Français, portrait d'un peuple*, 1970, p. 454.
190. Marc FERRO, *La Grande Guerre, 1914-1918*, 1969, p. 24.
191. Jules MICHELET, note égarée.
192. François BOURRICAUD, *Le Bricolage idéologique. Essai sur les intellectuels et les passions démocratiques*, 1980, p. 24.
193. Jean GUÉHENNO, *La Mort des autres*, 1968, pp. 178 et 184.
194. Il s'agit d'Antoine de Bourbon.
195. François DE LA NOUE, *Mémoires*, 1838, pp. 593-594.
196. *Ibid.*, p. 605.

197. Alexandre DE TILLY, *Mémoires*, éd. de 1965, p. 226.

第二章

1. Jean-Paul SARTRE, *Journal*, p. 22.
2. P. BONNAUD, *op. cit.*, I, p. 24.
3. Jean BUVAT, *Journal de la Régence*, 1865, II, p. 287.
4. A. N., K 1219, n⁰ 62.
5. J. BUVAT, *op. cit.*, II, p. 332.
6. *Cf.* F. BRAUDEL, *Civilisation matérielle, économie et capitalisme*, *op. cit.*, *II*, p. 98.
7. Paul GAULTIER, *L'Ame française*, 1936, p. 9.
8. André DELEAGE, *La Vie économique et sociale de la Bourgogne dans le Haut Moyen Age*, 1941, I, p. 101.
9. Carl LAMPRECHT, *Etudes sur l'état économique de la France pendant la première partie du Moyen Age*, éd. fr., 1889.
10. J'entends par là, dans tout le présent texte, l'exploitation rurale réduite à un seul corps de bâtiments.
11. C. LAMPRECHT, *op. cit.*, p. 9.
12. *Résultats statistiques du recensement de la population française*, 1891, pp. 64 et 86.
13. Christian ZARKA, «Evolution de l'habitat champenois», *in*: *Actes du colloque de Châteauroux*, Bouges-le-Château, Levroux, 27-29 octobre 1978, p. p. Olivier BUCHSENSCHUTZ, 2e partie: *L'Evolution de l'habitat en Berry*, 1981, p. 251.
14. P. BONNAUD, *op. cit.*, II, p. 93.
15. Fernand BENOIT, *La Provence et le Comtat Venaissin*, 1949, p. 41.
16. Marie TAY, *Une commune de l'ancienne France, monographie du village de Rognes*, 1985, p. 5, et E. BARATIER, G. DUBY, E. HILDESHEIMER, Atlas historique de Provence, 1969, pp. 78-79 et carte 230.
17. L. MERLE, *op. cit.*, pp. 63 *sq.*
18. Paulette LECLERCQ, *Garéoult: un village de Provence dans la seconde moitié du XVIe siècle*, 1979.
19. André CHAMSON, *Castanet*, 1979, p. 68.
20. A. N., Fle III; Finistère I.
21. A. N., F20 187; Mémoire sur la statistique du département du Finistère, 1789 et An 9.
22. Robert LATOUCHE, «Un aspect de la vie rurale dans le Maine au XIe et au XIIe siècle: l'établissement des bourgs», *in*: *Le Moyen Age*, 1937, n⁰ 1-2, p. 21.
23. *Ibid.*, p. 18, note 62.
24. *Ibid.*, p. 17.
25. Roger DION, «La part de la géographie et celle de l'histoire dans l'habitat rural du Bassin Parisien», *in*: *Publications de la Société de géographie de Lille*, 1946, pp. 49-50.
26. A. CROIX, I, p. 23.
27. R. DION, art. cit., p. 50.
28. A. CROIX, *op. cit.*, I. pp. 147 et 153.
29. Aimé PERPILLOU, *Cartographie* …, p. 93.
30. Alain CORBIN, *Archaïsme et modernité en Limousin au XIXe sicèle, 1845-1880*, 1975, I, p. 247.
31. *Ibid.*, I, pp. 287-300.

32. Emmanuel LE ROY LADURIE et André ZYSBERG, «Géographie des hagiotoponymes en France», *in*: *Annales*, 1983, pp. 1304 *sq*.
33. Jean GUILAINE, La *France d'avant la France*, pp. 36-42.
34. Pierre de SAINT-JACOB, «Etudes sur l'ancienne communauté rurale en Bourgogne. III: La banlieue du village», *in*: *Annales de Bourgogne*, XVIII, déc. 1946, p. 239 note 2.
35. André PIATIER, *Radioscopie des communes de France. Ruralité et relations villes-campagnes. Une recherche pour l'action*, 1979, p. 55.
36. Voir la remarquable communication de Noël COULET, «La survie des communautés d'habitants des villages disparus: l'exemple d'Aix et du pays d'Aix aux XIVe et XVe siècles», *in*: *Villes d'Europe*; colloque de Nice, 1969, *in*: *Annales de la Faculté des Lettres de Nice*, 1969, n^0 9-10, pp. 81-91.
37. J. H. von THÜNEN, *Der isolierte Staat in Beziehung auf Landwirtschaft und Nationalökonomie*, 1826.
38. R. DION, art. cit., p. 21.
39. Paul DUFOURNET, *Une communauté agraire sécrète et organise son territoire à Bassy (Province de Génevois, Haute-Savoie)*, 1975, p. 422.
40. Albert DEMANGEON, *Géographie éonomique de la France*, I, p. 192.
41. A. N., H 1514; 1787.
42. Blé de printemps et grains (orge, avoine, millet, etc.) semés au mois de mars.
43. Ange GOUDAR, *Let Intérêts de la France mal entendus* …, I, 1756, p. 90.
44. Lucien GACHON, *La Vie rurale en France*, 1967, p. 58.
45. Michel ROUCHE, *L'Aquitaine des Wisigoths aux Arabes, 418-781. Naissance d'une région*, 1979, p. 184.
46. P. DUFOURNET, *op. cit*, p. 72. Murger: pierrier. Teppe: terrain improductif par sa nature ou par le manque de culture.
47. J. CHAPELOT, R. FOSSIER, *op. cit*, p. 33.
48. A. D. Meuse, C 1480, I v^0; 27 octobre 1789.
49. Il y en avait eu d'autres antérieurement, bien entendu Ainsi, pour retenir un exemple, en 1652, entre les paroisses de Martigné et de Saint-Berthevin, dans la Mayenne actuelle.
50. Maurice AGULHON, *La Vie sociale en Provence intérieure au lendemain de la Révolution*, 1970, p. 33.
51. A. N., G^7 1649, 53.
52. J. BONNAMOUR, *op. cit.*, p. 235.
53. Lucien GACHON, «France rurale d'aujourd'hui. I. Dans les massifs cristallins d'Auvergne. La ruine du paysage rural et ses causes», *in*: *Annales E. S. C.*, 1950, p. 452.
54. L'Escandorgue, plateau volcanique, dans l'arrière-pays de Montpellier.
55. Référenec égarée.
56. Abbé Alexandre TOLLEMER, *Journal manuscrit d'un sire de Gouberville et du Mesnil-au-Val, gentilhomme campagnard … Etude publiée dans le Journal de Valognes du 17 février 1870 au 20 mars 1872*, p. 384.
57. A. N., MM 928.
58. J. ANGLADE, *L'Auvergne et le Massif Central* …, *op. cit.*, p. 54.

59. A. N., G^7 434.
60. *Mémoires des intendants sur l'état des généralités dressé pour l'instruction du duc de Bourgogne*. I. *Mémoire de la généralité de Paris*, p. p. A. M. de BOISLILE, 1881 p. VI, note 5, lettres des 29 juillet 1704, 1er et 22 mai 1706, et 13 juin 1707.
61. Marquis d'ARGENSON, *Journal et Mémoires*, 1864, VI, p. 181.
62. A. N., H 1462; Versailles, 13 mars 1787.
63. F. MIREUR, *op. cit.*, p. 79.
64. Cité Par René DUMONT, *Nouveaux Voyages dans les campagnes françaises*, 1977, p. 385.
65. François DORNIC, *L'Industrie textile dans le Maine et ses débouchés internationaux (1650-1815)*, 1955, p. 20.
66. Henri VINCENOT, *La Billebaude*, 1978, p. 48.
67. Denis RICHET, *Une famille de robe: les Séguier avant le chancelier* (thèse manuscrite), p. 91.
68. Sur la place du bois dans l'économie, voir F. BRAUDEL, *Civilisation matérielle*…, *op. cit*. I, p. 321 et note.
69. P. BONNAUD, *op. cit.*, I, p. 51.
70. François JEANNIN, «L'industrie du verre en Argonne», *in*: *Patrimoine et culture en Lorraine*, p. p. Yves LEMOINE, 1980, p. 84.
71. Donatien-Alphons-François, marquis de SADE, *Justine, ou les malheurs de la vertu*, 1791.
72. A. N., G^7 237; Châlons, 31 janvier 1715.
73. A. N., G^7 432, 20 novembre 1740.
74. A. N., G^7 501; Rouen, 6 juin 1712.
75. A. N., G^7 419.
76. A. N., G^7 433; juillet 1706.
77. A. N., MM 928, f^0 15; 1698.
78. Marcel REINHARD, André ARMENGAUD, Jacques DUPAQUIER, *Histoire générale de la population mondiale*, 1960, p. 268.
79. R. DION, art. cit., p. 62.
80. André BURGUIÈRE, «Endogamia e comunitè contadine sulla pratica matrimoniale a Romainville nel XVIII secolo», *in*: *Quaderni storici*, sept.-déc. 1976, pp. 1073-1094.
81. Jean SUTTER, Léon TABAH, «Les notions d'isolat et de population minimum», *in Population*, n° 3, juil.-sept. 1951, pp. 486-489.
82. Michel-Hilaire CLEMENT-JANIN, *Sobriquets de villes et des villages de la Côte d'Or*, 1876, *passim*.
83. P. M. JONES, «Political Commitment and Rural Society in the Southern Massif Central», *in*: *European Studies Review*, 1980, pp. 343-344.
84. A. CROIX, *La Bretagne aux XVIe et XVIIe siècles*, *op. cit.*, I, p. 33.
85. Souvenir personnel, Luméville (Meuse), 1907.
86. Joseph CRESSOT, *Le Pain au lièvre*, 1973, p. 113.
87. *Ibid.*, p. 117.
88. Jacques-Joseph JUGE SAINT-MARTIN, *Changemens survenus dans les mœurs des habitans de Limoges depuis une cinquantaine d'années*…, 1817, p. 14.
89. Yves-Marie BERCÉ, *Histoire des croquants. Etudes des soulèvements populaires au XVIIe siècle dans le Sud-Ouest de la France*, 1974. p. 29.
90. A. CORBIN, *op. Cit.*, I, p. 98.
91. André VAQUIER, Ermont… I. *Des ori-*

gines à la Révolution française, 1965, pp. 144 *sp*.

92. Jean Petit, *Un registre: un village, une poque… Contribution à l'histoire sociale et économique du monde rural au début du XXe siècle*, 1980.

93. A. N., F10 222.

94. F. Braudel, *Civilisation matérielle*, III, p. 240, note 13.

95. Abbé Chaland, *Mémoires de Saint-Julien-Molin-Molette*, 1852, pp. 5-6.

96. Emile Coornaert, *Un centre industriel d'autrefois. La draperiesayetterie d'Hondschoote (XIVe-XVIIIe siècle)*, 1930, p. 249 note 2.

97. Pour Orgelet, *cf*,: A. Corbin, *op. cit*. I, p. 298, note 136. Pour les Hautes-Pyrénées,. *cf*: Jean-Pierre Poussou, «Sur le rôle des transports terrestres au XVIIIe siècle», *in*: *Hommage à P. Wolff*, *Annales du Midi*, 1978. pp. 407-408.

98. Richard Gascon, *Grand Commerce et vie urbaine au XVIe* siècle. *Lyon et ses marchands (environs de 1520-environs de 1580)*, 1971, I, pp. 327-328.

99. Propos recueillis auprès de Michel Granjacques, de Saint-Nicolas (Haute-Savoie), né en 1896, qui fut lui-même barlotier, comme son père, Jean-Eucharistе.

100. A. N., G^7 377; Metz, Ier juillet 1695.

101. A. N., G^7 1651; Soissons, 4 juin 1709.

102. Jean-Pierre Filippini, *Les Conséquences économiques de la guerre de Succession d'Autriche*, thèse dactyl., pp. 58-62.

103. Henri Rameau, *A l'orée des plateaux de la Haute-Saône*, *le village d'Andelarre*, 1974, pp. 32-33.

104. Dominique Dinet, «Quatre paroisses du Tonnerrois», *in*: *Annales de démographie historique*, 1969, pp. 62-84.

105. Pierre Gaxotte, *Mon village et moi*, 1968, p. 129.

106. Séverine Beaumier, «Un homme, un village-les travaux et les jours dans le Haut-Diois au XIXe siècle», *in*: *Le Monde alpin et rhodanien*, 1978, pp. 1-2.

107. Jean Petit, *Le Chant de mon enfance*, dactylogramme, p. 31.

108. R. Chapuis, «Une vallée franc-comtoise: la Haute Loue», *in*: *Annales littéraires de l'Université de Besnaçon*, vol. 23, 1958. pp. 105-106.

109. Henri Vincenot, *La Vie quotidienne des paysans bourguignons au temps de Lamartine*, 1976 pp. 397-401.

110. Fernand Dupuy, *L'Albine*, 1977, p. 11.

111. S. Beaumier, art. cit., p. 41.

112. Jean-Pierre Laverrière, *Un village entre la Révolution et l'Empire*, *Viry-en-Savoie (1792-1815)*, 1980, pp. 23-24.

113. *Théâtre* d'agriculture et ménage des champs, 1675, p. 113, cité par Michel Lutfalla, *Aux origines de la pensée économique*, 1981, p. 22.

114. *Les Mille Visages de la campagne française*, 3e éd. 1976, p. 242.

115. Bernard Bonnin, «Les caractères des migrations dans les régions de montagne du Dauphiné aux XVIIe et XVIIIe siècles», *in*: *Entre faim et loup*, *op. cit.*, 1976, p. 19.

116. Père Pierre-Jean-Baptiste Legrand D'Aussy, *Voyage fait*, *en 1787 et*

1788, dans la ci-devant Haute et Basse Auvergne…, an III, I, pp. 474-483.

117. Cet exemple est un rappel. N'imaginons pas trop vite que ce soit une exception. En fait, les familles ont été les premières cellules vivantes, les plus obstinées à vivre, à proliférer. Les frêcheries ont peuplé de vastes régions, s'y sont maintenues. Nous les retrouvons tardivement, mais il y a longtemps qu'elles existent. Dans les contrats notariaux de Ginestas (Paul CAYLA, *Essai sur la vie des populations rurales à Ginestas… au début du XVIe siècle (1519-1536)*, 1938, pp. 12-13) se rencontrent, au début du XVIe siècle, des contrats d'*effrayramentum* (affrerissement), c'est-à-dire la «mise en commun entre deux familles de tous les biens, de tous les droits juridiques, de tous les travaux et de toutes les charges». Ceux que le sang n'unissait pas pouvaient ainsi devenir frères par contrat. Et, bien entendu, la pratique est antérieure au XVIe siècle.

118. Emmanuel LE ROY LADURIE, «Les masses profondes: la paysannerie», *in*: *Histoire économique et sociale de la France*, I: *De 1450 à 1660*, Second volume: *Paysannerie et croissance*, p. p. Fernand BRAUDEL et Ernest LABROUSSE, 1977, p. 669.

119. Georges DUBY, *La Société aux XIe et XIIe siècles dans la région mâconnaise*, 1971, p. 99.

120. Lucien ROMIGR, *Explication de notre temps*, 1925, pp. 41-42.

121. Jacques CARORGHY, *Mémoires 1582-1595*. 1880, p. 3.

122. A. N. F 20 206.

123. S. BEAUMIER, art., cit., pp. 121-122.

124. Claude CHÉREAU, *Huillé, une paroisse rurale angevine de* 1600 *à 1836*, s. d., I, p. 2.

125. Marc DROUOT, *Thann à l'époque mazarine (1658-1789), histoire politique et administrative*, 1961, pp. 8-9.

126. A. N., G[7] 501; 19 octobre 1711.

127. Voir *infra*.

128. A. N., G[7] 237.

129. Robert BICHET, *Un village comtois au début du siéle*, 1980, pp. 130-132.

130. Voir *infra*.

131. Laurence WYLIE, *Un village du Vaucluse*, 1968, pp. 30-31.

132. A. N. G[7] 158.

133. H. LEMOINE, *Département de la Meuse, géogrsaphie, physique, économique, historique et zadministrattive*, 1909. p. 287.

134. Valentin JAMERAI-DUVAL, *Œuvres*, I, 1784, p. 58 (automne 1709).

135. A. N., F[20] 119.

136. A. D. Meuse, L 343 1790.

137. D'après le registre d'état civil, Luméville-en-Ornois—Archives départementales de la Meuse.

138. A. N., H 1515. Voir note 82 du premier chapitre.

139. Varcolier, warcollier; bourrelier ou sellier. F. GODEFROY, *Dictionnaire de l'ancienne langue française*, t. 8, 189. 5

140. *Histoire des villes de France*, recueil, *op. cit*.

141. A. E. M. et D., France, 815.

142. Victor-Eugène ARDOUINDUMAZET, *Voyages en France*, 2e série, 1906, p. 270.

143. Référence égarée.

144. F. BENOIT de TOUL, *Pouillé, ecclésiastique du diocèse de Toul*, 1911, II, pp. 265-284.
145. Alfred JOUVIN, *Le Voyageur d'Europe*, 1672, pp. 31-32.
146. A. N., F20, 177, Statistique de la Côte-d'Or. Aujourd'hui, Nuits compte 21 700 habitants.
147. P. CAYLA, *op. cit.*, p. 217.
148. Raymond BIERRY, *Rouvray. Un relais sur le grand chemin, 448-1976*, 1976, p. 57.
149. Voir *infra*.
150. A. GOUDAR, *op. cit.*, p. 37.
151. A. N., F lc III Vaucluse, 9, 1733; 7 pluviôse an IV.
152. Evelyn ACKERMAN, «The commune of Bonnière-sur-Seine in the eighteenth centuries», *in*: *Annales de démographie historique*, 1977.
153. M. AGULHON, *op. cit.*, p. 20.
154. Michel HÉBERT, *Tarascon au XIVe siècle*, 1979, pp. 28-32.
155. Emmanuel LE ROY LADURIE, «La destruction du monde plein», *in*: *Histoire économique et sociale de la France*, 1977, p. 499, *op. cit*.
156. Noël COULET, «Population et société à Pourrières, 1368-1430. Premier bilan d'une enquête», in : *Etudes rurales*, n°51, 1973, pp. 86-111.
157. Eckart SCHREMMER, *Die Wirtschaft Bayerns*, 1970, p. 21.
158. Rudolf HÄPKE, *Brügges Entwicklung zum mittelalterlichen Weltmarkt*, 1908, *in*: *F.* BRAUDEL, *Civilisation matérielle, Economie et Capitalisme*, *op, cit.*, t. I, p. 444.
159. André LACROIX, *Romans et le Bourg de Péage*, 1897, p. 296.
160. A. N., G[7] 415-416; Nancy, 9 mai 1693.
161. Jean-Marie DUNOYER, «7 milliards d'hommes pour l'an 2000», *in*: *Diagrammes* 33, *nov.* 1959, p. 3.
162. Georges DUBY, *Histoire de la France urbaine*, 1980, II, p. 478.
163. Henri BAUD, *in*: *Dictionnaire des communes savoyardes*, 1981, II, p. 37.
164. Charles-Edmond PERRIN, article publié dans *Annales de la Société d'histoire et d'archéologie de Lorraine*, 370 année, t. 33, 1924.
165. *Histoire de Besançon*, p. p. Claude FOHLEN, 1964, I, p. 145.
166. *Ibid.*, p. 39.
167. P.-M. DUVAL, art., cit., p. 453.
168. *Histoire de Besançon op. cit.*, II, p. 10.
169. Loys GOLLUT, *Les Mémoires historiques de la république séquanoise et des princes de la Franche-Comté de Bourgogne*, 1592, édit. Duvernoy, 1846, p. 272.
170. Jean BRELOT, *in*: *Histoire de Besançon*, *op. cit.* II, p. 10.
171. L. GOLLUT, *op. cit.*, 1592, cité par Roland FIETIER, *Recherches* sur *la banlieue de Besançon*, 1973, p. 39.
172. *Histoire de Besançon*, *op. cit.*, 1964, I, p. 468; la citation provient d'édits municipaux qui datent du XVIe siècle.
173. 300 clos et jardins en tout, d'église ou de laics. J. BRELOT, *in*: *Histoire de Besançon*, *op. cit.*, I, p. 585.
174. *Histoire de Besançon*, *op. cit.*, I, p. 587.
175. Fernand BRAUDEL, *La Mé-diterranée*... *op. cit.*, I, p. 458.
176. *Histoire de Besançon*, *op. cit.*, I, pp. 494-495.

177. *Ibid.*, II, pp. 41-43.
178. Maurice GRESSET, «Les débuts du régime français en Franche-Comté (*1674-1675*)», *in*: *Provinces et états dans la France de l'Est*, Colloque de Besançon, 3 et 4 octobre 1977, publié en 1979, pp. 19-37.
179. Maurice GRESSET, *Le Monde judiciaire à Besançon de la conquèle par Louis XIV à la Révolution franaiçse* (*1674-1789*), 1975, p. I 235.
180. *Histoire de Besançon*, *op. cit.*, II, pp. 147-149.
181. A. N., KK 944.
182. *Histoire de Besançon*, *op. cit.*, II, p. 147.
183. Marius POUCHENOT, *Le Budget communal de Besançon au début du XVIIIe siècle*, 1910, p. 3.
184. A. N., D IV bis 47.
185. *Histoire de Besançon*, *op. cit.*, II, p. 337.
186. *Ibid.*, p. 299.
187. *Ibid.*, fig. 113, p. 584.
188. Honoré d'URFÉ, *Œuvres complètes*.
189. *Annuaire statistique du département de la Loire*, 1809, p. 187.
190. C'est ce qui arrive en 1705 à l'étang de Boisy, propriété du duc de Feuillade où l'on retrouve le poisson à sec. A. D. Loire, balliage ducal de Roanne, B 460.
191. *Annuaire statistique du département de la Loire*, *op. cit.*, p. 187.
192. *Ibid.*
193. Denis LUYA, *L'Axe ligérien* (*Loire-Allier*) *dans les pays hauts*, *1682-1858*, (thèse) 1980, p. 46.
194. A. N., H 1510[1]; vers 1788. Observations sur les deffauts de la culture employée dans la plaine de Forez.
195. D. LUYA, *op. cit.*, p. 205.
196. Elie BRACKENHOFFER, *Voyage en France*, *1643-1644*, p. p. Henry LERR, 1925, pp. 141—142.
197. A. NG[7]., 406; 14 août 1687.
198. A. D. Loire, balliage ducal de Roanne, B 455, 1704.
199. A. N., F^{20} 206; an IX.
200. Système dit du métayage ou du grangeage aux quatre grains, froment, seigle, orge, avoine.
201. F. TOMAS, «Problèmes de démographie historique. Le Forez au XVIIIe siècle», *in*: *Cahiers d'histoire*, 1968, p. 395, n° 47.
202. Christophe EXTRAT, *Images et réalités de la vie coopérative agricole dans la Loire de 1945 à 1979*, dactylogramme, 1981, p. 16.
203. F. TOMAS, art, cit. et *Annuaire statisiique du département de la Loire*.
204. Le barrage de Villeret a été inauguré le 11 septembre 1982. Régis GUYOTAT, *in*: *Le Monde*, «La Loire apaisée», 11 septembre 1982.
205. Serge DONTENWILL, «Rapports ville-campagne et espace économique microrégional: Charlieu et son plat pays au XVIIIe siècle» *in*: *Villes et campagnes XVe-XXe siècle*, 1977, p. 162.
206. Marcel GONIVET, *Histoire de Roanne et de sa région*, III, 1975, p. 131.
207. Bandolier, «voleur de campagne qui vole en troupes et avec armes à feu» (Dictionnaire de Furetière).
208. Chanoine REURE, «Le vin de Garambeau et la question des vins du Roannais au XVIIe siècle», *in*: *Bulletin de la Diana*, 1908, pp. 5 et 6.
209. *Annuaire statistique du département de*

la Loire, 1809, p. 181.

210. *Mémoire de l' intendant de Lyon*, 1762, cité par Maurice LABOURÉ *Roanne et le Roannais. Etudes historiques*, 1957, p. 466.

211. *Annuaire statistique du département de la Loire*, *op. cit*.

212. D. LUYA, *op. cit.*, p. 91.

213. Marcel GONIVET, *Histoire de Roanne op. cit.*, I, p. 21.

214. D. LUYA, *op. cit.*, p. 14.

215. Paul BONNAUD, *Essai d' histoire locale. La navigation à Roanne*, 1944, p. 27.

216. Etienne FOURNIAL, *Roanne au Moyen Age*, *essai d' histoire urbaine*, 1964, pp. 70, 73 et carte p. 72.

217. Albert DEMANGEON, *Géographie universelle* p. p. p. VIDAL de la BLACHE et L. GALLOIS, t. VI *La France*; 2e partie: *France économique et humaine*, 1958, p. 769.

218. E. ERACKENHOFFER, *op. cit.*, pp. 137-138 n. 1.

219. M. LYONNET, *Gens du métier à Nevers à la fin de l' Ancien Régime*, 1941, p. 367 cité par François BILLACOIS, «La batellerie de la Loire au XVIIe siècle», *in*: *Revue d' histoire moderne et contemporaine*, juillet-sept. 1964, p. 67.

220. D. LUYA, *op. cit.*, p. 75, note 35.

221. *Histoire de la navigation sur l' Allier en Bourbonnais*, 1983, *passin*, et pp. 34-35.

222. M. LABOURÉ, *op. cit.*, *p*. 354.

223. R. GASCON, *op. cit.*, I, p. 140.

224. A. N., G^7 1646, 373, 7 avril 1709.

225. A. N., G^7 1647, 335; 11 juin 1710.

226. A Paris, la livre poids de marc: 2 marcs. La liver était considérée comme le double du marc et se divisait en 16 onces.

227. A. N., G^7 1647.

228. D. LUYA, *op. cit.*, pp. 280-281.

229. *Thomas* REGAZZOL, Jacques LEFEBVRE, *la Domestication en mouvement*, 1981 pp. 149 et 152-153.

230. Auguste MAHAUT, *L' Idée de la Loire navigable combattue*, 1909. cité par Henriette DUSSOURD; *Les Hommes de Loire*, 1985, p. 27.

231. G. BITON, *Bateaux de Loire*, 1972. pp. 2 et 3.

232. H. DUSSOURD, *op. cit*, pp. 36 et 56-57; G. BITON, *op. cit.*, p. 5.

233. A. N., G^7 1651, 336; 14 septembre 1709.

234. H. DUSSOURD, *op. cit.*, p. 26.

235. J. A. DULAURE, *Description des principaux lieux de France*, 1789, t. 6, p. 107.

236. A. N., F 14, 1199 A; année 1761.

237. Jeanne et Camille FRAYSSE, *Les Mariniers de la Loire en Anjou-Le Thoureil*, 1978, p. 47, cité par D. LUYA, *op. cit.*, p. 18, note 27.

238. A. D. Loire, bailliage ducal de Roanne.

239. A. N., F^{14} 559^2; Nevers, 18 mai 1813.

240. E. BRACKENHOFFER, *op. cit.*, p. 140.

241. G. LEFEBVRE, *Etudes orléanaises*, I, 1962, p. 84.

242. René Ier le Bon, 1409-1480, duc de Bar, duc d' Anjou et comte de Provence, roi en titre du royaum de Naples, hérité de sa femme, qu' il essaya en vain de conquérir.

243. P. CHAUSSARD, *Marine de Loire et mariniers digoinais*, 1970, p. 26.

244. M. GONINET, *op. cit.*, I, pp. 181-

182.
245. P. CHAUSSARD, *op. cit.*, p. 27.
246. *Ibid.*
247. A. N., F^{14} 1199 A.
248. D. LUYA, *op. cit.*, p. 34.
249. *Ibid.*, p. 223.
250. A. n., F^{20} 243.
251. J. A. DULAURE, *op. cit.*, pp. 106-107.
251. A. N., G^{7} 360, 21; 8 juillet 1705.
252. A. N., G^{7} 360, 21; 8 juillet 1750.
253. A. N., F^{14}, 1200; Moulins, 11 novembre 1765.
254. F. BRAUDEL, *Civilisation matérielle, éconcmie et capitalisme*, *op. cit.*, II, 1979, p. 317.
255. *Ibid.*, p. 327.
256. D. LUYA, *op. cit.*, p. 232.
257. A. N., F^{14} 1200.
258. *Histoire générale des techniques*, pp. Maurice DAUMAS, t. 3; *L'Expansion du machinisme*, 1968, pp. 30 *sp*, pp. 68-69.
259. D. LUYA, *op. cit.*, p. 237.
260. M. LABOURÉ, *op. cit.*, pp. 377-378.
261. Serge DONTENWILL, « Roanne au dernier siècle de L'Ancien Régime. Aspects démagraphiques et sociaux », *in*: *Etudes foréziennes*, 1671, pp. 49-73.
262. S. DONTENWILL, art. cit., p. 72, note 61.
263. Jean-Pierre HOUSSEL, *le Roannais et le Haut-Beaujolais*, 1978.
264. D. LUYA, *op. cit.*, p. 11.
265. A. N., H 1510[1], vers 1788.
266. F. BRAUDEL, *Civil. matérielle*, I.
267. P. VIDAL de la BLACHE, *Tableau de la géographie de la France*, *op. cit.*, p. 324.
268. Référence égarée.
269. A. N., K 1516; 28 décembre 1788.
270. A la différence, si la documentation est juste, d'une ville comme Saumur; car, pour le sel de contrebande, la voie de la Loire est sans doute prioritaire.
271. A. N., G^{7} 521; 1682.
272. A. N., G^{7} 521; Mayenne, 19 et 29 novembre 1693; Saumur, 14 janvier 1693; Llaval, 1er mars 1693.
273. A. N., G^{7} 521; Laval, 24 mai et 3 juin 1693.
274. E. LAURAIN, «Le département de la Mayenne à la fin de l'an VIIe», *in*: *Bulletin de la Commission historique et archéologique de la Mayenne*, 1938-1939, p. 118.
275. A. N., F^{10} 242.
276. J. -M. RICHARD, *La Vie privée dans une province de l'Ouest. Laval aux XVIIe et XVIIIe siècles*, *op. cit.*, p. 126.
277. A. N., F^{10} 242.
278. *Ibid.*
279. René MUSSET, *Le Bas-Maine*, 1917, pp. 320-321.
280. *Ibid.*, p. 323.
281. A. N., F^{14} 1207, 234; 20 septembre 1769.
282. A. N., K 1252.
283. A. N., F^{12} 1259 D.
284. A. N., F^{12} 1259 D; 27 Brumaire an IX.
285. E. LAURAIN. art, *cit.*, p. 119.
286. J. SAVARY DES BRULONS, *Dictionnaire du commerce*, V. colonne 163.
287. *Ibid.*, col. 163, d'après le *Jonrnal de commerce*, mars 1762, p. 112.
288. F. DORNIC, *op. cit.*, pp. 1-5.
289. J. -M. RICHARD, *op. cit.*, pp. 289-290.

290. *Ibid.*, p. 291.
291. *Ibid.*, p. 301.
292. *Ibid.*, pp. 259 *sq*.
293. *Ibid.*, p. 298.
294. *Ibid.*, pp. 301 *sq*.
295. *Ibid.*, pp. 344 et 345, note 2.
296. *Ibid.*, p. 114.
297. F. DORNIC, *op. cit.*, p. 44.
298. J.-M. RICCARD, *op. cit.*, p. 289.
299. Jean-Claude PERROT, *Genêse d'une ville moderne, Caen au XVIIIe siècle*, 1975, I, p. 145.
300. *Ibid.*, I, p. 211.
301. A. DEMANGEON, *Géographie universelle*, pp. P. VIDAL de la BLACHE et L. GALLOIS, t. VI, *La France*, 2e partie, *France économique et humaine*, *op. cit.*, p. 591.
302. *Op. cit.*
303. Pour les explications qui suivent, J.-C. PERROT, *op. cit.*, I, pp. 181 *sq*.
304. *Ibid.*, I, pp. 185 *sq*.
305. *Ibid.*, I, p. 213.
306. *Ibid.*, I, p. 216.
307. *Ibid.*, I, p. 217.
308. *Ibid.*, I, pp. 217-218, note 159.
300. *Ibid.*, I, p. 219.
310. *Ibid.*, I, p. 241
311. M.-H. JOUAN, art. cit., pp. 87-124.
312. J.-C. PERROT, *op. cit*, I, p. 358. Cette richesse a bel et bien détourné l'agriculture normande de se faire servante de l'industrie.
313. *Ibid.*, I, p. 359, note 55.
314. *Ibid.*, I, p. 360 (suite de la note 55).
315. *Ibid.*, I, pp. 360-366.
316. *Ibid.*, I, p. 8.
317. *Ibid.*, I, pp. 518-519.
318. *Ibid.*, II, p. 948.
319. A. N., DIV bis 47.
320. Voir *infra*.
321. A. N. G^7 360; 10 février 1706.
322. Andrea METRA, *Il Mentore perfetto de' negozianti*, 1977.
323. A. N., F^{20} 198, 130; Châteauroux.
324. Christian ROMON, *Mendiants et vagabonds à Paris, d'après les archives des Commissaires du Châtelet* (1700-1784), dactylogramme.
325. Raymonde MONNIER, *le Faubourg Saint-Antoine, 1783-1815*, 1981, pp. 195-201.
326. D. ROCHE, *op. cit.*, p. 18.
327. *Ibid.*, p. 31.
328. A. N., G^7 432; 6 février 1704.
329. *Journal du voyage de deux Hollandais à Paris en 1656-1658*, p. p. A. P. FAUGERE, 1899, p. 29.
330. *Voyages promenades aux environs de Paris ave Caroline Tullié*, n° 29, 1790-1792.
331. Cuy FOURQUIN, *Les Campagnes de la région parisienne à la fin du Moyen Age*, 1964, p. 220.
332. A. M. de BOISLISLE, I, p. 285.
333. Les italiques sont de moi.
334. Comte d'HÉRISSON, *Souvenirs intimes et notes du baron Mounier*, 1896, p. 35.
335. *Mémoirs* de la comtesse de BOIGNE, 1971, I, p. 215.
336. Ch. ACHARD, *La Confession d'un vieil homme du siècle*, 1943, p. 24.
337. A. N., K 1252.
338. André PIATIER, *Radioscopie des communes de France*, 1979, pp. 23-25 et 253 *sq*.
339. P. BONNAUD, *passim*.
340. H. MENDRAS, *op cit.*, p. 37.
341. *Ibid.*, p. 19.
342. Roger BÉTEILLE, *La France du vide*, 1981; J. GRAVIER, *Paris et le désert*

français, 1re éd. 1947; 2e éd. 1972.

343. H. MENDRAS,. *op. cit.*, pp. 19-20.

344. Michel ROCHEFORT, cité par A. PIATIER, *op. cit.*, p. 8.

345. A. PIATIER, *op. cit.*, p. 6.

346. *Ibid.*, p. 56.

347. *Ibid.*, p. 6.

348. *Ibid.*

第三章

1. P. VIDAL de la BLACHE, *Tableau de la géographie de la France*, *op. cit.*, p. 7.
2. P. VIDAL de la BLACHE, *op. cit.*, p. 8.
3. Lucien FEBVRE, *La Terre et l'évolution humaine*, 1949, p. 25.
4. Emmanuel de MARTONNE, « La France physique », *in*: *Géographie universelle*, 1942, p. 1.
5. E. R. CURTIUS, *op. cit.*, p. 70, p. 205.
6. Maurice LE LANNOU, «Les sols et les climats», *in*: *La France et les Français*, pp. Michel FRANÇOIS, 1972, p. 3.
7. Yves RENOUARD, *Etudes d'histoire médiévale*, 1968, II, pp. 721-724.
8. Henri DUBOIS, *Les Foires de Chalon et le commerce dans la vallée de la Saône à la fin du Moyen Age (vers 1280-vers 1430)*, 1976.
9. Thourout située en Belgique entre Gand et la mer.
10. P. VIDAL de la BLACHE, *op. cit.*, p. 52.
11. M. PAREÉ, cité par D. FAUCHER, *op. cit.*, p. 64.
12. Charles LENTHÉRIC, *Le Rhône, histoire d'un fleuve*, 1892, II, p. 505.
13. Mouille: creux compris entre les bancs d'alluvions dans le lit d'une rivière.
14. Pierre BAYLE, *Histoire de la navigation fiuviale à Lyon et le long de sa Majesté la «Vallée Impériale»*, 1980, p. 35. La toue, nous l'avons vu à propos de la Loire, est une petite barque qui précède le bateau, en vérifiant les fonds.
15. A. N., G7 359, vers 1701.
16. H. de ROUVIÈRE, *Voyage du Tour de la France*, *op. cit.*, pp. 232-233.
17. D. FAUCHER, *op. cit.*, p. 187.
18. *Mémoires* du général MARBOT, *op. cit.*, I, p. 51.
19. Cécile PERROUD, *Le Rhône de nos pères*, 1974, p. 47.
20. *Ibid.*
21. P. BAYLE, *op. cit.*, p. 17.
22. C. PERROUD, *op. cit.*, pp. 50-51.
23. D. FAUCHER, *op. cit.*, p. 189.
24. *Ibid*, p. 189.
25. C. PERROUD, *op. cit.*, p. 70.
26. D. FAUCHER, *op. cit.*, p. 193.
27. A. N., référence égarée.
28. D. FAUCHER, *op. cit.*, p. 190.
29. *Ibid.*, p. 199.
30. *Ibid.*, p. 197.
31. C. LENTHÉRIC, *op. cit.*, p. 512.
32. D. FAUCHER, *op. cit.*, p. 196.
33. C. LENTHERIC, *op. cit.*, p. 512.
34. P. BAYLE, *op. cit.*, p. 17.
35. A. N. F12 1512 B.
36. Le minot de sel est de cent livres pesant.

37. Henri FESQUET, *Le Monde*, 5 juin 1980.
38. P. BONNAUD, *op. cit.*, I, p. 431.
39. C. PERROUD, *op. cit.*, p. 73.
40. D. FAUCHER, *op. cit.*, p. 90.
41. C. LENTHÉRIC, *Le Littoral d'Aigues Mortes au* XIIIe *et au XIVe siècle*, *1870*, pp. 29-30.
42. Pierrre GOUROU, lettre, avril 1980.
43. F. BRAUDEL, *Civ. matérielle*, *op. cit*, III, p. 93, et *Méd* ..., *op. cit.*, I, pp. 188-189.
44. Renée DOEHAERD, « Les galères génoises dans la Manche et la mer du Nord à la fin du XIIIe et au début du XIVe siècle», *in Bulletin de l'Institut historique belge de Rome*, 1938, pp. 5-76.
45. D. FAUCHER *op. cit.*, p. 84.
46. Traille, cable goudronné qui sert à diriger le bac et à le protéger du courant.
47. Pierre ESTIENNE, *La France. Les montagnes françaises et l'axe Rhône-Rhin*, 1978, p. 189.
48. Abel CHATELAIN, «Les fondements de la région historique», *in*: *Revue de géographie de Lyon*, n° 1, 1955, p. 45.
49. Pierre DUBOIS, *Histoire de la campagne de 1707 dans le Sud-Est de la France*, p. 67.
50. D. FAUCHER, *op. cit.*, p. 184.
51. D. FAUCHER, *op. cit.*, p. 178.
52. Lettres patentes de Charles VI, 1380, cité *in*: A. N. K 1219, 37, p. 6.
53. D. FAUCHER, *op. cit.*, p. 157.
54. DE BASVILLE, *Mémoires pour servir à l'histoire du Languedoc*, 1734, p. 279.

55. André ALLIX, «Le trafic en Dauphiné à la fin du Moyen Age», *in*: *Revue de géographie alpine*, 1923, pp. 373-408.
56. A. N., K 1219, n° 37.
57. A. N., K 1219, 37, p. 27.
58. A. N., G^7 300.
59. *Ibid.*
60. *Ibid.*, La Roche-Saint-André était à l'époque en bordure du Rhône.
61. D. FAUCHER, *op. cit.*, reprend le même thème p. 199.
62. R. GASCON, *Grand Commerce et vie urbaine au XVIe siècle*, *op. cit.*, à propos de la lyonnaise de 1575-1580, qui ne correspond ni à celle de Nantes, ni à celle de La Rochelle.
63. P. ESTIENNE, *La France. Les montages françaises et l'axe Rhône-Rhin*, *op. cit.*, p. 147.
64. Jean LABASSE, «Lyon, Ville internationale» Rapport destiné à la Datar, 1982; Yves LERIDON, « Lyon, la place du second marché » *in*: *Le Point*, 26 novembre 1984.
65. P. BONNAUD, *op. cit.*, I. pp. 430-431.
66. Jean-François BERGIER, *Les Foires de Genéve et l'économie internationale de la Renaissance*, 1963, pp. 369 et 374-387.
67. R. GASCON, *op. cit.*, pp. 287-288.
68. Louis BOURGEOIS, *Quand la Cour de France vivait à Lyon* (*1491-1155*), 1980, p. 143.
69. L. BOURGEOIS, *op cit.*, p. 155.
70. Maurice GARDEN, *Lyon et les Lyonnais au XVIIIe siècle*, 1975.
71. Carlo PONI, «Compétition monopoliste, mode et ct capital: le "marché" international des tissus de soie au XVIIIe *siècle*», communica-

tion au colloque de Bellagio.

72. A. N. G^7 360, Anisson, député de Lyon, 5 mai 1750.

73. J. LABASSE, art. cit., f. 20.

74. François GROSRICHARD, «Rotterdam dans la bataille des conteneursla mer scellée au fleuve», *in*: *Le Monde*, 23 sept. 1982, p. 37.

75. Pour l'équipement hydroélectrique du Haut-Rhône, *cf.*: «La polémique sur l'aménagement du Rhône: décision prochaine du gouvernerement», *in*: *Le Monde*, 28 août 1982, p. 13; pour le projet de liaison Rhône-Rhin, *cf.*: Claude RÉGENT «Rhône-Alpes. Inquiétude au conseil régional: le canal mer du Nord-Méditerrauée à tout petits pas» *in*: *Le Monde*, 15 sept. 1982.

76. F. GROSRICHARD, are. cité.

77. P. ESTIENNE, *op. cit.*, p. 148.

78. Jules MICHELET, *Journal*, I, p. 76; 28 avril 1830.

79. Théodore ZELDIN, *Histoire des passions françaises*, 1978, II, p. 8.

80. Francis HURÉ, *Le Monde*, 23 juillet 1980.

81. Cité par Lucien FEBVRE, *Michelet et la Renaissance*, ouvrag inédit, à paraitre prochainement, p. 131.

82. Papiers Florimond, A. N. K 1242, 1re liasse, *in*: A. M. de BOISLISLE (p. p.), *Mémoire de la généralité de Paris*, 1881, I, p. 284.

83. DAVITY (1625), *Etats de l'Europe*, pp. 64-65 et 81-82, cité par A. M. de BOISLISLE, *op*, *cit.*, p. 558.

84. R. DION, «La part du milieu …», art, cité, p. 9.

85. Michel ROBLIN, «L'époque franque», *in*: *Histoire de l'Ile-de-France et de Paris*, p. p. Michel MOLLAT, 1971, p. 56.

86. Edouard W. FOX, *L'Autre France*, 1973, p. 52.

87. Roger DION, «A propos du traité de Verdun», *in*: *Annales E. S. C.*, 1950, p. 463

88. E. W. FOX, *op. cit.*, p. 52.

89. William H. McNEILL, *Venice, the Hinge of Europe, 1081-1787*, 1974, p. 1.

90. P. BONNAUD, *op. cit.* II, p. 28.

91. Jean Robert PITTE, *Histoire du paysage français*, I, pp. 41-41 et 47-48.

92. J. MICHELET, *Histoire, de France*,. *cit. op*, IV, p. 33.

93. Pierre GOUROU, lettre, 1980 et *Pour une géographie humaine*, 1973, p. 290.

94. L. MUSSET, «La géographie de l'histoire» *in*: *Histoire de France*, P. P. Marcel REINHARD, I, 1954, p. 32.

95. P. BONNAUD, *op. cit.*, I, p. 438.

96. J. MICHELET, *Journal*, *op. cit.*, I, p. 82.

97. Immanuel WALLERSTEIN, *Le Système du monde du XVe siècle à nos jours.* I. *Capitalism et Economie-monde, 1450-1640*, 1980, p. 34.

98. A. GOUDAR, *Les Intérêts de la France mal entendus*, *op. cit.* III, p. 34.

99. *Ibid.*, p. 35.

100. On appelle troupes réglées, celles qui sont enrôlées en opposition à des milices de bourgeois et des communes, de paysans armés qui ne serverlt qu'en certaines occasions. A. GOUDAR, *op. cit.*, III, pp. 72-73.

101. André CORVISIER, *La France de Louis XIV, 1643-1715*, 1979, p. 61.

102. G. PARKER, *El Ejercito de Flandes y el*

camino español, *1576-1659*, 1976 pp. 48-49, cité par F. BRAUDEL, *Civilisation matérielle*, *op. cit.*, III, p. 170.

103. Lucien FEBVRE, «Frontière», *in*: *Bulletin du Centre International de Synthèse*, 1928, p. 32.

104. *Ibid.*, pp. 31 *sq*.

105. A. N. G 337, f° 65; cité par. DE ROCHAS, II, 89. *in*: Caston ZELLER, *L'Qrganisation défensive des frontières du Nord et de l'Est au XVI*[e] *siècle*, 1928, p. 60.

106. R. DION, «A propos du traité de Verdun», art. cit., p. 462.

107. Bernard GUENÉE, «Les limites», *in*: *La France et les Français*, op. cit. 1972, p. 52.

108. Gaston ZELLER, *La France et l'Allemagne depuis dix siècles*, 1932, p. 6.

109. Yves RENOUARD, «1212-1216. Comment les traits durables de l'Europe occidentale se sont définis au début du XIIIe siècle», *in Annales de l'Université de Paris*, 1958, pp. 5-21, reproduit dans: Yves RENOUARD, *Etudes d'histoire médiévale*, *op. cit.*, I, pp. 77 *sq*.

110. Walther KIENAST, *Die Anfänge des europaischen Staaten Systems im späteren Mittelalter*, 1936, *in* F. BRAUDEL, *Civilisation matérielle*, *op.*, *cit.*, III, p. 43, note 87.

111. Chrétiens d'Espagne qui conservèrent leur religion sous la domination musulmane.

112. Henri MARTIN, cité par Georges LEFEBVRE, *La Naissance de l'historiographie moderne*, 1971, p. 186.

113. F. LOT, *La Gaule*, *op. cit.*, p. 7.

114. A ce sujet, voir Georges HUPPERT, *L'Idée de l'histoire parfaite*, *trad. française*, 1972. Alors que ces lignes sont déjà à l'impression, je prends connaissance du beau livre de Colette BEAUNE, *Naissance de la nation France*, 1985, nous y reviendrons.

115. Le mot est de LA POPELINIÈRE, cité par G. HUPPERT, *op. cit.*, p. 177, note 2.

116. *Ibid*, pp. 78 et 91.

117. *Ordonnances des rois de France*, XIII, p. 408, cité par Ernest BABELON, *Le Rhin dans l'histoire*, II, 1917, p. 207.

118. G. PARIS, *Histoire poétique de Charlemagne*, p. 62, cité par E. BABELON, *op. cit.*, II, p. 219.

119. Cité par E. BABELON, *op. cit.*, p. 240.

120. Jean LE BON, *Adages*, 1577. cité par A. BENOIT, *Notice sur Jean Le Bon*, 1879, p. LXVII.

121. Auguste LONGNON, *La Formation de l'unité française*, 1922, p. 325.

122. Bernard GUENÉE. art. cit. *in*: *La France et les Français*, *op. cit.*, p. 59.

123. Michel ARIBAUD, *Céret autrefois*, 1932, pp. 199 *sq*.

124. Bibliothèque de l'Arsenal, manuscrit 4574, f[0] 205.

125. Abbé GRÉGOIRE, cité par Charles ROUSSEAU, *Les Frontières de la France*, 1954, p. 12.

126. Frédénic II, cité par Ch. ROUSSEAU, *op. cit.*, p. 10.

127. Ernst Moritz ARNDT, cité par Ch. ROUSSNU. *op. cit.*, p. 13.

128. P. VIDAL de la BLACHE, cité par M. SORRE, *Les Fondements de la géographre humaine*, II, *op. cit.*, p. 461.

129. Charles DARWIN, cité par M. SORRE, *op. cit.*, II, p. 461.
130. Geoffroi de VILLEHARDOUIN, *La Conquête de Constantinople*, éd. de 1872, p. 90, cité par Ch. de la RONCIÈRE, *Histoire de la marine française*, 1899, I, pp. 2-3.
131. Noël COLLET, « Le malheur des temps 1348-1440 », *in*: *Georges* DUBY, *Histoire de France, dynasties et révolutions de 1348 à 1852*, II, 1971, p. 23.
132. Note égarée.
133. Alain GUILLERM, *La Pierre et le Vent. Fortifications et marine en Occident*, 1985, p. 166.
134. A. GUILLERM, *op. cit.*
135. Pierre GOUROU, lettre du 4. février 1982.
136. Emile BOURGEOIS, *Manuel de politique étrangère.*
137. Charles de la RONCIÈRE, *op. cit.*, pp. 14-15; B. N., Fr 17 308, f⁰ 21. pour les 30 000 marins français rapatriés, *cf.* F. BRAUDEL, *Civ.* mat., *op. cit.*, III, p. 161.
138. Pierre-Victor MALOUET, *Mémoires* publiées par son petit-fils, 1868, I, p. 173.
139. *Ibid.*, pp. 173-174.
140. A. GOUDAR, *op. cit.*, III, p. 31.
141. A. N., Marine D^2 45. S'agit-il d'un certain Gagnier? Je ne saurais en décider.
142. E. PLAN, Eric LEFEVRE, *La Bataille des Alpes 10-25 juin 1940*, 1982.
143. Les armées alliées cessent d'occuper la rive gauche du Rhin le 30 juin 1930.
144. Ernest LAVISSE, cite par C. ROUSSEAU, *op. cit.*, p. 7.
145. Camille VALLAUX, *Le sol et l'Etat*, 1911, p. 364.
146. Nelly GIRARD d'ALBISSIN, *Genèse de la frontière franco-belge. Les varations des limites septentrionales de la France de 1659 à 1789*, 1970 p. 313.
147. A. N., G^7 269; Ypres, 3 novembre 1682.
148. A. N., G^7 256; Lille, 5 décembre 1689.
149. Nelly GIRARD d'ALBISSIN, *op. cit.*, p. 26.
150. Colonel ROCOLLE, *2 000 ans de fortification française*, t. I, 1973, pp. 214. *sq.*
151. *Ibid.*, II, croquis n⁰ 134.
152. E. LAVISSE, *Histoire de France*, *op. cit.*, VIII, 1, 1908, p. 131.
153. A. N., G^7 377; 28 mars 1694.
154. Thionville, cédée à la France en 1659 par l'Espagne. Son xélèbre pont couvert sur la Moselle. 1673.
155. A. N., G^7 381, Metz 3 mai 1707.
156. André BELLARD, *Deux siècles de vie française*, Metz, 1648-1848, 1948, p. 5.
157. *Ibid.*, P. 6.
158. Louis TRÉNARD, *Hisstoie de Lille*, II, 1981, p. 420; Maurice BRAURE, *Lille et la Flandre wallonne au XVIIIᵉ siècle*, 1832, pp. 87 *sq.*
159. Archives de la Guerre, A 1 1583, Gauttier d'Aulnot, Metz, 17 décembre 1701.
160. J. ANCILLON, *Recueil journalier de ce qui s'est passé de plus mémorable dans la cité de Metz, pays Messin, et aux environs depuis le mois de juin 1674 jusqu'à 1683 inclusivement*, éd. de 1866, II, p. 138.
161. A. BELLARD, *op. cit.*, p. 31.

162. A. N., G^7 381; 15 juillet 1706.
163. A. N., G^7 376; mai 1993.
164. A. N., G^7 375; 7 septembre 1691.
165. A. N., G^7 378; 21 août 1697.
166. A. N., G^7 382; 22 novembre 1709.
167. Archives de la Guerre, A 1 2243, 147; 16 juillet 1710.
168. Archives de la Guerre, A 1 2395, 12; 14 janvier 1712.
169. Archives de la Guerre, A 1 1583, 116; 16 juin 1702.
170. Fonds Dubrowski FR 14 4° f^0 30 et 30 verso, 1698, B. Lénine Léningrad.
171. Groupe de montagnes du Palatinat.
172. Ebernburg, au sud de Bad Kreuznach.
173. Nom actuel: Kayserslautern, ville de Rhénanie-Palatinat.
174. Archives de la Guerre, A 1 967, 78; 22 janvier 1690.
175. Archives de la Guerre, A 1 469, 188; 13 octobre 1675.
176. Archives de la Guerre, A 1 1574, 143 et 146; 25 et 26 août 1702.
177. J. Ancillon, *op. cit.*, II, pp. 4, 10.
178. A. N., G^7 382; Metz, 21 juin 1710.
179. A. N., G^7 376; 25 février 1693.
180. Archives de la Guerre, A 1 1955, 16; 19 mars 1706.
181. Archives de la Guerre A 1 1583 88; 18 mai 1702.
182. Archives de la Guerre, A 1 1583; 141, 1er juillet 1702.
183. A. N., G^7 379; 20 juillet 1699.
184. A. N., G^7 378; 31 octobre 1698.
185. A. N., G^7 378; 9 octobre 1698.
186. A. N., G^7 377; 13 décembre 1695.
187. 15 731 setiers de blé sont ainsi transportés durant le siège de Namat, A. N., G^7 376; 27 Décembre 1692.
188. Archives de la Guerre, A 1 1583, 89; 22 mai 1702.
189. A. N., G^7 1633, 194; 7 mars 1694.
190. A. N., G^7 377; 27 juillet 1695.
191. Archives de la Guerre, A 1 1559, 104 bis; 11 janvier 1702; A. N., G^7 376, 383.
192. A. N., G^7 415—416; 20 mars 1692.
193. A. N., G^7 381. Saint-Contest n'est pas d'accord avec cette proposition.
194. Archives de la Guerre, A 1 2395 104, 16 juin 1712.
195. A. N., G^7 378, 16 mars 1697.
196. Juifs de Cour, financiers des princes allemands au XVIIIe siècle.
197. A. N., G^7 378; 16 mars 1697.
198. Archives de la Guerre, A 1 1583, 68; 14 avril 1702.
199. En 1670, à signaler un soi-disant meurtre rituel d'un enfant chrétien, assurément accusation fausse. J. Ancillon, *op. cit.*, I, 63.
200 *Ibid*, II, p. 16.
201. L'étape est l'ensemble du logement et des vivres alloués aux troupes pour une journée de marche.
202. Vitry-le-François (Marne).
203. J. Ancillon, *op. cit.*, II, pp. 19-20.
204. A. N., G^7 375; 7 septembre 1691.
205. A. N., G^7 375; 27 octobre 1691.
206. A. N., G^7 377; 18 mars 1695.
207. A. N., G^7 375; 2 février 1691.
208. A. N., G^7 376; 1693.
209. Archives de Guerre, A 1 1955.
239. juillet 1706.
210. «Religion prétendument réfomée».
211. A. N., G^7 375; 3 avril 1691.
212. A. N., G^7 382; 24 novembre 1708, 5 juillet 1709.
213. Ainsi Marange, A. N., G^7 377;

1691.
214. A. N., G^7 378; 26 octobre 1697.
215. A. N., G^7 377; 19 novembre 1696.
216. A. N., G^7 379; 3 janvier 1699.
217. J. ANCILLON, *op. cit.*, II, pp. 37-38.
218. A. GUILLERM, *op. cit.*, p. 152.
219. Cet ouvrage était déjà composé lorsque j'aieu communication du manuscrit d'un ouvrage remarquable et très détaillé d'un érudit du Var, Pierre DUBOIS, *Histoire de la campagne de* 1707 *dans le Sud-Est de la France*. Je n'ai malheureusement pu utiliser cet ouvrage que pour ajouter ou rectifier quelques détails dans mon texte.
220. Octave TEISSIER, *Histoire des divers agrandissements et des fortifications de la ville de Toulon*, 1873, pp. 12-14.
221. *Ibid.*, p. 17.
222. Archives de la Guerre, A 1 2041, 271.
223. Archives de la Guerre, A 1 2041 235; 20 juillet 1707.
224. O. TEISSIER, *op. cit.*, p. 146.
225. Allusion au procédé de terre brûlée, de destruction des récoltes sur pied avant l'arrivée de l'ennemi.
226. Archives de la Guerre, A 1 2042, 121.
227. *Ibid.*, A 1 2041 235; 20 juillet.
228. *Ibid.*
229. Pierre DUBOIS, *op. cit.*, dactyl, p. 53.
230. A. N., G^7 469; 1er janvier 1706.
231. Archives de la Guerrre., 15 mars 1706.
232. Archives de la Guerre., 26 mars 1706.
233. E. LAVISSE, *Histoire de France*, *op. cit.*, VIII, pp. 103 et 106.
234. *Mémoires et Lettres du Maréchal de Tessé*, II, 1806, p. 235.
235. Arrêtés en Savoie, certains avec la collaboration rémunérée des paysans.
236. A. N., Marine B 3 150.
237. Archives de Turin, *Materie Militari*, 1707.
238. Port italien situé près de la frontière française.
239. Maréchal de TESSÉ, *op. cit.*, II, p. 239.
240. Louis de SAINT-SIMON, *Mémoires* (*1702-1708*), éd. Pléiade, 1969, II, pp. 906-907.
241. De livres.
242. L. de SAINT-SIMON, *op. cit.*, II, p. 907.
243. Archives de la Guerre, A 1 2041, 279; Aix, 26 juillet 1707.
244. Archives de la Guerre, A 1 2041; A. N., Marine, B 3 150.
245. Archives de la Guerre, A 1 2041, 266.
246. A. N., Marine, B 3 149.
247. TESSÉ, *op. cit.*, II, p. 258.
248. L. de SAINT-SIMON, *op. cit.*, II, p. 906.
249. Archives de la Guerre, A 1 2041, 233; 31 juillet 1707.
250. Archives de la Guerre, A 1 2042 49, 5 août 1707.
251. Archives de la Guerre, A 1 2042, 51; 4 août 1707.
252. Archives de la Guerre, A 1 2042, 14; 2 août 1707.
253. Rang: ancienne classification des vaisseaux d'après leur taille et leur armement.
254. P. DUBOIS, *op. cit.*, dactyl, p. 193.
255. Archives de la Guerre, A 1 2042 170; 6 août 1707.

256. Archives de la Guerre, A 1 2042, 366; Grignan, Marseille, 31 août 1707.
257. V. BRUN, *Guerres maritimes de la France: port de Toulon, ses armements*, I, 1861, pp. 125-126.
258. A. N., Marine B 3 149; 30 août 1707.
259. Archives de la Guerre, A 1 2042 6 septembre 1707.
260. Archives de la Guerre, *ibid.*, 20 octobre 1707.
261. Archives de la Guerre, *ibid.*, 9 octobre 1707.
262. Archives de la Guerre, A 1 2042 116 bis; 11 août 1707.
263. Pour deux mois en cette année 1707, 6 navires comptant 2 460 hommes d'equipage représentent une dépense prévue de 158 566 livres (soldes, 88 200, vivres, 70 366). A quoi il faut ajouter les frais de matériel.
264. A ne pas confondre avec cet autre *Royal Louis* construit à Toulon, *en 1667, et qui avait ét le premier vaisseau à porter 120 canons*, *Paul* MAUREL, *Histoire de Toulon*, 1943, p. 102.
265. V. BRUN, *op. cit.*, I, 110.
266. *Ibid.*, I, pp. 145-146.
267. La «presse», enrôlement forcé des matelots.
268. Moscou, Affaires étrangères anciennes, 93/6-497-34V^0; Bordeaux, 27 août 1787.
269. André CORVISIER, *L'Armée française de la fin du XVIIe siècle au ministère de Choiseul*, I, 1964, pp. 241-242.
270. A. CORVISIER, communication au Colloque de Prato, à paraître.

第 二 编

人与物

第二编引言 ii-5

困难是要找到与现实有关的假设。

——琼·鲁宾逊[1]

在上面几章里，我把法国的历史放回到了异常广阔、反差强烈而又有几个法兰西并存的地域之中。现在，我们再在变革的基本框架中进行考察。从这个视野看，可以说存在着一连串既相似又不同的法兰西：它们有时狭小，有时辽阔；有时统一，有时分裂；有时鸿运高照，有时饱经忧患；有时发展顺利，有时处于逆境。这一系列的现实和变化，或不如说这一系列的“整体周期”，我想把它们当作不同的方位标，为人们提供可能的解释。这些周期犹如大海的潮汛起伏，不断冲击着我国历史的各大活动领域。

我原先曾打算把这一编称为《法国历史的长周期》。后来，我担心这个标题会造成某些含义不清，因为通常只有经济学家才使用“周期”这个词。在经济学的术语里，周期包含着历史的两个侧面，即在一个制高点的两侧各有一条斜边。上升的一边是高涨，下降的一边是衰退。制高点也就是它们的分水岭。上升部分从低点达到高点，下降部分则从高点回落到另一个低点。我所想考察的正是这种跌宕起伏的波动周期，但这里的周期之长肯定为经济学家乃至历史学家感到陌生。我真诚地相信，历史学需要有周期的概念，需要有由此产生的带点风险的总体判断。

我们应该明白，这些跨度长达几个世纪的长周期并不单纯起 ii-6

源于经济学。它们不尽符合把经济当作人类生活的原因和主要动力的历史唯物主义观点。在这里的长周期中，原因和结果不但始终交织在一起，而且它们还通过反馈系统彼此交替，时而变成原因，时而变成动力或结果。持续的衰退，长达几百年之久的生活水平的提高，在短时段内无法复原的经济萧条，这一切显然都意味着多种因素的犬牙交错，其中包括政治、社会、文化、技术乃至战争，等等。或者整体出了毛病，坏事便接踵而至；或者整体恢复良好状态，一切就持续高涨。总之，衰退或普遍复苏都是显而易见的现象，只不过它们的真实原因几乎不可能被确定罢了。

读者如果对经济学家目前使用的术语有所了解，哪怕是通过每天读报得知这个概念，我相信他们就会接受我赋予“周期”这个词的特定的广义。历史学家或许会对此有所保留，我们的确习惯于按照历史分期的顺序考察每个历史时期的法国：有的专攻史前史，有的研究独立的高卢时代或罗马统治下的高卢时代的古代史，还有中世纪史的专家，近代史的专家，如此等等。这些当然都是不可缺少的。但以上不同历史时期的法国之间还有待进行比较，因此，把法国的每个历史时期都看成是个周期，也许并不过分。它们各有其产生、繁荣和衰亡的过程，它们互相衔接，从未出现断裂。

在本书第二编《人与物》中，我之所以从人口和经济学两方面来描绘我国历史的基本框架，这是因为人口和经济是历史深层运动中最明显的和最易于把握的征兆……人口究竟有多少？物产怎样使人的生存繁衍成为可能？或者，它们又怎样迫使人向前迈进，脱离开这条或那条路线，放弃这种或那种既得阵地？安德烈·皮
ii-7 亚蒂埃称人口为“人力资源”，吉·波瓦[2]则进一步认为，人口是首

要的“指示数据”，是“最少随意性的标准”。有鉴于此，本编前两章（第一章和第二章）所要探讨的乃是人口问题，即“从史前时期到公元 1000 年期间的法国人口数量及其长周期波动”和“公元 1000 年以来的法国人口数量及其长周期演变”；第三章和第四章将着重论述经济问题，标题分别是“直到 20 世纪的农民经济——基础结构”与“直到 20 世纪的农民经济——上层建筑”。后两章将随后及时付梓。

第一部分
人口数量及其长周期波动

第一章 ii-11

从史前时期到公元 1000 年期间的人口

根据一项大胆的估计，自从由猿变人之后，迄今以来曾在地球上生存过的人口总数高达 700 亿至 1000 亿，这个猜想提出了一个荒诞不经的数字。阿尔弗雷德·索维风趣地对我说：“到了‘最后的审判’的日子，还有什么地方可容这上千亿人住下？”[1] 按照这个数字推算，如果取个整数，迄今为止应有 10 亿人曾在法兰西地域上生存、劳作和活动，他们留下的遗产都已被纳入到我国巨大的财富之中。同今天活着的 5000 多万人相比，长眠地下、已经作古的人应是他们的 20 多倍。不要忘记，他们仍在“活人的脚下”，比如说，香巴尼、梅多克或者勃艮第的某个葡萄园，“就是由人力开发的、经过 2000 年 ii-12
劳动加以改造的一块土地”，或者差不多是如此。[2]

简而言之，数千年来，在法国这片地域上，人们辛勤劳作，兴建了大小道路、茅舍、房屋、村镇、城市，这一切都不值得大惊小怪。甚至有人大胆地说，这块地域是农民“生根立足”的地方……人口早已作为一个活跃的因素发挥作用和施加影响，促成了有史以来甚至迄今为止所取得的各项成就：拉斯科洞穴的辉煌壁画，史前期的石室墓冢和巨型石柱，罗马式艺术或哥特式艺术，无不证明了这一事实。人口作为一切的公倍数，肩负着历史的重任，对宗教的发展、国家的形成，以及对12世纪意大利城市和近代资本主义的诞生，都曾起过促进作用。有时候，人口因素也造成机器卡壳，使历史的车轮倒转，马尔萨斯就是这种灾难的预言者。

人口数量对人类命运具有重大的影响，这在今天已是尽人皆知的事实。1980年的世界人口已达44亿。“到2000年，人口至少将增至60亿”，人口专家指出，在21世纪，“将人口稳定在100亿至110亿之间的希望看来并不现实”。不幸的是，他们的这种推断不无根据。[3]12世纪时曾有“民众则国强”的说法。法国经济学家古达尔在13世纪时也曾指出：“政治界有一句公认的格言，那就是说，唯有众多的人口才能造就一个强大的国家。”他还说：“国王的真正利益何在？……王国的强大取决于臣民的多少。”[4] 当然，人口太多也有害处：在当今的世界，考虑到印度或中国不得不采取严厉措施限制人口增长，有谁还敢将古达尔的主张付诸实施？

往昔的情形无疑并非如此。这并不等于说，相对的人口过剩从没有造成过危害，而是饥馑和瘟疫每次都能遏制人口的增长。只是自近代以来，世界人口才持续不断地增长，至少在整体上从没有出现过停滞。

ii-13

一 史前时期的人口状况

认为史前史的一切都不如文明史，这是不老实的态度，至少也是不严格按科学办事的态度。

——让·马卡尔[5]

我们不能说史前史不是历史，不能说在高卢之前不存在高卢，在法国之前不存在法国，高卢和法国的许多特征要由罗马征服前几千年的历史作出解释。尼采认为，应该想象出“人类在史前时期——迄今以来最长的时期——所做的一切”[6]。这些累积起来的生活板块，这些漫长得不可思议的时段悄悄地、不露声色地流传到我们这一代人。因此，怎么能说在文明史与史前史之间没有延续和衔接呢？过去的历史学家往往在上古史和中古史[7]或中古史和近代史之间的分期问题上孤注一掷，不惜以自己的名声作赌注。今天的历史学家所下的赌注难道不正是如何确定史前史与文明史的分期吗？

不幸的是，史前史的诞生迄今还不到一个半世纪。1837 年，布歇·德·彼尔特在索姆河流域冲积层台地中发现了被认为是人类在史前时期使用的燧石手斧及其他石器。布歇·德·彼尔特费了好大的劲终于在 1860 年使人们接受了他的结论。他自 1847 年起陆续发表的第一部考古学著作《凯尔特人时期和前洪水期之古物》，正如达尔文于 1859 年发表的《物种起源》一样，曾经受到人们的怀疑和嘲讽。就在 1859 年，一批英国学者越过英吉利海峡，对 ii-14
布歇·德·彼尔特的发掘成果进行了鉴定，对他的工作给予了肯定。[8] 这是一件革命性创举，因为承认在被地质学家们确认为极其古老的地层中埋藏着人的陈迹，这就完全推翻了人由上帝创造的传说，在观念上产生了一场超出今天我们想象的翻天覆地的革命。直至那时，甚至某些学者也根据《圣经》的传统解释，认为人是在公元前 4000 年被上帝创造出来的。伊萨克·牛顿并不将自己的研究局限于数学和天文学，他曾对古埃及用象形文字记载的编年史嗤之以鼻，因为它竟狂妄地声称，埃及的法老比世界本身还古老几

千年[9]。

在数十年时间里，由于布歇·德·彼尔特的努力，特别是他的同代人达尔文的努力，由于他们提出的独创性见解，人类起源的历史奇迹般地向前延伸了很长时间。早期农业、早期村庄、早期城镇的历史随之上溯到更早的年代。与我们有关的法国的历史自然也是如此。

崭新的史前史所展示的前景照例在史学界没有立刻引起轰动，这是合乎情理的事，因为这意味着从一个知识领域向另一个知识领域的过渡，历史学家对史前史表现得无动于衷，几乎显得格格不入和迷惑不解。他们只把史前史看成是一个简单的准备阶段，往往寥寥数语就一笔带过，随后又照旧讲述其历史故事，仿佛什么事情都没有发生。

然而，史前史在积累大量证据、提出崭新推断和众多假设的同时，又在文明史以前的许多世纪打开了一个无底深渊。请大家想一想，根据我们的测量，文明史在人类进化的全过程中不过占千分
ii-15 之一的时间。为了对这一演变过程有足够的了解，我们需要其他学科的协作和配合。史前史学者已学会了应用多学科的综合研究方法，其中包括孢粉学（研究古代的花粉粒）、古生物学、植物学以及不久前刚刚起步的现存原始部落研究和人种学。单凭自身的菲薄力量不能摆脱自然支配的原始人类，在几千年间曾像其他群生动物一样，只是依赖其社会联系才能维持生存。

以上科学取得的成果并不能使史前史研究的任务轻松多少，因为有关的材料还有待作出新的解释。正如科兰·伦弗鲁所指出的，不能指望邻近的学科给你的问题提供现成的答案。[10] 此外，不久前，测定历史年代的科学新方法（如碳十四测定法，钾—氩测定法，树木年轮分析法以及其他更先进的测定法）又对前两三代杰出的史前史学家确定的历史框架和文化渊源提出了众多的和重大的质疑。因此，特别在欧洲史前史的问题上，一切都还有待重新解释。[11]

所有这些情况都使史前史成为一门生气勃勃的、动人心弦的学科，但同时又使它成为一个正在变动中的领域。只有经过多次出现错误和纠正错误，经过反复提出暂定的假设，史前史才能向真理靠拢。正因为如此，史前史学始终处于更新的过程中。

漫长的时间长河

根本的问题，人类起源的问题，至今仍没有得出定论。从一个大陆到另一个大陆，新发现层出不穷，每一次发现都对原来描绘的总体图像有所修正。

暂且从目前已知的材料出发，如果我们通过类人猿和人猿的 ii-16
主干考察人类这一支脉，我们可把东非南方古猿的起源（根据目前采用的有关远古人类的这种或那种定义[12]），几乎追溯到公元前500万年、前1500万年或前4000万年。加布里埃尔·坎普无可奈何地承认说，随着新发现的接连问世，“人类的起源正不断向更加遥远的过去推移”[13]。

然而，倘若我们仅把好奇心局限在人类的严格范围内，我们今天应把人类的出现定在他开始直立行走的时候，即是说大约在200万年以前，甚至可能还要更早一点时间。第一个双足直立的“能人”并不是首先制造和使用石器的动物。某些南方古猿早已会这样做了。但是，身躯直立能使双手得到解放，而另一方面，他的脑容量（开始时只有 600 至 700 立方厘米）从此将逐渐增大[14]。依靠高度发达的大脑作指挥，并由进行操作的手相配合，“人便在各方面发展他的惊人才能”：思维、记忆和语言[15]。继“能人”——可能是非洲人——之后，接着出现了生活在温带地区的“直立人”，然后是“早期智人”和“智人”，最后一种人属于已臻完善的晚期智人，即今天的你和我。

仍按目前已知的材料看，我们猜想在“法国”的领土上，公元前 180 万年前，已经有了“直立人”的存在。在上卢瓦尔省，地处中央高原的希雅克遗址，近年来曾发现了肯定用手砍砸而成的几块矽石，以及第四纪“维拉弗朗阶”的陆生哺乳动物群[16]。这可能是欧洲大陆迄今发现的最古老的人类活动遗迹。但是，在同一地区发现的索利雅克遗址距今约 100 万年，我们对这一时间的考证更有
ii-17 把握[17]。此外，考古学家 1958、1962 年在位于罗克布吕讷镇（阿尔卑斯滨海省）的瓦洛奈小溪边上发掘出的名叫“狐洞”的石窟，提供了 95 万年前人的遗迹。洞穴中除古动物——猕猴、南方象、原马和猫科动物——残骸外，还有相当粗糙的石器和骨雕。可惜的是找不到人的骨骼化石（石器远较骨化石易于保存），人曾在这里穴居过却是显而易见的，这是迄今所知的欧洲最早的人的穴居地[18]。

如果认为史前期在我国这块土地上至少可以延续到青铜器时期（直到公元前 500 年为止），它的时间跨度确实长得惊人，几乎达 200 万年之久，或者说 2 万个世纪！为了对这段令人不可想象和难以置信的时间长河进行研究，首先能向我们提供帮助的便是地质学家。他们测定的地质年表把整个第四纪（或如人们常说的“更

新世”)加上“维拉弗朗阶”(属第三纪末期)视为人类诞生的阶段,但把延续至今的第四纪末期(即“全新世”)排除在这一过程之外。

地质学家又把这一段极其漫长的时间分为四个连续的冰期。阿尔布莱希特·彭克用位于巴伐利亚的阿尔卑斯山麓的四条河流分别为它们命名,在对这四条河流的探测过程中,他获得了远古时代地球交替变冷的证明。按时间顺序排列,这四个冰期分别是“贡兹”、“明德”、“里斯”和“玉木”。贡兹冰期起自公元前200万年,玉木冰期止于公元前1万年。当然,不但每一个冰期的形成相当缓慢,而且冰期之间还存在气候转暖的间冰期,它们同样十分漫长并且没有规律。每个冰期又可分为若干阶段(如贡兹一期、二期、三期,玉木一期、二期、三期、四期等),分别与一系列缓慢的气候变化相适应。气候演变几乎是难以觉察的,但经过若干千纪的累积,最终会导致巨大的变化[19]。与此同时,人、动物和植物根据气候的冷热变化向地球南部或北部迁徙:严寒把适应温热气候的生物驱向 ii-18
南方,炎热则把习惯群居的驯鹿和野马赶到北方。总之,每次迁徙的原因都是生态环境发生了变化。

为了能有一个大致的概念(凡在过去的漫长黑夜中曾经发生过的事情,从理论上讲,都可能在未来的漫长黑夜中重新出现),读者可以设想,今后的数千年或数百万年内,如果各大陆像我们今天所了解的那样仍受气候变化的支配[20],地球就必然会经历一个新的冰期。在欧洲,厚厚的冰层将会覆盖整个斯堪的纳维亚半岛、荷兰、德国、波兰、俄罗斯北部、不列颠诸岛(直到伦敦附近)。法国除阿尔卑斯山等地势较高的部分外,其他地方将一如既往,不受巨大冰川的影响。然而,包括巴黎在内的巴黎盆地以及法国的大部分地

距今 1.5 万至 1 万年前猛犸的分布地点

在冰川（当时覆盖欧亚大部分地区）、草原和冻土带之间，从西班牙北部到西伯利亚伸展着一条人和动物（主要是猛犸和狍鹿）过往的通道，几乎整个法国都位于这个得天独厚的区域之内。（引自路易-勒内・努吉埃：《文明的诞生》，1986 年版）

区，会变成西伯利亚式的冻土带、草原或森林，即是说，一望无际的冰雪、草原和森林，给人、动物和整个大自然带来无穷无尽的影响。冰川神奇般的膨胀把水冻住，造成海平面的下降，部分海底将重新暴露出来，使包括英国在内的不少岛屿与大陆联成一片。在冰川的前方，由这些庞然大物刨蚀下来的岩砾堆积起鼓丘，而细小的砂粒则随风吹到远方，如中国和欧洲各地，并最后形成黄土层。多瑙河盆地或阿尔萨斯平原的黄土，巴黎外围台地的软湿土均起源于此。这些土质疏松宜耕的地区曾是法国和欧洲第一批农民的福地。

在确定史前期的任何一个考古发掘遗址以前，首先要根据动植物的遗迹或残存食物，辨认出当时应属于哪个冰期或间冰期。前面提到的瓦洛奈河边的那个洞穴是欧洲已知的最古老的人类遗 ii-20
址，洞内的居民大约生活在100万年以前，即"维拉弗朗阶"，地中海沿岸的法国南方当时正处于贡兹冰期的严寒期间。人们在洞穴中除发现冻裂的石块和磨利的燧石外，还有寒带陆生动物群的化石[21]。

公元前1万年左右，当最后一个冰期，即玉木冰期结束时，出现了持续的温和气候——大体上与今天相当——狍鹿逐渐向北方迁移，而猛犸则因不能适应而消踪匿迹。西伯利亚厚厚的冰层中保存着一些乳齿象，历经数千年之久仍完好无损，科学考察队不久前曾找到过这些巨兽。多少世纪以来，在北西伯利亚的部落里，一直流传着猛犸象的各种传说。当地的雅库特人和通古斯人有时发现这些巨象竟四足直立，仿佛刚刚丧命：猎狗扑上去撕咬，把它们当作在地下生活的大鼹鼠，或者当作一见阳光和空气便立即死去的水生动物[22]。

温润性气候也会有所起伏。由此出现了前北方期、北方期、大西洋期、亚北方期、亚大西洋期等气候类型[23]。每一种气候类型特别有利于某一种树木或动物的生长，如牛、马、榆树、橡树、山毛榉、栗树、榛树，从而自动地影响人的饮食和生活习惯。

人体残骸和工具

成千上万年间，在冰雪覆盖的冻土带或被水浸泡的丛林中（每当气候转暖，渍水退去，土地便重新显露出来），人和野兽杂居共生。人的活动不免留下踪迹：零星的或几乎完整的骨架，宿营和篝火的痕迹，还有数以百计的工具，虽然大多已经破碎，有的在开沟
ii-21 挖地过程中散失，有的被文物爱好者从博物馆中窃走。

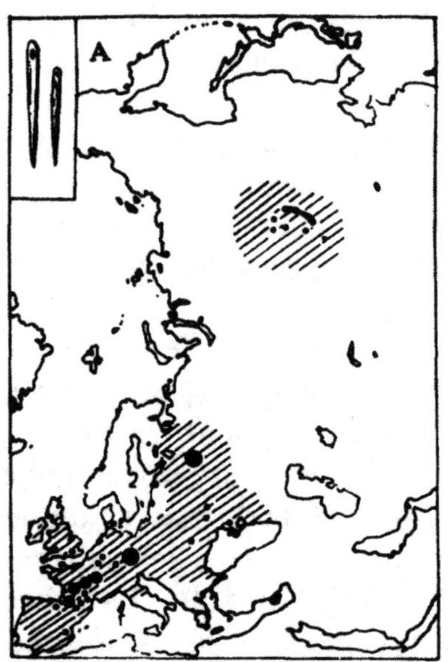

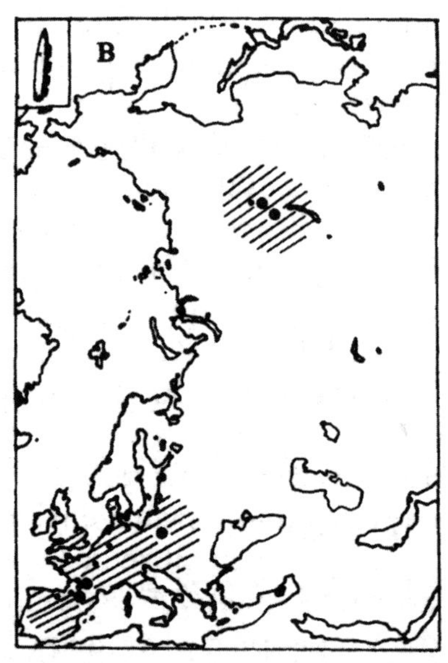

距今 1.5 万至 1 万年前工具的不断改进

图 A. 带孔的骨针（距今 2 万年）

图 B. 复合工具：燧石薄片或骨制锐器装在木柄或骨柄上和嵌在木制或骨制的齿槽内，并可随时替换。（引自路易-勒内·努吉埃：《文明的诞生》）

“人体”残骸是历史的重要见证。但是，最古老的人体残骸已

不复存在，它们早被酸性土壤蚀化了。在法国，一系列原始工具的使用比已知最早的人体化石早100万年。1949年，在蒙莫林（东比利牛斯省）附近的一处洞穴里发现了一块原始人下颚，与著名的海德堡下颌骨（公元前60万年）十分相近。尽管具体年代尚难确定，但可以肯定，是在“海德堡人”之后（约为公元前45万至前40万年之间）[24]，可能是在“陶塔维人”之前。在东比利牛斯省的一个山村发现的陶塔维人距今已有15万至10万年时间。这一发现曾引起了轰动。考古发掘分两个阶段进行：首先在1971年发现了一个年20余岁的青年男子的左顶骨，随后于1979年在离原址3米 ii-22
多远的地方，又发现了右顶骨，二者恰好拼成一副完整的头盖骨。这是一个直立人的头盖骨，脑容量接近1100立方厘米，额下方的“白洛嘉脑回”①的发育状况与现代人没有任何差别。由此，人们得出了令人振奋的结论：这个直立人已有说话的能力，只是他使用的语言还让人捉摸不清[25]。

此外，陶塔维人生吃猎获的动物。在阿拉戈的拉科纳洞穴里——洞穴位于狭窄的韦尔杜布尔河谷（阿格利河的支流）的对面——没有发现炉灶的痕迹[26]，而火的使用最早可上溯到距今50万年以前。在尼斯附近的特拉阿马塔穴室中，人们曾发现了多处火灶[27]，据测定，时间应在公元前40万年左右。

夹在峭壁之间的韦尔杜布尔河谷是一个天然的庇护所，不仅对生活在明德冰期的陶塔维人异常珍贵，而且对为数众多的陆生

① 原文为cap de Broca。Broca全名保罗·白洛嘉，是法国人类学学会的奠基人（1824—1880），职业为医师。他发现了被称为白洛嘉脑回的大脑左前区的清晰言语区。——译者

动物群也十分有利。这些动物的骸骨被好几代猎人堆集在洞穴的不同高度，其中可以辨认出的就有马、象、原牛、岩羊、麝牛、鹿、狍、穴狮、极地狐、熊、猞猁、豹、哨兔等等。与这些动物残骸混在一起的人的遗体已被砸碎，以取出骨髓和脑髓，这似乎表明当时的人有着噬食同类的行为[28]，类似的情形在其他考古遗址中亦可见到。这种习俗存在于整个史前时期，直至公元前第六千纪。食人肉有时似乎出于一种礼仪，人们甚至怀疑它与实行墓葬有一定的联系。[29]

距今将近10万年前，直立人被所谓尼安德特人所取代。[30] 这种智人无疑遍布整个中东和欧洲，法国自然也不例外。至于他们是否还在这一广阔地域之外活动，考古学家对此众说纷纭。不过，至少在欧洲地区，他们具有鲜明的特征，容易得到辨认。总之，长期被误认为是野蛮人的尼安德特人从此已经恢复了名誉，他的脑容量甚至
ii-23 比现代人还要大（平均达1600立方厘米，而现代人则为1400立方厘米）。他们已被证明是相当灵巧的劳动者，说话时语音也比较清晰[31]，尤其值得注意的是，他们最早对死者实行墓葬。从这个角度看，他们的进化已可以说臻于“完善”，皮埃尔·肖努因此把他们称之为“完人”。人们发现的大量标本（仅在法国本土发现的就有100余件）为我们展现了生活在欧洲的尼安德特人的某些恒久特性，不
ii-24 仅涉及生活方式和石器工艺，而且还具有严格的人种分类学意义。总之，他们完全属于一种独立的人种，在长达600个世纪的岁月中，在一片辽阔的地域上，始终保持着自己固有的特征。

然而，在没有任何明显征兆的情况下，尼安德特人在过了不到5000年后竟突然消失（从历史演变的角度看，这一时段无疑是十

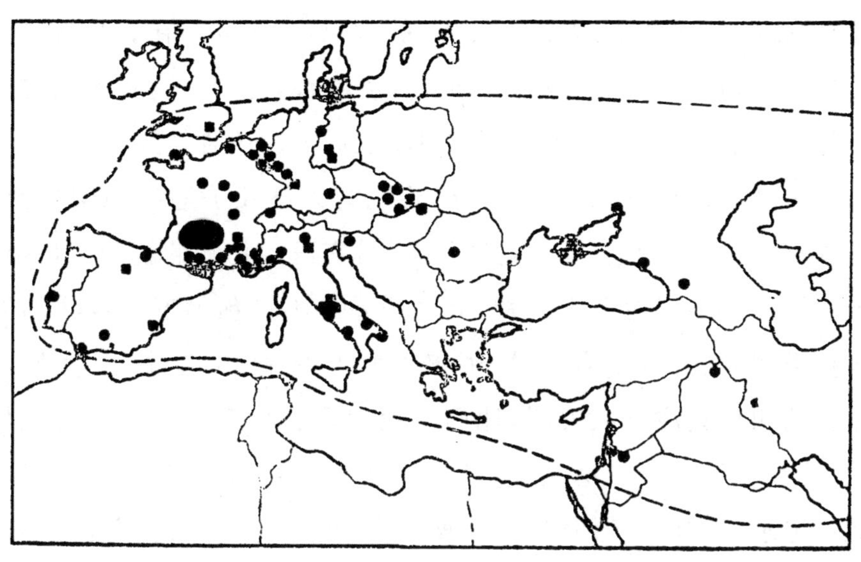

尼安德特人遗迹的地理分布(距今7.5万至3.5万年)

尼安德特人的遗迹以法国中央高原的西部最为集中(黑圈)。

分短暂的),他们被人种与其迥异的晚期智人所取代,而这种晚期智人已经属于现代人的范畴了。这一过渡是怎样发生的呢?史前史学家无从就气候因素或其他因素提供不容置辩的解释,尤其因为在这一关键的过渡时期,人们至今尚未发现任何确能说明问题的尼安德特人化石。整个人种普遍进化的可能已被排除:在如此辽阔的地域上安定地生活并可自由交换人种基因的人群,他们的进化势必十分缓慢。因此,从原则上讲,尼安德特人只可能与另一新人种相遇——无论相遇的方式是和平的或非和平的,当时的环境(尽管我们对此不知其详)又对这一新人种十分有利,因而他们迅速而完全地淘汰了尼安德特人。由此可以推导出一种纯理论性的假设:他们受到一次人们无法想象其来源的外部“入侵”,因为在尼安德特人出现在欧洲之前,在地球的其他地方,从澳大利亚到伊拉克、撒哈拉和挪威，人们已经发现了“现代”人的存在。“现代”人可能从巴勒斯坦进入了欧洲，而在5万年前，他们已与真正的尼安德特人生活在一起，后者只是在很晚以后方才灭种[32]。

总之，从距今约3.5万年起，晚期智人已几乎遍布地球各地，占领整个法国。他们已经是现代人，具有医生熟知的解剖学特征，虽然因地区不同而有所差别，但这些差异不过预示着当今法国的人种类型而已：地中海人种、阿尔卑斯人种、北方人种[33]。他们对宗教的明显关注可以表明，他们与我们具有相近的心理状态。最后，尤其不可思议的是：晚期智人竟开始产生艺术灵感和对艺术形
ii-25 式的追求。在旧石器时代的后期，已出现了“生育女神”这类小雕像，还有大量的绘画、雕刻和塑像装饰着洞穴的岩壁，还有与日常生活密切相关的成千上万件用石块、骨块、象牙、鹿角和狍角加工制作的用具。很晚才为人发现的精美的岩洞壁画令人惊叹称羡。

这些艺术形态经历了缓慢的演变，从粗略的图形发展到拉科斯岩穴奇妙的现实主义题材，最后又简化为某些可能具有象征意义的几何符号。[34] 这一演变大约延续了200个世纪，距今约3万至1万年时间，这对历史学家来说，委实是太长了。人们不难想象，相比之下，罗马式艺术或哥特式艺术经历的时代是多么短暂，更不用说印象派或立体派，后者的盛行充其量不超过一代人的时间。

法国和西班牙北部地区的岩洞壁画是这种早期艺术的杰出代表。在佩里戈尔地区峭壁耸立、水流蜿蜒的韦泽尔河谷，“上古时代人的栖息地比比皆是：艾齐、科罗马尼翁、拉姆特、莱贡巴莱尔、丰德戈姆、勃朗岬、洛塞尔、拉洛热里、莱马赛伊、拉马德琳、勒穆斯蒂埃、拉斯科……”皮埃尔·加索特写道，“人类圣地之多堪与埃

及、尼尼微、雅典、罗马相媲美”[35]。

关于早期艺术在这里勃兴的意义，人们曾经提出过许多问题。自然，谁也不会认为这仅是为艺术而艺术。晚期智人以捕猎原牛、猛犸、野牛、马、原羊和熊等野生动物为生，他们的绘画和雕刻也许是想借助图像使猎物着魔。在三兄弟洞、马达齐尔及其他地点的壁画上，对着野兽跳舞的蒙面人也许是会施魔法的巫师、神汉或祭司，只是我们对祭司在主持什么仪式一无所知罢了。还有那些令人神往的和莫明其妙的“书写符号”，它们又象征着什么呢？总之，壁画的表现力并不只是使人肃然起敬。弗朗克·布尔迪耶甚至认 ii-26
为，法国西南部与西班牙接壤处的这些山谷的文化发展水平超过世界其他地区，那里的壁画艺术可以作证。欧洲后来丧失了这一优势，只是在公元12和13世纪以后，才重新夺得领先地位，并一直保持了几个世纪。

在玉木冰期的最后几千年期间（这个时期有时被称为“狍鹿时期”），后期智人的物质生活相当充裕。狍鹿容易捕猎，由此提供的肉、皮、骨、“角”便成为人们衣食的来源以及制造帐篷和许多小工 ii-27
具的基本材料。此外，在所谓马格德林文化期——距今15000年——人口出现了一定的增长，开始向山麓地区和欧洲北部扩展。[36] 这是经济繁荣和技术进步的一种迹象，工具也得到了普遍改进，石器制作技艺也日臻完善。

尽管技术的发展因地而异，并且有明显的中止和断裂，但创造发明已成为各地的普遍趋势。尼安德特人改进了他们用燧石制作的刃具、刮削器和钻头。由此出现了可装有木柄、用途各不相同的一系列小型工具，有的仍是石器，有的则用骨头加工而成。例如，

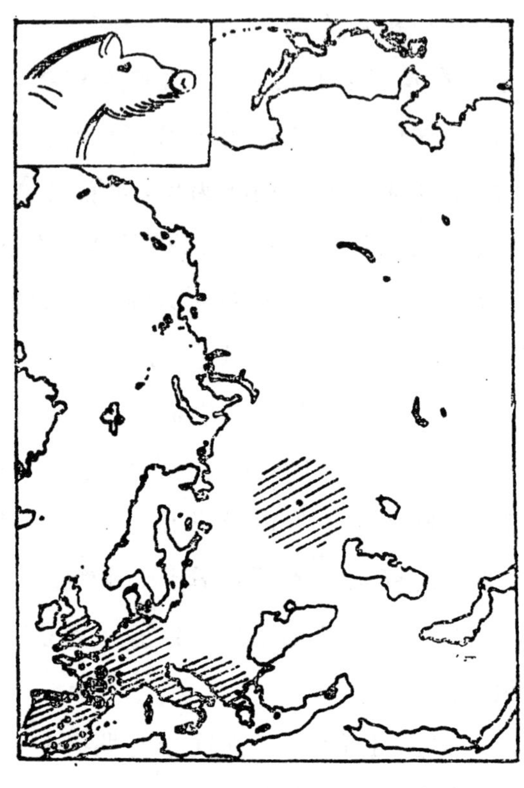

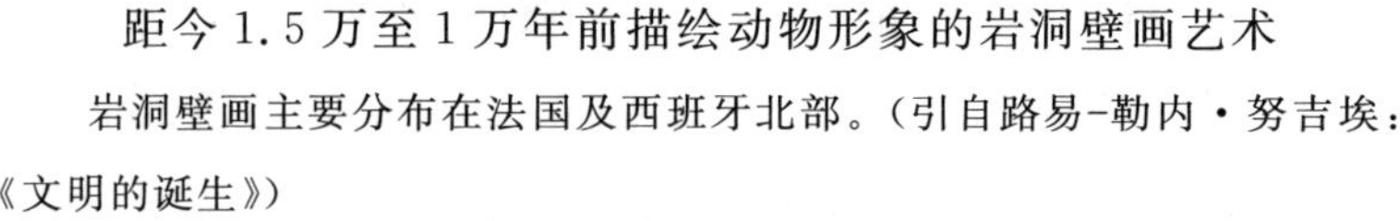

距今 1.5 万至 1 万年前描绘动物形象的岩洞壁画艺术

岩洞壁画主要分布在法国及西班牙北部。（引自路易-勒内·努吉埃：《文明的诞生》）

用燧石制作的各种刮削器的外形变得更加精巧，表面光滑，刃口呈锯齿状；凿子、石刀、钻头、带孔眼的针、鱼钩、带倒刺的鱼钩，也都制作精细。引人注目的梭罗特文化期[37] 仅延续了 3000 年，尽管没有自成流派，却留下了制作精良的薄石片，石片刃面都经过精心研磨，厚不过 1 厘米，长有时达 30 至 35 厘米。捕鱼技巧（尤其是捕鲑鱼）和狩猎技巧均得到很大改进，由投掷器抛出的石镖和利器使人能进行远距离的攻击。不过，真正的武器革命——弓箭的发明——直到距今1万年前的旧石器时代末期才终于出现。随着最后一个冰期的结束，全球的气候开始转暖，变得像今天那样温和，人们的生活从此将发生根本的变化。

从石器时代到农耕时代的大转变

事实与我们出自本能的想象相反，气候变暖并没有立即导致人类生存条件的改善。它反而使既存的狩猎型文明陷于严重的困境。稠密的森林迅速扩展，与此同时，冰川的融化造成洪水横流，到处泛滥成灾。海平面不断上升，淹没了大片海岸地带。在冰雪封冻的草地上，不再有成群的麋鹿和野马，人们只能在莽莽丛林中设伏捕猎麋鹿和野猪，并且开始采集植物，从而部分地改变了原来的生活习性。食物发生了明显变化：大猎物日渐稀少，较易捕捉到的小型野生动物相对增多，植物在食物中所占的比重越来越大：籽粒、草茎、榛子、榛实、毛栗、桑椹等等都成了充饥之物，而最丰富的食物来源则是大海、湖泊和河流中的鱼类，还有贝类和甲壳类动物。在考古发掘中，人们有时发现不计其数的甲壳和其他食物残存混杂在一起。 ii-28

鉴于上述情况，人们过去往往断定，在被称为中石器时代的这一艰难的过渡时期[38]，后期智人的后裔经历了倒退和衰落。今天，人们更倾向于认为这是一个要求他们发挥智慧和创造的适应阶段。虽说在最后一个冰期结束前艺术确已消失，但工具的种类并没有因此而减少。恰恰相反，工具变得越来越小型化、专门化了，不但雕凿精巧，而且还聪明地组装成复合工具，配有木柄或木杆。[39] 狩猎活动更加困难，但人从此开始使用弓箭，可以在远距离射杀猎物。诚然，箭既可以成为捕杀动物的工具，也能够当作射杀人本身的利器。罗贝尔·阿尔德雷甚至断言，“人在史前期发明弓箭的重要性不亚于现代人发明核武器”[40]。为了让人信服，不免要使用夸张。

最后，从公元前第七千纪开始，法国出现了农业革命的前兆，
再过二三千纪以后，史前期的猎人渐渐变成农民。第一个前兆便
ii-29 是加强采集禾本科植物，特别是巢菜类（如在瓦尔省），甚至包括菜
豆、豌豆等豆科植物（如在埃罗省）。虽说农耕活动在当时尚未正
式开始，但采集和存储活动至少已经相当普及。[41]

第二个前兆更为清晰，就是绵羊的饲养。绵羊最早可能从远古的中东传来，驯育绵羊在中东始于公元前第11或第10千纪。这个时期正值爱琴海航海活动的发端。因此，绵羊（在欧洲古生物谱系中从未发现过绵羊的祖先）于第七千纪在东欧出现，于第六千纪在西地中海沿岸（包括法国南部的地中海沿岸）出现，也就不足为怪了。再过一个千纪以后，人们在阿基坦地区开始饲养绵羊，到公元前4500年左右，绵羊已在布列塔尼沿海一带出现。[42]

可见，在西地中海地区，早在新石器时代以前，畜牧活动已经开始。这个大断裂，或者说，学会从事农业的这场革命，预示着高卢、法兰西乃至整个欧洲的诞生，耕地、草地、房屋、村庄及以农为本的农民将从此应运而生。

这场农业革命——其重要性可以与18世纪开始的英国工业革命等量齐观——的发源地位于近东——野生粮食作物的故乡。农业生产这一重大创举伴随着或紧随着其他几项新生事物的出现而问世：实行定居，畜养牲畜，制造镰刀、磨盘等农业生产工具，制

造细石器（不再是粗石器），发明陶器。这一系列文化财富将花数千年时间才逐渐普及，它们在欧洲的传播大体上通过两条不同的渠道，即沿多瑙河河谷从东到西的陆路和横跨地中海的海路。根据放射性碳十四的测定，我们可从时间上判明以上传播的路线和过程，我们顺便也能看到两个法兰西——南部和北部——怎样分别形成。

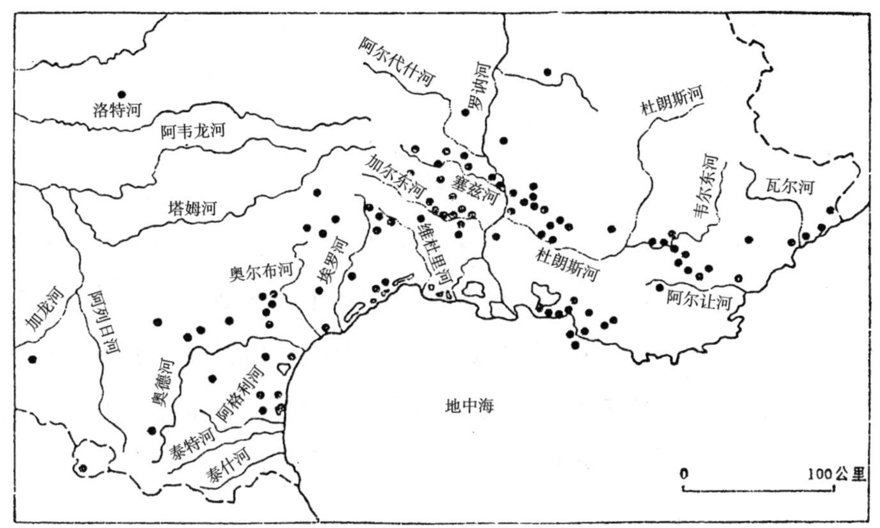

公元前第六至前第五千纪法国最早的农民群落

这些群落主要分布在阿尔卑斯滨海省至鲁西永平原的地中海沿岸地区。它们向内陆的推进相当缓慢。

异质性和多样性

ii-31

地处十字路口的法兰西将受到普及新石器的两大浪潮的冲击：法国南部首当其冲，于公元前5000年从地中海的方向受到了冲击；过了500年后，法国北部和东部从多瑙河方向接受了新石器的影响。由此可见，南北两大地区分属不同的文化氛围，各具独立

的地区特点。(见前页和 405 页的地图)

就南部而言,新石器的传播尽管起步较早,但发展进程并不明显。新石器肯定来自海外,传播因此先从沿海地带开始。但这并不意味着移民给新土地带来了新知识。迄今为止对为数不多的人体骨骼所作的分析使雷蒙·里凯得出结论说:"任何移民"的可能性均应予以排除[43]。此外,也没有发现任何突出性的断裂,只存在"思想或技术的传授,促使土著社会内部出现独特的创新"[44]。让·吉兰纳认为,尤其重要的是,最早的样板——在东地中海地区发展起来的农业——在传播过程中发展很不平衡,一再被地中海各盆地的停滞状态所扭曲,这些地区起着"一连串的过滤器"的作用。在法国这片土地上,结果造成了当地居民对新文明的缓慢适应,他们没有完全抛弃原来的传统,但同时又逐渐开始饲养牲畜,实行定居,从事农业活动和制造陶器。陶器的制作当时遍及整个西地中海地区。陶器制品经常嵌有甲壳(特别是"鸟蛤",由此得名的"鸟蛤陶"被用于确指法国南方的新石器时代早期)。业已存在的绵羊和山羊饲养业有了相当大的发展,以致毁坏森林,造成水土流失。在公元前第五千纪时,最早的村庄建立了起来,尽管相当简陋,但人们已能辨认它们的遗址,如在科比耶尔地区的山坡上,就
ii-33 有季节性牧畜的过冬营地,在平原的山冈上还有度夏营地[45]。

最初仅限于沿海一带的"地中海文化群"逐渐扩展到中央高原的南半部,扩展到阿尔卑斯山麓,然后再不断向北伸展。

法国北半部的情况完全不同,那里确实出现了一次断裂。来自多瑙河流域的移民把农业原封不动地搬到这里,建立起完全掌握农业技术的农民群落。当然,从人类学角度看,这些移民与当地

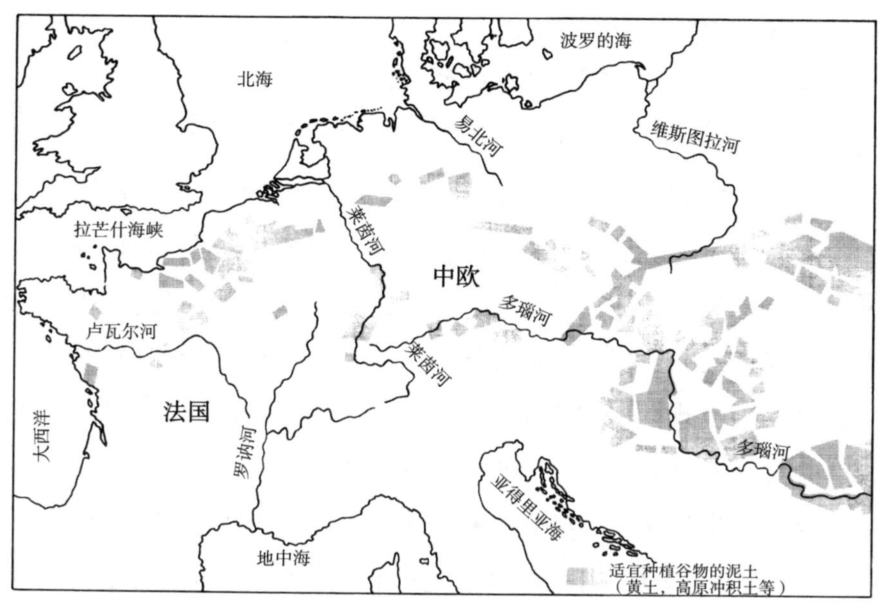

欧洲的黄沙土和冲积土地区

为中欧农耕者所寻求的黄沙土和冲积土地区展示出公元前第五千纪时农业沿多瑙河向莱茵河及巴黎盆地发展的路线。

原来的居民完全不同[46]。从公元前 5000 年开始，多瑙河河谷的这些农民逐渐向西迁徙，旨在寻找与他们习惯耕作的土地相类似的新的淤积地。公元前第五千纪中叶，他们越过了莱茵河。但只是在过了五个世纪以后才到达巴黎盆地。与这些外来的农耕者相反，当时法国北部的居民还是一小群一小群的狩猎者和采集者。但是，由于迁居者仅在河谷地区肥沃的冲积土上劳作，他们不费力气就迫使依旧生活在中石器时代的土著居民躲到荒瘠地区去或就地适应环境。他们按多瑙河的建筑样式，用木料或土坯建造可容纳一大家人居住的宽敞住所（最大的能容纳 10 余人），他们的村落有时甚至可达 200 多居民。与地中海地区居民不同的是，他们是真正的农民，从原籍带来了他们已然熟悉并且行之有效的生产方法。他们砍林开荒，实行刀耕火种，种植小麦和大麦，饲养牛、猪等家畜（很少养绵羊），他们继续从事狩猎，但野物在肉食品中仅居次要地位。他们制作的独特的陶器因其纹饰而被称为“带纹陶”[47]。

由此可见，新石器文化在我国的建立具有不同的特征：南方是“鸟蛤陶”文化，北方是“带纹陶”文化，它们各自独立发展，互不干
ii-34 扰。不仅如此，在西部的大西洋沿岸，且不论其起源如何（可能是来自海上），出现了一种独特的文化背景，一种既非鸟蛤型亦非带纹型的特殊陶器，特别是一种奇异的巨石建筑[48]，这些古迹一直保存至今。长期以来，史前史学家拒不承认这些庞然大物是土著“野蛮人”的创造，因为它们是“真正的”文明杰作，因而只可能来自东方。依据某些形状的相似（特别与克里特岛米诺斯文化风格的圆顶坟墓相似），考古学家曾推测，可能是来自爱琴海的经验丰富的航海家把这种“崇拜巨石的宗教”带到这里，使它们于公元前第三千纪中叶首先在西班牙（那里也存在巨石建筑），然后在大西洋其他沿岸地区广为传播。可能正是在这一稍晚的时期，我们在大西洋沿岸的祖先终于进入了新石器时代。

碳十四测年法使所有这些假设全部落空。欧洲已知的巨石建筑以法国布列塔尼地区和葡萄牙（并非西班牙）最为古老，它们比包括埃及在内的东地中海地区的任何石建筑出现更早。事实上，从公元前第五千纪开始，在神秘莫测的条件下，这种在很大程度上由当地产生的新文化突然全面开花，出现了最早的石室墓冢，如位于莫尔莱附近的巴尔纳内石室，11 处公共墓墩竟长达 70 米，墓顶呈圆拱状，另有一室似为禁地[49]。殉葬品中有一些不加任何装饰

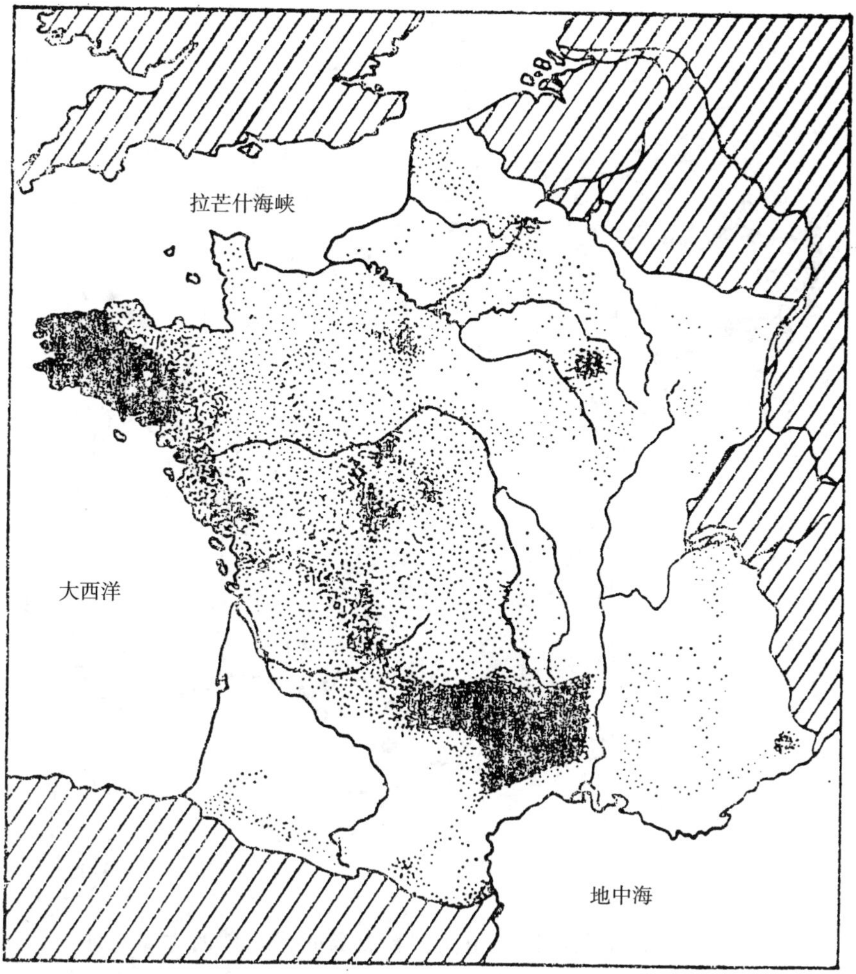

公元前第五至前第三千纪法国石室墓冢的地理分布

该图展示了巨石集体墓葬在法国从其发源地布列塔尼向南方扩展的概貌，历时达2000年之久。

的光滑陶器。巨石建筑大概是已由农民组成的原始社会的产物，分布在整个欧洲的大西洋沿岸，尽管不同地区的建筑形式各有明显的差异。这些原始社会将忠于巨石建筑的传统。在法兰西西

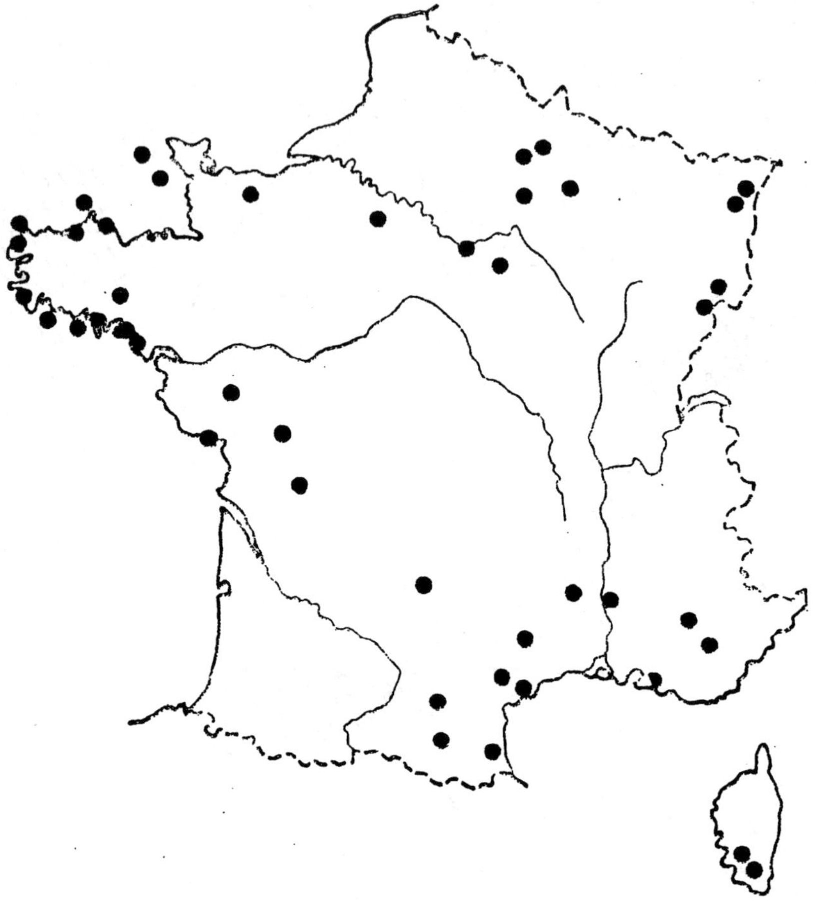

公元前第六至前第四千纪法国新石器时代初期的主要遗址

从新石器时代的遗址分布可以看出，法国有三个不同文化区域同时存在并各自独立发展，它们被中央高原隔开。

部，巨石建筑延续了 2000 年之久，后来，到了公元前第三千纪时，法国南方纷起效仿，石室墓冢遍布各地。

ii-35 到公元前第四千纪初，法国共分为三个不同的文化区，中间被中央高原隔开，后者不免同时受到三种文化形态的影响。自公元前3500年以后，三种文化之间建立了联系，因而同一种文化或

公元前第四至前第三千纪的遗址

遗址展示法兰西"民族"文明的雏形。在夏赛文化时期，交往已十分活跃。该文化覆盖了除东部以外的几乎全部国土。（参见让·吉莱纳:《法兰西以前的法兰西》，1980年版。）

者同一种文化中的某些因素逐渐覆盖整个法兰西的国土，东部地区除外。这种独具一格的"夏赛"文化大约于公元前3600年在南方形成，"以原有的居民为主体，吸收了来自地中海的文化影

ii-36 响”[50]。当时的陶制器皿造型美观，线条细腻，焙烧恰到好处，并饰有几何图形；工具制作也相当精巧，其中包括大量利刃，除刀和镰以外，还有许多形状各异的箭矢，几种磨光的石斧，以及捣槌、辗礤、磨盘等脱粒和磨面工具，反映出当时的食物相当丰富。

ii-37 在人口巨大增长的推动下，这一文化迅速表现得咄咄逼人，并经由罗讷河谷向北方推进，经由高斯山和诺卢兹山口向阿基坦地区渗透。让·吉莱纳[51] 据此得出结论：结果形成了一种“全国性的
ii-38 新石器文明”。这不等于说它抹煞了一切地区差异，而是为区域文化统统打上了可供辨识的烙印。在它的强大推动下，地区文化经过演变最终形成了共同的文化源流，尽管相互之间存在着千差万别。

事实上，我倾向于认为，“夏赛文化”的扩展大体上反映着依然处在新石器时代早期农业革新之外的居民后来陆续被新文明所同化。在人口急速增长的催逼下，从事狩猎或饲养活动的先民终于决定转化为农民。他们走出了丛林，甚至对森林进行开垦，这与雷蒙·里凯[52] 提出的关于巴黎盆地于公元前第四千纪末期突然建立文明的见解不谋而合。人类学家在这里发现了与其近邻——制作带纹陶器的农耕者——迥然相异的人种类型，他们更接近于中石器时代的远古居民。此外，巴黎盆地虽然与“夏赛文化”在全国各地的急剧传播相联系，它却发展了自己独特的工具，一种似乎用来砍伐林木的特别坚固耐用的工具；我们据此完全可以设想，当地的居民曾经进行垦荒，开发新的耕地。“夏赛文化”之所以具有扩张力，难道不正是由于它使整个法国本土得以完成新石器革命，并且为其人口增长所必需的粮食资源提供了保证吗？[53]

与此同时，交换活动日益加速。因此，在西部地区石室冢墓的陪葬物中，人们发现了属于“夏赛文化”的新陶器；反之，在北部滨海地区普吕絮利安的作坊中制造的“圆柄斧”在其他地区亦有发现。这种用粒玄岩制成的石斧不仅在布列塔尼、英吉利海峡、马耶纳省、大西洋岸卢瓦尔省流传，而且在莱茵河流域、阿尔卑斯山或比利牛斯山等地区都可以找到。同样地，原产于菲尼斯泰尔省用角闪石制作的光滑的石斧也可见于其他地区[54]。

这一切都应归功于文化的全面扩展，因为在法国各地，村庄范围在扩大，数量在增加，农业稳固地确立了优势。新石器社会中盛 ii-39
行的对生育女神的崇拜在法国从此兴起，但在法国出土的小塑像通常用陶土制成，造型相当粗糙，数量也比较少，无法与东欧或中欧为数众多、形象优美的小雕像相提并论。自然也有例外，在洛特省上卡普德纳克地区的夏赛文化遗址出土的石雕像十分壮观，其制作时间大约在公元前 3000 年。这一发现给学者们提出一个耐人寻味的问题，因为除了可能与南斯拉夫公元前第五千纪的某些卵石雕刻有些相像外，它不同于人们熟知的任何塑像。总而言之，除开某些诞生于旧石器时代的“维纳斯”塑像和“布拉桑普伊圣母”动人的面庞外[55]，奇特的“卡普德纳克女神”也许称得上是法国本土最古老的史前期雕塑[56]。

金　属　时　代

随着人类开始使用金属，史前期也终告结束。金属技术的应用起源于东方或欧洲的巴尔干地区，后者是欧洲冶金业的发祥地。自公元前第五千纪末年起，人们首先开始冶炼黄铜，随后是铸造青铜，最后才出现冶铁。因此，根据传统的分期，可分为黄铜时代、青铜时代和铁器时代。这种技术陆续传入法国，在时间上有相当大的间隔，其中黄铜约在公元前2500至1800年间，青铜约在公元前1800至700年间，铁器始于公元前700年。上述这些技术的传播无不与外来居民的侵入有关。

黄铜文明具有双重性（事实上，石器工具仍占主要地位），因而人们经常将这一文明称之为“铜石并用的时代”。这一文明经由意
ii-40 大利北部和伊比利亚半岛传入法国。炼铜业自公元前3000年起已在以上两个地区建立。到了公元前第三千纪中叶，法国南方开始出现几个与矿场相联系的冶炼基地，主要分布在塞文山以及阿韦龙、凯尔西、洛泽尔、朗格多克等地区。[57]

直到公元前2200年左右，铜的生产仍停留在个别地区，后来才被纳入到所谓“钟鼎”文化的范围之内，并日渐向各地扩张。[58]这种外来文化的遗址在欧洲各地到处均可发现，其特征表现为呈“鼎”形的陶制和铜制器皿（“钟鼎”文化由此而得名）。这些器皿据说是由塔霍河流域和中欧地区的移民传来的，尽管确切地点至今尚未找到。这些外来的移民究竟是些什么人？一些学者认为，他们是手持弓箭进行武力征服的武士，另一些人又认为他们是推销精美的陶器以及匕首、钳子、锥子、针等新奇铜制品的流动商贩。这些旅行家长途跋涉，足迹遍布伊比利亚半岛、波河平原、撒丁岛、西西里岛、罗讷河谷、尼德兰、爱尔兰、英格兰、波希米亚、摩拉维亚以及几乎整个的法国（奇怪的是巴黎盆地不在此列）。全靠这些无处不在的流动人员，人们可看到“欧洲统一观念”的首次出现。有

人认为,“在很大程度上”,他们正是印欧语最早的普及者。[59] 我们对此姑且存疑。

无论如何,在法国本土,这些属于“钟鼎”文化的移民没有构成密集的、同质的部落,以致有排斥或同化土著居民的任何可能。事实恰恰相反:他们与当地居民显然相混杂和被同化,他们留下的坟墓采用传统的群葬制(如果他们自成群体,便会采用分葬制)。

然而,正当黄铜的冶炼在法国蓬勃发展的时候(公元前 2000 ii-41
年),早在 1000 多年前就已放弃了纯铜器的中东和中欧却转而采用比纯铜脆性较小、韧性较强的铜锡合金,即青铜。这一巨大的技术进步大约在公元前 1800 年才传到西方。

由此产生了一系列后果:首先,为寻求不可缺少的锡而使商业往来更加活跃;其次,优质工具很快取代了石器工具;尤其重要的是劳动分工(如农耕者、矿工、手工工匠、冶炼匠、商人、武士)更趋加速,从而产生了阶级区分和等级制度。可以说,将青铜铸造技术输入法国的外来居民同时也带来了一种新的社会模式,在这一社会中占统治地位的是少数武士,可能还有冶炼匠[60]。分葬制也成为社会等级的标志:上等人物自立坟墓,带着武器、珍宝和装饰等个人物品葬入墓穴。[61] 武功卓著的英雄被尊奉为新的神明,这些手执武器的男性战神的出现,使新石器时代农耕者顶礼膜拜的“生育女神”黯然失色。此外,火和太阳也成了人类崇拜的新对象。

这种文明向各地广为扩展。在公元前 1800 至前 1200 年间,群葬制几乎消踪匿迹。布列塔尼古老的石室墓冢从此只埋葬一位死者。唯一的例外是地中海沿岸的法国南部和西南部以及从比利牛斯山至阿基坦地区一带,那里仍保存原有的墓葬传统。[62] 不过,在

勒普兰索
阿格诺
欧奈奥普朗什
普卢沃恩
圣阿德里安
梅里
马罗勒
维代勒
戛纳闸
圣布朗丹
特雷布勒
里克塞姆
维勒梯叶里
比尼昂
尚普莱
当比埃尔
苏勃莱纳
德莫夫草地
普格莱索
沙朗
莱姆瓦东
阿旺通
马尔奈
拉尔努
塞夫里耶
韦那
莱杜费
布尔歇湖
沙泽勒
莫拉
波亚克
塞西奈
勒努瓦耶
塔罗
贝奈旺
雷阿龙
贝戈山
朗萨格
拉斯图
拉阿里亚德
梅伊哈克
法
菲利托萨
旧港

法国青铜时代的遗址

青铜器在法国有两大生产区：西部的大西洋沿岸和东部的阿尔卑斯山至阿尔萨斯地区。（参见让·吉莱纳：《法兰西以前的法兰西》，1980年版）

任何地方，都没有发现对当地居民实行肉体消灭。我们不妨推想，当地居民大概为新主人充当奴隶和仆役。

从公元前1800年起，冶铜业在法国取得了辉煌的成就。青铜铸造最初仅限于广义的罗讷河地区（瑞士的瓦莱州、罗讷河谷、汝拉山、阿尔卑斯山），但其产品——包括精致的匕首、利斧、珍珠、手 ii-43
镯、装饰别针、锥子和铜针——却远销勃艮第、中央高原、阿基坦、朗格多克和鲁西永等地区。罗讷河就这样一跃而成为连结地中海和德意志内陆的通道。

三个世纪以后，在整个大西洋滨海地区出现了为数众多的冶炼场，同时成批制造青铜器这一至关重要的新事物（石器工具从此被彻底淘汰）。每一处炼铜中心专门生产这种或那种类型的矛、斧、刀、剑。这些产品分别在梅多克平原、布列塔尼、诺曼底或卢瓦尔河—加龙河地区制造，行销全国各省，并在同一市场上出售。[63]

除大西洋滨海地区和广义的罗讷河地区外，法国第三个铜器制作中心是阿尔萨斯。鉴于莱茵河彼岸的居民迁入阿尔萨斯，并随后向巴黎盆地和中西部地区扩展，当地的文化渊源与前两个地区略有不同。阿尔萨斯的巨斧和刀具也行销法国南部，沿索恩河顺流而下，进入汝拉山区和中央高原。他们制作的陶器别具一格，一直远销到夏朗德地区。[64]

公元前1200至前1100年间出现了一次重要的文化断裂。整个爱琴海盆地当时处于巨大的动荡之中，居民纷纷迁往中欧，一部分后来更越过了莱茵河。他们的文化别具一格，因为他们对死者实行火化，而大家知道，丧葬方式确实事关重大。装有骨灰的陶瓮被并排埋在类似公墓的“瓮场”。这种“瓮场”文化涉及法国四分之三的领土，也正是经济条件最优越的地区。平原地区村落的大量出 ii-45

现，犁铧的使用，坡地的开荒垦殖，役马和车辆的使用[65]，所有这一切无不表明社会生活的长足进步。唯独大西洋沿岸置身于这一运动之外。而距大西洋沿岸不远的巴黎盆地当时已成为活跃的商业活动中心，成为大陆影响和大西洋影响互相争夺的对象。

不过，即使在移民已经站稳脚跟的地区，原有的地方文化仍起着显著的作用。在勃艮第等地区，土葬和火葬在长达两个世纪的时间里同时并存，有时甚至在同一处公墓实行两种丧葬方法。地区的差异也相当明显，以致某些考古学家把文化特征与“外来居民”相等同，认为法国曾相继出现五次入侵浪潮。让·吉莱纳则主张，应该根据不同的地区，考察文化特征的不同形成过程，他甚至怀疑是否“果真出现过外来居民的入侵”。他问道：各地居民在与“流动商贩或充满活力的团体”接触的过程中，为什么就不能逐渐趋向于文化适应呢？[66]

总之，青铜时代在其发展过程中经历了一个日趋活跃的经济交流时期（铜锭和锡锭通常被运往很远的地方，起码也是从布列塔尼运抵阿尔卑斯山或西班牙），一个几种文化并存和互相渗透的时期。

铁器时代（自公元前700年至罗马征服高卢）同样也是充满动荡的时期，这是因气候变化带来的困难造成的。更为寒冷而潮湿的气候导致湖水淹没滨湖地区，使山毛榉、桤木、松树、云杉等各种乔木覆盖了山坡。森林面积的扩大显然有利于新兴的炼铁业的发展，炼铁技术比冶炼青铜技术更复杂，要求高温，需要消耗大量木材。炼铁技术曾长期是古赫梯王国的一项秘密，后来逐渐外传，不

铁器时代早期的遗址(公元前700—前500年)

集中在所谓哈尔施塔特文化侵占的地区,位于卢瓦尔河以南和以东。

(参见让·吉莱纳:《法兰西以前的法兰西》,1980年版)

知何时经何路线抵达西欧。可能是腓尼基人经地中海传入法国, ii-46
也可能经由欧洲陆路随多次越过莱茵河的移民浪潮而来。[67]

铁器时代可以分为两大阶段,即从公元前八世纪至公元前七世纪的哈尔施塔特文化期和从公元前五世纪开始的拉坦诺文化

期。较之史前史的其他阶段，我们对铁器时代的文明有更多的了解，不过对由此产生的许多难题，我们往往不能作出解答（这也不足为怪）。

哈尔施塔特文化的情形肯定是如此。[68] 我们对新迁徙的居民知之甚少。他们是西欧最早出现的骑兵（使用马匹在法国领土上虽然已有几个世纪的历史，但它们只被用作驮畜），也是炼铁技术最早的传播者。他们带来了一系列铁制工具和新兵器，其中的重剑使他们对仍然使用青铜匕首为武器的敌人具有不可抗拒的优势。因此，在公元前 1100 年左右，来自巴尔干北部的多利安人——他们也已骑马——早在哈尔施塔特时期之前几个世纪，已在希腊给予灿烂的迈锡尼文化以毁灭性打击。

“高卢”并未经历这样的剧变，那里发生的事主要是渗透、重合和侵蚀。“从洛林和香巴尼直到卢瓦尔河三角洲这条直线以南”的全部地域逐渐被入侵者所占领。人们可以依据他们的墓冢[69] 找出他们的入侵路线，不论实行火葬（“瓮棺”文化的习俗）或土葬，死者都有兵器陪葬，主要是剑，有时还有战车和鞍辔。关键的事实是，在这些个人坟墓中，首领人物的坟墓特别奢华。显而易见，骑士社会等级森严，这一特征构成高卢社会最重要的因素之一，并一直保
ii-47 持到罗马人征服时为止，甚至随后还延续了相当长一段时间。

然而，高卢人的先祖究竟是谁？一些人认为是原始凯尔特人，另一些人则认为他们属讲印欧语的人种，但并非凯尔特人，根据的理由是：“真正的”凯尔特人，即所谓拉坦诺文化的外来移民，在抵达高卢时，摧毁了当地人防守的营垒。这条理由并不充足：凯尔特部落之间不是也经常发生争斗的吗？验证凯尔特部族的唯一有效

标准无疑应是他们操何种语言。可是，对于哈尔施塔特时代的居民使用何种语言，我们一无所知。无论如何，他们像随后的凯尔特人一样，是从中欧过来的移民，并且将自己的影响从奥得河扩大到了西班牙。

但是，在他们入侵的当时，一些特殊的因素对于未来高卢的地域和社会的演变也产生一定的影响。事实上，公元前七世纪、前六世纪和前五世纪将是地中海文明繁荣昌盛的时代，希腊城邦、腓尼基人和伊达拉里亚人竞相进行开疆拓土的殖民活动。公元前 600 年，福西亚人在高卢的土地上建立了马赛利亚城——今日马赛的前身。该城地理位置极其优越，商业十分活跃，不仅通过罗讷河—索恩河长廊从“高卢”市场吸取丰富的资源（包括布列塔尼的锡），而且经地中海广开货物流通的大门，尽管伊达拉里亚人和迦太基人不时进行骚扰。伊达拉里亚人从意大利北部出发，早已翻过阿尔卑斯山的一些山口进入高卢，迦太基人则先经由西班牙，随后又取道大西洋的海路袭击高卢。[70]

高卢朝南方发展商业是否构成哈尔施塔特文化末期的主要特征？当时，一些古城堡和设防山寨陆续建立了起来。在埋葬王公要人的高大坟墓中，不仅有四轮车和个人用品等陪葬物，考古学家还发掘出许多源自希腊和伊达拉里亚的珍贵物品。1953 年，在布 ii-48
列塔尼的维克斯古城堡的脚下，发现了一位少妇富丽堂皇的墓穴。[71] 这位少妇佩戴各种饰物，躺在一辆四轮车上，身旁有三只来自伊达拉里亚的青铜盘，一只银盘，两只阿提卡式的杯子，还有一只外壁饰有武士和战车的大型双耳青铜壶（高 1.65 米），这只双耳壶从此以维克斯青铜器闻名于世[72]。尤其令人惊讶的是，人们居

然能把它从遥远的产地运到维克斯。据考古学家的推测，这只双耳壶应是在科林斯或古希腊的另一所作坊中制造的，也可能产自小亚细亚的福西亚……

维克斯墓的建造年代约为公元前六世纪末，当时正值拉坦诺文化开始渗入高卢东部地区，入侵者无疑已被称为凯尔特人[73]。维克斯城后来在公元前五世纪初突然被摧毁，位于德龙地区的佩格堡也同时被毁。过后不久，汝拉山区的沙托营垒也告失守。[74] 哈尔施塔特文化的土崩瓦解与新移民迅猛异常、势不可挡的入侵同时发生，入侵者逐渐遍布法国的大部分领土。他们肯定是英勇无畏的武士和骑兵，技术精湛的铁匠，心灵手巧的工匠；尤其，他们还带来了辉煌的神话、新的宗教、独特的文化以及他们自己使用的印欧语言。他们就是我们的祖先高卢人。

凯尔特人或高卢人：他们的历史和文明

说到拉坦诺文化的凯尔特人，我们告别了史前时期，进入到文明史的朦胧阶段。然而，这还不是历史的曙光，后者只是在罗马征服高卢时(公元前 58 年至公元前 51 年)才开始出现。对于“法兰西”历史这一漫长的序幕，我们仍缺少详尽的资料。

ii-49 高卢人就是凯尔特人。那么，凯尔特人又是何许人呢？是讲印欧语的人种。这一确指仍不具体，因为印欧语人种起源于公元前 3000 年，包括分布在从大西洋到恒河的旧大陆各地的众多部族。他们只有一个共同的特征，那就是他们所讲的语言具有亲缘关系，因而语言学家们认为几乎可归为一类。关于这个问题，以往提供的解释极其简单：讲印欧语的居民原本是单一的人种，他们居住在濒临波罗的海和北海的日德兰半岛的南部。这一人种后来分散成许多部族，每个部族又各自形成独特的语支。遗憾的是这种四平八稳的见解如今已被放弃，但又没有任何一种新的解释能够取代它。

凯尔特人属于印欧语人种的西欧分支（同他们以前的哈尔施塔特文化时期和“瓮棺”文化时期的居民，甚至同公元前第三千纪末“钟鼎”文化时期的居民一样）；命运决定他们生活在辽阔空旷的大地上。从公元前七世纪起，他们大概住在欧洲中部的波希米亚，这一四边形地区是各种影响交融汇合的必经之地。人们因此不把凯尔特人看成一个人种：人种学家一直把他们区分为短头型和长头型两类。公元前五世纪时，他们的人种混杂“与现代居民相差无几”，随着他们不断占领新的领土，这种混杂也就变得更加突出[75]。我们最好也不说凯尔特人是一个民族，因为民族这个宽泛的字眼有着太多的含义。我们当然决不会说他们已是一个国家。他们可能源自一个居统治地位的家族，一个征服了其他部落的部族；后来，他们的文化像油渍那样一点点扩散，最后形成了一个“总体”。

值得注意的是，为了构成这样一个总体，显然需要投入强大的力量，有赖于各种机遇的凑合，再经过反复的变革和取得一次又一次的成功。巴里·康利弗[76]的解释令人神往，因为唯有这种解释说明了上述历史进程的意义。按照他的说法，整个进程派生于一
次遥远的意外事件：公元前七世纪时，随着多利安人的入侵和“海 ii-50
民”神出鬼没的骚扰，灿烂的爱琴海文明突然崩溃；而爱琴海文明在对外扩展影响的同时，曾使从埃及到希腊、再到赫梯人的小亚细

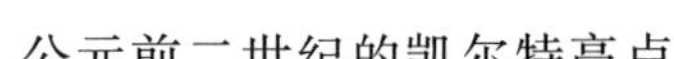

公元前二世纪的凯尔特高卢

本图展示罗马征服普罗旺斯前(公元前121年)高卢的民族组成状况。

亚的东地中海地区成为极其活跃的文化和商业交流中心[77]。设想有一盏遮光的灯,就像猎人使用的那种暗灯,在夜间监视远处猎物
ii-52 的动静,这盏暗灯突然熄灭了。中欧当时的情形就是如此,它必须自己摸索,自谋生路。正如二千年过后,即在公元五世纪的蛮族大规模入侵后,北欧——尼德兰——只能自力更生重建家园,进而成为中世纪欧洲活跃的经济中心。上述过程的实现使中欧得益匪

浅；中欧地区完美的炼铁技术长期曾是赫梯人的秘密，如今经巴尔干半岛和伊比利亚地区向外传播，促成了一个善于制作铁器和能征惯战的部族的诞生。凯尔特人可能就是这个部族的后裔。几个世纪以后，他们人数众多，生活欣欣向荣，接着又进行了一系列旷日持久的征服活动。

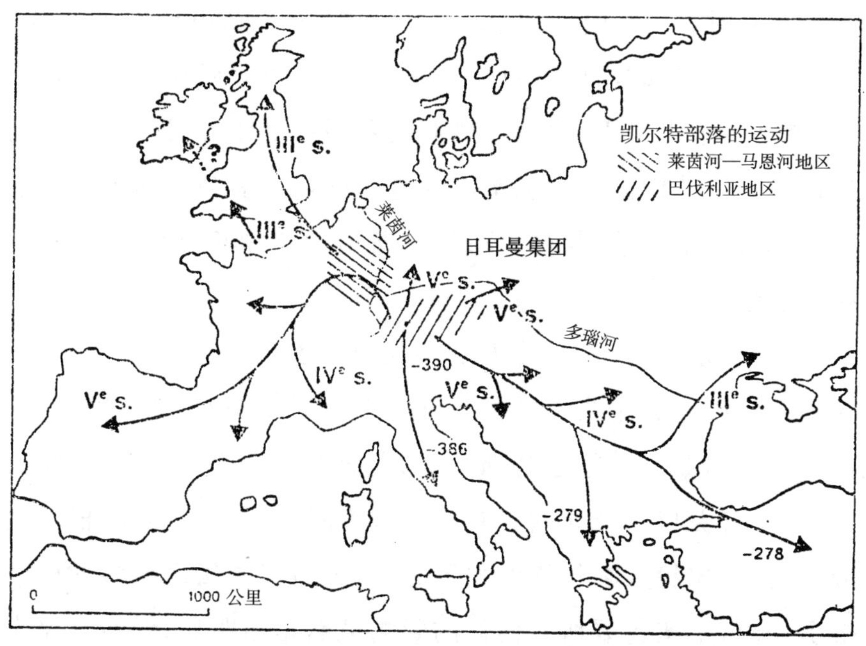

公元前五至前三世纪凯尔特人的征服活动

凯尔特人从巴伐利亚、莱茵河和马恩河之间的地区（于公元前六世纪占领）出发，朝着各个方向进行扩张，但在北方遇日耳曼人而受阻。

凯尔特人迅猛、急剧的扩张持续了三四个世纪，波及的地域相当辽阔。在我向雅克·哈尔蒙[78]借用的简图上，读者当可一览无遗。在几个世纪期间，面对希腊人、罗马人、伊达拉里亚人等地中海城市文明的侵蚀，凯尔特人除了使用武力就别无选择，唯有武力才使他们抵御和遏制这一侵蚀。

凯尔特人以巴伐利亚为起点，不断向西方推进。在征服莱茵河中下游地区的同时，他们于公元前六世纪在莱茵河和马恩河之间的地区安顿了下来。然后，他们又以这一定居地出发，继续挥戈西进，席卷高卢全境，越过比利牛斯山，进入伊比利亚半岛西部。大约在公元前三世纪，他们到达大不列颠，并征服了爱尔兰。

与此同时，从公元前五世纪起，凯尔特人还从巴伐利亚出发，越过布伦纳山口和圣哥达山口，进犯意大利，于公元前386年夺取罗马，控制了维内蒂人、伊达拉里亚人和利古里亚人居住的波河流
ii-53 域(内高卢)。他们向意大利南部的进军遭到了罗马人和伊达拉里亚人的阻击[79]，因而仅占领从阿尔卑斯山到亚得里亚海之间的一个狭长地带。

最后，朝东方向，凯尔特人沿多瑙河河谷进入巴尔干腹地，并深入到小亚细亚。希腊古城德尔菲于公元前279年被洗劫一空。他们于公元前278年越过博斯普鲁斯海峡，同年建立了加拉提亚王国，并一直保持到公元前230年。这里同西班牙一样，距根据地十分遥远，凯尔特人在扩张的强弩之末，无力与占领区众多的居民相抗衡，不得不实行妥协。他们的影响虽然相当明显，但最终促成了“成分不一的凯尔特混合型部族”[80]。

雅克·哈尔蒙依据历史顺序重现的这一过程尽管并非无懈可击(可用的上古史资料始终有待重新作出解释)，但我认为相当可信。这种进犯成功的范例并非绝无仅有。我们不妨根据辛布里人和条顿人——日耳曼人和凯尔特人的混血人种——的入侵(公元前102至前101年)，或根据赫尔维蒂人的迁徙(被恺撒于公元前58年所阻止，当时正值罗马开始征服高卢)，推想出凯尔特人的胜

利进军该是什么样子；男女老少浩浩荡荡地结队前进，战马和战车不绝于途……整个部族杂乱无章地往前走去，并在几个世纪期间，改变了地中海和欧洲的命运。凯尔特人的长驱直入是内陆欧洲和地中海欧洲的对抗，是部落和城邦的对抗[81]，野蛮人和文明人的对抗。原始经济和货币的对抗……长期势不可挡的凯尔特人既不建立城市，又不建立国家，更不知帝国为何物。他们不追求恒久的政治目的，又没有经过深思熟虑的征战计划。冒险精神，掳掠成性，有时加上人口过多的压力，促使他们向外发展。他们也可能彼此争斗，甘愿充当雇佣军，为西西里或小亚细亚的希腊人，为埃及或迦太基出力作战。米什莱曾写道："谁想找到盲目的勇敢和廉价的鲜血，只要收买高卢人就行了。"[82]

高卢人和凯尔特人实际上同属一个部族。凯尔特人是希腊人 ii-54
对这个部族的称呼，罗马人则把居住在高卢的凯尔特人叫作高卢人。为方便起见，当涉及这一部族的整体时，我们便使用凯尔特人这一称谓，在只涉及法国领土时，则使用高卢人的称谓。但是，恺撒在其《高卢战记》的开端介绍当地的区划时，他把尚待征服的中部地区（从加龙河至塞纳河）称作克尔提卡，其南侧称为阿奎塔尼（从比利牛斯山至加龙河），其北侧称为比尔吉卡（从塞纳河至莱茵河）。

凯尔特人从东部侵入高卢后，便在阿尔萨斯、洛林、香巴尼和勃艮第实行定居[83]；他们砍伐森林和开采铁矿。他们在其他各地的分布不如以上地区那么密集：朝莫尔旺地区和中央高原的移民相当稀少；再往南去，高卢人被夹在罗讷河下游河谷的两侧，东面遇到伊伯尔人的抗拒；西面又遇到利古里亚人的抵御，总之，当地居民即使被驱逐或被征服，也并未被消灭。亨利·于伯尔[84]在他论述凯尔特人的著作——至今仍不失为经典之作——中，强调了入侵者人数众多。这是把凯尔特高卢的语言、文化和社会扩张归功于人种的更新。事实上，这些从一开始在中欧便与其他民族相混杂的凯尔特人，在其迁徙途中，还把他们遇到的大批异族一起带到高卢。从此，在高卢发号施令的凯尔特人更有充足的时间使自己与被征服者相融合。殖民征服和文化适应的历史进程长达几个世纪。

凯尔特人在高卢成功的原因在于他们强制推行了他们的语言和生活方式，只有南部例外。在他们所获得的文化成就中，经济显然起了巨大的作用，活跃的经济有助于种族的融合。但还必须指出，高卢的谷物生产和手工制作并不是由凯尔特人开创的。早在
ii-55 他们到来之前，除森林、沼泽及泛滥成灾的江河两岸外，乡村已在各地建立了起来。当时森林的面积的确要比今天大得多，尤其是在卢瓦尔河以北，森林覆盖了博斯、奥尔良、加蒂奈、布莱索瓦、佩尔什……[85]。大麦、小麦和小米的种植已有悠久的历史，当时尚未出现的作物是啤酒花、燕麦、栗树和葡萄。葡萄于公元前 121 年罗马征服普罗旺斯后才在当地落户，随后再传到克尔提卡地区。此外，由于早已存在的传统，高卢人在林间饲养成群的绵羊、山羊、牛和猪（牲畜饲养甚多，在罗马入侵前，高卢的腌肉和羊毛已行销罗马）。凯尔特人热衷养马，马匹的繁殖可能是他们的功劳。[86]同时，他们肯定也是炼铁技术的传播者。在拉坦诺文化初期，高卢的许多省并不掌握这种技术。特别值得一提的是，凯尔特人还推广了铁器农具的使用，铁器在哈尔施塔特文化期的高卢十分罕见。

总的说来，恺撒在高卢征战时经过的乡村，当地农民的耕作技术肯定领先于罗马人。有些热心人把轮犁的发明归功于高卢农民，这一说法还值得商榷，因为至今发现的许多铁犁头只适用于步犁，而不能与真正的轮犁配套，后一种犁不但可以翻耕土地，而且还能犁出垄沟。但高卢人至少完善了耕作技术，因为在罗马入侵的前夕，他们已能翻耕板结的地块，而一般的步犁对此显然是无能为力的。[87] 比勃腊克塔周围的爱杜安部落已在地里施撒石灰[88]。此外，高卢人还拥有一些优良的工具，如割草的大镰刀、砍柴刀和斧子，甚至还有收割机（当时还只是一种新奇之物，并未普遍推广）。据老普林尼说："这种组合装置配有锯齿形外边的盛谷箱，下设两个轮子，当由牲畜牵引前进时，割下的谷穗便会落入盛谷箱中。"高卢盛产谷物，其利弊兼而有之，因为入侵者在推进过程中可保粮食供应无虞。 ii-56

罗马人还发现高卢不乏技艺高超的工匠。他们不仅能锻造铁器和进行镀锡（普林尼将镀锡工艺的发明归功于比图里吉人），而且还能加工铁器、银器和金器。为了满足高卢人对装饰品的喜爱，他们制作漂亮的首饰、华美的珐琅制品（这是他们的特长之一）、精良的武器以及带有珍贵饰物的马衔。他们开采铁矿和金矿，如位于塞文山脉吕茨河畔的布拉桑普伊矿。一位磨坊主兼业余地质学家于 1850 年在地质勘探中发现了"罗马征服之前高卢人使用的铸币"[89]。公元前四至前一世纪凯尔特人的长剑也表明当时木炭炼铁技术的不断完善。与此同时，用于加工皮革和木材及雕刻金属的专门工具的品种之多令人不胜惊讶，除个别例外，工具的门类与现代已相差无几。[90]

高卢的工匠能织造亚麻和羊毛制品，并将其染成人们所喜爱的鲜艳悦目的颜色。他们对木料和皮革的加工尽善尽美，而罗马人并不懂得这些技术（用木桶代替酒瓮便是凯尔特人的一大创举）。他们在欧洲最早制造肥皂，又是心灵手巧的制鞋匠（如制作厚底木屐）和制陶匠，并能制作巧夺天工的金属器皿。

最后，在独立高卢时期，城市已经诞生，城市手工业也已形成。虽然比较不能说明一切，但从公元十二世纪起，法国城市中行会的建立似乎标志着城市生活和经济生活的一个转折点。关于这个问题，我在后面还将会谈到[91]。值得强调的是，既然在比勃腊克塔的
ii-57 下城发现了一个专门的工匠居住区，这个事实足以表明，随着经济活动的进步，劳动分工在高卢也不断发展。

农业、手工业的繁荣兴旺与一定规模的商品流通有着密切的联系。独立的高卢当时确实是个对外开放的地区。陆路交通（尽管人们还不能称之为大道）及海运和河运均已存在。罗马人将把这一切继承下来。车辆在陆地行驶，说明道路并不如人们所说的那样简陋。除按战车式样建造的轻便、迅捷的豪华马车外，还有四轮重型货车（这些车辆都是凯尔特人的创造，由罗马人于公元前三至前二世纪时所仿制[92]）。此外，高卢从北向南被“大道”所贯通，主要运送琥珀以及布列塔尼和英国的锡，经鲁昂转塞纳河、索恩河和罗讷河的水运，最后抵达马赛。这条通向马赛的道路，人们也可称之为阿维尔尼人之路，因为阿维尔尼人在罗讷河上扼住这条通道的要冲。

海上运输也同样存在。凯尔特人当然并不善于航海，这个道理不言自明。但在阿摩里卡地区，尤其在岛屿四布的莫尔比昂海

湾，凯尔特人找到了船舶建造者和水手。那里是维内蒂人的家乡，按照阿兰·吉约姆[93]的说法，他们对航海的爱好于公元前五世纪时因一艘腓尼基船驶抵布列塔尼海岸（布米尔科远航）而受到启发或从此确立。维内蒂人建造大中型船舶的生涯从此开始。高卢建造的这些船舶在大西洋和英吉利海沿岸往返航行，前往英格兰及盛产锡矿的锡利群岛。他们与迦太基人达成协议，将锡矿从科努瓦耶地区运到宽阔的维哥湾。只要迦太基控制着西班牙，莫尔比昂的贸易活动就能朝南北两方面发展，甚至远届奥西斯姆地区（今菲尼斯泰尔省）。维内蒂人的船队虽然强大，但并非仅此一家。例如，他们必须与在菲尼斯泰尔至埃斯科河之间航行的船只合作。ii-58
此外，内河航行则是皮克顿人和桑顿人的天下，他们的船只往来于卢瓦尔河和吉伦特河流域。后来，当恺撒对阿摩里卡人发起进攻时，曾征用过这些船只[94]。

恺撒在《高卢战记》中把高卢的城市称为“奥皮多姆”（即设防城市）或“于尔布斯”，后一词原则上也确指城市。使用这一对同义词，难道只是为了避免重复？在恺撒的笔下，阿莱西亚有时被称为“奥皮多姆”，有时则被称为“于尔布斯”。实际上，在独立的高卢，城市—村庄网也就是集镇—村庄—村落网。村庄或村落只有几所茅草土房，不开窗户（灶烟从屋顶排出）。集镇可能起着城市的作用，但相当简陋。“奥皮多姆”才是唯一值得注意的城市。人们习惯说，城市必有城堡，城堡也是城市。除某些沿河的要塞城市外——布尔热（比图里吉人的首府，即阿瓦里克）就是这种情形——“奥皮多姆”都建在高处，如比勃腊克塔、盖尔哥维亚等。它们通常有深沟高垒为屏障，城墙厚约4米，用土、石、厚木板围筑，城内留有相当开阔的空地（比勒腊克塔有135公顷，阿莱西亚有97公顷[95]）。每遇危险出现，平原地区的居民和畜群便进城躲避。城内的部分土地建有房舍，甚至有高级居民区、神庙及手工作坊，其重要作用已如前所述。问题在于这些要塞城市是否就是通常意义上的城市，即政治、宗教、经济中心。凯尔特历史上最杰出的学者之一旺塞斯拉·克鲁塔对此深信不疑，但相当多的历史学家持否定的态度。

在我看来，城市的作用在公元前二世纪至前一世纪时发生的明显变化中得到了证实。“奥皮多姆”正是在这两个世纪中出现的。
ii-59 在此之前，凯尔特人没有修建护城工事，他们强大的武力无疑足以保障安全，这就是所谓克尔提卡的和平。罗马统治高卢初期推行的和平属于同类的现象。城市作为避难所逐渐向高处发展，是否与凯尔特人日渐衰落，与困难和威胁不断增长有关？人们不禁会想起公元前121年罗马人占领“行省”或公元前102至前101年辛布里人和条顿人悲惨的大迁徙。这些部落无疑属于日耳曼人，但他们定居在克尔提卡的北部边境，在波罗的海和北海沿岸及日德兰半岛以南，他们肯定受到了凯尔特文明的影响（他们的首领甚至使用凯尔特人的姓氏）。且不说他们是否已被凯尔特人所同化，他们依旧保持着攻城略地的习性。虽然旺塞斯拉·克鲁塔力图缩小他们的危害性——罗马人的恐惧心相反则夸大这种危害性[96]——我们应该承认高卢各部落之间的频繁战事毕竟是个不容抹煞的事实。因此，“奥皮多姆”肯定起到了防御作用，并使当地居民受到了保护。更何况，无论是在高卢境内或境外，这些居高临下的设防城市将是抵御罗马进犯的唯一手段。罗马人只是在进行长期围困之

后，才能把城市攻破：西班牙的努曼西亚（公元前134—前133年）和高卢的阿莱西亚（公元前52年）都是例子。

那么，为什么城市的防御职能——所有的中世纪城市也都围有高墙——会排斥其经济职能呢？旺塞斯拉·克鲁塔相反把“奥皮多姆”的出现与社会的更迭联系在一起。从公元前225年起，凯尔特人彻底停止了对外扩张。在这以前，不存在任何城市：一些类似“乡村民兵”的“武装农民”作为自由民生活在由几户人家组成的村落中，他们随时准备跟随首领去从事冒险，或充当雇佣兵，或进行新的征战。在对外扩张彻底受阻后，居住日趋集中，人身依附和尊卑等级不断加剧，整个经济也大有进步，而“奥皮多姆”的涌现恰恰正是这一切的产物[97]。怎么能无视克鲁塔的这一结论呢？不但 ii-60
农民的经济活动自发地创造了已具有城市职能的集镇，而且高卢全境存在经常的贸易往来无疑也要求建立起一系列商品交换站以及众多的服务设施，进而导致常住人口的集中。恺撒远征高卢期间不是在切那布姆（今奥尔良）、诺维奥杜努姆（今讷韦尔）和卡比约努姆（今索恩河畔沙隆）等地都发现有定居的罗马商人吗？[98] 面对罗马人的入侵，维尔森吉托里克斯为使敌人不能从城市中获得粮食供应，曾推行了焦土政策，而比图里吉人则因首府阿莱西亚的 ii-61
“华美壮丽”，不忍把它付之一炬。当然，我们不要以为这里真有什么“壮丽”的建筑：高卢的城市没有留下一座石砌建筑物。房屋大多用土坯垒造，难怪西塞罗[99] 深有感触地说：“再没有比高卢城市更丑陋的了。”因此，我们不妨推想阿莱西亚的“壮丽”在于它的经济生活。比图里吉人为守卫城市付出了沉重的代价。当城市陷落时，恺撒发现城里还有大批存麦。[100] 此外，比勃腊克塔城内的手

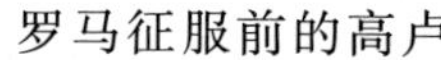

罗马征服前的高卢

工作坊区难道不也是经济繁荣的见证吗？阿尔贝·格勒尼埃曾就比勃腊克塔遗址的发掘撰写过一篇专论[101]，他正是持以上的见解。既然如此，阿兰·吉约姆恐怕没有理由把保尔-玛丽·杜瓦尔在这个问题上表现的审慎，牵强附会地硬说成是存有怀疑。[102] 在阿兰·吉约姆看来，高卢既没有城市，也不存在国家。皮埃尔·博诺的说法比较准确，他写道："如果高卢还没有建立起真正的城市，至少城市的胚胎已在那里孕育成长……西欧和中欧的许多城市将

由此脱胎而出，有的是小城市，还有不少大城市。”[103]

以上对凯尔特人迁入法国的过程只是作了极其简略的概述，故意没有涉及一个最根本的问题：怎样认识他们的文明？怎样通过凯尔特人各自为政的部落割据认识其文明的统一？为了找到这种统一性，关键是要考察他们的社会组织和宗教信仰，以及“德鲁伊特”的作用（但有关这些祭司的传闻轶事应该一律撇开）。关于这一切，我将在另一章中再作阐述。

以多胜少

为对我国的史前史作一概述，以上的篇章委实太短，但又太长。所以说太短，是考虑到我们拥有的史前史知识尽管显得支离破碎，但涉及面却相当宽广；所以说太长，是因为初次涉猎史前史 ii-62
的读者希望把我们描绘的这一详尽轮廓印入脑海，却又很不容易。这里能否归纳出几个重要的结论呢？

首先，无疑应该确认以下的事实，很久以前，法兰西地域的人口便异乎寻常地稠密。人口众多的原因部分地要由我国的地理位置来解释：法国位于八方际会的十字路口。埃马纽埃尔·德·马尔托纳[104]认为，欧洲从东到西呈漏斗状，越是靠近大西洋，地域也就越狭小，而法国正是这个漏斗的狭窄的颈口。各种影响都朝法国的方向涌来，并在大西洋沿线停止前进。法国因此成为一张罗网，一处陷阱，这里的居民势必要相互融合。科兰·伦弗鲁认为， ii-63
从中石器时期以后便可发现的大西洋沿岸地区的人口集聚将能说明为什么在布列塔尼会出现巨石建筑，它是我们的史前史的非凡见证。随着新移民带来农耕技术，人口的迅速增长使可耕地日见

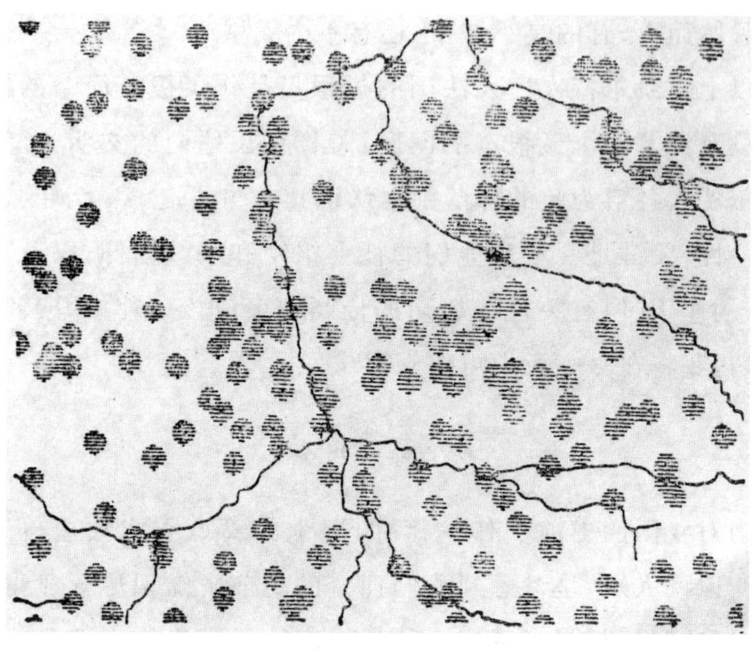

减少。每个居民点都因此注意紧紧地聚集在巨石的周围，巨石既是他们的集体基地，也是他们的地域标志。[105]

ii-64 人类学家雷蒙·里凯[106]说，居民的积聚和融合使人种混杂在法国大幅度加剧，以致从新石器时代开始，那里的居民“变成不折不扣的现代人”，“更加明显地以法兰西人的面貌而出现”，也就是说，已经具有今天的种族多样化的特征：阿尔卑斯人，北方人，地中海人，洛林人，等等。这一见解与费迪南·洛特的一句俏皮话不谋而合。后者说：“实际上，当代的法国人要想知道他们祖先的模样，只用看一看周围的人，或者在镜子里照一照自己就够了。”[107]

然而，在进行总结时，更为重要的显然是进行统计。我们的祖先究竟有多少人？对这个问题，我们无法给予确切的回答，这并不

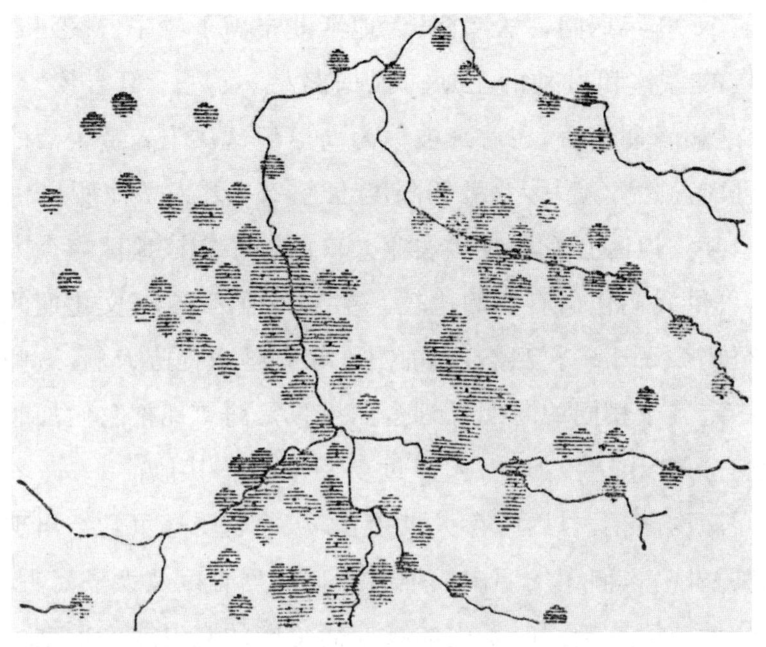

新石器时代和今天卢万河盆地的居民点分布

新石器时代和今天的区别在于，沼泽丛生的冲积河谷过去无人居住，而在今天，高原地区的居民则纷纷迁到河谷地带。路易-勒内·努吉埃认为，这个地区新石器时代的农村人口平均为每平方公里10至20人（居民点当时多于现今，但每个居民点的人口显然比今天少得多）。（参见路易-勒内·努吉埃：《史前时期的人口分布》）

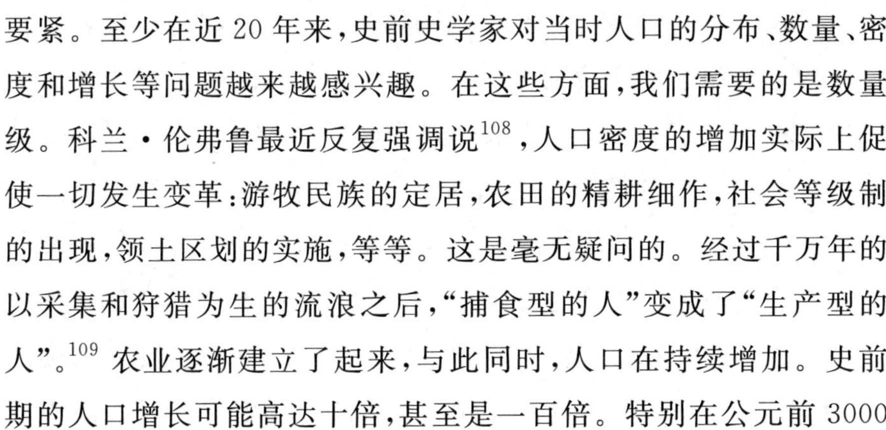

要紧。至少在近20年来，史前史学家对当时人口的分布、数量、密度和增长等问题越来越感兴趣。在这些方面，我们需要的是数量级。科兰·伦弗鲁最近反复强调说[108]，人口密度的增加实际上促使一切发生变革：游牧民族的定居，农田的精耕细作，社会等级制的出现，领土区划的实施，等等。这是毫无疑问的。经过千万年的以采集和狩猎为生的流浪之后，“捕食型的人”变成了“生产型的人”。[109] 农业逐渐建立了起来，与此同时，人口在持续增加。史前期的人口增长可能高达十倍，甚至是一百倍。特别在公元前3000

年到前1800年期间，“法兰西”大地渐渐布满了村庄、村落和人，以及开垦的森林和耕种的土地。根据路易-勒内·努吉埃[110]的计算，在这巅峰期前后，在后来被称为高卢的这块土地上生活的居民总数可能高达500万人，最低限度也有250万人。他所提供的地图展示某一地区新石器时代农业人口的分布和该地区当今人口的分布，可供我们作出有益的比较。在某些地区，夏赛文化期的居民
ii-65 点甚至比今天还多。当然，史前史学家有理由提醒人们，这些遗址并不一定属于相同的时期，因此，如果只是简单地把它们加起来计算，就有可能出错。但是，人口过于密集还有其他征兆：许多村庄的四周深沟高垒，村内贮存大批粮食，从而表明战争已经出现。在集体坟墓中，人们还发掘出成堆有箭痕的尸骨以及大量箭头。[111]

公元前第二千纪时发生的长期而急剧的衰退或许也是人口过多的又一征兆。人们注意到了衰退造成的危害，却说明不了衰退产生的原因。[112]可能是瘟疫蔓延，类似旷日持久的百年战争初期在西欧流行的黑死病。由于找不到更好的理由，人们怀疑瘟疫或许与气候反常有关。但人们也可以作出其他的解释：恰恰因人口增长过快造成的饥馑（黑死病流行前的情形正是如此），或者因缺少新的土地引起你死我活的争斗，还有可能因出现了新的外族入侵（在铁器时代第一阶段的末期，即在第一千纪）。不论如何，及至铁器时代第二阶段，高卢的人口又有了明显回升，这种发展趋势一直持续到罗马入侵的前夕。

高卢当时恐怕不会达到2000万人口，这一数字是亨利·于伯尔、亚历山大·莫罗·德若耐斯、费迪南·洛特、阿尔贝·格勒尼埃、卡米耶·尤里安等人所作的乐观估计。凯尔特人侵占高卢和

欧洲，无疑带来了精耕细作的农业，形成繁荣兴旺、人口众多的地区。某些拉丁语作者认为，人口过剩也是高卢多次移民的原因。根据尤利乌斯·恺撒的推测，高卢人当时总人数为1000万。卡尔·朱利尤斯·贝洛赫提出只有570万。[113] 古斯塔夫·布洛赫则认为500万。[114] 欧仁·卡芬雅克[115] 推断在800万与900万之间（作者引用并修正了恺撒在《高卢战记》中提供的人口统计数字，特别是公元前52年在围困阿莱西亚期间对高卢援军所作的统计数 ii-66
字）。

能不能说，800万至900万这个数字仍然是偏低了？特别是，当时的纳博讷作为罗马的一个行省已有将近70年的历史，其人口密度与意大利不相上下。卡尔·费迪南·韦尔纳认为高卢本身的人口为700多万，如果包括罗马的行省在内，整个高卢人口则在1000万至1200万之间。[116] 其实，数字多少无足轻重。从以上数量级的众说不一中可以看出，高卢以前的高卢，在公元前第三千纪到公元开纪这3000年内，曾经是人口不断变动的大舞台。变化的趋势是先增长后减少，然后又出现新的增长。这些以百年为单位的长周期，我早就指出，尽管它们延续的时间很长，仍与传统周期相似；传统的人口周期自公元十一世纪开始，到1350年达到顶点，接着在不到100年内急剧收缩，时间比1350年至1450年的百年战争略为短些。高卢在史前期的人口运动并不这样“迅猛”，但是，周期性的交替运动与后来中世纪法国所发生的事有着本质的相似。

然而，这些漫长的、连绵不绝的周期必定包含着相当严密的结构；人口运动并不意味着绝对的人口分散，而是要求有一定规模的财富、文化、技术和人员的交流。这种情形已与文明史十分相近，

它只能是一定的人口数量和人口密度所产生的后果。

因此，我们可以说，在高卢以前就有一个高卢。二者之间并且还存在着一个衔接阶段。尽管对努吉埃在统计村庄和居民时提出的基本论据持有保留意见，我还是倾向于认为，在公元前1800年时，史前期的高卢人口为500万。这就是说，在新石器时代末期，人在纯生物学意义上的生存竞争已经基本结束，人种的融合不但已经开始，并且还将持续下去。后来的入侵，特别是凯尔特人的入
ii-67 侵——人们认为入侵十分剧烈和频繁，产生的文化冲击十分强劲有力——将在当地居民中逐渐被同化；当地居民被入侵者所征服，有时甚至被逐出家园，而他们将重新崛起，卷土重来，再次欣欣向荣。人口的数量无疑保持着稳定。在面对罗马的入侵时，情况不也正是这样吗？在五世纪时的蛮族入侵面前，在使今日法国感到忧虑的过多的移民面前，情况难道不也同样是这样吗？重要的因素是当地的居民，他们始终占着多数，外来者经过长期的同化终于与当地居民相融合。

我们暂且把这些问题搁置一旁，留待以后再谈。在这里，重要的是确定史前期的遗产在我国人口中应占什么地位。法国和法国人是这一遗产的继承者，尽管人们并不清醒地意识到这一点。血液学研究至今尚处于起步阶段。[117] 但是，假如有一天，在我们的血液（今天法国人的血液）里，终于可辨认出史前期的血液，这难道会让人感到惊异吗？我们孜孜以求地追溯历史的渊源，正是为着同一个目的。

二　从独立时期的高卢到加洛林时期的高卢

ii-68

继史前的“高卢”之后，出现了四个首尾相接的高卢，这就是所谓独立时期（初史时期）的凯尔特高卢、罗马时期的高卢、墨洛温时期的高卢和加洛林时期的高卢。显而易见，这些相当漫长的历史时段既具有相继性，也具有相似性：它们都经历了各自的繁荣阶段，随后又无一例外地衰落了，仿佛每一次都注定要失败、要消逝似的，不论这种失败和消逝的形式和理由是什么。

既然如此，这些时段是否存在一种重复的、内涵的体系或进程呢？以若干世纪为周期的这种变化，它们的缓慢的繁荣和衰退，在历史发展的长河中无一不呈现出令人难以觉察的进程。不幸的是，由于缺少足够的资料，统计学对于这些变化趋势的解释满足不了我们一半的需要。有鉴于此，有一两位历史学家甚至怀疑是否确实存在上述趋势。

我个人的见解是，为了研究这些遥远年代的问题，需要引入一些经济学术语，以便说明在这些晦暗的世纪里，经济虽然不能构成唯一的决定性因素，但它的作用绝非无足轻重。其实，谁又不明白这一切呢？

从经济角度看，至关重要的是，在大体上延续了千年之久的这四个漫长的历史时段中，尽管经济曾出现倒退和复兴，政治也曾发生种种波折，但没有出现足以改变生活结构和深层平衡的任何革

命性进程。数千年前业已确立其地位的农业是如此，中世纪时的
ii-69 能源革命也是如此；关于后一个问题，我们将另有机会再谈。罗贝尔·福西埃的评述十分中肯贴切。他写道：“在罗马占领高卢和九世纪之间没有发生突变。”我们甚至可以像米歇尔·罗布朗那样把时间推迟两个世纪，他指出：“在一世纪和十一世纪之间，持续的演变排除了任何突然的、深刻的动荡的可能性。”[118]

罗马人征服高卢之探讨

罗马人血腥的、神速的征服摧毁了高卢的独立，热尔戈维战役、阿莱西亚战役等历史事件，阿里奥维斯特、尤里乌斯·恺撒、韦辛杰托里克斯等历史人物早已为我们所熟知。我不打算对每个法国人在其学生时代早已牢记在心的这些事件和人物再详加叙述，并非因为我们反对叙述，历史本身就是要叙述情节，而且还是令人惊心动魄的情节。更何况，在本书的第二和第三部分中，我将有机会按年代顺序简要介绍法国的历史。但在这里，我们从事的乃是另一种“尝试”：如前所述，本章仅限于指出法国历史的重大阶段，着重考察人口状况，借以找出深层历史的节奏。为此，我暂且只能把注意力集中到历史的一个侧面。我要谈到独立时期的高卢，但并不想为它提供一幅完整的画像，即使是草图式的画像；事件、人物、制度、社会、经济以及神奇莫测的文明，这一切我都无法一一介绍，否则就会与本章的逻辑背道而驰。至于提出其他的问题，作出其他的解释，可留待随后的章节再加叙述。那时候，我将从另外的角度重新审视这里只是一笔带过的历史画面。如果读者有这种耐心，他将看到凯尔特高卢不公正的社会制度和犷悍的习俗，以及用

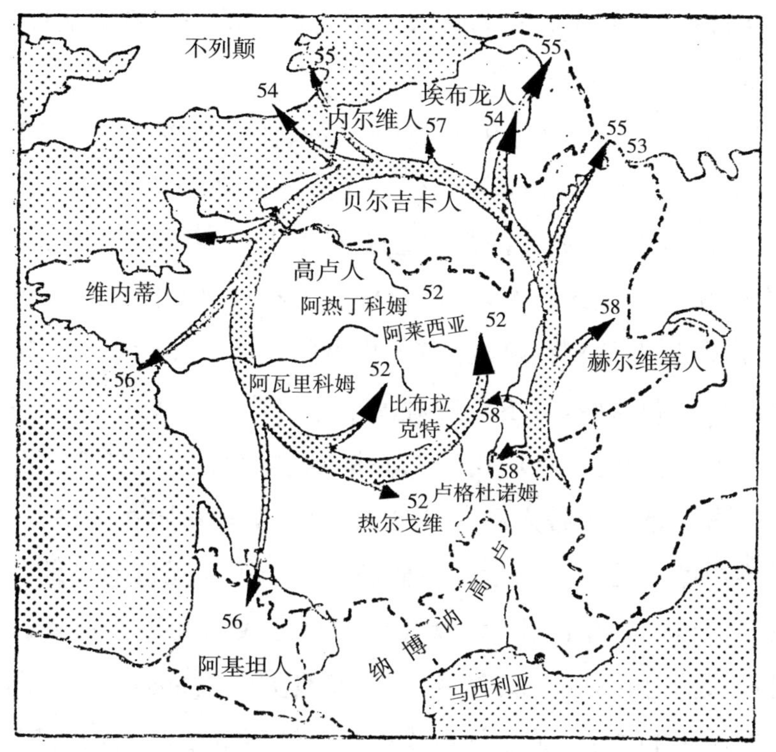

恺撒征服高卢(公元前 58—前 52 年)

罗马军队在辽阔的领土上进展如此神速,这表明当时的高卢拥有相当稠密的陆路网和足以供应军用粮草的农业资源。

金镰刀收割栎树寄生草的德鲁伊特祭司,自然还有罗马化高卢各 ii-70
城市的兴起和人种混杂。

此刻引起我关注的问题是怎样把武力征服的进程纳入到独立高卢的历史前景中去。不幸的是,历史学家的解释往往带有过多的感情色彩,不能完全令人满意。对这个问题的讨论实在关系重大,历史学家怎么可能不带丝毫偏见呢?

首先使我感到困惑不解的是,罗马征服高卢只花了几年时间 ii-71
(公元前 58 年至公元前 52 年),而控制西班牙却费了两个世纪之久。斯特拉波（几乎就在高卢人溃败时诞生的一位希腊地理学家）早就指出过这一反差。[119]

“长发”高卢拥有抗击外敌的一切条件：众多的人口（或许有1000万居民乃至更多），高于罗马统治下的地中海地区的人口密度，一定程度的繁荣。繁荣一说未免夸张：一些历史学家甚至认为，在恺撒大军抵达前夕，高卢曾出现过相当严重的危机。就算确实有过危机，但从种种迹象来看，高卢的经济还在健康地和协调地发展。考虑到这些，就不应该对灾难作出草率的或片面的解释。

比如，能否把一切归诸罗马军团的军事优势和恺撒的军事天才？继击溃赫尔维蒂人和日耳曼人之后，罗马军团在英格兰登陆，摧毁维内蒂人的海上力量……使高卢陷于孤立无援的境地。我们显然不应低估恺撒的作用，以及他的大智大勇和用兵神速。难道这足以成为理由，使勇敢善战、装备精良并有大批骑兵支援的高卢人在初战失利之后，居然就全线崩溃？这就等于承认，人们对当今法国人指出的各种优点和缺点，全部可以栽到这些高卢人的头上。

高卢人的溃败并非只有**一种**解释，而是有着**多种**解释。不要忘记罗马出征长发高卢并非“一举成功”，而是三次征讨的最后结果。在第二次布匿战争警报频传、迦太基人尚未溃败以前，罗马人曾通过三次血战（公元前197年、前194年和前191年），控制了内高卢：从不把罗马人放在眼里的高卢武士以前曾一直打到罗马，赤手空拳地与罗马人作战，并且嘲笑对手笨重的装备。后来，在公元
ii-72 前121年，罗马人占领了“普罗旺斯”，位于阿尔卑斯山和阿基坦之间的纳博讷，即外高卢中人口最密集的聚居区。在占领了这一战略要地以后，罗马不仅获得了通往西班牙半岛的自由通道，而且还

给阿尔维尼人的霸权以致命打击。罗马人还占领了罗讷河至日内瓦湖之间的阿洛布罗克斯人的领土。普罗旺斯成了他们向北方进军的桥头堡。

由此可见，在恺撒征服高卢前，已曾有过几场重要的序战，正如阿兰·吉约姆所说，这些序战已破坏了“凯尔特地区”的结构[120]。最后一场序战大概在恺撒出征前60多年进行。然而，这不等于说，这些插曲与独立高卢的迅速瓦解没有联系。从事殖民征服的法国首先占领了阿尔及利亚（1830年）和突尼斯（1881—1883年），然后才强行打开摩洛哥的大门，时间就晚得多了（1911—1912年）。

高卢的失败应归罪于自身的四分五裂和政治混乱吗？显然是的。米什莱[121]说高卢“混乱成一团”。如果高卢当时业已形成“民族”，或者仅仅形成一个严密的政治整体，人们甚至可以认为出现了背叛行径：埃杜安人、雷莫瓦人以及“勾结”和追随恺撒的许多高卢骑士，还有林贡人——这个强大的部落位于交通要冲朗格勒的周围，曾多次向入侵者提供金钱。事实上，高卢是由不断互相冲突的许多独立部落犬牙交错地拼凑而成的。正如罗马人后来所说的那样，高卢大约有60至80个“文明群体”，而每个群体都处在分崩离析之中。总之，高卢在政治上像是一盘散沙。“同族的亲情，共同的语言、宗教和文化，竟阻止不了他们反目相仇。”[122]德鲁伊特祭司竭尽全力，也无法把高卢人组织起来对入侵者进行抵抗。由于这种深刻的分裂状态，我们的国家成了唾手可得的猎物。恺撒可以煽动不和，制造分裂，达到各个击破的目的。人们不难想象，假如高卢当时众志成城，就会对罗马人进行有效的抗击。

ii-73 事情也许确实是这样。不过，人们同样有理由提出相反的论点。前面曾说到，在高卢进行的闪电战和西班牙进行的旷日持久的征伐之间，有着惊人的鲜明对照；我们可以认为，差异起着重要的作用。高卢位于比利牛斯山以北的开阔地带，物产丰富，人烟稠密，并且有现成的交通网可供使用，因而粮草应不存在困难；西班牙位于比利牛斯山以南，有自然屏障的保护，而且人烟稀少，粮食资源不甚充足[123]。斯特拉波又指出了二者另一个更具意义的差异：西班牙人实行化整为零，坚持开展所谓游击战；高卢人采取的方法则是迅速集结兵力，这样做并没有削弱抵抗的实力，但容易暴露弱点，容易孤注一掷。概括说来，正是高卢的同心勠力，能够调集庞大的援军，它才在公元前52年的阿莱西亚大会战中为一决雌雄而招致全军覆没。相反，假如分散作战，它本可以拖住入侵者，使他们处处受阻。历史上屡见不鲜的“殖民”战争的经过可为斯特拉波的见解作证。为了进行比较，我们且看公元七世纪时穆斯林的扩张：他们于634年征服叙利亚，于636年征服埃及，于641年征服波斯，莫不一举成功，而波斯在几年前与查士丁尼的罗马还是旗鼓相当，甚至分庭抗礼。可是，伊斯兰为占有马格里布的不毛之地，却足足花了50年时间（650—700年），而且控制并不牢固。西班牙的西哥特人同心抗敌，于711年也一蹶不振，落入伊斯兰之手。

说到这里，我们还不能把恺撒成功的原因解释清楚。历史学家对此也众说纷纭，莫衷一是。特别是在过去，有些历史学家为罗马的胜利而庆幸，他们认为这一胜利为法兰西进入拉丁世界奠定了基础，使拉丁文明成为当今法兰西文明的重要组成部分之一。古斯塔夫·布洛赫[124] 在 1911 年发表的著作(该书列入厄内斯特·拉维斯主编的《法国史》)中曾这样谈论过。另一些历史学家,如费迪南·洛特[125],则把罗马的征服看成是我们民族历史的灾难,是其独特演变的终结,是强盛的“法兰西”的毁灭。民族主义情绪更为明显的卡 ii-74
米耶·尤里安甚至认为,没有罗马的征服,高卢有可能吸收已在马赛(该城建于公元前 600 年[126])立足的希腊文明,这一点自然尚待证明。的确,当时高卢使用希腊字母,且非仅限于少数文化精英。照斯特拉波的说法,高卢人“用希腊文起草商业契约”[127]。

如果不顾历史的既成事实,硬要凭假定去改写历史,各种推测当然都是行得通的。至于阿兰·吉约姆,他深信高卢自身就足以同化阿里奥维斯特统率下的日耳曼人[128],尽管过了几个世纪之后,罗马统治下的高卢却无力抵御蛮族的入侵,并因此而终于毁灭。照这么推测,我们还可以设想另一种情景,假如恺撒在阿莱西亚战役中失利,罗马就会放弃高卢,就像瓦鲁斯在战败后(公元 9 年)撤出日耳曼地区一样;日耳曼地区远不如高卢开化,也许正是这个理由(姑且不谈其他理由),才难以被征服。可是,为什么不作相反的假设呢?假如罗马在易北河而不是在莱茵河建立起边界,欧洲的命运不也就可能完全改观吗?

事实上,被征服的高卢很快就对战胜者屈服,向意大利和地中海的文明敞开了大门;不管它是心甘情愿或是出自无意,高卢的屈服深刻地改变了它的命运。高卢贵族无疑很早与战胜者合作,协助罗马对高卢进行文明同化;罗马的统治在征服高卢之初异常严酷,但随着蒂伯尔(公元 14—37 年)和克劳狄一世(41—54 年)的先后即位,开始变得宽容大度。正如历史学家齐格弗里德·简·

德·拉埃[129] 大胆指出的那样,“这两位皇帝尽管受到古代史官的极力诋毁,却对罗马帝国的稳定和持久作出了真正的贡献”,他们采用某种联邦制取代了殖民地共和制。我们顺便指出,高卢北部
ii-75 地区的绝大部分陆路网[130] 也是克劳狄一世统治时期修建的,这是他赠给高卢的一份厚礼。公元 48 年,置罗马权贵的强烈反对于不顾,他在元老院中增设了高卢地区的“元老”议席。

然而,我们也不宜把话说得太绝对了。在罗马被人讥称为“高卢人”的克劳狄一世(他出生于里昂),虽然力求平定高卢,使之成为罗马帝国的一个属国,但他毕竟也迫害德鲁伊特祭司,后者不得不流亡到“不列颠”去。因此,与其说是宽宏大度,不妨把这看作是一项明智的怀柔政策,而这一政策早在奥古斯都时代已经生效。恺撒的这位继承人在高卢作过四次视察,最长的一次是在建城于公元前 43 年的里昂,逗留时间为公元前 16 年至前 15 年,最后一次视察在公元前 10 年,是为了镇压莱茵河边界的骚乱。不是他把高卢划分为四个行省(纳博讷、阿奎丹尼亚、鲁格敦南西斯、比尔吉卡),并且像恺撒一样,继续在高卢招募士兵吗?他还建立了许多城市,为了装饰它们,他不惜挥霍安东尼和克娄巴特拉的部分珍宝以及自己的部分财产。尼姆的方形神庙,加尔河上的高架引桥,奥朗日、阿尔勒、维埃纳、里昂等地的剧场,以及许多重要建筑都应归功于他。“奥古斯都时代的高卢”堪称“土木工程遍地开花”。[131] 高卢贵族将陆续迁往这些新城市居住,新城市将成为传播罗马文化的中心,顺便也带动经济的进步。我们说:“建筑业兴旺,百业兴旺。”在历史的长河中,这一说法已多次被证明是千真万确的。

文明同化的另一项有利因素是:高卢南部毗连西班牙和纳博

讷，后者在“三个高卢”即高卢另外三个行省之前已经罗马化了。

此外，由于有一支强大的军队守卫，高卢得以免遭来自莱茵河另一侧的外族侵扰。当时防卫这条边界的兵力有十余万众。韦伯芗和图密善这两位罗马皇帝进一步加强了防御力量，他们在莱茵河右岸建起了筑有堡垒的“防线”。这条防线北起柯布伦茨，沿内卡河布防，与多瑙河相会合。在这道防线南侧，直到莱茵河畔，罗 ii-76
马移民垦殖区向远方伸展。

最后，公元 43 年，克劳狄一世御驾亲征，罗马军团进占并征服“不列颠”即英格兰：此举使高卢的北部海疆顿时获得了保障。布洛涅城拔地而起，矗立在港口的高大灯塔保护罗马航队的安全航行，这支舰队将长期在英吉利海峡和北海海面执行巡逻任务。然而，对于长久未曾安享太平的人民来说，罗马帝国所提供的安定及和平自然具有很大的说服力。罗马为当地和当地人用拉丁文命名，称作 Gallia 和 Galli（意即“高卢”和“高卢人”），“凯尔特”和“凯尔特人”的称呼随之消失。罗马在完成了殖民征服后将给高卢带来自己的文明。它还将确定莱茵河为边界，这条由恺撒划定的边界把高卢与凯尔特人和日耳曼人的中欧分隔了开来。

高卢处在包围和保护之中；道路的开通，城市的形成，学校的出现和军队的存在（军队也向高卢人广开大门）导致高卢的罗马化。虽然如此，高卢仍然经历了一个漫长的过程，才无保留地接受新命运。尽管有蒂伯尔和克劳狄一世的宽宏大度，尽管有先进的文明提供各种有利的条件，罗马统治的第一个世纪依然是动荡的，骚乱此起彼伏，有时甚至出现骇人听闻的、流血的反叛。对于这种反抗，是否应像某些法国历史学家那样，被怀旧的民族主义所陶醉，并且夸大它的意义呢？[132] 无论如何，我宁可赞同古斯塔夫·布洛赫（1911 年）以及其他许多历史学家稳健的判断，事实上，这些反叛反映了一个被征服的民族或多或少意识到的屈辱感，反映了不同地区不同的不满情绪，反映了被赋税压得喘不过气来并因地籍统计而深感不安的农民的愤怒，反映了已经罗马化的高卢贵族的恼怒，他们对帝国行政当局的狡诈同样忿忿不平，还反映了手工匠们的怨恨，他们为了摆脱财税官员的盘剥，有时不得不逃到莱茵河另一侧去。

ii-77 在尼禄皇帝统治末期，局势的动荡达到了登峰造极的程度，公元 68 年皇帝驾崩后爆发的那场危机动摇了整个罗马帝国的根基。暴动的浪潮在高卢许多地方蔓延，有的是由原来效忠于罗马的高卢贵族领导的。暴动在这里遭到镇压，又在其他地方变本加厉地展开。除此以外，一些罗马军团利用统治集团的内讧群起谋反。莱茵河军团于 69 年向高卢进发，其中包括比利时和日耳曼的许多杂牌部队。高卢险遭一场洗劫。凯厄斯·尤里乌斯·基维利斯是巴塔维人，确切地说是日耳曼人。他利用当时的局势，成了溃军的首领。他主动提出，让高卢的城市重新获得自由，并建立一个高卢王国。高卢王国甚至在欣喜若狂的气氛中宣告成立，境内一度已不再存在任何罗马军队。

后来接连发生两起事件，使人们恢复了清醒的头脑。一方面，高卢人对以往的日耳曼入侵者尚存戒心，这种不信任自然有其道理：基维利斯大概正准备对高卢开战，他不是正有计划地在拆毁罗马防线工事吗？另一方面，消息传来，罗马的内战即将结束，“通情达理的皇帝”韦伯芗已获得胜利，并且重建强有力的政权。他已下令意大利、西班牙和不列颠的全部军队就近向高卢方向运动。在一片惊慌失措之中，兰斯城邀集高卢的所有城市派出代表在该城聚会。会上主和派占了上风，并以整个高卢的名义向特雷维尔人发出通告，吁请他们放弃战斗。特雷维尔人拒绝了这一请求，但很快就被帕蒂里乌斯·塞尔亚里斯率领的一支强大的罗马军队所击溃。以后就只剩下基维利斯了。然而，这不过是罗马人和日耳曼人之间的战争而已。节节败退的基维利斯最后只得选择退回莱茵河的彼岸。[133]

这一流血事件是高卢反抗罗马征服的最后一次重大行动。自 ii-78
公元前52年到公元70年，长达百年之久的罗马统治终于使高卢接受了罗马的同化。

随着时间一年又一年地过去，岁月之功可谓水滴石穿：不应忘记，从阿莱西亚一战失败(公元前52年)到476年西罗马帝国的覆灭(只是名义上不再存在)，前后至少经历了五个世纪。我们可以设想，从法国制服阿尔及尔摄政府(1516年建立)到1962年放弃占领，阿尔及利亚发生了多大的变化？昔日的历史不像今天这样过往匆匆。江河的水流在源头奔腾澎湃，到了下游则缓缓而行；与此相反，历史却是首先缓慢流逝，越是接近我们的时代，越是加快前进速度。经验的积累，加上客观条件的帮助，造就了罗马化的高卢。究竟是福是祸，就由各人去评判好了。

无论如何，我不能同意米什莱的说法："高卢神话般地像大西岛一样消失了。"[134] 因为，在阿莱西亚一战失败以后，高卢并没有真正伤筋动骨。在皮埃尔·朗斯[135] 看来，高卢仍是一股暗流，而且一直是法兰西历史的地下活水。无论人们愿意与否，正如拉丁遗产一样，我们的凯尔特遗产是不容否定的：我们始终保留着这种二元性。然而，从文化的角度看，应该说在高卢这块土地上，凯尔特世界丧失了两大阵地。在语言方面，某些乡村即使曾长期使用凯尔特语，有时一直用到12世纪[136]，但它在法语中毕竟只留下点滴痕迹（布列塔尼语是六世纪或稍早时从不列颠诸岛再度引进的）；在宗教方面，尽管德鲁伊特教仍长期活跃，并与罗马的多神论相安无事，但在基督教及其唯一的上帝面前，最终还是败下阵来。从此以后，这种宗教只在民间信仰和神话中作为旁门左道残存下来。那么，人们能否说高卢遭了“文化灭绝”之灾呢？[137]

ii-79

康茂德统治年间罗马化高卢达到鼎盛

在恺撒征服高卢后两个世纪，即在马可·奥勒略皇帝的不肖之子康茂德（161—192年）统治时期，罗马化高卢达到了鼎盛。高卢的命运与罗马帝国本身的兴衰相联系：一兴俱兴，一衰俱衰。事实上，高卢已被纳入到一个堪称经济世界的范围之内，这个以地中海为中心的地区集团随着同一种节奏搏动。其经济活动，往东朝波斯、印度、印度洋方向延伸。在欧洲北都，面对波罗的海和北海，以布洛涅为基地的罗马舰队监视这块空旷的海域；向南它受到了辽阔的撒哈拉大沙漠的阻隔，但仍取道今天的摩洛哥，获得苏丹生产的金砂。总之，正是这个庞大的经济整体的波涛起伏、脉搏跳动和风云变幻决定着高卢的全部生活。

当马可·奥勒略皇帝去世时（161年），罗马帝国仍然繁荣昌盛，高卢安享“罗马的太平盛世”直至二世纪中叶。道路、城市、贸易的蓬勃发展使高卢的面貌焕然一新。高卢的人口又重新增长：

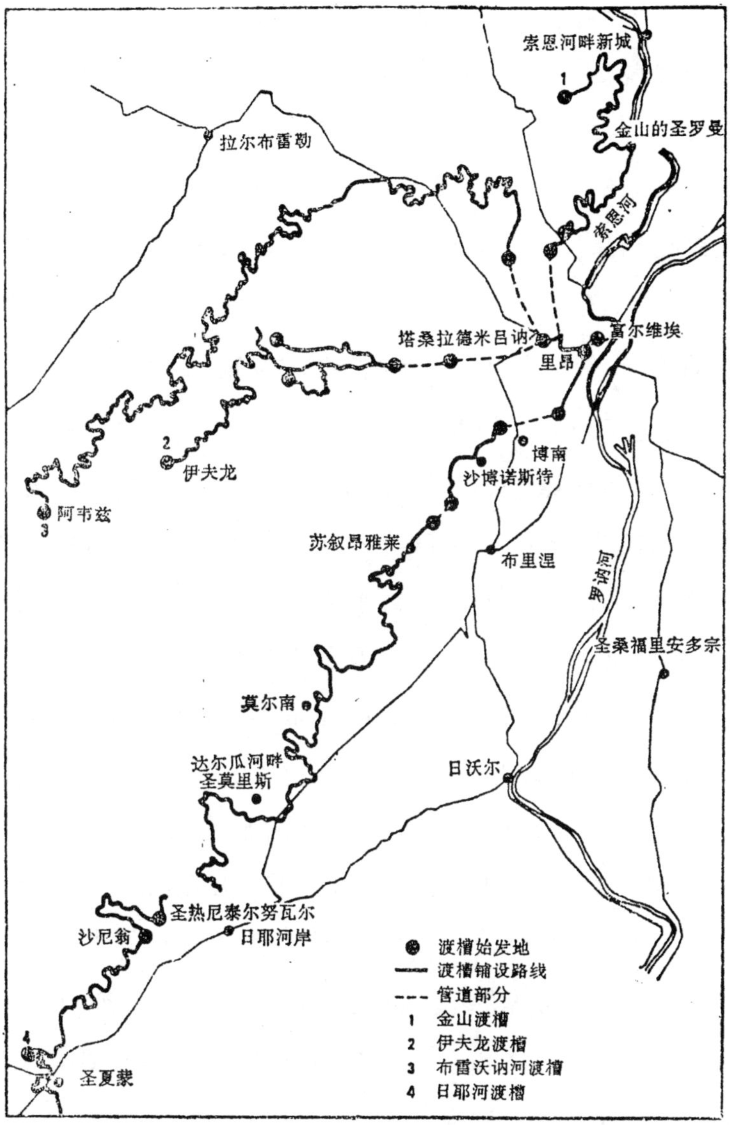

里昂的罗马引水渡槽

向里昂供水的四条渡槽足以说明罗马化高卢的居民点规模庞大。由于蛮族入侵无可挽回地毁坏了这一引水系统，里昂后来不得不部分放弃旧城。

征服酿成的生命损失，大规模的杀戮以及大批人沦落为奴隶一度使高卢居民锐减，如今人口缺额已补足有余。对于征服者的残暴，无论作何估计都不为过：整个整个的部族——如生活在莱茵河和埃斯科河之间的阿杜阿图克族和埃布隆族——不是被灭绝，就是被套上镣铐出售[138]，恺撒几乎使“整个意大利的奴隶集市货满为患”[139]。

费迪南·洛特[140]估计，在恺撒入侵前，高卢人口可达2000万，这未免有点夸大。但是，卡尔·尤利乌斯·贝洛赫[141]走到另一极端，据他的计算，公元14年高卢的人口不超过490万（其中，纳博讷的居民为150万，密度为每平方公里15人，高卢其他地区的居民为340万，人口密度为每平方公里6.3人）。据贝洛赫的估
ii-80 测，当时的罗马帝国面积为334万平方公里，人口总数达5400万，
ii-81 即每平方公里的密度为16人。而在帝国的范围内，他给繁荣的高卢计算的人口密度却是如此之低，这在我看来是难以说得通的。即使按照他提出的罗马帝国人口密度的平均数计算，面积为63.8万平方公里的高卢，人口也应达到1 000万左右。卡芬雅克估计高卢当时至少有800万至900万居民，新近建立的人口历史学认为这个数据“相当可靠”[142]。我们就以这个数据为准，但再过150年后，在马可·奥勒略和康茂德统治时期，即高卢达到繁荣的顶峰时，那里的人口又是多少呢？

卡尔·尤利乌斯·贝洛赫这一次却毫不犹豫地提出了一个高得多的数字。他说，罗马帝国于三世纪初人口空前增多，自恺撒去世后，居民人数增加了一倍。据他的估算，高卢人口从公元14年

罗马化高卢的公路网

密布整个高卢国土的公路网可为罗马化期间的人口增长和生产发展充当见证。

的 500 万(这一数字后来经他更正,可能达到 600 万或 700 万)一跃而上升到至少 1000 万,或者 1200 万,甚至 1400 万,人口密度也达到每平方公里 20 来人[143]。我认为他的这些估算要比罗素的估

算真实可信得多。我们且接受1000万居民作为最低数字。不妨估计城市居民占总人口的10%,而不是罗贝尔·福西埃[144]提出的20%(每5人中有4人住在乡下)。高卢当时大约有100万人生活在城市,假定城市就在1000个左右,每个城市大概平均有1000居民。

诸位不要为上述数字表面上似乎很小而气愤:它很可能还嫌太高了一点。有人对15世纪相当富裕的德国[145]作过一次类似的统计,结果表明城市的平均人口居然仅500人!因为除了面积约占200至300公顷的城市外,罗马化高卢还有一大批房屋都以秸秆盖顶的小集镇,镇上的中心广场只是附近农民前来出售城里人所需的各类食品的集贸市场。集镇虽小,却也起城市的作用。我们不要忘记,八世纪时,第戎城内还有为数众多的茅草房。[146]费迪
ii-83 南·洛特说,在罗马统治时期的高卢,“尼姆、图卢兹、奥坦、特雷沃等占地最大的城市,其居民从未达到过5万人”[147]。考虑到当时的实际情况,这已不是一个小数字。高卢繁华的都城里昂可能达到8万至10万人口。另外值得一提的是,罗马化高卢的所有这些城市都各有其蔚为壮观的剧场、凯旋门、温泉浴池和竞技场。里昂的引水系统堪称奇观!维埃纳城的供水系统也是一绝!乍一看,这些为城市供水的渡槽建筑简直让人难以相信竟是真实的存在。
ii-84 当然,在某种程度上,它们不过是城市的装饰物,“是影剧中的蒙太奇”[148]。未来将把它们的脆弱暴露出来,但未来不也往往是对过去的背叛吗?

总而言之,高卢的城市化及其形式正是罗马化的鲜明表现。各个地区罗马化的程度不尽相同,由此展示的历史差异又为原有

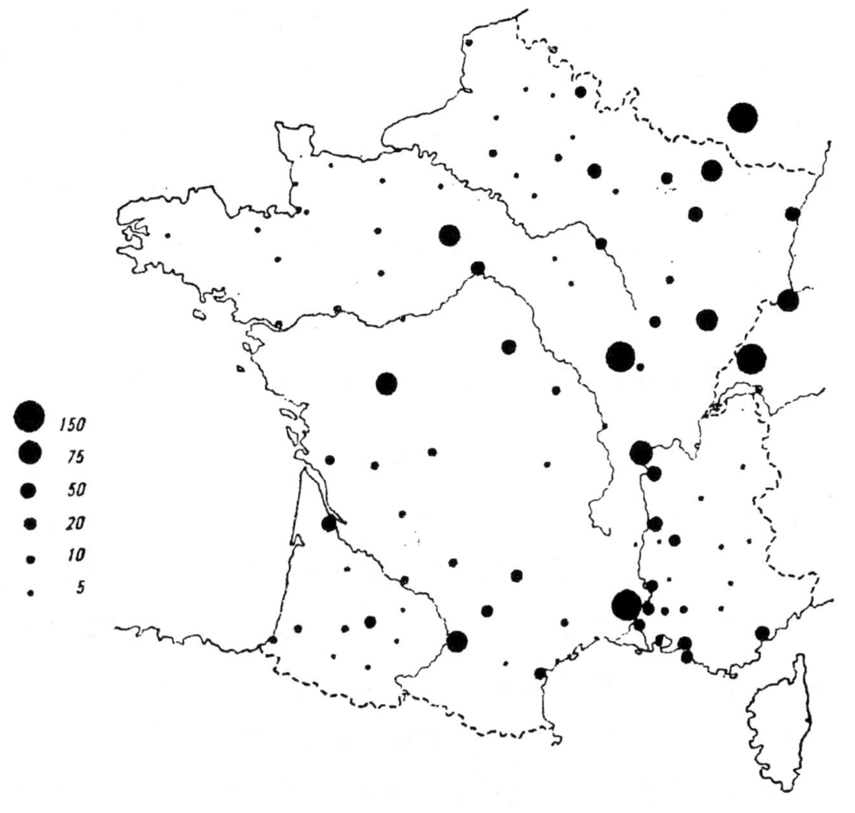

罗马化高卢的城市网

本图是对公路网分布图的矫正。城市的分布可使人们对帝国的战略要道一目了然：罗讷河、索恩河的水道通向莱茵河边界；穿越普罗旺斯和朗格多克的陆路则通向西班牙和加龙河谷。

的多样性增添了新的特征。罗马对控制罗讷河和索恩河的水道特别重视，由此往北经由默兹河或摩泽尔河可达罗马帝国始终倍加关切的莱茵河边界。每当形势有所恶化，特雷沃将取代里昂，成为高卢真正的都城。罗马同样格外重视纳博讷，因为图密西亚大道和奥雷利亚大道经由普罗旺斯和朗格多克通往西班牙。比高卢其他地区早 70 年被征服的纳博讷人口众多，对罗马文化也更加开放，因而当阴暗的年代到来时，罗马的统治在那里仍得以保全，直到西哥特人和勃艮第人分别于 415 和 443 年占领该省为止。

所有这一切都要列到法国北部地区和南部地区之间存在巨大差异这本总账上去。在同法兰克人的斗争中，法兰西岛也长期捍卫了自己对罗马的忠诚，但在蛮族世界团团包围之中，它显得像是一块飞地。

罗马统治下的高卢面对内乱和蛮族入侵

公元二世纪末，约在 170 至 180 年前后，罗马的统治开始不稳，局势后来更进一步恶化。莱茵河边界首先出现动荡：162 年，成批的日耳曼人向今比利时北部地区渗透；174 年，其他武装团伙侵入阿尔萨斯。我们不要夸大这些动乱，秩序迅速、顺利地得到了恢复。[149] 确保高卢和平和安宁的边界只是到了后来，于 253 年才
ii-85 真正被法兰克人和阿拉芒人所突破。从本书第 458 页的地图可以看出，高卢东部的半壁江山受到了侵犯，入侵者往南深入到罗讷河下游地区和西班牙。在一片恐慌和混乱之中，高卢将领波斯图穆斯于 260 年被部下拥立为皇帝，这一举动并不是对罗马谋反，而是为了驱逐外敌。波斯图穆斯经过八年的奋斗，终于获得成功，并乘胜追击外莱茵的蛮族，在高卢恢复了秩序和信任。但到 268 年，他在今德国的美因兹被部属所杀，因为他禁止军队进行劫掠。高卢帝国不久也随之灭亡（波斯图穆斯的最后一位继承人泰特里库斯于 273 年被奥勒略皇帝击败），两年后，即 275 年，高卢东部边界重新被打开了好几个大缺口。

战乱这一次遍布整个高卢，全国被淹没在血和火之中。事实

表明，秩序再也不能像几年前人们所希望的那样得以恢复。就在那时，城市纷纷据险固守，迫不及待地建筑防御工事。顺便指出，当时距人们常说的蛮族入侵还有一个世纪。确实，只是到406年12月31日，才发生了拉达盖斯的大举入侵，蜂拥而来的各部落越过冰封的莱茵河，狂涛般地席卷整个高卢。然而，不可思议的是，这股浪潮带来的破坏可能还不如275年的突破边界那样严重。[150]

我们且记住这些年代：253年、275年、406年。它们证明高卢的衰落发生在五世纪大规模入侵之前。高卢衰亡的过程，或者说罗马帝国衰亡的过程，就像是久病不死的病人。史学界长期以来对以下的问题争论不休：罗马帝国是由自身的原因死亡的吗？它就是自己的掘墓人吗？或者如安德烈·皮加尼奥尔[151]所说，它是在蛮族的攻击下被颠覆，被“扼杀”的吗？我们必须结束这场论争，至少也要回答这些问题。这是因为我对这些问题持有相当特殊的观点。但是，在这些领域，谁又敢说确有把握呢？

如火如荼的农民起义 ii-86

正同罗马帝国一样，高卢也受到了来自内部的打击。它同时经历了一场政治危机和一场社会危机，前者使国家的权威、帝国的权威蒙受威胁，后者使等级制的基础岌岌可危。尤其，经济生活也显著恶化。尽管经济危机的原因并不明朗，但事实却是有目共睹的：人口锐减本身就是许多经济活动急转直下的证据。

出现危机的根本原因和必然后果乃是农民大众(他们占高卢 ii-87
人口的最大部分)中日益蔓延的骚动：“扎克雷”式的农民起义此起彼伏，几乎不能平息，因而历史学家很难确定其发生地点。就在耕

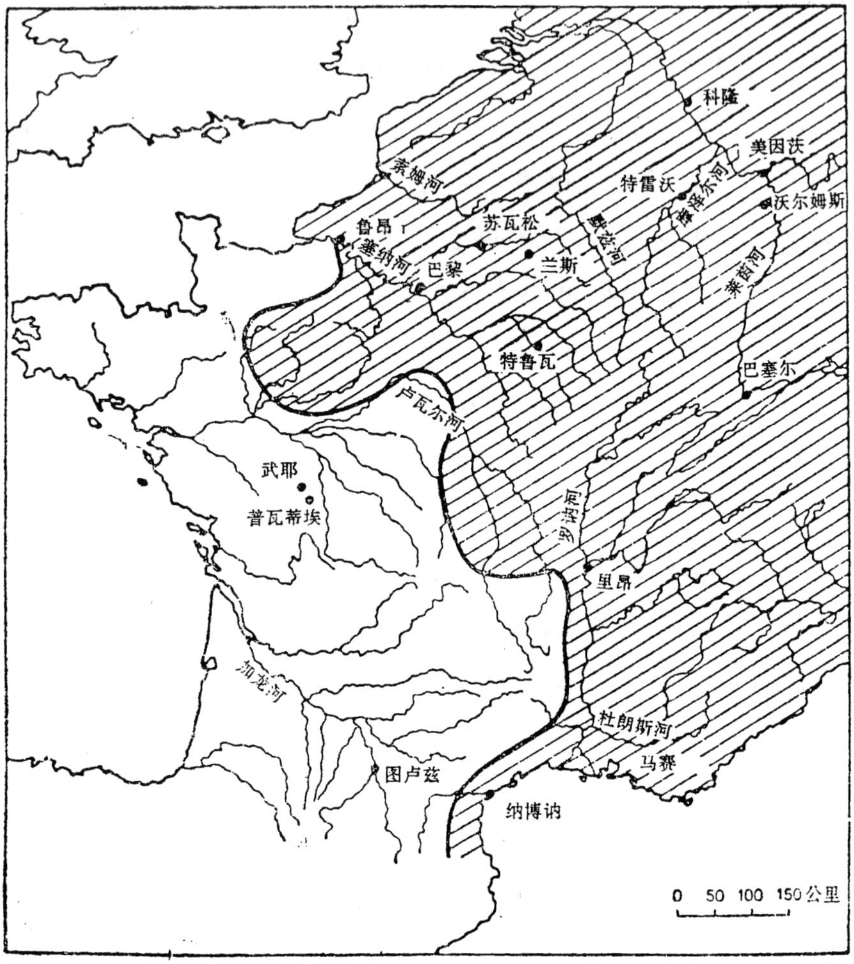

三世纪时的入侵

地的附近，一望无际的森林、沼泽地、山岳和荒原覆盖着辽阔的空间，那是各种不逞之徒的藏身之地。“野地”(tractus)和“荒野”(saltus)[152] 等用语都确指这些“蛮荒”世界，构成了在城市和乡村之外的第三种类型的空间[153]。高卢到处可见的大片森林是城市乃至“文明”乡村的“清平世界”的反衬。森林里阴森恐怖，夜晚穿

过密林会使人毛骨悚然。据说，按盎格鲁-撒克逊的法律规定[154]，凡深夜在森林中行走者必须吹号示警，否则一被抓获，即可被当作罪犯处置。实际上，只有法外之徒以及亡命出逃的罪犯才去森林中躲避，就像美洲殖民地的奴隶逃离种植园，来到人迹罕至的森林中寻找安全的栖身地一样。

高卢的农民，无论是隶农或小自耕农（后者又称自由民，但仍保持极大的依附性），他们的处境不断恶化。由于劳动力日渐稀少，权势显赫的大地主力图强制农民留在他们的大庄园，为他们耕种土地。今天，根据考古发掘，尤其是通过航空遥测，人们了解到，大庄园的数量比历史学家以往所认为的要多得多。例如，在索姆河盆地，人们长期以为那里的耕地集中在城市中心的附近，农村几乎是一片空白。然而，罗热·阿加什利用航空遥测技术进行观察，却发现除零星小村落外，“大庄园星罗棋布”（已准确地测定了 680 ii-88
处庄园遗址）[155]。航空遥测工作目前正在布列塔尼地区进行。

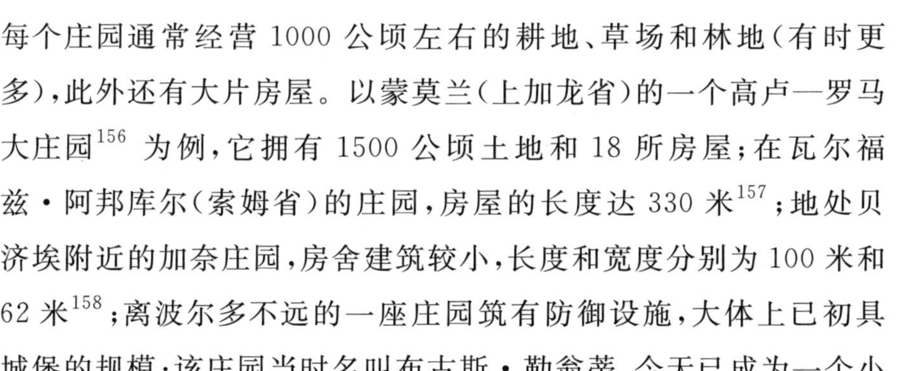

在罗马统治下的高卢，大庄园大概占有耕地面积的绝大部分。每个庄园通常经营 1000 公顷左右的耕地、草场和林地（有时更多），此外还有大片房屋。以蒙莫兰（上加龙省）的一个高卢—罗马大庄园[156] 为例，它拥有 1500 公顷土地和 18 所房屋；在瓦尔福兹·阿邦库尔（索姆省）的庄园，房屋的长度达 330 米[157]；地处贝济埃附近的加奈庄园，房舍建筑较小，长度和宽度分别为 100 米和 62 米[158]；离波尔多不远的一座庄园筑有防御设施，大体上已初具城堡的规模；该庄园当时名叫布古斯·勒翁蒂，今天已成为一个小镇，名叫吉伦特河畔布尔。目前在瓦兹河畔克雷伊附近正进行考古发掘，人们已发现了一些新庄园，包括厚实的墙壁，成堆的碎瓦片以及用于引水和排水的铅管碎片。据说还找到原始的窗玻璃或至少是被插入铅制框架中的玻璃碎片。[159]

大庄园至少由两部分组成。首先是主人居住的正房,室内的起居设备应有尽有,建筑呈罗马式风格!屋外廊院围绕,屋内可取暖和洗澡……西多瓦纳·阿波里奈尔(430—487年)465年6月在奥弗涅地区离克莱蒙20公里处的阿维塔居斯庄园(现已证实即今天的艾达特村)避暑,他向住在酷热的城市里的一位朋友夸耀自己生活的闲适,庄园的浴室堪与公共浴场"相媲美"[160]。那里确实是人间的乐园。但在主人居住的正房旁边,另有一些"简陋建筑",或
ii-89 与生产有关(地窖、谷仓),或供奴隶居住:开饭的大厨房和睡觉的卧室。此外,还有关押罪犯的禁闭室和管家及其妻子的住所。管家指挥奴隶干活,负责生产和经营。庄园四周通常建有围墙,庄园中可能还有一处祭祀场所,不过对此人们尚存疑问。

庄园的布局一般采用罗马农学家瓦罗和科卢梅拉的方案:选址时注意房屋的间隔,保证主人的住房总是朝东和朝南。在罗马帝国的其他地方,这样的布局不是也屡见不鲜吗?许多这类庄园后来自行解体,并被村庄所取代,而"庄园"一词随后也改变了含义。[161] 可以肯定的是,"圣本笃时期建立的隐修院都采用这种庄园的建筑形式"[162]。

但是,我们更感兴趣的不是庄园的围墙,不是架屋的木梁,而是在其中生活的人。在罗马统治下的高卢,庄园人口的极度集中,使它像是"一座真正的乡村工厂……比19世纪英国或法国……的城市工厂……更加拥挤"[163]。这是一台奴役人、压榨人的机器。将近451年时,一位对穷人的命运抱有怜悯心的僧侣这样写道:

“当小自耕农因遭抢劫而失去房屋和土地时，或被税吏扫地出门时，他们便到富人的领地去躲避，成为外乡移民……他们在富人的土地上安顿下来，只是饮鸩止渴，结果沦为富人的奴隶。”[164] 甚至乞丐、流浪者、坏分子和逃兵也被强行招募，“终生束缚在土地上，成为主人奴役的对象”[165]。因此，我们不应轻信小自耕农或外乡 ii-90 移民这些好听的名称而上当受骗。罗马帝国对待奴隶和外乡移民几乎很少有什么区别：正如人们后来所说，外乡移民不过是农奴而已。

愈到后来，痛苦愈难忍受[166]，迅速遍及各地的奴隶制“似乎在地中海各部落中比在凯尔特人中更加盛行”[167]。花样翻新只是使压迫变得更加沉重。由于生产效率较高，大庄园自动扩大规模，甚至在无意中就兼并了邻近小自耕农的土地……奴隶制就这样不断发展：奴隶可能约占当时总人口的三分之一。为维护奴隶制的存在而必需的人员补充由无数次劫掠所得的俘虏提供保证，甚至在罗马统治高卢结束后，情况将依然如此。例如，在达戈贝尔特一世统治期间（629—639 年），王国军队在对阿基坦的征伐中带回了大批俘虏，他们“像狗一样”被成双结对地捆在一起。[168] 但是，各地奴隶的寿命通常都很短：以美洲为例，在 17、18 世纪的种植园里，奴隶干活的年限平均只有 7 年。

为了保持充足的劳力，防止奴隶逃跑，需要有强大的国家机器，也就是说，要有能够经常不断进行镇压的工具。罗马共和国向罗马帝国的过渡（即建立一个依靠富有阶级的强权政治）难道不正是奴隶起义的结果吗？然而，到了康茂德皇帝统治时期，罗马在高卢的统治日渐削弱，骚动、暴乱和农民起义接连发生。相反地，在戴克里先和马克西米安的统治下(284—305 年),罗马帝国又恢复了权威,奴隶制一度卷土重来,但也历时未久,农民骚乱迅速又重新高涨。

已知最早的一次骚乱出现在 186—188 年左右,揭竿而起的农民在马特尔努斯[169] 的率领下,袭击和抢掠村庄及大小庄园。初期的胜利曾使起义队伍有所壮大;但是,在当局出兵镇压后,他们终
ii-91 因力量悬殊而土崩瓦解:历代农民起义都抵挡不住训练有素的军队。虽然连遭失败,起义农民仍坚持地下斗争。马克西米安扫平了从阿尔卑斯山到莱茵河的农民暴动,但游击活动仍持续不断。

三世纪时,出于税收过重、通货膨胀和物价暴涨,农民到处蠢蠢欲动,以至当时出现了一个新词,即所谓“巴戈德”运动(该词可能源自凯尔特语“baga”,意为战斗)[170]。440 年前后,萨尔维安[171]在为巴戈德运动辩护时写道:“我现在就来谈一谈巴戈德,他们被嗜血成性的坏人剥夺了财产,蒙受打击,惨遭杀戮,甚至丧失了使用罗马人姓氏的荣誉。我们把不幸归咎于他们,我们把巴戈德这个恶名强加给他们,我们应对此承担责任。我们把他们当作是不可救药的罪犯。然而,如果不是我们的法官贪赃枉法,判处他们流放,剥夺他们的财产,这些巴戈德又从何产生?”[172]

最严重的事可能是起义农民配合蛮族入侵,与外敌勾结,乘机浑水摸鱼,使混乱局面变得益发不可收拾。战乱和劫掠不但来自外部的蛮族,而且也来自土生土长的蛮族。无论他们是军队的逃兵,或是大地主的奴隶,他们终究都成为苦难深重的高卢农民的伙伴。

漂泊不定的起义农民往往进行长距离的转移。起义活动在西

部高卢更为活跃，那里有无数的森林作为庇护所，同时罗马当局的统治在那里历来比较薄弱，早已陷于委顿的状态。五世纪时的一部名为《牢骚满腹》的戏剧——其作者不详——值得人们回味。一位剧中人要求勒·拉尔“赐予他力量，使他能够制人而不受制于人”，勒·拉尔回答说：“你到卢瓦尔河畔去生活吧。”[173] 他解释说，在那个地区，“人们只受自然法则的支配”，“可以为所欲为”。不妨 ii-92
打赌，《牢骚满腹》的剧作者所影射的正是“巴戈德”运动。

在最近出版的一部著作中，皮埃尔·杜凯斯[174] 成了起义者的辩护士。他在颂扬他们所起的作用时，大胆地写道：“被屠杀的巴戈德虽败犹胜。”他们坚忍不拔的斗争摇撼了奴隶制，促使它朝较不残酷的农奴制转化——这对劳动者肯定更有好处，因为不同于奴隶的农奴拥有自己的房舍、家室和一块田地，并且社会束缚也从他的双肩转嫁给了土地。农奴比奴隶享有更多的自由，生产效率自然也随之提高。不过，这种变化远远没有随着罗马统治高卢的结束而完成，至少要等到加洛林王朝时期，甚至还要靠后！经济、政治、社会等许多因素将影响这一进程，这不是皮埃尔·杜凯斯用马克思主义的简单逻辑所能完全解释得了的。因此，我认为，城市的急剧衰落使农村得以获得某种自由。在加洛林王朝时期，自由农民可能为数甚众，尽管此后这种小土地所有制将“日趋衰落”[175]。

对于“巴戈德”农民起义，我这里并不想作全面的考察，我只想说明，高卢在农村的统治在骚乱的影响下，已削弱到了什么程度。显然，蛮族入侵所动摇和摧毁的并不是一个健康的躯体。

有人或许会问：是否正由于三世纪时的这些困难和不幸，基督教才作为一种希望的寄托，在高卢逐渐广为传播？回答大概是否定的。最早的基督教团体大约于170年已在马赛、里昂、奥坦等几个城市中出现。但是，即使在177年发生里昂殉教事件时，它们还只是人数不多的小团体，大部分信徒不是希腊人就是讲希腊语的东方人。只是到四世纪末时，即确立宗教信仰绝对自由的米兰敕
ii-93 令（313年）颁布后很久，基督教才开始在高卢显示影响，而高卢民众自愿投入它的怀抱，尚需等待更长的时间。

不可忘记蛮族入侵

历史学家以往总是把罗马帝国和高卢的解体完全记在蛮族的账上。传统的解释竞相抬高蛮族的丰功伟绩：从拉达盖兹（406年）的大举入侵直到西哥特人（412年）和勃艮第人（443年）在高卢站稳脚跟。罗马人及其“蛮族”同盟者在卡塔洛尼平原的决战（451年）中大获全胜，标志着蛮族入侵的告终。在这一战役中，他们打败了阿提拉以及来自中亚的匈人骑兵；匈人在这以前曾将中欧和日耳曼地区的部落逐向欧洲西部。一个明显的、致命的危险排除了。蛮族的轮番入侵难道不是件具有决定意义的大事吗？作为历史学家，难道我们今天有理由轻视蛮族入侵的作用吗？回答既是肯定的，又是否定的。

低估蛮族入侵的作用，第一个根据便是入侵者人数甚寡。早在1900年，汉斯·德尔布吕克[176]已在他撰写的一部经典性著作中揭示了这一事实。

当时的法兰克人可能仅8万之众，勃艮第人10万，汪达尔人为2万（他们穿过直布罗陀海峡时大约有8万人），此外还有其他

一些蛮族。面对人口高达数百万的当地居民，他们必定受寡不敌众这一规律的制约。亨利·皮雷纳[177]曾喜欢说，蛮族虽然使罗马帝国疮痍满目，但他们终究被淹没在当地居民的汪洋大海之中，他们失去了自己的语言，转而使用拉丁语和罗曼语，失去了自己的宗教，转而信奉基督教。

吕西安·罗米耶[178]说他们是些“狼吞虎咽、高声喧嚣和臭气熏天的歹徒”。然而，又有谁不用这些尖刻的话语诋毁他们呢？一位久享盛名的历史学家认为，法兰克人是“罪恶的渊薮，堕落、叛逆 ii-94
和残暴的温床”[179]，似乎罗马帝国后期的历史却是充满着美德、宽厚和公正！在人们原来的心目中，蛮族是朝着西方冲杀而来的凶猛的武士；如今却摇身一变，变成了另一种形象：“正当他们进逼帝国的城下，竟发现城池不攻自破，他们在惊诧之余，便踮着脚尖走进城里。”[180]因为，对日耳曼人来说，罗马帝国的城墙不就是魔鬼之墙吗？弗朗索瓦·基佐是实行这个转变的先驱，他指出蛮族的首领“坚持要接受罗马的衣钵，正如土著爱穿欧式军服一样”[181]。

这一切难道是完全合理的吗？难道这不是从一个极端走向另一个极端了吗？如果我没有弄错的话，罗贝尔·福西埃[182]恐怕是第一位持论不偏不倚的历史学家，分别对进入高卢的部落和对高卢当地的居民作出公正的介绍。我们下面就来看他所提出的论据。

首先是关于入侵者的人数。人们正确地指出，向西进军的部落人数不多。但是，在高卢各地，除了武装入侵以外，还有“蛮族”血液的不断注入。有人甚至说，移民的总数高达100万人。如按人们所说——我对此并不相信——当时罗马统治下的高卢的人口约为 2000 万至 3000 万，相比之下，100 万这个数字仍然无足轻重。但如果认为高卢人口仅为 1000 万，混居的居民比例自然就会有所不同。不过，皮埃尔·杜福尔奈[183] 坚持认为，在萨瓦地区，入侵的勃艮第人少得可怜，几乎没有什么影响。他甚至断言，当地的高卢居民所能见到的勃艮第人，大概不比二次大战期间法国农民所能见到德国人更多。同样，在普罗旺斯和朗格多克，入侵的程度也无法同里昂以北、中央高原以西或巴黎盆地相比。[184]

ii-95 但是，即使蛮族只占少数这个事实得到确认，少数却往往是社会的酵母。它们改变着社会的面貌。尤其，莱茵河彼岸的蛮族居民很早就开始进行渗透。渗透的方式成千上万，沿着罗马的进军路线迤逦前进，渗透过程持续了几个世纪之久：莱茵河不但是防御的屏障，也是一个过滤器，是招募士兵和劳动力的可靠途径。蛮族或作为奴隶在大地主的土地上安身，或作为士兵凭着一张所谓“投宿证”与当地居民长期生活在一起，并进而完全被同化；不论属于哪种情况，他们“一小群一小群地淹没在高卢农民大众之中”，“为中世纪前期‘亦农亦战’社会的诞生助了一臂之力”，没有“军事成分长期、缓慢地渗入”到社会的最底层[185]，这一社会的诞生就很难得到解释。他们将在各地改变农业的面貌，因为在庄园被破坏、被焚烧以后，村庄或分散的小村落便随之问世，再现日耳曼先民的居住布局。畜牧业也得到了发展，在许多方面改变了农村经济活动的面貌。最后，这些日耳曼入侵者不再像在塔西佗时代那样与罗马人征战不息。在罗马物质文明的影响下，自动实现了真正的进步。人们不止一次发现有日耳曼人在罗马军队中当兵，在罗马军团或辅助部队中担任军官，并取得与罗马公民同等的地位。简而

言之，这些农民或贵族大体在相同的水平上逐渐实现了种族融合，但是这次融合不是通过入侵和劫掠，而是平安无事地完成的。

奥古斯丁·梯叶里的理论不能照搬，今天任何一位史学家也不会接受他的理论："旧制度"贵族的祖先是法兰克人，农奴和雇农的祖先是高卢人。依我之见，倒是法兰克贵族加入了当地高卢贵族的行列(其基础要比前者深厚得多)，而高卢贵族之所以能够保持其地位，不仅因为他们与法兰克人"通力合作"，而且因为他们在教会上层找到了保护伞。在我看来，关键在于法兰克贵族巩固并 ii-96
确认了一种社会等级制，这种等级制将随外界的影响而变化，并照例经受随之发生的各种挫折，但其延续时间却与"旧制度"存在的时间不相上下，甚至更长。

尽管如此，高卢的居民因蛮族入侵而备受蹂躏：奸淫烧杀，掳掠无度，部队的频繁过往以及长期驻扎，还有入侵者的敲诈勒索。高卢肯定出现了人口锐减和经济崩溃的现象，虽然人们对其严重程度无法估测。一位历史学家[186] 指出："我们敢说入侵使居民人口减少四分之一乃至三分之一。就某些地区而言，特别是在北部和东部，可以毫不夸张地讲，由于饥馑蔓延，疾病肆虐，一半以上的人死于非命"，与此同时，"乞丐大军遍布全国"。

城市蒙受的灾难尤其深重，很早就据险自守。市内修建的防御工事供居民在其中避难。一些宏伟建筑被拆毁，石块被临时用于建造更高的护墙。但是，面对蛮族的突然袭击或持久围困，城市仍不免陷落：反叛、恐惧、饥荒、缺少饮用水均可使城市不战而降。罗马皇帝尤里安(361—363 年)在巡视高卢期间喜欢在巴黎的前身吕岱斯城逗留，他在给雅典人的信中写道："城墙已遭破坏的高卢城市约有 45 座之多。”[187]

大概也有一些地区免遭劫难:南方“从来就不像里昂以北或中央高原以西地区那样多灾多难”[188]。根据拉丁诗人奥索尼乌斯的见证,在四世纪的图卢兹,“没有出现突发事件,生活还过得下去……如同前几个世纪一样”[189]。但是,总的说来,城市有所衰
ii-97 退:城里的空地种上了作物和蔬菜。城市重又变成了只有狭窄街道的小镇,街道两旁是低矮的茅屋。大地主纷纷离开城市,返回自己的庄园,以便据守庄园,就近掌管实在的产业,摆脱城里不堪忍受的赋税。亚历山大·鲁斯托夫[190]写道,自从丧失了昔日繁荣的集市以后,城市勒紧裤带,节衣缩食,依靠近郊的田地养活市民。在供水管道被切断的里昂城,居民纷纷迁离老城,出外求生。乡村的人口同样在减少。庄园最后也纷纷破落,在这一方面,考古发掘为我们提供了许多证据。荒地的面积不断扩大。然而,不论灾难的打击有多大,不论人们对此作何评论,上古社会的结束“并未带来城市的覆灭”[191],用圣·安托万夸张的话来说,城市并没有因此“一命呜呼”。蛮族的王公将选择一些城市建立宫殿,这些城市仍将保持经济和文明所能达到的最高水平,并经久不衰。人们甚至可能会感到惊讶,经济周期滑坡的持续时间之久,危害之严重,曾使罗马统治下的高卢局势不断恶化,而高卢却居然能经受住考验。难道这正如我料想的那样,是因为它具有相当高的物质水平和相当健康的肌体吗?或者,难道这是长周期并不紧紧地把高卢咬住不放?再或者,难道因为结构复杂的罗马帝国尽管江河日下,但其衰退速度却相当缓慢?

罗马经济世界

显而易见，罗马帝国的衰亡制约着、主宰着高卢的命运。但是，帝国衰亡的原因本身还很不清楚，远远谈不上一目了然。任何一位严肃的历史学家要想直截了当地来回答这个问题都会感到为 ii-98
难。因此，对这个问题，谁能不采取理智而审慎的态度呢？我这里想到了玛丽·贝纳岱特·布鲁吉耶尔所写的那部杰出的著作，其结论之详尽称得上面面俱到[192]。

但是，如果真想弄清楚，那就必须从一开始就提出几个即使不尽可靠但至少是相当可能的假设。

罗马帝国的衰颓有待在政治、经济、社会、文化等方面进行考察。应该承认，这种衰颓是十分缓慢的，因而要从长时段的角度进行观察；而且，衰颓的起因来自一系列程度不同的弱点。

第一个弱点表现在政治方面：罗马帝国的政权机构和军队软 ii-99
弱无力。在名义上，帝国覆灭的标志是西罗马帝国于476年的灭亡。就在那年，罗慕洛·奥古斯都被赫鲁利人的首领奥多阿克在拉韦纳城废黜，帝国的徽记被送往君士坦丁堡。在我们看来，这不过是件普通的小事，帝位的废黜无非是把历时已久的既成事实正式记录下来，正如福斯特尔·德·库朗热所说："罗马帝国早已寿终正寝，只是人们并没有意识到而已。"[193]

罗马帝国也是一个经济现实。运输区域十分辽阔，特别是地中海，从海岸出发，四通八达，与四周的陆地保持联系。罗马帝国所控制的和影响所及的地域构成一个经济世界，占地球的相当大的一个部分。高卢也处在这个经济世界的影响范围之内，至少直

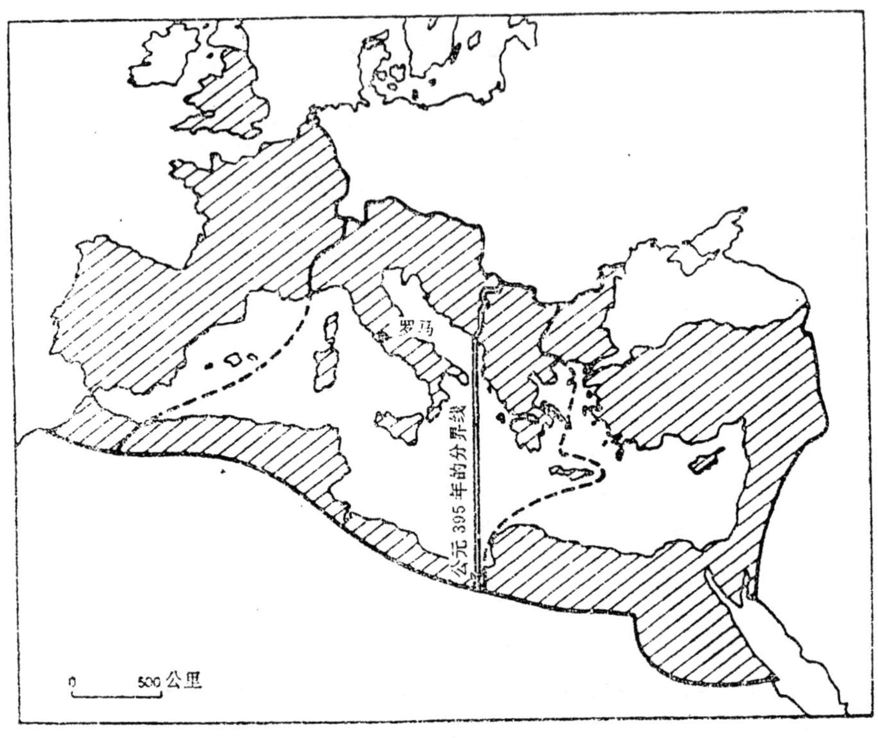

罗马经济世界

帝国于 395 年分裂为东罗马帝国和西罗马帝国，但分裂并没有破坏罗马经济世界的统一性。这个经济世界超越了帝国的疆界，其影响一直伸展到多瑙河、红海和印度洋。

到八世纪，甚至九世纪，即查理大帝时代。几乎可以说，罗马帝国在倾覆后仍长期保持其残余的影响。

关于这段历史的论争，亨利·皮雷纳的功绩在于他发现了这个经济世界的作用，摸到了它的脉搏，并且从政治经济学的视野观察这些黑暗的年代，其中包括五世纪的蛮族入侵以及七世纪、八世纪、九世纪的穆斯林入侵。亨利·皮雷纳的论断，特别是他的《穆罕默德和查理大帝》，又有谁人不知？半个世纪以来，历史学家莫不表示钦佩。皮雷纳认为，伊斯兰的征服首先便是攫取地中海；非基督教徒吞并了这片海域以后，禁止基督教国家的船只驶入，进而把西方彻底整垮。

他的观点今天出现了争议。读者如果稍许有点耐心，将可看到我接受了什么和排斥了什么。事实上，在我以前，马克·布洛赫[194]、艾蒂安·萨布[195]、弗朗索瓦-路易·甘斯霍夫[196]都已提出了批评、保留和异议。他们觉得只要能够证明，在那些充满危机的世 ii-100
纪里，地中海并没有完全关闭，高卢和东地中海地区的交往仍在继续，就能推翻皮雷纳的理论。他们并未明确指出，地中海各地的经济交流是否放慢了速度，以及在什么时候放慢了速度。

交往的减少是没有任何争议的，在我看来，这正是关键的所在。

的确，我们面对的乃是一种缓慢的衰退，这种持续几个世纪之久的衰退应对罗马帝国的崩溃负主要责任。我并不说蛮族对此毫无责任，只是认为应减轻他们的责任；同样还应减轻罗马帝国统治者的责任——他们大多是些平庸之辈，但也有如戴克里先、君士坦丁这样才智过人和出类拔萃的人物；减轻军事将领的责任——斯提利科（359—408年）和埃提乌斯（390—454年）以令人钦佩的非凡勇气，捍卫了高卢的领土完整。所有这些人，无论是伟人还是庸人，他们的事业预先就注定了不会完全成功。

如果把公元150年——罗马统治下的高卢达到鼎盛的基本标志——作为起点，把950年——加洛林王朝跌到低谷的基本标志——作为终点，人们就有权在150年和950年之间画出一条下降直线，尽管这种画法相当粗糙，而且肯定不免牵强，但我对下降趋势竟延续八个世纪之久并不感到过分惊异，这八个世纪正是法国历史和欧洲历史上最黑暗的年代。

我并不是说，这条线准确无误地反映着高卢经济以及高卢以外的整个罗马经济世界以固定不变的节奏缓慢地下降。这个经济世界充当罗马帝国的活动基地，虽然经历了多次曲折，但也维持了很长时间。我至多说它是一条趋向线，我们这里考察的高卢经济
ii-101 将沿着这条趋向线上下摆动，有时逆向上升，有时顺向下降，升降运动对普遍的经济萧条起着加剧或减轻的作用。例如，在从克洛维(511 年去世)至达戈贝尔特(639 年去世)时期，后来在加洛林王朝的强盛时期，即自七世纪末至九世纪中叶，我以为经济环境可能曾有所改善，而在这两个间歇期之间，经济形势自然仍在恶化。以上这一切都没有充足的证据，只是一些简略的提示和说明，但似乎也能让人相信事实果真是如此。

无论如何，尽管出现过上述短暂的间歇——如果确实有间歇的话——总的趋势仍然是长期的衰退，这一过程大约延续到了950 年前后。亨利·皮雷纳的思想始终激励着我，但我没有亦步亦趋地跟着他走，我通过自己的思考与他殊途同归。

因为我不像他那样，把一切都归结为穆斯林征服。从七世纪开始，他们逐渐攫取了地中海的交通要道，特别是在占领了西西里岛之后，更扼住了海上东西向交往的咽喉(827 年抵达西西里岛，831 年占领巴勒莫，878 年占领锡拉库萨)。接二连三的征服活动(634 年征服叙利亚，636 年征服埃及，650—700 年征服马格里布地区，711 年征服西班牙，最后轮到西西里)并未造成地中海对基督教国家的船只完全关闭的局面。很久以后，伊本·赫勒敦

(1332—1406年)才说,在那些遥远的年代,基督徒甚至不能在地中海漂送一块木板。可是,为歌颂伊斯兰的光荣历史而在事后散布的这类溢美之词,听来更像是自我吹嘘。试想,如果穆斯林不在基督教国家进行开发,他们征服海洋又有什么用处?事实上,他们需要基督教国家的合作。

埃利亚·艾什托尔[197]根据新发现的阿拉伯语文献进行的考证为我们讨论这个问题提供了一条新的线索。穆斯林控制的地中海当时并不是那么充满生气;对沿岸的国家来说,它是空空荡荡、死气沉沉的一片海域。因此,不存在地中海被突如其来的神仙封闭的问题,而是当时的经济形势趋向全面恶化。只是到了九世纪或十世纪时,经济长周期才出现逆转,地中海沿岸各国的经济才普 ii-102
遍复苏,拉丁语地区、希腊语地区、穆斯林地区都是如此。约在970—985年期间,穆斯林地区的黄金源源不断地往巴塞罗那输送。[198]显然,并不是这些黄金改变了经济气氛,它只是经济长周期出现转折的信号:经济从此将持续上升,并且将促进地中海和整个欧洲经济生活的蓬勃发展。

这种长达几个世纪之久的经济周期,即使恰如我们所希望的,能够说明罗马帝国的衰亡过程[199],但经济形势本身还有待我们作出解释。这一使命理应由世界通史来承担,而要写成一部世界通史(如果真能写成的话),那就必须等到人们拥有像世界地理一样翔实可靠的资料以后方才可能。麻烦在于,人文科学同精确科学一样,某项解释一旦成立——我们的解释还不是这种情况——便要求对解释本身作出进一步的解释,如此反复无穷。说中世纪的衰退是以罗马帝国物质财富为背景的经济世界的缓慢滑坡,也就势必承认，罗马帝国在政治崩溃后，仍将作为一个经济世界，作为一种经济现实而长期存在。这就成了一个大问题！不但罗马的经济框架维持不变，更加令人惊讶的是，罗马社会的等级制和奴隶制也原封不动地保留了几个世纪之久。对于流传至今的拉丁文化，我们又该作何解释？欧洲，欧洲中心的法国，不是仍然没有摆脱罗马遗产的影响吗？

作为本节的结论，我为提出一种崭新的解释跃跃欲试，甘愿冒点风险。这种解释之所以使我神往，因为不论它是否真有道理或有多少道理，我们可把所有的问题汇总在一起重新提出。农学家兼历史学家弗朗索瓦·西戈把罗马的繁荣兴旺归因于使大庄园和奴隶劳动得以普及的外族征服。根据他的观点，奴隶制是一部动力逐渐增大的、长期持续运转的发动机，是能量的一次爆发。随着
ii-103 征服活动的减弱，奴隶制也势必陷入一场极其漫长的危机。如果这把钥匙能派上用场，涉及罗马经济的所有问题也就可能变得简单起来：奴隶制社会虽然长期生气勃勃，但随着罗马帝国的衰颓，终于土崩瓦解；在这个社会里，交换、贸易、银行、商人怎么可能各得其所？新的发动机难道不正是农奴制吗？这一切留待以后再作讨论。

墨洛温王朝时期的高卢

继克洛维的军事胜利（486 年在苏瓦松击败罗马在高卢的末代统治者西亚格利乌斯，496 年在托尔比亚克战胜阿拉芒人，507 年在武耶战胜西哥特人）之后，墨洛温王朝在高卢突然诞生。此事多少有点出人意外，但如果把各种因素考虑在内，也就不难发现，

一切不是从零开始的。在这以前的几个动荡的世纪里，高卢的人口密度虽有显著的下降，但并没有跌到使正常生活不能维持下去的最低点。在五世纪末，人口总数可能达 500 万至 600 万，按罗马化时期高卢的地域面积计算，平均每平方公里的居民略少于 10 人。如果照罗素的估算，在蛮族入侵后，高卢的总人口下降至 300 万，那它又怎么能承受接踵而至的各种灾祸的打击呢？特别是来自东方的可怕的腺鼠疫，曾在六世纪下半叶，后来又在七世纪末[200]，在高卢多次肆虐。

尽管如此，高卢的人口密度毕竟显著地下降了，这一事实有可能解释为什么法兰克人的征服相对说来较为容易和较为迅速。另方面的原因，征服是从索姆河和莱茵河之间的地区，即从法兰克人同其他日耳曼部落相杂居的地区为出发地。这为他们提供了双重便利：其一是可以继续从莱茵河彼岸地区的居民中招募兵员；其二是他们与罗马帝国保持一定的关系，因而事先已逐渐接受罗马化高卢的文明。对他们来说，幸运的是克洛维在圣雷米的主持下皈依了基督教，并接受了洗礼（可能在 496 年圣诞节，但这一日期并不可靠）。当在高卢定居的其他蛮族仍然信奉阿里乌斯教时，法兰 ii-105
克人和克洛维却皈依了在高卢盛行的正统教派。他们的高级军事头目迅速与罗马化高卢的世俗领袖和教会上层人物拉上了关系。[201] 高卢从此大门洞开，法兰克人便节节胜利。尤其，对高卢来说，法兰克人的征服——蛮族入侵中的最后一次——并不像以往那样完全是一场灾难，即使在北部地区也不例外，法兰克人在那里定居的人数远远超出了卢瓦尔河以南的地区。事实上，无论是在勃艮第和普罗旺斯，还是在阿基坦和中央高原（这些地区虽然业

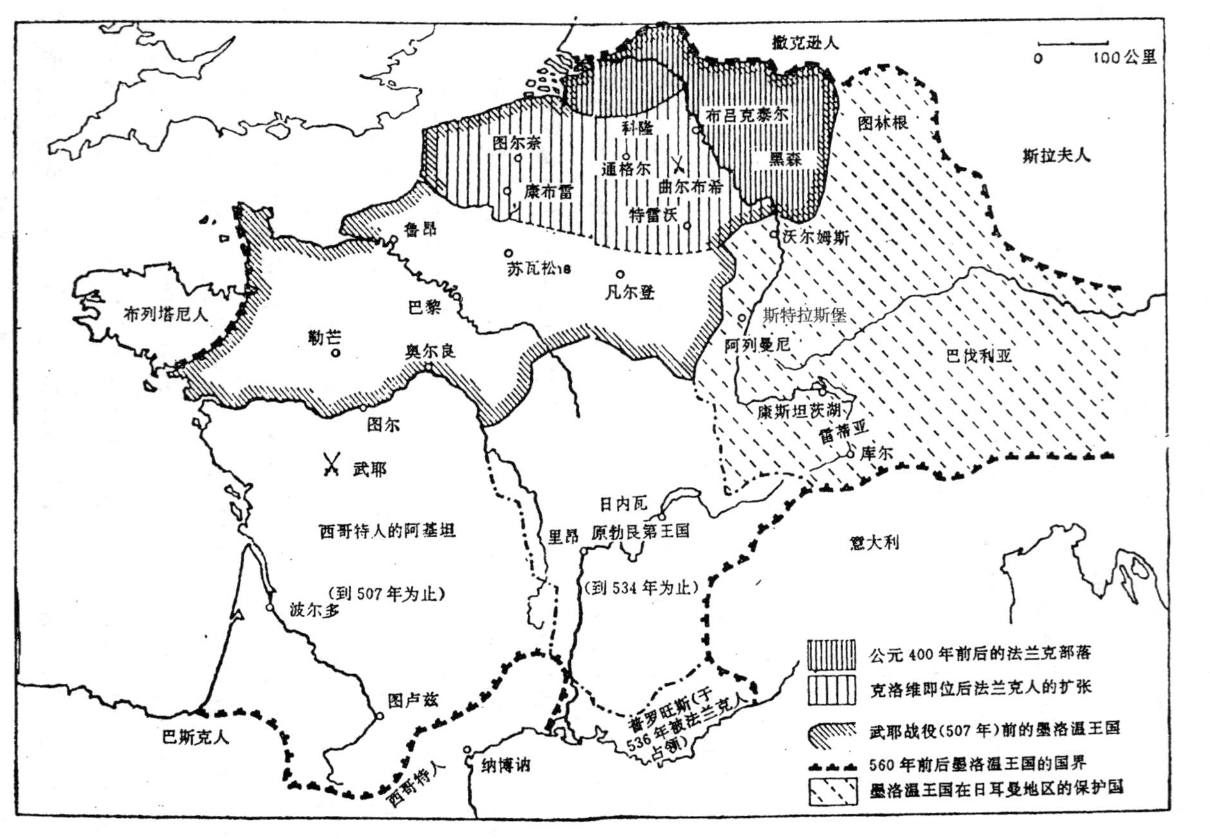

法兰克人的扩张（参见缪塞:《日耳曼人的入侵浪潮》）

已归附法兰克人的统治，但不时出现反复），法兰克人的殖民征服并没有广泛展开。

最后，在日耳曼方向，还有另一项有利条件：墨洛温王朝将占有巴伐利亚和图林根，因而达戈贝尔特在631年致君士坦丁堡皇帝的信中[202]声称，从大西洋到多瑙河都在他的权力范围之内。但总的说来，法兰克人的征服结果使莱茵河的屏障基本上可以确保无忧。尽管王族内部纷争不断，尽管他们还没有形成主权国家或公共利益的概念——对他们来说，法兰克人的统治，依据日耳曼传统，乃是由男性继承人平分的私有财产——尽管还存在以上重要弊端和无力实行共同治国，高卢却恢复了相对的和平，开始安居乐业的各项条件已经具备。商品流通和人员交往重新得以进行。罗马化高卢原有的城市、乡镇、农村、庄园之间的联系网依然存在。作为交通枢纽和商品集散地的集镇数量也有所增加。集市贸易保证了农产品在城乡各地以及在主要农产区和修道院周围的地区畅通无阻。[203]交易会刺激和推动了商品交换，由达戈贝尔特于627年在巴黎附近的圣德尼建立的交易会就是如此。[204]最后，货币流通渐趋活跃：金币由王室和私人开设的作坊所铸造，西方的各蛮
族——汪达尔人，勃艮第人，意大利的东哥特人，西班牙的西哥特 ii-106
人——无不铸造金币，有的甚至还铸上了拜占庭皇帝的头像。

以上情形足以证明地中海经济的继续存在。更何况马赛、纳博讷、波尔多等地继续保持与东地中海地区的联系，从那里源源不断地运来胡椒、香料、纸莎草、药材以及丝绸，甚至还有拜占庭的金币。不久前在福斯湾海底发现了一条当时驶往东方的船只，船内
装有小麦、盛满树脂的双耳尖底瓮以及陶制画片……[205]同样， ii-107

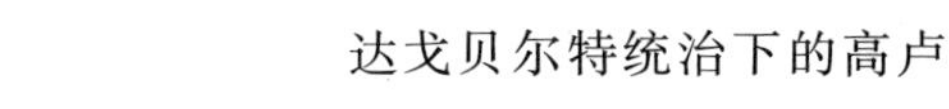

达戈贝尔特统治下的高卢

参见乔治·杜比:《法国史》。

比利牛斯山区的大理石不仅被运往高卢北部用于修建教堂,也被运到西班牙和君士坦丁堡。最后,讲希腊语的叙利亚商人和犹太商人在高卢的城市里或通衢大道上风尘仆仆,积极开展大规模的商业活动。他们向王公出售珍贵的布匹、香料和药材,又收购金锭和奴隶。贡特朗国王于 585 年进入奥尔良,受到当地的叙利亚侨商的接待,他们用本民族语言向他致意。当时的奥尔良与自 503

年成为首都的巴黎一起，同是高卢的心脏。但在纳博讷城，589 年也有叙利亚商人的行踪。[206]

因此，我们完全可以说，当时的高卢经济对外开放，继续重视地中海的贸易。然而，由于国内外形势发生了变化，在其他动力的影响下，高卢的重心逐渐向北方转移。

墨洛温王朝建立不久，高卢即陷入四分五裂的状态，国土被几位王子所瓜分，但这些分界线往往与潜在的现实相适应。因此，卢瓦尔河进一步确立了它作为分界线的地位，而卢瓦尔河流域则呈现为一个相当宽阔的边境地区。这一早已形成的界线（罗贝尔·斯佩克林通过对历史和地理的考察所画出的“国内防线”），把法兰西的地域切成两块，而且比过去任何时候都切得更深（参阅第一编第 88 页附图）。这样说对卢瓦尔河以北地区也许是正确的，而对该河以南地区则不尽然。直至八世纪中叶，法兰克人仍称阿基坦人为“罗马人”[207]。不仅如此，在北方，从东到西又可分为奥斯特拉西亚（如果夸张一点说，奥斯特拉西亚堪称日耳曼的前哨阵地）、纽斯特里亚（与巴黎盆地一大部分地区相吻合）和阿摩里卡（即今天的布列塔尼）。六至七世纪时，凯尔特人从英格兰特别是从威尔士出发，向阿尔摩里卡地区移民。这是一次名副其实的入侵，它在语言、人种和宗教信仰等方面都使布列塔尼半岛重新凯尔特化了。ii-108
从此，墨洛温王朝必须坚守边界，向西发展变得比以往任何时候都更加困难。至于卢瓦尔河以南，可以分成四个地区，即勃艮第、普罗旺斯、阿基坦和由西班牙的西哥特人占领的塞普蒂美尼亚。地处墨洛温王朝肘腋之下的阿基坦和勃艮第格外珍视并不惜一切代价维护其独立自主，对当时的战乱持静待旁观的立场，幸而战乱也

恰好在向北蔓延。

我不想对你们讲述弗蕾德贡德和布隆希尔德之间的自相残杀和野蛮争斗的细节，两位王后互相把对方当作死对头，前者在纽斯特里亚颇有影响，后者天赋甚高，是奥斯特拉西亚的统治者。我们这里要着重指出的是，战乱不断的整个北方最初曾是高卢最落后、最野蛮、最不开化的地区。正因为如此，纽斯特里亚和奥斯特拉西亚才不断从南方招募文人学士和神职人员。但到了最后，却是北方对整个法国发号施令。

确实，高卢的重心缓慢而有效地向北移动，并使北方部分地摆脱地中海的影响。至于重心开始转移的标志，人们却确定不了。地中海地区当时正处在衰退之中。马赛和阿尔勒在七世纪时已经在走下坡路，与此同时，默兹河下游和莱茵河下游地区——尼德兰——却利用大西洋与英格兰、北海、斯堪的纳维亚和波罗的海的贸易活动，取得了蓬勃的发展。就在布洛涅一落千丈的同时，位于康什河口的昆托维克却欣欣向荣，这是一个重要的信号。此外，专门用于北方贸易的银币广为流通，并逐渐取代南方的金币。

ii-109 这一切在利奥波德·热尼科的一篇文章中阐述得一清二楚，该文的发表虽为时已久（1947 年），但丝毫没有过时。[208]

随着北方的进步，天主教的传教活动加快了步伐，教堂的兴建、教区与修道院的创立如雨后春笋。我们不妨看一看当时声名远扬的卢克索伊修道院，它是圣科隆榜于 590 年修建的，自 620 年起，那里就实行了本笃会的隐修制度。总之，“可以毫不武断地说，高卢北部在七世纪时就出现了相当活跃的贸易浪潮，八世纪时它已成为法兰克王国中最活跃的经济地区”[209]。

尽管如此，我们也不宜过分美化墨洛温王朝时期的高卢。的确，城市恢复了生机，市内建起了教堂，郊区也出现了隐修院，但是，它们的活动和影响还十分有限。农村仍处于大庄园的残酷剥削之下。大庄园普遍感到劳动力不足，这正是人口锐减的明显迹象。[210] 最后，可以肯定，森林占地甚广。阿尔卑斯山脉的森林几乎连成一片，林带从汝拉山脉、孚日山脉一直延伸到阿登山脉葱绿的山峦。虽说这些一望无际的旷野可使人畜苟且偷生，但可以肯定，森林占地面积的扩大是农民放弃耕作的结果。一些历史学家因此认为，与罗马统治下的高卢相比，墨洛温王朝时期的农业在总体上有所倒退，“经营分散”，“村庄不过是被树林包围的小块飞地。乡村景色以林木为主要标志”[211]。整个高卢大地上布满了空白。[212]

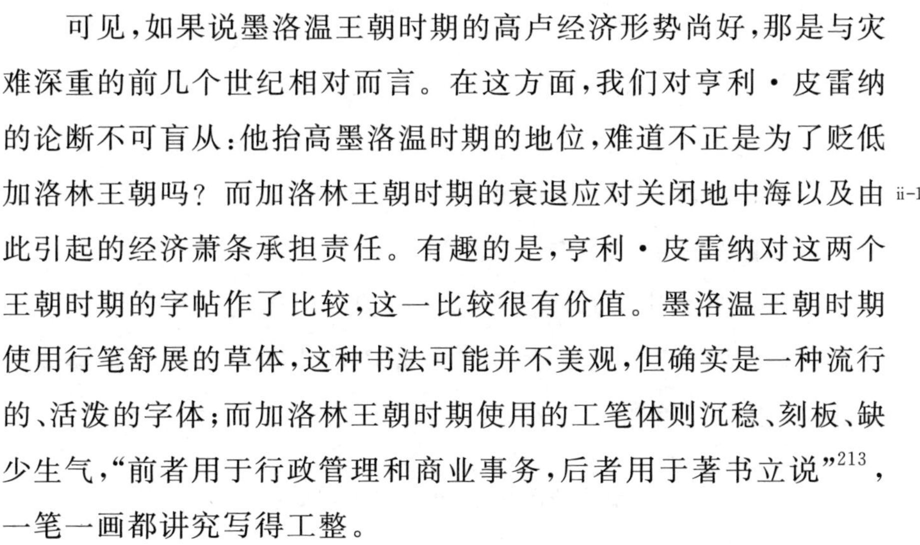

可见，如果说墨洛温王朝时期的高卢经济形势尚好，那是与灾难深重的前几个世纪相对而言。在这方面，我们对亨利·皮雷纳的论断不可盲从：他抬高墨洛温时期的地位，难道不正是为了贬低加洛林王朝吗？而加洛林王朝时期的衰退应对关闭地中海以及由 ii-110
此引起的经济萧条承担责任。有趣的是，亨利·皮雷纳对这两个王朝时期的字帖作了比较，这一比较很有价值。墨洛温王朝时期使用行笔舒展的草体，这种书法可能并不美观，但确实是一种流行的、活泼的字体；而加洛林王朝时期使用的工笔体则沉稳、刻板、缺少生气，“前者用于行政管理和商业事务，后者用于著书立说”[213]，一笔一画都讲究写得工整。

实际上，在历史学家中，任何人也不相信墨洛温王朝时期的高卢的相对繁荣超过了七世纪中叶。达戈贝尔特一世（629—639年在位)继群雄相争之后,完成了统一高卢的大业。但是,用皮埃尔·里歇[214]的话来说,国王死后不久,事态开始恶化,“经济形势渐趋逆转”。这一衰退一直延续到七世纪末。至于衰落开始的日期,我主张选泰尔特里战役(687年)为标志,这一战役确保了奥斯特拉西亚和丕平王族的胜利,并在实际上结束了墨洛温王朝的最后代表“懒王”的统治;确切地说,所谓“懒王”,其实就是“无能的国王”[215]。公元687年在政治上是重要的一年,依我之见,在经济上也是重要的一年。加洛林王朝的兴起标志着短暂的、相对的经济复苏。

归根结蒂,墨洛温王朝时代——它在我们的历史中占有两个世纪——最基本的特征难道不正是罗马化的高卢社会和法兰克社会缓慢的、悄无声息的融合过程吗?“无论是在宫廷、伯爵领地、主教辖区还是广大农村”[216],都存在这两种社会的融合。人们再也分不清公墓里的棺椁究竟属于高卢人或是属于法兰克人。这两种文化、两类居民的逐渐同化乃是历史进步的不容否定的因素。基督教克服了种种困难,逐渐深入人心,这无疑是惨淡经营的两个世纪中出现的另一重大事件。

至于说哪个事件最重要或最不重要——这是历史学家最爱玩
ii-111 的游戏,让我们毫不犹豫地宣称:修道院的影响进入穷乡僻壤和王公府邸,当然是首屈一指的大事!

是否存在过加洛林帝国?

请读者原谅我用了这样一个有点牵强附会的标题,但是,我稍后将对此作出解释。我这样做仅仅是为了提出一个基本的问题,即使在我看来，这并不是决定加洛林王朝时期的高卢命运的根本问题。

关于加洛林王朝时期的高卢的特点，我们首先要介绍为传统史学所重视的一系列重大事件：687 年的泰尔特里战役（奥斯特拉西亚取胜），促使力量对比发生根本的变化；接着，732 年或 733 年普瓦蒂埃一战告捷，加洛林新王朝真正的缔造者查理·马特（生于 688 年前后，卒于 741 年）击溃了穆斯林入侵者的轻骑兵；715 年，他的儿子矮子丕平被推举为国王并接受加冕；768 年至 814 年是查理大帝的统治时期，这位皇帝的光辉至今仍受世人的瞩目。800 年圣诞节，他戴上了西罗马帝国皇帝的皇冠。然而，这种显然并非虚构的荣耀和强盛，随着他的儿子虔诚者路易（814—840 年在位）的继位而出现众多的灾难，很快就失去了光辉。虔诚者路易可能值得人们爱戴——米什莱曾把他推崇为圣路易一般的有道明君，但是，他的软弱，他的反常的怜悯心，却使刚刚建立起来的帝国受到了沉重打击。这个帝国已经难以自卫，更谈不上如何使它巩固了。他的儿子们在王位继承问题上的争吵，甚至在这些争吵公开化之前，便埋下了毁灭和无法治愈的灾难的隐患。凡尔登条约（843 年 8 月）把帝国分为三个部分，并没有给局面带来转机。[217] 另一方面，20 多年来，诺曼人的袭击逐年增多，他们沿着海岸和河流进行骚扰，宣告了帝国破灭的开始。

尽管如此，帝国继续存在着，至少帝位的继承从未中断。尚称 ii-112
聪明能干的秃头查理（838—877 年）于 875 年翻越阿尔卑斯山前往意大利，以便在罗马履行皇帝的加冕典礼。不幸的是，在离开“法国”的同时，他便失去了一切控制，不得不赶紧取道阿尔卑斯山

回国，并且通过发布“瓦兹河上的基耶尔西敕令”，向国内的大贵族
ii-113 作出接二连三的让步。正如让·东特[218]所说，秃头查理是在“帝国的幻想仍然十分强烈的时代和环境”中长大的，因而还将帝国的门面维持相当长的时间。然而，雅克·马多尔[219]说得对，帝国“虽说名存实亡，但它的幽灵却久久没有消逝”。这种状况一直维持到奥托大帝于962年夺取帝位，建立了德意志神圣罗马帝国，后一帝国直到1805年才寿终正寝。在帝位转至德意志后25年，即987年，于格·卡佩就任法国国王，从而建立了加洛林王朝。这一事件本身无足轻重，但它构成一条长链条的第一个环节，也就是说，这是一个具有深远后果的历史事件。[220]

在这三个世纪中，最重要的时期无疑是具有坚强个性的查理大帝的统治时期，而他最显赫的业绩显然是建立了西罗马帝国。如果把恩斯特·柯里图斯[221]美化查理大帝为“近代世界的开山鼻祖”这类廉价吹捧搁在一边，我们不妨说他更像是戴克里先一样的历史人物；大体上说，这两位皇帝都想建立和恢复西方的和平与安宁。他今天很少能博得历史学家的宽容，但是，这样做是否完全正确呢？然而，恰恰是通过参照那些否定的判断，我才提出了以上的问题：是否存在过一个加洛林帝国？如果可能的话，让我们就把这场争论作个了结。

仁者见仁，智者见智。我们先让尼古拉·约尔加发言，既然他毫不犹豫地投入了论战。他写道，事实上，“无论是从领土角度看还是从行政角度看，这个帝国从来就没有存在过……我们不应被城市及其驻军引入歧途。当时确实有一位皇帝，但并不存在帝国；

768 年的加洛林王国　768 年尚未平定的占领区　768 至 814 年征服的领土
814 年的加洛林王国　814 年起纳贡的领土　814 年加洛林帝国的势力范围

加洛林帝国

没有皇帝的帝国是不可能的，而没有帝国的皇帝却是可能的”[222]。这显然是一种极端的说法。可是，不被加洛林帝国的武功所震惊的历史学家并不仅仅是尼古拉·约尔加一人。在皮埃尔·勃纳西埃看来，加洛林帝国“从其诞生之日起，便是一个历史的错误”，这

ii-114 倒也还说得过去[223]；至于罗贝尔·福西埃，他认为“加洛林王朝本是一个死胎”。他指出：当帝国大厦摇摇欲坠时，“加洛林王朝接过了罗马帝国的衣钵，虽然几经修补，终究落得个百孔千疮”[224]。让·东特在他关于西方上中世纪史的那部力作中[225]提出的看法也几乎同样带有悲观色彩。他说道，我们不要设想“存在着一个幅员辽阔、整齐划一、结构紧密的帝国，存在着一个生活在安详与宁静之中的帝国”，他认为不如说“这个帝国阴霾密布，其核心虽然坚实，但其边缘却很不稳固”，当时“边界上正面临强敌压境”。

显而易见，查理大帝的帝国在其边界受到了蛮族入侵的猛烈冲击。显而易见，这个帝国并不是铁板一块，它由不同的地区和不同的部族所组成，而在这些部族中，有些忠于帝国，另一些却对它不是冷眼相看，就是抱敌视态度。可是，从墨洛温王朝时代开始，法兰西难道不历来就是由不同部族组合而成的吗？加洛林王朝力图吞并欧洲，不也具有不可克服的多样性吗？问题在于外患和内乱接连不断地发生。只是在800至840年期间，帝国才显得强大有力（实际上也未必完全如此）；自查理大帝去世后，这条航船也就岌岌可危了。总之，如果只考虑帝国本身的发展历程，人们或许可以说，这是加洛林王朝的一段插曲，为时不过半个世纪。

欧洲的诞生，封建制的诞生和确立

但是，怎么可以只看到这段短促的政治历史呢？难道只用三言两语就能确定它的命运吗？上述的判断诚然击中要害，但它们是完全正确的吗？加洛林王朝时期的法国，从泰尔特里战役（687年）到于格·卡佩登基（987年），前后经历了三个世纪，难道这300

年就没有任何重要的意义吗?

事实上,加洛林王朝构成了基督教和欧洲的起源,或者说,确 ii-115
认了它们的诞生。起源和诞生这两个术语完全相同,就像两个互相重合的几何图形。

普瓦蒂埃闪电战不仅具有重大的象征意义,而且简直被认为是一场决战。用夸张一点的话来说——对初学历史的学生,我们或许会加以责备,这难道不是货真价实的第一次"十字军东征",难道不是引起强烈反响的第一次冲撞吗?被伊斯兰国家部分地逐出了地中海的基督教如今向欧洲北部和东部扩展;圣卜尼法斯和查理大帝的军队在日耳曼地区传播了基督教并且使日耳曼势力进入了欧洲。在墨洛温王朝时代,日耳曼并没有广泛地与高卢相结合。随着加洛林王朝的征服和扩张,高卢像是穿了件大而无当的衣服而显得无所适从,而狼就在这时钻进了羊圈。无论如何,它已经处在被包围的状态,东面紧靠着一个"第三世界"。欧洲几大板块间的第一次接近即使尚欠完善,其重要性却不容否认。

加洛林王朝不仅孕育了欧洲,也孕育了封建制,即形式多样、五花八门的割据和分裂。早在墨洛温王朝时代,国家由于缺乏现金,势必要用笨重的土地来应付它所需要的各项开支,就是说,要以免征土地税或出让王室领地为代价。[226] 墨洛温王朝的过错在于它以世袭的名义分配这些土地。照这个办法做,他们使自己陷于破产的境地。但是,在泰尔特里战役后不久,加洛林王朝的国王为确保自己的地位,在掌管一切权力的同时,加快了变革的步伐。当然,他们为达此目的,并非没有使用巧妙的手腕:他们像我们今天撤换省长一样,收回伯爵的领地[227],并且派遣亲信出任教会的要

职。查理·马特借口与伊斯兰教作斗争(甚至不用任何借口),
ii-116 随心所欲地支配教会的巨大财产。被没收的教会财产后来被赐给一些封臣,后者成为教会的下属,这对教会来说是多么可怜的补偿!

加洛林王朝的前三位国王——查理·马特、矮子丕平、查理大帝——肯定都是强有力的杰出人物:他们毫不犹豫地收回土地;从此出让的产业(或如人们后来所说,"赏赐"的产业)只供受赐者终身受益,不再传诸后世。伯爵作为王权的主要代理人,受"钦差"的监督:必要时,伯爵可以从一领地调往另一领地,以防止他们在当地积聚财产和打下根基。给予他们的"各种恩赏"也随时可以撤消。[228] 除此以外,加洛林王朝还发明、塑造了一个社会等级:部属和封臣都直接与君主相联系。这种联系方式一直延伸到自由民,他们都必须在国王军队里无偿服役。有钱人充任轻骑兵,最富有者加入 2000 名或 3000 名重骑兵的行列,马鞍和马镫一应齐备。这些技术装备"使他们成为欧洲所向无敌的战斗部队"[229]。

这座大厦相当脆弱,因为从基础到顶端,它是建筑在封君的权威基础之上的。为此,自查理大帝去世后,它就出现了裂缝。虔诚者路易即位后,土崩瓦解已见端倪。在他死后形势更加恶化。在法国,经 843 年库莱纳的领主会议决定,"国王将不得听信谗言,或出自贪婪,随意收回赏赐"[230]。因此,墨洛温王朝时代的危险措施又被恢复,君主"放手地"免征土地税和出让王家田产,"将至 880 年时,几乎再也没有任何采邑可供赏赐"[231]。

国家衰败的这一过程已如众所周知,也许不必再详加解释。封建制至此已落地生根。请读者少安毋躁:我们将很快再回到这个问题上来。

最后的蛮族入侵

ii-117

加洛林王朝自840年或850年开始没落，其根源似乎主要是在大厦的“内部”，而不在“外部”。最后的蛮族入侵当时正席卷整个西欧；在我来看，这些外在现象与其说是直接生效的原因，还不如说是结果或出现转机的征兆。因此，我们不要过高估计诺曼人、阿瓦尔人、匈牙利人、萨拉森人……入侵的作用。

所谓萨拉森人，当时指的是穆斯林和阿拉伯人，包括居住在伊夫里奇亚即今日突尼斯的阿拉伯人。入侵者把这里当成征服西西里，进而攻击西地中海基督教国家沿岸的桥头堡。萨拉森人对意大利的祸害，与对高卢相比，情况不尽相同。我们不应夸大定居在圣特罗佩海湾附近、普罗旺斯海岸的拉加尔德弗雷内地区的萨拉森海盗和冒险家们的危害性。

阿瓦尔人和匈牙利人是来自中亚的骑兵。第一批入侵的阿瓦尔人和匈牙利人曾于779年被查理大帝消灭，对此我们无需赘述。他们的第二次入侵持续时间较长，劫掠活动一直深入到法国腹地，给当地人民留下了痛苦的回忆。他们很晚才被击退，但后患却一劳永逸地根除了：这一辉煌的胜利是奥托大帝于955年8月10日在莱希菲尔德战役中取得的，战败者撤到了后来被他们称为匈牙利的国土上。

对欧洲和法国来说，诺曼人的威胁更加可怕。他们乘坐轻型战船，不时奔袭欧洲沿海防卫薄弱的据点。他们在内河水域横冲直撞，溯江而上，直逼内陆。他们多次抢劫了卢昂和南特，并于

885—887 年间围困巴黎，但在那里遭到了卡佩王族的祖先、坚强者罗贝尔之子、法兰克族的首领厄德的英勇抵抗。此外，勃艮第曾被洗劫一空，卢瓦尔河和阿列河亦曾成为抢劫者的通道，他们一直
ii-118 到达奥弗涅的心脏地带，克莱蒙曾三次遭到破坏和焚烧[232]……

这些毁灭性的入侵难道真能说明加洛林王朝的节节败退吗？今天，历史学家们再也不相信这一点。保尔·罗兰写道："就像五世纪蛮族入侵造成了古代世界崩溃的传奇一样，这种说法不值一驳。"[233] 安娜·隆巴尔-儒尔丹持同样的见解，她指出，这些袭击和破坏"从未使贸易交往中止过"[234]。雅各布·冯·克拉韦朗甚至认为，诺曼人的劫掠使教会和修道院积聚的贵金属重新投入流通，从而使西方经济恢复了生机。[235] 更何况，诺曼人早在袭击高卢以前已通过与俄罗斯的交易活动，积聚了大量贵金属。

上述论断与莫里斯·隆巴尔[236] 所持的观点不谋而合；在他们看来，穆斯林的征服重新使中近东的"财富"得以流通，并且再度为地中海地区的经济注入了活力。但是，我们是否应该受这些说法的诱惑呢？事实上，从来就不是黄金或白银推动着经济生活；恰恰相反，正是经济的增长和活跃吸引了金银，并推动了货币的流通。经济形势主宰一切，它在必要时总能创造、找到并使用所需的货币。

经济和人口

回过头来再谈长周期经济形势。我想如同分析墨洛温时代的高卢那样，论述加洛林时期的高卢。据我看，在长周期运动的促进和支撑下，高卢的经济从七世纪末至 840—850 年（大致年代）有所

上升，然后从850年至950年（又一个大致年代）又转入退缩，而且退缩的速度比上升快得多。米歇尔·卢什承认，退缩包含着“一系列形式各异的危机”；“新一轮的周期性衰退似乎已经开始”[237]。

我们在讨论这类问题时，无疑必须借助许多假设。不过，这一 ii-119
次，我们拥有更多的历史资料可供使用。让·东特已为我们扫清了障碍，使我们在前进时不会冒太大的风险。他所收集的论据将引导我们得出与他几乎相同（但并不完全相同）的结论。

我们把有关的阐释归纳如下：

1. 首先必须摒弃以往的先入之见，即认为加洛林时期的高卢建立在小型领土单位的基础之上，这些小块领土对外封闭，被“成片的森林、荆棘、荒原和荒地包围着”[238]。总而言之一句话，处于自给自足的状态。可以肯定，加洛林王朝的行政当局一再告诫王室庄园的管家，“如无必要，尽量不上外面去寻求或购买任何物品”[239]。但是，这并不等于说，庄园就不提供剩余产品或不把这些产品拿到市场上去出售。事实上，每个地区——包括城市、要塞、乡镇甚至村庄——都布满繁星一般的市场，历史资料提供了大量的证据[240]。在864年的一份文书中[241]就有这样的记载：“在城市和集镇，必须对在集市上出售面包、肉或葡萄酒的农民严加管束……以防他们欺骗买主。”

地方集市的普遍存在并不排斥城市、交易会和港口从事活跃的远程贸易。在北部，从康什河上的昆托维克到弗里斯的杜尔斯特德，港口的远程贸易尤其活跃。有的港口好景不长，其中一些兴起于八世纪，但到十世纪时便不复存在，以致“人们今天很难确定它们的原址”[242]。但是，它们显而易见的繁荣表明高卢的经济生

活正继续并加速了自墨洛温时代开始的贸易重心向北倾斜的运
ii-120 动，其中包括与诺曼人进行的贸易，因为诺曼人对高卢的入侵并不始终表现为劫掠。高卢各地进行远程运输的商品有小麦、食盐、木材以及包括香料在内的奢侈品……可以断言，达到一定规模的经济绝不可能在死气沉沉的自给自足制度下继续生存。硬说加洛林时代的高卢像是死水一潭，各地形成互相分隔的小单位，这显然是十分荒谬的。在当时的高卢，行旅不绝于途，天主教神父浪迹天下，修道士因修道院境况不佳而被迫外出谋生，还有抗命的农奴——“巴戈德”运动仍在继续——且不说朝圣者、士兵和商人。“加洛林时代的社会几乎完全建立在流动的基础之上。”[243]

为了使图像更为完整，还要指出的是，金币在公元700年前后消失了，银币取代了它的地位。正如让·东特所指出的，流通的银币数量远比今天人们所想的多得多，“数以百万计，而不是数以万计”[244]。最后还应提到商人：叙利亚商人恐怕已经销声匿迹，而犹太商人仍留在那里。无论是在阿尔勒或尼姆，还是在美因茨（小麦集散地）或凡尔登，人们都能重新找到活跃的移民中心，其中凡尔登是重要的奴隶交易市场：犹太商人从斯拉夫地区买回奴隶，再把他们卖往穆斯林控制下的西班牙。由于拜占庭帝国对犹太商人或多或少关闭了门户，他们便从埃及或叙利亚绕道而行，足迹甚至远达印度和中国。与此同时，一些新商人也出现了，他们是意大利商人、弗里斯商人、斯堪的纳维亚商人。[245] 在巴黎，经过885—887年的围困之后，又有谁会见到诺曼商人而感到惊异呢？

2. 查理大帝时代的高卢居民人数与墨洛温时代大体相等。从八世纪开始至九世纪中叶，人口甚至可能有所增加，这不仅与山区居民向平原迁移以及历史资料提及的垦荒面积的扩大[246]有关，而且与穆斯林突然侵占西班牙(711年)后当地的基督徒[247]纷纷逃 ii-121
往高卢西南部有关。藏于圣日耳曼-德普雷、圣贝尔坦、圣雷米等修道院的财产登记折[248]表明，在那些土地肥沃的地方，每平方公里的人口密度为50人。但是，同样明显的事实是，土地贫瘠的地区及确实荒无人烟的地带依然存在。

关于人口总量，历史学家根据为数甚少但却具有启示性的史料作了各种推测。我认为应该摒弃约翰·罗素所提供的数字(九世纪中叶时居民总数为500万)[249]，因为这个统计显然偏低：可以设想，只是在人口平均密度较低的情况下，入侵者才能长驱直入，但是，如果人口总量达不到一定规模，就不足以保证我们在前面简要提到的那些经济活动的开展。因此，即使作出各种保留，查理大帝帝国(面积为120万平方公里)的居民可能达到1500万至1800万，其中高卢(指其原来的面积，占帝国的一半)可能有750万至900万居民。这正是卡尔·尤利乌斯·贝洛赫很早以前提出的数字。他说道，这一时期的人口约在800万以上，略少于罗马化高卢的鼎盛时代。[250]

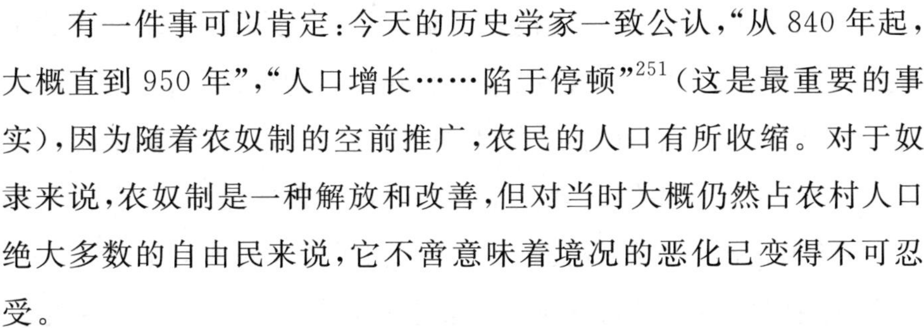

有一件事可以肯定：今天的历史学家一致公认，“从840年起，大概直到950年”，“人口增长……陷于停顿”[251](这是最重要的事实)，因为随着农奴制的空前推广，农民的人口有所收缩。对于奴隶来说，农奴制是一种解放和改善，但对当时大概仍然占农村人口绝大多数的自由民来说，它不啻意味着境况的恶化已变得不可忍受。

3. 有关货币史问题的讨论尤其引人入胜。让·东特为说明这个问题作了冗长的论述。我想使用“经济世界”的现代术语（这位史学先辈于 1957 年去世，尚不知道这个术语[252]）对他的思想作一概括，我以为这不会曲解他的原意。

ii-122 请假定，我在这里画一个圆圈，把拜占庭帝国，以及叙利亚、埃及和阿拉伯都放在圆圈内。九世纪时，那里曾是金币的一统天下。在圆圈的外面，请放上波斯、瓦朗吉亚人控制下的俄罗斯、斯堪的纳维亚和加洛林王朝的高卢，最后再加上穆斯林占领的西班牙和北非，以上地区都流通银币。这一分布可以说明三件事：

1）伊斯兰处于分裂状态，这是人们往往忘记指出的事。

2）经济世界的中心可分为两个强大的经济区域，一个是拜占庭帝国，另一个是靠近地中海的东伊斯兰地区。这两大经济区互有联系，因为拜占庭缺少黄金，受制于生产和主宰贵金属的伊斯兰。以上描绘的图像与后来近代欧洲的情形相类似：在近代欧洲，西班牙通过塞维利亚和加的斯（今安达卢西亚地区）向世界供应从美洲获取的贵金属。

3）九世纪时的这种两极并存和互相竞争的局面，无论对伊斯兰还是对拜占庭来说，都是其衰弱的根由。

毫无疑问，为了使总体视野清晰可见，这幅画面忽略和抹除了许多众所周知的事实和现象。例如，我没有指出：伊斯兰世界其实使用两种货币（金币第纳尔，银币迪拉姆）；在金币占统治地位的地方，白银至少也以银锭或者甚至以小银币的形式流通；自九世纪末起，为了阻止诺曼人的侵扰，加洛林王朝用黄金向他们纳贡；总之，黄金和白银始终可进行交换，其等量的比价为 1∶12（后来更是如此）。

说到这里，我想只用一个标准来衡量，这个标准不尽精确，但行之有效。在一个经济世界（就是说，由互为联系、互相作用的各种经济组合而成的一个整体）中，黄金占优势的地区必定是整体的心脏和统治中心。瓦朗吉亚人（诺曼人）在辽阔的俄罗斯进行的侵 ii-123
袭令人击节称奇：他们在途中建立了基辅城，最后抵达黑海沿岸的君士坦丁堡，与伊斯兰相会合。但是，朝另一个方向，在俄罗斯和斯堪的那维亚国家保存的大量穆斯林货币（总数超过20万）画出了一条虚线，穿过从黑海直到瑞典的整个“俄罗斯地峡”，反映出一种极其奇特的商业联系，几乎是这一遥远时代最富英雄主义色彩的贸易交往。这几十万块铸币之所以原封不动地保存在斯堪的那维亚国家，是因为同西方的情形恰恰相反，那里没有熔铸货币的工场[253]。然而，我们仍应注意到，皮雷纳谈及的这条货币“虚线”并不是由金币构成的，那是穆斯林商人为在这些仍然处于原始状态的地区购买商品而输出的银币。因此，如果说黄金代表发号施令的中心，白银就意味着经济世界的边缘，即被统治的地区。难道需要举例证明吗？自从倭马亚王朝的西班牙——这在伊斯兰世界相当于美国的西部地区——于十世纪开始从苏丹取得金砂后，西班牙便进入了从银币向金币过渡的时期，这样，久而久之，西班牙也就成了伊斯兰地区的一个强国。另一个例子更能说明问题。西方重新开始铸造金币（热那亚，1250年；佛罗伦萨，1251年），正值基督教对其周围的经济世界确立物质优势的时候，基督教世界从此也就成为经济世界的中心。

你们不难猜想到这些判断可得出什么结论。如果说高卢在墨洛温王朝时期仍与金币流动区保持着千丝万缕的联系，而在公元

700 年前后，加洛林王朝却脱离了金币流通区，这就意味着当时的高卢已沦为经济世界的边缘。此外，高卢通过输出农产品、木材和奴隶，作为对占统治地位的经济的屈服，难道不是千真万确的吗？这后一特征给高卢打上了不可磨灭的烙印。这是不发达国家的特性，与拜占庭帝国或伊斯兰世界相比，高卢显然不足以充当文明的代表。

ii-124 此外，还应注意到，在公元 870 年以后，穆斯林的金币在高卢业已绝迹，“最近发掘出的少数几块阿拉伯金币是于 840 年前埋在地下的”[254]。这个论据不算十分有力，但作为九世纪中叶发生的大转变的证据，它毕竟反映着当时的“主导”倾向。九世纪时，人们略微增加了银币的重量（这表明银币有所贬值），尤其是铸造了辅币，面值为银币的一半或四分之一；有鉴于此，让·东特认为，辅币的铸造表明民众的生产和消费更加接近市场经济，他的这一见解大概不能自圆其说。他写道：“真正的经济革命恰恰就在这里发生，而不在别处：发展大宗贸易，与远方建立经济关系，这些显然都很重要，但比这重要一千倍的乃是把成百万的生产者和消费者引到市场流通中来，这才是不可逆转的伟大事件，是标志着加洛林时代进入近代经济世界的伟大经济革命！从此以后，大小生产者纷纷出售其产品，而大小消费者则购买这些产品。”[255]

但是，不管怎么说，自从市场问世以来，情况难道不正是这样的吗？假如当时确实发生过这一进步，它也只能表明经济的“上层建筑”尚存缺陷。从理论上讲，这一设想并不是不可能的，或许甚至是令人神往的。劳动力的匮乏在当时相当突出，可能正是这一原因才迫使我们从另一个角度进行解释。人们能否认为，在世界历史上，政治的厄运有时竟可能转变为经济的福运，促使居民的生活有所改善。为了得出这一结论，必须了解货币流通速度、价格运动以及许多鲜为人知的其他事实，不过，让·东特能够提出以上的问题，已是一个重要的发现。

周期出现转折 ii-125

总之，一个很长的经济周期自850年达到顶峰后，逐渐就走向衰退，直到公元1000年后，再次出现大规模的经济振兴。显然，我不揣冒昧地提出的这一周期本身还有待作出解释。1100年前后，稍早也罢，稍晚也罢，西方的经济气候不断转好，并将延续几个世纪。这是经济形势的转折。然而，任何一种转折都会提出各种复杂的因果问题，我之所以将因果并列，这是因为我们不能把进行中的历史过程完全归入这一范畴或那一范畴之中。

公元1100年前后出现的振兴表现为经济的普遍高涨，国家的衰颓破落以及社会的解构。所谓振兴，也就是向农奴制的进一步过渡，农奴制经过长时间的发展以后，将对长期以来死气沉沉的经济生活起着推动作用，其中自然包括生产的革新和飞跃在内。用这一假设作为本章的结论并不为过。

ii-127

第 二 章

公元 10 世纪至今的人口

有些事情可以弄明白，
有些事情只能作假设。
——让·东特[1]

本章将尽可能弄清并说明长达十个世纪的历史进程。即使采用长时段这个独一无二的、方便的视野进行观察，那也还是成败未卜，甚至失败比成功的可能更大，然而，为做这件事而去冒点风险毕竟是值得的。

在这段极其漫长的历史进程中，只出现过一个堪称例外的、但又一眼便可看到的低谷，用居伊·博瓦的话说，一个“广岛”[2]。
ii-128 1350 至 1450 年间法国和欧洲人口的急剧下降和滑坡表现为饥馑、黑死病和百年战争这三大灾难。无论在法国还是在西欧，至少需要一个世纪(1450—1550 年)，甚至两个世纪(1450—1650 年)才使这一深深的、久不封口的创伤得到愈合，原因是死亡人数竟占人口的四分之一、三分之一、一半，有时甚至达 70%。[3]

不过，自 1450 年至今，这种规模惊人的浩劫再也没有发生过。差别之大不容计算：为了作出整体的解释，关键是要看到，1450 年是一次断裂，是在我国今后的历史上再也没有出现过的、意义极其深远的一次断裂。

有待我们考察的一千年历史可以断然切成几乎相等的两部分。950年至1450年是一个“生物学”意义上的长周期，一个独立的、持续几百年之久的长周期，在我们看来，它在我国历史上所有同类周期中具有最鲜明的非对称特征，非对称性在一定程度上证实了它的存在，并且不使任何人感到惊异。在各种有利因素的帮助下，自950年至1350年出现了缓慢的上升；1350年至1450年则是迅速的（相对而言）倒退，其中又可分为几个不同的阶段。[4] 下降的速度大体上等于上升的速度的四倍。这种不对称具有规律性，因为人们失去某种东西总是比获得它时要快得多。

然而，在漫长的第二阶段，即从1450年至今，经济形势却始终处于相当稳定、相当迅猛的上升状态，即使也曾出现短暂的倒退，但总的说来没有停止前进的步伐，没有陷入真正的灾难。因此，如果说1450年至今存在着跨世纪的周期（正如我所认为的那样），我们所面临的也仅仅是上升时期；根据预期推测，世界人口将呈长期增长的趋势（21世纪中叶将超过100亿），不可能很快出现任何下降的前景。只是在人口下降的条件下，经济生活的不断上升才会被姗姗来迟的周期性逆转所取代。我们肯定不会为以往或未来的
现实感到遗憾，也无需为这种理论框架寻找辩解而感到苦恼，理论 ii-129
是对事实的认同，但不能任意左右事态的演变。

通过以上观察，我们首先看到，前五个世纪与后五个世纪恰成鲜明的对照，这一反差伴随着其他的反差，并说明其理由。我们已看到它们的各种表现形式，并从中得出了应有的教益。剩下的问

题该是如何解释这一缓慢的、长期起决定作用的运动机制，这些机制左右着历史进程，使历史进程可被人们所理解，至于我们能否解释得通，那又是另一回事了。

ii-130

一　臻于完美的跨世纪周期：近代法国和近代欧洲的初期（950—1450年）

从10世纪到百年战争结束，历史学家把这个时期称作上中世纪（德国人）或下中世纪（法国人），我更喜欢直截了当地说它是把西欧引向巨大变革的近代初期：法兰西和欧洲将从此应运而生。近代初期与其继往开来的前后时期都不相同。向上追溯，它脱胎于加洛林王朝的欧洲，依旧保留着罗马的内在结构；向下延伸，它显示出以城市、资本主义和王国为特征的真正的近代风貌，并且仅仅在百年战争的苦难结束后不久，才确立其统治地位，因为我国在进入近代初期后，将顶不住自身成长的压力，可怕的衰退在一定程度上正是它的成功带来的后果。

10世纪或罗马帝国的末日

跨世纪周期就这样摆在我们的面前，我们可以看到它的连贯性和完整性。之所以说完整，因为我们可同时观察到它的上升阶段和下降阶段；之所以说连贯，因为我们从10世纪中叶到15世纪中叶，可不间断地对这一周期进行追踪。周期结束的时限，毫无疑问是在1450年左右；至于其开始的时限，却不大容易确定。

应该承认，借助于公元1000年这个整数，把欧洲放在新飞跃 ii-131
的起点上，确实让人动心。1000年经常被描绘成人们战战兢兢地等待世界末日到来的时刻，这对揭示一个阴暗的历史最低点本该是最好的选择。但是，一方面，不能肯定当时的民众确实深受恐怖之害，何况教会对恐怖这个说法反应强烈。今天的历史学家[5]认为，昨天的历史学家夸大了问题的严重性，他们被悲剧心理所迷惑，从而摇身一变，充当起导演的角色来了。另一方面，十世纪并不如某些编年史家所说的那样，是个"金戈铁马、战云密布的阴暗时代"[6]。

事实上，一些征兆业已表明，当时存在着有利的平衡和复苏，经济状况尚称健康，甚至出现某种飞跃，或者至少是飞跃的先决条件。正是在这样的形势下，最后的入侵——诺曼人、匈牙利人、萨拉森人——停止了。这并不是一个微不足道的有利因素。与此同时，城市恢复了活力，并日趋壮大；其防御工事被拆除了，郊区兴建起来，教堂更遍布各地。在马恩河畔的沙隆、桑斯、博韦、桑利、特鲁瓦，宏伟的大教堂拔地而起，它们随后将在12至13世纪哥特式建筑兴起时，终于消失。[7]货币铸造中心不断涌现，市场正在形成，一些交易会开始或恢复了活动。[8]远程贸易规模越来越大，交易路线也越来越明确，弗里斯的呢绒[9]行销整个基督教世界。以上种种足以使我们有充分理由把欧洲人口兴旺的开端定在公元950年。我们知道，在长时段运动的框架内，日期的确定一般都不能十分精确。既然如此，把时间稍稍提前或稍稍推后也就无关紧要的了。

这一新的高涨之所以包含50余年的时间，是因为11世纪显而易见的欣欣向荣经过了预先积累的准备阶段，其时间之长超出

了人们的想象。蛮族入侵的中止大概为许多事情提供了解释：半数诺曼人于911年在塞纳河下游地区定居了下来；德意志在梅泽
ii-132 堡（933年）和奥格斯堡（955年）先后胜利地阻挡了匈牙利人的进犯；萨拉森人的入侵随着地中海经济活动的普遍衰退也有所收敛。对欧洲和法国来说，这是能够改变他们命运的一次机遇，一个天赐良机，至少从表面上看是如此，因为如果说西方曾在漫长的世纪中对外来者敞开门户，那是因为长期以来它的人口严重不足，防卫能力也相当薄弱。但是，后来，它的人口逐渐有所增长，城市的防御能力也得到了加强。人们在实践中学会了与匈牙利轻骑兵或与溯江而上、沿江而下的诺曼人战船作斗争的方法。总之，经常以原因出现在我们面前的东西，同样也有理由被认为是一种结果。欧洲的重新强盛部分地解释了蛮族入侵的中止。

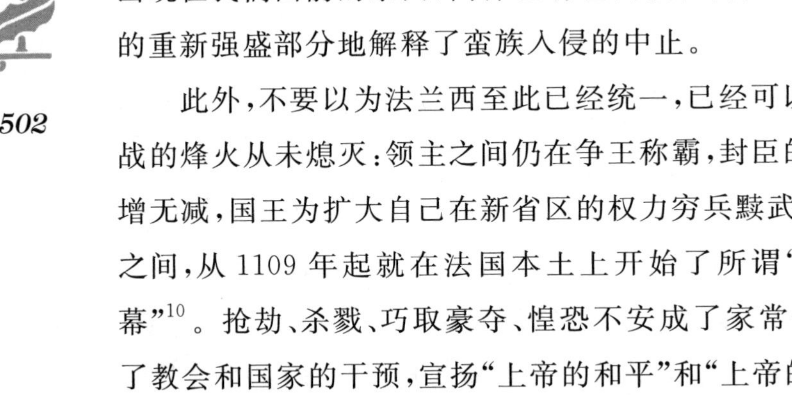

此外，不要以为法兰西至此已经统一，已经可以安居乐业。内战的烽火从未熄灭：领主之间仍在争王称霸，封臣的叛乱和劫掠有增无减，国王为扩大自己在新省区的权力穷兵黩武，而在英法两国之间，从1109年起就在法国本土上开始了所谓“百年战争的序幕”[10]。抢劫、杀戮、巧取豪夺、惶恐不安成了家常便饭，由此导致了教会和国家的干预，宣扬“上帝的和平”和“上帝的休战”，提倡组织联盟，其成员应通过盟誓保证在若干年内，或某年的一段时间内，甚至在一周的某几天里，以和平的方式对待他人。“愿从今以后，在主教辖区或伯爵领地内，任何人不得随意闯入教堂，任何人不得劫走马匹、马驹、公牛、母牛、公驴，不得盗走绵羊、山羊和猪；愿任何人不得胁迫他人去修建或围困城堡，除非在自己的土地、自
ii-133 由地[11]和封地[12]上……愿任何人不得伤害手无寸铁的僧侣或与他

们结伴同行的人……愿任何人不得绑架农夫或农妇以便向他们勒索赎金。”[13] 这是勒皮大主教居伊·德·安茹于990年前后倡议的第一份盟誓文本。不过，这里还应补充说，骑士和农民只是在被主教的侄子们纠集的一些武装团伙包围后，才同意签订了第一份“上帝的休战”书。因此，不要操之过急地侈谈公元1000年后法国的和平，名副其实的和平在1250年之后才姗姗来临[14]。事实上，战争也是一门谋生之道，像人类的其他活动一样，在普通繁荣的条件下长盛不衰。

因此，10世纪及其以后几个世纪的欣欣向荣是和经常与之背道而驰的进程同时并存的。这是历史的深层运动，是即使不能根治其全部创伤至少也能使其中一部分伤口得以愈合的经济活力。

从这种深刻的变革中可以看出一个很少为人揭示的基本事实，这或许就是罗马的生活框架和物质结构的逐渐被破除。罗马帝国在其扩张的鼎盛时期曾经是一个强大的经济世界，一个面对地中海、享有舟楫之利的活跃而协调的整体。地中海的沿岸地区被以罗马——罗马和意大利——为中心的经济活动所吞并和控制。随着帝国的首都从罗马迁往君士坦丁堡(324年)，经济世界的中心随之东移，其结果对由狄奥多西一世(395年)划分出的东部地区——东罗马帝国有利。但是，无论是这次断裂还是476年西罗马帝国的覆灭，都没有破坏罗马世界的经济框架，经济世界的物质基础尽管已经缩小，但仍继续存在。拜占庭依靠其金币、华丽的丝绸、舰队、收复失地的挺进以及为数众多的自由农民，继续统治着已在西方立足的蛮族，甚至在较小程度上也控制着伊斯兰教占领的国家。但是，克洛维统治下的高卢和于格·卡佩统治的法 ii-134

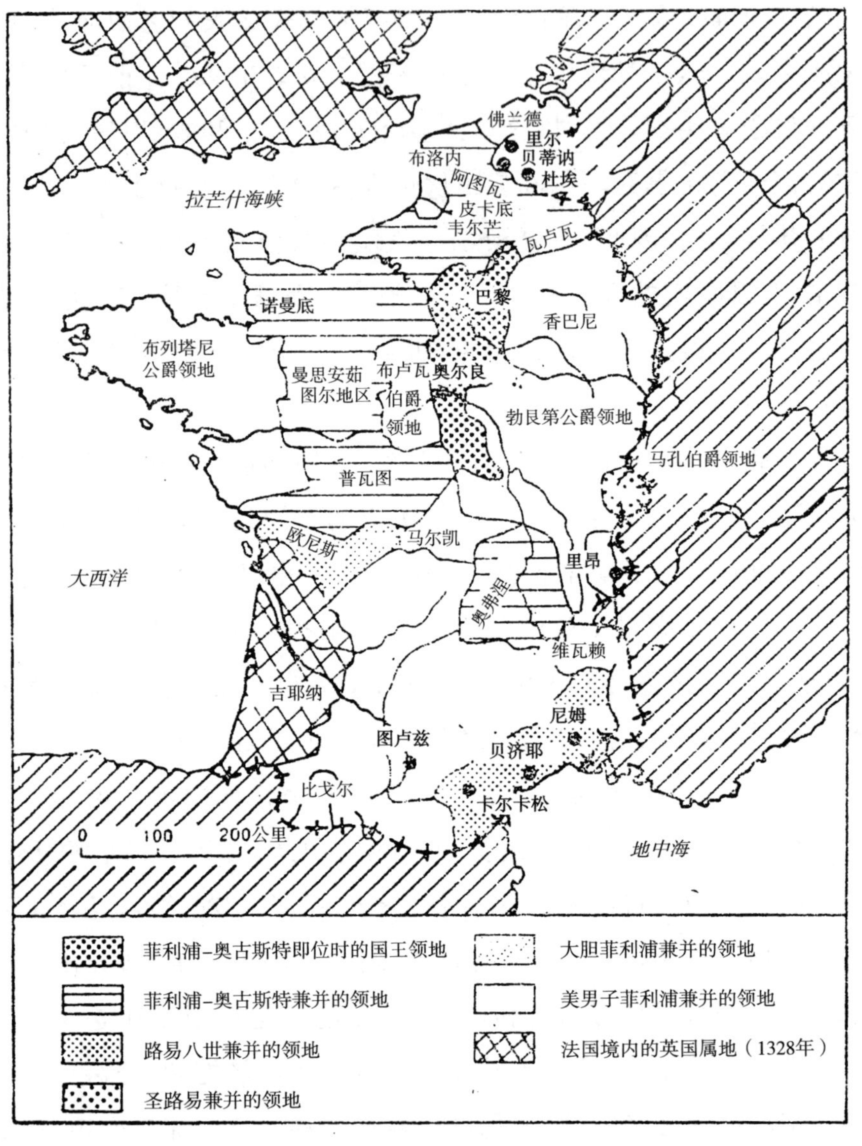

卡佩王朝时期的法国

国仍把目光转向地中海。它们属于边缘经济区，拜占庭与这些边缘经济仍有联系，后者仍受到它的诱惑和控制。

罗马的另一个持久的遗产是奴隶制。我们不应忘记弗朗索瓦·西戈最近的论断[15]：在共和政体时代，罗马和意大利的农民征 ii-135
服了罗马帝国驻足的空间。但是，意大利半岛优势地位的确立有赖于奴隶制的推动，正是奴隶制创造了大地产和大庄园，并且生产出剩余的农产品。随着奴隶来源的日趋困难（再也没有征战，没有俘虏），大庄园在意大利终告衰退，但在北非、西班牙和高卢却继续存在。奴隶制在这里即使没有新的发展，至少仍得以延续。罗马化的高卢逐渐向庄园制过渡，虽然不够全面，但范围相当广阔。庄园制后来在高卢也出现了衰退和变化。为了使奴隶制继续保持下去，必须建立一个强有力的政府和进行能够获得奴隶的战争。然而，战争只是在高卢内部及其边界进行，强大的政权不复存在了。究竟是这一政权开创了封建制？还是封建制吞噬了这一政权？原因不同，结果却是一样。

另一方面，自由农民仍始终存在。加洛林王朝正是依靠自由农民的支持[16]，才不惜滥用民力，一再进行对外的征服战争。

因此，虽说高卢各地依然像罗马帝国后期[17]一样布满着奴隶，总的形势在十世纪以前就已经开始变化了。农奴制逐渐推广，站稳了脚跟。这自然也会对自由的小地产主有所损害。但是，在取代奴隶制的同时，农奴制将成为进步的工具，在一定程度上推动农民的解放。被束缚在土地上的农奴通常也拥有土地。拥有土地刺激他们的劳动积极性，促使他们创造剩余产品；如果缺少剩余产品，社会、经济、政治、文化的上层建筑便将是不可想象的。这里也许可以提出与弗朗索瓦·西戈对古代奴隶制的论断相似的认识：农奴制是提高劳动生产力的工具。

十世纪及随后几个世纪出现的伟大革新也是一个新的经济世界对罗马经济框架的取代。地中海再也不占领先地位，优势转到
ii-136 了西方，转到了欧洲大陆。意大利的复兴、低地国家的崛起构成了经济活动的两极，而在中间则是香巴尼和布里交易会产生的向心引力[18]。根据阿尔芒多·萨波里和吉诺·卢扎托[19]等出类拔萃的中世纪史学者的见解，一场“真正的”复兴终于宣告开始了。但是，“复兴”一词意味着旧工具的重新焕发活力，这是否恰当呢？在我看来，这是一次创造，一次不容否认的革新，它宣布了欧洲的诞生。

欧洲的起步

1. 人口：经济兴旺的第一要素乃是人口增长。随着居民人数的不断增多，地域的凝聚力有所加强：村庄、集镇和城市与日俱增；贸易交往不断扩大；一种严密的结构便应运而生。但是，为了对人口的繁衍作出判断，我们通常必须与地区的“抽样调查”或一般估测打交道，但这只是了解一个概数。罗素认为，法国 1100 年前后的人口为 620 万，将近英格兰人口的五倍（据《土地丈量册》的统计，英国 1086 年的人口为 130 万）[20]。然而，《堂区和住户概况》指出，1328 年时法国的人口约为 2000 万[21]。如果 1100 年的居民数为 620 万是正确的（在我看来，这一数字偏低），人口就增长了三倍多。1086 年时人口为 130 万的英格兰在临近 1346 年时已达 370 万，其增长幅度同样接近三倍。[22] 根据意大利、丹麦等国的人口资料，威廉·阿贝尔得出结论说，在整个欧洲，人口几乎也以三倍的速度在增长。[23]

无论如何，人口猛增是实现繁荣的条件之一。临近 1300 年

时，平均寿命“在英国为 30 至 35 岁，明显地高于古罗马时期的平均寿命(约为 25 岁)，与 1946 年时中国的平均寿命大体相等，略低于 1838—1854 年间英国的平均寿命”[24]。实际上，人口增长趋势一直延续了三个世纪，年递增速度可能为 0.4%。身历其境的人对 ii-137
这种长时段节奏不一定有敏锐的觉察。因此，不要急于断言这是普遍的涨潮和天翻地覆的剧变。积累、变异和变革确曾发生，但成果并不是在朝夕之间取得的。同时，这一运动也不是同时在各地普遍显示出来的——其中存在着差距，既有富裕地区的迅猛增长，也有贫穷地区的缓慢增长、停滞不前，甚至是倒退。

重要的是，无论何地，一切都与农民有关。一切都以零星的村落为出发点。法国的多样性，封建制的分散性，地方色彩的纷繁，无不由此而产生。无论在什么地方，总是农民在涌入城市，补充城市人口的不足，造成城市人口的膨胀。封建主义这一术语正成为论战的对象，马克思主义历史学家要为它下一定义，面临着许多困难。封建制常常被人忽视的基本特征乃是其基础的作用，即在这制度下生活的农民无组织的、杂乱无章的活动。命运掌握在他人手中的农民已经在土地上扎根，并在竭力为自己和主人生产。人们难以避开农奴制这个词，它过分突出了农民个人的社会地位，而与职业、富裕程度以及他所拥有的土地面积和质量等因素相比，个人的社会地位并不那么重要。“在法律身份和生活水准之间没有必然的联系。一些自由农民(他们依然存在)生活贫困，而农奴的生活反而优裕得多。”[25] 开创早期欧洲的农民运动旨在争取农村的独立和解放，这种解放虽然显而易见，但毕竟还不完善。

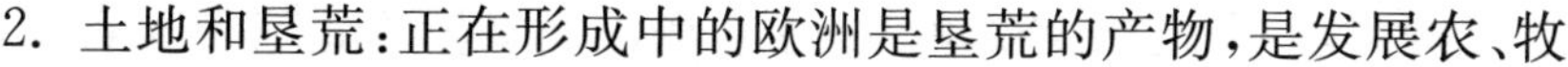

2. 土地和垦荒：正在形成中的欧洲是垦荒的产物，是发展农、牧

业的产物。人们开始向大自然开战，用锄镐挖地，进行耕作，不断扩大耕地的面积。不论这是农奴或农民艰苦奋斗创造的奇迹，它毕竟从荒原、莽林、河岸、沼泽，甚至从大海那里夺得了土地，并且还恢复
ii-138 了撂荒地的耕种。总之，这种大规模的拓垦活动，以原有的村庄为基地，收回了处于半荒芜状态的乡土，甚至突破了原来的界限。正像马克·布洛赫所形容的那样，这是欧洲的"萌芽"，或者说，是有系统的、可能是为时已晚的拓荒活动的结果，拓荒活动由领主组织进行（有时由领主联合经营），也由修道院或国王亲自主持。

大规模开垦新土地要求源源不断地提供挥舞镐锄的劳动大军。在迫不得已的情况下，这些"垦殖者"往往通过生拉硬骗、广为鼓吹、慷慨许诺等方式招募劳力。1065 年，圣德尼修道院保证对前来波旁内地区修建奥德教堂的任何人予以接待和保护，"即使是小偷或潜逃的农奴"也不例外，移民的人数陡然猛增。[26]

扩大耕地一般是通过开垦荒地实现的。"这些不毛之地荒无人烟，长满了灌木丛和野草。莫里尼修道院的编年史为我们描绘的正是农民们用犁锄与荆棘、茅草以及漫山遍野和根深蒂固的各种杂草作殊死搏斗的场景。"[27]

对森林开战是拓垦活动的主战场，这是一场伟大而又撼人心魄的历险。只有为数不多的森林——如索洛涅地区——可以说尚未触及。而在所有其他地区或几乎所有地区，像蓬蒂厄或维默，即使森林并未消失，面积也相应缩小，在巴黎南部的比耶夫尔、伊弗利内、拉伊、克卢伊、洛日等地，大片丛林遭到垦荒者的不停砍伐。例如，在克卢伊茂密的森林中，从吕埃到塞夫尔河谷，沿着截断山谷的被称作克里宗谷地的中央走廊，圣德尼修道院院长苏热安置

了60户居民，这便是沃克雷松村的发源地。[28] 在多菲内地区，在河谷得到开发后，鉴于当地已无林可伐，垦荒者便又一次向“阿尔卑斯山的森林发起了进攻”[29]。

破坏森林——这在法国北方被称作“清理采伐迹地”，在南部则又名“毁林垦荒”——砍伐树林，清除树桩，这是一项耗费精力的 ii-139
艰辛的劳动，其结果是赋予法国农村一种崭新的面貌，这种面貌将在尔后几个世纪中继续保持，甚至常常直到今日仍没有改变。一切都由不可抗拒的需要所决定：增加耕地，以便养活日益增长的人口。总起来看，耕地的扩展可能使至少半数的森林面积消失；依据一项十分粗略的计算，公元1000年时2600公顷的林地，如今只剩下1300公顷[30]。

垦荒并非不存在危险，因为森林同耕地一样是农民的生活源泉，必须保持二者之间的平衡。不能过多地破坏森林。森林既是牧场，又是木材和燃料的储备基地。中世纪文明不就是一种木器文明吗？更何况，这一文明注定将在现代生活中保持其广泛的影响。直到今天，在潮湿的香巴尼地区，至少是在位于马恩省北部的德尔区，人们还是能够看到，木器文明依然有着旺盛的生命力。在那里，包括教堂在内的所有房屋都是用橡木建造的。[31] 大家还可以想到樵夫和烧炭者生活的穷乡僻壤，想到木匠以及从事造船、制桶、制箍、制作木屐和加工铜铁器的工匠。最后，在那些完全用木料建筑、靠木材取暖的城市（特鲁瓦城在1526年的大火之后仍用木料重建）[32]，不也是这样的吗？

大规模的垦荒活动绝不是一蹴而就的。尤其，在移民的方式和经营新垦土地的形式等方面，各地存在着千差万别。例如，对夹在瓦兹河和塞纳河之间的覆盖着冲积土的第三纪高原地带，如瓦卢瓦、苏瓦松、穆尔蒂安[33]、欧克索瓦[34]和布里等地区，皮埃尔·布律内在其令人称羡的著作中[35]为我们描绘了一系列情趣各异的景象：村庄或呈鱼脊状排列，或依蛛网状或线条状分布；耕地实行轮作，有时侵占了不复存在的古代村庄的“居民区”；一些村落由罗马时期的旧庄园脱胎而出，是旧庄园长期演变的结果[36]，另一些村落
ii-140 紧靠一个大农场，为农场提供不可缺少的劳动力。此外，还有一系列所谓“新城”，它们互不相同，各具特色。在地势较高、土地湿润、森林茂密的布里地区，历史资料要比其他地区更加丰富，这可能与它开发较晚有关。通过这些资料，我们得以发现包括领主、教会在内的各种地产主，特别是巴黎的有产者以及库洛米耶或莫城的有产者（莫城后来很快成为重要的谷物集散地）[37]。对于别的地区，例如，对普罗旺斯或比利牛斯山区的梯田，人们也该作一番切实的调查！

垦荒的条件依据土地归属于领主、教会或农民而有所不同。其中农民的地产显然最难鉴别。然而，随着历史学家越来越重视乡村社会的最初活动，对这一问题的解释已有了眉目。我并不想说，在塞纳河和瓦兹河之间，领主没有开展过垦荒活动，也并不认为西都会修士、普赖蒙特雷会修士以及后来的坦普尔会修士、奥斯皮塔莱会修士没有进行过清理采伐迹地的活动。但是，圣诺尔贝1120年之所以在“恶水横流、荆棘丛生、热病肆虐和野兽出没的圣戈班密林”建立普赖蒙特雷村，是因为新的修会已在苏瓦松地区富庶的土地上立足生根，那里的土地已经得到耕种，他们只要加以接收、扩充和经营就够了。那里已知的“谷仓”不下五处，分别占地

275、195、235、180和143公顷[38]，面积之大相当惊人……这是因为修会经常能以接受馈赠或进行购置的方式获得一些业已开垦的土地。他们的确带来了一种新的组织形式，尤其是后来的坦普尔会修士和奥斯皮塔莱会修士，具体地说，他们侵吞了农民的垦荒成果。早在加洛林王朝时代，农民的垦荒活动无疑已热气腾腾地开展起来了。

这种情形在弗朗索瓦·于连-拉布吕耶尔详细介绍欧尼斯和圣通日地区的那部著作[39]里可以看到，他指出，9世纪至12世纪教会的地产来源于虔诚的捐赠，结果形成了“与领主的采邑制并行不 ii-141
悖的第二种等级制”。

居伊·博瓦发现和阐述的克吕尼修道院的情况与此相同。他写道：“正确评价它们的作用应从以下的事实出发：克吕尼地区土地制度的形成和农村的开发在时间上早于隐修院的成立。这要归功于自由农民的共同努力；历史资料表明，在临近十世纪时，自由农民的活动有着强大的生命力。”[40]如果正如我所想象的那样，这种观察在其他场合得到证实，居伊·博瓦顺便提及的一种普遍解释就可能得以成立：农村的早期兴旺正是以损害城市的发展为先决条件的。这也就等于同意，加洛林王朝晚期的经济状况比人们通常所设想的要糟糕得多。

然而，无论如何，我们必须承认，修士所起的“框架作用”，他们推行的土地兼并政策，他们直接经营农业的成效以及关心改善道路、桥梁等交通设施和促进远程商业活动，全都具有十分重要的意义。

最后，在农业地域的调整过程中，还必须看到工具的明显改进：铁器的应用虽然并不完全取代木器，但毕竟起着补充作用；装有导轮、金属犁头和犁壁的活动轮犁在法国北部的逐渐推广（它们究竟在什么时候出现，是在加洛林时期还是稍晚一些时候，人们对此尚存争议）[41]；牛、马等役畜的数量大幅度增加；架在马匹肩部的轭圈代替了套在胸部的轭圈；改良耕作方法和增加耕作次数；使用泥灰改良土壤，如此等等。

3. 城市：随着农村的繁荣，出现了城市蔚为壮观的兴旺景象。这一时期创建的城市在数量上超过了历史上任何时期。在那些得
ii-142 以延续并且经常起着支配作用的古老城市的周围——诸如兰斯、沙隆、苏瓦松、努瓦永、图尔、里昂、维埃纳、纳博讷、波尔多、布尔日等主教所在地[42]——到处都涌现出新的城市。在两种论断中——城市的发展早于或晚于乡村——你究竟倾向哪一种？这就取决于你把侧重点放在古老城市的重新启动，或者在农村繁荣推动下新城的诞生。你既可以赞同亨利·皮雷纳或莫里斯·隆巴尔[43]的观点，认为城市发展在前，又可以支持居伊·富尔干、乔治·杜比或林恩·怀特[44]的见解，认为乡村发展在前。你还可以赞成让·法维埃不容置辩的论断。[45]他写道：在法国，“城市的发展与农业的扩张不但互有联系，而且互不冲突，前者衍生于后者”。

可以肯定，城市只能依靠乡村的剩余产品而生存发展，这些产品通过领主收取地租或教会提取什一税的方式而流入城市。这就等于赞同威尔纳·桑巴特坚持的论断，即认为城市产生的原因在于市内住着享有特权的贵族、僧侣和王室成员，以及后来的资产者，所有这些人都拥有土地并收取实物地租。或许，我们可把农村对城市的这种“领先”地位看作是欧洲“初期”的一个特征；到了第

二个时期，15至16世纪文艺复兴时代，欧洲的情形便迥然相异，尽管当时的欧洲经济又重新走上健康发展的道路，并随着这一转折产生种种连锁反应。但是，毫无疑义，这时是城市——一种更加优越的文明——占据支配地位，它们比农村更能忍受百年战争的灾难和考验。城市依靠其蒸蒸日上的资本主义，依靠其新奇精巧的经济，居高临下地控制着周围的农业世界：这一次起飞与卡佩王朝时期不同，它不是自下而上，却是自上而下进行的。居伊·博瓦曾举诺曼底为例指出，“工、商业活动的比重猛烈增加，有力地促进 ii-143
了农业部门的起动”[46]。

这种情形当然也还不能一言以蔽之。人们可以设想，即使在11、12世纪，举办交易会的大城市，重要的商埠和港口并不都从四周的农业发展中吸取最好的营养，而是主要依靠大宗贸易（包括远程贸易）成长壮大。受到王国监督的远程贸易从加洛林时代开始就相当活跃，货物除发往英国和西班牙外，还经由斯特拉斯堡远销东方市场[47]……

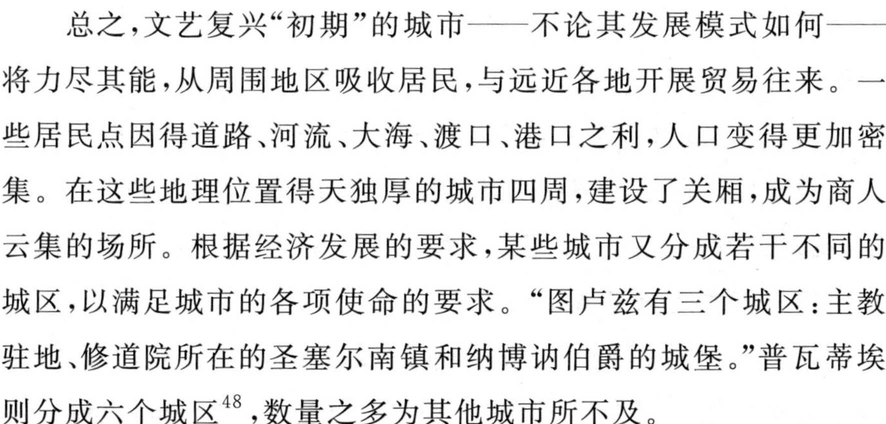

总之，文艺复兴“初期”的城市——不论其发展模式如何——将力尽其能，从周围地区吸收居民，与远近各地开展贸易往来。一些居民点因得道路、河流、大海、渡口、港口之利，人口变得更加密集。在这些地理位置得天独厚的城市四周，建设了关厢，成为商人云集的场所。根据经济发展的要求，某些城市又分成若干不同的城区，以满足城市的各项使命的要求。“图卢兹有三个城区：主教驻地、修道院所在的圣塞尔南镇和纳博讷伯爵的城堡。”普瓦蒂埃则分成六个城区[48]，数量之多为其他城市所不及。

总之，城市将在互相竞争、彼此对立的不同制度的掩护下悄悄地壮大生长。正是利用这种对立,它们经过耐心的努力乃至剧烈的搏斗,终于求得了解放。获得保证和"自由",减轻沉重的赋税负担,确保自治的权利,或如人们所说的那样,"变为独立的领地",这些就是所谓城市运动(为争取城市自主权而展开的第一次城市运动于 1070 年在勒芒进行)[49] 所要达到的目的。但是,我暂且不准备就这个老大难问题多费笔墨,待到本书第三部分涉及国家问题时,我再来谈论它。

ii-144 关键是要立即指出,城市的逻辑——暂且不谈城市是不是农业革命的产物——在于确保其作为上层建筑的优势地位。对城市来说,存在就意味着统治。因此,无论何时,不管其力量和成就的大小,城市总是高居农村之上,为农村充当"楷模",并迫使农村就范。城市越壮大,它们对集镇和村庄的压迫也就越重。城市发展进程的三个突出特征是:城市对当地多数工场实行兼并;手工工匠开始在城市开设店铺,推动城市市场的发展,行业的分工和专门化(即是说,在城市内部,出现了小型资本家,实际上他们成了行业的垄断者);最后是城市商人的存在,他们迅速对远程贸易发生兴趣。

因此,城市肩负着在其四周传播崭新的生活方式和提高经济水平的责任。促使经济加快发展步伐的动力是货币。关于这个问题,我将在另一章里再作阐述,读者自可参阅。暂且,只需指出这一变化具有决定意义就足够了。

4. 工业革命:随着经济的全面发展,技术革新竞相涌现:设置艉舵的多桅船[50],由钉有铁掌的马匹牵引的……铁轮车,铁制工具和器械……铁匠可能提供有效的服务,确立了奇特而持久的主导地位。“人们需要为马匹和更广泛地为役畜定期更换蹄铁，这使农民经常光顾铁匠铺，并在那里修理各种铁制农具。”[51]

但是，相对而言，这些细节与人们所说的“第一次工业革命”相比还是微不足道，这次革命的蓬勃发展，全靠水力磨坊以及后来的风力磨坊的成倍增长，其中水力磨坊是罗马时代发明创造的发扬光大。在开始阶段以及后来很长一段时期中，这些用木料建造的磨坊“保护着价值昂贵的机械装置（磨盘、铁杆），……遇有战乱，人们便将它们拆卸下来妥为收藏”[52]。和这些设备同样珍贵和同样 ii-145
重要的是操纵机械的磨坊主，他们是专家：“他们赖以获得报酬的磨坊……有时被冠以封地的名称，磨坊主有时受到领主的破格接待。”[53]

一些机器就这样开始为人类造福。12世纪初叶，在法国有不下2万座水力磨坊。如果进行换算，可以认为当时全国获得了相当于60万人的劳动力。[54] 这是何等壮观的成就！

法国的水力磨坊13世纪末叶为4万座，15世纪末更达7万座，起步较晚的风力磨坊则为2万座。有人曾称水磨是“封建制”的产物，而风磨则被戴上“资本主义”的头衔[55]。这些磨坊有许多一直运转到20世纪初[56]。在论及南北对立的那一章里，我们还应加上这一细节：“法国具有两种不同形式的风磨，东北部地区的磨坊采用枢轴的形式，东南部则取塔楼的形式。这种区别的地区分界线与采用圆瓦与平瓦的地区分界线大致相吻合。”[57]

下面再来衡量机械在国家整个经济活动中所占的比重，这个问题相当棘手[58]。人们肯定会想，磨坊毕竟尚属初级发明的成果。但在这方面，我想举出一个间接的却又很能说明问题的例证：1936

年意大利征服埃塞俄比亚后，一名意大利人来到了贡达尔。他发现当地居民仍用捣杆在碾谷物，感到十分惊讶。于是，他安装一部老发动机带动磨盘磨面。用赚到的钱，他很快建起了一座又一座“磨坊”，总共建了 20 座，合理地分布在各个地区。这样，磨粉成本一下便大为降低，可能从 100 下降到 10。他的辛苦当然没有白费，甚至因此发了大财。农民们在“磨坊”前排起长队等候开门营业[59]……这难道不也就是昔日法国的景象么？

ii-146 尤其，几乎从一开始起，11、12、13 世纪的磨坊便具有多种用途：碾磨谷物，带动锻铁的大锤，为造纸、鞣革、榨油、梳麻等机械提供动力……根据杰出的英国历史地理学家 H. C. 达尔比提供的材料，罗贝尔·菲利普相信：“我国 12 世纪的经济增长与 19 世纪堪相媲美”。[60] 大体上说，这也正是威廉·阿贝尔的见解[61]。当时的工资竟与物价同步增长，这在他看来真是一项奇迹！皮埃尔·肖努借用了 W. W. 罗斯托关于“起飞”的说法[62]。的确，在一系列“公倍数”的刺激下，西方的基督教世界起飞了，法国正位于这个世界的中心……到了 11 世纪末，甚至连交替起落的潮汛在诺曼底也被利用来提供动力[63]。

我们还应当了解磨坊究竟是早期欧洲变化的原因还是其结
ii-147 果；无疑二者兼而有之。变革之大几乎与 19 世纪的蒸汽革命相距不远。二者的区别仅仅在于：蒸汽发动机可以随意移动，而磨坊却只能固定在河边。因此，无论在都市还是在村庄，都不能使这些能源和依赖它们的工业远离河流。这一状况将延续好几个世纪不变，因而构成了近代欧洲早期的特征和局限性。

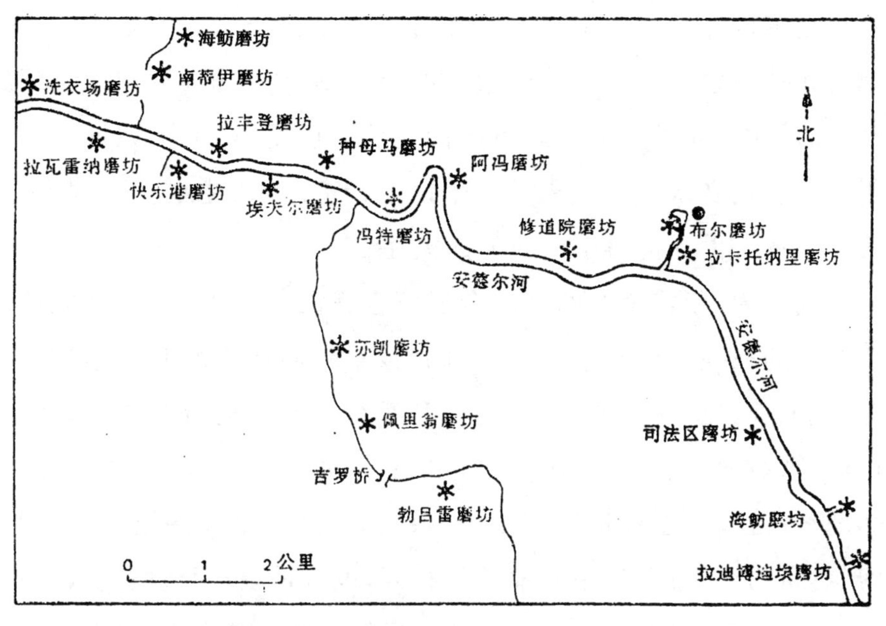

安德尔河流域的老磨坊

从八世纪起，磨坊开始大量涌现。在安德尔河长约15公里的这一河段及其支流两侧，共建有19座磨坊。

另一种局限性更加严重：除个别的细小变异外，这场革命只是简单的重复，脱不开老框框。与此相反，英国于18世纪开始的真正的工业革命导致了一系列连锁革命，每一次都直接或间接地孕育下一次革命。在近代欧洲早期的确立和成功中，磨坊扮演着重要的角色。但它最终归于失败，除了上百种其他原因外，还因为这场革命没有超脱自身的局限，没有在能源方面找到新的出路。

法国的机遇：香巴尼和布里的交易会

12世纪的欧洲以及在欧洲地域建立起来的新的经济世界以特鲁瓦、普罗万、奥布河上的巴尔和拉尼为中心。这一空间很早就具有经济世界的区划特征，就是说经济世界被分成中心地区、中间地区和外围地区。作为结构紧密的经济整体，它根据一些具有强制性的节奏，同时呈上升或下降的趋势。但是，在不同区域之间，仍存在着发展水平的差距。鉴于以上许多理由，建立在欧洲的这第一个经济世界值得引起我们的关注。[64]

我认为，覆盖全欧的第一个经济世界的产生可归结为具有决
ii-148 定意义的三项先决条件，即早熟的、很早就向地中海开放（阿马尔菲、威尼斯、比萨、热那亚）的意大利经济起着发动机的作用；在莱茵河、默兹河、埃斯科河出海口，出现了一个手工业和商业兴旺发
ii-149 达的经济区，并逐渐扩展到塞纳河；最后，这两个经济极点在塞纳河、奥布河、马恩河的中游地带相会合，也就是说，两边的商人在特鲁瓦、普罗万、奥布河上的巴尔和拉尼等地的交易会上定期会面。

在菲利克斯·布尔克洛及其追随者罗贝尔-亨利·布迪埃[65]看来，香巴尼和布里地区的国际交易会于1130至1160年间开始发挥作用。由此可以看到，它们的兴旺显然晚于第一次十字军东征的出征时间（1095年）。这个时间相当说明问题。否则，人们怎么会觉得交易会的成立是对十字军东征的一次猛烈的冲击？无论如何，晚于十字军东征的判断是不容置疑的。

正是在这些年代（1130—1160年），尼德兰和意大利北部这两个电极真正接通了电路。电流大体上经由“法兰西地峡”从南到北地贯穿欧洲。从1125年开始，香巴尼伯爵蒂博二世推行的宽容的、务实的经济措施，对驰名远近的交易会的成功起了促进作用。香料、丝绸等东方产品，意大利商人的信贷，在这里与从须得海到塞纳河和马恩河的广大工业区生产的本色布进行交换。

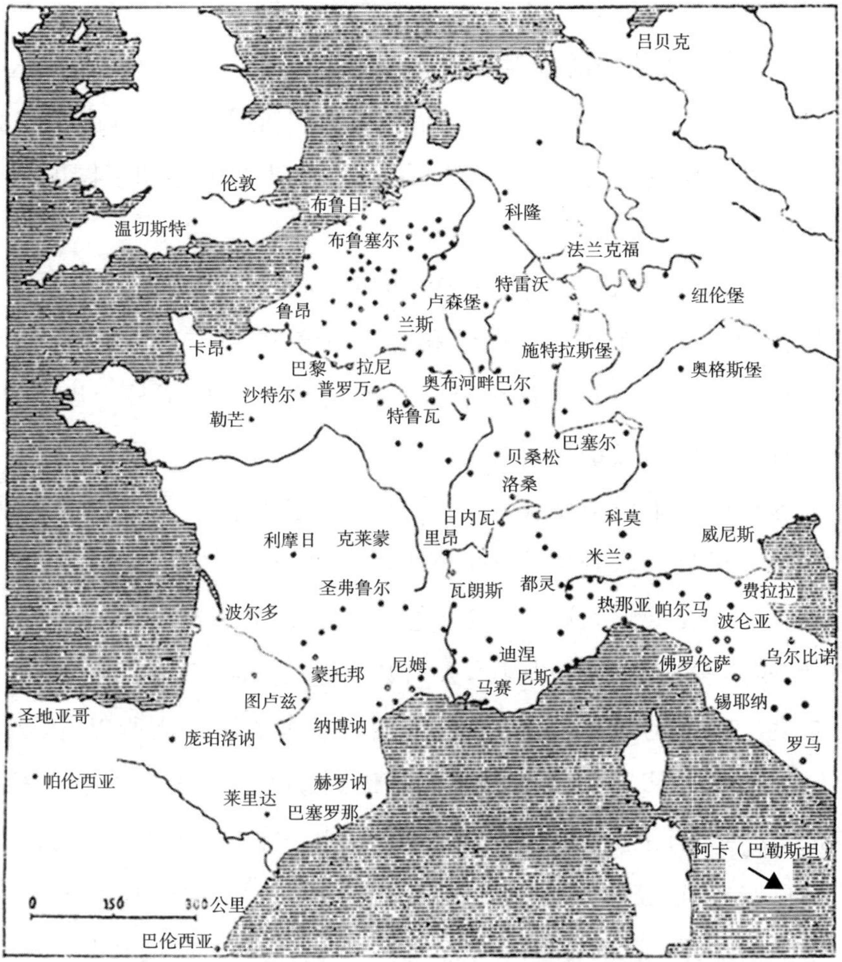

与香巴尼交易会有联系的城市（12 至 13 世纪）

本图显示 13 世纪欧洲经济世界的全貌及其两极：北部的尼德兰，南部的意大利。（参见 H. 安曼的著作）

还有一个细节：商人不走兰斯、沙隆、朗格勒[66] 这条南北向的路线，而偏偏要在特鲁瓦、普罗万、奥布河上的巴尔和拉尼会面，更何况，选中的路线又不是古罗马时期建成的大道。人们对此又该

作何解释？这难道是由于香巴尼伯爵对兰斯、沙隆等主教所在地（这些城市不在他们的控制之下）采取敌视态度的缘故？抑或这样做对南方商人来说是出于迫不得已或贪图近便，因为以上地点距东方产品的买主更近，也就是说，距巴黎盆地的中心和王国的首都巴黎更近？

总而言之，在长达一个多世纪的时间里，正是接连不断地在特鲁瓦、普罗万、奥布河上的巴尔和拉尼轮流举行的交易会建立起了
ii-150 一个经济世界的中心。这个崭新的经济世界囊括了整个欧洲，首次在欧洲实现了经济生活的一体化。

这种中心地位对法国来说具有极其重要的意义，无论怎样强调都不会过分。崭新的经济世界的心脏与另一个巨大的心脏——巴黎——近在咫尺，这一事实又怎么可能无足轻重呢？1300 年前后，巴黎至少拥有 20 万居民，人口数量超过任何一座西欧城市[67]。巴黎之所以成为城市的巨人，这个相当宽敞的城市之所以“人满为患”（城墙建于菲利普·奥古斯特时代）[68]，巴黎大学之所以享誉全欧洲，法兰西王国的司法体系之所以茁壮成长，并逐渐形成职责分明的中央机构，诞生于法国的哥特式艺术之所以向国外传播，直到 13 世纪末依然繁荣兴旺的香巴尼集市显然起了推动作用。在巴黎和巴黎四周，大教堂如雨后春笋般拔地而起：桑斯大教堂建于 1130 年；努瓦永大教堂建于 1131 年；桑利和拉昂大教堂建于 1150 年前后；巴黎圣母院，1163 年；沙特尔大教堂，1194 年；亚眠大教堂，1221 年；博韦大教堂，1247 年。“在不到一个世纪的时间里，我们的祖先用石块垒起了……这些蔚为壮观的大型建筑，创造了一个又一个惊人的成就，桑利大教堂的拱穹高达 18 米，博韦大教堂

高达 48 米，至此就再也没有更高的了。”[69]（确实，巴黎圣母院的拱穹只有 35 米高。）建造这些大教堂旷日持久，它们是长时段历史的最好见证。巴黎圣母院的建筑始于 1163 年，直到 1320 年方告竣工。

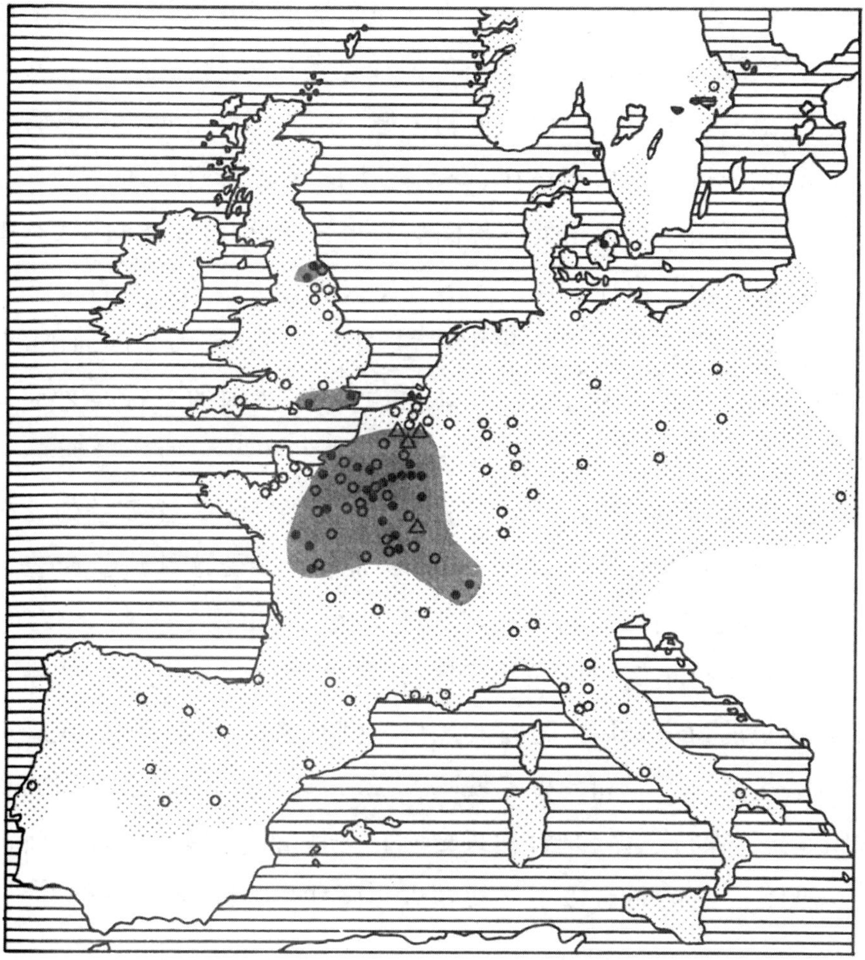

哥特式建筑的地区分布图

深色的网点代表 12 世纪哥特式艺术的起步阶段（黑圈），浅色的网点代表哥特式艺术在 13 世纪的扩展（白色圈点）。图中的小三角形表示不复存在的哥特式建筑的所在地。

鉴于以上的情形，巴黎从 11 世纪起已成为“西方的文化中心”[70]；巴黎大学后来在追求新思想的同时推广了亚里士多德的形式逻辑——当时被人们视为科学——从而使学术研究发生根本的变革。这一切毫不为怪，从此，诗歌和文学作为首要学科的地位被哲学和经院哲学所取代。在一首尖酸刻薄的讽刺诗中，哲学家米歇尔·德·科尔努比向诗人亨利·德·阿夫朗什发难：“我埋头于
ii-151 学术研究……而你却搞格律、音韵之类的无聊东西。这些能有什么用呢？可以说毫无用处。你固然懂得语法，但你不懂科学，对逻辑更一无所知。像你这样的无名之辈又有什么资格自吹自擂？”[71]

ii-152 知识的光芒并不仅仅集中在“拉丁区”和索邦大学的周围，也不局限于巴黎及其附近地区。我再说一遍：法国的哥特式艺术犹如蜜蜂分房般地向其他各国扩散。从最早的发源地法兰西岛开始，它逐渐传到德意志、西班牙北部、英格兰南部，乃至波兰的克拉科夫……尽管就总体而言，亚平宁半岛很少接受这种法兰西艺术风格，但在意大利北部，在米兰和锡耶纳，也出现了哥特式建筑。这里试举一个小例子，很能说明问题：锡耶纳城大广场上有几座宫殿式建筑的窗户采用了哥特式风格。拥有这些建筑的大商人难道没有去过普罗万城和特鲁瓦城吗？1297 年，锡耶纳城市当局明文规定，为了保持总体和谐，如果要在广场上重建或修缮房屋，面对广场的窗户必须符合以下格式：“以小圆柱作装饰，不设阳台”[72]。

地理扩张：十字军东征

欧洲出现的繁荣，如果追根究底，可能是经济增长的最基本形态：欧洲经济当时正向四面八方扩展地域：英格兰征服了苏格兰、

威尔士和爱尔兰；德国人和斯堪的纳维亚人朝东欧扩张，进入了斯拉夫和波罗的海地区；波兰人和匈牙利人在公元 1000 年前已经皈依基督教；西班牙人逐渐完成了基督教对其南部领土的再征服（1212 年，他们取得了纳瓦斯·德·托洛萨战役的决定性胜利）；地中海上的巴利阿里群岛、撒丁岛和科西嘉岛先后被收复；诺曼人占据了西西里岛和意大利南部。更有甚者，随着十字军东征的展开，地中海及其各条航线从此为西方所掌握。

大家都知道，十字军东征对欧洲，尤其对我国是一次生死攸关的巨大考验。西方世界很早（1094 年）就变得富于侵略性了。在 ii-153
经历了许多世纪的入侵之后，现在轮到它扮演蛮族的角色，开始侵占面前的伊斯兰和拜占庭了。轮到它进行征服、蹂躏和剥削别国，角色已经颠倒了过来。甚嚣尘上的宗教狂热只是在几个世纪之后才冷却下来。帝国主义、殖民主义粉墨登场，它们把自己的意志强加于人，毫无选择的余地可言。费迪南·洛特喜欢暴露这些反复展开的侵略浪潮的各种阴暗面。他说，这些侵略采用暴力手段，人们有理由认为，它们与对新大陆进行的野蛮征服同出一辙。唯一的不同——但也相当重要——是美洲在遭受欧洲的打击前仍处于原始文明的阶段，或者说，在物质上难以进行自卫的阶段。因此，欧洲能在新大陆各地生存繁殖。在北非、东方穆斯林世界和拜占庭帝国，情况则完全不同；拜占庭帝国在 1204 年蒙受强敌入侵，但可以肯定，它并未就此灭亡。以上这些适合于长时段的判断毕竟离开了我们所要阐述的主题——欧洲的早期扩张。十字军东征是一次激烈的考验，但它使人们可以测出欧洲及其心脏地带的经济和文明水平，测出法兰西的经济和文明水平。

经济周期的下降阶段(1350—1450 年)

在罗贝尔·福西埃看来,这 100 年时间或许“可与 10 世纪和 20 世纪一起,堪称欧洲历史上最动荡的一个时代”,也是法国历史上最动荡的一个时代。用这个朴实无华的标题来宣告乱世来临是否恰当?[73] 从瓦卢瓦王朝的菲利普六世的命乖运蹇到查理七世的节节胜利,如果改用一个更响亮的标题来概括这些年代,例如称之为大萧条、经济猛烈恶化,难道不更合适吗?在经历了长期的、困难的但却是非凡的上升之后,欧洲陷入了巨大、普遍、剧烈的衰退之中。我们顺便指出,这种衰退在经济领域表现得尤为突出。

罗贝尔·福西埃指出,“西米安的门生在理论上承认衰退,认
ii-154 为这场经济衰退具有普遍性,也就是说,属于经济周期的下降阶段[74] 或萧条阶段,纯属多此一举。”[75] 不论福西埃自己愿意与否,我敢肯定,他正是西米安的门生之一。我丝毫也不认为,按照西米安的学说所作出的以上解释竟“纯属多余”。事实上,这项解释包含着其他的解释,并互相结成一个有机的整体。这项解释并不局限于“经济领域”。因为当整个经济基础发生动摇,长期不能恢复平衡,找不到合适的药物治疗时,那就可以断定,不单是经济,还有许多其他因素也在起着瓦解的作用。

以往的传统解释把从 1347 年开始打击法国的黑死病放在突出地位,称它像是“一脚踩在蚁穴上”,使人口增长趋势陡然停止[76]。但是,历史记载表明,瘟疫流行的时间晚于经济的最初衰退。自 1315 年至 1320 年,可怕的寒冬已经带来了饥馑,敲响了令人生畏的警钟。其他的饥荒接踵而至:1340 年在普罗旺斯,1348

年在里昂地区……时疫流行，“旷日持久，加剧了早已开始的人口锐减，使局面变得益发不可收拾”[77]。

事实上，农业产量早已达到了极限，不再随人口同步增长。安德烈·谢德维尔[78]在其颇有文采的著作中指出，在沙特尔地区，“1220至1230年间，经济发展已停滞不前”。乡村的空地已全被利用。“最后一批荒地也在1230年开垦。在虔诚的国王圣路易的统治下，生活肯定还不算十分难过，人们后来尚不免留恋怀旧，但是，……即使在那时，阔步前进的时代也已经一去不复返了”，至少这在沙特尔地区是如此。显然，沙特尔地区可能受其特殊的地理位置的牵累：由于过分偏北，不宜大量种植葡萄；又过分偏西，处在蓬勃发展的纺织工业区之外。因此，在13世纪初，当地的经济几 ii-155
乎奄奄一息，坐以待毙。然而，其他地区也不例外，在黑死病肆虐之前很久，伐林垦荒已放慢了速度，例如“1230年在巴黎周围，1250年在普瓦图、庇卡底、诺曼底和普罗旺斯，1270年在……索洛涅，1290年在利穆赞、波尔多地区和比利牛斯山区，1320年在福雷……多菲内”[79]，1248和1350年间在塞纳河畔的巴尔[80]。

过早地停止伐林垦荒本身就是一种迹象。同样，人口增长到13世纪末也已告停止。福西埃认为，“在1310至1320年间，有时甚至还可以上溯到1280至1290年间，基督教欧洲的人口膨胀似乎已经登峰造极。”[81] 这也正是罗贝尔·菲利普的见解，他根据沙特尔教区的财产和收益清册指出，人口增长的高峰出现在1280年，即是说远远早于黑死病的流行。他写道：“据我们的判断，从1280年起，人口开始减少……随着经济危机的接连冲击，人口更一落千丈。”[82] 居伊·博瓦称，诺曼底“人口曲线的转折”出现在“两个世纪的交接处”[83]。我并不认为人口变动作为标志经济发展水平的“第一要素”能够决定一切，但它无疑最清晰不过地展示出向灾难过渡的一个长过程中的各个阶段。的确，关于法国人口变动的状况，我们只掌握一个相当可靠，但也并不完全精确的统计数字：1328 年，在瓦卢瓦王朝的菲利普六世即位时，法国的总人口约为 2000 万（在我们看来，数字确实大得出奇）。从这个高度上，人口转为急剧下降，到 1450 年时，可能降到 1000 万左右，也就是说，减少了一半。如果根据诺曼底地区为数有限的实例进行推断，下降的幅度甚至更大：“最低的水平……是以往有 10 名居民的地方，只剩下 3 人还活着。”[84]

但是，在半个世纪里，人口急剧减少并不均衡地呈绝对下降的
趋势，而是一浪接一浪地逐渐退潮。在两个浪潮中间，人口重新增
ii-156 长。接着，下一个波涛又卷走原有的积累。在上诺曼底，经过持续50 多年的“第一次重整旗鼓”以后，于 14 世纪中叶因黑死病蔓延再遭浩劫：1415 年至 1422 年，人口迅猛下降，接着在 1422 年至 1435 年略有回升；1436 年至 1450 年，一场可怕的灾难再次降临，把一切化为乌有。居伊·博瓦找不到一个恰如其分的词来形容这场惨祸，终于用“诺曼底的广岛惨剧”充当小标题[85]。死神一次肆虐过，又残酷无情地卷地重来。雅各布·冯·克拉夫朗确信，人类的繁殖是唯一不受效益递减法则支配的产业。但是，面对生命的力量和潜能，环境不是与人类作对，便是为人类造福。

与人类作对的事是黑死病和百年战争，还有无情的效益递减法则阻碍着经济持续不断的增长。新的土地有待人们去征服，但这些土地十分贫瘠，养不活耕种土地的人。人口因此出现过剩，成

为不堪重负的包袱，使一切都反过来与人作对：王国的税务机关强征暴敛，农民在“苛捐杂税”的压迫下，1337年后已难以维持生计。货币的发行花样翻新，几乎达到疯狂的程度：“从1358年10月到1360年3月，银币就变换了不下22种之多。”[86] 在天灾人祸的再三打击下，社会状况急剧恶化：农民的生产热情一落千丈，领主们眼看自己的收益日渐减少，便蠢蠢欲动，从事战争和劫掠。一些历史学家喜欢谈论危机和“封建制度的末日”，但一种社会秩序的垮台，无非是让位于另一种新秩序而已……

黑死病和百年战争

黑死病于六世纪、七世纪和八世纪曾在欧洲多次出现，到了 ii-157
1347年，欧洲已把远在几百年前的瘟疫完全忘记，但这次灾难却以两倍、三倍的凶猛，突然向欧洲扑来。人们当时把它看成是一场新的灾难。教皇克力门六世著名的外科医生居伊·德·肖利亚克在阿维尼翁声称，以往从未有过这样的传染病。他写道，“早先的瘟疫只在一个地区内传染，这次瘟疫却使所有人在劫难逃；某些患者原来尚可救治，如今却无一人能有生路。”[87] 确实，1347—1350年的黑死病蔓延极广，只是东欧的个别内陆地区，以及西欧的贝阿恩、鲁埃格、伦巴第和尼德兰等地区才在一定程度上幸免于难，这些地区不是由于它们远离瘟疫传播的主要路线，环境隔绝对它们起了保护作用，就是由于那里的经济特别繁荣，居民的饮食条件较好，因而具有较强的抵抗力。

黑死病危害之严重与若干世纪以来由于经济危机而加剧的一般疾病完全不能相比。从南到北袭击法国全境的第一次疫病流行

(1348—1349年)带来了灾难性的后果:在不同地区,四分之一、三分之一、一半有时乃至80%或90%的居民因此丧生。恐怖笼罩着法国,笼罩着欧洲。黑死病不再离开西方,反复骚扰这一地区,这里才刚停息,那里又死灰复燃,卷土重来。一场来势凶猛的新浩劫从此开始,其特征与一千年前出现的那次浩劫几乎如出一辙。

根据比拉邦医生所作的精细调查,人们一眼便可看出,直到1670年以前,疫病似乎从未停止。1670年将标志着黑死病的彻底绝迹(50年后,1720至1722年,残酷的瘟疫在马赛地区再次流行,但这一次是经由海路传来的,只触及法国南部[88])。实际上,疫病的袭击时断时续,其中有间歇和缓和的阶段,每隔五年、八年或十年,便向别处转移。除了1629至1636年这段时间,它从未在我国

ii-158 的全部领土上同时蔓延。它像关在笼子里的野兽一样,不停地来回转圈。不过,随着时间的流逝,它的危害逐渐减少:在17世纪,疫病只使正常死亡率平均提高5%至6%[89]。后来,不知出于什么原因,在猖獗了几个世纪以后,到18世纪时,它在欧洲彻底消失了。[90] 这种情况与六百年前没有两样,可说是相同过程的一次惊人

ii-159 的反复。一些疫情严重的城市或地区当时采取了严厉的隔离措施。这些措施尽管看来行之有效,但其作用显然不宜夸大。黑死病的历史似乎服从于长时段的生物周期。

综上所述,"黑死病"的出现和蔓延是长达三个世纪之久的一场人类浩劫的开端。但是,不论黑死病的袭击何等猛烈,持续的时间多么长久,它毕竟受到传染病活动的普遍规律的支配。可以肯定,人口亏欠的数额巨大,但灾难一过,生活又恢复正常,伤口逐渐愈合,鳏夫和寡归迫不及待地结合为夫妻(让·德·维内特说,"幸

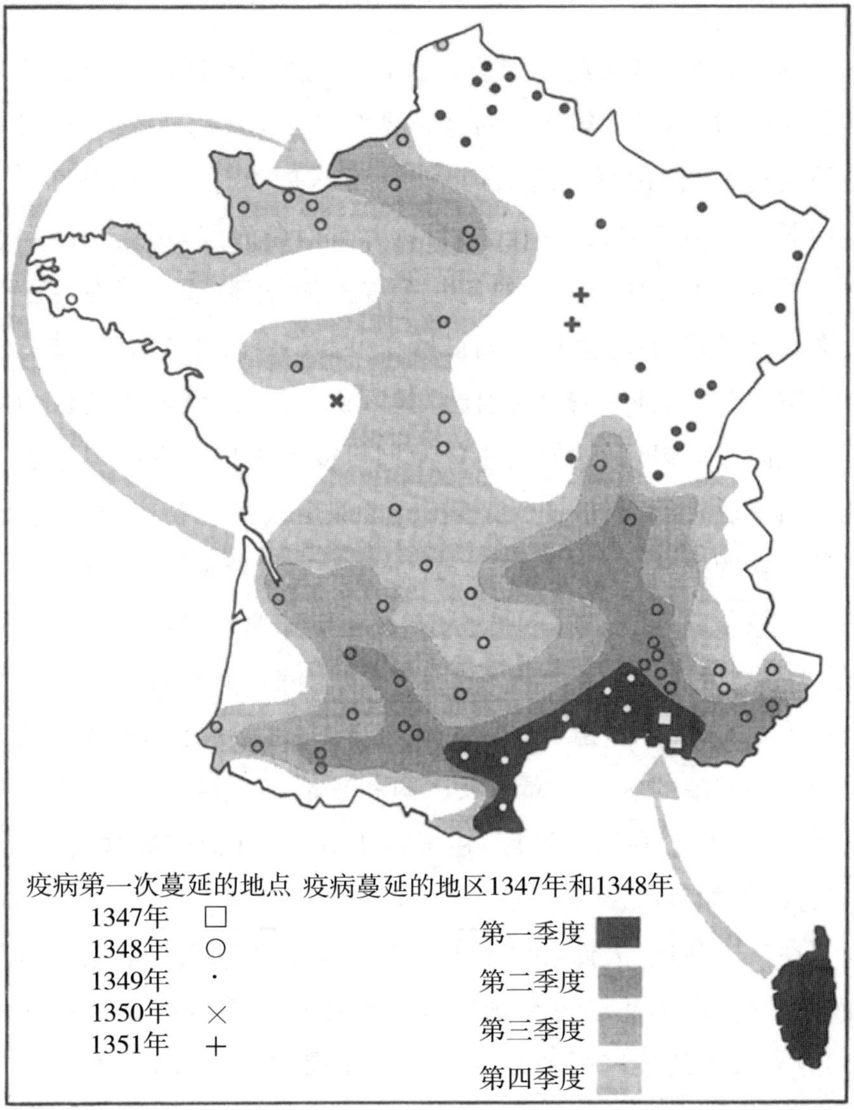

疫病第一次蔓延的地点 疫病蔓延的地区1347年和1348年

1347年 □

1348年 ○

1349年 ·

1350年 ×

1351年 ＋

第一季度

第二季度

第三季度

第四季度

黑死病的蔓延(1347—1351年)

(参见让·法维埃:《中世纪的法国》,1983年版)

存的男女纷纷重建家庭”[91]),出生率不断回升。在勃艮第的日夫里,每年成婚的男女通常不过15对,而在1349年,结婚者竟有86

对[92]。

然而，除了黑死病的祸害以外，还要加上旷日持久的战争破坏。显然，被称为百年战争的这场战祸不可与现代冲突同日而语。应该说这是“长达百年之久的对峙，而不是历时百年的战争”[93]。其中既有政治冲突，又有社会动乱，并且时断时续，不乏休战和谈判。平均每五年中有一年进行战争。然而，军队或者因在驻地就食而四出劫掠，或者为使敌人得不到粮食供应而滥施破坏，造成农村十室九空。农民一有可能便逃往城市，置身高大城墙的保护之下。危险过去以后，他们再重返家园。或如查理七世的编年史官托马斯·巴赞所说，他们只是“在城市周围或市内”“偷偷摸摸地”耕种小块的土地，一遇紧急情况，便赶紧进城躲避[94]。就这样，许多农田被荒废，战争恐惧加上人口骤减使荒地成倍增加。在回顾“圣通日地区”往事时，布勒依杜帕济贫院院长菲利普·德·拉博
ii-160 瓦西埃尔 1441 年写道：“除城市和要塞外，到处都是不见人迹的荒野……好端端的领主宅邸以及庄园和领地，如今长满了茂密的荆棘。”1472 年，就在同一地区，还可以听到“昔日葡萄满枝，而今满目疮痍”[95]的哀叹。

在法国各地，人们可以举出上千个类似的例证。当然，就全国而言，“除战乱不止的巴黎地区或兵痞横行的普罗旺斯这些地方外，只有很少的地区长期蒙受战争的蹂躏”[96]。但是，没有任何一个地区能完全不受战争的侵扰，即使在通常免遭兵灾的中央高原——查理七世与勃艮第公爵作战时将在中央高原召集整装待命的援军——1356 年也曾有努瓦尔亲王率领的英军过境。弗罗瓦萨尔写道：英国人“以前从未进入过奥弗涅地区……他们发现那里

土地肥沃，物产丰富，使他们大开眼界”[97]。

在巴黎，阿马尼亚克和勃艮第的部队大开杀戒，互不相让，使首都陷于血雨腥风之中。1418年5月，当勃艮第部队进占首都时，巴黎全城堆满了阿马尼亚克士兵的尸体，“像死猪一样被扔在泥地里”[98]。巴黎人噩梦缠身，用1346年出生的诗人尤斯塔什·德尚的话说，这是“生活在水深火热之中”，“世界的末日……即将降临”[99]。彼特拉克在好人约翰统治末年（1360年）重访法国，他不由得深感震惊：“对于往昔所见，我几乎已难辨认。富甲天下的王国只剩下一堆灰烬；除了城墙和堡垒庇护的房屋，找不到一栋完好的建筑。巴黎曾是一座如此伟大的城市，如今又去何处寻觅？”[100]

然而，几经战祸的巴黎并未就此一蹶不振，直到14世纪末及此后，它仍是“为欧洲一切自命高贵的人设计服装样式，确定社会礼仪、生活方式和爱好情趣的中心”[101]。就是说，它是一座大都 ii-161
会，不过是在战争环境下苟且偷安、纸醉金迷和腐化堕落的都会。这种情况与阿尔伯公爵于1567年抵达的尼德兰战时首都安特卫普，或与法国前不久进行“越南战争”期间的西贡，多少有点相似。

在这一长期的苦难结束时，法国的人口大大减少。如果说在1328年时，王国的居民为2000万至2200万，到1450年时，算来至多就只剩1000万至1200万，这个数字大概略高于查理大帝时代。这是多么惊人的衰退啊！

再谈经济世界

1350年至1450年间的人口低落——两个年代都是粗略估计，或如人们所说，只是“大体合理”——并非仅仅涉及法国。翻开我们拥有的最好的通史浏览一下或在读了本书前面的有关章节后，你肯定已经注意到：有关繁荣或衰退的阐述对整个欧洲全都适用。法国的历史在很大程度上处在周围电场的感应作用之下。主要在我国领土上进行的百年战争并不只是——怎么说呢？——我国一国的事，而是一场席卷整个大陆的传染病：它在欧洲生长萌发，展现自己的力量，其表现形式几乎千篇一律。无论在什么地方，武装团伙肆无忌惮地进行劫掠，只听从其长官——雇佣军首领——的命令。“雇佣军可为这个或那个王公出力卖命，只要发放军饷就行。让·钱多斯、罗贝尔·诺维尔和约翰·法尔斯塔夫站在英国人的一边，杜盖斯克兰、格雷沙和塞沃尔为瓦卢瓦王朝效力，霍克伍德为罗马教皇服务，科洛纳受威尼斯差遣，坎波巴索和维朗德朗多出尔反尔，随时投靠任何一位主子，弗朗索瓦·斯福尔扎则自己当家，自谋利益。”[102]

由此可见，如果我们的历史学家只说法国蒙受百年战争的灾难，那就未免言过其实。难道唯独法国而不是法国连同欧洲一起
ii-162 受害？难道相同的危机信号不是到处可见？货币陷于极度匮乏；金银比价经常出现意料不到的变化[103]；在工资和“工业品”价格居高不下的情况下，谷物价格的下跌使领主和农民的农业收入普遍减少。比价失调的现象使城市处于越来越有利的地位，因为城市经受苦难的能力强于农村。总之，从波兰到大西洋，从北海到西班牙，欧洲的历史以**一个**整体的面貌而出现。

但是，只是当欧洲经济世界改变发展方向，出现断裂和中心偏移时，才可能在整个欧洲发生全面的衰退。这种中心偏移现象的确发生了。

在一片欣欣向荣的100多年内，经济世界的中心曾停留在由四个城市组成的喧闹的香巴尼交易会的四边形里。天平架在这一中心的两侧左右摇摆。一端的托盘是尼德兰，另一端是意大利北部，后者由威尼斯、米兰、热那亚和佛罗伦萨等城市所组成，恰如几个当今的“跨国公司”。北面的尼德兰是毛纺工业区，南部则是商业和银行业的聚集区。后一个托盘显然比前一个重。香巴尼交易会的衰落便成为一个转折点：货物流通的繁荣局面没有超过13世纪末期；交易会的转期付款，即信贷体系，至迟维持到1320年。从1296年开始，便有一些佛罗伦萨批发商移居里昂。[104] 根据税收统计，“交易会的收益在13世纪每年平均约为6000至8000里佛，至14世纪初下降为1700里佛，1340年勉强回升到2630里佛”[105]。

总之，无论对法国还是欧洲来说，这都是一个具有决定意义的转折。实际上，意大利于1297年成功地开辟了经由直布罗陀海峡抵达南安普敦、伦敦和布鲁日的定期航班，最初使用的是热那亚的大帆船，地中海的其他船只随后相继出现（威尼斯的帆桨船于1317年才开始从事直达航运[106]）。与此同时，经由阿尔卑斯山路进行的陆上运输活动逐渐向东转移：辛普朗山口、圣戈塔山口和布 ii-164
伦纳山口取代了经由塞尼山和大圣贝尔纳隘口的传统商道。法兰西地峡并没有就此停止发挥作用，但它的确遇到了挑战，并且已下降到次等地位。德国银矿的开采大概是推动陆上贸易通道偏移的动力之一。[107]

在香巴尼交易会推动下经济日益兴旺的法国——至少法国的部分地区，例如罗讷河谷、巴黎盆地中部和东部——结果被切断了电路，几乎被排斥在欧洲资本主义的主要通道之外。这一局面具有长时段的特征。资本主义蓬勃兴起的地区恰巧团团环绕在法国的四周,并与法国保持一定的距离:陆上通道横贯德国,地中海船队的航线虽然也与马赛和艾格莫特擦边,但主要经由巴塞罗那、瓦朗斯、塞维利亚和里斯本,然后穿越加斯科尼海湾,直接前往南安普敦、伦敦和布鲁日。航船通常不在法国的海港靠岸(拉罗歇尔可能属于例外,佛罗伦萨商人在百年战争期间仍留在当地,保护这座城市)[108]。海上和陆上的贸易路线就这样在法国四周绕了一圈。

这些新的联系照例经历了一个漫长的过程才逐渐形成体系。然而,随着天平的摆动,意大利渐渐占了上风。因此,正如经济学家们所说的那样,尽管在阴暗的、风雨飘摇的气候下,意大利居然“渡过了难关”。

从此,亚平宁半岛的各个城市间展开了紧张激烈的争夺霸权的斗争。每座城市都已成为与国际经济有着密切联系的重要中心。在这以前,佛罗伦萨仅有印染业,只从北方购入粗毛料从事染色,如今引进了毛料制造,迅速发展起毛织业[109]。佛罗伦萨不但在毛织业方面突飞猛进,并且在更冒风险的银行金融业方面,也取得了巨大的胜利。为了与法国一决雌雄,它打出了英国牌。历来善于窥测方向的热那亚率先开辟了经由直布罗陀通往北方的海上
ii-165 航线,从此建立起经常的南北联系。蒸蒸日上的米兰提前几个世纪开始了工业革命。[110] 也许由于遇到了危机(危机确实存在着,甚至对得天独厚的城市也是如此),这场革命终于功败垂成,但历史学家普遍认为,它毕竟取得了惊人的成果。

威尼斯最终战胜了全部竞争对手,它凭借的是商业资本而不是银行资本的力量。我将把它称之为老式的、传统的资本主义。

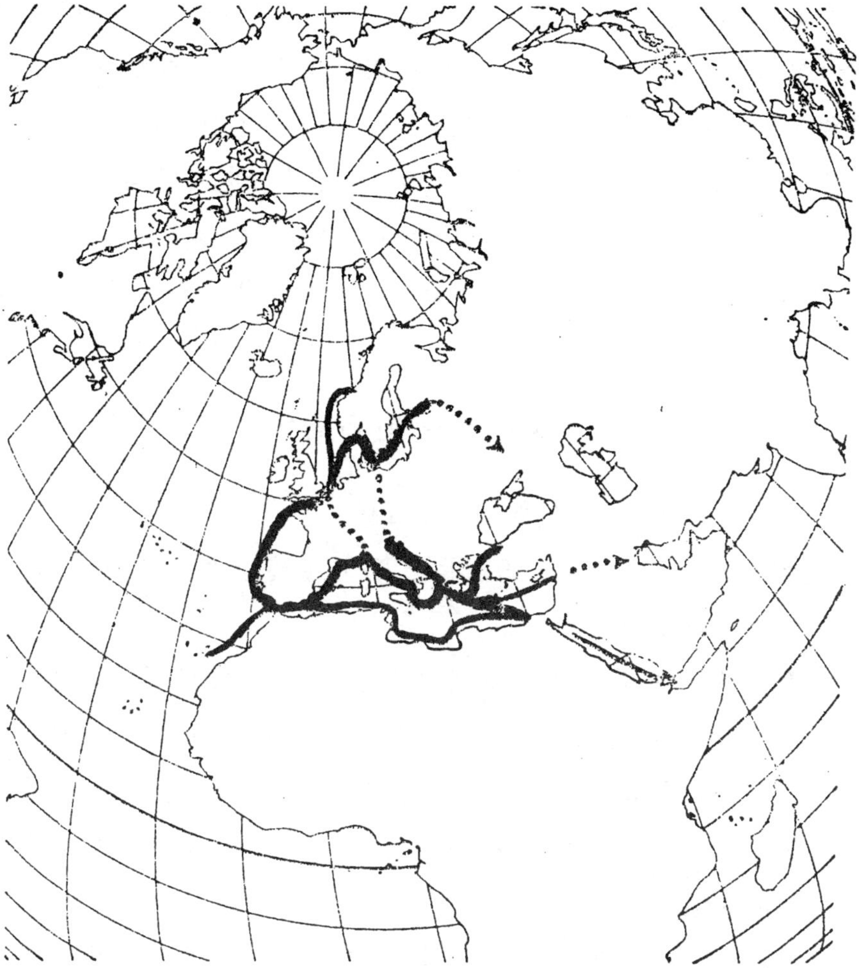

1500年的欧洲经济世界

国际贸易沿着地中海(并由此延伸至印度洋)和伊比利亚半岛绕一圈，进而抵达北海和比利时。由虚点表示的陆上交通取道法国以东的德国。

虽然如此，在1340年蒙古人入侵欧洲前，推动国际经济取得更大成就的动力当时可能还来自欧洲以东的黑海和丝绸之路，后来则来自东地中海，特别是埃及(它是印度洋的胡椒和香料，以及尼日尔金砂的集散地)。威尼斯于 14 世纪 40 年代打开了东地中海和埃及的大门。此外,在地中海、里海和中东市场上,热那亚和威尼斯将展开一场你死我活的争夺战。战斗长期处于胶着状态,只是到 14 世纪末,基奥贾战役(1383 年)的胜利才使威尼斯把竞争对手热那亚甩到身后,并且确立了稳定的优势。[111] 威尼斯的优势使法国长期被排斥在外,处于次等地位。直到欧洲摆脱危机以后,法国的境况却依然如故。

欧洲以及法国的命运

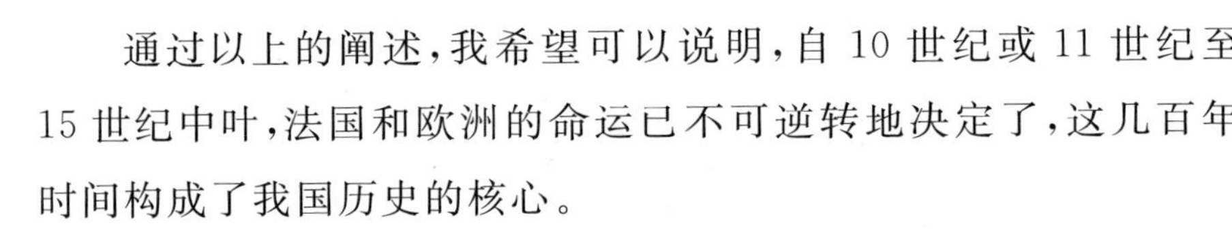

通过以上的阐述,我希望可以说明,自 10 世纪或 11 世纪至 15 世纪中叶,法国和欧洲的命运已不可逆转地决定了,这几百年时间构成了我国历史的核心。

第一条理由,当时的欧洲正处在形成和巩固的过程中。确实,没有欧洲,就不可能有法国。欧洲是我们的家,是我们赖以生存的
ii-166 条件。我们在欧洲各国的包围中生活,比处在罗马帝国的卵翼之下自然要好得多。欧洲在我们的周围不断巩固和加强。我们身不由己地同时受到邻国的看护和监视。

第二条理由:欧洲之成为一个整体,仅仅因为它同时也是基督教的世界;但是,基督教世界和欧洲必须在面对另一个世界时,才能显示其特性。任何一个集团,不论其性质如何,唯有与第三者进行对抗,才能顺利形成。伊斯兰世界以其独特的方式促进了欧洲的诞生。十字军东征的重要意义正在这里。

第三条理由:经济、政治、人口、文化等因素都为欧洲的兴起奠定坚实稳固的基础,赋予它克敌制胜的力量,并且为它提供足以经

受各种考验的健康躯体。

第四条也是最重要的理由：我曾指出，欧洲的勃兴最初以法国为中心。香巴尼交易会给法国带来了一个世纪的相对繁荣。但是，在一百年时间结束后，海洋战胜了陆地，法国从此再也不能真正位居欧洲经济的前列。正如我前面所说的那样，它被困在一个圆圈的中心，这个圆圈从意大利北部出发，经直布罗陀抵达尼德兰，随后又从尼德兰取道德国和阿尔卑斯山的陆路，折回意大利北部，与法国毫不搭界。法国因此置身事外，看着别国取得成功。它至少有两次曾经动心，企图改变这种状况。1494 年 9 月，查理八世越过阿尔卑斯山征讨意大利，可惜未能得手；1672 年，路易十四和柯尔贝尔率军进攻荷兰，仍无功而返。欧洲团团包围着法国，限制了法国的扩展，决定了法国的命运。假如法国在 1494 年甚至更早一些时候就着手远渡大西洋，甚至在 1672 年仍然念念不忘美洲，法国的命运或许会大有改观。可惜这一切只是想入非非！但是，人们在回顾历史时设想另一种可能，不就更容易懂得，历史早已无可挽回地写成了吗？

二、1450 至 1950 年：一条异乎寻常的上升曲线 ii-167

把 1450 至 1950 年这连续的五个世纪当作一个整体，当作单一的运动，同时再用拇指推上一把，使它一直延伸到今天，我们就要强迫自己暂且忘记我国经历过的众多不幸和灾难，透过一般编年史的表象，观察历史的深层。长达数世纪的时段可为我们提供最好的视野，也是进行历史总结的唯一行之有效的方法。

当然，人口的现实仍将是我们所要考察的首要问题。我并不认为人口是唯一的决定性因素；我愿重申，归根结蒂，人口是与历史有关的各种力量——稍纵即逝的、经久不衰的、不堪一击的、异常强大的……力量——的忠实记录。人口是所有各种力量的综合和排列。皮埃尔·肖努说得对："在历史学家看来，人口指数是计量器、生命线、吃水线……有人才有历史。"[112]

因此，不妨作一非分之想：假定我们需要的有关人口、生产、流通、价格运动等各种数字、各种曲线全都凑齐，并且每个项目都根据不同阶段分门别类，由此必定可以看到，尽管确曾发生过各种意外事件，法国却从未经历过任何堪与 1350 年至 1450 年的浩劫相提并论的天灾人祸。从那时以后，法国没有受到任何致命的打击，
ii-168 没有陷入致使三分之一、二分之一的居民丧生的骇人听闻的灾难深渊。今天，要出现如此规模的惨祸，必须设想一场核战争——这种设想并非无中生有——把世界推向末日的边缘。

与 1350 至 1450 年间的灾难相比，我国发生的宗教战争（1562—1598 年）以及历次对外战争——路易十四和拿破仑一世统治期间及第二帝国期间的战争——都只能列为次等的灾难。如果我把第一次世界大战和第二次世界大战也算进去，一些历史学家和许多强词夺理的论战家将会提出抗议，并且会说这是亵渎神明和哗众取宠。他们的愤慨可以理解，但我坚持自己的看法。他们当中不是有很多人，或出于习惯，或贪图省事，认为战争是世界历史不可抗拒的节奏吗？战争造成了累累创伤，使生灵惨遭涂炭。这不幸为他们所言中，并且我们越是接近当代，所要付出的代价也

就越大。然而，这些创伤不论多么严重，迟早都会愈合。百年战争才刚结束，就为“漫长的16世纪”（1450—1650年）打开了通向繁荣的大门。在这期间，无论在法国本土还是在法国以外，人口总数都恢复到原有的规模。此外，还应忆及的是，虽说1350至1450年的大萧条使法国跌进了地狱，百年战争却不是唯一的罪魁祸首。英国不应单独承担这场惨祸的全部责任。正如我所说过的那样，还有其他因素在起作用：出生率的隐蔽的下降，饥馑，经济的崩溃和退潮，最后还有黑死病的肆虐。

宗教战争在我国显然不能与百年战争相提并论：首先，它延续的时间要短得多，不是一个多世纪，而是36年（1562—1598年），何况在这30多年中，战火还有停息的时候。此外，敌对行动从未同时遍布王国全境（参阅第一编第一章第96—97页间的插图）。西班牙人远没有像英国人在百年战争中那样穷凶极恶，我们对他们未免责之太苛。最后，国家的经济健康状况仍然良好或相当良

好。弗兰克·斯普纳[113]、亨利·拉佩耶尔和我本人[114]很早就指出 ii-169
了这个事实，但未被史学界所确认。历史著述不免把某些神话奉为不可更改的信条。尽管如此，对欧洲居民史了如指掌的罗热·莫尔斯神父在他的鸿篇巨著（1954年出版）中指出：“从人口角度看，宗教战争造成的危害并不像人们所渲染的那么大。”[115]

但是，我并不是要缩小宗教战争的影响，就个人而言，我对这些内战深恶痛绝。我毫不费力地可以想象1562年新教徒攻占里昂以及1569年至1570年夏第三次战争期间科利尼“以退为进”、“窜扰全国”所带来的破坏和痛苦：“数千名士兵丢盔弃甲”，沿途大肆劫掠，企图“重整旗鼓”[116]；亚历山大·法尔奈兹自尼德兰两度

长途奔袭，迫使亨利四世放弃对巴黎（1590 年）和鲁昂（1592 年）的围困。但是，我在评判真理时所依据的是我自己的标准：在这 30 年的宗教战争期间，法国的人口似乎并未下降，因而与真正的“三十年战争”（1618—1648 年）完全不能相比，后者在德国历史上留下了骇人听闻的斑斑血痕。

对亨利四世在国外进行的战争，或对大革命和帝国时期的战争，也可作同样的认识：法国的人口又一次弥补了自己的损失，并且重新呈现出增长的趋势。甚至第一次世界大战和第二次世界大战结束后不久的情形也大致如此。第一次世界大战使法国伤了元气，丧失了 150 万至 180 万人口，而且都是年轻力壮的人；第二次世界大战的损失估计约为 60 万人。1911 年的法国有 3960 万居民，1922 年的人口总数为 3920 万（包括阿尔萨斯与洛林的 171 万居民）；1936 年为 4190 万，1946 年为 4050 万，1983 年达到 5460 万人。

根据以上的数字，如果读者把个人的感情搁置一旁（这当然很
ii-170 难做到），他就必定看到，15 世纪以来，尽管出现了战争、其他不测事件和陷阱，一股深层的力量正促使法国乃至世界其他各国的人口增长繁衍。这股力量犹如滔滔江水一往无前，使法兰西能够胜利地克服各种障碍、考验和灾祸。皮埃尔·古伯尔说得好：“人口增长的‘真正的’秘密，很可能来自人的求生能力。”[117] 这正是我想提出的问题。

首尾相接的几个阶段

概括起来，我们可以把这 500 年分为四个阶段：1450 至 1600

年，法国差不多（只少不多）恢复到了1350年以前的人口水平；1600至1750年，基本上处于停滞的状态，至多有缓慢的进展；1750至1850年，上升趋势相当明显，随后又渐次减弱，但从未消失；1850年以后，人口继续增长，但由于医疗事业和公共卫生的进步，实行避孕和外国移民的涌来，情形已有所不同。最后一个阶段当另作别论，我们这里将只对前三个阶段进行考察。

1. 1450至1550—1600年

早在所谓“地理大发现”以前，即1492年哥伦布抵达美洲和1498年瓦斯科·达·伽马经由好望角返回欧洲以前，人口的第一次迅猛增长已经开始。同样，在地中海，基督教世界受到土耳其人的排挤，并于1571年通过勒班陀战役的辉煌胜利而重占上风，也都是人口增长开始以后出现的事。此外，我们也不可认为，东欧和波罗的海地区向西欧输出小麦和黑麦对人口增长曾起过推动作
用，因为阿姆斯特丹成为波罗的海重要的谷物集散市场只是1540 ii-171
年前后的事。西欧仅在出现了人口巨大增长后，才需要别人来养活自己。

结论是：法国和西欧（后者的人口也在增长）出现复兴的原因要从法国和欧洲的内部去找。在这个问题上，我们是内因论者。

有人或许会说，法国的人口在跌到最低点以后，又遇到了和平的有利环境，当然会自动重新走向高涨。人口锐减造成了严重的后果。当时，居民是那样稀少，以至树木和荆棘再度占领了以前属于耕地的广阔空间。到处一片荒凉景象，只是严重程度略有不同而已。诺曼底三级会议的一位议员1484年说：“从迪耶普到鲁昂……沿途道路难认；除横行乡村的盗贼外，再也见不到人

烟。”[118] 在瓦兹河和马恩河之间(那里的战争蹂躏尤其严重),不少村庄、村落和农庄已沦为废墟。进行重建,离不开资金、人力和时间。有时需要一个世纪才能恢复元气。业已荒芜的土地往往由领主收回,但要恢复昔日的风貌,重建房舍及附属建筑,再次进行耕作,却很难找到愿意承租土地的农民。领主为此不得不向农民或农民集体提供更加有利的、长时限的租地条件。

在荒无人烟的朗格多克,人们见到同样的景象:常绿灌木稀稀落落地覆盖着多石的丘陵,成为野兽充斥的场所。“塞文山区的棕熊成群结伙地来到埃瓜勒和埃斯佩鲁的山坡地上安家落户;鹿群出没在灌木林和葱绿的橡树林中;科斯高原满是狼群;山鹑同母鸡一样到处可见;直到16世纪初,农民仍有狩猎的完全自由,猎物资
ii-172 源简直永不枯竭。”[119] 一些农户在长辈的主持下进行联合开垦,全靠人多势众,使耕地逐渐恢复地力:“人们以不受饥寒为满足。大家吃同样的面包,喝同样的葡萄酒。”[120] 后来,奇迹终于出现:人口恢复增长,增长速度之快使当时的人感到惊奇。朗格多克在临近16世纪中叶时,“人口繁殖就像谷仓里的老鼠一样迅速”[121]。

法国各地当时都是这种情景。在塞纳河畔巴尔地区,1477至1560年间,“荒草、荆棘和灌木在犁头锄镐面前纷纷退却”;麦田、葡萄园和牧场重又铺满大地[122]。房舍建筑与作物一起显示出农村的经济兴旺。一些教堂得到修复,另一些教堂则开始兴建。巴尔城的圣艾蒂安教堂于1505年破土动工,1560年始告完成。位于吕米伊附近的教堂规模稍逊一筹,也于1527至1549年间建成。[123] 更往远去,在科斯地区的圣昂托南,自15世纪末至16世纪初,出现了真正的建筑复兴的繁荣景象。[124] 就这样,伴随着人口的

增长，新教堂和新房屋接二连三地兴建。1572年前后，布朗托姆认为法兰西已经“人满为患”[125]。人口高涨的浪潮席卷整个欧洲，英国、意大利、西班牙莫不如此，在德国，巴伐利亚的人文主义者阿旺蒂努斯提到，当时出生的人如此之多，简直就像“果树开花一样”[126]……甚至土耳其的奥斯曼帝国也受到了人口增长浪潮的冲击。[127]

我们回过头来再谈法国。人口增长最初呈不可遏制之势，随后便有所减缓，甚至出现了停顿。按照里沙尔·加斯贡的说法，“16世纪之春”大概在1520年后已经后劲不足。从此，物价开始上涨，工资跟不上物价的增长，生活水平每况愈下；人口可能已经太多了。从表面上看，这一现象的确有点反常：在14至15世纪的大衰退时期，一方面人力不足，土地荒芜，另方面农产品价格却相 ii-173
当低廉，城乡居民的食物较为充足[128]。而在此之后，不仅面包和葡萄酒变少了，甚至在饭桌上肉食也不多见。到16世纪中期，即1550年至1560年，又出现了为期10年的经济萧条，大体上相当于亨利二世的统治期间（1547—1559年）。

法国人口正处在恢复原有水平的过程中，但这一过程结束的具体时间却无法确定。约在1550至1570年间，人口数量可能与两个世纪前不相上下。皮埃尔·肖努在谈到这个问题时曾用了补偿、回收、恢复原有平衡等说法。我们千万不要以为这纯粹出于修辞的考虑，而应认为这是他着手解释的开始。肖努其实是想承认，恢复人口平衡是自动实现的，这是人的生命活力对前一个时期的混乱和灾害的压抑作出的自发反应。

生命活力究竟是什么？这是问题的基本所在。了解居民人数是否达到原来的水平，具体在哪一年达到，究竟在 1550 年或 1600 年，这些都并不重要。由于我们对当时人口的确切水平知之甚少或一无所知，这一问题显然还有讨论的余地。[129] 确实，重要的是要弄清人口增长的推动力是什么，因为无论如何，增长毕竟是个事实。1350 年至 1450 年，化脓的伤口得到了复原和愈合。人重新驾驭了历史。究其原因，这可能是由于灾祸（黑死病、流行病、歉收、饥馑）的减轻，由于发现了新的食品来源（格陵兰岛取之不竭的渔业资源，波罗的海的粮食，荞麦种植的推广），由于经济生活普遍的蓬勃发展（厄尔·杰斐逊·汉密尔顿反复指出，居伊·博瓦同样认为，16 世纪的任何创伤都是依靠自身力量治愈的）[130]。最后，还要归功于美洲贵金属的源源流入，活跃了上层的经济领域，推动了整个经济的发展。

ii-174 2. 1600 至 1750 年

1600 年以后，人口仍在继续增长，尽管增长势头已有所减弱。在一个半世纪的时间里，人口始终保持微弱的上升趋势，增长率几近于零。与此同时，经济生活放慢了节奏，没有出现任何重大的技术革新，并经历了一系列考验：1630 至 1631 年、1640 至 1652 年、1661 至 1662 年、1693 至 1694 年以及 1709 至 1710 年[131] 发生的五次饥馑和瘟疫遍及整个王国，造成了严重的危机。最后一次灾祸留下了令人不寒而栗的恶名。但是，一切迹象表明，前一次灾祸（1693 至 1694 年）似乎并不比后一次轻些。所有这些灾祸都使人口蒙受沉重的打击。

1640 至 1652 年的那场灾难发生在投石党运动（1648—1653 年）之前，并几乎贯穿着投石党运动的全过程，致使这场激烈的内部争端的危害尤其严重。依我之见,法国在这十余年的灾难期间蒙受的人口损失比在经济繁荣时期发生的宗教战争更加惨重。在投石党骚乱期间,王国的经济环境糟到极点。城市不得不对躲避士兵抢劫、寻求生计的农民大开城门。在兰斯,携带奶牛“进城逃难”的四郊农民每天夜间在关城门时出城,再在清晨开城门时进城,以便利用夜晚溜回自己的庄园去取饲料。[132] 不但在兰斯,而且在科尔比,在圣康坦,在佩罗纳……都是这种情况。城市为此背上了不堪忍受的包袱,乡村则饱受蹂躏,田地荒芜,庄稼失收。

成人和孩子全都经受苦难的煎熬,甚至未出生的胎儿也不例外(饥馑往往使妇女的荷尔蒙周期发生紊乱,列宁格勒在第二次世界大战被围困期间的情形足以为证)。艾马努埃尔・勒鲁瓦・拉杜里把这种现象称之为马尔萨斯的生命节奏。儿童的死亡率高得惊人。恰如皮埃尔・古伯尔所说:“在两个孩子中,只有一个能够长大成人。”[133] 死亡成了日常生活的中心,正像教堂是村庄的中心 ii-175
一样。[134] 平均寿命可能还不到30岁。

如果对称果真起作用的话,临近17世纪中叶时就可能出现与1350年类似的那种灾难和一落千丈的局面:同样的前提,同样的结局。然而,灾难并未重现。没有出现崩溃。总的来说(在不同地区之间,如在瑟堡与阿尔萨斯或普罗旺斯之间,存在着巨大的差别,有时甚至呈现对立的发展趋势)[135],“局面异常稳定”,尽管“人口波动犹如波涛起伏”,有时还相当猛烈,但这些起伏可以互相抵消[136]。平衡似乎总在一个最佳人口总量的上下得以恢复:每当最佳人口值被超过时(出生率始终居高不下),就会出现危机,“成千上万的穷人因此丧生”。随后,出生率明显超过死亡率的现象又会重新出现。人口的“下限”最后维持在一个相对稳定的水平上。它经得起各种考验，包括黑死病、饥馑、投石党运动以及后来长期的西班牙王位继承战争（我不认为这一战争具有灾难性的后果）。还有在废除南特敕令（1685 年）后新教徒的大迁徙（约为 20 万至 30 万人）。

为什么会出现人口的相对平衡呢？这里的原因错综复杂，并且因地而异，仅以新大陆引进的新作物为例，它们的推广就很不平衡。玉米和土豆在 18 世纪，甚至直到 19 世纪才在全国各地广为种植。但是，它们在某些地区的普及要比另一些地区早得多。法国西南部很早就栽种玉米：1640 年前后，玉米已在图卢兹和卡斯泰尔诺达里的市场上标价出售[137]；玉米于 17 世纪末在贝阿恩地区大面积种植，“居集约型作物的首位”[138]。它在当地可能已是“平民百姓的主食”。同样地，在科曼日地区，玉米既是农业工人和

ii-176 壮工的食粮，也是彻底改变鹅、猪饲养方法的手段。

与玉米在西南部所起的作用相同，荞麦在布列塔尼逐渐成为“小民百姓”的食粮。也许由于这个原因，在整个 17 世纪，布列塔尼得以出口剩余谷物。[139]

在法国东部，荞麦所占的比重很小，后来是土豆在那里得到了推广。1660 年前后在多菲内和阿尔萨斯，1680 年在洛林，早已在园地落户的土豆改在大田种植。[140] 至 17 世纪末，它在阿尔萨斯已被用来交纳什一税，种植面积之广由此可见一斑。在下一个世纪，自 1740—1750 年开始，即比法国其他地区早 50 余年左右，这种“现成的面包”在当地已代替谷物，成为主食，尽管小麦的种植面积并未因此减少。事实上，对肥料要求不高的土豆取代了休闲地。

从此，所有的可耕地每年都得到了种植。艾蒂安·于雅尔认为，“土豆逐渐在法国全境的普及标志着阶段性的饥馑的结束”[141]。

法国和欧洲经济状况良好的另一个原因是从新大陆源源不断地运来白银。历史学家们曾长期认为，“天赐财富”的到来从1600年起陷于停顿，或至少大为减少——这是厄尔·杰斐逊·汉密尔顿振聋发聩的研究成果[142]。皮埃尔和乌盖特·肖努随后又继续进行了研究，把日期推迟到1610年[143]。最近，米歇尔·莫里诺依据荷兰报刊提供的材料，更把这一至关重要的日期下延至1650年[144]。可是，这里有一个较长的延展期和一个相当短暂的中断期：其实，新大陆的白银输出在1680年前后又重新活跃起来，因而白银的匮乏只持续了30多年，虽然在这期间，这已对欧洲经济造成了危害。

如果据此把1650至1680年这一时期定为可能的中断期，我
们将可以大胆地设想，以这30年时间为界，把1600至1750年的
历史阶段分成两段：首先是1600至1650年，共50年，当时的经济 ii-177
生活虽然谈不上光彩夺目，但始终保持增长的势头；接着是1650
至1750年的经济不景气，为期一个世纪，竟比路易十四亲政的时
间（1661—1715年）还长。

17世纪前50年的经济衰退可能并不像人们常说的那么突出。否则，就法国情况而言，又怎么解释黎塞留在第二次就任首相职务（1624年）后，能够两倍、三倍地增加税收这个谜呢？只是在国民生产总值（即纳税人的数目和他们的收益总额）不断上升，或至少维持原有水平的条件下，税收的螺丝才可能拧紧。

从法国整体情况看，自投石党运动（1648—1653年）发生后，物质生产和经济形势便不断恶化。物价波动幅度之大简直骇人听闻。皮埃尔·古伯尔为此指出了 1656—1657 年至 1667—1668 年间所谓“转折周期”的荒诞不经，其运动曲线不是扶摇直上，就是急骤下降。[145] 然而，这些紊乱的运动所产生的后果几乎与连年歉收造成的灾难相同。借用维托尔·库拉所喜欢的形象来描绘[146]，农民就像蜗牛一样，遇到意外情况便把身体缩进外壳，而当一切归于平静或似乎归于平静时，又会把身体从外壳里伸出来。实际上，物价从长期看趋于下跌，但是，经济周期的下降阶段难道对平民的生活水平总是不利的吗？如果弗兰克·斯普纳的计算不错，当时(1701—1760 年)国民毛收入仍维持在同一水平上，即年收益在 12 亿或 15 亿里佛之间[147]。临近 1700 年时，法国的居民人数约为 2000 万，超过了卡尔·尤利乌斯·贝洛赫所确定的当时世界强国的人口水平(1700 万)[148]。

3. 1750 至 1850 年

在这个异常动荡的历史时期的中期，法国正值大革命和帝国
ii-178 (1792—1815 年)的疾风骤雨；对这 100 年时间，我们所掌握的材料要比前一历史时期要确切得多，而且随着岁月的流逝，这些资料的质量也不断得到改进。在人口问题上，我们同样有卓越的向导[149] 和出色的说明[150]。

我们这里不必过分纠缠细节(尤其对资料的价值和使用不加深究)；同样也不必对这一历史阶段进行过细的分期。简单说来，1743 至 1770 年人口迅速增长；1770 年至 1778 年人口过剩；1779 年至 1787 年危机卷土重来(与 17 世纪的危机相比，症状并不明显，而且相当缓和)；最后，在大革命和帝国的间歇期——当时人口增加不多，但毕竟略有增长——之后，人口便持续上升，直到1850年为止（与欧洲其他各国相比，法国人口的增长幅度要低得多：1801年至1851年，法国的人口增加了30％，而欧洲增加了50％，英国增加了一倍）。

地区间的差异又一次显得十分突出，但人们毕竟可以认为，法国的人口状况尚属健康，取其整数：1789年为2630万[151]；1801年为2730万；1806年为2910万；1821年为3050万；1826年为3190万；1831年为3260万；1836年为3250万；1841年为3420万；1846年为3540万；1851年为3580万。因1834年霍乱流行，1831年至1839年间的人口增长一度陷于停顿，但增长趋势仍是主要的事实。

这个事实难道不有点让人觉得奇怪吗？不是有许多原因可能导致人口的全面衰退吗？这些原因是："旧制度"的危机；1788年和1789年的接连歉收（这对"旧制度"的结束曾起了一定的作用）；从1792年4月宣战到1815年为止接连经受的各种考验：除人口外流（总数可能达18万）外，还有战争伤亡（损失人口120万，加上残酷的旺代战争期间死亡的40万），"财产分布的变化，提高社会地位的新可能，心态的变更，法律的革新，所有这些因素都对当时 ii-179
的人口产生了影响，其后果甚至一直延续到1815年以后"[152]。

尽管如此，法国居然克服了重重障碍，安然度过复辟王朝、七月王朝以及短命的第二共和国（1848—1852年）的艰难岁月，人口有增无减。更使我们感到大惑不解的是，历史学家一致公认，1817至1851年间正值康德拉季耶夫周期①的下降阶段，也就是说，透

① 即长期缓速经济周期，得名于苏联经济学家尼古拉·康德拉季耶夫，由物价、生产和商业活动的多次上下波动构成，每个周期为50至60年。——译者

过上述三种政体的历史，可以看到经济生活的一个不间断的、甚至是渐进的衰退过程，直到1847—1848年出现深刻的危机为止。在"旧制度的危机"的各种表现形式中，这一范例最具有典型性：由农业发生故障而引起的衰退——如果可以这样说的话——可能在整个经济的内部发生爆炸。[153] 它无疑是旧式危机中最后的一次，标志着旧式危机到此结束。随后出现的其他危机性质迥然不同，它们发生在实现了工业化的法国，法国的人口仍将克服障碍和困难，保持上升的趋势。

传统的历史学家认为，1750至1850年不可能是由同一个模子铸就的。在政治上，这个世纪被"旧制度"的覆灭拦腰切断；在经济上，它被工业革命的起步一分为二。人口史学家相反却说，从路易十五到路易·拿破仑（先当总统，后当皇帝）期间，法国人口的发展具有某种同一性。如果听从人口史学家的教诲，人们将会确认，18世纪末年已在某种程度上向现代化迈进，而19世纪初却依旧停留于"旧制度"。历史学家安德烈·雷蒙曾一再说：基佐是18世纪的人物，并且是这个世纪最后的一位人物。两种说法虽然不同，但所要表述的却是同一个内容。至于我，我则认为，人口的历史演变位于一般的历史叙述和历史考察的彼岸：编年史的重大事件对人口运动可能产生影响，但充其量也只是暂时起作用而已。

ii-180 **1850年前的人口演变过程究竟有一种还是几种可能的解释？**

1450—1950年及以后的人口运动应该被当作一个整体来理解。它实际上提出了一个范围广阔的问题，因为这里无疑有一个主导因素:总体运动是上升的趋势。但是,这里也有一些普遍的和特殊的原因,这些原因又是什么呢?

这些原因基本上可以归纳为对疾病的控制和食物的改善两个方面。黑死病于1720年已经在法国销声匿迹,并且自1450年以后,我国的居民对它的抵抗力越来越强。对黑死病已有了适应性和抵抗力,这是个重要的原因。此外,天花也慢慢在减少,至19世纪时已渐趋消灭;卫生状况在19世纪取得了进步;至少从1850年开始,医疗事业更出现了决定性的变革;住院治疗大为改观;社会保障在第二次世界大战以后为大众造福不浅。以上这些都是至关重要的里程碑。

但是,还应该指出,食品供应也发生了决定性的变革,其意义之重大如果不占第一位,也应占第二位。借用德国人的一句老活:"饮食乃健康之本"。饮食确实逐渐得到了改善。演变的过程是缓慢的,但变化毕竟是发生了,食品改善已成为人口水平得以提高或维持的基础。进步的确十分缓慢,因为法国和欧洲基本上同属农业地区,农田、作物、剩余农产品等不可能在一朝一夕间有所改观。在1200年前的法国,人们播下一粒种籽,可以收获三粒粮食;1300至1500年,播种与收成之比上升为1∶4.3;1500至1820年间,则达到1∶6.3。这些平均值是根据B. H.斯利舍尔·冯巴特的计算得出的,应该说是完全可信的,虽然在我们今天看来,似乎过分偏低。但是,在三个世纪的时间里,粮食产量毕竟翻了一番以上。[154]由此揭示出的一种深层运动,或许可以对许多问题提供解释。此外还应加上从新大陆引进的新作物——这个意想不到的、但却十分重要的因素已在上文谈到——以及外国粮食输入的增加:地中 ii-181

海的小麦早已源源不断地运往马赛(19 世纪时,乌克兰将取代地中海东部地区和北非作为粮食供应者的地位);波罗的海从 16 世纪下半叶起,开始提供小麦和大量的黑麦;水产品来自北海的渔场,更多的来自格陵兰的渔场;18 世纪末,又有美国的小麦和桶装面粉……还要考虑的因素是,在“旧制度”下的法国,生活费用始终不算昂贵,与主要邻国相比[155],粮食供应也比较充裕。

医疗和食物改善的结果,乃是平均寿命的逐渐延长,换句话说,也就是人口的不断老化。在人口学家看来,变化的开端出现在 1750 年,随后持续不断地发展下去,直到今天。有些人目前对这一现象感到不安,似乎生命战胜死亡并不是最重要的大前提,并不是进入现代后最令人欣慰的好事。他们对我们说,今后的青壮年将会人手不足,供养不了年老的退休人员。情况果真如此严重吗?须知明天的工业将不会是今天的工业;更何况,我们对就业人口是否会持续减少不能加以肯定,就业者与退休者的年龄界线也并不一定始终停留在今天的水平。

人们往往容易认为,作为不发达国家的剥削者,欧洲占有一个相对优越的地位。依仗这些特权,这些有利条件,欧洲才有今天的强盛。我认为这种想法大体上并没有什么不对。但是应该把话说得婉转些。欧洲的扩张始于十字军东征,接着便是地理大发现,而这种扩张最终导致经常性的、大规模的剥削,却绝非一日之功。在很长时间里,欧洲对外移民的数量一直十分有限。更何况,如果保尔·伯罗克的推算是可信的话——我想它们是正确的——在 1800 年时,欧洲的生活水平并没有超过世界上的其他主要地区,比如说中国。[156] 只是随着工业化的胜利,欧洲才扶摇直上,才为自己开辟特别有利的未来。姗姗来迟的工业革命既是经济、技术、社会等众多变革的结果，也是知识日益进步、农业效益日趋提高的结 ii-182
果。许多第三世界国家在这个首要的部门至今进步不快，因为这些国家始终因循守旧，停留在农民世代相传的知识和技术水平上。简单地说，欧洲以及位于欧洲中心的法国，只是依靠自身的努力，才取得了缓慢的进展。这样一种婉转的说法可为伦理学留出一点余地：若要取得成功，必须自己发奋努力。

三　最后的问题：医学的胜利， ii-183
节制生育和外国移民

不要以为到了1850年，在进入真正的现代后，我们就能取得前所未有的便利条件，可以对历史进程有比以往更加清楚的认识。我们的知识是十倍、百倍地丰富了，但我们的认识并不因此而变得十分清楚。

从1850到1985年，法国的人口、产量、财富总额以及一般法国人的福利和特权阶层的遗产都不断在增加。在六边形的国土上，汽车、公路、铁路和高炉在逐年增加，钢铁、呢绒、棉布和丝绸的产量在逐年提高，大学生人数和全国的人口也越来越多……居民的生活水平有了极大的改善，国家的纯收入以及“人均收入”不断在增长。按通用法郎计算，即使在我国最偏僻的地区，伐木工、烧炭工、锯木工的工资也不断有所提高。[157] 我当然不是说一切都尽如人意，一切都公平合理：即使在巴黎，平民大众的生活往往还很艰苦。艰难困苦和奔走告急的事例虽然时有所闻，但生活改善毕竟是显而易见的事实。

关于以上这些进步，关于我们享有的这些得天独厚的有利条件——工业化的欧洲各国无不如此——我以为不必再连篇累牍地
ii-184 详加解释，读者自能参阅附于本书后面的各种图表，它们在不同程度上可显示和概括以上无可置疑的进步。在摆脱开这些枯燥乏味的任务以后，我就能轻松自如地着重陈述以下三个问题，这些在我看来至关重要的问题将能如我所希望的那样，把我们的注意力引向当今的现实。

1. 医学事业及社会和经济的综合进步给当今的法国人以及生活在这块得天独厚的土地上的其他居民的生存条件带来了哪些奇妙的变化？

2. 往往招致种种非议的避孕措施的普及和推广在我国社会中究竟起什么作用？

3. 外国移民在我国日益增多，并且在许多方面引起了人们的不安；他们对当前和未来的法国人口平衡究竟起什么作用？

首先我想说明：

1. 在下面的叙述中，我不打算以历史的名义，去解答困扰我们的问题，这段历史或者刚刚过去，或者正在展开，一切尚在疑似之中。我不是政治家或政治决策人，也不是伦理学家。假如决定权掌握在我的手里，我清楚地知道，在应该做什么和可能做什么（几近于零）之间，有着很大的距离。可惜的是，法兰西难以主宰自己的命运，而往往只能逆来顺受。我对此预先表示遗憾。

2. 我想提请大家注意，在讨论以上的问题时，不可被个人的信念所支配。为了认识现时，必须进行科学的观察。但是，由于我

们主观认识的局限，客观的现时往往让人捉摸不透。这尤其因为，社会“科学”至今尚不完善，这种情况还会延续很长的时间。

我们怎么可能将道德标准搁置一旁呢？道德标准本能地、顺理成章地干预我们的观察。在数学领域，伦理学当然没有发言权；ii-185
在物理学方面，它勉强可挤进一些危险区——尽管是异常危险的地区；在生物学领域，伦理学不停地低声抱怨，而且没完没了；在社会科学领域，情况还要糟糕：它抬高了嗓门，尤其当您冒失地接触当今或“未来”的问题的时候。对于昨天的历史，它多少还能调和妥协，但对今天的历史或明天的历史，势必就是各执一词，各持己见。伦理学以及我们的道德观念一起前来出席辩论。我无法把它们赶出门外，充其量只是试图让它们各就其位而已。

医疗和公共卫生

可以肯定，再没有别的历史能比医学史更加令人兴奋。更加可以肯定的是，医学史也最复杂，头绪最乱，最难阐述清楚。或许正像我常说的那样，无论在什么地方，医学史的任何一个特殊领域或局部都拼命要求覆盖通史的全部空间。

今天有许多医生认为，研究昨天的医学既不重要，也没有多少实际价值。如果往后追溯，一直回顾到 1945 年以前，就简直毫无益处。然而，几十年来广为应用的青霉素，不是由亚历山大·弗莱明于 1929 年发明的吗？作为抗凝血的天然物质的肝素，“对诊断和治疗心血管疾病的发展作出了贡献的肝素”，不也是第二次世界大战期间在瑞典发现的吗？[158] 这一切都属于不久前发生的事；在昨天的医学和今天的医学之间，确实存在着一条鸿沟，这条鸿沟并且正日益加深。

我在法兰西公学讲课时，一度曾对安布鲁瓦兹・帕雷（1509—1590 年）的医学研究产生过浓厚的兴趣，并且认为自 16 世纪至
ii-186 今，外科手术工具有着某种继承性。事情从表面上看可能是如此。但是，正如外科医生兼医学史专家让-夏尔・苏尔尼亚所指出的，在如何使用几乎相似的器械方面，即使是一片刀片，甚至也发生了变化。他写道："外科医生最简单的操作，比如切开表皮，今天也与希波克拉底时代大不相同：使用的手术刀，无论是刀口、刀尖还是刀柄都和以前不一样；（今天的）外科医生更加精通解剖学，对进刀的深浅有所控制，避免不必要的失血，注意防止出现误伤。他握手术刀的方式也有别于阿布尔卡西，有别于安布鲁瓦兹・帕雷，甚至与上世纪中叶的法拉伯夫恐怕也有不同：手腕、前臂、肩部和身体的位置都与以往迥然相异。"[159] 至于尖端外科或显微外科不断改进的现代化器械，其灵巧和精细更为过去所望尘莫及。

尽管如此，旨在记载医学思想和医疗器械的连篇累牍的医学史显然依旧是通史的不可分割的、有益的组成部分。病人过去是怎样接受治疗的？医生过去是怎样了解人体、疾病和健康的？当局特别是城市当局过去是怎样看待保健、防病和改善公共健康等问题的？这一切对研究社会发展史均具有不可估量的价值。

此外，漫长的医学史在向与之相伴的通史不断扩张渗透的同时，也不免暴露其某些本质特征和深层结构。凡读过哲学家、科学史家乔治・康吉莱姆的佳作的人都知道，在自命以科学和实验为准绳的当今医学中，先验的观点依旧比比皆是，就像玛丽-弗朗索瓦-沙维耶・比沙（1771—1802 年）的生机论时代一样。我们也许

可再次借用苏尔尼亚教授的说法，称之为“迷信”。尽管如此，这些先验的观点（就算是迷信也罢），今天正迅速更替，促使对生命和细胞的研究取得越来越快的、革命性的进步。 ii-187

根本的变革，划时代的转折，出现在19世纪中叶。在短短的几年时间里，一场深刻的革命完成了。正像让·贝尔纳教授所指出的那样，医生治病“只是在19世纪中叶，才取得合乎理性的功效；仅仅六年时间（1859—1865年），达尔文、巴斯德、孟德尔、克洛德·贝尔纳等人的重大发现相继脱颖而出，从而促成了呈现在我们眼前的近代医学和生物革命的诞生”[160]。在让·贝尔纳列举的这些伟人的名单上，我们至少还应加上弗朗索瓦·马扬迪（1783—1855年）的大名，他曾在法兰西公学执教，是克洛德·贝尔纳的导师和先驱。法国大革命过后不久，原先的医学院濒临破产，马扬迪奋不顾身地投入工作，并且标新立异，与许多人进行了不懈的、无情的论战。确实，他当时业已在物理学和化学的科学基础上，为医学和生理学开辟了道路。他开创了实验医学，堪称一大善举。由于这一功绩，他在创新者行列中确立了独一无二的地位。另一位难得的创新者埃瓦里斯特·加洛瓦（1811—1832年）是一位比马扬迪年轻的数学家，年方20便死于决斗，仅仅来得及在最后一篇论文中提出了代数函数的近代理论。

没有任何人能比马扬迪及其学生克洛德·贝尔纳（1813—1878年）对当时行将出现的医学革命怀有更敏锐的感觉。埃米尔·利特雷（1801—1881年）在马扬迪去世后不久谈道：“他对一切旧事物全都格格不入，甚至嫉恨如仇……过去的体系、推理方式、实验方式以及各种倾向，在他眼里似乎都为正派人所不屑一

顾。对他来说,科学在以往的时代中尚未立足生根。”[161] 克洛德·贝尔纳的想法与利特雷不约而同,他毫不犹豫地断言,“现今的科
ii-188 学必然高于过去的科学,并且没有任何理由到前人的知识中去寻找现代科学成长的根源。前人的理论既然不包括尔后的发现,必定谬种流传,对现今的科学绝无任何裨益”[162]。

对于这些偏激之词,我们应予理解。马扬迪和贝尔纳满怀激情地致力于建设以经验为唯一准绳的医学科学。作为具有彻底革命精神的科学家,他们必须向控制和禁锢医学机构、医院、讲坛、教学以至达到荒唐的地步的旧制度开火。甚至在他们去世之后,他们所发动的革命,也像任何深刻的革命一样,需要很长时间才能确立自己的地位。这尤其因为,作为至关重要的基础科学,物理学、化学和生物学本身正在建立之中,发展的进度参差不齐,并且各有局限。随着正规医院和实验室的相继问世,新医学将慢吞吞地设计完善和终告建立。而这种新医学只是在得到国家和有关公众健康的各种机构的支持并被重新置于它们的控制之下以后才显示出自己的效能。

我的目的并不是要根据一些令人钦佩的著作所提供的材料,仔细分析这场革命缓慢的发展过程,与今天征服宇宙的事业相比,这场革命的重大意义有过之而无不及。我只想以简捷的方式指出这些奇迹对我国的人口发展(1982 年进行的人口普查表明法国已有 5400 万居民)产生什么后果。其实,这些后果早已清晰可见了。1949 年 11 月,我刚开始在法兰西公学讲课,还相当年轻,不少前来听讲的人却比我年长得多,我对他们说:“毫无疑问,在我们这所公学的创建者弗朗索瓦一世的时代,今天这样的集会是无法想象

的，包括演讲者和听讲者全都在内。近代历史的奇观乃是人的寿命不期而至的延长。”死亡率的下降，正像阿尔弗雷德·索维最近所说的那样，是“对死亡这一人类宿敌所取得的胜利”[163]。

我并不把这一胜利仅仅归因于医学，成千上万种进程扩大了 ii-189
它的影响：交通的进步，国际范围的竞争，特效药的成批生产，疫苗接种，1831年发明、1847年投入使用的氯仿麻醉，X射线，激光，电疗，光疗，冷冻疗法，器官移植，剖心手术，对心血管疾病的攻坚战，与癌症的不懈斗争……应当承认，这场以多种形式与病魔较量的战争，使千百万人的生命获得拯救的战争，对于人类来说，比那些灾难深重的政治性战争不知要重要多少倍。

事实摆在我们的面前：我国今天男性平均寿命为71岁，而在1900年时，法国人的平均寿命仅46岁。[164]

这就要求我们“展望”未来的形势，而我们却几乎总是闭着眼睛向前走。使我感到担心的是，在展望未来时，人们只从片面的推理出发，想不到未来是几条路线、几种运动的汇合，其中有的还将会出人意料之外。1942年时，一位人口学家曾经预言，到1982年为止，法国的人口将达到2900万，而我们现在却是5400万。另一位人口学家今天预言，2100年时的法国人口将只剩1700万。我们活不到那个时候，拿不出事实作证据，但也可以肯定这一预言是错的。有人还对我们说，照目前的情形发展下去，将来就会没有足够的年轻人工作，以支付老年人的退休金。这难道不是用今天的或昨天的程式，一成不变地生搬硬套，推测和展望明天吗？坚持陈旧观点的现政府被失业问题所困扰，怎么会看不到，在当今的社会中，“老龄人口比例的不断增长与降低退休年龄的天真想法存在着矛盾”？阿尔弗雷德·索维的以上见解[165]在这里顺便可以用上。

ii-190 其实，明天的经济和社会格局还有待综合各种新旧因素而定型。明天的“青年”将不像今天那样，年龄在 30 岁以下，而是不到 40 岁，乃至不到 50 岁……人的平均寿命将不再是 71 岁，而是 80 岁，90 岁……或许还要超出我的想象！这个未来的社会将拼命追求玩乐和安逸。社会将单设一个部门，专门满足这种新的需要，让公众得到娱乐和消遣，并把他们从无所事事中解放出来。这将使我国业已泛滥成灾的所谓第三产业各部门达到极度的膨胀。尤其，在机器人广泛进入应用领域，增加服务门类以后，所谓“社会就业人口”的娱乐还将有额外增加的可能。在约翰·奈斯比特看来，这些机器人不正是“明天的外籍劳工”[166]吗？

节制生育

今天，从生存繁衍的纯生物学角度看，所有的工业化国家都处于停顿的状态，像是得了一种无药可救的顽症痼疾。在这些国家里，自愿的节制生育带来了，或者说宣告了真正的人口灾难。加上平均寿命的延长，更加速了社会的老龄化进程，使就业人口和非就业人口之间的不平衡日趋严重，达到危险的境地。因此，无论在法国还是在欧洲，到处可以听到强烈的警告、阴郁的预测以及对避孕措施的种种指责。

我们就来介绍被告一方：避孕措施的确种类繁多，但归根到底都是为了限制生育的数量。其中包括体外射精、交合而不射精、使用避孕套、“安全期”性交、杀精子剂、避孕药等行之有效的手段；尤其是避孕药，自 1960 年在我国普遍使用后，已引起了一场“风俗革

命”。净身、独身、晚婚、鸡奸是否也该计算在内？我将一反常例，ii-191
不对溺婴——诸如在中国——或堕胎多费笔墨，诸如此类的事肯定时有发生，但这毕竟不是避孕措施，不如称作是制止出生的一种方法更为恰当。

儿童的死亡率昨天使人口繁殖受到了限制，这一灾祸如今已不复存在（在这方面，法国几乎荣登榜首）[167]。但在从前的时候，法国弃婴（比其他的孩子更加羸弱）死亡数量之多，令人触目惊心。“在普罗旺斯的艾克斯，从1722年1月1日至1767年12月31日，在被送进圣雅克育婴堂的4844名孩子中〔平均每三天就有一名弃婴〕……只有2224人得以幸存。”换言之，死亡率超过一半。[168]类似的事例挂一漏万！历史学家皮埃尔·肖努在广播电视以及文章和著作里对1975年1月堕胎合化法的议案（1979年12月31日被批准）一再大声疾呼，提出抗议：“今天，人们不等孩子出生就把他们杀死，而在从前，孩子的死亡率居高不下（的确一直如此）才是他们夭折的原因。”

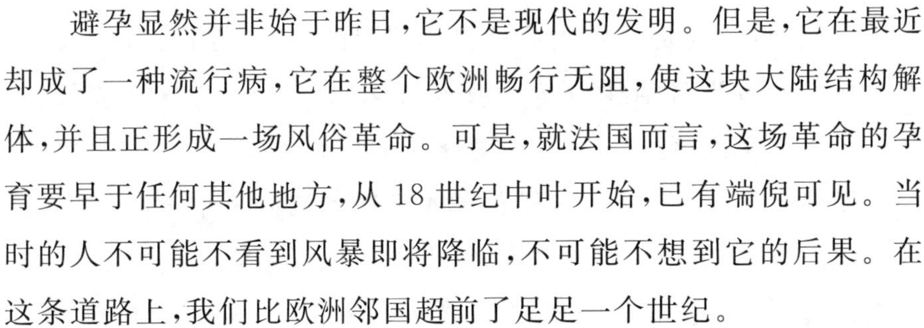

避孕显然并非始于昨日，它不是现代的发明。但是，它在最近却成了一种流行病，它在整个欧洲畅行无阻，使这块大陆结构解体，并且正形成一场风俗革命。可是，就法国而言，这场革命的孕育要早于任何其他地方，从18世纪中叶开始，已有端倪可见。当时的人不可能不看到风暴即将降临，不可能不想到它的后果。在这条道路上，我们比欧洲邻国超前了足足一个世纪。

这一领先地位对法国的人口增长是一场不幸的灾难。正当法国的人口增长速度缓慢爬行的时候，邻国却阔步前进，工业的欣欣向荣加快了后者的前进步伐。我国在欧洲的人口比重相对下降。

ii-192 1800 年时，法国共有 2700 多万居民(英国仅 1800 万，德国为 2480 万)，人口居全欧之首——幅员辽阔的俄罗斯另当别论——占欧洲总人口的 15.7%；但是，到 1850 年时，这一比例下降为 13.3%，1900 年更下降为 9.7%。法国过早地陷入了进退维谷的困境，再也没有能够(甚至没有尝试过)摆脱这种被动地位，并为此付出了重大的代价。当然，自从欧洲其他各国也开始实行节育以后，同样的局面便随之出现。它们同样也无法从中脱身。

因此，是否可以认为，法国失去其强国地位的时间不是 1815 年 6 月 15 日滑铁卢一战的惨败，而是在此之前很久，即从路易十五当政期间法国故意减少人口自然增长那时算起？阿尔弗雷德·索维解释说，19 世纪期间，西欧各国的发展几乎并驾齐驱。在社会演变、政治、经济、医学以及其他领域，处于齐头并进的状态。唯有一项例外，而且只涉及法国一个国家，它比欧洲其他各国提前 100 年时间，“开始减少其有生力量，恰恰就在各国竞相进行世界扩张的时候”。在 18 世纪的这一事件的影响下，法国今后在各方面的前进步伐全都受累不浅……[169]

因此，重要的是勾勒出这种早熟状况的轮廓，寻找其产生的原因。我们先看当时的经济学家或人口学家(尽管“人口学家”这一名称只是于 1853 年方才出现)对此作何评论。

昂热·古达尔，一位在我看来才华横溢的经济学家和作家，对当时崇尚奢侈的风气大张挞伐，认为这种风气给人出了坏主意，他指出：“追求舒适和安乐使法国到处都是……断子绝孙的单身
ii-193 汉……与其不能带着女人风采照人地在场面上出现，并为此而丢了面子，人们觉得还是不结婚为好。居然为着一辆单色的或镀金的四轮马车，为着几匹马，几名仆人和差役，许多婚姻遇到了障碍，

这类事情每天都在发生，真是令人不可思议。”[170] 更有甚者，“养儿育女竟不再是夫妻结合的必然结果：人们对生育感到恐惧，因而想方设法少生少养……贪图奢侈使绝大多数人把儿女成群当作是有失体面的事。越是富有的人便越要限制繁殖后代”[171]。尤其糟糕的是，追求奢华之风“竟像传染病一样四处蔓延，不知不觉中传给了平民百姓，而平民百姓的劳动正是立国兴邦的基础”[172]。以上这番评论是在1736年作出的，当时“七年战争”（1736—1763年）刚刚开始，路易十五还将在位18年，直到1774年为止。

1758年，法国南方有一位教士，名叫让·诺维·德加维拉克。他曾谈到一些人甘愿不要“父亲”这一温馨的称呼，“有的一味追求逸乐，有的不惜泯灭天性”[173]。1763年，图尔莫·德·拉莫朗迪耶尔——一位“业余人口学者”——指出了避孕措施的进展：许多人家只愿生一个孩子或根本不生。这种对婚姻的亵渎，这种卑劣无耻的行径“像传染病一样挨家逐户地蔓延”，接受忏悔的神父承认，所有的社会阶层，包括富人和穷人，无不中毒受害。[174] 1770年，德·赛夫沃尔骑士揭露了这种“卑劣行径”对健康的危害，宗教虽然全力反对，但也徒劳无益。[175] 1778年，大名鼎鼎的莫罗也断然指出：“并非只有富家妇女……把传宗接代当作‘过时的迷信’；这些为禽兽所不齿的、伤天害理的诀窍已经深入乡村。”[176] 圣让-厄德 ii-194
的费里内神父1782年在诺曼底传教，致力于“拯救城乡居民的灵魂”；据他说，“俄南的罪过①——体外射精——实属弥天大罪，可

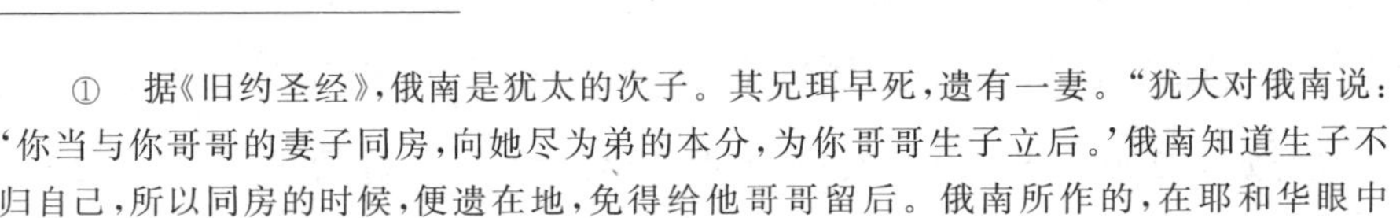

① 据《旧约圣经》，俄南是犹太的次子。其兄珥早死，遗有一妻。“犹大对俄南说：‘你当与你哥哥的妻子同房，向她尽为弟的本分，为你哥哥生子立后。’俄南知道生子不归自己，所以同房的时候，便遗在地，免得给他哥哥留后。俄南所作的，在耶和华眼中看为恶。……”（《创世记》38：2—10）——译者

在夫妇之间却司空见惯……尤其因为他们不愿有太多的子女，而又要享受夫妻生活的欢乐。无论富人或是穷人都会采用这种不幸的手段：他们的动机不同，罪孽却无区别。很少有人为此进行责，多数人也因此越陷越深，不能自拔”[177]。几年之后，1788 年，麦桑斯谴责“只想要一两个孩子的人”的“精明算计”（生儿育女既是一种决策，又是一项责任）；“虚荣心驱使他们有成群的仆人和众多的宾客，而不愿看到膝下子孙满堂；他们一面播种，一面残杀幼苗”，伤风败俗真是达到登峰造极的地步[178]。甚至政府也对此深感不安：内克尔于 1785 年表示担心，这种道德沦丧将使出生率低于死亡率。

上述见证都确凿无误，完全可信。避孕手段广为传播，被越来越多的人所采用，几乎变成了一种疾病。普遍使用的手段是中止性交，体外射精。但是，这种解释可能偏于公式化和简单化，即以为“贻患无穷的诀窍”是上流社会的发现，可能经由他们传到了富裕阶层，再传到城镇居民阶层，最后扩展到较晚“开化”的乡村农民阶层。一位当今的历史学家说：“节育措施在村庄出现之日，便是城市发明的道德沦丧大功告成之时。”[179] 但是，农村是否果真如人们所说的那样“清白无辜”和“懵懂无知”呢？

居伊·阿尔贝洛关于上马恩省茹安维尔附近五个居民点的调查表明，17 世纪时，在这些村庄里，孩子的出生时间与父母的忙闲有关，即往往在收完庄稼或在采摘葡萄以后。[180] 第一个孩子的出
ii-195 生不受此限，这取决于结婚的日期。然而，尔后出生的子女难道完全是按计划安排的吗？人们不难想象，计划生育势必要采取避孕措施，禁绝房事似乎不大可能，因为大家知道，在当时“育龄夫妇生

育率低下”[181] 的下诺曼底地区，接受忏悔的神父往往归罪于避孕行为。农村显然也包括在内。1650年，库唐斯教区的一名神父在布道词中指出：“罪孽的蔓延达到了骇人听闻的程度，而且有罪之人简直懵懂无知，往往不相信自己犯下了什么罪过。”[182]

因此，人们对约翰·尼古尔骑士后来于1754年作出的判断（当时被视为一项普遍真理）也就不会感到惊异了：这位冒牌骑士实际上是出生在芒斯的一名法国人，他之所以使用假名，为的是能无拘无束地谈论法国和英国。他指出：“就拿自耕农的情况来说，农村自耕农的极端穷困恰与城市出奇的富有形成鲜明对照。国家的税收负担沉重地压在他们身上。难以维持生计的自耕农生怕受众多子女的拖累。由于担心陷入不可忍受的苦难之中，一些人不愿结婚成家，即使在成家以后，也尽可能减少生育。”[183]

历史学家和人口学家参照路易·亨利的标准和方法（根据户籍登记的统计），不久前对城乡阶层所作的调查向我们提供了类似的事实。通过这些调查，我们大体上能根据婴儿出生的有规律的或无规律的间隔期，计算出已婚妇女的生育率。由此可得出以下的结果：假如就同一进程与欧洲其他各国作个比较，避孕在法国深入人心的时间显然特别早。整个演变并不从法国革命时方才开始，但从那时起，却形成了势如破竹的潮流。至于其原因是什么，这就有待历史学家提供自己的解释。

且以位于塞纳河畔的小城默朗（距巴黎47公里）为例，直到 ii-196
1740年，90%的夫妇似乎尚未或很少限制生育，剩下的或是患有不育症，或是故意避免生育。从1740年起，后者所占的比重开始上升。1740至1764年间，不育或少育的家庭从10%增至17%，而在其他居民中，一部分夫妇也已采取了避孕措施；1765 至 1789 年，节育的比例不断增大，接近全部家庭的四分之一。然而，最大的一步还是在临近 1790 年时跨出的：1790 年至 1814 年，不育夫妇或实行计划生育的夫妇所占的比例从 24.1％跃升至 46.5％，而在 1815 至 1839 年，比例更高达 59.4％。[184]

在默朗是如此，在其他地方肯定也不例外。那么，是否整个法国都是这种情况呢？大概不是。让-保罗·巴尔岱写道："在鲁昂，攻陷巴士底狱并没有加快节育的步伐，避孕措施一个世纪以来已在当地取得节节胜利。"[185] 他以有力的论据断然指出："1670 年时，每个家庭平均有 8 个孩子……至 1800 年，勉强只剩 4 个。在不到 150 年的时间里，卢昂人居然掌握了避孕的'诀窍'。他们怎样在四五代人的时间内得以使后代的人数减少了一半的呢？人口学分析并不泄露具体的避孕诀窍，但是我们从中可以了解节育的发展过程。"[186]

相反，在法兰西岛地区的三个村庄，即博蒙-勒诺南、马尔什鲁和勒迈斯尼-苔尼布（今属瓦兹省的博韦区）[187]，这一进程似乎仅在 18 世纪末才刚开始。同样，在基纳河畔的夏蒂翁，尽管我们掌握的资料较少，仍可看出当地的节制生育约在 1772 至 1784 年间才初见成效。[188] 至于靠近里尔市的桑甘昂梅朗多瓦，属于边远的穷乡僻壤，节制生育的起步更晚，最初发展也很缓慢，只是到 19 世纪中叶才蔚然成风。临近 1830 年时，"马尔萨斯革命"[189] 才刚触及旺代地区。

ii-197 以上情形并不奇怪，因为当避孕节育初起时，法国各地的反应很不相同。同等的环境不一定产生同样的结果。一些势在必然的解释可在一个地区得到证实，但在另一地区却不一定行得通。比如，布列塔尼与诺曼底一样，“平民的遗产一律实行平分”，而且“父母对子女爱护备至”[190]，这两个因素一般都会促使家庭节制生育。但是，布列塔尼似乎并不像其邻居那样信奉马尔萨斯的人口理论。

事实上，研究的地区范围愈广，问题也就变得愈加复杂。许多因素陆续被大家所公认：父母结婚时的年龄；采用母乳哺育或将孩子交奶妈喂养；家庭成员职业地位的高低；社会地位；文化程度（大家知道，家庭形态由文化程度所决定）；决定遗产分配的法律或习惯（各省之间有很大不同）；最后是教会思想灌输的有效性（教会对节育进行了有力的干预）。人们试图提供的任何一般性解释都有可能随着时间和地点的不同而出现漏洞，都只可能在预先接受不同程度的差异的前提下才有价值。尽管如此，人们却不能因此就不愿花费力气把以下的问题搞清楚：节育现象怎样得到普及，为什么在法国蔓延要比其他地方早得多。

人们往往把一切都归咎于启蒙时代或法国大革命动荡不定、天翻地覆的年代。我们可别这样做。须知避孕节育并不是那时的新发明，其传播方式也不同于文化财富或流行病。也切莫误信传闻，以为采用避孕措施由路易十四或路易十五时代的法国贵族所首创，以为不良的榜样由塞维尼夫人时代的达官贵人所提供，塞维尼夫人本人只是为其女儿的健康着想，才竭力要她注意妊娠的间隔[191]。

节育的起源可以上溯到久远的历史时期。据历史学家说，自愿限制婴儿的出生曾给希腊的奇迹致命的打击；从古罗马奥古斯都的辉煌盛世开始，出生的孩子便日渐减少。在《圣经》里，俄南更 ii-198

是体外射精的象征性人物。中世纪从六世纪开始接连制订的忏悔规条使人想到,“伤天害理的诀窍”在西方的文明地区早已悄悄地四处传播。我将乐于接受让-保罗·巴尔岱的见解,他曾写道,很难设想会有绝对“拒绝节育”的社会,即使社会自称“拒绝节育”,但总有“一些夫妇在暗中捣鬼”[192]。比如说,17 世纪时农村私生子的出生率很低;有人从中推断,当时的年轻人在婚前不得不长期守住童贞,因为如菲利普·阿里埃斯所说,直到不久以前,他们对避孕依然一无所知,甚至从未想过。同弗朗德兰的见解一样,在我看来,这种推断是荒唐的。更何况,众所周知,向以性教唆为业的妓女无不经常实行避孕。蒙田曾说过,“许多烟花女子或淫而不孕,或孕而不育,避免生养孩子,而且天天如此”[193]。这里所用的“烟花女子”一词显然带有贬义,因为蒙田随后又提到“萨比努斯贞烈的妻子”,恰与前者呈鲜明对照。

此外,教会之所以同有损基督教婚姻神圣目的之行为进行坚持不懈的斗争,接受忏悔的教士之所以焦虑不安,请示主教应对犯罪者如何开导,这正是因为夫妻生活中出现了问题,存在着教会所想到的危险。

教会的态度

ii-199 必须指出,直到前不久的近代,基督教提倡的理想婚姻与我们今天所能想象的距离竟是多么遥远。婚姻不是一种爱的纽带,更不是肉体之爱的结合。人们在 16 世纪的作品中读到,炽热的情爱将危及“婚床的纯洁”。凡与妻子一起“以放纵肉欲为满足”的人,“就会愿意与任何女人交欢”,即使她不是自己的妻子;“对妻子求欢无度胜过尽丈夫之责者与通奸无异。”缔造婚姻恰恰是“怀着对上帝的爱惧之心，力求少犯罪孽（追求愉悦本身就是罪孽）和传宗接代”[194]。缔结“圣洁的婚姻”，其目的是为了“上帝赐以永福的传宗接代”[195]，是“为了上帝的荣耀而生儿育女”[196]。不幸将降临在忘记这一必须遵循的戒律的人头上。在博絮埃任莫城主教时，该教区的教理书告诫说，已婚夫妇的罪过“就是避免生育，这是最可恶的罪过”，夫妇双方如仍可能互相许诺洁身守贞，这种情况当属例外。这种为教会所不容的罪过是大逆不道的行为，教会强制犯罪者以苦行赎罪，或剥夺其领受圣事的权利，以示惩戒。

切莫以为这种婚姻观局限在不敢越教规雷池一步的虔诚教徒的范围内。蒙田关于“宗教的、虔诚的结合”，关于在婚姻中必须排斥“放荡和纵欲”以及诸如此类的高谈阔论[197]，恐怕不会遭到接受忏悔的教士们的反对。他写道：“初试交合之欢可能驱使我们陷入淫荡而不可自拔，这不仅流于猥亵，而且对我们的妻室也造成严重伤害。应让她们至少懂得，若与他人苟且，即属厚颜无耻。她们应对我们的需求始终准备曲意迎合。”

在上述道德说教中，我引证的这番话值得注意。在婚外的两性关系中，例如男女通奸，猥亵和“淫荡”都是自然的事情。这正是根据教会的要求，划定了一道鸿沟：一边是婚姻、家庭秩序和尊严，另一边是像发情的野兽一样寻欢作乐的婚外性生活。也就是说，ii-200 过性生活可以有放纵的和理智的这两种方式，两种方式原则上互不相容。布朗托姆对男女调情苟且之事不但不予苛责，而且一说起来便绘声绘色，津津有味，但他也提到，依据“我们的《圣经》……，夫妻之间无须用色情和淫欲……来表示彼此强烈的爱慕；尤其因为他们一旦全心投入这些肉体享乐，就会强烈渴求，欲舍不能，以致把对上帝应有的爱置之度外”[198]。他在别的场合还谈到了“玷污”合法婚姻的卑劣行径。但是，当这些卑劣行径——例如夫妻做爱时采用的新招式——被镌刻在高脚酒杯的杯底上，巧妙地在宫廷酒会上端给一群妙龄女宾时，他却觉得是引人入胜的游戏。布朗托姆写道：“欲知其乐者无妨一试，机敏之人愿意尝试一切。”[199]

可见，在婚姻关系中被认为是极其严肃的事，在婚外却又那么不严肃，当然更谈不到正常。这令人感到奇怪，而更令人惊奇的是，教会的观念与社会的通识在这里竟不谋而合。例如，布朗托姆毫不隐讳地谈到，某些妇女认为她们在私通时不得不采用中断性交、体外射精的办法，“一方面是不使她们的丈夫把生下的孩子当作自己的孩子，另一方面既然没有让精液射入体内，她们就不觉得对丈夫有所伤害和给他们戴上绿帽子……为此，她们认真小心，妥然处置”[200]。在我们看来，得出这个结论颇具讽刺色彩，但在当时，它确实就是教会的立场：无论通奸、卖淫或乱伦，不生孩子即可减轻罪过。以上情形在中世纪的各种惩戒规章中——凡生有私生子者，对奸夫淫妇处以苦行赎罪的时间将增加一至二倍——或在17 世纪的神学家和忏悔教士的辩论中都有所反映。通过辩论，教会得出的结论是：在各种奸情罪案中，有行为而无后果者危害较小，罪减一等。

ii-201 神学家对罪过作了牵强附会的解释，进而力主采取以上的宽大政策。但是，要与日常生活打交道的忏悔神父对接受宽大政策恐怕深感勉强，他们唯一关心的事正是避免私生子的增多。无论如何，宽大政策只能把性生活人为地分成两个领域——婚姻生活和非婚姻生活——最终产生交错传染。就连对“俄南的罪过”的广为传播大感惊慌的费里内神甫也于1782年承认说：由于当时的教会和医学禁止妇女在婴儿哺乳期间再次受孕，夫妻便以布朗托姆谈到的那种方式偷情交欢，逃脱长期苦守空房的煎熬，并且感到心安理得。[201]

不过，很快地，已婚夫妇将抗拒教会对他们私生活的干预。基督教婚姻终于逐渐解体，这种文化平衡的结束，古老秩序的断裂，与所有同类变化一样，是慢慢完成的。

教会对避孕的谴责原则上并没有改变。但是，这些信条逐渐被广大天主教徒所抛弃。到了1842年，这已是既成事实。勒芒的布维耶大主教当时不得不承认，“几乎所有的年轻夫妇不再愿意多事生育，但在道义上又不能割舍夫妻间的性生活。当忏悔神父问到他们如何行使婚姻的权利时，他们的习惯性反应是深受震动，因为他们明白，他们不能放弃房事，也下不了决心无穷尽地生养后代……所有人都乐于承认，对配偶的不忠和堕胎行为是很大的罪过。难得有人能够相信，他们婚后必须洁身守贞，或者甘冒子女拖累的风险，否则便会犯下弥天大罪。”[202]

从18世纪末年开始，禁令的逐渐放松标志着避孕的加速发
展。但是，放松禁令并不能成为拒绝生养的理由。16世纪时，“大 ii-202
多数明白事理的人家都以儿女满堂为幸事”（蒙田语）[203]。为什么在两个世纪之后，人们又会觉得成为累赘呢？为什么拒绝生育的浪潮偏偏会在法国提前到来？这对历史学家来说显然是个至关重要的问题。

法国的特殊国情

在作出验证前，凡不以法国为一方面、欧洲为另一方面进行区分的解释暂且都将予以摒弃。因此，不要说节育的起因是法国达到了一定的经济发展水平，因为法国与其邻国处境相同。不要说法国是首先发现避孕方法的国家，因为避孕行为早已发现，欧洲其他各国的人并不需要向法国人学习其规则。也不要过于自信地说，法国人 18 世纪越来越钟爱孩子，因而减少生育，以便更好地抚养他们。直到 18 世纪末，弃儿在法国却是成倍增加。

目前只有两种可以接受的解释：一种是阿尔弗雷德·索维[204]的见解，我曾据理反驳，未免过于匆忙；另一种是当时我针对他的看法提出的观点。两种解释可以加以调和，但不能互相印证，它们毕竟是不同的：一种从文化角度出发，另一种则建立在经济学，或更正确地说，建立在人口学的基础之上。由于在这些领域里出人意外之事比比皆是，阿尔弗雷德·索维不以人口学家的身份出现，而竭力主张从文化方面寻求解释，我几乎要说他独出心裁。

在阿尔弗雷德·索维看来，法国出生人数的减少是法国居民摆脱教会限制、教育和束缚的结果。教会认为控制躯体有助于更好地控制灵魂。18 世纪的人口悲剧是对宗教改革的一种报复。两个多世纪以前，法国曾经在选择罗马和路德，或更确切地讲，在选择罗马和加尔文之间犹豫不决。法国选择了罗马，因而受到了
ii-203 宗教改革的冲击。其间相隔几个世纪，这难道是可能的吗？今天，我惯于用长时段的视野进行观察，自然乐于作出肯定的回答，我赞同费迪南·比松[205] 等人的见解，认为我国后来推行的非教会化学

校是宗教改革的复活，正如昨天的宗教改革受第二次梵蒂冈教廷会议的幕后操纵一样。

难道宗教改革是推广节育的唯一原因吗？我们不要忘记，世俗教育于16世纪开始在我国起步，大量建立的新型学校获得了文化精英和社会精英的热情支持。乔治·于佩尔对研究这些特权阶层兴趣颇浓。他们一度使教育摆脱了教会的控制，直至耶稣会于17世纪又把教育牢牢地掌握在自己手中。然而，耶稣会士并不是新教徒。他们拒绝了新教的诱惑。在我看来，他们反映着法国在宗教改革与反改革之间最初的摇摆不定，他们努力不受改革势力或反改革势力的影响，至少在知识分子[206]、人文主义者和“不信教者”的行列中，至今还存在这种倾向。法国的文化特性正表现为这种左右摇摆、往返移动和寻找单独的道路。从蒙田到伏尔泰，甚至到后来，所有的思想家都主张独立思考。这就预先宣告了教会的失败，使它的创伤不断加剧。我以为，独立思考对法国采取节育立场起了推动作用。

我更容易相信，自古以来人口众多、物产丰富的法国几乎长期经受着人口过剩的困扰。这正是马塞尔·雷纳尔及其同事们的看法，这些同事曾帮助他撰写了《世界人口通史》的巨著（1968年第三版）。对于人口过剩的概念，确实应该谨慎使用。只是当人口总量和生活资料出现比例失调的危险时，才能说人口过剩。1789年时，法国共有2600万居民，每平方公里的密度为50人多一点，人 ii-204
口已经过剩。那时的英国本土有800万居民，人口密度略高于法国，却不是一个人口过剩的国家。英国的国民毛收入与法国大体相等，而其人均收入却要比法国高许多。英国面临的人口极限并

不像法国那么严格，人口发展具有某种弹性。它可以依靠生产率很高的农业和正在起飞的工业，正在膨胀的工业城市同时起着蓄电池和发动机的作用，随后的历史将证明这一点。与之相反，在大革命时期，法国城市的发动机出现了故障，只是到了督政府和帝国时期才重新起动运转。到了 1789 至 1790 年的关键时期，早已锈蚀的文化框架土崩瓦解，经济生活便出现了故障和困难。限制人品出生与有利于这种现象蔓延的许多因素交织在一起，使日常生活的困难日趋加剧。战争期间的朝不保夕和人心惶惶更犹如雪上加霜。埃德加·基内[207] 描绘了这一代人惶恐不安的心情。例如，具有良好素养的父辈认为没有必要让自己的子女接受合适的教育，因为他们年纪轻轻就要血洒疆场。这样的不安情绪怎么会有利于人口出生呢？

在确认以上事实后，还有两点补充说明。马塞尔·雷纳尔及其合作者认为，法国的人口过剩出现在 17 世纪。我以为这在 16 世纪已是既成事实，用我在前面提到的布朗托姆的话来说，当时“法国已经人满为患”。由此可见，这种长时段的人口过剩，这种人口压力恐怕在整个欧洲绝无仅有。实行避孕是减轻这一重压的必要措施，正如在很早以前，特别是在法国南方，已有家长作主，强制晚辈实行晚婚或独身的现象。

ii-205 第二点也是最后的一点：在 19 世纪上半叶，法国的人口仍然增长了 30%，而欧洲同期平均增加了 50%，英国的人口增长率更达到 100%。确实，法国在工业化道路上没有迎头赶上，而是步履蹒跚，进展缓慢。在这个时期，法国本该提高出生率，而当时的权威人士却鼓励居民按马尔萨斯的理论继续节制人口。在这一方面，学究气十足的让-巴蒂斯特·萨伊，这位政治经济学领域的马莱-伊萨克，当可荣登榜首。他说道："我们所要提倡的不是多生孩子，而是增加储蓄。"[208]

总而言之，"节制生育"一词最恰当不过地概括了法国历史悲剧的全过程。确实，在我国日常生活的框架中，节制生育意味着基督教传统婚姻——教会力求维护的传统——的衰落，而这种衰落是事先经过长期准备的。文化虽在历史上曾展现出光辉夺目的画面，但在其深层却从不是一条奔腾不息的长河。18世纪末和19世纪初曾经发生的事，大体上也正是我们刚刚见过和仍可看到的情景：婚姻关系的破裂竟成为社会的通例。不过，目前的表现形式是不再在市长先生面前成婚，结婚仪式不讲排场，但仍受到法律——社会法规——的控制、制约和约束。为把男女的自由结合纳入正轨和输入电脑，明天的社会又该怎么办呢？不抛弃某些传统遗产——基督教婚礼、民事婚礼等等——文化便不能经受住时间的考验。今后的社会还有什么传统想要摆脱的呢？

外国移民：一个新出现的问题

我毕生主张持宽容的立场，并为此感到欣慰。但是，我并不自
命有何功劳。我只是在阿尔及利亚才真正发现了犹太人问题。那 ii-206
是1923年，我不过20来岁。我随后在阿尔及利亚一住就是十年，生活在穆斯林的土地上，在那里学会了理解和尊重阿拉伯人和卡比尔人。后来(1935年)，我在巴西执教多年，在小说《飘》所描绘的那种气氛中遇到了黑人。最后，我到过所有的欧洲国家，除个别例外，我安适地、愉快地在那里长期生活。

必须宽容，再宽容！只有这样，才能清醒地观察移民问题，众多的、一无所有的移民，今天正向我们拥来。应该设法懂得为什么移民今天竟已成为一个问题，而在这以前，法国世世代代都接纳了、消化了各种不同的移民浪潮，并在物质和文化方面都对法国有所丰富。

可能同化和接受同化，我以为这是实现无痛苦移民的最高准则。

这正是选择了法国国籍的所有外国移民——个人也好，小群体也好——的情形，他们中有政治避难者，逃脱法西斯魔掌的意大利人，内战中脱险的西班牙人，1917 年后的“白俄”，以及各种各样的艺术家、科学家和知识分子。这些受到诚意接待的移民迅速溶化在我国文明的血液和肌体之中。他们并不因自己的出身而与法国广大民众有所隔阂。这些被接纳的法国人往往也取得了引人瞩目的成就：出生在华沙的玛丽·斯克洛多芙斯卡（1867—1934 年）即后来的玛丽·居里，同她的丈夫一道于 1898 年发现了镭，并于 1911 年获得了诺贝尔奖；帕布洛·毕加索（1881—1973 年）出生在西班牙的马拉加；阿米多·莫迪里阿尼（1884—1920 年）出生在意大利的里窝那；马克·夏加尔 1887 年出生于俄国的维捷布斯克；欧仁·尤内斯库 1912 年出生于罗马尼亚的斯拉蒂纳；沙伊姆·苏蒂恩（1895—1944 年）原籍立陶宛，曾在塞雷住过很长时间，给当地人留下了难忘的回忆。他在作画时惯于在自己的衣服上擦画
ii-207 笔，至今想来颇觉有趣。要把选择在我国生活的所有外国知名人士的姓名全都列举出来，名单的确太长了。我们之所以珍爱这些杰出人物，不仅仅因为他们是我们的贵客，同时因为他们愿意成为

我们的一员，成为与出类拔萃的我国同胞一样的法国人，还因为他们为我国异彩纷呈的文化增添了新的色彩。

从统计材料看，重要的移民浪潮有以下几批：上世纪末的意大利人；1917年后的白俄；1920年前后在北部矿区和农庄定居的波兰人；还有逃离纳赛尔统治下的埃及或独立后的阿尔及利亚的犹太人（自1871年起，依据克雷米约法令，在阿尔及利亚生活的这部分犹太人拥有法国国籍），以及1962年从阿尔及利亚返回的“黑脚”①（包括男女和儿童在内，其人数在100万以上），这些他乡游子，抛弃了一切，重返故里，却没有受到起码的热情接待，往往同移民一样，全靠自己解决困难。最后，是60和70年代大规模的工人移民浪潮。

外国向我国大量移民的情形出现较晚：1851年，在第二帝国建立的前夜，外国侨民只占法国人口的1％；临近1872年，即第三共和国成立之初，他们占整个居民人数的2％。其中以在北部城市、矿井和甜菜地里干活的比利时人居多，约占移民总数的40％，随后就是意大利人。吸收这些来自近邻的外国人比较迅速，尤其因为1889年6月26日的法令便于他们加入法国国籍。1914年前后，“外侨人数稳定在110万上下，在总人口中的比例略低于3％”[209]。

第一次世界大战结束后不久，甚至在尚未结束前，法国正苦于劳动力严重不足（在战场上死伤的都是青壮年），第二次移民高潮开始出现，不过这一次的移民主要来自地中海地区，特别是并入法

① Pied-noir，指居住在阿尔及利亚的法国人。——译者

兰西殖民帝国的北非国家（1830 年，1881—1883 年，1911 年先后并入法兰西帝国版图）。1931 年时，外籍移民达 270 万人，即占全国总人口的 6.6%。

ii-208 在 30 年代的经济危机和第二次世界大战期间，外侨的人数大为减少，1946 年时仅为 170 万（占总人口的 4.4%）。

从 1956 年开始，第三次浪潮迅速高涨。1976 年时，移民人数估计达到 370 万（占总人口的 7%）。在他们当中，葡萄牙人占 22%，阿尔及利亚人占 21%，西班牙人占 15%，意大利人占 13%，摩洛哥人占 8%，突尼斯人占 4%，土耳其人占 1.5%，黑非洲人占 2.3%（以上百分数依据 1975 年的人口普查）。他们绝大部分是经过挑选的青壮年，他们的死亡率明显地低于平均数，生育率则遥遥领先：马格里布三国的妇女平均生 5 至 6 个孩子，原籍葡萄牙的生 3.3 人，西班牙的生 2.5 人，意大利的生 2 人。“1975 年时，全部外来移民的出生指数为 3.32，而本国人的出生指数仅为 1.84，平均起来，法国所有居民的出生指数为 1.93。”但是，外来移民一旦在法国扎根，根据可能追踪的线索，他们的生殖率“便下降到与土生土长的法国人相同的水平”[210]。

伴随着 70 年代经济危机的到来，第三次移民浪潮达到了顶峰。“1974 年已出现停顿……这一停顿仅仅意味着某些外国人开始回国，或者预示着移民浪潮将从此逆转？……从世界人口形势看来，似乎可以假定这是一次暂时的间歇。”[211]

总之，在全国范围内，外国移民破天荒地作为一个“殖民”问题被提了出来。而且这一次的殖民地是在法国国内，由此产生的种种政治纠葛又使人无从透过某些“排斥”现象——这种彼此排斥的现象是不容否认的，也是令人觉得遗憾的——找出其中复杂的背景。是否可能把这些问题理出一个头绪来呢？

一个经济问题

ii-209

外国工人在我国就业人口中所占的比例与欧洲相同，均为10％。目前的经济危机及失业是否会加重法国工人对他们的敌对情绪？大概有时是可能的。但情况远不如一个政党在其最近的口号中所说的那么严重："多了150万名移民，就有150万人失业！"

绝大多数外国工人实际上是被当作廉价劳动力使用的，分给他们的工作是为法国工人十之八九不愿问津的苦活，被认为低下的工作。把他们撵走吗？人们很快就会发现，在绝大多数法国失业工人中，恐怕很少有人愿意到劳动的底层，接替被赶走的外国工人的位置……这使我不由自主地回想起1610年事关从西班牙撵走不受欢迎的摩尔人时，瓦朗斯大主教所说过的一句名言："以后谁给我们擦鞋呢？"[212] 撵走外国工人后，谁来给我们修路，承担工厂里的苦活和建筑工地上的粗活呢？除非出现一个铁腕政权，能够任意地、聪明地增加劳动报酬，本国工人才肯干这些活计。不久前对巴黎的街道清洁工采取的改善设备、缩短工时、提高待遇等项措施，使这一行业中的本国工人有了明显的增多。

把移民当作低工资劳动力的来源，这在任何资本主义社会里都是一种固有的现象，在法国是如此，在欧洲所有工业化国家也同样是如此。甚至在人口过剩的比利时，一边向法国输出劳动力，另一边又从摩洛哥输入劳动力。甚至在意大利也是一样，一个多世纪以来，它不断向美国和南美移民，并且今天依旧接受德国和瑞士

的召映，但它同时接纳突尼斯人在西西里捕鱼，接纳利比亚人和埃
ii-210 塞俄比亚的厄立特里亚人……同样，在美国，在加拿大，在南美洲或澳大利亚的工业化地区，非熟练劳工，即只有"一身肌肉"的人[213]，也都在国内或国外招募（人们甚至可以远隔千里，对汤因比所说的外部无产者进行剥削）[214]。在苏联的大工业中心，不是同样也有非俄罗斯血统的工人吗？

事实上，外国移民基本上重现了19世纪、甚至20世纪初法国国内的人口运动。当时的工业利用了农村人口外流，从中吸收无产者，他们经受的苦难比我们今天的社会更加深重。后来，外国移民逐渐代替他们充任最艰苦的工业劳动，外国移民也部分地填补我国农村最初出现的劳动力不足（1925年前后，波兰人和乌克兰人出现在诺尔省和埃纳省）。第二次世界大战后，随着"光荣30年"的经济迅速增长，法国自然就不得不招募外国劳工。

外国劳工的生活往往十分艰苦。谓予不信，只要去看看那些破房、地窖和贫民窟……就够了。1939年以前，这些棚户往往设在巴黎早已废弃的围城工事沿线，它们今天已迁出近郊之外，移到芒特、拉约利等远郊地区。上塞纳省1980年约有20万移民，占当地居民总数的15％……一位名叫穆罕默德·勒德扎的阿尔及利亚泥瓦工今年56岁，在法国已住了35年，他说："在为法国人修建了那么多幢住宅之后，最后分给我一套'低租金公寓房'应该是合情合理的。"[215] 但是，住"低租金公寓房"仍要花费一大笔钱，难道这是有八九个孩子的家庭所能问津的吗？这些家庭能够像"有产者"一样过舒服的生活吗？是否可以建造一些简易住房呢？办法确实是不错。可是，杯水车薪又能解决多少问题。乔治·蓬皮杜

任命的雅克·沙邦-戴尔马总理曾慷慨陈词，许诺拆毁贫民区，仿佛事情已经到了这步田地，一了百了地动次手术是完全可能的。ii-211
对于这些漂亮的言辞，人们能不记忆犹新。好吧，那就拆除一处贫民区试试：不等一处拆完，另一处又会在更远的地方出现，发展之快犹如雨后春笋。尤其，从1956年起，第三次移民高潮的到来使法国张皇失措，根本来不及做好接待的任何准备。于是，又只能因陋就简，让新来者忍受巨大的苦难。

今天，当经济出现衰退时，是否应该责备外国劳工给我国经济增加了负担？怪罪他们领取一份失业救济金？或说他们生育子女太多，使社会福利基金出现了亏空？这些非难全都言过其实。但是，难道问题就不该提出了吗？早已在我国定居的外国移民对法国的经济增长，对我国部分无产者上升为中产阶级，对法国生活水平的普遍提高，作出了贡献。我们今天以这种或那种方式给予报偿，甚至以略微降低一点自己的购买力为代价，应该说是完全合理的。[216]

种族主义问题

不幸的是经济危机激化了种族冲突。例如，在法国人和北非人的一些稠密居民区，种族冲突变得严重起来；这些穷伙伴往往不得不并肩谋生，但又互不混杂，他们因此成为两个对立的群体，强烈地表现各自的特性。

这是一个老问题，但始终具有现实性。问题的根源在于相异性，即是觉得相异一方的存在便是对自己，对自己的特性的否定，因而这种真实的或臆想的差异使双方都感觉不快，甚至互相表现轻蔑、恐惧或仇恨……我们为了求生，难道必定要与对方势不两立ii-212 吗？民族主义曾使欧洲分裂，变得疯狂和野蛮。我们法国人曾对西班牙人、英国人、德国人恨不能饥食其肉，渴饮其血……这些先生们也以同样的办法回敬我们。1815 年时，普鲁士军官佩戴的红色领章据说意味着“法国佬的鲜血”。相异性最残酷的发明无疑是轻蔑，英国人铁板着脸对法裔加拿大人说：“请像白种人一样说话！”

你觉得以上这一切可笑吗？每个时代都无不藏污纳垢，无不夹带违背真理的、荒谬愚蠢的东西，当时的人身在其中，并不始终都能觉察。正因为如此，纳塔尼埃尔·韦尔的《卡尔·马克思是种族主义者》一书[217] 可能使读者觉得有趣，却并不能说服人。马克思在其信件或著作的某个角落，似乎有一点“赞成奴隶制”的味道。他写道：“没有奴隶制，北美这个进步最快的国家就会变成宗法式的国家。”①（这句话至少可作多种解释）照这么说，马克思也是殖民主义者了，因为他相信白人对非白人的优越。1849 年，正当美国人从墨西哥人的手里夺得加利福尼亚的时候，马克思写道：“没有暴力，历史便一事无成……富饶的加利福尼亚从对它毫无作为的懒惰的墨西哥人手中摆脱出来，这有什么坏处呢？”②这段话又意味着什么？无非是说，人在一定的时代生活，必定打上时代的烙

① 马克思随后写道：“如果从世界地图上把北美划掉，结果看到的是一片无政府状态，现代贸易和现代文明十分衰落的情景。消灭奴隶制就等于从世界地图上抹掉美洲。”见“哲学的贫困”第二章，《马克思恩格斯全集》第 4 卷第 145—146 页。——译者

② 参看马克思“民主的泛斯拉夫主义”一文，见《马克思恩格斯全集》第 6 卷第 326 页（人民出版社 1961 年第 1 版）。——译者

印，即使马克思也不例外。种族主义在马克思的思想中不占统治地位，但肯定也略微有所沾染。他在世界殖民帝国的中心伦敦生活已久，不能完全不受惩罚。

照这么说，你是否认为，种族主义在我国既没有落脚，又没有生根，不像水底的气泡那样，穿过深深的水层，冒到自由的空气中炸裂？

关于这个问题，我想让一般的社会新闻充当见证，借用它们的语言作出回答。社会新闻所报道的都是些市井琐事，但它们屡次反复，层出不穷。一位朋友为此责备我说，这种性癖不符合科学。我坚信自己的理由，如果读者愿意评判孰是孰非，这里不妨举两三件事作证，这些事例都是我的亲身经历，虽然并非出于自己愿意。它们与许多其他社会新闻不同，即至少不带悲剧的色彩。 ii-213

我住在巴黎的十三区，那里有许多来自非洲和亚洲的移民。一天下午，我同妻子一起正不慌不忙地在路边走着，来到一个路口，另一条路与它呈直角交叉，由高往低，坡度很大。突然，一个十五六岁的黑人青年，身高至少 1 米 80，穿着相当讲究，脚蹬旱冰鞋，从呈斜坡状的街道直滑而下，顺势来了个急转弯，冲到这边的行人道上，挡住了我们的去路。他片刻不停，擦着我们的身体快速转了过去，差一点把我们撞倒。我怒气冲冲地大声呵斥，不过两三句话，滑旱冰的小伙子已经走远了！但是，他立刻又朝我飞奔过来，对我高声叫嚷，怒不可遏地喊道：“还让不让我们活！”他重复了一遍这句令人吃惊的话。显然，我这个糟老头子，不该挡住他的去路，而我的抗议对他也就成了种族歧视的挑衅行为！我没好气地宽慰自己，心里说，换一个白人孩子跟他一样在这里滑旱冰，说不定也会对我出言不逊。不过，要是早十年，恐怕我就要对他不客气了。

另一次，我安详地坐在一辆出租汽车里。我包乘一家出租汽车公司的车子已有 15 年了，认识出租车的司机。他是马提尼克人，身材魁梧、壮实，和华盛顿的那些黑人司机差不多。路途很长。他跟我说，他晚上还得干活挣钱，为一个乐队伴奏。他跟一个法国女子结了婚，生了三个孩子，并且说个个长得很漂亮。其中一个儿子是牙医，娶了一个芬兰女孩子为妻。“先生，您想得到吗，我还有个满头金发的小孙女哩！”说完便哈哈大笑起来。这一情景我描绘得不太好，但它确实使我很开心。一个多么幸福的移民！不知道为什么，晚上当我乘坐这家公司的另一辆出租车回家时，我对司机讲到了这件事。开车的换了名法国年轻妇女。没料到这回竟惹了祸！她大发雷霆，破口大骂那些外籍司机。我认识她丈夫，也是出租汽车司机。我还知道他们没有孩子。难道他们像恨外国移民一
ii-214 样恨孩子不成？于是，我忍不住打趣说了这么一句：“要是你们生儿育女，今天在巴黎也就不会有这么多外国人开出租车了！”

另一件事可能是对我个人才有意义。我要说的是一位阿尔及利亚的年轻姑娘，是加入法国籍的第二代移民。这位女大学生在电台里诉说——可能你们也听到了她的讲话——她生活中的艰辛、苦恼和困难。她的法语说得那么地道，那么讲究（法国学校确实有它的长处），以致我产生一个愉快的、或许有些荒谬的信念：至少对她来说，成功只需待以时日。

我们且把这番不着边际的话放过不谈。但我们每一个人恐怕都会记起这一类琐事，从而证明种族主义始终是双方的事情：正因

为互相格格不入，双方的隔阂才得以保持。与爱德华·德鲁蒙（1844—1917年）——《犹太人的法国》一书罪不容赦的作者——那时相比，排犹运动在法国已大为缓和；但令人不安的是，随着针对其他外国人（他们的数量更多，也更难同化）的种族歧视在法国蔓延，排犹运动又会死灰复燃。由此便产生出日常的摩擦和各种危险。

然而，在法国，谁又能把“人种”问题说清楚？马格里布地区的人是白种人，而我国南方的人却带有萨拉森、西班牙、安达卢西亚的血统。社会学家奥古斯丹·巴尔巴拉说：“看看巴黎的地铁里或里昂、马赛、里尔、格勒诺布尔等城市街道上的行人，当可一目了然。”[218] 肤色和脸型的极端多样性不但使人们注意到我国人口的成分异常丰富，同时也表明，“外国佬滚出去”这类口号何等荒谬。“法国人是由分属许多地区、许多人种的人共同汇集而成的一个有机整体，100多年以来，又增加了来自欧洲或更遥远地区的其他国家的一批又一批移民。”[219] 从史前时代直到不久以前，“众多移民”不声不响地淹没在法国人群之中，以致我们可以打趣说，如果往后
追溯几百年或几千年，所有的法国人都是外来移民的子孙。以多 ii-215
样性为特征的法国难道就不能让人口组成也变得多样化，甚至更加多样化吗？

一个文化问题

剩下的最后一个问题，唯一现实而又令人担心的问题，那就是文化问题。关于这个问题，我们更应该借用贝尔纳·斯塔齐在其作品中说过的话：“在有关移民问题进行的艰难的论战中，最缺少

的是如何保持清醒的头脑。”[220] 人们把“融合、同化、接纳”这些词犹如黑和白一样截然对立起来，从而掩盖了事实的真相。

文化与文化的联姻从来就不是轻而易举的事。犹太人问题就是佐证。很久以前，有位历史学家在斯特拉斯堡执教，我对他留有深刻的印象。当时有人向他提了一个问题，要他站在犹太人立场上进行回答，他毫不犹豫地说：“我不是犹太人，我是法国人。”我对他的答复真想高声叫好！但是，塞尔日·科斯泰在最近接受的一次调查中，表现更为坦诚，他说：“法兰西是我的祖国，我的语言、我的爱心都从属于它。以色列不是我的国家，但我对它怀有绵绵不息的感情。”[221] 大概是1958年的一天，我去利普家吃午饭，在座的有雷蒙·阿隆。他当时对我解释说，作为犹太人，在某种场合，他必定以某种方式行事。我的回答是：“不过，雷蒙，您并不是犹太人，您是洛林人”（他的家庭，就像他享有盛名的亲戚马塞尔·莫斯的家庭一样，原籍都是这个省份）。我记不起他是否面露微笑，但我肯定他没有作答。的确，这位以色列后裔对他最初完全陌生的各种不同文明的了解已经达到了融会贯通、炉火纯青的地步，但他的内心却始终以一种文明作为归宿，即便想要超脱也不能完全超脱得了。

然而，散布在世界各地的犹太人不过1400万（其中法国为60
ii-216 万，人数之多仅次于美国）。犹太移民的辉煌成就在历史上真是不胜枚举：15世纪的意大利、16世纪的西班牙、17世纪的波兰、18世纪的德国、今天的美国，还有巴西和法国……他们为什么没有与当地居民融为一体呢？为什么他们不像许多其他移民群体那样，在接纳他们的土地上长期生活后，便与当地人打成一片呢？

一位记者[222]最近解释说，这可能是因为“每当犹太人团体趋向接受同化时，打击便不期而至，使他们恢复原状，回到受苦受难的过去，困守对外隔绝的小天地。假如我在1933年前会见雷蒙·阿隆，难道他会用同样的言语跟我讲话吗？我对此表示怀疑。在经历过希特勒的大屠杀后，任何一个犹太人，即便在内心深处对以色列民族主义的某些表现有所抵触，怎么可能公开承认这一点呢？

吉斯卡尔·德斯坦总统1980年的近东之行以及他对巴勒斯坦人表示的关切立场，由于新闻媒介的渲染，招致了旧病复发，引起了一场轩然大波。《犹太人论坛报》曾扬言在选举时采用“惩罚”措施，对方刚以谩骂和责难进行反击，形成了一股反犹浪潮。所幸的是，双方的知识界发出了保持冷静和理智的呼吁。但这起事件本身确实发人深思。

小群的犹太移民在我国苦心经营，奇迹般地存在了几百年时间；相比之下，最早几批移民的同化却显得极其迅速。当然，他们的处境最初曾相当困难，甚至出现了骇人听闻之事。1896年，意大利移民在我国共有29.1万人，但主要集中在南方：10%在瓦尔地区，12%在罗讷河口地区，20%在阿尔卑斯滨海省……这些“意大利佬”被公开指责为抢了法国人的饭碗，到处遭人追逐。为此曾发生过流血冲突，出现过名副其实的种族迫害暴行，甚至在阿莱斯还有私刑处死的事件[223]。30多年后，波兰移民大批来到法国，他 ii-217
们主要聚居在北部地区。他们有自己的语言，自己的生活圈子，自己的手工工匠，与外界几乎隔绝，因而遭到普遍的敌视。在以上两种情况下，天主教都没有起到凝聚的作用。恰恰相反，马赛港的那不勒斯码头工人干活时在胸前画十字，竟遭人耻笑，并被冠以“受

难基督”的绰号。波兰人表达宗教感情的形式，如对神父行垂手礼，被北部地区的法国人视为滑稽可笑。这些移民要求由波兰人出任神父；他们说：否则，我们又怎么忏悔？[224] 教会对这一要求设置了重重障碍。总之，一谈起他们，各省的省长异口同声地说：“波兰人是同化不了的！”但是，毕竟有学校，主要是学校。有时还有工会活动，有政治组织（共产党在意大利移民中尤为活跃）。从第二代开始，无论如何，从第三代开始，同化便相当彻底了。到了今天，只有他们的姓氏以及某些传统习惯才使人想起移民的原籍。看来，随着最近一次移民高潮来到法国的西班牙人、葡萄牙人和意大利人，除了已到退休年龄、带着积蓄返回家乡的人以外，同化进程似乎相当迅速。

那么，为什么今天涉及在我国定居的穆斯林移民（他们绝大部分来自马格里布地区），情况竟截然相反了呢？困难出现在第二代移民的子女当中，他们不被当地社会所接受，并且自己也拒绝实行同化，虽然他们的父辈或祖辈过去却有时做到了这一点。障碍是严重的：互不信任，恐惧感，种族偏见，还有信仰和习俗的隔阂。由此出现了两种文化的并存和对立，而不是融合。这同美国有点类似：尽管美国生活方式具有强大的吸引力，但那里的文化差异问题仍然存在。在我国，情况比美国更紧张和更不稳定；表现形式也更加细腻，因为我们是个古老的国家，移居我国的外国人的原籍国与我国接壤相邻，也是古老的国家。我们的北非工人只用几小时时
ii-218 间就可以抵达机场，在阿尔及尔下飞机，重返卡比利亚山区，重温或追忆童年和青年时代的幸福生活。美洲则距离遥远，中间还有大西洋的阻隔，使人望而却步。人们只在发财致富以后才荣归故

里，那也并非全都如此！西班牙探险家斐尔南·科尔特斯登上墨西哥海岸后，毅然把船付之一炬。

我对国内的犹太教堂和东正教堂没有任何看不惯的地方，我同样也不反对在法国日见增多、出入人数也越来越多的清真寺。但是，伊斯兰不仅是一门宗教，也是一种生命力极强的文明和生活方式。一位来自马格里布地区的姑娘被她的几个兄弟所劫持和禁闭，因为她想嫁给一个法国人。数百名法国妇女在与北非人结婚、又离婚后，她们的孩子被生父夺走，并送回阿尔及利亚，他们只承认自己对子女的拥有权。所有这一切都不是普通的社会新闻，而是象征着北非移民所遇到的主要障碍：不同于伊斯兰文明的另一种文明。这是一种权利，一种法律，它不承认建立在《古兰经》——伊斯兰的最高准则——基础之上的任何权利。父权也好，妇女地位也好，无疑都是至关重要的问题，因为它们触及社会的基础结构：家庭。在法国，每年平均有2万对男女结成混合型婚姻。其中的离婚率高达三分之二[225]。原因是这类婚姻势必要求一方放弃自己原来的文明方式，如果不是双方的话。然而，没有这种通婚，移民的同化也就失去了可能。

马格里布移民中年轻一代的犹豫和痛苦正是由此产生的，他们难以忍受我国的经济危机和大城市对移民的敌视。他们出生在我国，从法律上讲已是法国人，但是或者出于对故国的忠诚，或者对不公正待遇耿耿于怀，往往拒绝接受法国国籍，仍然编织着返回故乡的美梦，尽管他们对此很难相信，甚至也不情愿这样去做。

这些难忍的痛苦有时是致命的，并且也导致了一些轻生事件，我们每一个人都会为此感到歉疚。一名北非青年被投入了克莱沃 ii-219

的监狱，他在狱中自杀，留下了一份奇特的遗书："度日如年，痛苦难熬，恨不得立刻去死。就像癌症正在吞噬着我。我满怀着仇恨和爱心离开你们：我所丧失的爱，没有得到的爱，我想给人的爱。"这篇感人至深的遗书虽说经过塔哈尔·本·约鲁恩[226]的文字修饰，但我们确实听到了发自内心的呼喊！

还有另外一些不幸的牺牲者：两名越南人"孤苦伶仃地生活在法国中部的一座城市里，没有工作，没有住所，远离家乡的天空和土地，丧失了求生的勇气。他们经受了两次死亡的痛苦。作为负责接纳他们的法国人，我们对此又于心何忍"[227]。

这些社会新闻的确让人感到痛心，甚至为之悲伤，但与前法国殖民当局雇佣的"北非民兵"的厄运相比，也就算不了什么。这些拖儿带女的"民兵"至少有 40 万人来到法国定居，而我国的统计材料并不把他们列入移民一类。他们在阿尔及利亚战争期间曾为法国军队效力，作为报偿，他们有权获得法国国籍。在签订埃维昂停火协议后，为了免遭屠杀——他们中已有数千人蒙受杀身之祸——他们逃到了法国。他们在这里处境维艰：一些人作为外国劳工流落各地，但处处遭到排斥，首先被一般的阿尔及利亚移民视为"阿奸和叛徒"；另一些人至今依然生活在洛特-加龙省的比亚斯和加尔省的圣莫利斯-阿尔多瓦兹接待营里，"此外还有散居在洛泽尔省、利穆赞地区和孚日山区……的 36 座守林人村落中"[228]。他们挤在简陋不堪的棚屋里，靠军队提供的微不足道的津贴艰难度日，靠拼命生养孩子获得一点多子女家庭救济金……这些人，甚至连他们的后代，再也没有重返阿尔及利亚的可能。以往对他们作过一些慷慨许诺，如今被付诸实施了吗？我们对他们的命运负有责任，不论这些人昔日效忠法国出自什么动机，忠诚程度如何，他们毕竟都为法国卖过命。我承认，再没有别的景象能同样深刻地打动我。不过，话说回来，善良的感情又有什么用处呢？

难道唯独法国才有过错吗？过错双方都有，而且历来都是如 ii-220
此。例如，某些偶然在法国住得过久并且习惯了这里生活的马格里布人，尤其是那些在法国出生的人，一旦他们返回马格里布，临时也罢，永久也罢，不是也都受到相当恶劣的对待吗？请听在里尔大学上学的一位26岁的阿尔及利亚大学生忧伤的自白吧："我不知道自己究竟应该重返阿尔及利亚还是留在法国。这种选择似乎十分简单，但它确实让我左右为难……在我们的故乡，我们被当作外国人，并且处处让我们感觉到。在接待我们的国家，我们同样是外国人，因为我们没有法国国籍（这位大学生出生在阿尔及利亚），而且因为我们有着黝黑的皮肤。"[229]

被戏称为"伯尔人"的第二代北非移民，不仅在法国感到格格不入（他们有权加入法国国籍，但不论他们加入与否，情况都是一样），而且在阿尔及利亚也都觉得有许多隔膜，因为他们仍然被看成是"半外国人"。受到这种排斥的原因是什么？有时是因为他们喜欢吹嘘，在回国度假期间以他们的穿着、汽车等等到处摆阔，炫耀自己的"奢华"。他们有时也对家乡表现轻蔑。其中的一个"伯尔人"返回法国后说，"那边没有东西吃，简直像倒退回中世纪一样。"[230] 另一个说："那里实在太闷气了，休想有玩乐的可能，家里总是盯住你不放。"[231]"伯尔人"还经常触犯当地的风俗习惯，尽管并不总是有意，但他们的所作所为特别惹人反感。哈桑曾断断续续地来过巴黎几次，但都没有久留，他认为"移民的环境……简直乌烟瘴气”。他说：“在我们这边，有一些传统需要尊重。你看，那里，你就丧失自己的人格……在法国出生的年轻人，完全失去了传统的观念……说真的，我不能与他们为伍……他们压榨父母的血汗……至于我，即使到了 60 岁，我也尊重自己的父亲和母亲。”一
ii-221 句话，正如一位阿尔及利亚心理学家所说的，“这些移民让人觉得可怕，因为他们携带着现代化和社会变革的危险因素”[232]。

至于移民方面，他们确实也有自己的苦恼。一位阿尔及利亚姑娘说：“往往在大街上，就有人高声地评头品足：‘瞧，她准是移民。’原因十分简单，无非是我没有低着脑袋走路。”[233] 要让家乡的人重新接纳自己，哪能是件容易的事！贾迈尔这位 22 岁的小伙子，全家都在法国，只身返回故里；用他自己的话来说，他不能客居他乡，卡比利亚山对他比“眼珠”更要珍贵。于是，他在提济乌祖进了医学院求学。“头几个星期真不好过，我豁了出去，想方设法与其他大学生打成一片……他们还把我当移民看，但总有一天会再不提这事了……几年以后，我将在一处设备简陋的诊所里当医生，靠国家的薪水生活。这里的条件远不完美……但我相信并希望事情会发生变化，我愿意在这里尽一分力量。”[234]

可是，有这种勇气、这种激情的人又有多少？出生在圣莫尔的阿马尔已经作过两次尝试，将从此打消这个念头：“我算让鬼迷了心窍，以后可再也不这么干了，再干岂不成了犯病。官方把‘安置移民’说得天花乱坠，实际上可全是空话。没有人做任何事来帮助我们，接待我们。你甚至不能上阿拉伯语课，整天就是讨论所谓移民或巴黎人的问题。”[235]

但是，面对这些纠纷，阿尔及利亚政府大概同我国政府一样无

能为力。1983年，阿尔及利亚计划部的一名年轻官员在评论局势时，毫不容情地指责这些移民是“高利贷者”，说他们“在外汇交易中牟取了暴利”后返回阿尔及利亚，并且成为“唯我独尊、不可一世的新资产阶级”。这位官员不赞成“强迫遣返”，不赞成利用暑假期间“强迫在法国出生的阿尔及利亚姑娘突击成婚”。他说：“对移居国外的人，确实存在一些不可思议的排斥和反感。比如说，在我们大学的院系里，移民学生处境孤立，受到冷遇。人们对他们冷嘲热
讽，女孩子则简直被当成妓女。对属于第二代移民的这些年轻人 ii-222
来说，他们通常只能保持几个星期的克制。由此产生的后果是严重的，因为我们需要这些不同于我们的新人。在法国谴责种族主义，自然是件好事。但要在这里制造新的种族主义，那是不可容忍的。”[236]

在这样的情况下，是否应对在法国的穆斯林移民团体中最近出现的、几乎截然对立的两种潮流之间的争论感到惊异呢？

第一种潮流继续大肆鼓吹找回自己的根，回到《古兰经》和“普救人世的伊斯兰”那儿去。德里斯·艾尔·雅扎米认为：“只有宗教才能把我们，把所有的马格里布人，甚至包括‘北非民兵’的后代在内，汇聚在一起”；才能面对法国的特性，捍卫马格里布自身的“特性”[237]。但是，这种“面对”不就很容易变成对立了吗？这是鼓动原籍马格里布的法国人拒绝参加选举，并将参加选举当作一种文化反叛行为。这是在伊斯兰教的宗教义务和法国的公民义务之间制造冲突，在离婚、父权等问题上制造纠纷。

特别在一个多文化和多种族的社会里，宗教的作用难道不应该仅限于个人信仰和个人伦理的范围之内吗？在1980年的争论

中——我在前文已提及那次争论——雷奥·哈蒙在呼吁对立双方保持理智时，明确指出了任何一个“信仰犹太教的法国人”应该履行的职责。在我看来，这也正是愿意生活在一个像我们这样一个没有官方宗教的国家中所有人应尽的职责。他写道：“‘存异’的权利应以不损害‘求同’的原则为前提。在现代社会里，任何人都从属于宗教、哲学、职业、文化、民族等不同的范畴。但是，在一块特定的土地上只能有一个国家，因此，对每一个具体的人来说，他只能从属于一个具体的民族。在这个条件下，每个人才能充分享有权利，才能同整个社会协调一致……如果我不这样想，如果以色列成了我的主要从属对象，而我又不在以色列生活，这也就是犯下了不可宽恕的罪过。”[238]

ii-223 简而言之，必须作出选择，而这恰恰正是另一种潮流所代表的倾向，并且在有关选举问题所展开的争论中表现尤其突出。“阿尔及利亚在法劳动者协会”秘书长、年仅 26 岁的贝尔卡塞姆解释说：“大家知道，90％的马格里布人将留在法国。我们的口号是：我的未来在这里，我决定投票。”[239] 29 岁的经济学家斯利马纳·蒂尔是鲁贝市的“马格里布文化研究行动中心”的创办人，他毫不犹豫地说，大多数移民认为“实实在在的国家在今天就是法国”，想要返回故里只是“逃避现实”的“神话”。他们应该参与政治，参加选举，接纳新文化，“进而成为新公民”。为此，“必须作出抉择。但太多的年轻人却陷于逃避选择的境地。”[240]

让·弗朗西斯-赫尔德在《事件》杂志同期发表的文章中指出：“作出选择，这是第一道关口，决定未来前进道路的关口。属于第二代移民的年轻人已开始领悟到，一张选民证给他们带来的希望，比对《古兰经》的诚惶诚恐或对返回家园的憧憬更加实际得多。且不说展望未来，等到“第二代移民，人数众多的第二代移民，经过艰苦的拼搏，当上了教师、外科医生、商人、议员、市长以后”，他们将能改变“与绝大多数的居民的关系”[241]。

但愿他言之有理！到那一天，来自马格里布地区的移民将会出人头地，将在我们生活的大家庭中出人头地。尤其因为，在当今世界上，移民归属问题的发展的确使人担心会因宗教导致十字军战争。法兰西肯定不是非基督教国家，但它已变得比较宽容，宗教狂热已缓和多了。很久以来，我们法国人已经摆脱了宗教战争的纠缠。但几个世纪的时间并没有使我们忘却这场战争的残酷。我们之中又有谁愿意看到新的宗教战争在我们的土地上重新爆发呢？

注　　释

第二编　引言

1. Joan ROBINSON, *Hérésies économiques*, 1972, p. 229.
2. Guy BOIS, *Crise du féodalisme*, 1976, p. 16.

第一章

1. Alfed SAUVY, Lettre du 29 février 1980.
2. Pierre CHAUNU, *La France*, 1982, p. 33.
3. Henri LERIDON et Michel Louis LEVY, «Populations du monde: les conditions de la stabilistion», *in*: *Population et sociétés*, déc. 1980, n^0 42.
4. Ange GOUDAR, *Les Intérêts de la France mal entendus*, 1756, I, pp. 255 et 342.
5. Jean MARKALE, *Le Roi Arthur et la civilisation celtique*, 1976, p. 9.
6. Cité par Gilles DELEUZE et Félix GUATTARI, *Capitalisme et Schizophrénie*, *L'anti-Œdipe*, 1972, p. 169.
7. Ferdinand LOT, *La Fin du monde antique et le début du Moyen Age*, 1968, pp. 11-13. 1983, pp. 28-29.
8. Colin RENFREW, *Les Origines de l'Europe*, 1983, p. 29.
9. Isaac NEWTON, *The Chronology of Ancient Kingdoms amended*, *in*: *Œuvres complètes*, 1779-1785. tome V, cité par C. RENFREW, *op. cit.*, p. 29.
10. C. RENFREW, *ibid.*, p. 282.
11. Sur cette révision radicale, voir C. RENFREW, *ibid.*, Chapitres III, IV, v et *passim*.
12. Gabriel CAMPS, *La Préhistoire*, 1982, pp. 125-140.
13. Gabriel CAMPS, *op. cit.*, p. 54.
14. *Ibid.*, pp. 55 *sq.*
15. Selon la remarque d'André LEROI-GOURHAN, cité par G. CAMPS, *op. cit.*, p. 59.
16. Jean GUILAINE, *La France d'avant la France. Du Néolithique à l'Age de fer*, 1980, p. 14.
17. Henri DELPORTE, «Les premières industries humaines en Auvergne», *in*: *Préhistoire française*. I, *Les Civilisations paléolithiques et mésolithiques de la France*, 1976, p. 803, p. p. Henri de LUMLEY.
18. H. de LUMLEY, S. GAGNIÈRE, L. BARRAL et R. PASCAL, "La grotte du Vallonet Roquebrune-Cap-Martin (Alpes-Maritimes)", *in*: *Bulletin du Musée d'Anthropologie préhistorique de Monaco*, 10, 1963, pp. 5-20.

19. Franck BOURDIER, *Préhistoire de la France*, 1967, pp. 55 *sq*. et *Préhistoire française*, I, *op*, *cit*., tableau chronologique, p. 10.
20. On sait que dans un passé extrêmement lointain, la dérive des continents a pu déplacer des continents entiers. Par exemple, l'Inde, jadis rattachée à l'Antarctide, a été finalement percuter l'Eurasie, au nord de l'Equateur et s'y est soudée (le processus a duré 50 millions d'années).
21. H. de LUMLEY, S. GAGNIERE, L. BARRAL et R. PASCAL, art. cit.
22. E. W. PFIZENMAYER, *Les Mammouths de Sibérie. La découverte des cadavres de mammouths préhistoriques sur les bords de la Berezovka et de la Sanga-Iourakh*, 1939, *passim et* pp. 17-21.
23. H. de LUMLEY, J. RENAUL-MISKOVSKY, J.-C. MISKOVSKY, J. GUILAINE, "Le cadre chronologique et paléoclimatique du Postglaciaire", *in*: *La Préhistoire française*. II, *Les Civilisations néolithiques et protohistoriques de la France*, p. p. Jean GUILAINE, *op*. *cit*., 1976, p. 3.
24. Marie-Antoinette de LUMLEY, "Les Anténéanderthaliens dans le Sud", *in*: *La Préhistoire française*, p. p. Henri de LUMLEY, I, *Les Civilisations paléolithiques et mésolithiques de la France*, 1976, p. 547.
25. Jean ABELANET, *Le Musée de Tautavel*, 1982, pp. 32-36.
26. *Ibid*., pp. 1 et 25.
27. G. CAMPS, *op*. *cit*. p. 157.
28. *Ibid*., pp. 380-381.
29. *Ibid*., p. 381 et F. BOURDIER, *op*. *cit*., pp. 223-224.
30. G. CAMPS, *op*. *cit*., pp. 162-176; F. BOURDIER, *op*. *cit*., p. 208.
31. Philip LIBERMAN, "L'évolution du langage humain", *in*: *La Recherche*, 1975, pp. 751 *sq*.
32. G. CAMPS, *op*. *cit*., pp. 173-174 et 178.
33. F. BOURDIER, *op*. *cit*., p. 262.
34. André LEROT-GOURHAN, "L'art paléolithique en France", *in*: *préhistoire fançaise*, *op*. *cit*. I, pp. 741 *sq*. G. CAMPS, *op*. *cit*, pp. 203-20.
35. Pierre GAXOTTE, *Histoire des Français*, 1951, I, pp. 16-17.
36. G. CAMPS, *op cit*., p. 194.
37. G. CAMPS, *op*. *cit*., pp. 187-190; F. BOURDIER, *op*. *cit*, pp. 240-244.
38. F. BOURDIER, *op*. *cit*., pp. 249-256.
39. G. CAMPS, *op*, *cit*., pp. 229-232.
40. Robert ARDREY, *La Loi naturelle*, 1971, pp. 390-391.
41. J. GUILAINE *op*. *cit*., p. 29.
42. *Ibid*., pp. 29-30.
43. Raymond RIQUET, "L'anthropologie préhistorique", *in*: *La Préhistoire française*, pp. Jean GUILAINE, II 1976, p. 151.
44. J. GUILAINE *op*. *cit*., p. 34.
45. J. GUILAINE *op*. *cit*., p. 37.
46. R. RIQUET, *op*. *cit*., p. 140.
47. J. GUILAINE, *op*. *cit*., pp. 40 *sq*.
48. On désigne sous ce nom aussi bien les constructions faites d'énormes pierres dressées, comme â Carnac, ou â Stonehenge en Angleterre, que les tombes â toitures en encorbellement, comme celles de l'île Longue, en Bretagne, qui utilisent de petites pierres.
49. J. GUILAINE *op*. *cit*., pp. 66-67.

50. J. GUILAINE *op. cit.*, pp. 94 *sq.*
51. J. GUILAINE *op. cit.*, p. 94.
52. R. RIQUET, *op. cit.*, p. 144.
53. J. GUILAINE, *op. cit*, pp. 95-96.
54. J. GUILAINE, *op. cit.*, p. 103.
55. Statuette d'ivoire, découverte dans la grotte du Pape, à Brassempouy (Landes).
56. J. GUILAINE, *op. cit.*, pp. 104-105.
57. *Ibid.*, pp. 129-130.
58. *Ibid.*, p. 131.
59. J. GUILAINE, *op. cit.*, p. 149.
60. Le forgeron, dans les sociétés primitives modernes, a toujours été un personnage à part, respecté, généralement redouté.
61. J. GUILAINE, pp. 160-161.
62. *Ibid. op. cit.*, p. 167.
63. *Ibid.*, *op. cit.*, pp. 174 *sq.*
64. *Ibid.*, p. 177.
65. G. RACHET. *op. cit.*, p. 38.
66. J. GUILAINE, *op. cit.*, p. 203.
67. *Ibid.*, p. 241.
68. *Ibid.*, *op. cit.*, pp. 241 *sq.*
69. *Ibid.*, pp. 242 *sq.*
70. *Ibid.*, pp. 248-250.
71. Bien que, récemment, on ait mis en doute qu'il s'agisse bien d'une femme.
72. J. GUILAINE, *op. cit.*, pp. 254-255.
73. Jacques HARMAND, *Les Celtes au second Age du fer*, 1972, pp. 16-17.
74. Venceslas KRUTA, *Les Celtes*, 1976, pp. 68-70.
75. *Ibid.*, pp. 34-35.
76. Barry CUNLIFFE, *L'Univers des Celtes*. 1981, pp. 14-15.
77. Sur l'étonnante civilisation unitaire du Levant au IIe millénaire, *cf.* W. CULICAN, *Le Levant et la mer, histoire et commerce*, 1967.
78. Jacques HARMAND, *Les Celtes au second Age du fer*, 1972, p. 15.
79. *Ibid.*, p. 40.
80. *Ibid.*, p. 42.
81. Jules MICHELET, *Histoire de France*, 1876, I, p. 12.
82. J. MICHELET, *op. cit.*, I, p. 15.
83. Jan de VRIES, *La Religion des Celtes*, 1963, p. 14.
84. Henri HUBERT, *Les Celtes et l'expansion celtique jusqu'à l'époque de la Tène*, 1950; *Les Celtes depuis l'époque de la Tène et la civilisation celtique*, 1950.
85. Gustave BLOCH, "La Gaule indépendante et la conquête romaine", *in*: *Histoire de France*, p. p. Ernest LAVISSE, II, 1911, p. 33.
86. Vital-Fleury VIMAL de SAINT-PAL, "Le Celte, homme de cheval", *in*: *La Cavalerie celtique*, 1952.
87. J. HARMAND, *op. cit.*, p. 80; B. CUNLLFFE, *op. cit.*, p. 120.
88. Karl Ferdinand WERNER, *Les Origines*, *in*: *Histoire de France*, p. p. Jean FAVIER, 1984, I, p. 202.
89. Paul-Henri PAILLOU, *L'Anti-César*, 1965.
90. J. HARMAND, *op. cit.*, pp. 88-89.
91. *Infra*, tome III, Chapitre IV.
92. *Dictionnaire archéologique des techniques*, Éditions de l'Accueil, 1964, II, p. 1008, artiele "transports".
93. Alain GUILLERM, *L'Etat et l'espace de la guerre*, 1982, dactylogramme, I, pp. 37 *sq.*, p, 49.
94. G. BLOCH, *op. cit.*, p. 43.
95. Venceslas KRUTA, *Les Celtes*, pp. 112-115.
96. *Ibid.*, p. 105.
97. *Ibid.*, p. p. 102-103 et 108-110.

98. G. BLOCH, *op. cit.*, *in*: *Histoire de France*, P. P. E. LAVISSE, II, p. 42.
99. CICÉRON, *De provinciis consularibus*, 12, cité par G. BLOCH, *op. cit.*, p. 37.
100. G BLOCH, *op. cit.*, p. 95.
101. Albert GRENIER, «Aux origines de l'économie rurale: la conquête du sol français», *in*: *Annales d'histoire économique et sociale*, 1930, pp. 32-33.
102. A. GUILLERM, *op. cit.*, p. 66.
103. Pierre BONNAUD, «La ville: deux origines, deux filières», *in*: *Géographie historique des villes d'Europe occidentale*, Actes du colloque du 10-12 janvier 1981 à l'Université de Paris-Sorbonne, t. I. *Villes et réseaux urbains*, p. p. Paul CLAVAL, 1984, p. 29.
104. Emmanuel de MARTONNE, conférence, à São Paulo, Brésil.
105. Colin RENFREW, *Les Origines de l'Europe*, 1983, p. p. 165-168.
106. Raymond RIQUET, «L'anthropologie préhistorique», *in*: *La Préhistoire française*, p. p. Jean GUILAINE, II, 1976, pp. 150-151.
107. Ferdinand LOT, *La France des origines à la guerre de Cent Ans*, 5e éd. 1941, p. 8.
108. C. RENFREW, *op. cit.*, pp. 133 *sq*.
109. K. F. WERNER, *op. cit.*, p. 71.
110. Louis-René NOUGIER, *Le Peuplement préhistorique*, 1950, p. 65.
111. G. CAMPS, *op. cit.*, pp. 310-311.
112. R. RIQUET, *op. cit.*, p. 146.
113. Cité par Marcel REINHARD, André ARMENGAUD, Jacques DUPAQUIER, *Histoire générale de la population mondiale*, 1968, p. 43.
114. G. BLOCH, *op. cit*, p. 35.
115. Eugène CAVAIGNAC, cité par Marcel REINHARD, André ARMENGAUD, Jacques DUPAQUIER, *Histoire générale de la population mondiale*, 1968, qui adoptent ce chiffre "assez solidement établi", p. 43.
116. K. F. WERNER, *op. cit.*, p. 167.
117. Jean BERNARD et Jacques RUFFIE, *Hématologie géographique*, 1966, I, cité par M. BORDEAUX, "Voies ouvertes à l'histoire des coutumes par l'hématologie géographique", *in*: *Annales E. S. C.*, 1969, p. 1275 (carte p. 1282, à titre d'exemple).
118. Robert FOSSIER, *Histoire sociale de l'Occident médiéval*, 1970, p. 22; Michel ROBLIN, *Le Terroir de l'Oise aux époques gallo-romaine et franque. Peuplement, défrichement, environnement*, 1978, p. 297.
119. G. BLOCH *op. cit.*, p. 101.
120. A. GUILLERM, *op cit.*, p. 44.
121. J. MICHELET, *op. cit.*, I, p. 52.
122. Jérôme CARCOPINO, *César*, 1936, p. 707; Camille JULLIAN *Histoire de la Gaule*, éd. 1971, II, pp. 437-447, pp. 449-452.
123. Gustave BLOCH, *Les Origines. La Gaule indépendante et la Gaule romaine*, *in*: *Histoire de France*, P. P. Ernest LAVISSE, I,1911, p. 101.
124. *Ibid.*, p. 104.
125. Ferdinand LOT, *La Gaule*, 1947, p. 170.
126. C. JULLIAN, *op. cit.*, pp. 508-509.
127. K. F. WERNER, *op. cit.*, p. 137.
128. A. GUILLERM, *op. cit.* p. 143.
129. Siegfried Jan DE LAET, «Romains, Celtes et Germains en Gaule septentrionale», *in*: *Studia historica gan-*

densia, 1964, p. 92.
130. *Ibid*., p. 93.
131. Marcel LE GLAY, «Les Gallo-Romains», *in*: *Histoire de France*, p. p. G. DUBY, 1970, I, p. 114.
132. Maurice BOUVIER-AJAM, *Dagobert*, p. 19; Pierre LANCE, *La Défaite d'Alésia, Ses causes dans la société celtique, ses conséquences dans la société française*, 1978, pp. 155 *sq*.
133. André PIGANIOL, *Histoire de Rome*, 1962, p. 273.
134. Jules MICHELET, cité par François GEORGE, *Histoire personnelle de la France*, 1983, p. 91.
135. Pierre LANCE, *op. cit.*, *passim*.
136. Pierre BONNAUD, *Terres et langages. Peuples et régions*, 1981, I, pp. 37-39 et 45. "La situation des Gaulois par rapport au latin au cours du haut Moyen Age rappelle [...] celle de la langue d'oc par rapport au français entre le XVIe siècle et nos jours." Yves FLORENNE, "Les peuples fidèles", *in*: *Le Monde*, 21 juillet 1983.
137. J. MARKALE, *Le Roi Arthur*, *op. cit.*, p. 24.
138. Jan DE LAET, art. cit, p. 91.
139. Référence égarée.
140. F. LOT, *op. cit.*, p. 69.
141. Karl Julius BELOCH, *Die Bevölkerung der Griechisch-Römischen Welt*, 1886, p. 507.
142. Voir *supra*, note 115.
143. K. J. BELOCH, "Die Bevölkerung im Altertum", *in*: *Zeitschrift fur Social und Wissenschaft*, II, 1899, pp. 512 et 619. Cet article est d'une quinzaine d'années postérieur à l'ouvrage cité note 141.
144. Robert FOSSIER, *Histoire sociale de l'Occident mediéval*, p. 51.
145. Heinrich BECHTEL, "Städte und Bürger vom 13.-15. Jahrhundert", *in*: *Wirtschaftsgeschichte Deutschlands*, 1951, p. 256.
146. F. BRAUDEL, *Civilisation matérielle* ... 1979, I, p. 232.
147. F. LOT, *op. cit.*, p. 397.
148. R. FOSSIER, référence non retrouvée.
149. Jean-Louis VATINEL, *Les Années terribles du IIIesiècle en Gaule*, 1978, p. 17.
150. Lucien MUSSET, «Les Gallo-Romains», *in*: *Histoire de France*, p. p. Georges DUBY, 1970, I, p. 159.
151. André PIGANIOL, cité par Robert FOSSIER, *Le Moyen Age*. I. *Les Mondes nouveaux* (350-950), 1982, p. 33.
152. Michel ROUCHE, "L'éclatement des mondes anciens", *in*: *Le Moyen Age*, *op. cit.*, I, p. 107.
153. Pierre DOCKES, *La Libération médiévale*, 1979; "Révoltes bagaudes et ensauvagement", *in*: *Sauvages et ensauvagés; analyse épistémologique, histoire économique*, mars 1980, n° 19, pp. 145 *sq*.
154. M. ROUCHE, *op. cit.*, p. 108.
155. Roger AGACHE, "Détection aérienne des vestiges protohistoriques, gallo-romains et médiévaux dans le bassin de la Somme", *in*: Numéro spécial du *Bulletin de la Société de Préhistoire du Nord*, n° 7, 1970, pp. 179-180.
156. Guillaume FOVET, *Gallia*, supp. 20, 1969.
157. Roger AGACHE, «Archéologie aérienne de la Somme», *in*: Numéro spécial du *Bulletin de la Société de Préhistoire du Nord*, n° 6, 1964, planche 32:

fig. 103 et 104.

158. Monique CLAVEL, *Béziers et son territoire dans l' Antiquité*, 1970, pp. 606-607.

159. Pierre DUBVIN, *Essai sur l' économie gallo-romaine dans la région de Creil*, 1972, pp. 9-16.

160. Sidoine APOLLINAIRE, *Lettres*, II, éd. 1970, p. 46 et note 9.

161. Henri DUBLED, "Quelques observations sur le sens du mot *villa*", *in*: *Le Moyen Age*, 1953, 1-2, pp. 1-9.

162. P. DUBVIN, *op. cit.*, p. 68.

163. Lucien GACHON, *La Vie rurale en France*, 1re éd. 1967, 3e éd. 1976, p. 39.

164. Michel ROUCHE, « L' éclatement des mondes anciens», *in*: *Le Moyen Age*, p. p. R. FOSSIER, *op. cit.*, p. 57.

165. *Ibid.*, p. 59.

166. Marie-Bernadette BRUGUIÈRE, *Littérature et droit dans la Gaule du* ve *siècle*, 1974, p. 321: Lampridius, ami de Sidoine Apollinaire, assassiné par ses esclaves; le même Sidoine Apollinaire signale l' enlèvement d' une femme, vendue comme esclave au marché de la ville de Clermont.

167. Régine PERNOUD, *in*: *Histoire du peuple français*, p. p. Louis-Henri PARIAS, I. *Des origines au Moyen Age*, p. 29.

168. Pierre DOCKES, *La Libération médiévale*, 1979, p. 118.

169. P. DOCKES, *Révoltes bagaudes et ensauvagement*, *op. cit.*, pp. 152-154.

170. Henri HUBERT, *Les Celtes depuis l' époque de la Tène et de la civilisation celtique*, 1950, p. 184.

171. Salvien se retira à l' abbaye de Lerins en 420, puis à Marseille où il fut ordonné prêtre en 430. Ce passage est extrait de *De gubernatione Dei* où il présente les Barbares, chargés par Dieu de châtior le monde romain, comme les promoteurs d' une société régénérée.

172. Cité par Robert FOSSIER, *Histoire sociale de l' Occident médiéval*, *op. cit.*, p. 45.

173. M.-B. BRUGUIÈRE, *op. cit.*, p. 53.

174. P. DOCKES, *Révoltes bagaudes et ensauvagement*, *op. cit.*, p. 237.

175. Jan DHONDT, *Le Haut Moyen Age* (*VIIe-XIe siècles*), 1976, pp. 27-28.

176. Hans DELBRÜCK, *Geschichte der Kriegskunst in Rahmen der Politischen Geschichte*, I, 1900, pp. 472 *sq*.

177. Henri PIRENNE, Conférences à Alger, 1931.

178. Lucien ROMIER, *L' Ancienne France des origines à la Révolution*, 1948, p. 45.

179. Ferdinand LOT, " La civilisation mérovingienne", *in*: *Les Destinées de l' Empire en Occident de 395 à 888*. Première partie: *De 395 à 768*, *Histoire du Moyen Age*, p. p. Gustave GLOTZ, 1940, p. 383.

180. P. DOCKES, *La Libération médiévale*, *op. cit.*, p. 109.

181. Référence égarée.

182. R. FOSSIER, *Histoire sociale de l' Occident médiéval*, *op. cit.*, pp. 33 *sq*.

183. Paul DUFOURNET, *Pour une archéologie du paysage*, 1978, p. 163.

184. Robert FOLZ, André GUILLOU, Lucien MUSSET, Dominique SOURDEL, *De l' Antiquité au monde médiéval*, 1972, pp. 94-99 et 243.

185. R. FOSSIER, *Histoire sociale de l' Occi-*

dent médiéval, *op. cit.*, p. 36.

186. Jean-Louis VATINEL, *Les Années terribles du IIIe siècle en Gaule*, 1969, p. 29.

187. Collection des historiens de France, I, p. 275, cité par Emile LEVASSEUR, *La Population française*, I, 1889, p. 107.

188. Paul-Albert FÉVRIER, *Le Développement urbain en Provence de l'époque romaine à la fin du XIVe siècle (archéologie et histoire urbaine)*, 1964, p. 212.

189. Henri LABROUSSE, *Toulouse antique. Des origines à l'établissement des Wisigoths*, 1968, p. 571.

190. Alexander RÜSTOW, *Ortsbestimmung der Gegenwart*. II, *Weg der Freiheit*, 1952, p. 243.

191. Edmond FREZOULS, «Etudes et recherches sur les villes en Gaule», *in*: *La Gallia romana*, Actes du colloque de l'Academia Nazionale dei Lincei (Rome, 10-11 mai 1971), 1973, p. 164.

192. M.-B. BRUGUIÈRE, *Littêrature et droit…*, *op. cit.*, pp. 391 *sq*.

193. Numa Denis FUSTEL DE COULANGES, *La Monarchie franque*, 5e éd. 1926, p. 520.

194. Marc BLOCH, "Le problème de l'or au Moyen Age", *in*: *Annales d'histoire économique et sociale*, V, 1933, p. 18.

195. Etienne SABBE, "L'importation des tissus orientaux en Europe occidentale au haut Moyen Age", *in*: *Revue belge de philologie et d'histoire*, XIV, 1935, pp. 811 et 1261.

196. François-Louis GANSHOF, "Notes sur les ports de Provence du VIIIe au Xe siècle", *in*: *Revue historique*, 184, 1938, p. 128.

197. Elyas ASHTOR, *A Social and Economic Histroy of the Near East in the Middle Ages*, 1976.

198. Pierre BONNASSIÉ, *La Catalogne du milieu du Xe à la fin du XIe siècle*, 1975, I, p. 379.

199. Je ne crois pas qu'un réchauffement du climat, â partir du VIIIe siècle, autre explication plausible de dernière heure, nous mette sur la bonne voie des causes et conséquences.

200. Marcel REINHARD, André ARMENGAUD, Jacques DUPAQUIER, *Histoire générale de la population mondiale*, 1968, p. p. 62 et 64; Karl Ferdinand WERNER, *Les Origines*, *in*: *Histoire de France*, p. p. Jean FAVIER, 1984, p. 360.

201. K. F. WERNER, *op. cit.*, p. 302; Lucien MUSSET *in*: R. FOLZ, A. GUILLOU, L. MUSSET, D, SOURDEL, *op. cit.*, pp. 118-120.

202. Lucien MUSSET, "Les migrations barbares", *in*: *Histoire de France*, p. p. Georges DUBY, I, 1970, p. 165 et Pierre RICHE, "Les temps mérovingiens, VIe-VIIe siècles", *ibid.*, I, p. 171.

203. Renée DOEHAERD, *Le Haut Moyen Age occidental. Economies et sociétés*, 1971, pp. 125-126 et 223-224.

204. *Ibid.*, p. 223.

205. Michel ROUCHE, "L'éclatement des mondes anciens", *in*: *Le Moyen Age*, p. p. Robert FOSSIER, *op. cit.*, p. 97.

206. Jean-François LEMARIGNIER, *La France médiévale, institutions et*

société, 1970, p. 52.

207. Pierre RICHÉ, *op. cit.*, *in*: *Histoire de France*, p. p. G DUBY, I, p. 170.

208. Léopold GENICOT, "Aux origines de la civilisation occidentale, Nord et Sud de la Gaule", *in*: *Miscellanea L. Van der Essen*, 1947, pp. I *sq*.

209. *Ibid.*, *p*. 98.

210. Renée DOEHAERD, *op. cit.*, pp. 90 *sq*.

211. Thomas REGAZZOLA et Jacques LEFEVARE, *La Domestication du mouvement*, *Poussées mobilisatrices et surrection de l'Etat*, 1981, p. 20.

212. Marc BLOCH, cité par Michel LE MENÉ, *L'Economie médiévale*, 1977, p. 26.

213. Henri PIRENNE, "L'instruction des marchands au Moyen Age", *in*: *Annales d'histoire économique et sociale*, 1929, p. 18.

214. P. RICHÉ. *op. cit.*, *in*: *Histoire de France*, p. p. G. DUBY, I, p. 170.

215. *Ibid.*, pp. 180-181.

216. R. FOSSIER, *Histoire sociale de l'Occident médiéval*, *op. cit*, p. 52.

217. Jan DHONDT, *Le Haut Moyen Age* (*VIIIe-XIe siècles*) traduction française, 1976, p. 73. Sur le traité de Verdun, voir *L'Identité de la France*, I, pp. 282-284 et carte.

218. J. DHONDT, *op. cit.*, p. 75.

219. Jacques MADAULE, *Histoire de France*, 1943, I, p. 77.

220. C'est-à-dire un événement qui a des conséquences à long terme et s'annexe ainsi un temps très supérieur à sa propre durée.

221. Ernst Robert CURTIUS, *La Littérature européenne et le Moyen Age latin*, 1956, p. 23.

222. Nicolas JORGA, *Histoire du peuple français*, éd. en roumain, 1919, p. 93.

223. P. BONNASSIÉ, *op. cit.*, I, p. 131.

224. Robet FOSSIER, *Le Moyen Age*, I. *Les Mondes nouveaux* 350-950, p. 14; II. *L'Eveil de l'Europe* 950-1250, p. 7.

225. J. DHONDT, *op. cit.*, pp. 2-3.

226. Fise: produit des diverses contributions levées dans les provinces de l'Empire romain. Le mot désigne ensuite le domaine particulier du souverain ou de l'Etat et le produit des droits seigneuriaux que le roi percevait comme possesseur ou suzerain des fiefs.

227. Comtes: gouverneurs de provinces qui avaient autorité administrative, judiciaire, financière et militaire. Les *Missi Dominici* ont été établis par Charlemagne pour les surveiller.

228. Honneur, On donnait le nom *d'honor* ou *honos*, sous les Carolingiens, aux terres, revenus ou délégations d'impôt que le roi concédait en forme de bénéfice à ses principaux fonctionnaires pour tenir lieu de traitement pendant la durée de leur fonction.

229. Voir supra I, pp. 274-275 et J. DHONDT, *op. cit*, p. 55.

230. *Ibid.*, p. 55.

231. *Ibid.*, p. 58.

232. Lucien GACHON, *La Vie rurale en France*, 3e éd. 1976, p. 42.

233. Paul ROLLAND, "De l'économie antique au grand commerce médiéval. Le problème de la continuité à Tournai et dans la Gaule" du Nord, *in*: *Annales d'histoire économique et sociale*, 1935, VII, pp. 245-284.

234. Anne LOMBARD-JOURDAN, "Du

problème de la continuité: y a-t-il une protohistoire urbaine de la France?", *in*: *Annales E. S. C.*, 1970, 4, p. 1127.

235. Jacob van KLAVEREN, "Die Wikingerzüge in ihrer Bedeutung für die Belebung der Geldwirtschaft in frühen Mittelalter", *in*: *Jahrbuch für Nationalökonomie und Statistik*, 1957, Bd. 168, H. 5/6, pp. 405 *sq*.

236. Maurice LOMBARD, "Mahomet et Charlemagne", *in*: *Annales E. S. C.*, 1948, n° 2, p. 197.

237. Michel ROUCHE, "La rénovation carolingienne", *in*: *Le Moyen Age*, I. *Les Mondes nouveaux* 350-950, 1982, p. 371.

238. T. REGAZZOLA et J. LEFEVRE, *op. cit.*, p. 19.

239. *Ibid.*, p. 23.

240. Voir par exemple l'abondante collecte réunie par Renée DOEHAERD, concernant les ventes faites par les villas royales aussi bien que par les seigneurs, les abbayes et les paysans eux-mêmes: *Le Haut Moyen Age occidental*, *op. cit.*, pp. 224-230.

241. Il s'agit de l'*Edictum Pistense* de 864, *in*: Alfred BORETIUS et Victor KRAUSE, *Capitularia regum Francorum*, II, p. 319, *in*: *Monumenta Germaniae Historica*, 1890.

242. J. DHONDT, *op. cit.*, p. 194.

243. *Ibid.*, p. 36 et pour le commerce à longue distance, pp. 152 *sq*.

244. *Ibid.*, pp. 172-190.

245. *Ibid.*, pp. 160 *sq*.

246. Renée DOEHAERD, *op. cit.*, pp. 103-109.

247. Mozarabes: chrétiens d'Espagne soumis à la domination musulmane.

248. Polyptyque: registre plié en plusieurs parties où l'on inscrivait les états officiels et authentiques des biens et droits d'une abbaye.

249. John RUSSEL, cité par Marcel REINHARD, *in*: *Histoire générale de la population mondiale*, *op. cit.*, p. 64.

250. Karl Julius BELOCH, "Die Bevölkerung Europas im Mittelalter", *in*: *Zeitschrift für Socialwissenschaft*, 1900, p. 408.

251. M. ROUCHE, *op. cit.*, pp. 460-461.

252. Sur le concept d'économie-monde, voir: F. BRAUDEL, *Civilisation matérielle*..., *op. cit.*, III, pp. 12 et eq.

253. Henri PIRENNE, *Histoire économique et cociale du Moyen Age*, éd, 1969, p. 20.

254. J. DHONDT, *op. cit.*, p. 183.

255. J. DHONDT, *op. cit.*, p. 189.

第二章

1. Jan DHONDT, *Le Haut Moyen Age* (*VIIIe-IXe siècles*), 1976, p. 186.
2. Guy BOIS, *Crise du féodalisme*, 1976, p. 299.
3. 70% en Normandie, 64% en Haute-Provence, 70% dans le Champsaur, à peu près autant dans la région parisienne. Ces chiffres sont cités par G. BOIS, *op. cit.* pp. 62-63, d'après Edouard BARATIER, *La Démographie provençale du XIIIe au XVIe siècle*, 81 et 59; Alfred FIERRO, "Un cycle démographique: Dauphiné et Faucigny du XIVe au XIXe siècle", *in*: *Annales E. S. C.*, sept.-oct. 1971, pp. 941-949; Guy FOURQUIN, *Les Campagnes de la région parisienne à la fin*

du Moyen Age, 1964, pp. 364-366.

4. G. Bois, *op. cit.*, troisième partie: "Les étapes de la crise".
5. *Cf.* Karl Ferdinand WERNER, *Les Origines*, *in*: *Histoire de France*. publiée sous la dir. de Jean FAVIFR, I, 1984, p. 432.
6. *Ibid.*, p. 431.
7. *Ibid.*, p. 433.
8. *Ibid.*, p. 426. Dès le XIe siècle dans le Nod de la Bourgogne.
9. La Frise, pays maritime de longue date, intégrée au royaume de Lothaire lors du traité de Verdun en 843, pratiquait le commerce à longue distance de son industrie textile. Jan DHONDT, *Le Haut Moyen Age (VIIIe-XIe siècles)*, 1976, pp. 143-144.
10. Edouard PERROY, *La Guerre de Cent Ans*, 1945, p. 41.
11. Alleu: héritage tenu en franchise par opposition aux fiefs.
12. Ce qu'à la fin du XIe siècle, on commencera d'appeler le "fief", Jean FAVIER, *Le Temps des principautés: de l'an Mil à* 1515, *in*: *Hestoire de France*… *op. cit.*, II, 1984, p. 22.
13. Charles PFISTER, *Etudes sur le règne de Robert le Pieux* (996-1031), 1885, pp. 167-168.
14. E. PERROY, *op. cit.*, p. 18.
15. François SIGAUT, « Moulins, femmes, esclaves », *in*: *Colloque* Techni-ques, technologie et histoire dans l'aire méditerranéenne, Aix-en-Provence, 21-23 octobre 1982, à paraître.
16. K. F. WERNER, *op. cit.*, p. 424; J. DHONDT, *op. cit.* p. 27.
17. J. DHONDT, *op. cit.* pp. 24-25 et Georges DUBY, *L'Economie rurale et la vie des campagnes de l'Occident médiéval*, 1962, I, pp. 100-102.
18. Sur la formation de ces deux pôles d'activité, *cf.* F. BRAUDEL, *Civilisation matérielle*…, III, 1979, pp. 78 *sq*.
19. *Ibid.*, p. 77, note 17.
20. Josiah Cox RUSSELL, "Late ancient and medieval population", *in*: *Transactions of the American Philosophical Society*, 1958, pp. 95 *sq.*, cité par Wilhelm ABEL, *Crises agraires en Europe (XIIIe-XXe siècle)*, 1973, pp. 35-36.
22. Josiah Cox RUSSEL, art. cit., p. 96.
23. W. ABEL, *op. cit.*, p. 37.
24. G. DUBY, R. MANTRAN, *L'Eurasie*… *op. cit.* pp. 18-19.
25. *Ibid.*, p. 85.
26. Amédée THALAMAS, *La Société seigneuriale française* 1050-1270, 1951, p. 46, note 18.
27. Marc BLOCH, *Les Caractères originaux de l'histoire rurale française*, I, 1976, pp. 5 et 9.
28. A THALAMAS, *op. cit.*, p. 43.
29. M. BLOCH, *op. cit.*, I, p. 9.
30. Louis BADRÉ, *Histoire de la forêt française*, 1983, p. 27.
31. E. MOREL, "En Champagne, le bois dont on fait les villages", *in*: *Marie-France*, octobre 1982.
32. Sur l'importance de l'usage du bois, *cf.* F. BRAUDEL, *Civilisation matérielle*… 1979, I, p. 252.
33. Le Multien, ancienne région de France, entre la Marne et l'Ourcq.
34. L'Orxois, petit pays de la Brie.
35. Pierre BRUNET, *Structure agraire et économie rurale des plateaux tertiaires entre la Seine et l'Oise*, 1960, pp. 430 *sq*.

36. Voir les étonnantes photographies aériennes de Roger Agache qui révèlent l'emplacement d'anciennes-villasgallo-romaines aujourd'hui invisibles, et le village, construit parallèlement à la limite, parfois irrégulière, des terres de la villa. Ce qui suppose une première implantation au temps où l'exploitation existait encore. R. AGACHE, "Archéologie aérienne de la Somme, recherches nouvelles", *Bulletin spécial de la Société de Préqistoire du Nord*, n° 6, 1964, figure 218; «Détection aérienne des vestiges protohistoriques galloromains et médiévaux dans le bassin de la Somme et ses abords», *ibid.*, n° 7, 1970, figure 637 et figure Q, pp. 210-211.
37. Emile MIREAUX, *Une province française au temps du Grand Roi: la Brie*, 1956, pp. 70 *sq*.
38. P. BRUNET, *op. cit.* p. 434.
39. François JULIEN-LABRUYÉRE, *Paysans charentais, histoire des campagnes d'Aunis, Saintonge et Bas-Angoumois*, I, 1982, p. 43.
40. Guy BOIS, "Population, ressources et progrès technique dans un village du Mâconnais (x^e^-xviiie siècles)", *in*: *Des labours de Cluny à la révolution verte*, actes du *Colloque Population-ressources*, 1985, p. 38.
41. Jan DHONDT, *op. cit.*, pp. 115-117 et note p. 330.
42. Jean FAVIER, *Histoire de France*, II: *Le Temps des principautés de l'an Mil à 1515*, 1984, p. 58.
43. *Cf.* F. BRAUDEL, *Civilisation matérielle… op. cit.*, III, p. 77, note 19.
44. *Ibid.*, p. 77, note 18.
45. J. FAVIER, *op. cit.*, p. 56.
46. Guy BOIS, *Crise du féodalisme*, 1976, p. 264.
47. K. F. WERNER, *op. cit.*, pp. 426-428.
48. *Ibid.*, p. 58.
49. *Ibid.*, p. 60.
50. Pierre CHAUNU, *Le Temps des Réformes*, 1975, p. 77.
51. Robert PHILIPPE, *L'Energie au Moyen Age: l'exemple des pays d'entre Seine et Loire de la fin du Xe siècle à la fin du XVe siecle (thèse inédite)* I, 1980, p. 173.
52. André CHEDEVILLE, *Chartres et ses campagnes, XIe-XIIIe siècles*, 1973, p. 196.
53. *Ibid.*, p. 194.
54. La puissance moyenne d'un moulin étant fixée à 6 HP, l'énergie mise en œuvre est de 120 000 HP, alors que le cheval, animal tracteur, représente 1/7 de HP et l'homme, 0, 3 HP, mais il faudrait tenir compte de l'intermittence du travail fourni par l'homme ou le cheval, et aussi de l'intermittence saisonnière de l'ativité des moulins.
55. Robert PHILIPPE dans une de nos discussions.
56. Robert PHILIPPE, "Les premiers moulins à vent", *in*: *Annales de Normandie*, n° 2, juin 1982, p. 100, note: "En 1802, 66 000 moulins à eau, 10 000 moulins à vent; en 1896, 37 051 moulins à eau et à vent; en 1921, 20 168."
57. P. BONNAUD, *op. cit.*, I, p. 18.
58. Même si l'on ne retient pas le chiffre très bas de Russell cité plus haut (6

2000 000 habitants), la population au début du XIIe siècle ne peut dépasser un maximum de dix millions, soit une population active d'environ deux millions. En admettant que les 20 000 moulins de cette époque soient l'équivalent de 600 000 travailleurs (voir *supra* et note 54), ils augmenteraient l'activité générale d'environ un tiers. Tout cela hypothétique, mais qui suggère un ordre de grandeur.

59. Témoignage recueilli au hasard d'un voyage de l'intéressé luimême.
60. R. PHILIPPE, *L'Energie au Moyen Age*, *op. cit.*, I, p. 15.
61. W. ABEL, *op. cit.*, chapitre I, en particulier pp. 49-51.
62. P. CHAUNU, *op. cit.*, p. 13.
63. Léopold DELISLE, *Etudes sur la condition de la classe agricole et l'étal de l'agriculture en Normandie au Moyen Age*, 1850, cité par R. PHILIPPE, *op. cit.*, p. 66.
64. Pour plus de détails sur cette première économie-monde européenne, *cf.* F. BRAUDEL, *Civilisatior matérielle* …, III, 74-94.
65. Félix BOURQUELOT, *Etudes sur les foires de Champagne*, 1865 (I, pp. 72-75); Robert-Henri BAUTIER, "Les foires de Champagne", *in*: *Recueils de la Société Jean Bodin*, V, *La Foire*, 1953, p. 14.
66. Michel BUR, "Remarques sur les plus anciens documents concernant les foires de Champagne", *in*: *Colloque Les Villes, contribution à l'étude de leur développement en fonction de l'évolution économique*, Troyes, octobre 1970, 1972, p. 60.
67. Philippe DOLLINGER, "Le chiffre de la population de Paris au XIVe siècle: 210 000 habitants ou 80 000 habitants?", *in*: *Revue historique*, juil,-sept. 1956, pp. 35-44.
68. E. PERROY, *op. cit.*, p. 16. Charles V (1356-1380) construira audelà des murailles le quartier du Marais.
69. "Georges Suffert fait le point avec Régine Pernoud: des cathédrales à recolorier", *in*: *Le Point*, 24-30 janvier 1983, pp. 112-122.
70. Ernst CURTIUS, *La Littérature européenne et le Moyen Age latin*, trad. française, 1956, p. 68.
71. *Ibid.*, pp. 588-589. Michael Blaunpayn, dit aussi Michel de Cornubie, natif de Cornouailles, fit ses études à Oxford et à Paris.
72. Lando BORTOLOTTI, *Le Città nella storia d'Italia*, 1983, p. 36.
73. Robert FOSSIER, *Le Moyen Age*, III, 1983, p. 55.
74. François SIMIAND distingue la phase A, phase de montée, et la phase B, phase de descente dans les crises cycliques.
75. R. FOSSIER, *op. cit.* p. 21.
76. Guy BOIS, *Crise du féodalisme*, 1976, p. 10.
77. *Ibid.*, p. 11.
78. André CHEDEVILLE, *Chartres et ses campagnes*, *XIe-XIIIe siècles*, 1973, p. 528.
79. R. FOSSIER, *op. cit.*, III, p. 25.
80. Michel BELOTTE, *La Région de Bar-sur-Seine à la fin du Moyen Age*, thèse 1973, p. 37.
81. R. FOSSIFR, *op. cit.*, III, p. 44.
82. Robert PHILIPPE, *op*, *cit.*, I, p. 265.
83. G. BOIS, *op. cit.*, p. 52.

84. *Ibid.*, p. 62.
85. *Ibid.*, p. 299.
86. Adolphe VUITRY, *Etudes sur le régime financier de la France avant la Révolution de* 1789, 1883, II, pp. 295-299, cité par G. BOIS, *op. cit.*, p. 267.
87. Jean-Noël BIRABEN, *Les Hommes et la peste en France et dans les pays européens et méditerranéens*, 1975, I, p. 55.
88. En provenance du Proche-Orient, où la peste n'avait pas disparu comme en Europe (*cf.* note 90).
89. J.-N. BIRABEN, *op. cit.*, I, p. 309.
90. Dans l'Empire ottoman, la peste continuera à sévir, imposant des quarantaines dans tous les ports de la Méditerranée; comme en Europe, elle disparaîtra complètement, mais vers 1850 seulement. Daniel PANZAC, *La Peste dans l'Empire ottoman* 1700-1850, thèse inédite, Aix-en-Provence, 1982.
91. Jean de VENETTE, *Continuations de Guillaume Nangis* (1300-1368). II, éd. 1844, cité par Noël COULET, "Le malheur des temps, 1348-1440", *in*: *Histoire de la France*, p. p. Georges DUBY, II, 1971, p, 11.
92. J. N. BIRABEN, *op. cit.*, p. 159.
93. N. COULET, *in*: *G. DUBY*, *op. cit.*, II, p. 9.
94. Thomas BASIN, *Histoire de Charles VII*, éd. 1933, pp. 88-89.
95. F. JULIEN-LABRUYÈRE, *op. cit.*, *p.* 132.
96. Noël COULET, *in*. G. DUBY, *op. cit.*, p. 18.
97. Jean FROISSART, *Chroniques*, V (1356-1360). cité par N. COULET, *op. cit.*, p. 14.
98. *Journal d'un bourgeois de Paris* (1405-1449), éd. 1881, cité par N. COULHT, *op. cit.*, p. 32.
99. *Ibid.*, p. 9.
100. Emile LEVASSEUR, *La Population française*, 1891, I, p. 179.
101. N. COULET, *in*: G. DUBY, *op. cit.*, II, p. 28.
102. R. FOSSIER, *op. cit*, III, p. 65.
103. John DAY, "*The Great* Bullion Famine of the 15th century", *in*: *Past and Present*, mai 1978, pp. 3-54; "The Question of Monetary Contraction in late Medieval Europe", *in*: *Nordisk Numismatik Arsskrift* 1981, pp. 12-29.
104. F. BOURQUELOT, *op. cit.*, I, p. 190.
105. André LEFEVRE, "Les finances de la Champagne aux XIIIe et XIVe siècles", *in*: *Bibliothèque de l'Ecole des Chartes*, 1859, p. 69, cité par M. BELOTTE, *op. cit.*, p. 156.
106. Renée DOEHAERD, "Les galères génoises dans la Manche et la mer du Nord à la fin du XIIIe et au début du XIVe siècle", *in*: *Bulletin de l'Institut Historique belge de Rome*, 1938, pp. 5-76.
107. F. BRAUDEL, *Civilisation matérielle*…, III, p. 123.
108. Enrique OTTE, "La Rochelle et l'Espagne. L'expédition de Diego Ingenios à l'île des Perles en 1528", *in*: *Revue d'Histoire économique et sociale*, 1959, I, p. 44.
109. F. BRAUDEL, *op. cit.*, III, p. 95.
110. *Ibid.*, pp. 475-477.
111. *Ibid.*, pp. 95 *sq.*
112. Prerre CHAUNU, Georges SUFFERT, *La Peste blanche*, 1976, p. 57.

113. Franck C. SPOONER, *The international Economy and Monetary Movements in France*, 1493-1725, 1972.
114. F. BRAUDEL, *La Méditerranée et le mond*…, *op. cit.*, II, p. 217.
115. Père Roger MOLS, *Introduction à la démographic historique des villes d'Europe du XIVe au XVIIIe siècle*, II, 1955, p. 516.
116. Jean-H. MARIÈJOL, *La Réforme et la Ligue, L'Edit de Nantes* (1559-1598), t. VI, de l'*Histoire de France*, p. p. Ernest LAVISSE, 1911, pp. 111 *sq*.
117. Pierre GOUBERT, *Beauvais et le Beauvaisis de* 1600 *à* 1730. *Contribution à l'histoire sociale de la France du XVIIe siècle*. 1960, p. 30.
118. E. LEVASSEUR, *op. cit.*, *I. p.* 189.
119. E. LE ROY LADURIE, *Les Paysans de Languedoc*, 1966, I, pp. 149-150.
120. *Ibid.*, p. 163.
121. *Ibid.*, p. 189.
122. M. BELOTTE, *op. cit.*, p. 266.
123. *Ibid*. p. 310.
124. Claude HARMELLE, *Les Piqués de l'aigle. Saint-Antonin et sa région* (1850-1940), 1982, p. 22.
125. Pierre de BRANTÔME, *œuvres*, IX, éd, 1779, p. 249.
126. Cité par Karl HELLEIENR, *in*: *The Cambridge Economie History of Europe*, éd E. E. RICH et H, HABAKKUK, IV, 1967, p. 24.
127. Omer LUTFI BARKAN, cité par F. BRAUDEL, *La Méditerranée et le monde méditerranéen.*, I, 1982, p. 363.
128. F. BRAUDEL, *Givilisation matérielle*…, I, 1979, pp. 163 *sq*.
129. Cela dépend probablement des régions. En Normandie, par exemple, Guy Bois constate que le plafond atteint vers 1550 est sensiblement inférieur du quart environ à celui de la fin du XIIIe siècle, *op. cit.*, p. 71.
130. F. BRAUDEL, *Civilisation matérielle*…, III, p. 69; Guy BOIS, *op. cit.*, p. 10 en donne une saisissante illustration; en 1473, le Nord de la Normandie est anéanti par les Bourguignons: villages rasés, récoltes totalement brûlées, la désolation est la même qu'un siècle plus tôt, mais cette fois, en pleine reprise économique, tout est réparé en quelques années seulement.
131. André ARMENGAUD, *La Famille et l'enfant en France et en Angleterre du XVIe au XVIIIe siècle*, 1975, p. 81.
132. Oudard COQUAULT, *Mémoires*…(1649-1668), éd. 1875, I, p. 34.
133. Pierre GOUBERT, "Le régime démographique français au temps de Louis XIV", *in*: *Histoire économique et sociale de la France*, p. p. Fernand BRAUDEL et Ernest LABROUSSE, II, 1970, p. 37.
134. Jean FOURASTIÉ, "De la vie traditionnelle à la vie tertaire", *in*: *Population*, 1959, n°, 3, p. 418.
135. André ARMENGAUD, Jacques DUPAQUIER, Marcel REINHARD, *Histoire générale de la population mondiale*, 1968, pp. 175-176.
136. *Ibid.*, p. 195.
137. F. BRAUDEL, *Givilisation matérielle*…, 1979, I, p. 136.
138. *Histoire de l'Aquitaine*, p. p. Charlés HIGOUNET, 1971.
139. Alain CROIX, *La Bretagne aux XVIe et XVIIe siècles*, 1981, I, pp. 44-45.
140. F. BRAUDEL, *Civilisation maté-*

rielle …, I, p. 141 et notes 233 et 234.

141. E. JUILLARD, *La Vie rurale dans la plaine de Basse-Alsace. Essai de géographie sociale*, 1953, pp. 213-215.

142. Earl J. HAMILTON, *American Treasure and the Price Revolution in Spain*, 1934.

143. Huguette et Pierre CHAUNU, *Séville et l'Atlantique* 1504-1605, 1955-1960.

144. Michel MORINEAU, *Incroyables Gazettes et fabuleux métaux. Les retours des trésors américains d'après les gazettes hollandaises* (*XVI*^e^-*XVIII*^e^ *siècles*), 1985.

145. P. GOUBERT, *Beauvais et le Beauvaisis*…, *op. cit.*, p. 382 et note 77.

146. Witold KULA, *Théorie économique du système féodal*…, 1970, p. 48.

147. Frank SPOONER, *The International Economy and Monetary Movements in France* 1493-1725, 1972, p. 306.

148. Karl Julius BELOCH, "Die Bevölkerung Europas zur Zeit der Renaissance", *in*: *Zeitschrift für Sozialwissenschaft*, 1900, pp. 774 et 786.

149. A. ARMENGAUD, J. DUPAQUIER, M. REINHARD, *op. cit.*, pp. 241-271, 328-339.

150. Charles-Henri POUTHAS, *La Population française pendant la première moitié du XIX*^e^ *siècle*, 1956; P. GOUBERT, "Les fondements démographiques", *in*: *Histoire économique et sociale de la Frances. op. cit.*, II, 1970, pp. 9-84; André ARMENGAUD, "Le rôle de la démographie", *in*: *Histoire économique et sociale de la France* … *op. cit.*, III_1, 1976, pp. 161-238.

151. A. ARMENGAUD, J. DUPAQUIER M. REINHARD, *op. cit.*, p. 252.

152. A. ARMENGAUD, *op. cit.*, *in*: F. BRAUDEL. et E. LABROUSSE, *Histoire économique et sociale de la France*, III_1, 1976, p. 173.

153. C. E. LABROUSSE, *La Crise de l'économie française à la fin de l'Ancien Régime et au début de la Révolution*, 1944.

154. B. H SLICHER VAN BATH, *Yield Rvtios* 810-1820, 1963, p. 16.

155. Richard GASCON, "La France du mouvement: les commerces et les villes", *in*: *Histoire économique et sociale de la France* …, I_1, 1977, p. 238, qui cite MACHIAVEL, *Tableau de la France en* 1510.

156. Paul BAIROCH, "Les grandes tendances des disparités économiques nationales depuis la révolution industrielle", *in*: *Regional and International Disparities in Economic Development since the Industrial Revolution*, 7e congrès international d'histoire économique, 1978, pp. 43-45.

157. L. M. POUSSEREAU, "Changements survenus depuis un siècle dans la condition des bûcherons et des ouvriers forestiers du département de la Nièvre", *in*: *Bulletin de la Société scientifique et artistique de Clamecy*, 1927, pp. 36-54.

158. Jean-Charles SOURNIA, *Histoire et médecine*, 1982, p. 236.

159. *Ibid.*, p. 235.

160. Jean BERNARD cité *in*: "Le 28e Congrès d'histoire de la médecine, tromper la mort", *in*: *Le Monde*, 8 *septembre* 1982.

161. Emile LITTRÉ, *Journal des débats*, 18 Juin 1856, cité par J.-Ch. SOURNIA, *op. cit.*, p. 237.
162. Claude BERNARD, *Introduction à l'étude de la médecine expérimentale*, cité par J.-Ch. SOURNIA, *op. cit.*, p. 236.
163. Alfred SAUVY, "Préface" à *Demain le Tiers-Monde: population et développement*, n° spécial de la *Revue Tiers Monde*, XXIV, n° 94, avril-juin 1983, p. 236.
164. Alfred SAUVY, *La Population*, 1963, p. 66.
165. A. SAUVY, Notes de lecture *Le Monde*, 14 septembre 1982.
166. John NAISBITT, *Megatrends*, cité par Jacques DUQUESNE, "Spécial 1983-2000, l'agenda du futur", in: *Le Point*, 7 nov. 1983, p. IV.
167. 10 pour mille en 1980, huitième place dans le monde, derrière la Suède, le Japon, la Finlande, la Suisse… avant les Etats-Unis et l'Allemagne (*Population et Sociétès*, août 1982, n° 160). En 1985 ce chiffre est passé à 8, 3 pour mille (*ibid.*, n° 200).
168. Georges VALRAN, *Misère et charité en Provence au XVIIIe sièele*, 1899, pp. 22-23.
169. A. SAUVY, *Héconomique de la France entre les deux guerres*, *op. cit.*, II, 1974, pp. 340-341.
170. Ange GOUDAR, *op. cit.*, 1756, I, pp. 271 et 275.
171. Jean AUFFRAY, *Le Luxe considéré relativement à la population et à l'économie*, 1762, pp. 29-30.
172. A. GOUDAR, *op. cit.*, p. 96.
173. Jean NOVI DE CAVEIRAC, *Paradoxes intèressants sur la cause et les effets de la révocation de l'Edit de Nantes, la dépopulation et repopulation du Royaume, l'intolérance civile et rigoureuse d'un gouvernement …*, 1758, p. 253.
174. Denis-Laurian TURMEAU de LA MORANDIERE, *Appel des étrangers dans nos colonies*, 1763, p. 21.
175. Chevalier de CERFVOL, *Législation du divorce*, 1770, pp. 62-63.
176. M. MOHEAU, *Recherches et considérations sur la population de la France*, 1778, éd. 1912, p. 258.
177. Père FÉLINE, *Catéchisme*, 1782, p. II, cité par Jean-Marie GOUESSE, "En Basse-Normandie aux XVIIe et XVIIIe siècles: le refus de l'enfant au tribunal de la pénitence", *in*: *Annales de démographie historique*, 1973, pp. 255-256.
178. M. MESSANCE, *Nouvelles Recherches sur la population de la France* 1788, p. 27.
179. Jean-Pierre BARDET, *Rouen aux XVIIe et XVIIe siècles, les mutations d'un espace social*, *I*, 1983, p. 263.
180. Guy ARBELLOT, *Cinq Paroisses pu Vallage, XVIIe-XVIIIe siècles. Etude démographique historique*, 1970, p. 225.
181. J.-M GOUESSE, art. cit., p. 231.
182. *Ibid.*, p. 251.
183. John NICKOLLS (pseudonyme de PLUMARD DE DANGEUL), *Remarques sur les avantages et désavantages de la France et de la Grande Bretagne par rapport au commerce et autres sources de la puissance des Etats*, 1754, pp. 18-19.
184. Jacques DUPAQUIER, Marcel LACHIV-

ER, "La contraception en France ou les deux malthusianismes", *in*: *Annales E. S. C.*, 1969, n° 6, p. 1401.

185. J.-P. BARDET, *op. cit.*, p. 265.

186. *Ibid.*, p. 272.

187. Jean GANIAGE, *Trois Villages d' Ile-de-France-au XVIIIe siècle*, I. N. E. D., cahier n° 40, 1963, p. 131.

188. Antoinette CHAMOUX et Cécile DAUPHIN, "La contraception avant la Révolution française: l' exemple de Châtillon-sur-Seine", *in*: *Annales E. S. C.*, 1969, 3, pop. 662-684.

189. Raymond DENIEL. et Louis HENRY, "La population d'un village du Nord de la France, Sainghin-en-Mélantois de 1665 à 1851", *in*: *Population*, 1965, 4, pp. 563-602. Pour la Vendéc, J.-L. FLANDRIN, *Les Amours paysannes (XVIe-XIXe siècles)*, 1975, p. 242.

190. J.-M. GOUESSE, art. cit., p. 323 et note 6.

191. Marquise de SEVIGNE, *Lettres*, I, éd. Pléiade, 1953, pp. 432, 433, 450, *cf.* aussi *La Prévention des naissances dans la famille, ses origines dans les pays modernes*, eahier de l'INED, n° 35, 1960, pp. 156-159.

192. J.-P. BARDET, *op. cit.*, p. 264.

193. Michel de MONTAIGNE, *Les Essais*, éd. Pléiade 1962, I, XIV, p. 58.

194. Textes du xvie siècle cités par Jean-Louis FLANDRIN, *op. cit.*, pp. 83 et 86.

196. Bricquebec, sept. 1708, cité par J.-M. GOUESSE, art. cit., p. 258.

197. M. de MONTAIGNE, *op. cit.*, I, XXX. p. 196.

198. Pierre de BRANTÔME, *Les Dames galantes*, éd. Maurice RAT, [1917], p. 25, cité par Jean-Louis FLANDRIN, "La vie sexuelle des gens mariés dans l'ancienne société: de la doctrine de l' Église à la réalité des comportements", *in*: *Communications*, 1982, pp. 108-109.

199. P. DE BRANTOME, *op. cit.*, pp. 32 et 27-28, cité par Jean-Louis FLANDRIN, "Contraception, mariage et relations amoureuses dans l' Occident chrétien", *in*: *Annales E. S. C.* 1969, 6, pp. 1383-1384 et note 4.

200. P. DE BRANTOME, *op. cit.*, pp. 38-39, cité par J.-L. FLANDRIN, art. cit., p. 1385.

201. J.-L. FLANDRIN, "L' attitude à l' égard du petit enfant et les conduites sexuelles dans la civilisalion occidentale", *Annales de démographie historique*, 1973, pp. 182 *sq*.

202. Cité par Hélène BERGUES, *La Prévention des naissances dans la famille*, INED, cahier n° 35, 1960, pp. 229-230.

203. M. DE MONTAIGNE, *op. cit.*, I, XIV, p. 62.

204. Alfred SAUVY, "Essai d' une vue d' ensemble", *in*: *La Prévention des naissances dans la famille, ses origines dans les temps modernes*, *op. cit.*, pp. 389-390.

205. Ferdinand BUISSON, *Souvenirs* (1866-1916), 1916, pp. 30-32.

206. Sur ce groupe, sa vie et son rôle social au xvie siècle, *of.* George HUPPERT, *L' ldée de l' histoire parfaite*, 1973; *Bourgeois et gentishommes. La réussite sociale en France au XVIe siècle*, 1983. Pour la fondation des nouvelles écoles, au XVIe siècle,

George HUPPERT, *Public School Frannce in Renaissance*, 1984.

207. Edgar QUINET, *Histoire de mes idées. Autobiographie*, [1878], pp. 78-79.

208. Cité par M. REINHARD, A. ARMENGAUD, J. DUPAQUIER, *Histoire de la population mondiale*, 1968, p. 336.

209. Michel-Louis LEVY, "Les étrangers en France", *in*: *Population et société*, juillet-août 1980, n° 137. Les chiffres qui précèdent sont empruntés à ce même article.

210. *Ibid*.

211. *Ibid*.

212. Cité par F. BRAUDEL, *La Méditerranée*... *op. sit.*, II, p. 129.

213. Augustin BARBARA, "Un muscle seulement?", *in*: *Le Monde*, 25 juillet 1980.

214. En 1984, aux Etats-Unis, certaines industries de pointe trouvaient plus avantageux, pour réduire leurs coûts, de recourir à l'off-shore manufacturing (en Asie le plus souvent) plutôt qu'à la main-d'œuvre mexicaine.

215. Jean-François DUPAQUIER, "Les familles d'immigrés ne veulent pas jouer les 'bourgeois'... mais avec 8 ou 9 enfants, les appartements sociaux leur sont interdits", *in*: *Le Quotidien de Paris*, 27 mars 1980.

216. C'est ce que pensent d'ailleurs la majorité des Français: selon un sondage du Figaro-Sofres (novembre 1985), 90% trouvent normal que les immigrés qui cotisent reçoivent allocations de chômage et allocations familiales, bien que 71% souhaitent le renvoi dans leur pays des immigrés clandestins.

217. Nathaniel WEYL, *Karl Marx*, *racist*, 1980.

218. Art, cit. *in*: *Le Monde*, 25 juillet 1980.

219. Ce que confirme une étude biologique réalisée par l'INSERM, à partir de milliers de tests sanguins, tant en ce qui concerne les groupes sanguins que les combinaisons de gènes. Réalisée sur des familles installées dans leur région depuis au moins trois générations, elle prouve "la grande diversité de nos origines ethniques", avec des différencce régionales parfois surprenantes, révélatrices de très anciens courants migratoires. Franck NOUCHI, "Une étude biologique démontre le 'métissage' du peuple français", *in*: *Le Monde*, 25 octobre 1985.

220. Bernard STASI, *L'Immigration*, *une chance pour la France*, 1984, p. 13.

221. "Après les accusations de Begin, les Français sont-ils antisémites? Oui, dit Serge Koster, qui pense qu'il n'y a pas de discours innocent sur Israël", *in*: *Le Quotidien de Paris*, 12 août 1982.

222. "Un équilibre sans cesse remis en question", *in*: *Le Quotiden de Paris*, 2 avril 1980.

223. Jean-François DUPAQUIER, "Quand les bougnoules étaient ritals...", *in*: *L'Evénement du jeudi*, 13-19 juin 1985, pp. 48-49, qui se réfère à *L'Emigrazione italiana in Francia prima del* 1914, J.-B. DUROSELLE et E. SERRA, Milan 1978.

224. Jean-François DUPAQUIER, "Quand les bougnoules étaient polaks...", *in*: *L'Evénement du jeudi*, 13-19

juin 1985, pp. 50-51.

225. Judith SAYMAL, "Si ma soeur épouse un Français, je la tue!", *in*: *L'Evénement du jeudi*, 13-19 juin 1985, pp, 40-41.

226. Tahar BEN JELLOUN, "Les jeunes et la mère amnésique", *in*: *Le monde*, 25 juillet 1980.

227. G LECLERC-COUTEL, "Ne pas mourir deux fois", *in*: *Le Monde*, 25 juillet 1980.

228. Jean ANGLADE, *La Vie quotidienne des immigrés en France de* 1919 *à nos jours*, 1976, pp. 105 *sq*.

229. Débat: "Les immigrés parmi nous", *Le Monde*, 19-20 juin 1983.

230. Jean-François MONGIBEAUX, "L'album de voyage de petits maghrébins au Maghreb", *in*: *Le Quotidien de Paris*, 7 septembre 1982.

231. Enquête en Kabylie de Jacques MAIGNE, "Le double exil des immigrés qui choisissent le 'grand retour'", *in*: *Libération*, 7 novembre 1983.

232. Enquête à Alger de Michel AREZKI, "Les émigrès étrangers de l'intérieur", *in*: *Libération*, 9 novembre 1983.

233. *Ibid*.

234. Enquête en Kabylie de J. MAIGNE, art. cit.

235. *Ibid*.

236. *Ibid*.

237. Jean-François DUPAQUIER, "L'Islam ou le bulletin de vote?", *in*: *L'Evénement du jeudi*, 13-19 juin 1985, pp. 34-38.

238. Léo HAMON, "Une seule appartenance", *in*: *Le Monde*, 23 mai 1980.

239. J.-F. DUPAQUIER, art. cit., p. 37.

240. *Ibidem*, J.-F. DUPAQUIER, "Le pays réel, c'est la france", *ibid*., p. 41.

241. Jean-Francis HELD, "Comment faire des Erançais avec du Beur?", *in*: *L'Evénement du jeudi*, 13-19 juin 1985, pp. 32-33.

第二部分
直到20世纪为止的“农民经济”

第 三 章 iii-9

乡村是经济基础

本章及下一章将介绍对往昔法国经济的长时段观察。我将从公元 1000 年开始注视其命运，在叙述清楚、足以提出并可能抓住重大问题的条件下，干脆就从 1450 年开始。但是，即使缩短了时间跨度，这段时间还是长得惊人。更何况，我们必须挖掘经济史的深层。鉴于上述理由以及许多其他原因，给予法国乡村以优先地位，从乡村出发，并根据乡村的作用，对整个经济活动作出判断，这是合乎逻辑的。读者从两章的标题便可一眼看出。我在叙述中将经常使用“农民经济”一词，它不属于我的发明。我是从达尼埃 iii-10
尔·托尔内 1964 年 5—6 月间发表的一篇文章上照搬过来的[1]，他在这篇至关重要的、独辟蹊径的文章里，曾试图撇除诸如“亚细亚生产方式”之类的套话，这类空洞无物的套话曾风行一时，在书面论述中更屡见不鲜。

当然，他并不想用“农民经济”一词专门确指一切经济中无不包含的、由农民经营的产业，况且在过去，农民人数之多犹如汪洋大海。在这种经济形态下，乡村活动占着主导地位，其他的经济活动必定伴随着它，并逐渐发展壮大，削弱乡村的实力。

达尼埃尔·托尔内认为，乡村活动和非乡村活动的比例是确定社会分界的首要特征。只要往昔的西方国家和今天的许多发展中国家不结束以下的状况，社会便始终停留在“农民经济”的阶段：

——本国的农业占总产值的一半以上；

——一半以上的人口从事农业劳动；

——一半以上的农产品由农户提供（农民一家一户的个体经济与领主、有产者、资本家经营的大农庄截然不同）。这些小农虽以不同方式蒙受剥削，但他们仍具有一定的独立性，并与市场保持直接的联系。

尽管如此，社会的经济发展程度已足以使：

——国家及其必要的机构得以存在；

——城乡间的对话使相互关系更加密切。

以上是达尼埃尔·托尔内为“农民经济”所定的标准，我接受这些标准，显然是为我所用。大家将注意到，即使不作极端的推iii-11 论，这些标准本身便划定一个体系，一个整体：把城市和国家置于“模式”之中，也就是说，把规章制度、工业、形形色色的交换、信贷，甚至蹒跚学步的资本主义，全都接纳进来。另一方面，“农民”这一形容词势必使人集中注意农业的首要地位：乡村是一切经济活动的基础，乡村的活动无孔不入，其他活动不过是大海中的孤岛。但这些孤岛毕竟存在着。

欧洲的所有国家都曾经历过为时达几个世纪的“农民经济”。它们后来又全都超越了这个阶段，时间或早或晚。法国比几个别的国家慢些：这一落后肯定给法国的深层历史打上了烙印。路易·歇瓦利埃 1949 年谈到法国时已经断言：“在某种程度上，农民意识作为一种习惯势力，约束着国家的发展可能性。法国什么事情能放心大胆去做，什么事情应该拒绝去做，都要通过农民去辨别。”[2] 农业既是经济的命根子，它本身又反映着“法兰西的某种观念”。农业的沉重包袱在暗中拖了社会发展的后腿，能否认为这是一件好事？我对此表示怀疑。或者，是否如许多历史学家所想，这是一件坏事？

与其就此作出判断，人们不妨先问：法国怎样和为什么在国内保留了数量众多的、功能越来越小的农民？它为此付出了什么代价？难道是我国优越的自然条件才使乡村能够不顾风浪的袭击，将其领先地位延长到超过合理的界限？难道法国乡村的惰性及其无可否认的成就竟使法国长期陷于固步自封，因循守旧的境地，以致在朝夕之间难以自拔吗？这些疑问贯穿在本章的各个段落。其实，直到本书的末尾，问题还将是悬而未决。

一　法国的“农民经济”延续了多少个世纪

iii-12

第一个问题关系到划定界限：究竟在什么时候（具体的时间）人们可以观察到农民经济，进而根据这个“模式”推导出我们所需的教益和认识？显然，当模式要素之一鲜明地出现时，模式已经近在眼前；到各要素完全具备时，模式已发挥作用；后来，随着主要部件的陆续断裂，模式便逐步损坏。

早在罗马统治期间，高卢已出现了城市和乡村，也就是说，已存在一种秩序和一些束缚。在这以前，独立高卢的情形无疑还若明若暗。但是，在罗马夺取城市时，模式也许还没有完全定型，因为在各地的乡村，庄园主及其奴隶与达尼埃尔·托尔内提出的条件相矛盾，也就是说，一半以上的产品要靠拥有一定行动自由的农户所提供[3]。罗马统治下的高卢诚然有了独立的农民，但他们的产品还不占多数。此外，城市正日趋没落，其领先地位不久将被庄园所取代；那时候，割据纷起，国家黯然失色，这在一定程度上为几个世纪后出现的领主制预先做好了准备。如果我没有搞错，“农民经济”的确立要一直等到公元1000年的转折关头，这一爆炸将促使
iii-13 我国和欧洲的乡村蒸蒸日上。从那时起，农民经济具备了所需的全部特征，当然发展程度还有先后之分；关于这个问题，我将隔一会再谈。对这划定的第一条界线，人们不会感到惊讶，不会有产生怀疑的可能。

直 到 今 天

奇怪的是——在前不久，在马克·布洛赫那时，几乎所有人都会感到惊讶——法国农民经济延续的时间十分长，居然包括了甚至超过了19世纪。据一位名叫卢兰·德·夏托维厄的严肃的农学家说，1840年前后，自耕农以及租佃制和分成制农庄主经营的土地差不多占全部耕地的三分之二[4]；1881年左右，农业收入已相对减少，仍占国民收入的一半，或将近一半；到1931年，城市人口开始超过农村人口，在这以前，总是以农村人口领先。法国乡村的潜在力、影响力和约束力也许决定了它长期成为理清我国脉络所必须参阅的“账本”。只是在前不久，我们才经历了自古流传至今的农民经济在法国出人意外的、灾难般的迅速解体。

莫里斯·帕罗迪在《1945年以来的法国经济和社会》一书中为农民经济出具了死亡证明文书，他简单地写道："从就业人数看，农业于1968年仍居国民产业之首，从业人员达312.5万人，到1977年就只剩下200万人。"[5] 转变是在不到10年内完成的。我们不仅看到转变的结果——这在今天已是有目共睹的了——而且还会注意到转变的过程；在此期间产生的社会动荡，土地接二连三的荒芜，人口的流动以及城市的勃兴：所有这一切全都令人触目惊心。马克·布洛赫在1930年发表《法国乡村史特征》一书时不可能想象到会出现这样的狂风巨浪，会出现这种天翻地覆的变动。达尼埃尔·哈莱维[6] 于1934年访问法国中部的农村，犹如瞻仰圣 iii-14
地，他同样也想不到会产生这样的大变动。

由此可见，摆在我们面前的问题是要把当今农村出现的土崩瓦解般的灾难同针对绵延几百年之久的长过程的经典性认识联系起来：这些翻天覆地的大变动在今天必定发生，不论人们愿意与否，它们是社会演变长期经受了减速、刹车的结果。我们不得不改变我们观察的视野，把在现代化道路上奋进、并以其现代化成就自傲的19世纪硬塞到过去的时代中去；显然，19世纪仍不免窝藏着过去时代的残余，有些残余甚至一直遗留到今天。

我们因此看到，在过去很少有所变动的法国农村，不久前突然冒出了工业、城市服务业和运输业等现代化部门，以及成千上万种有关国计民生的新型经济形态。一方面，新事物层出不穷；另一方面，保守势力依然存在。很久以来，现代化的法国鄙视和诋毁另一个法国，竭力指责它暮气沉沉，拖了后腿。在18世纪的普罗旺斯，在城里人的眼里，"农民是险恶、狡诈的兽类，是凶残、半开化的野人”[7]。这类偏见在19世纪广为流行,并且花样翻新。这也恰好证明,盘根错节的农民经济继续存在,仍在抵制和阻挠另一个法国为在工业化世界中独树一帜所做的种种努力。银行家兼政治家雅克·拉斐特(1767—1844)抱怨说,19世纪的法国费尽心机地在开发新产品,而产品的消费者却还是停留在16世纪的穷光蛋[8]。在他看来,这种双重性是显而易见的。他于1824年写道:“诚如人们所见,几个商埠和省区参与了现代的工业勃兴,资金充足,信贷利率很低;但其他地方仍沦于无知、守旧和贫困的境地,备受高利贷的盘剥,远远落在堪称文明之邦的法国的后面。”[9]

iii-15 一个贫穷、勤劳、纯洁而又成为拖累的法国在艰难困苦中生存,不得不含辛茹苦,省吃俭用,哪怕是从走私犯那里买来的盐和又长又粗的火柴;每个晚上在灰下埋好火种,以便第二天早晨重新引燃;至少隔一星期才烤一次面包;不论男女,一辈子只有一件会客穿的礼服;一切都尽可能靠自己生产(食物、房屋、家具、衣服)——例如科雷兹地区的农民,直到1806年,“自己养羊,把羊毛织成粗呢,再供自己穿着”[10];与牲畜同睡一屋,冬季借以取暖;没有今天正普及推广的任何卫生设施,[11] 为了节省蜡烛,“多数居民天刚发亮就立即起床,冬天做早弥撒时,大地还笼罩在黎明的曙光中”。[12]

与我同龄的人都曾亲眼见过和喜爱过这个农民的世界,这个艰苦、活跃而又恬静的天地,以及它特有的色彩和习惯,它对乡土的熟悉,它对需求的知足;只要这个天地还存在,法国的生活便建立在另一个基础之上,发出另一种谐振,与自然界也保持另一种关系。

保尔·杜富耐对萨瓦的过去和现在的熟悉,无人能望其项背;我的这位同代人甚至认为,“新石器文明及其使用的牛和马几乎一直延续至今”。这话未免说得有点过头。但他补充说,“在我乡间别业附近的一块地里,我捡到过几块中石器时代和新石器时代的燧石,这使我猛然间想起,我的一位叔祖是农民,我曾见过他用小锄刨土[13]。我由此联想到也许远在五六千年以前最初开发这块乡土的人。我同这一业已被埋葬的世界的最后代表曾进行过交谈。我眼看着那些证人接二连三地迅速过世,口述的传统从此停止。至迟可追溯到历史初期的许多道路,由于不能供机动车通行,因杂 iii-16
草丛生或改作耕地,如今已再也不见踪影。1960 年前后,这些道路至少还有行人使用”[14]。

这些昨天尚可通行、今天业已消失的道路不计其数。最明显是山区季节性放牧经过的小路。自从成千上万头羊每年不再过路后,它们便成为荆棘的天下。艾古瓦尔高原和洛泽尔山的荒坡野岭便是这种情形,距今约 4000 年的时候,即在公元前 2000 年,最早的季节放牧曾踩出了条条道路。羊倌今天还把少量的羊群赶到阿尔卑斯的高山地区就食,它们只得披荆斩棘,在茅草丛中开路前进了。多么奇怪的画面啊![15]

农民经济在 11 世纪终告确立

几十年来逐渐解体的农民经济,其最后的残余即将或才刚消失。但向前追溯,过程的开端又该定在什么时候?

当然应该定在我们已进行了长篇论述的“村庄—集镇—城市”[16] 的地理格局终于定型的那个时候。根据不同地点的具体情形，就算是在 11 世纪或 12 世纪吧。我甚至同意某些历史学家的见解，说是中世纪的“村庄战胜了城市”[17]，或者说乡村的活动主宰了城市的秩序以及为这一秩序所必需的交换[18]。但是，反过来说也部分地说得通：包括远程贸易在内的交换的增长（忽视这一增长是错误的）[19] 刺激了城市的发展，而城市的发展又反过来推动乡村活动的增长。两种增长并行不悖，相得益彰。垦荒活动的开展不仅可满足日益增多的村民们的食品需求，历来处在领主、教会或修
iii-17 会控制下的农民为城市提供了剩余劳动力，使城市因远程贸易的欣欣向荣而逐渐膨胀起来，且不说城市的手工业产品也因更加精巧和更加专业化而日见增多。

总之，古老经济基础的成熟及其未来的发展也有赖于经济上层建筑的建立。如果我们必须确定一个起点——不是绝对含义上的起点，那就要把目光转向这些正在形成的上层建筑。只是当它们开始展现时，所谓农民经济的长过程也真正起动。

十世纪时的普罗旺斯西部可能是个极好的例子。地中海促使这个地区的经济早熟。高居乡村之上的城市，如阿维尼翁、艾克斯、阿尔勒、塔拉斯孔等，在十世纪都已兴旺发达。它们向四郊扩张，侵占附近的农村，必要时兼并农民的手工业，成倍地增加自身的工业活动。一些木船很早就在罗讷河和杜朗斯河运输地中海沿岸宝贵的食盐，并在固定的中间站停靠：圣吉尔、塔拉斯孔、阿维尼翁、圣灵桥。河流还通行木排，漂送“从加邦塞山和迪瓦山上砍伐的”树干[20]，后来，小麦也加入这些交换的行列，成为一大创举。

从此，集市已不能够满足需要，交易会便于 12 世纪应运而生，圣灵桥每年一次，嘎浦两次（一次在圣母诞生的八日庆期，另一次在

圣阿尔诺节)，其他几次分别在圣保尔-台夏托，弗累瑞斯、马赛、阿维尼翁、博凯尔等地举行。成群结队的驴把村庄的胭脂[21] 送往城市的染坊，另有用于染白的白垩土，用于上色的蕨。除开这些地方性交换外，还应加上远程贸易，如来自近东市场的香料、胡椒和蚕丝。

因此产生了地方贸易和远程贸易的关系网。“当伦巴第人光临圣吉尔或弗累瑞斯的交易会时，他们不仅送来蚕丝和香料并带走皮货，而且还用他们的大船载盐运往热那亚，木材则沿罗讷河顺 iii-18
水而下，送到圣吉尔，又把小麦、成捆的呢料运往各地[22]。1190年，在弗累瑞斯的交易会上，除其他颜料和蚕丝外，还销售圣里基耶，沙特尔、埃唐普、博韦、亚眠、阿拉斯等地的大宗呢料。”[23] 在普遍进步的帮助下，发展中的城市活动逐渐向村庄伸展，由此形成的商业久而久之更破坏了古老的乡村手工业的自由。

货币自然也参与其事。流通的货币来自加洛林王朝时代的马赛和阿尔勒的铸币工厂(从 9 世纪开始)，帕维亚随后也轧制铸币，还有梅尔格伊铸币所(梅尔格伊现名莫吉奥，位于蒙彼利埃附近)。到了 11 世纪末，农民已用铸币向领主缴纳领地杂税。在 12 世纪，随着贸易活动的蒸蒸日上，城乡交流更趋活跃，货币流通更加快速发展。[24]

当然，普罗旺斯的经济早熟远不成为通例。在遍及法兰西全境的普遍运动中，毕竟有先有后，甚至还有停滞不前。

以马孔内地区为例，罗讷河和索恩河贯穿全境，理应促进该地区的发展，但当地的经济却未见早熟。直到十世纪末，马孔内仍是“纯粹的土地经济”[25]。“土地经济”一词显得过分绝对化了：又有哪一种经济活动仅限于经营土地？更何况，当时集市众多，交易活跃，早在公元 1000 年前，“994 年在昂斯举行的主教会议曾考虑禁止教民在星期天从事买卖，‘当天所吃的食物除外’，当天购买当天的食物，正是那时的惯例”，即使安息日也不例外[26]。这些地方性交换以及领地杂税和罚金往往都用现金支付。索恩河上“繁忙的
iii-19 船运业”有利于开展较远距离的贸易。克吕尼修道院吸引了众多的朝圣者，由此产生的新兴集镇逐渐发展为一个活跃的商业中心。货币铸造分别在克吕尼、图尔努和马孔内进行，后两个城市历史悠久，罗马时代的繁荣虽然已如明日黄花，但至十世纪末仍举行每年一度的交易会[27]。公元 950 年，马孔内伯爵莱托二世的领地分布甚广，他在汝拉山“前沿丘陵地带开采岩盐”，“获取巨额收益”[28]。马孔内地区还经由犹太商人输入盐、铁以及少量奢侈品，如香料、珍贵织物等。[29]

只是到了 11 世纪的下半叶，罗讷河和索恩河流域的商业活动才逐渐扩展，并且有效地向邻近的地区渗透。图尔努、克吕尼、马孔举办的交易会不断增多。外地人或乡下人的涌来使城市人口急剧增长，为满足居住的需要，便陆续兴建了新的市区和关厢区。陆路运输的发达竟使当时的人感到吃惊，修道院和城堡主纷纷在路口设卡收税[30]。货币总量不断在膨胀[31]，商业与手工业同步发展，商人兼营高利贷，对地产不再有所偏爱[32]。在 12 世纪末年，马孔出现了第一批富商家族。[33]

我们再看沙特尔，货币流通早在加洛林王朝时代已经开始，后来由于商人、朝圣者和学生前来该地，发展愈加迅速。[34] 巴黎更是个极好的例子：早在菲利普·奥古斯特统治期间（1180—1223），小麦开始经水路运来，城市人口众多，惯常的陆路运输已不再能满足需要[35]。在 11 世纪的图卢兹，纺织业的帮工抬着巨大的旱船上街

游行。[36] 在索米尔地区的蒙特勒伊贝莱附近有一个名叫梅隆的税卡，我们凑巧找到了 1080 至 1082 年间的一份过境货单：除马匹、牲畜、羊毛、油脂、羽毛、石蜡外，还有“驮驴运输的外国商品或高价 iii-20
商品”；[37] 利用驮驴进行运输，赶集自然方便多了。工匠和商人不难向城市汇聚，道路畅通无阻，河上又架有石桥。

我们最好来到地处法国正中的贝里地区考察，早在罗马征服高卢前，贝里地区已经得到开垦，至少香巴尼一带已基本上见不到荒地[38]。居伊·德韦依正确地指出，在 11 世纪，“已有几个城市存在，特别是布尔日，但城市毕竟为数不多，规模不大，并且与乡村仍保持密切的联系。城市的商人和工匠仍花大部分时间种地，同时也经营商业，加工农产品或制造自己所需的劳动工具。11 世纪中叶，**城乡对立尚未出现**，特别在法国中部地区”[39]。我在这里加上了着重号，并不是想与作者挑起争论。实际上，重要的问题不是要把城乡对立起来（大家往往都这么说），而是应该说明城市与乡村共存的原因。在当时的贝里地区，经济生活几乎还处在原始阶段，城乡之间的联系尽管尚不密切，但这种联系毕竟业已存在。[40]

有人认为，尚未摆脱乡村生活的城市便不再是城市，这种观点显然是站不住脚的。直到旧制度的末年，甚至在这以后，法国的城市几乎仍有半个身子陷在乡村生活之中，乡村包围着城市，并向城市渗透；对于以上的事实，难道有谁还看不见吗？在 1502 年的巴黎，许多人的家里养着“鸽子、家禽、兔子和猪”[41]。一位注意观察的旅行者提到，在 1643 年的里昂，“城市很大，面积很广，因为市内有着射击场、公墓、葡萄园、耕地、草地和其他空地”[42]。类似的一般性例子[43] 还可以举出几十个。回过头来再说巴黎，1775 年 5 月

iii-21 的面粉战期间，一名被捕的穷人正是把巴黎各畜厩的粪肥送往市内和市郊的田地里去的马车夫。[44] 在 19 世纪末的利摩日，“不算私人的菜园和猪圈，城区四围之内还留下一些草场和菜地”[45]。城市是否保存某些乡村的活动，这并不重要；关键在于它是否起到城市的作用。从 11 和 12 世纪开始建立和巩固起来的城市和集镇恰巧做到了这一点，即面对着村庄，扮演自己的角色。

这一“城市—集镇—村庄”的体系扎根之深，显然要追溯到公元 1000 年以前的“黑暗”时代：人们隐约可以看到，在大规模的蛮族入侵过后不久，法国和欧洲仍有一些城市继续保持其生命力。这个追根溯源的问题至今没有得出可靠的答案，因而引起了人们强烈的兴趣。安娜·隆巴尔-茹尔丹的论文令人刮目相看。一些元气大伤的城市仍然散发着微光，一些早在罗马征服前的高卢时代业已创设的交易会仍在发挥作用，尽管我们对当时的情形并不清楚。一些外来产品经由交易会向各地销售：“葡萄美酒，香料，比呢料更暖和的和象征着财富的皮货，特别是供神甫装饰祭台和供女人打扮所用的漂亮织物”。这些“诱人的”货物，“不再由叙利亚商人销售，后者在墨洛温王朝末期已经销声匿迹”，买卖从此经由交易会进行，这些为期甚短的聚会促进着集市经济的发展，并且推动着沉睡中的城市的苏醒[46]。法国 11 世纪的“复兴”并不是从无到有地白手起家的。

iii-22

二　整体特征

考察“农民经济”只能从考察农民本身开始。真要看清楚和弄明白农民问题，也还不是那么简单。诚如雅克·米利埃[47]所说，法国的农业不是单一的，而是多样的。同样，法国的农民也不可能千篇一律，而只能名目繁多，各不相同。又有谁还会看不到这个事实呢？[48]

尽管如此，在我国漫长的历史上，农民和乡村活动毕竟构成一个整体，一个独立的范畴，一个自成体系的结构。且不谈地区的生活方式，单是在种粮食的、种葡萄的和养牲畜的农民之间的千差万别，恐怕也只有上帝知道的了！因此，我不想从差异出发去谈论农民，而是首先进行整体的观察，注意与社会的其他成分作比较，进而衡量农民这个整体的重量、数量和体积，以及它所占的可变空间。换句话说，是要衡量农民与非农民的比重。然后，我们还有时间再回过头来研究细节，分门别类，并同所有的历史学家一样，作出必要的解释。

自　然　力

农民经济的重大而恒久的特征是与不可控制的自然力进行不懈的斗争。千百年来，通过与自然界的抗争，农民积累了他们的劳动成果，其中既有破坏，又有建设。从这个角度看，最简单的办法似乎就莫过于遵循既往的传统，承认历史是自然界的反命题[49]了。iii-23
人与盲目的自然界相对抗，这就是历史，难道还有什么不对的吗？

其实，人本身就是自然界的一部分，人在土地上，在气候中与各种生物相共生，无论是不受人控制的生物，或是多少听命于人的生物（但以人开始适应生物的要求为条件）。人在自然界与家畜和野兽为伍，人利用泉中涌出的水，河里流淌的水，淹没土地、冲塌山岩的水，以及拦截起来然后推动乡村磨坊的水。人每时每刻都处在阳光的普照之下。弗朗索瓦·雅各布写道，“归根到底，正是太阳向大部分生物提供能源”[50]，其中也包括人。

可见，“人靠自然界生活。这就是说，自然界是人为了不致死亡而必须与之不断交往的、人的身体”。[51]① 马克思的这番话形象地展示了历史的真面目。人创造人类社会，不正是要把社会当作征服自然所不可缺少的工具吗？[52]

然而，早在很久很久以前，人已经开始幻想征服自然。我们都知道弗朗索瓦·马鲁埃（1740—1814）在制宪议会扮演的角色，他对西方人完成的业绩颇为倾倒。他写道：“在旧大陆居民的艰苦努力下，天工造物及其留下的原始成果几乎已荡然无存。”[53] 这话说在蒸汽机和电力出现以前，恐怕不十分恰当。今天，到了广泛使用机器的时代，保尔·杜富耐出于同样的幻觉，进一步指出，“自然的因素正逐渐消失，一切都成为人的产物”[54]。

确实，在今天，农村已找不到“天然的”景色，尤其在法国这样一个国家。经过千百年的演变，景色已经完全改观，景色本身就像
iii-24 一件衣服，披在自然界的身上。是否就此可以认为人定胜天了呢？请想想 1976 年的旱灾；撒哈拉萨赫勒反复出现的饥荒；1983 年圣诞节时袭击美国的前所未闻的寒冷（这次寒潮与 1709 年冬季的那次寒潮相比，也许只是小巫见大巫而已）。请想想安的列斯群岛或佛罗里达的龙卷风，每次释放的能量都比原子弹在广岛的破坏力

① 上文见马克思《1844 年经济学哲学手稿》，《马克思恩格斯全集》第 42 卷，第 95 页，人民出版社，1979 年 1 月版。——译者

大百倍乃至千倍。这些事实足以使当今的人恢复清醒。在让·若尔日兰的笔下，往昔的世界几乎处在“自然环境的专制统治之下”[55]，我以为没有人能够推翻这一断言。

专横的自然力正在被人们所利用。乡村的经济并不完全靠天吃饭，但自然界仍约束着乡村经济，控制着它的前进步伐，调节着它的血液循环。大自然的狂暴，天灾给人类生活造成的各种破坏，人们又怎么能视而不见呢？但我们也要防止仅仅看到灾难和破坏，仅仅看到大自然的狂暴和可怕，历史上发生过的几场空前浩劫仍深深地印在人们的记忆之中。我们不能仅仅注意业已载入史册的惊人打击：寒流袭来，果树全都冻死，甚至森林里的橡树也未能幸免；提前返青的小麦，因没有厚厚的一层雪作保护（俗话说：“二月雪胜过一层被”[56]），被霜冻毁坏殆尽；火灾、旱灾以及牲畜病害；霜冻的突然袭击在几小时内毁坏所有的作物，无论是小麦或者葡萄。在维瓦赖、费托瓦等山区，“人们为驱赶暴风雨，惯于敲响教堂的钟”[57]。

历史文献记载的天灾真是连篇累牍：大雨滂沱，连绵不止；小麦拔节开花时突遇一场大雪；[58] 严重的草荒扼杀了作物，与其收获粮食，还不如割草；干旱旷日持久，农民结队求雨；葡萄接连四年歉收，甚至做弥撒所用的葡萄酒也不能保证供应；冰雹把某城市的玻 iii-25
璃窗全都打碎，把附近的葡萄树全都砸倒；[59] 当然还有洪水危害。1649 年 1 月 16 日，“塞纳河水泛滥，不少地方上街竟要坐船”（与 1910 年相同）[60]。1651 年 1 月 21 日，马耶讷河的洪水把昂热的“整个下城和桥梁两侧全部淹没，河水竟有房屋的三层楼高”！[61] 至于卢瓦尔河，它能把罗讷河和奥尔良之间的盆地在顷刻之间化作

一片泽国；1693 年 6 月末，“作物长势之好为前所未见”，就在收割前夕，竟被洪水淹没。等水退走以后，如果把草场收割干净，还“有希望在 9 月再长一茬……问题是在外省各地，草场一经收割，人人都有权去那里放养牲畜”。任何一名法官都不敢出面反对人们享受这种权利。结果造成牲畜冬季草料不足。[62] 真是祸不单行。

iii-26 如果不标明这些灾难的具体日期，不说明它们延续的时间长短，从而看到在两次灾难之间毕竟还有好收成和几乎平静的间歇，人们可能以为灾难就像砌墙的黑石块那样，一次紧挨着一次，那可真是说不完的苦难了。不过，诉苦，哭穷，夸大苦难，生活不就是这样的吧？

1807—1810 年和 1814—1819 年法国各省遭灾损失数一览表

单位：法郎

年	水灾	雹灾	火灾	牲畜疫病和其他灾害	总数
1807	869 000	2 467 664	2 533 171	450 000	6 319 835
1808	2 373 242	12 394 109	3 621 993	3 293 769	21 683 113
1809	3 807 485	12 115 710	3 073 111	17 100	19 013 406
1810	4 781 898	16 828 316	6 485 995	16 000	28 112 209
1814	796 003	3 390 109	7 097 571	4 999 845	16 283 528
1815	3 647 230	6 573 917	5 041 171	96 436	15 358 754
1816	3 868 864	9 296 203	4 133 138	51 105	17 349 310
1817	3 094 709	18 912 478	4 302 755	190 512	26 500 454
1818	109 991	4 596 305	4 315 899	360 873	9 383 028
1819	525 610	37 659 925	5 181 840	4 835 481	48 202 856
合计	23 874 032	124 234 736	45 786 644	14 311 121	208 206 493

“水灾、雹灾、火灾和其他天灾均向有关当局正式呈报，以取得国家的救济”（材料来源：国家档案馆 F12560）。

对历史学家来说，当务之急是要测出灾难造成的损失究竟有多大。我们这里正好有一份关于 19 世纪初的统计材料[63]：它涉及 1807—1810 年和 1814—1819 年，共计 10 年。这是法国各省因雹灾、火灾、水灾以及包括牲畜疫病在内的其他灾难所受损失的情况。十年加在一起算个整数，损失总共达 20 800 万法郎（参看以上的一览表）。

值得注意的是，统计按各种灾害的严重程度依次排列：雹灾高居榜首，损失为 12400 万；火灾 4600 万；水灾 2400 万；牲畜疫病和"其他灾害"1400 万。这一排列顺序几乎具有常数的价值。总之，雹灾和火灾的损失最重，这个事实应该记住。当时，城市中的房屋还是木板墙和茅草顶；一位旅行家 1728 年注意到，皮卡底地区的教堂也还用麦秸覆盖[64]，一旦失火，损失之大也就可想而知。例如，在 1524 年，一场大火几乎把特鲁瓦全城化为灰烬。[65] 在汝拉山区卢河河谷的一些村庄中，穆捷村于 1719 年被烧毁 99 所房屋；离前者不远的维耶方村 1733 年在两小时内烧毁 80 所；附近的小城市奥尔南于 1733 年损失 100 多所，1764 年在该地又有 100 多所房屋毁于火灾[66]。破坏性最大的两项灾害——雹灾和火灾——很早就引起了保险商谋利的热心，雹灾保险至少从 1789 年已经开始[67]，火灾保险则从 1753 年开始；这不仅因为两项灾害在多数情 iii-27
况下可以估测和预防，而且因为它们可能吸引大批客户。

这难道不是重要的见证吗？关键在于，十年总共损失 20 800 万，平均每年为 2000 万左右，而国民毛收入（我在下文将详细谈到）约莫在 80 亿上下，农业收益约为 50 亿法郎[68]。在这些大数目的基础上，算出损失所占的比例，结果将吓人一跳：即在 0.25％和 0.4％之间。显然，1812 和 1813 年没有被列入统计材料之内，而这两年同1814和1815年一样,也是多灾的年份:“帝国末年的饥荒肆虐,气候失常无疑是个重要的原因。”[69] 可是,在前面的材料中,因气候周期变化,季节错乱以及通常的寒暖失调而造成的歉收都还没有计算进去:在路易十四统治年间,不是曾出现过所谓“小冰川期”吗?坏年成应该列入灾害的范围之内,应该计算出与正常年景相比收成减少的数量。因此,我们不宜过分匆忙地得出结论。

季节的节奏

四季轮回不息乃是自然规律。地球绕太阳作顺时针运动,过了一个季节,又是另一个季节。每年的季节转换表面上似乎完全相同,单调地决定着农活的日程。但根据晴雨寒暖的调配,土地的收成却有着丰年、平年和灾年的区分。

为了对往昔的收成有更正确的了解,也许应该认识到,季节的转换对决定整个生活的节奏十分重要,从这个角度看,过去与今天有很大的不同。大体上说,我们生活的一年四季确实是相同的,但
iii-28 我们的生活方式不再相同了。我们已在很大程度上得到了解放,在芝加哥大学的图书馆里,我像所有的读者一样只穿衬衣(1968年),而户外寒风凛冽,雪花纷飞。霜冻可破坏蔬菜种植,淫雨连绵能使小麦倒伏或使土豆烂在地里,但我们都知道,不论经济损失能有多大,我们不会有挨饿的危险。

我们再设身处地为往昔的人去想想,他们全都为气温变化,为作物的生长状况,为小麦的拔节开花担惊受怕,即使城里人也“往往一半以种地为生”[70]。梅斯的一位“有产者”1675年在日记中写道:“圣灵降临节过后,连日大雨低温,至今已近一月之久,着实叫我放心不下。由于小麦和葡萄不能开花，所有人都心急如焚。”[71] 菲利普二世的大使，法国国王的巡按使，在他们的信函和报告中，也不免要谈到天气的晴雨，就是说，要预测下季收成的好坏。这难道值得奇怪吗？

四季的轮回不仅使气候冷暖转换，而且还决定农忙和农闲的交替。

不论迟早，春天一到，各种农活便都要着手进行：犁田，锄地，播种，挖沟，如此等等。但这还不算是大忙季节，还正是低价雇佣农民劳动力的好时候：或让他们牵着牲口去王国各地跑运输，或让他们从事公共工程。

皮埃尔·德·里盖(1604—1680)主持开凿两海运河的工程(起讫时间分别为 1666 年和 1681 年)，1679 年 4 月 16 日，正当工程接近收尾时，他突然觉得事情有点难办。你们不难懂得他感到为难的原因。当时任朗格多克巡按使的达兰索在那天写道：“里盖 iii-29
先生希望你把工程款项如期交付给他，因为他手下用着很多工人，他的心情如此急切，以致我未能阻止他派专差送信，向您请示旨意。确实，当时正是一年中加快工程进度的最好季节，如果他在圣约翰节前不能作出巨大的努力，以后再想弥补可就难了。”[72]

你们也会懂得一位商人为何等得心急火燎的原因，这位商人为了保证瓦莱省的食盐供应，利用罗讷河的船员从远在朗格多克的贝该盐田运来食盐。1651 年 1 月 3 日，他自日内瓦写道：“假如天气再不转暖，我们只得等到复活节再运出食盐了。”[73] 确实，他不能不根据天时确定运输日期，不能不忧心忡忡地事先等着天时的变化。

夏季和秋初是一年中在大忙季节：割草、收庄稼、摘葡萄全都在这个季节进行；脱粒从9月开始，观察仔细的人注意到，“9月吃新麦”[74]。萨瓦地区有一句谚语说：“九个月过冬天，三个月进地狱。”[75]地狱显然是指夏季，农活紧急，必须马不停蹄地完成。确实，这与山区的气候寒冷有关，冬天不但来得早，而且持续的时间长。

在收割庄稼和摘葡萄的季节，活计十分艰苦，但乡村中也还有节日、欢乐、庆典乃至盛宴……几乎可以说，没有一个闲人，城里人放下自己的职业，纷纷下乡；这在欧洲各地都习以为常。直到19世纪中期，这种全民动员的情形在我国还可以见到。

在大革命前的曼恩地区，“每年8—9月间，鞋匠和其他工匠全
iii-30 都抛开自己的工作，下乡劳动，这无疑能使他们得到一份较高的工薪”[76]。在普罗旺斯的阿尔卑斯山区，简直就是一哄而起：“收割季节几乎把所有的人手全都调动起来。因季节交替、气温变化过猛或因生活贫穷而得病的人一到开春便霍然痊愈：夏季将临时，所有的病痛全都烟消云散；患有各种炎症、陈伤旧痛、伤风、发烧等慢性病的人到了集镇和村庄就立即恢复健康……麦客走乡串村，根据小麦成熟的先后，逐块收割，足迹遍及外省的一个又一个地区……他们成群结队地流动，首先从纳普勒平原开始；他们先去弗累瑞斯、勒皮热、圣马克西姆、格里莫等紧靠海边、庄稼成熟较早的地方。”[77]阿尔卑斯山区的男女山民[78]每年照例都要下山，来到盛产粮食、葡萄和葡萄酒的下普罗旺斯地区；这一惯例又有何人不知呢？

一切随即又恢复平静。从8月15日起，农民按俗语所说，“收起油灯过日子”。葡萄已经采摘完毕，农田也已进行了犁耕，秋季尚未过去，农民已经在作过冬的准备。就在1804年的寒冬季节里，“雇工的工资很低，仆人干活十分卖劲，轻易不敢离开主人”。他们又上哪儿去另找活计？真想换主人的雇工，不等寒冬到来，早已拔脚走了。“当摘葡萄的季节开始时，工价上涨，几名仆人不告而别，另找地方去打零工或谋待遇较好的新职。”[79]

我们今天有装设暖气的房屋可住，道路平整，交通方便，河流经过疏浚，很少发生水灾，很难想象冬季的严酷。若在过去，每到冬天，生活自动就遇到重重的困难，逼人的寒冷带来了危险和破 iii-31
坏。各种征兆反复出现，已成司空见惯的常事：正当需要书写时，墨水已冻了起来[80]；甚至在路易十四和德·梅特农夫人的餐桌上，葡萄酒居然结冰；在田野和树木里，可以找到冻死的猎物；寒冷的其他事例，多不胜数！在1709年的马赛，真是令人难以置信，旧港居然被冰封冻[81]，这一灾难并非第一次出现，荒唐的现象于1506年已经发生过[82]。1544年冬季，曼恩地区“天气极冷，桶装的葡萄酒要用利器切割”[83]。1660年2月，在卡昂，据西蒙·勒马尔尚的日记记载，“我和其他人一起吃饭，面包必须烤热，才能切下来吃。葡萄酒在桶里也已结冻，想喝酒就要把小火炉放在龙头下面，把冰化开”[84]。

所有这些事情并不如人们想象的那么古老。就在19世纪的时候，法国仍然一再经受寒冬之苦。请看塔恩-加龙省的圣安托南城，法国大革命后半个世纪已经过去，在1845年12月11日，这个小城仍有四分之三的人过着乡村的生活。据一份历史文献记载，“冬天即将来临，活计减少，圣安托南市将陷于极其悲惨的境地”，几千个其他市镇也是同样的命运[85]。1853年11月18日，在马赛，第二帝国将庆祝一周年，省长总算说了一句让人宽心的话：“总而言之，农民阶层今年过冬大概不会再受太多的苦。”[86] 可是，仅隔一天之差，1853 年 11 月 19 日，奥布省的省长写道：“自从我的上一份报告发出以后，奥布省和特鲁瓦区的一般形势没有变化。但不容掩盖的是，人们对冬季即将来临感到担心，生怕面包价格出现上涨。在人口众多的各大城市，特别是在特鲁瓦，市政当局正要考虑
iii-32 采取各种补救措施，自本月 7 日星期一开始，已向生活最困苦的家庭分发了限价面包券。此外还进行了一些调查，必要时将创办一些应急的工厂，对失业工人进行登记，使他们有工可做，因为工厂主往往在进入冬季后被迫辞退工人。”[87] 在旧制度下，所谓应急的工厂也就是慈善性工厂。

最后一个例子，1854 年 2 月 27 日，在阿登省的罗克鲁瓦：“法国北部各省今年的冬季又冷又长，灾情比往年更加严重。勉强糊口的贫苦百姓不能正常从事劳动，处境大大恶化。然而，政府采取的慈善措施减轻了他们的困难，激发起他们对皇帝和皇后深切的感激心情。公益救济事业时刻不敢有所松懈，随时向各地的慈善机关供应物资，以便及时向生计无着的家庭发放救济。”[88]

以上这些见证都谈到城市贫民的悲惨处境，无非就是失业和生活费用昂贵，但还不是往昔经常发生的饥荒。农民叫苦的声音不高，可能是他们容易逆来顺受，也可能是他们的日子比城里相对地好过些，后一种可能不能完全排除。

我坚持认为，无论在法国或在别处，只要冬季对人还是一场严峻的考验（我们今天丝毫没有这种感觉），只要热昂·里克多（1897 年）用关厢土语所写的《穷汉自哀自叹》还能打动每个人的心，农民

经济仍然存在。请听：

冬天到，苦日来，真是见他娘的鬼
再也不能赤膊光脊梁
掌权者，管事人
纷纷朝着南方跑。[89]

锹、锄、镐、犁 iii-33

人要同大自然抗争。应该使用什么武器？什么工具？什么办法？首先当然依靠家畜的帮助，特别是马、牛、驴、骡等“耕畜”[90]。直到 20 世纪，在穷乡僻壤，轭具仍架在牛角上；一位历史学家[91]说，驴和骡是“适应各种道路的交通工具”。牲畜在运输中确实占据首位。中国与西方在农业耕作方面的巨大差别就在耕畜的使用，这一事实虽然已属老生常谈，但其重要性不容忽视。

这些用以提供动力的力畜，早在欧洲的史前时期，已为人所驯养。但在几个世纪期间，农民拥有的力畜数量仅足以开拓辽阔的耕地。据拉瓦锡的估计，法国大革命前夕，约有牛 300 万头（另加奶牛 400 万头），马 178 万匹（其中有 156 万匹用于农业[92]）。就在当时，马、牛和骡的数量相对说来尚嫌太少；兽力的应用只是在后来，在 20 世纪初才达到极盛的时代。

此外，牲畜不能承担各种工作。为兽力所不能完成的部分工作仍要由人亲自动手。使用人力正是农民经济的一个突出特征，尽管人们通常对人力所起的作用视而不见。

这里所说的人力，并不是赤手空拳的人，而是使用工具的人；其中包括锹、锄、镐、镰刀、耙、三齿叉、砍柴刀以及一些特殊的工具，在葡萄树、橄榄树、核桃树、桑树、板栗树旁松土的工具，且不说砍树用的板斧和锯子，或用于小麦脱粒的连枷（贾朗德等地区在20 世纪初仍然听得见它那“杂乱无章的噪声”）。

iii-34 当然，“兽力化”（请原谅我生造了这个方便的新词，但愿它不至谬种流传）减轻了人的劳动，使人获得更多的自由，展示更大的宏图。没有牲畜的帮助，要像当时那样扩大粮食种植面积，将是不可能的事情。但兽力也还不能完全解决问题，特别是为保持人畜的食物，必须注意小麦和饲草生产的配比……人的食物往往也是牲畜的食物：某些食物“可以互换”[93]。

这一点也不令人奇怪。在 16 世纪的英格兰，托马斯·莫尔（1478—1535）在《乌托邦》一书中指出，“绵羊是性格温和的家畜，但如果一味扩大牧草地，而使粮食作物减少，也会使人活不下去”；换句话说，这会使人没有饭吃，甚至没有工作可做：“同一块土地，过去种植粮食，需要几个人去照管，如今改为放牧牲畜”，有一名羊倌也就足够了[94]。康替龙（1680—1734）指出，法国处于进退两难的境地：“国内喂养的马匹越多，给居民留下的粮食就越少”，“或者是马，或者是人，二者不得兼顾”[95]。梅桑斯于 1788 年桴鼓相应：“扩大草地面积和繁殖马匹使人吃的粮食数量日渐减少。”[96] 在 1660 年后的奥热地区，以及后来在 1780 至 1820 年间的整个下诺曼底地区，为饲养奶牛而发展人工草场居然达到了与人争食的地步。

由此可见，人从事耕作，一方面要靠牲畜的帮助，另方面又被迫或宁可自己动手。那么，人们过去常说的所谓“手臂耕作”究竟能有多大的范围呢？

首要的手臂耕作区是宅旁园地，还有麻田，后者与园地相仿

佛，有时种大麻，有时种亚麻。田地面积狭小，麻枝生长茂密，高度
有时超过 2 米，今天的手扶拖拉机或许还能进地耕作（那也十分勉 iii-35
强），可以设想，过去用马恐怕转不过弯来。刨地势必要用小锄，这
份工作往往留给妇女去做。宅旁园地为农民生活所必需，大量施
肥，但很少用人粪；法国农村一般不收集或不善收集人粪，某些市
郊和北部地区除外，那里的城市粪便得到利用，不嫌脏臭[97]。确
实，城市四周的菜地有时使用粪肥和各种垃圾；例如在拉瓦勒，仆
佣或下人每星期二、四、六晚间把“便罐”端到屋外，让“清道夫”运
走[98]。里昂的情形也是如此：“清道夫既管扫街，又要把粪便用驮
驴运往乡间。”[99] 巴黎的脏土、垃圾和粪便供四郊的菜地充当肥料。
共和二年雪月十三日，有一个名叫布里代的人“经巴黎巡按使的特
许，可将粪便粉碎成粉末出售”[100]（粪便在蒙福贡收集）。但是，据
说这种粉末状肥料的肥力不如粪便，引起了菜农的不满。菜农为
此要求取消这项特权。然而，很久以前，早已明令禁止巴黎城外贝
尔维尔、圣热尔韦、庞坦、圣乌安、拉维叶特等村庄的农民在“粪便
沤积足够的时间前直接用于肥田”。[101]

宅旁园地条件优越，施肥量超过一般耕地，甚至多于播种小麦
的土地。施肥越多，投入的人力劳动也越多。雷岛正是一个极好
的事例。该岛的土地全部用于种植蔬菜，因而既不养马，又不养
骡，甚至连猪也不养一头！“铁锹和居民的双臂，这就是所有的农
具……这里过去曾有一些老农，毕生从事刨地，以至弯腰曲背，竟 iii-36
像葡萄植株一样。”[102] 据画家欧仁·弗拉芒丹说，一些自耕农“就
用双手掐下大麦的麦穗”，“麦草则弃而不顾”[103]。采用这种方法
的原因是土地分散和地块太小吗？或者因为雷岛的海藻资源极其

丰富，确保了粮食的高产？每当深夜退潮以后，即使海上风急浪高，人们也下到齐腰深的水里打捞海藻。无论如何，靠海总要吃海。

施肥和锄地的联系始终未被人们忘记，但这种联系却远远说明不了在施肥很少的“大田”里人力投入的增长。尽管农学家梦想有计划地进行大面积的推广，但在实际上这只是出于迫不得已。一位名叫 P. G. 普安苏的农学家 1806 年直截了当地声称：“如果能用铁锹翻耕所有的土地，那是人们最希望的事。这比用铁犁犁地有更多的好处，法国的许多乡村宁愿使用铁锹，用习惯了十分省事，一个人花 15 天功夫能翻地 487 米，深度达 65 厘米，而且一次完工；而用轮犁耕地，在泥土板结时，必须反复进行四次，方能播下种子，犁过的土块也不如铁锹翻得那么细碎。有人或许会说，铁锹翻地的开支将比犁地大得多；依我之见，他们没有计算喂养牲畜、购买轭具和农具的费用，另外再加上牲畜的疾病和死亡。大家将会看到，如果耕种大片土地，犁地只会吃亏。铁锹翻地的一大好处是从不需要歇晌，田边地角又都尽得利用；此外，产量等于其他地

iii-37 块的三倍。铁锹的长度和强度至少应比园地所用的小锹增加一倍，翻耕和粉碎板结的泥土，势必用力较大，小锹会抗不住劲。锹把的上端应装设横撑，以便工人脚踩锹板挖土时双手同时用力。如果地里石子太多，可使用三齿叉，齿尖容易插入石子间的空隙。里昂四郊的土地多石，人们就用这种工具翻地。它还可用来为葡萄树松土，不伤树根。”[104]

在以上关于人力耕作的方法和优点的冗长叙述中，还没有谈到有关施肥的必要：铁锹翻地本身确实具有卓越的功效，它有助于通气，促使地表和地下的泥土相混合，但如果要像作者所说的那

样，让“土地永不歇晌”，就必须勤于施肥。没有肥料，便不能连续种植。因此，还必须把肥料搞到。

可是，肥料偏偏极少，因为肥源主要来自牲畜。如果按照普安苏的主意取消大牲畜，这显然无济于事。“费托瓦地区从 17 世纪起通过追施石灰改良土壤，使产量增加三分之一。1748 年，一些农民把蕨类植物和苔藓植物混合沤制绿肥，送往勒芒的集市出售。”[105] 对于这种混合肥料，对于各地几乎普遍采用的焚烧草皮取得的肥料，或对阿尔卑斯山区用橡树叶、白蜡树叶、落叶松针以及黄杨、百里香、薰衣草等灌木的枝条沤成的肥料[106]，我不能保证它们究竟有多大的肥效。至多只是聊胜于无、勉强充数而已。既然人粪很少使用，牲畜便成为主要的、几乎是唯一的肥源。在阿尔卑斯南部山区，农民捡拾季节放牧的或土生土长的绵羊夏季留下的
粪便，然后通过人背驴驮，把珍贵的肥料送往山下的谷地。[107] 1918 iii-38
至 1939 年（正值两次大战的间歇时期），在马恩河畔的沙隆，“不是有几个邻近的村庄专门包下几条街道或几个地段，负责捡拾马粪吗？”[108] 在各种例子中，最典型的也许来自 18 世纪普罗旺斯的阿尔卑斯地区。这里是绵羊的天下，牛的数量已经很少。然而，与别的地方相比，当地的牛多系老牛，养着就是为了积粪。[109] 肥料奇缺，据说农民可以卖掉一切，唯独不卖牛粪。

一项出人意外的计划

除非不是农民，才会忘记肥料的价值。有人曾设计了一项美妙的计划，恰巧忽视了肥料的作用，这项计划没有产生任何实际后果，但值得在这里作番介绍，尤其因为它尚未公之于世。作者坚信

自己的计划完美无缺，建议采取一些断然措施，并且广征博引地进行论证。这项计划究竟有什么意义呢？

1793 年 1 月正值大革命时期，高谈阔论十分风行。然而，当时任巴黎驻军工程局长的茹里安纳·贝莱尔竟莫名其妙地把以下建议送呈内政部长。[110] 这位局长先生显然是位“颇顾声誉的公民”，希望“干点实事”，并且“不肯轻易进言”；他建议政府实行一种奇妙无比的耕作制度。“经过反复多次的大规模试验，我确信我历经十年研究设计而成的人工耕作法具有巨大的优越性。首先，只要把翻耕土地的时间提前一天，就能多用人力和铁锄，少用马匹和
iii-39 犁具；在其他手工行业，使用机器以节省人工总是比较有利，但我确信，在种植业，人力劳动却不能被犁耙所代替（人力耕作简便易行）。我所做的试验主要在平均产量一般不超过 15 公担小麦的土地上进行；按普通耕作制进行精耕细作，播 2 公担多一点的种子，可以取得这一收成。首先，我把播种量减少了 60 斤（或 3 斗），这已是一笔实际收益；接着，我收获的小麦不是 15 公担，而是 55、56 乃至 60 公担以及相应的麦秸……实行旧的耕作制，在同等的土地上，播下 2 斗种子，可以收获 11 斗粮食……也就是说，播 10 斗可获 55 斗，而我只播 7 斗，却收得了 280 多斗。在旧耕作制度下，产量等于种子的 5.5 倍，现在因消灭了害鸟害兽[111]，可能达到 6 倍，而照我的办法去做，产量竟达种子的 40 多倍。据此可以判断尚待出售的国有财产将达多高的价值……”

计划的作者所考虑的恰恰正是利用人力开发法国拥有的 6000 万弓丈（每弓丈约合 40 至 50 公亩）可耕地。他明白此举非同小可，承认为此必须调动 1000 万名劳力，“正如一位经济学著作

家所说，工人即是拥有劳力资本的人”。对于我加了着重号的两个名称，读者可顺便辨辨它们的味道。我们这里先记住下面的数字：使用工具和赤手空拳的一名工人的劳动力可开垦6号丈土地（约折合2.4至3公顷）。

这份计划最后自然毫无下文。何况，在热马普战后不久（1792年11月6日），由于战争征调民工和马匹，农业失去了一大部分劳动力，人们又上哪里去凑集这必需的1000万名劳动者？甚至根据 iii-40
作者的建议先调100万人做初期试验也不可能办到。

一系列例子

依靠人力耕种土地在法国是古老的现实，是环境和经验的产物。在许多情况下，这甚至是摆脱困难的唯一方法。

山高坡陡，怎样耕种土地？在中央高原，除开低地以外，种地以往主要靠人力，很少使用耕畜。阿尔卑斯山区正是这种情形。例如在瓦桑山区的陡峭山坡上，畜力劳动完全无能为力。同样，在杜朗斯河中游一带（例如蒙特隆附近），“全部劳动都靠人力完成。多么不幸的事啊！”[112]

可是，尽管存在种种困难，每当人口增加时，山地便广为得到耕作，甚至在较近的过去，还是这种情形。在比利牛斯等山区，人们费尽心机，设法开垦新的土地，安道尔的山地高达海拔2000米，塞尔达涅和卡普西尔的海拔高达1600米。可是，在高山上发展农业简直纯属取巧弄险之事：农民为了去山上种地，必须克服重重困难，要把耕畜和农具留在山下。他们一直爬到雪线的边缘，“耕畜不能达到这个高度，只得用铁锹耕种小块的土地。他们妻儿相随，肩背手提，把装满肥料的筐子送上山去。不施肥料，种地就会劳而无功”。即使如此，也还可能因出现“雪崩”，顷刻间把已开垦的土地冲塌。[113]

曼恩是主要依靠人力耕作的另一个贫困地区。耕畜和铁犁在当地均很稀少。此外，这些笨重的木制工具“是农民在村庄铁匠的
iii-41 协助下拼凑而成的”，[114] 使用十分不便，并且仅铧尖部分才由铁制成。犁地的深度约在 10 至 12 厘米之间，不足以切断野草的根子。然而，由于分量极重，犁至少需要 6 头牛或 4 匹马牵引，每年至多能犁耕 6 公顷土地。更何况，这些工具的数量很少。“圣马尔苏拉菲泰共有 81 家小农户，其中仅 3 家农户拥有耕犁。”[115] 一般农户当时都雇一名帮工从事耕地，后者往往自备锄、镐、锹（锹系木制，外面包一层铁皮）上门耕地。人力耕地费时费工。“每人每年至多可锄地 2 公顷，活计十分辛苦……使人弯腰曲背，未老先衰，而所得的成果却极其低下。”[116]

另外还要考虑到曼恩的特殊环境：随着牛羊饲养的发展，自由放牧的土地逐渐增多。特别在拉瓦勒地区（1777 年），草地每隔 8 年、10 年、12 年才重新播种一次。[117] 地里往往茅草丛生，“染料木长得密密层层，农民们捕猎的小动物（野兔、山鹑、丘鹬）在这里建窝筑巢，害兽（狼、狐、獾）出没其间”。由于犁铧不能进行土地深耕，这项艰难的任务自然由人力承担。为了重新开垦已被撂荒的土地，必须披荆斩棘，实行刀耕火种。

此外，土质贫瘠和腐殖层过薄使犁铧不能使用。例如，多尔多涅的农特龙区位于佩里格城以北 50 公里处，几乎遍地都是石子，仅在个别狭窄河谷才有少量腐殖土。该区的统计委员会主任于

1852 年指出："由于本区腐殖土少，农活费劲、辛苦和困难，用犁的 iii-42
效果不如用镐的好。钉耙和石磙也起不了多大的作用；我们因此没有这些新式工具……每当天气过热，由于缺乏养料，小麦秸秆长得又细又矮，往往不能捆成麦捆，于是便用树枝代替，给林木造成很大损害。麦秸不再被沤成肥料，便往往充当牲畜饲料，用于垫厩的麦草则被苔藓植物所代替，害处更加严重，因为一车麦草沤成的肥料，肥效至少抵得上三车苔藓植物。"[118]

南方的梯田（往往种植葡萄）也靠手工劳作。新作物在各地的推广，例如土豆和"大萝卜"（1785 年）[119]，还有刚出现时被称为"土耳其麦"的玉米，也都使用人力劳动。凡试种新作物的土地，都用双齿铲进行深耕；这一方法长期应用于小片土地，直到 1965 年仍旧得到保留（我所说的正是 1965 年）。[120] 因此，玉米一开始便为贫苦农民所引种。[121] 至于双齿铲，1868 年的一部著作指出，这个工具当然不仅用于玉米种植，"呈叉状，有十分结实的双齿，装在一米长的木柄上"。在朗格多克地区，"工人正是用这种工具在冬季翻耕土地，取得事先商定的报酬"[122]。

在 19 世纪，农民地产的日益分散在很大程度上使手工耕作得以保存。地块极小，只能使用锄镐翻地。因此，人们毫不惊奇地看到，手工耕作不仅在 19 世纪得到保留——例如在葡萄园松土，使用锄镐确实得心应手，犁耕只是到第二帝国期间才在法国西南部[123] 和朗格多克地区首次出现；据 1860 年的一位见证人说，在阿
尔萨斯和利马涅这样的地区，耕作原先并不使用锄镐，随着人口的 iii-43
增长，"所有的人都忙于种地，而且往往使用锄镐"。[124]

赶上机会凑巧，人们又在哪里会见不到人力耕作？一位历史

学家在安德尔省马尔什村最近的一份调查报告[125] 中见到了“耕夫”一词，该词今天当然早已过于陈旧而被废弃，但它却令人回想起昔日用锄镐耕作小片土地的农民。

总的说来，在法国昔日的乡村，农田耕作长期陷于停滞不前、抱残守缺的境地，不能充分使用畜力，土地翻耕不透，施肥又少，更不能铲除杂草：杂草的生长迅速赶上了小麦、黑麦或燕麦。正如今天的农民并不全都拥有拖拉机一样，过去的许多农民（占半数以上）没有牵犁的牛马。就在20世纪初，夏朗德等地区“使用两头牛的农户已属富裕农民，一般小户人家犁田，就用一头驴或瘦弱的母牛牵引，”[126] 且不说有的人家还没有犁。

以上说明已十分清晰明了。但是，还可以反过来进行解释：一方面人力耕地要求拥有大量的劳力；另一方面，劳力过剩也势必让人采用这类费工的耕作方法。劳力过剩自动限制“在农业劳动中使用牲畜”[127]。人和牲畜互相抢活干。

我们对当时的人畜数量略有所知。1789年约有马170多万匹，牛600至700万头[128]；到1862年，马和牛的总数分别为300多万匹和将近1300万头。[129] 牲畜的数量增加了一倍，而农业人口的增长却没有那么快，只是从2090万人上升到2660万人。[130] 可以
iii-44 毫不夸大地说，在这相当短的时间内，我国的农民开始获得解放。透过停滞不前的表象，我们看到农村已有了迅猛而持续的进步。在某些得天独厚的地区，这一进步来得要更早些。[131]

作物的种植比例

标题本身足以说明问题。它表明农民必须注意不同作物的地

理配比,并且有比例地分配种植面积:比例一旦确定以后,随后的变化便只会很小。

要弄明白这些配比的原因,可以通过许多途径。首先,人吃东西是为了生存,不能仅仅吃面包或者吃谷物、栗子之类的面食。[132]必须有油料作副食:黄油算是奢侈品;猪油和肥肉;橄榄油及其他植物油;核桃油既可食用,又可当作灯油。最后还要有蛋白质:奶、蛋、肉。皮埃尔·台封登把“食品地理”置于“住房地理”之上[133],但住房也是生活所必需的东西。如果再加上“衣着地理”,介绍就更加全面了。农民为了吃穿住,力求做到“自己养活自己”,不仅“吃自己做的面包”,而且在自己生活的地域内生产一切。为此,多种经营也就势在必行。

看来,我们必须抛弃某些似乎合情合理的旧习惯,甚至违背由词源所确定的词义,硬是把“农业”一词用作多数,以便把各种乡村活动全都囊括进来。列入农业范围的有林木及橄榄、板栗、核桃等果树;葡萄种植;草场和养殖;菜地和麻田;大田作物(以种植谷物
为主)和小杂粮,其中包括荞麦、玉米、土豆等逐渐试种和推广的新 iii-45
作物;人工草场(人工草场怎样被纳入到旧式的土地配比系统中
来?这个问题尚待解决);最后还有一系列经济作物,如桑树、烟 iii-46
草、甜菜、油菜、向日葵以及菘蓝、茜草等染料作物。关键是要看到这些不同作物在农业地域内怎样合理布局和互相制约,因为它们势必要保持一定的平衡;每种作物的地位本身都可能有所变动,但即使在所谓危机和解体的时期,这种变动也极其缓慢。

在以上列举的一长串名称(单子并未列齐)中,人们惯于仅仅关心名副其实的农业和畜牧业，也就是只考虑到谷物和牲畜的生产；它们确实是最主要的两项，但乡村活动并不仅限于这两项。马克·布洛赫指出："在法国以及在欧洲，农业经济建立在种植业和畜牧业相结合的基础之上；这是我们的文明有别于远东文明的一大特征。"[134] 这个事实早已为人们所知。阿里埃日省 1790 年的一份文件说："农业由相辅相成的两部分所组成，即耕种土地和饲养牲畜。"[135] 所谓"相辅相成"，也就是保持平衡对双方有利：上面引证的文件恰恰反对过量垦荒，这对畜牧业显然有害。

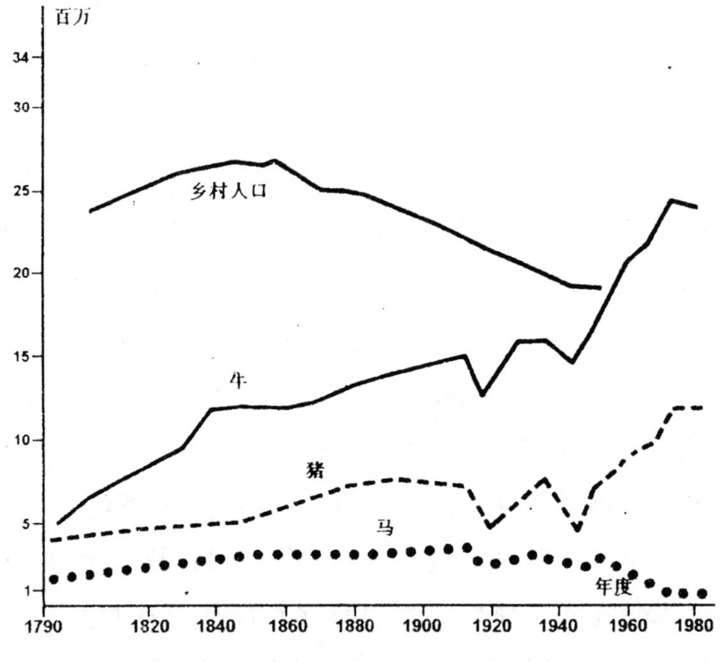

1806 至 1945 年间乡村人口和牲畜的数量

以上图表记录了 1789 至 1860 年间力畜数量的大幅度增加，与之相比，乡村人口的增长较少（自 1860 年起，甚至逐渐减少）；1930 年以来，力畜不断减少（马今天几乎消失）；猪和牛的数量增加很大，与肉食消费的增长相适应。（资料来源：《生殖力与市政建设》，Y. 杜戈著，1975 年版）

但在法国，不可能不把葡萄种植业当作农民的主要经济活动之一。伊萨克·德·品托[136] 始终关注当时的现实，他于 1771 年清楚地看到了农业活动之间的平衡问题。他写道："剩下的问题是要知道在耕地和草地之间是否应保持一定的比例，把太多的草地改作耕地是否有危险，英国过分奖励出口小麦是否可能导致这一流弊。[137] 法国必须同时照顾葡萄、草地和耕地；实现三者之间的平衡当然更加复杂。"

在伊萨克·德·品托列举的三项变数——小麦、饲草、葡 iii-47
萄——之外，我至少还要加上林木这一重要的变数，以便在整个乡村世界中突出乔木林、灌木林同"田野"的重要界限，所谓"田野"[138] 也就是以经营农业为主的开阔地。

举出以上三项或四项变数，目的在于说明农村的漫长演变，其中自然还有其他的变数。这样做未免有点简单化，但仍可为人们所接受：稍为懂得点代数的人都知道，凡在作大数（乡村的情形正是如此，涉及几百万公顷，几百万公担，几百万法郎，几百万头牲畜，几百万名居民）的运算时，函数的总和接近于最大可变数。

从以上概念出发，我们且看法国当时的情形。1859 年，即在萨瓦和尼斯被并入法国前不久，法国领土面积约在 5300 万公顷左右（萨瓦和尼斯的面积为 100 万公顷，人口约 70 万）。[139] 在这个数字中，一般应扣除"不征税"的土地面积（居民点、道路、河流等）；经过扣除后，取个整数，以便对始终不完整的资料作出概略的计算：土地面积为 5000 万公顷。资料不全的原因已如众所周知：首先是农民对调查统计怀有反感，他们总是害怕在调查的背后藏着开征新税的计划。[140] 帝国期间向各市镇收集的统计数字可能在细节上有点出入；但就总体而言，我们从中还能得出几个大致可靠的认识。

计算得出的第一个结果：全国土地大致可分为两部分，一方面是“可耕地”，另一方面则是我有时因找不到更好的词而称之为任其自然的“空地”，其中无疑包括森林、天然草场、荆棘丛生的荒野和放牧地。“可耕地”是个方便的用语，但在使用时必须小心，它确
iii-48 指实际耕作的或可用犁翻耕的土地，也许采用“耕地”这个说法更加恰当。根据这一方法计算，1859 年的耕地约为 2500 万公顷大田，加上 200 万公顷葡萄园，200 万公顷菜地和果园，总共达 2900 万公顷。至于空地，共有森林 800 万公顷，天然草场 500 万公顷，荒野和放牧地（原有的荒地或后来撂荒的土地）800 万公顷，总计 2100 万公顷。全国的土地面积并不是一半对一半，而是 2900 万公顷对 2100 万。人力经营的土地占一部分：空地向耕地的过渡相当缓慢，但从很早开始，并且持续不断。1815 至 1859 年间，转为耕地的数量可能达 100 万公顷，为数已很可观。

就在 1859 年，由人力经营的 2900 万公顷土地又怎样划分？在“菜地和果园”的范围内，菜地为 50 万公顷；栗树 55 万公顷；橄榄树 10 万公顷；桑树 5 万公顷；苹果树及其他果树 20 万公顷；苗圃、柳树等 60 万公顷。在 2500 万大田中，小麦占 650 万公顷；黑麦及小麦和黑麦的混种占 250 万公顷；大麦、玉米和荞麦占 250 万公顷；燕麦占 300 万公顷；块茎作物（包括土豆和甜菜）占 150 万公顷；人工草场 250 万；豆类 50 万；经济作物（油菜、大麻、亚麻、茜草、烟草等）50 万；还有休耕地 550 万[141]。至于葡萄，种植面积不过 200 万公顷。

以上数字在许多地方引人注意。

它们又一次表明葡萄占地面积较小(甚至不到耕地面积的十分之一,在一张小型地图上只能用点、线和有限的暗影显示)。

它们还表明,在19世纪中叶,外来的新旧作物,即块茎作物(土豆和甜菜)、玉米、荞麦、人工草场、茜草,都已在当地立足生根。iii-49

然而,即使晚至19世纪中叶,谷物种植数量之大使法国乡村仍保留着昔日单调的景色。正如马克·布洛赫[142]所指出的,明知多种小麦有害,也还拼命多种,因为小麦“必不可少”[143]。结果在本该长草、种葡萄或果树的地方,也都成了麦地。鲁西永地区普拉德附近的乡村为保护庄稼免受北风带来的干旱之害,对土地进行浇灌。[144]在汝拉山区的蓬塔利耶(海拔837米),莱昂斯·德·拉韦涅(1860年)惊奇地“发现在松树区的上方竟有麦田;这里同北欧一样,在每年9月初雪降临时进行收割”[145]。

作物的种植比例(续)

把统计日期定在1859年,也就是第二帝国(1852—1870年)的中期,这是否超出了所谓农民经济的时间界线了呢?我是不是走得太远了呢?

通过用以上列举的数字所绘制的模式,我们不难向以往的时代进行追溯。

阿瑟·扬就旧制度末年所作的估测,经莱昂斯·德·拉韦涅略加修改后[146],与以上的数字相当接近:耕地(2500万+150万+150万)共计2800万公顷;非耕地(900万+300万+1000万)共计2200万公顷。耕地已经占了多数,森林、荒原和天然草场只占不到一半，尽管其绝对数字比1860年多了100万公顷。

我们还不妨把时间再往前推，虽然越往前去，出现误差的危险越大。好在我们至多只是寻求一些数量级。

iii-50 1700年正值西班牙王位继承战争的前夕，路易十四（卒于1715年），沃邦（卒于1707年）和布阿吉尔贝尔（于1697年和1707年分别发表了《法兰西详述》和《法兰西一览》两书）已近暮年，法国全境的面积约在5000公顷左右。洛林、科西嘉、孔塔-佛奈桑、萨瓦和尼斯当时都还不归法国所有（洛林于1766年夺得，科西嘉于1768年购买，孔塔-佛奈桑于1790年为法国侵占，萨瓦和尼斯公国于1860年并入法国版图）。扣除300万公顷的“非征税土地”后，还剩下4700万公顷。耕地除2300万公顷农田外，加上葡萄园，共2600万公顷，而空地则是2100万公顷。在这启蒙时代的初期，耕地与野地比1789年那时更接近于一半对一半。差距不大，但差距毕竟已经存在，并且今后逐渐扩大。布阿吉尔贝说，“法国一半以上的土地陷于荒芜或没有很好耕种”，这未免言过其实。但他又补充说，如果农民进行垦荒，由于捐税和费用过大（我再补充一句，由于产量低下），“收成将得不偿失”[147]；对于这一见解，人们倒是值得再作一番考证。

毫无疑问，在时间上再往前追溯，将是令人神往的和十分必要的。达符内尔伯爵很久以前（1894年）[148]曾作过这一尝试；当时，价格运动的研究、历史人口学尚未诞生，或至少还不易为我们所掌握，任何人还没有根据宏观经济和国民产值的思路来考虑问题。达符内尔伯爵过去曾遭到大学里的历史学教授的无情批判和讽刺挖苦，如今重新获得我们的信任，因为大家发现，我们根据一系列

整齐划一的数据小心翼翼地画出的价格曲线，竟与他凭着一些零 iii-51
星资料推导出的结论只是大同小异。归根到底，谁又会不承认达符内尔伯爵的广博知识？他的计算和估测险象丛生，但又充满机智，使我们回到1600年左右亨利四世和苏利时代的法国。一下竟又后退了整整一个世纪。

1600年的法国版图不过4400万公顷（扣除"非征税的"土地，面积可能为4200万公顷）。根据达符内尔的推算，耕地占总数的32%；荒地占27%；林木占33%；草场和葡萄园占总数的7%。把最后的数字一分为二，3.5%为草场，3.5%为葡萄园。种植面积将达35.5%，空地则相应为63.5%（前者为1500万公顷，后者为2700万公顷）[149]。由此推测，在所谓"近代"业已开始的当时，处于自然状态的土地竟比人力耕耘的土地还要广阔得多。

我不能肯定达符内尔的计算完全可靠。也许他本人能确信无误。在我们只拥有零星数字的条件下，他却推算出了一些数量级，这毕竟是个聪明的办法。他对每公顷土地的收益（根据在外省进行抽样调查所取得的几个可靠的数字）一个世纪又一个世纪地进行比较，然后再计算农业总收入。他得出的结论是，从1600至1890年，实现了三大进步：首先，法国的领土扩大了，面积由4400万公顷上升到5300万；第二项进步更值得我们重视，种植面积增加了，已从1600年的35.5%提高到1890年的60%；第三项是每公顷土地的产值，按法郎的固定值计算，从1600年的19法郎增加到1789年的26法郎，又增加到1890年的将近50法郎。由此可以说明，农业总产值由1600年的5亿法郎上升到1789年的10亿法郎（这个数字据我看恐怕偏低了），再上升到1890年的24亿法郎。以上是达符内尔推算的数字。[150] 历史学家自然可以对此各抒己见，甚至加以完善，但就发展的方向和规模而言，达符内尔的推测大体是无可怀疑的。

iii-52 以上认识具有重要的意义。

首先，我们可以看到，在法国历史的背后，还有一个处于自然状态的法国，这一庞然大物千百年来受到人力劳动的蚕食，但它又不断在抵抗斧、锄、犁、锯的侵蚀，抵抗刀耕火种的盲目破坏。人一旦稍有松懈，自然便迅速夺回土地。此外，自然也利用某些人为的保护：领主把森林视为禁脔，竭力禁止狩猎，各村庄对公有产业死死抱住不放……非耕地自然也必不可少，城里人要取得建屋的木材，取暖的木柴，以及工业用的燃料；农民和领主则利用天然草地和树林放牧牲畜。“天然”和“耕作”必须共存，并保持一定的平衡。

平衡何况有一道防线作保障，这就是效益递减律，杜尔哥至少已预感到这条相当严格的法则的存在。确实，开垦荒地势必扩大村庄的耕作范围，同时也增加在住宅和耕地之间的往返时间。时间就是金钱。尤其，远离迄今已有几百年耕作历史的土地，那里的荒地土质极其贫瘠。收获的庄稼微不足道，甚至不够耕作者养家糊口。1520 年间[151]，香巴尼的某些修会把土地撂荒，正是因为这些土地超出效益递减的警戒线之外，生产的产品“不能与支出的费用相抵”。

总之，各种迹象全都有助于我们看到，法国农业的命运就表现为人与自然（乔木或灌木、植物或动物、死水或活水）进行的一场决斗。野兽数量之多难道不恰好说明人类世界之外还另有自由天地
iii-53 吗？特别是狼，狼在法国的滋生繁殖一直延续到 19 世纪中叶。据

一份报告指出，在弗朗什-孔泰，自1775年至1784年3月，该省9年内共杀死母狼627只，公狼641只，狼崽1385只，总计达2653只。[152] 但这肯定还不是最高记录。如果离开法国，再往东去，狼的袭扰简直成为一大祸害。“1822至1824的两年间，利沃尼亚被狼咬死的家畜达2.5万头。”[153] 如果把时间再往前挪几个世纪，狼的活动地盘也就更大：“1341年夏季，特鲁瓦附近的人共捕获狼571只，打死18只。”[154] 只是到了1850年前后，狼终于销声匿迹。也有一些例外，如在贝里地区，莱昂斯·德·拉韦涅于1870年说，“这里的狼害尤多”[155]；但有些喜欢猎狼的人也往往人为地让狼的存在多维持几年时间，正如今天个别地方还在继续捕猎野猪一样。

野猪本该是更好的见证，但有关野猪的骚扰，在我们的历史资料里，却不像狼害那样令人惊慌不安而引人注目。我在一份名叫《下莱茵省信使》[156] 的正式报刊上读到1817年6月22日的一段新闻，确实有点感到意外：“在默兹省，人们对野猪的危害抱怨甚多，它们成群结队地涌到土豆地里去进行破坏。”野猪虽是食草兽，但对人的抵抗，比食肉兽狼更凶；照道理讲，狼并不可怕，而且也不值得可怕。至于一般的小动物，那就更多了，尤其领主自己很少使用狩猎权，却对别人强加许多限制。法国大革命爆发后，狩猎活动有了显著的增加，农民的偷猎行为也成倍增多。这对“黑色兽和褐色兽”[157] 原是活该倒霉。可惜的是，与此同时，却造成了对森林的破坏，这几乎也是十分自然的事。

我们另外还看到，尽管根据不同的地区和不同的时代，耕地的 iii-54
面积会有增有减——已经排干积水的沼泽再次沼泽化，已经开垦的土地重新被撂荒，已经砍伐的森林自动复生，逐渐长高，漫过林

边的沟壑[158]——但从长远看，征服自然的活动仍在继续进行。耕作和开垦荒地是人与自然作斗争并不断战胜敌人的过程。每一代人都取得一定的进展，把这种恒久的积累上升到理论的高度，我们就能够更清楚地认识法国农村乃至整个法国发展缓慢的、几乎静止不动的历史。

新作物代替旧作物

在农业活动的范围内，各种作物之间互相争夺耕地。负责种植的农庄主至少总会偏向一些作物，然后又反过来偏向另一些作物。平衡似乎自动得以实现：明年的作物布局会与今年差相仿佛。但是，通过点滴的变化，差异终究会逐渐变得明显起来。

例如，诺曼底原来比别处更加重视种草。但真正从种植粮食到发展草地的转变却姗姗来迟。在奥日地区，牧草种植只是从1680年开始出现和迅速推广。下诺曼底地区更要等到1820年，草场才取得胜利。有人说，在诺曼底是牛排挤了人；此话不错，但这一进程却花了很长时间，前后延续达几百年之久。尽管牧草的单一种植具有很多便利，实现这一转变却绝非一日之功。

我举诺曼底地区为例可以提醒人们注意，新作物的打入农业之所以遇到重重困难，不仅因为人们对新作物很不熟悉，需要经过
iii-55 多年观察和试验。人们宁可在便于日常照看的宅旁园地中进行试种，使之经历炼狱的考验：荞麦、玉米、烟草、土豆、菜豆、西红柿、油菜、向日葵、甜菜等等无不如此。德·维旺骑士从美洲回来，于1637年在克莱拉克引种烟草，拉普莱涅神甫说，“种子首先播在宅旁园地”[159]。只是到后来，在试种成功后，作物才移种大田，并苗

壮生长。

新作物一经栽种，便与其他作物进行全面的竞争：为了争得立足立地，它们必须取代原有的作物或与后者和平相处。对于作物与作物的争夺耕地，人并不始终都能找到恰当的解决办法。一切全都将缓慢地进行。

油菜很早已在后来的北部省种植，但要等到 1788 年才传到厄镇和迪埃普一带，并于 1860 年前几年逐渐普及[160]。甜菜（普鲁士化学家阿夏尔于 1799 年在柏林试验成功后，实现了甜菜炼糖）[161]也不例外。第一执政于 1801 年决定在法国引种甜菜，大陆封锁政策促进了这一作物的种植。然而，在与蔗糖的竞争中，甜菜糖将花 100 年时间，方才站稳脚跟，并在法国逐渐发展。

如果新旧作物能和平相处，问题可以较快得到解决。在玉米地里仍可间种蔬菜。让-雅克·默努雷（1791 年）对伊泽尔河两岸的作物进行了仔细的观察[162]，发现“如在玉米株间保持一定的距离，可以间种豌豆和菜豆等作物”。这在葡萄株距间本是习以为常的事。例如，在 18 世纪汝拉山区的卢河河谷[163]，或在 1900 年朗格勒高原的某个村庄周围，据约瑟夫·克雷索说，“葡萄园里还生产大蒜和小葱，菜豆和小萝卜”[164]。最后还有一种办法，就是一半 iii-56
小麦对一半黑麦实行混播。朗格多克还将燕麦和野豌豆混播[165]；曼恩地区实行小麦和山黧豆混播；黑麦和燕麦也可混播。另一可能是在一种作物的行间套播另一作物的种子。作物套种来自英国，法国当局于 1787 年正式通令推广：6 月初，在蚕豆和豌豆地里，建议播种大萝卜（品种不同于英国的），大萝卜长成前，前两种作物业已收割完毕[166]。

这几乎可以说是新旧作物之间的妥协。一些新作物就这样悄悄地取得细小的成功。但也有一些新作物不是那么容易迁就。

以荞麦为例，尽管名称叫麦，却是一种蓼科植物[167]。它于15世纪抵达布列塔尼，由于生长迅速，可在收割完小麦、黑麦或大麦后空出的土地上种植。让-雅克·默努雷指出[168]，每当7—8月间，只要割完小麦的麦穗，土地不经翻耕，“即可播种荞麦；到10月末，农民又能获得一季不错的收成；荞麦面可制面包，顶饥而富营养，也可煮面糊；荞麦粒和荞麦面用处甚广，主要用于为猪、火鸡和其他家禽催肥。草秸还可用来增加肥料。如在荞麦开花时把作物翻入土下，立即使土地适于小麦的播种和生长；在一些收割较晚和播种较早的地区，由于间歇期太短，赶不及多收一季荞麦，就必须
iii-57 把播种推迟到下年的春天”。以上文字清楚地说明有两种办法可以采纳：或者收获粮食，或者在作物开花时充当绿肥。第三种办法要我们花点工夫去想象。我以为荞麦只能在小麦、燕麦或大麦留下的空地上作为春季作物种植。可以肯定的是，荞麦在布列塔尼、中央高原及南方各地农民的食粮中从此占有重要的地位。到17世纪，荞麦也在阿列埃日的山区落户生根。[169]

玉米很早抵达巴斯克地区[170]，但它在阿基坦地区，特别在图卢兹四周明显地站稳脚跟，却是在17世纪最后的25年期间。玉米逐渐发展推广，取得重要的地位，并成为生活所不可缺少的产品。尽管圣通日地区的“葡萄园主眼看廉价劳动力纷纷出走而叫苦不迭”[171]，玉米生产却使巴洛克时代的法国南方免遭饥馑。到18世纪末（1791年），让-雅克·默努雷为玉米大唱赞歌：“玉米，又称大粒麦或土耳其麦，系枝叶繁密、籽粒众多之作物，多黏质，喜在

优质土地生长，但它在空气中吸取大部养料；收成可达种籽的百倍，余下大量的棒芯可充肥料；过剩的枝叶是喂牛的极好草料……留茬地上播种的玉米可提供青饲料，在春季可多次收割，堪与优良的草场相媲美。”[172] 最后这个方法至今仍然通行。但玉米的主要用途还是充当粮食。在春季青黄不接之际，实行两年轮作制的法国南部用玉米补充食粮的不足，不但人可食用，饲养牲畜价值更高。每当农民需要增加收入时，便以玉米充饥，留下小麦送集市出售。图卢兹正是依靠玉米才得以发展粮食贸易，并成为专门从事 iii-58
小麦贸易的大城市。顺便指出，玉米原系南方作物（见本书第一卷第 46 页插图），只是在不久前培育了抗寒的杂交品种后，才在法国普遍推广。

土豆同玉米一样都从美洲引进，也曾经历同样的困难，随后陆续得到解决。由此发生了一场新的革命；鉴于土豆在法国的食物中所占的地位，这场革命的意义肯定将更加深远。欧洲 19 世纪的人口增加，据有的历史学家说，是因为接种天花疫苗的逐渐普及，又据德国经济学家威廉·罗雪儿等另一些人说，是土豆种植的推广[173]。两种理由无疑比一种理由更能说明问题。

土豆于 16 世纪开始在欧洲出现，几块块茎先后被交给了两位植物学家，一位是名叫约翰·钱拉德的英格兰人（1586 年），另一位是名叫夏尔·德·莱斯克吕兹的法国人（1588 年），但在美因河畔的法兰克福居住。凑巧的是两人拿到了两种不同品种的土豆，随后一个半世纪种植的土豆均来源于此：一种是德国的土豆，呈红色；另一种是英格兰的土豆，呈黄色。

然而，土豆只是到 17 世纪中叶才在德意志和奥地利从小块园地移种大田；随后，土豆又传往意大利、瑞士、多菲内、弗朗什-孔泰、阿尔萨斯、孚日和佛兰德等地区[174]。当时，土豆几乎专供牲畜和穷人食用。帕芒蒂埃于七年战争(1756—1763)被俘期间在普鲁士发现了土豆，他告诉我们说，当时唯一的食品就是土豆以及刺柏子酒。同样，很久以后，当法军从莱茵河到多瑙河迅速出击，攻克乌姆(1805 年 10 月 20 日)，接着在奥斯特利茨一战大捷(同年 12
iii-59 月 2 日)时，法国士兵也以土豆为食粮。土豆在德意志首先充当粮食因此已可以肯定无疑。尽管如此，直到 1781 年，在易北河流域，仆人宁愿改换主人，也都不肯食用土豆。[175] 英国对土豆的成见更深，长期只是被当作一种普通的观赏植物，而贫瘠的爱尔兰将于 17 世纪下半叶接受新作物。正是爱尔兰人终于把土豆种植引进到英国农业中来，并随后又传往北美洲。

尽管取得了这些初步的成果，土豆却必须等到 18 世纪中叶，才在我国登上“大雅之堂”，才有人鼓吹它的食用价值和烹饪价值。人们可以猜想到，土豆的长期不受欢迎在很大程度上是由于试种的原始品种质量不尽人意：直到 1752 年，土豆品种始终只有两种；1757 年已有 7 种；1770 年有 9 种；1772 年有 40 种；据维尔莫兰提供的数字，1846 年多达 177 种。今天可以举出几千个品种，适应不同的气候条件，种植者不同的要求以及选择不同的烹饪方式。人们最初往往想用土豆制作面包，其失望的心情不难想象。

从 18 世纪中叶开始的演变无疑可用人口增长作解释。从这个角度观察，一些头脑清醒的人懂得了新作物的社会意义。例如，在利摩日财政区，土豆一度曾遭禁止，据说食用后会生麻风病。当杜尔哥于 1761 年出任巡按使时，他在农业学会和神甫的帮助下，终于破除了这个迷信；他身体力行，作出榜样，公开食用使人产生恐惧的块茎。卡斯特尔大主教在教务会议上向属下的本堂神甫也作了宣传，因而比利牛斯地区于 1770 年前后已大规模种植土豆。[176]

然而，只是在 1769—1770 年的大饥荒后，才实现了重大的转折。贝桑松科学院次年以“指出有什么植物在饥荒期间可作人的 iii-60
代食品”为题举行征文。送审的所有论文都谈到了土豆，特别是帕芒蒂埃提交的获奖论文。帕芒蒂埃当时展开了大规模的宣传运动，对“同胞的恶意诋毁”表示遗憾；他接连发表文章，介绍种植和存放土豆的方法，组织以土豆食品为主的晚宴（阿瑟·扬是宾客之 iii-61
一），在巴黎集中法国种植的所有土豆品种，并从美洲引进新品种，以便进行选种[177]。1786 年，经路易十六批准，他在位于巴黎城外讷伊附近萨布龙平原的 20 多公顷的贫瘠荒地上建立了土豆种植场。试种取得了完全的成功。帕芒蒂埃希望带动更多的人食用土豆，他灵机一动，觉得最好的办法是引诱偷盗。他故作姿态地派出骑警队看守种植场，但仅限于白天。与此同时，他劝说地主不要对农民实行强制手段，只是自己在一块好地上精耕细作，并且“明令禁止外人进入”[178]。他采用的这一手法自然比弗里德里希二世更加巧妙，后者在普鲁士出动部队强迫农民种植土豆！

帕芒蒂埃所作的努力常遭耻笑，被人视为怪癖；其实，这种努力不仅十分必要，甚至还很不够。请看马延省共和四年风月 29 日的这封官方信函：“土豆种植几乎仍处在摇篮阶段，因为它仅在宅旁园地、最好的土地以及不惜工本地施粪肥的地块取得了成功。”[179]

土豆在欧洲

请注意，这张地图只注明了土豆在欧洲各地出现的日期，但并未指出从什么时候开始土豆作为人畜的食粮在欧洲推广，这一推广的时间要更晚些，具体日期且因地而异。以英国为例，则要晚一个多世纪。地图原作者为格奥尔基·芒迪和泽尔丹·察克。

在法国的中部和西部地区，土豆的光临姗姗来迟。在昂茹地区的于耶村，仅在1790至1795年才出现土豆，但随后逐年有所发展。土豆不但是“为猪催肥的饲料”，而且是“人在灾年的食粮”。“于耶村1834年共有105公顷土地用来种植土豆，几乎占谷物种植面积的25%。”[180]

让-雅克·默努雷于1791年对土豆的赞誉走在时代的前列，

这是因为他生活在伊泽尔省，生活在法国首先种植土豆的地区。请听他说："土豆这一奇妙的植物包含大量甘甜的黏液质，可充当最高级的和最普通的菜肴配料，可制作精细而多样的美味佳肴，供 iii-62
富人们大饱口福［实际上，富人对这'胖乎乎的怪玩意儿'向来很不感冒］，也可提供为公民各阶层普遍接受的简易食品。"他接着又说："经过我的推广、鼓励和促进，这一作物已在我的土地上种植，并给我带来许多好处；土豆用途众多，可端上主人、佣工和仆人的餐桌，可充当猪、火鸡及其他家禽的饲料，此外还可赈济贫民，在市场出售，等等。产量之高令人欣喜！"[181] 土豆很早被用来养猪，赶着猪群去森林里吃橡实的现象因而逐渐被人所遗忘。在圣通日，当小麦和玉米出现匮乏时，农民不得不以土豆充饥，养猪业为此陷于停顿。19 世纪初期的尼韦内地区也是同样的情形。[182]

土豆对生产者或对消费者，都需要有一个习惯的过程。如果读者要了解这个过程，请到法国东部去访问。在阿登省的利伯维尔，有一名教师自告奋勇地向你作介绍，此人名叫科莱，其身份我还说不清楚。利伯维尔是大革命初期确定的地名，不必再到地图上去寻找，该地现名夏尔维尔。我这里有科莱于共和三年霜月 30 日所写的信，离罗伯斯庇尔垮台不过一年多一点时间。国民公会将于 1795 年 11 月 26 日宣告结束。但这封信件对政治竟然完全置之不顾，一味谈论土豆。首先就讲土豆的种植方法，科莱写道："我的办法是，在冬季或秋末冬初，先用犁锄进行一次深耕。"霜降后，再耕一次，用锄挖孔，沿直线保持四、五尺的间距，一人在孔内安放土豆，另一人在边上传送……每个孔内都要施肥，然后用土盖上。当作物"长到一尺或一尺半高时，我把尽可能多的茎枝一次翻

压在地，以利生根分蘖”[183]。到了夏天，必须铲除野草，但下手要
iii-63 轻。其次，也是最重要的，科莱谈到了土豆的品种问题。他写道：“我现在种的土豆有两个品种，一种是红皮的，另一种是黄皮的。红皮的与甜菜的颜色相同，表面光滑而皮厚，呈椭圆形，最大的个儿与妇女的木屐差不多大。第二种有黄色的外皮，长得最好的比拳头大一点，表皮与第一种同样光滑，呈不完整的四方形。两种土豆的内实都呈白色，且味美可口，让人愿意吃它。”[184]

土豆于 19 世纪和 20 世纪的发展可见下面的图表。甚至在霜霉病——该病并不仅限于危害葡萄——于 1846 和 1847 年先后在爱尔兰和法国肆虐期间，土豆的增长仍未停止。

以上对土豆所作的介绍大体上对甜菜、茜草和桑树均可适用：在罗讷河谷和阿尔萨斯北部，茜草长期又名阿格诺“红”；桑树在这里种植更早，促成丝织工业的繁荣。

在休闲地上

所有这些新作物都有一种克敌制胜的法宝，它们可在休闲地上种植，而不与传统作物争地。

在实行两年轮作制的情况下，乡村的土地被分成互相轮换的两个部分：一部分种植庄稼，另一部分休养地力。这些土地每两年都有一年轮空，原则上不种任何作物，但只是表面上不事生产：地上长的草可供牲畜食用；土地经过多次翻耕，可为来年进行播种，特别是为播种小麦做好准备。

iii-64 在三年轮作制中，休闲地占村庄土地的三分之一，其他两部分土地分别种植小麦（或黑麦）和春季作物（又称三月作物，因在三月

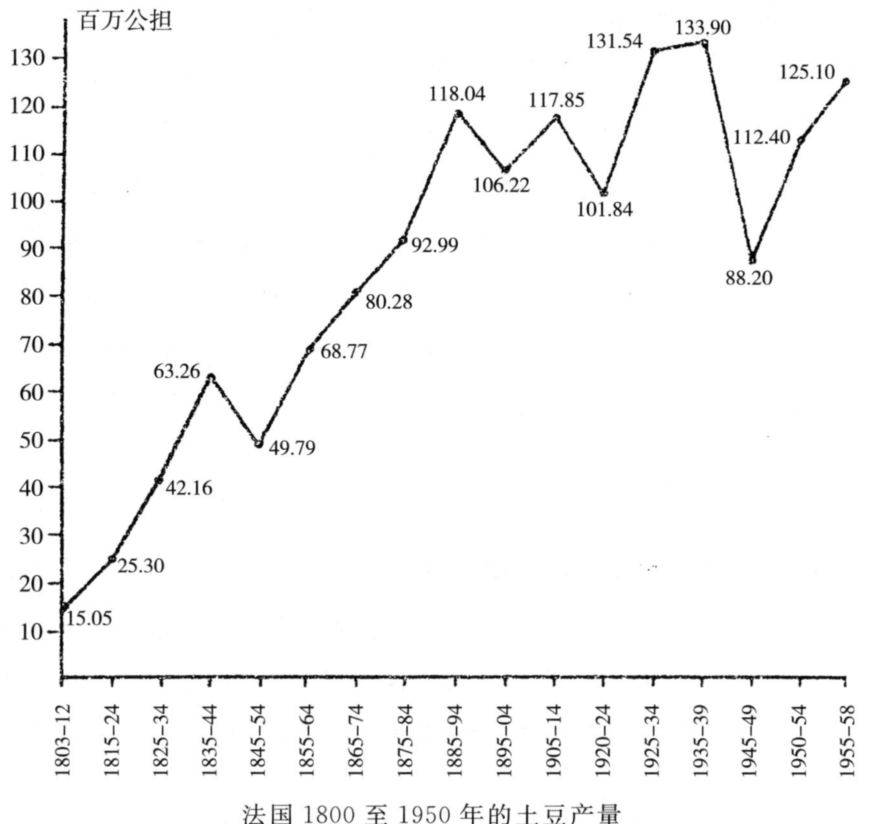

法国 1800 至 1950 年的土豆产量

（参见让-克洛德·杜坦：《1700 至 1958 年的法国农业生产》，Ⅱ，《实用经济科学研究所学报》第 115 期，1961 年 7 月。）

播种而得名）。这些茬口实行交替轮换。法国各地休闲地的面貌各有不同（名称也因地而异[185]）。有些地方实行“绝对”、“完全”的休闲，称作“死休闲地”；另一些休闲地则是相对而言，多少还种一点作物。18 世纪被称为“农业生活的耻辱”的休闲地显然是“死休 iii-65
闲地”，它们不事任何生产，满足于为来年的庄稼做好准备。

这些空地历来都促使人们加以利用。自古到今，每当春天来临，休闲地上长出了青草，人们就去那里放牧。人们不经意地在休闲地上种点作物，如白豌豆、灰豌豆、野豌豆、滨豆、蚕豆、菜豆等等，这种做法已有很长的历史，即所谓“偷种”。对各种因素经过仔细的衡量，荞麦、玉米、土豆至少最初都曾是所谓“偷种”的作物。被它们所挤走的无非也就是以往“偷种”的作物而已。在莫尔旺地区，土豆在经过将近一个世纪的种植以后，因 1812—1813 年的粮食危机而得到推广，它一下就把荞麦种植给淘汰了。[186]

总的说来，以上这些新作物都比较顺利地站稳了脚跟。建立人工草场的情形就不是如此了，这是一场不折不扣的农业革命。

新作物代替旧作物（续）：人工草场

天然草场是与沟边、河岸一样自动长草的草地，向来成为人们觊觎的对象：早在十世纪那时，马孔内地区草地的价值“两倍于耕地”[187]。晚至 1680 年，博韦齐地区种植谷物的耕地每弓丈价值 60 至 100 里佛，而每弓丈的草地则达 200 至 800 里佛，差价反而有所扩大。[188]

与天然草场相反，人工草场是人力经营的产物：用锄镐翻耕土地，施肥，播种苜蓿、三叶草、驴食草、野豌豆。这些作物有时混杂在一起播种，效果往往不好，因为它们长势不一，又不同时开花。有人于 1786 年经观察后指出：“这大概不是个好办法，因为三叶草
iii-66 长不到苜蓿那么高，往往被闷死；驴食草比其他作物早开花，也应该早收割，总是因为等着苜蓿和三叶草而受损失。苜蓿和驴食草理应单独播种……”[189]

无论如何，如果面积相等，人工草场的产量比天然草地约高 2 至 3 倍。人工草场为畜群提供重要的补充饲料，使牲畜数量得以

增加，并为农业输送更多的肥料。人工草场当然占用了一部分神圣不可犯的麦地，但它有利于提高劳动生产率，增加肥源，并促进土地的固氮能力。小麦的种植面积有所减少，但总产量却反而增加了。这个道理本来容易理解，但据夏普塔尔说，当时像第一执政波拿巴这样的聪明人居然始终弄不明白。[190]

简而言之，人工草场是一场必要而强有力的农业革命的原动力，虽然这场革命在法国的展开并非一帆风顺。夏普塔尔于1823年断言："建立人工草场和完善土地轮作已成为今天发展农业的基础。"[191] 但直到那时，这个主张并未完全被人们所接受。

然而，至少从16世纪起，人工草场所种的作物已在法国为人们所认识。两个世纪以后，这些作物已在夏朗德、多菲内、巴黎附近、鲁西永、佛兰德等地区种植[192]，但只限于小块的土地。尤其在18世纪30年代，英国扩大人工草场取得了成功[193]，这是一个值得仿效的榜样。在法国方面，就有不少人进行提倡，发出警告，有时甚至声色俱厉地横加指责。1795年，马尔丹·德·夏西隆对拉罗歇尔附近的农民说："你们在贫贱和肮脏中苟且偷生，这是因为你们不懂得安排好活计：谷物种植过多，草场面积太少。"[194] 早在20年前，有人于1777年在梅斯写了一份报告[195]，虽然言辞的语气比较缓和，但其锋芒所向却并不含糊。报告的作者解释说，"有些土 iii-67
地接连从事谷物生产，致使地力衰竭"，必须予以改变；此外，现行耕作制造成洛林地区和主教国的大牲畜饲料严重不足；由此不得不从瑞士进口耕牛和菜牛，从德国、阿登地区和丹麦购买马匹，"供作战和耕地使用"。

那么，人工草场为什么迟迟得不到推广呢？18世纪末，重农

学派、农业学会和许多大地主(也有些大地主重视提高产量和准备进行试验)“提倡推广人工草场和块茎作物”,并把这当作他们的关心和焦点,但他们的主张却很少被付诸实施。为什么“在鼓吹革新的同时,古老的轮作制在各地却依旧大量存在”[196]?

这主要因为,人工草场的豆科作物虽然有许多优点,但它们很少能在休闲地上见缝插针地“偷种”。三叶草或野豌豆每年勉强可以充当一季作物;它们在休闲地播种后生长迅速,收割后可作饲料,获得养料的土地可接着腾出种麦。轮作仍照常进行。

但是,根据现行的规定,苜蓿在一块地上可以连续生长9年,播种驴食草或三叶草的草地也可持续6年。人们早已发现了连续几年种草的好处。大革命前夕[197],一份有关巴黎地区的长篇报告指出:“种植驴食草、三叶草和苜蓿的草地在第三、第四、第五、第六这几年正是生长最旺盛的时候。在这以后,作物开始明显衰退,草地也就需要更新。”人们不难猜到,连续种草就使土地不能进行传统的轮作,或者说,导致轮作次序被打破。

然而,打破轮作次序会遇到两方面的障碍。

iii-68 首先在法律方面遇到障碍:无论是承包制租地或分成制租地,租约一般规定“必须精耕细作,勤施肥料,不得改变或打乱轮作次序[198],违约者应负法律责任”。地主必要时可向法院提起诉讼。据了解,在佛兰德和阿图瓦等地区,地主的起诉曾不止一次被驳回[199];尽管如此,法院的裁决一般都倾向于维护传统的轮作次序,人们当时认为,这对取得谷物的好收成是十分必要的。

第二个障碍来自传统的放牧习惯,也就是说,土地实行轮作不仅被认为是一种合理的耕作制度,并且是在实施习惯法的地区中推行所谓“自由放牧权”的必然结果，在法国南部实行成文法的地区，这种做法又名“通融放牧权”。

凡是以自给自足为主的村庄始终面对着由饲养牲畜和种植粮食而产生的种种束缚。村民不能够不吃面包，也不能够不拥有家畜。为便于饲养家畜，各村庄历来就实行草场的“自由放牧”和“自由通行”。

所谓“自由放牧”是指为饲养牲畜所必需的全部草地对本村的畜群开放。穷人可把奶牛牵到长草的路边自由放牧。村庄公有的未开垦土地也允许自由放牧，村民不论贫富均可受益。我在上文已经说到，休闲地上一旦长出青草便实行自由放牧。种植粮食的土地在收割后也是如此。最后，人工草场也可自由放牧，或在饲草收割完毕以后（这种情形较少），或在新草重新长出以前（这已成为例规）。收割后长出的新草有时被称作“再生草”。洛林地区1789年的一份陈情书说：“自古以来，二次再生草[即经过两次收割后长出的新草]属于村民公有。”[200]

“自由通行”是“自由放牧权”的扩展，一个市镇可给予邻近市 iii-70
镇或从它们那里取得自由放牧的权利。村庄之间的界线犬牙交错，参差不齐，自由通行可使放牧不受村界的限制。这个办法相当巧妙，便于畜群的往来，不但有利于畜牧业，农田耕作也不受妨碍。

但这毕竟还需要有条不紊地进行，必须有计划地调换茬口，使草地能及时开放。然而，人工草场由于常年生长，势必实行圈地，以免畜群任意啃食青苗，这就使事情变得严重起来。必须把人工草场置于篱笆、围墙、栅栏和沟壑的保护之下，并且进行有效的看管。结果造成了对立双方各执一词，聚讼纷纭，一方力主维护乡村惯例，另一方要求保护私有产业，针锋相对，都想争得自由。[201] 在草场广泛发展的富裕地区，例如诺曼底，实行圈地无疑比别处较为容易。法国南部也同样如此，那里的休闲地、灌木林和荒地较多，推广人工草场和实行革新终究比东部困难少些（例外正证实了规律）；在东北部地区，有大片的开阔地种植谷物，受三年轮作制的约束很紧，而且公有地产的面积较小。

国家显然主张增加生产，因而迅速采取了支持推行革新的富裕产业主的立场。从 1764 年起，通过发布一系列地区性命令，断然宣布废止自由放牧和自由通行。但这遇到了普遍的和强烈的抵抗。农民竭力维护他们微薄的利益。领主则不愿丧失他们拥有的自由放牧权。我在上文已经说过，法院追随领主的立场。教会也站在领主的一方，因为教会对新增的草地，如同对新开垦的荒地一样，不能征收什一税。各种势力全都关注自己的利益，共同汇合成为一股洪流，抵制人工草场的开辟。

至于在 1787 年成立的农业管理会议，它一方面反对自由通行，另一方面又反对禁止改变轮作次序。[202] 这个主张其实没有多大的实际效果。1787 年，法兰西岛省农业会议曾允许希望建立人工草场的产业主实行圈地，但其面积不得超过他拥有的全部土地的十分之一[203]。这也许是为了寻求妥协，但在很大程度上仍停留于一纸空文。大革命期间，1791 年的乡村法典又恢复了村民原有的自由放牧权，这一古老的权利并未真正被剥夺。

随着岁月的流逝，政治制度发生了变化，而有关自由放牧权的争执丝毫得不到解决。直到 1836 年，农业委员会仍承认对此无能为力：埃纳省的民意调查表明，农民全部赞成维护自由放牧权。该

1852

1882

从0到5%　5.1%–10%　10.1%–15%　15.1%–20%

20.1%–25%　25.1%–30%　30%以上

1852 至 1882 年间休耕地的减少

参见费·布罗代尔和厄·拉布鲁斯主编的《法国经济和社会史》第三卷第 672 页。

委员会的专家们说，牲畜最好实行厩养，但在目前的农业条件下，这个办法似乎行不通。[204]

他们说得一点不错，如若不信，请看1861年7月14日在富托村（默兹省克莱蒙-昂-阿尔戈讷区）爆发的这场小小的革命。国庆节那天的下午，村民们在小村里开始闹了起来。村长躲在家里，“未能设法平息激忿的情绪”，“该村的保安队军官杜邦·弗朗索瓦先生没有接到命令就让部下撤回”。闹事的原因正是取消自由放牧权！当时干旱肆虐，饲草匮乏使得灾情变得更加严重。14日至15日的夜间，“草场的篱笆全被拆除”，此事无疑出自保安队军官的纵容。[205]

这个圈子兜了下来，难道还不能说明问题吗？归根到底，在长
iii-72 达几乎百年之久的时期内，单凭小麦至高无上的主宰地位，并不能阻止人工草场合乎逻辑的发展。

到了1861年，苜蓿、三叶草和驴食草的种植面积达到250万公顷，约等于天然草场面积的一半。革命毕竟必然地发生了，尽管遇到了重重障碍，尽管进行既不顺利，而且也不彻底。到1877年，村庄的公有土地在西北部地区几乎绝迹，“荒地也已消失，而在1789年，荒地仍占当地总面积的八分之一”[206]。但是，取消自由放牧权的法律只是于1889年11月21日方才通过，当时有8000多个市镇愤起抗议，认为这一决定将带来灾难性的后果。[207] 就在1914年甚至在后来，据我亲眼所见，在东部地区的一个村庄里，所有的畜群等到草场的再生草开镰收割后，立即就通过辽阔的林地，涌进引水灌溉的草场。

革新在法国总是姗姗来迟

读者对荞麦、玉米、土豆、油菜、茜草、甜菜、人工草场等新作物如果逐一进行考察，将发现它们有一个共同的特点，即全都来自外国，有时甚至漂洋过海，不远万里之遥。但是，当作物的旅程行将结束时，却总是在我们四周的欧洲邻国首先落脚（这些邻国使法国与世界相联系，又与世界相隔离）：荞麦在荷兰，玉米在西班牙，土豆在德意志，桑树在意大利，人工草场在尼德兰和英格兰，如此等等。

这又有什么值得大惊小怪的呢？任何经济，任何社会，任何文化，任何政治机构，都不断接受来自世界各地的、处于不停变化中的文化财富。法国的地理位置对接受外来文化并非不利，因为以波罗的海为起点，外来文化可经由北海和英吉利海峡的北方航线 iii-73
抵达法国；它与中欧和东欧腹地以及与遥远的亚洲广大地区有几条陆路相通（可惜往往也是动物流行病的通道）；朝地中海方向的交通始终十分活跃。最后，法国朝西对大西洋门户洞开，法国本可利用迪埃普、鲁昂、翁弗勒尔的诺曼底水手以及布列塔尼成千上万的船只开辟远洋航线，但可惜没有及早进行；布列塔尼的木船在16世纪曾是欧洲海域的主要运输工具。

无数文化财富经由这些道路传到我国，如船壳的搭接结构和艉舵这两项革命来自14和15世纪的波罗的海；马镫和肩轭对马匹的使用产生了巨大的变革，它们于八至十世纪从东欧传到法国。即使在17和18世纪，地中海贸易还经由法国南部影响北方各省，向北方供应麦种，可用于嫁接的枝芽、蔬菜、果树、花木等等。但这一切通常都间接传到我国，而且在时间上都比欧洲其他国家落后一步。

是否应该认为法国在一定程度上受其地理位置的牵累呢？难道法国四周的欧洲边沿地区对世界的新事物和多种经济活动更加敏感吗？总之，正是“欧洲的极端”成功地开创了大陆的对外扩张：庞大的俄罗斯于16世纪吞并了哥萨克骑兵的西伯利亚；伊比利亚半岛因与信风相邻——以加那利群岛为起点的气流常年不息地把帆船推向西方——发现了新大陆。至于英格兰、荷兰和法国，它们全都落在后面，无论对素以皮毛和雪橇闻名于世的西伯利亚或是对美洲，它们都未能捷足先登。

但是，法国的落后不但与其地处欧洲中心有关，更重要的恐怕
iii-74 还在于它自身的地理结构。往昔的法国土地辽阔广大，经济生活势必处于四分五裂的状态；这也说明了这个国家尽管门户洞开，而任何外族入侵却进展缓慢。同样，法国地处交叉路口，尽管各种外来文化都来这里汇聚，但进展却都十分缓慢，无论在艺术和观念方面，或是在物质财富方面，莫不如此。玉米于1570年传到巴约讷，但要到1637年和1678年才分别在卡斯泰尔诺达里和贝济耶露面。[208] 原产意大利的乌格纳白葡萄和黑葡萄于17世纪从亚平宁半岛来到孔塔-佛奈桑地区，于18世纪抵达朗格多克，于19世纪逐渐向波尔多地区的圣埃米利永和夏朗德推进，“建立科涅克葡萄酒的生产基地”。[209] 土豆由奥利维埃·德·赛尔于16世纪在维瓦赖试种两个世纪过后，在法国的许多省份仍未出现。

法国领土辽阔，外省如群星灿烂，各展异彩：由于缺乏互相交流，据巡按使们说，它们以自给自足为主[210]。有的省份抱残守缺，死守陈规旧习；另一些省份跃跃欲试，颇想有所作为，但终究因路途遥远，鞭长莫及，或因曲高和寡，而与其他省份相脱离。阿瑟·扬风尘仆仆自布尚远道来到佛兰德地区[211]，对当地农产品的丰裕赞叹不已[212]。在少数孤岛地区与法国一般地区之间存在的这种鲜明差异，将一直保持到19世纪中叶。[213] 当地每公顷土地的收益那时高达450法郎，等于全国平均数的3倍；每平方公里土地有居民213人；每公顷土地平均拥有一头大牲畜；除牲畜提供的肥料外，还可加上城市脏土、菜籽饼、骨粉、海砂和人粪。这使佛兰德的农民能够“大量种植作物而又不伤土地的肥力，并取得高于英国的
产量”[214]。此外，所谓轮作制和休耕在这里也已取消。没有公共 iii-75
地产。这个地区毕竟情况特殊，总的说来更多地向荷兰靠拢，而与法国其他地区相脱离。除佛兰德外，法国还有几个特别富裕的地区，如阿图瓦、加来海峡、诺曼底、博斯、法兰西岛等。

法国各省互不相同，缺少整体的特性，甚至毗邻省份之间也很少沟通。国土辽阔和路途遥远自然也起一定的作用。吉尔·勒布维埃于1450年曾对法国作了以下的描绘：“南北相距22天路程，东西相距16天路程。”[215]

三　牲畜、葡萄、小麦和森林 iii-76

主线一旦确定，大量的细节便呈现在我们的面前。我们不妨删繁就简，逐一进行选择，只把最主要的东西留下，可惜还是略嫌庞杂。牲畜、葡萄、小麦和森林是必须予以注意的四大项。它们在法国占据统治地位，把法国切割成不同的地区：根据不同的重点，

或发展草场和畜牧，或生产葡萄和葡萄酒，或种植小麦和粮食，或生长大片的树木，它们岂不就是四个不同的而又若即若离的法兰西吗？

与种植谷物、饲养牲畜或生长林木的广大地域相比，葡萄园的面积乍看上去似乎极其有限。但是，酿制葡萄酒需要并使用大量的人工，这门行业吸引和推动人口的集中，有时甚至导致一触即发的人口爆炸：在 18 世纪，当局曾试图禁止或限制扩大葡萄种植，但纯属徒劳[216]。葡萄利用大革命时期的方便条件，侵占了大片农田。这种状况一直延续到 1850 年左右，甚至更晚的时候。为此新增的葡萄种植面积至少达 50 万公顷，数字相当可观。到了 19 世纪，葡萄种植更吞并朗格多克原来种植粮食和经营工业的整个地中海沿岸地区，造成了众所周知的后果：一种名副其实的狂热。铁路的建成大大便于产品向北方运输，葡萄种植的狂热更在法国南部地区全面展开。

总之，无论过去和现在，尽管其他三大活动就占地面积而言大大超过葡萄种植，但后者的地位丝毫也不比前者稍逊一筹。更何
iii-77 况，葡萄也完全有理由自抬身价。约瑟夫·德·佩斯基杜于 1920 年在谈到他的家乡黑色阿马尼亚克时说，“牧人多懒散，农人少远见，家乡的人凡是种植葡萄的，全都劲头十足”[217]。

但任何一项活动都离不开其他三项，道理十分简单，因为它们谁也离不开谁。一句古谚说得对：“有了饲草，就有面包。”诺曼底地区今天还有类似的警句：“要想谷物收成好，草地不可少。”[218] 人们完全还可以说：“有粮便有肉”，“有酒必有粮”，如此等等。勃艮第有时用木桶装运小麦，这是援引葡萄酒的先例，因而在生活里也不能缺少木料。

不忘整体

短距离和中距离的交流有利于不同地区之间的睦邻关系。例如，普瓦图地区的马莱（牧马地区）与附近的丰特奈-勒孔特平原（生产谷物），香巴尼省的贝里地区与西边布瓦肖和布列讷水草茂盛的沼泽带，逐渐专事牲畜饲养的下诺曼底地区与阿让唐、塞城和卡昂一带种植粮食的平原地区，尼韦内地区与盛产小麦的卢瓦尔河和约讷河流域[219]，佛兰德的沿海地区与内陆地区，法兰西岛的丘陵带（此起彼伏的葡萄园蔚为壮观）与东边香巴尼省的白垩土带（这里麦地成片，绵羊成群），盛产葡萄的波尔多地区与盛产谷物的加龙河流域，全都成双结对，相互调剂余缺。至于树木，它们利用村边地头，见缝插针地挤进乡村的各项活动中去。

饲养牲畜，经营农业和种植葡萄的人由于活动门类有别，生活习惯相异，往往只能成为冤家对头；尽管如此，他们在自然条件的强制下，依然形成一个分工合作的整体，保尔·亚当称他们各自的活动范围为“经济场”[220]。虽说法国各地区之间的对立犹如异电 iii-78
相斥，它们其实也互相吸引，并自动纳入到同一个辽阔的经济框架中去。由此可见，谷物、牲畜、葡萄和林木的杂居并存显然是件合乎逻辑和势在必然的事，尽管这是一件谈何容易的大事。

1817 年的情形

为了画出一张草图，我们必须拥有相应的统计数字。一份有用的历史文献即使不能把我们领到目的地，至少将为我们指出正确的道路。

这是1817年末根据土地丈量得出的一份确切统计资料[221]。材料提供了当时法国86个省的各生产领域(耕地、葡萄园、草场和林木)每公顷土地的收益。然后再算出第五个数字,即各省全部土地每公顷的平均收益。为作出以上的计算,必须考虑到各生产领域的占地面积。

请看最穷的省份,下阿尔卑斯省排在末位,它提供的数字按粮食、葡萄、草地和林木的顺序排列,分别是13、30、57和2;平均每公顷土地的收益为6法郎38生丁。最富裕的省份(当然是塞纳省,尽管面积最小,仅1万公顷)每公顷农田(以种植蔬菜为主)可得100法郎;葡萄当时仍占一席之地,可得112法郎;草场可得84法郎;树林日渐减少,只占全省有限的土地,可得108法郎。但是,塞纳省毕竟属于例外,尤其是巴黎,更加显得超群出众。

诸位不妨猜一猜,除了塞纳省以外,按每公顷土地的平均收入计算,哪个省的农业资源排在首位?你们大概会想到卡尔瓦多斯
iii-79 省;该省不长葡萄,但那里的农田收入为59法郎,草场为83,林木为36。每公顷平均收入达78.25法郎。塞纳省是唯一没有算出总平均数的省份,估计超过100法郎。随后几个省份的差距很大:芒什省为62.44;塞纳-瓦兹省为58.63;北部省为58.17;厄尔省为47.3;汝拉省为46.64;瓦兹省为45.75;塞纳-马恩省43.35(见683页地图)。

这一顺序表明,对各省的农产资源作一估测殊非易事,并不如人们所想象的那样,划一两条分水线就能够加以确定;尽管如此,我们这里所关心的不是排列顺序。我们暂且感兴趣的显然是林木、饲草、粮食、葡萄之间的冲突;大家可以看到,它们带来的收益相当悬殊。

1818年每公顷土地的平均收益

在各项土地收益中，草场的收益最高，罗讷河口省在其中更雄踞首位，该省的草料供不应求，诺曼底的部分地区直接关系到巴黎的肉食供应，草场收益也超过其他地区。

葡萄的收益超过农田，收益最高的地区不在著名的葡萄产区，而在各大城市的周围。由此可以说明，葡萄种植十分普遍，几乎不受气候条件的限制。

高收益的农田分布突出地展示出法国中部的贫穷以及北部资本主义农业的优越。

当森林位于通航河道的两侧并适应大城市和工厂的巨额需求时，其收益也相当可观。

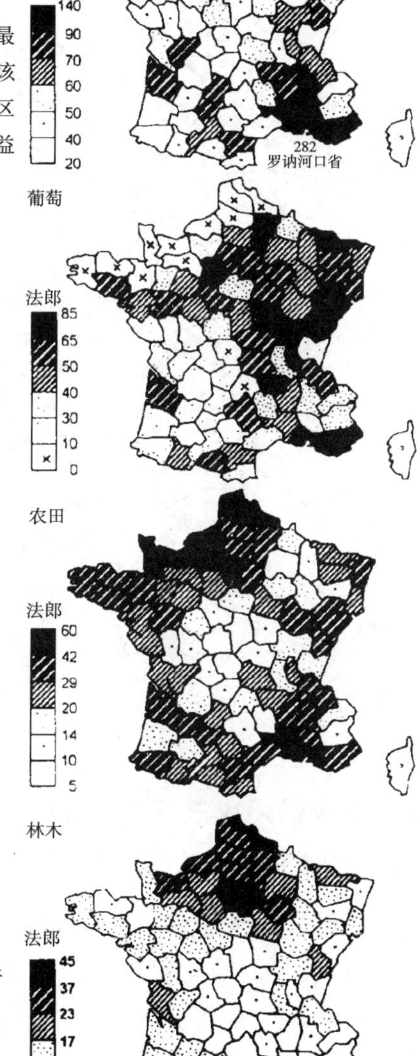

因此,我们还应该算出1817年法国全国(即86个省)每公顷土地的平均收益:农田26.8法郎,葡萄47法郎,草场60.9法郎,林木16.4法郎。最后一个数字最低,可是,直到1817年,森林还向居民和工厂提供不可缺少的燃料,而且数量实在惊人。[222]

1817年的统计资料是个由430条线汇总的矩阵(86个省,每省5个数字),计算起来可能会很费功夫(参见681—682页的地图及其说明)。千万不要以为统计结果足以说明问题。每个省还有很多的特殊情况。除其他因素外，不同经营活动每公顷土地的收益还取决于就近有无购买谷物、葡萄酒、木材、牲畜及其产品的主顾。拉韦涅在谈到诺曼底因“毗邻首都”而财源茂盛时指出，“在乡村经济中，哪怕是一个很小的部门，当产品有充分的销路时，其发展前程之广，实在让人难以想象”[223]。土地收益也取决于生活水平和工资水平，各省之间的工资水平自然是不平衡的。就拿农业 iii-84
工人每年的工资来看，例如在东北部与中部或西南部之间，省与省的差距可能高达一倍[224]。

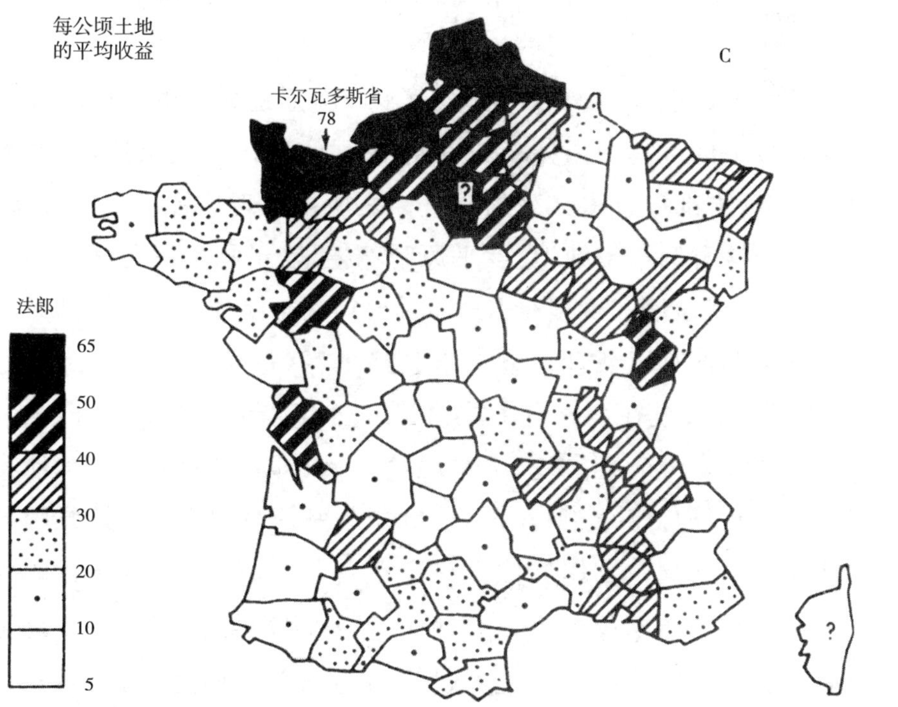

从每公顷土地的平均收益来看，该图再次表明法国的北部与南部迥然相异。

产品的相对匮乏和需求的旺盛影响着价格的起落和收益的高

低。这有助于我们懂得，在葡萄生长茂盛的地区，加龙省每公顷的收益仅 58，马恩省为 58，奥布省为 46，科多尔省为 42.36；而在上索恩省却达 83，摩泽尔省达 81（梅斯附近生产的劣质酒居然十分畅销），杜省 79，罗讷省 75，汝拉省 74.64，上卢瓦尔省 73；巴黎周围占据首位，达 112 这个创纪录的数字。首都周围每公顷葡萄的收益竟比佛兰德地区的农田高 33%！以上是葡萄及葡萄酒非同寻常、出人意料、但又是真实的写照。凡在葡萄种植面积小、产品质量差的地区，葡萄种植者的收益偏偏最高！产生这个反常现象的原因是，在铁路的时代到来前，交通很不发达，运输不便使地区之间难以调剂余缺。

饲草不足也是罗讷河口省的草场收益遥遥领先的理由。收益的绝对数字创最高记录（282 法郎）：法国的任何一块土地，甚至种的是葡萄，也都没有这么高的收益。之所以出现这种不正常现象，恰恰因为该省饲草奇缺；克罗平原乱石遍地，卡马格三角洲沼泽丛生，剩下的其他地区也很少长草，而每年临近冬季，从阿尔卑斯山返回的羊群却难以数计。就在卡马格地区，每年新生的羊羔即达 4 万多，羊群日夜在户外自由放牧；“1780 年当地还有 3000 匹马和 3000 头牛；马匹全系白色，牛系黑色，一眼即可辨认”[225]。其他得天独厚的草场位于塞纳-瓦兹省、厄尔省和下塞纳省，但其原因与
iii-85 罗讷河口省不同。它们的优点在于距首都较近，且有迪埃普的大道直通巴黎。道路设施十分完善，这里的货车络绎不绝，每天赶运鱼类和其他海鲜。奶产品也经过这条道路兼程而进，因而布赖地区的古尔奈成了名副其实的黄油生产中心。

至于森林，由于木材采伐在很大程度上取决于水运，其收益在下阿尔卑斯省仅2法郎，而在巴黎四周则达108，差别虽大，但并

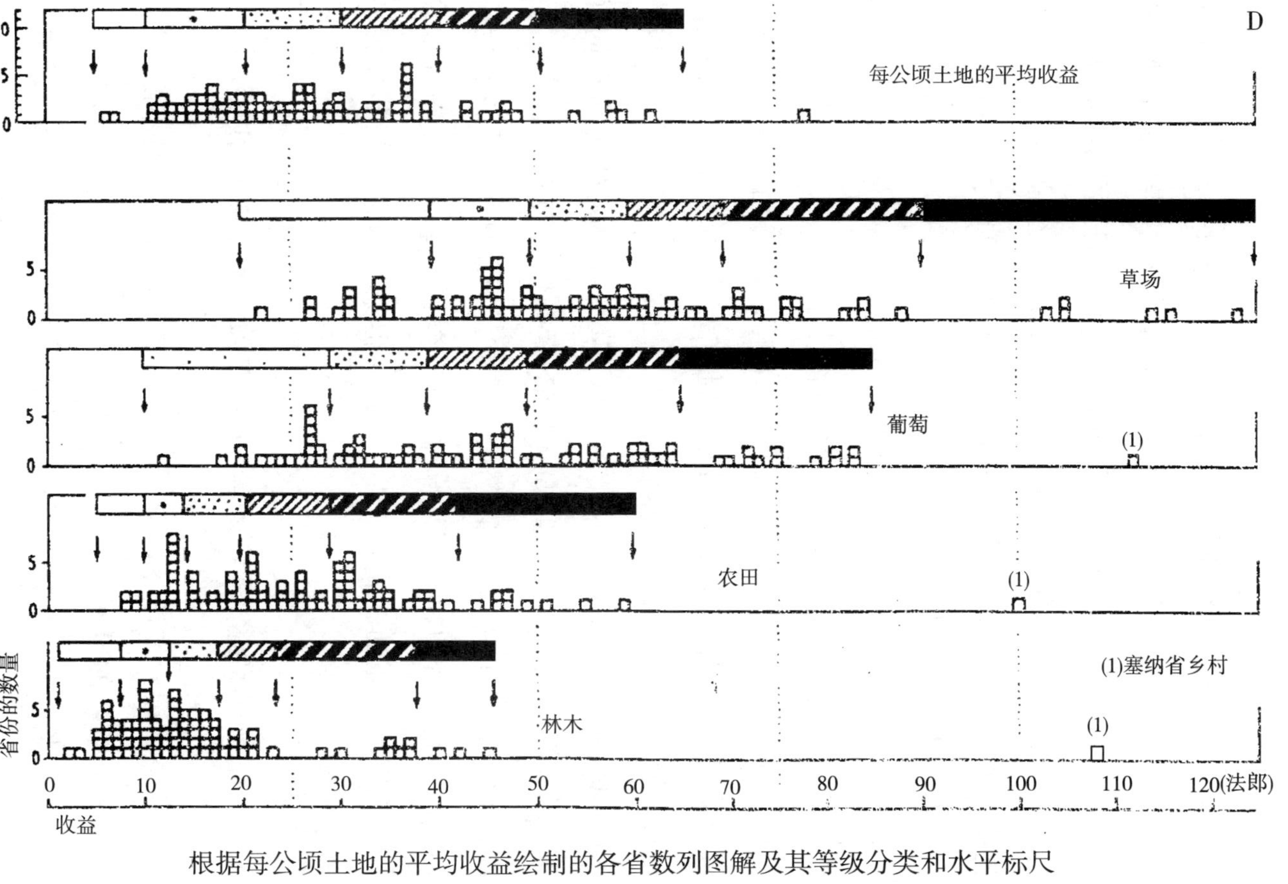

根据每公顷土地的平均收益绘制的各省数列图解及其等级分类和水平标尺

不值得奇怪。

鉴于以上的发展，我们还希望得到更多的数字，单凭一年的统计显然是不够的，我们需要往前追溯和向后查找，得出长系列的统计资料。这些资料竟付阙如，至少我没有找到完全可信的材料。

不得已求其次，我们且看另一组数字，我必须立即声明，它们比我们刚才使用的那些数字更加粗糙，不能尽如人意。这是我在一部鲜为人知的著作中得来的。[226]

在不到一百年内（1785—1875 年），法国农业的产值、产量和占地面积均有所增加。取其整数，谷物种植面积由 2400 万公顷上升到 2700 万公顷；葡萄种植面积由 186 万公顷达到 250 万公顷；唯独草场和果园由 520 万公顷减少到 500 万公顷。每公顷耕地的地价（请注意，这里说的不再是“收益”，而是“资本”）由 1785 年的 900 法郎提高到 1875 年的 2700 法郎；草场或果园的价格也同样由每公顷 1500 法郎上升到 4500 法郎；葡萄园的价格翻了两番，由 2500 法郎达到 10 000 法郎，创最高纪录。葡萄种植的发展肯定将使我国的自然景观显得更加高雅，而不会打乱整个农业布局。农村令人叹为观止的变化将在后来发生，但其原因并不是葡萄种植的发展。

往昔的牲畜饲养的第一条规律：牲畜自己找食

牲畜的饲养方法，过去与今天自然有所不同。这是不必再说、不必多作解释的事。

第一条重要的规律：在过去，人们尽管与家畜打交道，但对家
iii-86 畜的照管却远不如今天那么周到。这岂不是件怪事？

今天的饲养者专心致意：养 100 头牛的牛场，养 1000 头猪的猪场，养 10 000 只蛋鸡的鸡场，就像在工厂一样，不容出现任何疏忽。畜群在夏季实行圈养，饲养者更是精心照看。同样，在根据科学方法布置“投料路线”的牛厩里，在现代化的羊厩或新式的猪厩里——建筑地点往往离住家很远，负责饲养的人从没有闲暇时间。采取防病措施，接种疫苗，实行机械喂食，都必须按时进行。他们不停地忙活，力求达到最高限度的产量或最好水平的质量。

过去则相反，牛马等大牲畜大多有相当长时间实行自由放养，“任其在外找食”[227]，不加看管，几乎处于野生状态。

首先，在大多数情况下，畜牧只是一项副业，农民以种植小麦、黑麦、燕麦、大麦为主。粮食主宰一切，农家饲养牲畜主要还是为了粮食，牛马驴骡等力畜除提供肥料外，主要用于拉车牵犁。

此外，农民没有太多的时间。他们在饲养牲畜方面便力求减少开支和少花力气。

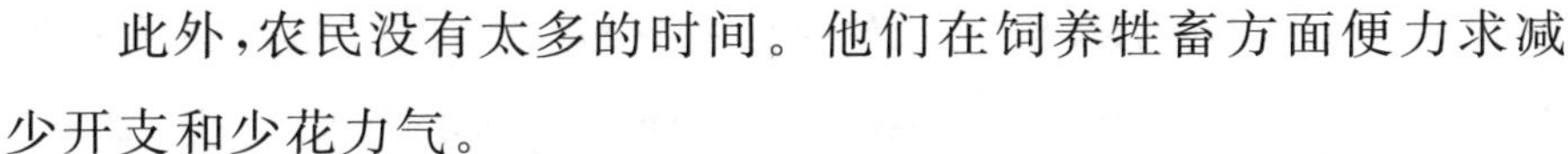

自由放养的好处正在这里，牲畜主的土地和活计都不会因此蒙受损害，因为牲畜可以安闲自得地在杂草丛生的辽阔荒原上或在坑洼遍布的沼泽中生活……在这些包括树林和坡地在内的荒野 iii-87
上，种植任何作物都极其困难，农民放养幼小的或老龄的牛马，有时也根据可能和需要，放养其他的成年牲畜。

应该承认，我们对这些“野生牲畜”的状况知道得很少。原因当然是我们这些历史学家更加重视小麦种植，而较少关心牲畜饲养；雅克·米利埃不久前出版的著作[228]属于例外。我们看到这个现实，也往往事出偶然，正如猎物不小心撞到猎人的面前一样。

请看以下的例子：1731 年 1 月 10 日向布列塔尼省三级会议

提交的一份农业计划。据这份计划揭露，为了让牛长膘，当地采用的办法是把牛送到面积约 5—6 弓丈的一块草地上（这里是指布列塔尼辽阔的荒草地）放养；牛在这里完全自由，牲畜主只是给牛留下“5000 来斤[229] 干草，而牛也就吃一半扔一半”[230]。想出这种催肥养膘的办法确实让人觉得奇怪！不过，催肥的牛毕竟多少受人照管，因为主人给它留下了一份饲料，而且只是暂时任其自由而已。它们大概在充当了力畜以后，然后再被送到屠宰场去。萨瓦里在《世界贸易辞典》（1772 年）中指出，牛满 3 岁即可“拉车牵犁”，到了 10 岁，“必须撤套，转而催肥养膘”[231]。

古贝维尔的日记向我们提供的形象更是栩栩如生。我们且同他一起回到 16 世纪去。我们刚刚离开布列塔尼，现在又来到了诺曼底：勒曼尼尔庄园位于科唐坦半岛的北部，离瑟堡约步行一天的路程，那里树木繁茂，属于篱乡地区。庄园主古贝维尔亲自主持经营管理，居然颇见功效。庄园以饲养牲畜为主，分设马、牛、猪、绵
iii-88 羊、山羊等畜厩。然而，正如古贝维尔所说，多数大牲畜“在树林中放养”，有时与邻居的牲畜相混杂，自由交配繁殖。每当庄园需要，或为送往市场出售，再把牲畜找回。为此就必须召集二三十人，组织一次“围捕”。围捕者往往空手而归：或者他们没有找到目标，或者牲畜奋力挣扎后逃之夭夭。就以这头母马为例，它向一名围捕者“猛冲过去，把他撞倒在地，并一跃而过”[232]。

古贝维尔每天写下的日记令人惊讶。1562 年 6 月 24 日，牛群几乎完全集中了起来；根据古贝维尔的习惯，新生的牛犊于当天被打上烙印，部分小牛被留下进行阉割。在另一天，组织了一次真正的围猎，以捕杀已由客商买下的一头“野公牛”。古贝维尔定期

带队去森林“挑选种马和从事配种”[233]，但并无成功的把握。适龄的公马和母马一般被留下进行调教，或被打上烙印放回森林。[234]

这些记述所展示的景观与其说是法国的乡村，不如说更像美国的草原；它让我们历史学家面对这样一个现实，即是说，我们对牲畜饲养远不如对作物种植那么重视，而这可不是一件小事。我们因此有必要在这方面继续进行探索，对一些内容不尽清晰翔实的历史资料作出解释，进而改变习惯的观察视野，把握住当时的历史真实。

例如，在 18 世纪，佩里戈尔的“饲养者”通常去上利穆赞地区购买 12 至 18 个月的小牛，接着在“次等草地”上放牧到 4 至 5 岁后，再“进行交配和调教”，留下几头干活，其余的便脱手卖掉。[235]
据此，我是否有权认为，这些牲畜在受“调教”以前，多少同古贝维 iii-89
尔的马匹和“公牛”一样，处于野生状态？

下阿尔萨斯的情形比较特殊，更加说明问题，可供我们详加叙述。当地气候适宜，草木茂盛，牲畜一年中有 9 至 10 月可在户外生活。奇怪的自由：在森林、荆棘地和沼泽中，牲畜悠闲自得，可随意找食。这些草场往往属于公产，对所有人开放，而且历时已有几个世纪。直到 1805 年，塞莱斯塔村的村长曾抱怨牛马对伊勒河（该河横贯阿尔萨斯全境，与莱茵河相平行）两岸的森林造成了严重损害。他写道：“牲畜又用脚踩，又用牙啃，到处进行破坏；据了解，一匹马每天糟践的树木比 15 名樵夫的砍伐还厉害得多。”[236]

然而，那时候，阿尔萨斯的牲畜饲养已经发生了很大的变化，往昔充足有余的草地，从 12 至 13 世纪起，已随着开荒和畜群的增多而变得不够了。因此，同法国整个东北部地区一样[237]，阿尔萨斯也制订了规章，确定了地权，强制畜群沿一定的路线通行，终于导致了牧羊人的出现[238]。秩序就这样建立了起来。这是对别处同样适用的一条规律吗？难道往前追溯一段足够长的时间，就势必会发现牲畜处于完全放任自流的或至少无拘无束的状态？拿波旁地区的情况来看，在百年战争时代，农民不顾领主的强烈反对，听任其畜群在森林中胡作非为。[239]

值得注意的是，就马匹而言，旧秩序有时竟一直维持到 19 世纪；雅克·米利埃不久前在其著作中证实了这一点。这是由于马匹的不受管束，或是由于人的因循失责？

直到 18 世纪，布列塔尼的马匹仍整年在荒野和树木丛生的沼
iii-90 泽地自由生活。即使在冰雪封冻的天气，也是如此！它们刨出冰雪覆盖下的青草食用。遇到狼群袭击，它们便奋起抵抗；母马和幼驹每晚都聚成一团，外围由公马保护，直到天亮。畜群繁殖完全自发地进行，后来，为了避免劣种传代，人们注意宰杀次等马驹。

贝阿恩地区及比利牛斯山麓的情形也是如此。当地的“纳瓦尔马”自行繁殖，主人不予置理。公马和母马处于野生状态。它们在出生以后，就自己照管自己，顶着风暴，迎着早雪，在陡峭的山坡上稳步攀登。当冬天的恶劣气候迫使它们前往平原时，它们有时深入波尔多的荒原寻找草料。这些马匹精壮矮小，敏捷灵活，经训练后可供狩猎之用，也可充当轻骑兵的坐骑。路易十四的穷兵黩武给当地的养马业带来了严重的打击，加上其他原因，养马业竟从此一蹶不振。但读者可以想到，马匹并不因此在当地绝迹。1843 年 8 月，维克多·雨果前来科特雷游览，发现有“纳瓦尔马”，便找了一匹使用。惊喜之余，他写道：“山区的马匹真是绝妙，既耐心，又温和，还听从命令。无论登山或下坡，无论在草地上，石路上或冻土上，甚至在紧贴悬崖的边沿，它们都步履稳健，其聪明伶俐简直与擅长上蹿下跳的猫不相上下。”[240]

普瓦图省水网交错、淤泥存积的沼泽带，虽然几经开河疏浚，仍有相当多的地面积水。那里的畜牧业别具特色。容易受淹的土地被草木所覆盖。一位巡按使说，在这里“养马几乎不费钱又不费力……只要放到野地里去，马无论冬夏，都有草吃……专门以养马
为业的农民往往只留下良种母马，其中多数还是从未入厩、从未被 iii-91
人碰过的野生牲畜”[241]。

这个办法显然不能培育良种。人们可能会问：为什么在法国大革命前夕养马业仍停留在百年战争那时的水平？原因可能是野马很难驯养。或者是，同人们的推测相反，养马的收益不如养牛或养骡那么好，因为厩养母牛至少可以挤奶以及取得各种奶制品。当然还有其他的理由可作解释。

第二条规律：季节性圈养和野外放牧

“圈养”顾名思义就是把牛留在牛厩内，但从广义上讲，该词也意味着把家畜关进一个对外封闭的地点，不论是牛厩、马厩、羊厩或猪厩。用今天的说法，也就是“永久性”圈养或“季节性”圈养。最早被完全关起来的牲畜是猪，当时就留在家里，主要喂它土豆。在这以前，猪群都被赶到树林里去吃橡实或山毛榉的果实；这种办法至今仍在科西嘉的某些地区得以保持。古贝维尔经常把他的许多猪赶到橡树林中“就食”，有的猪不免因此下落不明或被狼吃掉。他还把这一权利（赶猪到林中就食的权利）出售给其他养猪人。然

而，为了家里的肉食需求（不论年成好坏，每年总要宰杀 15 头猪腌制咸肉），他在秋初便把猪关起来催肥。这一习惯相当普遍。橡实也是可供买卖的一种商品。古贝维尔派许多下人出外“采集橡实”，并作大量储存；有时候，他还半价收购，转手倒卖。[242]

iii-92 至于所有的其他家畜，只能实行季节性圈养。在出现人工草场和牧草种植以前（大体上在 19 世纪以前），饲草始终不敷需求。把牲畜留在厩内，就要给它们喂食；即使喂得不多，每头奶牛每天吃 10 斤草料，这就要求仓储大量的干草。只要一有可能，人们赶紧让牲畜恢复自由。

每当寒冬季节，牲畜便留在屋内，人与牲畜生活在一起，借以利用牲畜的热量。人畜共居并非没有缺点，甚至还有危险。在布列塔尼[243]等地区，有人指出这有害农民的健康。由于山区气候恶劣，冬季极其寒冷，人畜共居更势在必行，而且延续的时间也特别长，几乎可以说没完没了。“整个冬天睡在密不通风的马厩里，空气潮湿缺氧，又闷又热，把人憋得头昏眼花”，这就是农民的生活！尤其危险的是，一出这个蒸笼，“稍有不慎”，就会“因户外的严寒而着凉”[244]。

牲畜也同样受苦，饲料是干草或秸秆，质量既差，数量又少。萨瓦地区有一句谚语指出，到 2 月 23 日那天，假如干草储备只消耗掉一半，顺利过冬将不成问题。但在布列塔尼和萨瓦，每到冬末，为应急而把垫床的秸秆和屋顶的茅草投入牲畜食槽的事并非罕见。当春天终于来临时，备受折磨的牲畜极其瘦弱，必须扶着母牛站起来走出牛厩。奥弗涅地区的冬季严寒肆虐，母牛照例只在 5 月 25 日圣乌班节那天重新下地劳作，这一传统至今仍予保持。至此，“葡萄酒和面包等物不再上冻”。“牲畜肚里都装着历本；当

它们知道圣乌班节临近时，逐渐变得不安起来，只等厩门一开，就 iii-93
自动走出。”[245]

牲畜出厩的具体形式因地而异。在许多村庄中，只消走很短的路程：我在上午或中午离家，带着狗和几头母牛，来到村内那块不大的草地，让畜群留下休息。任务的确极其简单，若是牛擅自闯入邻居的地界，自有狗把它们赶回来。我尽可以生一堆篝火，弄几个土豆埋入热灰下烤熟。这是乡村少年的一大乐事！因为这类工作照例由孩子去完成。圣女贞德童年时曾在栋雷米附近的什努树林中放羊。尼古拉·杜里瓦尔[246]于1778年称，洛林地区的马“矮小，其貌不扬……虽说个头不大，却是精壮勤劳；温顺、听话而又灵敏，很少得病，不难钉掌；白天干活很多，晚上在草地放养，只留下孩子和狗看守，无力对付狼的袭击”。

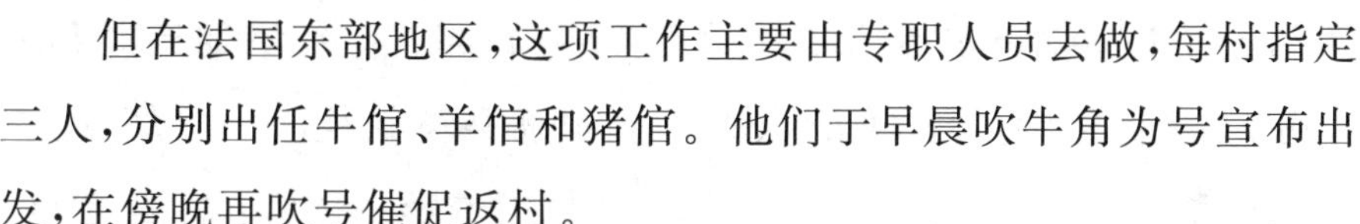

但在法国东部地区，这项工作主要由专职人员去做，每村指定三人，分别出任牛倌、羊倌和猪倌。他们于早晨吹牛角为号宣布出发，在傍晚再吹号催促返村。

以上只是最普通的放牧活动。但在山区，情形就大不相同了。每到夏季，那里的畜群就要爬到山顶的高山牧场去吃草。不过，我们应该知道，无论在中央高原、孚日山区或阿尔卑斯山区，牲畜放牧的“活动范围”通常较小[247]，因而算不上是大规模的游牧生活或季节迁徙。牛羊离开山坳中的牛厩或羊厩，只是朝着一眼即可望见的高山进发。如果在上山前来到这里，你将听到“牛厩内传出的哞哞叫声”，“在牛厩的上方，宽敞的草料仓内堆满了干草……厩门半开，门口有栅栏挡着，散放出一阵阵浓烈的膻味，使人立即猜到厩里挤满 iii-94
了绵羊；有限的几束亮光透过气窗进入羊厩，气窗之小简直像是堡垒的射击孔”[248]。据一位旅行家说，在1696年的孚日地区，牛于春季能自动前往高山牧场，于10月再自动返回，但在海拔较低的草地，牛群则有牛倌看管，牛倌往往来自瑞士各州。他们赶在牛群的前面抵达草地，在他们的木棚中生活几个月之久，“与世间完全隔离，除了奶制品几乎没有别的食物”。“只是当小麦价格低廉时，他们才有面包吃，否则他们就靠粗糙乏味的奶酪充饥。”[249]

在阿尔卑斯山区，每到4月初，必须“重新打通与野外的联系，为了加快雪的融化，在路上洒几锹泥土”[250]。根据各地的具体条件，采用的方法不尽相同，由于山顶融雪较晚，“登山的路要分几站陆续走完”:牧场也往往分散在2至3个不同的海拔高度。“首先到海拔约在1500米至1700米之间的低山地带停留一段时间……下山时也同样如此。”畜群在这里将交给专职的牛倌或羊倌看管，牛倌或羊倌往往在巴斯洛内特的集市上雇佣。但在塔朗泰斯和上福西尼等地区，则是畜主的家人于夏季随畜群前往高山牧场。“在以家庭为经营单位的情况下，竟是妇女背着孩子上山，看管畜群，从事包括制作奶酪在内的各项杂务，而男人则留在山下翻晒干草和耕种田地。”[251] 夏季上山的人或者各据一方，自建小木屋单独居住，或者相依为邻，集中在几个山村，具体情形因地而异。

下山时，畜主把自己的牲畜同随带上山的外来牲畜分开。他把部分外来牲畜委托他人收养过冬，以牛奶和新生牛犊充当报酬。从9月开始，成批的牛羊将送往牲畜市场出售。

iii-95

另一条规律：劳动分工导致交换、出售和转销

在今天和昨天，根据劳动分工的要求，畜牧业被分为几个不同

的活动部门。每个地区往往根据其从事的活动而各具专长。例如，普瓦图的骡；佩尔什和布洛内的良种马；克罗和卡马格的绵羊；佩里戈尔的猪（其产品由波尔多商人所控制）。此外，特别在养牛方面，有些地区专门饲养幼畜，并迅速出售；另一些地区擅长饲养菜牛；有的地区在买进牛犊后，尽快投入使役，等到牛老退役时，再卖到别地供屠宰用；有的地区则集中驯化处于半野生状态的牛，然后送往集市出售。

总之，规律就是买了再卖，卖后再买。由此活跃了省与省之间的流通，流通距离有时很长。阿尔卑斯山地区的农民为改良当地的畜种，甚至到奥弗涅、阿尔代什或上卢瓦尔地区买牛。至于利穆赞的农民，他们先把买来的牛养肥，然后向圣通日提供优质牛肉，圣通日地区则提前几年在饲养牛犊的地区订购菜牛[252]。贝里地区的农民在普瓦图购买马驹，经调教后在当地从事拉车、牵犁等轻便的活计，然后再转手卖往诺曼底或巴黎；在这后两个地区，即使衰颓的老马也可用来拉出租马车[253]。

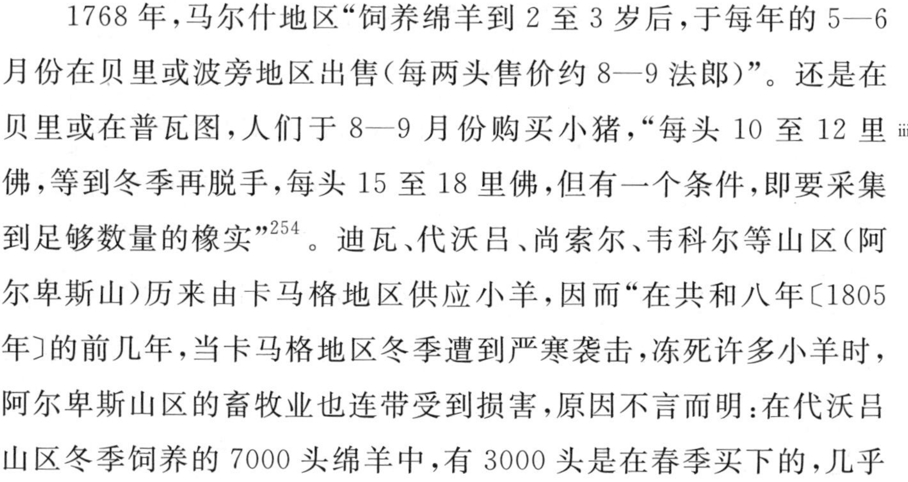

1768 年，马尔什地区“饲养绵羊到 2 至 3 岁后，于每年的 5—6 月份在贝里或波旁地区出售（每两头售价约 8—9 法郎）”。还是在
贝里或在普瓦图，人们于 8—9 月份购买小猪，“每头 10 至 12 里 iii-96
佛，等到冬季再脱手，每头 15 至 18 里佛，但有一个条件，即要采集到足够数量的橡实”[254]。迪瓦、代沃吕、尚索尔、韦科尔等山区（阿尔卑斯山）历来由卡马格地区供应小羊，因而“在共和八年〔1805 年〕的前几年，当卡马格地区冬季遭到严寒袭击，冻死许多小羊时，阿尔卑斯山区的畜牧业也连带受到损害，原因不言而明：在代沃吕山区冬季饲养的 7000 头绵羊中，有 3000 头是在春季买下的，几乎

占据半数”。伊泽尔河两岸的山民在朗格多克地区采购畜源；博蒙地区依赖沃克吕兹提供幼畜。类似的事例不胜枚举。如果需要开列单子，法国的所有地区都将榜上有名。[255]

牲畜饲养的专业化适应于不同地区的具体条件：各地生长的草质量不同，并非所有的草场都利于牲畜长膘。习惯势力以及市场的刺激也起一定的作用：如同欧洲其他地区一样，法国境内的牲畜集市星罗棋布，其数量不断增多，直到 19 世纪中叶为止。虽说里昂、吉勃莱、博凯尔、波尔多等具有国际规模的大型交易会逐渐丧失其重要性，地区性的集市贸易却继续主宰着农畜产品的交换和销售。对农民来说，供交换用的最好货币始终是牲畜。为了购买需要的物品，为了有现金支付各种赋税，农民往往不等牲畜长成，就把马驹、牛犊或幼驴卖掉，而且销路总是不错。农民有时不也出售青苗吗？其实，农民买进牲畜，无非是为了在喂养一段时间后重新卖出；而在买方，不论是农民或商人，也赶紧要再次脱手。由此促使了买卖的膨胀。

畜产品——包括牛奶及奶制品、皮革、羊毛等——不断被运往不定期的交易会和城市的集市。

以奥弗涅地区为例，当地生产的大块圆形奶酪行销四面八方。
iii-97 这种奶酪于 1543 年已在马赛可以见到[256]，出现的时间也许更早。阿尔卑斯山区的奶酪更远销伦巴第、皮埃蒙特、日内瓦、罗讷河谷、普罗旺斯等地（奶酪每块重达 35 至 60 斤，有时用木桶装载）[257]。就拿专营这一贸易的塔朗泰一地来看，18 世纪期间，“每年驴驮运往皮埃蒙特的奶酪竟达 6000 块之多”[258]。从中世纪开始，“沙莫尼隐修院的驮马将粗奶酪[259]、精奶酪乃至黄油运抵萨瓦”[260]。凯拉地区历来重视道路的修筑和养护，以利于奶制品的出口；“凯拉生产的黄油在多菲内和普罗旺斯的整个阿尔卑斯山区被认为品质最佳，因而不仅仅在加普和昂布兰的集市上出售，并且大部分远销普罗旺斯各地。”[261] 这些交易活动都有悠久的历史：用拉尔扎克地区的山羊奶制造的“罗克福尔干酪”早在古罗马时代已经出现，并深得罗马人的青睐。[262]

牲畜本身就是最标准的商品，它的好处是不用运输就能自动送到集市和交易会去，发货不存在任何困难：不必修筑可通车辆的或笔直的大道，有条小路就能解决问题。

面对以上的需要和方便，农民终于经不住“赶集”的诱惑；在集市上喝一杯葡萄酒，打听点儿消息和会见几位朋友，这对他们无疑是件乐事。赶集的人照例喝酒，在风笛的伴奏下跳舞，赶上骑警队的新兵不识相地前来维持秩序或追捕逃犯，就对他们拳脚相加，狠揍一顿。[263] 由此引起的斗殴几乎总是闹得不可收拾。

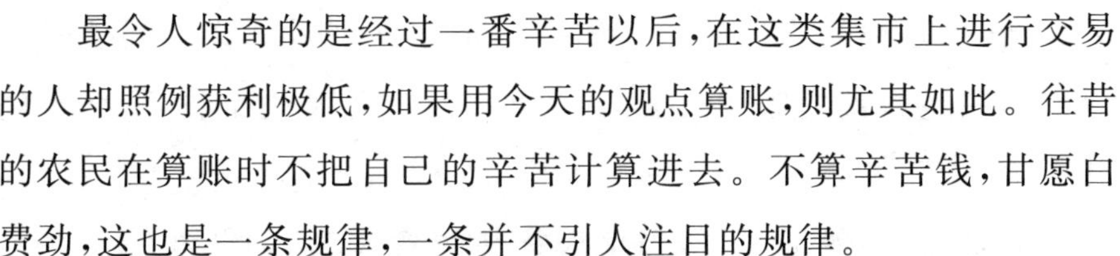

最令人惊奇的是经过一番辛苦以后，在这类集市上进行交易的人却照例获利极低，如果用今天的观点算账，则尤其如此。往昔的农民在算账时不把自己的辛苦计算进去。不算辛苦钱，甘愿白费劲，这也是一条规律，一条并不引人注目的规律。

季节性的易地放牧相当少见 iii-98

在这些规律中，季节性的易地放牧[264] 是个例外。它在法国各地长期存在，但并不多见。易地放牧是一项古老的活动。经过几百年的缓慢演变以后，它确定了行进的路线，开创了必要的交换，并把炎热的地中海平原或阿基坦平原的冬季牧场与远在中央高原、比利牛斯或阿尔卑斯等高山地带的夏季牧场结合起来。在实行易地放牧的条件下，牲畜的圈养至多属于临时措施。它们在专职牧人的驱赶下有条不紊地、组织严密地从事长距离的往返运动，每天的行程约达 20 至 25 公里。

易地放牧不论顺正方向走或朝反方向走都无关紧要。所谓顺正方向走，就是说畜主在平原居住；朝反方向走意味着畜主住在山区。但在两种情况下，畜群和牧人的往返运动都必定在一端或另一端作为外来的入侵者闯入他人的领地，并由此产生各种后果和对抗。[265]

畜群在迁徙过程中穿越村庄、耕地或城市，沿途总要遇到麻烦，所经的道路在东比利牛斯地区、朗格多克和普罗旺斯通称“畜道”。

有时候，双方的利益可以兼顾。例如，当地人允许易地放牧的畜群在他们的耕地上过路，利用畜群留下的粪便肥田。即使在今天，畜粪总是很受欢迎的。正如拉伯雷在谈到丹德诺的绵羊时所说：“羊在地里到处撒尿，犹如天神赐福，小麦因此受益，不必再施其他肥料。”[266]

但是，在一般情况下，当地人往往故意作对，因此纠纷始终不断。18 世纪那时，郎格多克的巡按使往往对“畜主”呈递的诉状立
iii-99 案调查：这些畜主几年前因牲畜害了传染病，暂时停止了易地放牧，如今却发现畜道已被沿途居民蚕食，以至畜群不能在过于狭窄的畜道通行，“牧人因受虐待，被迫中途返回”[267]。《埃罗省地方民间惯例集》于 1936 年指出，由沿途村镇负责养护的大部分畜道已经不再存在，“有的被改造成村际或省际的公路，有的被沿途居民

所侵占，损害了过路人的利益”[268]。

往昔浩浩荡荡地进行季节性放牧的畜群正逐渐减少，但其奇情异趣则至今依然存在。目前，从事这种季节性迁徙的绵羊总共在70万头上下，与过去的数字已丝毫不能相比。此外，利用铁路或三层大卡车运输，每层装载500头羊，也使我们再也见不到原来在欧洲的地中海边沿地区光天化日之下展示的动人场景。摄影师有鉴于此，争先恐后地拍摄古老的易地放牧的最后镜头。

趁着这些古老的景象尚未绝迹前，我们且领略一番它的奇异风情；正如一位节目主持人所说，“见诸圣经和维吉尔笔下的”景色，至今犹栩栩如生，反映着“远古时代的风貌”。请看，1980年5月，在比利牛斯山区的苏勒河谷，“身材高大的牧人带着畜群，沿阿尼峰至奥里山的山脊向高山牧场进发。他们走在队伍的前面，飞尘过处，但听得一片丁丁当当的钟声和铃声。畜群在行进途中，发出嘈杂的铃声，但在接近市镇时，牧人就从驴背上卸下大钟，系在体格健壮的牲畜脖颈上，畜群就像浩浩荡荡的军乐队一样穿街过巷，吸引居民在门口驻足观赏”[269]。

放牧者，“在贝阿恩地区称为‘牧工’，在科曼日地区又名‘山佬’，善于同狗、羊等牲畜传情达意，能观察天气变化和使用草药治病”[270]。他们在山上的木棚里一住就是几个月，孤苦伶仃，整天就
与狗和畜群为伍。平原的人对他们既害怕，又妒忌和鄙视，这种情 iii-100
形反复重现，几乎成为毫无例外的规律。在欧洲各地，牧人始终是独居一隅的孤家寡人。他们往往以能在死人和活人之间传话而著称，因而在法国南部被称为“灵魂信使”。他们有时还能眼观阴阳两界，与冥间取得联系。据说，这不是什么巫术或骗术——尽管有

人指责他们“与魔鬼打交道”[271]，而是一种神秘莫测的特异功能。如果再往前走一步，恐怕就该受人诅咒了。

我们还能通过别的途径来观赏普罗旺斯的阿尔卑斯山区的季节性迁徙，或者请泰雷兹·斯克拉费尔[272] 充当导游，或者与玛丽·莫隆[273] 结伴同行；后者曾经用诗歌一般极富感染力的语言描绘了牧人的生活，以及她与他们一起度过的时光。还有安娜-玛丽·布里茨巴尔，她于 1978 年曾把我们领到中央高原，沿着艾瓜勒山的山坡，见识了马尔热里德山的畜道。[274]

科学饲养方法的难产

大约从 1750 年起，传统饲养方法受到了法国农学家的猛烈攻击。农学家们责备本国牧业主的无知和短见，竭力主张以英国为榜样，推广与异种的种公畜杂交选种的方法。这些尝试有时取得了成功。例如，在 19 世纪的下马恩省，畜种曾有明显的改良。[275]

但在农民方面，抵抗十分顽强。杂交繁殖到了第二代或第三代时，往往出现畜种退化，农民于是重新采用当地的畜种。直到 1860 年前后，诺曼底地区对是否保留当地的“科坦登”种奶牛（每
iii-101 头可产 100 公斤黄油），或与英国的达勒姆种牛杂交，或干脆用达勒姆种牛取代，始终举棋不定。[276]“毛色黑白相间”[277] 的莫尔比昂种奶牛，甚至夏罗尔种奶牛——经多次杂交改良后，已成为全世界最优良的品种——也遇到同样的问题。

从 17 世纪起，王国政府不断鼓励畜牧业的各种进步，柯尔贝尔于 1665 年首创了种马场。种马场断断续续地办了一段时间，也许只是到了法国大革命那时才不再存在。下卢瓦尔省皇家科学

院[278]于1833年一再指出，国家兴办的种马场当时已“糟得不可救药”，并且抱怨不该取消1787年前在普瓦图原有的种马场。随着旺代暴动的发生，“英格兰、安达卢西亚、伯伯尔、利穆赞、诺曼底或荷尔斯泰因的种公马”[279]竟从此绝迹。就算这一指责确有道理，难道全国的情形都是如此吗？一所省级科学院的断言不一定就是金科玉律。

事实上，到了18世纪末，经过多年卓有成效的努力，终于培育成功了佩尔什种马和布洛内种马，佩尔什种马一度更炙手可热，成为客货运输业竞相争购的对象。同样，为了把西班牙的美里奴种绵羊引入勃艮第等地，于1786年在朗布依埃创办了一所示范饲养场。真是出于奇迹，这所饲养场居然安然无恙地度过了革命和帝国的动荡岁月；1815年后，到了复辟王朝的初年，它又取得了引人瞩目的成就。成就的取得也是多年努力的结果。面对农民的因循守旧，新事物的推广还将遇到困难。

但是，农民偏爱已为他们所熟悉的和适合当地环境的畜种，这难道始终是错的吗？雅克·米利埃[280]认为，牲畜的传统饲养方法来自“民间实践的合理总结”。尽管在地区之间各有分工，并且正如我们前面所说，相互不断有所交流，各地却始终保持着 iii-102
适应当地条件、满足地方需求的特定畜种。黑山地区饲养的矮种母牛能够牵犁、拉车以及提供牛奶、黄油和奶酪。普瓦图地区和比利牛斯山麓的高大公牛在朗格多克地区拉套耕地，诚然蔚为大观，但到黑山地区又能派什么用场？素以“忍饥耐劳和适应高温气候”著称的“塔朗泰斯”种牛成为阿尔卑斯山区的“特产”[281]，绝不是事出偶然。实际上，幼畜产区总是要根据主顾的

要求行事。为此饲养的产仔母畜必须是适应购畜地区的需要和自然条件的单一品种，并在产下的幼畜中选种，不必保留专事繁殖的种公畜。结果，每个幼畜产区都分别根据购畜地区的特殊需要而发展特殊的畜种。

可是，为了改良畜种，人们却要幼畜产区引进异种的种公畜。这就会打乱它们惯常的销售市场。首先必须建立种畜系谱，保证“纯种”，进而培育“纯种”牲畜。其目的是经过人工选择，实现遗传基因的提纯优化：所选畜种将取代其他畜种，因为其肉奶毛油的产量均达到最高水平，良种猪则是其瘦肉率较高。

必须指出，纯种牲畜的饲养只是在20世纪的50年代，随着人工授精的兴起，才在我国真正普遍实现。全面推广有限几种优良畜种从此已变得十分容易。然而，遗传学家不久前注意到过量削减基因库的危险。假如“根据目前的经济条件，集中发展几种高产
iii-103 畜种，取消几百个其他畜种”，这样不断减少下去，“畜种的种群和种间变异”最终将危及现存畜种的基因量，人们因此赶紧回过头来保护正趋消灭的畜种。[282]

在就近利用自然资源、饲养牲畜不太费劲的条件下，实行传统的饲养方法无疑是完全可以理解的。但为适应巴黎等大城市的优质肉食需求而进行的牲畜饲养则不能放任自流，必须采用十分专门的方法。为此，在利穆赞、诺曼底等地区，兴起了专为高品位的顾客提供优质牛肉的菜牛饲养业。利穆赞地区于18世纪推行的方法精巧而又复杂。菜牛通常选用畜龄较小者，约在6岁左右。“由于可供使役的小牛很多，每当缺钱花时，人们情愿出售中年的牛。”[283] 在沙巴努瓦乡，养膘的菜牛在草地放牧，但不在户外过夜。

如果青草不足，就喂以干草；核桃仁榨油后留下的渣饼，经热水调匀，也可充当饲料。这些菜牛颇受优待，只在晴天出外吃草。它们在厩内享用黑麦或大麦面糊。牛栏里垫有大量干草。照顾之周到简直无微不至。同样，邻近的蓬巴杜尔乡所养的牛也很漂亮，诸圣瞻礼节前在草场放牧，入栏后即食用干草以及用栗子粉和杂面粉调制的面糊。

这些牲畜中的精品通常在庆祝封斋期结束的那天高价出售。然而，不管菜牛食用的是什么饲料（在利穆赞地区，即使邻近的乡村也各不相同），饲养者所得的收益却相当微薄。1791年有一篇长文对饲养业作了详尽的介绍，我们从中得知，扣除支出的饲料，赢利已所剩无几：“买进的瘦牛价值200里佛，养肥后出售只卖300里佛”，考虑到各种开支，“收益仅60至70里 iii-104
佛”。[284]

鉴于以上情形，畜牧地区不免有所抱怨；有趣的是，这些抱怨也再次暴露出法国南方和北方之间的隔阂。我们已经说过，每个地区虽然都养牲畜，但总有几种牲畜在当地缺少。阿瑟·扬在土伦至戛纳途中想喝一杯牛奶，居然遍找不得，这种情形值得我们同情。皮戈-勒勃伦这位鲜为人知的旅行家于1827年抵达奥朗日，他的经历听来未免让我们发笑。他写道：“奥朗日的肉铺里买不到牛肉，就像在西伯利亚不长橄榄树一样。到处但见小羊肉，配以各种调料，居然味美可口。法国各地在上主菜前照例都先喝汤，这里端上餐桌的也是羊肉汤。蒜瓣被用以解膻。人们喝羊奶，食用由羊奶制成的奶油和奶酪。诺亚当年在其方舟中收留了一头公牛和一头母牛，肯定不是为普罗旺斯人所准备的。”[285]

法国过去缺少马匹应如何解释

在介绍利穆赞地区的菜牛饲养时，我曾强调了需求的作用，似乎需求能自动带动供给。然而，法国军队不断需要的马匹——需求紧迫，质量要高——却要向外国购买。我愿承认，雅克·米利埃的论断为回答这个问题提供的初步解释虽说是必要的，却还是不够的。早在封建时代，甚至更远的过去，法国曾经拥有过由本国培育和饲养的优良种马，但国王推行的政策却使它们逐渐消失。这项政策旨在削弱贵族的政治实力，让贵族最终对国王俯首听命；国王为此作出了长期而耐心的努力。“黎塞留下令拆除贵族的城堡，同时也使领主的种马场毁于一旦；国王为打破封建割据，便把为维
iii-105 护封建主统治的养马业一并消灭。”[286]

据我看，还有历时更久的另一个原因：从 17 世纪开始，种马场所需的纯种良马都来自北非和近东。安达卢西亚和意大利南部(特别是那不勒斯)均因地理位置的近便而发展了养马业。在 16 世纪乃至更早的时候，法国人曾不断谋求这些良种马。他们试图在产地直接采购，也曾派人多次前往联系，甚至准备在的黎波里定居。这些努力都纯属徒劳。到了 18 世纪，企图直接在产地购马的法国人“遇到了几乎不可克服的困难”。他们通常不得不委托伯伯尔沿海各地的领事负责代购，而这些领事偏偏是些蹩脚的中间人。当“国王的马厩或种马场”需要良种巴布马时，派驻当地的专使竟具有准外交官的身份！[287] 法国人是否动手过晚了呢？难道市场已对他们关闭？总之，单用地理位置作解释自然是不够的。英格兰的位置不比法国更好，却在法国之前培育了纯血的种马。我国的

东部边界情况比较特殊，那里危机四伏，军费开支庞大，但有一个好处，即是能够在德意志和瑞士各州就近取得军马的供应。这又该作何解释呢？

畜牧业是项副业

今天，在整个法国，饲草和牲畜已经翻过身来：经过有利的兼并和集中，畜牧业竟占农业总收入的55%。但在过去，畜牧业即使十分活跃，却从不具有同样的有利条件和重要地位：在某种程度上，畜牧仍是一项额外的副业。往往是一种陪衬，或者是顺便捎带 iii-106
的一种活计。

历史学家 R. 夏皮经过对卢河河谷（该河谷从东到西在汝拉高原打开一个宽大的半圆形缺口）仔细考察后指出，在18世纪，位于激流两岸的村庄饲养的牲畜"为数不多，仅供拉犁而已，粪便可为耕地或葡萄园充当肥料，全家老小喝奶不用发愁，屠宰时还可让全家吃肉解馋"[288]。任何畜产品都不进入商业渠道。然而，千万不要搞错，这里不是一个对外封闭的、死气沉沉的偏僻地区。实际上，由于地处汝拉山麓和东部高原之间，四通八达的交通联系使河谷具有得天独厚的条件。在成片的麦地四周，花团锦簇的葡萄园居然也远近闻名，河流两岸还分布着一系列磨坊和欣欣向荣的工业。在这种情况下，当地居民自然可以舍俭求奢，满足于饲养仅供本地需要的牲畜。

卢河河谷诚然是个特例。然而，人们可以由此及彼地进行推想。法国各地发展的多种畜牧业确实有着不少共同点。最重要的特点就是，饲养的牲畜并不供农民消费。只有猪肉才端上生产者的餐桌，无论羊羔、肥羊甚至禽类，生产者自己都享用不到；巴黎肉铺主从诺曼底运来的牛，生长期有的仅 6 个星期，号称“未断奶的牛”但只要一过了哺乳期，就被叫作“食草的小牛”[289]，这类牛肉不为生产者所能问津。阿尔卑斯山区所养的牲畜比别处多，奶酪和奶是“当地的基本营养食品”[290]。但农民消费的肉食仍然不多：福西尼地区每年出售其三分之一的活牲畜，以销往日内瓦为主。[291]牲畜进入市场后，给生产者换回为数可观的现金。此外，各地拥有力畜的农民[292]在农闲季节经常从事运输，也可从中获利。毫无疑
iii-107 问，不同方式的牲畜饲养是农业的重要补充，但又仅仅是项副业。

凡在畜牧业主宰、垄断乡村活动的地方，对多种经营留恋不舍的农民认为这是一种畸形发展。总之，直到 20 世纪，农民一方面受到法国某些社会阶层的耻笑，另一方面又对专事放牧的牧人肆意嘲笑和挖苦。他们自以为比牧人高明，就该轮到他们对后者评头品足，多方挑剔和戏弄。这种奇怪的报复心理例如在诺曼底就可以见到。布赖地区是插在庇卡底白垩土高原中的一个黏土地质带，当地水草丰盛，交通不便，四处长着零星的果树；布赖地区向古尔奈的集市输送无数的大块黄油，供远道而来的巴黎客商选购。由于草茂畜肥，布赖地区牧民的日子过得舒坦自在。博韦地区种植谷物的农民对他们的这些邻居百般讥笑，称之为“好吃懒做”[293]，似乎喜欢举办庆典和盛宴就是犯了什么罪过，似乎“不用费钱费力”，“坐收牧草之利”[294]竟是这些诺曼底人的一大污点。

农民对牧人的鄙视在法国自古至今历来存在。谓予不信，请听以下的故事。1920 年，达尼埃尔·哈莱维在佩里戈尔遇到一位农民，这位农民从家乡利雷兹来到这里后，经过胼手胝足的辛勤劳

动，开垦了荒地，种植了葡萄。可是已近年高力衰之时，难道他从此将以养羊为生？“瞪着眼睛看地里长草和绵羊吃草……说到羊倌一词，他流露出不屑一顾的神情……种麦、植麻和栽培葡萄这类艰苦的农活才是他所器重的一门学问……在他看来，饲养牲畜不是正经人干的活计……对于羊倌，他只有定居民族对游牧民族的鄙视，文明人对野蛮人的鄙视。”[295]

我经常想到，假如欧洲不把犹太人当作长期仇视的对象，恐怕 iii-108
早已驱赶最不合群的牧人了。

身份高贵的葡萄

商品葡萄的北部界线以卢瓦尔河口为起点，朝着梅斯到特雷沃一线延伸，往东走出我国的国境。也就是说，位于这条界线以北的地区虽然也能种植葡萄——过去确实曾经种过，但如果今天再在那里栽种，收获的葡萄将不会具有商品价值。

在这条界线以南，葡萄往往具有很大的选择性，只是沿着“逶迤曲折”的高山低谷，在向阳一侧的坡面上栽种[296]。在你外出旅行的途中，葡萄间或会偶然出现在路边，但随后便立即消失。除非在普罗旺斯、朗格多克、鲁西永等真正的南部地区，才见得到成片的葡萄地，但是，绝不会有葡萄地覆盖全部乡村的景色。

因此，即使在最负盛名的葡萄产区，葡萄园的地块也都小得出奇。名闻遐迩的科多尔省就是如此：“从乌什河谷到德讷河谷，葡萄地像是一条条细长的丝带起伏延伸”，途经尼伊、尚贝坦、拉罗马内、武若园等名酒产地[297]。香巴尼省的情形也是如此：在1860年[298]，葡萄酒生产“集中在布里和香巴尼之间的狭长地带”，占地6

万公顷。此外，在我国5000万公顷的土地上，葡萄占地面积随不同的时代在150万至250万公顷之间摇摆，等于总面积的1/33到1/20。

然而，葡萄地始终极其宝贵，如果种植面积相等，其收益比附近的谷物地要高得多。正因为它极其宝贵，再加上各种历史因素，
iii-109 葡萄地的所有权被分割得七零八碎。就以1898年阿尔萨斯的里博维莱葡萄产区为例，“面积达894公顷的私有土地共分为8967个小块”[299]。同样的规律适用于科多尔省和图赖等地区。艾蒂安·歇瓦利埃是紧靠巴黎的阿让特伊的葡萄种植者，他于1790年指出，“在法兰西岛地区，根据他的观察，一般农民与葡萄种植者的生活有着惊人的差别，因为拥有一弓丈的葡萄地，便足以应付举办婚事的全部开支”[300]。

由此可见，种植葡萄本身迟早甚至很快就能使自由农民取得一小块土地的所有权，并带来必然产生的各种后果。与英国和德国相反，法国是个以小土地所有为基础的国家：这已成了一句老生常谈；值得予以补充的是，法国的这个经过长期酝酿而形成的特性[301]主要就归功于葡萄种植的分散布局。雷蒙·勒篷（1792年）认为，居住的分散与此也有一定的关系；这一论断不尽准确，因为在产粮地区，还有一些间隔距离很远的大村庄[302]。

葡萄种植的历史演变过程确实复杂而又引人入胜，其中发生的每个大小事件都使我们击节称奇，都要提出有待历史作出回答的问题。这里涉及社会、政权、特殊的劳动领域乃至文明。

如果说面包是基督的躯体，葡萄酒便象征着宝贵的血。如果把小麦比作历史悠久的散文，起步较晚的葡萄可被认为是诗歌：葡

萄为我国的景色增添光彩，使之变得雍容华贵。正如乔治·迪朗[303]在一部赞颂葡萄酒的著作中所说的，“葡萄酒不是土地的产物，而是出自人们寻欢作乐的愿望。……人们喝酒远不是简单地满足生理需要，这与一系列的生活追求有着千丝万缕的联系”。而生活追求也就意味着文明。葡萄对其种植区无不打上它的烙印，并且始终以惊人的活力取得成功。更何况，没有一种土壤不适宜种植葡萄。

随着铁路事业的发达，葡萄种植产生了出人意外的危机，某些地区已不再种植葡萄，即使在那里，它仍然留下了不可磨灭的痕
迹。葡萄农的住所一眼即可辨认：房屋高大，地窖的门厅宽敞，与 iii-110
运入地窖用以装酒的酒桶尺寸相符，食物贮藏室几乎占整所房屋的底层，并不总是因陋就简的楼梯往往设在屋外，通往楼上的住房[304]。葡萄佳酿已别去，良辰美景今犹在。在拉昂、贝桑松、巴勒迪克四周的乡村，荆棘和灌木已乘虚而入，侵占了原有的葡萄地，而弯曲的小路却让人回想起，在当年的采摘季节，人们背着满筐葡萄往来繁忙的景象。就拿奥尔南河谷来说（奥尔南河流经利尼昂巴鲁瓦和巴勒迪克），葡萄种植虽然已经废弃，但村庄的洁净和雅致却说明这里原是葡萄产地。村民们惯于嬉笑逗趣，肯定不是笨拙迟钝、只会弯腰刨地的乡巴佬。

葡萄种植的推广

葡萄于公元前 600 年由马赛的希腊人传到高卢，时间早在罗马入侵以前。葡萄最早在福西亚城附近出现，希腊人曾经向高卢出售过葡萄酒。

罗马人后来才到高卢，但对葡萄种植的推广起了决定的作用。公元前 122 年，罗马占领了纳尔榜省，大致相当于普罗旺斯和朗格多克两地区。葡萄开始在纳博讷附近立足，并迅速在全省传布。公元前 111 年条顿人入侵时，在艾克斯被马略军团挡住了去路，蛮族部队在临战前已经喝得酩酊大醉。普卢塔克说，他们“因大吃大喝而变得肥胖臃肿，但他们喝的葡萄酒却能给他们增添快乐和勇气”[305]。

iii-111 随着葡萄种植在高卢取得初步成功，葡萄酒便大批向北方运销。西西里的狄奥多罗斯[306]说，“许多生性贪婪的意大利商人利用高卢人对葡萄酒的嗜好，便船载车运，攫取高额利润，一瓮葡萄酒居然能抵一名奴隶的价钱，酒客甚至随带奴隶上门顶账”。这种情形使人联想到今天的毒品贸易，它为中间商、运输商、推销商以及为在远东产地种植罂粟的农民都带来莫大的利益。

迅速推广葡萄种植的各种条件似乎早已具备。奇怪的是历史却偏偏止步不前。葡萄迟迟不肯超出南方的地中海沿岸地带的范围。往北和往西的方向，葡萄遇到了寒冷的阻挠，另一种地中海植物橄榄树也从来望寒却步。然而，葡萄因适应性较强，后来又发现和培育了新的苗种——一种成为勃艮第葡萄的始祖，一种成为波尔多葡萄的始祖，困难终于逐渐被克服。一些能在霜降前结果成熟的苗木从此诞生（可能经野生葡萄嫁接而成，这些野生葡萄后遭根瘤蚜危害而在法国森林中消失）。到了公元一世纪，葡萄沿罗讷河往北发展，越过维埃纳后，绕塞文山西行，抵达位于瑙鲁兹山口以北的塔恩河谷，再经由加亚克转加龙河谷来到波尔多。

从此以后，葡萄对高卢的入侵便自动进行，只是各地的进展有快慢不同而已。它于公元后 311 年在勃艮第的坡地安顿了下来[307]，于六世纪抵达莱茵河（我对此说存疑）[308]，紧随蛮族入侵之后[309]。波尔多和摩泽尔的葡萄酒在查理大帝帝国末年一举成名。[310] 葡萄种植在高卢的推广得益于葡萄酒消费的增长。当地产量上升之快，以至在图密善皇帝当政期间（公元 87—96 年），高卢 iii-114
葡萄酒反而向意大利出口。图密善下令停止扩大高卢的葡萄种植，这可能是为了保护意大利的葡萄农和确保高卢的小麦种植。据说曾要求拔掉已种葡萄苗株的一半[311]，这项命令成效甚微，本是自不待言之事！两个世纪过后，到了普罗布斯在位期间（276—282 年），高卢全境重新开禁，允许自由种植葡萄。[312] 果真有此必要？总之，当罗马统治结束时，葡萄已遍布高卢各地。

到处都栽种葡萄，甚至在令人难以想象的寒冷地区。尽管满载着一桶桶葡萄酒的车辆和船只随处可见，运输的速度毕竟十分缓慢。消费决定生产，但顾客并不亲自组织生产，他们贪图近便。因此，只要可能，或不如说除非不可能，所有的城市全部在近郊种植葡萄。罗马皇帝尤里安（332—363 年）之所以乐于在吕岱斯居住，这是因为城市在其近郊拥有果园和葡萄园，以及他所熟悉的自然景色。[313]

早在五世纪蛮族大规模入侵前，罗马在高卢的统治已开始崩溃，而葡萄、葡萄酒和葡萄种植者却并不因此凋零破败。蛮族在高卢当地将有充足的葡萄酒供他们享用。葡萄仍在市郊和寺院周围种植。

然而，葡萄农的生计已今不如昔。随着城市的急剧贫困化，喝酒的人越来越少，葡萄农的生计自然受到影响。少数城市作为主教所在地得以幸存，因而主教便成为葡萄种植的保护者、推动者和救星。富有的修会也在其寺院附近种植葡萄：各地的教会在做弥撒时少不了要有葡萄酒作祭品。更何况，对世上的所有达官贵人来说，葡萄酒仍是财富和好客的象征，是交友待客所必须的赠品。iii-115 王公同修道士一样保护葡萄的种植。但葡萄酒的远程贸易丧失殆尽，特别是罗马时期对不列颠群岛和北方地区进行的活跃的大西洋贸易。

到了 11 和 12 世纪以后，由于欧洲经济的复兴，流通有所改善，葡萄种植又再度兴旺起来。当时，城市里的富人多了，葡萄酒的顾客也跟着增多。经济欣欣向荣的北方各国或者不长葡萄，或者不宜这一作物的生长。越是缺酒，那里的人越是吊足了胃口：英格兰（岛上栽种的葡萄仅供观赏）、佛兰德、尼德兰、北德意志等北方国家的“客商”将云集法兰西王国，使葡萄酒的出口贸易得以振兴。用 13 世纪那时的话来说[314]，葡萄酒就是黄金。

可惜运费极其昂贵，因而只有几经挑选、严加品评的优质葡萄酒才供出口之用，一些葡萄产区经过优胜劣汰的兼并，将迅速走上资本主义现代化的道路。勃艮第的情形就是如此，当地的葡萄园将落入第戎高等法院富有的参议们的控制之下，并为此而蒙受损失；特别兴旺发达的波尔多葡萄产区也是如此，纷纷落入当地高等法院的长袍贵族之手[315]。

葡萄酒的出口力求采用便利、廉价的运输手段，大多经由大小江河和海道。例如，卢瓦尔河沿岸的产品，包括福雷地区的在内，均利用卢瓦尔河外运。索恩河和罗讷河也自告奋勇地承担这一使命。约讷河不仅漂送来自莫尔旺的木排，而且还输出沙布利的桶

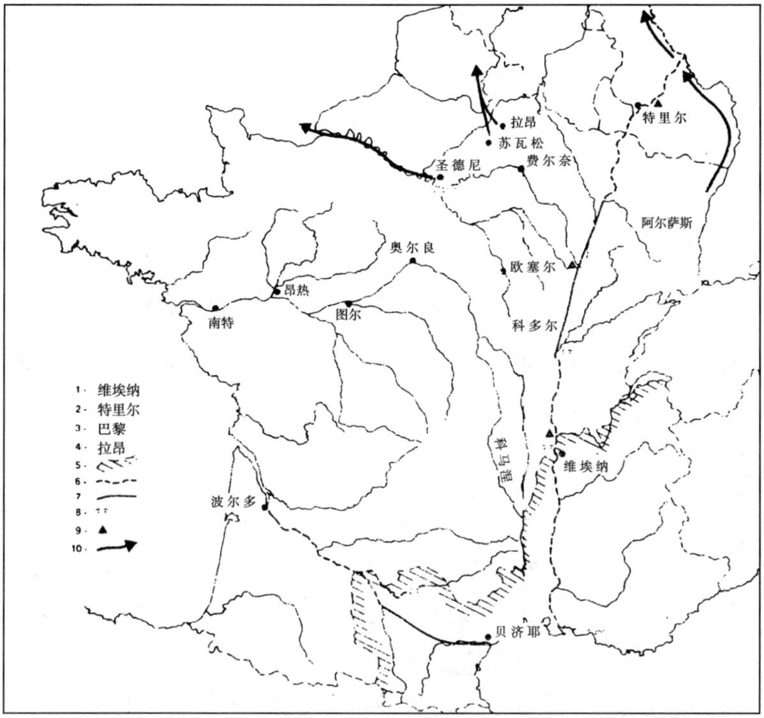

罗马统治期间和法兰克王朝期间高卢的葡萄种植和葡萄酒贸易

早在罗马统治期间和法兰克王朝期间，高卢已向北方的顾客出售葡萄酒。（资料来源参见罗热·迪永：《法国葡萄和葡萄酒的历史》。）

维埃纳　　特里尔　　巴黎　　拉昂

列举的四个城市系葡萄酒产地

1. 公元一世纪。

2. 三世纪。

3. 四至五世纪。

4. 六至九世纪。

5. 上罗马帝国纳尔榜省的界限。

6 和 7. 罗马时期运销葡萄酒所使用的水陆要道。

8. 双耳尖底瓮残片的主要集中地。

9. 罗马时期与葡萄酒水陆运输有关的古迹所在地。

10. 法兰克王朝时期的葡萄酒主要运销方向。

装葡萄酒。马恩河负责把香巴尼的葡萄酒运出境外，到了18世纪，随着香槟酒的酿制成功，运输量不断增加。甚至默兹河也不甘寂寞，把巴鲁瓦生产的口味偏酸的葡萄酒运抵列日；莱茵河则很早就促成了阿尔萨斯葡萄的兴旺。斯特拉斯堡曾是向北海出口葡萄酒的集散地。[316]

iii-116　在大西洋方面，圣通日和欧尼斯两省的葡萄酒一马当先，最早打开销路：圣让-当热利成为对外开放的第一个窗口，拉罗歇尔则

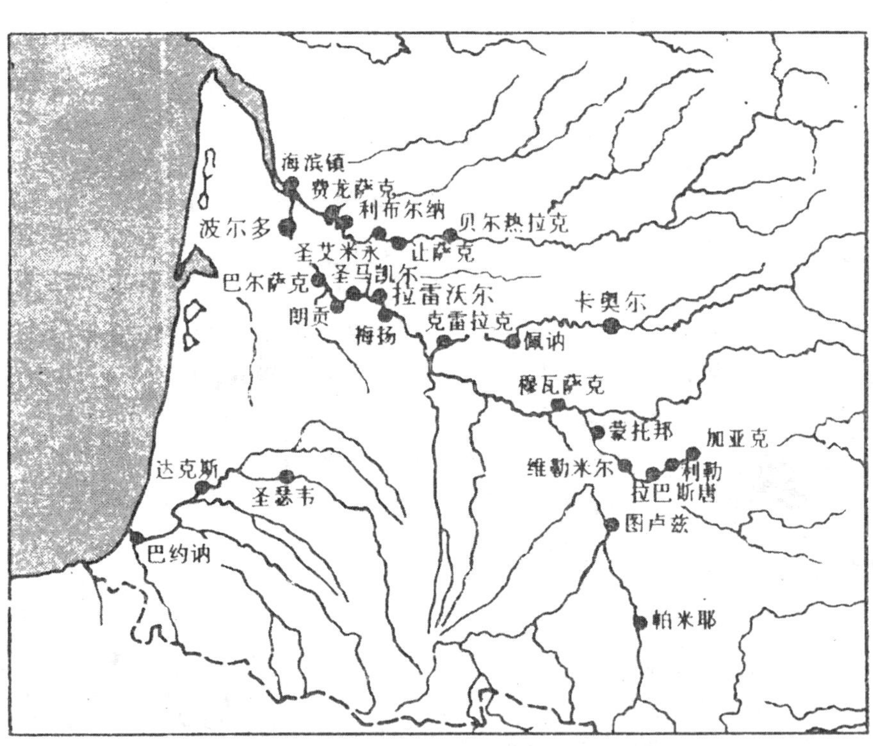

阿基坦地区13世纪向英格兰出口葡萄酒的城镇

本图展示了阿基坦地区13世纪的葡萄产区；除了于该世纪专事生产生命之水的新作物区以外，其余产区于13世纪已向英格兰出口葡萄酒。（同见迪永：《法国葡萄和葡萄酒的历史》。）

是生机勃勃的出口城市。波尔多的葡萄酒随即鸿运高照，后来居上。依靠英格兰国王给予的特惠，波尔多更加“快马加鞭”，飞速猛进。尤其是，拉罗歇尔当时落入法国国王之手，切断了与英国的往来，这对波尔多更是莫大的机遇。为了满足英国饥不择食的需求，波尔多在城市附近树木丛生、坑洼不平的滩地[317]广事开荒，发展
葡萄种植；英国的需求甚至还有助于波尔多名酒的形成，推动了内 iii-117
地的兴盛，至少在沿河地区。总而言之一句话，出口优先！

读者请不要误以为，巡按使巴维尔 1734 年称阿莱斯葡萄酒“不宜运输”[318]，就是对该酒作了死刑判决，或至少会使它成为仅供当地消费的次等酒。同一位巡按使在谈到加亚克[319]（在阿尔比
教区境内）时补充说，唯独这里“生产的葡萄酒能够运输。塔恩河 iii-118
在该地可通航运，利于发展大宗贸易。葡萄酒将运往波尔多，由英国商人收购；经过运输的葡萄酒品质更佳，特别适宜于向海外出口”。英格兰商人在塞特港装船外运的朗格多克葡萄酒也具这一特性：“葡萄酒在伦敦颇受欢迎。人们曾担心酒经不起海上的颠簸，其实大谬不然，海运反而使酒味更醇。”[320]愿海运的葡萄酒万古长青！

从 17 世纪起，应荷兰客商的要求而酿制的生命之水取代了葡萄酒在海外出口中的地位。[321]价值相等，分量较轻，生命之水更便于搬运，而且也不怕长途运输。交货地点既可在塞特港（朗格多克的产量举足轻重），也可在巴约讷、波尔多或拉罗歇尔，由此导致了科涅克酒和阿马尼亚克酒的异军突起。即使在勃艮第、香巴尼和洛林等内陆地区，未发酵的葡萄酒纷纷被用于蒸馏，提取生命之水。据说，啤酒在香巴尼像在别处一样渐趋盛行，当地缺少木柴，

葡萄酒有时竟充当燃料。

各大葡萄产地正是经过这几个世纪才各具特色。它们在柯尔贝尔时代的区划界线与我们今天所见到的大体相同,但也远不是完全不变。更何况,这里并不仅仅涉及生产优质葡萄的地块和品种。

葡萄种植的平民化

富豪人家拥有的葡萄园长期委托葡萄农经管,或支付一笔工资,或对半均分果实。葡萄农的处境比普通农民大概略为好些,但繁重的活计迫使他们不停工作:用锄镐在株间松土,拔除和更替老

iii-119 株(尽管葡萄可生长百年),把被雨水冲到坡下的泥土用人力背回原地,每年修整长短不一的蔓枝……

在剪枝的问题上,曾发生过激烈的争论。塞纳河畔的巴尔有一句谚语:“早剪晚剪都不如在 3 月剪”[322]。在 19 世纪的香巴尼,有人则相反断言,相当普遍的毛病是“等到开春才整枝压条。这项工作如果换在秋初进行,葡萄就不会为无用的花芽和花朵浪费养料”[323]。在 19 世纪的朗格多克地区,洛代沃堂区的葡萄农每年在冬季剪枝。一到开春,他们锄松根部的土壤;葡萄园每年犁耕二次,“一次在 2 月或 3—4 月间,另一次在 5—6 月间;如果因干旱遇阻,第二次可推迟到 11 月进行”。耕地时使用的是“装着铁铧的一种轻犁,又名叉犁”。坡地上只能用“小锄松土,又称培土。许多呈梯级状的地块需要不断修补”[324]。

所有这些活计在收获葡萄的大忙季节便退居次要地位,临时雇佣的大批劳力,由一名领工指引,分别从事“采摘、搬运和榨汁”

法国西南部乡村的种植布局(18世纪)

农业活动全部依市场(国内市场或国外市场)为转移,首屈一指的葡萄(1),兼领首位的生命之水(2),还有阿让的杏干(3),烟草(4)和出口橡木(供制造酒桶用),均与航路有着密切的联系。(见保尔·克拉伐尔:《人文地理概论》。)

等项工作。在博韦地区,"工人一日三餐相当丰盛,汤菜齐备,还有牛下水可吃,每天可得几苏工钱"[325]。他们都是些打杂的零工。

葡萄农相反是手艺人,手艺的高低"比葡萄本身更加重要"[326]。葡萄的生命力极强,插到哪里便在哪里生长,它在葡萄农的手下具有很大的可塑性。葡萄农可让它像藤本植物一样攀架爬藤，也可让它成为盘根错节、独立无依的矮生灌木；他能通过改良种苗和土壤成分，改变葡萄的口味和含酒量，提高产量或赋予特殊的品质。他能随意改变土质，有时杂以石块，或相反大量施肥，以致使“葡萄酒变稠，不再清醇爽口”[327]。总之，葡萄农必须掌握精巧的技术。

iii-120 早在14世纪，当葡萄出现全面振兴时，葡萄农和地主之间便开始发生冲突。[328] 冲突随后将不断扩展。最初是在巴黎、里昂、奥尔良、图尔、桑斯、欧塞尔、布卢瓦、梅斯等城市的四郊。那时候，城市人口刚经历了一个急剧增长的时期，资产者为了与贵族和僧侣分庭抗礼，都想拥有自己的葡萄园和享用自己的土地上生产的葡萄酒。位于市郊的葡萄地顿时奇货可居，身价百倍，地块也被分得七零八碎。可是，当园地的面积下降到2公顷以下时，地主便不可能再挽留葡萄农在那里安心劳作。资产者的这些数量众多的小块土地因此就雇佣一些零工照料，当然所雇的零工都是懂行的人。

这些召之即来、挥之即去的零工都颇有心计，也想拥有自己的园圃和出售自己的产品。随便买块土地并不是件难事；不宜种植谷物的瘠地即可栽插葡萄。主要的投资还是人工。

雇工们想方设法要偷懒，缩短劳动时间，因此总是与雇主发生龃龉。照例就是日出而作，日落而歇。雇工“下葡萄园”却惯于早晨晚到，刚过中午，等三点钟敲响，就歇工不干。他们之所以敢如此冒犯雇主，因为他们采取集体行动。艾蒂安·帕斯基埃（1529—1615年）认为，法语中“丁当作响”一词正是指布卢瓦的葡萄农用石块敲铲，互相通知歇工时间已到所发出的嘈杂声[329]。每当官府接受资产者的诉状，强制工人留在地里时，敲铲的信号一响，工作便立即停止，成为某种就地罢工。

地主们竭力追求葡萄酒的质量，为了他们自己和城市的荣誉 iii-121
而大声疾呼。葡萄农则不然，他们在自己的小块土地上不栽经过传统选种而培育的上等葡萄，却引进次等植株（在勃艮第引进洛林苗枝，在法兰西岛引进萨瓦苗枝），后者便于种植，产量又高，但酿造的酒品质低劣。葡萄农在与地主的对抗中终于取胜，这是因为他们的政策正迎合平民对廉价葡萄酒日益增长的消费需要。这里的平民不包括农村。葡萄酒在乡村仍是节日的奢侈品，直到 18 世纪末，葡萄农自己满足于喝点由留在榨具底下的酒渣兑水配制的“渣水”，这种饮料的名称因地而异，如“酸汁”、“水酒”等。相反，在城市中，如果主人想喝酒，照例也给仆人喝点，尽管是另一种等级的酒。可见，仆役以及工匠全都喝酒。随着城市人口的急剧增长，普通葡萄酒的消费量也迅速提高，特别是在亨利四世即位以后。

葡萄种植的平民化“有助于葡萄农摆脱资产者的束缚，但次等植株的推广同时又使葡萄的品质一落千丈”。拉昂、欧塞尔、奥尔良、巴黎等城市附近生产的优质葡萄酒陆续归于灭亡。劳动力不但要价很高，而且偷奸耍滑，再加上气候作梗，葡萄园几乎无利可图。资产者被迫出售土地或拔除苗株。葡萄农乘机买进，纷纷用高产植株取代优质苗种。[330]

在对荷兰商人开放的大西洋地区，也出现了类似的演变，但其起因却与前面完全不同。英国在波尔多的采购推动了优质品和名牌葡萄酒的发展，而 17 世纪的荷兰定货却产生相反的效果。荷兰人需要的是生命之水，或者用来勾兑葡萄酒和提高酒的度数，或者为了提纯取得酒精。可是，作为燃料，次等葡萄酒足以符合要求。iii-124

荷兰贸易在大西洋沿岸和内陆的沿河地带(阿杜尔河、加龙河、夏朗德河、卢瓦尔河)迅速发展,促使人们大批生产产量高、品质低的葡萄酒。这一演变进展很快。正如 1725 年昂古穆瓦省的一份报告所说,“葡萄生产从前完全掌握在资产者和富人的手里。如今几乎所有的农民都自己栽种”,拥有地产的资产者再也找不到为他们干活的劳力,因而正日趋消失[331]。

这一演变说明,葡萄农的生活水平在一般农民之上。即使充当雇工,他也能够保护自己,取得一份土地对他比较容易。在大革命前夕的勃艮第地区,“葡萄农比平原的人吃得还好,精麦面包常可吃到”[332]。阿瑟·扬当时曾提到,葡萄农的家境在法国所有农民中堪称得天独厚。

酿酒工业

小麦要制成面包必须经过磨盘和烤炉;同样,葡萄酿酒也要经过一个加工过程,只是这种加工仍由生产者所掌握而已。是否因此可以说,酿酒属于农民经济的一部分?酿酒算不算是一项工业?

即使算不上是工业,酿酒的工艺毕竟十分复杂。人们只要查阅萨瓦里·台布吕斯龙的《辞典》(1762 年)[333] 就可以明白。《辞典》告诉我们,所谓“原汁”是“在酿酒工进入酒槽踩踏葡萄前,从酒
iii-125 槽塞口自动流出的果汁”;“一榨”是“酒槽中的葡萄经踩踏后流出的果汁”;“二榨”是“经过踩踏挤出头遍果汁后剩下的果渣连同果柄一起,经榨机榨出的果汁”;榨后留下的果渣“用以制造所谓渣水”(果渣兑水后再榨一次);“甜酒”是“未经发酵的酒汁”;“生酒”

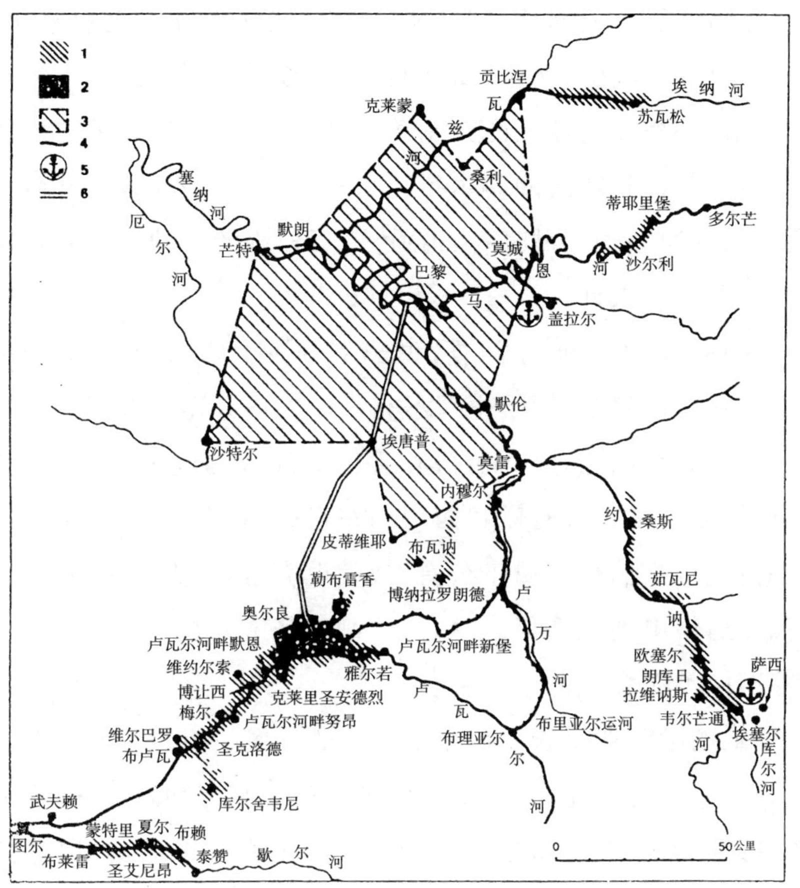

17 和 18 世纪巴黎廉价葡萄酒的供应

为保护巴黎葡萄酒的质量，1577 年的一项行政命令规定，在首都四周方圆 80 公里的范围内，禁止巴黎酒铺主采购葡萄酒。实际上，这个地区在 17 和 18 世纪将成为专供各关厢小酒铺广为销售的劣等葡萄酒的主要产区。此外巴黎不通过附近的各条水道和奥尔良大路取得廉价葡萄酒。（见罗热 · 迪永：《法国葡萄和葡萄酒的历史》。）

1. 供应劣等酒的葡萄产区。2. 据了解，奥尔良财政区中的这些堂区“布满了葡萄园”（国家档案馆 GT421 号）。3. 1577 年 8 月 14 日经巴黎高等法院裁定，将首都的范围至少扩展到 20 里以外。4. 可通水运的河道。5. 通航河流的抵达港。6. 奥尔良通往巴黎的大路。

是“特意阻止发酵的酒汁”；“熟酒”是“发酵前煮过一次的酒汁，因此可始终保留其甘甜”；在“甜烧酒”中，“普罗旺斯地区的圣洛朗和拉西约塔，朗格多克地区的弗龙蒂尼昂和巴尔班塔纳，里昂地区的孔德里约，勃艮第地区的阿尔布瓦和马孔，尼韦奈地区的普伊”，当地所酿制的麝香葡萄酒都各具特色。葡萄酒的品种今天更花样翻新，名称已无从数计。

若想对葡萄酒进行普查，说出各种名酒的特色、价格和客户……恐怕写整整一部书也写不完。此外势必还要谈到酒桶的制造以及酒的运输、保存和翻窖；在香巴尼地区的庞大酒窖里，第二帝国期间或更早一些时候，“四驾马车可畅行无阻”[334]。还有形形色色的榨机，它们往往属于公有，致使葡萄互相混杂，葡萄农对此很有意见，但也别无选择。总之，酿酒工场并不集中，而是相当分散，甚至门类繁多。

各地的酿酒业是否妨碍其他工业的发展？柯尔贝尔曾有此担心。为了发展纺织业，特别是在城乡推广家庭劳动，他曾怀疑事情在勃艮第是否能够行得通。他指出，“如果有两个城市，地点都适宜建立纺织工场，一个城市属于葡萄产区，另一个则不是，那就必须挑选不产葡萄的城市，因为种植葡萄对发展纺织业妨碍甚大”[335]。罗热·迪永写道，毫无疑问，“拉瓦勒、鲁昂、康布雷、富尔
iii-126 米等地不产葡萄，是法国发展家庭织机及其他乡村工业最好的地区。相反，在商品葡萄生长线以南，乡村居民对家庭纺织是否真能减轻他们的贫困不无怀疑”[336]。照这么说，酿酒业或其他工业，二者不可兼顾。这种看法未免太简单了一点。

18 世纪的朗格多克是个人口稠密的贫苦地区，人流还源源不

断地从比它更穷的中央高原涌来。当地穷人不得不在谷物种植（土地归资产者和教会所有）之外另谋生路，见缝插针地在贫瘠的土地上栽种葡萄；富人当然对此竭力抵制。洛代沃、蒙彼利埃等城镇周围的穷人，有时包括酒铺主[337] 和手工工匠在内，拼命想取得一块土地，以便种植葡萄和自己酿酒。这些小型葡萄园不仅旨在满足当地平民的消费，而且把大量剩余产品外销意大利，其中弗龙蒂尼昂的麝香葡萄酒尤以优质甜烧酒著称，产地不限于弗龙蒂尼昂一地。

与此同时，朗格多克建立了许多纺织工场，洛代沃加工的毛料充当军需，克莱蒙和卡尔卡松的产品供应东地中海的市场。一系列兼并使贫苦的纺织工匠的生活变得朝不保夕，但也促进了该省的勃兴和平衡。

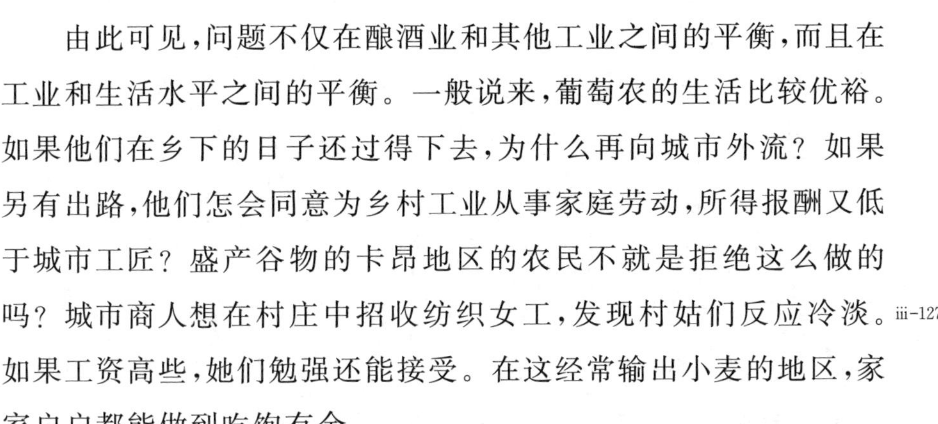

由此可见，问题不仅在酿酒业和其他工业之间的平衡，而且在工业和生活水平之间的平衡。一般说来，葡萄农的生活比较优裕。如果他们在乡下的日子还过得下去，为什么再向城市外流？如果另有出路，他们怎会同意为乡村工业从事家庭劳动，所得报酬又低于城市工匠？盛产谷物的卡昂地区的农民不就是拒绝这么做的吗？城市商人想在村庄中招收纺织女工，发现村姑们反应冷淡。iii-127
如果工资高些，她们勉强还能接受。在这经常输出小麦的地区，家家户户都能做到吃饱有余。

一位机敏的英国商人 1750 年想在法国开设一家英国式的纺织厂，填补法国纺织产品的不足，厂址选在哪个地区？选在热沃唐。这并非因为葡萄在该地区生长不良，而是那里十分贫穷。[338]

法国三大葡萄产区

葡萄种植的历史，概括地说，应在法国划出两道分界线：橄榄生长线靠南的一侧，包括地中海地区在内，是法国境内最早出现葡萄的区域，可称“天然生长区”；往北是商品葡萄的北方界线（再强调一次，说的是商品葡萄），从卢瓦尔河的出海口开始，向东延伸，穿越整个欧洲，直到俄国南部的克里米亚及波斯，那里的葡萄冬季必须埋在土下避寒[339]。这是欧洲的一条幸运线，当然是对南侧的幸运。由此形成了互相连接的南北两大地块：每年采摘季节过后，葡萄酒便源源不断地从南方运往北方。以威尼斯为例，一边在马尔凯和那不勒斯采购供本地消费的高度酒，另一边又让德意志车队在每年夏季把弗留利和威尼西亚地区生产的普通白葡萄酒运到阿尔卑斯山的北侧[340]。

可见，这两条界线把法国划成三块。

最令人刮目相看的当然是介于两线之间的中区，即波尔多，卢瓦尔河流域、勃艮第、香巴尼和阿尔萨斯等地区，我把洛林地区（土尔和梅斯一带至今还种少量葡萄）撇开不算。

iii-128 毫不夸张地说，法国的这块中区拥有世界上首屈一指的葡萄。不单是法国人持这样的见解。在这个地区，天气一冷，就必须对葡萄进行整枝，汰劣存优，等果实成熟很久以后再行采摘，利用天然的糖化作用增加果实的甜度和含酒量。在索泰尔讷地区，葡萄农甚至分几批用剪刀剪下陆续成熟的葡萄串，以保证果实的充分糖化[341]。这种做法晚至 1845 年才刚开始，使索泰尔讷葡萄酒以“制作精心而闻名于世”。

中区的自然条件并不决定那里的葡萄势必出类拔萃。但从第一眼看，说它得天独厚似乎也有道理。葡萄与葡萄各有不同。罗马人纪元前在高卢纳尔榜省栽种的葡萄并不是公元一世纪后在罗讷河流域的阿洛布罗克斯人地区推广种植的葡萄。老普林尼谈到，这一新品种适应寒冷的气候，果实至霜降时成熟（勃艮第至今往往还是如此，这在朗格多克平原就简直不可想象）[342]。事实上，波尔多葡萄和勃艮第葡萄这两大品种适应潮湿和寒冷的天气，它们并不由地中海苗枝所衍生，勃艮第葡萄可能由当地的野生品种培育而成，波尔多葡萄可能从坎塔布连山区移植而来。

此外，地理位置对中区发展葡萄种植大有帮助。葡萄的主要产区靠近北方，这是因为，我再说一遍，北方人的消费量大，是购买葡萄酒的主顾。为了保证外销，另外还必须投入资金、精心管理、维护产品质量等条件。直到今天，这也还是至关重要的政策。

法国的第二个葡萄酒产区位于卢瓦尔河以北，从表面上看，它的发展过程极其简单，容易被我们所理解。在运输还很困难的条件下，几乎所有的城市都在郊区留几块土地栽种葡萄，以满足自身的消费需要。由于气候不宜，产量很不稳定，有时还因涝灾或冻灾 iii-129
而失收，葡萄种植后来曾有所缩减。自 12 至 13 世纪开始，海上航运在那时已经开通，法国中区的葡萄酒可从水路运来。到了铁路的时代，南部的葡萄酒更大量运来，将给卢瓦尔河以北地区的葡萄种植业以致命的打击。葡萄是否因此就退回到正常的气候区域去了呢？

事情毕竟不是那么简单，法国北部完全可能保存并且在这里和那里确实保存了一些优质葡萄园。叙雷纳的优质白葡萄酒[343]

今天不是又恢复生产了吗？气候因素不足以解释一切。罗热·迪永曾经注意到，在南方葡萄酒占领北方餐桌的同时，谷物在乡村经济中又重振雄风，种植体系的完善促使人们在原来的休耕地上种植甜菜或发展人工草场。银行家、商人和农学家从此宣称，“唯有谷物和牲畜才是货真价实的农业”；作为经济作物的甜菜，其身价也胜过葡萄百倍。总之，葡萄的后退并不依气候差异的逻辑为转移，而是“根据耕地的不同土质而划界”。葡萄从所有富饶肥沃的耕地上退出，相反却坚守“土地不像巴黎北部那么肥沃……得以去支撑其他作物生长的地点”（例如在卢瓦尔河两岸）。正如马蒂厄·德·栋巴勒 1829 年所说，“我们发现富裕的农业几乎完全集中在不种葡萄的北方各省；越往南去，农业就越不景气，差不多与葡萄种植面积的增加成正比”[344]。

第三个葡萄种植区位于法国南方，也是最早栽种葡萄的地区，虽说自然条件最适宜葡萄的生长，但其发展却长期不如法国中区，因为中区拦路抢走了好主顾，包括首都的主顾在内。

iii-130 到了 18 世纪，以上情形全都开始改变。确实，1709 年的严冬使北方的葡萄全都冻死，而在南方，部分葡萄得以幸免，北方因此对南方葡萄酒大门洞开。酒价急剧上涨促成了南方的酒桶北运巴黎。

大变动随着铁路的问世而产生。葡萄酒的地理布局全被打乱。博若莱酒就在当时真正进占巴黎市场。更往南去，历来对制造业、酿酒业和谷物种植业三者兼顾的朗格多克地区，出现了葡萄种植的狂热。这场革命导致单一种植的形成和推广。根瘤蚜虫害（1865—1890 年）——加斯东·鲁普内尔称之为“第三共和国的重大事件”[345]——使当地不惜巨资引进美洲植株，更新种苗，但葡萄从此占领朗格多克平原，并向地中海靠近。正在那时，突然出现了滞销的危机，生产过剩造成价格下跌。无地或少地的葡萄农群起抗议。眼看着生产了“佳酿”却吃不上面包，他们懊恼之余便揭竿而起，1907 年竟调动部队进行镇压。

我们是否把所有的问题都已经谈到？单是考察葡萄和葡萄酒的历史，恐怕仍嫌不够。我们还要与中等消费者接触：巴黎工人每星期天惯于光顾市郊的小酒铺，那里的葡萄酒比较便宜，因为不付首都的入市税。去葡萄产区旅行的人顺便也会喝点新酒，既然是在产地，价格自然便宜。国王的药师亨利·德·卢维埃尔[346]于1703 年（没有说明该年的哪个月）前往南方旅行，他说，到了离莫城 12 里远的蒙米赖尔，“我们又像在维厄梅松一样喝开了可口的香槟酒”，尽管蒙米赖尔和维厄梅松相距仅 3 公里。歇脚就要喝酒。阿瑟·扬在瓦唐城外买到一瓶桑赛尔酒（大概是白葡萄酒）饮用。尤其使他高兴的是，他只花 10 苏，而在城内，这瓶酒则价值20 苏。[347]

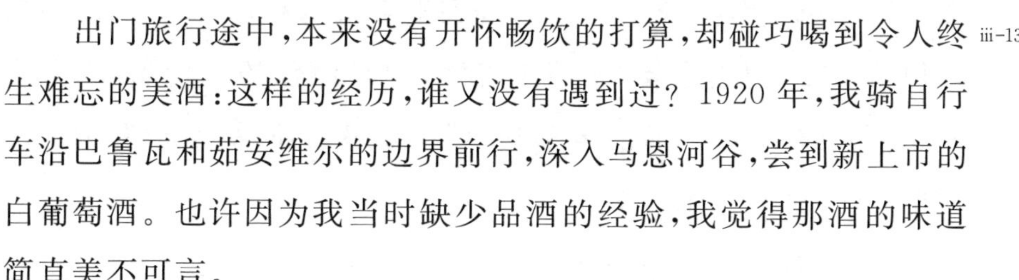

出门旅行途中，本来没有开怀畅饮的打算，却碰巧喝到令人终 iii-131
生难忘的美酒：这样的经历，谁又没有遇到过？1920 年，我骑自行车沿巴鲁瓦和茹安维尔的边界前行，深入马恩河谷，尝到新上市的白葡萄酒。也许因为我当时缺少品酒的经验，我觉得那酒的味道简直美不可言。

最后谈谈小麦及谷物 iii-132

我没有先从谷物谈起，独出心裁地打破了叙述的习惯顺序。

鉴于谷物的地位举足轻重，我曾担心，它的出场立即会使其他角色黯然失色。既然它在整本戏里扮演支配一切的主角，何不让全体演员登台以后，再让主角露面？

根本的根本是什么？对人来说，活命第一，吃饭第一。此外，照皮埃尔·古鲁的说法，麦原是文明的一种选择，它的诞生远比所谓历史早得多，正如选择稻米或玉米千百年间支配了远东农民或哥伦布发现新大陆以前的美洲农民的命运一样。选择一经作出，便使人欲罢不能。

在进一步叙述前，我们必须说明，“麦”一词这里不单指小麦，而是泛指麦类，我们的祖先把可制面包的各种谷物统称为麦，其中当然有小麦，但也包括大麦、燕麦、似双粒小麦、黑麦（直到 18 世纪末，黑麦是法国种植最多的作物）[348]、混合麦（往往由小麦和黑麦对半混合）和荞麦，“小春作物”[349]（不仅指 3 月播种的大麦和燕麦等谷物，而且指豌豆、芸豆、扁豆等）还不算在内。正如奥利维埃·德·赛尔所说，“麦一词可泛指包括食用菜蔬在内的所有籽粒”[350]。1898 年，一名社会学家经实地考察后断言，在我国的中央高原，栗子作用之重要“相当于谷物；它是面包的代食品，不需耕地、播种、收割、脱粒而能坐享其成”。他最后还说，栗子鼓励农民懒惰，或使他们不求进取。[351]

总之，凡能做面包的谷物全都是麦，而小麦则是“籽粒最重和
iii-133 品质最高，色泽最白，含粉量高”[352]。但是，如果从产量考虑，到 19 世纪为止，应该说是黑麦占据首位。这说明黑面包久盛不衰的原因；人们过去和面时往往都掺杂粮粉，并不如今天所要求的那样单

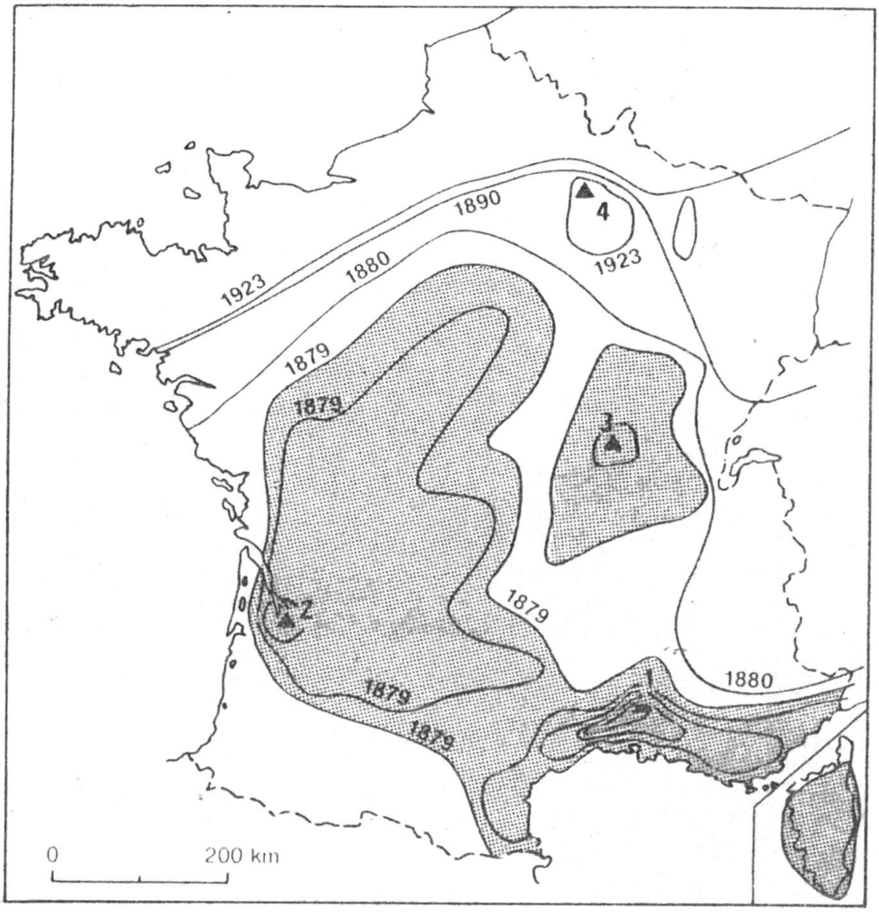

根瘤蚜虫害在法国的蔓延

发源地：1. 1863 年：皮若（加尔省）；

2. 1865 年：弗洛拉克（吉伦特省）；

3. 1876 年：博若莱；

4. 1890 年：香巴尼。

灰色：1879 年虫害蔓延区。

（参见保尔·克拉伐尔：《人文地理概论》，1980 年版。）

用精麦粉。用精麦粉制作的白面包虽然人人爱吃，但它确立统治地位的时间却比历史学家通常所说的要晚得多，换句话讲，远在大革命和帝国时期以后。雷蒙·勒篷于1792年断言[353]，“常吃精麦面包的人体格壮实，精力旺盛，不易得病”。法国的平民百姓要等很久以后才有幸吃上白面包。

苛刻的要求

麦的收成究竟如何？这个问题让当局时刻挂记在心，当局被它所困扰，被它搞得神魂颠倒。人们密切注视谷物的生长；人们知道，生活的太平安稳或朝不保夕，就看收成如何了。尽管没有一部法国史曾赋予它应有的重要地位，麦在我国历史上却始终是叱咤风云的大人物。至少直到19世纪为止。它主宰一切，既普施恩泽，又强加种种束缚。

首先，麦要求实行“轮作”，换句话说，在同一块土地上，不能连续两年种麦(例外恰好证实规律)。它总是要求在不同地块轮流种植。农业学家们对此作出各种解释。德·加斯帕兰伯爵于1831年说：“麦不能在一块地上连续种植，原因来自肥料不足，还因为不能同杂草作斗争，杂草的成熟又早于麦，很难在麦的播种前清除杂草。”[354] 另一位农学家[355](1843年)谈到植物的生长法则，认为作物
iii-134 吸收土地的某些营养成分，并留下其剩余成分；因此，如果再种相同的作物，就会使土质变坏。“我们发现，同一种草如果在天然草场的某个地点生长茂盛，它在生长期满以后便不再萌发，而被其他草种所代替，因而草场收获的干草从不会相同。”

然而，对于几乎无处不在的麦地轮作，还有其他的解释理由。

麦地的轮作周期长达14至16个月，跨着两个年度，周期也并不始终从9—10月间的秋播开始。无论是种冬小麦或冬黑麦，必

须首先整地，通过一系列的翻耕，使种芽更易破土而出。如果实行深耕（如在北方地区使用带导轮的重型犁翻地），犁三四遍地就足够了，在南方地区，由于只使用轻型步犁，耕地的次数就该加倍：大革命以前，普瓦图地区的土地翻耕不少于九次[356]。步犁这一工具不尽完善，只是划破土地的表皮而已。在犁地时，它“把切下的土块倒翻过来，放在原地的侧面，因而底层的泥土几乎没有犁到；由于犁及的土层厚度不超过 4 寸，野草不但很少受到伤害，相反却受益不浅……犁地过后不久，野草又到处萌生，农民因此被迫多次进行犁地，以求清除野草”[357]。

犁地一遍又一遍，把耕畜和人累得精疲力尽。其目的是要驱除麦仙翁、野豌豆、矢车菊、野燕麦[358] 等与小麦竞相生长的植物；可惜，目的从未完全达到。如果不实行犁耕，野生植物开花较早，结实也赶在小麦的前面。于是便出现普瑞于 1527 年描绘的卡奥尔乡村的那种可悲景象：地里“杂草丛生”，“野燕麦长得比小麦更旺”[359]。马蒂厄·德·栋巴勒写道：“为了取得好收成，清除地里的杂草是与施肥同等重要的一项措施。”[360] iii-135

这块不断进行犁耕的土地名叫“休闲地”，村庄每年留出部分土地休闲，恰恰为了使轮犁和步犁能够清除杂草；农民在锄最后一遍草时，活计就极其轻松了。1914 年前，洛林地区进行锄草是为了使小麦摆脱繁殖力很强的蒲公英的竞争。

犁地和整地十分费时和费工。此外还要加上秋播前的施肥。这是十分繁重的活计：即使是一个不大的农庄，在最后两遍犁地的中间，施肥数量也高达 150 车之多，最后一遍旨在把播下的种子用土盖上。然后再把地耙平，耙上压着重物，以便耥平犁沟，这道工序有时称为“整地”[361]。另方面是堆土培垄，垄间的深沟可利排水。[362]

说到这里，我们回过头来再谈轮作。

从 4 月开始，休闲地普遍开始犁耕。当时，于前年 9—10 月份播下的小麦已经长高，纷纷拔节开花。因而有两种麦地的并存：一种是反复犁耕、留待播种的麦地；另一种是在 7—8 月即可收割的麦地。读者可以想到，直到收割、捆把和堆垛为止，小麦要花 14 至 16 个月时间才完成它的周期，备耕也包括在内。根据备耕和收割开始的或早或晚，周期长达 14 至 16 个月时间，超出了一个正常年度。迪哈梅尔·杜蒙索认为，麦地轮作的原因就在这里，他所说的
iii-136 一句话言简意赅，初读不易使人明白。他写道：“在同一块土地上，不能每年都种小麦，因为从收割到播种，没有足够的时间进行适当的犁耕。”[363] 农学家兼历史学家弗朗索瓦·西戈[364] 对迪哈梅尔·杜蒙索的见解作了进一步的说明，论证清晰明了，胜过一篇冗长的演说。他举出一个很能说明问题的实例：伦巴第地区“夏季炎热（据说，米兰兼具那不勒斯的炎夏和阿姆斯特丹的寒冬），小麦于 5—6 月间即已成熟。由于收获提前，在 9 月进行下一季的播种前，就空出了 4 个多月的时间。这段时间被用于在休闲地进行 4 次犁耕，并施以绿肥”[365]，然后再播种小麦和耙地培土。就这特例而言，小麦的生长周期被纳入到正常年度中去。收了再种，种了再收，可以连续进行。各种条件确实都已具备：有充裕的时间犁耕土地，利用间作提供必要的肥料。

然而，节气转换尽管重要，却不能说明一切问题。谷物植根较浅，显然消耗地表的肥力。因此，有必要与甜菜、芜菁、土豆等块茎

作物实行轮作，块茎作物根系很深，在距地表较远的地方吸收营养，尤其还具有大气固氮的作用。它们的茎叶在翻进土里后还可充当肥料。

轮　作

米兰的情形是个特例，例外也正证实规律。直到今天，麦地仍普遍定期实行换茬。这种现象使历史学家为之神往；他们的眼睛简直盯住轮作不放。

轮作的地理分布早已为大家所熟知（参见本书 745 页的地图）。从圣马洛到日内瓦拉一条直线，线北以三种作物轮流换茬为主，即所谓三年轮作制。耕地划分为三茬：小麦、早春作物（大麦、燕麦）、休闲。最后一茬原则上让土地完全休息，又称死茬。因此，如果耕地可用一个圆形表示，这个圆形又被划分成几乎相等的三个扇面，扇面每年自行转动：小麦取代休闲，早春作物接替小麦，休闲代替早春作物，反复循环，永不停止。 iii-137

在圣马洛—日内瓦界线以南，照例实行两年轮作。耕地一半种麦，另一半置于休闲。下一年再把布局颠倒过来，如此不断反复。

界线的划分，南北的对立，确实颇具特色，但也有一个问题要问：原因何在？在界线的一侧和另一侧分别坚持不懈地反复转换茬口究竟意味着什么？对于这些问题，越是仔细研究，问题就变得越复杂，答复就变得越困难，甚至变得模糊不清。

首先，两个对立的法兰西本身都分别具有众多的乃至奇特的变异。

实行三年轮作制的地区存在某些不正规形态。在18世纪末，至此推行三年轮作制的下阿尔萨斯地区突然转向二年轮作制。[366]蒂耶拉什地区也曾出现同样的现象，但时间更早，是在中世纪末；该地区在接受二年轮作制以后，地块的四周逐渐围上树木，展现篱村的特有风貌。[367] 自古以来，至少从我们观察所及的时代起，科城地区一直实行二年轮作制，尽管那里也存在部分篱村。但在旧制度的末年，树围地得到广泛的发展。[368] 同样，我还注意到普瓦图沼泽地的情形，随着贵族对他们拥有的土地实行兼并[369]，当地的农村于16世纪也变成绿树成荫的篱村。类似的例子还可举出很多：汝拉山脉的西部山麓于1770年后"渐趋篱村化"[370]；山高谷深的布洛内地区在同一时期"正推广树围地"[371]。

iii-138 佛兰德地区完全属于例外，这里必须单独作一番介绍；当地的农业与尼德兰的农业革命相结合，历来推行"交错种植"，土地一年四季不得休闲。过了布尚，再往北去，"展现在你面前的是一片精耕细作的园圃"，这里没有歇晌的习惯[372]。在告别了懒惰之乡以后，人们转身就迎来勤劳和智慧之地。

另一个特例出现在阿登地区。休闲制很可能诞生于地中海地区，奇怪的是，它却未能传到这个孤零零地被包围在林海之中的穷乡僻壤。弗朗索瓦·西戈指出了这个现象。[373] 无论如何，按当地的习惯，人们只耕种小片土地，而把周围土地上所积累的肥料统统施在位于中心的耕地：在这与众不同的中心，作物种植接连不断。

我国实行二年轮作制的地区比三年轮作制的面积更广。这里不免出现种种特殊的例外，由于国土辽阔，特例的数量自然也相当多。在某些狭小的地区中，人们确实见到实行三年轮作的土地，其他的例外也同样存在。地处波尔多以南的朗德省于19世纪推行的耕作制与阿登地区相似，即像中国那样，把大量粪肥施在小块土地上，无休止地种植作物。根据莱昂斯·德·拉韦涅(1877年)的见证，在尼姆附近，“人们遵循一种独特的轮作制。首先是在大量施肥的土地上播种苜蓿；过了4年后，经过翻耕的苜蓿地不必追肥立即改播小麦，并且一种就是4年；随后再种2年驴食草，又种2年小麦。总共在12年内，有6年种植小麦，只施一次肥料”，而产量很高。[374] 这显然是较晚采用的办法，因为它以人工草场为依托。但是，如果我们向中世纪追溯，也可在布列塔尼或在图卢兹地区发现某些土地实行三年轮作。[375] 还是在中世纪，一份经过公证的土地租契表明，格拉斯附近照例都按三年轮作的规矩办事。[376]

尽管存在种种偏离规律的例外，二年轮作制和三年轮作制在 iii-139
各自的区划范围内毕竟占据绝大多数。因此，重要的还是应该知道这两个地区怎样互相对抗，怎样在边界沿线确立自己的地位；一般说来，边缘地带总是最能给人以启示。

关于这个大问题，我们所知道的东西可惜太少。总的来看，三年轮作的地区很可能对另一地区有所蚕食。例如，它陆续侵占并最终吞并了图尔地区[377]；后来，在大革命前夕，它又向夹在沙台尔罗和普瓦蒂埃之间的普瓦图地区渗透[378]。这些情况大概并非绝无仅有，但有据可查的考证却十分罕见，也许因为历史学家和地理学家都已认定三年轮作比二年轮作更加优越。既然前者蚕食后者，这种优越也就不成问题。马克·布洛赫、阿尔贝·德芒荣以及不久前一位名叫利恩·怀特的很有见识的技术专家都持以上的见解。[379] 他们认为，三年轮作这个后起之秀不断排挤了过于年迈的邻居。照此说来,历史岂不是太简单了吗?

为了把事情看得更清楚些,我们不妨召请为二年轮作辩护的律师出庭发言。罗杰·迪永指出,实行二年轮作制的地区之所以不种燕麦、大麦等早春作物,原因不在所谓时间仓促等结构方面,而是因为这些作物不能抗拒普瓦图以南的法国存在的干旱气候。[380] 雅克·米利埃则[381] 认为,二年轮作制的优点是比三年轮作制更加灵活,更容易适应 19 世纪的革新要求,而三年轮作制则过分刻板,往往受太多的束缚。最后,在弗朗索瓦·西戈[382] 看来,没有理由可以证明二年轮作制不如三年轮作制,他所提供的数据即使不能让人完全信服,至少在理论上还能讲得过去。

请看他以下的推断:一块实行二年轮作的土地,3 年可提供 3 次收成,取得的收成每次都占耕地的一半;假如整个耕地一年的收

iii-140 成为 100,我们所得的总数将是 150。如果现在改成三年轮作(早春作物的产量通常按每年冬小麦的一半计算),小麦每年可得 100 的 1/3,3 年加在一起等于 100;在这期间,早春作物的收成为小麦的一半,总产量还是 150,与原来二年轮作的产量完全相等。

我们不妨承认,在相同的条件下,两种轮作制所得的结果相当接近;这种判断比较符合实际,不能断然证明完全相等。我们应该考虑到耕作、气候、水文、种子、所有制类型、地力、投资、工具等各项具体条件。更进一步想,还必须就北方的轮犁与南方和西部地区的步犁,就拉犁的牛与马……进行比较。步犁大多用于犁耕土层较薄的多石坡地;操纵步犁因此可算是项艺术,比使用轮犁耕地更加复杂。至于比较马和牛的优劣,更是说来话长,争论在几百年前已经开始,再争也不会争出什么结果来!牛行动迟缓,但消耗较少，不像马那样要吃燕麦，并且简直就是“无底桶”[383]。总之，摆在我们面前的一切都不是什么心血来潮或独出心裁的结果，而显然是适应环境的要求。

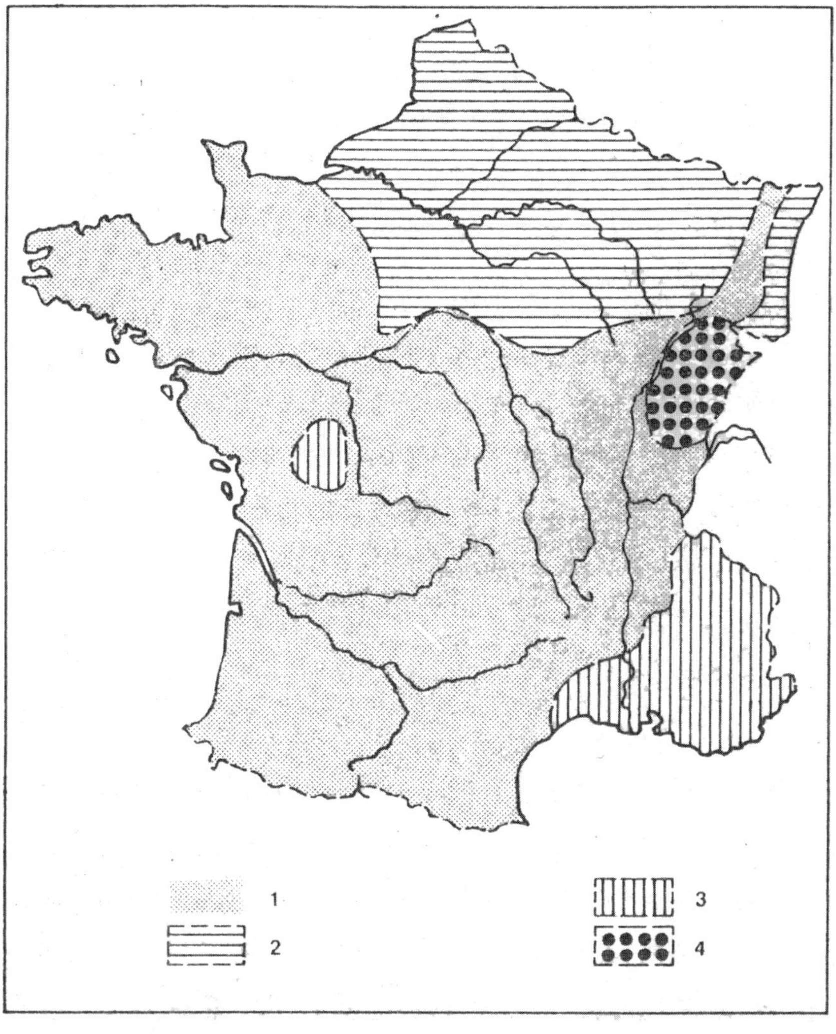

18 世纪耕畜的地理分布

1. 牛。2. 马。3. 牛和马。4. 驴。

对我国以往的农业状况极其熟悉的勒内·缪塞[384]根据对上诺曼底地区乡村的考察，毫不犹豫地断言三年轮作具有优越性。但是，既然勒内·缪塞所作的抽样调查是否能够推广还成问题，我们怎么相信他的断言完全可靠。再说，在实行三年轮作制的地区，种植早春作物虽然可能，但希望究竟又有多大？每当发现小麦和黑麦未能顺利越冬时，人们往往利用早春的晴天赶紧补种。兰斯
iii-141 四郊1651年的冬季很长，寒风凄雨，又不降雪，其结果也就可想而知。城里的一名资产者说，“我们希望播种一季大麦，终因士兵骚扰而受阻”[385]。当时正值投石党作乱期间。人们之所以愿冒风险，把赌注压在早春作物上，正是因为冬小麦肯定已经失收！1740年戈内斯的情形则不然，在这个距巴黎不远的、素以其面包师傅闻
iii-143 名的村庄，“农民不敢对遭灾的麦地进行翻耕”[386]。

鉴于以上的种种事实，我们对这个问题终究百思不得其解。任何事实都不能确证一种轮作制比另一种更加优越。任何事实也不能确切说明，在这里或那里，为什么一种轮作制要让位于另一种。在一个更大的变革范围内，轮作制的变更也许会容易得到解释，后一变更只是前一变革的组成部分。我们已经说到过，沙泰勒罗三年轮作制的发展伴随着另一项变革，即马匹的引进。然而，在当时沙泰勒罗地区的地主和农民的心目中，引进马匹才是他们斟酌再三的重要变革。一位匿名作者对其家乡“放弃老习惯，不再用牛而改用马耕地”一事大动肝火，指责不该如此胡闹。为此，一名地主为保护其权益，特意在租契中规定：“佃户只能用牛耕地”[387]。

总之，轮作制的演变恐怕与其他的变革因素结伴而行。“在沙泰勒罗地区，农户采用了庇卡底或博斯的设有高大院门的封闭式

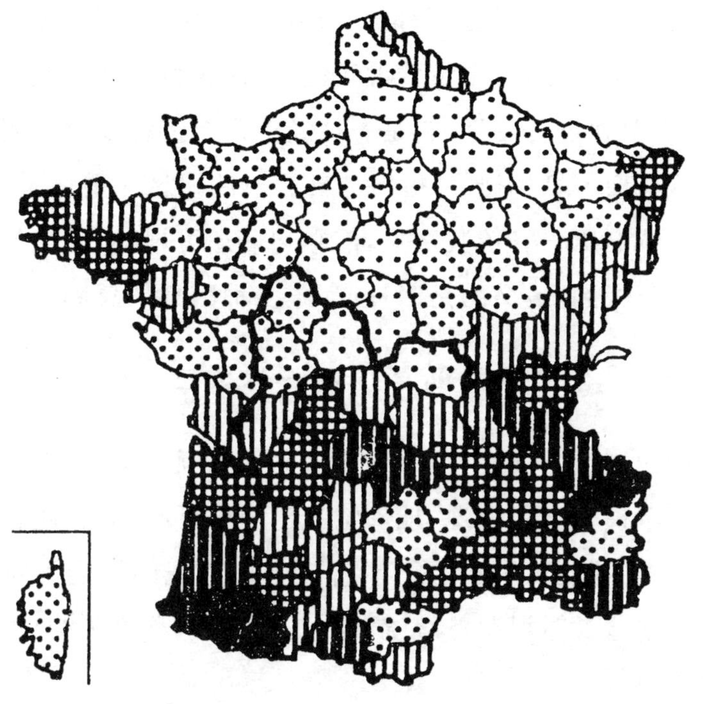

每100公顷耕地拥有的步犁和轮犁数

25以上

从20到25

从15到20

从10到15

从5到10

从2到5

以步犁居多的省份

步犁和轮犁(1852 年)

(参见费·布罗代尔和厄·拉布鲁斯主编的《法国经济和社会史》,第680 页。)

场院建筑，而不像篱村地区那样，场院对外敞开。”[388] 这一现象本身值得作一番研究，它至少告诉我们，土地轮作制并不是个独立的存在，并不单独进行变迁，它是一种经济乃至一种乡村文明的组成成分。莫里斯·勒拉诺[389] 指出：“自然条件无足轻重；关键还是要看人类群体的历史。”依我之见，前半句话还可斟酌；后半句话则正合我意。归根到底，文明是多种成分、多种因素的总和。

法兰西至少可一分为三

从耕作制度方面考察，我们不宜过分拘泥于法兰西乡村一分
iii-144 为二的简单模式。更何况，地理学家已经告诉我们，在轮作问题上还要加上“土地制度”的问题，或者说土地景观的问题。农学家们习惯于把这些长时段整体统统混在一起，干脆称之为“土地结构”，这倒也有道理。

如果再把这些因素算上，法兰西乡村就不是一分为二，而至少是一分为三了。

首先是法国西北部和东北部的开阔地，即英国历史学家、地理学家和农学家所说的“露地”，居住密集的村庄位于一片空旷辽阔的土地的中心[390]，没有树木，甚至见不到篱笆。“季节”随着圆的扇面逐个转换，村庄作为圆心既是终点，又是起点，肉眼根据扇面的不同颜色即可辨认季节。耕地呈长条状延伸，使人想起镶木地板的条木。这肯定是我最熟悉的景观，无疑也是为大家公认的、最明白不过的景观。我还记得，1945 年 6 月，我坐飞机从德国返回法国，在过了布尔唐沼泽后，景色突然一变，发现已在庇卡底的上空；看到五颜六色的耕地被切成细长的条块，界线的分明就像是拉

着绳子划出的一样：每块土地上都井然有序地长着庄稼，它们似乎排成整齐的队伍，欢迎我的归来，仿佛教堂里擦得铮亮的大钟敲响召唤信徒的钟声。

这片整齐划一的开阔地，它的伸展显然与三年轮作制恰相吻合。最早决定推行这套办法的人真是机敏超群。

其次是法国的中部和西部，即所谓“篱村地区”。我们不要以为那里的景观千篇一律，树围地各具特色，相互间有许多不同。[391]

就举马耶讷省和曼恩-卢瓦尔省的以下例子来看，当然类似的例子还有很多：“地边围着密密层层的各种树木〔树木长在地埂 iii-145
上〕；中间往往还栽有几株苹果树和梨树，果实用于酿酒，因而整体的外观像是一座巨大的森林。地块的面积平均约在 30 至 40 公顷上下，一些地块要小得多，仅有 10 至 12 公顷，人们称之为‘小围地’，因为它们各自构成一个小天地。”这个情景是在 19 世纪中叶形成的，以上简要的介绍见诸莱昂斯·德·拉韦涅的至今不失其价值的著作[392]。在这幅速写画面上，必须加上低洼的道路，茅草丛生的沼泽荒原，尤其还要说明，树木乃是一种徒具形式、似是而非的假象。树木在这里只是土地区划的一个工具或一种补充。1870 年那时，还没有飞机俯视全景；莱昂斯·德·拉韦涅说，在莱昂镇“登高望远”，布列塔尼别具一格的景色尽收眼底，仿佛是“划分成无数格子的一个棋盘”[393]。

最难说清楚的是第三部分，即位于索恩河和罗讷河流域的法国东南部地区，这道巨大的裂缝从地中海一直伸展到孚日地区，夹在萨瓦、多菲内、普罗旺斯的阿尔卑斯山、中央高原和比利牛斯山的中间。总的说来，这些地区的植被、种植节奏、作物、树

木和生产活动都各不相同；旅行的人走不多远，就会发现景色已全盘改观。

马克·布洛赫[394] 提供了一个解释性模式，这个模式把特殊性介绍得面面俱到，却偏偏没有把地区的整体性完全抓住；现在让我再作解释，恐怕也不会比马克·布洛赫解释得更好。读者可以作出评判：就整个地区而言，关键既不在于谷物两熟制的推进和逐渐占据主要地位，也不在于令人想起罗马屯垦区的那种呈四方形的大块耕地，而是那里有着大片人迹罕见的中性地区，一些难得种过一次作物就被撂荒的“野地”或“荒地”[395]。北方人初来这里，见到这些空地上石块密布，荆棘丛生，蝉鸣声中鸟兽出没，野生花草香气扑鼻，不禁为此情此景而惊诧莫名。

iii-146 至于作物，这里的多样性堪与土地和景色相媲美。果树同小麦一样茁壮生长，随处见缝插针。栗树和核桃树在高海拔的地方茂密繁生，较低一点的地方以橄榄树为主，另有桑树、无花果、苹果树、榛树、樱桃树等。最后还有杏梅树，“含苞迎春传为千古美谈，因为它在冬末已经开花”，但在地中海沿海一带，寒霜天气甚少，危险自然不大[396]。在耶尔、戛纳和土伦附近，柑橘树就在平地上栽植，“正如意大利的索伦托地区一样”[397]。唯一不同的是，有时寒潮袭来，把这里的柑橘树全都冻死；结冰的天气甚至有可能把橄榄树和橡树歪歪扭扭的树干冻裂。

在气候允许的条件下，在梯田上种植的作物无不生长茂盛。宽广的河谷地带，无论是伊泽尔河的下游，东比利牛斯山的各个河谷，或位于莫尔山麓和埃斯特雷勒山麓的阿尔让河谷更展现出万物竞生的繁荣景象。拉韦涅发现，“在一块几百平方米的土地上，竟同时种着果树、橄榄树、桑树、小麦、蔬菜、葡萄和花卉”[398]，不禁赞叹称奇。在两排葡萄架之间，居然挤进了蔬菜、桃树乃至橄榄树，尽管后者不宜与葡萄结伴配对。[399] 伊泽尔河流域的格雷齐沃唐谷地“四季如春”，恰与“寒冬经年”的山区遥遥相对。桑树或樱桃树种在大田里，葡萄沿着树干爬藤，树荫下则长着小麦、大麦、玉米、土豆、黄麻、油菜、三叶草、苜蓿、荞麦等作物[400]，这是在第二帝国期间人们依然可以见到的景象。

最后的一个特点是城市、集镇和大村庄几乎遍布各地。在这些阳光明媚的地区，当然并不是到处都十分富裕，那里的夏季往往出现干旱，牲畜数量过少，因而造成肥料不足。富裕地带大多局促于平原的一隅之地，四周群山环绕，山上的土地由山下的富人所开垦，盛产葡萄和小麦的朗格多克或普罗旺斯都是如此。

总之，如果必须用三言两语对实行三年轮作制的地区作个概括，我们就应该说，这是人们付出最大的努力，取得最大面积的可耕地：“耕地”万岁，“野地”让位！开垦荒地是集体努力的结果，是秩序的胜利，但这个胜利也带来一些不可避免的后果。相反，在实行二年轮作制的地区，“野地”仍保留存在的权利，树木在野地到处生长；这在篱村地区是如此，在法国南部等一系列林区据说也是如此。这些几乎无需人去照管的树木给人带来很大的收益。由于寒冷的季节较短，那里种植的蔬菜品种既多，产量又高，食物可以自给自足。因此，在三年轮作制以外的地区，人的活动余地更大，人人得以各显神通。人的精神状态与乡村的自然景观互相适应，互相协调；在这种相辅相成的关系中，原因和结果的位置可以颠倒。

追索历史过程

以上的解释和形象表明，人们一谈到谷物，势必要涉及其他东西。这也许是合乎自然的。但我还没有讲到大家的切身经历，就是说，近三四十年以来的现状竟以其雷霆万钧之力，一下打破了从古代留传下来的习惯和智慧，即丹尼尔·富歇等人曾经说过的“耕地布局的平衡”。弗朗索瓦·希雷尔·吉尔贝[401]于1787年不是曾强调指出，法国的农业自古罗马以来没有任何进步吗？这个见解尽管未免言过其实，但出诸对当时现实十分熟悉的人之口，毕竟不是无的放矢。

可见，不久前，在相当短的时间内，确实发生了翻天覆地的、往
iii-149 往令人惊诧莫名的变化。我们生活其中的现代不可能是这一巨变的必然结果。它对演变的来龙去脉也无从作出解释。我们必须意识到，演变过程中存在着障碍和断裂。

为了把经过弄清楚，唯一的办法是沿着时间长河往后追溯，而不是向前展望。马克·布洛赫[402]建议，在进行这一历史追溯时，把现时且搁在一边，先把19世纪时的情形确定为起程的第一站，然后再继续进行逆向的观察。以19世纪作为起点对我们特别有利，因为我们拥有翔实的文献资料，而且19世纪期间的变化相当缓慢，不会过分扭曲观察中的事物形象。

弗朗索瓦·西戈已就1800年前后的概况画了一张草图。我这里且把他绘制的地图借来使用，读者将可参看他随图所加的长篇评述[403]。

真正的问题是要从19世纪开始，尽可能往后进行追溯。为了

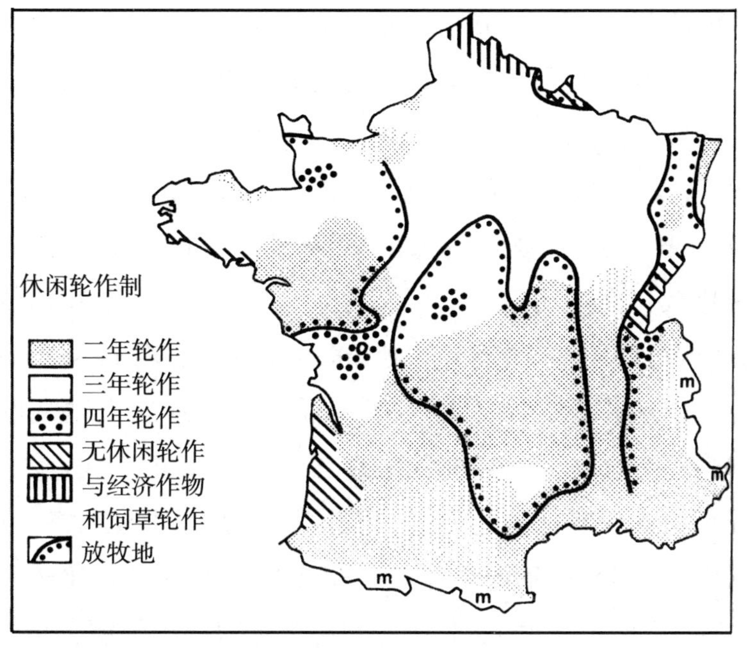

19 世纪初法国的土地轮作

在二年轮作和三年轮作的两大地区中，弗朗索瓦·西戈揭示了一系列其他“耕作技术”，上方的简图仅反映出其中的几种：

——四年轮作：一季休闲，连续三季收获粮食。这种轮作制仅星星点点地分布在普瓦图、贝里、萨瓦、下诺曼底等地区，不过占国土面积的 1%而已。

——无休闲轮作：完美的典型位于朗德省。每年收两季粮食（黑麦、小米），土地没有间歇。大量施用的肥料来自羊粪。

——与经济作物和饲草轮作：完美的范例是佛兰德地区，那里的休闲地被种上饲草、油料作物以及旨在提供纺织原料的作物。

——放牧地：弗朗索瓦·西戈这里指出，主要在二年轮作制地区，土地继一系列正常的轮作后，空出或长或短的一段时间供牲畜放牧。在二年轮作制地区，以阿摩里卡丘陵东南部、下普瓦图、安茹等地区为典型。在三年轮作制地区，以布列塔尼地区为典型（在连续了 2—3 轮三年轮作以后，空出 6 至 9 年充当放牧地）。（参见弗朗索瓦·西戈：《19 世纪初法国土地轮作图示》，该文于 1976 年在《经济、社会、文明年鉴》发表。）

完成这项任务，必须开展历时多年的集体研究。究竟追溯到什么时代为止？直到柯尔贝尔的时代，这肯定是可能的。但要追溯到苏利的时代，恐怕会有点危险。争取到这几百年时间是否足够了呢？真要对“开发土地的顺序”追根究底，将需要往后追溯更长的时间。

暂且，采用历史的比较研究却是可能的。这当然很好，但与哪个国家比较？究竟比较什么？莫里斯·勒拉诺[404]把我们领到撒丁岛去：该岛的东部，或更确切地说，引人注目的坎皮达诺地区，当时实行三年轮作制。萨维埃·德·普拉诺尔远届安纳托利亚南部[405]；让·罗伯尔·皮特前往毛里塔尼亚……至于我，我劝诸位到俄罗斯去走一趟。这岂不是自找麻烦吗？我十分明白，俄国照搬了欧洲的经验，但不同毕竟还是很多！与俄国进行比较的一个好处：俄国落后于西方，农业演变的历史进程相当鲜明。由于具有“古老农业”的俄国中部地区比依旧处在蛮荒状态的边沿地区（包
iii-151 括乌克兰在内）起步早2—3个世纪，人们看到各种耕作制度在18世纪同时并存和同时演变。下面就借用米歇尔·康费诺的地图[406]，省得我再长篇大论地进行解释。从地图上可以看到，俄罗斯的土地最初曾经历过刀耕火种的时期。随着人口的增加和耕作的稳定，便形成了二年轮作制，接着又逐渐向三年轮作制过渡。

如果把这个过程搬到西欧，我们又回到了原来的解释，至少也要接受三年轮作替代二年轮作的老一套说法。但究竟为什么呢？问题仍然有待解答。至于在二年轮作之前存在的刀耕火种，我们几乎闭着眼睛也会承认这个事实。据史前史学家的判断，刀耕火种是新石器时期前后的耕作制度。在法国，人们所说的“不规则种植”——在地中海沿岸以及布列塔尼、蒂耶拉什等地区开垦的一块

块荒地，经陆续种植作物后，又恢复了茅草遍地的状态，甚至变成了树林——这难道不就是刀耕火种留下的残余吗？

与俄罗斯的这个比较已经一目了然。它向我们提供一条必要的思路。真要进行比较，法国理应与整个欧洲比较。在法国和匈牙利的历史学家 1982 年举行学术讨论会期间，拉兹洛·马凯断言，三年轮作制直到 16 世纪初才在匈牙利出现，农民从此就被置于领主的严厉的管束之下。[407] 在 16 世纪的勃兰登堡，三年轮作和绵羊饲养与领主的反扑同步并进。三年轮作在伦敦盆地、巴黎盆地和伦巴第盆地也已出现，但为时更早，所有这些地区都被人紧紧地抓在手里。

假如不感到后悔，我们不妨再前进一步。确实还存在一些可能的、有用的假设；将来的历史学家必要时可把这些假设抛弃不用，提出更好的假设。

就拿法国南方来看，那里实行的二年轮作制似乎是古地中海 iii-152
文明留下的遗产，让我们再说一遍，大块的耕地可能来自古罗马的屯垦地。二年轮作制（一季休闲，一季种粮食）在科卢梅拉的《论农业》或色诺芬的《经济论》中随处都可读到。据著名农学家德·加斯诺兰（1831 年）说，色诺芬写作时“对农民的耕作习惯仿佛亲眼目睹[408]。在他描绘的画面上，似乎增一笔嫌多，减一笔嫌少。这是因为自然景观没有发生变化；一种耕作体系适应一种特定的环境，才可能取得最高的产量”。以上的假设比较可信。

另一种假设令人神往，却远不如前一种假设那么可信，它把篱村体系的形成归功于居住在高卢的凯尔特人，确实，在威尔士和爱尔兰地区，也可找到篱村体系，但其形成的时间恐怕比人们所说的

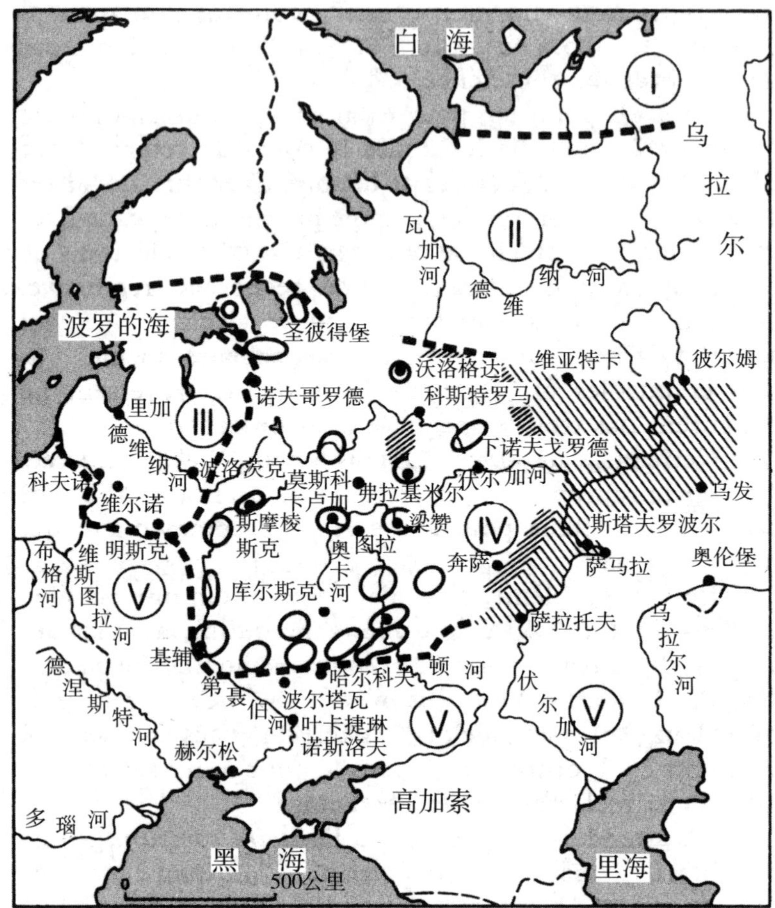

Ⅰ 完全没有农业的地区。

Ⅱ 刀耕火种的地区（其中，二年轮作、三年轮作、四年轮作等“有规则种植”下趋扩展）。

Ⅲ 三年轮作地区（其中，也有大片土地实行二年轮作，还有刀耕火种的残余）。

Ⅳ 三年轮作地区。

（椭圆符号）不定期的三年轮作地区，与刀耕火种或临时性耕作相结合。

Ⅴ 临时性耕作地区。

（斜线符号）介于刀耕火种和临时性耕作之间的过渡地区。

18 世纪俄罗斯欧洲地区的土地制度

几种正在演变之中的土地制度当时在俄罗斯同时并存：Ⅴ代表刀耕火种的原始阶段；Ⅱ反映着“有规则种植”的崛起；Ⅲ和Ⅳ表明三年轮作尚未完全战胜二年轮作和刀耕火种。（参见米歇尔·康费诺：《土地制度和农业进步：18 至 20 世纪俄罗斯的三年轮作制》，1969 年版。）

要晚得多[409]。

剩下还有实行三年轮作制的开阔地。我们仅仅可以肯定，三年轮作于12至13世纪刚刚问世；据历史文献记载，燕麦种植随着马匹的饲养和使用而诞生。法兰克族的重骑兵不正是针对阿拉伯人的入侵，于八世纪初组建起来的吗？难道必须再等几个世纪以后，在以畜牧为生的日耳曼入侵者及其他移民的影响下，三年轮作方能出现？显而易见，我们对这个问题还没有完全弄明白。

罗热·迪永和莫里斯·勒拉诺主张，我们应追溯到这一遥远的过去。在他们看来，一切均发端于罗马帝国崩溃后的动乱，这在帝国的边境特别明显，那里形成的密集的村落群和居民点首先出自防卫的考虑。但大村庄不一定意味着采用三年轮作制。此外，
我曾提到的关于使用马匹促成燕麦种植的说法也还存有疑问：燕 iii-153
麦等早春作物同样也可供人食用，其食用量即使不超过牲畜，似乎至少与后者相等[410]。可以肯定的是，三年轮作制在居住分散、耕地很不规则的地区早已普遍存在，英法两国的考古发掘已经证明了这个事实。

根据萨维埃·德·普拉诺尔的推论，三年轮作制的推广与畜牧业的发展有关：13世纪前后，随着专职牧羊人的出现，羊群逐渐实行集中放牧，原有的圈地逐渐消失[411]。依我之见，这是最周全的解释。耕地的扩展及畜群的增加也许使农民陷于左右为难的境地。为了找到一条出路，就必须放弃个体羊圈，把羊群交牧羊人集中放牧，利用休闲地和公共草场，饲养好牲畜。

罗贝尔·斯佩克兰把地理因素和历史因素糅合起来[412]，他那独辟蹊径的见解鼓励我向13世纪以前追溯。照他的说法，法兰克

人的征伐（五世纪末和六世纪初）导致了在卢瓦尔河南侧建起一道据点林立的防线：北侧为日耳曼化的高卢，南侧为罗马化的高卢，与北侧隔界相望；西边则是凯尔特人占有的阿摩里卡丘陵（该地区于公元七世纪再度凯尔特化）。本书第一卷88页复制的草图展示了这一见解的基本框架。是否能把关于并村自卫的论点纳入其中呢？如果可以的话，人们不禁会问，与我国境内的阿摩里卡丘陵、中央高原这两个最大的古山系相比，“罗马帝国的长城”难道不就是更加古老的文化边界的体现吗？有人曾凭空猜想说[413]，凯尔特人和法兰克人本是几千年来在这块土地上生息繁衍的居民，随着对农业发展和外族入侵的适应，他们最终合二而一。虽说是凭空猜想，但没有完全猜错。

iii-154 目前对史前史的研究试图跳出传统的考证范围（青铜器时代或铁器时代的技术进步与入侵浪潮的联系），发掘古代的土地耕作以及零星的村落或村庄；这些研究有一天也许能够证明，正如吕西安·加松早已说过的那样，“夹在中央高原和布列塔尼之间的卢瓦尔河曲在法兰西版图上并不是一条匀称的线条”[414]；它是我国历史的重要分水岭，是对历史现实的一种解释。

从麦到面包

说到麦，也就是说到面包，面包显然脱不出上述农业活动的范围之外，正如葡萄酒离不开葡萄一样。

在烤制可端上富人或穷人餐桌的面包以前，麦确实需要经过一道又一道的加工程序。必须用连枷打谷，或牵着牲畜碾场；还要妥善收藏，运到集镇和城市的市场，最后送往磨坊碾压。由此取得的面粉必须赶紧使用，因为面粉不宜保存。除家用炉灶及领主或村庄拥有的公用烤炉外，制作和烘烤面包的任务由面包商承担。

以上的每一道工序都有严格的要求。麦穗必须干透后方可脱粒。在波兰和北欧，打下的麦粒仍很潮湿，必须送到烤炉烘干。法国北方地区让麦捆留在地里晾晒，或连草带穗送进宽敞的仓房。等到冬天，再陆续用连枷脱粒。如用大镰刀割麦，就得在麦子熟透前进行收割，以免籽粒脱落。因此，晾晒的时间需要拖长，脱粒也需推迟。[415] 南方地区通常采用牲畜碾场，可加速打麦的进度。 iii-155

粮食的储藏并不容易。

西西里、北非、西班牙和匈牙利等地实行窖藏，人们在地沟或地洞里铺上干草，使粮食保持干燥，然后再盖上泥土；在法国，除凯尔西、维瓦赖、鲁西永、热尔等地区外[416]，这种方法很少使用。谷仓里不但潮湿，而且还要对付虫蛀和鼠害，粮食至少在半年内必须每隔半月翻晒一次，然后每月过筛。对存粮甚多的大谷仓来说，如在城市或军事要塞，就不可能进行如此精心的照管。萨瓦里声称，小麦可保存几十年之久。办法是在麦堆上盖一层"三尺厚的生石灰粉"，然后用喷水壶浇湿；表面与石灰混合的麦粒纷纷发芽，经冬季晒干后，形成一个既厚又硬的保护壳，使麦子与外界隔绝，就像在麦窖中保存一样。[417]

尽管存在各种困难，粮食通常都连续保存 2 年、3 年或 4 年。"关于禁止囤积粮食两年以上的 1577 年 11 月 21 日的原国王敕令于 18 世纪已不再执行；这条敕令可能从未被实施过。"[418] 富人、有产者和教会团体有囤积谷物的习惯，常年保持仓满粮足。穷人不储备粮食，农民被迫出售当年的收成，他们始终怀疑粮商和财主进行囤积居奇，事情也往往确实如此。谁又不搞这类投机的呢？如把参与投机的几名滑头家伙找来一问，人们发现他们分属各种社会阶层，而且并不全都腰缠万贯。无论如何，仓储粮食不失为一项
iii-156 明智之举。积谷可以防歉。法国于1816年遭到饥荒的突然袭击，原因是“冬季奇冷，但又几乎没有下雪”，接着“在开花的季节”突然降温[419]；但还有更重要的原因：随着外国入侵及同盟军在占领地就食，存粮早已吃空。

粮食的地区调剂被置于地方当局的监视之下：中央政府和巡按使竭力参与其事，市镇当局有时拒不从命，有时则心急如焚。粮食从仓库运往市场，从市场再转到磨坊和面包炉，都由警察押送；在这个问题上，我们掌握大量的历史文献，证明人们确实议论纷纷：粮食流通自由对确保民众的生计难道没有好处？事实上，当局一再颁发规章条令，数量之多几乎达到荒唐的程度，而在真正的困难时期，更要有力地、坚持不懈地（或及时地）贯彻执行规章。困难屡见不鲜。例如，1699至1763年间，沙特尔（地处盛产谷物的博斯地区的中心）共有25个丰收年，市场上的粮价大跌；又有17年因歉收而粮价居高不下；在剩下的22年里，粮价在每色提埃10里佛和15里佛之间徘徊，农民出售粮食的价格约在12里佛左右。

粮食原则上仅在公共集市出售。只要农民按规定把粮食送到公共集市，交易便顺利进行。人们往往也正是这么做的。其实，甚至在1709年的正式许可令颁布后，“看样出售”的办法在法国仍很难推行。因此，于1683年创建的沙特尔粮行[420]每周仅开业三次，“直到19世纪仍保持原状，看样出售迟迟不得推广：粮袋整齐地码在广场四周，超过沿边的二层楼房的高度”[421]。

集市交易都由官方指定的工作人员从中撮合：经纪人（经纪人 iii-157
以妇女为主，又称代理商为“掮客”），质量检验员，计量员，还有搬运工。必须通过这道中间环节。搬运工生活无着，尤其在冬季，为了活命，他们违背行会的规则，兼做木工、瓦工或泥水工。[422] 在所有的集市上，最早接待的一批主顾是包括面包师傅在内的本市居民，然后是流动客商前来赶集。[423]

麦显然有不同的种类，正如面包铺里的面包也品种各异一样。就拿沙特尔来看，首先是“优等小麦”，然后是“商品麦”；“农家麦”于 18 世纪初含有三分之二的小麦和三分之一的黑麦；“混合麦由小麦和黑麦对半组成；有的混合麦里以黑麦居多；甚至还有大麦和燕麦掺杂在内”[424]。麦粒在磨坊加工成面粉，根据加工的谷物品质和配比，磨成不同等级的面粉。

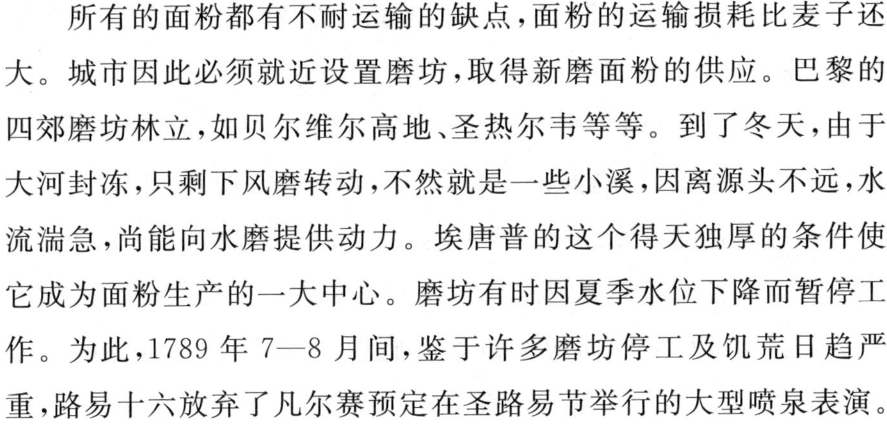

所有的面粉都有不耐运输的缺点，面粉的运输损耗比麦子还大。城市因此必须就近设置磨坊，取得新磨面粉的供应。巴黎的四郊磨坊林立，如贝尔维尔高地、圣热尔韦等等。到了冬天，由于大河封冻，只剩下风磨转动，不然就是一些小溪，因离源头不远，水流湍急，尚能向水磨提供动力。埃唐普的这个得天独厚的条件使它成为面粉生产的一大中心。磨坊有时因夏季水位下降而暂停工作。为此，1789 年 7—8 月间，鉴于许多磨坊停工及饥荒日趋严重，路易十六放弃了凡尔赛预定在圣路易节举行的大型喷泉表演。

尽管如此，面粉有时也实行远程运输。对生活在安的列斯群岛的法国人和欧洲人来说，即使能进口小麦，却也因当地没有磨坊
而磨不成面粉。同样，在远东地区，人数不多的欧洲侨民为了吃到 iii-158
面包，也就不惜付出一切代价。经使用表明，阿基坦比别处所产的

面粉更宜保存。阿基坦的面粉启运时一律实行密封桶装，空桶由驶往岛屿的原船或由印度公司的船只带回，下次发货时再次使用。

面粉最终都送到面包师傅的手里。在日常生活中，唯独面包商才引人注目。价格稍有变动，总把责任归之于他。说来真是莫名其妙，面包商往往成了发泄愤怒的对象。1775 年春季，关于粮食自由流通的杜尔哥法令导致了一场所谓“面粉战”，巴黎竟出现了多次抢劫面包商事件。让・肖卡恩的遗孀卡特琳娜・勒鲁在巴黎的圣雅克鲜肉市居住，临街开了一家面包铺；她说，昨天（1775 年 5 月 3 日），“约在上午 11 时左右，有几个人乘乱闯进她的家里，抢走了铺子货架上的面包……其中一位像是个 12 岁的孩子，拉开柜台的抽屉，取走价值 80 里佛上下的银子和现金……随后，有人从铺子进入厨房，偷走三把叉子和一只勺子……还有三个银杯”[425]。根据这些银器，是否应认为原告是个殷实之家？在旧制度下，面包商素称比磨坊主更加富有。

我主张不宜夸大“面粉战”的影响，至少在巴黎是如此；当时曾逮捕了许多罪犯，有的据说罪有应得，有的一眼便可看出是完全冤枉的。针织业帮工让・莱基利埃[426] 年仅 16 岁，被控参加了对让・巴蒂斯特・巴尔在莫夫塔尔街开设的面包铺的抢劫。他称在家中被抄出的面粉和面包来自慈善施舍。可惜，被抄查到的偏偏是白面包，而“善主一般又不施舍白面包”！这无疑是与《悲惨世界》中冉阿让一样的故事。

iii-159 在面包问题上，弄不好就极容易引起闹事；巡按使及各城市当局密切注视市场动向，为压低粮价而施加威胁，或直接干预粮食调运，不惜动用武力扑平骚乱。归根到底，在灾荒期间，城市总是比乡村得到更多的保护。每个人都各求自保，各谋其利，规章也就置之度外；正式的或非正式的粮商纷纷去农家登门求购，预付货款，在城市或乡村囤积粮食。“可以稍为夸张一点地说，谷物在旧制度下是一种走私商品。”[427] 粮食走私在当时确实存在，但我们不要把一切都归罪于走私，我随后将试图指出，供应体制首先就有不可克服的缺陷：粮食产量低下（据沃邦估计，播种和收成之比为 1∶4.5 或 5），运输条件很差（直到第二帝国期间普及铁路为止）。

法国人吃面包

究竟是出于喜好还是迫不得已，或者两种原因兼而有之？这个问题并不重要！法国历来就数面包吃得多。当然不是唯独法国人才吃面包，但戏称法国人吃面包天下无敌的说法也确有道理。一名日内瓦人于 1843 年[428] 指出：与欧洲其他国家相比，“法国居民的小麦消费量比较多，而蔬菜、肉食和奶制品的消费量则比较少，法国因此愿意种植小麦，以满足其紧迫的需求”。“更何况”，他补充说，“法国吃的是世界上最好的面包”。

据帕里-杜韦奈 1750 年的计算[429]，法国人每年消费小麦两袋，每袋约重 200 磅，如果略为夸大一点，约合 200 公斤。勒格朗·多西[430] 估得更宽，他于 1782 年把每天的面包消费量定为 2 至 3 磅。另一个数字来自雷蒙·勒篷，此人几乎默默无闻，他于
1792 年估计，年消费量平均在 3 色蒂埃左右（1 色蒂埃等于 156 公 iii-160
升，相比之下，每公担小麦约合 120 公升）。年消费量可见略低于 4 公担（3.8 公担）。[431] 这个数字与中世纪史学家计算出的平均消费量相等：一个拥有 3000 居民的城市需要 1 万公担[432]。从中世纪

到18世纪(或甚至到1850年?),平均配额大体上几乎保持不变。平均数自然包含一些千差万别的特例。波蒂埃·德·拉埃斯特洛瓦于1716年指出:“享有肉食和其他食品的人每天所吃的面包不到1磅。对于仆人,巴黎通常每星期只供给每人9磅面包,也就是说,不到每天1.5磅;这已超过他们的食量,人们知道,剩余的面包往往转手出售。”[433] 就一日三餐而言,仆人的待遇相当优厚。

一个世纪以后,只是自1950年以来,面包的消费量才急剧下降,尽管面包对我们仍不乏吸引力。面包商设法找出各种旧配方,烤制黑面包和黑麦面包,并在饮食风尚的协助下,销售麦糠面包,因此赚取大钱。今天,在拥有5400万人口的法兰西,粮食产量平均达1700万吨,每人的拥有量与过去的消费量(3公担)差不多相等。其中,200万吨留作种子,800万吨送磨面厂和面包铺,700万吨在国际市场上销售(并非毫无困难)。与旧制度末年相比,我国的谷物消费量几乎减少了一半。

白　面　包

消费量刚刚有所下降,另一场革命,即白面包,精麦面包地位的上
iii-161 升[434],便接踵而至,这后一事实往往为历史学家所忽视。白面包长期仅为富人所享用,一般人难得能够吃到。早在好人约翰(1350—1364年)的时代,大概在他以前,所有的官方文书都对面包作出区分。

面包的等级和名称随不同的时间和地点而不同,而且不断有所变化。1362年,普瓦蒂埃有四种面包供应顾客:无盐的司铎面包,有盐的司铎面包,全麦面包(由未过筛的麦面制成),麦麸面包(小麦出面率为90%,在普瓦图当地的土语中,麦皮的碎屑至今仍被称为麸皮)。1372 年的巴黎有三种面包:纯白面包,螺形面包(又称"家常面包")和长条面包(即黑面包)。在大革命前的布列塔尼,除供富人享用的各种面包——精麦面包,松软面包,小面包——外,日常消费的是"杂合面包",由小麦、黑麦、二棱大麦混合磨成的面粉所制成。[435]

是否所有的富人都吃白面包?我们不要说得太绝对了。在 19 世纪初的利摩日[436],"人们居家过日仍然精打细算。家里人日常就吃黑麦面包,精麦面包专供招待宾客或至多供主人享用"。确实,利摩日是法国贫穷的省份之一。

尽管如此,在整个第二帝国期间,各省的面包铺和正规市场都分别列出三种不同品质的面包的价格。革命和帝国时期的法国军队对在法国和欧洲各地推广白面包大有功劳,白面包的一统天下只是慢慢才形成的,并且不早于 19 世纪末。在这以前,白面包仍是稀罕的食品,为穷人所可望而不可即,乡村的人更往往从不问津。生于阿尔托奈(今约讷省)的古钱币学家瓦朗丁·雅姆雷·杜瓦尔在他的青年时代(1696 年路易十四治下),有一天看到村里的
本堂神甫在吃面包,当他发现这种面包的"颜色与他以往所见的不 iii-162
同"[437] 的时候,顿时感到大惑不解。我的一位朋友原是东比利牛斯省的农民家庭出身,不久前与我在一家饭店共进午餐,当我端给他装着黑面包的小筐时,他笑笑说:"我在童年时已把黑面包吃够了,现在只吃白面包!"他生于 1899 年。

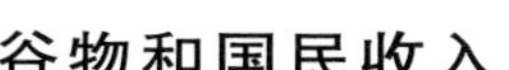

谷物和国民收入

在把有关谷物问题的探讨告一段落前,我将引证一份历史文

献，据我所知，它从未被历史学家使用过。1785 年，由于整个法国受到特大旱灾的打击，路易十六设置了农业管理局。[438] 这个机构（拉瓦锡在此任职）尽管名气很响，其实没有多大的作为。由它提供的两份调查报告却是宝贵的信息来源。

报告之一[439] 指出："口粮过去均以每人 3 色提埃计算；在采用经济的磨面方法后，2.25 色提埃就足够了。但这种方法尚未得到普遍的介绍和推广，因此，如推算目前国内每人消费 2.5 色提埃，这恐怕略嫌夸大……谷物消费量约在 5000 万色提埃左右，其中五分之二为小麦和黑麦，以及两种谷物差不多各占一半的混合麦。以每色提埃 20 里佛计算，2000 万色提埃的小麦价值 4 亿里佛。3000 万色提埃的黑麦以每色提埃 15 里佛计算，价值 4.5 亿里佛。"合计价值 8.5 亿里佛。

iii-163 从以上引语中得出的第一项认识：既然黑麦在谷物产量中占很大比重，黑面包不可能在朝夕间消失。

第二项认识：这里计算的人口为 2000 万，而并不像当时一般认为的那样，是 2300 万或 2400 万。据推测，很少食用面包的幼儿已在总数中扣除。假如根据历史学家最近的计算，总人口为 2900 万，吃面包的人数至少应达 2500 或 2600 万（幼儿也不算在内）。就以 2600 万人算，小麦消费量将达 2600 万色提埃，黑麦达 3900 万色提埃，其价值分别为 5.2 亿和 5.85 亿里佛；总价值超过 10 亿，达到 11.05 亿里佛。

除了人的口粮外，报告还谈到"其余的一半"，即早春作物的收成，供饲养牲畜之用。据报告计算，应补上 4.25 亿里佛。由此应列入国民毛收入的数目将高达 12.75 亿里佛，而且只多不少。

然而,“农业收入”还包括家禽家畜、瓜果蔬菜、葡萄、树木(木材、烧柴、橡栗坚果、松香树脂)以及麻、丝、盐、矿、石等其他项目,粮食大体上只占其中的一半;加在一起,就算是 25 亿里佛。农业局在进行复算时,还是认为这个总数太低了一点。报告又说,“农业生产几乎包揽了 2400 万居民的吃穿大事”(按我的计算,可能达 2800 万居民),“为应付这笔开支,各种收入加在一起,至少应达 30 亿里佛。应该让生产维持下去,不能每年吃光用光”。

总之,这里有两个数字:下限是 25 亿,上限是 30 亿。[440] 如果
农业生产等于国民生产总值的四分之三或一半,国民生产总值就 iii-164
将在 30 亿到 60 亿之间。[441] 人均收入最高也达不到 200 里佛。这个数字已超过 40 埃居,即伏尔泰对当时法国中等收入推算的 120 里佛的水平。[442]

四　算一笔总账是否可能 iii-165

当然不可能。尤其,直到这里,我们只是考察了经济的下层,即狭义的农业活动。只有当所谓农民经济的全部——下层基础和上层建筑——都经过了考察和衡量后,总账才可能算得出来,这正是我在下一章里想做的事情。

暂且先要提出一个问题:在铁路革命前,法国的食物是否能够自给自足?让-克洛德·杜坦在他的著作里补足了为我们所缺少的有关 18 世纪至今的可靠数据,但他声称对“由法国农业承担的食品生产是否和在多大程度上供不应求”的问题[443] 不作深究。至于我,则恰恰想把供求关系这个难题重新提出来。

其实，对许多法国人来说，问题早已得到解决，不必再次提出：法国不但能够自给，而且绰绰有余。苏利（1603 年）就曾为此洋洋自得；他在《回忆录》[444] 里写道：“在食品分配方面，法国显得特别优越，这是它的福运；可能除埃及外，它是世界上生活必需品供应最充足的国家。粮食、蔬菜、葡萄酒、苹果酒、亚麻、大麻、盐、羊毛、植物油、菘蓝以及无数的大小牲畜（肉食是人的家常便饭）使法国
iii-166 对每一种食品丝毫也不必羡慕邻国；不仅如此，它与单一从事某几种食品贸易的意大利、西班牙、西西里等国，甚至也能争个高低。”乐观、骄傲和自满只会使人误入歧途。

前人犯过的错误，后人一定还会再犯：昂都纳·蒙克里斯蒂安（1615 年）原是后来广为通行的“政治经济学”一说的发明者[445]，他断言：“唯独法国可以做到凡事不求邻国。它拥有无穷无尽的富源，包括已知的和未知的在内。太阳可以作证，法国是普天之下物产最齐全的王国。”沃邦的观点也十分明确，只是把话说得比较婉转，使用了条件状：“法国本可以不要外国人的帮助”，外国人所带来的东西只是满足其奢侈需求而已[446]。

这类话语大概已经被重复过千百次。否则，对谷物的贸易和供应行情十分熟悉的金融家帕里·杜韦奈怎会于 1750 年郑重其事地批驳所谓平常年景一年的粮食收成足够法国吃上三年这个当时十分流行的说法？经考察 1740、1741、1747、1748 这几年的情形，以上的说法显然大错特错。[447] 帕里·杜韦奈的批驳当然是有其道理的，但这与当时的思潮无疑背道而驰。17 世纪末有一份关于多菲内经济状况的报告，在当时，任何人都不会提出异议；作者吉夏尔先生[448] 认为，“在王国的每一个省内，假如人们都勤恳劳

作，尽享自然之利，法国就可以不买除香料和药材以外的所有外国商品”。大家在下文将能看到，这个观点并不完全合理。

其实，对于法国自给自足的能力，至少在以下四个问题上还应从长计议：

1. 对内和对外是否达到了自给？下一个段落的标题就是：法兰西究竟能不能自给自足？问题涉及与外国的关系以及法国各地 iii-167
之间的关系。

2. 缺粮、歉收和饥荒确实经常发生，证据俱在，不容否认：国内的粮食供不应求。

3. 农民起义和“麦骚动”在16世纪末期至19世纪中期的我国历史上屡见不鲜。这类骚乱肯定不会使人对以养活全国为首要目标的所谓农民经济作出有利的评判。

4. 农业毕竟有所进步，但进步究竟有多大？

法兰西能不能做到自给自足

法国农村依靠自己的产品是否能够养活自己？它是否能够养活本国的非农业人口，确保他们的生活必需品供应？

大体上说是能够的，因为法国的人口总数保持基本不变，甚至在灾荒年间还有所增长。这个成就主要应该归功于土地的养育之恩。

尽管如此，不足的情形还是很多。供应出现卡壳和脱节，不得不向外国求助；从18世纪开始，尤其在19世纪，购买外国粮食比较容易，但并不始终都能完全地、及时地恢复平衡。奥布省农业、科学、艺术和文学协会[449] 1836年在特鲁瓦公布的研究报告并不言过其实。报告认为，增加牲畜的数量在法国是“当今的第一需要，因为法国生产的牲畜数量不足，以至每个居民每天吃不到 3 盎司肉〔约等于 90 克〕，收剪的羊毛每人分不到 12 盎司〔约等于 270
iii-168 克〕，提供的皮革不够每个居民每年做一双鞋子”。我们还要指出，法国的黄油和奶酪产量也同样不足。在 18 世纪，从荷兰进口的奶酪“数量惊人”[450]。路易十四时代的海船在启航前为备足食物，往往就靠向爱尔兰采购大批的桶装牛肉、猪肉或咸黄油。法国还向德国、瑞士等国购买活牛。马匹（其作用相当于今天的汽车）的生产，无论从质量和数量看，都不尽人意。洛林地区的农民用七拼八凑得来的钱购买德国的高头大马，“这种马要用大量的燕麦去喂养”[451]。所有的城市都靠它拉车，甚至成千上万的巴黎出租马车也是如此。于是，早在 18 世纪前，来自东部的马匹成群结队地、络绎不绝地朝巴黎方向前进，后一匹马被拴在前一匹马的尾巴上。

为了保证军马的质量，部队不得不在德意志和瑞士购买数以千计的马匹，瑞士各州是向法国东部输送马匹的中间环节。这种依赖直到 19 世纪仍很明显。例如，1859 年第二季度在索恩河畔沙隆举行的马匹交易会，“因遭到德语国家的抵制”，停止了惯常的马匹买卖。确实，在正常情况下，“北部地区的商人都在这里选购德国、丹麦和荷尔斯泰因的马匹，转手卖给南方的商人。就在那一年，交易会上只有来自沙罗莱和莫尔旺山区的本国牲畜，而且价格又贵。部队的采购员好不容易才买到几匹军用种马”[452]。

法国国内当然也有不少地区饲养马匹；尽管王国政府于 1665 年建立了种马场，法国生产的良种马还是太少。良种马因此仰赖外国，每年的贸易入超达几百万里佛[453]。1792 年 1 月，即在 4 月

20 日宣战以前，法国骑兵为购买军马，“当时向外国交付了 1200 iii-169
万里佛以上的巨款”[454]。再举一个例子，在拿破仑进行西班牙战争期间，法国军官对其敌人英军拥有的骏马十分羡慕：若能逮住一匹，就是莫大的运气！

种种迹象表明，法国必须进口牲畜：每当国家放松边界的盘查 iii-170
（不论事出偶然或者故意如此），每当关税有所降低，活牲畜的进口便成倍增加。政府通过 1714 年 9 月 14 日法令，借口在西班牙王位继承战争后要改良国内畜种和降低肉价，竟直接向外国生产者求购牲畜。法国畜业主立即群起抗议。[455] 一个世纪过后，即在 1818、1819 和 1820 这三年，“法国进口的公牛、母牛和绵羊分别达到 1.6 万、2 万和 15 万头”。进口量在 1821 年更分别猛增到 2.7 万、2.3 万和 26.5 万头。进口的公牛、母牛和绵羊甚至在苏和普瓦西的集市出售。1822 年开征的捐税“遏制了上升的势头，1823 年的进口量降低到公牛 0.9 万头，母牛 1.3 万头，绵羊 11.5 万头。1824 年又有所回升，并且一直保持到 1830 年为止”[456]。对牛、羊、猪六年（1831 至 1836 年）进出口总量的比较表明，进口额为 4200 万法郎，出口额为 1670 万法郎，平均每年的贸易逆差约达 420 万法郎。[457]

还有更加严重的事：法国几乎经常缺粮；这似乎令人不可思议。阿尔弗雷德·索维指出，1913 年，“法国食品进口达 18.18 亿法郎，出口仅为 8.39 亿，贸易逆差约近 12%。仅以举足轻重的谷物一项，进出口差额高达 1500 万公担，占消费量的七分之一”。而这还不算是个特殊的歉收年景（当年收成为 8700 万公担，前 10 年的平均收成为 8960 万公担）。[458]

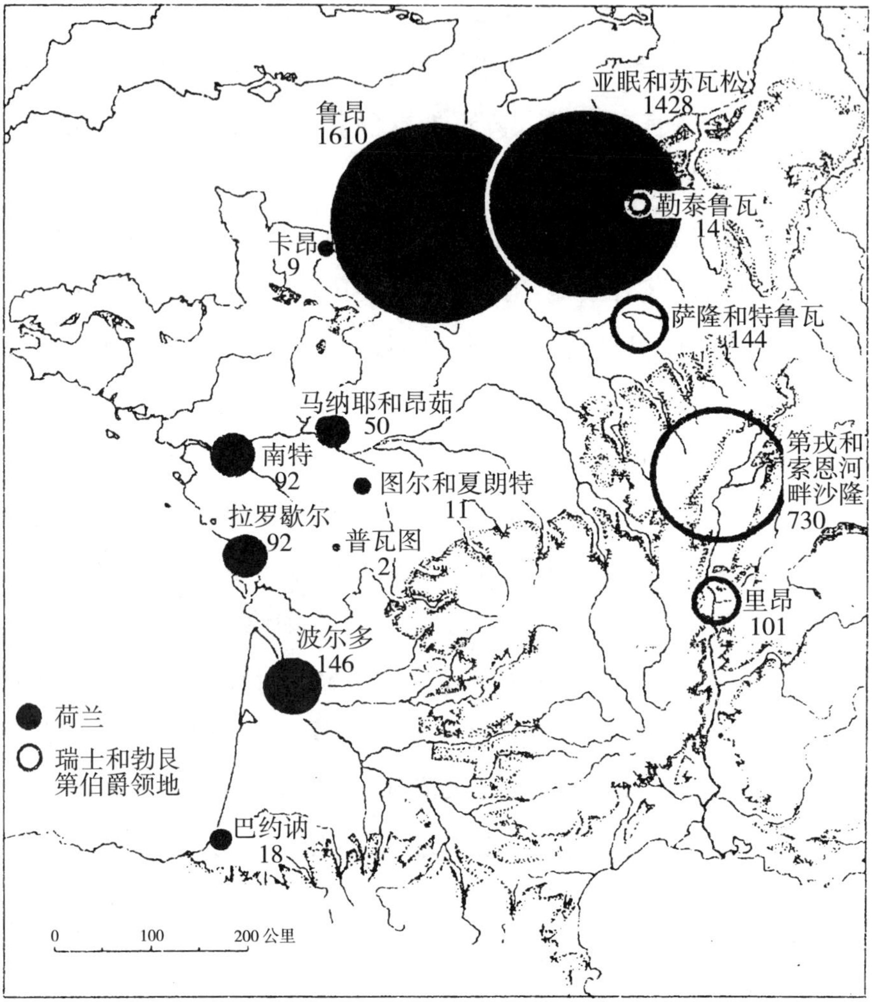

17 世纪末年的奶酪进口

弗朗索瓦·韦尔尼奥制图，资料来源：国家档案馆 1685 年 G7 号卷宗。

这丝毫也不算是什么新鲜事。据一位历史学家[459]说，“所谓关起门来过日子的六边形法国从来就是不符合事实的虚构”。实
iii-171 际上，在近代的所有历史时期里，法国经常求助于外国的粮食。这

并不等于说，法国的谷物每年都不外流。有几个地区甚至经常出口粮食，例如16世纪时的布列塔尼、欧尼斯和朗格多克。除了赶上歉收，朗格多克每年都向意大利外销谷物。布列塔尼的小帆船从当地和欧尼斯向西班牙、葡萄牙两国运送谷物：塞维利亚用银币付款，里斯本则用金币支付。1667—1668年对西作战期间，法国偷偷向敌方供应谷物，“因为谷物能从西班牙换取金银”[460]。1684年，法国与西班牙再次交战，一些英国船和荷兰船在波尔多装载运往伊比里亚半岛的粮食。[461]

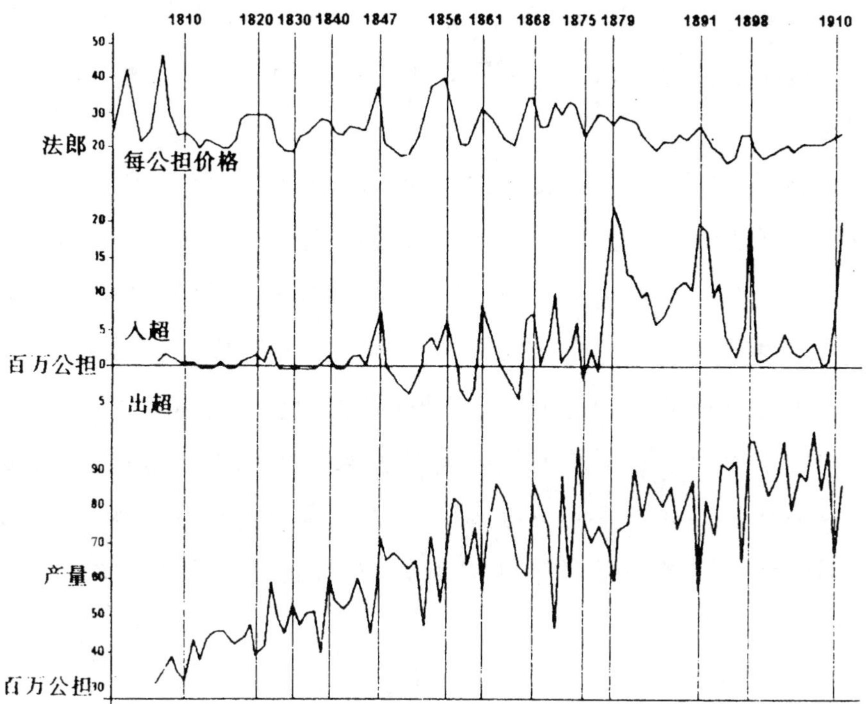

1810—1911年法国的谷物产量、对外贸易和平均价格

材料来源：国家统计和经济研究所：《历史统计年鉴》，1966年版。

如果算笔总账，我国进出口贸易的收支一般都是逆差（见本页

图表)。遇到青黄不接的季节,粮食货源突然中断,而巴黎又急需供应,通常就向波罗的海(阿姆斯特丹的谷物市场于1544年取代了安特卫普的地位)[462]和马赛(马赛从勒旺和柏柏尔地区取得粮食供应)发出订单。马赛和热那亚商人立即抽调库存,运往马赛;反之亦然。巴黎多次接受从热那亚或马赛运来的地中海小麦,运到时往往已经变质,或者受到虫蛀。

另一个粮源是英国,1660年后,英国因推行出口奖励制,促进了小麦的出口;据昂热·古达尔的计算,到1775年为止,向法国输出的小麦达2100万色提埃,“价值2亿图尔里佛”[463]。折合我国的度量单位计算,2100万色提埃相当于2700万公担,进口量十分可观。

iii-172 到了18世纪末期,又增加了两大谷物供应来源:美国和南俄罗斯。从1739年起[464],满载小麦和桶装面粉的费城船只远航法国。乌克兰的小麦也于同期运抵马赛,但这对西欧和法国,只是到了后来,即在1817年欧洲闹饥荒的时候,才形成革命性的转折。这种小麦价格低廉,犹如来自天赐,却也包含着危险。它于1819年曾使索恩河上和罗讷河上载运勃艮第小麦的船运业破产,这难道还不够吗?据当时的一份报告[465]说,“来自克里米亚的小麦”使法国的粮价下降到每百升20法郎以下,而低于这个水平,“粮食种植就要亏本”。

iii-173 我们还可以就1662、1693—1694、1709—1710、1740、1788—1789等困难年景的情形,举出许多其他例子。有人于1789年4月24日提供了一份宝贵的见证材料[466],他写道:“目前的粮荒令人害怕,因为在去年的收获季节过后不久,灾荒几乎立即露了苗头，收成实在很糟……粮商乘机囤积居奇，陷百姓于艰难竭蹶之中；今天，在王国几乎所有的省份，穷人简直已没有任何生路。上星期，附近的一个城市〔阿朗松〕曾发生一起流血事件，一些闹事的贫民被召来镇压的部队所打死。呵，大人，屠杀饥民该是多么可怕 iii-174
的事！来年的收成肯定将比去年更差。”

大革命初期，面包不足造成了悲惨的后果。雷蒙·勒篷于1792年[467]告诉我们，1789和1790年，“为了赈济巴黎及法国其他几个地区的灾民，已经花7500多万里佛向外国购买粮食和面粉”，货款数量之大，竟影响到法国货币在伦敦市场上的汇价，“这就可以证明，粮食并不像某些人所说的那样，在法国经常有充裕的供应”。

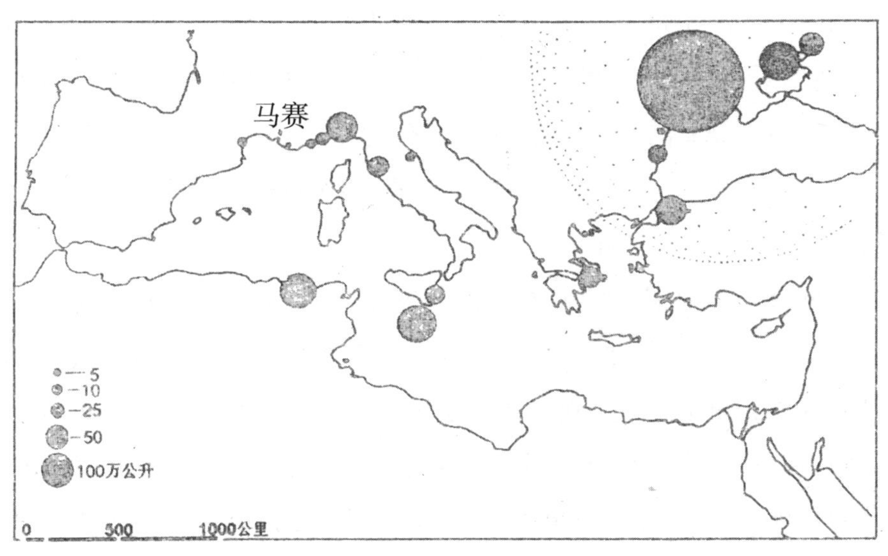

运抵马赛的小麦，1845年11月5日

产粮地点和出口数量。虚点表示被隔离的小麦供应区。

奇怪的是，在以上的情况下，却总还有人（如布阿吉尔贝尔和魁奈)借口法国粮食过剩，主张开放边界，以便鼓励出口。事实显然并非如此。如果把法国作为一个整体加以考察(这本是正常的事，在铁路广为发展以前，法国还没有名副其实的“民族市场”)，法国需要补足其粮食生产经常出现的缺口。它只能依靠出口剩余的葡萄酒和工业产品，航运和商业收益(即利用其贸易盈余)还不算在内。

然而，恰如其分地进行计算，即与其消费量相比，粮食的产量虽然不足，但缺额有限，我们对此切忌夸张。

首先，粮食进口主要限于巴黎和沿海地区：敦刻尔克、鲁昂、南特和马赛是外国谷物在法国的主要转运站，但实际上，所有的港口都能根据地方的需求(即使为数极小)，促进“海上谷物”的流通。
iii-175 例如，1683 年 4 月的一封信提到，“大批但泽黑麦抵达奥洛讷和南特后，已分别运往普瓦图各地”[468]。1701 年 1 月，一艘英国小船和三艘荷兰船满载小麦、黑麦和燕麦抵达圣马丹德雷，“还有其他几艘可望到港”[469]。从海上运来的外国谷物再取道江河到奥尔良；经罗讷河到里昂，如此等等。

据杜尔哥估计，当时欧洲的谷物海运总量达 500 万公担。法国在其中只占一半，约 250 万公担，等于其消费量的 5%，法国当时的谷物消费量高达 5000 多万公担[470]。阿尔弗雷德·索维曾经提到，1913 年从海上进口的粮食占消费量的 14%，大大超过了前面的比例。以上数字如果确实无误，局势只是变得更加严重。从长时段的眼界观察过去，我们对旧制度时的君主不要滥加指责；君主所能犯下的过错往往并不如传言渲染的那么严重，所谓“勾结奸商、利用饥荒发财”的说法更纯属虚构。君主动辄禁止粮食出口，并且对外国谷物敞开大门，这难道也该受到责备？复辟王朝1819年颁布的税率升降法，七月王朝关于保留进口税的1832年法，又有什么不好？难道能说这使生活水准居高不下，进而导致一连串骚乱的发生吗？[471]

此外，不要忘记，无论在法国和欧洲，直到18世纪末年，边界的守卫仍很松弛，外国商品不难进入国境。国与国之间的渗透也十分频繁。更何况，谷物贸易又分散为几百万笔小生意，出头露面的都是些小商人，即使想管，怎么能够管住？马布利说，法国的“粮食贸易比秘鲁的金矿更有价值”[472]。但是，粮食交易市场却是零碎到了极点。布阿吉尔贝尔代表大地主的利益，希望取得粮食的出口自由，他认为供需的不平衡终究是容易补救的。他写道，只是在1679年进口2.5万至3万桶小麦，就避免了发生与1693—1694 iii-176
年类似的缺粮危机。[473] 事情果真如此吗？既是又不是。缺粮的程度诚然不应夸大，但难道就该缩小吗？

其实，鉴于当时的交通不便，除了外在的不平衡，还有内在的不平衡和混乱。由此产生了大量的麻烦、窘迫和担忧。某省于某年逃脱了普遍蔓延的灾荒——如布列塔尼于1709—1710年，但在下一年却可能遭灾。人们因而很难相信德·拉马尔在《警察论》中的断言；拉马尔说，1684至1692年，法兰西全国接连8年喜获丰收[474]。此说可信与否姑且不谈，王国政府于1763年和1764年发布命令，在粮价不超过每公担12里佛的条件下，允许粮食出口，这一举措导致了出人意外的混乱：粮食投机猖獗，价格普遍上扬。巡按使们对以上存在的问题分别作出了解释。他们的解释可归纳为同一个结论；在他们看来，谷物问题主要是国内的问题，毛病就在于各省之间（甚至邻近省份之间）的粮价高低不一，价格差异有时达到荒唐的程度。距离把法兰西切割成七零八碎的小块，从而造成了居民的生活困难。

情况怎么可能不是这样呢？在大革命初期，人们注意到，在32个行省（更确切地说，32个财政区）中，12个人口最多的行省经常缺粮；10个行省供求平衡，另外10个有所富余。这种不平衡状态还不能通过省际调剂解决，因为运输缓慢，费用高昂，远水救不了近火。

战争更如火上浇油。境内和境外的军事冲突要求远距离供应
iii-177 粮秣。军需商的肆意搜刮，当局的强征暴敛，打乱了正常的粮食流通。有的巡按使经常为此拒不接受命令。1709年8月，政府下令苏瓦松财政区“征集1万袋混合麦或大麦面粉”，巡按使勒费弗尔·多尔梅松于8月26日立即作出了答复[475]；他说，命令难以执行，因为“大麦收割才刚开始，尚待9月底方可结束”，面粉更需在10月底准备就绪，而且还达不到1万袋这个数目……“当地一般几乎不生产大麦；仅在河谷地带才有少量播种，这种谷物不产于肥沃的良田……更何况，四个月来，本省为应付接连不断的军事差役，农田耕作几乎全告停顿。”这也是说，政府征集运输车辆已妨碍农民进行正常的劳动。多尔梅松随即提出，以“燕麦、燕麦面粉或可制作面包的其他小杂粮”代替大麦。这个方案显然已被采纳，在信件空白处写着的“可行”二字，是另一人的笔迹。政府之所以接受巡按使的意见，无疑因为其理由是不容置辩的。当时，距马尔普拉凯战役（1709年9月11日）尚有两个星期，急需粮食供应前线的部队。这是一场腥风血雨的大屠杀，法军虽然失败，但终究在北

部边境的沃邦防线遏制了敌军的入侵。

部队在战争期间调动十分频繁。在以上引证的信件发出后两天，“图尔奈的驻军因领不到军饷”纷纷出城劫掠，“践踏草地和果园，尽管城市向部队供应面包，士兵并不以此为满足”[476]。

即使在远离战场的地方——在战场一带，自然更为所欲为，即使不在作战期间，部队也不断为城市和乡村制造麻烦，因为部队总要移防，等到年底，再回它们的营地过冬。调防也罢，驻守也罢，部 iii-178
队的士兵当时都由居民留宿和供养。根据所谓“宿营制”的规定，过境部队在居民家中有权取得吃、睡、烤火、照明等各种待遇。[477]这些开支随后将予偿还，但往往拖欠很久，经手人还从中克扣肥己。1682 年，部队过境极其频繁，布雷斯地区的布尔格、科利尼和维拉尔三镇的居民“再也撑不了门面，决定弃家出走”[478]。1694 年的情形更糟：田地遭灾，粮食歉收，加上“2.7 万名士兵在比热地区过境”，只住 5 个晚上，就把布雷斯和比热地区闹得居民没有饭吃。早在路易十四进行长年的征战以前，这类事例已屡见不鲜：1625 年 8 月，在圣通日地区，“为国王效力的 2—3 个团队竟比雷击、瘟疫和饥馑加在一起所能造成的祸害更大”[479]。

伴随着战争而来的是征兵、提高捐税和削减国家津贴。波迪埃·德·拉埃斯特洛瓦认为(1716 年)，在 1701 至 1713—1714 年的西班牙王位继承战争期间，农田的收成之所以不如往年，原因恰恰在于战争，“战争把农村的男人罗掘俱空，因而没有足够的人手从事耕作”[480]。

以上种种不利因素加在一起，使以乡村为基地的经济体系更加脆弱。弗里德里希·吕奇揭示了这种经济体系的脆弱性；他指出，在一般情况下，任何以农业和手工业为主的地区，如果超过了一定的人口密度，就不可能让居民都能吃饱肚皮，难道这是解释一切的根本原因吗？法国真是人口过多了吗？照这么说，阿瑟·扬在大革命前夕认为法国人口过多的看法也是正确的了；阿瑟·扬声称，法国人口“多了 600 万人”[481]。至于让·符拉斯迪埃，他历来强调农业劳动生产率的低下，这也不无道理。在 1700 年，10 个农民种地可以养活 17 个人，他们自己也还包括在内。[482]

iii-179 以上可以说明，即使法国能做到食物自给，也还相当勉强。按 1949 年的法郎固定币值计算，1700 年的人均消费支出可达 5 万法郎，1972 年则为 47.6 万法郎。让·符拉斯迪埃为进一步说明这一差别，补充说：“1700 年的低收入家庭所吃的面包比 1976 年的低收入家庭多 8 倍以上，因为其他食物超出了购买力的范围。”[483]

缺粮、荒年、饥馑、骚乱和暴动

总之，在几个世纪期间，绝大多数法国人备受缺粮之苦，始终担惊受怕，有时也起而反抗。缺粮、荒年、饥馑、骚乱和暴动在历史文献上均有反复的记载。缺粮是其中最轻的一项，较少见诸史书；灾荒和饥馑则相反经常提到；灾荒与饥馑只不过是一字之差：“大灾之年”与“饥荒蔓延”显然只有程度的差别而已。骚乱与暴动同样也只是严重程度有所不同：前者历时较短，一天或几个小时，在路旁、河边或集市上发生；农民暴动可持续几个星期乃至几个月，并且波及辽阔的地域。

但是，真所谓祸不单行，缺粮、灾荒、饥馑、骚乱和暴动往往结伴而来。骚乱本是苦难深重的表现形式，这也恰好证明，法国的社会动荡正是农产品不足的悲惨后果。情况确实悲惨。各种见证往往令人心酸：1661—1662 年、1692—1693 年和 1709 年的景象更是惨不忍睹。达尔让松侯爵 1739 年 1 月 26 日在其《回忆录》中断然声称："外省路有饿殍，百姓以野草充饥。"[484] 其他见证人于 1652 年记述，"洛林及其邻近地区的居民像牲畜一样在草地吃草"；1662 年在勃艮第，"三分之一的居民，甚至一些城里人"，也不得不以野 iii-180
草果腹，"食人肉者间或有之"；1694 年，默朗附近的人"以食草为生，形同牲畜"[485]。相对而言，城市得到较多的保护和救济；粮食被城里人夺走了以后，农民纷纷涌向城市，流落街头，坐以待毙（整个欧洲都是如此：威尼西亚的农民来到威尼斯城，在桥孔下和运河码头上奄奄一息）。1694 年 5 月 2 日，里昂巡按使报告说，"灾荒日趋严重，里昂市内挤满了农民，他们不顾一切，见到面包就抢；他们利用夜晚，在城墙上将面包扔出城外，还有的将面包藏在酒桶内偷运，已被扣留"[486]。

奥弗涅的巡按使戴马雷·德·伏布尔于 1691 年 6 月 20 日亲赴"莫里亚克和欧里亚克财政区视察"；当时正值青黄不接，"农民已把去年收获的少数粮食以及有限的一点其他食品完全吃光，欧里亚克财政区严重缺粮，挨饿者历时已有 2 至 6 月不等"。在该财政区的四个不同城市，"每星期向所有的贫民分发一次面包。欧里亚克本月 8 日分发面包时，贫民人数极多，尽管勉力维持秩序，仍有 11 人在拥挤中窒息致死。每次分发面包，通常总有 6000 多人涌来。其他城市的情形也大致相同。这四个城市的分发工作在同一天进行，以免穷人去两处领取救济品"[487]。

巡按使为"该财政区的处境维艰"提供两项理由：最近两年的

农业歉收；“宿营制负担的增加”，这一负担“去年竟达到66.6万里佛，这对奥弗涅省来说确实是太重了一点”[488]。

下面再请谁出来作证？蒂勒的本堂神甫于1692年12月11日的讲话也许值得一听。蒂勒是利摩日财政区的一个极度贫困的
iii-181 小城市。默隆神甫写道：“方圆10里的范围内有面包吃的人家竟不到10户；霜冻导致颗粒不收，百姓在吃光了萝卜以后，再也没有别的食物可以充饥。如果不赶紧给予救济，普罗旺斯三分之二的人都将饿死。”[489] 显而易见，神甫的这番话未免夸大其辞，但他难道不应该对百姓表示同情吗？

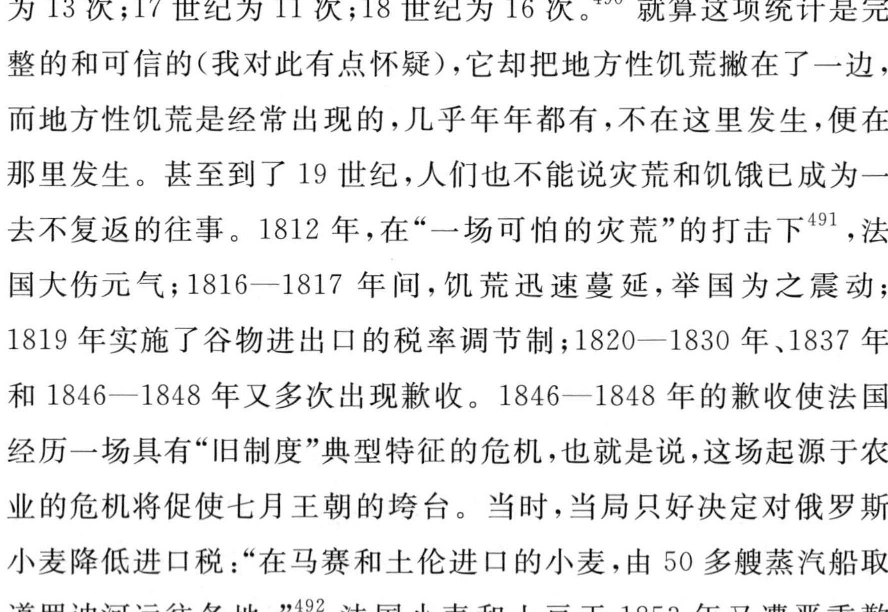

历史学家异口同声地承认，法国经历的全国性饥荒，16世纪为13次；17世纪为11次；18世纪为16次。[490] 就算这项统计是完整的和可信的（我对此有点怀疑），它却把地方性饥荒撇在了一边，而地方性饥荒是经常出现的，几乎年年都有，不在这里发生，便在那里发生。甚至到了19世纪，人们也不能说灾荒和饥饿已成为一去不复返的往事。1812年，在“一场可怕的灾荒”的打击下[491]，法国大伤元气；1816—1817年间，饥荒迅速蔓延，举国为之震动；1819年实施了谷物进出口的税率调节制；1820—1830年、1837年和1846—1848年又多次出现歉收。1846—1848年的歉收使法国经历一场具有“旧制度”典型特征的危机，也就是说，这场起源于农业的危机将促使七月王朝的垮台。当时，当局只好决定对俄罗斯小麦降低进口税：“在马赛和土伦进口的小麦，由50多艘蒸汽船取道罗讷河运往各地。”[492] 法国小麦和土豆于1853年又遭严重歉收；接着，由于克里米亚战争切断了与敖德萨的联系，法国于1854—1856年丧失了进口小麦的来源。整整三年期间，国家采取

了有力措施。特别是霍斯曼男爵，在巴黎创办了一家“面包储备银行”，借以避免发生新的食物危机。[493]

农民起义和麦骚动

灾荒不断激起农民的骚动。动乱突然爆发，接着又迅速衰竭。这在遥远的过去已经是如此：1356 年的扎克雷起义于 5 月 28 日开始，在恶人查理的无情镇压下，于 6 月 10 日结束。[494] 几万农民 iii-182
惨遭杀害。起义历时短暂，无力抵御当局的镇压：这些特点对 1381 年英格兰的贫民起义，1525 年德国的农民战争以及外国的其他类似事件全都适用。任何农民起义都利用社会秩序的缝隙和疏忽，出其不意地一举得逞，但它随后总因组织不善而不能持久。出动进行镇压的部队占有无可改变的技术优势。由此可见，群众性反抗多次出现，彼此相似。然而，大约在 17 世纪 80 年代，即在路易十四实行亲政以后，法国的群众性抗租抗税的自发政治行动，表现为洪水暴发般的大规模暴动，特别是拒纳捐税的暴动。1670 年维瓦赖地区的起义农民用投石党运动时代的一首歌曲抒发自己的心声：

农民，拿起你的武器，
向着贪婪的税吏冲去；
为了惩治恶狼，
必须使用你的锄镐，
打死恶狼，再剥下狼皮。[495]

1680 年后，反抗大多以零星的农民骚动或市民骚动的形式而出现，范围有限，为时极短，少则一二天，多则一星期。事态比较容易平息，一小队骑警即能应付裕如，出动部队，加强巡逻，更足以把反抗镇压下去。这第二类反抗是由物价上涨、面包紧缺引起的。因此，我不完全同意路易丝·蒂伊(1972年)的论断；在她看来，17
iii-183 世纪后的麦骚动是一系列反对政府的政治行动。她写道："不要在'灾荒=饥馑=暴动'这个简单的经济公式中去寻找法国17世纪以后的麦骚动的解释。原因更多地在于政治背景(政府的政策)的变迁，以及粮食市场的长时段演变。"[496] 任何反抗都针对着政府当局，而在法国，君主统治在夺取了城市的权力以后，便担负起谷物供应的责任。社会稍有动乱，政府便自动被卷了进去。但是，这里起主要作用的，与其说是政府的政治意图，不如说是贫困、灾荒以及对饥馑的恐慌。

在我看来，反抗的新特点表现为数量多和规模小，而且在城乡两处同时发生。城市原来往往置身事外，本能地与农民相对立。仅举一例，第戎于1630年一度受到四郊起义葡萄农的威胁。"多数殷实人家都把现金、文书和最值钱的家具搬到乡下，城里一日三警，人心惶惶，担心这些闹事的暴徒野性发作，再次制造一场更加严重的流血事件。"[497] 于是，城门紧闭，自卫队发放武器，动员起二三千人，结果仅抓获十来名无赖。为怕其他葡萄农前来劫狱，晚间设双岗守卫，所有的神职人员，包括隐修士在内，全都被动员起来。

1680年以前的暴动

1680年以前的暴动我只是追溯到16世纪末年；当时正值宗教战争期间，税吏横征暴敛，兵匪四出劫掠，士兵和领主、王党和天
iii-186 主教同盟全都肆无忌惮地制造各种暴行，百姓则聚众反抗，揭竿而

起。当形势转为对农民有利时，他们便以无情的暴力来回答压迫者的暴力。一些农民自卫组织纷纷成立：从发生阿尔克大战的1589年到亨利四世进入巴黎的1593年，就有“老实人”、“绿色城堡”、“利潘”等武装团体；随后还有名为“迟来人”、“晚起者”和“乡下佬”的武装团体。这最后一个名称竟成了深受起义农民欢迎的绰号，从佩尔什和马尔什一直传到利穆赞（起义中心）和佩里戈尔，几乎遍及整个西部地区。国王的士兵大部分正驻守在王国的北部和东部，无暇顾及法国辽阔的西部。

农民暴动本将如火如荼地继续发展下去。[498] 但是，尽管起义者人多势众（总数达5万人）和以火枪为武器，他们毕竟抵挡不住骑兵的冲击，甚至对付不了摆开阵势进行镇压的小股部队。1594年的起义自2月开始，至同年6月结束，恰好等于外来的镇压部队赶到当地的时间。后来，还曾出现过声势浩大的其他起义，但它们也先后偃旗息鼓：1624年在凯尔西；1632年在普瓦图、阿基坦和维瓦赖；1635年在朗格多克和阿基坦；1636年在阿列河谷至大西洋的广大地区；1643年在整个法国西部；1645年在波尔多至格勒诺布尔一线以南的法国南部；1670年在维瓦赖；1675年在下布列塔尼，等等。每次起义都席卷广大的地域，但从不持续很长的时间。[499]

维瓦赖1670年的起义以5月和7月为起讫日期。布列塔尼的“红帽”起义自1675年5月开始，到同年8月结束。镇压行动照例都是十分残酷：士兵的表现简直穷凶极恶。塞维尼夫人写道：“在下布列塔尼地区，可怜的当地人一见士兵再现，便伏地求饶：‘饶命’是他们唯独学会说的一句法语……可他们还不免要被绞死。”[500]

iii-187 除了这些公开的暴动以外，还应该考虑到许多隐蔽的反抗，火种刚刚冒烟即告熄灭，这类事件加在一起，为数相当可观。据伊夫-玛丽·贝尔赛的统计，1590至1715年间，仅在阿基坦地区，“火种露头的事”就有450至500起之多。[501]

自从鲍里斯·波什涅夫令人耳目一新的著作[502]于1963年出版法文本以来，历史学家对农民起义的原因和性质进行了众多的讨论。阶级斗争，政治反抗，抗税运动：所有这些解释都包含一部分真理。于格·纳佛在近日发表的一篇文章[503]中认为起义只是一种反抗行动，并试图找出反抗的各种理由。他强调农民朝不保夕的困难处境：税收负担的增加，剥削的加重，经济形势的逆转，粮价的下跌，都会使他们陷于贫困，甚至沦为乞丐。既然到了忍无可忍的地步，不幸和绝望就通过他们的反抗表现出来。

另一方面，起义的地理分布或许也能说明某些问题。参看鲍里斯·波什涅夫为1623至1648年间每次平民起义所绘制的区域图，人们就会发现，法国的西部，还有南部，总是首当其冲。我们由此又从另一条道路回到了我国从胎胞中带来的两条裂缝：阿摩里卡丘陵的前沿（呈南北向直线）和横贯全国的卢瓦尔河干线。值得奇怪的是，至少据我所知，这一图示竟从未被人认真看待，皮埃尔·古贝尔也只是偶然提到而已[504]。

这种区域分布还有待作出解释。但我们能不能提供这些解释呢？我们总想抓住我国各地区在各大历史时期的细微差异，却始终也抓不住。我们可以说：1.北部地区的日常生活较有保障；2.君主从大局出发，对北部地区看管较严，因为它距巴黎较近；3.当地

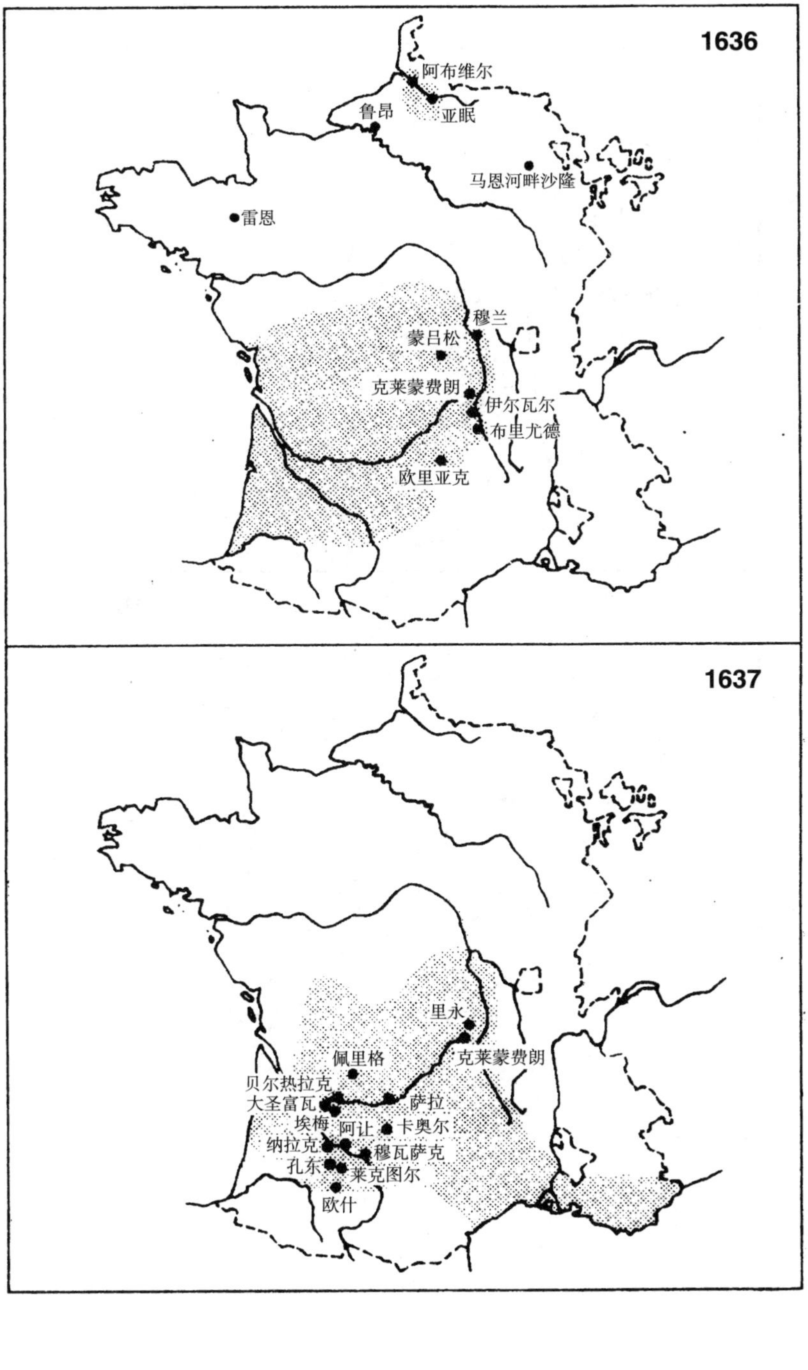

1636

阿布维尔
鲁昂
亚眠
马恩河畔沙隆
雷恩
穆兰
蒙吕松
克莱蒙费朗
伊尔瓦尔
布里尤德
欧里亚克

1637

里永
克莱蒙费朗
佩里格
贝尔热拉克
大圣富瓦
萨拉
埃梅
阿让
卡奥尔
纳拉克
穆瓦萨克
孔东
莱克图尔
欧什

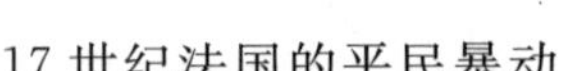

17 世纪法国的平民暴动

在波什涅夫为 1624—1648 年平民起义绘制的 24 张地图中，我们挑选了以上 4 张，涉及我国最广大的国土和最经常发生平民暴动的地区。（引自鲍里斯·波什涅夫：《法国 1626—1648 年间的平民暴动》，1963 年版）

交通方便，调动部队进行镇压较迅速；4. 饥民骚动在各地区都有发生，只是猛烈程度不尽相同。以上认识或许能够说明一点问题。

1680 年以后 iii-188

1680 年以后，暴力事件并未停止，但有所收敛，这是不容否认的事实。塞文山区 1702—1705 年间卡米扎尔起义者的拼死反抗当属例外，宗教几乎是这场起义的唯一原因。那么，在过了出现转折的 1680 年以后，暴力斗争为什么由强减弱了呢？我们又遇到了一个困难的问题。

国家实际上已建立了专制的但又可被接受或已被接受的社会政治制度。此外，经柯尔贝尔的提倡，当时正逐渐实行从直接税到间接税的过渡（相对而言，后者比前者较少引起纳税人的抱怨），这或许也是用以解释的一个理由。还有别的理由：中央集权的进一步完善巩固了君主的统治，使君主学会了发号施令；长期首鼠两端的教会，在 1685 年废止南特敕令（这被所有的历史学家认为是一场灾难）后，开始投靠君主。在投石党时期往往与政府作对的教士从此改换了门庭。

最后一条理由：城乡群众的生活可能有所改善。这个特点还很难加以确证。不过，我们知道，玉米于 17 世纪的最后 25 年中以图卢兹为据点，先后在阿基坦盆地和整个法国南部立足生根，从而结束了所谓“巴洛克时代”的饥荒[505]。这难道不就是可能解释 1680 年后社会秩序相对平静的理由吗？这种平静至少一直保持到 1775 年 5 月的“面粉战”；随着 1774 年关于粮食贸易自由的杜尔哥敕令的实施，在巴黎、凡尔赛和周围乡村发生的“面粉战”无疑是一次严重的警告，在某些历史学家看来，这一事件业已暴露出潜在的社会危机[506]。

到了大革命时期，骚乱更广泛蔓延，但并不像过去那样，动辄使用暴力镇压。1789 年夏秋两季的骚乱利用了国家机器的运转
iii-189 不灵以及群众的心理恐慌。但从秋季开始，城市中建立的国民自卫队陆续在附近乡村恢复了秩序。某些地区的农民直到 1790 年 12 月仍照常缴纳什一税[507]，这难道不是值得注意的一个事实吗？

令人感到惊异的是，18 世纪因缺粮而引发的骚乱和事件都限于较小的范围。基本情节、表面原因均千篇一律，当局的反应也始终相同。粮食奇缺，农村中以及城市集市上的粮价暴涨，这就是导火线。民众立即作出反应，力图阻止粮价上涨：或在城乡各地拦截运输谷物的车辆、牲畜和船只，或在市镇聚众闹事。如果顺利得手，闹事者不等骑警或部队及时赶到，便把谷物劫掠一空，有时低于市价强制出售。

1709 年 3 月 2 日，在洛林地区购进的一批谷物被存放在布博讷城堡。布博讷当时是一个“小集镇”，位于今天的孚日省境内。部分谷物“装袋后交 68 头驴驮运，每头驴驮一袋，每袋重 200 斤”。驴队向索恩河进发，准备在距布博讷 67 公里的格雷镇装船转运。“聚集在布博讷镇的乱民敲响了警钟，几名男女拿着刀刃和铁棍准备动武，并且不顾赶赴现场的宪兵队长的警告，捅开粮食口袋，让小麦四散撒在街头……一名妇女以及一个名叫阿尔潘的鞋匠表现最为激烈，对这次闹事起着主要的作用”，两人未经讯问，当即被带到朗格勒监狱关押[508]。

以上报告与伏布尔巡按使 1697 年 10 月 19 日就巴勒迪克的

一次骚乱所写的报告大同小异。巡按使写道："维特里的商人想要运走在洛林和巴鲁瓦买下的 12 车谷物。当地妇女认为这会刺激粮价上涨，这种看法确实也有道理。因此，她们聚集起 3000—4000 人，夺走了几袋粮食，又用刀子戳破了其他一些口袋。警官 iii-190
好不容易平息了骚乱。几天以前，南锡也曾发生过类似的忿激行动，驻军军官迅速予以制止。"[509]

如果这些本身无关宏旨的事件并不经常地反复发生，人们几乎可以称之为普通的社会新闻。可是，在灾难深重的 1709 年，骚乱的成倍增多竟使法兰西举国震动：3 月 15 日在马恩河畔沙隆*[510]；3 月 16 日在卢瓦尔河上的赛桥（人群阻止满载谷物的 6 艘大船启程，并强制胆战心惊的商人在当地出售）；3 月 18 日在昂热（乱民抢夺粮商和面包商的存粮，并造成多人死亡）[511]；4 月 4 日和 16 日在奥尔良[512]；4 月 27 日在奥尔良再次闹事[513]。当时，远在多菲内作战的部队急需供应，粮食已经装船，准备运往卢瓦尔河上游。那天正赶上顺风，聚集起来的人群不让船只起锚，"但是，两支团队及时赶来弹压，人群眼看谷物离开城市，禁不住号啕大哭"。1709 年 5 月 1 日在库洛米耶又出现同样的事件。[514] 7 月 16 日，在卢瓦尔河畔的蒙让，"所有的人，不分男女老少……拿着石块、棍棒和武器"涌到城堡会集，阻止维伊鲁瓦元帅从田庄将存粮运走。经过巡按使出面斡旋，并答应把一半粮食留在当地，人群的忿激情绪才缓和了下来。作为镇压措施，当局只是将闹事的几名头头监禁半年了事，"以免激起已被饥饿逼得走投无路的贫苦百姓更大的愤

* 疑为索恩河畔沙隆之误——译者

怒”[515]。

但当局并不始终采取这种息事宁人的态度：波旁地区巡按使芒萨尔·德·萨戈讷1709年6月15日写道：“昨天，我对聚众持械抢粮的三名带头人依法开审。三人均被判处绞刑。其中两人在
iii-191 穆兰处决，另一人则绑赴现场绞死，以儆效尤。我以为这在各乡将产生好的影响，有利于遏制偷盗的横行。城堡和其他地点目前关押着其他人犯，待案情调查清楚后，将陆续进行审理。”[516] 旧时代的司法制度与今天不同，它通过显示威力和决心，求得不惩办过多的罪犯。但它又缺乏耐心。稍早一些时候，即在1709年3月，皮蒂维耶发生骚乱，当局出动了一连骑兵，避免了事态的恶化；12名闹事者被逮捕入狱。奥尔良巡按使说：“我觉得有必要抓几个人法办，以示惩戒。”[517]

反抗运动今天停止，明天又重新爆发；这里才刚平息，那里又闹了起来。每次歉收都会引起骚乱。1771年8月和9月，车辆在所有的路口被拦阻。谷物奇缺，粮价飞涨，绍莱的3000居民十分之九因没有面包吃而起来反抗。“他们高呼：与其饿死，不如绞死。”地方官员在致巡按使的报告中写道：骚乱天天都在发生，除非粮食终于运到，才会停下来。[518]

为了重现整个事态的全貌，在叙述了有目共睹的以上事实后，还必须看到一般的犯罪行为：盐贩子无孔不入的走私活动（直到1790年制宪议会取消盐税后方告停止），乡村中的拦路抢劫，还有在18世纪末与日俱增的手工工匠罢工。尤其应该把结帮成伙的乞丐也展现在画面上。关于旧制度留给19世纪法国的这个巨大的社会创伤，我们以后在不同的场合还将重新谈到。

饥民骚乱在大革命时期变得更加严重，到帝国时期又多半趋于平息，然后到1812年再次爆发了灾难深重的谷物危机。特别应该看到的是，这些急风暴雨般的骚乱在复辟王朝、七月王朝乃至第 iii-192
二帝国时期仍时有发生。路易丝·蒂伊的功绩正是她在文章里指出，在19世纪的上半叶，骚乱事件仍接连不断，似乎与过去没有任何不同。

我们从一份证据确凿的历史文献中可以了解到，1816年秋季至1817年夏收期间法国各地风靡一时的大部分骚动的情形[519]，1816年的农田收成比正常年景少了一半。1814年和1815年的战争破坏和外国军队的消费又使法国存粮罗掘俱空。当时只得求助于波罗的海和黑海的小麦或巴尔的摩的面粉，可是缓不济急，粮食不可能在朝夕之间运到鲁昂和马赛。

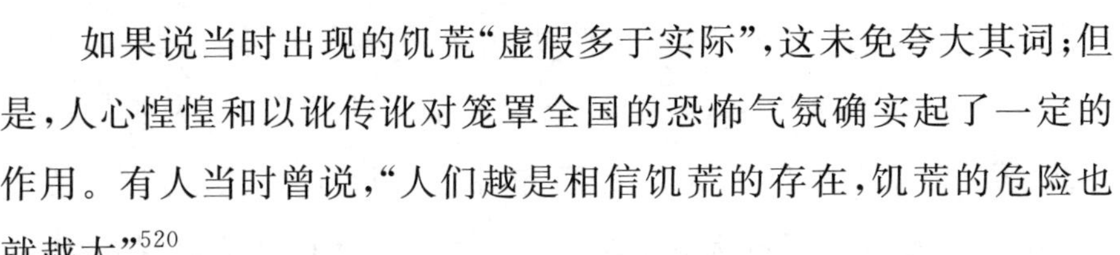

如果说当时出现的饥荒“虚假多于实际”，这未免夸大其词；但是，人心惶惶和以讹传讹对笼罩全国的恐怖气氛确实起了一定的作用。有人当时曾说，“人们越是相信饥荒的存在，饥荒的危险也就越大”[520]。

总之，粮价飞涨，市场抢购一空，穷人怨声载道，蠢蠢欲动。为了阻止闹事，必须动用武力，施加威胁，说理劝诫和大批调运谷物。国立档案馆中存放的报告对这些可怕的动乱都有详细的介绍：群众的敌对行动，市场上一再出现的纠纷，部队的调动，国民自卫队的成立，当局的决定……看到这些，你顿时会觉得往后倒退半个或一个世纪，重又回到旧制度那时去了。同样的反抗运动，同样的戏剧情节；当局总是极力防范（例如，不准闹事者进入钟楼，生怕他们敲响警钟）；在这一波未平一波又起的骚乱浪潮的包围下，官员们或处事迟钝，或手忙脚乱，始终表现得无可奈何。

我们看到一起事件，就可以想象出几百起其他事件。我们且到图卢兹去：1816 年 11 月 12 日，城里爆发了骚乱，但粮食货栈看
iii-193 守很紧。巡逻队在街头往来不息，“突然，一大群人冲出大街，挤到市场的栅栏口上，吵吵嚷嚷地要求按限价购买 24 法郎的小麦”。警察局长当时恰好赶到，他说：“我首先下令集合部队，以便把竭力向粮站[521]靠近的乱民推开，他们的打算显然不是按限价买粮，而是企图趁乱哄抢。那里的地形使部队很难在正面展开；货栈底部围有粗大的柱子，四周的街道十分狭窄，防卫只能短兵相接。另一方面，我们在下令开枪以前，希望想方设法进行劝说。因此，我们冒着极大的危险，力图对群众说明道理和讲清利害，但对他们的吵闹不能表现软弱。守卫粮站大门的队伍曾有五次几乎被拥来的人群所冲垮，但经过五次增援，又坚决地把人群挡了回去；最后，经过三个多小时的抵抗以后，我们找到了一个成功的办法，大胆地派出一队龙骑兵去把闹事的人从货栈和各条大街统统赶走。”[552] 就这样，事情的结局还不算太坏：既没有开枪，又没有捕人。骑兵和马匹在驱散乱民后，返回军营。你在阅读这篇记叙和其他报道时或许会持乐观的态度。更何况，在官方文书中，娓娓动听的言词还真不少。凡尔登的警务长官 1817 年 9 月 15 日写信报告大臣说：“大人，百姓的心里几乎总是埋藏着正义和良知。”[523]

人们可以认为，暴力镇压已随旧制度的覆灭而消失，当然还有个别事件例外，例如蒙塔日的社会惨剧。姗姗来迟的骚乱大概于 1817 年 7 月 8 日方才发生，使这个小城市陷于一片恐慌之中。邻近的村庄里敲响了警钟，成群的农民手持棍棒，背着空口袋蜂拥而

来，准备到城里抢掠粮食，他们早先已经在奥尔良运河边上抢劫了 iii-194
满载粮食的两艘船只。当局严阵以待，并逮捕了一些农民。群众试图进行援救，那也纯属徒劳。骑兵挥舞马刀冲向不幸的人群，但并没有造成什么伤亡。[524] 在妇女呼天号地的哭喊声中，闹事者纷纷抱头鼠窜，事件以秩序的胜利而告终。当夜细雨蒙蒙，平安无事。这场起因于贫困饥饿的骚乱再一次失败了。一位同情骚乱的证人指出："当平民大众没有工作，没有饭吃，已被逼到走投无路的时候，他们怎能不铤而走险？饥饿带来了绝望，而绝望又使任何罪错可予宽恕……大众在饥饿的驱使下奔走呼号，将对上帝的劝诫置若罔闻。"

出人意外的是第二天的悲惨结局。奥尔良的重罪法院前来蒙塔日开庭审理 25 名在押罪犯。检察官无情地提起了公诉：5 名犯人被判死刑，其中一名妇女自称业已怀孕，经确认后免于一死。四名犯人在城市广场被送上了断头台。我们这位热心的匿名见证人说："此情此景委实难以言表，我感到自己的心不断在怦怦乱跳。"

这些残酷的镇压并不能阻止困难局势的接连出现，直到 19 世纪中期为止。就在 1852 年，圣伊里耶还曾有抢粮事件的发生。[525]

国家难道真有缓和局势的能力吗？实际上，国家拥有的唯一武器，就是根据情况对外国谷物加征或减免进口税。这些措施何况也名声不佳。据认为，关于征收粮食进口税的 1832 年法应对灾荒年间的面包价格上涨负有责任，特别是在 1847 年，使好几个地区爆发了相当严重的骚乱。比藏赛（安德尔省）发生的那起骚乱，后来甚至还导致三人被判死刑。[526]

必须等到铁路运输网建立了以后，才能真正缓解法国农民吃

iii-195 饱肚皮的困难，才能在法国最终驱除饥荒的幽灵，从表面上看，法国粮食资源还算丰富，至少比许多其他国家强些，但也不能做到充分自给。如果要选定一个日期，为我国历史的这一重大转折充当标志，1861 年（该年取消了粮食进出口税率调节制）恐怕会是个不错的选择。[527]

在所有的因素中，我坚信经济因素是最可能说明问题的理由。朗格多克和普罗旺斯的事态发展进程几乎可以为我提供证据。1595 至 1715 年间，粮食危机和饥民骚乱在当地也时有发生。但勒内·皮约杰斩钉截铁地指出："普罗旺斯从未发生过农民战争，也没有出现过全省性的、区域性的乃至几个村庄联合发起的反抗行动。与诺曼底和索洛涅不同，普罗旺斯在任何时候都从未经历过'乡下佬'、'赤脚汉'、'木屐帮'之类的农民起义。"[528] 局势相对平稳的一项重要理由，是马赛源源不断进口谷物，粮食售价虽高，但货源充足，排除了缺粮、可怕的饥荒以及随之而来的一日三惊的紧张气氛。

iii-196 五　毕竟取得不小的进步

骚乱、暴动、危机、供求失调、粮食不足使法国备受折磨，似乎永远也熬不到头。在法国进入现代的最初几百年间，至少在 1850 年前，法国人对这种一而再、再而三的旧病复发怨声载道。但是，蒙受苦难的法国农民并非完全止步不前，尽管这种进步本身不足以使他们获得解放。农民的解放及其境遇的变迁和恶化主要由外部原因所决定。

能否确定变化的时间

我在前面已经说过，只要农民在每年冬季还像过去那样受痛苦的煎熬，法国经济就依旧保持其旧时代的特征。说到这里，新时代到来的时间就很难加以确定，既然在旧时代的冬季，不但天寒地冻，道路泥泞，而且存粮将尽，难以满足人畜的食用需求。

我还曾经说过，只要面包仍是人们的主食，仍是一般价格运动的马达，法国经济也依旧保持其旧时代的特征。1856 年在这里或许可以充当划时代的标志，凑巧的是，法国那年在远征克里米亚的战争中（1854—1856 年）大获全胜。

还有其他的分界：乡村手工业的缓慢衰落；自 1840 年开始推广的煤炭[529] 逐步取代木炭的地位。

但是，当马匹仍在城乡各地充当生产工具和运输工具时（这种 iii-197 工具今天显得实在太慢了），以自给自足为特征的旧式农民经济不也继续存在吗？在法国的东部和北部，脱粒机、收割机和打捆机当时都使用畜力牵引。在最早的“铁路”上行驶的货车也用马拉。出租马车 1914 年仍是巴黎的交通工具，出租汽车那时刚刚出现。尤其，在东部和北部的乡村中，马匹更长期是经济发达的象征，得到普遍的使用。法国军队在 1939 年仍用马匹拖运辎重：口径为 75 毫米的大炮还像 1914 年那时一样用马牵引，骑兵和炮手就坐在弹药车上。

界石和标志可见在前进途中处于犬牙交错的状态。如果同意这一认识，人们将会看到农民经济在法国境内的消失竟是惊人的迟缓。这种旧经济和传统生活方式的消失将成为我国近期历史上的一个令人头痛的难题。

在考察这些问题时，历史学家分为两个派别。一派是从今到古地对历史进行逆向追溯：他们着重考察为眼下实现的变革事先做好准备的进步征兆。另一派包括我在内（我是专攻16世纪史的历史学家），则是从古到今按时间顺序进行研究，他们着重要发掘昨天和今天的相似点，并且专心致意地、坚持不懈地进行比较。

另外还有一个研究方法，那就是兼顾两派的主张，即认为现时既是过去的继续，又是未来的先导。根据这个双重标准，19世纪和20世纪的法国就很难进行考察。我们还是不要勉强去划定一条绝对的界线为好。

iii-198

普遍的进步及其挫折

统计数字告诉我们：从19世纪初期到今天，法国的经济生活处在持续的、普遍的进步之中，经常超出农民范围之外的所谓“农民经济”在近三四十年间（“光荣的三十年”或四十年）已被汹涌澎湃的时代洪流所冲垮。从此以后，前进道路上出现的偶发事件、灾祸、困难和亏欠都定期被克服或被弥补。莱昂斯·德·拉韦涅[530]在1870年已经说过：“1815年以来，国家的蓬勃兴旺即使不是从无间歇，至少也没有出现长久的停顿，发展有时甚至表现为迅猛的冲刺。对外贸易翻了四番，工业生产翻了三番，进步相当迟缓的农业也几乎翻了一番。”不断积累的财富随时为今后的进步提供后劲。法国人的平均财富，根据遗产的数字计算，自1925年至1914年约增加了3.5倍[531]。就巴黎一地（并非整个法国）作个计算，则是增加了8.5倍[532]。首都的优越地位使我们联想到，经济进步并不同等地提高全社会的财富水平。在19世纪，某些社会阶级的收益飞速猛增，达到令人不可想象的高度。与尖端产业相联系的实业界人士就是如此：古尔曼家族（化学）的利润在45年内（1827—1872）增加了57倍；诺厄煤矿公司在20年内增加了23倍[533]……再想一想欧仁·施奈德，人称欧仁一世，克勒佐王朝的创始人，身兼政界要职的法兰西银行董事；从1837年开始到1875年去世为止，他的收益使他的财产平均每年净增11%（即每6年翻一番）[534]！可是，在19世纪的前75年期间，法国人均收入勉强才翻了一番。地租翻了一番或两番，这对小产业主和佃农十分不利，特
别是农产品价格到1840年为止竟在下跌。1840年后出现了一次 iii-199
转折：地租有所下降，农业收益“猛烈上升”。然而，收益的上升也不过是在30年内翻了一番，并且还导致了一场危机；受益者最终只是经营直接面对市场的少数农户，其他农业经营者远远地落在他们的后面。[535]

实际上，在经济高涨的条件下，处境最不利的人所受的痛苦远比人们想象的要大得多。他们人数众多，特别在乡村中。我认为他们是根深蒂固的社会不平等的受害者，是相对贫困化的受害者。

除了广大的农民和市民以外，法国历来还有大批无业游民和乞丐。这些穷极潦倒的人早在中世纪已可见到。他们始终就存在着，到了16世纪和17世纪，人数成倍地不断增多。在路易十四当政期间，“伟大时代的阴暗面”并不真如费利克斯·盖夫在其名著[536]里所说的，是那些诡计多端的冒牌金融家，而是这群衣食无着的穷苦人；他们在冬季向城市集中，在夏季往乡村分散，所到之处，往往惹得鸡犬不宁。请想一想那些使用烙脚酷刑、勒索财物的强盗，他们的暴

行令人发指；只是到 1803 年前后，别动队的追剿和军事法庭的无情判决终于把这些横行不法的匪徒勉强镇压了下去[537]。

游民、乞丐和盗贼在 19 世纪继续横行法国。各省的省长都与泛滥成灾的乞食活动作斗争。他暂时可以把他们从本省清除干净，并且以此洋洋得意，但流落到外省去的乞丐总有一天还会重返旧地。在有利条件的帮助下，他们在各地出没无常。在 1816—1817 年的饥民骚乱期间，当局对结帮成群的叫花拦路抢劫深感担忧。官府断然下令对流浪者严惩不贷。[538] 内政大臣扬言：“叫花成
iii-200 群现在已成了我们的心腹大患：经与国防大臣和公安大臣商讨对策，我希望尽快解散这些乞丐团伙。”[539]

为解决社会问题而动用武力，这显然表明，某些社会阶层不断处于贫困和苦难的边缘，社会机体的健康有所恶化，经济增长乏力；以上的情形一直延续到 19 世纪末期为止，在发展落后的贫困地区，拖的时间甚至更长。

在 20 世纪，城市的召唤终于使这些流动人口逐渐离开乡村。涅夫勒省议会 1907 年仍然指责“沿着大路不断外流”的游民“以偷盗为生，恐吓乡村居民，经常在城市制造事端”，成为传染病菌的媒介[540]。同样，在热伏唐这个贫困地区，刑事诉讼提供了有关流浪者盗窃抢劫案件的详情，“直到 1910 年后，他们终于彻底离开洛泽尔省，前往城市定居”[541]。古老的法兰西，法国旧制度的某些残余，一直延续到距今不久的过去。

在 19 世纪，有人大概开始意识到这个问题对社会的严重性。居伊·图利耶以 1850 年前后的涅夫勒地区为例，介绍了当局与批评家之间展开的辩论：当局对平原地区农民的劳动条件、职业疾病、

体质羸弱、营养不良、缺医少药和乞丐患害等问题进行了认真的调查，并主张区别情况，采取不同的行政措施；批评家们则大声疾呼，指责社会不该遗弃“在工业庆宴上未能找到一席之地”的人，“2500万人……指控法国的立法和习俗亵渎人道”。[542] 一位热心的省长于1855年决定设立“一项公共慈善基金”，要求地方绅士变私人施舍为自愿捐献，每隔5年捐献一次，由地方当局定期征收和保管。捐献 iii-201
的现金和实物最初相当可观，后来逐渐减少，乃至完全消失，因为事实证明，这项措施“不能禁绝行乞”；总之，问题很大，成效甚微[543]。

技 术 先 行

然而，农业技术却在稳步前进，这方面的进步不一定引起哄动或惹人注目，开始不一定立见成效，但持之以恒，却能破旧立新。

首先是工具的改进。就轮犁而言，必须把1824年放在醒目的地位；马蒂厄·德·栋巴勒于该年在洛维尔（默尔特省）开办了农具制造厂[544]。美国的马克·科米克式收割机在1855年博览会上首次展出；这种机器逐渐得到了推广。蒸汽打谷机早在1851年已开始使用；尽管噪音令人震耳欲聋，蒸汽打谷机却迅速得到传播，但并不因此淘汰马拉打谷机，后者至少直到1914年仍在使用。

这些机器将不是在朝夕之间所能普及的。它们的价格又十分昂贵。直到1852年，在法国中部和西部，甚至在沃克吕兹地区，仍以步犁居多。就在同一年，“在最适于使用轮犁耕作的阿维尼翁区，不装前后轮的犁（步犁）共有3972台，而装后轮的犁和装前轮的犁则分别为737台和385台”。在该省的山区，则是“清一色的步犁”[545]。即使到1921年，黑色阿马尼亚克地区“割麦既用小镰刀和大镰刀，又用割谷机”[546]。割谷机一路割倒的麦秸随后还要用人工捆把。

机器毕竟逐渐在扩大阵地，在法国东部，联合收割机于1914年
iii-202 前已普遍使用。人们在收割前夕总要检查机器的各个齿轮，整修待用：马蹄铁匠并不始终能把机器修好，他们的焊接技术太差，只是满足于把破损零件的裂缝焊住……幸好机械材料还算比较结实。整个庞然大物（这是当时的形象）并没有发动机，而由三四匹马牵引和带动。在实行三区轮作制的成片麦地里，割麦时首先就要把准备收割的麦地同邻近的土地分开，在地边腾出一条可供机器自由通行的小道，然后一圈挨一圈地进行收割。这在默兹省被称作“开道”。人们用镰刀开出的“茬道”，其宽度与割捆机相等，因而作为序幕，收割仍然采用以往的方法。男女农民跟在收割者的后面，把割倒的麦子捆成小把，暂时搁在一边，等到“茬道”开通以后，再把麦捆堆成大垛。以上的办法直到19世纪初依然在默兹省盛行。[547]

新机器引起了哄动，但它们的作用恐怕也往往被当时的人所夸大。对法国农业状况十分熟悉的格里尼昂农学院教授达尼埃尔·左拉1913年写道：“机器的使用有效地抵消了我国农村中工资的上涨，这无疑是个事实。但即使在这个问题上，也不宜过分夸大农业机械所起的作用。在许多情况下，人力劳动仍然是不可缺少的。为了削减劳动力的开支而改变耕作制度（即克服轮作的弊病），在瘠地植树，或把耕地改作人工草场，其效果会比最完善的工具所起的作用大得多。”[548] 机械革命，即内燃机的问世，在我国将是更晚一些时候发生的事。

至于使用肥料的好处和作用，恐怕也应作出恰如其分的评价。

1852
全国平均
产量：1364公升

8以下　8–10　10–12　12–14　百公升/公顷

1882
全国平均
产量：1800 公升

14–16　16–18　18–20　20以上　百公升/公顷

小麦产量的增加

在 1850—1880 年间，小麦产量普遍有所上升，但各省之间原有的水平差异并不因此立即消失。（参见费·布罗代尔和厄·拉布鲁斯：《法国经济和社会史》。）

iii-203 我以为，除增加粪肥外，最重要的还是不断追施土灰和石灰。在19世纪，曼恩省以及其他地区的石灰窑成倍地增多。至于土灰，只要具有足够的劳力进行采挖、运输以及像粪肥一样撒在地里就可以了。这是一项繁重的活计，但农村有的是人，劳力并不缺少。1857年前后，塞约-马恩省的鲁夫赖村有一个大农庄（面积250公顷），农庄主“在一半土地上施洒土灰，平均每公顷洒50立方米”[549]。蒙莫里永地区在1830年前后有一半土地被荒原所覆盖；在随后的25年间，由于使用石灰和土灰施肥，荒原的面积有所减少[550]。这个例子尤其值得我们注意，因为这里显然是个贫穷和落后的地区。

智利的鸟粪肥、高磷酸盐、硝酸钠、羊毛粗脂和硫酸铵也起着一定的作用，它们分别于1850年、1867年、1882年和1900年被介绍到法国[551]。这些新引进的肥料将慢慢普及，大批进口为时已晚，落在19世纪早期农业进步的后面。总之，可以肯定，1785至1850年乃至1870年的进步仍是依靠老一套的手段和方法完成的。不断在扩展中的人工草场，其作用无疑比使用新肥料更加重要。拉韦涅在谈到1789至1859年间的农业生产进步时指出，荒地只是减少了4%，“为时极长，成果甚微”，而耕地的利用却发生了彻底的改观。特别重要的是“块茎作物”（甜菜和土豆）的占地面积已由10万公顷增加到15万公顷，黑麦种植逐渐被小麦所取代，休闲地几乎减少了一半——从1000万公顷下降到550万公顷——而人工草场则由100万公顷上升到250万公顷。[552] 休闲地的减少自1860到1880年[553]将逐年加快速度。

iii-206 总之，进步有快有慢，有先有后。产量水平很不均衡，与今天

的情形相比，显然还很低下。然而，从1815年到1880年，产量的

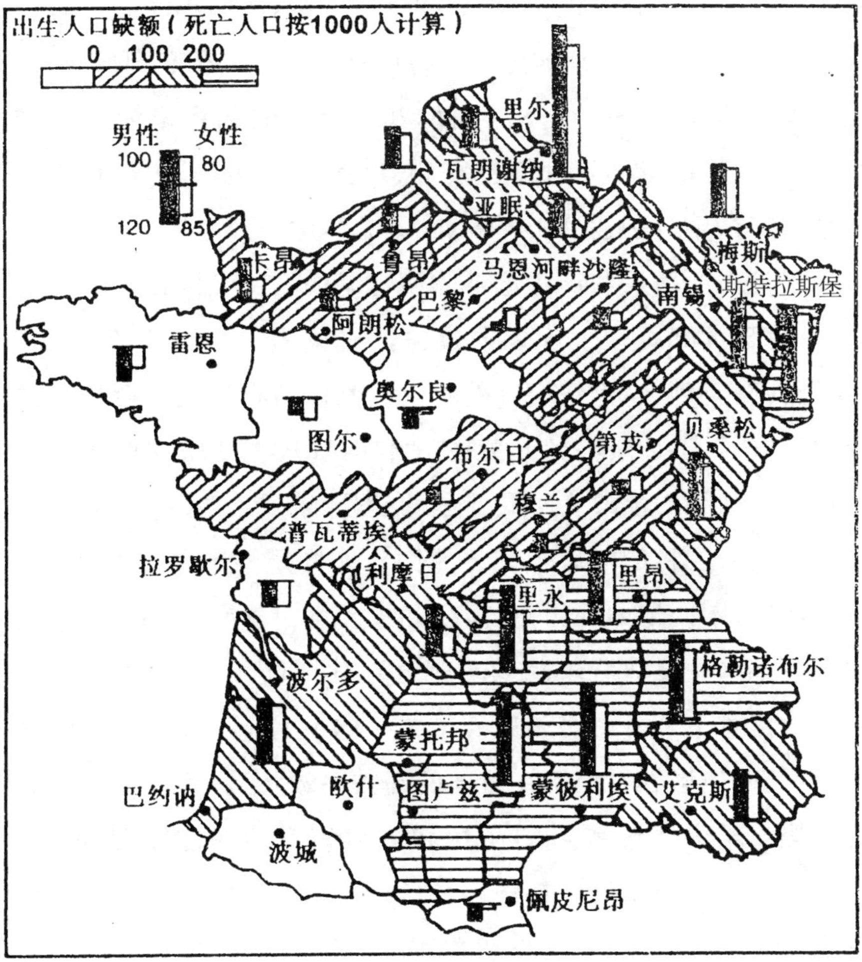

新作物的不均衡分布(1787年)

从展现1787年法国出生和死亡的这张地图上可以看出当时的地区差异：有些地区人口减少(雷恩、图尔、奥尔良、拉罗歇尔、佩皮尼昂)，有些地区则明显超过平均数，人口有所增长。这一人口自然增长优势可能与这些地区推广玉米和土豆等新作物有关。(参见费·布罗代尔：《物质文明、经济和资本主义》第三卷。)

缓慢提高却是持续不断的和普遍的，尽管地区间的差异仍旧得到保持(见 795 页图)。以 10 年为期进行计算，法国小麦的平均产量由 1050 公升提高到 1500 公升，约增加 40%[554]，但仍低于欧洲其他国家的水平：1886—1889 年间，尽管北部省的产量为 20 公担，“全国的平均产量不超过每公顷 11.8 公担，而德国、比利时和丹麦的平均产量则分别达到 15、18 和 25 公担”[555]。

正是农业落后和产量低下才使古老的农民经济在法国久盛不衰，一直延续到距现代不远的过去。安德烈·戈龙正确地写道：“法国社会直到 20 世纪中叶基本上仍然停留在农民社会和乡村社会的阶段。”[556] 必须等到光荣的三十年(1945—1975)的急风暴雨才使法国从根本上改变了农业国的地位。

法兰西乡村的落后有许多原因。非同质性无疑是原因之一：不同地区、不同地方的历史、演变和进步都不一致，甚至并不近似。法国像部队一样浩浩荡荡地向前迈进，但前进的步伐却从不整齐划一。捷步飞奔者一路领先——关于这些得天独厚的地区，我谈得很不够，但慢吞吞地落在后面的却占多数：落后者拉了整个乡村的后腿。难道法国乡村的命运和落后完全应由它自己负责吗？“农民经济”并不仅仅包括法国的农业，而且还涉及法国的工业和商业，正是农工商三业的总和才体现出经济的普遍高涨。这是下一章所要论述的题目。

第四章 iii-207
上层建筑

> 贸易、加工制造、流通、公共信贷对国家的繁荣都是不可或缺的部门……但每一个部门都不能超越一定的限度，相互之间应保持一定的比例。在保持比例关系的条件下，各个部门才相辅相成；不然的话，只会造成互相损害。
>
> ——伊萨克·德·品托[1]

上层建筑和下层基础分别体现社会的上下两个层次。[2] 这个简便的划分要服从以下几项条件：不能认为划分是理所当然的或完美无缺的；在考察所谓农民经济的上层建筑时，不能忽视下层基础的存在；范围极其广阔的下层基础在整体中占多数，由于巨大的惰性和顽强的静止不变性，它很难适应接连出现的几个时代的要求，即使适应了也显得相当勉强。相反，上层的经济活动由于在很长的时间内数量不大，比较容易顺应时代的变化。经济形势有时更助以一臂之力。用皮埃尔·肖努的话来说："上层摆动，下层稳定。 iii-208
至少在相对的意义上，社会的可塑性位于大厦的上层。"[3]

这种摇摆难道是上层建筑的显著特性？我们在陆续考察以下

因素时将作出判断：城市的作用；流通的性质；手工业和工业不同的、可变的地位；最后还有商业、形形色色的信贷以及资本主义本身几百年间的存在。既然所谓农民经济是这些静止不变的下层基础和不断演变的上层建筑互为矛盾的整体，我在考察过程中将试图指出，对抗、聚合和水平差异始终同时共存，互为伴侣。经过长期的演变，尽管基础部分落在后面，经济的整体终究要发生深刻的变革。那时候，另一种经济，另一个法兰西，便在剧烈、狂暴的变革中脱胎而出。我们只是在不久前刚刚目睹了新生儿的问世。

为了考察上层建筑，在时间方面，我们的论述范围一般（并不始终如此）将比前面几章狭窄些。在这里，明智的做法是以统计数字新提供的事实为依据，这往往就要求我们把 18 世纪末当作起点：至于 1700 年前甚至 1750 年前的情形，我们只能进行描述和推测。当然，在条件允许的情况下，我将采用历史追溯的方法。

关于靠近现时的终点，我们在谈到乡村生活时已经说过，确定一个绝对的日期十分困难。就城市而言，终点可能出现在 1945 年后；工业各部门的终点则分别位于 1840 年、1860 年、1896 年、1930 年、1940 年、1945 年……以上这些日期大体上也是贸易、银行、信贷、
iii-209 货币的历史路标。因此，根据解释的需要，我们将在距现时远近不等的地点停下，而对现时，则基本上不再进行分析。我说的只是基本上。

观察为我们经历的和熟知的现时，怎么能脱离开长时段的视野？即使长时段的视野只是一种默契，它毕竟展现在读者和作者的头脑中。它的好处在于使观察具有时间的广延性：由此观察到的运动必定与现时向我们提出的并使我们百思不得其解的问题自动地联系起来。

一　首先看城市 iii-210

城市是法兰西历史演变的路标、阻力和动力。我们不得不又回过头来再谈城市，首先，经过许多历史学家的考证，城市的历史可追溯到相当久远的过去。人们由此对令人难以捉摸的长时段的准备过程将一目了然，并且在追溯过程中不至于迷失方向。此外，城市的历史显然可以举一反三：毫无疑问，城市确实就是上层建筑（而且远远超过一般所说的含义）。

在城市和村庄之间，自古以来就穿插着一个不能抹掉的边沿区域，一道如比利牛斯山那样的屏障；正如人们所说，一山之隔，天渊之别，实际上，城市世界的优越只是与邻近的乡村世界相对而言，乡村世界本质上不同于城市世界，尤其它很早已经处在城市世界的控制和奴役之下。作为上层建筑，高高在上的城市体系要由在下层承受重压的农民世界作出解释。

一条古老的和暂时的浮动线：10%

真是咄咄怪事，城市和乡村的人口比重分别朝着相反的方向
倾斜。无论在法国还是在欧洲，城市人口曾长期大大低于乡村人 iii-211
口，这种情形在法国一直延续到 1931 年为止[4]。请读者切莫忘记这个晚近的日期，特别是如果你对此感到意外。这是一个十分有用的提示。

城市尽管人口较少，却享有几个明显的有利条件：村庄布局分 iii-212

散，并且相距甚远。从诞生那天起，城市就意识到自己的地位与众

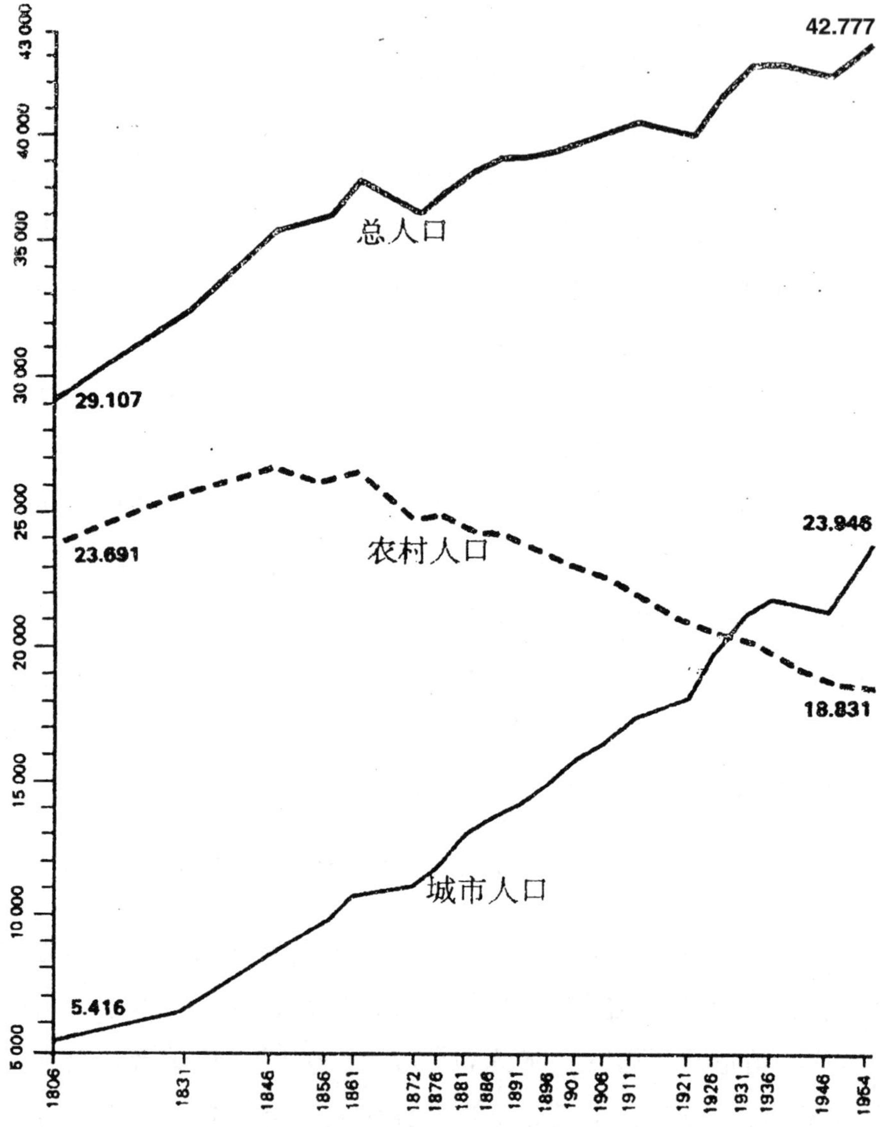

1806—1954 年间的乡村人口和城市人口

城市人口和乡村人口在 1931 年恰好相等。图示的人口数以 1000 为计算单位。（材料来自 Y. 蒂戈：《人口增长与城市建设》，1975 年版。）

不同，必须为求得生存，为维持日常的生活而进行斗争。城市居住集中，彼此依傍，便于防止不测事件：城市必须不断维护、保存和利用它很早夺得的权力、文化和各种财富。这些早已成为人所共知的真理都具有长时段的性质。

大体上讲，1450 至 1500 年间（我们没有更好的选择，就把这个时期当作起点）的农民至少等于法国总人口的十分之九，占全国的绝大多数。这是我凭空设想一个比例数，但恩里克·巴什泰尔[5]对 15 世纪德国人口所作的计算同它不谋而合。这个数字——城市占十分之一，乡村占十分之九——显然只是一个大致正确的概数。略多一点也罢，略少一点也罢，它毕竟具有“指示性”的价值：当时在 10 人中有 9 人在村庄中生活。

然而，请不要因此以为，所谓农民经济从一开始就必须确保这个最起码的比例数，似乎只是当城市人口至少占总人口的十分之一的时候，农民经济才开始运行！其实，我们在 1450 年或 1500 年可以测出的这个水平，只是反映着当时的法国已处在农民经济的前进阶段；据我看，在百年战争才刚结束的当时，这种趋向可以证明，经过历时已久的演变，农民经济达到了一定的成熟程度。

我们此外还可以举出一些例子，说明别的国家为达到略高于或略低于一与九之比的水平，要比法国晚很长时间。1812 年正是拿破仑对俄宣战的那年，利沃尼亚和爱沙尼亚共有居民 81.1 万人：城市（其中以里加和雷瓦尔的地位不容忽视）仅有 6.6 万人；就拿以上数字作个简单的计算，可以得出：城市占 8.1%；乡村占 91.9%[6]。在比这早将近 20 年的 1796 年，国土辽阔，经济落后的俄罗斯正在不断发展，但其城市人口仅占6%或8%[7]。读者从802 iii-213

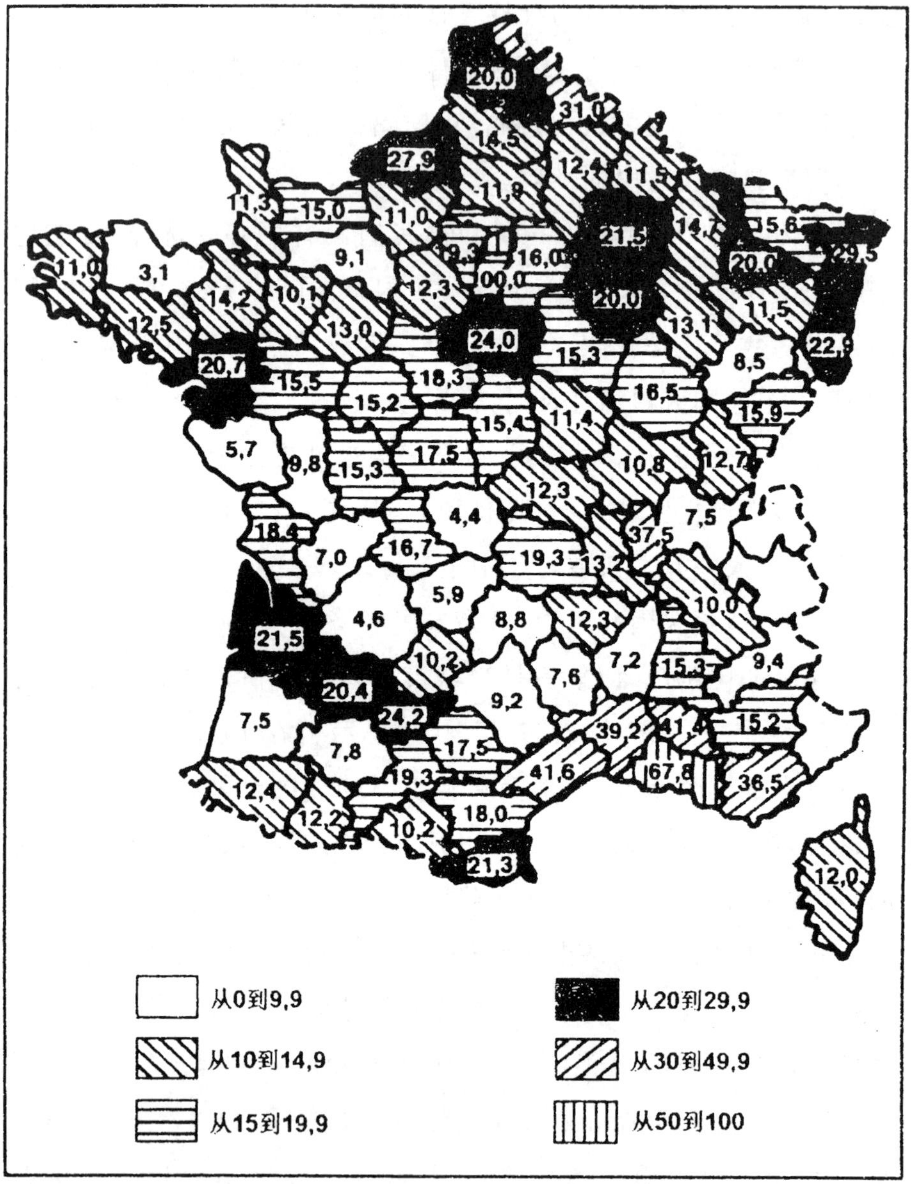

从0到9,9
从10到14,9
从15到19,9
从20到29,9
从30到49,9
从50到100

各省城市人口的比例千差万别(1806 年)

转引自 Y. 蒂戈:《人口增长和城市建设》,1975 年版。

页图可以看到，在第一帝国初期的法国某些省份，城市人口的比例还是很低：北部滨海省为 3.1；克勒兹省为 4.4；多尔多涅省为 4.6；iii-214 旺代省为 5.7；科雷兹省为 5.9，等等。作为比较，根据《末日审判书》的记载，在英国(1083—1086 年)的 150 万居民中(每平方公里的人口密度为 11.4 人)，城市占 7%；三个世纪以后，在 1377 年居民达 260 万人，人口密度为每平方公里 20 人，城市人口占 10%。[8]

至于中国，在 1949 年的 5.42 亿人口中，城市居民仅占 10.64%。后来，到了 1982 年，城市居民在 10 亿人口中已占 20.83%。这一发展确实神速，不过它是不久前发生的事，符合当今世界的快节奏。[9] 假如能够亲眼看到城市化的开端(如果真有开端的话)，那当然是令人神往的。但即使在法国的热伏唐(今洛泽省)和维瓦赖[10](今阿尔代什省)这些不发达地区，我们也别打算找到现成的答案。我们无论如何也不可能观察到城市的起源。

总之，在查理七世或路易十一的时代，约占总人口 10%的城市居民是个不容低估的数字。我甚至甘愿冒天下之大不韪，作出以下的推测：在黑死病和百年战争肆虐以前将近一个世纪的圣路易时代，欣欣向荣的法兰西王国可能也还没有超过这一城市化水平。法国人口在圣路易时代约为 2100 万至 2200 万，而到路易十一即位的 1461 年，则为 1200 万至 1300 万，前者肯定比后者更多。可是，1350 至 1450 年间，法国人口几乎减少了一半，这主要表现在乡村。在百年战争的动乱期间，城市有深沟高垒的保护，即使毁坏后也能及时修复，日子也比“无险可守”的乡村好过得多。圣女贞德童年时不是曾在讷沙托城内避难的吗？死于黑死病的人无疑是城里人多于农民，但城市的吸引力竟是如此巨大，那里的居民可以陆续得到补充，而乡村的人口相反却一落千丈[11]。

iii-215

城市的地位不断壮大

除开个别例外，中世纪的城市毕竟规模不大。它们刚刚从乡村中冒出，还没有真正确立对乡村的统治。为使“城市的市场……调节整个周围地区的经济生活，并按照城市的要求改变其面貌”[12]，尚需待以时日。至于通过城市与城市的关系提高整个城市网的地位，则需要更长的时间。城市的崛起是个缓慢的过程。城市资本主义当时虽说已经出现，但还处于起步阶段。一句话，我们不宜把城市达到羽翼丰满的时间定得太早。

当然，早在14世纪以前，法国的城市已在前进道路上获得了自由和权利（城镇特权），并创建了崭新的行政体制。但是，一方面，它们争取独立自主的努力遇到了“教会和国王两大权力机构”[13]的抵制，而后者的结构则比前者更加牢固。因此，不管是否愿意，城市势必“被纳入到领土国家的范围中去，而国家的政治追求却超出城市的眼界和利益的范围”[14]。这就产生了一些内部的困难。另一方面，自治又导致城市债台高筑，为数之大竟与它们的收益不成比例。[15]最后，在历时长久、灾难深重的百年战争期间，城市虽然成为力挽狂澜的中流砥柱，但它毕竟受到当时恶劣环境的冲击，经济发展举步维艰。如果要说进步，最重大的进步就是城市在百年战争期间逐渐在摆脱领主制的桎梏[16]；城市解放的意义非同小可，尽管直到旧制度的末年，领主制仍顽强地、持久地保留着若干残余。

1450年后，国内恢复了安居乐业的太平盛世，城市便以崭新

的姿态，生机勃勃地重新发展起来。各种有利条件一应俱全：人口 iii-216
的猛烈增长，农村生产率的飞跃进步，农业生产的迅速复原，此外还有城市经济活动的繁荣，手工业和商品经济的再次活跃。[17] 从 14 世纪中叶开始，“工业品”（城市产品）的价格日趋上涨，而农产品则价格疲软。[18] 价格“剪刀差”的扩大有利于城市。随着 16 世纪的复苏和腾飞，表现为通货膨胀的价格革命支撑着以城市为首的各种经济活动的发展[19]，城市的地位更加重要，城市人口不断增多，逐渐向关厢扩展，城市很快能够对四周缺乏防卫力的乡村颐指气使。

威尔纳·桑巴特[20] 认为，16 世纪的这场“价格革命”之所以发生，城市所起的作用至少等于甚至超过美洲贵金属大批向欧洲涌来：城市里集中了日益增多的货币和动产，因而通货膨胀是在城市的推动下出现的。桑巴特的看法部分合乎实际。可以肯定的是，我们历史学家历来讲述的价格史主要是城市物价的演变过程，或者不如说，是往往高踞在农民生活之上的“上层经济活动”。

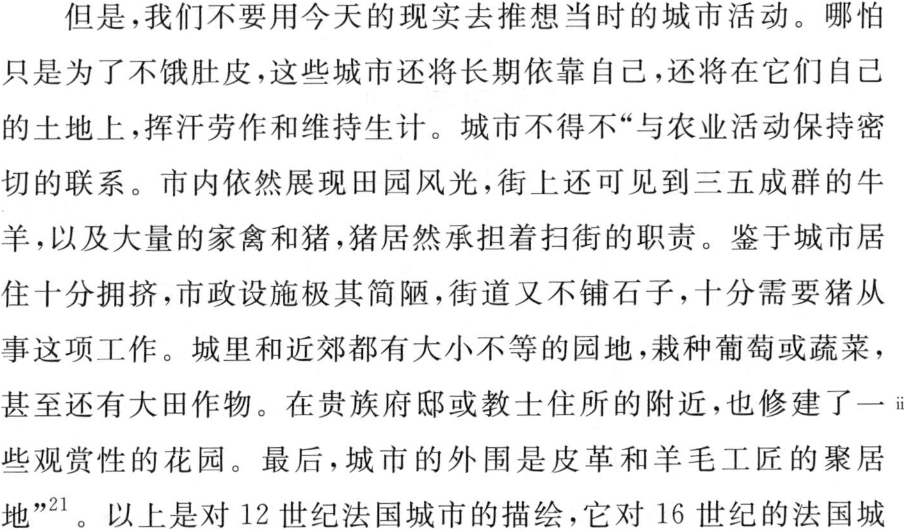

但是，我们不要用今天的现实去推想当时的城市活动。哪怕只是为了不饿肚皮，这些城市还将长期依靠自己，还将在它们自己的土地上，挥汗劳作和维持生计。城市不得不“与农业活动保持密切的联系。市内依然展现田园风光，街上还可见到三五成群的牛羊，以及大量的家禽和猪，猪居然承担着扫街的职责。鉴于城市居住十分拥挤，市政设施极其简陋，街道又不铺石子，十分需要猪从事这项工作。城里和近郊都有大小不等的园地，栽种葡萄或蔬菜，
甚至还有大田作物。在贵族府邸或教士住所的附近，也修建了一 iii-217
些观赏性的花园。最后，城市的外围是皮革和羊毛工匠的聚居地”[21]。以上是对 12 世纪法国城市的描绘，它对 16 世纪的法国城

市也同样适用；贝纳尔·歇瓦利埃在他的近著[22] 中主张按原来的名称把这些城市尊之为“城邑”，并试图估测它们直到宗教战争的长期动乱为止究竟在扮演什么角色。

假如能够找到数字，那显然会比泛泛的介绍更加使人满意。历史文献凑巧向我们提供了远在1437—1438年的有关阿尔勒的几个数字。当时，阿尔勒城三分之二的居民是农夫、壮工、畜群主、羊倌、渔民、猎人和“樵夫”；他们依赖阿尔勒辽阔的土地为生。“在剩下的三分之一的居民中，几乎所有人都拥有一小块葡萄地，或至少从事葡萄种植。”路易·斯图夫由此得出结论说：“阿尔勒是一个从事经营土地的城市”，“一个农业性城市”[23]。

在随后的若干世纪里，所有的城市都有与阿尔勒相同的经历。巴黎的葡萄农在采摘大忙季节到来时总要让整个首都乱哄哄地热闹一番。农业活动的进入城市，恰巧证明了劳动分工尚不完善，城市的专业化也还不够，这种状况至少一直保持到旧制度的末期，甚至更晚一些时候。这个缺陷经历了相当长的一段时间。

城市与国王

另一个缺陷历时也很长久，就是政治、经济和社会地位不断提高的城市一方面在夺得自由，另方面却在丧失自由；这有时是心甘情愿的，有时是并不愿意的。因为，在百年战争结束后，随着查理
iii-218 七世（1422—1461年）和路易十一（1461—1483年）二位君主的励精图治，王权得到了恢复和加强：国王从此又玩弄手腕，施加压力，打击城市的自由要求。

特别在路易十一就任国王后，压迫和控制变得愈加深重。城

市稍不从命，就立即遭到严厉的处置，国王甚至出动军队强制城市服从。昂热、贝桑松、多勒、阿拉斯、康布雷、瓦朗谢讷、杜埃、奥梅尔、佩皮尼昂等城市都有过这样的经历。请想一想在阿拉斯展开的惩戒行动：阿拉斯于 1477 年被占领后，大批居民于 1479 年横遭驱逐；城市的名称也被更换，并且召请别地的人移居这里！据说，这样做是出于王国安全的需要，但终究失败了。尽管如此，阿拉斯也不得不屈服于武力。[24]

为使城市服从命令，不一定只是使用暴力。路易十一也力图拉拢权贵人物，唆使他们与小民百姓抗衡，同时又竭力把城市的权力集中在少数人或某个小集团的手里，而争取这少数人也就比争取结构紧密的行政机构容易得多。城市内部因此便形成一个狭隘的政治集团，或不如说一个贵族阶层，他们世代相传，永远掌握对城市的统治。

这些贵族往往与君主串通一气，狼狈为奸。城市置身于君主的卵翼之下，无疑既是为了抗拒市内的贫民和市郊的农民，也是为了摆脱查理七世重新开征的部分税收。城市日渐成为推行国家政策不容忽视的舆论中心。[25] 因此，君主为争取城市的通力合作，便谋求城市当权人物的支持。未来的法国政治和社会历史将以此为转折点。最初，城市当局对君主往往表现为顺从、退让，甚至不惜损害自己的利益。

因此，即使在北方地区，法国的城市也没有朝着曾在意大利、德意志或尼德兰出现的城邦的方向发展，虽说北方地区比南方地区对建立城邦的要求呼声更高。究竟这是件好事，或者是件坏事？马基雅维里说道，好处大极了！对于谋求统一国土的法国君主政 iii-219

权的地位提高，马基雅维里深表钦佩。但由此产生的后果是显而易见的：城市的崛起对我国沉闷的历史没有充分发挥其促进作用。城市困难重重，步履艰难，而国家的贪欲偏偏太大。

毫无疑问，随着时间的流逝，城市由于潜在的矛盾而竭力挣脱羁绊。每当君主制国家遇到严重困难时——例如在宗教战争结束后的神圣联盟期间（特别在马赛[26]）或者在投石党扰乱期间（特别在波尔多[27]）——城市便试图谋求解放，至少重新争得主动。这些图谋每次都因不合时宜而失败。由法兰西的命运所决定，城市没有足够的力量求得自身的解放；说句公平话，我以为城市就像是在恶劣的土壤和自然条件下苟且偷生的植物一样，自己作孽自受罪。

与野心勃勃、你争我夺、互不相让的城邦不同，法国的城市韬光养晦，但求安享太平。蒙受历史残酷打击的通常是农民，而不是城市；城市为此扬扬得意，对农民嗤之以鼻。在路易十一治下以及在后来，城市自认为是个免受外部侵扰的清净世界。贝纳尔·歇瓦利埃不禁感叹说："高墙围绕，塔楼耸立，城门紧闭，这些保障使市民从内心深处相信天下太平，而谁又能够真正说出其中的奥秘？"城市在必要时甚至可以依靠自己的土地及储备维持生存："当市内需求减少和远方市场关闭时，在包税商、公证人、官吏和司法
iii-220 界人士的手里，仍然拥有推动贸易和维持百业生计的许多手段。"[28] 为了过太平日子，城市也就只能压抑自己的雄心壮志。

城市网的确定

1450 年的法国城市依然与几百年前没有什么不同。这份遗产随后又几乎原封不动地保存了若干世纪。请记住让-巴蒂斯

特·萨伊于19世纪(1828年)所说的话:巴黎"绝大部分的街道在弗朗索瓦一世以前已经形成"[29]。

1500至1789年期间创立的城市为数不多:勒阿弗尔1517年只是设置了港口,过很久以后才发展成为城市;维特里-勒弗朗索瓦城的建立是为了接纳于1544年被查理五世皇帝付之一炬的维特里-佩托瓦小城的居民;苏利于1608年建立昂里什蒙,贡扎加家族的查利在阿尔什的遗址建立沙勒维尔,都只是富可敌国的少数大人物的壮举。唯独沙勒维尔后来才变成真正的城市(直到17世纪初,该城的居民还不到300人)[30]。黎塞留主教为使自己的姓传诸后世,于1637年创立了名为黎塞留的城市[31],而在这以前,苏利所创立的城市则以国王亨利命名,称作昂里什蒙;黎塞留主教不像苏利那样处事小心谨慎。昂里什蒙城到今天已只剩一座别具一格的博物馆,距图尔60公里。

在1661至1682年间建造的凡尔赛宫也是为了追求豪华,根据太阳王的设计,建筑规模宏伟无比,成为"王国的舞台……和祭台"[32]。在凡尔赛的四周,一座城市随之拔地而起。宫廷留在凡尔赛使当地颇多受益,也使巴黎丧失某些利益,但巴黎的命运并未真正受到影响。

最后还要指出1666年兴建的几座城市:沃邦在面对大西洋的 iii-221
内陆建造的罗什福尔要塞;在路易港建造的、出让给印度公司的洛里昂城;塞特城(后来成为法国在地中海的第二大港)。我们还不要忘记柯尔贝尔在布雷斯特、马赛、土伦进行的改建工程……在沃邦兴建的300个要塞城市中,有些原是从无到有地新建的:1679年有于南格、萨尔路易和隆维;1681年有蒙路易;1687年有路易堡;1692 年有蒙罗亚尔和蒙多凡;1696 年有位于莱茵河左岸的新布里萨克。在这些逼仄的城市里,“除军事设施外,也容纳一些居民,但为数不多”[33]。城市的经济因此毫无活力。

总之,以上列举的新建城市纯属例外,而例外又始终只是证实规律。它们的数量在所有城市中可能仅占 2%。

设置城市的地点

凡在高卢和罗马的时代业已建立了城市(几乎都是大城市)或在 11 和 12 世纪见缝插针地发展城市网的时候建立了(复兴多于新建)城市的地方,今天仍然是法国城市的所在地。

城市留在原地不动,这并不值得大惊小怪:城市的所在地是人们想要摆脱也摆脱不了的联系据点。一个城市若是拥有 1000 居民,甚至不到此数,就必须对外开放,否则便不能生存。它不得不在邻近地区找到水源、食物、木柴、建筑材料以及人力。直到 19 世纪为止的过去,任何城市如果没有外来的人力(首先是附近乡村地区的人)作补充,就不能保证其人口的更新。当然,附近的乡村地区总是远远不能满足这一需要。

iii-222 巴黎幸而位于一块福地的中央,各种便利条件可以说“应有尽有”。正因为如此,城市方能度过百年战争的艰难岁月。“与博斯地区不同,当地水源丰富,江河多鱼,森林盛产野物;戈内斯的乡村以五谷丰登而远近闻名;伊西和叙雷纳的丘陵提供葡萄佳酿;可被洪水淹没的浅滩是发展畜牧业的天然草场;小小的旺沃村生产的黄油‘质佳味美,为佛兰德和布列塔尼的黄油所不及’;木柴不乏供应;矿藏的数量和品种虽然较少,分布在费里耶尔昂布里一带,但在台尚圣母关厢附近，城市可在采石场开采优质石料。”[34] 巴黎四周的乡村到处都长着丰收在望的庄稼，但有时也可见到一些被撂荒的土地。科明尼斯讲述了 1465 年 9 月(正值路易十一与大胆菲利普交战期间)“骑兵队”发生的一次误会：他们在天色已暗的时分抵达巴黎附近，但见那里“枪矛林立，走近一看，却是长得很高的矢车菊”[35] 漫布田野，直到城门口为止。

回顾往昔的城市，人们所想到的第一个形象就是它被一道城墙团团围住[36](参见富尔蒂埃尔的《辞典》)，城墙赋予它充当城市的资格。著名的中世纪史学家罗伯托·洛佩斯认为，这是千古不灭的真理。在接受记者的采访[37] 时，他曾就此问题幽默地回顾说，“在法老时代的象形文字中，城市一字就是在圆圈中加一个十字，也就是说，城墙内道路交叉”。为与外界联系，城市势必在墙上开设城门，供人通行，但城门也就成为城市的防卫弱点。因此，对外开放的这个出口有时十分狭小：根据沃邦的防卫要求而建造的敦刻尔克城 1708 年“在陆地一侧仅有两座城门，即罗亚尔门和尼厄
波尔门”[38]。而且出于防卫的需要，这后一座门仅在有集市的日子 iii-223
才开放。相反，1785 至 1787 年间在巴黎周围建造的长约 23 公里
的包税人城墙却有 17 所大门和 30 所小门，大小城门口都设有征 iii-224
收入市税的税卡。不管城门关得多紧，城市首先是道路起讫交汇的地点，此话说来平常，但必须牢记在心。

城市所处的地理位置显然比较优越。在城市初建的时候，可通航运的水道似乎起了首要的作用。[39] 城市兴旺发达的保障是得天独厚的自然条件：位于一条通航河流的岸边，当地既是水陆货运的枢纽，又有连接两岸的渡口或桥梁。请看，斯特拉斯堡横跨莱茵

河的桥梁对货物或部队的畅通起着至关重要的作用;昂热位于曼恩河谷的窄口处,通行极其方便;南特拥有卢瓦尔河上离出海口最近的一座大桥;阿维尼翁横跨罗讷河的著名桥梁建于 12 世纪,罗讷河在这里的河面虽然很宽,但因分成两股河汊,水流平缓,使桥梁三分之一的长度建立在河流中央坚实的地基上[40];在塔拉斯孔和博凯尔之间,狂暴的罗讷河上只能架设浮桥。在 17 世纪,鲁昂也有一座横跨塞纳河的浮桥。浮桥始建于 1630 年,代替原来的大石拱桥,石桥共有 13 个桥孔,部分石拱因地基松软而倒塌。浮桥一直保存到 19 世纪;精巧的桥身随海潮升降,且可自由开合,供船只通行。“路易十六曾亲临观赏。”[41]

然而,单有河流仍不足以保证城市的崛起。位于卢瓦尔河上的奥尔良一度有幸成为法国历史的中心,但它夹在两块杳无人烟的地域——北边是大片的森林,占地面积比今天更大;南边是索洛涅草木丛生的沼泽地——之间,怎么可能抓住这个历史机遇?说实在的,再没有别的城市能比奥尔良的历史更加富有戏剧性了。

iii-225 紧靠大海的城市——位置不在港湾的出口处,而在内陆一侧水流平缓、便于船只靠岸的地方,如鲁昂、波尔多等,条件自然十分优越。其实,这些城市在外国的吸引下,对外国有所依赖,往往背离法国内地的利益。

不同地区的边境城市,即便夹在平原和山区之间,也势必发展贸易,它们的地理位置同样十分有利。例如,一些城市花团簇拥般地环列在阿尔卑斯山的四周。

然而,除巴黎和图卢兹以外,“正在迅速成长中的大城市绝大多数都在法兰西‘外围’呈半圆形布局:南特、波尔多、马赛、土伦、格勒诺布尔、里昂、斯特拉斯堡、里尔”[42]。达让松侯爵在他的回忆录中常说，王国内陆简直是个虚有其表的“空架子”。

在克服障碍、充分发挥潜力的条件下，地域在城市生活中也起一定的作用。成功与否要靠城市善于牢牢抓住附近的乡村：巴勒迪克于1717年正是抓住机遇（洛林当时还不属法国），利用优越的地理位置，仿制了印布花，并且走私运入法国[43]；1812年，格朗维尔长期利用20至30艘载重3至18吨的大驳船，捕捞牡蛎、龙虾和大虾，并派几艘船捕捞鳕鱼，最后还从事南特至布雷斯特和迪耶普的近海航运[44]。这样做有时候也有危险，即城市完全靠碰运气，陷于唯利是图的境地。以海岛贸易和贩卖黑人而繁荣的南特，正是由于这样的原因，于18世纪末脱离了与其附近乡村的联系。城乡的背离极其严重，以至资产者决定出售他们的地产。阿瑟·扬大惑不解地问：“南特的繁荣和富裕同乡村毫无关系，奇迹究竟是什么原因造成的呢？”[45]

克服和冲破障碍，促进交换，扩大贸易，这是开设交易会和发展集市所要达到的目标。例如，在路易十四时代，普瓦图省仅吕松财政区一地就有87个每年举行一次的交易会，另有18个每周一集的集市（18×52＝936）。[46] 请相信这还不是一个经济高度活跃的地区。 iii-226

实际上，交易会令人瞩目的繁荣往往只是表明，在某个经济不发达的地区，集镇和小城市力图促进当地的交换。以1815年的沃克吕兹省为例，交易会在经济贫困的地区不断增多（博莱讷有11个 一年一度的交易会，瓦尔雷阿斯有9个；马洛塞讷有8个；阿普

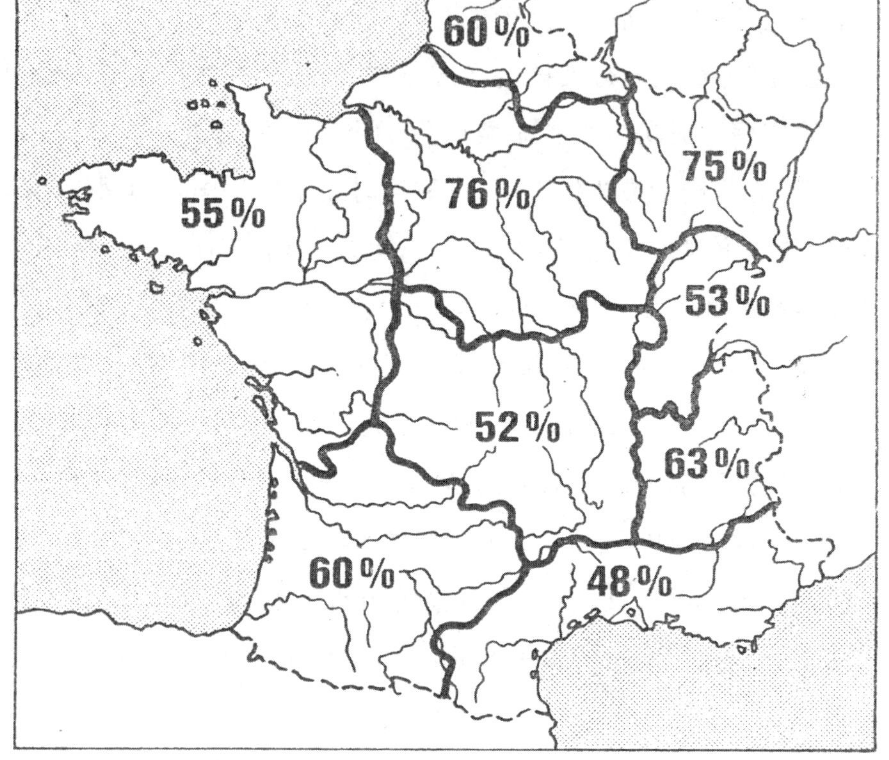

河流吸引城市的指数

通航河流众多的北方地区看来不如人们所想的那样具有优越的条件，这或许因为那里的许多新兴工业城市与河流无关，但仍在这张地图上计算比例指数；或许还因为一些真正可通航运的河流在维达尔·德·拉布拉什的地图上因规模过小而没有显示出来(例如里尔的德勒河)。

濒临地中海的南方则相反，一些小河也都见诸地图，贯穿全境的罗讷河吸引许多城市，提高该地区的比例指数。尽管如此，这里列出的仍然是最小的比例指数。

(茹尔·布拉什制图并说明，见《里昂地理杂志》，1959 年，第 19 页。)

特 5 个)，而在该省条件较好的西部平原，交易会的数量和重要性却在下降。[47] 奥尔南位于法国落后地区的边缘，是汝拉山区卢河河

谷出口处的谷物集市，直到19世纪，当地在“每月的第一个和第三个星期二”仍举行交易会，一年共24次[48]。在阿尔卑斯山的北部地区，特别在上萨瓦省，山区的牛、羊、驴交易会历来比河谷和平原地区的交易会规模更大。

城市与村庄、城市与集镇、城市与城市的众多联系不厌其烦地在编织法兰西的物质生活网，而城市则在其中起着提纲挈领的作用：城市的集市是乐队的指挥，是与大宗贸易和资本主义相联系的纽带，是信贷资金的供应者；教会和国家在城市设置据点；司法、行政机关也以城市为基地，城市是“文字文明”不折不扣的体现[49]。经济学家阿道夫·布朗基于1851年写道：城里人和乡下人是“生活在同一块土地上的两部分人，尽管他们被空前专横的中央集权捆绑在一起，但各自的生活却是截然不同，简直格格不入”[50]。被迫共处的两部分人就这样组成一个整体。作为乡村的寄生者、剥 iii-227
削者，城市支配着乡村，但又把乡村的重要性提高到城市之上。城市是国家兴旺发达不可或缺的条件，虽然单靠城市，仍不足以保证国家的兴旺。[51]

人是不可缺少的因素

当然，无论过去和现在，城市的命运主要取决于要有源源不断 iii-230
的人口补充。今天城市的畸形发展，它的胃口竟比妖魔还大。往昔的城市因经常存在人口亏空，也需要不断加以补充。为了填补由死亡造成的缺口并逐渐有所发展，城市必须不断吸收商人和资产者等社会精华，更要扩大熟练工匠和一般壮工的劳动力队伍。

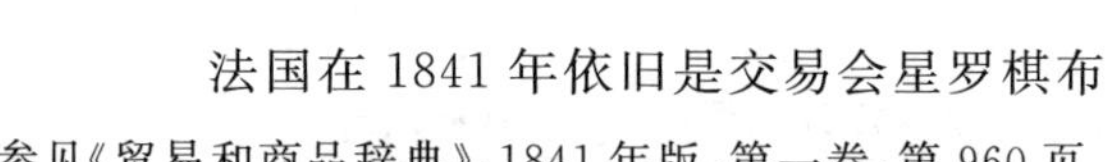

法国在1841年依旧是交易会星罗棋布

参见《贸易和商品辞典》，1841年版，第一卷，第960页。

以往的城市甚至不费吹灰之力就解决了这个至关重要的问题。它们在城市四郊，有时也在很远的地方，招募新人（见本书第820、821、823页和第165—170页）。许多人纷纷从外地赶来适应城市的需要。鉴于我们掌握的资料很少，不能算出这些外来者在城市人口中所占的比例；但通过对结婚证书或死亡证书的分析，却可以清楚分辨出他们的原籍。来自远近各地的移民或者住在城门附近的街区，或者根据各自的原籍，集中居住在城市的某个部分，同一个省的人往往还从事同一门行业。巴黎的市区就这样实行分省布局，这既是实行劳动分工的结果和划分社会地位的需要，也是城市接纳移民时自发形成的结构。

城市劳动力的不断亏损造成了乡村的人口外流；最令人惊奇的是，解决这个在我们看来对城市生死攸关的问题居然十分容易，仿佛是件自然而然的事情。与城市人口相比，乡村的人口确实极其庞大。但是，正如欧洲的人口一样，法国人口的流动性确实让人感到意外。它能适应经济的各种要求和许诺。就拿阿尔勒来看，这个城市在盛极而衰以后，竟面对马赛、艾克斯乃至艾格莫尔特的竞争，于 15 世纪末又再次振兴。这次振兴足以使它接纳了众多的外地人，甚至包括来自法国北部的一些人。可见一切都是可能 iii-231
的。[52] 南特的情形也同样如此，它在 16 世纪之所以保持人口的持续增长，首先依靠了附近的乡村和布列塔尼，此外还有普瓦图、诺曼底以及直到奥尔良为止的卢瓦尔河流域。南特城内甚至住着一些马赛人、葡萄牙人、意大利人，以及为数可观的西班牙人。[53]

当里昂于 15 世纪末需要劳力时，萨瓦人（他们当时分布甚广，南德意志、南意大利及法国的许多地区都有萨瓦的移民）自然纷纷响应这一召唤。当时有人甚至断言："里昂三分之二的居民是萨瓦 iii-232
人的后裔"；"城市里三分之二的人，即几乎所有以劳力谋生的人，无不来自萨瓦地区"[54]。这肯定是言过其实了：根据确切的考证，萨瓦人 1597 年在里昂城约占人口的 21.2%，但这已是个不容轻视的数字。尤其，这些萨瓦移民源源不断地提供纺织工人，比重大大

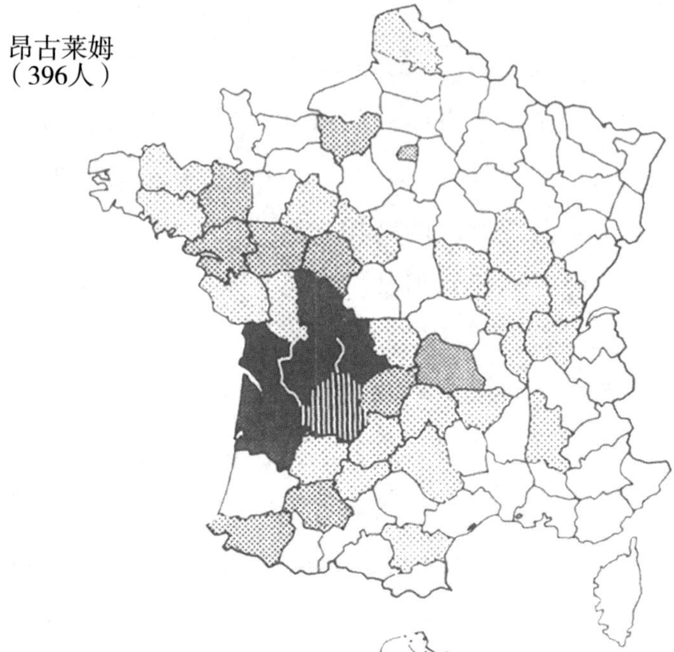

昂古莱姆
（396人）
波城 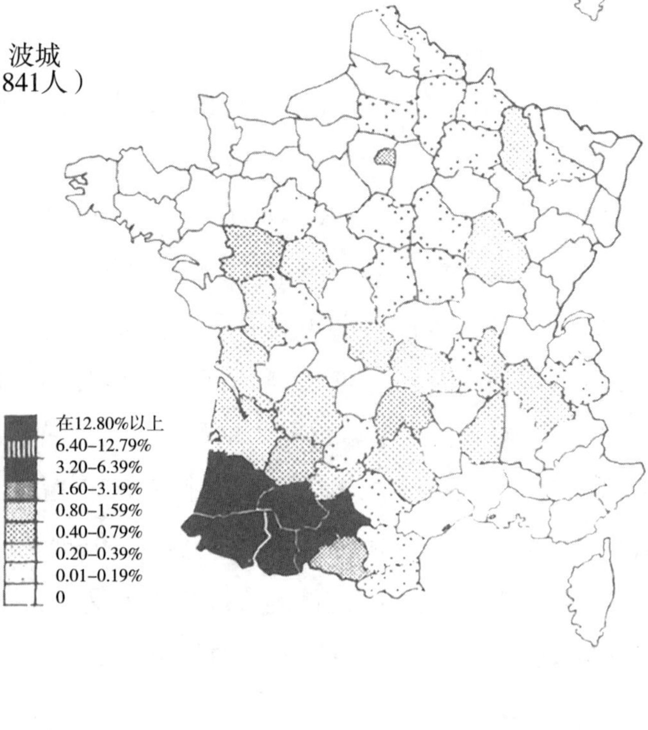
（841人）
在12.80%以上
6.40–12.79%
3.20–6.39%
1.60–3.19%
0.80–1.59%
0.40–0.79%
0.20–0.39%
0.01–0.19%
0

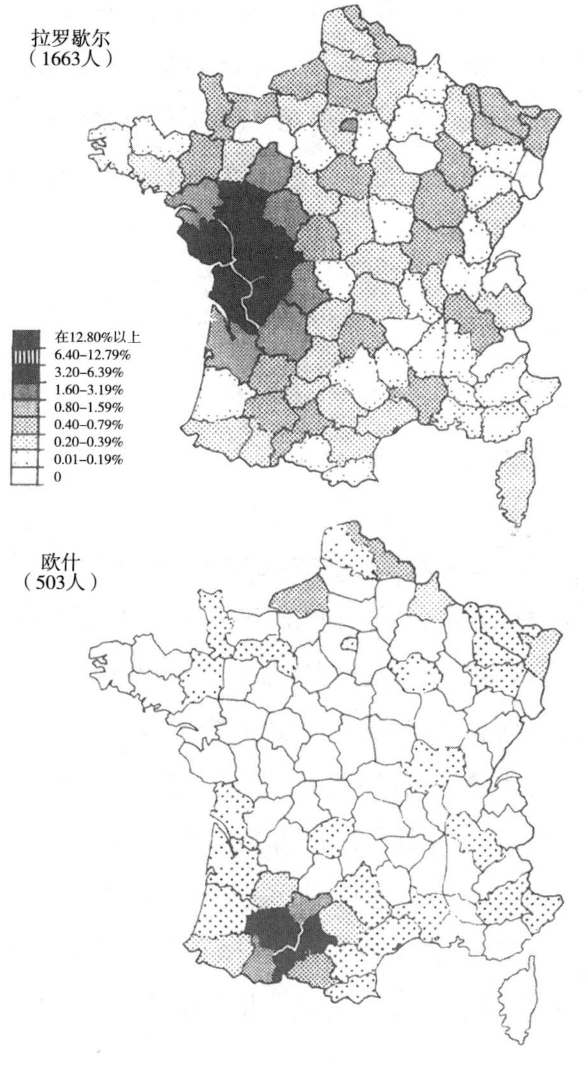

西南部若干城市里的外乡人

每个城市长期都在一个特殊的地区优先吸收外乡人，虽然波尔多（823页）的吸引力超出了整个西南部地区。

（资料来源：让-皮埃尔·普索：《18世纪的波尔多和西南部地区》，1983年版。）

超过了附近的福雷、里昂和博若莱地区(共占 18.3%)以及从多菲内地区(占 7.2%)招募的工人[55]。总之,庞大的里昂城从外地——有时甚至很远的外地(见第一册第 170 页的地图)——招募的工人几乎占总人口的一半,具有举足轻重的地位:里昂的经济活动需要"不断吸收"[56] 新人。

我们且不谈巴黎这个胃口更大的庞然大物。萨巴斯蒂安·迈尔西埃在大革命前夕描绘的形象令人难忘[57]:"干粗活的人"几乎全都来自外省,他们成分混杂,其中有萨瓦人和奥弗涅人,利穆赞人和里昂人,诺曼底人,加斯科尼人,洛林人。巴黎的情形理应另当别论。

更加引人注目的是,在 18 世纪中叶,当波尔多以法国西南部其他城市所没有的魄力,发展其航海和贸易活动时,源源不断地拥来的人流使波尔多的人口急剧膨胀。从那时起,移民不仅来自邻近的吉伦特省,而且也来自更加宽广的区域。他们不完全来自乡村,尽管乡村的人在其中仍居首位。大批劳工,甚至一些大小商人,从其他城市——特别是西南部地区的城市——迁来波尔多定居。然而,以下的事实很能说明问题:即使那些接受向波尔多移民的城市,却对其邻近地区(波尔多在这里招募的劳力为数不多)依旧保持严密的控制。总之,每个城市都拥有一个为它独占的、传统的"人口后备库"[58]。

iii-233 城市与法国经济

是否可以认为,法国经济发展的落后,物质生活的黯淡无光,责任应由城市承担?我们在上一章里曾援引了雅克·拉斐特的话[59]，他于1824年指出，直到14世纪，法国工业发展仍被农村拉了后腿。与此相反，难道应该认为，城市在这里也有过错？照这么说，甚至到了18世纪，乡村仍然没有在城市的带动下，走上现代化的道路，只是18世纪下半叶的经济起飞才使刚才提出的指控显得无的放矢。

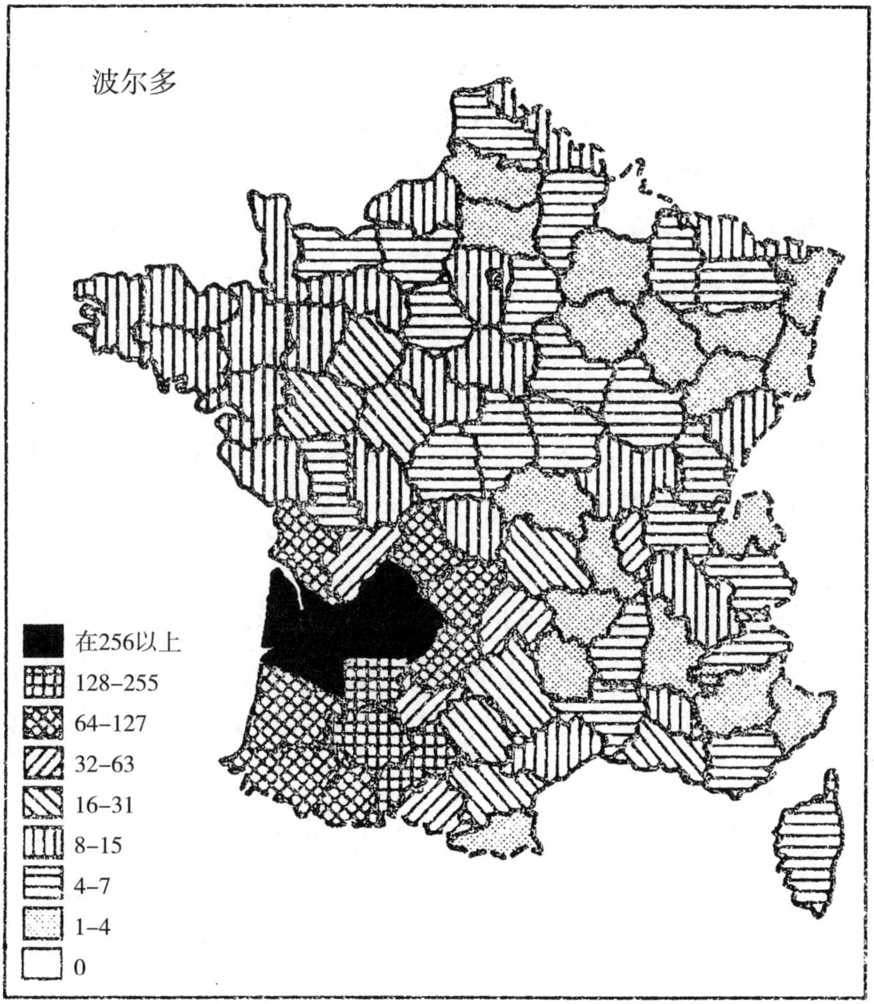

波尔多

在256以上
128–255
64–127
32–63
16–31
8–15
4–7
1–4
0

城市在 1500 至 1789 年间有所进步，这确实是个事实，但进步仍然十分缓慢。由于人口普遍的增长，各城市纷纷扩展关厢，增加城市的居民和消费。这一发展趋势在 16 世纪已经显而易见，到了 18 世纪更是有目共睹：城市中大兴土木，面貌日新月异；城市挣脱中世纪的襁褓，有时干脆拆毁城墙[60]，开直街道，扩大城区……

新兴的市政建设于 16 世纪促使君主政府推行"一意孤行"的政策。确实，意大利文艺复兴的艺术虽然尚未全面开花，却已在法国一些地方崭露头角。我们在让-罗伯尔·庞特的著作中借用的一张地图十分说明问题。从图上可以看到这种建筑风格首先在卢瓦尔河流域广为传播：直到 1525 年前后，卢瓦尔河流域是我国经济活动乃至我国文明的中心，法国国王长期在这一带活动。只是到 1525 年以后，由于弗朗索瓦一世（1516—1547 年）的偏爱，巴黎才确立了首都的地位，但宫廷仍四出巡回旅行。说到底，首都也不免受到新风格的传染：就在市中心的格雷夫广场，新落成的美奂美

iii-235 轮的市政厅是根据新风格建造起来的巴黎第一座大型建筑物（1532—1549 年）[61]。

总的来说，文艺复兴风格的建筑对 16 世纪的法国城市很少打下烙印；但是，对称、远景、光线、宽阔的大道却从此成为城市建筑的美学准则；这份意大利的遗产将在路易十四时代的古典主义艺术[62] 中大展风采。

到了启蒙时代，对城市建设的喜好不但有所加强，而且几乎遍地开花。让·麦耶写道："在当时的法国，城区改造工程规模十分宏伟。假如我们把建于 1650—1790 年期间的房屋暂时置之度外，那么，在我国今天的城市里——不仅是大城市，而且还有许多小城

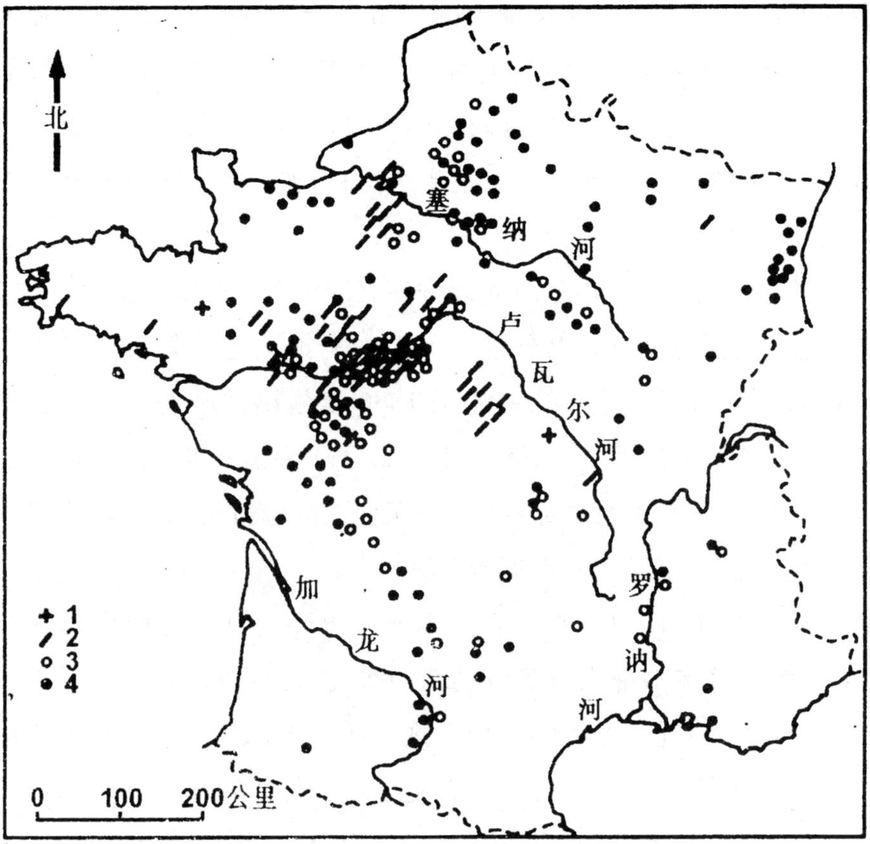

到弗朗索瓦一世时期法国的文艺复兴风格的建筑

按文艺复兴风格修建的新建筑在法国比较少，并且根据君主的意愿，主要集中在卢瓦尔河流域和巴黎地区。

在地图展示的地点，均有一处或数处按文艺复兴风格新建或改建的建筑物，其时间分别是：(1)查理八世治下；(2)路易十二治下；(3)弗朗索瓦治下(1525 年定都巴黎以前)；(4)弗朗索瓦治下(1525 年以后)。建筑物的名单已在奥特克尔的《古典建筑史》(1963 年版)一书中公布。

转引自让-罗伯尔·庇特：《法兰西景观史》，第二卷，1984 年版。

市——市中心还能剩下什么？在绝大多数的情形下，当时的市政工程并不是一般的小修小补，而是彻底的推倒重建……从事大宗

贸易的波尔多城及其令人赞美的城市布局，正如经斯塔尼斯瓦夫一世美化的南锡城一样，是当时城市改造的成功典型。”[63] 巴黎显然始终开风气之先：“一切时尚莫不来自巴黎。”建筑工地在巴黎星罗棋布；高耸的吊车到处在搬运建筑材料；泥瓦匠歇工回家途中在街上留下许多白色的鞋印。[64]

这些活动在19世纪仍继续进行，终于导致霍斯曼男爵（1863年出任塞纳省省长）对巴黎进行大刀阔斧的改造。外省城市也不甘落后。莱昂斯·德·拉韦涅于1860年指出：“勒芒、拉瓦勒、昂热在近30年来扩大了一倍，城市开辟了一些新街区，整齐宽敞的房屋正挤占或取代原来那些肮脏破败的贫民窟；富丽堂皇、毫无矫揉造作的新面貌正在城市展现。”[65]

最引人注目的是，尽管国家征收巨额税款，尽管城市富人甚多，国家与城市却都没有足够的财力去完成这些改造工程，因而不
iii-236 得不放弃一些过于庞大的计划。现有的许多部法国城市史著作都众口一词地谈到“财力不足”的问题。[66] 这在蒸蒸日上的波尔多是如此，在图卢兹也是如此（尤其因巡按使不在当地，必要的决定迟迟不能作出）；马赛、里昂（扩展贝勒库尔广场）、鲁昂也曾遇到财力不足的困难，鲁昂被迫满足于改造城市外围；卡昂为本市改建工程提供的资金在18世纪不超过总数的10％。

雷恩在1720年12月23日晚间燃起的一场大火，只是在6天后因为下雨才告熄灭，火灾过后，城市面临着紧迫的重建问题；地处市中心的上城共有945所房屋被毁，剩下的1367所房屋大多位于贫困而不卫生的下城[67]。单靠自身的收益，雷恩不足以弥补灾祸造成的损失。

城市于是向国家求援，国王主持的大臣会议发布了一系列命令，对建筑师和工程师的任命以及对应该制订的计划和采取的措施无不考虑周到；尽管如此，国家自己却不肯慷慨解囊："章程定得多，金钱抠得紧"[68]。城市也向省三级会议伸手求援，而省三级会议则一切听命于国王。雷恩被迫举债，推行实物征用制，对从事搬运或砌造工作的农民克扣工价，有时甚至抓差拉夫，与工程师、材料供应商和土地主也斤斤计较地争执不休……

重建工程进展迟缓，原在情理之中：被安置在关厢和幸存房屋中暂住的市民还将长期在那里挤着；灾后不久经当局批准在各处临时搭建的木棚将不顾拆毁的命令，一直保留到 1728 年。房屋重建将花 15 年左右的时间，而公共工程的完工则更延续 30 年之久。这是因为市政当局和建筑师设计的计划过于庞大（计划本身不无争议，拖延时日），致使地产主在多年间彷徨等待，最后因筹集不到必要的资金而搁浅。城市终究只能筹得一部分资金，不足以彻底改造城区，却足以使城市沦于破产。为此，建造水井、铺设水管、整治河流（下城经常受淹）等项旨在改善下城环境的工程终将半途而废。 iii-237

结果，在 1728 年，房屋的重建基本仍交原来的房产主负责。工程顿时进展迅速，雷恩的资产者并不缺钱。根据城市的设计，在新广场和高等法院的周围，成片华美的市区拔地而起，宽阔笔直的街道空旷宜人，有钱人在这里建造私宅和供出租的楼房。但在下城以及上城的东部和西部，弯曲、肮脏的街巷仍旧没有丝毫变化。[69]

我们且记住这最后一点：私人的房地产投资。在法国各地，除开局部的市政改造工程外，主要由富人出资，新建了一些私人宅第（无论是在南锡，或者是在贝桑松和里尔）或供出租的楼房。房地产投资肯定收益颇丰：在几乎所有的城市里，随着人口的增长，住宅危机日趋严重。如同在雷恩一样，主持工程承包的国家在卡昂也终究因“力不从心”而向投机者出让地盘；1770 年前后，私人建房与房屋租金同时猛增[70]。

城市建设诚然令人刮目相看，但其规模毕竟还很有限。并非所有的城市都拆除了围在城市四周、往往使城市窒息的城墙。雷恩只是等到 18 世纪末，即在 1774—1782 年，才取消了城墙。墙体被推倒后，人们又建起了栅栏，以便征收入市税，并制造城市依旧与外界隔绝的假象！尤其，任何一个城市都没有名副其实地破除

iii-238 中世纪遗留下来的曲里拐弯和臭气熏蒸的街巷。即使在为高等法院、巡按使署、初等法院、市政厅建造了宏大建筑的城市里，尽管人们为改善引水设施和消除垃圾作出了努力，也没有使城市从污秽龌龊中解脱出来：里昂用驴把垃圾袋驮走；里尔城里污水横流，“清洗街道和运送废水所使用的车辆和木桶往往出现渗漏”[71]。所有的城市——甚至在鲁昂、南特、波尔多、里昂、马赛、图卢兹、里尔等住房危机最严重的大城市——都未能真正摆脱旧时代的恶魔。皮埃尔·帕特在他 1772 年出版的著作中心怀忧伤地指出，在这些都市里，污水在“进入阴沟以前”，就在露天到处流淌……“此外，屠宰商把血泼得满街都是……赶上下雨天，你还会发现街头的行人被从屋顶流下的脏水浇得浑身湿透，沿街房屋的布局使雨水平增百倍”[72]。

究竟法国的哪个城市最脏？据巴什蒙和夏倍尔 1656 年认为，

那是纳博讷城；两人照例出生于北方，又都是诗人，可谓英雄所见略同。他们在诗中唱道：“旧城一片泥泞/污水四处横流。”还有别的旅行家也曾说过：茅厕还干净，高卢实在脏[73]。读者不要片面相信他们的话：纳博讷之所以肮脏，主要毛病出在城市的地势很低，经常被奥德河水所淹没。至于它所占的不光彩的首位，我们也完全可以交给鲁昂。欧仁·诺艾尔讲到他童年时代的鲁昂时说，城里“臭气扑鼻”，即使在上等居民区，垃圾也“充斥街巷”，“在可怕的圣马克贫民区，但见破败、丑陋的小屋，……阴森、潮湿的小巷简直就是连警察也都轻易不敢进去的迷魂阵……一股臭味从这个垃圾堆里升起，传遍整个城市，甚至在半里地外也可闻到”[74]。鲁昂 iii-239
1832 年因霍乱蔓延，曾强制居民清扫街道，但福楼拜在致布依埃的信里仍对臭烘烘的街道咒骂不已，这些臭味直到第二帝国期间开阔街道时方才消失[75]。

我们回过头来再谈更重要的问题：房地产投资和私人资本在 18 世纪的城市改造工程占很大的比重，这是否足以表明经济充满了活力？甚至在比这更早的亨利四世时代，建造壮丽的孚日广场是否应归功于城市建设？难道应该人云亦云地认为，“建筑业带动百业的兴旺”吗？

许多历史学家对这个问题不愿发表意见。罗伯托·洛佩斯[76]曾试图证明：

1. 在中世纪末年，北欧地区积累的财富不足与地中海的大城市相匹敌，但北欧建造了宏大的教堂，而南方却没有发展像样的建筑，仿佛它要把钱派更好的用场；

2. 在美男子洛朗统治下的佛罗伦萨,建筑和文化达到鼎盛之时,也正是经济开始衰退之日。让·若尔日兰对18世纪的威尼斯所作的分析[77]与安德列西·维罗比茨就15世纪的克拉科夫所发表的意见不谋而合。维托德·库拉站在权威的立场上,肯定了他们的见解:“城市建造豪华的资产阶级住宅与商业的周期性下降在时间上恰相吻合,这在我看来是完全可信的。”[78]

一些已经积累起来的,但又找不到合理用途的资金就这样被胡乱花掉了。我国的情形又是怎样呢?据一些历史学家说[79],“里昂市府过去花钱相当省俭,但在路易十四时代却变得大手大脚起来”,当时偏偏正是困难接踵而来。如果解释其原因,这显然因为大小城市都很难借到资金。所有的城市无不债台高筑。[80]私人投

iii-240 资的情形又怎样呢?皮埃尔·肖努说,从长远看,人口增长以及随之产生的物价上涨显然促进建筑业的腾飞:15世纪康布雷的情形正是如此。17世纪吸收过多移民的里尔也是如此。[81]卡昂的巡按使于1759年说道:“城里人满为患,找不到房屋可住。”[82]相反,居住拥挤有时也导致建筑业的停顿,这是1680至1720年间在鲁昂发生的事。[83]

可是,建筑与建筑不尽相同。法国各城市在18世纪的大兴土木,是采用优质的石料建造“贵族”宅第。“建造这些笨重的房屋,其目的也许是要解决将剩余产品转化为资本的困难……房屋可以比黄金更好地将积累的资金保存下来。”[84]相反的证据是,19世纪工业起步时建筑业的发展却要缓慢得多:在1817至1827年间的巴黎,人口增加了25%,住房仅增加10%[85];同样,只要经济增长还在吸收流动资金的时候,里尔等地的工人就始终在地窖里和顶

楼上挤着[86]。我们这里不正是与罗伯托·洛佩斯和维托德·库拉的见解殊途同归吗？

关于城市人口的比重

整个城市的问题在这里又重新提出。从法国经济现代化的角度看，城市的发展甚至在18世纪显然还很不够。城市肯定取得了一定的进步，但与联合省、英国等先进国家当时的经济相比，进展仍然乏力。

此外，根据既定的规则——凡人口在2000人以上的居民点就算是城市——计算出的1000多个法国城市，它们的人口在1500 iii-241
年、1789年和1809年[87]分别占总人口的10%、16%和18.8%。城市发动机的功率在将近3个世纪的时间内仅仅增加了6个或9个百分点。进展实在微乎其微。

以上数字何况还不一定可靠。

居民达2000人这条习惯界线不能适用于所有的时代。我在上文已经作过解释[88]，这里有必要回过头来再作分析。马赛尔·雷纳尔曾就大革命和帝国时期的法国考察了这个问题。[89]他直截了当地指出，在他看来，假如把人口杠线定在10 000以上，有些城市就不配被当作城市。照这个标准计算，法国的城市不再是1000多个，而只剩76个。包括巴黎在内的76个城市共有居民2 564 000人，占法国人口的9%。当然，对于10 000居民这个数字，人们也可能众说纷纭，得出不同的结论。但是可以肯定，2000居民这个数字与当时法国的经济和人口不再适应，业已扩展了的经济和人口要求有更大功率的城市发动机，以满足新时代发展的需要。

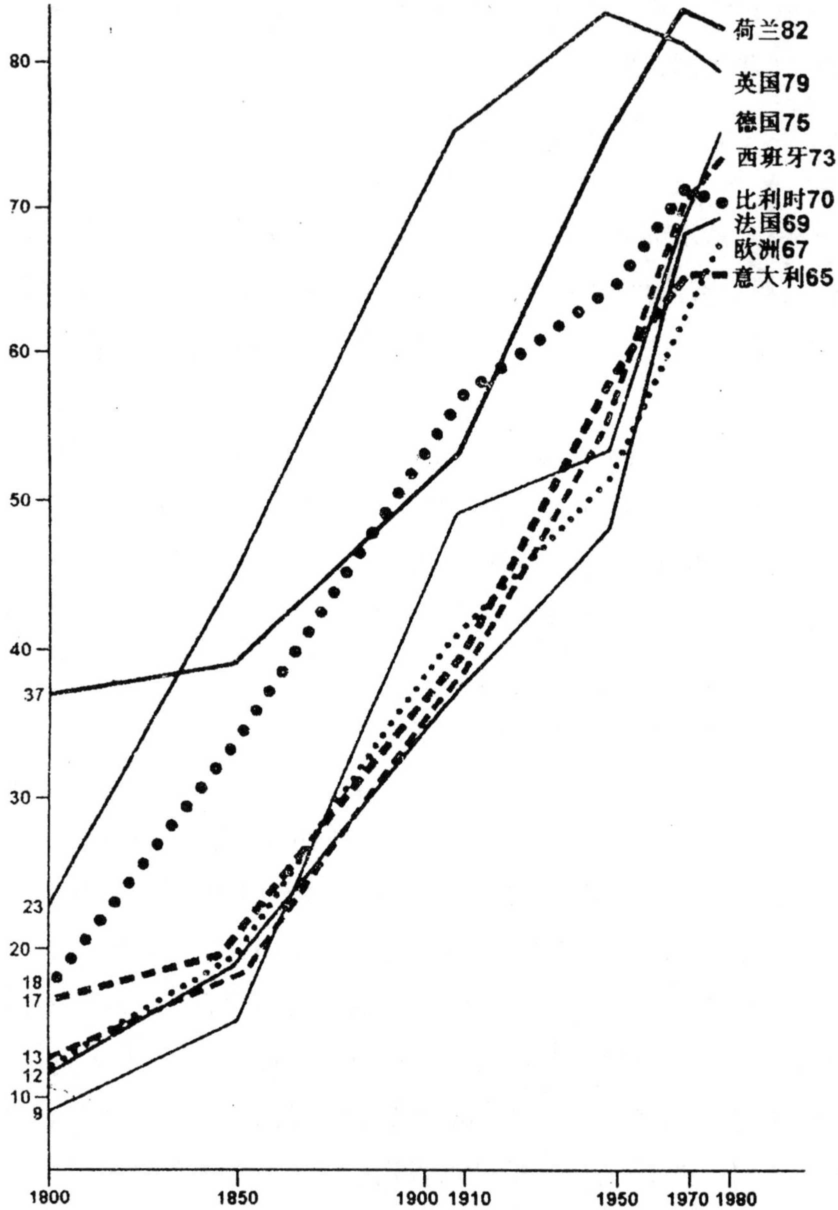

法国及其欧洲邻国城市人口的比例(1800—1980 年)

转引自保尔·贝洛什:《迄今以来的城市与经济》,1985 年版,第 288 页。

另一方面，标准尺度的这一改变提高了巴黎人口的相对比重，不再占法国城市人口（按 2000 居民的标准计算）的六分之一，而是占四分之一以上（按 10000 居民的标准计算）。首都的责任一下变得更重要了；大家都知道，与伦敦的情形不同，巴黎与海没有直接的接触，不足以带动法国经济阔步前进。法国的经济由若干大城市合力牵引，而在英国和尼德兰，除了伦敦和阿姆斯特丹，其他城市几乎都插不上手。法国城市体系因此缺乏统一和协调，加上当时国土的相对辽阔，力量也就更趋分散。

这里有必要就法国的城市人口比例与其邻国作一比较。请看前页的图表。图表采用了保尔·贝洛什[90] 计算的数字，与我们在
别处提供的数字不尽相同；保尔·贝洛什为一致起见，注意了对欧 iii-242
洲各国实行相同的计算原则。从这些数据中可以看出，在 1800 年 iii-243
前后，法国的比例（12%）落后于英国（23%）、意大利（17%）、尼德兰（37%，创最高纪录），甚至落后于正处在严重的城市危机之中的葡萄牙（16%）和西班牙（13%），但领先于德意志（9%），恰好与欧洲的平均数（12%）持平（法国领先于德意志，这原在我的意料之中）。总的说来，法国还是落在后面。它的城市人口还没有达到足以允许“经济起飞”的比例。直到 1850 年，它还停留在 19%这个相当低的水平。

城市与法国经济（续完）

法国城市陷于人口不足的困境，这多少表明了法国民族地位的低下。难道民族地位的低下是由城市一手造成的吗？我对此不敢相信。

我不否认法国的城市往往暮气沉沉：许多城市的生活节奏很慢，但不慢又能怎样呢？我在上一卷书里详细介绍了贝桑松的情形；我还指出过，正如让-克洛德·佩罗在其不久前发表的一部历史著作中所说的，卡昂城仿佛是在“冬眠”。其他的例子还可举出几十个。在我看来，所谓沉睡中的城市就是它基本上满足于依赖邻近的乡村为生：官吏阶级以及少数资产者兼地产主得以过着优裕的生活，但平民大众却生活窘迫，朝不保夕。火灾以前和以后的雷恩城是这样，王国内陆地区的许多城市也是这样；边沿地区的城市通常因地理位置有利，情形自然不同。

昂热具有法国城市最典型的特征。历史学家不久前指出，在1650年，这个“一律有黑色石板铺屋顶”的大城市“百年以来没有发生多大变化，而且在随后的一个半世纪里也变化不大”[91]。到了1770年，尽管该城居民已达25 044人（其中16 879人住在城内），
iii-244 经济生活仍不活跃。昂热四周的地区农业繁荣，盛产大麻和亚麻。城市位于曼恩河和卢瓦尔河的岸边，具有十分便利的运输条件。但在18世纪，昂热还是很少展开工业活动。当地开办的毛织工场、帆布或印花布制造厂、炼糖厂，通常都维持不了多久。近在城外的采石场（制造石板瓦）也经营不善。原因并非缺少资金，“财主们害怕工业而担风险，宁肯花钱去买地产，收益虽小，但稳当可靠”[92]。

因此，中等以上的资产者过着“优裕而节俭的生活”，他们“以贵族为榜样，并不常年住在城里：昂热几乎所有的资产者都在邻近的乡村拥有产业，每年有部分时间住在乡下，他们收取的实物和现金占总收益相当大的一个部分”[93]。与此相反，工匠的生活相当困

难，特别是织匠和男女纺纱工，面包师、屠宰工、客店主、染匠当属例外。一个很说明问题的细节：仆役占城市人口的十分之一。

概括地说，如果仅仅考虑到昂热的特权者，“它便只是官吏、教师、教士和食利者的城市”[94]。图尔财政区的财务总办断言，在1783年，当地居民仍“沉湎于懒怠，不敢大胆冒险，不谋远大志向，从而更不愿勤劳工作。毫无干劲的新一代像老一代那样得过且过，下一代又将像这一代那样贪图安逸”[95]。以上的判断对我国许多昏昏若睡的城市全都是适用的。

致力于发展工业的城市作出了相反的表现。它们奋力拼搏，施展影响，利用各种时机。然而，鉴于它们的结构各不相同，抓住时机又是谈何容易！

在多数情况下，城市的工业活动向周围的各个村镇伸展。在18和19世纪，至少直到1850年前后为止，乡村工业（原始工业）不断从地处中心的城市，像油渍一般扩散。这是一场革命。整个 iii-245
情景在法国和欧洲各国往往因地而异，花样翻新，仔细观察起来真还必须花点力气。从城市冒出的工业萌芽几乎每年都不同程度地受城市的控制，甚至完全为城市所主宰。由中心城市的包买商一手组织的乡村作坊就这样在拉瓦勒、勒芒、圣艾蒂安、瓦龙、格勒诺布尔、特鲁瓦、洛代沃等城市的周围大批建立起来。卡尔卡松也同样在18世纪发展了乡村作坊，卡尔卡松当时是法国最活跃的纺织工业城市之一，其羊毛加工堪与鲁昂、埃尔伯夫、卢维耶、兰斯、亚眠、色当等地相媲美。一位巡按使特派员于1731年指出，“卡尔卡松简直就是一个毛料制造工厂，城里住满了从事梳理、织造、纺线和修剪等各项工作的工匠；制造商和工人也密布整个乡村，工业发

展过度对农业造成祸害。在毛料加工生意兴隆的年头，就很难雇到工人去葡萄园剪枝或雇到妇女去麦地除草，除非出高价雇佣。”类似的话于 1733 年也可听到。[96]

鲁昂的情形更富特点。18 世纪初，新兴棉织业在鲁昂的建立改变了当地的劳动力市场和纺织产品的方向，“鲁昂布”（一种棉麻混纺织品）不仅在市内生产，而且向“博高原、凯依一带以及鲁穆瓦和科地区发展，以致诺曼底商会于 1707 年断言，共有 3 万农户依靠纺棉纱谋生”。许多商人把成包的棉花——原料从国外进口——送往小村镇分销，如“鲁托、阿沙尔镇以及欧维尔、蒙福尔河畔伊勒维尔等堂区”[97]。尽管如此，鲁昂仍是在诺曼底各地广泛开

iii-246 展的纺织业活动的中心，经鲁昂商标登记的布匹（棉布、麻布或混纺布）数量的急剧增加为此提供了证据：1717 年为 6 万匹；1732 年为 16.6 万匹；1743 年为 43.5 万匹；1781 年为 54.3 万匹。[98]

毫无疑问，棉织工业的竞争终于挤垮了鲁昂原有的毛织业。但鲁昂城生机勃勃，力求进取。面对经济形势的风云变幻，它坚守海上贸易的阵地，兴建大小不等的各种企业。印花布、绸带、呢帽、挂毯、针织长筒袜、陶瓷、造纸、炼糖、玻璃器皿、制皂、淀粉、鞣革等各种行业在鲁昂全面开花，特别是偷偷从英国进口纺机纺纱，根据贝托莱的新工艺用氯漂白布料，轧制铅材和铜材，制造硫磺和硫酸……鲁昂人不择任何手段，力求采用英国第一次工业革命时的新技术[99]。

以里昂为例

里昂是 18 世纪乃至 19 世纪法国最重要、最有生命力和最复

杂的城市，举里昂为例无疑更能说明问题。值得称道的是，在启蒙时代，里昂确立了欧洲丝都的地位。里昂的工匠当时以其精巧绝伦的手艺确保着丝织品的出口，并奠定城市的传统富源。他们针对意大利的竞争——意大利工匠照着向商人寄送的丝绸样品如法炮制，并且模仿得惟妙惟肖——采取了行之有效的对策：聘用专职画师，每年彻底更新图样。当仿制品上市时，在追求时髦的和喜欢挑剔的顾客眼里，花色已经过时，不能再被充当高级衣料。[100]

里昂在大革命和帝国期间经历了严酷的考验：暴乱、围城 iii-247
(1793 年 8 月 8 日至 10 月 9 日)和随之而来的暴力镇压使里昂的 15 万居民几乎减少三分之一，财物损失很大，不少企业主的工厂也遭破坏。[101] 接着，对外战争旷日持久，外贸困难重重，加上征兵入伍，城市变得空空荡荡。居民于 1806 年下降到 8.8 万人。然而，里昂却推出了一种新型织机，并且针对劳力严重不足，有力地推广了机器的使用。提花织机的制造成功使丝绸得以“恢复优良传统和高额利润”[102]。丝织工业仍有所进步，里昂虽然在帝国末年遭到危机的沉重打击，但在 1815 年恢复和平以后，又几乎立即阔步前进。

里昂这个例子之所以能够说明问题，因为丝织工业在乡村地区的勃兴和泛滥(参见 838 页图)却是姗姗来迟的事。我们从皮埃尔·凯耶的著作中借用来的这张图再次表明，里昂确确实实是个经济都城。在城市所有的工人充分就业的条件下，向乡村发展纺织业不失为一项明智通达之举：技术要求较高的织造工序以及提花织机将留在城里，纺制丝线则交给拥有廉价劳动力的乡村地区去完成，以便减弱普鲁士和瑞士在这个部门进行的有力竞争[103]。

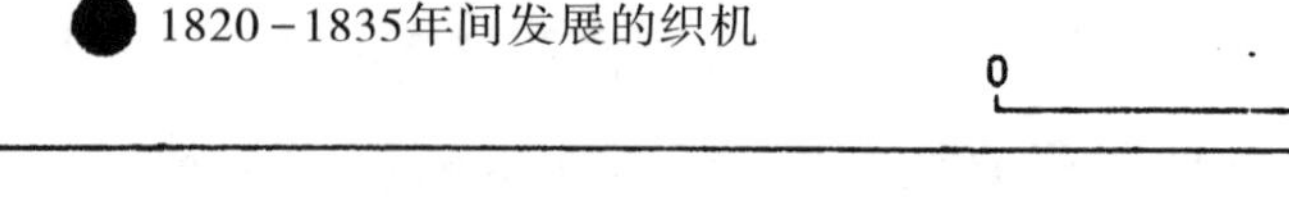

1820 年后里昂四周乡村地区丝织业的发展

（转引自皮埃尔·凯耶:《里昂工业化初期时的提花织机和高炉》,1978年版。）

与此同时，里昂开始投入到工业革命中去，并且在一系列部门居领先地位，直到 1860 年为止。里昂通过投资办厂，对广大的地区施加影响。总之，里昂不但不像其他城市那样暮气沉沉，而且作为经济发展的一个磁极，与蒸蒸日上的巴黎势均力敌。中央集权 iii-249
不可避免的实现对里昂城有害无益。里昂为此而备受损害，过去是这样，今天仍然是这样。

但是，有些城市却硬是不愿充当经济发展的磁极。与里昂相比，波尔多的作用堪称是爱德华·福克斯所说的“另一个法国”[104]的磁极，那里的巨大海港有许多行事方式与受巴黎操纵的法国经济生活格格不入。让-皮埃尔·普索在介绍波尔多 18 世纪的飞速发展时说到曾使阿瑟·扬叹为观止的“财富和豪华”，以及因城市人力需求的日益增长而对整个西南部地区施加的吸引力，但他最后又大惑不解地承认，波尔多对同一个西南部地区“在经济、人口和社会发展方面的影响却是微不足道”。波尔多由于受到葡萄种植和“来自大西洋的强风”的双重诱惑，忘记了扮演地区首府的角色。[105]

以里尔为例

在别的地方，又有别的特殊条件，别的经济形势促使事情变得复杂起来。城市及其周围的工业不一定构成和谐协调的整体。城乡之间的关系有时出现紧张。就里尔而言，这种关系显得特别紧张。

除了占统治地位的多种纺织工业（毛织品、麻织品、棉织品、混纺织品、织毯、印花布、各种纱线、针织品、花边、印染、漂白、上浆）

以外，城市还开展陶瓷和玻璃制造、压榨油菜籽、晒盐炼糖和烧制砖瓦等一系列生产活动，并且服从一系列的劳动分工，所有这些分工既不受城市界线的限制，又不受地区界线的限制。里尔城乡关系的复杂，主要表现在纺织工业方面，这是因为行会的规章阻碍着
iii-250 生产的发展，而政治危机又造成市场的不稳定：特别是法国于1667年占领佛兰德的部分土地后，里尔与尼德兰的联系已被切断（不易取得西班牙的羊毛供应）；边界上战事不断；欧仁大公于1708年夺得了里尔，城市被荷兰占领，这对里尔工业不啻是场灾难，因为英国货或荷兰货的大批涌入直接与里尔工业品相竞争。在获得解放后，里尔尚需花几年时间设法出清压仓的陈货。另一个困难是里尔地处“外邦”，这对商品外销诚然有利，但要争得国内市场却又遇到许多障碍。[106]

对里尔来说，主要的困难还在于，具有悠久历史的乡村工业不但不服从城市企业的命令，而且在集镇的周围单独组成团体。这些集镇在既得特权的庇护下，工业发展仍很活跃，甚至实行专业化生产和取得事实上的垄断地位，如图尔宽的双面起绒呢，鲁贝和阿吕安的粗毛呢，拉努瓦的丝绒和平绒等等。

在里尔方面，城市企业主根据城市的特权，力求把优质纺织品的制造以及印染、上浆等精加工活动据为己有。因此，城乡两大集团之间的关系不是互为补充，而是对立和竞争。这种状况早在查理五世皇帝时代业已存在。[107]

不过，乡村的制造商有许多方便条件可以利用：他们免受城市行会繁文缛节的束缚，因而有更多的自由，可随商情的变化见风使舵；工人的吃、住开支也比较便宜，尤其他们“在工作之余还耕种小

块土地或干一点农活”[108]。

在 17 和 18 世纪，乡村工业的发展相当机动灵活，城市拼命防
卫，不择任何手段。例如，在 1670 年前后，为了故意刁难，城市竟 iii-251
拒收乡村送来印染和上浆的毛坯布。鲁贝的织布商于是把毛坯布转送根特，并且上告官府。这项举措并非毫无成效，因为大家知道，如果乡村工业被逼得过紧，工人很容易就会离乡出走，去布鲁日或根特的作坊谋生。在里尔这方面，官吏们要尽花招，谋求国家确认城市的垄断。有的巡按使与官吏串通一气，往往采取默许的态度，如在 1704 年就是这样。但是，只要遇到机会——例如里尔被荷兰占领——乡村工业就会卷土重来，夺回失去的阵地，并且争取国家发布有利于乡村的行政命令。[109]

城乡之间的这种对抗一直维持到旧制度的末年。在文森·德·古尔奈和特吕丹的思想影响下，政府不再在城乡关系中持“不偏不倚”的立场，转而偏向农村。1762 年的命令明确作出规定，“破除可能阻挠工业进步、特别是乡村工业进步的各种障碍”。这在里尔引起了一场轩然大波，尤其在工人居住区，巡按使为此出面干预，于 1765 年暂停执行以上措施。为了使工业更进一步向乡村倾斜，还要等待由杜尔哥设计的自由经济政策的出台：1777 年诏书（大臣解职后一年）最后确认 1762 年的命令必须贯彻执行。“里尔的垄断至此寿终正寝”[110]，图尔宽“张灯结彩，爆竹齐放，鼓声震天”[111]，以示庆祝。

以上简要的介绍尚不能概括城市和乡村在地区范围内的尖锐复杂的斗争。我们还将继续进行探索，方能摸清其中的底细。

但是，我觉得这足以表明，里尔没有起到发展地区经济的磁极

作用。事情正好相反。这一政策是否符合里尔的真正利益呢？一
iii-252 些里尔人对此存有怀疑。城市当局如果一不做二不休，岂不就要禁止本市的制造商在乡村推广织机，至少也要禁止某几种织物的生产？一位里尔人在回忆录中提到，“在卡尔卡松、鲁昂、伦敦、莱顿、韦尔万等城市的四周，土地一片平坦，无论城市内外，均可自由设厂”。他还说，“位于这些制造厂中央的城市都十分繁荣”。在他看来，在城外设厂，成本较低，不但能增加产量，而且使里尔在出售羊毛以及在织物的印染、上浆、销售等方面获得更多的收益；为“利国利民”起见[112]，他强烈要求保障“这种自由”。我们对此怎能不予置信？

由此可见，城市内部就有意见分歧，这个例子至少能使我们提防任何千篇一律的简单推论。旧制度下的法国城市放弃对工业的垄断，就像里昂和里尔一样，可能具有多方面的意义。我们不要过分匆忙地拿以上的情形比作今天工业化世界的活动朝着韩国、中国香港、新加坡等第三世界地区的大量流失，尽管在二者之间确有某些地方应该进行对比。

我们这里作个小结。在大革命以前，法国经济有了广泛的发展，首先是在城市。但是，在经济发展中，有的城市一马当先，有的落在后面，有的不前不后。实际上，如果把法国的情形同欧洲最先进的国家作比较，经济运动并不仅仅取决于城市，更不用说经济发展的相对迟缓。

其他的责任因素

经济发展迟缓并不由城市单独负责。从 18 世纪起几乎直到

今天，城市市场确实不能满足经济发展的要求[113]。就算如此，城市市场的不足既是整个经济状况的原因，又是整个经济状况的结果。为了弄清这个问题，必须认真考察以下三个因素：

1. 国家本身；

2. 乡村（再次接受考察）； iii-253

3. 国际经济。

国家很早就把城市置于它的监护之下。国家对城市的财政收支、税收、债务、借贷和偿还都进行严密的监督；关注城市的物质生活和物资供应；通过推广官职捐买制度，使各种市政官职由推选改为捐买[114]，即由所谓“商人”（不便明说是资产者）购买公职；并从城市收益中提取很大一个比例。最后，国家还在城市发行公债。

城市的资金就这样被国家变着法子占有和挪用。花样虽多，但并不始终有效；我们在下一卷书里将重新谈到，旧制度下君主在征税方面的门槛不算很精。国家的收益——直接税、间接税、公债款——几乎丝毫也不重新注入到当地的经济生活中去，所有款项全归宫廷支配，“直截了当，不容讨价还价”[115]，用于铺张和排场，偿还政府债务，支付陆海军的费用……甚至在18世纪兴办的大规模公共工程，例如国王所提倡和关注的公路网建设——也首先是让地方财政提供资金。于贝尔·吕蒂[116]居然说国家的“活动纯属寄生的性质”，这也许有点夸大。因为早在1789年前，国家毕竟也承担一些不可缺少的任务。可是，国家的干预是否始终能直接适应经济发展的需要和要求呢？

至于乡村，我们不要以为它关起大门，与世无争地过着自给自

足的生活，因而与经济发展毫无关系。乡村势必朝着集镇和城市
iii-255 的方向，作为流通的末梢而对外开放。乡村在18世纪也有所进步，但人口增长对乡村起着抑制的作用。尤其，正如米歇尔·莫里诺所证明的，农业革命还没有发生。没有一场农业革命为先导或相伴随，工业革命几乎是不可能想象的，也就是说，农业经营者如果不提高劳动生产率，他们就不能在腾出人手从事其他工作的同时，逐渐富裕起来。

试举一个例子：图卢兹在当时是个大城市，尽管乡村富庶，却并不走上工业化的道路。它实际上处在睡梦未醒的状态：17和18世纪在图卢兹是"无所作为的二百年"[117]。当地的大资产者，特别是批发商，已实现了资本积累；他们利用大革命时出售国有产业的机会，购买大批地产；他们拥有的地产是大大扩展了，但资金却因此周转不灵，因而"处境窘迫，无力完成工业革命和促使上朗格多克省摆脱不发达状态"[118]。这种状态还导致了农业革命的姗姗来迟，因为拥有大地产的这些资产者当然不事耕作，而深受他们压迫的传统型佃农又不可能发展资本主义的经营方式。乡村仿佛是个陷阱，使资金被固定在那里，而不能充分加以利用。

最后再来谈谈"世界的秩序"。在18世纪，阿姆斯特丹和荷兰的领先地位日趋削弱：城市统治的丧钟在世界范围内敲响（威尼斯、安特卫普、热那亚、阿姆斯特丹先后黯然失色）；城市因其动力过小，不能确保对世界贸易的控制。城市从此大权旁落，今后将由
iii-256 英法两国争雄世界。我常常想到，与法国相比，英国的有利条件之一正是其国土的相对狭小：国土之大足以构成一个民族国家，国土

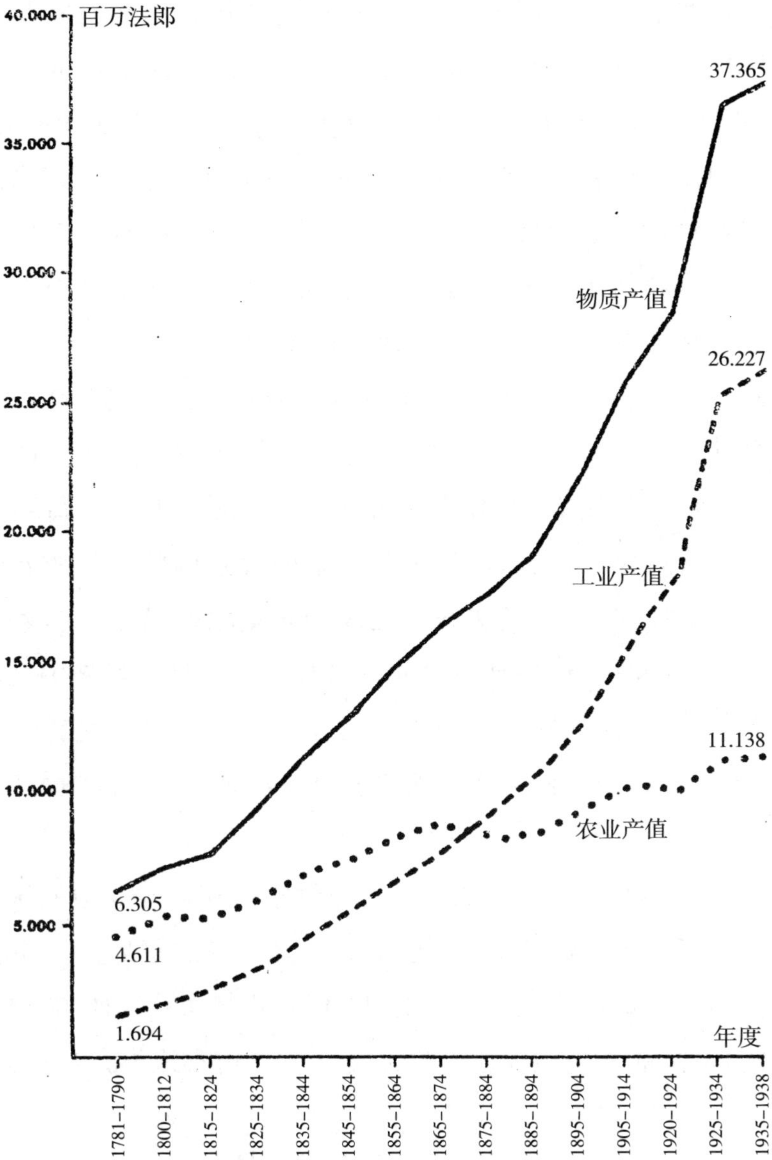

1781 至 1938 年间的工农业产值

工业产值只是在 1875 年才超过农业产值。

（转引自让-马尔采夫斯基:《定量分析史导论》,1965 年版。）

之小恰好便于统一本国的经济。我以为，法国命乖运蹇正是由于国土宽广，因而单靠为民族经济服务的一个城市的力量，即便是巴黎，也不能够安排好本国的经济。这可能也与一种社会现象有关，关于这种社会现象，我将在后面再谈。“过贵族式的生活”当然并不意味着对金钱本身持某种特殊的态度，而是对赚钱和花钱的办法作出高贵和低贱的区分，也就是说，无论真假贵族都不参与商业或工业活动。在这方面，法国和英国的步调并不一致。

总之，早在大革命以前，法国在同伦敦进行的这场经济决战中吃了败仗。罗贝尔·贝尼埃的一句话说得好：在 1783 年的凡尔赛，“英国输掉了战争，但赢得了和平”[119]。英国不就在荷兰人和法国人的眼皮底下，立即恢复了与未来的合众国的贸易吗？还在滑铁卢大战以前很久，英法两国之间的较量输赢已定。赢家所得的正是经济（和城市）的高速发展，换句话说，在世界经济中雄居首位。有人或许会想（假设性推理今天正十分时行）：若是我们赢了滑铁卢一战，结局又该怎样？无非会再度出现 1783 年英国虽败犹胜的局面。

我的这种看法与我国的几位历史学家恰相对立。他们认为大革命导致了法国的经济衰退，造成了法国经济的落后及一系列灾难。他们的认识可能也有部分道理，但早在 1789 年前，确实是大局已定，法国的处境至少已经岌岌可危。事情难道不是这样的吗？

iii-257　二　流通与结构

“流通”一词在 18 世纪那时十分常用，到 20 世纪初期有时还可见到，后来就越来越被科学论著所摒弃了。我为此曾犹豫再三：捡回这个旧词，几乎像是推出一个新词；由于种种词义引申以及由该词触发的各种合理或不合理的争论，“流通”问题变得十分复杂。倾向马克思主义的历史学家在年鉴派初起时（1929），不是曾指责它把赌注押在“流通”上面，而不把“生产”放在第一位吗？这是无的放矢！首先，我们从没有打算在流通基础之上建立一种经济理论。再说流通又是容易测定方向和数量的一个过程；经济史也许有权甚至有义务从最不困难的事情做起。

最后，据我所知，流通不是空洞的虚构；既然经济是一个结构严密的整体，从旁门进入其中，毕竟也还是走了进去。难道有哪一种生产不是流通、供给和消费的延续吗？消费位于电路的末端，它要求重新“接通电路”，使“电流”畅通无阻，并使生产得以启动。同流通一样，生产以及生产方式单独不反映经济的全貌。更何况，“生产的发展仅仅依既存的市场为转移”[120]，也就是说，必须先安排好流通，这难道还有什么异议吗？

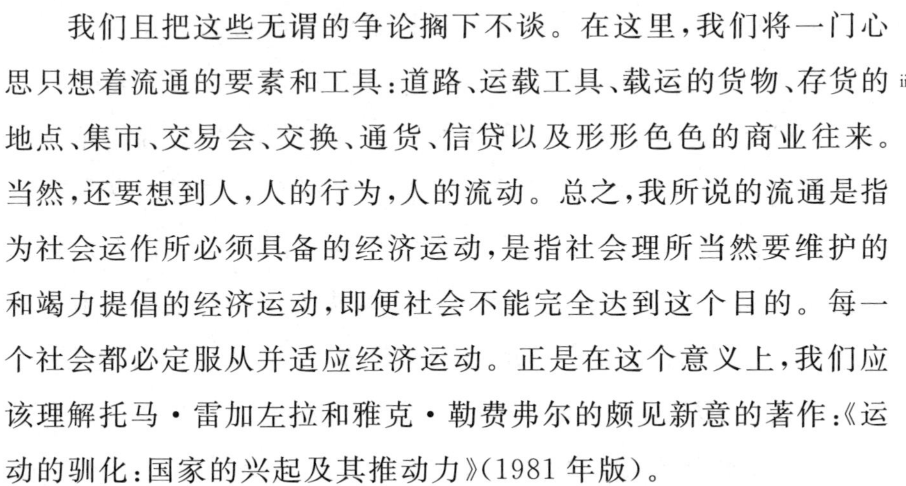

我们且把这些无谓的争论搁下不谈。在这里，我们将一门心思只想着流通的要素和工具：道路、运载工具、载运的货物、存货的 iii-258
地点、集市、交易会、交换、通货、信贷以及形形色色的商业往来。当然，还要想到人，人的行为，人的流动。总之，我所说的流通是指为社会运作所必须具备的经济运动，是指社会理所当然要维护的和竭力提倡的经济运动，即便社会不能完全达到这个目的。每一个社会都必定服从并适应经济运动。正是在这个意义上，我们应该理解托马·雷加左拉和雅克·勒费弗尔的颇见新意的著作：《运动的驯化：国家的兴起及其推动力》（1981 年版）。

大流通和小流通

流通的首要任务是什么？应该区分几种不同的流通，起码也要区分一种大流通和一种小流通；大流通是指动脉和静脉的循环，小流通是指细如发丝的毛细血管的循环。

这且说过不谈。出人意外的是，在两种流通系统中，却是小流通的流量最大，流通也最稳定。尽管成果卓著，或者正因为如此，大流通在整个循环系统中只占少数，它对可能加快或减缓运动速度的经济波折比较敏感，甚至因此而突然改变流通的领先部门。高等实验研究院于 1950 年举办的一个研讨班在对当时法属非洲各地的铁路运输进行研究时注意到，干线运输遵循一般经济形势的节奏运动，而支线则相反，它们有自己的脉搏，虽然有时不易被人所察觉。[122] 小流通力求满足人们的日常需要，不论困难会有多大。

有人告诉我们说，在 1796 年，“勃朗峰省几乎全省都从事运输，但见乡村小路上人来人往，一片忙碌的景象”。各种车辆通常
iii-260 在大道行驶；乡村小路几乎仅供驮骡或背负重物的人使用。同一份材料进一步指出：“如能在该省修建可通四轮马车的道路，从而减少驮骡运输，当不失为一大善举。”[123] 虽说如此，但因当地一年中积雪时间长达数月，有了道路仍然不宜行车。请看上萨瓦省的孔塔明纳河谷 1934 年那时使用的扫雪装置：“这是一辆奇形怪状的拖车。颈上套着节日轭圈和铃铛的八头牲口（马和骡）成双配对地牵引一个大而无当的三角形木架”，架上堆满了沉重的沙袋。“站在牲口旁边的赶车人不停打着响鞭。使劲拉车的牲口浑身汗湿，热气蒸腾地在凛冽的寒风中前进，嗒嗒马蹄声伴着乡村音乐，

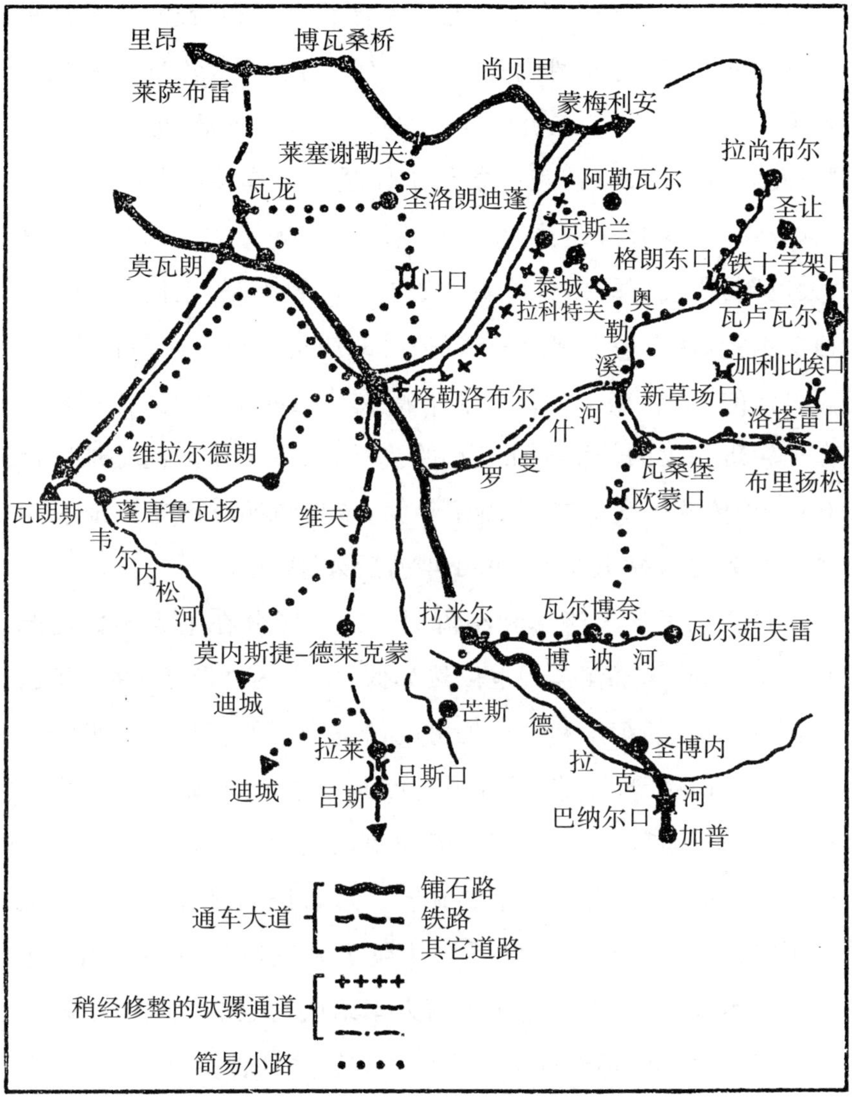

上多菲内地区伊泽尔省 1787 年的交通要道

通往里昂和瓦朗斯的大路一般随河谷的走向延伸。所有横向的道路都还比较简陋。

（转引自吉尔贝·阿尔芒：《阿尔卑斯山北部的城镇及其分布》，1974 年版。）

节奏格外分明……经过笨重的庞然大物的辗压和清理，积雪被扔到路边，道路顿时变得光滑闪亮……另有一组八人，各自牵着牲口”，紧紧跟在车后，每隔二三公里换一次班。“大汗淋漓、颤颤发抖的挽马”下套后留在车后，背盖一条毯子保暖。工作持续整整一天。孩子们站在一旁观看，妇女则准备好热饭热水等待丈夫的归来。这是在“大道”沿线进行的扫雪活动。至于村口的小路，人们只用一匹马拖两个木铲，在雪地上铲出一道“平滑的浅沟”，供大小雪橇通行。[124] 随着时代的进步，在 1934 年，卡车将代替马匹清除大道的积雪，村民套马轮班扫雪的传统转而使小路受益，扫雪工作从此更加广泛地
iii-261 展开；这种传统一直保持到 1957 年为止，马匹那时已在当地农庄中绝迹。[125] 铲雪机械只是在 1960 年前后才刚问世。

回过头来再谈大流通和小流通。这一区分在绝大多数情况下是必不可少的，甚至在今天也依然如此：次等的铁路于 1940 年已经被拆除（被遗弃的车站和守道工房就像荒废了的乡村学校那样只剩残垣断壁），但次等的“路线”并没有因此被取消，运输任务已由公共汽车、小卡车等机动车所接替。流动商贩继续走乡串村，供应面包、肉食和调味品，此外还有送信的邮差。这就证明最起码的人际交往是不可能消失的。快速的联系自然属于大流通的专利。如果旅行时间十分紧迫，你就去省会城市的火车站或附近的机场乘坐特快列车或飞机。大小流通共存的局面仍一如既往地保持下去。

在 19 世纪初，陆路运输对大道和小路分别进行统计。大路的运输量比小路还少。根据车运局的统计材料，迪吞（此人在该局任职）估计 1828 年经由大路（国家级大道）运输的货物为 1040 万吨，而经由小路运输的货物则为 3090 万吨。[126] 毛细血管般的小路网

比大型和中型的交通干线更加发达。国家级大道总长约 34 500 公里，损坏待修的路段除外：这些经反复维修的道路都是在 50 多年前由路易十五和路易十六的政府开通的，这个漂亮的道路网深得外国旅行者的赞美，虽然在 1789 年前尚未竣工。[127] 阿瑟·扬这位观察细致、处世谦和的旅行家认为，至少在某些路段，路网没有充分发挥作用。[128] 中等道路网（省级大道）约长 36 500 公里。可是，根据 1837 年的统计，乡村小路的总长约达 771 000 公里，相当于大型和中型干线总长的 10 倍多。[129] 1824 年和 1836 年发布的组 iii-262
织法，当局下达的各项命令，都是为了保证集镇的供应，便利谷捆、饲草、肥料、木柴、沙石、石灰等物资的运输，敦促各村庄修复这些不可缺少的小路。[130]

皮埃尔·古贝尔正确地强调指出，这些小路具有不同的功用：通往葡萄园的曲径小道；贩运私盐的暗道、樵夫的林间小路[131]。乡村正是依靠这些小路打开门户，呼吸新鲜空气，摆脱闭门自守的生活习气。莱昂斯·德·拉韦涅认为，根据 1836 年法而在乡村展开的道路整修工程“使法兰西的面貌焕然一新，近 20 年来所取得的农业进步大部分应归功于它”[132]。大家顺便可以看到，交通与生产息息相关！

说到这里，我们切莫因此而想入非非。法国的这些小路总长度可能不超过 10 万公里，它们需要养护，这也就等于说，还能为日常的交换所利用。请看 1788 年南德意志的情形：一位名叫让-玛丽·帕洛拉茨的萨瓦商贩认为，当地的道路对参加交易会尚属通行无阻，但要“下乡”，即走乡串村地从事贩卖活动，却有很多的不便[133]。我国今天仍然存在的乡村小道，有的正逐渐消失，有的则加宽路面，适应摩托车、汽车、吉普车、拖拉机的要求。路上铺着不规则的石子，路边种着两排低矮的山楂树，山楂花初开的景色真是美不胜收！加斯东·鲁普内尔认为这些小路最早可追溯到新石器时代[134]，而把它们改造成笔直的直路则要归功于罗马人；他的看法无疑是错的，但可以肯定，这些小路毕竟十分古老。有些路段与当年领主沿着林区开凿的古老的水沟相平行。

iii-263 然而，一些省级公路陆续穿越了大部分村庄。它们照例都铺石子，由压路机辗得结结实实，路面结果越垫越高。默兹省有一所房屋，1806 年时要经阶梯向上攀登，如今却是拾级而下。这些公路由国家出资建成后，村庄最初仍过着闭门自守的生活，并不认为这对村庄是什么紧迫的需要，村民们感兴趣的只是附近的集市贸易，他们宁可抄以往的近道，甚至对公路心怀恐惧。“就在大革命前 30 年”，卢埃格的村民“对修建公路很不积极：有些人甚至把公路视为祸害，试图要求改道”[135]。今天也是如此，一些小村庄把位于卡车接连不断、流量甚高的公路一侧视为灾难。除了噪声烦人和车祸频繁以外，村庄自身的交通也大受妨碍。

通衢大道和乡村小路的区分，大流通和小流通的区分，这在古老的城市中业已存在，即使在巴黎也不例外；巴黎市内有许多阴森、漆黑的小街，不久前仍阻碍着城市的交通。在像圣雅克街或圣马丁街这样的干线，行人和车辆川流不息，但也有一些狭街小巷，不但交通稀少，而且对外闭塞，整个街区仿佛是城市中的村庄。在第三共和国期间，即使乘坐出租马车，在巴黎穿街过巷仍然要花很长的时间。霍斯曼男爵大刀阔斧地展开的城市改造工程仅在若干贵族区开通笔直宽敞的大道；我始终不喜欢这些工程，但是否合理，这就很难说了。一位记者于 1984 年写道:“巴黎是个由不同村庄勉强拼凑起来的整体,拉米埃特区与金水珠区没有丝毫相似之处。”[137]

通 衢 大 道

iii-264

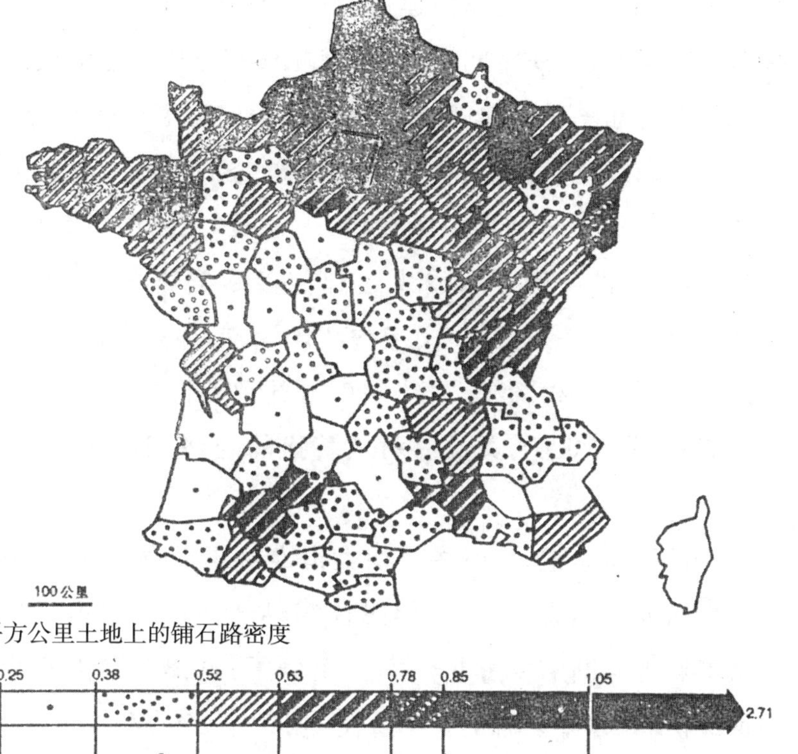

每10平方公里土地上的铺石路密度

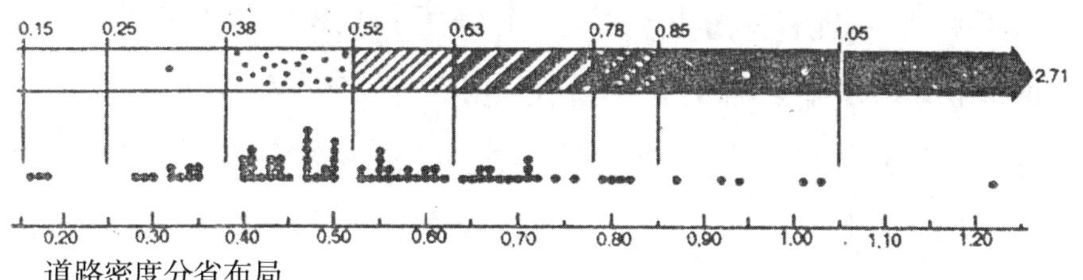

道路密度分省布局

分省道路密度图(1820 年,缺损的路段除外)

南方和北方的道路分布恰成鲜明对照。

(转引自贝纳尔·勒佩蒂:《陆路和水路》,1984 年版。)

法国的通衢大道网从 1750 年开始建设,到 1820 年已初具规模。这在当时往往是些非同寻常的高级公路。但它们仍没有使经济生活发生彻底的改观。更何况，道路网在很长时间内没有完工。它以巴黎为中心向四周辐射，这显然对巴黎有利，但整个体系在19 世纪初仍很不完善。尤其，这些交通要道还不足以把地区道路网联成一片，为地方需要而建造的道路多半处于对外封闭的状态。这也就等于说，在铁路问世前，法国还没有形成真正的民族市场。

上面的地图是从弗朗索瓦·勒佩蒂的近著中借用过来的，它显示出 1820 年前后法国各地道路分布的不均衡。这里再次可在圣马洛和日内瓦之间划一道直线，一边是“道路网极其稠密”的法国北方，那里的交通尽管尚未达到尽善尽美的程度，却是川流不息，往来繁忙；另一边是广义上的法国南方，那里仍以土路居多，石块路和碎石路还很稀少。“法国南方的道路网除了稀稀朗朗的几条要道外，分叉很少，又没有可资替换的间路，不能把各沿途地区联成一片。”[138]

我们不要忘记，当时的通衢大道本身还很脆弱，位于道路中间的狭窄路面虽然力求结实，但过往车辆却往往在路边下陷。这些道路事实上不断需要养护。举一个例子：巴黎至布雷斯特的道路是贯穿伊勒-维莱讷省的交通要道，据说于 1794 年“一般尚能正常通行；几年来没有发生过半路受阻之事，但在雷恩附近，每逢下雨
iii-265 天，车辆行驶十分困难”[139]。从格拉韦尔到维特雷，“路基坚实，但路面铺设的碎石太少，修路十分费劲，损坏却很容易，修路所需的石料只能供应三分之一”；从维特雷到沙托布尔，“路基坚实，但碎
iii-266 石路面铺得太薄，而且损坏严重，没有碎石可供修路使用”；从沙托布尔到雷恩，“土质极差，碎石的铺设很不均衡，但都远不能满足需

要，克吕佐里荒原上有一小段路的路况很差，养护工程目前正在进行”。在总长为 25 167 托瓦兹（约合 50 公里）的三个路段中，铺石块的路面长 5032 托瓦兹，占总长度的五分之一。

以上的例子鲜明地表现了贝纳尔·勒佩蒂经过详细调查所指出的整体现实。从 1820 年绘制的道路分布图可以看出，国家级大道“纵横有序”地贯通全国。实际上，这些大道并非都已完全接通，它们还被一些“缺损路段”，即一些季节性通行的土路或损坏待修的路段所隔断。注意到以上的缺陷，贝纳尔·勒佩蒂又画了一张通衢大道网的修正图，用粗线表示路况良好的大路，用细线代表“缺损路段”，这张修正图当然不如官方提供的地图那么乐观。它表明：一方面，法国南部和山区还存在重大的地区性缺陷；另一方面，在整体上，“地区与地区之间的联系仅由一条大道所维系”，这条大道没有“缺损路段”。简单地说，可以正常通车的“名副其实的全国道路网尚不存在”[140]（见 875 页地图）。

另一个障碍，大道势必穿过城市。有人想当然地认为，车辆在城市通行会比在郊野更加方便，至少因为城内的道路铺有石块。其实，城市的街道不但狭窄、弯曲，而且往往还有坡度。例如多菲内地区的维埃纳就是如此，从里昂通往普罗旺斯的大道在穿过城市时在莱茵河左岸被拦腰切断。市内的街道有时宽不过 3 米，斜坡部分往往被水淹没。车辆在雪天或夜晚行驶更是危险丛生。此外，城市虽大为扩展，但在城墙之内的房屋十分拥挤；随着居民的增多，集市侵占街道，“车马堵塞极其严重，行人走一步停一步，以 iii-267
免冒被压死的危险”[141]。

在 18 世纪下半叶，法国确曾作出巨大努力，发展交通建设。

新技术陆续被采用，如加深路基，在河上架桥时改用新型桥墩；此外，还整修弯道，减少坡度，架设铁桥。[142] 所有这些改造都吸引了斯丹达尔的注意。[143] 工程师们写道，建于20世纪上半叶的这些大道“只不过是把原有的小路加宽一点而已！”[144] 新的大道建成后，车辆行驶变得更加方便，更加舒适——车辆本身也在改进，特别是更加迅速。关于18世纪推广杜尔哥式马车后车速加快，关于驿站的普及和运输公司的建立，我将不作长篇的介绍，因为我借用了居伊·阿尔贝洛有关这些巨大变化的草图[145]。车速的提高在19世纪将更加引人瞩目，仅在18世纪末到1850年，运输公司的平均车速增加了两倍[146]。

公路运输一度曾与铁路相抗衡：虽然铁路终将成为不可抗拒，但在初期毕竟分布不广，更何况速度也并不很快！让-克洛德·若尔日的祖母说，1910年，“在我还当姑娘的时候，人们去伯诺瓦特沃或圣阿维〔默兹省的村庄〕都乘火车。记得每当车子爬坡时，我们居然有时间下车去路边的草地转上一圈。我们甚至还能采集一束花，然后在岗顶赶上慢吞吞的车厢！”[147] 到了今天，火车不再在这些村庄靠站，已是自不待言的了。

水路是第三种交通途径

iii-268 如果说通衢大道是第一种交通途径，路虽小而覆盖面广的乡村小道是第二种交通途径，那么，第三种交通途径便是水路，其地位在铁路问世前和问世后都十分重要。水路也同样应区分大循环和小循环。

就以布列塔尼为例，阿兰·克洛瓦把卢瓦尔河和维莱讷河（后者是“法国第一条使用船闸调节航行的河流，船闸建于1539至1585年间”[148]）称之为“高速公路”。许多小河则利用涨潮，把满载货物的木船推往内陆：乌斯特河、布拉韦河、欧讷河、特里约河、朗斯河、库埃农河也都“适于行船”，尽管经常出现事故。

各省尽管河流有多有少，但都力图把通航河道利用起来。大家知道，这里的“高速公路”都是大江大河，每条河流各有其独特的船运传统。维克多·雨果1843年7月乘坐驿车来到南方，旅行颇不舒适，他对卢瓦尔河作了以下的描绘：“五六艘船排成一队，船队在河上往来穿梭。每艘船只有一根桅杆和一张四方篷帆。在前面开道的船所挂的篷帆最大。船队排列得十分整齐，从第一艘到最后一艘，篷帆按顺序逐船缩小，决不会出现任何的冒尖，任何的随心所欲。这种景象，我只在卢瓦尔河上见过；我愿承认，相比之下，我更喜欢诺曼底的大小不等、形态各异的单桅船和三桅船，它们在塞纳河下游如猛禽般飞驶，它们张挂黄色和红色的船帆，不顾风雨烈日，往返于基耶伯夫和唐卡维尔之间。”[149]

我国境内的水上航运在不久前的过去还很活跃；泛舟水上当是令人赏心悦目的旅行。皮埃尔·古贝尔对我的意见深表赞同。[150] 历史学家之所以“要让在前天充满着朝气，在昨天已经一命呜呼，而在今天又改变面貌，重新振兴的河流恢复生机”，这既 iii-269
是为了展示河流的昔日风采，也是为了显示人在当时的艰难困苦。

我在前面的章节中曾试图再现罗讷河和卢瓦尔河航运业的光辉时代。我举了这两条河流为例子，这也就等于牺牲其他的河流。我想告诉大家，由于经常有机会横渡二海运河，或顺着公路沿运河旅行，当我远远望见岸边的两排白杨树时，我曾不止一次想坐船航行，走完这条狭窄水道的全程，直到与加龙河汇合为止。蒙吕克1562年有一句名言，他说加龙河和多尔多涅河“是为波尔多哺乳的两个乳房”[151]。

多尔多涅河是条大河，在波尔多北边坐木船横渡该河约需一个小时，“那里的河面至少同加龙河一样宽”[152]；关于这条河流，我们有一部图文并茂的著作，介绍18世纪时两岸的风光[153]。城市、村庄、零星村落、私人房屋全都面对河流，至多中间隔着“驳岸”；驳岸是建在河岸上的一种普通设施，“前端伸向河水，并由石块、束薪，木板、沙土等重物加固。整个设施背靠河岸，呈缓坡下降，以利平底船的靠岸和装卸，但它们对冬春两季的洪水抗御力较差，常因涨水而遭破坏或被冲垮”[154]。船只的种类繁多，从仅供捕鱼用的小渔船直到运货的大型驳船，还有在加龙河下游与“木船”（一般用于近海航运）结伴同行的内河帆桨船。[155]这些载重较小的船舶在逆水行驶时历来依靠人力拉纤。直到1740年前后，拉套的牛才开始与纤夫竞争，为此还曾触发过猛烈的冲突。[156]多尔多涅河上游河道狭窄，水流湍急，仅可“放送木排”，柴爿、树干乃至厚木板均随
iii-272 波逐流。事情当然并不像一眼所见的那么简单：木排在朝下游发送途中，必须予以照管和领航，直到“斯蓬图尔、阿让塔以及苏亚克的木材仓库拉鲁梅”[157]为止。人们正是在拉鲁梅把木材转装船只运输（多尔多涅河与加龙河不同，加龙河漂送的大型木排可达下游的波尔多）。木柴、橡木板和木炭被装上一些轻巧、简陋的“阿让塔船”（因其停靠的小城市而得名）；它们同卢瓦尔河或阿列河上的

“松木船”一样，只向下游作一次航行，抵达后即被“拆散”成一堆木板或木柴[158]。

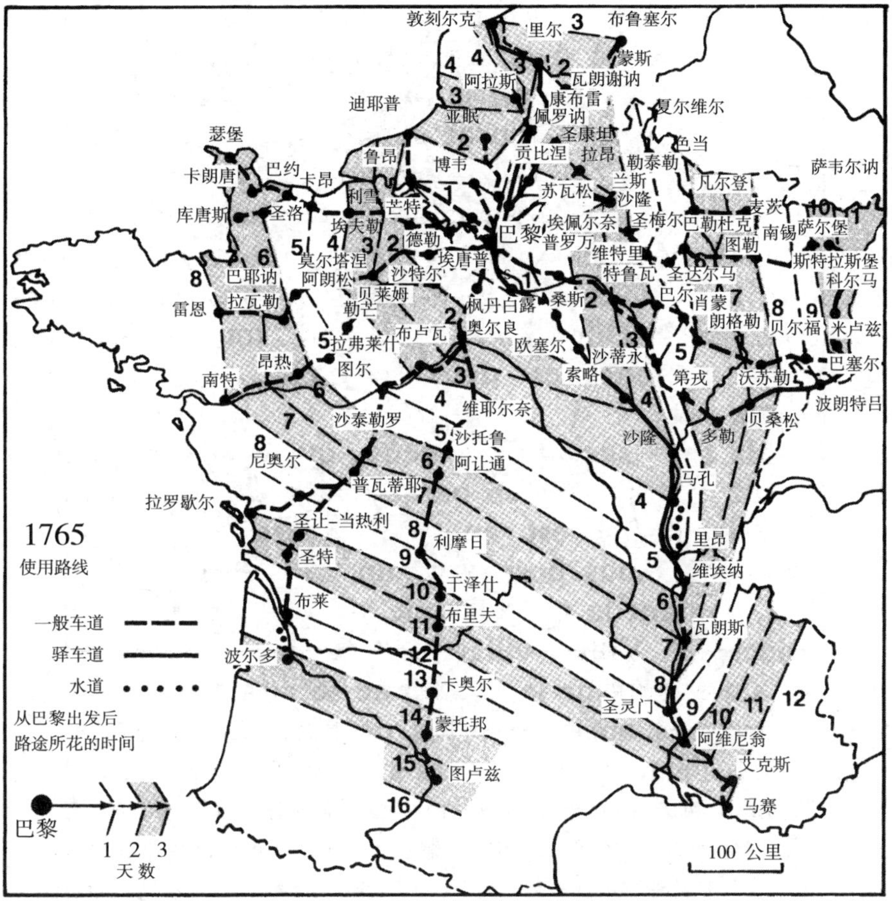

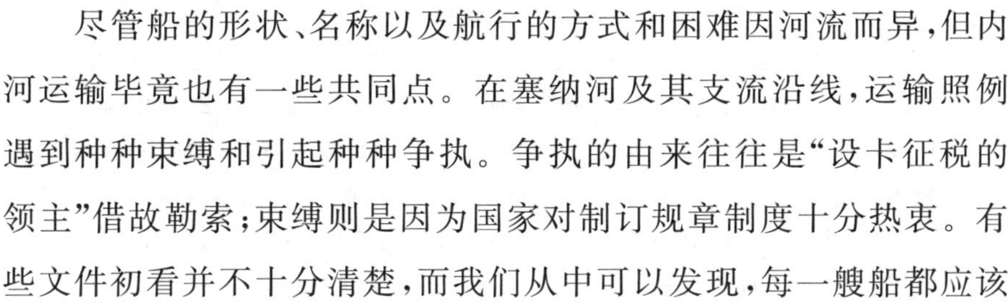

尽管船的形状、名称以及航行的方式和困难因河流而异，但内河运输毕竟也有一些共同点。在塞纳河及其支流沿线，运输照例遇到种种束缚和引起种种争执。争执的由来往往是“设卡征税的领主”借故勒索；束缚则是因为国家对制订规章制度十分热衷。有些文件初看并不十分清楚，而我们从中可以发现，每一艘船都应该

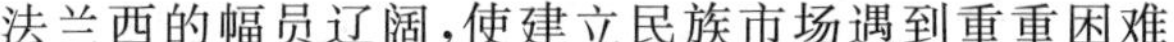

法兰西的幅员辽阔，使建立民族市场遇到重重困难

从居伊·阿尔贝洛的这两张地图（《经济、社会、文明年鉴》，1973 年，第 790 页单页插图）可以看到，随着杜尔哥式马车的推广和驿站的成倍增多，为适应“快速马车”的要求而进行的“大规模道路改建工程”在 1765 至 1780 年期间使法国的间隔距离有时缩短了一半。从里尔前往比利牛斯山，或从斯特拉斯堡前往布列塔尼，1765 年那时至少要花三个星期。即使到了 1780 年，穿越交通不便的法国仍然颇费时日。

但是，道路网正趋布满全国。在第一张地图上，人们确实注意到几条交通干线：巴黎至鲁昂，巴黎至佩罗讷（路程仅 1 天，与巴黎至默伦相等）：巴黎至里昂（路程为 5 天，与巴黎至沙勒维尔、卡昂或维特里-勒弗朗索瓦相等）。在第二张地图上，距离与时间大体上恰相吻合（在巴黎四周形成同心圆）。途中所花的时间仍与通往里昂和鲁昂的旧干线相同。这一转变的得以实现，根本原因就是杜尔哥于 1775 年创办了驿车和货运管理局。

备有“托运书”，即与货物托运人签订的契约[159]，货物必须交“车户”先用手推车送到公秤处过秤，然后方能装船。因此，码头公秤处附近十分拥挤。装船时也同样出现拥挤和堵塞。总之，各种事情都是搞得杂乱无章。

但是，内河运输仍能照常进行。莱翁·卡昂在他早年的一篇文章里，对朝巴黎方向的水运量之少深表惊讶；这篇文章当时引起过轰动[160]，但我并不完全相信他的见解真有道理。在 1710 年，为把小麦从鲁昂运到巴黎，必须花 8 天时间——6 月 10 日至 18 日，但货运量高达 4533 袋[161]。另据一份文件记载，1709 年 3 月 6 日 iii-273
至 4 月 13 日，正值瓦兹河解冻不久，共有 805 穆伊德小麦(每穆伊德折合 18 市石，共计约 1.5 万市石)在苏瓦松港装船“运往巴黎”[162]。由于首都神奇般的发展，塞纳河及其支流的运输量如按 1857 年计算，可达 537.6 万吨，领先于罗讷河(360.8 万吨)和卢瓦尔河(211.1 万吨)[163]。

通航河道所运输的不仅是货物，而且是旅客及其行李。马拉驳船更以载客为主。在 17 和 18 世纪，例如从阿让前往波尔多，旅客都乘坐每星期两班的“马拉驳船”，花两天时间抵达波尔多。他们返回时可搭乘“利用每天涨潮上达卡迪亚克”的许多船只，再在卡迪亚克骑马继续前进，经六次更换坐骑后，来到阿让。[164] 巴黎开出的马拉驳船的行进路线通常张榜公布，出发的地点、日期、时间以及有关事项也一并通知旅客。开船时间一律以圣保罗教堂的大钟为准，地点有时在圣保罗码头，有时在图内尔门外码头；班次随季节变动，有冬令时和夏令时之分。旅客和行李均可登船，不得借故拒绝，票价可谓童叟无欺，经巴黎市行政署、司法署和商会 1738

年 4 月 29 日的共同决定，“在船桅悬挂的一块白铁皮上开列价目”[165]。

那时候，各种旅客不分职业和国籍，就这样挤在一起，乘坐卢瓦尔河上的马拉驳船，票价按每人每里三苏计算。沿河两岸客店众多，接待旅客过夜。过了一个世纪以后，在 1829 年，出现了最初的蒸汽船，但因发生几起惊人的锅炉爆炸事件，旅客纷纷规避。于是在 1838 年又有名为“永不爆炸”的新型轮船的问世。它们于
iii-274 1843 年在卢瓦尔河和阿列河大出风头（在卢瓦尔下游的旅客为 7 万人，在卢瓦尔河上游和阿列河则为 3.7 万人）。人们对船的速度、娱乐乃至餐饮无不交口赞誉。至于它们有时像普通船一样在沙滩搁浅，这类事故自然尽量少说。一旦发生搁浅，必须用六对壮牛才能把船从沙滩拉出！名为“永不爆炸”的轮船虽然取得了成功，但过了十来年后，又不得不被铁路所淘汰。[166]

大江、小河和运河当然都要反复进行疏浚。人们在可能条件下竭尽全力去整修河道，这本身足以证明水运的重要。有关开凿新河、扩展航运的建议书可谓汗牛充栋。就以谢尔河为例，疏浚计划于 1679 年提出。[167] 一度搁浅后，又于 1788 年[168] 旧事重提，仍属徒劳。1696 年，有人主张开通夏朗德河自昂古莱姆至旺特勒伊段的航运，以便向罗什福尔军港运送木材。波城和欧什财政区的巡按使为把船桅运往巴约讷，于 1763 年[169] 抢修阿杜尔河的支流奥莱龙急溪。到 1795 年，锡乌勒河两岸的葡萄农要求在该河支流与阿列河之间修一条长 6.5 公里的运河。他们的要求遭到了拒绝。这一工程费用过高，且不甚合理，为建造一条短短的运河，竟要拆除三座磨坊。[170]

1781年6月15日，庇卡底商会提出的另一项计划也十分庞大：疏浚亚眠到出海口的索姆河河道；工程量大得出奇，据估计费用将达90万里佛[171]。由河水和海水随带而来的大量泥沙确实在宽阔的索姆河口不断堆积，多年来已对圣瓦莱里的商业造成严重影响。先后于1764年、1770年、1779年提出的疏浚计划全都落空”[172]。一项宏伟的计划于1781年问世：“索姆河将在距出海口不远处堵截”，“河水……由一条沿直线开凿的运河引向圣瓦莱里 iii-275
的前港……运河上将设一座船闸，用以清除泥沙……此外还要建造一条纤道，用马匹取代人力拉纤，纤道的起讫地分别为圣瓦莱里港和亚眠”。这项计划无疑促成了索姆河位于阿布维尔和圣瓦莱里之间的航道的疏浚；我们至此对这项计划不甚明了，但对熟悉索姆河口（历来深受泥沙淤积之害）的人来说，便能通过以上叙述产生联想。

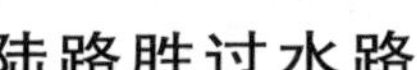

陆路胜过水路

水路不限于大江小河，必须再加上运河，即“人工挖成的通航河道”（在总长7000公里的通航河道中，运河1800年占1000公里；1830年占2000公里；1843年占4000公里。铁路的出现终于扼制了运河的增长势头）[173]。还应该加上近海航运，甚至若干远洋联系。第三种交通途径就这样得到了加强，但它的分量是否抵得上庞大的陆路运输呢？

威尔纳·桑巴特很久以前作出了否定的回答，他向我们提供的证据照例很少夹带论战的成分。他以德意志为例进行的论证势必使人联想到法国。让·梅耶正确地强调指出，即使像塞纳河这样一条水量稳定的河流，涨水和枯水也使它每年的使用期缩短近三分之一[174]。还有什么别的可说的呢？陆路绝对胜过与它平行的水道，这是确曾发生的事。例如在16世纪，阿拉斯、瓦朗榭讷或香巴尼的多数大车队在抵达索恩河边后，竟不把货物转交船只运输，“继续上路，直到里昂为止。它们赶到里昂，正值交易会刚刚开
iii-276 始，他们在交易会上备足供应尼德兰的货物，然后满载而归”[175]。人们也许还会想到，陆路运输较有规律（但也只是相对而言，赶上农忙季节，农民无暇出外赶车，陆路的使用率便大为降低），而且迅速快捷；这也只是相对而言：与陆路相比，水运不但缓慢，而且某些娇贵的商品——如纺织品——在运输途中还有损坏的危险。最后，不容置疑的论据：1828年的统计数字，水运量为480万吨，陆运量为4130万吨[176]。讨论至此是否可以结束了呢？

我并不是说威纳尔·桑巴特和让·梅耶完全错了。但他们是否很好地提出了问题呢？我们也许应该仔细听听沃邦这位无与伦比的观察家所说的话。他说：“一条中等大小的船，在正常情况下航行，只用6个人和4匹马〔拉纤〕，其载货量却是200个人和400匹马在普通陆路上所难以胜任的。”[177] 这也的确是个事实：只要一有机会，极其狼夯的货物（木炭、草秸）[178] 难道不都是自动选择水运吗？石料、熟铁、生铁、谷物、葡萄酒、木柴、泥炭也莫不如此。例如，1796年，人们在阿讷西附近发现了泥炭。一位仔细的观察家指出：“阿讷西盆地四周被很高的山冈团团围住，泥炭外运十分困难，由于运输全靠四轮或二轮马车，而且运价很高，泥炭在当地并不能产生多大效益。甚至，当地开采的泥炭在运到距阿讷西9至10里远的尚佩里以后，其成本很可能还不如在里沃·德日耶开

采，经由罗讷河和布尔歇湖运来的煤便宜，尽管水运距离长达 30 至 40 里。这就证明，享有舟楫之利的地区总比仅有陆路相通的地区进步更快，哪怕陆路交通已是尽善尽美。”[179] 1757 年 6 月，据库尔泰伊巡按使的计算，用 30 至 50 吨的小驳船从卡昂向巴黎运送 iii-277
小麦，运费可比车辆便宜四分之三[180]。

由此可见，水运优点在于运费低廉和能够装载重货。这些优点将一直保持到建造铁路为止，甚至更长一段时间。例如，在鲁昂装货的 10 艘船于 1817 年 7 月把供应巴黎的谷物运抵普瓦西，每船载重约 200 吨[181]，至少相当于 800 辆车的运量，因为在 18 世纪末年，尽管道路的惊人进步已使车辆的载重增加了 60%，用四匹马牵引的车辆的货运量也不超过 25 吨[182]。更何况，即使这里不算细账，1827 年的水运费用仍然比陆路便宜两倍半[183]。

以上见解不论怎样正确，却改变不了关于陆路运输和水路运输的相对比重的讨论方向。为了把讨论引向正确方向，我们应看到以下两项事实。

1. 据我所能够证实的，木柴并没有被列入到水运量（体积和重量）的计算中去。[184] 这肯定使水运量减少了一个很大的部分。巴黎及其郊区 1786 年取暖消耗的木柴相当于 70 万至 80 万“趟”木排，约折合 150 立方米[185]。伊泽尔河、波河、阿列河、奥尔南河等大小河流全都发运木排，再经马恩河转送巴黎或鲁昂，成捆的松树主杆则由车辆从孚日山运到巴勒迪克。

2. 水路适于中程运输，更适于远程运输：船舶几乎都能走完大小河流的全程。从罗阿讷开出的船驶向卢瓦尔河下游，至少到奥尔良才停下，有时甚至到南特；索恩河上的船如不在格雷靠岸，

iii-278 往往就一直开到里昂为止。水果、葡萄酒、石料、泥炭或木炭在阿列河沿岸装船后，直接运往南特、巴黎或奥尔良。在各河流之间起着联接作用的运河使避免水陆转运逐渐成为可能。水运可见属于大流通的领域，高层次运输的领域。

以上正是我们必须牢牢记住的事实。水路运输可以与 1827 年的所谓“国家级大道”试比高低。内河运输量（480 万吨）并不是与全部陆路运输量（4130 万吨）相比，而是与“国家级大道”（1040 万吨）相比。这两个数字比较下来，得出的比例为 1 比 2。这也正是让-克洛德·杜坦就 19 世纪 40 年代计算所得的比例（陆路占 49％，内河航运占 23％）[186]。如果把近海航运列入第三种交通途径，那在内河航运的 23％之上再要加上 25％。比例至此与陆路几乎相等。考虑到木排的运量（我再说一遍，其数额极其可观）尚未计算在内，这个比例又该作何变化？

最后，为了削减运输开支，减轻法国经济的沉重负担，人们制订了各种计划，试图扩大运河网（1800 至 1845 年间，增加三倍）。这也并不是什么新发明：沃邦为了贯通运输，曾主张整修 190 条河流，以利航运。[187] 水道应该并且可能扩大造福于人的范围。确实，1830 年后，它已证明了对一般陆路的优越性，因为它比一般陆路更好地和更长久地抗御铁路的竞争，保持运输量的增长，直到铁路通过“削价战”才终于取得了胜利。[188] 水路运输从此回落到它的可能水平以下，并且保持至今。

整体：国家的作用

在法国，国家只是通过“控制”全国各地的流通和交换，才巩固

了(或不如说确立了)自己的地位。这当然不是在朝夕之间就能做 iii-279
到的事。国家首先占据了集市、交易会等流通交汇点:集市和交易会需经国家批准方可开办,二者并受国家保护。作为不折不扣的通货,铸币一出铸币厂的门口,就在国家的控制之下。国家创建并优先发展驿路运输。最后,国家还越来越关注陆路运输的发展,特别是通衢大道以及由此形成的全国交通网,注意扶持位于交通枢纽地点的城市。

由于法国疆土辽阔,完成这项巨大的任务势必为苏利所不能胜任,苏利虽然名重一时,但此人的作用其实有限,特别在法国蒙受宗教战争的破坏以后,更已退居次要地位。1599 年为他特设的法国路政总管一职于 1626 年被裁撤。[189] 苏利当时曾特地指出,"修桥补路之事与国王无关",应由地方当局出资兴办[190]。柯尔贝尔当政期间(1661—1683 年),君主无疑开始投入到大规模的道路建筑工程中去。但是,在柯尔贝尔去世后,国家又对道路不那么重视了。

到了 18 世纪,特别在 1735 年或者是在 1760 年以后,国家放手发展交通事业,其规模不但超过了国家的财力,甚至还超过了国家的良好愿望。确实,随着经济的增长,道路的建造、维修和养护便成为势在必行之事;由于修路技术取得了巨大的进步,各项开支也就不断增加。因此,国家从事了一项为它力所未逮的任务,而国家的勉为其难正好暴露出由它自身的结构所产生的各种障碍。

因为,法国的经济并不是个统一的整体,它由一系列外省所组成;各省出自地方的需要,偏重中程的流通。它们维护各自的特
权、利益以及日常生活。既然国家长期把建造和养护道路的责任 iii-282

交给各省，道路也就主要为地方性的流通服务。即使由各省巡按使规划设计的大型工程也很少超出地区经济和地区需要的范围。

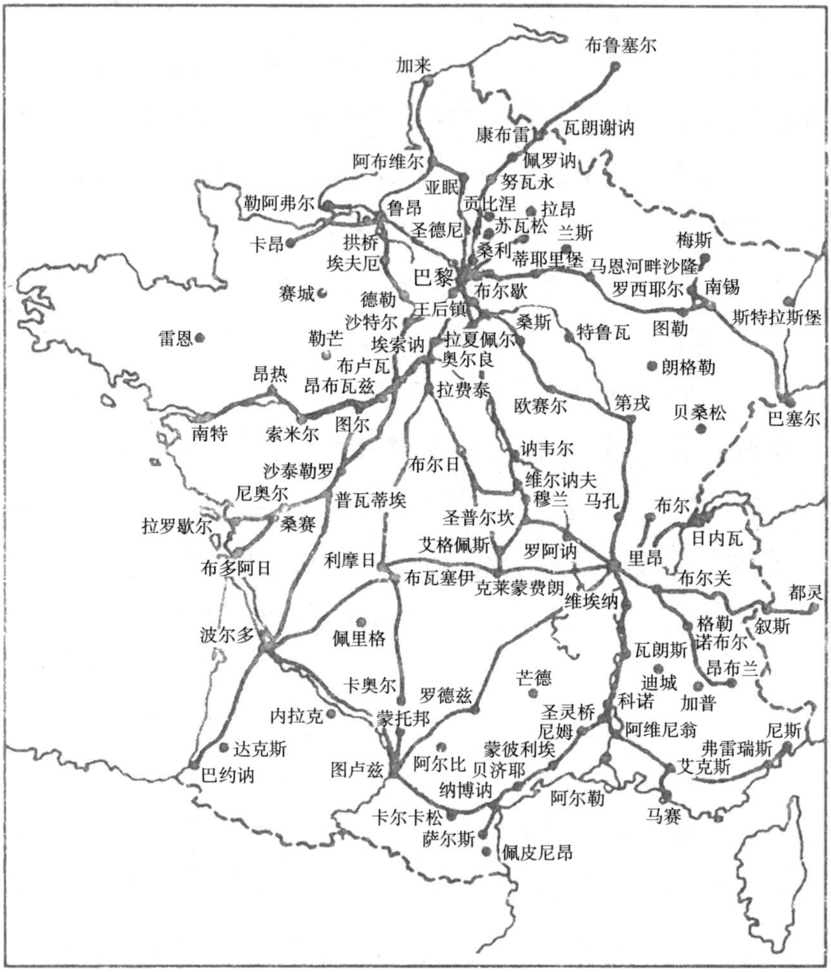

1632年时的驿道

驿道当时还不像在18世纪的时候那样覆盖全境，而主要集中在法国西部和东部。

（参见阿尔弗雷德·费埃罗-杜姆内克：《边沿区，法国的历史地理》，1986年版。）

然而，国家对有关全局的大政方针当然不能置之度外。它意识到必须让通衢大道脱离地方的格局，使之“非地方化”，并接通“由巡按使在各财政区内建造的地区干线”，以便形成一个以巴黎为起点的[191] 辐射状大型交通网，并且在可能条件下，建立起一个今天经济学家们所说的“民族市场”。这项任务只能慢慢去完成，尤其因为它有时会遇到地方的抵制[192]。而且，任务越是迟迟不能完成，计划的目标就显得愈加宏大，所需的费用也愈加高昂。

可是，读者也许已经知道，旧制度下的君主并没有把国内的税收搞好。臣民缴纳的税收只有一部分归君主支配。国王借贷无门。建造大道只能根据所谓“徭役制”征调农民劳力。徭役制的规章尚未确定，却于 1738 年已由奥利总监下令付诸实施：柯尔贝尔曾经提出过这方面的主张：至于巡按使，即使徭役制不是他们的发明，但他们主动实施了这项制度。

每年服役 12 至 30 天，甚至 40 天，这是一项极重的劳动负担。尤其，徭役征调一般仅针对距修路工地三四里远的村民，时间长短不一，负担极不公平。结果造成被征调的“民工”或“役夫”（前者仅提供劳力，后者需携带役畜）的拖延推托。“开明人士”对此又纷纷提出强烈的批评，从《人类之友》的作者米拉波到《百科全书》莫不如此。确实，假如没有徭役制，特吕丹（1743 至 1769 年任桥梁公 iii-283
路局总办）和佩洛奈工程师（1708—1794 年，于 1747 年创办桥梁公路工程学校）就不可能建造起令人赞美的道路，但工程中不免也有人力和财力的浪费。从各村庄抽调的劳力对操作既不熟练，干活又不起劲，往往只是敷衍了事。在 1701 年，由于接连下雨，雨水冲垮了桥梁和道路，蒙托邦的巡按使痛心地说，20 万个劳动日就

被这几场大雨一笔勾销了，这些“新路不能通车，历时达40年之久”[193]。

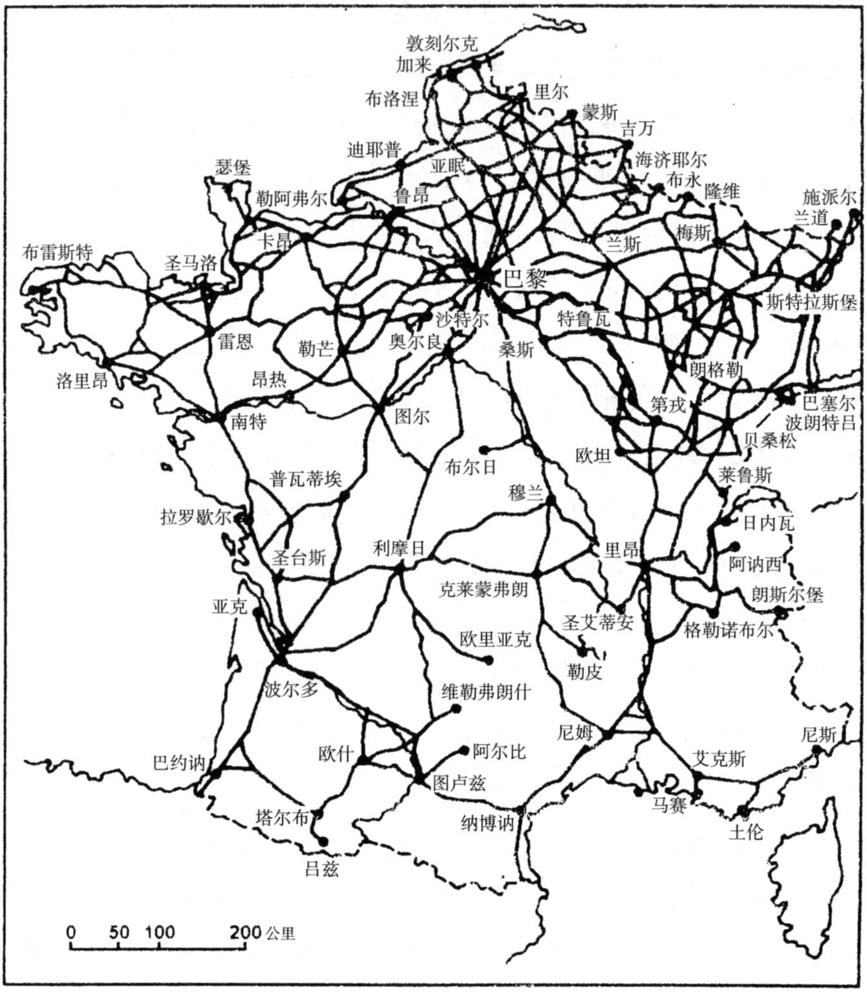

1797 年时的驿道

（参见维达尔·德·拉布拉什的《法国地理图表》和阿尔弗雷德·费埃罗-杜姆内克的《边沿区，法国的历史地理》。）

所以，在杜尔哥下令取消徭役制以前（1776 年 2 月）和在恢复

徭役制以后（同年 8 月 11 日），好几位巡按使曾用征收捐税的办法代替无偿服役，以便雇佣专业劳工。省议会 1780 年在批准贝里的巡按使的这项决定时指出，为了建造 3 法里（合 12 公里）的公路，应征劳工和车辆的劳动日折价可达 62.4 万里佛，而如果通过不同途径征收 24 万里佛的税金，建造的公路长度就能比原来增加一倍[194]。1755 年的一份报告使用了同样的理由，建议在布列塔尼废除徭役制。它解释说，公路的质量，新技术的推广，将因此得益不浅。修路支出每年约达 80 万里佛，“数目确实大得惊人”，但是，98 283 名劳工和 69 918 匹马每年花 12 天工夫修路，无论把工价折算得多低，总该达到 193.3 万里佛。这就比 80 万里佛多了一倍多。报告最后得出结论说，实行“征税修路，出工付酬”[195] 的办法已刻不容缓。

然而，开征新税却是件十分困难的事。徭役制于 1787 年被废除，而税收问题却并没有得到解决。索恩-卢瓦尔省的省议会在共和十年（1802 年）不是就公开表示过不满吗？省议会声称，“徭役
制能使共和国的公路再现昔日风采，这些公路对贸易十分有利，并 iii-284
赢得外国人的普遍赞美。”[196]

尽管存在以上困难，尽管发展相当缓慢，公路网毕竟有所扩大。在各“大路”沿线，驿站总数 1584 年为 302；1632 年为 623；1701 年为 798；1789 年为 1426（几乎增加一倍）；1850 年为 2057。[197] 毫无疑问，直到 1827 年，公路运输仅占货运总量的十分之一。然而，尚不完善的公路网却能满足国内的大部分需求，并确保经常的联系。就在一百多年以前，1707 年 2 月，德·台赛元帅在都灵战败后来到格勒诺布尔，出任法国东南方面军的司令[198]，

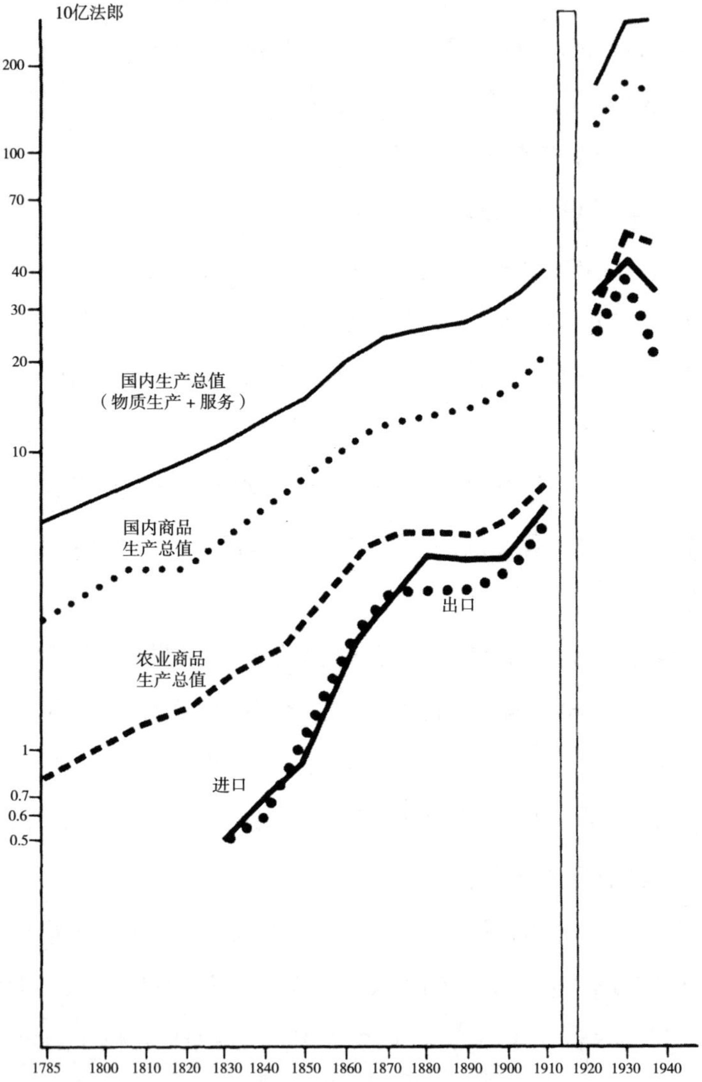

10亿法郎

200
100
70
40
30
20
10
1
0.7
0.6
0.5

国内生产总值
（物质生产＋服务）

国内商品
生产总值

农业商品
生产总值

出口

进口

1785 1800 1810 1820 1830 1840 1850 1860 1870 1880 1890 1900 1910 1920 1930 1940

1785 至 1938 年的国民生产总值和商品生产量

曲线是根据让-克洛德·杜坦提供的十年平均数画成的，数据从 1920 年起中断了十来年，这意味着，1914 年以前依附于金本位的法郎流通量与第一次世界大战以后随通货膨胀而成倍增加的法郎流通量不能进行比较。

他发现与宫廷的联络竟是十分困难，并为此深感恼火。在巴黎和里昂之间，驿站传送的信件十分迅速。但从格勒诺布尔到里昂，信件却靠牛车运送[199]。1814 年时的形势更加错综复杂：正当拿破仑扼守各交通要道、防止外国军队进占巴黎时，法国东部和北部已遭外敌入侵；但是驿车仍在各地照常通行，虽然不免遇到困难。从斯特拉斯堡、里尔和里昂发出的邮件“因不得不绕道而耽搁很长时间”[200]，但仍能送达目的地（显然因为广大的国土并未完全受敌人的控制）；不仅如此，邮件还定期带来和传播不尽准确的、始终令人不安的各种消息。3 月 30 日的投降使巴黎免遭“洗劫和焚烧”，但城市不能不被外敌占领。当联军于 4 月 1 日开进巴黎时，“公众得到通知，邮差于当天照常出发送信，到 4 月 7 日，邮政业务可望在周末完全恢复”。

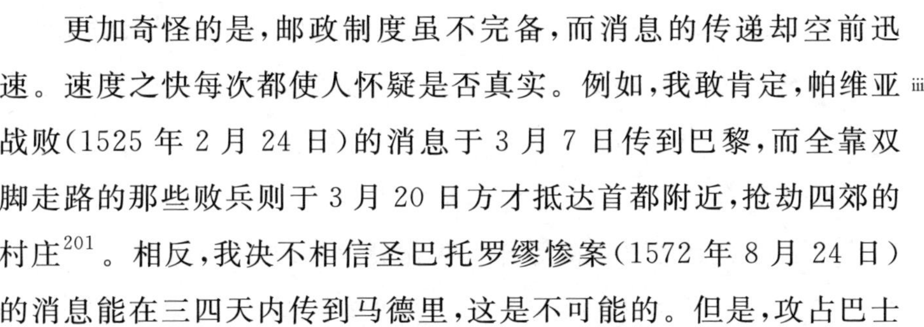

更加奇怪的是，邮政制度虽不完备，而消息的传递却空前迅速。速度之快每次都使人怀疑是否真实。例如，我敢肯定，帕维亚 iii-285
战败（1525 年 2 月 24 日）的消息于 3 月 7 日传到巴黎，而全靠双脚走路的那些败兵则于 3 月 20 日方才抵达首都附近，抢劫四郊的村庄[201]。相反，我决不相信圣巴托罗缪惨案（1572 年 8 月 24 日）的消息能在三四天内传到马德里，这是不可能的。但是，攻占巴士底狱（1789 年 7 月 14 日）的消息却在几天内传遍了整个法国。

这里有一个不算重要但又完全可靠的事实，我想提请读者注意。从巴黎发出的驿车，不论其速度多快，总要花好几天时间才能穿越法国全境；与此同时，某些小道消息却能像沙佩安装的信号机一样飞速传送，尽管这种电报信号要等到 1793 年方才真正被发明。例如，路易十六及国王全家于 1791 年 6 月 22 日在瓦伦被扣，这个轰动的消息两天后竟已在位于法国另一端的坎佩尔传开。莫尔比昂省的议员为此致信国民议会:“本月 24 日星期五上午 7 时,我们接到了国王及其全家被劫的消息。”[202]

流 通 总 量

为了认真地作个小结,我们必须对以往的流通总量进行计算,这里主要参照让-克洛德·杜坦的计算方法[203]。他对进入流通网的产品单独算了一笔账,换句话说,把不被生产者就地消费掉的商品生产总量单独计算。他从国民生产总值中扣除了农民自身的食物消费及其牲畜的饲料,还扣除了他们制造的供家庭使用的各种“工业品”(织物、房舍、工具等)。人们或许会说,在严格意义上的
iii-287 工业生产中,特别在城市生产的产品中,也有一部分由生产者所直接消费,并不送往市场。但这部分产品为数不大,而且无从计算,即使忽略过去也无伤大雅。从根据让-克洛德·杜坦的数字制作的第 872 页图表上,你一眼就会看到我们所能得出的结果。这些结果毫不含糊地表明 19 世纪的整体进展。

在以上的演变中,最突出的变化就是农业总产值与农业商品生产量之间的比例关系(没有在图上画成曲线)。这里不正好遇到我国历史的重大问题之一吗?农业生产的商品率恰恰体现着非农业人口生活所需的剩余产品总量,其中包括城市、统治者、特权阶级以及有史以来的各种奢侈用品。这一比例只能作个粗略的计算,但即使如此,它也是反映法国以及所有“以农立国”的国家“真实”历史的一个黄金数字。

这个黄金数字因时因地而千变万化。就以1737年的朗格多

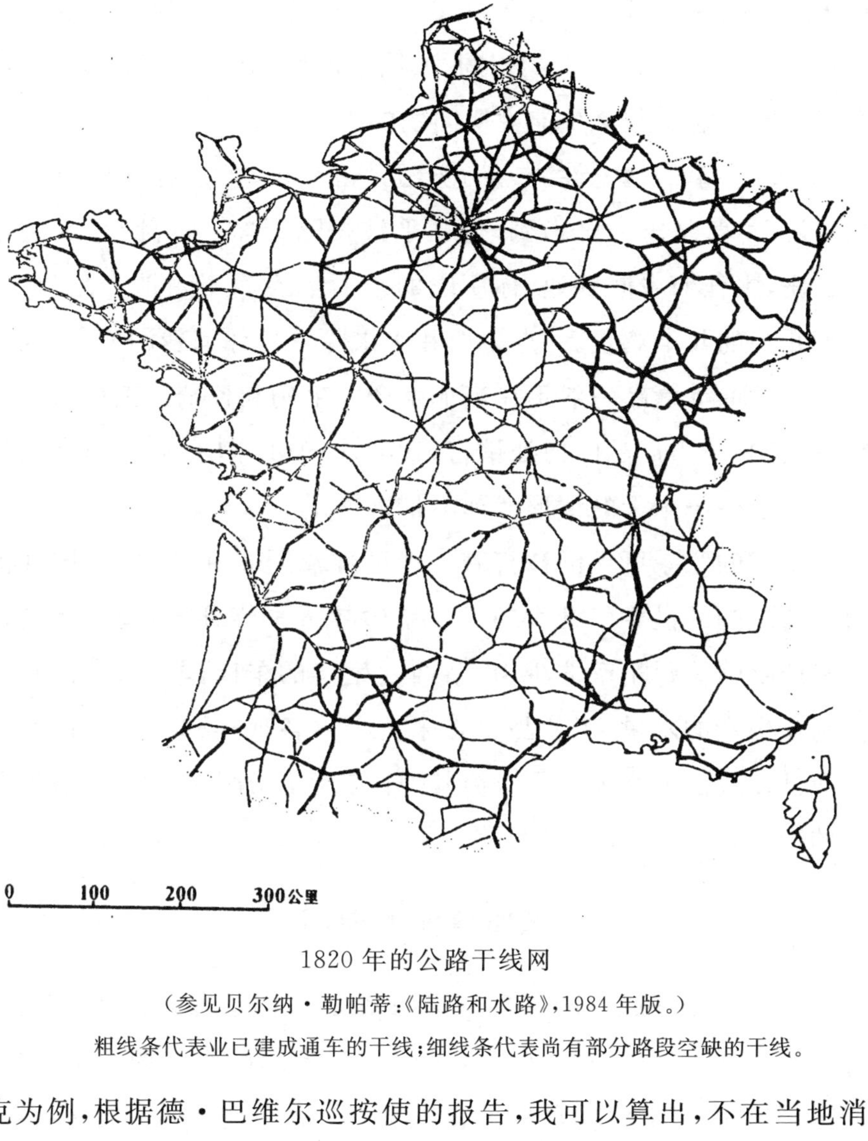

0　100　200　300公里

1820 年的公路干线网

（参见贝尔纳·勒帕蒂：《陆路和水路》，1984 年版。）

粗线条代表业已建成通车的干线；细线条代表尚有部分路段空缺的干线。

克为例，根据德·巴维尔巡按使的报告，我可以算出，不在当地消费的产品约占全部产品的 14%，其中包括工业产品。由此可以推断，农业生产的商品率当时十分低下。[204]

商品率在 18 世纪下半叶有了大幅度的提高：根据让-克洛

德·杜坦提供的第一个数字，1781—1790 年间食品生产的商品率已达到 50%；1930—1938 年间平均达 75%；1980 年为 95%。还有什么能比这些数字更能说明问题的呢？[205]

范围狭窄的地方性流通确实已日薄西山；长期存在的自给自足经济（尽管从未完全做到）也几乎被扫除干净。因此，今天去任何村庄，去任何乡间别业，你所吃的东西都不属于当地产品（在邻
iii-289 居那儿买的几个鸡蛋、一点牛奶和水果除外），你消费的面包、葡萄酒、肉、黄油等食品一般不在当地生产。牛奶和葡萄逐渐由合作社统一收购；至于产品向何处销售，1903—1914 年间，39%的食品仍留在产地……今天的情形就远不是这样了。

旧式的联系可见已被打破。地区性流通正在消失，全国性流通正向辽阔的世界广开大门。如果边界进一步开放，我们将越来越多地吃阿根廷生产的牛肉，新西兰生产的羊肉，非洲、美洲和澳大利亚生产的水果，工业品也将来自世界各地……一场静悄悄的革命已使我国的交换以及世界其他民族经济的交换发生了翻天覆地的变化。

铁路建设的前后

法国终于完成了国家统一，不依法国人的意志为转移，有时甚至不被法国人所注意。好不容易建立起来的民族市场还很脆弱，尚未弃旧更新的经济，就像糖在水里一样逐渐被国际市场所溶解，所淹没。

我们今天早已告别了旧制度；在旧制度崩溃的前夕，当时的问题是怎样取消设在各省边界、水陆交通沿线及城市出入口的关卡、

栅栏以及严重妨碍王国国内流通的割据状态！国家在成长壮大的同时，陆续把省、城市、地方、领地置于附庸的地位，但它又把一些通行税制度以及公私特权继承了下来，尽管柯尔贝尔等人曾试图加以整顿，通行税制度和公私特权仍克服艰难险阻，继续保持了下来。

到了 18 世纪，特别是在 1750 年以后，经济学家纷纷提倡进行有力的改革。福尔邦奈惊呼：尽管有人或许不信，但完全可以肯定，只要“取消瓦朗斯的税卡，废止阿尔勒 2％的通行税，取消四一抽成，不再在朗格多克与普罗旺斯交界处征收集市捐……把生丝税和原料税减少一半……对里昂经由普罗旺斯向国外输出的食品，特别对省际交流的各种货物，一律免纳通行税”，就能使“货币流通量在六七年内增加一倍……从而使公共收益也增加一倍”[206]。瓦朗斯的税卡对法国贸易“危害最大”，仅此一处竟“使五六个省断绝交流，百业不振”[207]。且不说在边境、道旁、城门口的无数税卡，货车每次被拦截所受的损失竟比缴纳的税金更高。只举一个小小的例子，1788 年从洛林运往塞特港的一批木材竟在 21 处不同地点缴纳 34 笔税款！[208] iii-290

在以上情况下，对于叶卡捷琳娜二世派驻巴黎的大使的观感，人们也就不难理解了。大使指出，法国的运输业不构成协调统一的整体，而只是三个系统的“人为的组合”：邮车、驿车和一般货车各司其职，各行其令，各守其禁，规定数量之多闻所未闻，细节之烦琐可谓吹毛求疵[209]。在大革命前夕，《百科全书》不是把夏朗德税务局的税目称之为“名副其实的天书”吗？通行税的税率随货物的品种和征税的地点而千变万化。[210]

到了1786年，政府似乎决心在国家政令所及的范围内对通行税进行一次清理。杜邦·德·纳穆尔建议采用一次性征税的办法（进口税分6等，出口税分4等），取代国内五花八门的通行税。[211]
iii-291 1786年11月20日，俄国大使西穆兰向本国政府报告了关于法国国内通行税"向边界迁移"的这项计划。他说，"政府部门认为有必要并希望将计划付诸实施，但根据计算，这项措施将使国王的收益每年减少800万至1000万里佛，目前的财政状况恐怕难以承受这一损失"[212]。

法国大革命将实现全国的行政统一，但国内的运输困难并不因此而得到解决。法国在旧制度下，在革命时期和帝国时期，在复辟王朝和七月王朝时期未能实现的事，却将在1840年由铁路轻松自如地完成。流通这个老大难的问题——尽管国民经济有所发展，尽管工业革命悄然来到，流通仍然不畅——如今将由技术来解决。

且看1830年前后法国的形势。运输的急剧增长使前半个世纪道路建设取得的成就显得微不足道。经济学家杜诺瓦耶毫不留情地指责，在法国的公路上，车辙密布，车辆颠簸，行驶艰难，车辆在"会车时稍有不慎"，难免在道边倾覆[213]。尤其，运输费用极其昂贵。技术和费用似乎都已达到某种极限。"整个体系不但不能陆续有所改善，反而越来越不适应新的要求。"[214]

正是在这种情况下，铁路终于诞生了。请读者不要想当然地以为，铁路就像高速公路那样，根据一个全国路网的范本逐渐建设起来。为了运输笨重的矿砂，一些地方的工业家纷纷主动兴建铁路。卢瓦尔煤矿公司首先获得了桥梁道路工程局的批准。新建的

铁路以英国为榜样铺设铸铁轨，车辆由兽力牵引，把圣艾蒂安的煤
(1812 年的开采量将近 30 万吨，1825 年则达 60 万吨)运往里昂。
专门用于运煤的铁路线 1823 年在昂德雷济约和圣艾蒂安之间开
通(长 22 公里)，该线于 1826 年由圣艾蒂安延长到里昂，1828 年
又从昂德雷济约延长到罗阿讷。连接罗讷河和卢瓦尔河的这条现
代化交通线将迅速兼营客运和货运业务。蒸汽机车于 1831 年被 iii-292
采用，到 1836 年，客运量达 17 万人。然而，法国在 1840 年还只有
几小段铁路线，其分布状况可参见第 882 页的地图。[215]

关于建立全国铁路网的主张曾得到圣西门派的大力提倡，他们认为这“不仅是一场工业革命，而且也是一场政治革命”，这会大大增强“人与人的联系和城市间的联系”[216]。这项主张在银行界和政界迅速得到传播，国家于 1833 年决定从桥梁道路局收回铁路出让权。然而，正如旧时代的国王一样，国家不愿承担建路开支，而满足于规划路网的分布，“对私营公司实行指导”[217]。铁路当然以巴黎为中心向全国辐射：新建的铁路从一开始就脱不开原有公路网的格局。

铁路网不如公路网那么稠密。各城市你争我夺，纷纷请政治家、资本家和工程师出面，力求在铁路网占有一席之地；争夺之激烈达到白热化的程度，并且往往不择手段，成为我国历史上不光彩的一页。城市的前途将取决于这新一轮的“发牌”：布里夫拉亚尔德因位于巴黎至图卢兹的直达铁路线上而使蒂勒黯然失色；格勒诺布尔从此胜过了尚贝里；阿讷西脱离了闭塞的状态，贝桑松则陷于不利的处境。历史命运展现的千差万别就以铁路和工业化为出发点；铁路是工业化的基本要素，但并不是唯一的要素。

大家也别以为铁路能一举提高法国的经济水平。铁路问世之初，有人欢迎，也有人怀疑。当巴黎至圣日耳曼的第一条铁路线于1836年建成时，阿道夫·梯也尔竟称之为旨在取悦公众的玩具，即一种“高低起伏的滑车道”！革命家布朗基的兄长阿道夫·布朗基，颇有点书呆子气的国立工艺博物馆教授，就在同一年声称，“铁
iii-293 路的运费始终将过于高昂，以致吸引不来货物”[218]。

然而，铁路尽管因运费高昂[219]，有时不能迅速取得社会各界的普遍赞同，但它在被嫁接到旧式流通体系上以后，却从未成为“异体排斥”的对象。这是因为旧体系能与嫁接物配合一致。乔治·杜歇纳于1869年指出，“在运输行业中，各种旧式马车，两轮的或四轮的，轻便的或载重的，仍在互相竞争，使铁路运输得以进一步延伸”[220]。铁路线之间空着的广大地区为铁路所鞭长莫及；车辆、役畜就在那里继续从事运输活动。人们甚至还注意到，一些村庄为与铁路接通，竟大力发展和养护乡间小路；与此同时，与铁路平行的一些通衢大道却反而逐渐被废弃不用。到1900年前后，通衢大道将全部被淘汰。[221]

确实，驿车不可能与铁路相抗衡。1856年10月，《辩论报》的一位编辑对一条新铁路的通车大发感慨：“只要离开中心城市，去稍远一点的地方，那便是驿车的天下：驿车每站都停，让人等得心焦，车夫总是一副睡不醒的样子，套绳断了，随便找几根绳子捆上，车子下坡时赶紧按住曲把或闸瓦，关在车厢里的倒霉旅客被折腾得头昏脑涨；到了这时候，人们就会觉得，铁路旅行该是何等舒适。”[222] 从1860年起，各地纷纷要求修通铁路，国家最后也不得不于1880年出资扩建总长1.9万公里的支线。这项建设预计有亏

无盈，私人拒绝进行投资。这是未来的铁路国有化的前奏。

后来，随着铁路机车遇到汽车的竞争，大型公路又卷土重来，恢复其重要地位。汽车将花很长时间才把次等铁路线淘汰。第一次世界大战期间，大小卡车风尘仆仆地承担人员和物资的 iii-296
运输。正当凡尔登战役猛烈展开时，汽车在巴勒迪克到凡尔登一线的公路上往返不绝。与此同时，名为“瓦里诺”的窄轨小火车仍继续从事运输，小型的机车和车厢始终保持着巴勒迪克与凡尔登的联系。

正如众所周知的原因，由于技术的不断进步，沥青路、电、电报、电话、高速公路将陆续出现，最后还有国际航空线；乘坐国际航班出门旅行确实令人心旷神怡，我是享受这一待遇的特权者之一。以上种种，今天已是老生常谈。

但对当年亲临其境的人来说，这些变革该是多么出人意外，多么令人钦佩！信号远距离传送装置自从由克洛德·沙佩发明后，曾长期为政府所专用。19 世纪 30 年代末，人们试图使用电线传送信号，成为今天的电报。再过几十年后，卢瓦雷省省长 1866 年 2 月 5 日自奥尔良报告说：“皇帝陛下在立法议会开幕式上发表的演说是 1 月的重要政治事件。我们在接到电报后立即付印，这个文件几小时后已在奥尔良张贴……我于当晚又发电直接通知各县县长和各镇镇长，要求在市镇各地普遍张贴布告。”[223] 事情干得漂亮！

又过 20 年后，1887 年 2 月 1 日，法兰西喜剧院著名演员埃德蒙·戈特指出：“布鲁塞尔与巴黎可通电话。科学不断在创造新的奇迹。”[224] 就在不久前，我自己也惊喜万分地获悉，巴西的圣保罗已与巴黎的自动电话联网。我迫不及待地立即拨号，与我在 1936 年认识的一位老朋友通话，当时从巴西坐船到欧洲，竟要 15 天的路程。

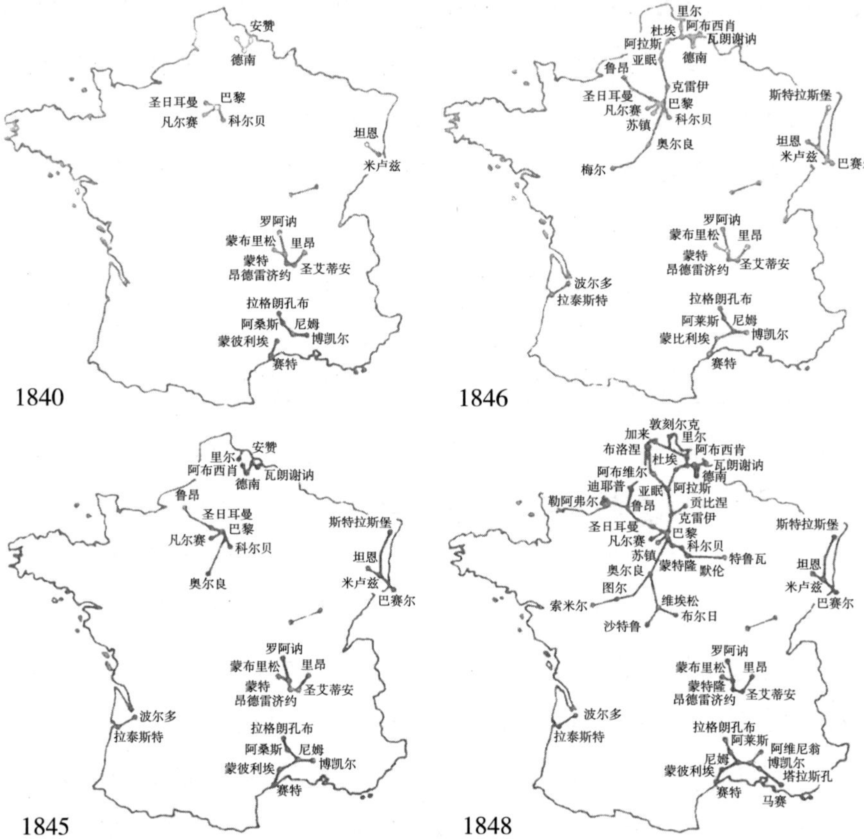

铁路的诞生

从 1823 年起，法国开始建造主要用于矿产运输的纯地方性铁路线，25 年过后，政府的计划被付诸实施，铁路网以巴黎为中心向全国辐射。（参见托马·勒加佐拉和雅克·勒费弗尔：《国家调节流通的作用日益在增长》，1981。）

拉后腿的旧事物

iii-297

然而，法国并没有以整齐划一的步伐，朝着现代化的方向前进。在1850年前，甚至在1914年前，法国仍然残存着一些地方经济，而且堂而皇之地置身于流通之外。

成千上万个细小事例可以作证。例如，在位于里昂西侧的大村庄蒂兰，1830年前后，农民去邻近的布里涅赶集，仍用骡驮运小牛，四脚被捆的两头小牛分别挂在骡鞍的两侧。又如，在1850年，沃克吕兹省的一些山村与省会还只有小路相通。旺图山区有个名叫勃朗特的集镇，从那里运粮食去比莱巴罗尼，“驮骡要走20公里的崎岖小路”[225]。再如，“直到1850年，马拉尔斯或拉费日热的农民背着板栗去旺镇赶集，高低不平的小路上费劲地走四五个小时”[226]。至于公路网和铁路网，凡是读过欧根·韦伯的名著的人都能深信[227]，一大部分法国乡村或者只是勉强通达，或者完全被排斥在外。

一位才华横溢的作者在介绍圣安托南1850到1940年的变迁时，以更加生动的画面，向我们勾勒了法国农村的落后面貌。[228] 塔恩-加龙省的这个小城位于卡韦塞山的边缘，石灰岩盆地在阿韦龙河及其支流博内特河的冲刷下，形成险峻的峡谷，圣安托南曾有过长久的繁荣时期(罗马式的市政厅，几所哥特式住宅)。它一度成为新教徒在鲁埃格地区的据点，1685年因南特敕令被废止而受重创。伤口在过了3个世纪以后仍未愈合。该市在塔恩-加龙省以“永不屈服”而著称。[229]

圣安托南城(居民5000人)及其周围的村庄在1850年几乎仍

iii-298 处于自给自足的状态:城里共有 7 家小面包铺,前来买面包的顾客不过 800 人,使用的小麦来自附近农村,由阿韦龙河边的磨坊磨成面粉。其余的居民仍是真正的乡巴佬,他们如果不是自烤面包,便是出钱请人代烤。[230] 随着人工草场的推广,牲畜饲养有所发展,尽管如此,肉食消费量依旧低下,肉价显得过于昂贵。到了 19 世纪中叶,货币流通在该市仍不发达。佃农耕种小块土地,为了维持生计,不得不"去别人家里"充当短工或长工,在多数情况下,"支取实物报酬……为玉米除草可得收成的七分之一,收割一天可得一斗粮食,采摘葡萄可分享榨剩的果渣……总之,所有的产品都在当地交换,换取劳力或其他产品;磨坊主在顾客送来的小麦中提成;织匠代客织布,也有一定比例的留成;铁匠制造一柄斧子,换取客户为他在葡萄地工作一天"[231]。葡萄酒、禽类、蔬菜、水果也都是当地生产,当地消费,特别是核桃可供榨油,更为家庭消费所必需。

物物交换日复一日地在自动进行,人们过着与世无争的生活。白银很少,主要用于积攒,用于"保值",与常情恰恰相反,只是到了万不得已的时候,人们方才动用现金,例如上半年还在自己家里烤制面包的人,由于今年粮食歉收,不得不去面包铺购买面包。总的来说,这种自给自足具有懒散的、得过且过的、不求进取的特征。

商业和小型工业显然取得了一些突破。圣安托南及其四郊饲养的小牛在交易会上(1860 年举行 13 次)[232] 是炙手可热的俏货,甚至罗德兹和蒙托邦等地的客商也远道前来采购;生皮和熟革也
iii-299 广销外地。圣安托南还生产纸张,但设备陈旧,没有荷兰那种现代化的辊筒;此外也有若干纺织工场。所有这些正在衰落的手工业活动,包括毛织业、印染业、制革业在内,都是光辉的过去留下的遗

产。圣安托南在13世纪曾是与香巴尼交易会有着紧密联系的城市之一。

在圣安托南四周的乡村,道路十分稀少,出门旅行的人经常在途中遇到困难和不测之祸,因而在几个世纪期间,“修道院每天敲钟(中央高原的岗岭上也往往这么做),以引起迷路者的注意”[233],“几千所房屋,几千个村落,甚至某些村庄和城市,到1820年仍不通马车。在距圣安托南大道几十公里处,展现着神秘的、闭塞的景象”,而圣安托南大道本身与大流通网并不衔接。[234] 这里的乡村在19世纪中叶不但没有实行现代化,而且在自给自足的多种经营中越陷越深,集镇手工业的衰落使黄麻种植、颜料作物(特别是菘蓝)和用于加工皮革的植物渐趋消失[235]。

克洛德·哈梅尔在其著作中对铁路的出现(1858年)在当地所造成的影响逐项作了分析。大体上看,铁路似乎与环境“格格不入”。当地建成的第一条铁路,从蒙托邦经由圣安托南到卡普德纳克,目的是为欧班的冶金业和德卡兹维尔的采矿业提供交通服务。这条铁路线于1862年自卡普德纳克延长到布里夫,开通了巴黎与图卢兹的直接联系(在这以前,经波尔多中转);圣安托南因此交了好运,可惜时运转瞬即逝:从1868年起,通往图卢兹的干线实行了改道。蒙托邦至莱克索一线当即下降为地方支线(参见本书第886页的地图),圣安托南的过境运输量随即减少四分之三。这个小城市“朝工业革命方向迈出的第一步”,特别是1860年在造纸、纺织等行业采用蒸汽机,不久便功亏一篑。唯有制革业以及马具制造、车具制造和铁匠炉等直接为农业服务的行业勉强维持了下 iii-300
来。[236] 几乎不与外界沟通的经济继续呈下降趋势,直到1914年战

争为止。克洛德·哈梅尔最后说:“铁路的影响与人们的希望竟是背道而驰。”[237]

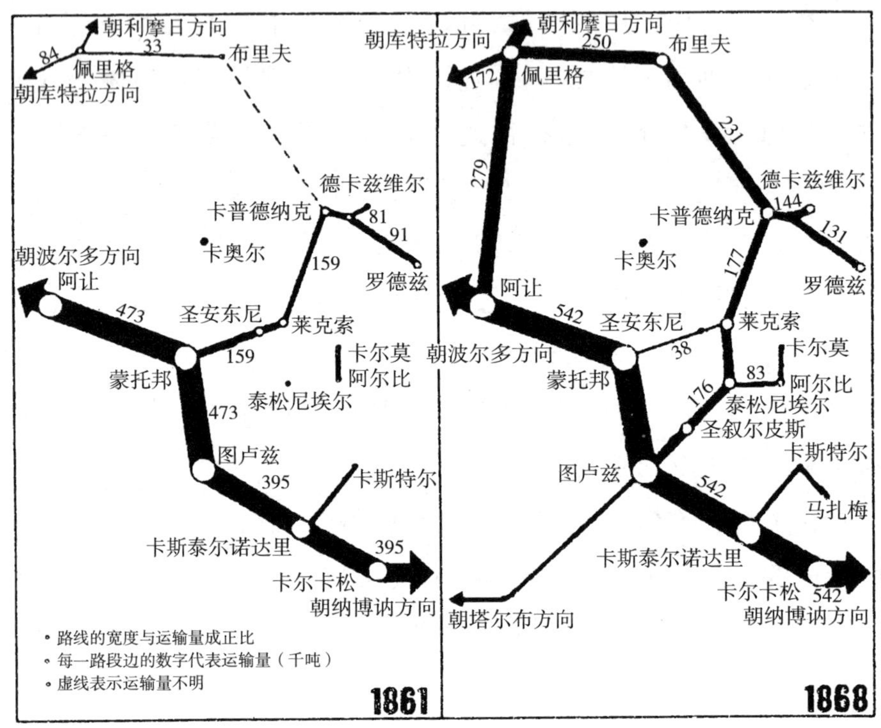

运输革命与社会变迁

圣安托南市1861年位于铁路沿线,该铁路线于1862年经由布里夫拉盖亚尔德与图卢兹至巴黎的干线接通。到了1868年,圣安托南又因铁路改变路线而遭排斥。

(参见克洛德·哈梅尔、乔治·埃利亚:“圣安托南地区1850—1940年间的经济一落千丈”,《运输革命与社会变迁》,1932年版。)

人们甚至不能说铁路为圣安托南沟通了与法国其他各地的联系,铁路并没有把这个小城市的居民从自己的小圈子中拉出来。
iii-301 在1914年战争的前夕,一张火车票的价格,“即使坐三等车作短程旅行,对大多数人也还是极大的奢侈”。因此,在1876年,“马拉的

班车居然成功地与开往蒙托邦的火车相竞争”。“在日常生活中，依旧以步行居多”，哪怕是去三四十公里路以外的集镇！[238]

闭门自守、安于现状、不求进取的传统因素长期制约着法国，至少制约着境内的很大一部分地方。真正的门户开放，迟迟未能实现。甚至直到今天，法国的某些农村仍然顽固地、几乎不顾一切地坚持其自给自足的生活。我们应该把这一切归罪于流通的不完善以及造成流通不完善的各项原因。

三 工业与工业化 iii-302

谈到工业和工业化，我们无疑要面对一些新问题。奇怪的是，这些新问题却使我们又回想起在谈论流通时已经涉及的旧问题。

从种种迹象看来，工业似乎至少有两种：一种是大工业，不折不扣地体现着剧变、归宿、奇迹、发展、未来、大生产，一句话，大工业是工业的上层建筑；另一种是小工业，分散在全国各地，长期占多数地位，像传染病一样四处蔓延，构成工业的下层基层，其中还包括大批规模小得不能再小的城乡独立手工业者。

总之，大小两种工业同时并存。皮埃尔·凯耶写道：“至少直到第二帝国末年，工业生产〔法国国内和国外〕还在用两条腿走路。”[239] 弗朗索瓦·卡龙借用了“双重增长”的说法，并指出：这种双重增长，这种双重进步，一直保持到 1880 年，甚至到 1900 年为止。这确实是个令人大惑不解的问题！

著名的经济学家、1972 年诺贝尔奖获得者约翰·理查·希克斯主张把“工业”一词留给大工业，这是他的权利。我们甚至多次将试图追随他的主张。但是，即使如此，仍然不能忘记，并存的局面将长期不会消除（且假定并存局面是可以消除的）。根据眼下的情形进行判断，我至今还持怀疑的态度。难道两种工业的对立、并存和互为补充竟是势在必行、不可或缺的吗？

iii-303

“工业”一词

工业（Industrie）是由拉丁文的 indo（在……内）和 struere（建造）二词组合而成的，它长期具有“手艺”（habileté à faire quelque chose），“发明”（invention）、“本领”（savoir-faire）等含义，进一步引申，也可有“行业”（métier）的意义。只是在 18 世纪，也许在约翰·劳的时代[240]，这个词才取得“工业”的通用含义。但在正式让人们接受以前，“工业”不得不先取代“工艺”（arts et métiers）和“工艺制造”（arts et manufactures）的地位；后两个术语进行了长期的抵抗，甚至至今在某些机构的名称中仍得以保留，例如建于 1799 年的“工艺博物馆”和建于 1829 年的“中央工艺制造学校”。在 19 世纪那时，各省还有“工艺制造咨询所”。

“工业”一词在 19 世纪趋向于泛指一切“生产活动”，不论其规模、形态或专业如何，这就使事情变得复杂起来了。马蒂厄·德·栋巴尔 1835 年在谈到农业、葡萄种植业、商业、国内工业以及这些实业之间的必然联系时[241]，竟一律使用“工业”（industrie）作名词，例如称农业是 industrie agricole，葡萄种植业是 industrie viticole，商业是 industrie commerciale 等等。蒲鲁东的朋友乔治·杜歇纳则说，“各行各业全都互相交流，互相渗透，互相配合，形成一个紧密坚实的整体”[242]。人们在 1853 年的一封官方书信中读到：卢代阿克的“居民目前正忙于农业播种，对不涉及这个工业部门(branche d’industrie)的事，仅给予次要地位的关注”。莫尔莱市(菲尼斯泰尔省)商会负责人比这早三年前也曾说过，“本市的工商业虽在许多方面尚不尽如人意，但我们也应承认，形势毕竟已有所改善；假如我们的主要工业(la principale de nos industries)，即农业，能以较低的代价和较少的困难生产出某些产品(特别是谷物)，形势的改善将会更加显著。”[243] 埃罗省 1857 年的一封官方信件对促进“农业(industrie agricole)和制造业(industrie manufacturière)的繁荣”十分关心。[244]

在让-巴蒂斯特·萨伊的笔下，商业、制造业和农业也分别是 industrie commerciale，industrie manufacturière 和 industrie ag- iii-304
ricole[245]，原因在于他的讲话与其他人没有什么不同。名气很响的农业部长茹尔·梅利纳(1883—1885)同时是孚日地区的纺织工业家，他居然说农业“居各种工业之首”[246]，这多少有点出人意外。

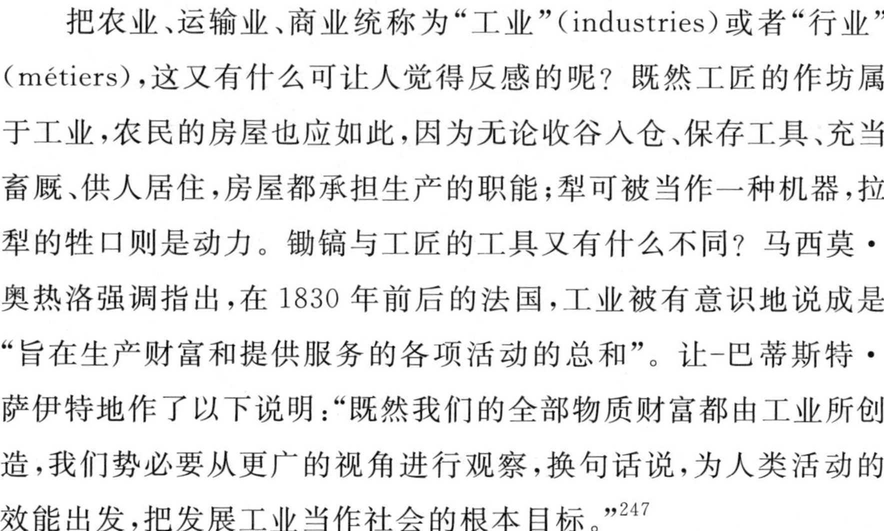

把农业、运输业、商业统称为“工业”(industries)或者“行业”(métiers)，这又有什么可让人觉得反感的呢？既然工匠的作坊属于工业，农民的房屋也应如此，因为无论收谷入仓、保存工具、充当畜厩、供人居住，房屋都承担生产的职能；犁可被当作一种机器，拉犁的牲口则是动力。锄镐与工匠的工具又有什么不同？马西莫·奥热洛强调指出，在 1830 年前后的法国，工业被有意识地说成是“旨在生产财富和提供服务的各项活动的总和”。让-巴蒂斯特·萨伊特地作了以下说明：“既然我们的全部物质财富都由工业所创造，我们势必要从更广的视角进行观察，换句话说，为人类活动的效能出发，把发展工业当作社会的根本目标。”[247]

“工业”一词模糊而广泛的含义并不为法国所特有，大卫·李嘉图(1772—1822 年)在《政治经济学及赋税原理》一书中指出，亚当·斯密及后来的所有英国作家都把“劳动”和“工业”二词混用[248]。让-巴蒂斯特·萨伊对此提出了异议，因为在他看来，“工业”一词只可能指要让人动点脑筋的“生产性劳动”[249]。

鉴于以上的现实，1849 年索恩-卢瓦尔省的一位勤勉的统计员感到茫然不知所措[250]；这并不值得大惊小怪。行政部门所发的表格要求他分门别类地统计工人的人数，却并不说明“工业(industrie)、专门工业(spécialité d'industrie)、种植业(industrie de culture)和农业(industrie du travail agricole)等词的确切含义”。

iii-305 对于历史学家坦然谈到 11、12 和 13 世纪的“工业革命”(révolution industrielle)，甚至谈到旧石器时代或新石器时代的“工业”(industrie)，而丝毫不觉得内疚，大家也不会大惊小怪。这也就等于承认，人几乎从他诞生的那天起，当他能用双手或原始的工具从事劳动时，便与工业打交道；燧石是工具，掘地棒、锤、刀、剪、铲、镐、锄、锯更是工具。后来出现的杠杆、曲棍、脚踏车床、滑轮等“人力推动的器械”同样也是工具。更不用说“提供动力的牲畜”。

结果，“工业”只是在 18 世纪英国开始所谓“工业革命”以后(这场革命从此不断在激荡我们的生活)，才摆脱了这一大堆的含义和用法。11 至 13 世纪磨坊的兴起只是工业革命的一次尝试，这一尝试确实延续了很长时间，但它很少变化。19 世纪的工业革命的显著特点在于，它通过采纳新事物使革命不断延续和更新。玛丽亚·拉法埃拉·卡罗泽利在不久前(1978 年)发表的一篇文章中谈到19世纪80年代的第二次工业革命[251]。究竟是第二次或者应该算是第三次呢？第四次工业革命不是随着原子能的应用，已于1945年开始了吗？20世纪70年代发生的第五次工业革命将是机器人、现代办公设施、信息设施的混合产物。我们至少应该承认，工业革命坚持不懈地在我们的身边继续进行，并且正如人设想的那样，还将不断发展；对这一切让人眼花缭乱的成果，我并不始终感到高兴。

总之，正是在以上因素的影响下，“工业”一词就像被抬高了八度的音符一样，陆续解除了其他各种含义，最终只保留最高的含义，即大工业。今天，说到“工业”，人们势必指的是大工业。

“工业家”(industriel)一词最早大概于1770年出自加利阿尼教士的笔下；该词只是在后来才确立其企业主的含义，时间可能不 iii-306
早于1823年，圣西门伯爵那时指出，工业化和工业主义是一个完整的经济体系[252]。为使该词变得完全清晰起见，还必须对“工厂”、“制造厂”、“制造商”、“工人”、“工资”、“无产阶级”等关键词作出解释。这些词的词义也同样有所改变。词语本身不创造历史，但它们显示历史的运动。

采用科学的术语

与其使用以上这些至今广为流传的、令人难以抓住含义的词汇，我们不如创造一套毫不含糊的术语为好。使用科学的术语，这个要求未免过高，但这又是必须做到的事。于贝尔·布尔让的一本已被人们忘却的小册子及时为我们帮了大忙：《工业与市场：试论工业发展的规律》(1924年版)。在他看来，无论过去和今天，可被观察到的任何工业现象无不可根据其规模大小和分布地点而区分为三种形态：

1. 家庭“作坊”：工匠或者独自工作，或者雇一二名帮工，通常与家庭在一起，在所有的情况下，这少数人几乎必须全力投入工作，方能勉强维持生存。“作坊”（由古法语的 astelle 一词派生而来，意思是“木块”）这个词最初仅仅是指木匠工作的场所。由于不加区分地被用来确指村庄的铁匠炉、地窖中工作的织机、修鞋匠的铺子等其它活动，它终于具有了一种特殊的意义，就是说，成为一个不被更进一步的劳动分工所能割裂的基本单位。在一个城市中，这些作坊由行会或同业公会联系在一起，有时甚至位于同一条街上，但它们毕竟各有自己的铺面，各自进行独立经营。

2. 分散的“制造厂”：制造厂由一系列基本单位所构成，这些
iii-307 基本单位就是分散的、互不相关的作坊，但作坊的劳动和生产却又听命于一名“制造商”。制造商在一定程度上是联系它们的纽带。制造商向作坊发放原料，按期支付部分报酬，回收成品或半成品（半成品由制造商自己加工为成品），经管产品的销售。这样的例子不胜枚举。最典型的例子就是 14 世纪佛罗伦萨的呢绒业：羊毛的清洗、梳理、纺线、织造等项工序在首都以及在佛罗伦萨四周方圆 60 公里内的托斯卡纳乡村分散进行，所有这些活动最后都向中心汇总，掌握在“呢绒业”的商人的手里[254]。我在上一卷书中曾经提及的拉瓦勒织布业的发展[255]也是一个例子。如同在佛罗伦萨一样，资本主义企业的涓涓细流在拉瓦勒也包含着城市作坊和乡村作坊两个方面。

更何况，正是乡村工业的阔步前进在 18 世纪的整个欧洲促进了“制造厂”的兴旺发达。由于在城市中工资水平较高，劳动者且可依仗行会维护自己的利益，商业资本主义的处境相当困难，但它向乡村发展却如鱼得水。另一方面，置身城市之外的工匠也享有更多的自由，可以少受监视，生活也较优裕。

德国的历史学家率先把这个过程加以系统化，并在很早以前便称之为“包买商制度”(Verlagssystem)，在其中居核心地位的商人就叫“包买商”(Verleger)，以上两词很难被译成法文、意大利文或西班牙文，因而逐渐成为国际通用的历史语汇。上帝保佑，就让它们继续留着罢！至于英国人，他们使用了“外包工制度”(output system)这个说法，倒也不错，但我们还是很难译成法文。诸位或许可称之为“预付性包工”，但在同时，最好还要强调这些雇佣劳动的“家庭”性质。因为工匠留在自己家里，在家中从事劳动。此外，iii-308
在乡村里(甚至在城市中)，“有的工匠兼营农业，参加收割庄稼或采摘葡萄，往往还拥有耕地、园地、葡萄地等”。在16世纪，每逢8月收割季节到来时，佛罗伦萨的织呢工和列日的煤矿工都下地干活。“到19世纪，庇卡底和康布雷齐的家庭织匠于5月至9月在地里收获甜菜；曼恩省的家庭织匠直到1860年仍参加收庄稼。”[256] 即使在30多年以前，“孚日地区布萨克工厂的纺织工人白天做工，早晚生产牛奶”[257]，这类事情还屡见不鲜。

包买商制度遍布欧洲各地(无论在波希米亚、西里西亚或在塞哥维亚四周的卡斯蒂利亚)和法国各地。仅举一个最不突出的例子进行说明，花边制造业17世纪在法国各地的分布：南北方向从巴黎一直伸展到桑利和尚蒂伊，东西方向从埃尔蒙维尔森林到亚当岛和蒙莫朗西森林。其中最典型的村庄是维利耶勒贝勒、萨塞勒、埃库昂、梅尼奥布里、丰特奈昂弗朗斯等。当地的农民不分男女在家制作花边。一些流动商贩(也是乡村的人)分发金银丝线、麻线等原料,集中收回成品,然后骑马送到住在巴黎圣德尼街的定货商的家里。这些定货商往往提供丝线和麻线,负责把花边转销尼德兰、德意志(特别是汉堡)、西班牙乃至“印度”[258]。总之,这是商业和金融的“汇集”,而不是劳动的“集中”。在17世纪末,当巴黎的中央集权进一步加强时,取得了国家特惠待遇的“法兰西针织公司”共有2万工人为它干活,但这些工人却分散在52个不同地点[259]。

iii-309 3. 最后一种可被观察到的形态是“密集型企业”,它把手工工场、制造厂和工厂集中在一个特定的地点。

这种最高类型的企业正是为了实现工人的“集中”[260],虽然彻底完成这些变革需要花很长的时间。最后的结果将是把不同行业的工场集中在一个狭窄的地点,这是一次数量级的变化,标志着工业发展从此登上了一个新台阶。格尼翁锻造厂的情形足以说明问题,展示该厂全貌的一张原始平面图至今由国家档案馆收藏:它确实包括几座高炉和冶炼炉,几个水力锻锤(后被蒸汽锻锤所取代),以及精炼、铸造、拉丝、轧板等几个车间[261]。这些并列的车间后来还将添置设备,其厂房时合时分,但其活计互相紧靠在一起;以上情形在格尼翁是如此,在克勒佐[262]、阿扬日[263]和尼德布龙[264]也同样如此。

审慎和保留

这里也许有必要作一些补充说明。

1. 作坊、制造厂、密集型企业的逐级过渡虽然是基本的、合理的发展途径，但切莫以为这是千篇一律的必然途径。工业不是一个具有独特逻辑的自在的世界，而是庞大、众多的经济活动中的一种。工业发展速度的加快和工业面貌的改观有赖于整个经济的发展，有赖于具有经常的市场需求以及新技术的付诸实施。正因为如此，亨利四世以及后来的柯尔贝尔创办的手工工场没有取得成功，因为当时的市场尚不允许进行规模生产，而没有规模生产，工业进步也就一事无成；在这方面，例外恰巧证实规律[265]。

2. 不是逐级过渡，势必就是并存：大中小工业应该和平共处。
排斥虽然有时也会出现——烧焦炭的高炉于19世纪将消灭远近 iii-310
地区的烧木炭的高炉，但中小工业毕竟具有拾遗补缺的作用。这在过去显然是如此，今天显然也同样是如此：环绕着一些大工厂和跨国企业，总有一系列附属于它们的小厂承包部分工程。这里有多方面的原因：管理层次的多少，成本的差距，工资和效益的差别。

3. 最后，如果回顾历史，于贝尔·布尔让所说的第一种类型并不是工业的原始阶段。工匠一开始并不就待在自己的作坊里。他们走街串巷，四处漂泊，随时转移工作地点，并且不得不浪迹他乡。我们知道，在20世纪的印度或中国，这些流动工匠在城乡各地巡回活动。[266] 弗朗索瓦一世时代的一位编年史家在记述日耶河谷的冶铁活动时说，“一些穷铁匠常从外地来到这里，他们并不就此定居，而像候鸟一样往来迁徙”[267]，这段记述不会使我们感到过分惊奇。候鸟这一形象确实很美！但并不完全贴切，因为候鸟沿着相同的路线反复迁徙，而我们的铁匠则是随心所欲地浪迹四方。

这种流浪活动而且持之以恒。到18世纪，冶金业尽管出现了普遍的高涨，观察家们却众口一词地承认工匠和工人队伍的不稳定。一人说，毫无根基、“漂泊不定的群体”[268]；另一人说，“毋庸置疑的流浪者”[269]。第三人指出，“田地是恒产，而工匠却无恒心”[270]。还有一句话出自让-雅克·卢梭之口：“无论在什么地方，只要得罪了工匠，他立即就卷起铺盖，甩手走人。”[271]

在不久前的我国村庄中，除了流动商贩以外，不是还有中国式的流动工匠吗？他们送上门来，向愿意雇佣他们的人出售、租让他
iii-311 们的劳动。焊锡匠、磨刀匠、通烟囱的工人以及受雇期间吃住都由雇主照管的粗木匠、制桶匠、染麻匠、泥瓦匠、石匠、用锄挖沟的壮工、裁缝、修补椅子草垫的工人等等，名目十分繁多，我这里就不再一一列举，尽管手边就有关于涅夫勒省各种工匠的一张长得没完没了的单子[272]。

默兹省在19世纪劳力过剩，外流的工人惯于“沿着不变的路线”，每年在外闯荡8至10个月。1851年的一项统计数字表明，诺南的吕村和巴鲁瓦的孔内村各有40和78名磨刀匠准备带着磨刀石出外谋生，布拉邦勒鲁瓦村及圣米耶勒的吕村还不算在内；阿戈讷地区的博略、拉雷库尔、苏埃斯姆等村庄也有为数甚多的焊锡匠；勒冯库尔和布兰德维尔的修鞋匠前往弗朗什-孔泰、巴黎乃至比利时谋生；一些编篾匠主动上门，挨家逐户为农庄修理麦簸箕。[273] 在中世纪的时候，洛林地区的铸钟匠分赴法国各地和西班牙工作。“正当圣女贞德在鲁昂壮烈就义时，就有一些洛林的铸钟匠在场，他们后来为自己的同乡恢复名誉出庭作证。”[274]

1900年前后，一些能干多种活计的零工在加尔省的山地和河谷之间一个较小的范围内走乡串村，据安德烈·尚松的描绘，“被

雇的计件零工有时只干一天，甚至几个小时”，但他们从来不缺活干。“他们一周内多次改变活计，轮流充任泥瓦匠、伐木工、掘井工等等。”[275]

这些流动工匠，由于不能“充分就业”，便在各地流动找一些活干；他们能使我们想象出往昔的“前工业”的古老起源该是什么样子。不论在什么地方，工匠一旦实行了定居，这就标志着工业发展达到了一定的阶段。偏离交通要道的某些法国地区——如旧制度 iii-312
下的阿尔卑斯北部地区，至少是上阿尔卑斯地区——即使不是完全对外封闭，也在很大程度上实行自给自足；这些地区不得不满足于村庄中的基本的手工业[276]。但是，这种平衡尽管在我们的眼里显得那么渺小，它对这个或那个落后地区来说，却是一项既得的成果，一种组织的形态。难道不应该认为，11 和 12 世纪某些城市手工业的兴起是欧洲的诞生和朝着现代化方向走去的决定性因素吗？

分散的制造厂

制造厂名义上虽说分散，实际上却是集中和汇合的准备，它是适应工业资本主义要求的一种原始形态，也是对城乡之间存在的重大电位差的利用。诱惑力之大怎能让人不加以利用！

这些集合着城乡力量的制造厂至迟在 15 世纪以前业已问世，在 16、17 和 18 世纪广为发展，特别是在 18 世纪。拉瓦勒四郊在 18 世纪竟有 7000 人参加纺纱织布。绍莱的情形与拉瓦勒相同，1790 年曾使下属的 77 个村庄为它出力干活。圣康坦也是如此，“漂洗场从桑利一直伸展到尼德兰”，干活的工人达 15 万之多[277]。

同样，瓦龙是多菲内地区的一个经济极其活跃的小城市，1730 年在其四周就有"4915 人从事麻布生产，他们为瓦龙的制造商或者种麻，或者纺纱织布"，商人中的德南特家族后来还得到佩里埃兄弟等格勒诺布尔批发商的支持[278]。遍布法国各地的毛织业，里昂的丝织业，法兰西岛的花边制造业基本上都实行相同的组织方式。

iii-313 格勒诺布尔的手套制造业在市内具有悠久的历史，于 18 世纪突破了城市的界限，这是一个颇有特色的实例。1787 年，手套制
iii-314 造业总共有 6264 人，其中作坊主 64 人，裁剪工 300 人，整修工 80 人，定型师傅 30 人和上色师傅 10 人（另有 220 名工人当下手），缝纫或刺绣女工 5560 人。作坊作为基层单位，往往只是一个"半大不小的房间，一些长日制工人陪着作坊主待在那里，这些工人多则 10 至 20 人，少则 4 至 5 人，视作坊大小而定"。所有其他人都在自己家里为作坊主干活。每个作坊都由鞣革厂提供原料，商人委派的经纪人收购作坊的产品，然后再负责推销[279]。在这里，发号施令的还是金钱，即资本。既然金钱有权确定价格，金钱就能包围并扭曲行会的旧体系：作坊主沦为一名普通的雇佣劳动者，他的唯一利益就是再雇佣几名像他一样依靠工资为生的工人为作坊干活。

以上情形对圣艾蒂安的饰带制造业同样适用。那里的作坊主可分两类："胆小的一类宁可推行不冒风险的来料加工"，另一类则致力于商业活动，不再从事饰带的编织。基层的饰带制造作坊，室内十分宽敞明亮，"装有巨大的窗户，但尽可关得密不通风，以免从外面带来脏物，弄脏丝绸"。总的说来，工作条件相当艰苦，加上通风不良，境遇更加恶劣。圣艾蒂安当时还是个小城市，饰带制造越

出了城市的范围，在雅里、福雷、瓦莱等地全面铺开，1786 年总计有 26 500 人参加这项工作，作坊数量之多可谓星罗棋布[280]。色当的织呢工人分居市内和市郊两地：25 名批发商在方圆 25 公里的范围内雇佣 10 000 名工人干活[281]。从卡西尼绘制的马扎梅市及其市郊的地图上可以看到，自 17 世纪末开始兴旺发达的工业活动，于 1789 年后转向小城市的四周扩展。

在冶金业方面，包买商以不同的方式展开活动。锻铁炉分散在法国各地，依傍提供动力的河流，并且紧靠矿产资源和森林资源，炉主在多数情况下接受客户的定货，如尼韦奈地区的一位大商人 1689 年在罗什福尔收到大批定购的货物，又如海军冶金总办 iii-315
1720 年曾向贝里、尼韦奈、弗朗什-孔泰、勃艮第地区分发定货单[282]；炉主也向制造商定期供货，制造商的资本控制着从炼铁（原料）到制造工具的全部生产过程。再以下诺曼底地区为例，制造商就在每年举办 10 次的栋夫龙牲畜交易会上，与曼恩省的锻铁炉主签订合同。商人向炉主提供的铁将分发给“许多工人”，后者“亦工亦农”，在自己家里主要“加工铁钉”[283]（沙尼是诺曼底的制钉中心），也制造锁和小五金用品。

由此可见，无数个细小的生产单位分散在各地。它们的数量还将与日俱增。在这种情况下，对于瓦朗谢讷商业局 1795 年向前来北部省视察的“人民代表”佩累提供的数字，人们不会感到过分的惊奇。在埃诺、佛兰德、阿图瓦、康布雷齐、庇卡底等五个省内，麻布生产为 150 万居民谋得生计，其中包括“种麻人、纺纱女、工匠、批发商、漂洗女和整理工”[284]。直接参加生产的人至少有 40 万。这个数字与朗格多克毛织业使用的劳动力不相上下。

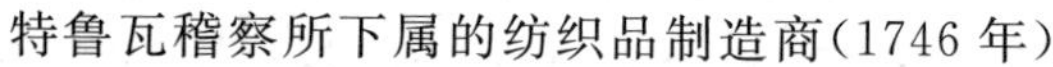

特鲁瓦稽察所下属的纺织品制造商(1746 年)

制造商总共有 1138 名,各自拥有 1 至 4 台织机。在我们使用的报告中,有两个城市没有提供制造商的确切人数。我们根据报告提及的织机数字估测了制造商的人数(不尽符合实际)。

资料来源:国家档案馆(卷宗号 F12748)。

我并不是说,所有这些劳动力都被纳入到包买商系统之中。

但是，包买商确实支配着大部分劳动力，由于这一制度的推广以及随之产生的城乡平衡，包买商制度的寿命很长。甚至奥伯康普于1760年创办的著名的印花布制造厂（到19世纪初，又投入了大笔资金）在很大程度上也实行这一古老的制度。[285] 过了很久以后，即在19世纪的时候，“交换契约”也还屡见不鲜，订约一方是提供活计和回收成品的老板，另一方则是由一名所谓工头带领的一伙工人。交换契约与伦敦当时成衣业实行的“血汗制”有点相似，“血汗制”的词意足以表明，这是对室内贫苦劳动者血汗的剥削。在法 iii-316
国，巴黎的商店长期委托外省的男女农民加工产品（服装、绦带、纽扣等），一直到20世纪初仍然如此[286]。委托加工的好处十分明显：商人既可支配廉价的劳动力，又可避免与工人及其权利要求发生直接冲突，如果不再需要工人，他立即就抛开不管。

就拿眼下的情形来看，我国的一些采办商在韩国订购帆布鞋、服装或收音机，在香港订购闹钟，一些法国纺织工业家把图案寄往印度，再接受在印度织好的成品，然后在国内销售甚至出口，这些与老办法究竟又有多少差别？被剥削的无产者距法国很远，但包买制本身还是不变。劳动力的受雇和解雇自动进行，不受工会的约束。采办商从中占了天大的便宜，今天的工业资本主义对此莫不怦然心动，却不知这原是古已有之的旧玩意儿！

手工工场或最初的工业集中

尽管“包买商制度”的传统形态延续了很长时间，最早于18世纪在英国出现的工业革命将席卷法国，并逐渐打破其原有的平衡。法国的企业将渐趋完善，渐趋集中。

我已经指出，我所说的“集中”，是指人和机器等生产资料集中在同一地点，而我所使用的“汇集”—调整是指企业的资金和商业组织汇集在最高的层次。资金和商业组织在上层的汇集比生产资
iii-317 料在下层的集中更容易和更早实现，早在19世纪取得令人瞠目的成就前业已完成。保尔·贝洛什认为19世纪的许多进步和发展应归功于18世纪，我深表赞同。[287]

最初工业集中在路易十五和路易十六的时代随着“手工工场”的建立而逐渐形成，或不如说，而展现在人们的眼前。确实，“手工工场”一词本身并没有什么特别的含义：该词在旧制度下被到处使用，而且用得并不恰当。历史学家出自解释历史现象的需要，决定赋予它确切的含义。我们用该词确指旨在汇集大量生产资料的原始工业集中。例如，在纺织行业，手工工场除集中织机外，还增设储存原料和成品的仓库，染色的大缸，漂洗羊毛的清水池，推动缩绒机的水轮，晾晒布匹的木架（旺洛贝迟至1712年在阿布维尔建造的厂房被称为“架子房”）[288]。除水轮和个别马拉转盘外，机器数量很少，几乎并不存在。手工工场主要把人，把各具专长的劳动力集中起来，工具照旧不变。集中劳动力和生产资料显然有其好处；工人将在工头的监视下工作，随时受工头的指挥，尽管后者当时还没有这个头衔。一些工匠从此告别自有的生产资料，离开家庭去工场劳动。这是一次重要的彻底变革，其意义随后还将变得更加深广。

政府在这方面往往起着因势利导的作用。政府慷慨大方地给予某些企业王家手工工场的荣誉称号（直到1787年为止），并让工场的门卫穿上象征着国王徽饰的蓝白红三色制服。但是，比这项

荣誉更加重要的还是工场同时享有优厚的特惠待遇：垄断权，保护 iii-318
价，赠予、低息或无息贷款，不受行会规章的束缚（唯有正式任命的“巡视员”方可监督手工工场的生产），这最后一项权利对工场至关重要；此外，工场的工人可免除参加民兵抽签[289]。

政府坚持不懈地推行这项政策所追求的目标并不新鲜。鉴于工业发展的迟缓和混乱，柯尔贝尔早已试图加以整顿。他想扩大就业，减少失业。尤其，考虑到法国的金银资源少得可怜，他要发展工业品出口，以便回笼货币和贵金属。为此，政府于 1750 年试图在多菲内建立丝织工业。[290] 总之，这是一项不失为明智的政策，尽管决策者从未有意识地推行工业集中，而且成果也少得可怜；潜在的工业集中将在 18 世纪中叶以后自动实现。只是到了那时候，手工工场终于走上了成功的道路。

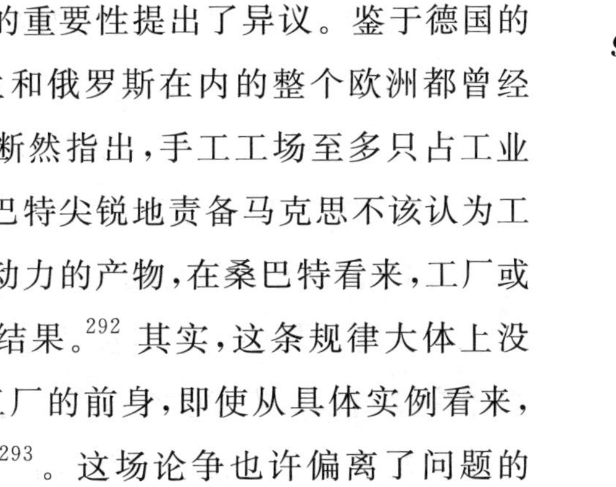

德国历史学家对这一成功的重要性提出了异议。鉴于德国的情形与法国十分相似（包括波兰和俄罗斯在内的整个欧洲都曾经历过手工工场的阶段）[291]，他们断然指出，手工工场至多只占工业活动的五分之一。威尔纳·桑巴特尖锐地责备马克思不该认为工厂或制造厂是手工工场集中劳动力的产物，在桑巴特看来，工厂或制造厂的诞生是增加新机器的结果。[292] 其实，这条规律大体上没有发挥作用，手工工场并不是工厂的前身，即使从具体实例看来，似乎是手工工场在向工厂转变[293]。这场论争也许偏离了问题的要害，就是说，手工工场证明，由它所派生的、前途远大的工业集中 iii-319
过程在工业革命前早已必然地开始了。

毫无疑问，18 世纪手工工场的集中尚未完全达到规律所要求的程度。有关的事例很多，只要仔细研究一下，就可确切无误地证实上面的论断：矗立在比耶夫尔河边的壮丽的戈伯兰手工工场[294]；圣戈班玻璃制造厂[295]；位于蒙托邦的维亚拉特·戴尼昂兄弟手工工场[296]；早在柯尔贝尔以前建于1660年的"大狗"呢绒手工工场和建于1644年的迪戎瓦尔呢绒手工工场（均设在色当）[297]；还有经常被引证的、历时甚久的旺洛贝手工业工场（设在阿布维尔）。最后一家手工工场是柯尔贝尔和瑞斯·旺洛贝于1665年创办的，旺洛贝从荷兰带来了50多名工人，它于1784年变成了王家手工工场。阿盖索1708年5月31日自巴黎写道，该工场后来所达到的完善程度，"堪与英国最好的细呢手工工场相媲美"[298]。如果把在架子房中使用的壮工以及在自己家里为工场劳动的男女纺纱工计算在内，这家手工工场当时集中的工人在3000名以上。

因为，无论在法国国内或国外，手工工场通常还兼营包买商的业务，控制着一大批小作坊。就纺织业而言，为使一台织机穿梭不息，至少应有12名男女纺纱工人提供纱线。与其把这些人集中起来，纺纱工序使用包买商制度岂不更加简单，耗资比较低廉？这样做的好处是能利用大批顺从的、廉价的乡村劳动力。

在手工工场中央厂房长日工作的工人究竟占多大比重？我们并不完全清楚。在多数情况下，我们对厂房的规模和容纳工人的数量了解甚少。虽说在维勒纳韦特以及在穿越洛代沃市的莱尔格
iii-320 河两岸，至今还残留一些旧厂房，但这些房屋早已经过改造，当年如何使用还是一个问题。[299] 我们仍然不能作出确有把握的回答，更提供不了确凿可靠的平均数。只有几个零星的数字，虽然多少也说明一点问题。

18 世纪末年，旺洛贝在阿布维尔雇佣的在厂工人共 1800 名，另有 10 000 名工人在家劳动。[300] 在维埃纳的夏尔韦呢绒工场，在厂员工仅占全体工人的三分之一。[301] 在奥尔良，一家机织袜厂 1789 年仅 800 名工人集中在厂内，留在厂外的工人比这多一倍以上。[302] 马扎梅有一家哔叽厂，1810 年雇佣“100 名工人在厂内工作，1000 名工人在厂外工作”[303]，前者负责整理羊毛以及印染和上浆，后者从事纺织。这样的组织形式与一个世纪以前在沙托鲁所见的情形似乎没有什么不同；据说，在 1697 年，沙托鲁的“一家工场是国内最大的制呢厂之一；它雇佣 10 000 名工人，其中有老有少，有男有女，来自市内或来自郊区”[304]。显而易见，“手工工场”这个模棱两可的词在这里所确指的，并不是从事集中生产的厂房，而是分散为无数小单位的市内和市郊的纺织生产活动的总和。

从总的情形来看，手工工场无疑“慢慢在趋向集中”；车间的工人数量明显增多，尤其在机械得到推广以后。自 1765 年使用了纺织机械后（1800 年普遍推广），棉织工业顿时具有相当宽阔的发展基础。缫丝和织绸也逐渐采用机械（1727 年在里昂出现首台机械化织机）[305]。然而，纺织工人仍顽固地抱住传统不放。毛织业及棉织业不是就曾出现过令人咄咄称怪的反复吗？纺纱部门自从骑上了机器的骏马以后，便把乡村作坊统统抛弃，而在手工工场的厂房中（厂房位于提供动力的河流沿岸）集中生产。以往原是纺锤难 iii-321
以跟上织工的节拍，如今却是主要仍以手工操作的织匠必须增添人手。人们于是把织布的工作大量委托给厂外的工人去做，厂外的劳力众多，报酬低下，大多分散在乡村地区[306]。这种情况直到 19 世纪 70 年代依然存在，尽管从 1860 年起开始采用了由蒸汽推

动的织机[307]。

以上列举的所有例子都涉及纺织工业。鉴于纺织工业直至19世纪初在经济中仍占统治地位，由它担任主角应该是完全合理的。然而，除纺织工业外，其他的工业集中也应予以指出，例如在煤矿、冶金、造纸、玻璃、造船等方面。另一种类型的工业集中在一场革命的推动下问世，有时甚至出现在纺织业的集中以前。技术和机器在这里扮演日渐重要的角色，技术和机器的存在本身就迫使某些部门实行现代类型的工业集中和放弃乡村工业。马克思关于手工工场加机器等于现代工厂的公式因此将获得另一种意义。

机器和技术的发展值得我们重视：它像一条滚滚东流的长河，不但把旧制度远远抛在后面，而且对现代工厂的工业化业已产生和即将产生越来越大的影响。

大工业与新能源

大工业首先是推广新技术、采用新能源和适应消费新需求的产物；大工业促进消费需求的增长，而它自身的发展却受消费需求的制约。

今天向远离地球的空间发射的火箭装有逐级点燃的几个发动机。这个多级装置决定着火箭的运动。工业化进程也是这样。它
iii-322 需要拥有逐个使用的、间隔显然很长的几个发动机。即使在今天，
工业化不属于瞬间的进程。

实际上，任何发动机用久了总会磨损，迟早会达到极限。由水力、风力推动的磨坊于14世纪达到了它们的极限。木材主要充当能源，兼有太多的用途，不可能消耗尽净，但从苏利那时起，木材价

格之高已令人望而生畏[308]。发展兽力的可能性极其有限，康替龙说过，无论是马还是人，都要用食物喂养[309]。至于人，虽说单个人的力量不大，但人多势众，加在一起，可供工业支配的能源也就大大增加。不过，工人的工资起码要适应人维持生存的需要。每当人口增加，食品价格立即上涨，紧接着便是工资的上涨，生活费用的高昂危及既存平衡，并使工业放慢发展速度；工业的高涨与物价、工资的上涨是互不相容的。

机器的好处是它不吃东西，不增加劳动力的价格。然而，当它使用的能源达到其效益极限时，只有革新技术，使用新能源才能重新促进工业的发展。这样的机会并不是立即出现的。发明是一回事，革新又是另一回事：即使在今天，一项发明要有效地使用到生产过程中去，平均总要花四五年时间。19 世纪具有划时代意义的两种新能源——煤和蒸汽——也离不开以上的规律。它们将慢慢地发展起来。

上述内容不难理解。从一个体系过渡到另一个体系，总会遇到财政、技术、心理等多种障碍，阻止新体系的适应。有时候，由于没有更好的新方法，还必须一成不变地袭用老办法。第一帝国初期在巴黎发展的棉纺工业主要使用马拉车盘，正如许多年以前英 iii-323
国的早期机器[310]一样。同样，法国的冶金业直到 1750 年乃至以后，竟仍然是木炭炼铁和焦炭炼铁同时并用。水力资源长期与蒸汽相竞争。蒸汽首先在北部的卢瓦尔河地区和莱茵河上游地区发展起来，而法国南部和布列塔尼地区沿用磨坊水轮还将拖很长一段时间[311]。蒸汽机在各地的推广旷日持久。在 1847 年，诺曼底“工厂所需的动力有 58％仍靠水力提供”，过了 10 年以后，据统

计，在法国 734 家棉纺厂中，只有 256 家使用蒸汽，占三分之一强[312]。

阿德里安·普林茨的考证使我们能就近观察在洛林地区的阿扬日的新旧之争，这一冲突发生在芬希河谷由汪代尔家族经营的矿山[313]。1825 至 1870 年间，煤产量由 3000 吨提高到 13 400 吨，而从种种迹象看来，那里的变革似乎在按部就班地进行。煤取代了木炭的地位，但蒸汽机却并未因此立即被采用，许多新厂房一如既往地建在芬希河沿岸，这不仅因为那里有空地，而且也是为了利用由一系列水坝拦起的落差。水力依旧发挥作用。当然也有一种叶片水轮因占地过大、转动缓慢和运作不正常而被废弃。但在 1860 年，阿扬日所使用的水力仍有 500 匹马力，蒸汽动力则为 1024 匹马力。轧钢机的水轮在 1880 年始终在转动。间或停歇时，工人们便乘机去附近的咖啡馆打一局牌或吃一点土豆（看门的女人把土豆在板材加温炉的热灰中烤熟）。当水轮重新转动时，他们便回来各司其职。应该看到，在 1870 年，汪代尔家族位居法国企业之首（占国民产值的 11.2%）。

iii-324 泥煤（18 世纪又称煤石或煤矸）进入工业活动是木材危机的产物，这场危机早已出现，并逐年变得更加严重。我国的森林资源虽然丰富，但也经不起日趋加剧的采伐：木材可用于家庭的取暖和烹饪，烧成木炭后可用于冶炼生铁、熟铁和钢。它也是制造木屐、木斗、木桶、车辆、犁所不可缺少的原料，是房屋、船舶的必要建筑材料。除高炉、锻铁炉、熔炼炉以外，用木材烧火的工厂还有玻璃厂、啤酒厂、石灰窑等等。

法国具有森林众多的有利条件，因而比英国较易抗拒这场潜在的危机。英国很早使用煤石为伦敦供暖，英国率行采用焦炭炼铁，其部分原因是迫于森林资源的穷竭。法国的自然条件较好，但也正因为如此，它就没有想方设法地、迫不及待地、拼命地去寻找煤炭矿藏。只是到了 18 世纪，商界才真正染上了“采煤热”，向原来的商务理事会提出的无数的探矿和开矿申请即足以为证。[314]

煤的另一优点是它提供相等的能量，价格却比木柴便宜，这一优点将不断扩大。煤取代柴因而成为不可抗拒的潮流。从热量的角度看，1 吨煤相当于 2.5 吨木柴；同等重量的煤，价格要比木柴便宜得多。在七月王朝时代，以相等的能量计算，煤价只等于木柴价的三分之一；到第二帝国期间，勉强达六分之一。新能源的降价已成为 1830 至 1870 年间促进法国工业革命的原因之一。[315]

法国煤炭消费量于 1815 年达到 100 万吨；1827 年上升到 760 iii-325
万吨；1860 年为 1500 万吨；1900 年为 4000 万吨，其中三分之一从国外进口。在这 4000 万吨煤中，600 万吨用于冶金；450 万吨用于铁路；250 万吨用于包括采煤在内的矿业[316]；约有 500—600 万吨为“7.7 万台蒸汽机或蒸汽锅炉所消费，其总功率可达 120 万马力……其中既有一年仅使用几个月的普通农用移动式锅驼机，也有不分日夜为工厂提供动力的巨型高压蒸汽锅炉”。阿韦奈尔子爵以上的话可能使人暗中发笑，但确实也表达了他对当时取得的出色成绩的钦佩。[317] 何况他所提供的数字还低于实际情形，因为他没有把铁路机器及其马力计算在内。为此，据伊夫·居约的计算，1895 年法国共有蒸汽机 8.54 万台，总功率达 612.1 万马力（其中三分之二以上用于铁路）[318]。综上所述，煤已跃居能源的首位。“磨坊水轮”的功率总共还不到 100 万马力。于 1757 年 11 月 9 日

立约创办的实力雄厚的昂赞矿业公司在1791年已雇佣4000名工人。[319]

问题在于法国的煤矿数量不多，开采困难，成本高昂，我几乎要说，情形委实可悲。开采的地点离消费的地点隔着很长的路程，由于运费很贵，从昂赞运到巴黎的煤每吨价格达33法郎之高。此外是劳动生产率的低下：在1900年，法国工人平均每年采煤200吨，而西里西亚的工人则达300吨。[320] 在法国做煤炭生意当时往往得不偿失：在法国境内经营的297个矿井中，1900年就有123个矿井亏本。[321] 法国于19世纪和20世纪初在煤炭方面的出账大体上相当于在1945年后乃至今天的石油开支。如同今天一样，法

iii-326 国工业当时受累不浅。兰斯的一位织造商于1834年声称："我们使用列日、蒙斯、昂赞等地开采的煤，消费量达12万百升，每百升价格为5.20法郎。煤价过高……原因是运费太贵（每百升4法郎），我们在利兹的竞争对手支付的煤价每百升为0.55法郎，便宜十倍。"因此，每公担铁在巴黎价值30法郎，在大不列颠的加的夫则值15法郎[322]。这对法国是个严重的不利条件，尤其在当时，纺织业在工业中的领先地位正逐渐被煤和铁所取代。

不管付出的开支多么昂贵，法国毕竟必须获得工业用煤以及家庭取暖用煤（煤取代了木柴）。巴黎在1890年前后每年买煤的支出约9000万法郎，包括粒煤、原煤、煤球、煤砖、纽卡斯尔煤、无烟煤等。今天上了年纪的巴黎人都经历过中央暖气问世前的时代，他们还能回想起从前经售煤和引火柴的奥弗涅"煤黑子"的形象：一只空口袋盖住脑袋和肩膀，另一只装煤的口袋背在背上，脸上沾着漆黑的煤屑；他们把煤一直送到房屋的顶层，就像早先提着

水桶在井边或塞纳河中取水的送水工一样。这些从前的“煤黑子”是否已在巴黎绝迹了呢？

技 术 革 新

在朝大工业方向进军的过程中，在随着时代的前进，新技术的应用促使工业门类日趋复杂化的循环运动中，法国落在了后面。夏普塔尔于 1819 年写道：“从前，学者们的发现或被束之高阁，或被送交科学院备案，不产生任何实效，制造商似乎想不到实施这些成果能对他们的经营会有多大的好处……如今，二者之间开始建 iii-327
立起紧密的联系；工场主向学者移樽就教……他们互相依靠，朝着改良工业的目标阔步前进。”[323] 这是夏普塔尔对未来的清晰展望，就法国当时的情形而言，这也许还偏于过分乐观。但是，英国却在这以前早已跨过了科学和技术之间的鸿沟。

发明及其应用都属于文化财富，并且像所有的文化财富一样，自动传播，自动扩散。无论谁想保住秘密，都纯属徒劳；英国在第一次工业革命时期曾想把技术秘密据为己有，但未成功。机器和工艺很早离开了岛国，来到英吉利海峡的彼岸。从 18 世纪下半叶起，一些英格兰或苏格兰企业家纷纷到法国定居，其中的威金逊曾与伊格纳斯·德·汪代尔一起，为创办克勒佐工厂作出了贡献。这些企业家在当地制造英国的机械。大不列颠的一些工人和工头也先后来到诺曼底、里昂、福雷等地。与此同时，一些法国企业家和工程师也经常出国旅行，从事今天的人所说的工业间谍活动。[324] 在 1815 年后，因法国革命而中断了的双方交往变得空前活跃。英国于 1842 年终于准许机器输出，各项输出均经法国转口[325]。最早负责建造铁路的法国工程师莫不奉英国为师，尽管有的人并未真正踏上岛国的土地。

其实，技术传播与发明创造一样是古已有之的事。既然人类始终有所发明，这些发明也历来传遍全球，例如史前时期的青铜和铁；长期遭人觊觎的丝在查士丁尼时代传到了拜占庭；火药在被发明后离开了中国。举较近的例子来看，德意志工人于15世纪将采矿和印刷技术传遍了欧洲各地，不久又传往欧洲的境外。英国人
iii-328 在18世纪初也进行工业间谍活动，以便仿制波伦亚一个世纪前发明的并始终保守秘密的自动缫丝机。[326]

相反，科学与技术之间对话的历史却并不悠久，我这里所说的技术是指与经验相结合的一种辅助性科学，默默无闻的技术实干家往往不自觉地也具备真正的科学家所特有的科学态度。总之，二者的关系像是同一幢楼的两个楼层，因而辩证法在其中起着作用。科学与技术今天不断在互相传球，但在过去，这种情况比较罕见。16世纪著名的数学家塔尔塔利亚曾应威尼斯兵工厂（当时在技术方面居西方之首）的请求，向工匠师傅提供咨询。工匠师傅问他射石器取什么角度发射可以达到最大的射程。数学家计算后说，这最佳角度应是45度。[327] 可是，关于18世纪前的这类例子，历史学家举不出很多；至于在工业化浪潮开始后，这类例子又简直太多了。

必须要举的第一个例子是蒸汽机，19世纪进步的典型象征。蒸汽机不就是技术与理论科学长期互助（以技术为主）的产物吗？在第一台蒸汽机定型后，难道不正是它的被使用以及为它设想的几种用途而呼唤促使和强制人们提出一系列的问题吗？H.J.亨德

森有一句俏皮的名言，他说“科学受蒸汽机之恩，大大超过蒸汽机受科学之恩”[328]。这是不言自明的事。第一台名副其实的铁路机车“火箭号”(1829 年)由英国工人乔治·斯蒂文森(1781—1848 年)发明，他在经过补习后当上了工程师。[329] 技术万岁！这固然不错，但还应看到，“火箭号”机车的别具一格正在于它使用了装有给水管的锅炉，后者则是约瑟夫·蒙戈尔费埃的侄子、法国工程师马克·色甘(1786—1875 年)的发明[330]。因此，在某些场合下，也应高呼理论万岁。反过来，随着蒸汽机的使用，由此积累的经验对理 iii-329
论也可资利用。热力学于 1860 年的诞生宣告了物理学的一门新学科的蓬勃兴起。[331] 蒸汽机的不完善确实是个令人头痛的问题。蒸汽在机车汽缸中的膨胀和压缩照例不遵守古老的马略特定律，并突然损失 15%至 50%的功率。直到 1870 年，一位名叫古斯塔夫·阿道夫·伊恩的阿尔萨斯工业家(1815—1890 年)，此人醉心于形而上学，终于解决了问题：在实践中，只要在汽缸中避免水的形成和存在就够了。[332]

当然，科学和技术在这方面还将继续发展，对机车的器械、铁轨、枕木、车厢的挂钩、车轮(便于走弯道)作出新的改进。

科学促技术，技术促科学，关于这个永无止境的过程，冶金工业在法国国内和国外经历的众多变革充当了见证。“19 世纪标志着钢铁的广泛应用，不仅在制作梁、桥、架等方面替代了旧材料，而且还取得了制作铁轨等器材的新用途。”[333] 使用者和顾客纷纷主动提出要求，刺激生产，催促对新发明的实施应用。焦炭取代了木炭，结果使生产的钢铁质优价廉：贝塞麦炼钢法(1856—1859 年)、马丁炉(1864 年)、托马斯-吉尔克里斯特炼钢法(1878 年)都是标志着“冶金革命”、“科学炼钢”的里程碑，而“冶金革命”则主要是为制造耐磨损和抗撞击的铁轨所必需的。产品首先以质量为重，汪代尔工厂在第二帝国期间正是因优质而获益。[334] 于是便陆续开始寻求新的合金钢，建立各种实验室和信息体系。名目极其繁多的科学冶金法从此也就成为势在必行。

iii-330 在电力方面，科学与技术也同样进行对话。但这里的对话过程却与常情背道而驰。正如弗朗索瓦·卡隆所说，“电在成为工业以前已是一门科学”[335]。决定一切的理论准备业已由安培（1775—1836年）、阿拉戈（1786—1853年）、法拉第（1791—1867年）、麦克斯韦（1831—1879年）等人所完成。实践和试验随后才登上舞台。钟表匠兼物理学家路易-弗朗索瓦·布雷盖（1804—1883年），身兼炮兵军官、工程师和企业主三职的威尔纳·冯·西门子（1816—1892年）都曾有所建树；泽诺布·格兰姆（1826—1901年）更表现出色。这位非同凡响的发明家生于列日附近的一个贫苦的多子女家庭。由于“书写错字连篇”，学习成绩很差，他先当上了细木工，尽管干活心灵手巧，生活却过得着实艰难。他于1855年来到巴黎，仍然当他的穷木匠。作为细木工，他于1860年进入了专门制造电器的阿莱恩斯公司。电器简直使他着了迷，后来，当他在采用电镀法加工金银器的克里斯托弗尔工厂就业时，突然灵机一动，想设计一种新机器。自然没有人对他的计划感兴趣。在他的妻子的帮助下，他于1869年“在厨房的一只桌子上安装起机器的基本部件”[336]。计划因战争而推迟，他后来才向科学院展示了格兰姆直流发电机，这种用曲棍操作的发电机几十年前在我们中学的物理课讲堂上还可见到。它不但不靠电流转动，反而能

够利用一台蒸汽机发电。当然，这位发明家无意中接受了前人的启示。对历史学家赋予木匠发明家的功劳，科学家们通常提出异议。历史学家也有自己的道理。在技术革新和工业进步的运动中，格兰姆无疑是个至关重要的环节。

更何况，在格兰姆之后，电力的发展势如破竹。直到 1870 年 iii-331
为止，“电力主要用于满足电报的极其有限的需要”[337]，莫里斯·多马指出，电力作为“现代工业的主要象征”，出现于 19 世纪 30 年代，在过了很长时间以后，才进入人们的日常生活。西门子于 1879 年建造了第一台电气机车；德普勒于 1883 年在维济耶和格勒诺布尔之间的 14 公里的线路上实现了输电；巴黎于 1906 年安装起有轨电车[338]；首都在 1906 年为照明用的电线共长 671 公里，而同期供照明用的煤气管道则长达 25 万公里[339]。电化学在此期间已对整个化学重工业进行了重大的改造。随着水力用于发电，一种新的能源终于问世，并且从 19 世纪 90 年代开始，与煤和蒸汽机进行竞争。

一个世纪以来，工业更使技术和习惯发生了翻天覆地的变化，这难道不是众所周知的吗？直到 1924 年以前，我每年都返回默兹省的家乡，我还记得，村庄中照明的大煤油灯用铁钩悬挂在餐桌的上方，油灯本身以及灯罩都以半透明的白瓷为材料。我能回想起早年在巴黎的煤气灯下进行学习（直到 1920 年为止）的情景，灯头的白炽网罩很容易破碎。

还有二三件往事的模糊回忆：大约在 1910 年左右，我的母亲试图给我讲解什么是电影，但又讲不清楚，我在一旁听着，如堕十里云雾之中。我隐约记得，在 1913 年，我与伏尔泰中学杰出的拉丁文教授亚历山大·梅尔洛一起，第一次见到在巴黎上空飞行的飞机。就在同一时期，我几乎战战兢兢地靠近我毕生第一次见到的电话机。最后，1913 年 9 月，听我父母讲，他们乘坐在特雷沃赖镇上开设时新服饰用品商店的一位邻居的汽车出外游览夜景。

iii-332

知其然，再问其所以然

我们以上使用于贝尔·布尔让的框架，即使经过修正并赋以例证，也只是有助于归类和叙述。能否对确认的顺序问一个为什么，并进一步在演变过程中以及在伴随着演变的行为中推导其意义？在法兰西工业永不停止的历史演变过程中，问题是要知道究竟有没有一些反复起作用的和导致几乎同样后果的规律？照乔治·古尔维奇的说法，这是一些“倾向性”规律，以避免使用“法则”一词；他正确地指出，“法则”一词对人文科学难以适用。

首要的规律无疑就是所谓“第二个上帝”。这个不寻常的说法见诸较晚出版的一本书，昂都纳·卡约在书中写道：工业“如同第二个上帝始终起着积极的作用”[340]。萨伐里·台布昌斯龙的《贸易辞典》不是也与以上的说法不约而同吗？辞典写道：“人们历来认为，工业奇迹是从需求的怀抱中降生的。”[341] 朗格多克巡按使巴维尔对人类智慧的崇敬更胜于对上帝的崇敬，他写道，“居民不辞辛劳耕种土地，而收益甚少，由此蒙受的损失仿佛要通过工业和商业特有的才能，由自然界给予补偿”[342]。

热沃唐的情形十分典型，在这个贫穷的高山地区，寒冬迫使农民困守家室。甚至不必有包买商的怂恿，他们都利用当地生产的羊毛，努力织造粗呢，而且销路居然不错。据 1740 年的一份报告说，“热沃唐地区约有 5000 台织机”[343]。在“适于耕种土地”的季节里，一半织工停止织呢。他们夏季务农，“一年中的 6 个多月，由 iii-333 于土地和房屋被冰雪所覆盖，他们待在家里”从事纺织。他们织造的呢绒在山下的交易会上出售，对这些山民的艰难生活倒也不无小补。

附近的塞文山区，情形也是相同。还有阿列日地区，特别是米尔普瓦主教区，在这个穷地方，除了作坊主，就再也找不到殷实的人家。马扎梅的四郊多系“不毛之地”，居民因此专心从事纺织活动。[344] 1733 年的一份报告在全面谈及朗格多克的情形时甚至指出，拥有肥沃的土地并“满怀希望进行辛勤耕作”的农民往往入不敷出，而在贫瘠的土地上，农民因“收成很差，从事作坊生产”，却能“使穷人得以维持生计和承担各项开支”[345]。这无疑是事实。乡村工业的好处在于，它可补充土地生产的不足，不论土地的产量多么微薄；正是在这一意义上，乡村工业是第二个上帝。它从不排斥农业劳动，乡村工匠至少耕种小块土地，经营菜园和喂养几头家畜。

城里的情形当然有所不同，手工业在城市始终就像在家里一样，因为它自发地诞生于城市以及市郊居民的需求。那么，城市手工业是不是抵御贫困的第二个上帝呢？这里有必要对贫困以及对贫困的性质和存在理由先取得共识。城市肯定不是规律的例外。

试举里尔为例，城市人口过多促使工业的快速增长和朝多样化方向发展。法国每平方公里平均有居民 51 人，而北部省的人口密度大大超过 100 人这个临界数字。里尔区的人口密度更高达 255 人！由于人口过多，各种工业兴旺发达，力图突破法国国内市

场的重重障碍，并满足国外市场的需求。市区几乎历来都是人满为患，甚至地窖里和院子里也充斥着众多的无产者。这是一个出
iii-334 现较早的极端的事例。城里的人累得精疲力尽，穷于应付，纺织活动便向四郊的平原地区泛滥。[346] 以上情形并非没有现实意义，因为同样的原因往往产生同样的结果。从今天的情形看，新加坡、中国香港、韩国都因工资较低和劳动日极长，工商业取得引人瞩目的发展。这一切都以大量的国外定货为转移，因为在目前，整个发展过程（且不说它是整本的戏剧）要在世界的范围内展开。在这里，我们也还必须说，工业是第二个上帝。

我们更可以说，工业仿佛是一扇太平门，需要的时候始终都能打开。它也像是起死回生的一帖药，即使是苦药。尽管工业发展不时会出现故障，会突然中断，但它必定能恢复前进。它像一条河流，在其漫长的流程中，不但能冲破和克服各种障碍，而且河水的流量也在自然而然地增加。甚至百年战争及其潜在的危机也阻止不了它的前进。工业在一个城市或一个地区有所削弱，便在另一个城市或另一个地区重新缓过气来。这里似乎有一条补偿法则在起作用。旷日持久的西班牙王位继承战争（1701—1713 或 1714 年）经常被引以为例。人们不是往往谈到战争在最后几年中造成的实业凋敝和经济萧条吗？一位在兰斯进行调查的官吏于 1708 年 4 月 6 日写信报告财务总监说："大人，现在我敢对您保证，由于特别的幸运，该市的大宗贸易在这场战争中竟没有受损失或损失很小，城内也没有一名工人失业。"[347] 我不打算把以上的"调查结果"普遍推广，"由于特别的幸运"这句话不允许随意推广。我并不否认，特别在随后的岁月里，由于 1709 年严酷的冬季等气候条件

的影响，法国的手工业将蒙受困难。但是，说到底，关键在于工业的长河仍未枯竭。假如在和平的条件下，情况显然会好得多，何况在 1713—1714 年达成和平后，情况也确实变得越来越好。

大革命时代和帝国时期的法国将是更好的见证。一些历史学 iii-335
家拼命渲染当时如何灾难深重。对他们的一片真诚，我并不怀疑。可是，他们究竟说得对不对呢？当时的对外贸易确实一落千丈（进出口总额 1789 年为 10 亿里佛；1795 年为 5.5 亿；1815 年为 6.22 亿）。但对外贸易只占整个贸易的一部分，而当时的贸易额在法国整个工业生产中所占的比重不如“第二帝国以后（1852 年）那么大”。尤其，拿破仑时代的“工业生产指数高于旧制度末年的指数”[348]。我因此赞同塞尔日·夏萨涅的见解[349]，认为在旧制度与热月反动之间的法国，工业的结构和产量保持着连续性。甚至在热月反动以后，尽管法国在战争中丧失了巨大的有生力量，情况也没有变化。法国所缺少的乃是工业革命。这不就是原来的老问题吗？工业革命是经济长期增长的结果，唯独英国在 17 和 18 世纪完成了工业革命。就法国而言，早在 1789 年以前，工业的命运业已确定。[350]

法国在 19 和 20 世纪遇到了严重的障碍，我所提供的初步论断是否反而适用呢？障碍是否已经克服了呢？尽管 1870 年战争对法国的民族自尊是个极其痛苦的打击，但它肯定没有使法国经济沦于破产。这已是大家一致公认的事。法国在第一次和第二次世界大战期间经历了空前的考验，情形又有什么不同呢？让·布维埃帮了我大忙，代替我回答了这个问题：“20 世纪的两次世界大战只是在短期内遏制了法国的工业增长。法国并未因此一蹶不

振。战后接着出现了两次相当迅速的增长，弥补了战争期间的损失，进而在20世纪的第三个25年中使生产量和消费量上升到前所未见的高度：从1944年到1977年（弥补性增长包括在内），工业生产扩大了12.8倍。”[351] 由此可见，损失得到了弥补，发展的连续性始终得以保持。即使具有深远影响的经济危机对此也无可奈
iii-336 何：就工业而言，法国渡过了1929年危机的难关，这场危机确实比1857年危机或1810年危机更加难过；据历史学家说，后一场危机对帝国的危害甚至超过西班牙战争。但法国终究已经渡过了所有这些难关。20世纪70年代的危机正展现在我们的眼前，经济萧条犹如一潭死水，但随着岁月的流逝，危机也正在克服之中。

工业默不作声地奋力向前，随时迎接各种挑战，准备对付国际的不景气或政府的愚蠢；这种一往无前正体现着工业发展史的基本趋势。人们在介绍这一历史时往往把它分成段落，却不知这些段落构成一个连贯的、延续的、时有反复的和不断扩大的发展趋势。我们要对业已作出的解释再次加以考察，因为过程和联系势必反复重现，互相渗透，互相制约，并且同时共存。不存在剩余的农产品，便不可能有工业；工业要靠人去发展，必须有剩余的乡村劳动力投入到繁杂的工业活动中去；工业产品没有销路，工业活动也就不能维持下去。为部队制造呢料的洛代沃在革命和帝国期间大发横财[352]，马扎梅向加拿大出售其哔叽，拉瓦勒生产的布远销西属美洲，如此等等。贸易因而是工业活动的主宰。如同工业一样，贸易取决于信贷和银行，也就是说，受制于资本主义。工业发展之所以不快，原因就在银行出力不够或者帮助不及时；这话不是已成老生常谈了吗？浩大的商业洪流推动工业发展，犹如河水推

动船舶前进。这一切汇合成充满活力的、体现生活必然的、普遍的前进运动。

反复的波动

若说经济生活势必推动着和包含着连续不断的工业活动，若 iii-337
说这种连续性是经济生活的一个基本特征，这岂不是与工业特有的节奏相矛盾的吗？人们确实隐约看到，在轰轰烈烈的起步以后，有多少次突然出现停顿，节节后退，乃至跌入低谷！从单个的企业看，工业发展遵循的规律似乎是不连贯的，企业寿命都很短。人们经常谈到被废弃的村庄，应该承认废弃的手工工场和现代工厂也为数不少！

莫里斯·多马在其《工业考古学》一书中列举了法国各地业已关闭的各家工厂的遗址，厂房或者只剩断垣残壁，或者已改作他用。建筑物的"恒久常在"与企业的"转瞬即逝"在莫里斯·多马的笔下恰成鲜明对照。[353] 我们且在他的带领下，去实地参观宏大的手工工场。

在朗格多克地区的洛代沃，宏伟的圆拱形楼房依然矗立在横穿市区的莱尔格河的岸边。[354] 不远处便是维尔纳威特手工工场的厂址。同许多其他手工工场一样，这家工场依山傍水，来自黑山的激流可供清洗羊毛，平整呢料和推动磨坊的水轮。工场打破了长寿的纪录：它于1677年创办，经过长时间的衰退，直到1954年才完全停工。今天的参观者还能够"几乎完整无损地"[355] 看到18世纪组织的原貌，从工场主的住所到宽大的拱顶仓库，装置机器的真正厂房，排列在几条街上的工人住所（兼充家庭住房和织布作坊），还有水利工程的引水设施。约有 12 个村庄拱卫在这资本主义堡垒的周围。[356] 在阿布维尔、色当、卢维耶等地，还有一些今天已经破败的状如古堡的漂亮建筑，它们也是大型纺织企业诞生、成长和
iii-338 死亡的见证。在我们的导游陪同下，我们可走遍法国各地，寻找往日的高炉、锻铁炉、冶炼炉以及其他的冶金设施，从佩里戈尔地区到上马恩省、沙蒂永省和科多尔省，又从朗德省到布列塔尼地区；我们将顺便参观唯一已被列为历史文物的一座高炉，这座高炉晚至 1865 年建在默尔特-摩泽尔省希耶河边的孔拉格朗维尔，过了 15 年后即告停工[357]。

我不打算对这许多难得被利用的历史资料发表长篇大论，只想着重指出工业活动的繁荣为时十分短暂。在这里，我与瓦尔特·霍夫曼有关工业革命的英国的见解殊途同归[358]，霍夫曼的论断完全可以扩大应用于 18 和 19 世纪的法国。其实，在一般情况下，这个论断超出了本已十分宽广的时间跨度。

与其说是论断，不如承认这是一条规律，甚至放心大胆地称之为法则。瓦尔特·霍夫曼认为，任何工业，不论在什么地点和以什么为对象（我再补充一句，也不论在什么时代），都从诞生到停止大体上呈现一条抛物线，经一段相当迅速的上升后达到巅峰，停留片刻再直线下降。我们且把他所提供的例证搁在一边。我在另一部著作中使用了霍夫曼的这条法则，举出 16 世纪时可惜为数不多的几个可作定量分析的例子。[359] 即使在创办时出尽风头，即使在鼎盛时强大有力，工业企业总是寿命不长，这是有目共睹的事实。尽管在前进途中会遇到有利的机遇，它却必将屈服于命运，迟早要走这条下坡路。

总之，一个村庄的兴衰前后总要延续几百年时间，而一家工厂却从没有把握保持一百年的繁荣——可能的例外只是证实了规 iii-339
律。我们的结论是：相比之下，工业的寿命显得短暂。由于工业发展首先是人定胜天的历史——我们时刻都与一些追逐幸运的企业家在打交道，工业企业以自己的方式表明，人至多只能抓住短时段；而长时段，特别是超长时段，为人所不可企及。

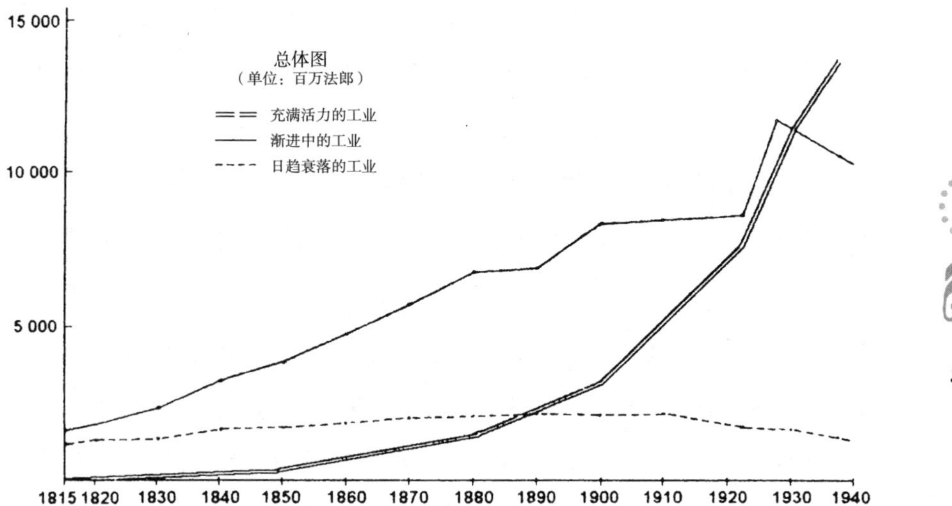

充满活力的工业、渐进中的工业和日趋衰落的工业

（材料来源：蒂奥米尔·马尔科维奇的《1789 至 1964 年间的法国工业》，《实用经济科学研究所学报》，1966 年。）

以上确认的事实并不妨碍我回到我挂记在心的原来的论断，就是说，在民族经济的范围内进行整体考察，工业活动具有渐进的连续性，尽管从表面上看，上述事实与这种连续性似乎相矛盾。工业潮流从不停歇，并且自动地趋向于扩展。如果失败和下滑是一条规律，那么，生机勃勃的起飞又是另一条规律。可以说，整个情形就像是有加有减的一张账单。我坚信，在外界条件比较有利时——政府的举措得当，新市场的开辟，经济形势的好转，竞争对手的消失——整个工业便会向前发展。我的论点散发着乐观的气息。我敢毫不自欺欺人地确信，在这个问题上，蒂奥米尔·马尔科维奇这位对 18 世纪至今的法国工业史最熟悉的专家站在我的一边。他把众多的法国工业划分为三类：起着创新、带头作用的新工业；勉强维持现状、即将趋向衰败的工业；日薄西山、气息奄奄的工业。[360] 这种划分完全接纳了瓦尔特·霍夫曼的解释，我从马尔科维奇的著作中借用的草图在这里足以说明问题：工业运动取决于技术革新；经过以上提纲挈领的叙述后，我们便与门施、安德烈·皮亚蒂埃以及其他许多经济学家的观点不谋而合：革新是工业永葆青春的秘密，是心灵手巧的、必不可少的技术对工业的奖赏。

剩下尚待解释的还有衰落本身，为永葆青春需要反复采用的
iii-340 措施，以及最终展现工业命运的这些经常性波动的理由。显而易见，在过去，就连亨利·赛这位一丝不苟和熟悉资料的历史学家也是借用政治分期来考察历史：复辟王朝发生了什么事？七月王朝、第二帝国、第三共和国又发生了什么事？[361] 后来，我们从弗朗索瓦·西米昂划分的经济阶段出发进行了思考：1817 至 1852 年的下降，1852 至 1876 年的上升，1876 至 1896 年的下降，1896 至 1929 年的上升（跳过第一次世界大战），如此等等。可是，看来工业在下降时期的发展有时竟比在上升时期更快[362]，这个问题真有点令人棘手。能不能把它当作一个虚假的问题或不可解决的问题抛开不管呢？或者，是否能够从危机的角度再作什么解释呢？人们也许可以
iii-341 认为，在经济增长时期，由于冲突和竞争的减少，利润和需求的扩大，所有人都能分享好处，包括跛脚的鸭在内。而在经济危机期

间，生产一落千丈，利润急剧下降，国内和国际的竞争更趋加剧，结果却是强者更强，弱者更弱。[363] 这种优胜劣汰对从事革新、寻找新途径和开辟新出路可能也有所裨益。我们这里又遇到另一个问题：怎样解释危机本身？这个问题比前一个问题更不容易解决。

结果是小企业仍继续存在

历史学家今天一致公认，旧制度下的法国由于领土广大，资源丰富，人口居欧洲之首——俄罗斯除外，是当时欧洲的第一工业大国。但是，这个领先地位建立在资源、历史进程和小生产单位的基础之上。资本的集中虽在里昂、里尔等一些大城市或在马赛、波尔多等大港口业已完成，但这些活跃的经济中心却宁愿把资金挪作他用，企业家们全都明白，兴办工业要冒风险。可向工艺制造业投资的大资本集中在巴黎，但巴黎也倾向于发展商业和运输，对纺织业和冶金业并不重视；与其兴办呢绒工业，还不如从西班牙进口羊毛，再转手出售色当和埃尔伯夫生产的呢绒。首都的呢绒商在17世纪对发展呢绒工业表现的兴趣只是停留在口头上。简单地说，在1789年，法国的经济生活虽然朝气蓬勃，但其工业生产方式却依旧不变；棉纺、采矿、冶金等部门的某些例外只是证实了规律。基本上从英国输入的工业革命难以打破法国的旧格局，只得与后 iii-342
者同时共存。

这种延续了整个19世纪、甚至一直保持到1914年以后的工业体系，人们称之为“次工业”，或用蒂奥米尔·马尔科维奇的说法，叫做“广义的手工业”，相对而言，集中生产资料和劳动力的大工业则是“本义的工业”。七月王朝和第二帝国期间，分别于

1840—1845年、1848年、1860年、1861—1865年进行的四次大调查，其结果由蒂奥米尔·马尔科维奇归纳为以下的图表(数字单位为百万法郎)：

年代	工业总产值	年平均数	
		本义的工业	广义的手工业
1835—1844年	6385	1612　25.2%	4773　74.8%
1855—1864年	9090	3406　37.5%	5684　62.5%

根据这些调查，“在1840至1860的20年期间，工业总产值增加了42.36%，本义的工业增加了111.29%，广义的手工业仅增加19.08%。工业结构变化很大。本义的工业所占的比重由25.2%上升到37.5%”[364]。如果比较利润和工资分别在本义的工业中所占的比重，“结构的变动则显得更加清晰”：利润从56%上升到60.4%，工资从44%降低到39.6%。“在日趋发展的工业(‘充满活力的工业’)范围内，工资比重的相对下降是19世纪工业革命的显著特征。”与此同时，原料价格却在上涨。马尔科维奇据此认为，这是大国推行殖民主义和帝国主义的原因之一[365]；对他的这个看
iii-343 法，我们是否应该赞成呢？

无论如何，小工业的比重虽然有所减少，但它仍比大工业大得多(1860年小工业占62.5%)。更何况，数字还低于实际，调查员为区分大小工业所选择的标准(是否使用机器)本身很成问题。因此，在1866年调查的数字中，拥有一台辛格牌缝纫机(这在当时是一种新工具)和两名帮工的裁缝竟被列入大工业！蒂奥米尔·马尔科维奇正确指出，为了区分工业和手工业，应该注意的是“究竟老板只动口而不动手，或者他同时兼顾领导和具体操作”。因此，

他把各种小作坊，把如野草般繁生的乡村工业，以及把主要供家庭消费的日用品制造，统统列入手工业的范围。根据这个新标准再作计算，本义的工业的比重在1860年就不再是37.5%，而是19.8%，占工业总产值的五分之一。[366] 处于少数地位的这种大工业仍被传统工业所包围，随时受传统工业的牵制，就像大海中的孤岛一样。特别是手工业继续维护其生存和繁衍的权利。工业发展实际上在两方面同时并进，大工业发展迅猛，但小工业也并非止步不前。

经过蒂奥米尔·马尔科维奇修正的计算数字与我们上一辈的历史学家的稳健考证不谋而合，这些历史学家（塞巴斯蒂安·夏尔勒蒂和夏尔·塞诺博斯）参与了厄内斯特·拉维斯主编的资料丰富，但已偏于陈旧的《法国现代史》的编撰工作。夏尔·塞诺博斯撰写的是第三共和国的历史；从第二帝国到1900年前后，法国已走过了很长的一段路程。各种统计材料全都表明法国工业的巨大进步。“据1866年的估测，在最集中的工业部门，每家冶金工厂平均雇佣86人；每个矿山仅21人，每家化工厂仅 iii-344
17.4人；到了1906年，炼铁厂、矿山和玻璃制造厂的平均工人数分别上升到711人、449人和96人。雇佣1至10人的小企业1896年只占工人总数的36%，1906年占32%。”[367] 小工业占三分之一，大工业占三分之二，计时的沙漏已经颠倒了过来，但小工业的比重还是不小。

究竟是小企业的顽强存在阻碍着大企业的发展？或者是大企业需要与小企业共处，并与小企业保持联系？不论对问题作何解答，大工业的发展确实不快。原因恰恰就在大工业本身；新兴的汽车制造业和飞机制造业最初似乎一炮打响，但如果我没有搞错，随后却就再也无声无息。尤其，银行支持不力，犹豫再三，对工业所需的长期贷款轻易不肯发放。如同旧制度下的大港口一样，银行一心想在世界范围发挥作用，以致忽略了法国国内的职责。工业企业不得不实行互助，对结清购销贷款，相互给予宽限。关于影响着我国命运的这些问题，我将在后面再谈。资本主义对此负有罪责吗？资本主义既然名声不佳，自然是罪责难逃。

埃尔韦·勒布拉提出的另一种解释却是令人神往。他首先注意到，在日内瓦和圣马洛之间的直线又一次把法兰西分割成两块，北部的一块实现了高度的工业化，南部的另一块则因循守旧，强有力的家庭组织形式长期阻碍着工业的发展。“两个地区互相对峙：一边优先发展大生产，另一边偏重实行小生产；一边居住集中，另一边居住分散；一边是小地产，另一边是雇佣农业工人的大农庄。”[368] 法国南方的工业由于拒不接受集中工人的现代形态，自18世纪遗留下来的许多手工工场和传统作坊在现代工厂的竞争下纷
iii-345 纷消失。因此，南方便大大落后于卢瓦尔河以北的法国富裕地区（见929页图），后者而且将越来越富。迪潘男爵于1827年大声疾呼：“南方同胞们，我把本书〔《法国的生产和贸易实力》〕对法国北方的介绍奉献给你们……当你们看到由我们的祖先根据使用奥依
iii-346 语或奥克语而划分的法国两大地区，在人口、财富、手工工场和商业等方面，有着多么巨大的差别，你们一定会大吃一惊。”他恳请南方同胞“顺应各省的需要，从事严肃认真和卓有成效的研究……因为你们今天在物质和精神方面蒙受的匮乏，促使你们的个人需求变得更多和更加紧迫”[369]。

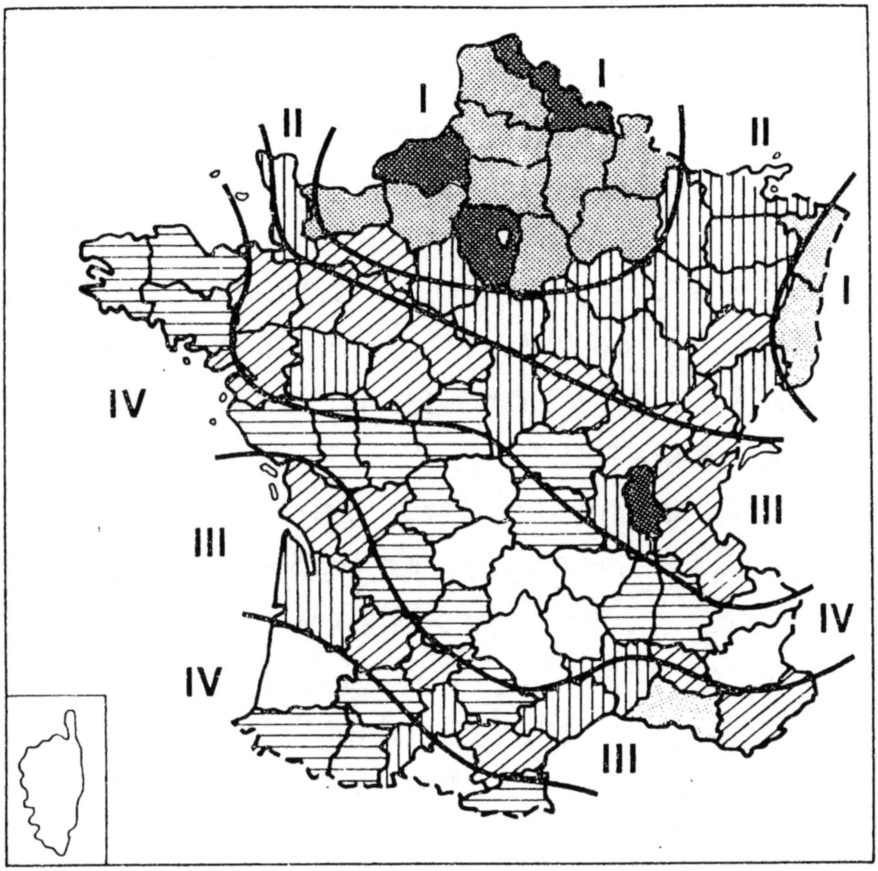

法国经济地域的水平差异（1830 年）

根据 33 项涉及经济各方面（农业、运输业、工业、收益、祖产等）的可变数字而绘制的这张地图展示了 1830 年法国地区发展的不平衡；从黑到白，从 I 至 IV，正表现出地区间的贫富差别。

（资料来源：见贝纳尔·勒帕蒂的文章，载于《经济、社会、文明年鉴》，1986 年，第 6 期。）

对迪潘男爵关于发展工业的倡议，南方竟不受诱惑：居民坚持留在当地务农，不愿去北方加入工人的行列（工人中包括大批外国移民）。过了很久以后，当农村人口终于出现大批外流时，南方人往往都投入服务业、自由职业等第三产业或充任公职人员，很少或几乎不从事工业活动。总之，无论在过去或现在，法国南方对充当工人一事似乎在感情上就怀有敌意。

由于以上情形，在19世纪期间，包揽法国工业生产的北方本应该大力发展工业。可是，与欧洲其他各国相比，法国北方的工业增长却是相对低下（至少直到第二次世界大战后不久的时候为止）。埃尔韦·勒布拉从政治的角度对此作出了解释。国家在上个世纪对南北地区的不平衡深感担忧，以至把“巩固民族统一的政治需要置于发展工业的需要之上”。政府的投资——即北方的财富——被用于发展南方，例如推行统一的教育政策（费里法案），发展铁路交通，调整行政区划，大力推进公私建筑等等；这最后一项措施“往往被经济学家指责为生产性投资的挪用”。在埃尔韦·勒布拉看来，这是“1860至1914年间法国工业增长屈居末位”的主要原因。“为了缓和伴随着工业化初期而出现的发展不平衡，法国可能限制了自己的工业增长，但却成功地维护了国家的政治统一。”[370]

iii-347
四　商业始终提前点火起动

古今以来有关商业的研究论著可谓汗牛充栋，就凭这一点，人们往往以为，无论在法国或者在别的地方，商业是各种经济活动中范围最广的活动。这其实是经不起数据检验的一种假象。根据迪潘男爵1837年对法国国民生产总值的计算：农业为60亿法郎，工业为30亿法郎，商业为15亿法郎。[371] 以上这些数字恢复了事物的本来面目。然而，在我国 19 世纪的不断进步中，商业的比重比位居前列的另外两个部门增长更快。如果不算银行，再也没有别的增长速度能超过商业。可是，归根到底，银行难道不就是金钱的交易吗？莱昂斯·德·拉韦涅于 1870 年指出，法国“自 1815 年以来国力大增，有时竟出现迅猛、壮观的飞跃。对外贸易增加了 14 倍，工业产量翻了三番，农业因其庞大而不够灵活，产量也翻了一番”[372]。这种发展节奏——工业比农业快，商业比工业快——一点也不新鲜。据皮埃尔·肖努的计算，1800 年欧洲的农业收益约是 17 世纪末的 1.5 倍，工业约为 3 倍，商业至少可达 10 倍，也许达 20 倍，这是一次名副其实的商业爆炸。[373]

原因无疑有许多。人们会想到英国“政治算术”的创始人威廉·配第（1623—1687 年）的法则：“工业收益超过农业，商业收益又超过工业。”[374] 利润显然在这里起作用，劳动分工并不如某些人 iii-348
所想，持中立的立场。它制造差别和等级，抬高一些部门的身价，贬低另一些部门的地位。实际上，分工的出现正是来自各行各业发展速度的差别：农民的人数远远超过工匠，工匠的人数又多于商人及其从业人员，这最后一类人与银行家的小圈子相比也是大相径庭。经济进步的作用与它所涉及的人员数量恰成反比。

总之，商业走得最快，一马当先，起着带头和支配的作用。我在谈到包买商制度时已对这个问题作了长篇论述。在本章的末尾涉及商业资本主义——或用我更喜欢的说法，商品资本主义——时，我还将论述这个问题。我这里只想顺便指出，工业——首先是工业，但并不仅仅是工业——处在商业的影响之下。工业的进步虽然是技术革新——彻底的决裂，革命的飞跃，破旧图新的创举——的产物，但它也受商品更新所左右。有关的事例不胜枚举，足以提供无可怀疑的佐证。

就举精织呢绒业为例：这门工业在法国肇始于17世纪，因为在开始建立工场以前，精织呢绒已取代了丝绸，用于室内装饰，特别是制作高级服装。外国的呢绒可以满足预先存在的市场需求。全靠巴黎的服饰商人，通过在色当、埃尔伯夫、卢维耶等地开办手工工场，才把这个市场夺了回来。另一个例子，另一项证据：朗格多克的呢绒在17世纪（直到大革命为止）旨在开辟远在东地中海的市场，与士麦那和君士坦丁堡的联系不再经由塞特港（柯尔贝尔于1666年设立了商港），而是取道马赛（运输繁忙的转运港）。因此，在朗格多克的维勒讷韦特手工工场的历史档案里，出现一连串

iii-349 以保护神命名的马赛和普罗旺斯船只（“圣约瑟夫号”、“加冕王太子号”、“耶稣童子号”、“加龙圣母号”、“良逢圣母号”、“恩惠圣母号”、“圣路易与阿勒颇城号”，等等），也就不足为奇了。我已经举过其他的例子：拉瓦勒的棉布18世纪在西属美洲十分畅销，马扎梅的哔叽在加拿大风行一时……

农业本身也需要商品的青睐。随着贸易在18世纪的法国急剧的发展，各省纷纷打破了相互的隔阂，逐渐向有利可图的专业化方向发展：葡萄种植在上普罗旺斯省普遍推广，其他的省份也摆脱了谷物的桎梏，着重经营畜牧业……俄罗斯当局自叶卡捷琳娜二世即位后试图打开西方的大门，出口谷物、麻、木材等货物。在俄国驻马赛领事佩希埃[375]——其实是在马赛从事大宗贸易的一名瑞士侨商——的活动下，乌克兰小麦开始从黑海的港口（全部设施尚待新建）向马赛出口，俄罗斯谷物的大批外销（这本身就是一项

创举)即使不能完全归功于佩希埃,但他在其中确实出力不小……贸易是创造奇迹的魔术师。

以经商为业的人

我国的商业虽然不像意大利城市国家、荷兰以及后来的英国那样达到空前发达的高度,但我们也不能以为它的活动竟是默默无闻。经商者在我国人数众多,商人与商人也有不同:大商人又称"批发商",从事大宗贸易,另外还有其他各种商人。杜尔哥正确地指出,"从在集市卖菜的女商贩到南特或加的斯的船主",都属于商界。用鲁昂一份材料的另一种说法,"从小伙计到大商人",都属于商界。[376]

商业可见包括几百种行业。经商者加在一起,人数相当可观。iii-350
在 14 世纪的阿维尼翁和孔塔-佛奈桑,商人约占社会特权阶层中的 2%至 5%。在 1800 年,法国人口接近 3000 万,商人总数可达 150 万人。到 1825 年,如果迪潘男爵的计算不错,商人约占我国人口的 10%。然而,在 1856 年,根据让-克洛德·杜坦的计算,仅有 190 万人在各商业部门就业。他的数字实际上只计算了"坐商"。[377]

可见,商界的最上层是参与交易所活动的少数批发商。在他们的下面是人数较多的中等商人及其下属的服务部门。再下面是"小本经营"、"谋求蝇头小利"的小商人[378];最后是不计其数的手工工匠铺,以及向城市集市供货的小商贩。

例如,那些在大清早睡眼惺忪地从巴黎郊区出发,驾着轻便马车进城出售蔬菜、黄油或家禽的小商贩。此外,在路易十三去世的

1643年，一位旅行者说，贩到里昂城内“出售的东西真是应有尽有：油饼、水果、薪柴、木炭、成箱的葡萄、芹菜、鱼、煮熟的豌豆、柑橘，等等。各种时鲜蔬菜放在手推车上沿街叫卖。苹果和梨都煮熟后出售。樱桃则是论斤计价”[379]。在卡昂，“日用品生意由大批不开店铺的零售商所包揽（本小利微的糖果食品商除外）；他们整天就在街头和广场边上耽着……这些人不设货摊，全部货物就用两三个筐子装着；他们每天早晨从市郊的村庄步行进城”[380]。这就是交换坐标的零点吗？人们有不止一个理由对此表示怀疑。依我之见，坐标零点位于以货易货、以服务换服务的区域：谷物换面
iii-351 粉；奶换黄油、奶酪或猪肉，如此等等。我们在圣安托南这个小城市里曾见到过这类情形。

是否应把流动商人——驾车奔赴各地参加交易会的客商——或普通商贩置于零坐标的水平之上呢？对于前者，肯定是应该的，而对后者，又几乎是不应该的。

总而言之，以经商为业的人无疑不断在增多，随着人口、剩余农产品、工业产品和运输活动的增长，这本是合乎情理的事。

有关这种“持续”增长的见证，我们可以举出很多。早在路易十二统治的末年，即1515年，当时任马赛主教后来又晋升都灵大主教的克洛德·德·塞塞尔写道：“各种各样的人都在做生意，如果路易十一那时（1461—1483年）有一名商人，到了现在（路易十二治下，即1498—1515年）就有50多名，而且小城市的商人比大都市更多。”[381] 这是一个孤立的但又是可靠的见证。到了17世纪，形势变得更加明朗：店铺简直就像传染病一样，无孔不入地侵占所有的欧洲城市。它们根据传统惯例按行业集中，在许多街道

的两侧排列成行。1656 年 12 月，两位荷兰旅行者来到了巴黎的铁器街，他们“在无辜圣徒收尸所的附近，但见几乎所有的商人都开设铁器、铜器、白铁器、黄铜器一类的铺子”[382]。

商人的数量在 18 世纪更趋增加。鲍狄埃·德·拉埃斯特鲁瓦于 1716 年指出，“从事零售商业的不仅有个体商人，而且还有手工业主，后者往往是些夫妻老婆店，出售自己制造的产品”；他又说，“这些零售商在城市居民中占一个不小的比例”[383]。他们不仅 iii-352
出售自己的产品，而且还经销他人的产品。

在 19 世纪，随着拿破仑的垮台，法国又恢复了和平，商人的队伍再次扩大。1817 年，利摩日的一个爱发牢骚的人抱怨说：“在我们的同胞中，有一大部分人既想赚钱，但又不肯吃苦，他们纷纷投入了商业活动。许多小职员、仆役和零工都开设了店铺。在今天的利摩日（居民共 1 万人），竟有 25 名呢绒商，76 名杂货商，97 名服饰商，41 名制造商，14 名金银制品商，18 名五金制品商，5 家车行，23 家咖啡馆和 85 家小酒馆。”[384]

类似的抽样调查还曾进行过多次，例如 1725 年对格勒诺布尔[385]，1789 年对萨瓦地区[386]，但调查所得的数字往往还存有争议。我们了解到一些城市中“开店”经商为生的户主比例：在克吕斯占 12.5%；在托农占 8.5%；在埃维昂占 7%；在艾克斯莱班占 6.1%；在博讷维尔占 3.5%；在阿讷西占 15%；在格勒诺布尔占 12%；在尚贝里，比例约为 12%至 15%之间。由此可以得出什么结论呢？能否认为重要城市中的“零售商”相对地比小集镇（小集镇更多地向交易会贸易开放）更加密集呢？这或许有此可能。但是，人们却无从算出城市、集镇和村庄的整体比例，尤其对于商业部门不容置疑的增长，无从计算出增长的速度。

我之所以在介绍我国商业的历史时从一开始就强调这些不言而喻的细节，这是因为统计学家容易忘记这些细节，而被壮观的国际贸易所陶醉。作为商业的上层建筑，国际贸易固然十分重要，但它在商业实际中却只占一个微薄的部分。国内贸易的分量和价值远比主要面向国外的大宗贸易大得多。

我国主要的统计学家之一莫里斯·布洛克于 1875 年强调了在全国范围内存在的这一比例差异，他说："人们对国内贸易通常
iii-353 不能得出十分正确的认识，国内贸易的范围很广，全国个人之间进行的各种交易活动统统都包括在这个范围之内。这些活动在数量上大大超过对外贸易，即使说前者起码等于后者的 10 倍乃至 20 倍，也还低于事实的水平。更何况，人们不难明白两种贸易之间的差别，如果指出外贸的任务只是补充国内供应的不足或推销国内过剩的产品。人们还可以想一想，法国 3600 万居民每年进行的交易活动，其数量该有多大；可以说，没有一种物品不经过三四道中间环节，就能够送到消费者的手里，由此便产生出多次商业活动；在这些实在的买卖之外，还应加上银行和信贷机构的活动，它们是商业必不可少的助手；应该承认，把国内贸易的交易额至少算为 350 亿至 400 亿法郎，即平均每人 1000 多法郎，丝毫也不过分。"[387]

许多其他数字同样也显示出国内商品的雄厚实力，它在出口中发挥的作用，它为工业和国计民生筹集必要的物资所起的作用。就在莫里斯·布洛克说话的当时，国内贸易的营业额和利润额也有所增长。甚至在伏尔泰的时代，"小敦刻尔克"这家难能可贵的

店铺，规模已经相当可观。自从19世纪中叶以来，更出现了一些大商场："菲利克斯·波坦"于1850年[388]；"便宜市场"于1852年；"罗浮"于1855年；"萨马里坦恩"于1869年，等等。大城市里的某些零售商在赢利方面居然也能与批发商并驾齐驱。

我们回过头来再看国内贸易额350亿至400亿法郎这个数字，莫里斯·布洛克本人承认，他所提供的这个数字是无从考证的。尽管纯属推测，并且异议甚多，这个数字或许还有待人们作出有益的分析。首先必须指出的是，根据杜尔哥的设想，它涉及包括贩运、集市、交易会、店铺在内的"各种性质的交易活动"。另方面， iii-354
相同的商品十之八九都要多次转手，经过买进卖出几道手续，营业额因而也就多次计算，信贷、汇兑、记名本票等业务还不算在内，而后一些业务也包含在"国内商业流通"之中。因此，对于国内贸易的营业额超过法国物质生产总值（当时约250亿法郎）一事，也就丝毫不值得奇怪了。至于对外贸易，进出口商品总值于1872年仅达78.3亿法郎（转手出口不算在内，约占总值的四分之一弱）[389]。

以上所得的比例（80亿比350亿法郎）与某些英国历史学家的估测不谋而合[390]，这些历史学家认为，英国的国内贸易额相当于对外贸易额的4至5倍。只要由此再往前跨出一步，人们当即可以认为，国内贸易对发动工业革命起着主要作用；这一步确实已经跨出。早在这些英国历史学家以前，笛福不是就已声称，18世纪的英国，中间商在商业交易活动中起着乘数的作用，全心全意赚取的点滴利润终究积少成多，促使民族市场的不断扩大？

利润积少成多，正是国内贸易的特征。对外贸易又怎样呢？加利阿尼教士以谷物为例明确地指出了二者之间的区别：国内贸易数额巨大(由无数商人均摊),利润微薄而又经常;大宗贸易则利用国际差价进行投机,只是在发生粮荒时,才参与其事。外贸的营业额本身很小,但利润被进口商独吞,就大得惊人:希门尼斯公司1591年的利润率竟达300%。[391]

内外贸易的比较,要害就在这里。米歇尔·莫里诺为此提供了一个出色的例证[392]。人们知道,在18世纪,根据贸易支付结
iii-355 算,“法国对美洲殖民地的贸易,除战争时期有时出现例外,一般有很大的入超”[393]。例如在1750年,进口额超过6200万,而出口额竟不到2700万[394]。然而,于18世纪期间翻了二至三番的这项大宗贸易却是我国大西洋沿岸各港口大发横财的关键。这一咄咄怪事究竟奥妙何在?其实不难明白,我们就看波尔多装备的一艘商船1729年去圣多明各往返一次记下的珍贵账目。启程时装载的货物价值37 149里佛,返程时则为92 895里佛,按贸易差额计算,入超达55 746里佛。可是,商人所做的这笔生意丝毫也不亏本。运去的货物(葡萄酒、烧酒、面粉、咸肉、黄油、蜡烛、玻璃器皿)在莱奥甘出售时,价格翻了一番以上,售价达81 678里佛。返程时用78 678里佛买进的靛蓝、糖、鞣革等货物,在波尔多卖出,价值92 895里佛。扣除包括船只折旧在内的各项旅行开支,利润率高达35.6%。这个比例对安的列斯群岛的整个贸易大体全都适用,就并非投机性的经常贸易而言,数字相当可观。据沃邦的估测,商业利润平均约在10%左右。

到了这里,我就可以分析我所关心的问题。我不想就国内贸易和对外贸易作数字的比较,这是我不可能做到的事。也不想对英国历史学家的估测表示同意或者反对,他们认为英国国内贸易

在工业革命中起着马达的作用，可能言之成理（在这种情况下，我就可以说，法国国内市场的进步是我国工业化的基本动力）。我所关心的是，在资本主义的孕育过程中——资本主义在活跃、促进和独占国内市场的同时成长壮大，营业额为数不大的对外贸易却反常地起着首要的、决定性的作用。这个问题要求我们作出解答，甚至提供几个答案。这就是我们不得不让批发商登台串演主角。

批发商和远程贸易 iii-356

批发商与其他商人肯定有所不同：一般商人开设店铺，顾客登门购买所需的货物；批发商则拥有堆积货物的仓库，而且出库的商品都是“成包成捆”，数量很大。在黎塞留和路易十三那时，兰斯的商人马伊菲尔回忆他早年的学徒生涯，最初在“一家零售店”打杂，接着又先后在两名“栈商”那里帮工。后一位栈商“从事意大利的大宗贸易……我看到这里的买卖前程远大，做批发生意要碰运气，而且不必像零售商那样低三下四，受人颐指气使，因而觉得自己身份高贵，越干越有兴趣”[395]。

但是，为了充当一名批发商，不仅需要自己有钱，而且家庭也必须相当富有，以便必要时取得家庭的支持。大宗贸易的诱惑力大，风险也大，依赖性自然也大！钱花出去很快，收回来却总是很慢！每次结算时，除“挂账”的活债外，还有不可收回的死债。所有的“商行”都不免蒙受这类损失。因此，当企业初创，必须借债渡过难关，或为避免破产受辱时，家庭可以随时挺身而出，给予必不可少的保护。或者，通过开办两合公司以及后来的股份公司[396]，取得其他商人的帮助。孤立无援的富人似乎总是寸步难行。

充当批发商的另一项条件是必须从事远程贸易，把生意做到国门之外。远程贸易又意味着海外运输。文学著作在这方面从不搞错："无论是《威尼斯商人》中的高利贷者，或者是《基督山伯爵》中的船主，再或者是巴尔扎克和大仲马笔下的银行家，主人公的命
iii-357 运始终与满载财富的货船平安抵达港口联系在一起。"[397] 东地中海贸易几百年间异乎寻常的发迹正是依靠这些货船及其载运的胡椒、香料、药材等货物。还有名贵的藏红花、食糖、高级织物等。"一斤来自塞浦路斯的食糖相当于三头乳猪的价格。"[398] 在 13 世纪，"30 米佛兰德呢绒在马赛出售，价格相当于一名撒拉逊奴隶的二至四倍"[399]。以上这一切"使我们对当时人们的心态似乎难以理喻，对奴隶价格的低下，对尼德兰某种呢料出奇的昂贵，以及对生产者和批发商从中谋取的巨额利润，也都感到茫然不解"[400]。18 世纪的"海岛贸易"，与美洲或远东的贸易，全都遵循类似的规律，只是大同小异而已。

此外，大宗贸易要碰运气，必须善于抓住机会。例如圣马洛商人经过绕道南海的漫长旅行后，于 17 世纪末和 18 世纪初一度从白银产地智利和秘鲁取得银币和银锭，他们的利润率竟高达 800%[401]。又如，在 1784 年，某些商人得以让一艘满载高级奢侈品的大船不时进入俄罗斯的港口，每次进入都能引起轰动，并从俄国人那里取得"几百万卢布"。沙皇政府为保护其创建不久的手工工场，竭力"禁止这些诱人动心的奢侈品"进入俄国[402]；尽管如此，冒点风险还是值得的。

18 世纪的黑奴贩卖也是惊险丛生的交易：1782 年的情况比较特殊，当时正值美国独立战争期间，利润高达 300%，与所冒的风

险恰成正比。但是,在这个世纪中,通常的利润率分别为 50%、63%或 80%。[403] 正如南特的船主德格尔 1763 年所说的,这无疑是 iii-358
“一种充满艰险和成败未卜的贸易”,哪怕仅仅因为许多被虏获的黑人在横渡大洋时死于非命,就可能落得亏本的下场。[404] 由于贩卖黑人与殖民地的货物贸易同时进行,后者相当可靠,风险得以抵消。从敦刻尔克到巴约讷的大西洋沿岸港口全都广泛地参加了黑人贩卖活动。[405]

德国的历史学家早就揭示了“远程贸易”和“远程商人”在交换中的领先地位。这是有目共睹的事实:当时的人全都知道,“凡是漂洋过海去远地做生意”[406],利润通常更加丰厚。率先与荷兰人作对的马蒂阿·德·圣让神甫于 1646 年断言,“从事外国货物的买卖总是收益最高,获利最大”[407]。

到了 18 世纪,人们又看到对外贸易的另一项好处,即是能使经商的资产者“不受国王的支配”[408]。换句话说,争得了自由。国内贸易始终处在地方当局的监视之下,地方当局可以随意发号施令,而对外贸易则越出了国门:商船一旦离开了港口,一切都由船长(也就是商人)做主,国王也就被置诸脑后。贸易署对此完全明白,它指出,“对于在商业中占相当大一部分的对外贸易,应该给予更多的关注。国内贸易就在政府的眼皮之下进行,……随时都能下达适当的命令,纠正可能出现的偏差”。

我们这里可就对外贸易和国内贸易再次进行比较。贸易署毫不犹豫地认为,外贸重于内贸。主管海军的国务大臣莫尔帕在 1730 年 10 月 3 日向路易十五呈递的报告中,也同样指出:“对外贸易当为我国争取到黄金和白银,并且推动国内贸易的发展,前者

对国民造福愈大，后者的发展也愈顺利。”[409] 至于是否能够有效地
iii-359 予以监视，这是另一个问题。在上文已经引证的文件里，贸易署承认，“对一年多来在东地中海各商港发生的事，一无所闻。同样对西班牙各港口的情形，也一无所知。我们对那里的贸易进展毫不知晓”[410]。

这种自由是否说明，正如英国经济学家 K. 贝利就 20 世纪不发达国家的情形所指出的[411]，对外贸易比国内贸易容易展开？他说：“不发达国家开展国际贸易不但比国内贸易更加方便，而且费用也往往比较低廉；国家间的专业化往往比同一国家地区间的专业化更易实现。”人们于是会问，从历史上看，既然开展外贸比较容易，对外贸易是否能够走在国内贸易的前面，并且与我刚才介绍的见解相反，至少在最初能够超过国内贸易总额。历史学家马塞洛·卡马涅尼曾以 1680 至 1820 年间智利经济增长初期的情形为例，毫不含糊地对问题作出了肯定的答复。他写道：“智利的对外贸易总值远远超过其他各个部门”[412]，即比国内贸易总值高出许多。正向欧洲靠拢的美洲其他地区是否也属同样的情形？照这么说，难道古老的欧洲在其经济的起步阶段竟没有遵循我们目前看到的，对达到一定成熟程度的经济全都适用的规律？

这项假设可能使我们偏离最初提出的问题，即远程贸易在多大程度上和为什么能制造巨额利润，实现资本的超额积累，进而使资本主义得以脱胎而出？对这个问题必须作进一步的考证，因为近二三十年以来，尤其在法国，历史学家深信，集体的实际活动比杰出人物的壮举更加重要。正因为如此，他们对胡椒、香料和海外冒险的重视程度有所减少。[413]

关于偏离观察视野的这个危险，在巴黎大学举行的维托里诺·马加拉埃·戈蒂诺论文答辩会上发生的争论恰好就是证明。厄内斯特·拉布鲁斯当时提出了一个问题：在葡萄牙胡椒和香料 iii-360 的贸易中，国王当称最大的商人，这项奢侈品贸易的数量和价值是否超过了国土逼仄的葡萄牙王国的国内谷物贸易？回答肯定不是。但这个答复丝毫解决不了问题。我们已经说过，除开个别例外[414]，谷物贸易实际上掌握在成千上万人的手里。即使在赢利的情况下，利润由于极度的分散，也就被日常生活的汪洋大海所淹没。相反，以贵重货物为对象的远程贸易在欧洲却导致少数几名商人平分利益，不论这些商人在威尼斯，在热那亚，在马赛，或者后来在阿姆斯特丹。保尔·亚当对此看得很清楚[415]，他说：在地中海的繁荣时期，“地中海城市在贸易中处于‘瓶颈’的地位，上端向东方扩散，下端向西欧辐射，为数不多的商人在这里把贸易控制在手”。地理位置的优越正是使贸易得以从四面八方汇聚在一地，再从该地向四面八方扩散的一项不可或缺的条件。就以 18 世纪初勒芒的府绸商人为例，尽管这个例子并不十分起眼。府绸商人与经销这类优质细布的外国市场当时还没有建立起直接的联系。他们通过中间商在巴黎、鲁昂、里昂、波尔多、利摩日、图尔等地交易会上成批出售，但从不亲自光顾这些交易会，即使近在卡昂边上的吉布累交易会也不去参加。他们能否控制局面呢？由于负责布匹的染色和精加工工序，他们仍能把全部产品在完工前抓到手里，这使他们对货物的定价在产销两方面都有充分的发言权。1710 年前后，人们常说，“买货卖货的诀窍就看你怎么开价”[416]。勒芒的少数批发商于 1720 年后的意大利、西班牙、葡萄牙等国设立了经 iii-361

销机构，就近开拓美洲殖民的市场，从此对确定货物的价格拥有更多的自由。勒芒的批发商总共不过十多家，在1740年竟把这项国际贸易全部垄断了起来。[417]

赢家占少数

商人做生意不可能每次都成功，这是不自待言的事。有幸加入商人行列的人只占一小部分，商人集团并不对敢于孤注一掷的赌徒全都开放。赶上经济气候有利，赌徒们可以乘机谋利，但商情转向恶化，他们很可能因一场小小的风暴而翻船破产。唯独批发商才能抗拒恶劣的天气。

再说一遍，无论在威尼斯或在里斯本，在加的斯、阿姆斯特丹或伦敦，批发商通常人数较少，而且在当地都互相熟悉。在18世纪初的法国，他们的人数更是少得出奇。作为美洲白银的目的地，加的斯依靠日常的走私活动，曾长期是欧洲最大和设备最好的商业都市，但在1703年[418]，当地的法国商人仅有26人，而且都是并不独立经营的经销商。其中没有一名称得上是“超级商人”的批发商。

过了一年以后，即在1704年，后来起而反对沃邦征收“什一税”计划的鲍狄埃·德·拉埃斯特鲁瓦仍对整个法国作出悲观的判断。他写道，法国“商人很少为自己的利益经商”[419]。可能因为他们不够大胆，也可能因为没有足够的本钱，大部分商人“满足于为英国人和荷兰人，特别是为后者，充当经销商，这不但不能使法国变富，而且只会使法国越来越穷……法国所需要的决不是经销商，他们为谋取微薄的佣金孜孜以求，一味讨好外国商人，很少顾及国家的利益……我们应该有真正为自己谋利的批发商”[420]。法 iii-362 国商人地位的低下并非始于18世纪初期，这是历史留下的一笔沉重的遗产。法国在国际分工中因运乖命蹇，未能占得有利地位，自然要为此付出代价。直到马扎然的时代，意大利商人在里昂、巴黎及王国其他城市中发号施令。随后，荷兰人又控制了从敦刻尔克到巴约讷的面对北海、英吉利海和大西洋的法国滨海地带。甚至柯尔贝尔也未能扭转这个局面。有鉴于此，《经商大全》一书的作者雅克·萨瓦里于1675年大声疾呼说，法国商人应该“认识到，为了国家的强盛和商人的利益，真正的生财之道就在于从事远程贸易”[421]。这也恰好证明，远程贸易还没有广泛地开展起来。

据1744年担任大理院主事兼商务总监的雅克·玛丽·蒙塔朗(1701—1782年)称，在约翰·劳推行货币改革那时，情况曾有明显的改善，既然蒙塔朗身兼两大要职，他的见解在这个问题上具有一定的权威性。他于1753年讲了一番奇怪的话：“和平已使往日的萌芽开花结果……直到1720年为止，法国还只能见到普通的商人；贸易的活跃终于促成了批发商的诞生。”[422] 难道是在漫长的西班牙王位继承战争期间，法国人通过截获敌国的商船才发现外国从事的远程贸易？或者，难道是约翰·劳货币改革引起的动荡，才使批发商终于问世？再或者，难道是美洲海岛贸易的开始才把波尔多从一个睡梦未醒的城市变成第一流的商业都会？再或者，莫非蒙塔朗在无意中自欺欺人？

法国在1720年以前毕竟已有一些批发商，例如圣马洛的船主就是批发商。萨缪埃尔·贝纳尔、安都纳·克鲁扎、沙塔尔侯爵等一些大商人(关于他们的作用，我在下面再谈)几乎富可敌国。在 iii-363

17 世纪末服饰和呢绒商的对抗中，人们发现巴黎也有大批发商。服饰商在不直接参与制造的情况下，拥有开展批发业务的特权，他们当时可能有 2000 人。其中实力最强的还从事出口贸易。专门经营各种呢绒的商人不过 40 人左右。可是，这一小批大服饰商在新兴的细呢工业中进行了投资，他们利用自己的雄厚实力和既得地位，同时控制了巴黎的市场——法国最大的市场——和对外出口。呢绒商人对此纷纷表示不满，并显然获得当局的重视。国务会议 1687 年发布的一项命令确认，呢绒商享有在巴黎出售呢绒的专利权，但是命令也为希望“无条件加入呢绒行业”的服饰商敞开大门。“因此，1687 年 10 月，70 名服饰商作出了这后一项选择，其中包括雅克·卡多、里厄尔·德·拉莫特、德尼·罗梭、弗朗索瓦·色利埃尔、弗朗索瓦·米尼奥、吉贝尔·培尼翁等人。”其实，一切还是照旧不变。“至少在 50 多年期间，法国细呢工业仍被巴黎的少数批发商所控制，他们全都住在‘菜场’和沙特莱之间一个不大的四边形街区之内。”[423]

在同一期间，真正的批发商住在圣德尼街一带。我们已经说过，这些住在首都的商人在法兰西岛地区组织金丝花边的织造，其大部分产品运销汉堡、华沙、维也纳、纽伦堡、哥本哈根、斯德哥尔摩、马德里、里斯本、塞维利亚、西属美洲等国外市场。

因此，我们对鲍狄埃·德·拉埃斯特鲁瓦或对雅克·玛丽·蒙塔朗，都不能盲目相信；法国的资本主义集中毕竟业已开始，尽
iii-364 管其发展程度还不如邻近的大国；否则，这些批发商的活动也就不可能存在。在当时的巴黎，他们确实还是名不见经传的小人物。但是，随着 18 世纪的到来，人们不难看到，各海港的大宗贸易将日

趋活跃和不断增长。

关于大商业的见证

这里只要举三个例子进行分析，就足以使大家相信。

我首先将前往马赛，以便介绍法国对东地中海地区的传统贸易；接着再以 1702—1723 年间的圣马洛为例，说明法国与西属美洲的联系，最后再到波尔多去考察，从而对风靡一时的海岛贸易有所了解，所谓“风靡一时”是说比“转瞬即逝”略长的小段时间。

我将举这些大型商业活动为例，就几个同类的过程进行分析：开始、兴旺、回落。可以肯定，威廉·霍夫曼关于工业潮汐涨落的规律对商业周期也同样适用。商业周期究竟比工业周期更长，或是更短？从历史的角度看，商业周期似乎为时较短，因为经商是人的主动行为。不过，我们这里所关心的问题首先是资本家的作用。

东地中海贸易涉及一系列古老的交换路线。从叙利亚到波斯湾和伊朗，或在西奈高地的两侧，东地中海各地区之间历来存在着贸易联系；与此同时，它们一方面与西方的经济和文明相会面，另方面又与遥远的远东的经济和文明相会面。黑海、红海和浩瀚的印度洋也为贸易提供了过境便利。罗马通过东地中海地区发现了
胡椒、香料、生丝、药材等货物。地中海贸易在中世纪初期无疑曾 iii-365
有所下降，随着伊斯兰征服的开始，贸易虽然并未全面衰落，但形势变得更加严峻。基督徒和穆斯林几乎都不再出海航行，地中海上几乎见不到船只。

欧洲在 11 世纪终于复苏。随着十字军东征的进行，意大利城市国家撞开了东地中海地区的大门：胡椒、香料、生丝、药材又源源

不断地运抵西地中海地区。欧洲在更大的规模上重走罗马的老路。因为，欧洲对胡椒和香料的兴趣要比罗马大得多。

与蒙彼利埃、纳博讷一样，马赛很早就参与这些珍贵货物的贸易。然而，胡椒在马赛长期仍是稀有之物[424]，“几乎具有黄金和白银的作用，因为它是一种可供交换的货币，许多赋税均可用胡椒支付”。实际上，马赛无非就像在庆宴上敬陪末座而已。东地中海贸易已是意大利各城邦的争夺对象，不容马赛这样的小角色挤进竞争者的行列。只是到了 15 世纪，意大利城邦才在加泰罗尼亚人的倾轧下，被迫作出了让步。

至于马赛，它于 1482 年刚刚归属法兰西王国，但使马赛大商业活动中取得一席之地的并不是法国，而是土耳其。土耳其人在东地中海舞台上崭露头角，便打破了原来的竞争格局，并且不自觉地推行了一项新政策。随着土耳其的初步胜利，1453 年征服君士坦丁堡，特别是迅速占领叙利亚(1515 年)和埃及(1516 年)，使整个形势发生了变化。奥斯曼帝国从此扼守东地中海的大门。帝国不可能再把大门关上，否则就势必放弃重大的收益。但是，它对过去的主子礼貌周全，并且接受后者的挑战。1530 年，马赛的第一家商行就在伊斯坦布尔建立起来。弗朗索瓦一世于 1535 年甚至与土耳其苏丹结成同盟，引起基督教世界的极大不满。

剩下的一大障碍是威尼斯及其在伊斯坦布尔、阿勒颇和亚历
iii-366 山大港等地设立的商业据点。由于圣马克城与土耳其人的冲突，威尼斯的地位日渐衰落，终于为马赛的上升提供了方便条件。在勒班陀战役(威尼斯参加了这场战役)取得辉煌胜利过后不到两年，威尼斯终于向奥斯曼大君屈服，签订了 1573 年和约。已在

1569—1573 年冲突期间取得实际成果的马赛立即扩大战果：从 1573 年开始，以马赛城和法兰西国王的名义，陆续建立了一些领事处，分设在东地中海的不同通商港口。有关外侨权利的第一批协议在 1597 年与苏丹穆罕默德三世签订；法国国王亨利四世的专使德·布雷夫伯爵于 1604 年签署了第二批协议；德·诺恩泰尔侯爵于 1673 年签署了第三批协议，进一步巩固了马赛的地位，当时正值苏丹穆罕默德四世在位期间[425]。

马赛商人来到东地中海地区，正赶上胡椒和香料陆续重返那里的好时机。由于葡萄牙的探险活动，瓦斯科·达·伽马于 1498 年发现了好望角，一大部分胡椒和香料的贸易一度曾绕道好望角转运大西洋地区，使里斯本和安特卫普先后获益匪浅。但是，从 16 世纪 70 年代起，随着西班牙白银取道地中海大批流往热那亚，利润丰厚的胡椒和香料贸易又重返地中海地区。[426] 交换几乎仍在原来的基础上进行：亚洲提供香料、胡椒、染料等植物产品，烧碱，药材，丝绸，羊绒等。此外还有印花布一类的棉布织品（主要在阿勒颇一带制造），这是一项例外，但例外也恰好证实规律。作为交换，欧洲供应的是高级纺织品和银币，由东方各国随后改铸成自己的货币。由此可见，一方是天然产品，另一方是工业制成品……马赛的鸿运高照将使朗格多克地区的呢绒制造业兴旺发达，直到 18 世纪为止。

东地中海贸易的复兴确实吸引了英国人（自 1579 年起）和荷兰人（自 1612 年起）前来地中海经商，两国商人之间的竞争十分激烈，动辄以兵戎相见，不时在海上劫船越货。然而，东地中海的大 iii-367
门对所有的西方商人全都开放。

从外地注入马赛的资金来自蒙彼利埃、里昂、热那亚乃至巴黎。马赛港内商船云集，大批货物分销地中海沿岸城市，并且沿罗讷河逆流而上，运抵里昂。在1563年或更早一些时候，东地中海产品的进口无疑集中掌握在“十来名大商人的手里……其中最著名的是阿斯卡尼奥·隆卡尔、皮埃尔·阿尔贝尔塔、马丁和让·科维（1578年），仅他们几人拥有的流动资金就达5万埃居。他们总共使用14艘船从事航运，其中3艘帆桨船和2艘木船前往特里波利，2艘帆桨船和6艘木船开往亚历山大港，1艘木船开往希俄斯岛”[427]。这种欣欣向荣的局面一直延续到17世纪50年代。1614年，在从马赛启航的585艘商船中，67艘开往东地中海地区，“其中包括48艘大型商船，2艘三桅商船，2艘帆桨船，15艘木船”。从目的地看，26艘抵达亚历山大港，26艘来到叙利亚，还有15艘在希腊各地（希俄斯岛、君士坦丁堡、士麦那、赞特）靠岸。在1618年，又有23艘船从马赛前往叙利亚，7艘前往埃及，10艘前往希腊各地……

尽管出航船只的数量逐年有所不同，马赛与东地中海之间的联系保持着领先的地位。在马赛港进出的船只每年数以百计，但开往东方的船不过几十艘；它们往往空船启航，只带几袋面值8里亚尔的西班牙银币，但每次都能满载货物而归。这使东地中海的贸易和利润始终占据首位。不言而喻，受益者主要还是几家最大的批发商行。[428]

东地中海贸易在1650年发生变化。胡椒和其他香料在贸易中并未因此消失——雅克·萨伐里于1712年指出，香料仍在开罗出售[429]，但它们的地位已不再重要。与经由埃及转销地中海地区

的咖啡相比，与生丝、羊毛、皮革以及原棉和棉纱相比，胡椒和香料 iii-368
的贸易几乎无足轻重。因为从1595年起，荷兰人在过了一个世纪以后又重新沿着瓦斯科·达·伽马发现的航线，取道好望角进行航运活动，他们不久并垄断了在南洋群岛的"细香料"贸易。

大西洋在更大的规模上再次夺走了地中海（特别是东地中海地区）作为香料贸易必经之路的地位。尤其严重的是，欧洲各地区或快或慢地在放弃饮食重口味的癖好，正是这种癖好才使它们在过去500年间喜爱使用香料。诚如弗朗哥·波尔朗迪所说，这也许因为西方人以食肉为主，而肉食又不易保存，他们便多加调料，掩盖可能出现的坏味道。不论如何，一条十分古老的交换路线至此已告衰落，甚至停止运行。

与此同时，另一条贸易路线正在打通。土耳其帝国日益对基督教国家开放贸易，并在后者的渗透下，逐渐沦为殖民地的地位。帝国像是一个身体日衰的"病人"，但它的陆军，或至少是它的舰队，却在战场上还能耀武扬威，土耳其帝国横遭蚕食的命运令人不能不想起威尼斯在十字军东征期间对拜占庭帝国的吞噬。在1750年后，产自海岛的香料、食糖和咖啡越来越多地从大西洋运往东地中海[430]，这个时间标志着货物流通的方向已经颠倒了过来。

马赛参与了这场角逐，每年运往土耳其帝国为数可观的皮阿斯特（一笔巨大的投资）以及部分呢绒。甚至到了18世纪，当马赛已成为与印度、中国、北非、美洲保持联系的世界级港口时，东地中海贸易仍在马赛的收益中占着首位。马赛商船在色雷斯地区的卡瓦拉，在18世纪兴旺发达的萨洛尼卡地区，在爱琴群岛、阿尔巴尼

iii-369 亚沿海地带、塞浦路斯、克里特岛的拉卡尼亚、摩里亚岛的莫登等港口停靠，并且在士麦那设立据点：东地中海贸易的中心之所以北移，也许正是为了靠近奥斯曼帝国的心脏。马赛还控制了所谓“商队运输”，即在土耳其的地中海沿岸进行的近海航运；由于与奥斯曼大君经常发生战争，威尼斯在这一带不能立足，近海航运便全由马赛控制。因此，马赛得以有 100 多艘船舶在东方扬帆破浪，并由此实现了与荷兰船于 17 世纪在英吉利海和大西洋所确立的军事封锁相类似的局面。法国商人甚至在君士坦丁堡和其他各商港之间建立起汇兑联系，奥斯曼帝国的帕夏也利用汇兑系统把财政积余汇往苏丹的国库。汇票可使钱款避免在海路或陆路受意外的损失。但这项服务显然不是免费的。诸位可以设想，一家英国公司过去在拉丁美洲的某个国家架设电话线，电话的经营活动自然也由这家英国公司所掌握。

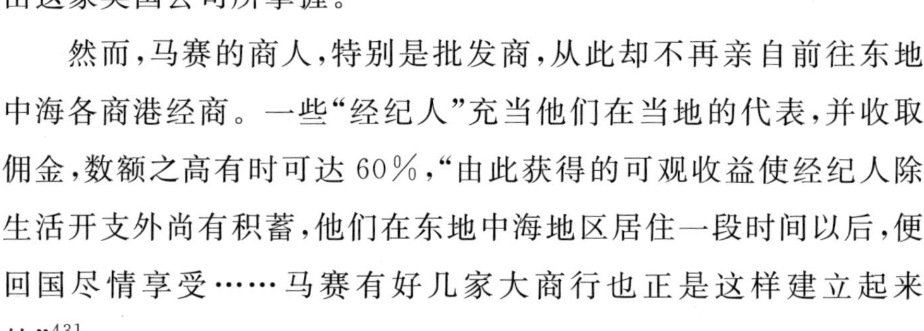

然而，马赛的商人，特别是批发商，从此却不再亲自前往东地中海各商港经商。一些“经纪人”充当他们在当地的代表，并收取佣金，数额之高有时可达 60%，“由此获得的可观收益使经纪人除生活开支外尚有积蓄，他们在东地中海地区居住一段时间以后，便回国尽情享受……马赛有好几家大商行也正是这样建立起来的”[431]。

到了 18 世纪末，马赛不再能把大量的朗格多克呢绒运销土耳其市场，因为土耳其国家的财源开始陷于穷竭。朗格多克为此倒了大霉，突然被卷入一场严重的危机之中。至于马赛，通过交出更多的银币，特别是利用在米兰轧制的印着玛丽-泰雷莎头像的塔勒，城市勉强逃脱了困境。

选择圣马洛作例子，对了解法国与西属美洲的直接贸易，实在 iii-370
是很恰当的。这一贸易说来“好景不长”：自 1698 年至 1724 年，圣马洛的商船经常偷偷摸摸地在新西班牙的海港靠岸，特别是在韦拉克鲁斯港，它们甚至还远届位于南海沿岸的智利和秘鲁各港湾。就以上的两个日期作为极限，历时不过四分之一的世纪[432]，这段“转瞬即逝”的时间实际上只是历史的插曲。

藏在这一偶然事件的背后，真正的问题还是新大陆白银的一般流通路线；我们知道，从 1503 年起，在哥伦布自塞维利亚首次远航美洲过后十多年，美洲白银便经由大西洋运抵西班牙：输入的白银立即被贪得无厌的欧洲和亚洲国家所攫取。确实，一大部分贵金属源源不断地流向印度和中国。在 17 世纪末太平洋从东往西的航线已经开通，新西班牙和秘鲁的白银便取道由西班牙人于 1543 年发现的菲律宾，运往中国，西班牙人并于 1571 年创建了马尼拉城。

一条规律在漫长的历史过程中毫无例外地发挥着作用。现今的报刊经常谈到海湾地区的酋长国，它们并不把石油留给本国使用，而是用来换取别的产品；与这种情形相同，西班牙人过去也不能让美洲白银由自己独占。他们用白银作为商品换取其他必需的用品：谷物，木材，厚木板，纺织品（棉布和呢绒），五金器材等。17 世纪美洲贸易的桥头堡加的斯更是“货物充足，品种齐全，法国、英国、佛兰德、荷兰、汉堡和意大利制造的产品应有尽有”[433]。整个欧洲都争先恐后地到这里推销产品，因为欧洲为确保贸易平衡，势必要不惜一切代价，取得白银供应。在白银的这次再分配中，真正起作用的
因素不仅是贸易债务的清偿，而且还有西班牙帝国在本土之外的尼 iii-371

德兰战场的军事开支。尼德兰的反抗导致天主教国王派遣阿尔贝公爵（1567 年 8 月）率领部队进行镇压；直到 1714 年，尼德兰仍留有西班牙占领军，占领历时两个多世纪，军费开支极其浩大。

最后，早在“印度之路”[434] 船队建立之初，在西属美洲的漫长海岸沿线，特别在加勒比海的许多交通枢纽，走私活动日渐蔓延。隐蔽而有效的走私活动在从美洲返航的船只必定停靠的第一个港口塞维利亚以及在 17 世纪后来居上的加的斯港十分猖獗。塞维利亚的海港位于瓜达尔基维尔河下游的特里亚纳桥彼侧，当局对走私物品进行检查还相当有效。而在加的斯开阔的海湾，走私者简直可以为所欲为。

圣马洛很早参与了美洲白银的这些非法转运活动。这是十分自然的，尤其因为圣马洛的水手对出入伊比利亚半岛早已熟门熟路。在 15 世纪，他们已被冠以“海上运货人”的美名，从北往南在直到马德拉为止的整个大西洋沿岸从事贸易和私掠活动[435]。到了 16 世纪，布列塔尼的“木船”把谷物分别运往里斯本和塞维利亚，前者用金币支付，后者则以银币交换。圣马洛商船于 1570 年出航地中海，经常在奇维塔韦基亚装载托尔法矿的明矾。后来，随着美洲的需求日增，他们又把大批布列塔尼布匹先后运抵塞维利亚和加的斯，然后再向新大陆转销。在这同一时期，半个多世纪以来专在纽芬兰从事捕鱼的圣马洛开始把晒干或盐腌的鳕鱼运往西班牙、马赛和热那亚。船舶在返程时再把银币或银条带回北
iii-373 方[436]。最后，继圣马洛的商业活动之后，比利牛斯条约（1659 年）更进一步为法国贸易打开西班牙的门户，马扎然的胜利兼具政治和经济两方面的意义。

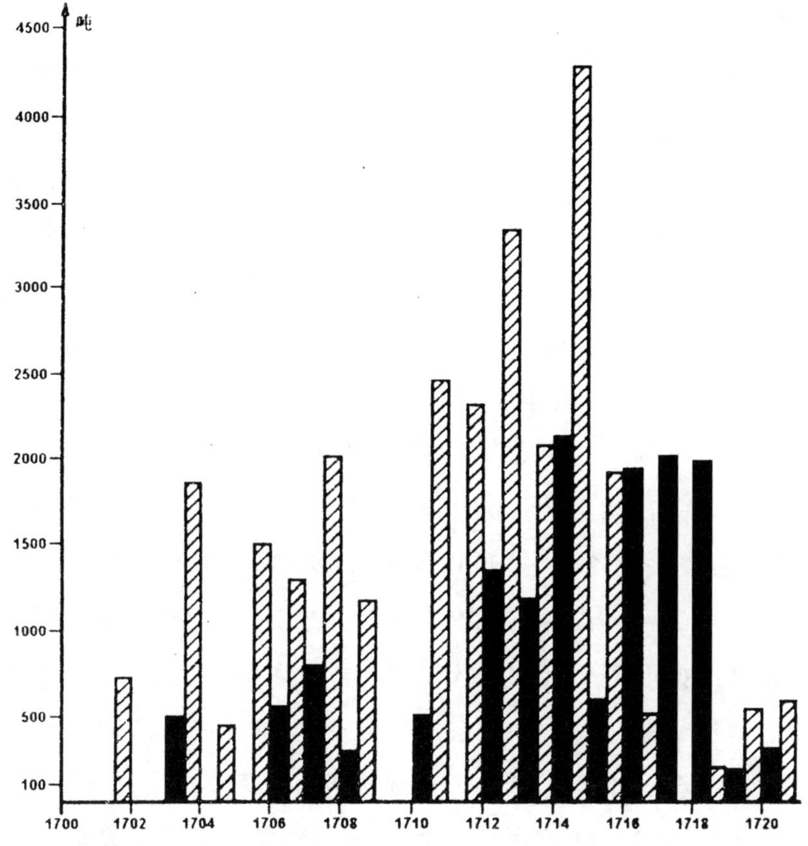

圣马洛与南海贸易的短周期

1. 从南海开到圣马洛的商船数量。

2. 1701 至 1720 年间圣马洛开往南海的商船数量。

重要的是从圣马洛启航的商船，因为所有的船都返回法国，但有时把货卸在别的港口。例如，1709 年返航的商船没有在图表上列出，原因是它们已在欧赖港卸货。

（资料来源：让·德吕莫主编的《圣马洛港 1681—1720 年间的商船活动》，1966 年版。）

建立在布匹、鳕鱼和白银三种商品流通基础之上的圣马洛贸易活动当时在伊比利亚半岛取得了新的发展。法国驻加的斯领事的信函提供了商船往返情况的大量信息。例如，1702 年 4 月 1 日[437]，来自莫尔莱的 4 艘圣马洛三桅船在上午抵达加的斯，它们花 8 天时间完成了布列斯特至加的斯的航程，“没有遇到敌人”[438]，“装载的布匹估计价值 50 万皮阿斯特，我们的商人为此喜不自禁[439]，因为他们曾担心途中会遇到麻烦”。确实，就在上一年，欧洲再次爆发了战争。我们顺便指出，50 万皮阿斯特至少相当于 150 万里佛。这个数字足以说明圣马洛繁荣的贸易已达到多大的规模。就在同年的 10 月 15 日：“昨晚有艘圣马洛商船从红帽洲（纽芬兰重要渔场之一）开到这里，载有半船鳕鱼。”[440]

比这早 20 年，即在 1682 年[441]，一份例行的领事报告对过去一年加的斯向欧洲输出的白银作出了结算：450 万埃居交给热那亚和里窝那（以热那亚为主）；350 万交给荷兰；250 万交给英国；250 万交给圣马洛、勒阿弗尔、敦刻尔克和马赛。圣马洛利用其 12 艘商船大约取得 200 万埃居。再看一个细节，“好几位法国商人把大部分资金转到英国和荷兰，据说那里可比在法国多得一点收益”。

有关的见证材料多不胜数。我们再举最后一个例子：从扑朔迷离、疑窦丛生的事件经过中，人们隐约可以看到，圣马洛进行的某些贸易夹带着走私。事情发生在 1672 年，荷兰战争在当年 3 月开始；法国军队于 5 月入侵联合省境内，但西班牙尚未与我国开
iii-374 战。10 月 16 日，一艘拥有 50 门火炮的西班牙战舰，在西班牙舰队司令拉瓜斯公爵的指挥下，向停泊在加的斯海湾的“圣雅克号”

逼近，这艘圣马洛船共有40门火炮和150名船员。战舰当即命令“圣雅克号”让西班牙方面登船检查，但这一要求遭到了法国人的拒绝；在再次敦促又遭到拒绝后，西班牙战舰便发炮轰击。圣马洛的船只进行了反击，但因火药仓库着火，引起了爆炸。结果是包括船长在内的100多名船员全部丧生。这艘圣马洛船只是否载有私货？不过，据法国领事说，“‘圣雅克号’运的是价值30万埃居的银条以及许多印度商品”。[442]

从我查阅到的历史资料看，这起事件对法国商船在加的斯的贸易活动并未产生直接后果，即使在西班牙与法国交战后也是如此。在当时，除个别例外，战争从不使商业往来完全中断。十年过后，即在1682年，一艘圣马洛货船，在“搬运夫号”和“姗姗来迟号”这两艘法国护卫舰的护送下，从加的斯启程，把“价值20万埃居的白银”运往法国。在1689年，法国商船又从加的斯把188.4万埃居和20.5万埃居分别运往法国和热那亚。[443] 总之，即使在西班牙战争的艰难年头，圣马洛也不顾荷兰人和英国人对西班牙港口实施的禁运，继续与加的斯保持联系。英荷两国只是进行了短期的禁运。美洲的白银仍源源不断地运抵加的斯，然后再向欧洲各地输运，仿佛什么事情都没有发生。

正是在以上简略回顾的国际背景下，我们才能明白圣马洛从事南海贸易的这段短暂的历史插曲。不过，事情的开端还并不十分清楚。肇始的日期大概是在1695年，法西两国之间的战争当时正方兴未艾（赖斯韦克和约于1697年签署）。在“被人视为敢作敢为”的德·热纳先生的率领下，由国王提供的一支船队于6月3日 iii-375
离开了拉罗歇尔，准备在越过麦哲伦海峡后进入南海和太平洋。

在巴西的圣萨尔瓦多停泊，并且在法属圭亚那的卡宴岛等了很长的时间。船队于1697年4月21日返回拉罗歇尔。我们且别由此得出结论，这次航行无功而返。相反，我认为这是经由麦哲伦海峡抵达太平洋的初次尝试。

实际上，这次失败的远航是那些在南海沿岸对小型商船肆意掳掠至少达10年之久的海盗在返回法国后想出的主意。可见，海盗曾经起了教唆的作用。人们甚至有权认为，圣马洛人从这些海盗行径中学到了前往太平洋海域并在那里谋取利益的必要知识和办法。[445] 总之，我正是这样来解释巴黎商人茹尔丹和圣马洛船主诺埃尔·达尼康在同海军大臣蓬夏特朗通信中承认的某些事实和涉及的某些细节的。蓬夏特朗保护茹尔丹和达尼康二人，并鼓动他们放手大干。1698年3月4日，就在行动即将开始时，他们致信蓬夏特朗说，"既然法国人、英国人和荷兰人都在墨西哥和卡塔赫纳沿海从事走私贸易，他们决心前往西属美洲的南海沿岸一试身手"[446]。在这些尚未真正被欧洲人控制的和紧靠大片荒漠的海岸地带，避开西班牙人制订的关于不准与美洲殖民地进行贸易的禁令，无疑会方便得多。

几个星期以后，1698年5月20日，茹尔丹和达尼康又向蓬瓦特朗宣布，他们成立了一家公司，"派遣四艘战船经麦哲伦海峡前往南海，以便控制这条通道，在智利沿海设置据点，进而抵达至今
iii-376 未被任何欧洲强国占领的加利福尼亚"[448]。这家公司于同年11月17日很快进行了改组；这第二家公司的资本共分20股，茹尔丹独占13股[450]，另外5名出资者各占1股，第七位出资者贝贡拥有2股[451]。这些细节并不重要。重要的是，茹尔丹在过了半年以后，

于 1698 年 12 月 19 日告诉蓬夏特朗说,“启航的礼炮”已在拉罗歇尔放过,四艘整装待发的船舶将于翌日“清晨扬帆出航”,开往南海。[452]

由圣马洛的水手和船主串演主角的这场戏不属于所谓“私掠战”的范围,私掠战是由各国作出明文规定的海盗行为,在 17 世纪的战争期间几乎是合法的,对圣马洛也是司空见惯的[453]。这次行动(法国刚于 1697 年同西班牙缔结了和约)是不折不扣的海上行劫,尽管人们想方设法去掩盖其劫掠的性质。也许正是在这个意义上,我们才能解释 1696 年在圣马洛创办的中国公司;公司的创办人声称,对中国和对南海的两种贸易是不可分割的。中国成了既定的远航行动的正式目标。

可是,1700 年 11 月 1 日,西班牙国王查理二世去世,路易十四的孙子安茹公爵被指定继承王位,成为菲利普五世。从此直到 1713 年为止,两个王国一度合并。圣马洛于是很快想到,也许有可能在天主教国王的同意、默许乃至协助下,远航南海。这也正是茹尔丹于 1702 年 7 月 30 日提出的计划。这项确实颇不寻常的计划在凡尔赛草拟完毕,路易十四的政府很可能暗中参与策划;据茹尔丹说,整个方案是“为我以及在圣马洛给我下达指令的达尼康先生”制定的。据我所知,这项计划后来没有任何下文,但它却能让 iii-377
人深思:每年派两艘商船和一艘装有 30 至 40 门火炮的护卫舰——悬挂西班牙国旗和受西班牙国王委托的法国船——前往秘鲁,进而远航菲律宾和中国。船队的出航将在拉科鲁尼亚或加的斯准备就绪,待返回西班牙的一个港口后,再向西班牙国王照常纳税。所打的牌照也很冠冕堂皇(是否相信,悉听尊便):清除荷兰人

和英国人在南海的走私活动,制止中国对新西班牙和秘鲁的贸易,因为这项贸易使天主教国王每年损失 300 万埃居[454]……究竟这是出于天真,或者是心怀叵测?

大概应该说这是口是心非:在圣马洛建立的中国公司确实是为远航太平洋沿岸充当骗人的招牌。在茹尔丹致蓬夏特朗的一封信里,我觉得有一句话值得相信:“中国与南海的确是分不开的,分则两伤。”[455] 可见,经由南太平洋前往中国,然后再重新返回,这种往返航行的目的确实是要让中国的黄金向波托西的白银靠拢。[456] 可是,1702 年计划所打算阻止的,恰恰正是有损于西班牙利益的这种中国与秘鲁之间的贸易。

另一个方便的挡风屏障是东印度公司。濒临破产的东印度公司部分地放弃在广州从事贸易的垄断权,允许中国公司开展远程贸易,由中国公司支付补偿。这项活动并未立即取得成功。随后,在 1706—1714 年期间,随着圣马洛商人推行了分包契约,情况有所改善。分别于 1712 年和 1714 年签订的最后两份分包契约其实是东印度公司把它的垄断权几乎全部出让。在当时的大金融家之一安都纳·克罗扎的支持下,一家新公司于 1715 年成立,名为圣马洛东印度公司。圣马洛在 1708—1713 年间曾派出 15 艘船远航印度洋,这在战争期间是件了不起的大事。

iii-378 此外,在 1702 年,随着战争的重起,圣马洛人照例配备武装船只立即展开“私掠战”。杜盖-特鲁安是圣马洛一位富有的造船主(此人于 1693 年加入海军)的儿子,他于 1695 年虏获了荷兰东印度公司的三艘商船。他洋洋得意地声称,“我的船主花一份成本,可得 20 倍的利益”。[457] 他于 1711 年 10 月武力抢占里约热内卢的港口码头，并向该城索取赎金。

我们再来仔细考察这些南海航行的情形；旅程十分漫长，生活极其艰苦："1701—1709 年期间，每次航行约需 20 至 26 个月，1710 年后则长达 3 年。"[458] 无论在大西洋或在太平洋，途中必须在许多港口停靠，以便取得淡水和新鲜食品的供应。相反，在旅行的终点，条件相当优越。在智利沿海的康塞普西翁和阿里卡，当地有少量法国侨民定居，为物资供应和商品交换提供据点。最后，甚至在利马的卡亚俄港，船舶以取得淡水和食品供应为借口，大量出售布匹等工业制成品，由于与西班牙当局相勾结，所有这一切都得以顺利进行。贸易盈亏最后以白银结算，银币或银条均被接受。圣马洛商人几乎垄断了这些贸易。"在法国 1698 至 1724 年间派往美洲西海岸的 133 艘商船中，竟有 86 艘属于圣马洛的批发商或属于他们主持的商船公司所有，占总数的三分之二。"[459]

值得称赞的是，参与远程航行的这些船只竟没有一条在海上失事，也就是说，自从圣马洛商船的航线不再经由险象丛生的麦哲伦海峡，而是取道霍恩角绕过美洲以后，商船在航行途中减少了失事的危险。究竟是圣马洛人或者是荷兰人最早抵达美洲的顶端霍恩角呢？看来很可能是荷兰人，但这并不重要。不论情况如何，取道霍恩角使航行变得便利，以至载重不过百吨的小船也能与吃水量高达 700 吨的大船以及货运量为 250 至 400 吨的三桅船一起进 iii-379
行往返航行。

这是船舶和船员的壮举，也是商业事业的巨大成功。只有于 1698 年进行的第一次航行亏了本。后来，利润经常保持在 200% 上下。尤其重要的是，商船返航时给法国的经济和财政带来了为发展贸易和支持战争所必不可少的白银。1707 年，一支由 7 艘商船组成的圣马洛船队，在由夏贝尔指挥的一艘国王战舰的护航下，把大批白银运抵位于布列塔尼南端的欧赖，据官方承认，价值可达 1700 万里佛，而实际数量可能更多，约值 3000 万里佛，因为其中肯定还有隐瞒和走私的成分。在这可怕的 1709 年，这笔巨款的到达是否挽救了路易十四的财政危机呢？看来这是可能的。[460]

令人惊讶的是——究竟是否值得惊讶，也还难说，圣马洛的鸿运高照使它很早就发了大财，但这种兴旺的局面在战争结束时（1713 年）却几乎不再存在，尽管直到 1724 年为止[461]，仍有几批船只远航南海；我们对最后这几次航行的细节并不十分清楚。在 1713 年，“据说仍有 30 艘船在秘鲁沿海活动，几乎都是法国船”[462]。鉴于船舶航行缓慢，又有利可图，放弃南海贸易怎能在朝夕之间立见成效？

不论早晚，圣马洛毕竟开始了衰退。这里有许多原因：和平的恢复及私掠战的结束；繁忙的海上运输逐渐朝大西洋方向转移，南特、拉罗歇尔和波尔多三个港口在 18 世纪得益于安的列斯群岛的贸易；西班牙的波旁王朝决定改弦易辙，马尔提奈于 1716 年率领舰队在智利和秘鲁沿海试图恢复秩序，并且取得成功。法国实际上面临着以下的选择：或者进行走私，或者通过加的斯发展正当的
iii-380 贸易；事实上，后者所得的利润始终相当丰厚，法国整个经济的平衡有赖于正当贸易。

此外，南海贸易需要垫付的开支高达百万里佛，如系大船，开支更要翻番。这笔巨额开支超过了圣马洛本身的财力。于是，巴黎、鲁昂、南特、马赛等地的资金便纷纷加入进来生息取利（私掠活

动和印度贸易自然包括在内）。因此，圣马洛显赫阔绰的船主兼商人——马贡·德·拉朗德和马贡·德·拉希波蒂埃尔，勒费尔·德·博韦，吉约姆·埃昂，贝荣，洛盖·德·格朗维尔，德·拉埃，戈贝尔，达尼康——在我们眼里都是真正的批发商和极其富有的财主，但他们毕竟比不上路易十四统治末年的大金融家和大银行家，诸如萨米埃尔·贝纳尔和安都纳·克罗扎，后二人与圣马洛的商业活动情况也有联系。因此，认为圣马洛在某种程度上处于次等的地位，这也许并不过分：它在繁荣兴旺的时代被掩盖的伤口，势必会在退潮时重新暴露出来。其实，法国所有的大资本家都为“私掠战”、南海贸易、远航印度和中国出了力气，他们当时都关注着蓬夏特朗所推进的事业，蓬夏特朗是与圣马洛商人保持友好联系的法国秘密当权者之一。但在路易十四死后，蓬夏特朗遭到了排挤。印度公司很快摆脱了圣马洛商人的控制；正如大家所知道的，由约翰·劳于1719年重建的印度公司在币制改革的灾难性失败中将得以幸存。

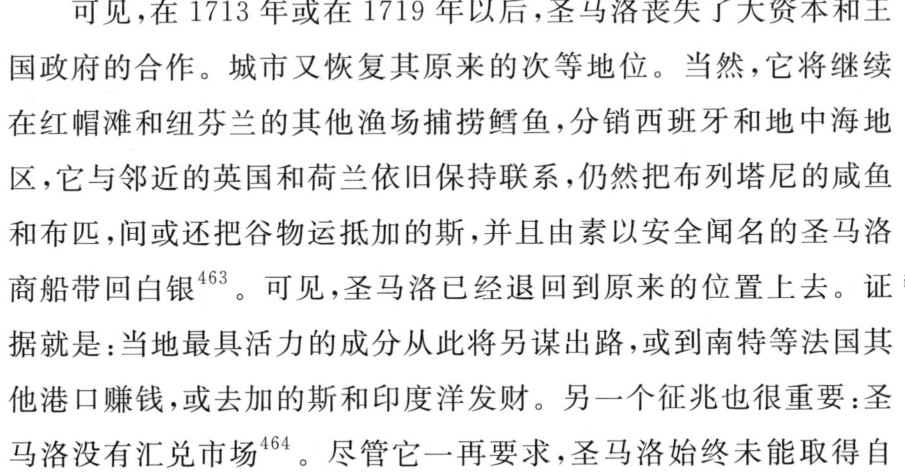

可见，在1713年或在1719年以后，圣马洛丧失了大资本和王国政府的合作。城市又恢复其原来的次等地位。当然，它将继续在红帽滩和纽芬兰的其他渔场捕捞鳕鱼，分销西班牙和地中海地区，它与邻近的英国和荷兰依旧保持联系，仍然把布列塔尼的咸鱼和布匹，间或还把谷物运抵加的斯，并且由素以安全闻名的圣马洛商船带回白银[463]。可见，圣马洛已经退回到原来的位置上去。证 iii-381
据就是：当地最具活力的成分从此将另谋出路，或到南特等法国其他港口赚钱，或去加的斯和印度洋发财。另一个征兆也很重要：圣马洛没有汇兑市场[464]。尽管它一再要求，圣马洛始终未能取得自

由港的地位；否则，它或许还能避免沦为次等城市的命运。

在18世纪最初的25年期间，难道真正的问题就是圣马洛的命运吗？

据我看，圣马洛城在这短短几年中的表现在整个历史上写下了光辉夺目的一页。早在西班牙王位继承战争以前，法国已经看中了加的斯的白银。后来，当它在稳当可靠的加的斯贸易与玩命冒险的南海贸易之间作出选择时，它再次决定选择前者，而且义无反顾，毫不犹豫。与此同时，英国却通过梅休因条约（1710年），优先注意里斯本及巴西黄金，支持布拉干萨王室。也许正是由于葡萄牙的缘故，英国将不知不觉地迅速采用了金本位。接着，荷兰、热那亚还有威尼斯等资本主义强国也选择了黄金。法国仍抱住白银不放。这是因为西班牙使它产生虚幻的希望。拿破仑也将为此上大当。

最后一个例子是18世纪的波尔多。透过波尔多的好运，我们这里注视的目标是安的列斯群岛的食糖、咖啡、棉花、烟草、靛蓝贸易。这项强大的奢侈品贸易确实犹如由草秸引燃的一个火种，但它毕竟延续了一个世纪之久，因为新的草秸不停地在被搬来引燃火种。

波尔多主要从安的列斯群岛进口产品，并且转销各地，但与群岛从事贸易的城市不是波尔多一个。除波尔多外还有鲁昂，其出口制成品的种类之多简直不可计数；另外是南特，当之无愧地堪称黑奴买卖的中心；最后还有敦刻尔克和马赛。

iii-382 此外，安的列斯群岛并不是法国在美洲的全部属地；加拿大、路易斯安那位居群岛之后，那里土地辽阔，但起步缓慢。拉罗歇尔就是主要与加拿大联系的港口。

在这里，我故意缩小观察的视角。

我之所以如此谨慎小心，第一个原因在于，介绍法属安的列斯群岛不是件简单的事：这些岛屿的陆地与辽阔的海域构成一个整体。岛屿在整体中并不起眼。克里斯托弗·哥伦布于1492年10月12日首次登上了瓜达哈尼岛（巴哈马群岛），并命名为圣萨尔瓦多岛；只是在他以后，西班牙人才慢慢在那里立足。他们随后占领了圣多明各（1496年）、波多黎各（1508年）、牙买加（1509年）和古巴（1511年）。古巴是群岛中最大的岛屿，科尔特斯正是从古巴出发，然后才抵达墨西哥，哈瓦那则是“印度之路”两支船队的会合地点。征服者的巧取豪夺，他们从欧洲带来的疾病，导致大批土著居民死于非命。他们随船运来的牛在各岛屿自行繁殖，并退回到野生状态。

但是，过不多久，其他欧洲人继西班牙人之后，也来到这些岛屿。岛上野牛成群，且容易捕猎，因而吸引一些冒险家——其中以法国人居多——前来偷猎，这些冒险家又称“布卡尼埃”（得名于一种名为“布卡”的木架，用于熏制捕猎所得的野牛肉）。在1630年前后，荷兰人和英国人逐渐增多，他们把野牛斩尽杀绝，从而使原来的“布卡尼埃”与龟岛的海盗相勾结，在海上从事劫船越货的活动。在西班牙王位继承战争期间，海盗在交战国的武装面前渐趋消失，但也有另一种可能，海盗的收益正逐渐减少。总之，在17世纪的最后20年间，海盗活动已转移到南海海域。在此期间，英法荷三国在群岛地区站稳了脚跟，占领陆地，发展农业……英国人于1655年把西班牙人从牙买加逐走。荷兰人于1634年登上库拉索

岛。法国人于 1635 年占据马提尼克和瓜德罗普，并于 1659 年进
iii-383 占西属圣多明各岛的西半部（必须等到 1697 年签订赖斯韦克和约，才正式承认它归法国所有）。这是法国在加勒比海面积最大（3 万平方公里）[466] 和经济成果最巩固的一块属地，因此引起了英国人垂涎三尺。原因之一是圣多明各长期拥有未开垦的处女地，种植作物不必施肥。

虽说如此，直到 17 世纪末乃至后来，这些海外领地的作用也不宜夸大。变化将在 18 世纪发生，岛上开始种植甘蔗和发展制糖工业。

甘蔗原在印度恒河平原生长，慢慢向热带和亚热带地区迁移。它朝东来到了中国，往西抵达了地中海的“酷热区”（萨瓦里解释说，最炎热的地区就是公元十世纪左右的埃及），然后是塞浦路斯的沿海平原。到了 15 世纪，塞浦路斯岛上已出现了“食糖大王”，威尼斯贵族科尔纳诺是大种植园主之一。在这破旧立新的 15 世纪，甘蔗逐渐进占西西里岛、巴伦西亚以及摩洛哥的苏斯河流域；接着又在大西洋各岛屿广为种植，其中的马德拉群岛、卡纳里亚斯群岛和佛得角群岛更为美洲的甘蔗种植首开先河。最后，到了 16 世纪 50 年代，在南起桑托斯、北至累西腓的巴西滨海地带，甘蔗种植园、制糖作坊（水力压榨机用于压榨甘蔗和提炼糖浆）以及制糖作坊主已是比比皆是，作坊主使用奴隶劳动，所作所为几乎与封建领主无异。

在种植园的中央，建有供主人居住的“大屋”，附近是奴隶所住的木棚。17 和 18 世纪制糖作坊的景色千篇一律地由三个部分组成：主人的住所（在牙买加，被称作“大屋”），奴隶的房舍，还有必不

可少的工业设施。当荷兰人夺取巴西东北部的累西腓地区（伯南布哥州）时，他们首先抢到的是制糖作坊，并且在1630—1654年间经营甘蔗种植园。当他们从殖民地被驱逐时，许多种植园主和制 iii-384
糖技师跟着离开这里，前往别处谋生，其中尤其以新教徒居多。阿丽斯·皮弗尔·卡纳布拉瓦早已指出，安的列斯群岛制糖业的兴起是这伙种植园主和技师迁徙的结果[467]……安的列斯群岛从此便陆续以大小不等的规模发展种植园，开始出现商业繁荣的景象，首先是食糖，其次是胭脂红、棉花、可可、生姜和烟草，后来还有咖啡。马提尼克和瓜德罗普在1654年前后展翅起飞，圣多明各于1680年随后跟上，但它迅速在生产和交换中跃居首位。

法属安的列斯群岛的地域范围后来变化不大。根据1763年的巴黎协定，法国被迫出让了所属的几个小岛：圣克里斯托弗岛、安提瓜岛、蒙塞拉特岛、多米尼加岛、圣文森特岛、巴巴多斯岛、多巴哥岛、格林纳达岛、格林纳丁斯群岛。通过1783年的凡尔赛协定，法国收复了多巴哥岛和圣巴泰勒米岛：总的说来，损失和收复的属地都不太大。法属安的列斯群岛的地域和经济可见都相当稳定：运往法国的产品始终不变，食糖在其中占一半以上，安的列斯群岛的贸易最初由荷兰人所掌握，后在柯尔贝尔时代被法国人夺回，并于1664年建立起东印度公司[468]。东印度公司的专营贸易权在两年后即被废弃。从此，在这些岛上，“法国商船一律受到欢迎”[469]。

法国向安的列斯群岛出口的货物也依旧不变。群岛因广为种植供出口的经济作物，食品仰求外给，为此运来了成船的面粉，桶装咸猪肉，以及鲱鱼、鳕鱼、葡萄酒和食油……此外还有缝衣针、别针、鞋、帽、丝袜和毛袜、布匹、被褥、玻璃器皿、锅炉和制糖用的铜锅，这些工业制成品主要来自鲁昂。与阿基坦地区交通十分便利 iii-385 的波尔多供应桶装面粉（利用加龙河上的水力磨坊碾压）和葡萄酒；它还供应各种工业产品，因为它与制造这些产品的省份往来密切。这一贸易也包括输送黑奴：贩卖黑奴的船只主要从南特出发，沿着传统的三角形路线航行（南特—几内亚—安的列斯群岛—南特）。为了在非洲沿海地区进行物物交换，船舶载运特殊的货物（烧酒、棉布、枪支），用以换取奴隶。它们在抵达安的列斯群岛后，经过内部装修，使之适用于向法国运送成箱的食糖和成袋的咖啡。可是，黑奴的人数变得越来越多，大革命前夕在圣多明各一地竟达 50 万人。由此引起了奴隶的反抗、骚乱、逃跑等各种事件，1791 年更导致了一场大暴动。

安的列斯群岛与法国的贸易额为数相当可观，以下的事实足以令人信服：在七年战争（1757—1763 年）结束后的鼎盛时期，每年在法国和安的列斯群岛海域之间往返的法国商船总在千艘以上。在马提尼克岛装卸货物的商船也有 80 艘之多。交易额于 1778 年高达 2.1 亿图尔里佛，占法国外贸总额的三分之一。[470]

尽管存在局部性的走私活动，宗主国享有对其殖民地的专营贸易权，我国的商人和行政当局始终把殖民地贸易视为不容他人染指的禁脔，即使在曲折艰难的战争年代，也勉力保住这种联系。单就进出口平衡而言，法国对安的列斯群岛的贸易始终处于入超地位，但我们已经看到[471]，这种入超究竟掩盖着什么：依靠受到严密控制的和有条不紊地进行的一系列交换，波尔多的出口商品在穿越大西洋的同时，价格竟翻了一番。船舶的航行日期和载货数

量都一再经过斟酌，使得欧洲产品在岛上始终紧俏，售价始终很 iii-386
高，而所要运走的食糖却总在甘蔗收割后不久收购，以便达到低价收购的目的[472]。根据米歇尔·莫里诺所举的例子，船舶运回法国的货物的价值也增加20%。这在贸易的全过程中是最具侥幸性的部分：成功与否取决于殖民地产品在欧洲的市价，这里有英国和荷兰的竞争。波尔多要把进口的大部分货物转手出口：就以1785年为例，出口的糖占87%，咖啡占95%，靛蓝占76%。[473]

可见，安的列斯群岛贸易构成"一个复杂的交换整体"，尤其因为葡萄酒和面粉来自吉伦特省的内地，咸牛肉往往直接在爱尔兰采购，波尔多的批发商赶上机会，也把货币当作普通商品一样，做几笔投机生意。1727年"出航大西洋的123艘波尔多商船的载货清单"特地指出，实际上，还应追加一份关于皮阿斯特银币的清单，"近二三年来，批发商把皮阿斯特银币运往美洲，可稳得50%的利润"，这种贸易必须保守秘密，因为它是"明令禁止"的[474]。

总而言之，安的列斯群岛贸易的利润十分丰厚。这对波尔多在18世纪的起飞具有决定性作用。城市居民于1700年为4.5万，至1747年达6万，在大革命前夕更上升到11万以上。人口增长的速度大大超过里昂、马赛、巴黎或任何其他法国城市。[475] 确实，大西洋贸易在波尔多是一场姗姗来迟的革命。波尔多盛产葡萄酒并因此致富，本是由来已久之事，它已习惯于看着外国商人和商船前来装货，然后运销欧洲各地；波尔多当地既不造船，更没有水手。西班牙王位继承战争期间，波尔多的传统出口急剧下跌，英国向葡萄牙产品（其中包括波尔多葡萄酒）敞开大门，致使波尔多蒙受严重的打击。这场危机以及政府为解决危机所采取的措施，

iii-387 特别是1717年诏书（批准波尔多和其他12个港口为对“法属美洲诸岛”贸易的指定起点），再加上一批新商人的崭露头角，终于促使波尔多自1720年起从事航海活动和发展造船事业。[476]

在这批商人中，有的原是本市的资产者，有的是新迁来的外国批发商，他们迅速成了暴发户。原籍汉堡的许累家族，葡萄牙犹太人格拉迪家族，作为造船主和经销商而发了大财的朗格多克人博纳菲家族，利用家族成员众多，在各商港经销药材的茹尔纽家族[477]，都是典型的例子。但这些批发商毕竟人数不多；1790年左右，他们在全城800名“大小商人”中肯定只占很小的比例，即占商人总数的10％[478]。在1779年的鲁昂，根据《商人名录》的分类登记，造船主和出口商仅61人，他们是“当时的资本家”，城市的主宰者[479]。

18世纪法国港口的大西洋贸易显然单独构成体系：在各岛屿实行的奴隶制无疑比古代的奴隶制更加残酷，但也更富生产效能，尤其因为它受大洋彼岸朝气蓬勃的资本主义制度所操纵。电位差是成功的要素之一。这个被纳入到基本上对外封闭的地域之内的体系[480]当然也有其致命的弱点。它首先面临战争的考验，好不容易才渡过这个难关。英属牙买加的种植园主全力阻止英国吞并他们的直接竞争者法属安的列斯群岛。另一项危险是非洲黑奴的来源可能枯竭，幸而此事没有发生。此外，随着运价的高昂，从事大西洋运输可能变成得不偿失，这个危险也未能成为事实。

iii-388 结果是奴隶制的成功导致了自身的崩溃：黑奴人数过多。制宪议会于1790年3月28日决定解放奴隶，赋予他们自由和政治权利。在杜桑·卢维杜尔的领导下，黑人于1791年在圣多明各举行起义。从此以后，再也不可能在岛上重建有利于白人的殖民政治。更何况还有别的食糖产地（甚至在马提尼克和瓜德罗普等地），欧洲不虞出现食糖匮乏，甜菜糖不久将要问世。此外，以奢侈品为对象的海岛贸易，因恢复古代奴隶制而落伍于时代，与欧洲人的心态变化相抵触。随着 19 世纪的到来，国际贸易将改变方向，侧重发展煤、铁、谷物等原料的交换。

提出的问题没有得到解决

同其他各国一样，法国贸易经历了一系列连续的周期：就 1569 至 1650 年马赛的例子来看，周期似乎很长；再以波尔多和 1698 至 1724 年的海岛贸易为例，周期也不能算短；只有 1698 至 1724 年圣马洛在南海的冒险活动，如果从时间上进行衡量，周期显得短些。假如我们在哪一天能够让贸易的历史走出叙述的范围，它也许可以说明周期过程的规律性或反复性。我们选择的三个例子不能说明什么问题，除了事先早已说明的、不言而喻的事实：所有这些贸易联系都取决于广大世界的众多偶然因素。到了今天，贸易联系的破裂和转换要比往昔迅速得多。尽管如此，即使在过去，像马赛和波尔多这样的为时将近百年之久的周期毕竟也是创纪录的例外。我们应该解释出现这些例外的原因，即令只是指出，它们产生自强烈而又持久的集体需求，这些集体需求已被人们所确认，就像中世纪对各种香料的喜爱，后来对酒、咖啡和烟草的嗜好，以及今天对强烈或温和的毒品的恶性追求一样……此外，已建立的稳固的商业体系也起了作用。没有经销系统的联系、配 iii-389
合和传送，也就不可能有商业。

贸易平衡以不同的方式提出同一个问题。任何贸易顺差实际上都体现着调动更多的劳动力从事生产。我国的贸易在19世纪之所以出现逆差，这是因为我国资金出口允许我们坐享其成，这是一种奢侈的享受。相反，在现时代，让我们为之伤透脑筋的外贸逆差则是一大弱点，无论如何也是一种危险的奢侈，因为这会导致我国负债，影响我国的未来。可是，在正常情况下，进出口贸易在总体上趋向平衡。与国民收入相比，贸易的盈余或亏空通常是个很小的百分数。因此，根本的问题是要知道，这个本身无足轻重的现象在今天和在以往却能对整个国民经济总起着轴心的作用。

实际上，我不知道问题的答案应该是什么。然而，我觉得，如果从基础到上层有可能证实我的认识，一切将变得豁然开朗。这些认识是：

——基层的经济活动在一些相对不变的地方流通渠道中自行达成平衡，这些短距离的运动在基层单独进行，并在基层消耗其动力；

——外部经济几乎不触及这一基层，它在自身运作方式的限制下，发挥有限的影响，正因为如此，外部的运作实际上反而有所加强；

——这种外部经济又取决于国际经济，后者限制、加强和领导前者。

以上认识说过不谈，我们不能就此以为，民族经济可能动用全部实力去从事对外贸易。只有一部分实力被投入运动，正如风车一样，只是活动着的上半部分才随风转动。有鉴于此，假如加以极
iii-390 度的简化，读者就能假设有一条经由巴黎的并且以首都为中心转

动的直线，它把我国分成两个部分。如果这条轴线像一条纬线那样自东而西地贯穿全国，法国在15世纪就被一分为二：南部因靠近地中海而身价倍增，北部则相对地落在后面。从16世纪开始，轴线趋向于沿着巴黎的子午线方向延伸。西侧面对大西洋，并随着大西洋贸易的兴起而获得白银；在东侧的勃艮第等地区，仍然使用铜币。到了17世纪，轴线又恢复横向的位置，但这次却是北部占上风。荷兰具有明显的吸引力；贸易的主宰不是太阳王，而是阿姆斯特丹。后来则是伦敦，直到第二次世界大战前夕为止。今天的情形又怎样？法国的所谓荒漠地带位于西部，而在东部，德国经济的吸引力正逐渐取得举足轻重的地位。

以上的概貌只是一种有待详加证实的推断，我们至少也应该确切地画出主要的通商路线，重现贸易的地理布局。同时还不应忘记，流动性始终位于经济的一定高度，而在基层则保持相对的惰性。

在缺少足够证据的情况下，我们通过对法国贸易进行的观察可以清楚地看到，这些容易移动、反应敏捷的高层次经济活动也正是我所说的在我国过去存在的资本主义成分。

五 阶梯的最高一级：资本主义 iii-391

我承认，在冗长的本章末尾，又把“资本主义”一词引了进来，会使以上的解释变得复杂化。但舍此又怎样完成我们的考察呢？“资本”、“资本家”以及在以上二词基础上扩展词义的“资本主义”在任何经济考察中都占据至关重要的地位。人们怎能排斥它们而不受损害？

根据最通用的定义，“资本”是在生产过程中积累起来的并被重新纳入到生产过程中去的劳动。在这个意义上，资本存在于经济的各个部门，并势必存在于各个时代。著名作家安德烈·纪德的叔父、经济学家夏尔·纪德指出：“资本与第一把石斧同样古老”[481]，人们还可以说，与“最原始的农业工具”[482]掘地棍同样古老，镐和犁当然更不在话下[483]。

资本主义既然是调动资本家参与经济活动的基本因素，它的作用“无非是调动资本而已”；这个定义下得有点过分仓促[484]，但它足以证明，资本主义的历史极其悠久。马赛尔·拉丰·蒙代尔把他的著作题名为《从汉穆拉比到洛克菲勒的资本主义的各个发展阶段》（1938 年版），曾引起了一些批评家的非议，而我则相反，并不觉得这有什么不好；同样，杰出的历史学家泰奥多尔·蒙森曾在论述古巴比伦时谈到了资本和资本家，使马克思为之深感愤慨，而我也不觉得对蒙森有什么可予指责。

但是，在特定的经济和社会中，“资本主义”和“资本家”却与“资本”不同，它们并不享有无所不在的特权。它们实际上局限在
iii-392 经济生活的最高和最敏感的层次。这是它们惯常的栖身之地。资本主义当然不断在向下层侵蚀，但它首先是位于大厦最高层和阶梯最高级的现象。站在资本主义的身旁，也就等于登上居高临下的塔顶。正因为如此，我喜欢说资本主义是经济大厦的最高一级。

资本、资本家和资本主义

资本、资本家和资本主义历来都能分门别类，但直截了当提出如何分类的问题，则要归功于雅克·拉斐特，他所作的区分失之偏颇，并且为时过晚。他说："资本并不始终属于使用资本的人所有。相反，拥有资本的人，即俗称富翁的人〔早在拉斐特以前，杜尔哥及其同时代的许多人都已使用'资本家'一词〕，往往不是自己使用资本，而是把资本借给那些被迫以劳动谋生的人，条件是索取部分收益，借以过坐享其成的生活。"[485]

这个区分为经济生活划出了一条重要的界线，但界线并不如人们所想象的那么清晰：因为我同时可以出资兴办企业，即作为资本家坐收其利，又参与某个企业的经营活动。假如接受雅克·拉斐特的分类，那就不应该附和赫赫大名的大卫·李嘉图（1772—1823 年）的见解，仅仅说银行家"一旦使用别人的金钱"，便开始履行其独特的职能。这项条件对商人、批发商、工业企业家全都适用：他们也"使用别人的金钱"。

照这么说，如果我没有搞错，高层经济可划分为两个区域：一部分资本被积累起来，处于休眠状态，被贮存的资本因而不再生息；另一部分资本投入到生产过程中去，就像河水推动磨坊的水轮 iii-393
一样。根据以上区别，人们不难懂得，用于生产的资本可被认为是恪守职责的"真"资本，至于其他的资本，则是因脱离生产，对公众无益而丑名远扬的假资本。约瑟夫·夏佩曾谈到"死货币"，是否会存在"死资本"[486] 呢？

我以为这种观点简直大错特错。我不打算为资本的积累和贮存作辩解。可是，如果把道德观念抛在一边，我以为资本主义只是依靠资本持有人的积蓄，才可能始终活跃；资本积累原是资本主义的生存条件，犹如蓄水的水塔，源源不断地、程度不同地提供必要的水流。我甚至怀疑会有静止不动的死资本的存在：一种重力不断在推动资金像水一样流出其蓄积池。

在这里，我不禁想起一件微不足道的甚至算不上是社会新闻的小事，见诸《德·古尔维尔先生的回忆录》[487]。事情发生在1663年，正值路易十四当政不久。回忆录的这位作者回到了布鲁塞尔，他说，“我觉得住在这里比在别处更加舒服。承蒙西伊里侯爵特意前来晤面，我听他说准备去安特卫普一游，便决定与他结伴同行。我领他去拜访德·帕拉维西尼先生[488]，此人说来少见，家境极其富有，却不肯坦然承认。我要德·帕拉维西尼先生破费请客……招待我们吃饭，至少也应派一辆四轮马车和四匹马，带我们四处逛逛。他当即就向西伊里侯爵解释，他并不像人们所说的那么富有；他指着卧室旁边的一间屋子对我们说，那里放着价值10万埃居的

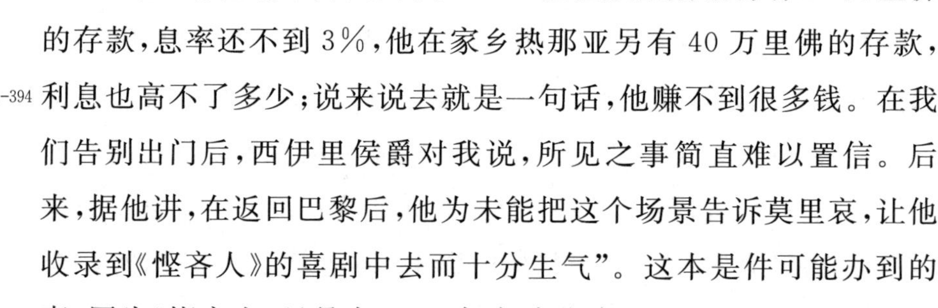

银条，却不给他增添分文的收入……他在威尼斯银行有10万里佛的存款，息率还不到3%，他在家乡热那亚另有40万里佛的存款，
iii-394 利息也高不了多少；说来说去就是一句话，他赚不到很多钱。在我们告别出门后，西伊里侯爵对我说，所见之事简直难以置信。后来，据他讲，在返回巴黎后，他为未能把这个场景告诉莫里哀，让他收录到《悭吝人》的喜剧中去而十分生气”。这本是件可能办到的事，因为《悭吝人》只是在1668年方才公演。

我介绍这个插曲不是为了谈论吝啬，否则岂不脱离了主题。毫无疑问，值得注意的是，一位资本家竟是怎样的谨小慎微，似乎甘愿枯守万贯家财。顺便还应该提到的是，早在15世纪前已是热那亚富豪的帕拉维西尼家族，其继承人仍然是首富之户。与昂利·皮兰纳和阿韦奈尔子爵的想法相反，这里的事实恰恰证明，资

本家的财产，资本的占有，在经过两三代的时间以后，并不如公平的准则所要求的那样，立即自动消逝，从而为新生的富豪让出位置。这个例子尤其可以证明，资本的休眠往往只是表面现象。这不仅因为，对它的主人来说，银条是一笔储蓄，一种保障，他随时可在安特卫普的市场出售一条或者数条，而且因为他在威尼斯或热那亚的存款，在他并不知情的情况下，参与了信誉卓著的银行的交易活动。这些存款都派一定的用场。

由此可见，静止不动的金钱，在其重力的作用下，或出自投资的需要，趋向于转入流通和“重新变活”。此外，还有遗产继承和由此产生的不测事故，败家子可把财产挥霍殆尽；还有嫁女的妆奁，对家族所尽的道德义务，所有这些因素都不容忽视；经由公证人或银行家的可靠介绍出借的部分资金，或委托包税商向王公发放信贷，也有一定的诱惑力。

总之，在活资本和死资本（多少处于静止状态的资本）之间，势 iii-395
必存在着由后者通向前者的一个转换过程。无论在过去或当今的经济中，这个过程显得十分重要，因为法国最富有的人无疑并不是拥有动产的资本家，1981 年以来缴纳巨额财富税的纳税人名单大概可以为此作证。

休眠资本的重力

留着不用的这笔资金对整个经济来说是一种保障，一种储备，意味着安全。这还不够，吸水的海绵应能不断恢复饱和状态。这笔财富在法国是否有效地发挥作用？

可以肯定，它发挥着一定的作用，但还很不够，因为在旧制度下以及在后来，确切地说直到1850年为止，信贷尚未真正组织起来。巴黎虽有100多名大小不等的银行家，但巴黎是首都，而且那时还是在1789年。就在同一时期，作为经济发达的重要商埠，鲁昂只有四名银行家。[489] 因此，人们不得不向“财主”告贷，苦苦哀求，等很长时间，才能达到目的。

拉瓦勒的一位名叫让-弗朗索瓦·弗里尔的织布商于1746至1770年间，通过55笔贷款，从贵族、教士、资产者、公证人乃至手工工匠那里借到282 093里佛，利率为5%（利息达13 625里佛），借款而且以票据形式进行交割。[490] 事情好不容易方才办成，确实费了不少口舌。我对此完全可以想象，至少这里有一份偶然见到的历史资料，它逐日记述了鲁昂的一位名叫罗伯尔·杜加尔的大商人当时因告贷无门而遇到的几乎不可克服的惊人困难。此人于1749年在鲁昂市郊的达尔讷塔勒开办了一家染织手工工场。为
iii-396 了发展生产，他需要追加投资。他的合伙者路易·小茹维在巴黎到处联系贷款，却找不到有人愿意借钱。杜加尔开始着急，可怜的小茹维写信对他说：“等我再作一次努力，办事总该花点时间，尤其是要借钱，谨慎小心只会少出纰漏……换上比我胆大或比我聪明的别人，事情或许一办就成，但我担心遭人拒绝，即使吃了闭门羹，也还不能就此罢休。”借款的事将以失败而告终。[491]

我还可举出发生在19世纪的第戎或阿马尼亚克地区的类似事例。但这里就不必多此一举了。何况，我们关心的问题是，与英国的情形相比，法国的信贷虽然极其困难，但它毕竟与大笔的休眠资本同时共存。作为资本主义的助手和后备，休眠资本在环境的帮助下可以复苏，甚至成为供血的动脉；到了那时候，人们就能衡

量出它的能耐了。每当某个地区遭受自然灾害，金钱便从隐藏的地点冒了出来，缓解暂时的困难，帮助渡过难关。目击者有时为此感到意外。

例如，在 1708 年，西班牙王位继承战争已经持续了七年之久，国库空虚，入不敷出，必须设法借到现款。资金并不匮乏。问题是财政当局从 1701 年开始发行了纸币，而且不声不响就成倍地增加了发行量。1708 年 3 月 6 日，一名官员自雷恩发信，向财政总监报告说："城里的大资产者之一，长期与本省最知名的批发商一起，从事海上和陆地的贸易，目前在商界且颇有名气，据他对我说，他确实知道有 3000 万皮阿斯特银币被藏了起来，另有价值 6000 多万皮阿斯特的黄金和白银……如果不把纸币清除干净，货币流通量不适当减少，商业得不到部分恢复，这些铸币和金银就不会重见天日。"[495] 在贫穷的布列塔尼可见也藏有财宝。在 1708 年，这也许因为雷恩依靠本市的商人以及布列塔尼省的行政当局和铸币所，并且作为圣马洛的后方城市，从圣马洛商人在智利和秘鲁攫取的巨额白银中分享了利益和扩大了储备。可是，雷恩却轻易不肯动用这笔储备。 iii-397

过了 20 年以后，确切的日期是 1726 年 3 月 20 日，仍然在布列塔尼地区，但这次是在南特。据一则消息说，"我们只是在一个偶然场合才了解到城市的实力和潜力；当时，商人们必须作出抉择[496]：或者在国王兴办的印度公司范围内独立经商，或者为同一目的与实力雄厚的圣马洛商人结成伙伴。为避免互相妨碍，决定采用后一个方案，贸易活动全在圣马洛公司的名下进行。南特商人的认股金额竟高达 1800 万，而我们原以为加在一起也不过 400

万。九艘商船整装待发,一旦航运自由得以恢复,立即就可启航……我们希望通过向宫廷提供巨款,能够把败坏王国财政的印度公司所享有的专营贸易权予以撤销,并让宫廷许诺在各地普遍推行自由贸易”。[497] 顺便值得指出的是,这笔巨款是商人们积攒而成的。

以上的引文显然不必再加评论。它清楚地说出了我们想说明的东西:尽管程度有所不同,法国与中国或印度一样,也是贵金属的坟场。它把贵金属拦截下来,不费力气就把贵金属转化成积蓄。这个缺点或这个优点一直延续到旧制度结束以后很久。在 19 世纪,法国货币总量与整个欧洲持平。在 1857 年短暂而猛烈的国际
iii-398 危机期间,危机的始发地美国有 5000 家公司破产,银行纷纷倒闭,英国被卷入漩涡,接着是德国、丹麦、北意大利、威尼斯、华沙,几乎整个欧洲出现了连锁反应。法国局部地得以幸免,因为它的银行在第二帝国初期虽有蓬勃的发展,但不是危机打击的太大的目标:银行存款额仅 1.2 亿,“而闲散资金合计约有 30 亿之多。藏在袜筒里的私人积蓄使法国免遭灾祸。不过,这对发展企业却是个障碍,类似情形至今依旧存在”[498]。

再过半个世纪,经济学家兼统计学家阿尔弗雷德·奈马克[499]于 1905 年对法国这一巨大的潜在财富大加称赞。他问道,“究竟是什么原因促使法国拥有世界上最大的资本储备?”1929 年的危机比 1857 年更加严重,但对法国的打击也比其他国家来得较晚。这是因为它靠积累的资本,还能苟且偷安吗? 酷爱历史的银行家希克 1945 年就法国人当时还拥有的大量黄金作了计算,力图借此安抚民心。[500]

对积聚的狂热，储蓄的数额之大，如同贯穿我国历史的一条主线，并不仅限于富有或小康的家庭。穷人经过拼命努力，稍有余裕者也以各种方式进行积攒，以求岌岌可危的生计有所保障，从而得以“平安度日”。到手的钱要点滴积累，而国王的税却强制乡村经济放血，用皮埃尔·古贝尔的话来说，迫使农民“吃尽苦头去筹集现金”[501]。因此，预防灾荒的办法，就是把金币或银币妥为贮藏起来。一个“富裕的省份”1786 年因洪水泛滥成灾，农民被迫“出空他们的私蓄，人们突然见到，于 1706 年铸造的金路易大量进入流通，而且锃光发亮：它们都来自地下的贮藏”[502]。农民的贵金属贮藏在 19 世纪有增无减。另一个反常的现象，正如一位有眼力的观察家 1815 年在谈到莫尔旺山区时所指出的，贫穷地区“贮藏的白 iii-399
银反而比大耕作地区多得多……现代经济学家尽管说的都是至理名言，但越是拥有白银最少的地方，却偏偏总是以留下贮藏的居多”[503]。

可以肯定，平民百姓虽说胼手胝足，小本经营，但因人数众多，他们在货币流通中占着最大的比重。专门研究新教徒银行的历史学家赫伯特·吕蒂认为，路易十四治下的法国，“是个没有银行的国家，货币经常出现贬值的国家，但也是贮藏财富的国家，国内的贵金属似乎被埋在地下”[504]。

当然，法国的全部积蓄并不都处于休眠和收藏的状态。杜尔哥在陈述他的导师万桑·德·古尔奈的一项主张时，抓住了问题的要害所在，他说他担心富人不愿冒险经商，而宁肯安稳地放债，保证有一定的利息收入。可见，在任何时候和任何场合，吸引力或强或弱的利率对资本的运动可能起着决定的作用。法国早在 16

世纪推行的“年金”恰恰起着这个作用，年金是经公证人当面登记的一种永久性借贷，可作遗产继承。还有风险贷款，这是批发商之间为合伙装备某次出海的商船，因资金不足而向圈子以外的人借款的一种方式。[505]

此外另有海运保险，或者一般的短期贷款，由一位银行家或公证人牵线，委托他们选择信誉良好的借款人。圣马斯岛的一位原种植园主在回到家乡阿马尼亚克后从事烧酒生产，他于1820—1830年间就曾放过短期贷款(当时利率不高，仅为4%或5%)[506]。

可是，除开这些简单、公开的投资方式外，要追索闲散资金或
iii-400 所谓休眠资本可能的投资渠道，却并不始终是件容易的事。例如，贵族照例被认为依靠土地收益为生。在某种意义上，他不可能拥有积极资本，旧贵族在16世纪往往家道中落，有时甚至沦为贫民。关于这个问题，我在本书第二部分论及社会时再谈。这里先用三言两语把问题提出：在凡尔赛的俄国大使1785年11月向他的政府转告了两则“社会”新闻[507]，读者对此将作何感想？第一条新闻，平等的菲利普的父亲奥尔良公爵去世后，给他的继承人留下一笔收益达480万里佛的遗产，“没有丝毫债务”；第二条新闻是内克尔的女儿和斯塔尔男爵结婚。大使告诉我们说，日内瓦银行家支配着10万里佛的年收入……比较这两个数字会使人百思不得其解。陈年的积累(主要是土地，再加上国王给予的恩赏和爵禄)竟远远超过一位金融家的资本；这笔资本何况又处于休眠状态，因为在内克尔当政后，他的财产只有一半留在银行作投资。至于奥尔良公爵的财产，却肯定不是留着不派用场。几名心腹代他经营，由他们出面从事一系列经营活动，如开凿运河，租让土地等等。[508] 这

是一个值得作深入考证的好题目。

对两合公司作整体的考证（公证文书篇幅浩繁，因而很难进行考证）也将是一个好题目。两合公司为18世纪的工业投资提供了大部分资金，其主要合伙人首先是巴黎的大商人、金融家和银行家，他们十分有钱，但人数不多。后来，到了18世纪中叶，贵族纷纷开发矿业（安赞煤矿等），在圣戈班兴办制造厂，在科讷发展炼铁炉，如此等等。[509] 贵族转到了积极资本主义的营垒。

尽管如此，在18世纪，甚至在19世纪，信贷仍然缺乏保证，工业投资往往无以为继。在这方面出现的大事，是银行于1850年在外省设立和发展分行，从而开始有效地吸纳储蓄。一位历史学 iii-401
家[510] 告诉我们说，这是加速资金流通的一项决定性措施，其意义之重要堪与开展铁路运输相比拟。谁又会不同意这一定论呢？现金的充裕使法国成为欧洲最富有的国家，照柯尔贝尔和康替龙的说法，财富等于金属。可是，我已多次说过，从经济方面看，法国却远不占首要地位。法国甚至也不免出现银根紧缺：据说，货币“匮乏”在全国各地经常发生。

我们首先要把这种反常现象归罪于休眠资本的大量存在。布阿吉尔贝尔的见解比重商主义者更加清醒，他指出：“当金钱不在持续的运动之中时，法兰西的躯体也就出了毛病。”[511] 血液一旦不再流动，还会有什么用处！衡量运动的尺度不仅是死资本和活资本的比例关系，流动资金和不动资金的比例关系，而且是铸币总量和纸币总量的比例关系；纸币被称为“冒充的铸币”，但它的流通速度却比铸币要快得多。然而，在欧洲各国中，法国是最后改铸币为纸币的国家之一。法国在1750年前的支付方式，大体上是铸币占

93％，银行券占7％。[512] 到1856年前后，银行券的比例奇迹般地从7％上升到20％。就在同一时期，银行券在英国已占65％！[513] 可见，在我国，资本积累的历史首先是金属通货的历史。

金属货币：储备和流通

19世纪初的经济学家煞费苦心地向他们的读者进行解释，在我国，金属通货单独代表不了资产的总和。这是不言而喻的事！
iii-402 可是，让-巴蒂斯特·萨伊(1767—1832年)这位诲人不倦的教授，这位被后辈经济学家奉为庸俗经济学的开山鼻祖，却认为有必要于1828年长篇大论地提醒我们注意："尽管资本具有许多不同的表现形式……为什么有人却偏要抱住旧习惯不放，坚持认为几块埃居就是一笔资本，并把一国拥有的埃居硬是当作该国的资本呢？"[514] 他随后又补充说："法国的资本除金属货币外还包括许多其他的价值。"[515] 我们再说一遍，不能不认为萨伊的说法完全有理。但能否因此就贬低现金的作用呢？作为使用方便、结算快捷的资产，还由于其举足轻重的地位，现金称得上是真正的希腊海神普洛透斯，它势必要扮演技压群芳的主角。此外，现金不正是理想的价值博物馆吗？马克思的概括完全恰当：对商人和批发商来说，就是从金钱出发，经由商品，再回到金钱。

可是，也许再没有别的东西能比日常所见的平凡现象更使人们的观察走样：天天看见相同的东西，也就熟视无睹。在让-巴蒂斯特·萨伊时代的法国，货币运动虽然尚未达到无孔不入的程度，但已形成一个正常的流通过程。因而，以往时期的观察家更容易对货币的力量、作用和特点感到惊讶，这是相当自然的。埃翁于

1647 年不胜感慨地写道:“请想一想:假如一道命令下来,不准我们使用货币,迫使我们牵着公牛或母牛去商店换布,我们现在将陷于什么境地? 当我们身无分文,却要走二三百里路前往外地,那又该多么可怜?”[516] 这篇漂亮的文章正好告诉我们,货币才能避免物物交换,难道不是如此吗?

过了一个世纪以后,在 1770 年,杜尔哥也还没有使用让-巴蒂斯特·萨伊的术语。他对物质资产(房屋、货物)和有价资本(金钱)作了明确的区分。但他强调指出,金钱(即货币)代表已积累的 iii-403
全部价值或资本,而金钱的流通卓有成效地推动各项社会事业的发展。[517] 杜尔哥比让-巴蒂斯特·萨伊更能满足历史学家的要求。皮埃尔·肖努说得对[518],在历史学家看来,货币归根到底是“交往最好的加速器”,我宁愿说它是流通的加速器,各种经济的加速器。货币也是现代国家针对其他各国的打击力量,甚至是现代国家“不可或缺的基础”[519]。总之,是国家的支柱,“价值”的参数,“价值”一词对任何经济理论都是个含义模糊、令人棘手的概念。一个名叫旺代尔·默伦的荷兰人于 1779 年说:“各种价值,甚至某些交易活动,都与普遍尺度(即白银)有着直接的联系,而与纸币或与只会导致纸币贬值的信贷无关。”[520]

响当当的金属货币在我国历史上确实是个声名显赫的人物,但它单独囊括不了全部经济活动。货币与经济互相促进,货币在流通过程中既对经济生活有所约束,又为经济生活广开门路一事加以说明。积极的资本主义操纵货币,甚至尽力与这一不可或缺的工具相等同,这是个事实。积极的资本主义由此产生某些特性,富尔-苏雷神甫甚至声称,在杜尔哥的时代,有一种“真正的货币资本主义”的存在[521]。

我们不要忘记，早在16世纪，货币总量已经相当庞大。

法国货币流通量于1500年可能为3000万图尔里佛，于1699年可能达8000万。[522] 在1661年至1683年柯尔贝尔当政时期，货币储备约达2亿图尔里佛。据一份报告估计，1706年[523] 的“银币”数额约达2.5亿里佛，再加上“银行券”5000万，其中的1200万，政府准备予以兑付，合计数额共有3亿。但这3亿里佛大概只是真
iii-404 正流通着的货币总量的一部分。据让-巴蒂斯特·萨伊推测，“死货币”的数量与实际流通量大致持平；萨伊认为，法国的货币分为两个相等的部分：50％用于流通，50％留作贮藏。拿破仑的财政大臣弗朗索瓦·莫利安(1758—1850年)于1810年估计，“实际使用”的货币至多占货币储备的三分之二、鲍狄埃·德·拉埃斯特鲁瓦在批评沃邦的“什一税”计划时断言，法国于1704年流通的货币为4.6亿里佛(“藏在私人家里不用的”[525] 不算在内)，这个数字几乎等于1706年报告所估计的数字的一倍，我们能否就此认为，这个数字代表着货币储备总量，即活货币加死货币的总和？

许多年过后，在1786年，内克尔估计法国的流通量为22亿图尔里佛[526]。就在同期，阿尔诺的估计是19亿。取个整数，就算是20亿。在1809年，欧洲的货币储备估计为90亿里佛[527]，法国的流通量大概介于40至50亿里佛之间，约占欧洲货币流通量的半数。无论如何，增长的数额很大。18世纪的重商主义者恐怕会为此喜不自禁。重商学派的后辈之一古达尔于1756年断然声称：“依我之见，一个国家的通货越多，这个国家也就越是富有。”[528]

货币的充足确实不可否认，但富裕无疑却并不随之而来。我

们已经看到，通货的匮乏，流通的故障，仍不断在出现。1691 年 2 月，由于新铸的货币没有及时运到，奥尔良竟然铸币绝迹，造成“贸易停止，情形令人难以置信”[529]。1639 年 11 月在图尔：“白银匮乏在该省产生了极大的影响，昨天竟没有足够的银币用于雇佣工人，货币兑换商的门前空无一人，人们把这种匮乏归罪于为国王征收各项赋税的包税商，他们把全部收入用车辆运往巴黎，不在当地花费一分一文”[530]。即使在巴黎，1715 年 5 月 13 日，形势也十分紧 iii-405
张。财政总监德马雷收到一封惶恐不安的信件：“大人当已获悉因货币流通不畅而出现的混乱，尤其在巴黎，大部分批发商已不能如约偿债，尽管他们有此诚意，而且手头还有许多商业期票。”根据每年商情的偶然变化，总是这里通货充足，那里通货奇缺。在 1838 年，欧坦还没有大商业，城里住着一些家道殷实的地主；这里通货充斥，而邻近的第戎却闹钱荒[531]。路程和运费在这种不协调中起着一定的作用，直到 1848 年为止，法国还存在一种国内汇兑，里佛或法郎在巴黎的兑换价与里昂等地不同[532]。

金属本身在这里也有自己的一份责任。法国拥有的金属货币虽然超过欧洲任何其他国家，但数量毕竟也还不够。正如昂热·古达尔（1756 年）所说，这不仅因为铸币有改制金银器皿的“缺点”，尤其还因为沉重的铸币不便于流通，20 万块埃居重达 1 吨，用车从里昂运到巴黎至少要花 10 天时间[533]。结果是货币总量不论多大，所起的作用却很有限。王国 40 万平方公里的国土不由自主地限制着流通的速度。

说到底，法国的货币运动极不全面：货币主要为上层经济服务，此话说来不算夸大。在 18 世纪初，庇卡底和阿图瓦都远不是穷省，“农民用现金缴纳封建杂税还很少见……金属货币不足，很少进入流通，并且也不是不可缺少，因为直接交换仍十分流行。实物纳税制可见是出自具体环境的需要……在1720年，苏瓦松财政
iii-406 区的谷物售价过低，以致地租一律用谷物缴纳，用现金缴租委实太难了”[534]。

到了18世纪，情况当然有所变化，货币的使用范围进一步扩大，但也远不能覆盖所有的交换场合。直到1789年以后，法国还有一些地区几乎不用货币。科西嘉确实是个异常的特例，这种情形几乎一直维持到1914年。[535]

货币流通的受益者主要是商人和国家。国家强制人们用现金纳税。由于纳税人往往用铜币支付，税款必须换成银币或金币。关税以及外贸利润的提成也源源不断在提供铸币。在柯尔贝尔的时代，国家在可能高达2亿里佛的货币流通中，用这种方式提成的铸币约在8000万上下，接着通过各种支出把提取的这笔巨款重新投入流通，然后再征收税款，如此循环反复。可是，整个过程最终却并不导致货币在全国各地的良性循环；关于这些问题，我将在国家这一章里详加论述。国王的钱财几乎完全用于宫廷、军队和战争的开支，用于偿还债务。钱不再回到各省，不在地方经济中投资。

至于贫苦阶层，货币流通对他们更是可望而不可即的事。我们这里不得不改变我们的习惯判断。不，“美男子菲利普的货币骗局对百姓的家产和货物的价格都没有造成多大的影响……在平民大众中，小百姓未受骗局的损害”[536]。同样，我们过去对坎康普瓦街的种种传闻和热闹表演寄予太多的关注，我们今天发现，约翰·

劳的币制改革并不如人们所说的那样,在法国深层次的经济生活中掀起了风暴。

总之,无论在法国还是在欧洲,货币的历史是一种多层次的历史:上层发生的事不一定也在下层发生。

王公的货币

iii-407

王公必须征服货币,正如他为扩张疆土而征服外省一样;他监督货币的铸造,确定货币的价值,控制货币的发行。国王没有货币,也就不成其为国王。

不过,货币像是渔人手中的滑泥鳅,随时可能溜走。必须紧追不舍,采取各种各样的保护和防卫措施;1295 至 1328 年间,有关金币的敕令在法国就曾下过 15 份,有关银币的敕令 27 份;当时,金马克的价格波动率为 75%[537],银马克为 100%。

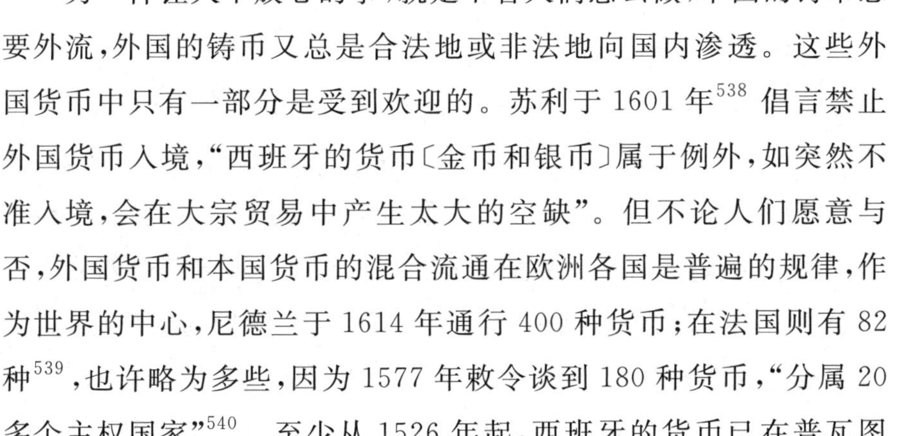

另一件让人不放心的事,就是不管人们怎么做,本国的铸币总要外流,外国的铸币又总是合法地或非法地向国内渗透。这些外国货币中只有一部分是受到欢迎的。苏利于 1601 年[538]倡言禁止外国货币入境,“西班牙的货币〔金币和银币〕属于例外,如突然不准入境,会在大宗贸易中产生太大的空缺”。但不论人们愿意与否,外国货币和本国货币的混合流通在欧洲各国是普遍的规律,作为世界的中心,尼德兰于 1614 年通行 400 种货币;在法国则有 82 种[539],也许略为多些,因为 1577 年敕令谈到 180 种货币,“分属 20 多个主权国家”[540]。至少从 1526 年起,西班牙的货币已在普瓦图地区流通[541]……而在 1611 年,据有人说,“庇卡底、香巴尼、勃艮第等地区外币充斥,数量超过法国货币”[542]。

至于外国，总是想方设法从法国挖走良币，塞进劣币，特别是至多薄薄地包一层白银的铜币。这些与“指券”无异的金属货币，这些“黑币”，价值自然低于面值，无论在国内或在国外脱手，对王公来说都是一本万利的事。针对劣币的入侵，明智的办法是予以制止。威尼斯在16世纪曾多次成功地抵制了劣币的入侵。葡萄
iii-408 牙亦然。但威尼斯和葡萄牙都十分重视发展大宗贸易的需要，它们的活动舞台也不如法兰西王国那么广阔。法国对劣币入侵几乎束手无策。“荷兰先令”[543]于17世纪末涌入法国北方诸省，洛林公国利用与法国接壤的边界走向十分复杂，把“洛林苏”走私运进法国；法国为此怒不可遏，厉声进行恫吓，走私者一被抓住，立即予以严惩，让他们为未遭逮捕的走私犯替罪。据莫利安说[544]，英国于1780年前后制造和运来我国的“法国辅币”低于法定的成色。只要有利可图，哪能顾上守什么规矩？

总之，货币在法国虽受王公的控制，但它也遇到其他货币的冲击，并且不得不保持一定的平衡。“当黎塞留主教于1640和1641年整顿法国货币时，他主张与其让法国的铸币沿袭本国以往采用的成色和价格，不如使它们与邻国的通用货币取齐。换句话说，他宁肯彻底改变王国至此实行的货币体制，而决不放过这次机会，把邻国通用货币的价格和成色引入法国。他决定不再制造四分之一埃居的铸币，改为发行我们今天〔指1706年〕所见的银埃居，其重量和成色与西班牙本洋相同[545]。西班牙皮斯托尔[546]当时是在各邻国广为通行的金币。为此法兰西王国不再发行原来的金埃居，改铸与西班牙皮斯托尔的价格和成色相同的金路易。”[547]同样，从1661年起开始铸造的英格兰“畿尼”也与皮斯托尔的价格和成色

取齐。[548]

另一件事情也要注意：调节金币和银币的关系，这完全取决于它们各自的成色以及黄金和白银的比价——官定的比价或商业的比价。人们长期以为金银之间存在一种“天然的”比例关系，即1比12；在重量相等的情况下，金价等于银价的12倍。这个比例其 iii-409 实是可变的，有时偏向黄金，有时偏向白银，因此，在某些时期，银价比金价更俏，而在别的时期，又是黄金炙手可热。例如，在16世纪60年代，白银把主导地位出让给黄金，早在1558年已预感到这一转折即将出现的热那亚人先行吃进黄金，为此获利颇丰。

但政府也能以自己的方式，借助金银比价来引导货币运动：路易十五的政府为稳定图尔里佛的行市，于1726年压低了金价（1比14.5），造成黄金朝荷兰、英国和热那亚外流，而进入法国的白银得以升值。卡洛纳于1785年再次调整了两种金属的比价：由于比率增加了一个整数点，等量黄金的价格一下变成为白银的15.5倍。结果是贬值后的白银因价格便宜而流向国外，黄金则为此涌入法国。一个国家总要选择一种货币本位，金本位或者银本位，虽然在当时，货币本位一词尚未问世。

货币的内部交换

我国的货币构成一个体系，它与近代欧洲实行的各种货币体系相类似。它包含着一些内部的运作规则。首先，它不属于复本位制（金和银），而属于金、银、铜三种金属的货币本位制。铜是制造金币和银币所必需的合金材料，用以增加金币和银币的硬度；更重要的是，铜还是制造辅币的主要原料。辅币有时也掺一点银，但银的含量很低，盖不住铜的本色，所有这些小铜板终究都会颜色发黑，成为所谓“黑币”，即供穷人使用的、纯信用性的货币，其法定价值被随意确定，与金属的价值无关。

iii-410 其所以必须使用辅币，是因为穷苦大众工资菲薄，购买力低下。辅币供工匠和低收入者购买日用必需品。更何况，这些铜板只能“从手里转到嘴里”，因为工资仅能勉强糊口而已。铜板的流通要比作为商业交易基本工具的银币迅速得多，专供远程贸易使用的金币更不在话下。

这种货币体系的运行操作似乎并不费事，但还必须解决几个困难：

1. 图尔里佛的情况比较特殊，它是一种记账货币，因而也是虚构的、“想象的”货币。每图尔里佛值 20 苏，每苏值 12 德尼埃。可是，无论里佛、苏或德尼埃都不是可在你的掌心里掂量的、真实存在的金属崩子。它们被用来记账，把不同的金属货币折合成同一个计算单位。

图尔里佛同时是历史的遗产和人为的选择，这份遗产由查理大帝帝国解体后产生的各国所继承。在查理大帝的时代，经过公元 781 年的改革后，作为记账货币的里佛恰好等于一磅白银，下分 240 德尼埃，就是方便流通的货币。因此，里佛本身也是一种真正的货币，尽管没有化为实物。可是，在查理大帝后裔的治下，德尼埃在欧洲大部分地区开始发生变化，重量不断减轻。里佛从此就不再是真正的货币。记账和立约仍以里佛为单位，随着金属货币价值的变化，里佛折合德尼埃的数量也就大有出入。例如，在法国，每里佛于 1290 年折合 260 德尼埃，1295 年合 300 德尼埃，

1301 年合 400 德尼埃。更加添乱的是，在加佩王朝建立前的法国境内，可以见到价值不同但又统称里佛的几种记账货币：鲁西永、朗格多克、普罗旺斯、多菲内、勃艮第、洛林等地区各有自己的里佛，再要加上巴黎里佛和图尔里佛。“1200 至 1300 年，朗格多克地区使用的雷蒙德里佛（图卢兹伯爵发行）竟比图尔里佛价格要低 6 倍：在 1207 年，9 雷蒙德里佛仅值 30 图尔苏。”[549] 图尔里佛被选 iii-411
中充当国王的货币，当时的价值相当于巴黎里佛的五分之四[550]，需要消灭竞争的对手。巴黎里佛按理说应该占有优势，但终究在 1667 年被彻底取消了。图尔里佛之所以被选中，主要因为它使加佩王朝可能取得金雀花王朝的领地。在成为国王的货币后，它迅速确立了作为记账货币的地位，尽管“外省的封建主拼命抱住他们的特权不放”[551]。

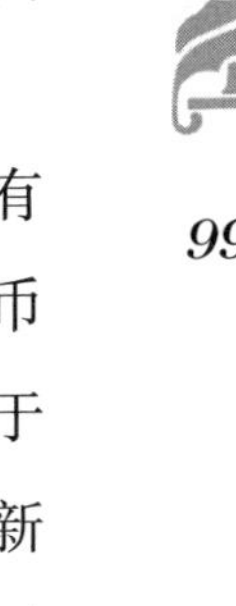

综上所述，图尔里佛是一种价值尺度。真实的货币分别具有各自的价值，并按图尔里佛订出牌价。牌价当然是可变的。货币贬值在过去是件简单的事。只要抬高真实货币的面值，也就等于贬低了作为衡量尺度的里佛的价值。另一个办法是改铸新币，新币尽管成色低下，却保留旧币原有的面值。因此，帕斯基埃院长于 1621 年说，他一点也不喜欢听到这样的格言：“名声不好的人像用旧了的银币一样到处不受欢迎”；近百年来新币的成色却是每况愈下[552]。

如果里佛与某种具体的金币或与金币的换算率可以一次固定下来，里佛的地位也就得到了巩固。这正是 1577 年发生的事：在里昂商人的建议和敦促下，软弱的亨利三世政府决定，金埃居标准币的价格一次确定为 3 里佛或 60 苏，今后不再变更：里佛因此与黄金挂钩，再次成为真正的货币。但决定刚刚实施即告破产，金埃居的牌价一再提高，不久就达到 63、64 甚至 70 里佛。[553]

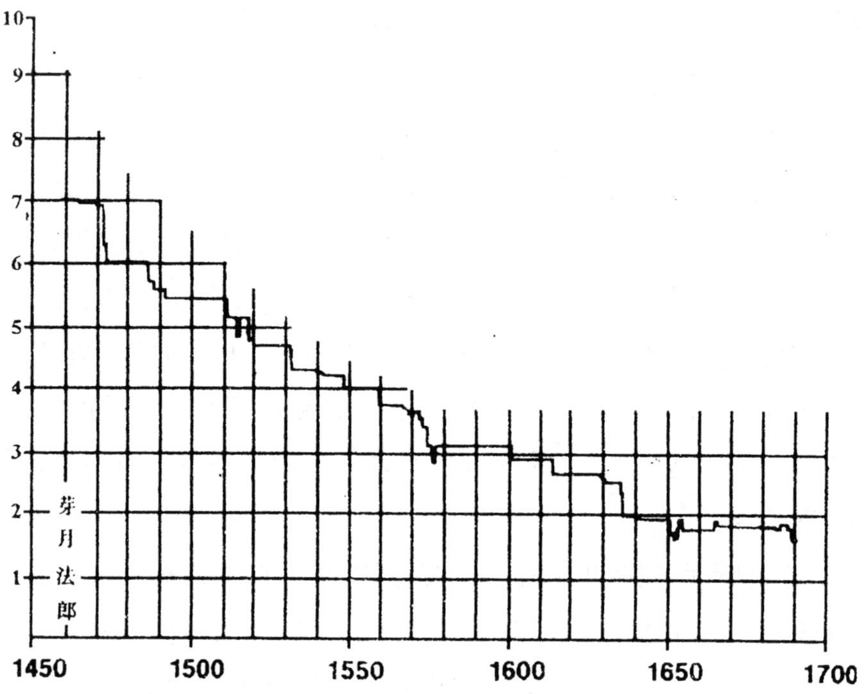

图尔里佛的市价(以金银为基准的芽月法郎计算)

图尔里佛在两个半世纪期间丧失了四分之三的价值，贬值自 13 世纪以来从未停止过。

(参见弗兰克·斯普纳：《1493 至 1680 年间的世界经济与法国的铸币制造》，1956 年版。)

2. 我曾说图尔里佛在旧体制下并不化为实物，这个定义下得过于仓促。它在两种情况下显得不很确切，虽说这两种情况不产
iii-412 生重大的后果。如果发行纸币，其面值也以里佛为记价凭证。这正是路易十四治下的情形，但纸币迅速贬值，这种凭证的价值因而没有保障。里佛的另一种物化形式是辅币：辅币代表一定数量的

苏或德尼埃，体现里佛——记账货币——的分数，而不体现苏——真正的金币或银币——的倍数。我已经说过，辅币只是信用货币，与纸币并无区别。

3. 由此可见，至少有三种办法能使图尔里佛贬值：

——抬高金币或银币的法定价值； iii-413

——改铸新币，减低成色，面值不变；

——降低辅币的官价，例如使一枚辅币的价值从 3 德尼埃削减到 2 德尼埃(1668 年)。

图尔里佛不断在继续贬值。第 994 页弗兰克·斯普纳的图表把贬值的结果摆在我们的面前，图表仅记录了 1450 年后的情形，如果把图尔里佛 1258 年的价值定作 100，它的价值指数在 1360 年仅为 53，1465 年为 36，1561 年为 11。通货膨胀从没有停止过。

里佛的价值只是在 1726 年才稳定下来，当时的里佛又与白银重新挂钩(每马克白银等于 54 里佛)。卡洛纳于 1785 年调整金银的比价(从 1 比 14.5[554] 改为 1 比 15.5)，巩固了以上的改革成果。经过大革命时期的货币风暴后，1803 年 4 月 7 日创设的芽月法郎取代了旧制度留下的这些价值尺度。币值终于恢复稳定，并持续了一个多世纪，直到 1928 年 6 月 25 日法决定改行庞加莱法郎，又名“四苏法郎”，因其价值为芽月法郎的五分之一。但这次变化又使法郎与黄金相联系，而与白银脱钩，法国从此便确立了金本位的单一货币体系。

大家都知道，实行金本位是为挽救法郎的稳定作出的最后一次尝试。但过后不久，通货又我行我素地膨胀起来，在 1945 年后，更如脱缰之马，不受任何约束。

我们应该强调指出，近 50 年来我国发生的这种通货膨胀与法国以往几个世纪期间的通货膨胀不可同日而语。我想回过头来再谈昔日的通货膨胀。

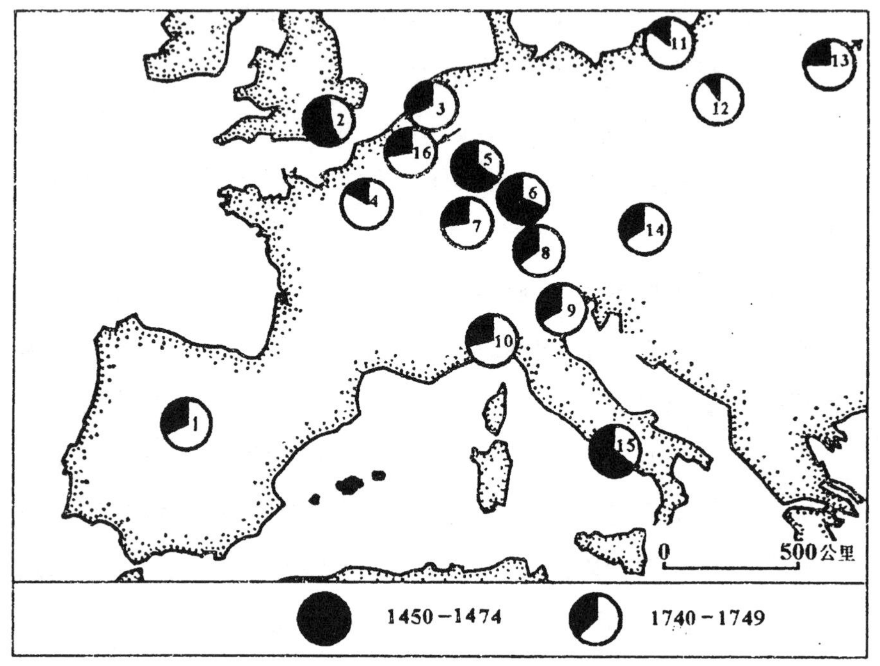

货币贬值在欧洲各地是普遍现象

（参见《剑桥欧洲经济史》，第 4 卷，1967 年版）

1. 新卡斯蒂利亚；2. 英格兰；3. 荷兰；4. 法国；5. 法兰克福；6. 维尔茨堡；7. 阿尔萨斯；8. 奥格斯堡；9. 威尼斯；10. 热那亚；11. 但泽；12. 波兰；13. 莫斯科；14. 奥地利；15. 那不勒斯；16. 哈布斯堡王朝的尼德兰。

为了弄明白两种通货膨胀之间的区别，必须简要地先下几个必要的定义。我在上文使用了“货币运动”一词，它其实也包括着
iii-414 扩展货币经济的一般含义。说得更清楚一点，货币运动其实是要扩大货币为贸易活动的服务：

——无论实行金本位制、银本位制或金银复本位制（例如在1726年、1785年或1803年），货币都为贸易活动提供一个尽可能固定的参数和尺度；

——使所谓市场经济的正常运行成为可能；

——为贸易活动充当价值储备；

——使信贷体制得以建立，信贷大体上可被认为是货币的助手。

然而，旧货币制度程度不同地满足以上四方面的要求。 iii-415

它使包括汇票和证券在内的信贷业务得以展开：汇票长期必须用黄金支付；里昂交易会的“马克埃居”与当今的美元一样到处通行[555]。

旧货币制度自动提供保值服务，即储蓄，因为在交换和支付的洪流中，货币不断在人们之间转手。如果我抓到了货币，并把它关进我的保险箱，在我重新取出的那天，作为贵金属的货币并不会改变价值。今天，为保证不受通货膨胀的影响，人们买进金拿破仑等旧金币或者金条，但这些已属于商品；此外还有土地、房产、宝石、画作、艺术品等等。所有这些保护手段在1789年前也业已存在，且不说以金银器皿形式出现的贵金属。昂热·古达尔说：“在目前〔1756年〕的法国，金银首饰和盘盏的价值当在30亿以上。”[556] 我不能保证这个数字完全可靠，但以这种方式积聚财富的事实却是肯定无疑的。我国早期的统计学家之一迪潘男爵[557] 根据1818至1829年的官方记录明确指出：“人们可以相信，法国家庭每年增添的金银首饰和盘盏约达2000万法郎。”但重要的是，无论在1914年前或在1789年前，法国的货币体制都具有自动的保值功能，它向愿意储蓄的人直接提供金币和银币，不必进行转换。当然，自从法兰西银行切实有效的政策使法国人对纸币的价值变得放心以后，袜筒里就会既装铸币又装纸币。但铸币在长达几个世纪之久的期间内发挥了它们的作用。佩里戈尔历史学会[558] 在一份报告中称："在 1420 年的利摩日，6 个世纪以前制造的铸币，即于公元 817 年制造的印有宽厚者路易头像的铸币，仍然比比皆是。人们
iii-416 同时还可见到以查理大帝、厄德、阿基坦的丕平的名义发行的其他铸币，这些金属货币的铸造时间约在公元 752 年和 890 年之间。人们知道，在这些国王死后很长时间，印着他们头像的铸币仍在继续制造；尽管如此，以上的事实毕竟令人感到好奇。"另有一些细小的事实也值得注意，但它们不如前面的事实那么突出，但丝毫不容人们忽视："在 1892 年，下诺曼底的农民在交易会出售牲畜时只用'皮斯托尔'或'皮斯托尔半开'定价〔以上两种金币在路易十四时代流通〕；布列塔尼的农民则往往用里亚尔开价，这是西班牙贸易留下的残余。"[559]

新旧金属货币都为交换进行了周到的服务。虽说分量很重，运输不便，它们仍在法国和欧洲各地混杂流通。每次面对一笔账款，我们都不免感到惊讶。贝纳尔堡（位于今日的萨尔特省）盐仓的税官于 1670 年把 7173 里佛 2 苏的一笔税款用车辆运送拉瓦勒。为了凑成这个数目，他不得不把 86 枚每枚价值 12 里佛的金路易，86 枚每枚价值 110 苏的金路易，12 枚每枚价值 4 里佛 5 苏 10 德尼埃的西班牙皮斯托尔，8 枚每枚价值 5 里佛 13 苏 9 德尼埃的金埃居，再加上价值 1000 里佛的若干银路易和价值 450 里佛的"十二开金洋"……装进一个口袋。[560] 人们由此不难明白记账货币

不可或缺的作用。人们也可以理解塞巴斯蒂埃-迈尔西埃于1788年何以对在维维阿讷街所见的景象如此沮丧。每月10日和20日，在这条商业街上交付现金的数量之多，竟使大批收账员被他们的银箱压得弯腰曲背。今天的人见此情景，会说这是拦路抢劫的极好机会！铸币显然难以搬动，但商人和批发商可通过纸币和汇票，利用交易会或储蓄银行神奇的冲账手段，避免部分困难。[561]

总之，不论保值与否，旧货币体制直到1914年为止始终在法国经济中起着主导的作用，它之所以得以持久存在，仅仅因为它能 iii-417
适应我国经济的要求，符合我国经济的节拍。为此，我先验地断定，甚至在1726年稳定币制以前，货币制度并没有带来灾害。

可是，尽管采取了各种谨慎措施，旧货币体制仍然制造并局部保持了长时期的通货膨胀。我们对此又该作何解释？能否认为通货膨胀以及图尔里佛的不断贬值是万恶之源？或者是否应该认为，通货膨胀与其说是原因，不如说是现象？只要查阅第996页的地图，你就会发现通货膨胀是欧洲的普遍现象；例外在这里恰好证实规律：货币只是依靠本国经济的活力才得以稳定币值。佛罗伦萨、热那亚、威尼斯以及后来的阿姆斯特丹都属于这种情况，伦敦在这方面更是突出的事例。1726年后我国币值的稳定是18世纪法国经济健康发展的成果，正如1929年芽月法郎的取消反映着法国为取得大战的胜利付出了高昂的代价，致使战后经济复苏乏力。此外，即使“光荣的三十年”也未能使法国恢复金本位制。通货膨胀其实是发展经济的一种手段，一种多少经过思索的选择。R.赛迪约说得好：“自从高卢演变成法兰西以后，货币往往被用于军费开支，但一个国家要形成，也就难免花钱打仗。”[562]

货币还能派许多其他的用场,掌管许多其他的事务。人们对安都纳·巴纳夫(1761—1793 年)的高瞻远瞩也许作了过高的评价。不过,吉伦特派的这位著名人物确实是看得很远。他认为政治制度的要害在于如何使用本国的财富。而财富的作用方式又与该国的地理位置——“内陆”国家或“海洋”国家——产生的各种后果有着紧密的联系。特雷昂·斯托瓦诺维奇指出,大革命初期,由于法国基本上以农立国,法国的货币仍与土地相结合,因而流通缓
iii-418 慢,障碍层出不穷,漩涡、沼泽和坑洼随时可见,难道他说得不对吗?英国的货币则不然,它与贸易,与“海上霸权”相联系,因而机动、灵活,能够加快流通速度,并促使经济在现代化的道路上走得比法国更远,甚至推动现代资本主义的诞生。[563]

因为,问题的要害正在于未来的资本主义。在这里,我们必须再一次对法国和英国作个比较。早在伊丽莎白女王的治下,英国还远不是称霸欧洲的强国,为什么它却能稳定英镑的币值?可能回答这个问题的唯一解释,无疑是货币在英国比在法国使用更早,流通范围更广。费尔斯勃朗和霍普金斯认为,在 16 世纪上半叶,领取货币工资(不再是实物工资)的人已占英国居民的三分之一[564]。在法国,尽管 16 世纪巴黎的小民以及图卢兹四郊的菘蓝生产者领取货币报酬[565],但我觉得工资制在我国不如英国那么广为发展。英国为什么在这方面居领先地位?英国最初不是被迫为改变经年积弱的状况而奋斗吗?保尔·亚当强调指出,英国与法国的争斗,英格兰银行的银行券的强制流通,建立旨在实行大生产的工业,所有这些考验都势必加快英国的工业化进程。保尔·亚当说得不错,可是,英国国土逼仄,因而比我国更早为建立真正的

民族经济而增加国内的经济联系。

纵 向 兑 换

货币体系既然就如上述所说，为什么资本主义不投其所好，顺便从中取利？当然，资本主义的前途有赖于纸币的使用、扩散和统 iii-419 治，虽说纸币是货币的象征符号。尽管资本主义是个具有可塑性、可变性和适应性的过程，但它却并不像熔化的蜡液一样在任何模具中浇注。正因为如此，资本主义同时把金属货币和纸币掌握在手。

一枚铸币的真实购买力和商品价值不一定与其法定价值相吻合。你用一枚银埃居在市场所购得的东西总比等价铜币所购得的更多些；铜币的面值不等于真实价值，它在朝夕之间可能丧失其部分的法定价值。我们已经说过，这正是里佛贬值的动因之一。达让松男爵于 1738 年 8 月说："二苏铜币今天早晨突然跌价，跌幅达 2 里亚尔〔每苏等于 4 里亚尔〕，占面值的四分之一，贬值严重。"[566] 用胡塞·让蒂·达西尔瓦的说法，铸币之间确实始终存在着一种"纵向兑换"，这个用语虽然容易产生词意不清，但仍不失为一个恰当的说法，它表明硬通货与软通货之间有着一种可变的交换关系，变化而且始终有利于硬通货[567]。

对商人、富人甚至对国家来说[568]，聪明的办法通常是把自己从租户、佃户、小纳税人那里收进的"黑币"首先用于偿债，或者简单地按老规矩办事，强制债权人同意用铜币偿还部分债款。这项旧例于 1780 年被内克尔所废止，但在大革命期间得以恢复，1803 年以设置芽月法郎为内容的币制改革仍规定债款的四十分之一用

“黑币”支付。出任财政大臣的莫利安于1810年彻底废除这种做法时解释说，如果在100法郎的应付款中，人们收到“98法郎的银币和2法郎的黑币，而后者的实际价值不到1法郎”[569]，人们因此一项便损失1%；人们也就不难懂得，为什么“精明的人挑选良币，
iii-420 而让劣币留在百姓手里”[570]。里昂银行家在16世纪推行的政策万变不离其宗，就是力图实行“对金埃居的垄断”。一些经纪人为他们在里昂四出奔走，甚至去客店纠缠旅客，征集金埃居。[571]一名佃户为推迟偿还借款，于1645年写信向债权人致歉；他手头仅剩一些德尼埃，“担心不宜用于偿付”，他答应过几天从圣贝尔托缪交易会回来后，“将有上好的白银给您送去”[572]，这位债权人后来收到的果真是上好的银币。

黑币就这样被不断抛向下层经济，并如我前面说过的那样，无比迅速地进行流通，而受富人青睐的良币则滞留原地，它们的命运是装进保险箱里，过几星期、几月或几年以后，再派正当的用场。

良币向经济高层的上升从来是一种持久的运动。让蒂·达西尔瓦认为，这种剥夺方式是现代资本主义的“出发点”和根源，无论在法国或者在外国都莫不如此。[573]

此外还有黄金和白银的兑换，这个问题更加微妙。对消息极其灵通的大商人来说，通用什么货币似乎并不重要。他们甚至对1726年稳定里佛币值的措施也并不看得很重。就个人而言，他们超脱了这方面的困难。他们明白，顺手抓住良币，毕竟是件相当容易办到的事。加斯贡在谈到里昂银行家收集金埃居一事时，已向我们解释了这个问题。专攻马赛史的历史学家卡

里埃尔曾站在 17 世纪马赛批发商的立场上，向我们不止一次地陈述了收购皮阿斯特银币对发展东地中海贸易的好处。圣马洛商人在 18 世纪初从事美洲白银的投机。从 1720 年到 1750 年，圣马洛大商人马贡家族又盯住了中国的黄金：用白银在中国换 iii-421
取黄金，稳能谋得暴利，因为中国银价极高。在 18 世纪末，于 1794 年终将被送上断头台的宫廷银行家让-约瑟夫·德·拉博特则像许多其他银行家一样，炒买炒卖西班牙白银和来自巴西的葡萄牙黄金。

这些都属于初级的兑换活动，对此我可以表示同意，但从事这些活动的人要有一定的地位和实力，就是说，要置身于经济的高层。胡塞·让蒂·达西尔瓦的解释仍然至关重要。“纵向兑换”只是吸收储蓄的形式之一，但缺少这种由剩余劳动积储起来的资金，资本主义将不能存在。第二帝国和第三共和国期间，通过向公众发行股份有限公司的股票，银行的活动说到底难道不正是上下之间的一种纵向兑换吗？公司的董事会可任意支配公众投入的资金。乔治·杜歇纳于 1869 年揭示了这一事实真相；接着，利捷斯于 1911 和 1912 年又大肆谴责银行劫掠公众小笔储蓄的罪恶行径[574]。纵向兑换的形式可能多种多样，但其实质却始终相同。

纸币慢慢才露头

纸币的出现并不改变一切，既不使形势恶化，又不使局面急转直下。纸币其实由来已久。作为铸币的替身或代用物，它经历一个缓慢的，但又是十分简单的发展过程：书写几行文字，再加一两个签名，事情就能办成。不懂个中奥妙的人不可胜数，他们把货币视为荒诞不经的鬼蜮伎俩。在其他人的眼里，纸币则是一个诀窍，一项奇迹，一种简捷便易的手段。可以肯定，它是正在形成或业已形成的现代经济的体现，并且仅次于交换的最高一层。但这一现代化进程在平凡的生活中进展并不顺利；只有商人和细心的观察家才有所察觉。例如《摄政报》的主笔[575]，出身低微的让·比瓦密
iii-422 切注视着约翰·劳制度的曲折发展，这里面确实大有东西好学！他于1720年4月指出：“人们一般所说的信用，是指一个人或几个人作出的书面或口头承诺，这种承诺可充当货币使用……例如，世界上的大宗贸易每天都仅仅使用纸币进行。商人并不专门派人派船携带金属货币前往他们拥有信贷的地点。他们单凭纸券不仅能够借到他们所需的款项，而且还可以用船运走王国所需的各种食品……因此，人们想在法国使用纸币〔即后来实行的约翰·劳制度〕，不过是用公共信用确认银行家个人每天通过私人信用所作出的承诺。”这番话说来倒也言之成理。

不过，记名期票、公司股票、城市债券并不把大量纸券抛向市场。国家更加放手地参与其事。国家很早就发行了财政证券：早在1522年，巴黎市政厅发行的年金债券保证按期付息，即我们今天所说的息票。这些财政证券是否如我们所想，可被视为真正的货币呢？伊萨克·品托[576]于1771年赞同这一见解，但他有点犹豫，拐弯抹角地作了以下的说明：“财政证券尽管在某些方面与货币十分相似，但它并不完全等于是货币，发行财政证券能使通货增加。证券成为像土地和房屋一样的资产，其优点是不必进行耕耘和维修；最大的好处是它能促进货币的流通，而且纸券的流通比金

属货币更快，正因为如此，人们可在一定意义上和部分地把它当作金钱，它并且还往往行使现金的职能。在伦敦市场上，人们在 24 小时内就能把 10 万英镑的年金换成现钱。”

但这种兑换只有通过交易所的途径方可进行，而巴黎交易所于 1724 年枫丹白露敕令发布前尚未真正存在。在这以前，市政厅 iii-423
的年金债券“不但不能进入商业交换”，却要经过艰苦而缓慢的讨价还价，最后在公证人面前立据转让，建立公证文书自然不是免费的。然而，在路易十六即位后，交易所活动有所发展，投机渐趋盛行，像在阿姆斯特丹或在伦敦一样，做多头和做空头的证券投机变得十分活跃，成交额已不在小数。政府和不止一名观察家对此深感忧虑。在 1789 年，《巴黎日报》和《公报》每天都辟专栏刊登交易所的证券牌价：印度公司的股票，王国公债券，贴现银行的债券，巴黎市政厅的债券等等。在大革命初期，形形色色的债券价值 80 亿里佛，为数十分可观，相当于国民生产总值的两倍，等于金属货币流通总量的四倍。[577]

在这笔债券中，国王的债券竟高达 30 亿里佛，从而导致了旧制度的灭亡。可是，经济史对为什么会造成这个结局觉得很难理解：因为根据目前的规律，国债只要不超过国民生产总值的两倍，仍不是迫在眉睫的危险。国王的债务既然只在 30 亿上下，他理应能够找到脱身之路。不过，当今的规律是否对过去适用？人们对卡洛纳[578] 大张挞伐，说他把法兰西航船引入歧途，而卡洛纳此人才智横溢，是位敢作敢为的经济学家，有人甚至称他像是现代的凯恩斯。但在当时，他怎么可能准确地把握航船的方向呢？

纸币的历史首先是银行券的历史，银行券只是由建立于 1800

年的法兰西银行印行时，才得此名称。在1800年正式得名前，银行券仅是一张“纸券”而已，并且长期被排斥在日常的交换之外。它是一种典型的应急手段，而且是政府在财政窘迫时采用的一种拙劣的权宜之计。路易十四政府于1701年后被迫出此下策：发行
iii-424 的纸券以惊人的速度贬值，它们成为不值一文的废纸，进入商人的钱袋（使商人不知如何处理为好），或者落在王国的高利贷者和投机者的手里。巴黎警察总监达让松男爵的书信揭示了许多欺诈和欺骗行径，证明纸券的普通持有人竟是何等的天真和无可奈何。他们委托中间人把纸券换取白银，兑换率再低也在所不惜，而中间人却干脆把还款的事置诸脑后。这在巴黎是如此，在里昂也同样如此。法国大规模发行纸币的第一次尝试没有取得好结果。顺便请看大约写于1706年的一份回忆录，读来倒也不乏兴趣：“必须像培育娇弱的植物那样，在法国扶持纸券。”

下一次尝试，约翰·劳的尝试，是在普遍改革税制及其征收措施的范围内展开的，最初还能平稳和有效地进行。后来，机器超速运转，出现卡壳，终于闹成一场不可收拾的灾祸。路易十四的债务居然化为乌有，人们几乎将为此拍手叫好。但约翰·劳的纸币留下了令人痛心疾首的回忆，它像一个阴魂不散的幽灵，始终笼罩在银行制度之上。下面的一首打油诗反映着人们的愤懑心情：

一埃居就是一埃居，
一张银行券就是一张银行券；
埃居是一枚金币，
银行券是张擦屁股纸。[579]

听说有一句谚语，说法国人遇事总爱发牢骚，怪话说过，也

就不再唠叨；我以为这句谚语在这里并不适用，因为“1718—1720年通货膨胀的电击”[580]对法国银行事业的落后起了持久的作用。“贴现金库”于1776年悄然成立，避免使用“银行”一词，它所发行的大面值纸券专供大宗贸易和投机使用，而与一般百姓没有多少牵连。人们能否设想，法国大革命时期发行的“指券”和“国土票”将比约翰·劳制度的命运略为好些？指券于
1790年经制宪议会同意发行时，在议会内部已遇到激烈的反 iii-425
对，几个月后，当议会决定实行强制流通时，指券在其持有人手中已成为真正的银行券。人们在集市或交易会上很快只能用金属货币购买谷物或牲畜。指券的价值一落千丈。共和四年雪月十五日，43至44里佛的铸币在尚贝里可换1万里佛的指券。一位老人在1838年回忆起1797年的情形：“一笔3万里佛的收益
刚够买一双靴子。”[581]这与德国魏玛政府1923年的窘况几乎同 iii-426
出一辙，只是有程度的差异而已。

如前所说，银行券真正进入法国的生活要等到法兰西银行成立以后；法兰西银行于1800年取得特权，可在巴黎地区发行银行券，为期15年。地方银行在外省也发行银行券，仅在发行银行所属的省区流通。可是，由于巴黎的银行券可被外省接受，而各省的银行券在巴黎却不能通行，于是便根据出入首都的款项多少，在两种银行券之间确定兑换率。实际上，法兰西银行的基本业务就是进行贴现。每次贴现都把银行券投入到商业流通中去，银行券随时可兑换现金。但银行仅仅发行面值500法郎以上的大票，银行券因而几乎完全只为大商业服务，这项谨慎措施显然可保万无一

失。[582]

1820 至 1895 年间银行券和金属货币在货币总量中所占的百分比

	货币总量				
	合计 （10 亿法郎） K	铸币 （%） L	纸币 （%） M	储蓄 （%） N	合计 （%） O
1820—1824……	2.30	80.1	8.5	11.4	100.0
1825—1829……	2.56	80.6	7.9	11.5	100.0
1830—1834……	2.86	81.0	8.1	10.9	100.0
1835—1839……	3.27	81.4	7.6	11.0	100.0
1840—1844……	3.49	80.7	8.6	10.7	100.0
1845—1849……	3.83	79.7	9.8	10.5	100.0
1850—1854……	4.58	77.2	12.6	10.2	100.0
1855—1859……	5.49	77.6	12.4	10.0	100.0
1860—1864……	6.24	76.2	12.3	11.5	100.0
1865—1869……	7.23	70.8	14.8	14.4	100.0
1870—1874……	7.30	53.0	32.6	14.4	100.0
1875—1879……	8.02	53.1	28.8	18.1	100.0
1880—1884……	9.02	52.7	29.0	18.3	100.0
1885—1889……	9.24	49.1	28.7	22.2	100.0
1890—1894……	9.48	41.2	32.1	26.7	100.0

（参见费·布罗代尔和厄·拉布鲁斯:《法国经济和社会史》第三卷，第 1 编，1976 年版。）

值得注意的是，必须等到 1848 年的二月革命，以上的格局才开始被打破，这是银行的行长、副行长和经理们所意料不到的。地方银行当时被并入法兰西银行，后者的业务从此扩展到全国各地。面值为 50 法郎的银行券使法兰西银行向小商人靠拢，尽管一般百姓仍然顾虑重重。1848 至 1852 年间推行的银行券法定价没有遇到任何重大的抵制，有利于银行券的进一步推广。

参看以上的图表，人们仍会发现，银行券的进展相当缓慢。信贷活动主要由地方的放款人，特别是由公证人零敲碎打地在进行。只是从1860年开始，当银行的分支机构开办并扩大储蓄业务时，信贷才得以加速发展。尽管直到第一次世界大战结束后不久[583]，iii-427 金属货币在货币流通中仍占极其重要的地位，法兰西银行对它经管的银行券已能得心应手地运用自如，银行券也已成为信贷和交换的日常工具。无论如何，正是银行券逐渐排斥了汇票。我们现在就要费点篇幅，再谈汇票的问题。

汇票的作用

前面的叙述为我们扫清了道路。我想说的是，在图尔里佛、银行券等主角登台表演以后，现在该轮到另一个更重要的主角上场了；汇票出现较早，牵涉许多问题，便于我们阐明12至19世纪欧洲经济的全部历史。随着历史研究的发展，提出的问题几乎在成倍增加。一个问题才刚得到解决，另一个问题又冒了出来，真可谓层出不穷。人们原本以为，在安德烈·赛约、雷蒙·德·罗佛尔和朱利奥·曼迪什以后，有关汇票的话该说的都已经说完。可是，一些年轻的经济学家又写了一部新著，目前尚未出版，题名为《私有货币与君主政权》；该书提出了几个问题，作出了几个出色的回答，同时又让人在读完书后觉得，还有其他的问题自动出现，因为论述的时间只到16世纪为止。

汇票是“一张飞行票证”，与现今的钞票差不多大小。翻开诸如经商入门之类的教科书，你当可得知汇票的书写格式，这种千篇一律的格式几百年来从不变化，等因奉此这类套话无不是原文照抄。今天见到一张汇票，就可想象出成千上万张其他汇票，我们在档案馆里保存的汇票数以万计。

签发一张汇票实际上是把一笔款项从一个商埠寄往另一商埠
iii-428 或交易会所在地，用另一种货币兑付：从里昂发往坎波城的汇票用里昂的汇兑货币马克埃居汇出，再按坎波城的汇率折换成当地的记账货币马拉维迪；如果汇票发往安特卫普，抵达后将按格鲁斯里佛计算……不难理解，汇票活动至少应有四人参加。这四个人在商业行话中都有固定的或不固定的名称。但这些名称并不重要。值得研究的倒是汇兑的操作以及必须有四人参与其事。我且试举一个极其简单的例子加以说明。

在1945年，从法国向意大利汇款相当困难，虽然并非绝无可能。当时巴黎就有一个人们颇为熟悉的代办机构，你把一笔法郎交给它，它在威尼斯、热那亚或罗马的同行就把等价的里拉付给你所指定的人。在这个例子中，我已经涉及两名中间人，一人在巴黎，另一人在威尼斯，他们之间必定互相完全信任。再加上用法郎汇款的那个法国人。他换得一纸收据，寄往威尼斯，由他所选定的人支取等价的里拉，手续费应予扣除。汇兑可见就有四个人经手。如果我前往威尼斯旅行，在威尼斯领取自己在巴黎汇出的款项，我就身兼二任，可被算作两人，到头来还是四个人。

在上面这个不值一文的例子里。其实可以看出两位同行之间有一条结算的渠道，而在两端的顾客自己却没有这样的渠道。最后，在巴黎取得的收据，匆促拟就的票证，不论属“飞行票证”与否，都是神圣的汇票的变相等价物。

我们现在再作几项补充说明：

1. 在1945年巴黎往威尼斯汇款的以上例子里，显然也可以从威尼斯朝巴黎的方向汇钱：从一个城市向另一个城市寄出汇票 iii-429
称作“发汇”，而从外地返回的汇票又名“收汇”。这正是让·特朗尚在其《算术原理》一书中所持的见解，他说，汇兑就是“在一个城市取款，然后在另一个城市偿还，或者相反在一地付款，再在另一地收回”[584]。

2. 有着贸易往来的商埠或交易会城市往往不在同一个国家，不属同一个货币体系。可是，也有一些名不副实的“汇票”在同一个国家的内部流通，例如里昂自16世纪起向巴黎、鲁昂、图尔、南特、波尔多、拉罗歇尔、马赛等地签发的汇票。在两种情况下，寄发地和接收地之间的地点差异结果造成了交换价值的不同。汇票按汇款比例收费，我们可称之为利息，但百分比随行就市，经常有所变化。汇款存在着不可靠的因素，即所谓“风险”，正因为如此，把有息借贷视为高利贷而予以禁止的教会却接受汇票，并为汇票洗刷高利贷的罪恶。这一让步无疑为资本主义开放了门户，但教会的收益分散在欧洲各地，它也遇到与商人同样的问题。顺便指出，教会准许使用汇票有一个前提，即确实有一笔款项从一地转往另一地。

3. 至于汇票的四位当事人，他们必定是银行家、批发商以及货物或钱币交易商。汇票并不是会写字的随便什么人都能签发的。只有少数专家才懂这门技术。孔狄亚克说，“在各大商业城市，对一名商人最好的恭维是称他熟悉汇兑业务”[585]。“熟悉”这项业务的困难显然在于藏在汇票背后的币值变化。单是签发汇票自然十分简单。除填写必备项目(地点、人名以及用所需货币写明 iii-430 汇款数额)外,只要照搬等因奉此这套千篇一律的程式就够了。当然,汇票必须自己亲笔书写,作为额外的谨慎措施,你的字体和笔迹早已交到了汇兑受理人的手里。

4. 汇票逐渐改变了性质,扩大了职能。从 16 世纪开始,商人试图把汇票当作一种有价证券使用,但背书的方式尚需很长时间才得以推广。相反,很早以前,发往一个商埠的汇票,在事先取得同意的条件下,去一个或几个别的商埠转过一圈后,可能又重新回到原主那里,这种所谓“连锁契约”,被宗教当局视为违背规则而禁止使用。连锁契约于 16 世纪已在意大利实行,但在里昂也并非完全见不到,当地人称之为“反签”或“转汇”。朱利奥·曼迪什曾指出有一张汇票就这样被寄来寄去,历时达 6 年之久!我个人也曾发现菲利普二世于 1590 年向富格尔家族签发的一张汇票,其清账日期竟一直拖到 1596 年。在两种情况下,汇兑都是有息借贷的一种形式,只是人们不直呼其名而已。反签汇票有时甚至可以作弊或至少制造假象,即我们法国人所说的搞“空头汇票”。不论它纯属投机或者充当信贷工具,反签汇票需要在判明真伪、选定路线等方面拥有专门的技巧,内行自然比外行占更多的便宜。原在佩勒戈银行当职员的雅克·拉斐特于 1808 年老板去世后接任其职,他声称对前任一无所知的这些业务十分熟悉。[586]

还要指出的最后一次变化,无疑是 1884 年 6 月 7 日法[587] 的实施,准许“在付汇商埠签发汇票,借以确认现实状况”;当时,与银行券相比,特别是与支票相比(支票自 1865 年起已从英国引入法国),汇票几乎已丧失其重要地位。在以上法律实施后,关于汇兑

收发地必须不在同一城市的规定已经取消。

汇票是否促进了欧洲内部的联系 iii-431

汇票“自身的”历史曾是历史学家的中心研究课题之一。但我们这里所关心的问题却是汇票的外在关系，即汇票对资本主义的成长以及对早期欧洲经济的成长所起的作用。

为了从内部转到外部，最好的办法无疑是先举一个例子。我这次走出六边形的国土，介绍卡斯蒂利亚的一位商人，关于他的经历，我从头到尾都熟悉。西蒙·吕兹是坎波城的一名商人，他的所有信件至今得以保存。他一生曾做过各种生意，到 1590 年后，时近晚年，便在坎波城和佛罗伦萨之间专门从事汇票投机。正是利用这些汇票往来（从坎波到佛罗伦萨为“发汇”，反之为“收汇”），他使自己的资本增值。汇兑可见已不再像最初的时候那样，仅是资金的简单转移。

西蒙·吕兹刚向坎波城的一位羊毛商人买进一张在佛罗伦萨兑现的汇票，这位羊毛商因此得以动用他的羊毛货款；羊毛货包通常装船从阿利坎特经里窝那运抵佛罗伦萨，但出售后应得的货款却不能立即收到，而要拖欠很长时间，除运输时间外，一张佛罗伦萨的汇票需等 3 个月才能兑现。羊毛商把汇票卖给西蒙·吕兹，就能提前支取应得的货款，这位商人信誉卓著，又是他的同乡，因而绝对可以信任。巴塔扎尔·苏亚雷兹收到汇票并领取汇款后，又在当地买进另一张汇票，由西蒙·吕兹在坎波城兑现取款。在寄出汇票过后 6 个月；西蒙·吕兹就可收回本金，另加通常为 5% 的利润。这项活动每年进行两次，收益可达 10%。[588]

iii-432 既然资金转移不收佣金和息金，汇兑的利润又从何而来？根据不同的时间，随着汇票本身的变化，汇兑利润有几个不同的来源。

《私有货币与君主政权》一书的作者们指出，直到16世纪为止，汇票使用者仅能谋得微薄的利润，但这是不谋自得的利润。他们为此提供了令人信服的论证，说明为什么凡用外国货币（“不定值”）为本国记账货币（“定值”）标价的商埠——例如在里昂，公布马克埃居兑换热那亚埃居的牌价，它们提供的汇率总是高于用不定值的外国货币折算本国货币的商埠（例如在热那亚，用马克埃居折算热那亚埃居，但其汇率与里昂的汇率不同，这正是问题的症结所在）。有关的解释几乎占全书的一半篇幅，涉及每个国家中真实货币的市价体系及其法定价值和固有价值的关系。读者自可参阅原书。尤其重要的是，这种自动获利的机制建立在欧洲各商埠以一个交易会城市为中心的等级化组织的基础之上，交易会的中心城市（首先是里昂交易会，接着是贝桑松交易会）起着乐队指挥的作用。每个欧洲商埠分别扮演各自的角色，在交易会的中心城市公布定值货币或不定值货币的牌价后，有利可图的汇兑路线就自动形成。结果，不论当时的经济形势如何，16世纪的“汇兑商就能在两地的一次往返中稳得转换收益”，虽说数额极其有限。在上面所举的例子中，里昂与热那亚之间一次交易的获利率为1.8％，一年四次即等于7.3％。[589]

汇兑机制的得以运行，无非因为汇票在当时——而且长期以来——是少数人的禁脔，为少数人所垄断。享有特权的意大利银行家“集团”，“组成一个几乎覆盖信奉基督教的整个拉丁欧洲的联

系网”，他们对需要使用汇兑的商人或君主政权，都独立开展业务。iii-433 在1577年货币改革后，这个体系迅速土崩瓦解。但在几十年间，易地汇兑以及让蒂·达西尔瓦所说的纵向汇兑却曾是发财致富的可靠手段。

此外还要加上汇兑的其他收益，它们不如上述的收益那么稳当，但在17和18世纪却不断发展。加利阿尼于1770年写道，在商业大国享有的特权中，我们还不要忘记“汇兑的收益；汇兑几乎始终对它们有利……商人出售货物有时似乎无利可得，但汇兑一项却给他们一份可观的收益”[590]。据萨瓦里的《商人大全》一书记载，在1710年前后，收益“有时为2%、3%至4%，有时则达10%至15%，视铸币的牌价升降，白银数量的余缺或上市汇票的多少而定”[591]。

当然，汇票仅仅反映着贸易盈亏或信贷需求所产生的国家之间的货币运动。例如，西蒙·吕兹突然对他进行的汇票交易感到失望。由于佛罗伦萨白银过多，他的伙伴只能高价收购发往坎波城的汇票。他写道：“由眼下的汇兑行情所决定，脱手白银要听对方开价。”为了保证有利可图，西蒙·吕兹别无良策，不得不转签在安特卫普或贝桑松兑现的汇票。[592] 相反，如果当地现金紧缺，而我为经商又急需资金，我就签发一张汇票，把它卖掉，过一年半载以后再行偿还。在此期间，买下汇票的汇兑商让汇票从一地转到他所选中的另一地，转一圈后再回到自己的手里，从而获取汇票逐站积累起来的利润。汇票的这些往返旅行，就是我们上面说到的“连锁契约”。可见，商人通过汇票就能向批发商、领主和王公提供有 iii-434 息贷款。

主要依靠汇兑交易会(也靠诸如威尼斯银行之类的储蓄银行),汇票还可充当转账工具,即意大利人所说的“票据见面”(riscontro),或者后来英国人所说的“划账”(clearing)。法兰西学士院于1985年希望用“冲账”一词(compensation)代替为今天的经济学家所常用的“划账”,但不主张恢复在法国早已废弃不用的“票据会面”(rescontre)。这个古字未被《里特累词典》收录,萨瓦里的《世界贸易辞典》也只说它用作动词。

冲账是交易会的主要职能。直到1539年,甚至直到1579年,里昂还是最大的交易会城市,大批汇票赶在一年四次到期兑付的时候,从四面八方汇集到这里。其实,这些汇票只是互相冲账,一笔债权抵销一项债务……里昂的历史学家克洛德·德·吕比(1533—1618)为百万债务在一个早晨就清理完毕,不必动用分文现金,深感钦佩。冲账另有一个更妙的作用,就是说,如果还有债务尚未结清,可以挪到下次交易会去解决,即所谓“留存”(这是一种信贷手段,每期交易会的利率为2.5%,年利率为10%)。到了17世纪,里昂已丧失了优越的国际地位,但“留存”业务仍继续开展,旨在吸收“闲散”资金。这正是里昂放款人牢牢抓住的资金来源之一,是他们获得可靠收益的来源之一。

到了这里,我们就能探讨本段小标题提出的关键问题,并且也有进行分析推断的一线希望。汇票究竟在什么时候和由于什么原因在西方出现?人们对此众说纷纭,但谁都并不确实知道。它可能于12世纪在意大利首先出现。也许是热那亚商人在地中海各地的商业活动中需要调动资金,或者是他们为发展欧洲各国间的贸易而要向香巴尼交易会输送资金。另一种假设似乎也有可能:

汇票是犹太人的发明，借以在千里之外收回他们流亡后丧失的财 iii-435
富。再说，汇票很早就在突尼斯(伊弗利加)至印度的伊斯兰商人之间流通，莫非它像纸张、棉花、甘蔗、火药一样，作为一种普遍的文化财富传到了西方。我曾多次主张采用这再后一种解释，但包括埃士顿在内的伊斯兰历史专家都毫不犹豫地表示反对，尽管没有提供切实的证据。不过，这个问题并不重要，我们所关心的还是汇票后来的发展。

毫无疑问，批发商和银行家利用汇票制造了一种货币，这种冒牌货币脱离君主政权的控制，超越欧洲各国的政治边界和货币势力范围，从而在各种各样的金属货币之上，建立起纯由商人主宰的一统天下，甚至长期在高利贷问题上跟商人寻事找碴的教会也奈何他们不得。至于君主，他们尽可以禁止现金外流，而汇票却不买君主的账。汇票终于造就了《私有货币与君主政权》一书作者所说的欧洲联合体，据我看，这种联合体具有在狭小的欧洲大陆很早(从香巴尼交易会那时起)已经建立起来的经济世界的全部特征。我觉得只有这样说方才言之成理，当然还应补充一个附加条件，就是对这个论断再作进一步的具体说明，甚至提出某些保留。

首先，在12世纪以前，基督教世界各地区之间势必业已存在着一般的交往关系。这些关系已使金属货币得以流通和转移，金属货币尽管十分笨重，而且受到极其严密的监视，它们毕竟不断在移动着。历史文献常有记载，说某个地方有多少外国铸币，这就是证据。汇票不但不取消现金的流转，相反只会使现金流转成倍增加。

可见，金属货币也为欧洲的内部联系创造了条件，尽管联系还不尽完美，这一功绩是随着货物和人员的交流而来的。

iii-436 汇票的优点，用形象一点的说法，就是它能凌空飞翔。它飞向交换大厦的顶层，必须集中的顶层，因为建立在三月一期的交易会基础之上的汇兑体系需要有一个能够安排票据交换的中心，从而使因成千次反复交换而过分膨胀的流通恢复秩序。弗朗索瓦·莫利安[593] 于 1810 年说："自从发明了所谓'发汇'和'收汇'这种美妙的通用货币以后。贸易已使比黄金和白银多 20 倍以上的实际财富进入了流通。"在这种情况下，必须采取一种化繁为简的措施，一种消除膨胀的措施。冲账制度就这样几乎自动地建立了起来。

难道冲账制度是个奇迹？批发商从事买卖活动，总是力求做到收支平衡，这种平衡必须经过一次全面的清账，才能有机会见诸天日。作为毋庸置疑的交易会中心城市，里昂在马克埃居充当记账货币的时期——马克埃居于 1533 年创立。于 1575 年被太阳埃居所取代，冲账是一种司空见惯的现象。里昂交易会的货物贸易自 1562 年开始衰落，但汇兑交易的繁荣却一直保持到 1575 年为止。[594] 这种滞后当然事出有因，香巴尼交易会的情形也同样如此，它于 1300 年左右已停止了货物贸易，但在汇兑方面却继续发挥作用，直到 1335 年为止。

随着里昂的黯然失色，必须出现另一个交易会中心。在 1579 年后，所谓贝桑松交易会在皮亚琴察建立，受热那亚商人的严格控制，正如里昂交易会曾受托斯卡纳商人的控制一样。热那亚的鸿运高照是一系列有利经济形势的天然后果，热那亚的汇兑商因此得以攫取天主教国王的大笔白银（这些白银在欧洲各地流通，特别
iii-437 在反叛西班牙的尼德兰），并且自 1557 年起，取代上德意志的富格

家族、韦尔瑟家族及其他大商人的地位，向天主教国王提供政治贷款，然而又代替安特卫普，充当欧洲的金融中心。事实上，战争于1569年切断了西班牙与北海的联系：大西洋的通道已被关闭，地中海乘机得利。为天主教国王运送银条和里亚尔银币的西班牙帆桨船不再驶往安特卫普，而是开到热那亚，后者再把白银转卖给从事东地中海贸易的佛罗伦萨和威尼斯的大客商。与此同时，热那亚又通过汇票向安特卫普提供黄金，用来向天主教国王的作战部队支付军饷。

于是在1558至1627年间，出现了热那亚的盛世，又称"热那亚时代"，为期不到一个世纪的四分之三。在此期间，圣乔治城和皮亚琴察交易会成为欧洲的商业中心，皮亚琴察距米兰约40公里，这里的交易会是由热那亚商人建立的。

我从史学同行那里曾得到许多有益的借鉴，他们认为在当时，由于热那亚商人的操纵，汇兑活动竟"一反常态"，不再与下层的商品流通渠道相联系，而完全依赖西班牙"政治"白银的输送。由于这种反常，皮亚琴察交易会——且不说热那亚——的日薄西山也就为时不远了。[595] 对于以上的见解，又该作何评论？

他们这些颇具创见的解释理应使我神往，但我觉得难以接受：事态是以另一种方式向前发展的。作为插在经济大厦顶上的一面旗帜，汇票要以现金——黄金和白银——和货物为后盾。热那亚是白银充斥的金融中心，但不是交易繁忙的商品集散地：商船为数不多，尽管拉古萨的货船为它服务；尤其，木材、谷物、布匹、各种纺织品和五金用品等大宗货物的运输为荷兰船所包揽；最后，西班牙和北海之间的白银运输迟早会取道大西洋航线。自1630年起，为

西班牙国王运输白银的差使交给了英国人，在1648年后，又交给

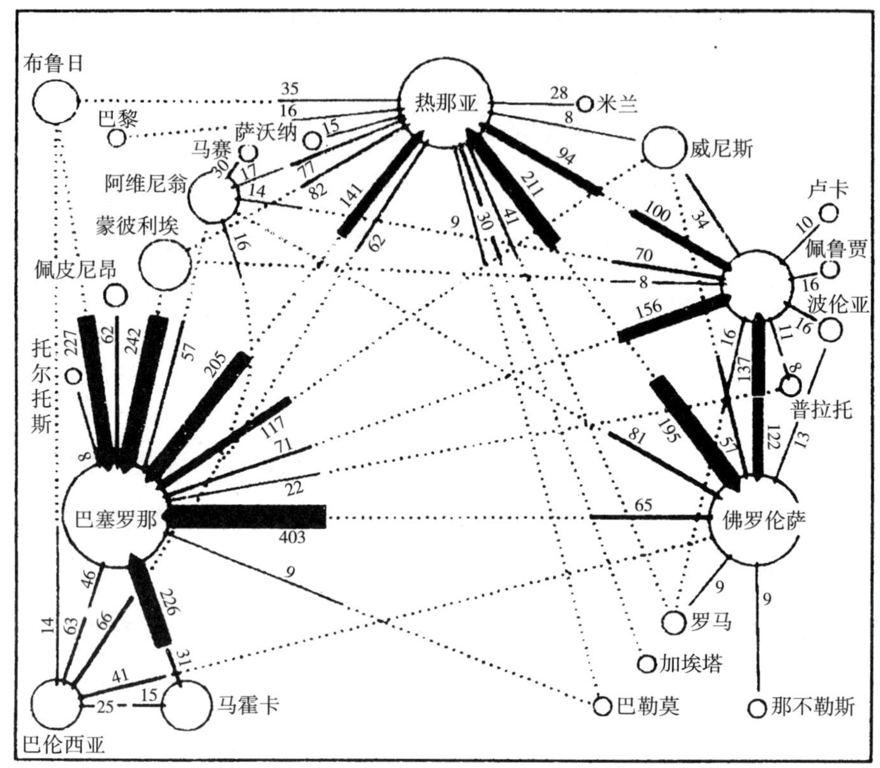

汇票的流通渠道(1385—1410 年)

带箭头的线条代表汇票的运动方向和数量。当两个城市之间有汇票往来时，汇兑次数列在接受汇票的商埠一旁。例如，马霍卡岛向巴塞罗那和巴伦西亚分别发出 226 张和 25 张汇票，又从这两个城市收到 31 张和 15 张汇票。

(雅克 · 贝尔坦制图。)

这第一张简图是对艾列娜 · 赛奇发掘的极其难得的原始资料所作的概括。艾列娜 · 赛奇提供了一位名叫弗朗西斯科 · 迪马可 · 达蒂尼的普拉托商人付诸流通的全部汇票的清单。这些汇票分别从三个基点出发：佛罗伦萨、热那亚和巴塞罗那(大家知道这三个城市在 14 世纪的重要地位)恰巧显示当时国际金融和国际贸易的地理布局：意大利，法国和西班牙的地中海沿岸，还有朝布鲁日和北方地区伸出的触角。

了荷兰人。为此而大惊小怪纯粹是多余的，须知在生意场上，从来只讲买卖的关系。尤其，一些犹太裔的葡萄牙金融家（不论他们是 iii-438 否真已改奉天主教）因得到奥利瓦雷斯大公的宽容，开始为西班牙效力。西班牙逐渐落入他们的罗网，就像法国后来落入新教徒银行家的罗网一样。我以为，热那亚时代的衰退正是由于以上这许 iii-439 多原因，而并非因为汇票的使用不当；更何况，热那亚时代的逝去并不意味着热那亚的惊人财富就此散失殆尽。

在这里，我们不得不回过头来，重新斟酌有关经济世界的解 iii-440 释，特别是有关正在欧洲建立的经济世界的解释；无论愿意与否，法国正不断被纳入到欧洲经济世界中去。我们已经说过经济世界是个独立的，仅限于地球一个局部的经济区域。它以一个城市为极点，这个极点在欧洲曾先后是威尼斯、安特卫普、热那亚、阿姆斯特丹和伦敦。但是，考虑到交易会中心的重要作用，建立在欧洲的经济世界便具有两个重心，一个是占统治地位的城市，另一个是交易会中心。这么一来，经济世界的概念便变得复杂起来，在香巴尼交易会的时代，热那亚已是“占统治地位的城市”，热那亚的钱币商在香巴尼交易会起着举足轻重的作用。在香巴尼交易会衰落后，威尼斯便与布鲁日的交易会和交易所相结合，上升到了首位，全靠里昂的帮助，安特卫普在里昂交易会上与佛罗伦萨平分秋色，尽管交易会主要受佛罗伦萨的操纵。当热那亚东山再起时，它把交易会的中心挪到离城市不远的皮亚琴察。但是，在阿姆斯特丹和伦敦先后成为欧洲的中心时，占统治地位的城市和交易会中心分设两地的情形便不复存在。阿姆斯特丹身兼二任，城市就是交易会和交易所的所在地。伦敦也同样如此，拥有建于 1571 年的交易所

以及建于 1780 年的票据交换所。

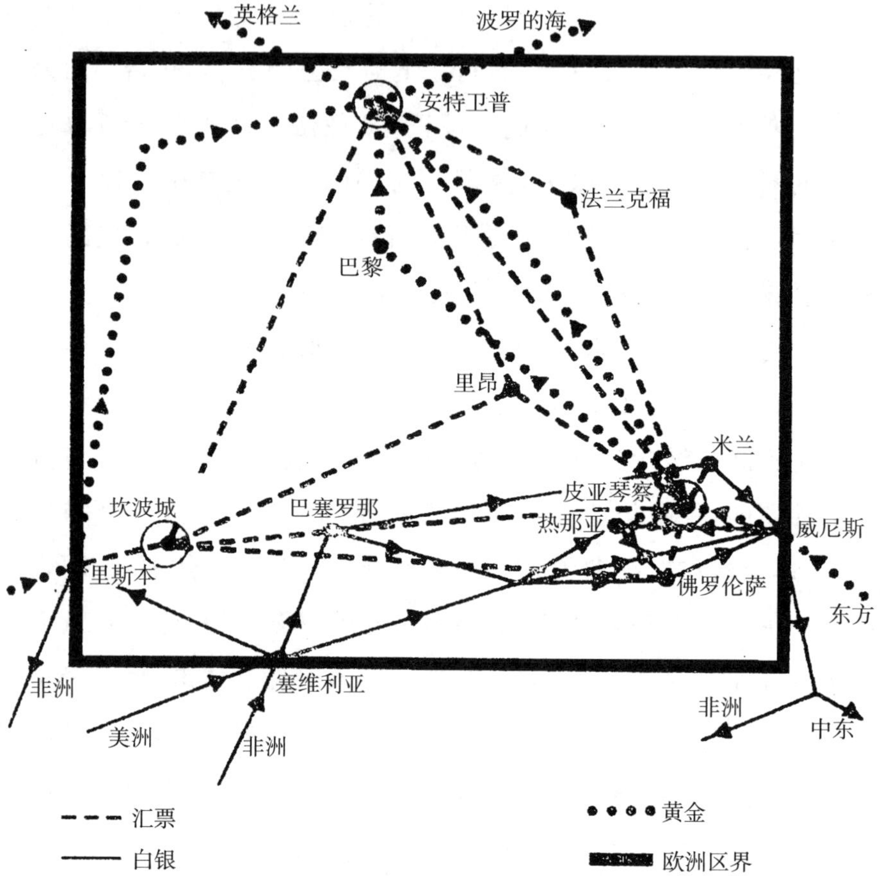

英格兰
波罗的海
安特卫普
法兰克福
巴黎
里昂
米兰
皮亚琴察
坎波城
巴塞罗那
热那亚
威尼斯
里斯本
佛罗伦萨
东方
塞维利亚
非洲
美洲
非洲
非洲
中东

汇票
白银
黄金
欧洲区界

汇票金三角以及世界的货币运动

（参见《私人货币与君主政权》）

第二张简图展示两个世纪后由热那亚银行家控制的汇兑网和货币运动（美洲的白银，东方的黄金）。皮亚琴察（贝桑松交易会）、安特卫普和坎波城位于三个基点的周围，欧洲联合体已朝东和朝北的方向大大扩展。

有关汇票及其产生的一系列问题至此是否都已谈到？当然没有。谓予不信，读者自可参看上面的两张简图。第一张简图的材
iii-441 料选自弗兰西斯科·迪马可·达蒂尼（14 世纪末至 15 世纪初）留

下的丰富档案。那不勒斯、罗马、佛罗伦萨、米兰、热那亚、威尼斯、巴塞罗那、蒙彼利埃、阿维尼翁、布鲁日是他收发汇票的起点和终点，我们由此可以清楚地看到当时占统治地位的从意大利到北海的欧洲经济的各个据点：这也正是已进入近代初期的资本主义的轴线。第二张简图展示出以热那亚设在皮亚琴察的所谓贝桑松交易会为中心的汇兑网和货币运动网。这张网当时覆盖整个法国以及北欧和东欧的部分地区，法兰克福交易会则是朝维也纳和克拉科夫方向输送资金的中转站。在弗兰西斯科·达蒂尼死后的两个世纪，欧洲联合体或欧洲经济世界已经成长壮大。

金融和银行：体系的开端

夜幕降临，屋内点亮着灯，但又窗户大开，小虫和飞蛾纷纷朝亮处扑去。资本家和有钱人不分白天黑夜，争先恐后地朝着国家点燃的大灯扑去。但与投火的飞蛾不同，他们并不始终自取其焚。在世界各地，无论是明代的中国或者是大莫卧儿王朝的印度，国家总是首屈一指的大老板，是吸收白银的第一号大户。百姓生来就要缴纳赋税，纳税人如果不履行自己的义务，国家也就难以生存下去，这话似乎不用我再多说，千百年来不正是这样过来的吗？在法国，征税至少从加佩王朝真正的开国君主菲利普·奥古斯特之时已经开始。他在当政之初就已下令臣民为国家作出贡献。

逃税的办法自然很多，隐瞒、欺骗乃至装穷。吕西安·费弗尔常说，过去法国最脏的村庄是领主居住的村庄，百姓故意装穷，让领主受骗上当。远在千里之外的法兰西国王，不是比近在咫尺进行剥削的领主更容易欺骗吗？法兰西岛司法区的大法官于 1709

年写道："村里的富人如今躲着在夜间杀猪，如果公开屠宰，就会增加他的税款。"[596] 更加可以肯定的是，纳税人始终不急于缴清税款，深怕别人认为他生活优裕，借此增加他的负担。与其及时纳
iii-442 税，他们宁愿迎来旷日持久和所费不赀的司法诉讼。

在旧制度下的法国或是在随后几个时期的法国，国家不辞辛劳地投入流通的一大笔现金、信贷和收支款项在货币运动中构成最大的洪流。它从一开始就占国民生产总值的5%至10%，这在法国是如此，在欧洲其他国家也是如此。随着时间的流逝，比例逐渐有所变化。今天，比例已高达50%上下，这笔提取对整个经济具有根本性的影响，促使社会朝着一定的秩序倾斜，但无论如何，社会对此总是抱怨不已。

与国家拥有的这一庞大的潜在财富相比，梅第奇、富格、韦尔瑟或罗思柴尔德的家产都显得微不足道。罗思柴尔德家族的财产1840年估计约1.23亿法郎，占当时法国货币储备的2%。

但国家的金库及其可变的、流动着的积累又是何等的奇妙！它仿佛是个水库，有时装满了水，有时干涸见底，接着再次积存，重新流空，不断换水。国家既强取豪夺，又施财行善。即使国家面临支出膨胀，那也还有苏利在制造局囤积的财宝，还有法兰西银行的黄金储备……总之，往来流动、时聚时散的这一大笔钱关系到广阔的经济领域。又有哪一位资本家会不想在其中插上一脚？无论从事汇兑业务、大宗贸易或者欧洲内部的大商业，私人经营都必须付出耐心，冒点风险和精打细算。如果能够既为国家效力，又不忘记自己的利益，一切岂不更加方便。

总之，把国家的收益化为私人的收益，这在所有的时代都是十

分平常的事。据说，一位记者发现，在摩洛哥开拓殖民地是化公款为私产的一个方法；有些经济学家一本正经地揭露，资本主义今天与国家相勾结。事情难道不历来就是如此的吗？请想一想：又有 iii-443
哪个国家能够不需要商人、金融家和银行家为它效力？对于路易十四在马尔利接见法国和欧洲的商界巨子萨米埃尔·贝尔纳，难道能借圣西门之口[597]，斥责他“自贬自贱”吗？对于欧仁妮皇后让詹姆斯·罗思柴尔德出入拿破仑三世宫廷，难道能作何指责吗？这些都是既合理又有利的姿态。在西班牙王位继承战争发生后，间接税的岁入有所下降：总包税所的收益于 1703 年跌到 4200 万里佛，比 1683 年减少 2000 万以上；下降幅度之大使包税商拒绝续订包税契约，税款于是改为由官方机构征收，但在 1709 年，征收的间接税竟只有 3100 万[598]。由此可见，国家和资本家不得不携手合作。

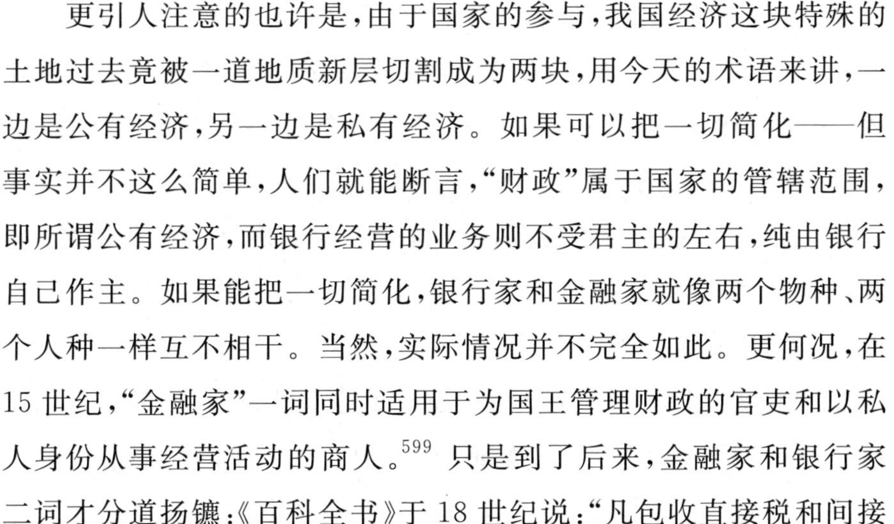

更引人注意的也许是，由于国家的参与，我国经济这块特殊的土地过去竟被一道地质新层切割成为两块，用今天的术语来讲，一边是公有经济，另一边是私有经济。如果可以把一切简化——但事实并不这么简单，人们就能断言，“财政”属于国家的管辖范围，即所谓公有经济，而银行经营的业务则不受君主的左右，纯由银行自己作主。如果能把一切简化，银行家和金融家就像两个物种、两个人种一样互不相干。当然，实际情况并不完全如此。更何况，在 15 世纪，“金融家”一词同时适用于为国王管理财政的官吏和以私人身份从事经营活动的商人。[599] 只是到了后来，金融家和银行家二词才分道扬镳：《百科全书》于 18 世纪说：“凡包收直接税和间接税或经营与国王收益有关的企业和事业，并被认为从中谋利者”[600]，就是金融家。到了 19 世纪，两个词又重新趋向于混同。这无疑因为大革命切除了包税制的赘瘤，把征收直接税和间接税
iii-444 的职权交回给国家（在 1789 年前，仅有一半的直接税由国家经营）。从此，国家在道义上和在法律上真正当家作主。

以上说过不谈，我再着重介绍私有经济和公有经济，金融和银行之间的界限，这种区分在延续几百年的旧制度期间相当明显。

不过，我在这里先要说明：

1. 这条分界线不是完全隔离的一道墙。

2. 界线经常被超越，银行家从界线的右侧来到金融家一边，位于界线左侧的金融家也前往银行家的一边。

3. 为了便于观察，我站在国家的一边；这里的国家不是指在菲利普·奥古斯特建立税收制那时专事征税的国家，而是指皮埃尔·肖努所说的金融国家，因为国家如果不靠别人为它提供现金，就无法存在，不论提供现金的人位于我们的分界线的一侧或另一侧。照一位财务总管的说法[601]，国家要靠别人为它的“静脉输血”……既然如此，国家又怎样接受并耗费别人提供的现金呢？它怎样报答这些人的呢？

关于这后一个问题，我们的回答是，国家表现为软硬兼施，而且两种态度交替使用：它认为有权利或有义务通过法庭审判、粗暴处死等手段让为它服务的人吐出侵吞的钱财。为此，雅克·克尔、桑布朗赛、富凯等人均遭严惩不贷。我甚至设想，约翰·劳假如没有离开法国，也会受到残酷的迫害。最后，在 1793 年，国民公会决定将拉瓦锡等包税商处死。这个悲剧是否应归结为大革命与旧制度的一脉相承呢？若说一脉相承，我更加喜欢拿破仑一世让当时

幸免于难的原包税人征收间接税这一出人意外的举动。这些包税人在征税方面肯定拥有丰富的经验！

雅克·克尔（约 1395—1456 年）作为查理七世的财务总管于 1436 年在全国整顿了货币秩序，他向国王提供一笔 200 万里佛的 iii-445 贷款，使国王得以收复诺曼底的失地。他的双脚显然分别踩在上述界线的两侧：他既是为国王服务的金融家，又是亲自经营远程贸易、开发许多矿山的银行家。他向布鲁日、马赛、蒙彼利埃、热那亚、威尼斯等欧洲各大商埠都派出经纪人。他在艾格莫尔特至少拥有 7 艘帆桨商船，并成功地参与东地中海贸易。这位杰出人物与“当时的意大利大商人旗鼓相当”[602]，但又是国王手下的一位要员。他终于发现，像他这样有钱有势，势必招来嫉妒，住在君主的国土上，将会蒙受很大的危险。他以莫须有的罪名被控毒害查理七世的宠妃，号称“美夫人”的阿涅斯·索雷尔，于 1451 年被关进监牢接受审讯。他幸而越狱成功，改投教皇的门庭，于 1456 年在塞浦路斯岛得尽天年。这真是可作一部小说的动人题材！单就我们这里考察的问题而言，这是一个意味深长的实例。

晋封桑布朗赛男爵的雅克·德·博纳（1445—1527 年）也有相同的经历，但结果更加悲惨。他出身于图尔地区的一个商人兼银行家的家庭，国王常在图尔驻跸，当地不少人家因此发财致富。雅克·德·博纳为查理八世和路易十二效力，最初仍保留自己的银行。他于 1518 年出任弗朗索瓦一世的财务总管。国王的母亲路易丝·德·萨瓦对他宠信有加，接着又与他作对；她对妨碍她的人又有什么事情做不出来？她甚至指控雅克·德·博纳挪用米兰地区作战部队的军饷，这项指控看来是毫无根据的。调查结果也表明桑布朗赛男爵是无罪的。他的过错在于拒绝拨款，并于1525年反对进行新的远征，从而导致米兰地区的得而复失以及1525年2月24日帕维亚一战的惨败。弗朗索瓦一世在战场被俘，路易iii-446 丝·德·萨瓦以摄政身份代替国王执掌政柄。她与几名亲信合谋，决定对财务总管提起公诉：桑布朗赛男爵被判绞刑，解送蒙福贡的绞架吊死。

尼古拉·富凯的经历是桑布朗赛男爵的翻版，他原与塞尔维安一起担任财务总管的职务，但自1659年起，职务改由他一人担任。1661年9月5日，富凯失宠下狱，幸而被判终身监禁。经受将近20年的铁窗之苦后，他于1680年在皮涅罗尔监狱去世。他的死因至今不明。难道因为他知道的事太多了吗？[603]

今天的历史学家往往同情失败者，对当时的胜利者柯尔贝尔和路易十四颇多微词。

富凯事件是悲剧的最后一幕。不过，在约翰·劳的币制改革失败后，假如摄政王没有给予方便，让他逃往威尼斯，约翰·劳又会落到什么下场？如同富凯一样，约翰·劳知道的事委实太多了。内克尔的情形可能也是如此：在1789年7月11日解职后，假如国王的政变企图没有失败，内克尔将会理所当然地被解送法庭受审。

我们回过头来再谈银行与金融的区分。应该指出，同雅克·克尔和桑布朗赛男爵恰恰相反，富凯的确是不折不扣的金融家。金融家在当时不是早已出现了吗？

所谓金融家，当时又名“包税商”，他们在向国家垫付一笔款项后，有权以国家的名义征收税款或出售官职。金融家的统治是在16世纪进入下半叶那时开始的，我觉得这是无可怀疑的事实。外国银行家当时逐渐受到了排斥。国王从此试图依靠本国的臣民为他理财。但他始终需要多方举债,才能维持财政支出。另一方面,法国君主偏偏又没有能力亲自征收直接税和间接税。原因是人手不够,或者说,没有足够的公务人员。在以上情况下,一种特殊的制度便应运而生,使征税人成为国有资产的承包经营者。

在间接税方面,法国采纳了威尼斯的方法,对国家的征税权实 iii-447
行招标拍卖。威尼斯包收税款的人通常出身低贱,但背后都有贵族担保,也就是说,贵族暗中参与其事,垫付资金,收取一份利润。臭名远扬的法国包税商正是为国王提供了同样的服务(尽管在形式上不是对威尼斯的模仿)。他们的名声之坏肯定超出了诋毁的程度,因为他们既非出身贫寒,又不是臭名昭著的恶棍。他们所以能向国王出借巨款,是因为如同在威尼斯一样,他们有大批将本求利的放款人充当他们的后盾。他们主要起居间的作用。这个制度好歹一直维持到大革命的爆发,但在柯尔贝尔于1669年建立五大包税区那时,一度曾得到全面推广。

至于直接税,则是国家委托出钱购买税官差事——税务总办、出纳总办、税务会办等——的金融家负责征收。这些差事也就使金融家们成为国有资产的实际经营者。

正如人们所说,君主就这样廉价出让了自己的权益。难道他能有别的选择吗?当然是有的。始终走在大陆前面的英国,早在1688年已经成功地建立起现代的税收机构。我们前面说过,法国并没有能够做到这一点。它不得不满足于以上的双重税制,当然也是过时的税制。然而,弗朗斯瓦兹·贝亚尔和达尼埃尔·台赛尔分别在两部近著中不约而同地得出结论说,双重税制虽有各种弊端，但其“引人瞩目的生命力”，“极端的”（贝亚尔语）、“非凡的”（台赛尔语）灵活性，竟使法国政治在“一日三惊、破产频传”的情况下渡过了路易十四统治期间的各个难关。[604] 国王一方面蒙受着金融家的盘剥，丧失他向臣民收取的一大部分税款，另方面也被侍奉得十分周到。这主要因为藏在金融家背后的国有资产承包经营者
iii-448 往往就是富埒王公的“佩剑贵族、长袍贵族和高级教士”[605] 以及达官显贵，他们都属于社会和经济的最高阶层。承包经营国有资产不但利润丰厚，而且基本上不冒任何风险，因为这笔利润来自国王的收益；放款人的姓名实行严格的保密[606]（由于金融家名声不佳，放款人不愿与他们公开合伙）。因此，金融家不难满足君主的要求。他们自己拥有充裕的资金，必要时还可向将本求利的放款人拆借资金。总之，这个制度的好处在于能使躺在保险箱里休眠的资本投入流通。

可是，国王的债务以及对不幸的平民百姓征收的税款因此不断增加。上面提到的两位作者振振有词地指出，法国能承受这个沉重的负担，这说明法国必定比人们通常所想的更加富有，它的贸易收支也比人们常说的有更多的盈余，因为通过金融家借得的巨款始终都是现金。

心平气和地承认以上的事实，也就为旧制度下的金融家恢复名誉扫清了道路。费利克斯·盖夫的《路易十四时代的阴暗面》一书过去曾散布了许多流言蜚语，现在该是予以彻底否定的时候了。他对金融家极尽恶意诋毁之能事，不惜无中生有和含沙射影地加以丑化，硬说金融家出身下贱，这并不符合事实。一些金融家挥霍浪费，心术不正，与大贵族的妻室女儿私通，借机装满自己的腰包，

这是确实有此可能的。尽管有勒萨日刻画的《杜卡雷先生》，但包税人并不都是引诱天真的人上钩，实行重利盘剥的普通高利贷者。

总之，这里所说的包税制并不是一种可能的选择，而是由于环境所迫。我以为，为了真正搞清这个问题，必须追溯到 17 世纪以前，至少直到亨利二世的统治时期。在那国势衰颓、人物凋零的当时，法国经济却日趋增长，战争也接连不断。由于战争急如星火，iii-449
政府的支出大大增加。为此，政府便向财源茂盛的商埠里昂告债，而且这次不同寻常，债主不限于久已控制国际银行业的意大利批发商和银行家。早在 1542—1543 年（弗朗索瓦一世依然在位），里昂大主教图尔农（1489—1562 年）已在里昂私人资本和法国国家财政之间建立了有效的联系。在 1555 年意大利战争的最后一战打响前，他再次向里昂告债，而且款项更大。这就是人们后来所说的里昂“大借款”。银行家分 41 期交易会陆续向国王出借 260 万埃居，每期的利息为 4%，再加 1%的转期利息。由于交易会每年举行 4 次，经过长达 10 年的利上滚利，息率可达 20%。除银行家外，里昂税务总办又发放债券，吸收各种私人投资，这是一项新发明。认购小笔债券的人多如涌潮。“人们争先恐后地购买债券，甚至仆人也拿出了自己的积蓄。妇女变卖她们的金银首饰，寡妇则用年金转换债券。”外国人也不甘落后，“瑞士各州，德意志王公，其他王公，甚至土耳其的帕夏和商人，都用他们代理人的名义踊跃认购”[607]。

实行公众和银行家相结合这次借款（银行家历来只是把别人的钱出借）具有“现代”的特征，因为它与 17 世纪和 18 世纪的荷兰借款[608] 几乎同出一辙，与 1840 年后罗思柴尔德家族对法国政府

的历次放贷也没有不同。总之，里昂“大借款”摆脱了解决法国财政困难的陈规旧习。这次放手推出的“大借款”与市政厅以往审慎发行的年金公债没有丝毫的共同之处，尽管在富凯当政的时候，年金公债的息率也高得惊人。

法军接着在圣康坦一战（1557 年 8 月 10 日）吃了败仗，这个
iii-450 致命的打击最终使战争以签订卡托-康布雷齐和约而结束，亨利二世不久又出人意外地死于非命（1559 年 7 月 10 日）。

国王留下了大笔债务。债券的市价逐渐从面值的 80%跌到 70%、50%和 40%。[609] 法国财政状况由此一落千丈，国家与商人的关系，或不如说，与具有某些近代特征的资本家的关系，几乎陷于破裂。在很长时间内，我与弗兰克·斯普纳都认为，法国的经济中心当时从里昂转移到了巴黎，我的这位英国同行还把这次转移比作欧洲经济中心从安特卫普向阿姆斯特丹的转移。我现在不再持这种见解了，巴黎必须等到 17 世纪末才从里昂夺得这个居高临下的地位。可是，在 1559 年后，确实有过几家意大利公司迁到了巴黎，例如卡波尼家族，还有总是红光满面的塞巴斯蒂安·扎梅[610]等人。他们当时想方设法向法国君主邀功请赏。

1599 年的当头棒喝对作为“交易会中心”的里昂显得尤其严重，因为危机扩展到了整个欧洲，安特卫普、威尼斯、西班牙、克拉科夫全都蒙受了打击。此外，在这些冲击和破坏发生的同时，“热那亚时代”正如旭日东升般兴起，这就意味着欧洲经济将恢复旧秩序，其重心将转向地中海；这个转折对法国相当不利，对里昂更不啻是一场灾难。亨利·豪塞、罗朗·穆尼埃、哈特洛在这个问题上都赞同我的见解。亨利·豪塞甚至说，“1557 年的危机……很可

能阻碍了商业资本主义的发展”[611]。

金融和银行:错过一次机会

16世纪下半叶建立的包税制在路易十四漫长的统治期间依旧被沿袭。频繁的战争使国家的财政状况岌岌可危,但因没有其他的替代办法,包税制仍继续实施,甚至有所加强。面对到期的债 iii-451 务和紧迫的开支,国库便向金融家、国有资产承包经营者、包税商以及根据买主要求而胡乱设置的无数包税机构的负责人伸手要钱,因为政府天天都有大批款项急需支付,国有资产承包经营者和金融家垫出的款项实际上不等于政府欠下的债务,因为他们都可从未来的财政收入中,从纳税人缴纳的税款中收回垫款。

然而,税款的来源毕竟有个限度。法国的纳税人主要是农民,而农民在很大程度上不靠货币收入为生,其贫富完全取决于农田收成的丰歉:在丰收的年景,农产品价格下跌,歉收更造成匮乏乃至饥荒。由此可见,推行包税制并非毫无困难,有时不免出现危机。奥格斯堡同盟战争(1686—1697年)使法国财政陷于极度窘迫的境地。当战争结束时,国有资产承包经营者和金融家已耗尽了他们可以动用的全部资金。随着查理二世的去世和西班牙王位继承战争的开始,1701年的仓促宣战使他们在惊慌之余,更是不知所措。由于别无良策,他们只得向银行家求助。正是在这时候,已于1697年前崭露头角的银行家才正式在法国君主制历史上扮演重要的角色。

这些来自欧洲各国的银行家在法国的遭遇与改奉基督教的葡萄牙犹太人以往的经历几乎完全相同:他们被从本国逐出后,只能浪迹天涯；他们到处建立联系，相互间保持一定的默契。没有放眼世界的这种视野，建立银行是不可想象的。我已经说过，改奉基督教的葡萄牙犹太人以荷兰为据点攫取天主教国王的政治白银，他们的成功简直像是一部充满传奇故事的历史：西班牙的这些敌人刚刚来到异国他乡，竟能强迫天主教国王接受他们卓有成效的、几乎忠心耿耿的服务，而卡斯蒂利亚当局却在罗织罪名，变本加厉地对他们进行各种莫须有的指控，并且不仅限于宗教方面。法国新
iii-452 教徒银行所起的作用肯定比改奉基督教的葡萄牙犹太人在西班牙菲利普四世那时的作用更大。然而，究其起源，二者确实有许多相似之处。

在南特敕令废止前，法国已有一定数量的新教徒银行家：他们由于不能担任国家公职，自然就朝工业、商业、金融业方向发展。但这些银行家远不是死抱住信仰不放的新教徒，他们在巴黎甚至还受到王国当局的协助；当迫害才刚开始时，他们立即表示皈依天主教，至少在口头上，以免招灾惹祸。然而，在他们中间，仍有许多商人和银行家选择了流亡的道路，陆续迁到日内瓦、巴塞尔、法兰克福、阿姆斯特丹和伦敦等地定居，无意中找到了为开展银行活动所不可或缺的中转站。毫无疑问，废止南特敕令为新教徒银行的建立提供了可能条件，至少也为它注入了新的活力，而新教徒在取得了银行家的身份以后，也就可以重返里昂和巴黎，不再需要掩盖他们对新教的信仰。这难道不是世事轮回、时来运转的一个奇妙表现吗？我这里不禁想到后来的德国犹太人，从 1935 年起这些可怜的人被纳粹所驱逐，乘坐拥挤不堪的轮船逃往美洲避难，流亡生活使他们获得了诸多优势，特别是在银行和商业等极其重要的领

域。

在奥格斯堡同盟战争期间，新教徒银行已因时势所迫而为路易十四效力。由于欧洲各国群起反对路易十四，日内瓦成了法国能与欧洲通商和利用阿姆斯特丹信贷（荷兰与法国为敌，但并不因此而中断与法国的商业关系）的唯一“通道”。经由日内瓦运抵法国的首先是黄金和白银，没有这些必不可少的原料，我国的造币厂就不可能继续铸造货币；而为部队发饷，我国又必须不断铸造金属货币。因此，当时只是一个小城市的日内瓦，发生了急剧的变化： iii-453
原是城市主要生计的工业逐渐衰退（特别是丝织业），市内的大家族放弃工商业，转而发展银行业务，激起了行会的大声抗议。

日内瓦就这样与法国的财政相靠拢。由于西班牙王位继承战争——路易十四晚年的一大悲剧——旷日持久，日内瓦的渗透更趋加剧。安茹公爵当上了西班牙国王，号称菲利普五世，法国这次与西班牙并肩作战。欧洲其他各国则仍与太阳王为敌。法国既与西班牙结盟，也就不再需要寻求贵金属，但因财政体系百孔千疮，国王仍要新教徒银行家从日内瓦助一臂之力。其中的中心人物名叫萨米埃尔·贝尔纳，他是留居法国的原新教徒银行家之一，于1685年在当局的压迫下，放弃了自己的信仰。在南特敕令废止后不久，他突然发了大财，其原因相当奇特，或不如说神秘莫测。很可能是他摇身一变成为业已流亡国外，但仍有资金等着转移的那些新教徒的银行家。无论事实究竟如何，他曾吹嘘自己从不在法国向别人借款。[612] 这笔来路不明的钱财使他雄心勃勃地谋求高位，并且居然达到了目的。萨米埃尔·贝尔纳的发迹标志着银行家——特别是以四海为家的胡格诺派银行家——的首次胜利，旧式的金融家作为集资人从此便下降到次等的地位。[613]

原有的包税制对此无可奈何，只得忍气吞声，但为国王征收税款和偿还债务的使命仍由金融家承担。银行或不如说萨米埃尔·贝尔纳则通过签发汇票垫付紧迫的开支；当战争主要在境外（德意志、意大利、西班牙）进行时，付款必须采用签发汇票的方式。银行iii-454 的业务在某种意义上就是"为官方或半官方的期票实行贴现"[614]。《私有货币与君主政权》一书的作者说，这是对汇票用途的又一次变更，这次变更并不完全是新发明：汇票难道不正是经过一次又一次的改变用途而担负起新使命的吗？但在这一次，汇票却为国库提供并输送后备资金。问题是输出的资金需要偿还。这是一个无底的深渊，一脚踩空便灾难降临。

异想天开、缺乏经验和对利润的狂热追逐（贴现率高达36%）使日内瓦的银行家以为这是一注应该抓住不放的好生意。可是，于格坦作为第一牺牲品，尝到了彻底破产的味道，接着又轮到豪格兄弟。这些银行家结果陷进了错综复杂的困境之中，全靠家族的帮助才勉强得以脱身。萨米埃尔·贝尔纳较有经验，凭着他在安德列·佩尔斯（批发商、船主兼银行家，是荷兰商业巨头之一[615]）等人那里积聚的资金，特别是就近在巴黎取得财务总监的有力支持，居然得以四处周旋，左右逢源，几乎垄断着全部汇兑业务。但到1708年，他也终于捉襟见肘，无以为继了。当时，他向里昂发汇的1400万巨款立等清账，但他却拿不出这一大笔现金。他手头只剩在1705年发行的银行券1800万，但这些银行券的实际价值已丧失了80%以上。确实，萨米埃尔·贝尔纳在1704年曾主张发行银行券，最初也以为银行券的贬值不会如此迅速。但报应如今落到了自己的头上。虽说萨米埃尔·贝尔纳在外国的商埠，特别在阿姆斯特丹，依旧享有可靠的信誉，但在里昂却不同，对萨米埃尔·贝尔纳既怕又恨的里昂不受他的控制，他在里昂自然也是地位不稳。里昂仍是旧式金融家的基地。

政府授予萨米埃尔·贝尔纳一系列特别提款权，允许他“对总包税所、烟草局和邮政局的收益，对用国王书记官和档案员的任职捐纳金，对在巴黎征收的阴沟捐、路灯捐和屠宰捐，对贵族的查抄家产和对一般财政收入”[616]（总之，对随时可以增添的各种新旧收 iii-455
益来源）以及对收入日减的国库，都可指定开支，随意提取。后来，更设立了特别经费提款处。但所有这一切都远水救不了近火。时间就是金钱，拖延支付将导致灾难的后果。在里昂，已有几位银行家曾垫付了现金，萨米埃尔·贝尔纳照例向他们签发了融资汇票。所有的人都等着收回融资。由于久等不耐，也由于居心叵测，两名债权人吕兰和孔斯坦以面值70％的价格抛出了原来向他们提供的、用以充当抵押的银行券。国王的银行券因此受到了一次十分严重的打击。

详细讲述萨米埃尔·贝尔纳险遭破产的经过，未免累赘乏味。新任财务总监的尼古拉·德马雷于1709年9月22日签署的延期结算令在紧要关头救了贝尔纳一命，德马雷担任此职直到路易十四于1715年去世为止，对他的精明、才智和果断，人们只能表示钦佩。但此人是包税制和旧制度的维护者；签署延期结算令究竟是出于他的既定主张，或者纯属形势所迫？无论如何，毕竟是他于1709年9月挽救了萨米埃尔·贝尔纳；他作出的宽限裁决固然对贝尔纳有利，但国库本身不也需要有一个宽限，以便结清欠账吗？

我们不妨对他们两人再作一番分析，我想说的是，解释他们各自的所作所为。人们注意到，萨米埃尔·贝尔纳野心勃勃，希望成为国王手下唯一的银行家，从而独揽国王的财政收入。德马雷与他的前任夏马亚尔不同，他是一名精明能干的理财行家，当他于1708年接替长期曾是他的顶头上司的位置时，国家的财政已经走进了死胡同。萨米埃尔·贝尔纳等银行家对他已是尾大不掉，欲罢不能的了。

在他去职的那年，夏马亚尔曾试图抛开贝尔纳等银行家。当
iii-456 时，除西班牙以外，法国军队已退回到国境之内。通过米兰和阿姆斯特丹等中转站向国外付款因而已成为多余。夏马亚尔下令“调集各省金库的现有铸币，不经国外汇兑的中间环节，直接解送前线部队”[617]。这个办法可惜还是行不通。部队要求定期得到支援，而铸币的运输却是困难重重，时断时续，不能及时分送到位，因而不能在固定日期发放军饷和应付军费开支。于是又不得不再次向萨米埃尔·贝尔纳求助，通过汇票迅速把款项送到。不论愿意与否，德马雷于1709年只能听任萨米埃尔·贝尔纳继续其冒险行径。他在发布延期结算令时表现的迟疑不决，使人们对他有何难言之隐提出了种种的猜测。他究竟喜欢还是讨厌这位傲慢无礼的银行家呢？

后来，随着成立国家银行的计划的搁浅，德马雷与萨米埃尔·贝尔纳有所疏远。后者竭力支持银行的成立，这将在国王和私人资本之间增添一条联系的纽带。银行不会受政府的控制。它将负责归还国王的债务，也就是说，把银行吸收的几亿银行券重新投入流通，并使之增值。德马雷迫于日常支付的需要而开办的“财政金

库”（又名勒让德尔金库）正是为准备成立国家银行而从事的一次小规模尝试。

为法国及其国王十分需要的这个银行一旦成立，将是什么样子？它肯定会参照建于1688年的英格兰银行的模式，成为一个兼具储蓄、流通和发行三种功能的银行。在这种情况下，贝尔纳等银行家将主宰一切。由于财政部门、包税总所和出纳总办的一致反对，这项计划终于遭到排斥。反对者大概还有批发商，但我不明白他们反对的原因何在。至于德马雷是否反对成立银行，还在疑似之间。银行既然开办不成，法国又倒退回旧制度，恢复了金融家的 iii-457
统治。勒让德尔金库是个冒牌银行，我甚至敢说是银行的对立面。银行家打进国王财政机构内部的时机尚未成熟。更何况，他们利用汇兑、储蓄等手段，通过插手安都纳·克罗扎在路易斯安那的专营贸易、圣马洛的南海航运、私掠战、海事保险、购买外国小麦等大规模活动，在远程贸易和欧洲贸易方面表现十分活跃。同以往的和随后的银行家一样，他们始终是从事多种经营的商人。一次机会就这样错过了。

金融和银行（续完）

继续推行“包税商”制度可见符合德马雷的愿望，至少取得了他的赞同。这个旧制度尽管依旧运转不灵和弊端丛生，但其东山再起却使君主得以应付其财政开支，甚至直到漫长的西班牙王位继承战争结束为止。我认为，大理院1716年3月追查“在财政方面犯下的贪污枉法行为”并不是这个制度的必然结局，应该说这从来就是蛮横无理的君主制的习惯反应。路易十四去世不久，德马雷立即遭到贬斥，勒让德尔金库也跟着彻底垮台。8000 名金融家当时被立案侦查，4410 名被判赔偿和罚款，少数人锒铛入狱。[618]

包税商制度肯定不能为约翰·劳推行的币制改革（1716—1723 年）负责，币制改革引起的一系列哄动事件无非表明，法国经济当时还不可能接受现代资本主义的进程。与约翰·劳的破产一样，南海丑闻或“南海泡沫事件”使英国人痛心疾首，但英国经济却
iii-458 顶住了风暴的袭击，恢复了平衡，政府则全力支持破产的南海公司；法国则相反，约翰·劳的试验失败后，顷刻间便一切都垮了下来，一切都被清除干净[619]。

我对历史学家在这个问题上作出的片面解释不敢苟同。梯也尔认为约翰·劳的错误是他不该求助于“虚假资本”，求助于股票的“不可靠的价值”，从而动摇了金属货币的地位，金属货币在当时曾长期是法国经济生活的基础[620]。目光极其敏锐的观察家雅各布·旺·克拉夫伦把一切都归罪于路易斯安那公司的失败，归罪于南海航行的功败垂成以及孔迪大公和孔代大公等大贵族的奸诈；设在坎康普瓦街上的交易所的疯狂投机活动反而不被认为应负第一位的责任。约翰·劳在事后声称，由于马赛的黑死病于1720—1721 年使四分之一的法国陷于瘫痪，他的试验注定不能成功。不过，他的这个说法是否可信呢？

以上各种解释都有部分的道理，但必须把它们加在一起，才能揭示出法国经济长期落后的深层次原因。毛病其实出在异体嫁接的排斥性。约翰·劳在摄政王的帮助下，逃离了法国；据说摄政王曾利用约翰·劳制度，赚进了一笔现金。托斯卡纳在巴黎的代表于 1720 年 9 月 3 日毫不犹豫地写道：“摄政王所得的收入加在一

起可达三亿。”[621] 摄政王从中谋取了利益，负有一定的责任，任何人恐怕不会对此有所怀疑，问题在于他究竟赚了多少，负有什么责任。在风暴过去以后，君主又故态复萌（大理院再次开庭审判，对金融家进行最后一次迫害），难道这是摄政王的过错？或者，在约翰·劳制度失败以后，摄政王应该赔偿金融家的损失，让金融家清理约翰·劳留下的烂摊子？采取后一种办法，那就是恢复于1715年已被贬得一钱不值的旧制度，让臭名昭著的帕里兄弟东山再起。舍此又有什么别的办法？这是当时唯一可打的一张牌。

现在，对于约翰·劳制度，我们难道能像许多历史学家那样，进行夸大其词的渲染吗？照某些历史学家的说法，约翰·劳制度
推动了我国的经济发展，促使农民把藏在袜筒里的几块金币重新 iii-459
投入流通。尽管如此，这场失败的教训将使纸币在法国公众的心目中从此信誉扫地。不过，恐怕整个事情无非是晴日里下的一场雷阵雨而已。厄尔·汉密尔顿在他字斟句酌的文章里指出，约翰·劳制度并未导致物价的疯狂上涨以及人们哄传的破产。在巴黎，一度曾成倍上涨的物价迅速回落到正常的水平。但这些文章没有受到史学界应有的重视。让-保尔·斯瓦松根据对巴黎和凡尔赛公证文书所作的考证，也注意到公证事务所的活动相当平稳，而并不如人们所推测的那样是乱成一团。[622] 总之，正如雷阵雨一样，哄动的事件往往只是雷声大而雨点小。

包税制自动恢复以后，国王的债务又差不多回到了1718年的水平。弗勒里主教1726—1743年当政期间做了不少好事，尽管达让松男爵在其《日记》中对他颇多指责。主教向后倒退了一步，于1726年重建包税总所，我在上文曾经指出，这个机构自1703年起

已被直属政府的税务局所取代。

在这里，我想就不必再详细介绍金融家为国王效力的具体的经过。他们依旧忠心耿耿地为国王服务，为推动旧齿轮的运转不惜忍辱负重，甘受种种不公正的打击。只是到了1770年，由于三大臣的莽撞行事，金融家与政府的关系才彻底闹翻。路易十五无疑恢复了君主的权威，统治长达20年之久；出任财务总监的台雷教士搞乱了国家的财政，却没有实现全面的革新。

其实，正如人们所常见的，变革的根本原因不在这里，而是来自法国经济生活的深层。法兰西王国当时经历的经济增长，仿佛是一株老树春天萌发了新的枝芽。根据让·布维埃[623]的见解，正

iii-460 是经济增长有力地推动了信贷的发展，促使信贷的数量和规模大大增加。移居国外的新教徒银行家从没有完全放弃在国内的阵地——何况也不可能这么做，他们现在又重振旗鼓，卷土重来。台吕松银行(后来曾多次更改正式名称，特别是在1757至1768年间，以台吕松-内克尔银行著称)于18世纪初在巴黎成立，并于恢复和平的1715年在热那亚、伦敦、阿姆斯特丹和日内瓦设立分行；凡尔内(1742年)、佩雷戈(1781年)、比台尔曼和克拉维埃尔(1782年)、霍丁格(1785年)等银行家陆续回到了巴黎。

内克尔在当时享有极高的声望。他于1777年主持法国财政，虽然名义上不担任财政总监的职务；1781年5月19日内克尔被迫辞职，但是国家财政形势的恶化又使他于1788年8月复职。他在1789年7月11日再次失宠。两天过后，巴黎举行了起义。一位银行家如此深得人心，他在1789年公然站在革命一边，这个问

题确实值得作一番解释。不过，我不打算在这里再多噜嗦。

从 1789 年至 1848 年

我想加快步伐，着重分析从 1789 年到 1848 年的整个长时段，这个时期以漫长而激烈的大革命为开端，一直延续到意义同等深远，但正如众所周知没有来得及完成的 1848 年革命为止。我之所以故意独出心裁地把革命时期、帝国统治、复辟王朝和七月王朝联系在一起，因为它们构成一个先后交替的具有连续意义的整体：金融家当时步步后退，而银行在保住既得地位的同时，占领金融家撤出的阵地；也就是说，银行日益向国家靠拢，为国家效力。但银行继续停留在国家的管辖范围之外，只有这样，银行才能保住自己的行动自由。

实际上，大革命对后来事态发展的影响远比人们通常所说的大得多。首先，大革命为未来扫清了道路。其次，它在破除旧制度的同时，有所维护，有所建树。最后，这场革命对银行是一次选择 iii-461
性考验，银行的活动尽管遇到重重困难，却仍得以继续进行，甚至还相当活跃。

大革命的功绩或作用是它像一把铁扫帚清除了间接税（虽然事后又陆续恢复），停止征收或不认真征收直接税；执掌国家大权的人推翻了全部税收制度。他们因此注定要迅速利用印钞机，大量发行“指券”和“土地票”。

督政府在 1799 年末面临的首要任务是尽快恢复秩序。正是在那时候，政府的财政机构终于建立了起来：国家设置财政部，统一管理财政收入；同时又设立度支部，主管各项开支。波拿巴说：

"法国目前幅员广大，仅设财政部不足以应付各项事务！我正需要取得财政管理方面的保障：一名部长是不够用的。"[624] 正是这第一句话——法国幅员广大——使我喜出望外。两部并存将导致官僚机构的膨胀，由国家任命的收纳员、稽核员、接柜员将各司其职，向国家提供重要的财政保障。然而，在这次整顿中，许多旧习惯和旧人员仍保留了下来。国家容许税务局长在一定期限内，把全部税款汇总交给中央当局，他们在把税款上交前因而有可能挪用这笔已经入账的资金（这使我们联想到旧制度下的出纳总办）。国库自然也很想向他们预支一部分款项！总之，包税制及包税商的统治已经不复存在，而新体制并没有把旧场地清理干净。

既要破坏，但又要保留、保证和革新。督政府于 1800 年创建了法兰西银行，其目的是要保护私人银行和商人，正是私人银行和商人最需要法兰西银行的成立。于是，就把原由一批银行家以两

iii-462 合公司形式组建的，但又未能履行其使命的"往来账户金库"（共和 8 年雨月 24 日到 1800 年 2 月 13 日）改组为法兰西银行。新银行在 3 年后取得了发行纸币的特权，这些纸币的面额都很大，因而在最初，甚至在后来，它们为大商业的服务仍然超过为国家的服务。贝特朗·吉尔指出："人们认为它是一个〔为富人服务的〕互助合作社。其股票之价格——5000 法郎——实际上把所有的小商人排斥在外。"银行的股份属于银行家，其中多数人出任董事：佩里埃、罗比亚尔、佩雷戈、马莱、勒库尔德、雷卡米埃、热尔曼……此外还有几名批发商和一名公证人。继承了大革命遗产的法国人居然容忍这家银行一半以上的股份归私人所有，这岂不是咄咄怪事？实际上，老一辈的金融家早已被撇在一边，当时又没有任何可取的其

他方案。尽管如此，这对抢先入股的银行家来说却是一笔有钱可赚的好生意。1800 年 2 月 20 日，法兰西银行正式开门营业。[625]

在法兰西银行的帮助下，巴黎及外省的银行和商界在督政府时期和帝国时期遇到的众多困难均得以克服。法兰西银行当时起着三重作用：吸收储蓄，接受贴现，发行货币。它最初小心翼翼，把审慎奉为金科玉律。凡没有三人签字担保，期限超过三月的期票一律不予贴现。但在可能的条件下，法兰西银行仍帮助信誉卓著的商号渡过难关，帮助政府筹集借款，但决不允许政府对银行发号施令。总之，这是一个居高临下的机构。它的地位如此之高，因而在 1803 年、1806 年和 1810 年的历次危机期间得以岿然不动。相反，巴黎银行家的情形就不是这样了。

我曾泛泛地说过，在经济增长时期，银行业的发展比商业更加迅速，而工业和农业则远远落在后面。但在经济衰退和停滞时期，农业继续缓慢地向前爬行，工业有所进步，而商业则急速后退，并 iii-463
带动银行信贷的回落。这正是 1789 至 1815 年间发生的事。然而，巴黎大银行（其中包括号称“救国委员会的银行家”佩雷戈开设的银行）却相当顺利地度过了艰难的革命时期。[626] 在这些风云险恶的岁月里，明智的做法显然是韬光养晦，稳扎稳打：“马莱家族正是遵循着这个政策：他们的资本从 1788 年的 80 万里佛减少到 1792 年 52.5 万，再到 1794 年的 24 万，而在指券泛滥的时期更下降到零。”[627] 大批资金已移作不动产和地产投资。佩里埃家族也买下了一些大庄园以及昂赞煤矿的股票。波拿巴上台后建立的强有力政权一度为银行活动带来了希望和生机。可是，和平的破裂以及由此产生的危机和破产，先后在 1803 年、1806 年和 1810 年

给予巴黎的银行业沉重的打击。巴黎的银行直到复辟王朝时还没有缓过气来。[628]

在督政府和帝国期间，法国的信贷资金显得捉襟见肘。用时髦一点的话来讲，叫做“银根紧张”。事情确实如此。拿破仑亲自接见的大商人加布里埃尔·乌弗拉尔当时不过是个兼职银行家。他从事的投机活动包括国有产业、殖民地产品、军需物资以及1801年饥荒期间从英国和荷兰采购的大量谷物；他于1804年向面临饥饿威胁的西班牙供应粮食，然后在新西班牙的墨西哥支取皮阿斯特，这些银洋由英国船运回法国。乌弗拉尔是位天才[629]，但他毕竟也保留了旧商人的习气：讲排场，爱冒险，有时不守信用，甚至寡廉鲜耻。

1815年的法国已经百孔千疮，背了一身亏空。迪潘男爵[630]所作的总结即使略嫌夸大，但也并非完全不合事实：200万人应征入伍，100万人死亡，70万老兵等着退伍，两次外敌入侵造成的损失
iii-464 至少分别达10亿和5亿法郎，数额与外国占领（直到1817年国土解放为止）的开支大体上相当。但经济生活正日趋恢复，农业、工业、商业……都有所进步。和平又一次成为立见成效的良药。各个经济部门纷纷动了起来，而一些尖端部门更预示着，决定着变革的发生：金融活动，贸易公司，冶金和化工等新企业，里昂煤气照明公司，运河开凿，蒸汽轮船，铁路，等等。经济学家阿道夫·布朗基指出：“小工场、分散劳动、家庭作坊正日趋消失。大工厂正拔地而起，像兵营和修道院一样集中大批工人，厂内的巨型设备由大功率马达所驱动。”[631]这段话的语气有点夸张，但是，眼看法国走上前程似锦的一条新路，当时的人怎能不为之心醉神迷？举目所见，到

处都是进步的兴旺景象，特别是根据 1842 年法建设的铁路。

为了承担这些重大的任务，必须有源源不断的现金和信贷供应。股份有限公司于 1807 年正式取得合法存在，终于陆续建立了起来：自 1825 至 1837 年，法国仍有 1039 家两合公司（资本总额为 12 亿法郎），而新成立的股份有限公司达 157 家（资本总额为 3.93 亿法郎）。这仅是一个开端，凡事开头难。股份有限公司在其商业经营中将把全部权力交给人数不多的董事会；小股东就像绵羊一样听任这些大权在握的人盘剥和宰割。当然，这是上层对下层的剥削，丝毫也不新鲜。社会的规律和力量，社会的历久长存，恰恰在于它能适应层出不穷的新形势和新事物，不断地重塑自己的形态。这一次，在经济的上层，却丝毫没有出现任何实质性的变化。根据 1807 年商法典而成立的股份有限公司在枝叶茂盛前早已生根发芽。同样，银行的崛起也经过由来已久的准备。在经历了革 iii-465
命和帝国风雨如晦的岁月后，银行确实迅速得到了复兴，但新开设的银行为数不多（而且大多还是昙花一现），主要还是旧银行重返舞台，其中有三分之一在旧制度下已经相当活跃。[632] 继 1830 年革命之后建立的七月王朝任命卡齐米尔·佩里埃和雅克·拉斐特等银行家为部长，恰恰说明大银行的地位已迅速得到了巩固。到了第三帝国和第三共和国期间，随着银行业务的急剧扩展，大银行的地位还将变得更加稳固。

“大银行”一词直到 1914 年乃至后来始终十分流行。该词实际上确指的是巴黎的大银行，它们财力雄厚，不仅在整个法国发展业务，而且还参与国际金融活动。这些银行的主人大多出身于银行世家，他们对国家的经济、社会和政治生活具有举足轻重的影响，他们是佩雷戈的继承人雅克·拉斐特，来自苏黎世的霍丁格，以及亨奇、佩里埃、德累赛尔、富德、詹姆斯·罗思柴尔德等等。大银行家总共约在 20 至 25 人之间，其中相当多的人原是外国人。就我们所了解到的情况看，这几乎是一条古老的规律，不可或缺的前提。做大生意的人不能不与外国保持联系。梅耶·安瑟伦·罗思柴尔德的五个儿子于 1820 年都已成家立业，安瑟伦在故乡法兰克福，索洛蒙在维也纳，纳桑在伦敦，卡尔在那不勒斯，詹姆斯在巴黎：被置于他们监视和操纵之下的欧洲确保着他们的财富以耸人听闻的速度增长。他们也照例同时开展多项经营活动，包括储蓄、贴现、汇兑、公债以及与大宗贸易相联系的经销业务。住在巴黎的詹姆斯“为发展金融业务提供资金，在勒阿弗尔建有码头，海上拥有船队，逐渐成为法国唯一的茶叶进口商，是购买羊毛、谷物和生丝的大主顾”[633]。一度出任路易·菲利普政府首相的卡齐米尔·

iii-466 佩里埃在他投身政界后不久便死于霍乱，此人“组织远洋航运，开办银行，从事地产和公私债券投机，经营冶金、玻璃、炼糖、肥皂、面粉等工业企业，活动之广可谓包罗万象，而且规模巨大”。总之，一半以上的银行家仍与大宗贸易和工业相结合。

然而，最能与国王路易·菲利普心投意合的詹姆斯·罗思柴尔德则比其他银行家有更多的机会参与国家的财政事务。他逐渐把政府的公债几乎置于他的垄断之下。具体操作还是按阿姆斯特丹 18 世纪采用的一套老办法进行。因此，银行家的作用就是在公债发行前向政府垫付债款，买下债券，其价格自然总是低于面值。同意以最低折扣率成交的银行家就能做成这笔生意。当债券以平价向公众出售后，银行家还有另一张牌可打：哄抬债券在交易所的牌价，从而高价抛出自己原来留下的债券。这照例还是“少付代价，少冒风险，但又稳得巨利”[634] 的老办法。银行家从此与国家相结合，“财政”和“金融家”二词从此丧失了各自的特定含义。

难道国家竟是如此暮气沉沉和随遇而安？无论如何，在 1848 年二月革命后，国家的行事准则将有所改变，这是工商界所没有预料得到的。第二共和国是个政局动荡、经济困难和对“国际金融”十分不利的时期。霍普银行为此干脆迁往伦敦。至于詹姆斯·罗思柴尔德，他于 1847 年 8 月刚在一次公债招标中以 2.5 亿法郎的巨款得标，便因困难重重，被迫停止公债的发行。[635] 到了第二帝国期间，工商界和银行界总算缓过气来，但罗思柴尔德因受富尔德的排挤，不再像在路易-菲利普的时候那样能与当局串通在一起。财政大臣皮诺于 1854 年为发动克里米亚战争，急需筹集 2.5 亿法郎

的债款，但他不再让罗思柴尔德充当中间人，而听取达西耶和米雷 iii-467

斯这两位金融家的劝说，决定采用由国民直接认购的办法发行公债券。这一措施取得了完全的成功，发行额在几天之内已认购完成，“拿破仑三世对‘资本的全民投票’的结果深表满意。大银行受到了沉重的打击，它对公债发行的实际垄断从此被废除”[636]。国家把公债重新掌握在自己的手里；顺便指出，这在旧制度下原是经常发生的事。更何况，这也并不妨碍国家向大银行再次求助，1870 年战败后，以阿尔丰斯·罗思柴尔德为首的大银行又为国家发行公债，以支付战胜国索取的 50 亿法郎赔款。[637]

总而言之，金融贵族取得补偿的机会还是不少。继 1846—1848 年的严重危机之后，法国及欧洲进入了一个相当长的欣欣向荣的时期。欧洲经济如大海涨潮般地向前推进。究其原因，也许

是在加利福尼亚和澳大利亚发现的金矿（1848 年和 1851 年）使欧洲的黄金数量大大增加，“在 20 年内增加的黄金数量几乎等于 16 世纪以来开采的数量”[638]。法国在 10 年内取得了价值 33.8 亿法郎的黄金，相反又丧失了价值 11 亿法郎的白银，这笔白银大量流往远东地区，支付海外贸易的亏空。因此，在 1861 年，法国 80 个省份都缺少面值 5 法郎的银币以及各种辅币。[639] 有人于 1865 年断言，金矿和铁路“是欧洲工商业繁荣的两个秘密”。

然而，自 1842 年起受到政府推崇的铁路恰恰正是大银行最热衷投资的经济部门。大银行在国家提供信贷担保的条件下为建造铁路募集数以十亿、百亿计的必要资金。无论是大银行或者是它的竞争者，都不会受丝毫的损失。由此产生的巨变促使大银行从
iii-468 门类繁多的大宗贸易中脱身，但它与工业、矿业、冶金业和新兴保险业的联系在 1820 年后又进一步加强。

然而，1846—1848 年危机表明了法国信贷的不足和严重不平衡。直到 1840 年，银行业务和贴现活动主要是为巴黎的商业界以及国外大宗贸易服务。相反，在外省从事国内贸易的商埠以及乡镇中心，资金供应十分短缺。[640] 巴黎的大银行家故意限制自己的信贷和贴现机构向外省扩展业务。担心生产发展过快，造成“市场上产品充斥，竞争激烈，使已有 40 至 50 年经营历史的商号陷于破产”（以上是 1840 年所说的话）[641]。尤其，他们还阻挠外省建立独立的流动渠道，这也不难办到，因为此事必须报请参议院批准。在 19 世纪上半叶，除为巴黎的银行直接关注的部门外，工业发展全靠自谋资金，工业企业及其客户以赊欠或短期拆借资金等手段互相帮助。例如，阿尔萨斯的纺织厂于 1827 年得到了勒阿弗尔棉花

进口商以及巴黎、里昂、巴塞尔等地的批发商的资金支持;400名里昂制造商于1844年利用了70名当地丝绸商和180名法国和外国经销商的信贷。可是,建立在商品流通基础上的短期资金拆借往往不甚可靠。连锁破产可能因此发生:1846—1848年危机正是这样一个例子。[642] 必须采取紧急措施,排除持久的经济故障。

正是在这种情况下,临时政府在夺取政权后不过几天,于1848年3月8日决定取消参议院的批准手续,在巴黎创办了国家贴现银行,并在法国各大城市按照首都的模式设立分行。[643] 巴黎的垄断从此被打破,继拿破仑三世的政变之后,银行和工业在外省蓬勃发展,其规模与1945年后"光荣的三十年"相差仿佛,"银行家之间和各种类型的银行之间相互竞争的混乱情形"[644] 已达到了狂热的程度。当时新建的一些银行今天依然存在,我们这里不妨举出几个:建于1852年的"地产信贷银行"(与"动产信贷银行"同时建立);建于1859年的"工商信贷银行";建于1863年的"里昂信贷银行";建于1864年的"通用银行"。历史学家由此断言,在1848年以后,或不如说在1852年以后,法国建立起来的新一代的新式银行正逐渐淘汰罗思柴尔德式的旧式大银行。这个说法是否完全正确?[645] iii-469

毫无疑问,旧式大银行基本上属于某些大家族的私产,它们不足以承担起商业银行的任务,也不可能像里昂信贷银行和通用银行那样,利用其分支机构向全国各地发展,吸收整个法国的储蓄。可是,在一方面,经过对1860年前后的情形进行仔细观察后,列维-勒布瓦耶得出结论说,新式的信贷银行在信贷分配和投资政策方面并没有改变旧式私人银行的老办法。[646] 不同之处就在于当时的经济总量，在于银行机构的非集中化，非集中化确实有很多好处。难道能把“经济发展和银行活动混为一谈”吗？难道能够先把第二帝国的经济增长归功于银行活动，然后再把1860年后增长速度的放慢又归罪于银行活动吗？[647]

另一方面，在我看来，如同交易所以及过去的交易会和集市一样，商业银行或储蓄银行只是工具或手段，其作用随着经济的升降而波动。指出这些庞然大物与业已在欧洲出现，并且行将在美国出现的那类大资本家有着某些联系，难道是一种错误的推断吗？我想说的是，大资本家可能仍扮演着主角。事实上，大银行家在银
iii-470 行革新中并未置身事外：他们在1800至1890年间经常出任法兰西银行董事会的董事，在第三帝国期间还参与一些新银行的创建，拥有地产信贷银行20%的资本，动产信贷银行50.5%的资本（在董事会12个席位中占8席），通用银行23%的资本，如此等等。[648]在19世纪下半叶，我国的大信贷银行纷纷向国外发展信贷和银行业务，通用银行更步往年资本家的后尘，大胆从事风险投机，把欧洲的资金扔进拉丁美洲的玻利维亚和秘鲁这些无底洞里去；这些新式银行在国内本有牢固的根基，怎么会自动走上这条路去？这恐怕因为旧式大银行家仍然十分活跃，他们在董事会中对新式银行施加影响，进而保住既得的阵地和上升到更高的水平。

以上见解得自让·布维埃的启示，他在一篇出色的文章里同时分析了1850年后法国各银行的赢利率和政策[649]。除法兰西银行和地产信贷银行以外，法国的银行直到第一次世界大战为止仍是“广泛从事多种经营的企业”，从事风险投机的企业。银行赢利的普遍上升（中间隔着两个停滞时期，即1872—1882年和1893—

1901 年)是转变经营政策的结果:1873 年后大幅度降低利率(资本的赢利率相对减少)由扩大对法国经济的信贷投资所抵消;国内市场虽然赢利不大,但在国外市场扩展地盘可望取得巨额利润。这一政策的策划者正是"主宰巴黎大型交易活动——特别是发行国债券——的金融集团,直到 1914 年为止,这些金融集团始终把旧式大银行的银行家、储蓄银行和商业银行结合在一个牢固的整体之中"。两次世界大战以来,旧式大银行难道不再对法国整个银行 iii-471
界发号施令了吗?

关于这个问题,也许要留待在本书续卷有关社会的章节中重新再谈。因为银行作为经济的重要上层建筑,对我国的历史具有决定的意义。其影响比历史叙述的众多政治危机和边界告警都重要得多。

少数人的重要性

不论是否合乎逻辑,不论是否符合我们今天的道德准则,权力、决策乃至特权始终集中在经济生活的高层。正是盲目的、充其量是半自觉的集中才使少数特权集团独享利益。这些集团的成员可能发生更换,但更换的程度远比人们所说的要小,而且即使更换,集团的人数还是很少。

在 1550 年前后,正值里昂经济的鼎盛时期,交易会的汇兑业务由 80 个意大利商人家族所垄断。当皮亚琴察于 1590 年成为左右欧洲资金运动的交易会中心时,大约 60 多名意大利银行家主宰一切。达尼埃尔·台赛尔在其近著中对金融家的人数作了统计,这些"财政官"或"包税商"为路易十四效力,代他向臣民征税,又为

他垫付开支，再从税收中偿还。这些重要人物为数很少：1668 至
1715 年间，据统计，与国王签订的包税契约总共有 693 项，但因有
的人单独签了 6 项契约，甚至 60 多项契约，涉及的人数只是 242
人。[650] 这些“金融家”的籍贯大多是“在南特至日内瓦一线北侧的
法国北部”，这条界线在我国是一条永恒的接合线。[651] 金融家都在
当时的“金融中心”巴黎居住。不用多久，旺多姆广场附近便建造
iii-472 起许多豪华的金融家宅邸。[652] 因此可以说，资本的集中遵循两条
规律：人数少，地点单一。

在这人数不多的包税商世界中，总包税所是最重要的堡垒，其成果也最为显著。自 1680 年福科内租约订立后，总包税所在预付承包税金的条件下，负责征收盐税、助税、商品入境税和进口税等一大批间接税。一位历史学家经仔细考证后指出，“地区差异在这方面已经很小，因为众多的联姻已使包税商之间结成十分密切的关系，如果认真地查一查家谱，说不定他们就属于二至三个家族’，甚至同属一家的可能也不能排除”[653]。可是，这个堪称“超级资本主义”雏形的富豪集团在全国各地拥有一大批人为它服务。古达尔于 1756 年写道：“总包税所从乡村抽调的公民达 5 万人以上，其中多数并不是包税所的职员，而是今天所说的分包人。包税所只雇佣 2.5 万职员，并向他们支付工资；但与包税所发生关系的公民人数就多得多了。”[654] 确实应该看到，包税所又像君主政府同它签订包税契约一样，再把某些杂税的征收权分包给次等的包税人；包税所自己承认，这些次等包税人比任何人都更加遭人憎恶，更何况，群众暴力的矛头主要也正是针对他们[655]。

简单说来，在我们从容考察的上述事例中，可以得出一个意义

深长的启示：山的体积极大，而人们通常却只看到浮出水面的一个尖顶。没有奴隶、附庸或仆役作后盾，强权集团也就不可能存在。

我在前面曾经指出，东地中海地区欣欣向荣的贸易集中在几个人的手里。18 世纪的马赛盛极一时，商船开往大西洋，与圣马 iii-473
洛商人携手合作，后来又参与海岛贸易；据夏尔·卡里埃尔的统计，马赛的批发商不过 80 人，仍然是享有特权的一个小集团。鲁昂的批发商据 1779 年统计仅 61 人[656]，在复辟王朝期间及后来，巴黎的大银行家族不超过 25 个。

人数少这条规律的普遍性远不是用以上几个例子所能完全阐明的。这条规律简直可说是放之四海而皆准的定律，即使是一条不道德的定律也罢。马略特定律不也是不道德的吗？社会为维持自己的存在，就需要少数特权者实行统治和整顿秩序。无论如何，不管人们喜欢（这在实际上是不可能的）或不喜欢，这条定律在其他各国的社会中也同样在起作用，受定律约束的不仅仅只是我们法国人。

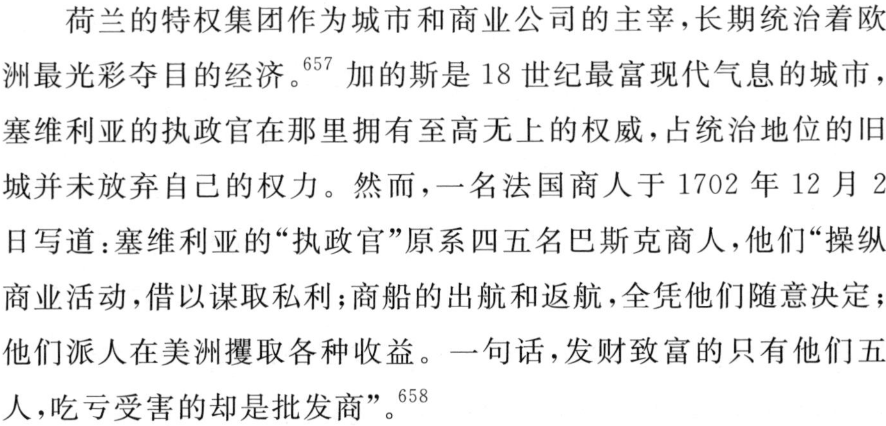

荷兰的特权集团作为城市和商业公司的主宰，长期统治着欧洲最光彩夺目的经济。[657] 加的斯是 18 世纪最富现代气息的城市，塞维利亚的执政官在那里拥有至高无上的权威，占统治地位的旧城并未放弃自己的权力。然而，一名法国商人于 1702 年 12 月 2 日写道：塞维利亚的“执政官”原系四五名巴斯克商人，他们“操纵商业活动，借以谋取私利；商船的出航和返航，全凭他们随意决定；他们派人在美洲攫取各种收益。一句话，发财致富的只有他们五人，吃亏受害的却是批发商”。[658]

定律一词在历史学和其他人文科学中是十分难得遇到的；如

果一定要说定律，它就必须在其从属的各个领域中全都适用。实际上，各种形态的权力无不归少数人所有，特权的胜利使他们的船舶得以在被压迫者的辽阔海面上，为着自己的利益，逍遥自在地航
iii-474 行。皮埃尔·古贝尔的《路易十四和二千万法国人》一书的标题在这里值得一提。这2000万人犹如一团散沙，听任少数贵族支配整个法国，也就是说，支配2000万人的人身、财产和劳动。而少数的贵族则悠闲自在地在宫廷相聚。在学校老师多年的教课中，我承认曾形成这样一个看法[659]，即旧制度下的历史似乎是贵族要跑两段路程：第一段先来到宫廷；第二段再在政府中取得权势。黎塞留主教于1614年担任王后奥地利的安娜的随身司铎，他因此跨出了第一步，就像新任议员首次进入波旁宫一样。对18世纪历史了如指掌的弗雷德里克·列维曾直截了当地断言："在路易十四当政的晚年，实权并不由衰迈的国王或虔诚的王后在行使，而掌握在柯尔贝尔和费利波两大臣家族的手里"[660]；当我读到这段话的时候，我承认感到有点意外，尽管它同我的新看法不谋而合。这为解释摄政时期何以与路易十四及其政体背道而驰增加了一条新的理由。这条理由同样也能说明曾在破产边缘"拯救"了国王的德马雷总监何以失宠，德马雷正是这两大家族的成员之一。

法国说过不谈，我们且来到拿破仑战争时期的英国。皮野副官是位善于观察的军人，在他的笔下，19世纪初的英国处在十大家族的统治之下，勋业彪炳的威灵顿在十大家族面前不过是奴才、陪衬或新贵而已。读到这些，我承认也深感惊讶。难道社会的上层或最高层竟是各种权力形态的公开或幕后的主宰吗？

甚至文化史似乎也逃不出少数人统治的规律。吕西安·费弗

尔常说，每一个时代都处在十来位大作家和大思想家的笼罩之下，只要真正读懂了他们的著作，也就能对当时的思想界了然于胸。不用提醒，我们立即想到七星诗社，想到18世纪以狄德罗为首的 iii-475
“哲学家”。在绘画方面，我们想到立体主义的诞生地“洗衣船”、蒙帕那斯画派、巴比松画派、卢万河畔画派等等。在宗教狂热的漫长历史中，少数派总是失败，例如费尼隆及其朋友，但少数派却能悄悄地深入人心：对圣伯夫的《罗亚尔堡修道院史》一书，我曾一读再读，爱不释手。

这番浮光掠影的联想就此打住，在本书的续卷中，我将从容不迫地再发议论。

我已指出资本主义在法兰西经济生活的顶层栖身，这并非对它有所责难。在18世纪末经济蓬勃的年代，资本主义已经初展风采。恕我说话轻率，我觉得资本主义对法国经济的渗透相当缓慢。这也许因为，即使在詹姆斯·罗思柴尔德的时代，资本总量仍然微薄，此外还因为，在19世纪下半叶经济腾飞、资本主义开始扩展时，法国的投资往往偏重国外，往往向殖民地发展（利齐斯的指责确实合情合理）。总之，我觉得倔强的法国对资本主义模式似乎缺少必要的热情，对追逐利润似乎并不起劲，在这种条件下，资本主义的发动机也就转不起来。法国没有真正被资本主义所征服，这同时是法兰西的迷人之处和不幸之处。之所以迷人，因为它的生活方式将有别于许多其他民族。之所以不幸，它将意识不到自己的财富和可能性，因而在世界列强的相互竞争中，它没有充分发挥自己的作用。

资本主义在法国的发展不够充分，这无疑是个事实。但同时，

法国又受到资本主义的剥削，这无疑也是个事实。塞巴斯蒂安·
迈尔西埃历来被认为是一位具有写作才华和很强现实感的记者，
但他有时也进行思考。我这里仅引证他在大革命几年后所说的一
段话。他的文章标题便是《资本家》。他写道："平民没有钱了，这
是件大坏事。人们利用伤天害理的轮盘赌和一再诱人入彀的公债
iii-476 券把百姓的腰包掏得一干二净。而资本家及其同伙的口袋却满满
地装着至少 6 亿巨款。他们就靠这笔钱无休止地与王国的公民作
对。他们串通起来，勒紧腰包，不让这笔钱重新进入流通。尽管成
了一笔死钱，它却还能招来别的财富，而且横行霸道地压倒任何竞
争对手。他对农业、工业、商业乃至艺术从不问津，却一味从事证
券投机，通过制造假象和策划阴谋，危害人民，践踏国家。过五六
年后，所有的钱都会被资本家巧取豪夺，转到他们的手里。他们为
鲸吞不属于他们的所有钱财而互相帮助。"[661]

总　结　论 iii-477

在这第一部分的三卷书里，我试图反复衡量法国历史的某些基本实在：地域、人口、经济等。

我在叙述过程中常对自己说，归根到底，当我作结论的时候我将不可能再填补缺漏，甚至不可能对某些阐述的不确切之处进行纠正。在撰写结论的时候，往往也是人们后悔、怀疑和缺少把握的时候。但我在写这篇结论时，却发现自己对观察所得的形象没有多少东西可以更改，至多在某些问题上再作进一步的说明。因此，这里并不是再从反面去进行论证，而是对长篇的阐述作个简单的概括。这至少有一个好处：简明扼要。

多样性和单一性

法兰西确实具有多样性。这种多样性是显而易见的，持续的，根深蒂固的。沃邦已谈到“组成王国的所有省份各具地方特色”[1]。米什莱、吕西安·费弗尔以及许多其他人也都指出，正是这种多样性导致了对抗、分离和不统一。法国人乐于把这种千差万别的异质性视为他们的国家举世无双的一大特点，这个判断可能是错的，但为什么会有千差万别的异质性呢？我于 1982 年在哥廷根大学 iii-478
演讲时坦然指出，法国的这种多样性是绝无仅有的，这就证明如果不是感情用事，人们很容易就人云亦云，迎合本国同胞近乎天真的先入之见。当讨论开始后，我的听众立即以略带戏谑的口吻声称，德意志也具有多样性，并摆出了证据。我对此完全同意。更何况，意大利、西班牙、波兰、英国也都具有多样性。因此，如果要设法说明多样性的缘由，就应走出六边形的国土，尽管多样性在各国有着程度的不同。

无论在法国国内或者国外，事情可能是这样发生的：史前时期的一些小型人类群体占据了某一块地域，这块地域可能具有多样性，也可能不具有多样性，但我们宁可认定它属于前者，因为差异越大，资源也越丰富。然后，这块地域又适应群体的人数、工具和迁移的可能性而形成独特的个性，随着农业的诞生，群体放弃了游荡生活，实行了定居，但仍在住房和田园之间往返。群体的定居和适应环境使人的居住条件在几个世纪期间固定下来，因为住房不会完全改变其原始的模式。树木也是一样，在扎根以后，便长期不再更换地点。

根据以上似乎真实可信的解释，经济便是决定地域划分的第一要素，因为地域最初是遵循屠能阐述的规律划分的。

此外，这些原始的群体和地域并不完全对外封闭。逼仄的乡土历来都与外界有所联系。无论如何，外来者对这块乡土虎视眈眈，即使当地人不去外地旅行，他们也不得不开放门户，哪怕只是一条缝隙。单用自然因素解释多样性的产生应予放弃，自然景观仅是舞台的布景。经济因素又一次在这里起作用，因为任何群体
iii-479 不能闭关自守，因为多样性呼唤着别的多样性，正如正电吸引负电一样。以上情形可在组织尚不健全的交换网中看得一清二楚，具体地说，当村庄—集镇—城市的连锁体系尚未完全形成时，例如在

19世纪的波旁地区西部或沃莱山区，由于经济落后，人们仍靠一些往往不在城市举行的交易会实现群体的凝聚。这些交易会不是预作准备的专门场所，“就在露天里把吵吵嚷嚷的人群聚集起来，进行历时几天的交换”，这种“极其古老的形式，在尚处传统的农民经济阶段的中央高原南部（鲁埃格、热沃唐、上维瓦赖等偏僻地区），至今仍可见到”[2]。根据这些在过去原是随处可见的事实，我是否有权得出应有的结论呢？一些结合松散的群体为补充交换的不足，便采取交易会这个爆炸性的形式。经济对自己的权利可见当仁不让。

经济当然起着决定的作用，但起作用的并不仅仅是经济。人际关系和互帮互助也是起作用的因素之一。农民赶集或进城，也是他出外散心，暂时摆脱过于孤独的生活的机会。他借此去赶热闹，找人聊天，打听消息，在小酒馆里与相遇的朋友碰杯。可惜的是，人际交往不像经济束缚那样留下容易被人发现的痕迹。这种交际是不太引人注目的。据我看，人与人的交往在分散的村落比在大村庄更加明显，这种交往在相距甚远的房屋之间和村落之间至少比别处更加活跃和更有必要。法兰西的统一性正是肇始于这些基本的联系，正是在这些联系中，人最终确认自己是社会的动物。但是，社会的动物并不一定要求蜂巢和蚁穴那种极权主义的统治。人走到半路，就停止了下来。

世界是个不容忘却的干扰因素

在“地理是否创造了法兰西?”这一章里，我在讲述了1707年 iii-480
土伦围城战以后便就此搁笔。难道这是不可逾越的一块军事界石？当然不是。法国的势力既远届海外，又深入欧洲大陆。我在边界停下，正是为了突出边界的重要。边界对法国国内的历史具有决定意义。但边界不但面向国内，而且也面向国外。

继许多其他人之后，我匆匆确认，法国的海上扩张并不成功，法国没有取得海上霸权，即世界的权杖。在本书的结尾部分，我肯定还要用很多篇幅重新谈论这个问题。但在这里，我可以并应该立即指出位于边界之外的欧洲对法国施加的重压，欧洲塑造着法兰西的命运，仿佛雕塑家正用他的拇指把一块泥塑造成他的作品。在法国的国内，我们可以看到欧洲的存在，世界的存在。

从恺撒时代（甚至在这之前）到公元五世纪的大规模蛮族入侵，法兰西的历史曾是地中海历史的一部分。地中海地区发生的事，即使距离很远，也影响着法兰西自身的生活。但在后来（意大利战争属于例外，这里姑且不谈），法国的所作所为主要面对中欧和东欧。在浮想联翩的旅行生活中，我承认仿佛梦见过这样一个欧洲，它从索姆河、默兹河或莱茵河两岸开始，一直深入到西伯利亚和遥远的亚洲……我尤其还想到，从莱茵河到波兰，我常常发现那里的自然景观竟与我在童年时代所见的洛林地区基本相同：密集的村庄，开阔的田野，实行三季轮作制的麦地。从飞机上鸟瞰波兰，但见狭长的田块像锥子一般钻进茂密的林区。这些深刻的印象反复展现在我的记忆之中。

如果能用一个形象表现法国在世界经济中的地位，我愿意把
iii-481 法国画成一个圆圈，巴黎位于圆的中心。从几何学的角度看，这肯定是极其荒唐的：真正的中心布尔日只是在查理七世时代一度具有历史价值。在圆的周边上，除马赛、波尔多、拉罗歇尔、南特、圣

马洛、鲁昂、敦刻尔克等大港口外，还有里尔、斯特拉斯堡、里昂等地处内陆的边境城市。所有这些城市一半与法国内地相联系，另一半又受到外部的吸引。内外的影响始终形成鲜明对照。关于西班牙的边沿区和内陆区，人们很久以前就已经说到过。除此以外，能不能说还存在先倒向外部，后倒向内部这样一种平衡运动呢？在法国经济蒸蒸日上的18世纪，达让松侯爵却认为法国的内陆还是一片空白，这也许因为法国经济朝边沿区的扩展当时过于急促。

无论如何，上述表象立即被经济世界的表象所否定，因为在经济世界中，边沿区总是代表着落后、贫困和被剥削。这就需要经济学家和历史学家设法调和两种表象之间的矛盾。任何合理的人类共同体难道不都注定要对其边沿部分施加影响，以便在世界秩序中占一席之地？正是依靠边沿地区，国内和国外方才连成一片。

关于这些需要深入研究的问题，我将留待本书最后一章《法兰西在国外》再作考察。只是在反复地深入研究了法兰西自身的情形以后，再开始真正的周游世界，我这样做无疑是明智的。

但这里有必要提前说明，边界并不等于是篱笆。否则，法国在世界的影响就不会如此之广，法国经受的苦难也不会如此深重。

法国农民经济的剧变

据我看，这在昨天的法国，特别在今天的法国，是个最突出的 iii-482
现象。当然，在工业方面，在城市里，在运输业以及在科技界，也曾发生过其他的变革。我们还知道，明天的工业将不同于今天，工业的变革还将继续下去。

我之所以着眼于法国的农村，因为除非出现诸如石油危机之类的意外事件，法国的农村很可能将停留于现有的水平，保持已达到的平衡。此外，这种平衡状态需要人们解释其产生的原因；这是个很难说清楚的问题，但一旦作出正确的解释，法国的其他变革也将部分地但又恰当地得到说明。

我曾不厌其烦地指出，古老的、以农立国的法兰西，即表现为集镇、村庄、村落、分散的住所的法兰西，在长时期中曾基本保持原来的状态，至少直到 1914 年为止，甚至可能直到 1945 年为止。在 1945 年以后，它成了“光荣的三十年”的牺牲品，法国经济的空前发展一直持续到本世纪的 70 年代，当经济再次出现腾飞时，它无疑将比过去具有更大的建设性和破坏性。

且不说 1945 年以前，就在更早的 1914 年以前，法国农村毕竟也已取得了长足的进步。我曾指出，在耕地面积、农业产量、耕作技术和肥料使用等方面，法国确实取得了一系列进步；至少，从 1822 年开始，有铁犁的改良，后来又有脱粒机、收割机、割捆机等许多农业机械的出现。

另一项变化意义更加深远：在 20 世纪初期，一部分无业盲流以及铤而走险之徒已被社会所吸收。那时候，城市的召唤使乡村逐渐摆脱了人浮于事这个至今不可治愈的伤口。最穷苦的地区自然比其他地区更晚得到解脱。据涅夫勒省议会于 1907 年[3] 揭露，
iii-483 “盲流在大路上不绝于途，他们以明抢暗偷为生，恐吓乡村居民，在城市经常制造事端”，而且还随身传播传染病的病菌。同样，在热沃唐这个贫困地区，司法诉讼提供了大量的材料，介绍有关流浪汉的偷盗和暴力行径的详细情形，“直到有一天，他们终于离开洛泽尔省，于 1910 年前后在城市定居”[4]。

在法国农村发生的变化中，还必须加上大地产的发展这一项；早在1789年前，法国业已存在着大地产，例如在巴黎四郊，大地产的发展反映着资本主义活动已开始进入我国的乡村。

所有这些冲击逐渐把古老的农民经济推向灾难。我以为，最关键的冲击还是拖拉机的使用(因为这是最后的冲击之一，当然还由于别的原因)，这种可移动的马达能够牵引最新式的轮犁，庞大的联合收割机(几乎是一座活动的工厂)，以及满载着事先已经压成方块形的饲草或麦秸的拖车。土地兼并之所以成为可能，农户的经营规模之所以得到扩大，这无疑有赖于拖拉机的使用。否则，今天已成为农业风貌重要特征的大块土地怎么可能耕得过来？除非像1933年前后法国在阿尔及利亚的垦殖主那样，在大片土地上调动成群的牲畜同时作业，并肩和交叉进行犁耕。但是，就在那时候，拖拉机也已经在阿尔及利亚开始使用，甚至在夜晚亮着车灯前进。拖拉机当时在法国本土的发展反而没有那么快。只是在1945年以后，整个情形才迅速变化。牛马套犁往往完全见不到了。当我于1980年最后一次回默兹省的家乡时，村里只剩下一匹马，已经退役，在我的一位老邻居家里养着。交换的急剧发展使原来得天独厚的地区变得条件更加优越，而使最贫穷的地区沦为真 iii-484
空地带。人烟稀少的真空地带在法国自动扩大，留下了野猪出没、荆棘丛生的荒野。

关于法国1945年后翻天覆地的剧变，我就说到这里为止。始终以多样性为特征的农民蒙受了多种形式的打击，人们不难看到这个事实。

我这里所注意的和感兴趣的却是这个问题的反面。为什么这一剧变如此姗姗来迟？这显然与整个经济状况有关。法国农民曾长期为法国过多的人口提供了相对稳定的生活条件，这难道不也是一个事实吗？离塞雷不远的阿斯颇勒山如今又变成了一片荒野，空旷、贫瘠的土地促使荆棘、染料木和欧石南漫山遍野地生长。阿德里埃纳·卡泽伊 1985 年 1 月 20 日写信告诉我说："以往的生活建立在几乎完全自给自足的基础之上，市场交换的比重很小，而且多系以物易物，很少与外界进行贸易，这种供求平衡在 1950 年已被彻底打破。"当地居民抛下一切，远离家乡，就像在战争时期慌忙撤出不再能守住的阵地一样。在阿斯颇勒的山村，生活确实贫寒和艰苦，但并不悲惨，贫寒和悲惨决不是一回事。我的一位朋友是农民的儿子，生于 1899 年，他曾对我说过一句既风趣又巧妙的话："除了钱以外，我们什么都不缺。"

我以为历史学家对同情农民的习惯看得过于严重。他们也许过分迎合了悲天悯人的倾向，尽管他们出于诚心诚意。

这种只能勉强维持生存的平衡现象虽然比比皆是，但可靠的见证并不很多。我曾一再征询我的同龄人提供见证，至少在他们的童年时代，他们所见的法国不同于当今的法国。如果你出身于雷蒙·普恩加莱时代的某个农民家庭，你大概会觉得生活苦不堪
iii-485 言。农田劳动十分艰辛，而且没完没了，尽管表面上自由自在：人们有选择的余地，但所有的活计都很累人。然而，人们照常生活，毫无埋怨：没有自来水，必须去水井或公共水池边取水，这是件苦差事；夜间照明不足（没有电）；衣着简陋，很少替换；没有城里人的舒适条件和娱乐活动。农民精心种植菜园，在大田推广土豆，在家里贮存水果和蔬菜，星期天去肉铺买肉，另有自己喂养的猪宰杀后

在当地消费，全靠这一切，人人都能吃饱肚皮。我童年时的观察是否具有见证的价值？让·帕蒂对1914年前勃艮第山区的回忆是否具有见证价值？原塞雷市长和东比利牛斯省议会议长米歇尔·萨日洛利是否可以充当见证？还有那位哲学教授，他对洛林的见闻是否也能说明问题？

我们可让问题留待今后讨论。在掌握更充分的材料以前，我相信旧时代的法国农民依靠自己的勤劳和智慧，在一个自然条件还算优越的国家里，过着安居乐业的生活。面对旧时代的法国农民，我确实没有理由流露悲天悯人的感情，因为回过头来再看，维持这些旧平衡在当时只可能是明智的和合情合理的办法。相反，今天朝着技术进步和移风易俗方向发展的农业却不一定都很合理。农业虽然抛弃了坏地，只耕种好地，但其产量仍与以往一样，各地有着很大的差别。我十分喜欢阅读纪实小说，这些作品对我们讲述的农村情况（例如，艾米利·卡勒的《野菜汤》把我们带到阿尔卑斯山的莫列纳河谷，克洛德·库尔歇的《重返马拉韦伊》）不见得十分准确，难以充当不偏不倚的见证。但是，应该承认，其中有几句话确实打动了我，使我觉得与实际丝毫不差："那时候，你独自从事生产，日子还过得下去。现在，每月都有分期付款单给你寄 iii-486
来。一有了开头，想停就再也停不下来。全部账单刚刚付清，拖拉机就成了一堆废铁。你到头来是为农业信贷银行干活。"我把这话再作引申：早先你为领主干活，后来你为地主干活，如今你为国家和银行干活。克洛德·库尔歇又说："银行生意兴隆，到处开设分支机构……万变不离其宗：土地从不给种地的人带来任何利益。"在今天的新法国，也许并不是一切都新。

长　时　段

在本书的第一部分即将结束时，但愿读者对长时段历史的专门用语已经习惯。历史深层的运动决定着法兰西各历史时期的前进速度和发展方向，借助长时段来考察历史的深层还真是个好办法，《法兰西的特性》的第二部分将遵循这个方向，在国家、文化、社会、对外关系等方面，寻找并发现地下的暗流。

关于“长时段”的含义，有许多现成的形象可为我们提供解释。我们最好还是躲开形象的解释，但它们却偏偏紧跟不舍。甚至电视也在展现这样的画面：扎伊尔河汹涌澎湃，急水横流，探险家不顾一切，潜水深入河底……够了，我们且不谈历史深层的“暗流”。我首先想到的还是几乎一平如镜的，可得舟楫之利的辽阔水面。河水像“百年经济周期”那样缓慢流逝，但又势不可挡地带动一切前进：我们平民百姓犹如驾着一叶轻舟，而为历史掌舵的大人物乘坐的则是
iii-487 艨艟巨舰。所以说，在历史的缓慢行进中，势必存在着连续、持久和反复，我们不难预料，未来的历史也将始终如此，几乎与过去相同。

历史当然也有断裂和剧变，但无论如何也从不把整个历史一刀切成两段。因此，长时段的历史不是判断而是衡量和说明任何命运的一项参数。如果我没有搞错，它能使我们区分主要和次要，掂出法兰西的分量，领会法兰西的历史，进而了解法兰西的特性可能是什么。总之，它把所有的旧问题同时重新提出，长时段的历史从遥远的过去开始，今后还将顺着平缓的斜坡长期发展下去。因此，在长时段历史中，人的自由和责任具有局限性。人并不是历史的创造者，反倒是历史造就着人，并且为人卸除责任。

注　　释

第三章

1. Daniel THORNER, "L'économie paysanne. Concept pour l'histoire économique", *in*: *Annales E. S. C.*, mai-juin 1964, n°3, pp. 417-432.
2. Louis CHEVALIER, *Les Paysans, étude d'histoire et d'économie rurale*, 1947, pp. 223-224.
3. D. THORNER, art. cit., p. 418.
4. Frédéric LULLIN DE CHATEAUVIEUX, *Voyages agronomiques en France*, 1843, I, pp. 40 *sq*.
5. Maurice PARODI, *L'Economie et la société franç aise depuis 1945*, 1981, p. 81.
6. Daniel HALEVY, *Visites aux paysans du Centre* (*1903—1934*), 1935, rééd. au "Livre de poche", 1978.
7. G. VALRAN, *Misère et charité en Provence au XVIIIe siècle*, 1899, p. 29.
8. Jacques LAFFITTE, cité par S. CHARLETY, *La Restauration*, 1921, *in*: Ernest LAVISSE, *Histoire de France contemporaine*, IV, p. 307.
9. Jacques LAFFITTE, *Réflexions sur la réduction de la rente et sur l'état du crédit*, 1824, p. 6.
10. A. N., F^{20}130.
11. Alain CORBIN, *Archaïsme et modernité en Limousin au XIXe siècle* (*1845—1880*), 1975, I, p. 58 note 31: "Car [en1866]les gens de lacampagne ignorent l'usage des fosses d'aisance."
12. Michel-Christophe KIENER, Jean-Claude PEYRONNET, *Quand Turgot régnait en Limousin: un tremplin vers le pouvoir*, 1979, p. 32.
13. C'est-à-dire labourer superficiellement.
14. Paul DUFOURNET, *Une communauté agraire sécrète et organise son territoire à Bassy* (*Haute Savoie*) 1975, p. 551.
15. Anne-Marie BRISEBARRE, *Bergers des Cévennes. Histoire et ethnographie du monde pastoral et de la transhumance en Cévennes*, 1978, p. 26.
16. volume I, chapitre II.
17. Robert FOSSIER, *Le Moyen Age*, II: *L'Eveil de l'Europe*, 1982, p. 292.
18. Georges DUBY, *La Société aux XIe et XIIe siècles dans la région mâconnaise*, 1971, p. 362.
19. Jean SCHNEIDER, "Problèmes urbains dans la France médiévale", *in*: *Actes du 100e congrès national des Sociétés Savantes*, 1977, p. 139.
20. Jean-Pierre POLY, *La Provence et la société féodale, 879—1166*, 1976, pp. 226-227.

21. Nom vulgaire du kermès, variété de cochenille qui vit sur les chênes verts du Midi.
22. J. -P. POLY, *op. cit.*, p. 231.
23. Hektor AMMANN, "Deutschland und die Tuchindustrie Nordwest-Europas im Mittelalter", *in*: *Hansische Geschichtsblätter*, 1954, p. 8.
24. J. -P. POLY, *op. cit.*, pp. 233-237 et 248-249.
25. G. DUBY, *op. cit.*, p. 53.
26. *Ibid.*, p. 50.
27. *Ibid.*, pp. 46-47.
28. *Ibid.*, p. 93.
29. *Ibid.*, p. 48.
30. *Ibid.*, pp. 264-266.
31. *Ibid.*, pp. 275 *sq*.
32. *Ibid.*, pp. 309-310.
33. *Ibid.*, p. 316.
34. André CHEDEVILLE, *Chartres et ses campagness, XIe—XIIIe siècles*, 1973, p. 434.
35. Nicolas de LAMARE, *Traité de la police...*, II, 1710, p. 727.
36. R. FOSSIER, *op. cit.*, II, p. 285.
37. Anne LOMBARD-JOURDAN, "Les foires aux origines des villes", *in*: *Francia; Forschungen zur Westeuropaischen Geschichte*, X, 1983, p. 483. Cette liste est tirée du cartulaire de Saint-Aubin d'Angers. p. 483. Cette liste est tirée du cartulaire de Saint-Aubin d'Angers.
38. Francois-P. GAY, *La Champagne du Berry*, 1967, p. 50.
39. Guy DEVAILLY, *Le Berry du Xe au milieu du XIIIe siècle*, 1973, p. 197.
40. *Ibid.*, p. 553.
41. N. de LAMARE, *op. cit.*, I, p. 539. Défense du Prévot de Paris de nourrir pigeons, oisons, lapins et porcs dans la ville de Paris, 4 avril 1502.
42. Elie BRACKENHOFFER, *Voyage en France 1643—1644*, éd. de 1925, p. 110.
43. Jean PITIÉ, *Exode rural et migrations intérieures en France. L'exemple de la Vienne et du Poitou-Charentes*, 1971, p. 672.
44. A. N., Y10558 A.
45. A. CORBIN, *op. cit.*, I., p. 69.
46. A. LOMBARD-JOURDAN, art. cit., p. 441. Les *Syri* ou marchands levantins apportaient en Occident, Jusque vers la fin du VIe siècle, les denrées précieuses en provenance de l'Orient.
47. Jacques MULLIEZ, "Du blé, 'mal nécessaire'. Réflexions sur les progrès de l'agriculture de 1750 à 1850", *in*: *Revue d'histoire moderne et contemporaine*, XXVI, janvier-mars 1979, p. 8.
48. Ainsi, pour notre vaste Midi, Charles HIGOUNET, "Sources et problématique de l'histoire des campagnes", *in*: *Actes du 100e Congrès National des Sociétés savantes*, 1979, pp. 181 *sq*.
49. Oswald SPENGLER, *L'Homme et la technique*, 1958, p. 90.
50. François JACOB, *La Logique du vivant. Une histoire de l'hérédité*, 1970, p. 261.
51. Karl MARX, *Economie et philosophie (manuscrit sparisiens)* (1844), *in*: *Oeuvres*, II, Bibl. de la Pléiade, 1968, p. 62.
52. Maurice GODELIER, *L'Idéel et le matériel. Pensée, économies, sociétés*, 1984, pp. 9*sq*.
53. MALOUET, *Mémoires*, I, 1868, p. 111.

54. Paul DUFOURNET, *Pour une archéologie du paysage. Une communauté agraire sécrète et organise son territoire*, édition de sa thèse de 1975,1978, p. 9.
55. Jean GEORGELIN, *Venise au siècle des Lumières*, 1978, p. 14.
56. A. N., F^{20} 561, Dordogne.
57. André BOUTON, *Le Maine. Histoire économique et sociale XVIIe et XVIIIe siècles. L'administration de l'Ancien Régime. Ses classes sociales, ses misérables*, 1962, p. 495; Alain MOLINIER, *Stagnations et croissance. Le Vivarais aux XVIIe et XVIIIe siècles*, 1985, p. 33.
58. A. N., F^{10} 242, Aveyron, 1796.
59. *Gazette de France*, 12 octobre 1772, p. 378.
60. *Ibid.*, 16 janvier 1649, p. 60.
61. *Ibid.*, 21 janvier 1651, p. 135.
62. A. N., G^7 521, Tours, 30 juin 1693.
63. A. N., F^{20}, 560. *Tableau des pertes causées dans chaque département par les inondations, grèles, incendies, épizooties... de 1807 à 1810 et 1814 à 1819*. Un tableau analogue, pour les années 1826—1835, pas tour à fait comparable parce qu'il inclut les gelées dans la liste, donne des chiffres beaucoup plus élevés (plus de trois fois), mais avec le même classement (grêle et incendies en tête), *Ibid.*
64. *Voyage d'Angleterre, d'Hollande et de Flandre fait en l'année 1728*, Victoria and Albert Museum, 86 NN2, fol. 4.
65. *Histoire de la Champagne*, publiée sous la direction de Maurice CRUBELLIER, 1975, p. 204.
66. René CHAPUIS, *Une vallée franc-comtoise, la Haute-Loue. Etude de géographie humaine*, 1958, pp. 16-17.
67. A. N., H 1517, 222-227.
68. Charles DUPIN, *Le Petit Producteur franç ais*, III, 1827, pp. 1-2.
69. Léonce de LAVERGNE, *Economie rurale de la France depuis 1789*, 1877, p. 39.
70. J. PITIÉ, *op. cit.*, p. 672.
71. Joseph ANCILLON, *Recueil journalier de ce qui s'est passé de plus mémorable dans la cité de Mets, pays messin et aux environs, de 1675 à 1684*, 1866, p. 13.
72. A. N., G^7 293, Montpellier, 16avril 1679. Il s'agit du père du chancelier d'Aguesseau.
73. Stockalper Archiv, Brigue, Sch. 31, n°2998.
74. A. N., F^{10} 226,1792.
75. Philippe ARBOS, *La Vie pastorale dans les Alpes françaises. Etude de géographie humaine*, 1923, p. 234.
76. André PIOGER, *Le Fertois aux XVIIe et XVIIIe siècles. Histoire économique et sociale*, 1973, p. 17.
77. M. DARLUC, *Histoire naturelle de la Provence*, I, 1782, pp. 129-130.
78. Se dit en Provence des habitants de la région de Gap et, plus généralement, des montagnards des Alpes.
79. A. N. F^{IC} V(1) Hérault, Séance du Conseil général du département, session de l'agriculture, an XII.
80. *Journal de Nicolas de Baye, greffier au Parlement de Paris, 1400—1417*, p. p. A. Tuetey, 1885, I, p. 211,17 janvier 1408.
81. Charles CARRIÈRE, *Négociants marseillais au XVIIIe siècle*, I, 1973,

p. 108.

82. *Histoire de Marseille*, publiée sous la direction d'Edouard BARATIER, 1973, p. 151.

83. Robert TRIGER, *Observations agricoles et météorologiques sur les années remarquables de 1544 à 1789 dans la province du Maine*..., 1881, p. 4.

84. *Journal de Simon Le Marchand, bourgeois de Caen, 1610—1693*, p. p. Gabriel VANEL, 1903, p. 166.

85. Claude HARMELLE, *Les Piqués de l'aigle. Saint-Antonin et sa région (1850—1940), révolution des transports et changement social*, 1982, p. 46.

86. A. N., F^{IC} III Bouches-du-Rhône 7.

87. A. N., F^{IC} III Aube 4,19 novembre 1853.

88. A. N., F^{IC} III Ardennes 6,27 février 1854.

89. Jehan RICTUS, *Les Soliloques du pauvre*, éd. 1971. p. 9.

90. D'après la formule de l'Assemblée Provinciale de l'Ile-de-France, 1787, p. 245.

91. Pierre-André SIGALAS, *La Vie à Grasse en* 1650,1964, p. 86.

92. Antoine Laurent de LAVOISIER, *De la richesse territoriale du royaume de France*, *in*: *Collection des principaux économistes*, XIV, 1847, éd. 1966, p. 595.

93. A. CORBIN, *op. cit.*, I., p. 67.

94. Thomas MORE, *L'Utopie*, *Discours du très excellent homme Raphaël Aythloday sur la meilleure constitution d'une république*, éd. de 1966, pp. 81-82.

95. Richard de CANTILLON, *Essai sur la nature du commerce en général*, 1755, pp. 97-98.

96. MESSANCE, *Nouvelles Recherches sur la population de la France*, 1788, p. 85.

97. Léonce de LAVERGNE, *Economie rurale de la France depuis 1789*, 1860, p. 75.

98. Jules-Marie RICHARD, *La Vie privée dans une province de l'Ouest. Laval aux XVIIe et XVIIIe siècles*, 1922, p. 5.

99. Elie BRACKENHOFFER, *Voyage en France, 1643—1644*, éd. de 1925, p. 111.

100. A. N., F^{10}295,141, et H 1517,207-211.

101. N. de LAMARE, *Traité de la police*, *op. cit.*, I, p. 569, éd. du 12 décembre 1697.

102. François JULIEN-LABRUYÈRE, *Paysans charentais. Histoire des campagnes d'Aunis, Saintonge et bas Angoumois. I: Economie rurale*, 1982, p. 218 note 1.

103. *Ibid.*, p. 269 et note 18.

104. P. G. POINSOT, *L'Ami des cultivateurs*, 1806, II, pp. 39-41.

105. A. BOUTON, *op. cit.*, pp. 497-498.

106. P. ARBOS, *op. cit.*, p. 196.

107. *Ibid.*, p. 174.

108. André GERDEAUX, "Evolution de l'agriculture et métamorphoses des paysages de la Champagne châlonnaise", *in*: *châlons, 2000 ans d'histoire, mélanges d'histoire, de géographie, d'art et de traditions*, 1980, p. 243.

109. P. ARBOS, *op. cit.*, p. 173.

110. A. N., F^{10}212 AB.

111. Pendant la Révolution, les réserves de chasse étant supprimées, ily a eu

forte diminution du gibier.

112. Alfred LEROUX, *Le Massif Central. Histoire d'une région de la France*, 1898, II, p. 45; Alain MOLINIER, *Stagnations et croissance...*, *op. cit.*, pp. 179-180; P. ARBOS, *op. cit.*, pp. 172-173.
113. Jean-François SOULET, *La Vie quotidienne dans les Pyrénées sous l'Ancien Régime, du XVIe siècle au XVIIIe siècle*, 1974, pp. 84-85.
114. A. BOUTON, *op. cit.*, p. 502.
115. *Ibid.*, p. 501.
116. *Ibid.*, p. 502.
117. F. BRAUDEL, *Civilisation matérielle...*, I. p. 94.
118. A. N., F^{20} 561.
119. A. N., H 1462, imprimé, 1785, p. 3.
120. Roger BRUNET, *Les Campagnes toulousaines. Etude géographique*, 1965, p. 163.
121. Pierre DEFFONTAINES, *Les Hommes et leurs travaux dans Les pays de La Moyenne-Garonne* (*Agenais-Bas-Queray*), 1932, p. 220.
122. Gustave HEUZÉ, *La France agricole*, *Région du Sud ou région de l'olivier*, 1868, p. 91.
123. J. PITIÉ, *op. cit.*, p. 307.
124. L. de LAVERGNE, *op. cit.*, p. 387; Robert LAURENT, *Les Vignerons de la «Coted'Or» au XIXe siècle*, 1958, p. 177.
125. Michel AUBRUN, «La terre et les hommes d'une paroisse marchoise. Essai d'histoire régressive», *in*: *Etudes rurales*, janv. -sept. 1983, p. 252.
126. F. JULIEN-LABRUYERE, *op. cit.*, I, p. 224.
127. Pierre VALMARY, *Familles paysannes au XVIIIe siècle en Bas-Quercy. Etude démographique*, 1965, pp. 15-17.
128. *Réflexions d'un citoyen-propriétaire sur l'étendue de la contribution foncière et sa proportion avec le produit net territorial, converti en argent*, 1792, p. 8; A. de LAVOISIER, *op. cit.*
129. *Annuaire statistique de l'INSEE*, 58e volume, 1951, p. 119.
130. Jean-Claude TOUTAIN, *La Population de la France de 1700 à 1959*, *in*: *Cahiers de l'ISEA*, 1963, pp. 54-55.
131. Au XVIIIe siècle, dans l'élection picarde de Clermont, cultures à bras: 1850 arpents; labours: 76665; Albéric de CALONNE, *La Vie agricole sous l'Ancien Régime en Picardie et en Artois*, 1883, p. 261.
132. Les bouillies, base de l'alimentation dans les Pyrénées ariégeoises; Les châtaignes, dans le Limousin et le Gévaudan.
133. Louis-René NOUGIER, *Géographie humaine préhistorique*, préface de Pierre DEFFONTAINES, 1959, p. 8.
134. Marc BLOCH, *Les Caractères originaux de l'histoire rurale française*, I, 1952, p. 24.
135. A. N., F^{10} 2211.
136. Isaac de PINTO, *Traité de la circulation et du crédit*, 1771, p. 12.
137. L'Angleterre en effet, à partir de 1689, a encouragé les exportations par des primes (*bounties*) *Cf.* Peter MATHIAS, *The first Industrial Nation*, 1969, p. 71.
138. Jean CHAPELOT, Robert FOSSIER, *Le Village et la maison au Moyen Age*, 1980, p. 147.
139. Jean-Claude TOUTAIN, *Le Produit de*

l'agriculture française de 1700 à 1958. I. *Estimation du produit au XIXe siècle*, *in*: *Histoire quantitative de l'économien française*, dir. J. MARCZEWSKI, *Cahiers de l'ISEA*, série AF, n°1, juillet 1961, p. 23.

140. Georges d'AVENEL, *Histoire économique de la propriété*, *des salaires*, *des denrées et de tous les prix en général depuis l'an 1200 jusqu'en l'an 1800*, I, 1894, p. 268.

141. L. de LAVERGNE, *op. cit.*, pp. 402-403.

142. Marc BLOCH, *Les Caractères originaux de l'histoire rurale française*, I, 1952, p. 22.

143. J. MULLIEZ, « Du blé, " mal nécessaire" », art. cit., pp. 3-47.

144. Ainsi autour de Prades, en 1859, « on arrose ordinairement trois fois le blé, froment et seigle, savoir à l'époque de la floraison, à celle de la grenaison et au commencement du mois de juin afin que la terre puisse conserver une humidité suffisante jusqu'à la parfaite maturité du grain. Il est des années où il faut arroser 4 er même 5 fois... » (Rapport du sous-préfet de Prades, A. N., F^IC III Pyrénées-Orientales 8, *in*: *Documents d'histoire économique 1800—1914*, Service éducatif des Archives Départementales des Pyrénées-Orientales, 1974, p. 10).

145. L. de LAVERGNE, *op. cit.*, p. 139.

146. *Ibid.*, p. 50.

147. Pierre LE PESANT DE BOISGUILLEBERT, *Le Détail de la France*, 1697, rééd. 1966, pp. 253 et 254.

148. G. d'AVENEL, *Histoire économique de la propriété*, *op. cit.*, 1894—1912, 6 volumes.

149. *Ibid.*, I, p. 406.

150. *Ibid.*, I, pp. 394 et 405-407.

151. *Ibid.*, I., p. 275.

152. Moscou, A. E. A., 84/2. 418. p. 7v°.

153. Henrich STRODS, *Die Einschrankung der Wolfsplage und die Viehzucht Lettlands*, 1970, pp. 126-131.

154. G. d'AVENEL, *op cit.*, I, p. 273.

155. L. de LAVERGNE, *op. cit.*, p. 350.

156. A. N., F^11 2740.

157. F. JULIEN-LABRUYERE, *op. cit.*, I, p. 479, En termes de chasse, les bêtes de pelage fauve (lièvres, cerfs, daims, etc.) par opposition aux bêtes noires (loups, sangliers).

158. Les limites des propriétés forestières étaient marquées d'ordinaire par un fossé, souvent reconnaissable aujourd'hui encore.

159. André MATEU, *Un village gascon au temps de Louis XIV Fals-en-Bruilhois ou la chronique de l'abbé Laplaigne*, 1978, p. 10 note 16.

160. L. de LAVERGNE, *op. cit.*, p. 85.

161. *Ibid.*, p. 75.

162. J.-J. MENURET, *Mémoire sur la culture des jacheres*, 1791, p. 28.

163. R. CHAPUIS, *op. cit.*, p. 65.

164. Joseph CRESSOT, *Le Pain au lièvre*, 1973, p. 65.

165. Michel COINTAT, *Tresques en Languedoc ou l'histoire vivante dans le Midi*, 1980, p. 263.

166. A. N., H 1518. Culture des gros navets.

167. Classe de plantes comprenant des herbes annuelles ou vivaces et des arbrisseaux (oseille, persicaire, renouée, rhubarbe, sarrasin...).

168. J.-J. MENURET, *op. cit.*, pp. 18-19.
169. Michel CHEVALIER, *La Vie humaine dans les Pyrénées ariégeoises*, 1956, p. 217.
170. Emmanuel LE ROY LADURIE, *Les Paysans de languedoc*, I, 1966, p. 71.
171. F. JULIEN-LABRUYÈRE, *op. cit.*, I, p. 302.
172. J.-J. MENURET, *op. cit.*, pp. 28-29.
173. R. M. HARTWELL, *The Industrial Revolution and Economic Growth*, 1971, p. 127.
174. Ernest KAHANE, *Parmentier ou la dignité de la pomme de terre*. Essay *sur la famine*, 1978, pp. 38-41.
175. F. BRAUDEL, *Civilisation matérielle...*, I. p. 141.
176. E. KAHANE, *op. cit.*, pp. 52-53.
177. *Ibid.*, pp. 67,73-75,84,91.
178. *Ibid.*, p. 74.
179. A. N., F^{10}242, 29 vendémiaire an IV.
180. Claude CHÉREAU, *Huillé, une paroisse rurale angevine de 1500 a 1836, 1970*, p. 120.
181. J.-J. MENURET, *op. cit.*, pp. 21-22.
182. Guy THUILLIER, *Aspects de l'économie nivernaise au XIXe siècle*, p. 17.
183. Margoter ou marcotter: multiplier une plante en isolant une tige aérienne qui a été préalablement mise en contact avec le sol et qui y a pris racine.
184. A. N., F^{10}210, Libreville, 30 frimaire an III.
185. "La jachère ou *guéret* (ou encore: *versaine*, *sombre*, *somart*, *cultivage*, *estivade*, *cotive*, etc)...", François SIGAUT, "Pour une cartographie des assolements en France au début du XIXe siècle", *in*: *Annales E. S. C.*, 3, 1976, p. 633.
186. G. THUILLIER, *op. cit.*, pp. 52-53.
187. André DELEAGE, *La Vie rurale en Bourgogne jusqu'au début du XIe siècle*, 1941, I, p. 188.
188. Pierre GOUBERT, *Beauvais et le Beauvaisis de 1600 à 1730. Contribution à l'histoire sociale de la France du XVIIe siècle*, 1960, p. 169 note 81.
189. A. N., H 1514, Alfort, Maisons et Créteil, 14 juin 1786.
190. Cité par J. MULLIEZ, art. cit., p. 7.
191. Jean Antoine Claude CHAPTAL, *Chimie appliquée à l'agriculture*, 1823, I, p. XLVI.
192. *Histoire des faits économiques jusqu'au XVIIIe siècle*, dir. par Robert BESNIER, n°502, 1963—1964, p. 42.
193. *Ibid.*, 1962—1963, pp. 63 *sq*.
194. F. JULIEN-LABRUYERE, *op. cit.*, I, p. 202.
195. A. N., H 1515, n°60.
196. Ernest LABROUSSE, "L'expansion agricole: la montée de la production", in Histoire *économique et sociale de la France*, dir. par Fernand BRAUDEL et Ernest LABROUSSE, II, 1970, pp. 435-436.
197. A. N. H 1514, Alfort, Maisons et Créteil.
198. Déroyer ou desroyer: mettre en désordre (*Dictionnaire de la langue française du XVIe siècle*).
199. E. LABROUSSE, in: *Histoire économique et sociale... op. cit.*, II, pp. 436-437.
200. M. BLOCH, *op. cit.*, p. 215.
201. Pour la Basse-Auvergne, sur "l'incompatibilité de al vaine pâture et de la prairie artificielle", Abel POITRINEAU, *La Vie rurale en Basse-*

Au-vergne au XVIIIe siècle, 1965, pp. 243 *sq*.
202. A. N., H 1514.
203. *Procès-verbal de l'Assemblée Provinciale de l'Isle-de-France*, séance du 15 décembre 1787, p. 370.
204. A. N., F[10] 1576, 22 avril 1836.
205. A. N., F[IC] III Meuse 11, 25 juillet 1861.
206. L. de LAVERGNE, *op. cit.*, pp. 10-111.
207. Pierre BARRAL, *in*: "Le monde agricole", in: *Histoire économique et sociale de la France*, dir. par Fernand BRAUDEL et Ernest LABROUSSE, IV, 1979, pp. 359-360.
208. E. LE ROY LADURIE, *Les Paysans de Languedoc*, *op. cit.* I, p. 71.
209. *Ibid.*, p. 59.
210. "En 1700, les intendants s'accordent à reconnaltre que les provinces ne cultivent que le blé nécessaire à leur consommation", J.-C. TOUTAIN, *op. cit.*, I, p. 4, note 5.
211. Chef-lieu de canton du Nord, à19 km de Valenciennes.
212. Arthur YOUNG, *Voyages en France*, *1787*, *1788*, *1789*. II. *Observations gé-nérales sur l'agriculture*, *l'industrie et le commerce*, 1976, pp. 549-550.
213. L. de LAVERGNE, *op. cit.*, pp. 73 *sq*.
214. *Ibid.*, p. 75.
215. Gilles Le BOUVIER dit BERRY, *Le Livre de la description des pays...*, p. p. E. T. HAMY, 1908, pp. 30-31.
216. A. N., F[10] 212 A—B.
217. Joseph de PESQUIDOUX, *Chez nous Travaux et jeux rustiques*, 6e éd. 1921, p. 106.
218. André PLAISSE, *La Baronnie du Neubourg*, 1961, p. 193.
219. J. MULLIEZ, art. cit., pp. 40-41.
220. Paul ADAM, *Systèmes économiques et histoire*, *Essais sur la violence dans les guerres et la paix*, 1980, pp. 197 *sq*.
221. A. N., F[20] 560.
222. Production totale, en 1835, 32 millions de stères de bois; *ibid*.
223. L. de LAVERGNE, *op. cit.*, pp. 95-96.
224. *Ibid.*, p. 435.
225. M. DARLUC, *op. cit.*, I, pp. 263-264.
226. *Statistiques de la France esquissées par Hubert*, *le long d'une période de 90 ans*, *1785 à 1875*, 1883, pp. 20-21.
227. Pierre BONNET, *La Commercialisation de la vie française du Premier Empire à nos jours*, 1929, p. 93.
228. Jacques MULLIEZ, *Les Chevaux du royaume*. *Histoire de l'élevage du cheval et de la création des haras*, 1983.
229. C'est-à-dire milliers de lvres anciennes, soit environ 450 kg.
230. A. N., H[1] 262, 10 janvier 1731.
231. Jacques SAVARY DES BRUSLONS, *Dictionnaire universel de commerce*, éd. 1759, I, col. 550.
232. Abbé Alexandre TOLLEMER, *Journal manuscrit du sire de Gouberville...*, *op. cit.*, pp. 381-384.
233. Au sens ancien, *haras* signifie à la fois l'établissement d'élevage et "les étalons et les cavales renfermés dans le haras" (LITTRÉ).
234. A. TOLLEMER, *op. cit.*, pp. 367-369.
235. A. N., F[10] 222, Mémoire sur l'engrais des bœufs en Limousin et pays adjacents, février 1791.
236. A. N., F[11] 2740.
237. Xavier de PLANHOL, "Essai sur la genèse du paysage rural de champs ouverts", *in*: *Annales de l'Est*,

Actes du colloque international de Nancy, 2-7 septembre 1957, pp. 418-419.

238. *Ibid*.

239. André LEGVAI, *De la seignearie à L'Etat. Le Bourbonnaris perdant la guerre de Cent Ans*, 1969, p. 20.

240. Victor HUGO, *Les Pyrénées*, éd. Danièle Lamarque, 1984, p. 170.

241. A. N., F^{10}628, 1733.

242. A. TOLLEMER, *op. cit.*, pp. 391-399.

243. "L'usage dangereux qu'ont les habitants des campagnes d'étre pêlemêle avec lerus bestiaux" est dénoncé comme une cause de dépopulation des Côtes-du-Nord, en l'an IX. *Cf.* Octave FESTY, "La situation de la population française d'après la session de l'an IX de sconseils généraux de départment", *in*: *Revue d'histoire économique et sociale*, 1954, p. 288; *cf.* aussi le rapport du Docteur Bagot, cité par Jean-Pierre GOUBERT, *Maladies et médecins en Bretagne*, *op. cit.*, pp. 192-193.

244. JAQUET, *Mémoire sur la statistique de l'arrondissement de Suze...*, an X, p. 9, p. p. Charles MAURICE, *La Vie agricole au XVIII*[e] *siècle dans l'ancien Ecarton d'Oulx*, réimpr. 1981.

245. Jean ANGLADE, *La Vie quotidienne dans le Massif Central au XIX*[e] *siècle*, 1971, p. 162.

246. Nicolas Luton DURIVAL, *Description de la Lorraine et du Barrois*, 1778, I, pp. 288-289.

247. P. ARBOS, *op. cit.*, pp. 12 *sq*.

248. *Ibid.*, p. 21.

249. Dom Thierry RUINART, *Voyage littéraire... en Lorraine et en Alsace*, 1862, p. 50.

250. Jean et Renée NICOLAS, *La Vie quotidienne en Savoie aux XVII*[e] *et XVIII*[e] *siècles*, 1979, pp. 21 *sq*.

251. *Ibid.*, p. 23.

252. A. N., F^{10}222, Mémoire sur l'engrais des bœufs en Limousin et pays adjacents, février 1791.

253. J. MULLIEZ, *Les Chevaux du royaume...*, *op. cit.*, pp. 38-39.

254. Noëlle BERTRAND, *Colondannes, village creusois (1623—1802)*, 1975, p. 43.

255. P. ARBOS, *op. cit.*, p. 203.

256. Archives des Bouches-du-Rhône, amirauté de Marseille, BIX, 14.

257. M. JAUFFRET, *Petite Ecole des arts et métiers...*, I, 1816, p. 49.

258. P. ARBOS, *op. cit.*, pp. 183-184.

259. Fromage de deuxième catégorie.

260. P. ARBOS, *op. cit.*, pp. 167-168.

261. *Ibid.*, p. 185.

262. L. de LAVERGNE, *op. cit.*, p. 317.

263. A. N., Z^{IC}430-431.

264. De *trans*, au-delà, et *humus*, terre.

265. F. BRAUDEL, *La Méditerranée...*, I, pp. 76 *sq*.

266. Cité par F. JULIEN-LABRUYÈRE, *op. cit.*, I, pp. 402-403.

267. Archives départementales de la Lozère C 480, citées par A. -M. BRISEBARRE, *op. cit.*, pp. 99-100.

268. A. -M. BRISEBARRE, *op. cit.*, pp. 103-104.

269. Bernard DUHOURCAU, *Guide des Pyrénées mystérieuses*, 1973, pp. 119-120.

270. René NELLI, "Le berger dans le pays d'Aude", *in*: *Folklore, revue d'ethnologie méridionale*, printemps 1952, pp. 3-13.

271. Jean-Pierre PINIES, *Figures de la sor-*

cellerie languedocienne, 1983, p. 45 (*arma* = âme dans le languedocien archalque).

272. Thérèse SCLAFERT, *Cultures en Haute-Provence: déboisements et pâturages au Moyen Age*, 1959.
273. Marie MAURON, *La Transhumance du pays d'Arles aux grandes Alpes*, 1952.
274. A.-M. BRISEBARRE, *op. cit.*
275. Jacques MULLIEZ, "Pratiques populaires et science bourgeoise: l'élevage des gros bestiaux en France de 1750 à 1850", *in*: Actes du Congrès de Clermont-Ferrand, "*L'Elevage dans les hautes terres*", 1982, p. 299.
276. L. de LAVERGNE, *op. cit.*, pp. 90-91.
277. *Ibid.*, p. 212. *Cf.* aussi le *Larousse agricole*, publié sous la direction de Jean-Michel CLEMENT, 1981, à la rubrique "Bretonne Pie Noire."
278. A. N., F[10]1574.
279. *Ibid.*
280. J. MULLIEZ, "Pratiques populaires...", *art. cit.*, p. 299.
281. *Larousse agricole*, *op. cit.*, légende de la première photo entre les pages 208 et 209.
282. *Ibid.*, pp. 55-56.
283. A. N., F[10]222, Mémoire sur l'engrais des bœufs en Limousin et pays adjacents, février 1791.
284. *Ibid.*
285. Charles PIGAULT LEBRUN, et Victor AUGIER, *Voyage dans le Midi de la France*, 1827, p. 31.
286. J. MULLIEZ, *Les Chevaux du royaume...*, *op. cit.*, p. 81.
287. J. SAVARY DES BRUSLONS, *Dictionnaire...*, *op. cit.*, article "Cheval", I, col. 1057 et 1060.
288. R. CHAPUIS, *op. cit.*, p. 73.
289. A. N., F[12]67. fol. 98-99, 4 avril 1720.
290. Georges de MANTEYER, *Le Livre journal tenu par Fazy de Rame en langage embrunais (6 juin 1471—10 juillet 1507)*, II, 1932, p. 85.
291. P. ARBOS, *op. cit.*, p. 182.
292. "*Un paysan qui a une charrette et deux bœufs est à son aise*", écrit en 1713 l'intendant de Guyenne; cité par Jean-Pierre POUSSOU, *in*: *Hommage à Philippe Wolff*, *Annales du Midi*, 1978, p. 409.
293. Antoine LOISEL, *Mémoires des pays de Beauvaisis...*, 1617, p. 27, cité par Pierre GOUBERT, *Beauvais et le Beauvaisis...*, p. 111.
294. Gabriel DU MOULIN, 1631, cité par René DUMONT, *Voyages en France d'un agronome*, 1951, pp. 376 et 379.
295. D. HALEVY, *op. cit.*, p. 217.
296. Edouard DEMOLINS, *Les Français d'aujourd'hui*, 1898, p. 133.
297. Robert LAURENT, *Les Vignerons de la "Côte d'or" du XIXe siècle*, 1958, p. 18.
298. Léonce de LAVERGNE, *Economie rurale de la France depuis 1789*, 1860, éd. 1877, p. 123.
299. E. DEMOLINS, *op. cit.*, p. 137.
300. Roger DION, *Histoire de la vigne et du vin en France des origines au XIXe siècle*, 1959, éd. 1977, p. 650.
301. E. DEMOLINS, *op. cit.*, p. 133.
302. A. N., F[10]226, p. 35.
303. Georges DURAND, *Vin, vigne et vignerons en Lyonnais et Beaujolais*, 1979, p. 11.
304. Renée CHAPUIS, *Une vallée franc-*

comtoise... op. cit., p. 17.

305. Cité par R. DION, *op. cit.*, p. 101.
306. Diodore de Sicile, cité par R. DION, *op. cit.*, p. 102.
307. André DELÉAGE, *La Vie rurale en Bourgogne jusqu'au début du XIe siècle*, 1941, I, p. 154.
308. Charles LAMPRECHT, *Etudes sur l'état économique de la France pendant la première partie du Moyen Age*, 1889, p. 23.
309. Alfred LEROUX, *Le Massif Central. Histoire d'une région de la France*, 1898, II, p. 50.
310. Gustave BLOCH, *Les Origines. La Gaule indépendante et la Gaule romaine*, *in*: *Histoire de France*, p. p. E. LAVISSE, 1911, II, p. 425.
311. R. DION, *op. cit.*, p. 129.
312. *Ibid.*, p. 148.
313. *Ibid.*, p. 165.
314. *Ibid.*, p. 202 et p. IX.
315. F. BRAUDEL, *Civilisation matérielle...*, *op. cit.*, II, p. 231.
316. *Histoire de l'Alsace*, p. p. Philippe DOLLINGER, 1970, pp. 158 et 175; Jean-Pierre KINTZ, *La Societé strasbourgeoise 1560—1650*, 1984, pp. 319 *sq*.
317. "Les formations alluviales caillouteuses appelées *graves* possèdent les propriétés physiques qui font les grands vins de Bordeaux", R. DION, *op. cit.*, p. 34.
318. Nicolas de LAMOIGNON de BASVILLE, *Mémoires pour servir à l'histoire du Languedoc*, 1734, p. 252.
319. *Ibid.*, p. 258.
320. *Ibid.*, p. 271.
321. F. BRAUDEL, *Civilisation matérielle...*, I, p. 200.
322. Michel BELOTTE, *La Région de Bar-sur-Seine...*, *op. cit.*, 1973, p. 45.
323. A. N., F^{20}221.
324. Emile APPOLIS, *Le Diocèse civil de Lodève*, 1951, pp. 421-422.
325. P. GOUBERT, *Beauvais et le Beauvaisis...*, *op. cit.*, 1960, p. 168.
326. Mariel JEAN-BRUHNES DELAMARRE, *Le Berger dans la France des villages*, 1970, p. 20.
327. A. N., F^{20}221 Marne.
328. R. DION, *op. cit.*, pp. 462 *sq*.
329. *Ibid.*, p. 469.
330. *Ibid.*, p. 491.
331. *Ibid.*, pp. 459-460.
332. Pierre de SAINT-JACOB, *Les Paysans de la Bourgogne du Nord au dernier siècle de l'Ancien Régime*, 1960, p. 539.
333. J. SAVARY DES BRUSLONS, *Dictionnaire universel de commerce*, 1762, IV^{I}, article "Vin", col, 121 *sq*.
334. L. de LAVERGNE, *op. cit.*, p. 123.
335. P. CLÉMENT, *Lettres, instructions et mémoires de Colbert*, 1861—1882, II, pp. 624-625.
336. R. DION, *op. cit.*, p. 33.
337. Brassier: celui qui n'a que ses bras pour travailler, synonyme de manouvier.
338. F. BRAUDEL, *Civilisation matérielle...*, II, p. 278.
339. *Voyages du chevalier Chardin en Perse et autres lieux de l'Orient*, IV, 1811, p. 107.
340. F. BRAUDEL, *Civilisation matérielle...*, I, p. 200.
341. Pierre CHERRUAU, "Sauternes fait main", *in*: *Le Monde*, 30 *septembre* 1984.
342. R. DION, *op. cit.*, pp. 119-120.

343. "Le vin de Suresnes", in: *Le Monde*, 22 *septembre* 1984.
344. Cité par R. DION, *op. cit.*, p. 25.
345. Gaston ROUPNEL, *Histoire et destin*, 1943, pp. 61-62.
346. Henry de ROUVIÈRE, *Voyage du tour de France*, 1713, p. 56.
347. Arthur YOUNG, *Voyages en France 1787, 1788, 1789*, 1976, I, p. 93.
348. POTTIER DE LA HESTROYE, *Réflexions sur la Dime royale*, 1716, I, p. 52 et *infra*.
349. J. SAVARY DES BRUSLONS, *op. cit.*, I, 1759, p. 531.
350. Cité par Jean CLAUDIAN, "Quelques réflexions sur l'évdution du vocabulaire alimentaire", *in*: *Cariers de Nutrtion et de Diététique*, IX, p. 163.
351. E. DEMOLINS, *op. cit.*, p. 84.
352. J. SAVARY DES BRUSLONS, *op. cit.*, II, 1766, colonne 785.
353. A. N., F 10 226.
354. Adrien de GASPARIN, *Coursd'agriculture*, 1831, éd. 1860, pp. 1-2.
355. Frédéric LULLIN DE CHATEAUVIEUX, *Voyages agronomiques en France*, 1843, I, pp. 283 et 287.
356. A. N., H 1510 n°16, cité par Marc BLOCH, *Les Caractères originaux de l'histoire rurale française*, 1952, p. 54.
357. F. LULLIN DE CHATEAUVIEUX, *op. cit.*, II, pp. 331-332.
358. A. de GASPARIN, *op. cit.*, V, p. 3.
359. *Le Livre de main des Du Pouget (1522—1598)*, éd. Louis GREIL, 1897, p. 20.
360. Christophe MATHIEU de DOMBASLE, *Traité d'agriculture*, 1862, p. 213.
361. *Procès-verbal de l'Assemblée provinciale de l'Ile-de-France*, 1787, p. 245.
362. Jean MEUVRET, *Le Problème des subsistances à l'époque de Louis XIV*, 1977, p. 111.
363. Henri-Louis DUHAMEL DU MONCEAU, *Eléments d'agriculture*, 1762, livre II, ch. IV. p. 221.
364. François SIGAUT, "Pour une cartographie des assolements en France au début du XIXe siècle", *in*: *Annales E.S.C.*, 1976, pp. 631-643.
365. François SIGAUT, "Quelques notions de base en matière de travail du sol dans les anciennes cultures européennes", *in*: *Les Hommes et leurs sols-Les techniques de préparation du champ dans le fonctionnement et l'histoire des systèmes de culture*. Numéro spécial du *Journal d'Agriculture et de Botanique appliquée*, 1977, p. 155.
366. Etienne JUILLARD, *Problèmes alsaciens vus par un géographe*, 1968, p. 112.
367. Jean-Robert PITTE, *Histoire du paysage français*, 1983, II, p. 62 et note 551 p. 150 d'après Gérard SIVERY, "Les noyaux de bocage dans le nord de la Thiérache à la fin du Moyen Age", *in*: *Les Bocages*, 1976, pp. 93-96.
368. J.-R. PITTE, *op. cit.*, II, p. 63.
369. Louis MERLE, cité par J.-R. PITTE, *op. cit.*, II, p. 63 et note 555, p. 150.
370. René LEBEAU, cité par J.-R. PITTE, *op. cit.*, II, p. 63 et note 556, p. 150.
371. J.-R. PITTE, *op. cit.*, II, p. 63.
372. Arthur YOUNG, *Voyages en France*, *op. cit.*, II, p. 617.
373. François SIGAUT, "La jachère en

Ecosse au XVIIIe siècle: phase ultime de l'expansion d'une technique", *in*: *Etudes rurales*, *janv* - mars 1975, p. 99.
374. L. de LAVERGNE, *op. cit.*, p. 257.
375. Germain SICARD, "Le métayage dans le Midi toulousain à la fin du Moyen Age", *in*: *Mémoires de l'Académie de législation*, Toulouse, 1955, p. 36.
376. Paul Louis MALAUSSENA, *La Vie on Provence orientale aux XIVe et XVe siècle*, 1969, p. 87.
377. Roger DION, " La part de la géographie et celle de l'histoire dans l'explication de l'habitat rural du Bassin Parisien", *in*: *Publications de la Societé de Gographie de Lille*, 1946, p. 72.
378. Pierre MASSÉ, *Varennes et ses maitres*, 1926, p. 24.
379. Lynn WHITE, *Medieval Technology*, 1962, p. 72, cité par F. SIGAUT, "Pour une cartographie des assolements...", p. 635.
380. R. DION, art. cit., p. 11.
381. J. MULLIEZ, art, cit., p. 11
382. F. SIGAUT, art. cit., p. 636.
383. J. MULLIEZ, *op. cit.*, pp. 108-109.
384. René MUSSET, "Les anciens assolements et la nourriture", *in*: *Mélanges géographiques offerts à Ph. Arbos*, 1953, p. 176.
385. *Mémoires de Oudard Coquault*, *bourgeois de Reims* (*1649—1669*), p. p. Charles LORIQUET 1875, I, p. 183.
386. A. N., F^{11}222.
387. P. MASSÉ, *op. cit.*, pp. 23-24.
388. *Ibid.*, p. 23.
389. Maurice LE LANNOU, "Les sols et les climats", *in*: *La France et les Français*, p. p. Michel FRANÇOIS, 1972, pp. 23-24.
390. Pierre de SAINT-JACOB, "Etudes sur l'ancienne communauté rurale en Bourgogne", *in*: *Annales de Bourgogne*, 15, 1943, p. 184.
391. *Les Bocages*, *histoire*, *écologie*, *économie*. Table ronde du C. N. R. S., Rennes, 1976, I. Géographie. Pierre FLATRES, *Rapport de synthèse*, pp. 21-30.
392. L. de LAVERGNE, *op. cit.*, p. 186.
393. *Ibid.*, p. 208.
394. Marc BLOCH, *op. cit.*
395. *Herms*, nom dans le Midi des terres incultes et improductives. *Terre gaste*, Georges BERTRAND, "Pour une histoire écologique de la France rurale", *in*: *Histoire de la France rurale*, p. p. G. DUBY, 1975, p. 74.
396. L. de LAVERGNE, *op. cit.*, p. 264.
397. *Ibid.*, p. 269.
398. *Ibid.*, p. 270.
399. P. L. MALAUSSENA, *op. cit.*, p. 84.
400. L. de LAVERGNE, *op. cit.*, pp. 246-247.
401. François Hilaire GILBERT, *Recherches sur les moyens d'étendre et de perfectionner la culture des prairies artificielles*, 1787, p. p. Ch. DUFOUR. 1880, p. 35.
402. Marc BLOCH, *op. cit.*, 1931, rééd. 1952, pp. X et XIV.
403. François SIGAUT, "Pour une cartographie...", art. cit., p. 632.
404. Maurice LE LANNOU, *Pâtres et paysans de la Sardaigne*, 1941, p. 195.
405. Xavier de PLANHOL, "Essai sur la genèse du paysage rural de champs ouverts", *in*: *Annales de l'Est*, 1959, p. 416.
406. Michel CONFINO, *Systèmes agraires et*

progrès agricoles. L'assolement triennal en Russie aux XVIIIe*—XIX*[e] *siècles*, 1969, *passim* et pp. 29-46.

407. Laszlo MAKKAL, "Grands domaines et petites exploitations, seigneur et paysan en Europe au Moyen Age et aux temps modernes", *in*: *Eight international Economic Congress*, Budapest, 1982, "*A*" *Themes*, pp. 10-11.

408. Comte de GASPARIN, *Cours d'agriculture*, V, p. 6.

409. J. -R. PITTE, *op. cit.*, pp. 40 et 117.

410. R. MUSSET, art. cit., p. 172.

411. X. de PLANHOL, art. cit., p. 417.

412. Robert SPECKLIN, *La Géographie de la France dans la littérature allemande* (1870—1940), 1979; "Etudes sur les origines de la France", *in*: *Acta Geographica*, 2e trimestre 1982.

413. Olivier LAUNAY, *La Civilisation des Celtes*, 1975, p. 170.

414. Lucien GACHON, "Regards sur la campagne française", *in*: *Les Nouvelles Littéraires*, 10 fovrier 1940, p. 2.

415. François SIGAUT, *Les Réserves de grains à long terme*, 1978, p. 32.

416. *Ibid.*, p. 21.

417. J. SAVARY DES BRUSLONS, *op. cit.*, 1762, pp. 524-525, article: "Blé".

418. Geneviève ACLOCQUE, *Les Corporations et le commerce à Chartres du XI*[e] *siècle à la Révolution*, 1917, p. 212.

419. Maurice BLOCK, *Du commerce des grains*, 1854, p. 59.

420. G. ACLOCQUE, *op. cit.*, p. 214.

421. *Ibid.*, p. 215.

422. *Ibid.*, pp. 218-220.

423. Blattiers: "Petits marchands forains qui vont avec des chevaux et des ânes chercher du blé dans les campagnes éloignées... et l'amènent à somme dans les marchez..., ou bien proche des rivières ou ils le vendent aux marchands qui chargent pour les... grandes villes" (Nicolas de LAMARE, *Traité de police*, II, 1710, p. 738).

424. G. ACLOCQUE, *op. cit.*, p. 215.

425. A. N., Y 10558 a (4mai1775).

426. Gazier: travailleur du textile, ouvrier en gaze.

427. F. SIGAUT, *Les Réserves de grains...*, *op. cit.*, p. 37.

428. F. LULLIN DE CHATEAUVIEUX, *op. cit.*, I, p. 62.

429. A. N., F[12] 647-648.

430. Pierre LE GRAND D'AUSSY, cité par Jean CLAUDIAN, "L'homme et son pain", *in*: *Cahiers de nutritionet de diététique*, VII, 1972, p. 269 note 1.

431. A. N., F[10] 226.

432. Georges DUBY, *L'Economie rurale et la vie des campagnes dans l'Occident médiéval*, I, 1962, pp. 223-224.

433. POTTIER DE LA HESTROYE, *op. cit.*, I, pp. 122-123.

434. Mais pas forcément ce que nous appelons aujourd'hui pain blanc, fait de farines à très fort taux de blutage que les moulins ne peuvent fournir que depuis l'avènement du moulin à cylindre, dans les dernières années du XIXe siècle. Elles sont restées une rareté tant que le tamisage se faisait à la main. Jusque-là la farine de pur froment, plus blanche que les autres même grossièrement débarrassée du son, était à elle seule un luxe. Henri BEAUFOUR, *Le Préjugé du pain blanc*, 1931, pp. 8-9.

435. F. BRAUDEL, *Civilisation matérielle...*, I, p. 110; Jean MEYER, *La Noblesse*

bretonne au XVIIIe siècle, 1966, pp. 446-447.

436. Jacques-Joseph JUGE SAINT MARTIN, *Changements survenus dans les mœurs des habitants de Limoges depuis une cinquantaine d'années*, 1817, pp. 14-15.

437. Valentin JAMMERET-DUVAL, *Mémoires*, 1981, p. 112.

438. A. N., F^{10}★1B(1786) et A. N., H 514(1787).

439. A. N., F^{10}★1B.

440. Jean-Claude TOUTAIN, dans ses statistiques rétrospectives, aboutit pour les années 1781—1790, à un chiffre proche, entre 2420 et 2850 millions de livers. *Le Produit de l'agriculture française de 1700 à 1958*, I, p. 215(*Cahiers de l'I. S. E. A.*, 1961).

441. J. MARCZEWSKI, "Ya-t-il eu un'take off' en France?", *in*: *Evolution des techniques et progrès de l'économie. Cahiers de I. S. E. A.*, mars 1961 (série AD, n°1), p. 72.

442. J. SAVARY DES BRUSLONS, *op. cit.*, I, 1760, article "Ecu", colonne 250.

443. J.-C. TOUTAIN, *op. cit.*, I, p. 8.

444. SULLY, *Mémoires*, III, éd. 1822, p. 485.

445. Antoine de MONTCHRÉTIEN, *Traité de l'économie politique*, Rouen, 1615, éd. 1889, pp. 23-24.

446. VAUBAN, *Projet d'une disme royale*, 1707, p. 26.

447. A. N., F^{12}647-648.

448. A. N., F^{12}673(vers 1696).

449. Mémoire publié par la Société d'Agriculture, Sciences, Arts et Belles-Lettres de l'Aube, 1836, p. 151.

450. J. SAVARY DES BRUSLONS, *Dictionnaire universel de commerce*, II, 1760, col. 781, article: "Fromage".

451. F. LULLIN DE CHATEAUVIEUX, *op. cit.*, I, p. 298.

452. A. N., F^{IC}III, Saône et Loire.

453. Pas moins de 300000 écus pour un seul achat en Suisse, en mars 1710. A. N., $G^7$1511(1711).

454. A. N., F^{10}226(30 janvier 1792).

455. A. N., F^{12}1904.

456. A. N., F^{10}1576(1837).

457. Jean-Henri SCHNITZLER, *Statistique générale, méthodique et complète de la France comparée aux autres grandes puissances de l'Europe*, tome IV, p. 40.

458. Alfred SAVVY, *Histoire économique de la France entre les deux guerres (1918—1931)*, I, 1965, pp. 239-240. Pour la moyenne 1903—1912, voir *Annuaire rétrospectif de l'INSEE*.

459. René GIRAULT, "Place et rôle des échanges extérieurs", *in*: *Histoire économique et sociale de la France*, pp. F. BRAUDEL et E. LABROUSSE, IV, 1979, p. 199.

460. Arthur de BOISLISLE, *Correspondance des controleurs généraux des finances avec les Intendants des provinces*, I, 1874, p. 11. (M. de Ris, intendant à Bordeaux au Contrôleur Général, 8 janvier 1684).

461. *Ibid*.

462. Bernard Hendrik SLICHER VAN BATH, cité par Immanuel WALLERSTEIN, *Le Système du monde du XVe siècle à nos jours. I. Capitalisme et économie monde 1450—1640*, 1980, p. 92.

463. Ange GOUDAR, *Les Intérêts de la France mal entendus*, 1756, I, p. 19.

464. A. N., F^{10}226 et F. BRAUDEL, *Civilisation matérielle...*, I, p. 86.
465. A. N., F^{IC}III, Côte-d'Or, 7(1819).
466. A. N., H 1517 (Dufriche de Valazé à M. de Tarlé).
467. A. N., F^{10}226(1792)
468. A. N., G^{7}449 (Thouars 27 avril 1683).
469. Archives du Ministère de la Guerre, A 1 1524, 6 (Rochefort, 2 janvier 1701).
470. A. SAUVY, *op. cit.*, I, 1965, pp. 239-240.
471. Alfred RAMBAUD, *Histoire de la civilisation contemporaine en France*, 1888, éd. 1926, p. 488.
472. Abbé de MABLY, *Le Commerce des grains*. Œuvres, XIII, pp. 291-297.
473. Pierre LE PESANT DE BOISGUILLEBERT, *Le Détail de la France*, 1697, 1966, I, p. 381.
474. Nicolas de LAMARE, *Traité de police*, II, 1710, p. 1038.
475. A. N., G^{7}1651, fol. 26.
476. A. N., G^{7}, 1651, f°27.
477. Ustensile: droit pour les troupes de passage de prendre chez l'habitant le lit, le pot et la place au feu et à la chandelle (LITTRÉ).
478. A. N., G^{7}156 (Dijon, 12 juillet 1682).
479. Yves-Marie BERCÉ, *Histoire des croquants*, 1974, p. 65.
480. POTTIER DE LA HESTROYE, *op. cit.*
481. A. YOUNG, *op. cit.*, II, p. 863.
482. Jean FOURASTIE, *Machinisme et bien-être*, 1962; en 1899, ils faisaient vivre 43 personnes (aujourd'hui 300).
483. Jean FOURASTIÉ, *Les Trente Glorieuses*, 1979, p. 159.
484. Marquis d'ARGENSON, *Mémoires*, 26 janvier 1732, p. p. J. E. B. RATHERY, 1859, II, p. 72.
485. F. BRAUDEL, *Civilisation matérielle...*, I, p. 58.
486. A. N., G^{7}1633 (Bérulle).
487. A. N., G^{7}103 (Desmarets de Vaubourg).
488. *Ibid.*
489. A. N., G^{7}346.
490. F. BRAUDEL, *Civilisation matérielle* I, p. 55.
491. A. N., F^{11}704 (30 avril 1812).
492. Philippe SUSSEL, *La France de la bourgeoisie 1815—1850*, 1970, p. 70.
493. Toschio HORII, "La crise alimentaire de 1853 à 1856 et la caisse de la boulangerie", *in*: *Revue historique*, oct.-déc. 1984, pp. 375 *sq*.
494. E. LAVISSE, *Histoire de France*, 1911, IV, pp. 132 *sq*.
495. *Ibid*, 1911, VII, 1, p. 349.
496. Louise A. TILLY, "La révolte frumentaire, forme de conflit politique en France", *in*: *Annales E. S. C.*, 1972, p. 731.
497. Arsenal, M 4116. Chevrepied: qui a des pieds de chèvre, en parlant du dieu Pan, des faunes, des satyres et-par extension-d'hommes capables de violence et d'agression.
498. Auguste POIRSON, *Histoire de règne de Henri IV*, 1862, I, pp. 593 *sq*.
499. Boris PORCHNEV, *Les Soulèvements populaires en France de 1623 à 1648*, 1963, *passim*.
500. E. LAVISSE, *op. cit.*, VII, I, p. 355.
501. Y.-M. BERCÉ, *op. cit.*, II, p. 681.
502. B. PORCHNEV, *op. cit.*
503. Hugues NEVEUX, "Die ideologische Dimension der französischen

Bauernaufstän de im 17. Jahrhundert", *in*: *Historische Zeitschrift*, avril 1984.

504. P. GOUBERT, *Beauvais et le Beauvaisis...*, *op. cit.*, 1960, p. L.

505. F. JULIEN-LABRUYÈRE, *Paysans charentais*, *op. cit.*, I, p. 302.

506. George RUDÉ, "The growth of cities and popular revolt-1750-1850", *in*: *French Government and Society. 1500—1850*, p. p. J. F. BOSHER, 1973, p. 176; Ernest LABROUSSE, *in*: LABROUSSE-BRAUDEL, *Histoire économique et sociale de la France*, II, p. 729; Jean MEYER, *in*: *Histoire de France*, p. p. Jean FAVIER, III, *La France moderne*, p. 448.

507. Jean NICOLAS, "L'enjeu décimal dans l'espace rural savoyard", *in*: *Prestations paysannes, dîmes, rentes foncières et mouvement de la production agricole à l'époque industrielle*, p. p. Joseph GOY et Emmanuel LE ROY LADURIE, pp. 66. note 20, p. 674 et note 64, p. 690.

508. A. N., $G^7$1642, 396.

509. A. N., $G^7$415-416.

510. A. N., $G^7$1642, 403.

511. François LEBRUN, *L'Histoire vue de l'Anjou*, 1963, I, pp. 169 et 170.

512. A. N., $G^7$1646.

513. *Ibid.*

514. A. N., $G^7$1647.

515. F. LEBRUN, *op. cit.*, I, pp. 170-171.

516. A. N., $G^7$1646, 342 (Moulins, 16 juin 1709).

517. A. N., $G^7$1646, 369 (Orléans, 20 mars 1709).

518. F. LEBRUN, *op. cit.*, pp. 192-194.

519. A. N., F^{11}2740.

520. TOULOT, *Subsistances 1816. Vues générales sur la nécessité de faire des achats de grains à l'étranger pour parer à l'insuffisance de la récolte de 1816*, 20 janvier 1817, p. 5.

521. Carreau: lieu de vente autour des halles.

522. A. N., F^{11}726.

523. A. N., H 1517.

524. A. N., F^{11}728.

525. *Ibid.*

526. Alfred RAMBAUD, *Histoire de la civilisation contemporaine en France*, 1888, 6e éd. 1901, p. 488.

527. L. de LAVERGNE, *op. cit.*, p. 440 note 1.

528. René PILLORGET, *Les Mouvements insurrectionnels de Provence entre 1595 et 1715*, 1975, p. 989.

529. Pierre LÉON, "L'épanouissement d'un marché national", *in*: *Histoire économique et sociale de la France*, p. p. F. BRAUDEL et E. LABROUSSE, III^1, 1976, pp. 301-302.

530. L. de LAVERGNE, *op. cit.*, p. 45.

531. Yves LEQUIN, *Histoire des Français*, II, *La société*, p. 307.

532. Adeline DAUMARD, *Les Fortunes françaises du XIXe siècle*, 1973, p. 192.

533. Pierre LÉON, *in*: BRAUDEL-LABROUSSE *op. cit.*, III^2, pp. 604-606.

534. Alain PLESSIS, *les Régents et gouverneurs de la Banque de France*, 1985, p. 204.

535. R. LAURENT, *in*: F. BRAUDEL-E. LABROUSSE, *op. cit.*, III^2, pp. 740-744.

536. Félix GAIFFE, *L'Envers du grand siècle*, 1924, pp. 117 *sq.*

537. L. de LAVERGNE, *op. cit.*, p. 38.

538. A. N., F^{11}2740 (Amiens, 23 et 28 avril).

539. A. N., F^{11}2740 (Paris, 3 juin 1817).
540. Guy THUILLIER, *Aspects de l'économie nivernaise au XIXe siècle*, 1966, p. 82.
541. Elisabeth CLAVERIE, Pierre LAMAISON, *L'Impossible Mariage, violence et parenté en Gévaudan, XVIIe, XVIIIe et XIXe siècle*, 1982, p. 339.
542. G. THUILLIER, *op. cit.*, pp. 75-76.
543. *Ibid.*, pp. 81-82.
544. Louis LÉOUZON, *Agronomes et éleveurs*, 1905, p. 232.
545. Paulette SEIGNOUR, *La Vie économique du Vaucluse de 1815 à 1848*, 1957, p. 101.
546. Joseph PESQUIDOUX, *Chez nous. Travaux et joies rustiques*, 6e *éd.* 1921, p. 141.
547. Souvenir personnel.
548. Daniel ZOLA, *L'Agriculture moderne*, 1913, p. 13.
549. L. de LAVERGNE, *op. cit.*, 1877, p. 105.
550. *Ibid*, 1877, p. 194.
551. Aimé PERPILLOU, "Essai d'établissement d'une carte de l'utilisation du sol et des paysages ruraux en France", *in*: *Mélanges géographiques offerts à Philippe Arbos*, 1953, p. 197.
552. L. de LAVERGNE, *op. cit.*, pp. 51-52 et pp. 402-403 où l'auteur corrige en partie les chiffres donnés p. 52.
553. Robert LAURENT, "Tradition et progrès: le secteur agricole", *in*: *Histoire économique et sociale de la France*, pp. F. BRAUDEL et E. LABROUSSE, III², p. 672.
554. *Ibid.*, p. 682.
555. Pierre BARRAL, "Le monde agricole", *in*: *Histoire économique et sociale de la France*, p. p. F. BRAUDEL et E. LABROUSSE, IV¹ 1979, p. 361.
556. André GAURON, *Histoire économique et sociale de la Cinquième République*, I. *Le temps des modernistes*, 1983, p. 19.

第四章

1. Isaac de PINTO, *Traite de la circulation et du credit*, 1771, p. 218.
2. Ce n'est pas la définition marxiste de ces mots, bien entendu.
3. Pierre CHAUNU, *La Civilisation de l'Europe classique*, 1970, p. 26.
4. Voir *infra*, courbe et p. 186
5. Heinrich BECHTEL, *Wirtchaftsgeschichte Deutschlands von der Vorzeit bis zum Ende des Mittelalters*, I, 1951, p. 255.
6. François-Gabriel de BRAY, *Essai critique sur l'histoire de la Livonie*, III, 1817, pp. 22-23.
7. Hugh SETON-WATSON, *The Russian Empire 1801—1917*, 1967, pp. 21 *sq*.
8. Julius BELOCH, « Die Bevölkerung Europas im Mittelalter », in: *Zeitschrift für Sozialwissenschaft*, 1900, p. 409.
9. Chiffres que me communique Gérard CALOT de l'I. N. E. D., 28 mai 1984.
10. Bien que, à la fin du XVIIIe siècle encore, il n'y ait que "l'ébauche d'un réseau urbain vivarois" (Alain MOLINIER, *Stagnation et croissance, Le Vivarais aux XVIIe—XVIIIe siècles*,

1985, pp. 46-47 et 67 *sq.*), il s'agit de bourgades depuis longtemps stagnantes, mais très anciennement fondées. (Pierre BOZON, *Histoire du peuple vivarois*, 1966, pp. 263 *sq.*) De même dans le Gévaudan.

11. Guy BOIS, *Crise du feodalisme*, 1976, pp. 61 et 66-67.
12. Yves RENOUARD, *Les Villes d'Italie de la fin du Xe siècle au debut du XIVe siècle*, 1969, I, p. 15.
13. Jean SCHNEIDER, "Problèmes d'histoire urbaine dans la France médiévale", *in*: *Actes du 100e Congrès National des Societes Savantes* (Paris, 1975), 1977, p. 150.
14. *Ibid.*, p. 153.
15. *Ibid.*, p. 152.
16. Ce que Bernard CHEVALIER, *Les Bonnes Villes de France du XIVe au XVIe siècle*, 1982, a bien mis en lumière.
17. G. BOIS, *op. cit.*, pp. 311-314.
18. Edouard PERROY, "A l'origine d'une économie contractée, les crises du XIVe siècle", *in*: *Annales E. S. C.*, 1949, pp. 167-182; Wilhelm ABEL, *Crises agraires en Europe (XIIIe—XXe siècles)*, 1973, p. 75, cités par G. BOIS, *op. cit.*, p. 84, note 32.
19. F. BRAUDEL, *La Mediterranee...*, I, pp. 468 *sq.*
20. Cité par Friedrich LÜTGE, *Deutsche Sozial-und Wirtschaftsgeschichte*, éd. 1976, p. 207.
21. Jean-Robert PITTE, *Histoire du paysage français*, I, 1983, p. 149.
22. B. CHEVALIER, *Les Bonnes Villes de France...*, *op. cit.*
23. Louis STOUFF, "La population d'Arles au XVe siècle: composition socioprofessionnelle, immigration, répartition topographique", *in*: *Habiter la ville, XVe—XXe siècles*, Actes de la table ronde organisée sous la direction de Maurice GARDEN et Yves LEQUIN, Lyon, 1984, p. 8.
24. Henri SÉE, *Louis XI et les villes*, 1892, *passim*.
25. *Ibid.*
26. F. REYNAUD, "Du comté au royaume (1423—1596)", *in*: *Histoire de Marseille*, p. p. Edouard BARATIER, 1973, p. 132.
27. Sal. a. WESTRICH, *L'Ormée de Bordeaux. Une révolution pendant la Fronde*, 1973.
28. B. CHEVALIER, *op. cit.*, p. 310.
29. Jean-Baptiste SAY, *Cours complet d'économie politique*, 1852, réimpression 1966, III, p. 612.
30. J.-R. PITTE, *op. cit.*, II, p. 25.
31. *Ibid.*, pp. 31-32.
32. Thomas REGAZZOLA, Jacques LEFEBVRE, *La Domestication du mouvement. Poussées mobilisatrices et surrection de l'Etat*, 1981, p. 123.
33. J-. R. PITTE, *op. cit.*, II, p. 40.
34. Bernard QUILLIET, *Les Corps d'officiers de la prévoté et vicomté de Paris et de l'Ile-de-France, de la fin de la guerre de Cent Ans au début des guerres de Religion: étude sociale*, thèse soutenue à l'université de Paris IV, 1977. Lille, service des reproduction de thèses, 1982, I, p. 145.
35. Philippe de COMMYNES, *Mémoires* I, éd. J. CALMETTE, 1964, pp. 73-74.
36. Le *Dictionnaire de Furetière* (1690) définit la ville: "Habitation d'un peuple assez nombreux qui est ordinairement fermée de murailles."

37. Roberto LOPEZ, *Intervista sulla città medievale*, 1984, p. 5.
38. A. N., $G^7$1692—259, f° 81 *sq*.
39. Jules BLACHE, "Sites urbains et rivières françaises", *in*: *Revue de géographie de Lyon*, *vol*. 34, 1959, pp. 17-55.
40. Daniel FAUCHER, *L'Homme et le Rhône*, 1968, p. 179.
41. Jean-Pierre BARDET, "Un dynamisme raisonnable. Dimensions, évolutions (1640—1790)", *in*: *Histoire de Rouen*, p. p. Michel MOLLAT, 1979, p. 214.
42. Jean MEYER, *Etudes sur les villes en Europe occidentale (milieu du XVLLe siècle à la veille de la Révolution française)*, I, 1983, p. 68.
43. A. N., F^{12}673, Metz, 6 juin 1717; de même en 1712, $G^7$1697, 127, 7 septembre 1712.
44. A. N., F^{20}215.
45. Paul BOIS, "La Révolution et l'Empire", *in*: *Histoire de Nantes*, p. p. Paul BOIS, 1977, p. 245.
46. Référence égarée.
47. Paulette SEIGNOUR, *La Vie économique du Vaucluse de 1815 à 1848*, 1957, p. 77.
48. Renée CHAPUIS, *Une vallée franc-comtoise, la Haute-Loue*, 1958, p. 125.
49. J. MEYER, *op. cit.*, I, p. 69.
50. Adolphe BLANQUI, "Tableau des populations rurales de la France en 1850", *in*: *Journal des économistes*, janvier 1851, p. 9.
51. E. A. WRIGLEY, *Towns in societies*, 1978, p. 298.
52. L. STOUFF, art. cit., p. 10.
53. Alain CROIX, *Nantes et le pays nantais*, 1974, pp. 163-199.
54. Roger DEVOS, "Un siècle en mutation (1536—1684)", *in*: *Histoire de la Savoie*, p. p. Roger DEVOS, 1973, p. 258.
55. Olivier ZELLER, "L'implantation savoyarde à Lyon à la fin du XVIe siècle", *in*: *Habiter la ville*..., *op. cit.*, p. 27.
56. Maurice GARDEN, "Trois provinces, une généralité (XVIIe—XVIIIe siècle)", *in*: *Histoire de Lyon et du Lyonnais*, p. p. André LATREILLE, 1975, p. 227.
57. Louis-Sébastien MERCIER, *Tableau de Pairs*, *V*, 1783, p. 282; VI, 1783, pp. 82-83; IX, 1788, pp. 167-168, et F. BRAUDEL, Civilisation *matérielle*..., *op. cit.*, I, p. 431.
58. Jean-Pierre POUSSOU, *Bordeaux et le Sud-Ouest au XVIIIe siècle. Croissance économique et attraction urbaine*, *passim*, et pp. 100-101 et 369 *sq*.
59. *Cf. supra* p. 14
60. Pour Caen, Jean-Claude PERROT, *Genèse d'une ville moderne*: *Caen au XVIIIe siècle*, 1975, I, pp. 23 *sq*., et II, chapitres X et XI, étudie les sentiments et les intérêts jouant pour et contre le nouvel urbanisme; la destruction des fortifications, commencée en 1751, ne sera totale qu'en 1787. Hésitation à Bordeaux: *in*: *Histoire de Bordeaux*, p. p. Ch. HIGOUNET, p. 236.
61. J.-R. PITTE, *op. cit.*, II, p. 16.
62. *Ibid.*, II, chapitre I.
63. J. MEYER, *op. cit.*, I, p. 14.
64. L. S. MERCIER.
65. Léonce de LAVERGNE, *Economie rurale de la France depuis 1789*, 1860,

éd. 1877, p. 192.

66. Jean-Pierre POUSSOU, "Une ville digne de sa fortune", *in*: *Histoire de Bordeaux*, p. p. Charles HIGOUNET, 1980, p. 238; J. GODECHOT et B. TOLLON, "Ombres et lumières sur Toulouse (1715—1789)", *in*: *Histoire de Toulouse*, p. p. Philippe WOLFF, 1974, pp. 370-372; A. BOURDE, "Les mentalités, la religion, les lettres et les arts de 1596 à 1789", *in*: *Histoire de Marseille*, p. p. Edouard BARATIER, 1973, p. 237; Jean-Pierre BARDET, "Un dynamisme raisonnable. Dimensions, évolutions (1640—1789)", *in*: *Histoire de Rouen*, p. p. Michel MOLLAT, 1979, p. 213; J. -C. PERROT, *op. cit.*, II, p. 585.

67. Claude NIÈRES, "L'incendie et la reconstruction de Rennes", *in*: *Histoire de Rennes*, p. p. Jean MEYER, 1972, pp. 213 *sq*.

68. *Ibid.*, p. 229

69. *Ibid.*, p. 233.

70. J. -C. PERROT. *op. cit.*, II, pp. 592 et 615-617.

71. Louis TRENARD, "Le Paris des Pays-Bas (XVIIIe siècle)", *in*: *Histoire d'une métropole, Lille Roubaix Tourcoing*, 1977, p. 278.

72. Pierre PATTE, *Mèmoire sur les objets les plus importants de l'architecture*, 1772, p. 6, cité par Claudette DEROZIER, "Aspects de l'urbanisme à Besançon au XVIIIe siècle", *in*: *L'Information historique*, 1984, p. 82.

73. Jean-Marie CARBASSE, "Pesanteurs et fastes de l'Ancien Régime", *in*: *Histoire de Narbonne*, p. p. Jacques MICHAUD et André CABANIS, 1981, p. 244.

74. Eugène NOËL, *Roune*, *Rouennais*, *rouenneries*, 1894, pp. 164-172.

75. Jean-Pierre BARDET, "La maison rouennaise aux XVIIe et XVIIIe siècle, économie et comportement", *in*: *Le Bâtiment. Enquête d'histoire économique XIVe—XIXe siècle*, I. *Maisons rurales et urbaines de la France traditionnelle*, p. p. J. -P. BARDET, P. CHAUNU, G. DESERT, P. GOUHIER, H. NEVEUX, 1971, pp. 319-320.

76. Roberto LOPEZ, Harry A. MISKIMIN, "The Economic Depression of the Renaissance", *in*: *The Economic History Review*, XIV, n°3, avril 1962, pp. 115-126.

77. Lors de la soutenance du 27 mai 1972.

78. Witold KULA, Rapport de A. Wyrobisz et discussion, sixième semaine de Prato, 1974.

79. Sébastien CHARLETY, *Histoire de Lyon*, 1903, p. 129.

80. En 1789, la dette de Lyon atteint 40 millions, celle de Marseille presque 19, celle d'Aix-en-Provence 1, 8, celle d'Arles 1 million.

81. Pierre CHAUNU, «Le bâtiment dans l'économie traditionnelle», *in*: *Le Bâtiment...*, *op. cit.*, pp. 19-20; Hugues NEVEUX. «Recherches sur la construction et l'entretien des maisons à Cambrai de la fin du XIVe siècle au début du XVIIIe», *Ibid.*, p. 244.

82. J. -C. PERROT, *op. cit.*, II, p. 615.

83. P. CHAUNU, art. cit., *in*: *Le Bâtiment... op. cit.*, p. 20.

84. *Ibid.*, p. 25.
85. Louis CHEVALIER, *Classes laborieuses, classes dangereuses*, 1958, p. 217.
86. P. CHAUNU, art. cit., p. 31.
87. Jacques DUPAQUIER, "Le réseau urbain du Bassin Parisien au XVIIIe et au début du XIXe siècle. Essai de statistique", *in*: *Actes du 100e Congrès National des Sociétés Savantes, Histoire Moderne II* (Paris 1975), 1977, p. 125.
88. *Cf. supra*, I, p. 159.
89. Marcel REINHARD, "La population des villes, sa mesure sous la Révolution et l'Empire", *in*: *Population*, 1954, n°2, pp. 279-288.
90. Paul BAIROCH, *De Jéricho à Mexico. Villes et économies dans l'histoire*, 1985, p. 288.
91. François LEBRUN, "La tutelle monarchique (1657—1787)", *in*: *Histoire d'Angers*, p. p. François LEBRUN, 1975, p. 83.
92. *Ibid.*, p. 101.
93. *Ibid.*, p. 103.
94. *Ibid.*, p. 103.
95. *Ibid.*, p. 101.
96. Rémy CAZALS, Jean VALENTIN, *Carcassonne ville industrielle au XVIIIe siècle*, 1984, pp. 3-4.
97. Pierre DARDEL, *Commerce, industrie et navigation à Rouen et au Havre au XVIIIe siècle*, 1966, p. 118.
98. *Ibid.*, pp. 118-119.
99. *Ibid.*, pp. 123-139.
100. F. BRAUDEL, *Civilisation matérielle*..., *op. cit.*, I, pp. 282-283 et note.
101. Pierre CAYEZ, *Métiers jacquard et hauts fourneaux aux origines de l'industrie lyonnaise*, 1978, pp. 79 *sq*.

102. *Ibid.*, p. 107.
103. *Ibid.*, pp. 154-155.
104. Edward Fox, *L'Autre France. L'histoire en perspective géographique*, 1973.
105. J. P. -POUSSOU, *Bordeaux et le Sud-Ouest*..., *op. cit.*, pp. 411-414.
106. M. BRAURE, *Lille et la Flandre wallonne au XVIIIe siècle*, 1932, II, pp. 85 *sq.*, 369 *sq*.
107. M. BRAURE *op. cit.*, II, pp. 376-377.
108. *Ibid.*, p. 376.
109. *Ibid.*, pp. 378-379.
110. *Ibid.*, pp. 378-379 et 387.
111. L. TRENARD, art. cit., *in*: *Histoire d'une métropole*..., *op. cit.*, p. 245.
112. Mémoire d'Antoine de SURMONT, cité par M. BRAURE, *op. cit.*, II, pp. 379-380.
113. P. CAYEZ, *op. cit.*, p. 94.
114. A partir de 1692: Maurice BORDES, *L'Administration provinciale et municipale en France au XVIIIe siècle*, 1972, p. 199.
115. T. REGAZZOLA, J. LEFEBVRE, *op. cit.*, p. 123.
116. Herbert LÜTHY, *La Banque protestante en France, de la révocation de l'Edit de Nantes à la Révolution*, I, 1959, p. 314.
117. Jean SENTOU, *La Fortune immobilière des Toulousains et la Révolution française*, 1970, p. 25.
118. *Ibid.*, p. 174.
119. Robert BESNIER, *Histoire des faits économiques jusqu'au XVIIIe siècle*, 1965, p. 42.
120. Arghiri EMMANUEL, *L'Echange inégal. Essai sur les antagonismes dans les rapports économiques internationaux*, 1969, p. 43.

121. Arghiri EMMANUEL, L'Echange inégal. Essai sur les antagonismes dans les rapports économiques internationaux, 1969, p. 43.
122. Séminaire de Charles MORAZE.
123. A. N., F^{10}242. Réponse du département du Mont-Blanc au Comité de Salut Public sur les questions concernant l'agriculture, les manufactures, ls commerce, an IV. La Savoie est devenue le département du Mont-Blanc le 27 novembre 1792.
124. Extrait de souvenirs d'enfance que mon ami Roger VERLHAC, mort prématurément, avait commencé à rédiger à ma demande, sur Saint-Gervais et la vallée des Contamines, avant l'invasion du tourisme. En 1820, le même système fonctionnait dans le Jura autour des Rousses, *cf*, Abbé M. BERTHET, "Les Rousses", *in*: *A travers les villages du Jura*, p. p. J. BRELOT, M. BERTHET, G. DUHEM, 1963, p. 285.
125. Informations recueillies par Gilbert BLANG, garde-forestier et guide de Saint-Gervais.
126. Joseph-Michel DUTENS, *Histoire de la navigation intérieure en France*, 1828, I, pp. IX—X, cité par Jean-Claude TOUTAIN, *Les Transports en France de 1830 à 1965*, Cahiers de l'ISEA, série AF-9, sept. -oct. 1967, p. 38.
127. Bernard LEPETIT, *Chemins de terre et voies d'eau: reseaux de transports et organisation de l'espace en France, 1740—1840*, 1984, p. 91.
128. Arthur YOUNG, *Voyages en France*, I, éd. 1976, pp. 75—76, 142,163,393.
129. *Statistique générale de la France. Territoire et population*, 1837, p. 47.
130. A. N., F^{10}242, *op. cit*.
131. Pierre GOUBERT, Daniel ROCHE, *Les Français et l'Ancien Régime*, 1984, I, p. 55.
132. L. de LAVERGNE, *op. cit.*, p. 434.
133. Fonds privé du Dr Morand qui nous a été gracieusement communiqué.
134. P. GOUBERT, D. ROCHE, *op. cit.*, I, p. 55.
135. Alexis MONTEIL, *Description du département de l'Aveyron*, an X, cité par Claude HARMELLE, *Les Piqués de l'aigle. Saint-Antonin et sa région 1850—1940. Révolution des transports et changement social*, 1982, p. 75.
137. Marc AMBROISE-RENDU, "Géographie parisienne, les révélations du nouvel atlas démographique et social de la capitale", *in*: *Le Monde*, 30-31 décembre 1984, p. 1.
138. B. LEPETIT, *op. cit.*, p. 81.
139. A. N., F^{20}197.
140. B. LEPETIT, *op. cit.*, pp. 67-71.
141. René FAVIER, "Une ville face au développement de la circulation au XVIIIe siècle: Vienne en Dauphiné", *in*: *Actes du 100e Congrès National des Sociétés Savantes*, Pairs, 1975, pp. 54-55.
142. Pierre FUSTIER, *La Route. Voies antiques, chemins anciéns, chaussées modernes*, 1968, pp. 228-236 et 249-254. Le premier pont de fer est construit sur le Rhône en 1824 par Marc SEGUIN entre Tain et Tournon.
143. STENDHAL *Mémoires d'un touriste*, 1838, éd. 1929, I, pp. 73 et 309-310.
144. T. REGAZZOLA, J. LEFEBVRE, *op*.

cit., p. 112.

145. Guy Arbellot, "Les routes en France au XVIIIe siècle", *in*: *Annales E. S. C.*, mai-juin 1973, p. 790 hors texte, cité par Fernand Braudel, *Civilisation matérielle...*, III, 1979, pp. 270-271.
146. Ministère des Travaux Publice, documents statistiques sur les routes et les ponts, 1873, cité par J.-C. Toutain, *Les Transports... op. cit.* p. 15.
147. Jean-Claude Georges, *De la Beholle à la Falouse*, 1985, p. 75.
148. Alain Croix, *La Bretagne, aux XVIe et XVIIe siècle*, I, 1981, p. 39 et note 95.
149. Victor Hugo, *Les Pyrénées*, éd. 1984, p. 18.
150. Pierre Goubert, Préface à l'ouvrage d'Anne-Marie Cocula-Vaillieres, *Un fleuve et des hommes. Les gens de la Dordogne au XVIIIe siècle*, 1981, p. 7.
151. Blaise de Montluc, *Commentaires (1521—1576)*, éd. Pléiade, 1964, V, p. 515 cité par A.-M. Cocula-Vaillieres, *op. cit.*, p. 15.
152. Antonio Ponz, *Viaje fuera de España*, 2e éd., 1791, I, p. 56.
153. A.-M. Cocula-Vaillières, *op. cit.*
154. *Ibid.*, p. 34.
155. *Ibid.*, pp. 79 et *sq.*
156. *Ibid.*, pp. 110-114.
157. *Ibid.*, p. 73.
158. *Ibid.*, pp. 76-78.
159. Ces contrats portaient non seulement la liste des marchandises, le prix du transport, mais aussi un délai limite (en général trois semaines). Dans le registre d'un marchand du XVIIe siècle, on les retrouve inscrits et signés par deux témoins. O. Granat, "Essai sur le commerce dans un canton de l'Agenais au XVIIe siècle d'après le 'livre de comptes et de raisons de Hugues Mario, marchand' de Montaigut en Agenais aujourd'hui Montaigut-du-Quercy (1648—1654)", *in*: *Revue de l'Agenais*, 1901, t. XXVIII, pp. 425-440.
160. Léon Cahen, "Ce qu'enseigne un péage du XVIIIe siècle: la Seine, entre Rouen et Paris, et les caractères de l'économie parisienne", *in*: *Annales d'histoire économique et sociale*, 1931, III, pp. 487-518.
161. A. N., G^7 1647, n°345, 14 juin 1710.
162. *Ibid.*, n° 326, 20 avril 1709.
163. MauriceBlock, *Statistique de la France compreée avec les divers pays de l'Europe*, 1875, II, p. 250.
164. O. Granat, art. cit., pp. 437-438.
165. A. N., F^{14} 168, imprimé.
166. Henriette Dussourd, *Les Hommes de la Loire*, 1985, pp. 85 *sq.*
167. A. N., G^7 124.
168. A. N., H 94, dossier VI, pièce 74.
169. *Gazette de France*, 15 avril 1763.
170. *Histoire de la navigation sur l'Allier en Bourbonnais*, p. p. le Service éducatif des Archives Départementales de l'Allier, 1983, p. 30.
171. A. N., F^{12} 1512 C.
172. Adrien Huguet, *Histoire de Saint-Valery*, 1909, pp. 1191 *sq.*
173. J.-C. Toutain, *op. cit.*, pp. 74-75.
174. J. Meyer, *op. cit.*, p. 36.
175. Richard Gascon, *Grand Commerce et vie urbaine au XVIe siècle. Lyon et ses*

marchands, 1971, p. 157.

176. Joseph-Michel DUTENS, *op. cit.*, I, pp. IX—X, cité par J. -C. TOUTAIN, *op. cit.*, p. 38.

177. VAUBAN, *Mémoire sur la navigation des rivières*, *in*: *mémoires des Intendants sur l'état des généralités, dresses pour l'insiruction du Duc de Bourgogne*, p. p. A. M. de BOISLILE(1re éd. 1761), I, 1881, p. 401.

178. Par exemple, d'après une statistique annuelle du mouvement de la navigation de l'Allier, en 1837(seule année où elle soit donnée en détail), 29 bateaux ont transporté à Paris 870 tonnes de charbon de bois, et 18 bateaux 360 tonnes de paille de Pont-du-Château à Moulins. *Histoire de la navigation sur l'Allier*..., *op. cit.*, pp. 34-35.

179. A. N., F^{10}242.

180. J. -C. PERROT, *op. cit*, p. 211.

181. A. N., F^{11}3059.

182. J. LETACONNOUX, "Les voies de communication en France au XVIIIe siècle" *in*: *Vierteljahrschrift für Sozial-und Wirtschafisgeschichte*, VII, 1909, p. 108.

183. J. -C. TOUTAIN, *op. cit.*, p. 40.

184. La Statistique annuelle de navigation de l'Allier, citée plus haut, donne pour l'année 1837 un tableau des poids et valeurs de toutes les marchandises transportées (vin, charbon de terre, charbon de bois, planches, merrains, pierres, plateaux de bois, paille, fruits, etc.), puis mentionne "108 trains de bois", sans autre précision et sans les inclure dans le tableau. *Histoire de la navigation sur l'Allier*... *op. cit.*, pp. 34-35.

185. A. N., F^{12}—653, janvier 1786.

186. J. -C. TOUTAIN, *op. cit.*, p. 248.

187. VAUBAN, *Mémoire sur la navigation*..., *op. cit.*, p. 413.

188. T. REGAZZOLE, J. LEFEBVRE, *op. cit.*, p. 132; J. -C. TOUTAIN, *op. cit.*, p. 252.

189. Marcel MARION, *Dictionnaire des institutions de la France au XVIIe et au XVIIIe siècle*, éd. 1976, p. 561.

190. T. REGAZZOLA, J. LEFEBVRE, *op. cit.*, p. 97.

191. *Ibid.*, p. 111.

192. Ch. DEPLAT, "Les résistances à l'implantation de la route royale dans le ressort de l'intendance d'Auch et de Pau au XVIIIe siècle", *in Annales du Mide*, 1981.

193. T. REGAZZOLA, J. LEFEBVRE, *op. cit.*, p. 105.

194. M. MARION, *op. cit.*, pp. 153-154; Gaston WIMBÉE, *Histoire du Berry, des origines à 1790, 1957*, p. 245.

195. A. N., H 160, Mémoire de M. Antoine, sous-ingénieur en Bourgogne, sur la suppression de la corvée en Bourgogne, 1775.

196. M. MARION, *op. cit.*, p. 154.

197. Guy ARBELLOT, "Le réseau des routes de poste, objet des premières cartes thématiques de la France moderne", *in*: *Les Transports de 1610 à nos jours*, Actes du 104e Congrès National des Sociétés Savantes, Bordeaux, 1979, 1980, I, p. 107 et note 4.

198. Voir *supra*, *L'Identité de la France*, I, pp. 358-360.

199. Pierre DUBOIS, *Histoire de la campagne de 1707 dans le Sud-Est de la France*, dactylogramme, p. 28, let-

tre de Tessé.

200. Madeleine FOUCHÉ, *La Poste aux chevaux de Paris et ses maitres de poste à travers les siècles*, 1975, pp. 84-85.

201. Pierre CHAMPION, *Paris au temps de la Renaissance. L'envers de la tapisserie. Le règne de François Ier*, 1935, p. 32. Diego de Zuniga écrit le jour même de la Saint-Barthélemy pour l'annoncer à Philippe II qui reçoit la lettre le 7 septembre et laisse éclater sa joie. Philippe ERLANGER, *Le Massacre de la Saint-Barthélemy*, 1960, p. 203.

202. A. N., F10 221—1, Quimper, 27 juin 1791.

203. Chiffres obligeamment communiqués par J. -C. TOUTAIN, qui les a réunis pour un livre à paraître.

204. D'après le chapitre VI des *Mémoires pour servir à l'histoire du Languedoc*, rédigés en 1737 par l'intendant de Basville.

205. Pourcentages calculés par J. -C. TOUTAIN: 1781—90, 30%; 1803—14, 32%; 1825—34, 37%; 1845—54, 45%; 1875—84, 52%; 1895—1904, 58%; 1920—24, 65%; 1925—34, 72%; 1935—38, 75%; 1980, 95%.

206. Cité par M. MARION, *op. cit.*, p. 540.

207. *Ibid.*, p. 188.

208. *Ibid.*, p. 437.

209. Moscou, AEA 35/6, 381, fus 170-171.

210. Cité par M. MARION, *op. cit.*, p. 541.

211. *Ibid.*, p. 540.

212. Moscou, AEA 13/6, 439, fol. 168 et v°.

213. T. REGAZZOLA, J. LEFEBVRE, *op. cit.*, p. 158.

214. *Ibid.*

215. *Ibid.*, pp. 152-154.

216. Michel CHEVALIER, *Système de la Méditerranée*, 1832, cité par T. REGAZZOLA, J. LEFBVRE, *op. cit.*, pp. 160-161.

217. T. REGAZZOLA, J. LEFEBVRE, *op. cit.*, p. 165.

218. Pierre BONNET, *La Commercialisation de la vie française du Premier Empire à nos jours*, 1929, p. 82.

219. C. HARMELLE, *op. cit.*, pp. 152 et 162.

220. Georges DUCHÊNE, *L'Empire industriel. Histoire critique des concessions financières et industrielles du Second Empire*, 1869, p. 297.

221. Pierre FUSTIER, *La Route, voies antiques, chemins anciens, chaussées modernes*, 1968, p. 256.

222. Jacques LOVIE, «Chemins de Savoie: la route d'Italie à l'éoque romantique (1815—1860)», *in*: *Les Transports de 1610 à nos jours...*, *op. cit.*, p. 80.

223. A. N., FIC III Loiret 7, n°307.

224. Edmond GOT, *Journal... 1821—1901*, II, 1910, p. 245.

225. P. SEIGNOUR, *op. cit.*, p. 91.

226. Elie REYNIER, *Le Pays de Vivarais*, 1934, cité par René NELLI, *Le Languedoc et le Comté de Foix, le Roussillon*, 1958, p. 51.

227. Eugen WEBER, *Peasants into Frenchmen. The Modernization of rural France 1870—1914*, 1977, publié en français sous le titre: *La Fin des terroirs: la modernisation de la France rurale, 1870—1914*, 1983.

228. C. HARMELLE, *op. cit.*

229. *Ibid.*, p. 53.

230. *Ibid.*, p. 93.

231. *Ibid.*, pp. 92-93.
232. *Ibid.*, p. 222.
233. Alexis MONTEIL, *Description du département de l'Aveyron*, an X (1802), cité par C. HARMELLE, *op. cit.*, p. 75.
234. *Ibid.*, p. 77.
235. *Ibid.*, pp. 110-111.
236. *Ibid.*, p. 235.
237. *Ibid.*, p. 320.
238. *Ibid.*, pp. 152 et 162.
239. Pierre CAYEZ, référence incomplète.
240. Paul HARSIN, "De quand date le mot industrie?", *in*: *Annales d'histoire économique et sociale*, 1930, pp. 235-242.
241. C. J. A. MATHIEU DE DOMBASLE, *De l'avenir industriel de la France*, 1835.
242. G. DUCHÊNE, *L'Empire industriel...*, *op. cit.*, p. 45.
243. Lettres au préfet des Côtes-du-Nord, Loudéac, 24 février 1853, et au Préfet du Finistère, Morlaix, 14 janvier 1850, A. N., F^{12}4476C.
244. A. N., F^{IC}V Hérault, 3, 1837.
245. Jean-Baptiste SAY, *Cours complet d'économie politique pratique*, I, 1966, réimp., pp. 100-101.
246. Pierre BARRAL, "La crise agricole", *in*: *Histoire économique et sociale de la France*, p. p. Fernand BRAUDEL et Ernest LABROUSSE, *op. cit.*, IV_1, p. 371.
247. Massimo M. AUGELLO, "II debattito in Francia su economia e società", *in*: *Rassegna economica*, janvier 1981, pp. 21-22, et Charles DUNOYER, "Notice historique sur l'industrie", in: *Revue encyclopédique*, février 1827, p. 178.
248. David RICARDO, *Principes de l'économie politique et de l'impôt*, 1817, pp. 3-8.
249. *Ibid.*, p. 7 note I de Jean-Baptiste SAY, à l'édition de D. RICARDO.
250. Eugène de BOULLAY, *Statistique agricole et industrielle du département de la Saône-et-Loire*, 1849, p. 10.
251. Maria Rafaella CAROSELLI, "I fattori della seconda Rivoluzione industriale", *in*: *Economia e Storia*, 1978, pp. 389-418.
252. Albert DAUZAT, Jean DUBOIS, Henri MITTERAND, *Nouveau Dictionnaire etymologique et historique*, 1964.
254. F. BRAUDEL, *Civilisation matérielle...*, *op. cit.*, II, p. 261.
255. F. BRAUDEL, *L'Identité de la France*, I, pp. 232 *sq*.
256. Serge CHASSAGNE, "Industrialisation et désindustrialisation dans les campagnes françaises: quelques réflexions à partir du textile", *in*: *Revue du Nord*, janvier-mars 1981, p. 43, note 26.
257. Pierre GEORGE, "Histoire de France, le recours à la terre", *in*: *Le Monde*, 27 octobre 1984.
258. Béatrix de BUFFEVENT, "Marchands ruraux de l'ancien 'pays de France' au XVIIIe siècle", *in*: *Le Développement urbain de 1610 à nos jours*, Actes du 100e Congrès National des Sociétés Savantes, Paris, 1975, 1977, pp. 171-184.
259. Pierre LÉON, "Les transformations de l'entreprise industrielle", *in*: *Histoire économique et sociale de la France*, p. p. Fernand BRAUDEL et Ernest LABROUSSE, II, 1970, p. 262.
260. Le mot peut avoir diverses significations, même dans l'industrie

d'aujourd'hui comme le souligne Yves MORVAN, *La Concentration de l'industrie en France*, 1972, pp. 15 *sq*. II peut concerner uniquement la taille de l'unité de production (c'est le cas des manufactures) ou le rassemblement de métiers divers travaillant à la même production (c'est l'exemple donné ici de Gueugnon).

261. A. N. F^{14}4481, documents 1 et 7.
262. Christian DEVILLERS, Bernard HUET, *Le Creusot. Naissance et déveolppement d'une ville industrielle 1782—1914*, 1981, pp. 36-49.
263. Adrien PRINTZ, *La Vallée usinière, histoire d'un ruisseau, la Fensch*, 1966, pp. 57-67.
264. *Société lorraine des anciens établissements de Dietrich et Cie, de Lunéville 1880—1950*, 1951, p. 9.
265. Alexandre MOREAU de JONNÈS, *Etat économique et social de la France depuis Henri IV jusqu' à Louis XIV*, 1867, pp. 59-60.
266. F. BRAUDEL, *Civilisation matérielle...*, II, p. 95.
267. *Le Monde des affaires en France de 1830 à nos jours*, 1952, p. 83.
268. Isaac de PINTO, *Lettre sur la jalousie du commerce*, *in*: *Traité de la circulation et du crédit*, 1771, p. 287.
269. François VÉRON de FORBONNAIS, *Principes et observations économiques*, 1767, I, p. 205.
270. Pierre Samuel DUPONT de NEMOURS, *De l'exportation et de l'importation des grains*, 1764, pp. 90-91, cité par Pierre DOCKES, *L'Espace dans la pensée économique du XVI*[e] *au XVII*[e] *siècle*, 1969, p. 288.
271. Jean-Jacques ROUSSEAU, *Emile ou de l'Education*, éd. 1961, p. 266.
272. Louis GUENEAU, *Les Conditions de la vie à Nevers (denrées, logements, salaires) à la fin de l'Ancien Régime*, 1919, pp. 99 *sq*.
273. *Bulletin de l'Association Meusienne*, avril 1984.
274. Paul VIDAL de LA BLACHÉ, *La France de l'Est, Lorraine, Alsace*, 1917, p. 38.
275. André CHAMSON, *Les Hommes de la route*, 1927, p. 76.
276. Gilbert ARMAND, *Villes, centres et organisation urbaine des Alpes du Nord. Le passé et le présent*, 1974, pp. 85-86.
277. Pour Laval, Cholet, Saint-Quentin, voir Serge CHASSAGNE, "Industrialisation et désindustrialisation dans les campagnes françaises", *in*: *Revue du Nord*, 1981, pp. 37-40.
278. G. ARMAND, *op. cit.*, p. 92.
279. *Ibid.*, pp. 88-89.
280. Jacques SCHNETZLER, *Les Industries et les hommes dans la région de Saint-Etienne*, 1976, pp. 50-51.
281. Pierre LÉON, "La réponse de l'industrie", *in*: *Histoire economique et sociale de la France*, p. p. Fernand BRAUDEL et Ernest LABROUSSE, II, 1970, p. 252.
282. *Ibid.*, pp. 252-253.
283. François DORNIC, *Le Fer contre la forêt*, 1984, p. 40.
284. Eugenii K. TARLE, *L'Industrie dans les campagnes en France à la fin de l'Ancien Régime*, 1910, p. 48.
285. S. CHASSAGNE "Industrialisation et désindustrialisation...", art. cit., pp. 49-50.
286. Georges DESBONS, *Capitalisme et ag-*

riculture, 1912, p. 19 et Charles SEIGNOBOS, " L'évolution de la IIIe République ", *in*: *Histoire de la France contemporaine*, p. p. Ernest LAVISSE, VIII, 1921, p. 460.

287. Paul BAIROCH, *Révolution industrielle et sous-développement*, 1974, p. 276.
288. Maurice DAUMAS, *L'Archéologie industrielle en France*, 1980, p. 106.
289. Louis-Marie LOMULLER, *Histoire économique et industrielle de la France de la fin du XVIIe siècle au début du XIXe siècle. Guillaume Ternaux, 1763—1833, créateur de la première intégration industrielle française*, 1978, p. 56 note 9.
290. M. DAUMAS, *op. cit.*, p. 98.
291. Jacob van KLAVEREN, "Die Manufakturen des ' Ancien Régime '", *in*: *Vierteljahrschrift und Sozial-Wirtschaftsgeschichte*, 1964, pp. 145 *sq*.
292. Werner SOMBART, *Der Moderne Kapitalismus*, 15e éd. 1928, II, p. 731. *Cf*. aussi F. BRAUDEL, *Civilisation matérielle...*, II, pp. 259 *sq*.
293. Pierre LÉON, " La réponse de l'industrie", *in*: *Histoire économique et so ciale de la France*, p. p. F. BRAUDEL et E. LABROUSSE, II, 1970, pp. 25*sq*.
294. M. DAUMAS, *op. cit.*, pp. 134-135; A. N., O^{2}871 à 906.
295. Claude PRIS, *La Manufacture royale des glaces de Saint-Gobain 1665—1830*, 1973.
296. M. DAUMAS, *op. cit.*, p. 106.
297. *Ibid.*, pp. 111-114.
298. A. N., G^{7}259. f° 9.
299. M. DAUMAS, *op. cit.*, pp. 98-106.
300. P. LÉON, " La réponse de l'industrie", art. cit., p. 260.
301. *Ibid*.
302. Frédérick Louis NUSSBAUM, *A History of the economic Institutions of modern Europe*, 1933, pp. 212-213.
303. Rémy CAZALS, *Les Révolutions industrielles à Mazamet 1750—1900*, 1983, p. 79.
304. Louis François DEY de SÉRAUCOURT, *Mémoire sur la généralite de Bourges, dressé par ordre du duc de Bourgogne en 1697*, 1844.
305. P. LÉON, " La réponse de l'industrie", art. cit., pp. 259 et 243.
306. F. BRAUDEL. *Civilisation matérielle...*, III, p. 514.
307. Albert SOBOUL, " La reprise économique et la stabilisation sociale, 1797—1815 ", *in*: *Histoire économique et sociale de la France*, p. p. F. BRAUDEL et E. LABROUSSE, III: *L'Avénement de l'ère industrielle (1789—années 1980)*, 1976, p. 107; Pierre LÉON, " L'impulsion technique", *in*: *Histoire économique et sociale de la France*, *op. cit.*, III$_{2}$, 1976, p. 485; R. CAZALS, *op. cit.*, p. 114-115.
308. *Cf*. L. S. MERCIER, *op. cit.*, VII, p. 147.
309. Richard CANTILLON, *Essai sur la nature du commerce en général*, 1755, éd. 1952, p. 36.
310. Pierre BONNET, *La Commercialisation et la vie française du Premier Empire à nos jours*, 1929, p. 12. Walter ENDREI, *L'Evolution des techniques de filage et de tissage du Moyen Age à la Révolution industrielle*, 1968, p. 145.
311. Hervé LE BRAS, *Les Trois France*, 1986, p. 237.

312. P. LÉON, "L'impulsion technique", art. cit., p. 498.

313. A. PRINTZ, *La vallée usinière...*, *op. cit.*, pp. 57-67.

314. F. BRAUDEL, *Civilisation matérielle...*, 1979, II, p. 287 et note 341; A. N., F^{12}682(9 janvier 1727).

315. Tihomir J. MARKOVITCH, *L'Industrie française de 1789 à 1964*, Conclusions générales, *in*: *Cahiers de l'ISEA*, IV, 1966, p. 59.

316. T. J. MARKOVITCH, référence incomplète.

317. Georges d'AVENEL, *Le Mécanisme de la vie moderne*, 3e *série* 1900, pp. 215-216.

318. Yves GUYOT, "Notes sur l'industrie et le commerce de la France", *in*: *Journal de la Sociét de Statistique de Paris*, 1897, p. 287.

319. Marcel GILLET, *Les Charbonnages du Nord de la France au XIXe siècle*, 1973, p. 28.

320. G. d'AVENEL, *op. cit.*, p. 214.

321. *Ibid.*

322. Sébastien CHARLETY, référence incomplète.

323. Jean-Antoine CHAPTAL, *De l'industrie française*, II, 1819, cité par P. LÉON, "L'impulsion technique", art. cit., pp. 482-483.

324. P. LÉON, "La réponse de l'industrie", art. cit., pp. 239-243.

325. P. LÉON, "L'impulsion technique", art. cit., p. 481.

326. Carlo PONI, "Archéologie de la fabrique: la diffusion des moulins à soie *alla bolognese dans les Etats vénitiens des XVIe et XVIIIe siècle*", *communication* à la 3e semaine de Prato, 1971, et F. BRAUDEL, *Civilisation matérielle...*, 1979, III, p. 476.

327. Charles SINGER, Eric John HOLMYATD, A. Rupert HALL, Trevor. I. WILLIAMS, *Storia della tecnologia*, III, 1963, p. 382.

328. Cité par François CARON, *Le Résistible Déclin des sociétés industrielles*, 1985, p. 66.

329. Jacques PAYEN, "Machines et turbines à vapeur", *in*: *Histoire générale des techniques*, p. p. Maurice DAUMAS, IV, 1978, p. 18.

330. *Ibid.*, p. 118.

331. Jules GUÉRON, "L'énergie nucléaire", *in*: *Histoire générale des techniques*, p. p. Maurice DAUMAS, IV, 1978, p. 42.

332. Jacques PAYEN "Machines et turbines à vapeur", *in*: *Histoire générale des techniques*, IV, 1978, pp. 46-51 et François CARON, *op. cit.*, p. 67.

333. F. CARON, *op. cit.*, p. 57.

334. François CARON, "La croissance économique", *in*: *Histoire économique et sociale du monde*, p. p. Pierre LÉON, IV, 1978, pp. 91-92.

335. F. CARON, *Le Résistible Déclin...*, *op. cit.*, p. 87.

336. Louis LEPRINCE-RINGUET, *L'Aventure de l'électricité*, 1983, pp. 46-52.

337. F. CARON, "La croissance économique", art. cit., p. 93.

338. Robert MOÏSE et Maurice DAUMAS, "L'électricité industrielle", *in*: *Histoire générale des techniques*, *op. cit.*, IV, pp. 418,364 et 423.

339. Référence égarée.

340. Antoine CAILLOT, *Mémoires pour servir à l'histoire des mœ urs et usages des Français*, 1827, I, p. 134.

341. *Op. cit*, article "Commerce", II, p.

113.

342. Nicolas LAMOIGNON de BASVILLE, *Mémoires pour servir à l'histoire du Languedoc*, 1734, p. 39.

343. Moscou, Bibliothèque Lénine, FR374, f° 159.

344. R. CAZALS, *op. cit.*, p. 14.

345. *Ibid.*

346. Louis TRENARD, *Histoire d'une métropole: Lille-Roubaix-Tourcoing*, 1977, pp. 248-249 et 318-319.

347. A. N., $G^7$1691, 63.

348. Tihomir J. MARKOVITCH, "L'industrie française de 1789 à 1964. Conclusions générales", *in*: *Cahiers de l'I. S. E. A.*, AFn°7, n°179, nov. 1966, p. 142.

349. Serge CHASSAGNE, "L'industrie lainière en France à l'époque révolutionnaire et impériale 1790—1810", *in*: *Voies nouvelles pour l'histoire de la Révolution française*, Colloque A. Mathiez et G. Lefebvre, 1978.

350. Fernand BRAUDEL, *Civilisation matérielle...*, III, pp. 481 *sq.*; Pierre BONNET, *La Commercialisation de la vie française du Ier Empire à nos jours*, 1929, constatant le retard français en 1814, par rapport à l'Angleterre notamment, range la Révolution et les guerres napoléoniennes parmi les "causes apparentes", les véritables causes étant d'ordre technique, social, législatif et avant tout "l'hégémonie de la terre", bref structurelles, pp. 17-53.

351. Jean BOUVIER, "Industrie et société", *in*: *Histoire économique et sociale de la France*, p. p. F. BRAUDEL et E. LABROUSSE, IV_3, 1982, pp. 1724-1725.

352. Emile APPOLIS, *Un pays languedocien au milieu du XVIIIe siècle, le diocèse civil de Lodève*, 1951, p. VI.

353. M. DAUMAS, *L'Archéologie industrielle en France*, 1980, p. 30.

354. *Ibid.*, p. 99.

355. *Ibid.*, p. 106.

356. *Ibid.*, pp. 98-106 et Claude ALBERGE, J.-P. LAURENT, J. SAGNES, *Villeneuvette, une manufacture du Languedoc*, *in*: *Etudes sur l'Hérault*, 1984, n° 12.

357. M. DAUMAS, *op. cit.*, pp. 185-186.

358. Walter G. HOFFMANN, *British Industry, 1700—1950*, 1955, cité par F. BRAUDEL, *Civilisation matérielle...*, II, p. 304.

359. F. BRAUDEL, F. SPOONER, *Prices in Europe from 1450 to 1750*, *in*: *Cambridge Economic History of Europe*, IV, pp, 454 et 484.

360. T. J. MARKOVITCH, *L'Industrie française de 1789 à 1964*, *op. cit.*, p. 196.

361. Henri SÉE, "Espuisse de l'évolution industrielle de la France de 1815 à 1848, les progrès du machinisme et de la concentration", *in*: *Revue d'histoire économique et sociale*, 1923, n°4, pp. 473-497.

362. P. LÉON, "L'impulsion technique", art. cit., p. 479.

363. F. BRAUDEL, *Civilisation matérielle*, *op. cit.*, III, pp. 69 et 231.

364. T. J. MARKOVITCH, "Salaires et profits industriels en France (sous la Monarchie de Juillet et le Second Empire)", *in*: *Economies et Sociétés*, *Cahiers de l'ISEA*, avril 1967, p. 79.

365. T. J. MARKOVITCH, *L'Industrie*

française de 1789 à 1964, *op. cit.*, p. 86.

366. Conclusions tirées d'un rapport-résumé de T. J. Markovitch rédigé à l'intention exclusive de F. Braudel en 1984 et englobant les résultats essentiels que T. J. Markovitch a tiré de ses sept volumes publiés à ce jour sur *l'Histoire des industries françaises*.

367. Charles SEIGNOBOS, *L'Evolution de la IIIe République*, *in*: *Histoire de la France contemporaine*, p. p. E. LAVISSE, 1921, p. 460.

368. H. LÈ BRAS, *Les Trois France*, *op. cit.*, p. 223.

369. *Ibid.*, p. 236.

370. *Ibid.*, pp. 228-229.

371. Référence égarée.

372. Léonce de LAVERGNE, *Economie rurale de la France depuis 1789*, 1877, p. 45.

373. Pierre CHAUNU, *La Civilisation de l'Europe classique*, 1966, pp. 328-329 et 342.

374. *Œuvres économiques de Sir William Petty*, 1905, I, p. 277, cité par Pierre DOCKES, *L'Espace dans la pensée économique du XVIe au XVIIIe siècle*, 1969, p. 152.

375. *Cf.* sa correspondance dans les archives de Moscou. Les négociants suisses se chargeaient souvent à Marseille des consulats étrangers, par exemple du Danemark, d'Authiche d'Angleterre; *Histoire du commerce de Marseille*, p. p. Gaston RAMBERT, IV, 1954, pp. 529-530.

376. Anne-Robert-Jacques TURGOT, *Réflexions sur la formation et la distribution des richesses*, 1766, *in*: *Œuvres de Turgot*, p. p. Eugène DAIRE, 1844, rééd. 1966, I, p. 43; A. N., $G^7$1697, 165, 23 décembre 1712.

377. Jean-Claude TOUTAIN, *La Population de la France de 1700 à 1959*, *in*: *Cahiers de l'ISEA*, AF 3, 1963, tableaux n°s 136-137.

378. A. N., K 1351, Le compagnon ordinaire des marchands, 1700.

379. Elie BRACKENHOFFER, *Voyage en France 1643—1644*, trad. Henry LEHR, 1925, pp. 115-116.

380. Jean-Claude PERROT, *Genèse d'une ville moderne*: *Caen au XVIIIe siècle* I, 1975, p. 182.

381. Claude SEYSSEL, *Histoire singulière du roy Loys XII*, 1558, p. 113.

382. *Journal de voyage de deux jeunes Hollandais (MM. de Villers) à Paris en 1656—1658*, p. p. A. -P. FAUGÈRE, 1899, p. 30.

383. POTTIER de LA HESTROYE, *Réflexions sur la dime royale*, 1716, pp. 104-105.

384. Jacques Joseph JUGE SAINT-MARTIN, *Changements survenus dans les mœurs des habitants de Limoges*, p. 90.

385. Edmond ESMONIN, "Un recensement de la population de Grenoble en 1725", *in*: *Cahiers d'histoire*, 1957, réédité dans *Etudes sur la France des XVIIe et XVIIIe siècles*, 1964, pp. 429-461.

386. Gilbert ARMAND, *Villes, centres et organisation urbaine dans les Alpes du Sud*, *op. cit.*, p. 83.

387. Maurice BLOCK, *Statistique de la France comparée avec les autres Etats de l'Europe*, II, 1860, p. 225.

388. Pierre BONNET, *La Commercialisation de la vie française du Premier Empire*

à nos jours, 1929, pp. 170-171 et 173.

389. M. BLOCK, *op. cit.*, II, p. 286.

390. Peter MATHIAS, *The First Industrial Nation. An Economic History of Britain 1700—1914*, 1969, p. 18; R. M. HARTWELL, *The Industrial Revolution and Economic Growth*, 1971, pp. 180 *sq*.

391. F. BRAUDEL, *Civilisation matérielle...*, II, p. 357.

392. Michel MORINEAU, "Quelques recherches relatives à la balance du commerce extérieur français au XVIIIe siècle: où cette fois un égale deux", *in*: *Aires et structures du commerce français au XVIIIe siècle*, colloque, Pairs, 1973, pp. 1-45.

393. Ruggiero ROMANO, "Documenti e prime considerazioni intorno alla 'balance de commerce' della Francia dal 1719 a 1780", *in*: *Studio in onore di Armando Sapori*, p. 1291.

394. M. MORINEAU, art. cit., p. 3.

395. *Mémoires de Jean Maillefer, marchand bourgeois de Reims (1611—1684), continués par son fils jusqu'en 1716*, p. p. Henri JADART, 1890, pp. 10-12.

396. F. BRAUDEL, *Civilisation matérielle...*, II, pp. 387-390.

397. Robert BIGO, *Les Banques françaises au cours du XIXe siècle*, 1947, p. 272.

398. Friedrich LÜTGE, *Deutsche Sozial- und Wirtschaftsgeschichte*, 1966, p. 235.

399. L. BLANCARD, *Documents inédits sur le commerce de Marseille au Moyen Age*, 1884 (21 mars 1248), cité par Gérard SIVERY, «Les orientations actuelles de l'histoire économique du Moyen Age dans l'Europe du Nord-Ouest», *in*: *Revue du Nord*, 1973, p. 213.

400. *Ibid*.

401. Jacques ACCARIAS DE SERIONNE, *Les Intérêts des nations de l'Europe développés relativement au commerce*, 1766, I, p. 93.

402. Moscou, A. E. A., 50/6, 522-105 Amsterdam, 20 sept. et 1er oct. 1784.

403. Dieudonné RINCHON, *Les Armements négriers au XVIIIe siècle, d'apres la correspondance et la comptabilité des armateurs et capitaines nantais*, 1955, *passim* et pp. 83,73 et 75.

404. C'est le cas pour les frères Chaurand, pour onze expéditions de 1783 à 1792, *ibid.*, pp. 128-129.

405. *Ibid.*, p. 12.

406. Louis TURQUET DE MAYERNE, *La Monarchie aristodémocratique ou le gouvernement composé et meslé des trois formes dé légitimes Républiques*, 1611, p. 122, cité par Roland MOUSNIER, "L'opposition politique bourgeoise à la fin du XVIe siècle et au début du XVIIe siècle. L'œuvre de Louis Turquet de Mayerne", *in*: *Revue historique*, janviermars 1955, p. 64.

407. Jean EON (le père Mathias de Saint Jean), *Le Commerce honorable ou considérations politiques... composé par un habitant de la ville de Nantes*, 1646, pp. 21-22.

408. Jean Baptiste PÉRIER, *La Prospérité rochelaise au XVIIIe siècle et la bourgeoisie protestante*, 1899, II, p. 5.

409. B. N., Fonds Fr.

410. A. N., F12 116, 99 *sq*.

411. Immanuel WALLERSTEIN, *Le Système*

du monde du XVe siècle à nos jours, I. *Capitalisme et économie monde 1450—1640*, 1980, p. 120.

412. Marcello CARMAGNANI, *Les Mécanismes de la vie économique dans une société coloniale: le Chili (1680—1830)*, 1973, p. 14.

413. F. BRAUDEL, *Civilisation matérielle*...,II, p. 355.

414. Vitorino MAGALHAES GODINHO, *L'Economie de l'Empire portugais aux XVe et XVIe siècle*, 1969; F. BRAUDEL, *Civilisation matérielle*..., II, p. 355.

415. Paul ADAM, "Les inventions nautiques médiévales et l'émergence du développement économique moderne", *in*: *Systèmes économiques et histoire*, dactyl., 1980, p. 58.

416. François DORNIC, *L'Industrie textile dans le Maine (1650—1815)*, 1955, p. 43; Nicolas de LAMARE, *Traité de la police*..., II, p. 725.

417. François DORNIC, *Histoire du Mans et du pays manceau*, 1975, pp. 146-151.

418. A. N., A. E. Bl 280(29 mars 1703).

419. POTTIER DE LA HESTROYE, *op. cit.*

420. A. N., G^{7}1687, 33.

421. Jacques SAVARY, *Le parfait Négociant ou Instruction générale pour ce qui regarde le commerce de toute sorte de marchandise tant de France que des pays étrangers*..., 1675, II, p. 156; voir aussi J. EON, Le *Commerce honorable*..., *op. cit.*, p. 167.

422. Jacques-Marie MONTARAN, cité *in*: Charles CARRIÈRE, *Négociants marseillais au XVIIe siècle*, I, 1973, p. 245.

423. Jean-François BELHOSTE, "Naissance de l'industrie du drap fin en France", in: *La Manufacture du Dijonval et la draperie sédanaise 1650—1850*, *Cahiers de l'Inventaire*, n°2, 1984, p. 14.

424. Régine PERNOUD, *Le Moyen Age jusqu'en 1291*, *in*: *Histoire du commerce de Marseille*, p. p. Gaston RAMBERT I, 1949, p. 56.

425. A. E., Mémoires et Documents, Turquie, 11. Capitulations: nom donné ordinairement aux traités passés avec lse Turcs.

426. F. BRAUDEL, *La Méditerranée*..., I, pp. 448-449 et 497; F. BRAUDEL, *Civilisation matérielle*..., pp. 137-138.

427. D'après l'enquête du 3 février 1563 et Joseph BLLIOUD, "Le commerce de Marseille de 1515 à 1599", *in*: *Histoire du commerce de Marseille*, III, 1951, p. 445.

428. Louis BERGASSE, "Le commerce de Marseille de 1599 à 1600", *in*: *Histoire du commerce de Marseille*, IV, 1954, pp. 95, 91 et 94.

429. *Le Parfait Négociant*, *op. cit.*, 1712, IIe partie, pp. 385-387.

430. Robert PARIS, "De 1660 à 1789. Le Levant", *in*: *Histoire du commerce de Marseille*, V, 1957, pp. 557-564.

431. A. N., A. E., Mémoires et Documents, Turquie, 11.

432. André LESPAGNOL, "Saint-Malo port mondial du XVIe au XVIIIe siècle", *in*: *Histoire de Saint-Malo et du pays malouin*, 1984, p. 113.

433. A. N., A. E., B 1211 (9 mai 1669).

434. *Carrera de Indias*: flotte destinée à l'Amérique espagnole dont le trafic, monopole du roi d'Espagne est organisé, contrôlé et protégé militairement.

435. A. LESPAGNOL, *Histoire de Saint-Malo*, *op. cit.*, p. 79.
436. *Ibid.*, pp. 102 *sq.*
437. A. N., A. E., B1 214, f° 282.
438. *Ibid.*
439. *Ibid.*
440. *Ibid.* (Cadix, 15 octobre 1702).
441. A. N., A. E. B1 212 (19 octobre 1682).
442. A. N., A. E. B1 211 (16 octobre 1672).
443. *Correspondance des contrôleurs généraux...*, p. p. A. M. de BOISLISLE, I, 1874, p. 173, 18 février 1689.
445. Abbé PREVOST, *Histoire générale des voyages...*, 1753, XI, pp. 47-63, Relation du voyage de M. de Gennes.
446. A. N., Colonies F^2 A 15 (4 mars 1698).
447. La Basse-Californie, occupée par les Espagnols en 1602, qui fait partie de l'actuel Mexique.
448. A. N., Colonies F^2 A 15 (20 mai 1698).
450. *Sol*: on partage d'ordinaire le capital des sociétés en 20 parts dites *sol*, par analogie avec les 20 sols de la livre, monnaie de compte.
451. A. N., Colonies F^2 A 15 (17 novembre 1698).
452. *Ibid.*, 19 décembre 1698.
453. Saint-Malo y avait très largement participé ainsi que Dunkerque; A. LESPAGNOL, *Histoire de Saint-Malo*, *op. cit.*, pp. 114-120.
454. A. N., Colonies F^2 A 21, 30 juillet 1702. Sur les inconvénients pour le gouvernement espagnol du commerce entre les Philippines et le Pérou, *cf. Civilisation matérielle*, *op. cit.* II, p. 169 et note 215.
455. A. N., Colonies F^2 A21, Paris 12 juin 1700.
456. F. BRAUDEL, *Civilisation matérielle...*, II, p. 169.
457. A. LESPAGNOL, *Histoire de Saint-Malo*, *op. cit.*, p. 121.
458. *Ibid.*, p. 124.
459. *Ibid.*, *op. cit.*, p. 123.
460. *Ibid.*, *op. cit.*, pp. 126-127; Pierre GOUBERT, "Le tragique XVIIe siècle", *in*: *Histoire économique et sociale de la France*, p. p. F. BRAUDEL et E. LABROUSSE, II, 1970, p. 364.
461. A. N., F 12 681 106.
462. A. N., C^7 1701 137 f° 57; Anne MOREL, «Les armateurs malouins et le commerce interlope», *in*: *Les Sources de l'histoire maritime en Europe, du Moyen Age au XVIIIe siècle*, p. p. Michel MOLLAT et *al.*, 1962, p. 313.
463. A. LESPAGNOL, *op. cit.*, pp. 129 *sq.*
464. Jean MEYER, "Le commerce nantais du XVIe au XVIIIe siècle", *in*: *Histoire de Nantes*, p. p. Paul BOIS, 1977, pp. 135-136.
466. La partie espagnole de l'île est de 48000 kilomètres carrés, Cuba de 114000.
467. Alice PIFFER CANABRAVA, *A industria de açucar nas ilhas inglesas e francesas do mar das Antilhas* (*1697—1755*), 1946, dactylogramme.
468. Jacques SAVARY des BRUSLONS, *Dictionnaire...*, *op. cit.*, V, col. 1462.
469. *Ibid.*, V, col. 1466.
470. Ruggiero ROMANO, "Documenti e Prime Considerazioni intorno alla 'Balance du commerce' della Francia

dal 1716 al 1780", *in*: *Studi in onore di Armando Sapori*, 1957, pp. 1274, 1275, 1291.

471. *Cf. supra*, p. 355.
472. F. BRAUDEL, *Civilisation matériell...*, II, pp. 367-368.
473. François CROUZET, "Le commerce de Bordeaux", *in*: *Bordeaux au XVIIIe siècle*, p. p. François-Georges PARISET, *Histoire de Bordeaux*, V, p. p. Charles HIGOUNET, 1968, p. 233.
474. M. MORIEAU, «Quelques recherches relatives à la balance..., art. cit. pp. 32-33; Jean CAVIGNAC, *Jean Pellet commerçant de gros, 1694—1772. Contribution à l'étude du négoce bordelais du XVIIIe siècle*, 1967, p. 103.
475. J. -P. POUSSOU, *Bordeaux et le Sud-Ouest au XVIIIe siècle*, *op cit.*, p. 20.
476. J. CAVIGNAC, *Jean Pellet...*, *op. tic.*, pp. 31-32.
477. Jean-Pierre POUSSOU, « Les structures démographiques et sociales», *in*: *Bordeaux au XVIIIe siècle...*, *op. cit.*, pp. 344 *sq*.
478. J. -P. POUSSOU, *op. cit.*, pp. 27 et 31.
479. Pierre DARDEL, *Commerce, industrie et navigation à Rouen et au Havre au XVIIIe siècle*, 1966, p. 141.
480. En pratique, la contrebande anglaise n'a jamais cessé, avec la complicité des habitants qu'elle ravitaillait en farine, bœuf salé, chevaux, mulets... Les agents du roi fermaient les yeux le plus souvent. J. CAVIGNAC, *Jean Pellet...*, *op. cit.*, pp. 172-173.
481. Charles GIDE, *Cours d'économie politique*, 5[e]éd. 1919, I, p. 198.
482. Maxime RODINSON, *Islam et capitalisme*, 1966, p. 27.
483. Emile SAVOY, *L'Agriculture à travers les âges*, I, 1935, p. 119.
484. René SEDILLOT, *Histoire des marchands et des marchés*, 1964, p. 188.
485. Jacques LAFFITTE, *Réflexions sur la réduction de la rente et sur l'état du crédit*, 1824, p. 14.
486. Joseph CHAPPEY, *La Crise du capital. I: La Formation du système monétaire moderne*, 1937, p. 189.
487. Jean HERAULT, sieur de GOURVILLE, *Mémoires de Monsieur de Gourville*, 1665, *éd.* 1724, II, p. 2.
488. *Ibid.*
489. Pierre DARDEL, *Commerce, industrie et navigation à Rouen et au Havre au XVIIIe siècle*, 1966, p. 159.
490. François DORNIC, *L'Industrie textile dans le Maine et ses débouchés internationaux (1650—1815)*, 1955, pp. 182-183.
491. F. BRAUDEL, *Civilisation matérielle...*, II, p. 343.
494. Les billets émis par Louis XIV et rapidement dépréciés, voire *infra*.
495. A. N., G[7]1691,35,6 mars 1708.
496. Copie de lettre expédiée en Pologne aux Radziwill, Varsovie, AG, AD Radziwill.
498. Jean DUCHE, *Le Bouclier d'Athéna. L'Occident, son histoire et son destin*, 1983, p. 487.
499. Alfred NEYMARCK, « Le développement annuel de l'épargne française», *in*: *Revue internationale du commerce, de l'industrie et de la banque*, 1906, p. 7.
500. Léon SCHICK, *Suggestions pour une reconstruction française*, 1945, pp. 38 *sq*.
501. Pierre GOUBERT, *op. cit.*

502. Emile VINCENS, *Des sociétés par actions. Des banques en France*, 1837, pp. 117-118.
503. G. THUILLIER, *Aspects de l'économie nivernaise au XIXe siècle*, 1964, p. 496.
504. Herbert LÜTHY, *La Banque protestante en France de la révocation de l'edit de Nantes à la Revolution*, 1959—1961, I, p. 95.
505. Jean MEYER, *L'Armement nantais dans la deuxième moitié du XVIIe siècle*, 1969, *passim*.
506. Fernand LAURENT, *En Armagnac il y a cent ans. La vie d'un aïeul (1761—1849)*, 1928, ch. X, pp. 198 *sq*.
507. Moscou, AEA 93/6—428—174: le chiffre paraît énorme. Mais Guy CHAUSSINAND-NOGARET, *La Noblesse au XVIIIe siècle*, 1976 (p. 78) confirme, chiffres à l'appui, l'importance des fortunes terriennes de la grande noblesse: "Les revenus des princes, dit-il, se comptent par millions."
508. Béatrice F. HYSLOP, *L'Apanage de Philippe Egalité duc d'Orléans (1785—1791)*, 1965, chapitres I et II.
509. P. LÉON, "La réponse de l'industrie", art. cit., pp. 255-256; G. CHAUSSINAND-NOGARET, *La Noblesse au XVIIIe siècle*, *op. cit.*, pp. 119, 161 et 144.
510. Jean LABASSE, *Les Capitaux et la région. Etude géographique. Essai sur le commerce et la circulation des capitaux dans la région lyonnaise*, 1955, pp. 9 *sq*.
511. Cité par R. BIGO, *Les Banques françaises au cours du XIXe siècle*, *op. cit.*, pp. 41-42.
512. E. VINCENS, *op. cit.*, *passim* et pp. 114 *sq*.
513. R. BIGO, *op. cit.*, p. 41.
514. Jean-Baptiste SAY, "De la production des richesses", *in*: *Cours complet d'économie politique pratique*, réimpression de l'édition 1852, 1966, I, p. 131.
515. *Ibid.*, I, p. 132.
516. J. EON, *Le Commerce honorable...*, *op. cit.*
517. Jean-François FAURE-SOULET, *Economie politique et progrès au siècle des Lumières (1750—1789)*, thèse, 1964, pp. 94-95.
518. Pierre CHAUNU, *op. cit.*
519. Fritz WAGNER, *Europa in Zeitalter des Absolutismus und der Aufklärung*, tome 4 de *Handbuch der europaischen Geschichte*, p. p. Theodor SCHIEDER, 1968, p. 104.
520. VAN DER MEULEN, *Recherches sur le commerce*, II, 1779, p. 75.
521. J.-F. FAURE-SOULET, *op. cit.*, p. 101.
522. *Cf.* F. BRAUDEL, *Civilisation matérielle...*, III, pp. 266-267.
523. A. N., G^{7} 1622.
525. POTTIER de LA HESTROYE, *op. cit.*, *passim*.
526. Louis DERMIGNY, *La Chine et l'Occident. Le commerce à Canton au XVIIIe siècle, 1719—1833*, 1964, p. 740 et note 3.
527. Michèle SAINT-MARC, *Histoire monétaire de la France, 1800—1980*, 1983, p. 36.
528. Ange GOUDAR, *Les Intérêts de la France mal entendus*, 1756, II, p. 20.
529. A. N., G^{7} 418.

530. A. N., G^7 521, 19 novembre 1693.
531. R. BIGO, *op. cit.*, p. 42.
532. *Ibid.*, p. 114.
533. F. BAYARD, *op. cit.*, p. 107; R. GASCON, *op. cit.*, I, p. 188.
534. Albéric de CALONNE, *La Vie agricole sous l'Ancien Régime en Picardie et en Artois*, 1883, p. 70. II cite A. D. Aisne c 765.
535. F. BRAUDEL, *Civilisation matérielle...*, I, p. 391.
536. Georges d'AVENEL, *Histoire économique de la propriété, des salaires, des denrées... op. cit.*, I, pp. 21-22.
537. M.-T. BOYER, G. DELAPLACE, L. GILLARD, *op. cit.*, p. 128.
538. Maximilien de BÉTHUNE, duc de SULLY, *Mémoires*, III, éd. 1788, p. 6.
539. Barry E. SUPPLE, "Currency and commerce in the early seventeenth century", *in*: *The Economic History Review*, décembre 1957, p. 240 note 1.
540. Marie-Thérèse BOYER, Ghislaine DELAPLACE, Lucien GILARD, *Monnaie privée et pouvoir des princes*, dactylogramme, p. 55.
541. *Paul R*AVEAU, Essai sur la situation économique et l'état social en Poitou au XVIe siècle, 1931, p. 92.
542. Germain MARTIN, "La monnaie er le crédit privé en France aux XVIe et XVIIe siècle: les faits et les théories (1550—1664)", *in*: *Revue d'histoire des doctrines économiques et sociales*, 1909, p. 28.
543. Les escalins (déformation française du flamand *schelling*) sont des petites monnaies des pays Bas, subdivisions de la *livre de gros*. La Hollande exporte en quantité à partir de 1680 de "méchants escalins", de très basse qualité. Cf. *SAV ARY DES BRUSLONS*, *Dictionnaire...*, *op. cit.*, II, colonne 362.
544. François-Nicolas MOLLIEN, *Mémoires d'un ministre du Tresor public 1780—1814*, III, éd. 1845, p. 469.
545. Pièce de huit: piastre ou pièce de huit réaux, première pièce d'argent frappée par les Espagnols en Amérique en 1535.
546. La pistole, frappée à partir de 1537 avec l'or importé du Nouveau Monde.
547. A. N., G^7 1622, vers 1706.
548. Jean RIVOIRE, *Histoire de la monnaie*, 1985, p. 33.
549. G. d'AVENEL, *op. cit.*, I, pp. 39-40.
550. J. RIVOIRE, *op. cit.*, p. 21.
551. G. d'AVENEL, *op. cit.*, I, p. 37.
552. F. BRAUDEL, *Civ mat.* I, p. 410.
553. Richard GASCON, *Grand Commerce et vie urbaine au XVIe siècle, Lyon et ses marchands*, 1971, II, p. 760.
554. M. MARION, *Dictionnaire des institutions*, *op. cit.*, p. 384.
555. José GENTIL DA SILVA, *Banque et crédit en Italie... op. cit.*, I, 1969, p. 284.
556. A. GOUDAR, *op. cit.*, II, p. 120.
557. Charles DUPIN, *Le Petit Producteur français*, I, 1827, p. 24.
558. *Société historique et archéologique du Périgord*, 1875, p. 50 et 1880, p. 397, cité par G. d'AVENEL, *op. cit.*, I, p. 37.
559. G. d'AVENEL, *op. cit.*, I, p. 35.
560. André PIOGER, *Le Fertois aux XVIIe et XVIIIe siècles. Histoire économique et sociale*, 1973, p. 196.

561. F. BRAUDEL, *Civilisation matérielle*..., 1979, II, pp. 71-72.
562. R. SÉDILLOT, cité par M. SAINT-MARC, *op. cit.*, p. 208.
563. Traian STOIANOVITCH, *The Commercial Revolution*, dactylogramme, pp. 68-69.
564. E. H. PHELPS-BROWN et S. V. HOPKINS, "Wage-Rate and Prices: Evidence for Population Pressure in the 16th Century", *in*: *Economica*, XXIV, 1957, p. 298, cité par Immanuel WALLERSTEIN, *Le Système du monde du XVe siècle à nos jours*, I: *Capitalisme et économie-monde*, *1450—1640*, 1980, p. 79.
565. Jean MEUVRET, "*Circulation monétaire et utilisation économique de la monnaie dans la France du XVIe et du XVIIe siècle*", *in*: *Etudes d'histoire économique*, *recueil d'articles*, 1971, p. 132 et note 8.
566. Marquis d'ARGENSON, *op. cit.*, p. 56, *cf.* F. BRAUDEL, *Civilisation matérielle*..., II, p. 376 et note 157.
567. José GENTIL DA SILVA, *Banque et crédit*..., *op. cit.*
568. Jean MEUVRET, "La France au temps de Louis XIV: des temps difficiles", in: *Etudes d'histoire économique*, 1971, p. 27.
569. F. MOLLIEN, *op. cit.*, III, pp. 471-472.
570. *Ibid.*, p. 478.
571. R. GASCON, *op. cit.*, II, pp. 569-570.
572. Yves-Marie BERCÉ, *Histoire des croquants*, 1974, I, p. 42 note 105.
573. José GENTIL DA SILVA, *Banque et crédit en Italie au XVIIe siècle*, 1969, p. 404; *cf.* F. BRAUDEL, *Civilisation matérielle*..., II, pp. 374-377.
574. Georges DUCHÊNE, *L'Empire industriel. Histoire critique des concessions financières et industrielles au Second Empire*, 1869, *passim*; Lysis (pseudonyme de Eugène LETAILLEUR), *Les Capitalistes français contre la France*, 1916.
575. Jean BUVAT, *Journal de la Régence*, B. N., Ms. Fr. 10283 III, pp. 1352—1409. Je mets en cause la partie non publiée du *Journal*, intitulé *Idees générales du nouveau système des finances*.
576. Isaac ce PINTO, *Traité de la circulation et du crédit*, 1771, p. 148.
577. A. N., G^7 1622, vers 1706.
578. Guy THUILLIER, "La réforme monétaire de 1785", *in*: *Annales E. S. C.*, sept. -oct. 1971, p. 1031 note 3; H. LÜTHY, *op. cit.*, II, pp. 687-698 et 706.
579. *Journaux ineídts de Jean DESNOYERS et d'Isaac GIRARD*, p. p. Pierre DUFAY, 1912, p. 90 note 2.
580. Jean BOUVIER, "Vers le capitalisme bancaire: l'expansion du crédit après Law", *in*: *Histoire économique et sociale de la France*, p. p. F. BRAUDEL et E. LABROUSSE, II, 1970, p. 302.
581. A. N., F^10 242; Articel du *Moniteur* du 30 septembre 1838.
582. Jean RIVOIRE, *Histoire de la banque*, 1984, p. 50.
583. Jean BOUVIER, "Rapports entre systèmes bancaires et entreprises industrielles dans la croissance européenne du XIXe siècle", *in*: *L'Industrialisation en Europe au XIXe siècle*, colloque C. N. R. S., Lyon 7-10 octobre 1970, 1972,

p. 117.

584. Jean TRENCHANT, *L'Arithmétique*, 1561, p. 342, cité par Marie Thérèse BOYER, Ghislaine DELAPLACE, Lucien GILLARD, *Monnaie privée et pouvoir des princes* (dactylogramme), p. 20.

585. Etienne BONNOT de CONDILLAC, *Le Commerce et le gouvernement*, *in*: *Collection des principaux économistes*, XIV, 1847, p. 306.

586. Jean BOUCHARY, *Le Marché des changes à Paris au XVIIIe siècle*, 1937, p. 37.

587. R. BIGO, *op cit.*, p. 69.

588. Felipe RUIZ MARTIN, *Lettres marchandes échangées entre Florence et Medina del Campo*, 1965.

589. M. -Th. BOYER, G. DELAPLACE, L. GILLARD, *op. cit.*, p. 235.

590. Ferdinand GALIANI, *Dialogues sur le commerce des grains*, *in*: *Collection des principaux economistes*, XV: *Mélanges d'économie politique*, II, réimpression de l'édition 1848, 1966, p. 51.

591. J. SAVARY, *op. cit.*, I, p. 187.

592. F. RUIZ MARTIN, *Lettres marchandes...*, *op. cit.*, lettre du 30 mars 1590.

593. F. MOLLIEN, *op. cit.*, III, p. 471.

594. M. -Th. BOYER, G. DELAPLACE, L. GILLARD, *op. cit.*, pp. 115-116.

595. *Ibid.*, pp. 302-303.

596. *Référence égarée.*

597. Louis de ROUVROY, due de SAINT-SIMON, *Mémoires*, II, éd. La Pléiade 1969, p. 1029.

598. Adolphe VUITRY, *Le Désordre des finances et les excès de la spéculation à la fin du règne de Louis XIV et au commencement du règne de Louis XV*, 1885, pp. 27-28.

599. Jean BOUVIER et Henry GERMAIN-MARTIN, *Finances et financiers de l'Ancien Régime*, 1969, p. 6.

600. J. BOUVIER, H. GERMAIN-MARTIN, *op. cit.*, p. 5.

601. Mercure de France, XI, p. 557.

602. J. BOUVIER, H. GERMAIN-MARTIN, *op. cit.*, p. 40.

603. Georges MONGREDIEN, *L'Affaire Foucquet*, 1956, pp. 240 *sq.* Daniel DESSERT, *Argent, pouvoir et societe au Grand Siècle*, 1984, à propos du procès, précise que l'on a préfére ne pas aller au fond des choses, pour ne pas compromettre de grands personnages, dont Mazarin et Colbert lui-même (pp. 279-310).

604. Françoise BAYARD, *Finances et financiers en France dans la première moitié du XVIIe siècle (1598—1653)*, dactyl, 1984, p. 1851; D. DESSERT, *op. cit.*, p. 365.

605. D. DESSERT, *op. cit.*, p. 209.

606. *Ibid.*, p. 207.

607. Jean BODIN et Claude de RUBYS, cités par Henri HAUSER et Augustin RENAUDET, *Les Debuts de l'àge moderne*, 1938, pp. 572-573.

608. *Cf.* F. BRAUDEL, *Civilisation matérielle...*, II, pp. 339-343.

609. H. HAUSER et A. RENAUDET, *Les Debuts...*, *op. cit.*, p. 573.

610. Sur Zamet, sa carrière surprenante, sa familiarité avec Henri IV, voir la thèse dactylographiée de F. BAYARD, *op. cit.*, IV. pp. 1141-1146.

611. Henri HAUSER, "The European Financial Crisis of 1559", *in*: *Journal of European Business History*, 1930, pp. 241 *sq.*, cité par I, WALLER-

STEIN, *Le Systeme du monde*, *op. cit.*, p. 167.

612. Lettre de Bernard à Chamillart, 12 octobre 1707, citée par H. LUTHY, *op. cit.*, I, p. 121.
613. *Ibid.*, I, p. 122.
614. *Ibid.*, I, p. 111
615. *Ibid.*, I, p. 121.
616. Jacques de SAINT-GERMAIN, *Samuel Bernard, le banquier des rois*, 1960, p. 193.
617. H. LÜTHY, *op. cit.*, I, p. 195.
618. *Ibid.*, I, pp. 283-285.
619. *Ibid.*, I, pp. 414-415.
620. Adophe THIERS, *Histoire de Law*, 1858, pp. 175 et 178.
621. A. d. S. Florence, Francia f° 105 *v*°.
622. Jean-Paul SOISSONS, *Notaires et sociétés*, 1985, pp. 309 *sq*; Earl J. HAMILTON, *Prices and wages at Paris under John Law's System* (*Quarterly journal of economics*, vol. 51 1936—1937, pp. 30-69) et *Prices and wages in Southern France under John Law's System* (*Economic history Supplement to the Economic journal*, vol. IV. 1934—1937, pp. 442-461).
623. J. BOUVIER, "Vers le capitalisme bancaire: l'expansion du crédit après Law", art. cit., p. 321.
624. Georges PARISET, *Le Consulat et l'Empire*, *in*: *Histoire de la France contemporaine*, p. p. E. LAVISSE, III, p. 40.
625. Bertrand GILLE, *La Banque et le crèdit en France de 1815 à 1848*, 1959, p. 41.
626. *Ibid.*, p. 39.
627. *Ibid.*, p. 40.
628. *Ibid.*, pp. 46-47.
629. Jean SAVANT, *Tel fut Ouvrard, le financier providentiel de Napoléon*, 1954.
630. Charles DUPIN, *Le Petit Producteur français*, I, 1827, pp. 5 *sq*.
631. Cité par Jean BOUVIER, "Les premiers pas du grand capitalisme français. Le système de crédit et l'évolution des affaires de 1815 à 1848", *in*: *La Pensée*, n° 72, mars-avril 1957, II, p. 67.
632. B. GILLE, *op. cit.*, pp. 52-54.
633. F. DUCUING, *De l'organisation du crédit en France*, 1864, p. 80, cité par R. BIGO, *op. cit.*, p. 124.
634. R. BIGO, *op. cit.*, p. 125 note 1.
635. Guy PALMADE, *Capitalisme et capitalistes français au XIXe siècle*, 1961, p. 122.
636. R. BIGO, *op. cit.*, pp. 125-126.
637. G. PALMADE, *op. cit.*, pp. 133-134.
638. *Ibid.*, p. 128.
639. R. BIGO, *op. cit.*, p. 40.
640. Maurice LÉVY-LEBOYER, "Le crédit et la monnaie: l'évolution institutionnelle", *in*: *Histoire économique et sociale de la France*..., III$_1$, pp. 354-355.
641. *Ibid.*, pp. 362-363.
642. *Ibid.*, pp. 372-373.
643. Rondo CAMERON, *La France et le développement économique de l'Eruope, 1800—1914*, 1971, pp. 128-130.
644. Jean BOUVIER, *Les Rothschild*, 1967, pp. 199 *sq*.
645. M. LÉVY-LEBOYER, "Le crédit et la monnaie...", art. cit., pp. 393-400.
646. Maurice LÉVY-LEBOYER, "La spécialisation des établissements bancaires", *in*: *Histoire économique et sociaee*..., III$_1$, *op. cit.*, pp. 470-471.

647. M. LÉVY-LEBOYER, "Le crédit et la monnaie...", art. cit., p. 353.
648. *Ibid.*, p. 395.
649. Jean BOUVIER, "Les profits des grandes banques françaises des années 1850 jusqu'à la première guerre mondiale", *in*: *Studi Storici*, avril-juin 1963, pp. 223-239.
650. D. DESSERT, *op. cit.*, p. 80.
651. *Ibid.*, p. 88
652. *Ibid.*, p. 71.
653. Guy CHAUSSINAND-NOGARET, *Les Financiers du Languedoc au XVIIIe siècle*, 1970, p. 236.
654. A. GOUDAR, *op. cit.*, I, pp. 70-71 et note.
655. F. BAYARD, *op. cit.*, p. 918.
656. M. LÉVY-LEBOYER, "Le crédit et la monnaie...", art. cit., p. 350.
657. F. BRAUDEL, *Civilisation matérielle...*, III, p. 166.
658. Séville, A. N. Marine B7 226, cité par E. -W. DAHLGREN, *Les Relations commerciales et maritimes entre la France et les côtes de l'océan Pacifique (commencèment du XVIIIe siècle)*. I. *Le commerce de la mer du Sud jusqu'à la paix d'Utrecht*, 1909, p. 36 et note 1.
659. En particulier d'Emile BOURGEOIS.
660. Claude-Frédéric LÉVY, *Capitalistes et pouvoir au siècle des Lumières*, II. *La Révolution libérale 1715—1717*, 1979, p. 10.
661. Louis-Sébastien MERCIER, *Tableau de Pairs*, III, 1782 pp. 198-199.

总结论

1. VAUBAN, *op cit.*, p. 164.
2. P. BONNAUD *op. cit.*, II, p. 23.
3. G. THUILLIER *op. cit.*, p. 82.
4. Elisabeth CLAVERIE, Pierre LAMAISON, *L'Impossible Mariage. Violence et parenté en Gévaudan*, 1982, p. 339. *Les Financiers de Languedoc au XVIIe siècle*, 1970.

编辑后记

本书的部分注释遇到了一些麻烦。费尔南·布罗代尔在写作时几乎完全以卡片为依据，上面往往扼要地记着参考书作者的姓氏（有时用首写字母或特殊记号代替）和页码。这套代用符号只有他个人完全明白。为了避免延误本书的出版，我们决定让一些注释留下空缺，以便在再版时补齐。

我们对与费尔南·布罗代尔长期共事的安妮·杜歇纳、玛丽-泰雷兹·拉比涅特和若齐阿纳·奥夏谨致谢意，他们耐心地从事了注释的整理工作。

图书在版编目(CIP)数据

法兰西的特性/(法)费尔南・布罗代尔著;顾良,张泽乾译.—北京:商务印书馆,2024
(汉译世界学术名著丛书:120年纪念版:珍藏本:增订本)
ISBN 978-7-100-23784-0

Ⅰ.①法… Ⅱ.①费…②顾…③张… Ⅲ.①法国—历史—研究 Ⅳ.①K565.07

中国国家版本馆 CIP 数据核字(2024)第 078075 号

汉译世界学术名著丛书
(120 年纪念版・珍藏本・增订本)
法兰西的特性
〔法〕费尔南・布罗代尔 著
顾良 张泽乾 译

商 务 印 书 馆 出 版
(北京王府井大街 36 号 邮政编码 100710)
商 务 印 书 馆 发 行
北京中科印刷有限公司印刷
ISBN 978-7-100-23784-0

2024 年 5 月第 1 版　　开本 710×1000 1/16
2024 年 5 月北京第 1 次印刷　　印张 72¼ 插页 3
定价:458.00 元